HISTORIA DE ESPAÑA

TOMO I

HISTORIA DE ESPAÑA

DIRIGIDA POR

RAMÓN MENÉNDEZ PIDAL

TOMO I

ESPAÑA PROTOHISTÓRICA

VOLUMEN II

LA ESPAÑA DE LAS INVASIONES CÉLTICAS

Y

EL MUNDO DE LAS COLONIZACIONES

POR

MARTÍN ALMAGRO y ANTONIO GARCÍA Y BELLIDO

Catedrático de la Universidad de Barcelona
y Director del Museo Arqueológico
de Barcelona

Catedrático de la Universidad de Madrid
y Académico de la Real Academia
de la Historia

ESPASA-CALPE, S. A.

MADRID

1952

Talleres tipográficos de la Editorial ESPASA-CALPE, S. A.

I

LA INVASIÓN CÉLTICA EN ESPAÑA

POR

MARTÍN ALMAGRO

CAPÍTULO PRIMERO

LA CULTURA DE LOS TÚMULOS

El problema del origen de los celtas.

Uno de los elementos formativos de nuestra raza es el pueblo celta, cuyo origen constituye un tema de los más apasionantes de toda la etnología europea.

Ya los historiadores clásicos —como veremos a lo largo de nuestro trabajo— vieron en los celtas una de las raíces esenciales del pueblo español. Marcial, el poeta de Bílbilis, lo sintetiza magistralmente en sus célebres hexámetros: *Nos celtis genitos et ex Iberis.*

Y la palabra *Celtiberia*, inventada por Roma, grande y aguda gobernadora de pueblos, abarca casi la totalidad de nuestra España, a la vez que Floro había de calificar a sus habitantes los celtíberos con esta frase: *Celtíberos, id est robur Hispaniae* (1).

Así, de Roma a nuestros días se han ido polarizando en iberos y celtas las dos raíces sobre las cuales se asienta nuestro tronco racial en los tiempos más inmediatos a la Historia. A esclarecer quiénes eran esos pueblos llamados celtas y su importancia en la formación de nuestra raza dedicamos este estudio.

En Europa, el origen y alcance de los celtas ha apasionado extraordinariamente, sobre todo a partir del siglo XIX, habiendo intervenido como estimulante el patriotismo racista, igual que ocurre con el origen de los germanos (2).

Empujadas por este estimulante las ciencias auxiliares de la Historia, sobre todo la Arqueología, nos han proporcionado gran número de datos y hechos concretos sobre el origen y significado de estos pueblos, a los cuales, a partir de la Edad del Bronce, conocemos por sus manifestaciones culturales. Los celtas aparecen desarrollándose en el sur de Alemania, países renanos y este y centro de Francia. Más tarde, al llegar a los tiempos históricos, ya las noticias de los historiadores y geógrafos antiguos nos aportan más datos concretos, además de su nombre. Pero sólo la Arqueología nos ofrece testimonios importantes para identificar y conocer la vida y formación de este pueblo antes de que aparezcan esas primeras noticias históricas. Ella nos proporciona los elementos materiales seguros para interpretar las fuentes literarias y los estudios que la Filología ha venido elaborando sobre esta cuestión. La Antropología igualmente proporciona una ayuda, pero muy poco firme en este caso, debido a la generalización del rito funerario de la incineración de los cadáveres, a partir del momento en que estos pueblos comenzaban a formarse, y por lo vagas que siempre resultan sus conclusiones a causa de los mezclados elementos de los cuales está formada toda raza juzgada con el estricto criterio somático de la Antropología.

Para la Filología, el origen de los celtas va unido al origen de los idiomas indoeuropeos, problema todavía muy complicado, pues el idioma céltico es un brazo de esta gran familia lingüística; pero muy poco es lo que sabemos de su especial formación. Al pasar revista a todos estos elementos, nosotros sólo intentaremos mostrar cómo la ciencia actual expone esta sugestiva cuestión de la etnología europea, y hacer ver con los datos que poseemos cómo se proyecta en nuestra Península tan trascendental elemento etnográfico para mejor comprender nuestra historia nacional.

Tendremos en cuenta en primer lugar los datos que nos proporciona la Arqueología, pues esta ciencia nos suministra las noticias más seguras y concretas, y sólo al final de nuestro cometido procuraremos dar luz a las conclusiones que se desprenden del estudio de los materiales arqueológicos, con cuantas noticias históricas y datos filológicos nos ofrecen las demás ciencias históricas.

Características generales de la cultura de los Túmulos.

Para la ciencia arqueológica el problema del origen del pueblo celta va unido a la llamada cultura de los Túmulos, que viene a ser como el substrato protocéltico del que nacerán todos los pueblos célticos de la época histórica.

Esta cultura se desarrolló a lo largo de la Edad del Bronce, sobre las tierras que van desde Baviera hasta el valle del Saal y el Bajo Rin, inclusive, y desde el Moldava, en Bohemia, hasta el centro de Francia, penetrando más y más hacia Occidente hasta alcanzar el departamento de Vienne y el Delfinado y valle del Ródano, pero sin llegar a las regiones pirenaicas hasta un momento posterior.

Además hay que mencionar un grupo homogéneo de túmulos entre el Drave y el Mur, en plena Yugoeslavia, y la serie de túmulos que van hacia Silesia y Polonia, que son contemporáneos de esta cultura y con varias afinidades que la unen a ella, como veremos (fig. 1).

Esta importante cultura, que abarca extensas regiones, ofrece, sin embargo, una unidad indiscutible de desarrollo por encima de variedades locales y cronológicas.

Kossinna distinguió dos grupos dentro de esta cultura: uno occidental-celta, según él, y otro formado por los túmulos de Franconia, el Alto Palatinado y oeste de Bohemia y Austria, que atribuye al pueblo ilirio. Childe (3), creemos que con razón, frente a la mayoría de los arqueólogos alemanes, defiende la unidad etnológica de esta cultura, creada por un pueblo que asimiló muy diversos elementos, pero que fué imponiendo su carácter en todas partes conforme transcurre la Edad del Bronce, hasta desembocar, tras vicisitudes históricoculturales que la Arqueología nos descubre, en los pueblos celtas históricos.

En efecto, el pueblo creador de esta cultura de los Túmulos era a su vez una mezcla. El elemento unificador avanzó desde la Alemania Central al final del neolítico centroeuropeo, siguiendo las regiones montañosas que durante todo el período de clima atlántico habían sido inhabitables. Su economía era pastoril, a base, sobre todo, de ganados de cerda, que se alimentaban en los grandes encinares que aparecieron cubriendo las montañas de

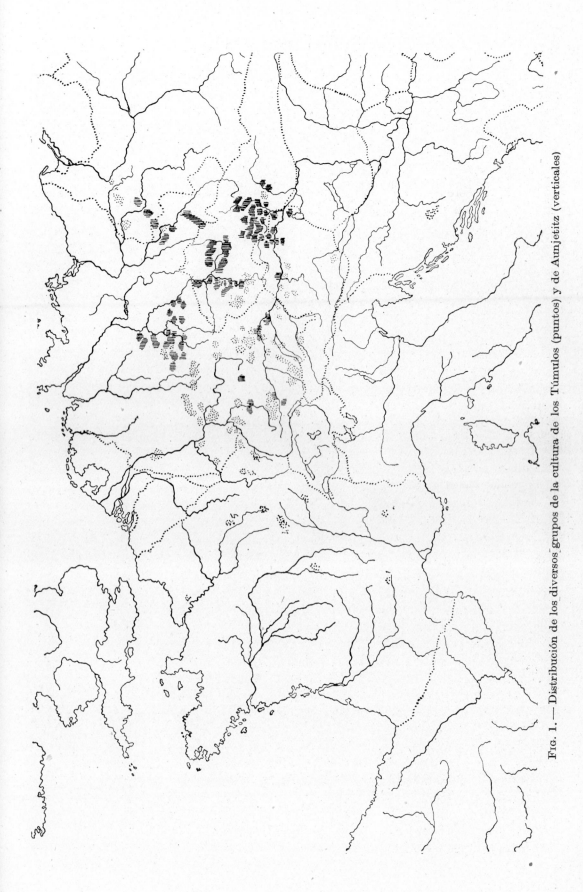

Fig. 1. — Distribución de los diversos grupos de la cultura de los Túmulos (puntos) y de Aunjetitz (verticales)

toda Europa en la etapa climática suboreal que se desarrolló tras el clima atlántico húmedo, predominante en el neolítico. Estos pueblos fueron infiltrándose hasta imponerse a los diversos pobladores del neolítico que cultivaban las regiones bajas de los valles fluviales del centro europeo. Desde las montañas, favorecidas por ese cambio climático sufrido por toda Europa, estas tribus de pastores las vemos ir imponiendo su cultura a los cultivadores agrícolas, cuya economía agraria era azotada por la sequedad del clima, hasta suplantarlos totalmente.

La Prehistoria puede seguir sus pasos a partir del final del neolítico. Desde Turingia, donde eran cazadores y pescadores, avanzan «como señores de las alturas y de los ríos y dejan trabajar a los labradores de la cerámica de bandas» (4), que representan otro pueblo distinto llegado con anterioridad, avanzando por el Danubio hasta el valle del Rin.

La Arqueología prehistórica denomina a estos conquistadores pueblo de la «cerámica de cuerdas», por la típica manera de adornar sus cacharros con impresiones de cordones bien retorcidos sobre el barro tierno. Con esta cerámica llega el rito del enterramiento en grandes túmulos de tierra y piedras, que suelen ser frecuentes en toda Alemania Central (5), desde donde se propagó hacia el Sur y hacia la región del Rin, siguiendo el Alto Elba y sus afluentes, buscando el Neckar y el Main, hasta desembocar en el valle del Rin y alcanzar incluso la Suiza septentrional (fig. 2). Entonces el pueblo de la «cerámica de cuerdas» practicaba la incineración como rito funerario; pero pronto, a partir del momento en que inicia su fusión con los diversos elementos etnográficos que se asimila, lo va cambiando por la inhumación en la mayoría de las regiones, pero sin que desaparezca totalmente la cremación en ninguna de las tierras donde este pueblo se asienta.

El clima cálido y seco, ya señalado, y que entonces venía imponiéndose en Europa, apoyó a este pueblo pastor en su desarrollo, a la vez que estranguló la economía agrícola de los valles, donde las tierras secas no fueron ya tan favorables para el cultivo, sobre todo en la Europa Central. Las tierras bajas y el loes, donde se había practicado el cultivo de huertas a base de un clima húmedo atlántico, fueron convertidas a la sazón en extensas praderas y acabaron siendo utilizadas por los pueblos que habitaban las montañas, hasta entonces inhóspitas y cubiertas por selvas vírgenes y que ahora, por la influencia del clima seco y cálido, eran los lugares más saludables. Por eso las regiones bálticas de Europa, con un clima más fresco, pudieron, a lo largo de esta Edad, desarrollar una población numerosa, que crea la rica cultura germánica de la Edad del Bronce.

En varios lugares han sido comprobadas estas variaciones climáticas, que hemos dicho fueron factor trascendental en los movimientos y futuro de esta cultura de los Túmulos, desde sus comienzos hasta su extinción, por lo que haremos de ella una corta exposición para mejor comprender estas etapas prehistóricas de Europa, dado el enorme cambio sufrido por algunas regiones. En Suiza, por ejemplo, el nivel de los lagos bajó extraordinariamente, y las gentes que desde el neolítico erigían en sus orillas los poblados, a lo largo de la Edad del Bronce, hubieron de levantar sus palafitos más adentro de las aguas. A la vez vemos que el hombre habitaba en altitudes de los Alpes que hoy no se pueden habitar. Depósitos y cuevas con hallazgos de esta edad se encuentran en nuestros días por los investigadores en la zona actual de las nieves perpetuas y de los glaciares invernales (6). Lo mismo se ha comprobado en los Vosgos y en Alsacia y otros lugares de Francia (7), y muy especialmente en Alemania y países nórdicos (8). El Atlántico se retiró más de 18 metros debajo de sus niveles actuales, y entre los años 1700 al 750 antes

de J. C. (9), poco más o menos, toda Europa se vió sometida a un clima más seco y cálido que el actual, produciéndose hacia esa fecha un retorno al frío y a la humedad que
hicieron desfavorables las condiciones de vida en la Europa báltica y que en el Veda se
expresa con el Fimbul Winter. Las selvas vuelven a ser deshabitadas, poblándose nue-
vamente los valles, y se abandonan definitivamente las cumbres de los Alpes y de los
Vosgos, que ni en la época del Hallsttat ni en la de La Tène ofrecen hallazgos. Los pa-

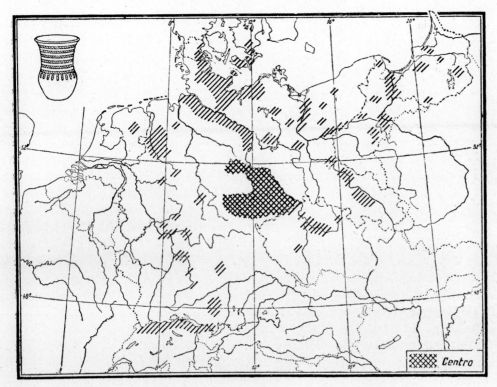

FIG. 2. — Distribución de la cerámica de cuerdas. Según *Kühn*

lafitos se refuerzan ahora con varios pisos de madera, para así defenderse sus habitantes
de la excesiva humedad. Así la agricultura volvió a desarrollarse a expensas del predominio de la vida pastoril que caracterizó a la etapa Suboreal.

Al lado de varias observaciones como las citadas, proporcionadas por la Arqueología,
este clima seco y cálido de la llamada época Suboreal, que se intercala entre la Atlántica,
que la precedió, y la Subatlántica, que la sigue, ambas frías y húmedas, está comprobado
por el estudio de los moluscos de las costas y ríos y, sobre todo, por los cortes geológicos de las tierras marismeñas y de las turberas de la Europa Central y Nórdica.

Favorecidas por esta variación climática, tales gentes de la «cerámica de cuerdas»,
con su economía pecuaria, se fueron extendiendo paulatinamente, y fueron tomando contacto con los elementos anteriores y recibiendo las nuevas aportaciones que las relaciones culturales que los tiempos les proporcionaban, construyendo así esa cultura de los
Túmulos, cuya población, sin embargo, no era unitaria ni uniforme.

Como pueblo pastor, aferrado a un conservadurismo excesivo, conservó durante mucho tiempo su utillaje de piedra, aun en épocas en que ya los habitantes de los valles

conocían la metalurgia. Así, muchos de estos hallazgos de la «cerámica de cuerdas», plenamente neolíticos, sin duda alguna, son contemporáneos al desarrollo del período inicial del Bronce (10).

A tales pastores los vemos imponer ya en el Bronce II sus peculiares formas culturales y su economía, hasta dar una unidad a muy diversos elementos, a lo largo de la era de paz que reinó en Europa Central en esta época. Pero habían sido muy diversas las poblaciones que esas tierras tan disputadas siempre del Rin y del sur de Alemania habían visto asentarse durante la larga etapa de colonización neolítica. También muy diversas las razas con las que hubo de fundirse este nuevo elemento dominador. En Bohemia halló el pueblo mixto de la cultura palafítica de Schussenried y grupos claramente nórdicos; en Baviera y Alta Austria, el pueblo de la cultura de Altheim. En el Wurtemberg y región del Rin, el pueblo de la cultura de Michelsberg, pariente de los habitantes palafíticos de Suiza, donde no entró plenamente este elemento, pues sólo llegó hasta la Suiza septentrional y donde la cultura de los Túmulos sólo ejerció pequeñas influencias a lo largo de toda la Edad del Bronce. Esta cultura de Michelsberg, en el Rin, desemboca en la cultura de Adlerberg, ya de la primera época del metal, tras la llegada del vaso campaniforme, siendo todos estos elementos absorbidos y unidos en el Bronce II por la cultura de los Túmulos. Hacia Francia se encontró con una población de origen hispanomediterráneo, mezclada con elementos más alpinos hacia el este de la Galia. Además, por todas estas regiones había pasado, sobre todo, dejando fuerte influjo, el pueblo del vaso campaniforme, de origen español, que había llegado hasta Hungría y que al chocar con esta «cerámica de cuerdas» crea en la región renana la cerámica de zonas, que se extiende hasta Bohemia.

No es de este lugar analizar, siquiera brevemente, los componentes raciales de todos estos pueblos que desde el año 2000 al 1800 venían floreciendo en esa extensa región, a la cual llegó la metalurgia antes, en la mayoría de los casos, que los pueblos de la «cerámica de cuerdas» los absorbieran. Las condiciones climáticas de la época suboreal, ya analizadas, y tal vez un mayor vigor racial del pueblo de la «cerámica de cuerdas», permitieron su preponderancia sobre todos los antiguos colonizadores neolíticos de economía esencialmente agrícola; mas, como es de suponer, la raza que se formó no era homogénea, ni desaparecieron a lo largo del florecimiento de esta etapa fecundísima de los Túmulos las diferencias locales.

El mismo pueblo de la «cerámica de cuerdas» era un pueblo mezclado, formado, como otros grupos neolíticos de la Europa Central, al contacto de los dolicocéfalos rubios nórdicos con los colonizadores venidos del Este. Su rito funerario, por la incineración total de los cadáveres, no permite asegurar las formas de su fisonomía; pero Schliz (11) ya estableció una fuerte dolicocefalia, que ha sido luego comprobada en más extensos y metódicos trabajos (12). Tampoco a su formación podemos dedicar más amplitud, ya que sólo fué uno de los elementos del pueblo de la cultura de los Túmulos, del cual saldrían los celtas de los tiempos históricos.

Tales elementos dispares, etnográfica y culturalmente, se reflejan en una serie de grupos de muy personales características situados en las diversas regiones de Europa Central, por las que se extendieron, si no todos, algunos de los elementos raciales que forjaron esta cultura.

Sin embargo, a pesar de los grupos citados, cuyas características hemos de mencionar, una unidad asoma por encima de las diferencias. En primer lugar, la localización de los hallazgos de esta cultura aparece siempre en las regiones donde hoy solamente hay selvas, excepción hecha de muy contados casos. Ello nos asegura una cronología única para todos los grupos dentro de una misma época climática. Siempre los hallamos en las altas lomas que bordean los valles, en tierras abruptas, fuera de los terrenos aluviales (13). Los poblados se situaban siempre cerca de las fuentes de agua potable, que se aprovechaba como elemento primario, para asentarse en una época que era cálida y seca. Por la situación y por los hallazgos, se puede asegurar que estos hombres de la cultura de los Túmulos vivían de la caza, de la pesca y, sobre todo, del pastoreo, principalmente del cerdo, que alimentaban las encinas, base de la vegetación (14) de los bosques de toda la Europa Central durante la época suboreal ya mencionada. No por ello desconocían la agricultura, conforme lo prueban las raras hoces halladas en algunos túmulos.

Económica y socialmente, este pueblo conservó muchas de sus tradiciones de la Edad de la Piedra, como el hacha de combate enmangada, incluso hasta una etapa muy avanzada.

La personalidad de esta cultura aparece clara cuando, ya bien entrada la Edad del Bronce, estas gentes aprendieron la metalurgia. Tal vez por la captura de forjadores de otros pueblos, y por el robo de utensilios, se fueron iniciando en el conocimiento de la forja de objetos de bronce, más que por el corto comercio desarrollado por un pueblo pastor tradicionalista y en general pobre. Resulta muy difícil precisar cómo y dónde comienza esta etapa cultural. En conjunto, muchos objetos son tipos procedentes de Aunjetitz; también asimilan gran parte de la tipología de la cultura de Adlerberg y de la Edad del Cobre alpina. Hacia el Oeste, su utillaje característico tardó más en introducirse. Asimismo se observa que ninguno de los grupos de la cultura de los Túmulos se asimila sino muy raras formas de la rica cultura germánica de la Edad del Bronce. Se ve una unidad étnica, además de la cultural, frente al mundo germánico, que florece espléndidamente más al Norte, sin que apenas lleguen algunas influencias suyas, pero sin pasar jamás más abajo del Main. Al final del Bronce, los influjos italianos llegan a ser preeminentes y, a la vez, los tipos del bronce húngaro los vemos llegar al Rin y a Turingia, y hasta más al Oeste,

Las rutas del comercio en esta época, que han sido bien fijadas, nos aseguran en qué forma obtuvieron ellos el metal, el ámbar y las cuentas de vidrio, únicos elementos extraños importantes de este pueblo. Su establecimiento nos hace ver también en este caso cómo se abandonaron las rutas naturales que siguen los valles por otras que cruzan las lomas y montañas y, a la vez, la escasez de depósitos de objetos demuestra que esta cultura vivió sin grandes cambios comerciales. Lo contrario comprueba la arqueología, al estudiar otros círculos culturales próximos contemporáneos, como el de Hungría o el del círculo germánico.

Tampoco nos ha dejado este pueblo poblados extensos. Son raros los vestigios identificables de habitaciones de esta cultura. Todo hace suponer que los hogares de construcciones de madera estaban próximos al lugar donde se hallan los túmulos funerarios, tan característicos, pues hay vestigios arqueológicos, sobre todo cerámica, que han inducido a algunos autores a esta conclusión (15).

De su casa nos puede dar idea la choza de madera y planta cuadrada de Mergentheim, aunque, al parecer, es algo más moderna. Está construída sin postes (16). En otros lugares como Beierseich (Worms), se ven plantas redondas. También en Baviera y otras partes, sobre todo hacia el centro de Francia, se observa que esta gente habitó en cuevas, donde se han encontrado vestigios de su característica cerámica.

Los utensilios más usados son hachas sin perforar y, más tarde, cuchillos. Usaron unas pinzas para depilarse la barba, y al final del bronce se introduce el uso de la navaja de afeitar en la mayoría de los grupos regionales (Bohemia, Alto Palatinado, Franconia y Alsacia), persistiendo en otros las pinzas características.

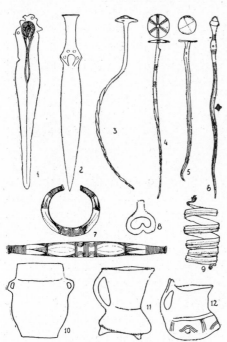

FIG. 3. — Formas de la cultura de los Túmulos en la Baja Austria y en Burgenland. Período B 1: 1, del sepulcro núm. 3, de Leobersdorf; 2, ídem núm. 1, de Wetzleinsdorf; 3, de Regelsbrunn; 4, del sepulcro núm. 1, de Leobersdorf; 5, ídem núm. 2, de Wetzleinsdorf; 6, ídem núm. 2, de Leobersdorf; 7, ídem núm. 2, de Wetzleinsdorf; 8, de Asparn; 9, de Regelsbrunn; 10, de Wetzleinsdorf, sepulcro núm. 2; 11 y 12, de Mistelbach (Rollerfund). Según *Willvonseder*.

Los guerreros usaban una daga y una lanza o espada punzante, con un escudo redondo y pequeño de 80 centímetros de diámetro como máximo, hecho de madera y reforzado con clavos y chapas de metal (17). Al final de la Edad del Bronce se suelen ya fundir, imitando a los de madera, escudos íntegros de bronce, cuyo tipo perdura, en esencia, a lo largo de la primera Edad del Hierro.

La evolución de los ornamentos de gran valor, para establecer la cronología, es principalmente local; pero se pueden seguir ciertas líneas generales. Los primeros brazaletes están cincelados y en la última Edad del Bronce ofrecen fuertes rebordes terminales y agallonamientos en forma de oruga (tipo de la fig. 16, núms. 13 y 14). Los alfileres más usados son de cuello estrangulado, graciosos de forma, siempre grabados y con agujero en el cuello, y luego sin él. Más tarde son más largos; los aros sustituyen al cincelado y los agujeros se atrofian. Al final son extraordinariamente largos, con fuertes aros en el cuello, siendo modelos propios del Rin y del Wurtemberg. En Baviera aparecen los tipos de cabeza de turbante, globulares y de vaso. El alfiler con cabeza de rueda, tipo originario del Rin, alcanza una gran distribución en todo el círculo del sudoeste de Alemania. Entre los pendientes, el tipo de pendiente en forma de ancha rueda es propio del final del Bronce y ofrece analogía con la época de Pianello en Italia. Es difícil ver cómo se pueden separar estos pendientes de los de rueda y de los alfileres de cabeza de rueda. Ambos son, sin duda, signos solares y, desde luego, este símbolo estaba en uso también ya en la cultura de Aunjetitz. El uso de los pendientes en «forma de corazón» se deduce por el hallazgo de Labersricht II (18).

Hombres y mujeres usaban collares de cuentas de ámbar y vidrio, que se importaban de fuera; pendientes de bronce y también brazaletes, aunque se ha comprobado que los hombres sólo llevaban uno en el brazo izquierdo (19). Peculiar de las mujeres son los anillos y tobilleras. Conocemos también aquellos detalles de su indumentaria que por la acción del tiempo no han desaparecido. Es frecuente hallar una franja de cuero, que serviría de cinturón tachonado con clavos de bronce; sobre todo, los que aparecen en los cadáveres de mujer (20). Los numerosos tipos de alfileres proporcionados por estos habitantes de la Edad del Bronce se usaban por hombres y mujeres para sujetar las ropas y también se ve que los emplearon para fijar el pelo. En las sepulturas de hombre aparece siempre uno, y en las de mujeres, dos (21).

Muy importante es en esta cultura la cerámica. Ella acusa mejor que otros elementos la composición de los diversos grupos que integran el pueblo de los túmulos. No se puede negar que se trata de hondas diferencias esenciales y no de una simple diversidad de estilo; pero siempre se ven estas distintas maneras entremezclarse unas con otras, denunciándonos una unidad. Baviera se relaciona con el grupo herciniano, y por otra parte se une a las formas y técnicas que hallamos en Suabia, el Wurtemberg y el Rin, y a su vez, éste nos enlaza con Francia. La cerámica es un importante elemento para el estudio de una cultura en la Prehistoria y, realmente, al analizar la cerámica de la cultura de los Túmulos es preciso hacer resaltar la diferencia entre el grupo oriental o herciniano y el grupo occidental o renano. La más esencial característica es la rareza en aquél de la cerámica excisa, que es el más original elemento de toda la cultura de los Túmulos, además de la forma de las sepulturas que le dan el nombre. Este característico estilo cerámico, por sus formas y por su decoración, se desarrolla desde el Bronce medio y final hasta el Hallstatt tardío. Consiste en morder el barro tierno sacando un pellizco de pasta que luego se rellena con un barro blanco o rojo, que viene a incrustarse en el acto de la cocción en el vaso anterior. Luego se simplifica el mordido con un rehundido de estructura decorativa semejante. A base de tales procedimientos se obtiene una ornamentación rica y recargada por un *horror vacui* que permite considerarla como la más personal creación de este pueblo y el mejor elemento para percibir su desarrollo y épocas de predominio o decadencia.

Su distribución (fig. 15) es la mejor prueba

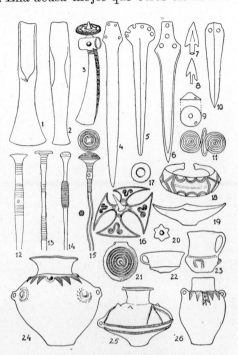

FIG. 4. — Formas del período final B 2 de la cultura de los Túmulos, en Austria: 1, del sepulcro núm. 1, de Gmunden; 2, ídem núm. 19, de Gmunden; 3, ídem núm. II, de Winklarn; 4 y 5, de Wimsbach; 6, de Limberg-Heidenstatt; 7, del sepulcro núm. 9, de Winklarn; 8, de Wimsbach; 9, de Eibesthal; 10, del sepulcro núm. 10, de Winklarn; 11, ídem núm. 12, de Winklarn; 12, de Wimsbach; 13, del sepulcro núm. 2, de Winklarn; 14, de Wimsbach; 15, del sepulcro número 12, de Winklarn; 16, ídem núm. 2, de Pitten; 17, de Roggendorf; 18, del sepulcro núm. 12, de Winklarn; 19, de Getzersdorf; 20 y 21, del sepulcro número 2, de Pitten; 22, de Kiblitz; 23, de Stillfried; 24, de Winklarn, sepulcro número 8; 25, de Steinabrunn; 26, de Kiblitz. Según *Willvonseder*.

de la dispersión de los distintos grupos etnográficos y culturales que en la cultura de los Túmulos se creen célticos, estando en relación directa la intensidad y permanencia de los hallazgos de esta cerámica con el carácter «céltico» de su población hasta la época de La Tène. Esta técnica procede con toda seguridad de la cerámica del vaso campaniforme (22). Después solamente se modifica el estilo, ampliándose la excisión, que en los vasos citados es más fina y simple, pues ahora, a la vez que los dientes de lobo y pequeños mordidos e impresiones propios del vaso campaniforme, aparecen diversos tipos de excisiones y estampillados, con lo cual se ve cómo en los vasos se aplican las técnicas decorativas procedentes del trabajo en la ornamentación del metal y de la madera. La decoración excisa en la cerámica sólo se usa con abundancia en la Edad del Bronce desde Alsacia hasta Baviera; extendiéndose luego en la época del Hallstatt hacia Occidente y España, donde, sin embargo, no pasa la línea del Tajo, límite geográfico de la España europea. Frente a este hecho vemos como, por el contrario, hacia Occidente no llegan sino algunas de las muchas formas cerámicas que de los círculos culturales de Aunjetitz y de Hungría pasan al grupo herciniano y del Danubio medio, y sólo alguna vez penetran hasta Baviera, el Wurtemberg y el Rin. Muy típicos son los abollonados decorativos de las urnas y jarras, que hallamos más frecuentemente usados en los grupos orientales y que faltan casi por completo más al Occidente, o llegan más tarde, con la invasión de los campos de urnas.

Además de la decoración excisa y de los abollonados, tema este último de origen metálico, nacido en Bohemia y Hungría, en la llamada cultura de Lausitz o Lausacia, la cerámica de esta cultura ofrece incisiones sencillas, formando temas de bandas, recuerdo del estilo Butmir y de la cerámica de bandas de ángulos, propia sobre todo de las regiones hacia el Alto Palatinado y Baviera. En tanto que hacia el Rin muestra con frecuencia zonas de ornamentación lineal, derivada esta última de los estilos de la cerámica de zonas y palafítica de aquella región en época anterior (23); mas siempre hallamos en los vasos de la plena Edad del Bronce una nueva concepción decorativa, un estilo muy diferente. En cuanto a las formas, se ven muchas que deben proceder de Hungría, y ésa es la opinión de Childe (24); pero para nosotros, los paralelos más exactos de estas urnas y jarras con grandes cuellos cónicos muy abiertos, en forma de tolva, que son los dos cacharros más característicos de toda la cultura, los hallamos en las ánforas neolíticas del círculo de la cerámica de cuerdas de Bernburg-Walterienburg, aunque su estructura y decoración sean ahora diferentes (25). En la Edad del Bronce también aparecen estos tipos sin decoración, fabricados con la técnica de la cerámica de Lausacia, hacia Silesia, como en el hallazgo de Stuhlweissenburg (26). Es posible, sin embargo, admitir en líneas generales una gran influencia del Este para todos los grupos, que, a su vez, ofrecen cacharros, jarrillos y pucheros, relacionados con las antiguas culturas neolíticas y del bronce inicial. Con ello la cerámica comprueba lo que ya denuncian los objetos de metal.

El más característico elemento que da unidad general a esta cultura centroeuropea es el tipo de enterramiento.

Los muertos eran depositados extendidos. Solamente en el grupo herciniano se hallan en dos casos encogidos los cadáveres. No se cavan tumbas en el suelo, cosa que revela el carácter antiagrícola de estas gentes, poco acostumbradas a cavar. Sobre el cadáver depositado encima de un pavimento de piedras o maderas, se levantaba un gran montículo de tierra y piedras. A veces, en estos túmulos no se ha encontrado sepultura alguna, con lo cual hay que pensar que se trataba de simples cenotafios rituales. Estas tumbas forman verdaderos cementerios regulares, pero de modestas extensiones, pues ya hemos dicho que este pueblo no vivió en poblados grandes. Hacia Bohemia, donde siempre señalamos las mayores peculiaridades, se han llegado a señalar hasta un centenar de túmulos juntos (27); pero estos casos son raros. En Baviera se localizan grupos de hasta seis; en el Rin, el grupo más compacto está en la selva del Haguenau, siendo también muy densos en la región de la Côte d'Or, aunque la mayoría de los túmulos de esta región caen fuera de la Edad del Bronce. Pero fuera de estos ejemplos, siempre se hallan aislados o en pequeñas agrupaciones. Se trata de enterramientos libremente organizados por aquel pueblo, que vivía a base del pastoreo. Las tumbas no son ricas; pero hay, con todo, marcada diferencia en su ajuar y construcción; con lo cual, nos hallamos en presencia de jerarquías sociales, y si bien es fácil presumir que no hubiera verdaderos reyes, hay que ver en algunos casos jefes de grupos. Las sepulturas de las mujeres suelen ser tan ricas como las de los hombres, y muchas veces es frecuente hallar al matrimonio enterrado bajo el mismo túmulo, con lo cual hemos de pensar en que se practicaba la mono-

gamia y en que la mujer ocupaba un honroso puesto en la sociedad. Generalmente, cada tumba encierra un hombre y una mujer; pero a veces se hallan tumbas colectivas, como en Bohemia y el Alto Palatinado, donde un túmulo suele tener hasta seis sepulturas; en la Alta Suabia, hasta cuarenta, y lo mismo en Wurtemberg y en Alsacia, donde Schaeffer ha pensado que cada túmulo representa un cementerio familiar, usado regularmente desde el Bronce medio hasta el final del Hallstatt (28).

En cuanto al rito funerario propiamente tal, hay que distinguir algunas diferencias, según los lugares y las épocas. Originariamente, el pueblo de los primitivos túmulos de la cerámica de cuerdas y de zonas quemaba sus cadáveres, enterrando sus cenizas en un túmulo. Así, la incineración no falta en ninguno de los grupos; pero sólo se mantiene con carácter predominante en el grupo más oriental, donde no falta tampoco la inhumación. Mas la población anterior de todas estas regiones de origen occidental y mediterráneo resistió a aceptar este rito funerario, y vemos cómo se impone, al fin, la inhumación, predominando así, sobre todo hacia el Rin, donde este substrato étnico era más fuerte (29). En Wurtemberg y en Baviera se ven usados indistintamente ambos ritos. Luego, conforme avanza la Edad del Bronce, todo este pueblo se ve sometido a influencias de la cultura de Aunjetitz, de Bohe-

FIG. 5. — Formas del período C: 1, de la región de Salzburgo; 2, del sepulcro número 9, de Kronstorf; 3, ídem núm. 1, de Kronstorf; 4, de Limberg-Heidenstatt; 5, de Maisbirbaum; 6, del sepulcro número 1, de Kronstorf; 7, ídem número 3, de Kronstorf; 8, de Maisbirbaum; 9, del sepulcro núm. 1, de Kronstorf; 10, de Maisbirbaum; 11, del sepulcro núm. 5, de Kronstorf; 12, de Eggendorf im Tale 13, 14, 15 y 16, de Maisbirbaum; 17, de Herzogenburg; 18, de Maisbirbaum. Según *Willvonseder*.

mia, Moravia y Hungría, que se habían impuesto ya al grupo herciniano en mayor escala. Así, primero se dejan las cenizas bajo el túmulo sin urna, como antes se habían dejado los cadáveres, para, al final de la Edad del Bronce, adoptar íntegramente el rito de meter los restos quemados del cadáver en una urna, que se entierra simplemente en el suelo.

Estas influencias nos anuncian la fuerte invasión de nuevas gentes procedentes del círculo de Lausacia, que traen hacia Occidente los cementerios de los campos de urnas que los caracterizan. Cuando la inhumación era practicada en los túmulos, cosa la más frecuente, los restos solían ser protegidos con gran cuidado. Algunas veces, como vemos en Bohemia, Baviera y Francia central, se levantaba una cubierta de piedras, con frecuencia traídas de largas distancias, y otras veces, como en el Alto Palatinado y en Brunn, vemos construída una cámara rectangular techada con madera, dentro de la cual se depositaba el cadáver. También se observa hacia Occidente la utilización de cuevas para el enterramiento, influjo de España y del Mediterráneo, donde tal procedimiento fué siempre frecuente. Así, en Francia hallamos muchos enterramientos de este tipo, inhumándose los cadáveres como en los túmulos y con idéntico ajuar, y rechazándose la incineración, que, sin embargo, llegó con este pueblo, por primera vez, hacia Occidente, aunque sean muy raros los casos (30), pues no se generaliza hasta la gran invasión de los campos de urnas, de la que hablaremos.

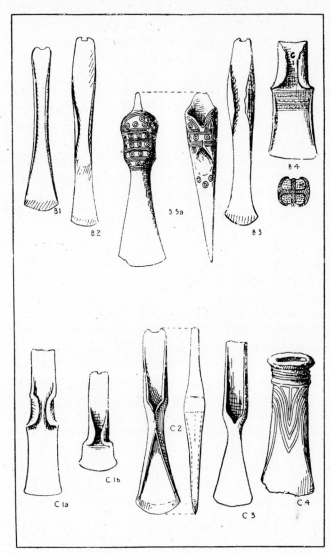

FIG. 6. — Tipología del hacha de bronce: B 1, del tipo del sepulcro de Kraft. Procedente de un túmulo de Mägerkingen; B 2, de un túmulo de Mägerkingen; B 5 a, ídem en Mühlanger (Oberpfalz); B 3, ídem en Kbely (Bohemia); B 4, tipo italiano. De un túmulo en Eglfing-Tanting. — C 1 a, y C 1 b, de un hallazgo en Reitnau (Suiza); C 2, del túmulo 3 en Mühltal (Alta Baviera); C 3, tipo bohemio. De un túmulo en Pivon; C 4, de Aranyos. Según *Childe*.

Los grupos de la cultura de los Túmulos.

Bastará con lo expuesto para comprender que la cultura de los Túmulos, dentro de una gran unidad, ofrece diferencias regionales bastante acusadas.

Por ello los arqueólogos la han dividido en varios grupos, que mencionaremos brevemente. Kraft (31) establece cinco: I, grupo de la Alemania Central, al norte del Main; II, grupo renano, que va de Estrasburgo a Bingen; III, grupo del Alb, en Wurtemberg; IV, grupo de la Baja Baviera, y V, grupo del Alto Palatinado. Birkner (32) ha hecho tres: uno, el del Wurtemberg; otro, del norte de Baviera y Alto Palatinado, y otro, del sur de Baviera.

Todavía se han estudiado subgrupos, como ha hecho Eisner (33) en Bohemia, estableciendo el grupo de Pilsen y el de Budweis. La más perfecta clasificación la ha hecho Childe (34), y a su pensamiento se acerca Červinka (35).

Childe establece siete grupos:

I.   Herciniano, que se extiende por la región montañosa que va del este de Bohemia hasta el Alto Palatinado y Franconia.

II.   Bávaro, que ocupa principalmente Baviera y la Alta Austria.

III.   Suabo, que se extiende por el Alb y el Wurtemberg.

IV.   Alto Rin, representado principalmente por los hallazgos de la selva de Hague-nau, en Alsacia.

V.   Rin Medio, concentrado, sobre todo, en Starkenburg y Hessen.

VI.   Bajo Rin.

VII.   Franconia.

Todavía Willvonseder (36) ha separado en el grupo Herciniano otra rama, pues ha podido establecer, con razón, la personalidad de un grupo del Danubio Medio, que se extiende por la Baja Austria, sur de Moravia hasta Hanna, oeste de Eslovaquia y oeste de Hungría (Dunántúl), y también a él pertenecerían los grupos de Estiria, Carniola y Tirol oriental, es decir, todo el grupo de la provincia sudalpina, del cual hablaremos, apartándose en esto mucho del criterio de Childe, que lo cree derivación de los grupos alpinos.

La Alta Austria formaría parte del grupo Bávaro, pues su cerámica y bronces son afines.

La nota esencial, que con razón indiscutible da personalidad a este grupo del Danubio Medio, que ya establecían Menghin (37) y Červinka (38) con el nombre de grupo danubiosudeta, es la cerámica, cuyas formas, decoración y estructura se enlazan con Hungría, lo mismo que los bronces (39).

Todavía nosotros habremos de añadir un grupo noveno, el de la Francia Central, aún poco conocido, pero que es de gran interés para España y a cuyo estudio habremos de dedicar la atención posible, dentro de lo difícil que nos resulta su análisis completo por el retraso de la arqueología francesa de esta época. Aun quedan al margen de esta cultura, pero estrechamente emparentados con ella, el grupo de túmulos del sudeste de los Alpes hasta Croacia y Servia, que Willvonseder incluye en su grupo del Danubio Medio, y el de la región de Silesia y Polonia.

Procuraremos analizar cada uno de estos grupos en sus diversas formas culturales para dar clara idea de las variedades locales que tanto ayudarán a comprender las diferencias ofrecidas, a lo largo de su historia, por este pueblo celta, unido en esencia, pero de muy mixtificada composición racial y cultural. A través del estudio de estos grupos arqueológicos, la formación y los problemas del desarrollo histórico de los celtas se comprenden más fácilmente y mejor, así como las relaciones con grupos de pueblos afines, sobre todo el ilirio, del cual también habremos de tratar detenidamente más adelante.

Grupo del Danubio Medio.

En la exposición de los diversos grupos de la cultura de los Túmulos seguiremos un criterio geográfico, empezando por el más oriental, o sea el del Danubio Medio.

La personalidad de este grupo de la cultura de los Túmulos ha sido establecida por Willvonseder (40). Lo forman la serie de túmulos más orientales de esta cultura, que se extienden por la Baja Austria hacia Hungría y Eslovaquia, y por el Sudeste hasta Servia, descolgándose desde el Tirol oriental por la Carniola y la Estiria.

Desde luego los túmulos de la Alta Austria, Salzburgo y Tirol se enlazan con Baviera, y las afinidades de los túmulos de la Baja Austria y Eslovaquia son claras con el grupo Herciniano (41), en el cual estudió Childe todos estos túmulos antes de la publicación de las investigaciones de Willvonseder.

En este grupo el rito funerario es, generalmente, la inhumación en túmulos o en tierra; sólo tres ejemplos aislados conocemos de incineración a lo largo de la Edad del Bronce medio y final, época del florecimiento de esta cultura.

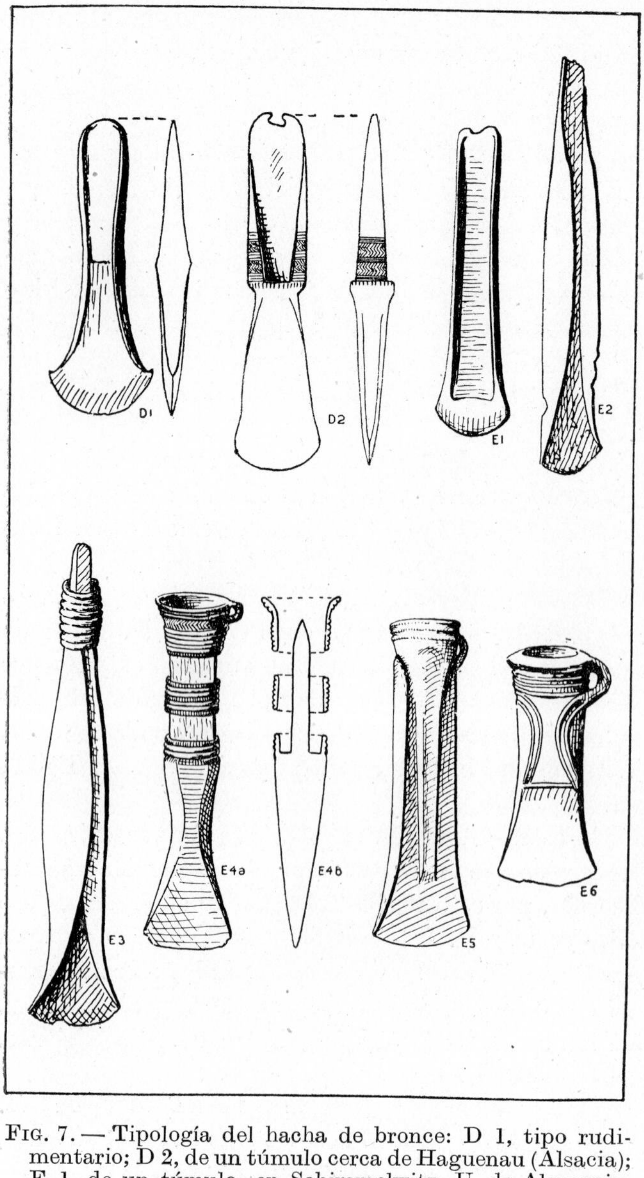

Tres períodos ha establecido este arqueólogo en su evolución: el primero (B 1) se caracteriza por la persistencia de las formas cerámicas, muy próximas al círculo de la cultura de Eslovaquia y Hungría: jarros de largo cuello y asa, a veces con abollonados cilíndricos y tres pies, igual que los que aparecen en la cultura de Mad'arovce, y una urna sencilla de cuello cilíndrico y dos asas. Los hallazgos de Rollerfund, en Mistelbach, y de Regelsbrunn son definidores de este período, todavía muy unido tipológicamente a la cultura del bronce inicial danubiano (42).

Los bronces más característicos son las agujas de cabeza de plato y de sombrilla, y las de cuello estrecho con agujero, brazaletes macizos y de plancha enrollada con pequeños extremos espiraliformes. Hay también pendientes en forma de corazón; y como armas, las espadas cortas con empuñadura maciza y de hoja de tipo de «roseta» en el empalme, sin empuñadura de metal ni nervio de sujeción. La ornamentación de estos bronces se caracteriza por formas nativas radiales (fig. 3).

El grupo segundo (B 2) tiene más personalidad, tanto en los bronces como en la cerámica. A esta época pertenecen la mayoría de los grandes hallazgos de túmulos en esta región. La cerámica muestra en este grupo un carácter completamente diferente del grupo anterior. Se enriquece con la fuente de cuatro picos, que estudiaremos más adelante, tomada al grupo de Baviera; con la taza de asa, y con la urna de cuello y asas en la panza, que también describiremos en el grupo Herciniano y en otros de esta cultura. Además, el tipo de ánfora de cuello recto, cilín-

Fig. 7. — Tipología del hacha de bronce: D 1, tipo rudimentario; D 2, de un túmulo cerca de Haguenau (Alsacia); E 1, de un túmulo, en Schimmelwitz, U. de Alemania; E 2, hacha danesa; E 3, ídem con anillo de bronce, en Dinamarca; E 4, procedente de Silesia; E 5, ídem de Dinamarca; E 6, ídem de Aranyos (Hungría). Según *Childe*.

drico, de la fase anterior, ahora ofrece una decoración incisa de bandas de triángulos cerca del cuello, y también abollonados y cordones con impresiones digitales.

Los bronces son muy característicos: hachas de talón en ángulo agudo del tipo de Bohemia y de aletas iniciales; también una vez ha aparecido en el túmulo II de Winklarn un hacha húngara de enmangue (fig. 4, núm. 3); espadas cortas de empuñadura sobre la hoja o de tipo de lengüeta inicial; dagas de dos clavos en la empuñadura; puntas de flecha de aletas y enmangue de tubo; brazaletes macizos; alfileres del tipo anterior, pero evolucionados; botones de bronce y anillos de espirales (43). Muchos de estos elementos de bronce son ya comunes a los demás grupos de túmulos, como veremos, aunque muestren relaciones más directas con la metalurgia de Hungría, de donde derivan las corrientes del metal que llegan a toda la cultura de los Túmulos (fig. 4).

El grupo tercero (C) ha sido largamente discutido, pues no se establecían al principio diferencias con el grupo anterior. Reinecke y luego Willvonseder han establecido la siguiente tipología para este período: espadas de empuñadura maciza octogonal, de bronce, las cuales pasan al grupo germánico, caracterizando el período tercero de Montelius, grupo cuarto de S. Müller. Naturalmente, este tipo de espada aparece en algún hallazgo, que puede ser de la fase B y de la D, pero su centro cronológico es este grupo tercero. Con ella aparecen también espadas de lengüeta. Los alfileres son menos típicos, con cuello de doble serie de estrías o de cabeza de plato con pinchos en lo alto. Hay brazaletes de plancha terminados en doble espiral, y pinzas de depilar. Ahora, la decoración de los bronces es de tipo espiraliforme, sobre todo en las empuñaduras de las espadas, y refleja un «micenismo» claro en los motivos de bandas de espirales, influencia micénica reforzada por la espada de Hammer (fig. 8, núm. 12), de claro modelo micénico; todo lo cual ayuda a precisar la cronología absoluta de este grupo, como más adelante veremos (44).

La cerámica en esta época continúa desarrollando las formas esenciales anteriores, incluso hasta las jarras del grupo primero reaparecen; además, se propagan las asas en B y los jarros troncocónicos y tazas con pie. En conjunto, la cerámica no sería suficientemente clara para establecer la personalidad de este grupo, pero aparecen nuevos tipos y algunos motivos

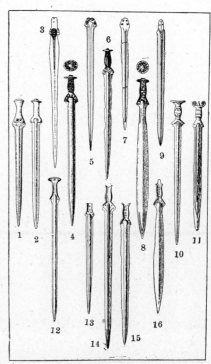

FIG. 8.—Tipos de espadas y estoques de bronce: 1, espada con fuerte puño, de un túmulo de Haid (Wurtemberg); 2, ídem con puño recto, de Rima-Szombat (Hungría); 3, ídem ligeramente abultada en el arranque de la hoja; Keszthely, oeste de Hungría; 4, ídem con puño octogonal; Tachlovica (Bohemia); 5, estoque de ancha base y con seis remaches, Alta Baviera; 6, espada con puño oval puntiagudo; colección de Aranyos, norte de Hungría; 7, estoque con cuatro remaches, túmulo de Velka Dobra, cerca de Praga; 8, espada de la Hungría del N., Zsujta; 9, estoque de hoja fina; colección de Rima-Szombat, N. Hungría; 10, espada de Ronzano; Suiza; 11, ídem de antenas; Suiza; 12, estoque, tipo micénico; Hammer, cerca de Nuremberga; 13, ídem con puño cóncavo, túmulo en Smolenice (Eslovaquia); 14, espada del tipo germánico, de Kossinna, Dahmsdorf, cerca de Breslau; 15, ídem cortante, Aranyos; 16, ídem íd. de hoja pistiliforme, sepultura de incineración de Wollmesheim. Palatinado renano. Según *Childe*.

decorativos extraños a los vasos de los grupos anteriores, como las guirnaldas rayadas en la panza de las urnas (fig. 5).

La cultura de las urnas, como en los demás grupos, sustituye a la cultura de los Túmulos del grupo del Danubio Medio. Sólo hacia la Alta Austria, en el valle del Inn, los túmulos perduran a lo largo del Bronce D, siendo muy clara su exacta sincronicidad con la nueva y pujante cultura de las urnas. Las necrópolis de Nöfing y Ratishof, cerca de Renshofen (45), son las más características y muestran un inventario que llega hasta el Bronce C, y ofrece además una gran semejanza en las formas cerámicas con estampillados y escisiones de Baviera y Wurtemberg (46).

Todo parece indicar que entre los hallazgos del Bronce B, que pertenecen a esta cultura, y los del Bronce D se intercalan gentes de la cultura de las urnas (47), tal vez sobre las tierras no ocupadas por los pueblos de la cultura de los Túmulos, que perduran con ciertas características hasta épocas avanzadas, sobre todo en territorios del sudeste alpino, como veremos al tratar de este grupo característico.

Las dificultades que presenta la sincronicidad de estas culturas al final del Bronce hizo incluso pensar a Kyrle que Austria, durante el período medio de los túmulos, no estaría ocupada (48).

Lo que sí es seguro es la pronta incorporación de la mayor parte de los territorios de Austria, donde estos pueblos se habían desarrollado, a la pujante cultura de las urnas, que arrincona hacia las montañas alpinas a la cultura de los Túmulos ya desde una época temprana (49).

El grupo Herciniano.

Este es el grupo más rico de toda la cultura de los Túmulos, y se extiende a lo largo de las lomas del Jura de Franconia, por todo el Alto Palatinado, cerca de los manantiales del Berouna (grupo de Pilsen), y sobre el Alto Moldava (grupo Budweis). Sus infiltraciones hacia la Alta y Baja Austria, e incluso hasta el oeste de Eslovaquia (50), las hemos estudiado en el grupo anterior. Childe divide en dos períodos la evolución del grupo Herciniano.

En el primer período la inhumación predomina sobre la incineración; pero este rito funerario no está ausente en Bohemia, siendo uno de los grupos que lo ofrece con más frecuencia, incluso en este primer período. A pesar del mal estado de los esqueletos se ve que la raza estaba formada por una mezcla de braquicéfalos y mesocéfalos (51).

Muy instructivo es el utillaje de este grupo, que nos prueba las corrientes culturales que forman la cultura de los Túmulos.

Se ve el hacha de talón, frecuente en Bohemia (fig. 6, tipo C 3); el hacha de aletas, en casos raros, y persistiendo el tipo de aletas indiciales (fig. 6, B 3); y el tipo de hacha estrangulada y rebordes muy fuertes (fig. 7, E 3), que aparece un par de veces, y otra vez en Bohemia. También se halló en el túmulo V de Brunn un hacha de piedra que seguramente es de cronología muy moderna a pesar de su tipo arcaico (52).

Antes del fin del período comienzan a aparecer los cuchillos de un solo corte y borde arqueado con fuerte mango, instrumento que Kraft piensa haya nacido en Franconia o Alto Palatinado (53) (fig. 10, tipo 5).

Las primeras navajas de afeitar pertenecen también a este grupo, pero seguramente son del final de esta cultura, ya al terminar la Edad del Bronce (54). El primer modelo es de hoja en forma de círculo o pala con mango terminado en aro. Luego aparece esta hoja segmentada, como en tipos italianos, con un profundo entrante en ángulo, como en

Labersricht y Breitenloch (55), donde se halló además, con la navaja de afeitar, unas pinzas de depilarse. Estas navajas tienen también su mango de bronce, que suele ser calado conforme avanza la segmentación de la hoja, prueba frecuente de una edad más moderna.

También se halló en el túmulo de Smedrow una hoz de bronce del tipo más primitivo; constituye un hallazgo raro en esta cultura, cuya economía ya hemos dicho que no era agrícola, sino ganadera.

Las armas usuales eran la daga corriente del Bronce medio (fig. 4, núm. 10). En un túmulo de Pilsen se halló una espada, sin empuñadura, de tipo punzante (fig. 8, núm. 3), que se fabricó allí, como lo prueban tres ejemplares encontrados en la región (56). Mejor aún nos da idea del armamento de un guerrero de esta cultura, aunque ya hacia el fin de la Edad del Bronce medio, el depósito de Tachlovice (57); consta de una espada de empuñadura octogonal de bronce macizo, conocida desde la época de los túmulos, y además una daga y un hacha de combate enmangada, de tipo del Bronce tardío, de Hungría.

También tenemos brazaletes, alfileres, pendientes, anillos y otros adornos, muchos importados y otros indígenas. En todo este ajuar de bronce la decoración nos prueba el predominio absoluto de

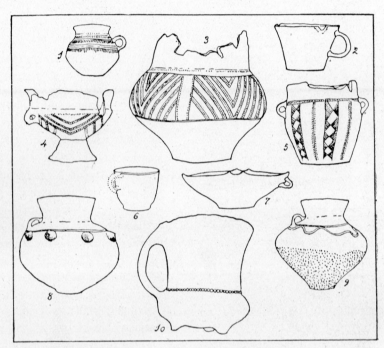

FIG. 9. — Tipos cerámicos de la cultura de los Túmulos del sur de Alemania: 1, Haguenau. Museo Haguenau; 2, 5 y 7, túmulo de Lestany. Museo Narodni; 3 y 4, frutero y urna de Kbely. Museo Narodni; 6, Aischhofen. Museo Regensburg; 8, Upflamor. Museo Stuttgart; 9, Hossingen. Museo Stuttgart; 10, Regelsbrunn. Museo Carnuntum. Según *Childe y Behrens.*

las influencias húngaras. Además no es raro hallar el oro en los túmulos de Pilsen, en anillos anchos, y también abunda el ámbar, siendo muy característica una cuenta de collar semiesférica que aparece por todo el Alto Palatinado y Bohemia (58). La riqueza de este grupo de la cultura de los Túmulos se comprende, sobre todo, por ser el más cercano a los centros del estaño centroeuropeo, situados en Bohemia.

Sin embargo, una gran mayoría de sus tipos de bronce se relacionan con Hungría y no con la cultura de Aunjetitz. Se puede asegurar que el pueblo de las montañas del oeste de Bohemia y Alto Palatinado parece haber aprendido la metalurgia en la escuela húngara. El estaño de Bohemia, que se exportaba a Hungría, iba por el paso de Fürth o por el Moldava arriba, camino que seguían en sentido inverso los productos del bronce húngaro y el oro.

Hemos de añadir que en esta riqueza del grupo Herciniano influiría también la ruta central del ámbar (59), que iba en el Bronce medio a través del Alto Palatinado.

Los tipos cerámicos nos hablan, al contrario que los tipos de objetos de bronce, del fuerte parentesco del grupo Herciniano con los otros grupos más occidentales de la cultura de los Túmulos. Y no debe olvidarse que las relaciones cerámicas suelen reflejar relaciones etnológicas. Sus principales formas, que se repiten en otros grupos de la cultura de los Túmulos, son:

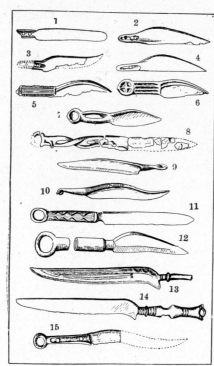

I. La urna o jarro de cuerpo más o menos bicónico y cuello cilíndrico (fig. 9, núms. 3 y 5).

II. La taza sin pie en forma de tintero (fig. 4, número 22).

III. Las tinajas con dos asas, siempre en medio del cuerpo y nunca junto al cuello (fig. 4, número 24).

IV. Vasos troncocónicos y aun cilíndricos.

V. Jarros con una gran asa en medio del cuerpo (fig. 9, núms. 2 y 6).

VI. Fuentes con cuatro puntas o picos en el borde (fig. 4, núm. 19, y fig. 9, núm. 7).

Además de estas formas propias no faltan otros tipos cerámicos tomados a culturas próximas. Así,

VII. El jarro «ilirio», tomado a la cultura de Aunjetitz (Lausacia), no es raro en el grupo de túmulos de Pilsen (fig. 9, núm. 10).

VIII. De Suabia viene hasta Kbely la urna y el «frutero» de tipo suabo (fig. 9, núms. 3 y 4).

IX. Y, sobre todo, la serie de vasos con decoraciones que llegan de los grupos de túmulos de más al Oeste (fig. 9, núms. 1 y 6 a 9).

Fɪɢ. 10. — Tipos de cuchillos de bronce: 1, de las sepulturas de Apátipuszta, Hungría?; 2, túmulo 8, Riegsee, Baviera; 3, ídem 26, en el Bajo Eberfing, Alta Baviera; 4, ídem en Labersricht, Oberpfalz; 5, ídem en Novy Dvúr, Bohemia; 6, ídem en Schutzendorf, Franconia; 7, ídem en Novy Dvúr; 8, ídem en Velka Dobra; 9, sepulcro de cenizas en Heidesheim, cerca de Mainz; 10, 13, 14, palafitos suizos; 11, Rovio, Cantón Ticino; 12, Stadecken, cerca de Mainz?; 15, túmulo 32, en Riegsee. Según *Childe.*

La mayoría de estas formas cerámicas son de origen neolítico. La urna de cuello cilíndrico tipo I y las tazas tipo II, tan frecuentes, se deben relacionar con formas de cerámica nórdica neolítica del tipo Bernburgo, según cree Eisner (61), aunque Childe (62) cree puede haber analogía con tipos de Aunjetitz. También han podido venir de este origen nórdico algunos elementos decorativos. Los jarros con pie proceden seguramente de la cultura de Michelsberg, aunque también los había adoptado la gente de Aunjetitz, y su origen remoto está en el neolítico danubiano. Las tazas con cuatro picos en el borde ya aparecen en la cultura de Straubing, en Baviera. Mas también en la cerámica se ven las influencias húngaras que tanto denuncian los objetos de metal. La urna de tipo de cratera hallada en el Alto Palatinado (63) es de origen húngaro, e incluso la urna de tipo I, general de esta cultura, aparece en el Banato.

La cerámica de este grupo está decorada con incisiones de bandas de zigzag, aspas, triángulos y losanges. Suelen ser frecuentes los abollonados sobre la panza, que proceden seguramente de Aunjetitz, donde son todavía mayores y más frecuentes. También hallamos la decoración de la superficie arrugada, o intencionadamente basta, dando sensación de gran tosquedad, y en algunos casos, en Bohemia y Alto Palatinado, aparece la técnica excisa, tan característica de esta cultura, como veremos.

En una segunda fase los túmulos hercinianos, ya al final de la Edad del Bronce, llegan a Praga, bajando el valle del Moldava, y, tomando contacto con gentes de Lausacia, forman el grupo de la cultura mixta, entre la cultura de las urnas y de los túmulos, de tipo Milaveč, que está muy in-fluída por su contemporánea la cul-tura de los campos de urnas de Knovitz. Esta segunda fase abarca el Bronce final (Bronce E Reinecke, o período Hallstatt A).

En esta fase ofrece este grupo un aspecto muy diferente al an-terior. Aparecen ahora los ricos túmulos, seguramente de reyes o príncipes, pero enterrados con el rito de la incineración y colocando las cenizas dentro de urnas. Tam-bién es diferente el ajuar: grandes espadas de bronce con empuñadura de lengüeta y empuñadura maciza de bronce (fig. 8, núms. 4, 6 y 14); dagas de tipo de lengüeta (figu-ra 11, núm. 4, y fig. 19); cuchillos de tipos más evolucionados (fig. 10, número 4); alfileres de tipo húngaro con cabeza de turbante y anillos en el cuello (fig. 13, D 12) o los de ca-beza de mirasol (fig. 12, B 10). Los brazaletes son de fuertes arrugas, tipo de oruga, y también vemos el brazalete de alambre retorcido (figura 16, núms. 13, 14 y 17) (64).

En esta época se conocía la téc-nica de batir el cobre, como se ve también en los depósitos contem-poráneos de Italia. La taza de Veka

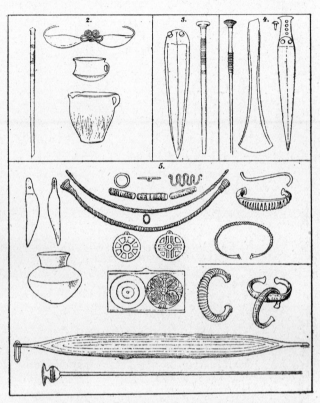

FIG. 11. — Ajuares de los túmulos de Baviera, del Bron-ce D: 2, Bronces y vasos pertenecientes al primer período del Bronce del túmulo núm. 8, bóveda 4, del grupo XII, de Leibersberg I; 3, bronces de transición del primero al último período, pertenecientes al túmulo núm. 29, grupo IX a, del Bajo Söchering; 4, muestras del primer período y del período de transición al final del Bronce, procedentes del túmulo núm. 37, grupo XII, de Leibersberg I; 5, bronces y vasos del período final, procedentes del túmulo núm. 8 (espléndido sepulcro de mujer), del grupo XIII, de Riegsee. Según *Naue*.

Dobra y la célebre cratera de Milaveč lo prueban (65). Ahora también se reemplaza el viejo tipo de escudo redondo de madera, usado en el período anterior, por el de bronce.

Sobreviven en la cerámica los tipos generalizados durante el primer período, como la urna con cuello cónico y taza con pie o sin él (fig. 9, núm. 3); pero los vasos más abundantes y típicos proceden de la cerámica de los campos de urnas de Lausacia, como la urna de cuello cilíndrico y las urnas ornamentadas en el estilo lausaciano (66).

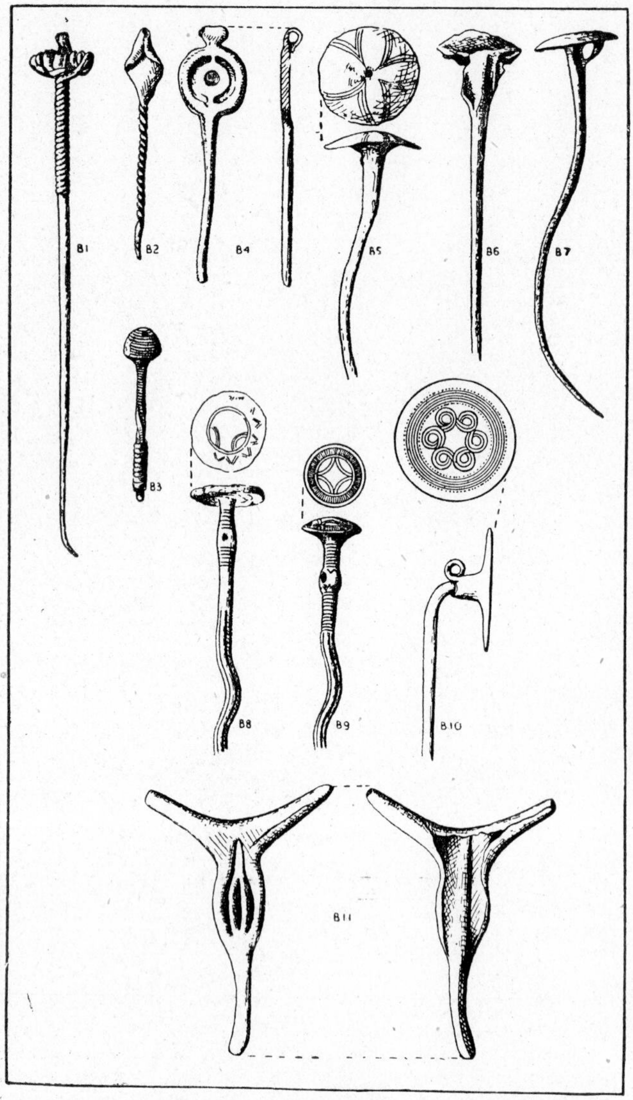

FIG. 12. — Alfileres de los campos de urnas de Hungría y
regiones próximas: B 1, Gemeinlebarn, sepulcro de Aunjetitz; B 2 y B 4, del campo de urnas de Lobasverény
(Hungría); B 5, de Rákos-Palota. La cabeza verticalmente horadada; B 6, tipo de los túmulos de Bohemia,
del túmulo de Hladomeř; B 7, del campo de urnas de
Zagyvapálfalva (norte de Hungría); B 8, ¿de los hallazgos de Szeged-Röszke?; B 9, de un túmulo cerca de Amstetten (Baja Austria); B 10, de un túmulo en Řepeč (Bohemia); B 11, de un campo de urnas en Vršac. Según
Childe.

Grupo Bávaro.

Este grupo ofrece sus concen-
traciones entre los Alpes y Munich. Más hacia el Norte hay grupos más pequeños de túmulos que
se enlazan con los del Alto Palatinado del grupo Herciniano,
así como hacia la Alta Austria
hay otros grupos que unen el
grupo Bávaro con el grupo de túmulos del Danubio Medio (67).

Lo que se ve claro es que las
tierras altas, alrededor de los lagos Würmsee, Ammersee y Staffelsee, estuvieron muy pobladas
en el Bronce medio, siendo estos
túmulos estudiados ya en el siglo XIX por Naue (68).

En la Alta Baviera el contraste entre el Bronce medio y el
Bronce final es muy claro. En
el primer período es casi general
la inhumación (69) en túmulos
que han proporcionado el siguiente ajuar: hachas de piedra y cuchillos de pedernal (70); hachas
de bronce de aletas iniciales en el
centro (fig. 6, núms. C 1 y 2);
cuchillos de un solo corte de tipo
primitivo (fig. 10, núm. 5) (71),
que luego evoluciona. Una hoz
apareció en el túmulo de Unter-
Führug I. Las espadas son de tipo
sin empuñadura de metal (fig. 8,
números 5 y 7), y también de empuñadura maciza (fig. 8, núms. 1,
2 y 4) o de lengüeta (fig. 8, número 13); asimismo hay dagas sin
empuñadura de metal del tipo
llamado ojival (fig. 4, núm. 10,
y fig. 11, núm. 3). Los brazaletes
en esta época primera son de tipo cilíndrico, muy decorados en el lomo (fig. 11, núm. 5,
y fig. 16, núms. 7 y 8), y los de gallones horizontales (fig. 11, núm. 4). Tanto en los brazaletes como en los alfileres y demás adornos, Childe establece una evolución en dos fases, que no se puede aplicar a las armas y utensilios, pues estos objetos variaron menos.
A la fase A pertenecen los tipos mencionados, y a la fase B los tipos más evolucionados

de gallones horizontales y los de tipo de oruga.

Los alfileres usados ahora son de cabeza de plato (fig. 12, número B 8) y de cuello estrangulado (fig. 13, núm. C 3), bien decorados en la fase A, y sin ojo en el ornamento y plato menos plano en la fase B (fig. 12, núms. B 6 y C 7), anillos y tutuli agujereados en las fases A y B, así como pendientes en esta última del tipo de «antenas» invertidas.

El ámbar en esta etapa no era raro, pero el oro solamente se ofrece en unos pocos alambres enrollados en espiral. Sin embargo, se importaban cuentas de vidrio azul translúcido.

Estos túmulos bávaros, bastante ricos en bronces, han proporcionado poca cerámica. Sus formas principales son la urna y tazón con o sin pie, ya descritas en el grupo Herciniano (I y II). El ánfora con abollonados, que también allí aparece (VIII), viene de Suabia, de donde también llegan los jarros con decoración excisa y estampada. Propias de Baviera son las tazas pulidas, con asa en el cuello (fig. 11, núm. 2), y las perolas semiesféricas y jarras con decoración excisa (figura 20 A) (72).

En este grupo de la cultura de los Túmulos la decoración característica de la cerámica es la excisa y estampada, muy propia de esta cultura, como hemos dicho, y que sólo en raros ejemplares hemos visto en el grupo anterior.

Todo hace pensar que los creadores de este grupo cultural serían descendientes del pueblo de la ce-

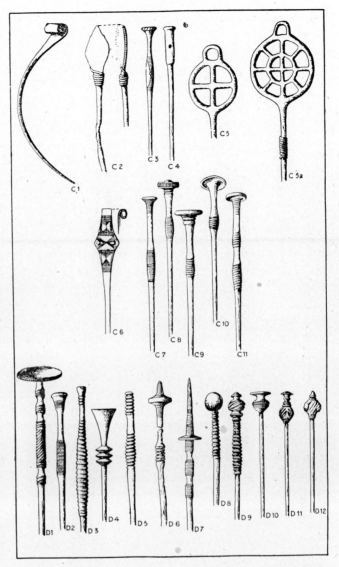

Fig. 13. — Alfileres del SO. de Alemania: C 1, Adlerberg; cerca de Worms; C 2, túmulo, cerca de Haguenau, C 3, ídem, en Hundersingen; C 4, ídem 25, de Baierseich; C 5, alfiler con cabeza de ruedas, en Haid; C 5 a, ídem íd., túmulo de Pfronstetten, Wurtemberg; C 6, tipo suizo; C 7, ídem alsaciano, túmulo cerca de Haguenau; C 8, de Branik, Bohemia; C 9, de un túmulo, en Kbely, C 10, ídem, en Plavo, Bohemia; C 11, ídem, en Zeleni, Bohemýa. — Alfileres de la cultura de los Túmulos. Edad del Bronce: D 1, de un túmulo, en Chlum, cerca de Oparany; D 2, ídem, en Hundersingen, Wurtemberg; D 3, ídem, próximo a Urach, Wurtemberg; D 4, ídem, en Würtingen, Wurtemberg; D 5, ídem, cerca de Haguenau; D 6, en Bruck; D 7, en Baviera; D 8, del túmulo 26, de Riegsee; D 9, del Bajo Eberfing, túmulo 14; D 10, del túmulo 8, de Riegsee; D 11, ídem, en S. Andrä, Alta Baviera; D 12, ídem, en Milaveč Bohemia. Según *Childe*.

rámica de cuerdas, cuyos propios túmulos han sido encontrados en el centro de otros mayores ya del Bronce medio (73).

La introducción de la metalurgia se debería a la ruta del ámbar, que pasaba por el centro de su territorio buscando el Brennero; pero la inspiración es principalmente húngara, como hemos visto en el grupo Herciniano y en los demás que iremos analizando.

Sin embargo, las formas y motivos decorativos de la cerámica hablan de influencias ejercidas por los centros de esta cultura de más al Oeste, hacia Wurtemberg, y algunos vasos son una clara continuidad de formas primitivas. Sólo los abollonados enlazan a este grupo con Aunjetitz, aunque pudo llegar también tal decoración a través del grupo Herciniano.

El segundo período de esta cultura en Baviera, corresponde al Bronce final y representa fuertes cambios.

Prevalece ahora la incineración sobre la inhumación, pero las cenizas sólo rara vez se entierran en urnas. El ajuar también es diferente en algunos tipos. Las hachas no aparecen en las tumbas. Las espadas son de tipos más evolucionados, con empuñadura octogonal de bronce y de lengüeta (fig. 8, núms. 4, 6 y 15), y lo mismo las dagas, de empuñadura de lengüeta (fig. 19), y los cuchillos (fig. 10, núms. 12 y 15). Los alfileres son de cabeza de bola y de vaso (fig. 13, núms. D 8, D 9, D 10 y D 11), y los brazaletes tienen botones terminales y fuertes ribetes verticales tipo oruga (fig. 16, núms. 13 y 14), y de tipo retorcido (fig. 16, núm. 7). Hallamos alambres en espiral, a veces en la forma típica de «anteojos»; pendientes de rueda, a menudo de metal blanco, y largas placas de cinturón de bronce (fig. 11, núm. 5). La mayoría de estos objetos están ornamentados con espirales grabadas (74).

Ahora la cerámica es de forma graciosa y de fino barro, con decoración grafiteada como en el túmulo 23 de Rigsee y canaladuras; ambas técnicas han venido del Este, procedentes del círculo de la cultura de los campos de urnas. Además sigue el estampado y la excisión, y a veces se decoran las vasijas grandes con una superficie arrugada y el cuello bien pulido. Así, todo nos habla en esta época de una fortísima influencia de los campos de urnas, pues los bronces son idénticos a los de aquella cultura, excepto que las fíbulas y las navajas de afeitar aun no aparecen.

Grupo de Wurtemberg.

De toda la cultura de los Túmulos, el grupo más numeroso y característico aparece en Wurtemberg; sobre todo en el Alb de Suabia. El profesor Kraft, que ha dedicado una extensa monografía a la Edad del Bronce en el sur de Alemania, ha establecido cuatro fases: B, C, D y E, en el estudio de esta cultura (fig. 17). En la fase A no aparece aún formada esta cultura y la fase E coincide con lo que Reinecke llama Hallstatt A. (75)

En este grupo el rito funerario es generalmente la inhumación; pero es muy frecuente la incineración, apareciendo ambos ritos simultáneamente y no faltan incluso otras peculiaridades. Así, por ejemplo, en Lauter, un solo túmulo cubría un gran número de cadáveres, en contraste con el carácter individual de estos enterramientos. También es singular un enterramiento donde apareció un cadáver atado por los pies. Llevaba unas tobilleras de terminales en espiral ligadas por una cadena (76).

La raza que elaboró esta cultura, según Schliz, la constituyeron tres grupos diferentes: los dolicocéfalos nórdicos, los braquicéfalos dináricos y otro tercero, producto de la mezcla de ambos (77).

El ajuar de bronces, siguiendo a Kraft, lo forman los siguientes grupos:

Fase B: Hachas con rebordes simplemente y su derivado de aletas iniciales (fig. 6, B 1 y B 2), dagas ojivales, espadas de bronce sin empuñaduras (fig. 8, núm. 5) y con empuñadura maciza de bronce (fig. 8, núm. 1), brazaletes sencillos cilíndricos con el lomo decorado (fig. 16, núm. 15). Tobilleras de alambre sencillo terminadas en espiral (fig. 18, núms. 2 y 3). Alfileres de cuello estrecho y de cabeza de paleta redonda, de origen nórdico (78) y tutuli agujereados (fig. 17 B).

En la fase C persiste el tipo de hacha de aletas iniciales (B 2), las dagas ojivales y las espadas sin empuñadura (fig. 8, núms. 5 y 7), los mismos brazaletes; las tobilleras con terminales espiraliformes, pero ya con un cuerpo sencillo de bronce (fig. 18, números 4 y 5), pendientes de rueda y los tutuli agujereados (fig. 17 C).

Una mayor evolución y riqueza de los tipos vemos en la fase D, con hachas de aletas (B 3), espadas siempre sin empuñadura (fig. 8, núm. 7), brazaletes de rebordes horizontales (fig. 16, núm. 4); tobilleras del tipo de terminal en espirales, pero con un cuerpo fuerte y bien decorado (fig 18, núms. 8 y 10) (79), y alfileres de cabeza de rueda y de cuello estrecho, pero sin agujero (fig. 13, núms. C 5 y C 3, y fig. 17, D).

En la fase E no suelen aparecer hachas en los túmulos, el tipo de espada sigue siendo sin empuñadura, pero más evolucionada (fig. 8, núm. 9), los brazaletes se parecen ahora a las tobilleras en la forma como terminan y nace el tipo de «baberito» (fig. 16, números 10, 11 y 18), y los alfileres son el tipo de plato (fig. 12, B 8) y con cabeza de alambre enrollado; además aparecen los botones o tutuli con agarradero, para sujetarlos en la parte de atrás (fig. 17, E).

También aparecen ahora las flechas y lanzas, y las pinzas de depilar; pero faltan en absoluto los cuchillos de un solo corte que vemos en otros grupos de esta cultura. Las hoces son como en todas partes, extremadamente raras. En cuanto a los tipos de hachas, ha sido notado por Kraft la bastedad de todas ellas, por lo cual las denomina de tipo «sepulcral», pues no las vemos aparecer ni en depósitos ni en hallazgos sueltos. También es interesante la daga de basta empuñadura de bronce, idéntica a tres ejemplares de Bohemia (80). Estas espadas con empuñadura de bronce son raras, como hemos visto en los otros grupos de túmulos del sur de Alemania, donde el tipo frecuente es, en general, la espada sin empuñadura, con clavos en la cabeza de la hoja para sujetar un mango de madera o hueso. En tanto que aquí, en este grupo, debió nacer el bello broche de bronce para cinturón (fig. 11, número 5), que desde Suabia debió pasar a Baviera y Suiza (81). El alfiler de cuello estre-

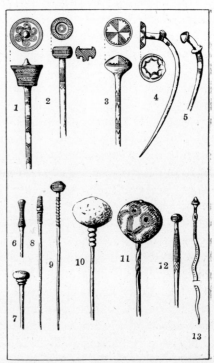

Fig. 14. — Alfileres de tipos silesianos y polacos, tipos de Lausacia y de los campos de urnas del N. de los Alpes: 1, sepulcro en Namslau; 2, ídem de Tschanz; 3, ídem en Wojdal; 4, alfiler silesiano, Heidersdorf; 5, tipo de transición; 6, campo de urnas de Kuñetice (Bohemia); 7, Mostkovice, Moravia, cerca de Lausacia; 8, tumba de Knoviz en Přemyšleni; 9, alfiler con cabeza, sepulcro de cenizas de Egg, cerca de Zurich; 10, ídem íd. en forma de globo, sepulcro de cenizas de Weinheim; 11, tipo suizo de los palafitos; 12, túmulo en Altdorf, Franconia; 13, hallazgo en L. Starnberg. Según *Childe*.

cho con agujero también parece propio de este país, pues es mucho más frecuente que en los demás grupos, y con éste, el brazalete de ribetes horizontales, evolucionando con sus terminales abotonados característicos (fig. 16, núms. 3 y 5) (82).

El conocimiento de la metalurgia, según Kraft, lo tomaron los túmulos del Alb del Bronce I de los valles. Así, el tutuli vendría del tipo de alambre en espiral que vemos en la cultura de Straubing (fig. 17, A). Los tipos renanos de alfileres con cabeza de rueda y las tobilleras sólo llegarían al Alb en el Bronce D, y aun más tarde los tipos de alfileres húngaros.

El ámbar era muy usado, no sólo para collares, sino como ornamento de los cinturones; pero el oro es muy raro. También merece citarse un alfiler de tipo suizo, con cabeza de bronce dorada, procedente del túmulo de Nahren.

En sus trabajos, Kraft nos señala cómo no puede dividir la cerámica en los mismos grupos o fases que los bronces. Es, generalmente, de barro negro o moreno, y sus formas son las ya conocidas como más características de esta cultura, o sea urnas de cuello en embudo (fig. 9, núms. 8 y 9); jarras con cuello atrompetado, o sea muy parecido al de las urnas (fig. 20 B), con decoración excisa; las tazas o peroles, redondos, casi semiesféricos, con la misma decoración. En cuanto a la ornamentación, tenemos la técnica excisa muy desarrollada, los abollonados y la afición de arrugar parte de la superficie del vaso. Pero la decoración característica, y la más empleada y con mayor riqueza, es la excisión, que perdurará aquí hasta la Edad del Hierro, creando muy bellos estilos (Hallstatt C). Según Kraft, la cerámica revela que los constructores de estos túmulos eran gente del Este y Oeste, mezclados. Las jarras y tazas vendrían del Proto-Aunjetitz. Childe señala que también podría verse un paralelo de los vasos campaniformes con asa de Franconia. Finalmente, el arrugado de la superficie del vaso ya lo hallamos en la urna de Leubingen. Por el contrario, la decoración excisa procedería de la técnica del vaso campaniforme, donde estos motivos ya aparecen, aunque más finos, añadiéndose ahora los estampados, cuyo origen está en influencias de la técnica de trabajar el metal.

Las urnas y jarros, y quizá las formas de las asas, han nacido en la cultura de Michelsberg, siendo formas evolucionadas de aquella cultura. Finalmente, algunas formas de tazas y el rito funerario se enlazarían con la cerámica de cuerdas, que habrá dado también el túmulo funerario, tan característico de esta cultura.

Grupo del Alto Rin.

Dentro de este grupo de la cultura de los Túmulos, el centro principal lo hallamos en la selva de Haguenau, en Alsacia, hoy región inhabitable y entonces densamente poblada.

Schaeffer, a base de los diarios de Nessel, excavador de los túmulos a principios de siglo, ha escrito uno de los trabajos fundamentales para el conocimiento de esta cultura y su desarrollo posterior (83).

Aquí los túmulos alcanzan apenas el Bronce IV, y los más son del V y del VI de la cronología de Childe, es decir, del Bronce medio y final llegando a la época del Hallstatt, o sea ya dentro de la época de la invasión de los campos de urnas.

Parece, pues, sean de una cronología algo posterior a los grupos más orientales ya estudiados.

Las hachas son, la mayoría, de tipo de rebordes (fig. 6, tipo B), pero también las hay de talón plano de tipo occidental (fig. 7, D 2). Un ejemplar de tubo con asa (84) y otro

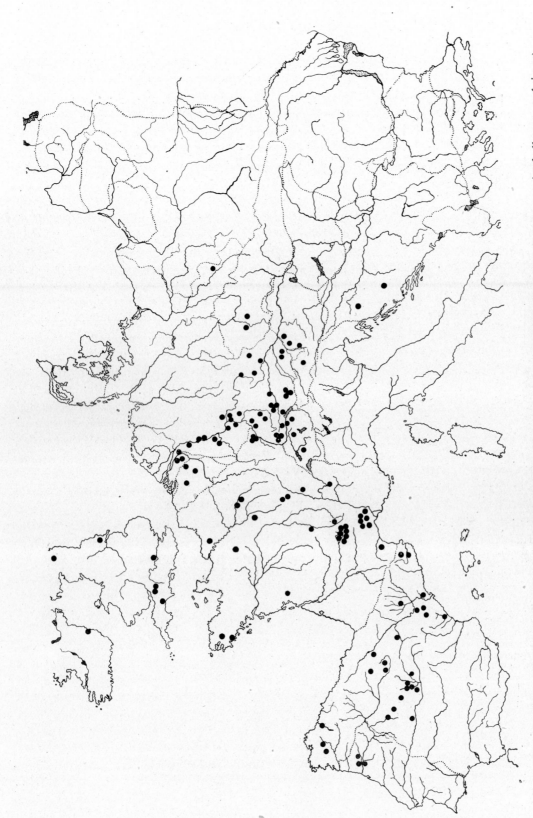

FIG. 15. — Distribución de la cerámica excisa en Europa. (Cada punto equivale a una estación, y tres juntos a varios hallazgos próximos)

de aletas medianas han sido hallados aislados. Las espadas únicas son del tipo sin empuñadura (fig. 8, núm. 7). Las dagas son del tipo corriente, llamado ojival por Childe (fig. 19),

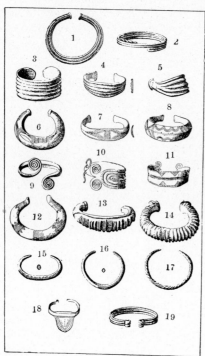

FIG. 16. — Tipos de brazaletes de
bronce: 1, brazalete acordonado,
cultura Aunjetitz; 2, ídem de alambre retorcido en un extremo, Opa-
tovice, Moravia; 3, ídem horizon-
talmente galeonado, con sus extremos redondeados, Rákos-Palota,
Hungría; 4, ídem con sus extremos
ensanchados, Forma húngara y SO.
de Alemania. Túmulos de Huglfin-
Vffing, Alta Baviera; 5, Variante
silesiana; 6, brazalete con sus extremos ensanchados, Rákos-Palota;
7, ídem íd., túmulo 6, Fischen, Alta
Baviera; 8, ídem íd., túmulo 6, cerca de Amstetten?; 9, brazalete y to-
billera con espirales en sus extremos, Rákos-Palota; 10, ídem íd.,
Alta Baviera; 11, ídem íd., Oberpf-
falz; 12, brazalete con sus extremos ensanchados, Vojdol, Polonia;
13, ídem íd. galeonados, túmulo 8,
Riegsee; 14, ídem íd., túmulo 8,
Riegsee; 15, brazalete de extremos
afinados, sepulcro, Bajo Eberfing;
16 ídem íd., sepulcro, Mägerkingen; 17, ídem íd., sepulcro 2, Oderding; 18, sepulcro, en Haid; 19, Heidesheim. Según *Childe*.

y hay un ejemplar de empuñadura de lengüeta muy
característica (85). Las flechas son raras; hay cuchillos de un solo corte (fig. 10, núms. 2 y 12), y navajas
de afeitar con la hoja segmentada. Los brazaletes ofrecen tres tipos: el de alambre enrollado, el de bordes
horizontales y el macizo cilíndrico, con decoración
en el borde (fig. 16, núm. 15) (86). Muy características son las tobilleras con terminal en espiral (figura 18) (87). Los alfileres son de variados tipos: de
cabeza de alambre enrollado, de cuello estrecho,
agujereado y sin agujerear, de cabeza platiforme y
de rueda, y no falta el tipo de turbante con variantes (88). Hay también el broche de cinturón, usado
por hombres y mujeres indistintamente; pendientes
de tutuli agujereado y de alambre enrollado. Además
se encuentra el ámbar, que Schaeffer duda proceda
del Báltico, sino más bien cree, por su coloración
roja, debe ser mediterráneo (89), y alguna vez, al
principio, cuentas de vidrio, que luego no siguen apareciendo; con lo cual deduce este investigador que el
comercio con el Mediterráneo, de donde procedían,
se fué interrumpiendo conforme se llega al Bronce
medio (90).

Las consecuencias que deduce Schaeffer sobre el
estudio realizado del utillaje de metal es que la mayoría de los objetos proceden de Hungría y Austria
y nada del Occidente, excepto las hachas de talón.
Sin embargo, a partir del Bronce medio, la metalurgia se desarrolla en el país, creándose tipos en
los centros metalúrgicos de este grupo como las tobilleras que aparecen en Wurtemberg y Francia
central.

En cuanto a la cronología, Schaeffer no concreta
demasiado los tipos de cada una de las tres etapas
del Bronce inicial, Bronce medio y Bronce final, en
el que divide esta cultura de Haguenau.

En lo que se refiere a la cerámica, hallamos gran
riqueza y finura en formas y ornamentación. Aparece
la urna con cuello de embudo y las tazas con pie y sin
él; jarras como las del Alb y Baviera, con decoración
excisa muy rica, aunque el cuello es menos atrompetado; peroles, escudillas y jarros cilíndricos (91). Los
motivos ornamentales son varios y denuncian distintos orígenes y relaciones. Hay excisiones sumamente ricas y características; dibujos incisos con motivos diversos, y no faltan

los abollonados (fig. 20). También hallamos elementos claros de la cerámica de zonas, de cuerdas y de Michelsberg (92).

Respecto a los ritos funerarios, desde luego se practicaron el de la incineración y el de la inhumación. Al final de la Edad del Bronce vemos ir prevaleciendo la primera, en tanto que sólo dos casos tenemos de este rito al comienzo de esta Edad en el Haguenau. Por lo demás, la mayoría de los cadáveres fueron inhumados, excepto las mujeres y niños, que suelen ser incinerados a lo largo de toda la Edad del Bronce, hallán-

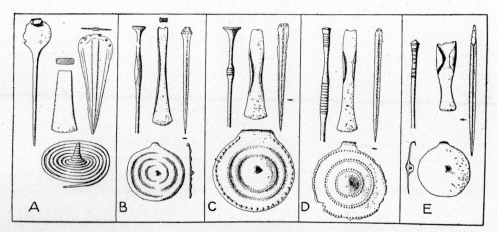

FIG. 17. — Diferentes fases de la Edad del Bronce wurtembergense. Según *Kraft*

donos unas veces con túmulos individuales, que son los más ricos, y otras veces con túmulos colectivos, que son los más frecuentes (93).

En cuanto a la población, parece muy difícil señalar con certeza la aportación de los diversos elementos: uno era el lacustre; otro era el de la cerámica de cuerdas y zonas, emparentado este último con los campaniformes (94). De todos quedan vestigios en la cerámica, que también refleja las corrientes venidas del Danubio medio hacia Occidente.

Del pueblo de la cerámica de cuerdas recibieron los túmulos del Haguenau, como los demás grupos estudiados, el enterramiento en túmulos, así como la incineración, que vemos en las sepulturas más antiguas; sin embargo, este rito fué rechazado, pues la población se aferró a sus antiguas inhumaciones.

Este grupo del Alto Rin, que se refleja sobre Francia central, tiene un mayor interés para España, por estar más próximo a nosotros. Derivado estrechamente de él, destacamos el grupo de los túmulos de la Francia central, que estudiaremos a continuación y que sólo es como una prolongación mixtificada de los túmulos del Alto Rin.

El grupo de la Francia central.

A pesar de lo mal diferenciadas que están las culturas que a lo largo de la Edad del Bronce se desarrollaron en Francia, se puede distinguir con claridad la penetración hacia Occidente de esta cultura de los Túmulos que, aunque mal conocida hoy en su expansión hacia Occidente, nos ha dejado restos indiscutibles de su permanencia en suelo francés.

Según Dunlop (95), que ha estudiado en Francia las variaciones climáticas en relación con la distribución de los tipos de metal de la Edad del Bronce, la primera invasión cultural que corresponde a la cultura de los Túmulos del Bronce medio trae hachas de rebordes y hachas de borde estrangulado o de forma de «espátula», de origen palafítico, dagas de los tipós corrientes y a veces del tipo con la hoja adornada con líneas paralelas. Esta oleada se extiende hasta el Delfinado y hasta Vienne, no pasando hacia el Centro más allá del Saona. En su expansión, estos invasores siguen siempre las alturas de las montañas, como ya hemos visto, y desde los Vosgos pasan, a lo largo del Jura, al Macizo Central, extendiéndose siempre a favor de la formación eolítica central de Francia (96). Luego la penetración llega, a lo largo del Bronce medio, hasta la Charente, en dirección Oeste, y hasta el Gard, al Sur, siendo el centro principal el Jura, donde sólo en el departamento de la Côte d'Or se hallan más de 20.000 túmulos aunque muchos de la Edad del Hierro (fig. 1) (97). Así se introducen en Francia muchas de las formas culturales características de estas gentes (figs. 21 y 22). Espadas sin empuñadura, brazaletes y tobilleras de espirales de tipo renano, brazaletes retorcidos y tutuli. Las hoces son más frecuentes que en otros grupos; hay también alfileres de rueda y de plato y otros varios tipos de los ya mencionados. En algún caso aparece el oro y el vidrio.

A esta cultura pertenece el nivel más importante del poblado de Fort Harrouard, colocado sobre una meseta que domina los valles del Eure y de su afluente Voch-Moulin. Fué excavado por el abate Philippe y nos ha proporcionado restos muy interesantes que alcanzan las épocas del Bronce E, Hallstatt A y aun más tardías. Las chozas eran de madera con revestimiento de barro, hallándose el tipo de megaron, o casa cuadrada, y también la choza de planta oval que parece servía de silo o almacén de provisiones. Los habitantes de esta época en aquella altura constituían una pequeña agrupación urbana defendida naturalmente (98).

Para conocer la economía de aquellos habitantes, se han hallado restos de *bos frontorus*, un toro de pequeña talla con cráneo de perfil convexo; *capra hircus Rutimeyeri*, o cabra de la turba; el *sus palustris*, o cerdo de turba, y el *canis matris optim*, y también un caballo de pequeña talla de tipo nórdico.

Cultivaban el trigo, un pequeño guisante *(pisum sativum)*, tal vez un simple yero o algarroba, y el lino, con el cual se tejían telas toscas, cuya trama nos ha quedado grabada en algunos restos de cabañas, al imprimir el constructor una impresión de la tela de su vestido sobre el barro blando. Un importante papel jugó en la alimentación de aquellas gentes la bellota, comprobando las palabras de Lucrecio: *Glandiferas inter curabant pectora quercus plerumque* (*De rerum natura*, libro V).

En Francia vemos a las gentes de la cultura de los Túmulos, como en los demás grupos, practicar el rito de la inhumación con los cadáveres extendidos y enterrados a veces en una cámara de piedras sin argamasa (fig. 22) (99), y aunque no falta la incineración, no logra, sin embargo, prevalecer. Los primeros invasores la suelen usar; pero, en general, predomina la antigua población y, con ella, el definitivo uso de la inhumación, conservándose aquí hasta el enterramiento en cuevas, rito de largo abolengo en toda Francia, de origen hispanomediterráneo. Se puede recoger la impresión, a través de los hallazgos franceses, de que la cultura de los Túmulos ya formada penetró hacia Occidente, en el comienzo del Bronce medio, adquiriendo un fuerte y peculiar desarrollo, que fué interrumpido por la invasión de los campos de urnas. Esta cultura de los Túmulos del centro de Francia quedó limitada al norte por la cultura megalítica atlántica de origen español, y al sur, por la cultura megalítica pirenaica española, y al sudeste por gentes de los palafitos, ofreciendo su metalurgia tipos de todas partes, aunque cada vez fué mayor la influencia de la metalurgia que venía del sur de Alemania.

La cerámica es el elemento que mejor nos permite fijar la extensión y formación de la cultura de los Túmulos en Francia central. Mal publicados los hallazgos, podemos, sin embargo, establecer que la urna y las tazas típicas de la cultura de los Túmulos (100) no faltan, incluso llega la decoración de abollonados, y, sobre todo, la cerámica excisa tiene una amplísima área de distribución, que coincide con la ya señalada para los bron-

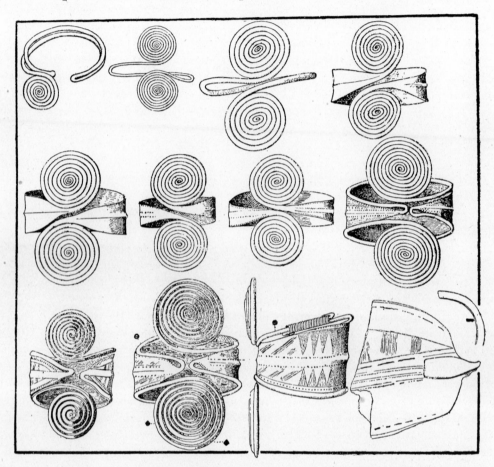

Fig. 18.—Tobilleras de espirales encontradas en las tumbas del bosque de Haguenau, propias de la cultura de los Túmulos, en el SO. de Alemania. $^1/_3$ de su tamaño. Según *Schaeffer*

ces y túmulos, aunque hay que suponer que muchos de estos hallazgos serán cronológicamente contemporáneos y aun posteriores a la invasión de los campos de urnas (fig. 15).

El centro principal del grupo de la cultura de los Túmulos en Francia parece haber sido la Côte d'Or; pero fuertes contingentes se ven hacia Charente y también hacia el sur.

La población representa una mezcla de elementos diversos, aunque predominando los braquicéfalos en gran mayoría (101). Sin embargo, esta cultura no llega al Pirineo, y las más avanzadas penetraciones que podemos situar dentro de la Edad del Bronce, a base de hallazgos sueltos, no pasan del Gard. Sólo más tarde, mezclados ya con las gentes de los campos de urnas cuya invasión fué más fuerte y profunda, veremos pasar los elementos típicos de la cultura de los Túmulos a España. Pero de este movimiento, que traerá los celtas a la Península, hemos de hablar extensamente más adelante.

El grupo del Rin Medio.

Este grupo se parece mucho, en líneas generales, al de Alsacia y, como él, tiene su centro principal en la región hoy ocupada totalmente por los bosques sobre el Vogelsberg (102).

Sus bronces son menos importantes. Hay hachas sólo del tipo de talón, de origen occidental. Las espadas son raras, y siempre del tipo de empuñadura de bronce, y no se hallan cuchillos, ni hoces, ni navajas de afeitar; los alfileres son de cabeza de rueda, tipo probablemente creado en este grupo o en otro de los grupos renanos, pues hasta moldes de fundir se han hallado en Maguncia (fig. 13 C 5 y C 5 a y fig. 20 C y D) (103).

De aquí salieron hasta Dinamarca, Polonia y Baja Austria, y también hacia Francia. Childe cree que tal vez procedan del alfiler de cabeza de paleta del Bronce I de Aunjetitz (104). Su cronología, generalmente admitida, es el Bronce II, en Wurtemberg. Kraft, los atribuye al Bronce IV, y en Alsacia y Dinamarca aparecen en el III, y ésta es su más probable fecha.

Además hay alfileres del tipo de cuello alargado (fig. 13, núms. C 3, C 7) (105), como los de Suabia, y una variante indígena (fig. 13, núm. C 4). Muy interesante es el tutuli tipo Starkenburgo, que se exportó a Alsacia y Wurtemberg (106).

También hallamos al norte del Main, en el Hessen, collares de tipo de diadema, de influencia nórdica (107).

La ruta occidental del ámbar siguió el Rin, desde la desembocadura del Main, al Neckar (108), por lo cual este material suele aparecer en túmulos de entre estos dos ríos. Por esta ruta recibió este grupo influencias del grupo de Suabia y del Danubio, que llegaron a todo el Rin, y por esta ruta llegó también el oro, seguramente, desde Hungría.

La cerámica, en este grupo, ofrece dos etapas y técnicas. En Starkenburgo hay el tipo rojo, con bandas incisas sencillas o triángulos. Parece derivada de Adlerberg; pero también hay relaciones con Aunjetitz, así como el tipo de urna procede de la cerámica de cuerdas (109). El otro grupo lo constituye la cerámica con decoración excisa, que es de tipo alsaciano puro más tardío (110). También aparecen vasos similares en tumbas de incineración en el Adlerberg, cerca de Worms, ya pertenecientes al Bronce D, con navajas de afeitar y flechas con aletas (111).

Grupo del Bajo Rin.

Desde Bonn a Holanda, se extiende sobre las terrazas que bordean el Rin y sus afluentes, en lugares hoy siempre cubiertos por la selva o por fuertes matorrales, una serie de túmulos de un carácter muy personal dentro del conjunto de la cultura de los Túmulos.

Ya hallamos túmulos funerarios en aquella región levantados por los pueblos neolíticos de la cerámica de cuerdas y de zonas, aunque en una época avanzada, puesto que contienen objetos de bronce. Se ve claramente que esta misma población es la que sirve de base a los túmulos más grandes, llamados de «campana», pertenecientes al Bronce medio y final.

Los objetos de bronce de su ajuar, en comparaciones con el de otros grupos, es pobre; las hachas son del tipo de talón que vemos en el centro de Europa y norte germánicos. Las espadas son del tipo general, sin empuñadura. Hay el tipo corriente de pinzas de depilar y anillos con terminal espiraliformes y alfileres de cabeza de rueda (112).

Toda esta industria del bronce procede del Sudeste y ha llegado por el valle del Rin. La influencia del rico y fuerte período del bronce germánico no llega, apenas, ni aun a

Holanda (113). Esta misma corriente que viene Rin abajo se refuerza, al final del Bronce, con la llegada de los campos de urnas, que avanzan también desde el Alto Rin y ocupan todas las tierras bajas, hasta el sur de Holanda, inclusive. En este momento de la invasión de los campos de urnas, que ya analizaremos en otro lugar, los túmulos continúan desarrollándose en las tierras altas de las terrazas de los valles, reflejándose ahora en ellos una influencia definitiva de la cultura de los campos de urnas. La incineración reemplaza a la inhumación totalmente y se enriquecen las formas cerámicas de manera extraordinaria.

Mucho mejor que los bronces, la cerámica nos muestra el origen y evolución de este grupo cultural. Aquí la excisión en la primera época no es abundante (114); pero luego aumenta, pudiendo influir al mezclarse con la cerámica de los campos de urnas hasta crear un grupo peculiarísimo (fig. 23). Entonces es cuando muestra su mayor esplendor este grupo, ya dentro de la época del Hallstatt inicial, a través de cuyo período, como en Alsacia y otras partes, siguen floreciendo los túmulos de la Edad del Bronce (115).

Es éste un grupo cultural donde claramente se ve la influencia de la nueva cultura que llega al final del Bronce y que se mezcla plenamente con los invasores de las necrópolis de campos de urnas, dando lugar a esta personalísima fase de la cultura de los Túmulos en esta región, que llega hasta la Edad del Hierro avanzada.

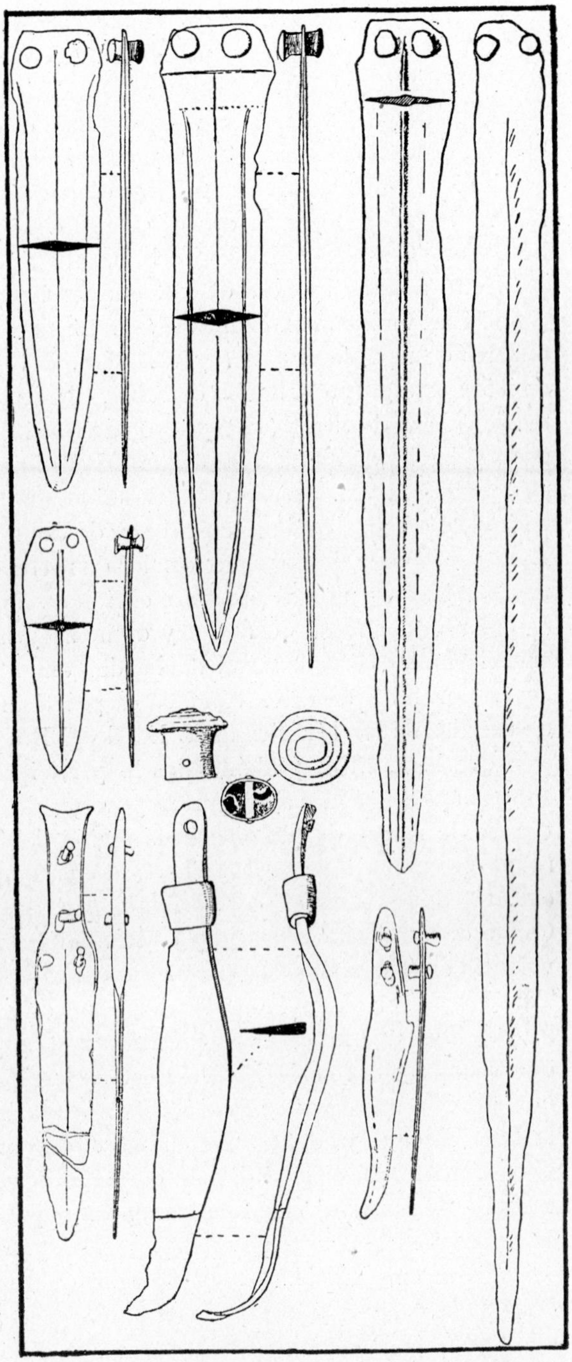

Grupo de Turingia.

La cultura de los Túmulos limita, durante toda la Edad del Bronce, con la fuerte y personal cultura germánica que se desarrolla a lo largo de las costas

FIG. 19. — Dagas, cuchillos y espadas de bronce de los túmulos del bosque de Haguenau. $^1/_2$ de su tamaño. Según *Schaeffer*.

del Báltico. Sin embargo, las fronteras del bronce germánico sólo se extienden durante la Edad del Bronce hasta las lomas de Magdeburgo; pero sólo las influencias de esta importante cultura se perciben más al Sur. En Turingia, estas influencias son muy fuertes sobre un grupo de túmulos que aparecen agrupados a lo largo de la ruta oeste del ámbar, en el sudoeste de esta provincia. Además, sólo encontramos hallazgos a partir del Bronce medio, y no podemos mencionar muchos ejemplos de esta época (116).

Los cadáveres aparecen a veces enterrados en grandes troncos de roble, vaciados, igual que vemos en Dinamarca (117), y también hallamos aquí los siguientes bronces de origen germánico, entre su ajuar: «collares diademas» (118), brazaletes con espirales terminales (figura 16, núm. 9), pero con el cuerpo oval y no cilíndrico, como lo ofrecen los tipos húngaros. También hallamos el brazalete tipo de alambre enrollado en cilindro.

Junto a estos bronces de influencia nórdica, se ven claras las relaciones o paralelos con el Sur. Anillos con espirales (fig. 16, núms. 3-5), brazaletes con ribetes horizontales, alfileres de tipo de girasol (fig. 12, núm. B 10) (119). Desde el Rin y oeste de Europa ha recibido este grupo el hacha de talón, que es el tipo más común en Turingia, y los alfileres de cabeza de rueda (120) y tipo de «bastón» (fig. 13, núm. C 4). Del grupo suabo ha llegado el hacha de aletas (fig. 6, núm. B 2) iniciales (121), el tipo de alfiler de cuello estrecho y agujero y el broche de cinturón de alambre (122). También hallamos tipos propios turingios, como el alfiler con cabeza de doble espiral, que en otra parte es del final del Bronce, pero que aquí aparece con los de rueda (123). Además completan el ajuar dagas del tipo corriente, y una vez aparece el tipo con empuñadura de bronce (124), las espadas sin empuñadura, puntas de flecha y de lanza y hoces. Faltan navajas de afeitar y con frecuencia hallamos todavía el hacha de combate de piedra, que aun supervive (125).

La cerámica de estos túmulos es prácticamente desconocida. El uso de la cerámica de cuerdas en los túmulos de la Edad del Bronce nos sirve para guiarnos sobre la población que los edificó, probándonos la participación de este elemento en toda la cultura, aunque aparece con mayor pureza y rasgos de arcaísmo hacia esta región (126). Al mismo tiempo, la rareza de túmulos en la región del Saal, durante el Bronce medio y en la Turingia, es compatible con la fecha tardía en que esta cultura se introduce allí, tras el florecimiento de los túmulos de tipo Leubingen, que a pesar del arcaísmo de sus bronces, opina Childe deben ser incluídos más dentro del Bronce B que del A y representarían la equivalencia en Turingia a los túmulos renanos y suabos más antiguos, debiéndose asignar a Turingia un retraso en la aceptación plena de las formas culturales de los grupos de túmulos del Sudeste, mucho más pronto influídos por las corrientes culturales del Danubio, que tanto ayudaron de Este a Oeste a dar personalidad a esta cultura. A la vez hay que admitir una clara y fuerte penetración de los tipos del sudeste de Alemania hasta la Baja Sajonia, ya dentro del círculo de la cultura nórdica germánica (127) conforme ha visto Sprockhoff, el cual da, sin embargo, a esta región una excesiva importancia en la creación de los tipos que luego emigraron por las tierras atlánticas.

Grupo de Silesia.

Al este del Elba hay unos pocos cementerios de túmulos que llegan hasta el sudoeste polaco (128) y que parecen paralelos con los del sudoeste de Alemania, aunque su evolución sea independiente y otras sus influencias. A nosotros nos interesan menos, por su alejamiento de España, y sólo los mencionamos para abarcar la totalidad de esta cultura.

En este grupo, el rito funerario fué la inhumación, aunque también hallamos incineración. Sin embargo, los cuerpos se enterraban en cuclillas. A veces hay casos de sepulturas planas y de cenizas enterradas en fosas largas, como para contener un cadáver inhumado.

A) Alta Baviera y Baja Baviera:
1. Abensberg.
2-16. Mühltal.
17-23. Singenbach-Weilerau.
24-25. Wildenroth, Mühlhart.
26. Asch bei Leeder Stockwald.
27-28. Walddorf.
29. Oderding.
30. Oberbayern.
31. Untermenzing.

B) Alb-suabo (Wurtemberg):
1. Haid bei Trochtelfingen.
2. Oberstetten.
3-5-7. Grossengstingen.
6-8. Weiler Haid.
9-12. Grossengstingen.

C) Baierseich. (Todas las piezas
proceden de esta localidad.)

D) Hessen renano y Hessen-Starkenburgo:
1. Bauschheim.
2-6. Nierstein, Dautzklauer.
7. Kelsterbach.
8. Rhein bei Manz, Bleim.
9. Nauheim bei Grossgerau.
10-13. Traisa.

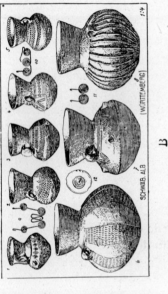

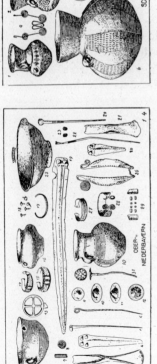

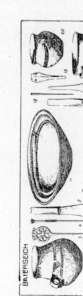

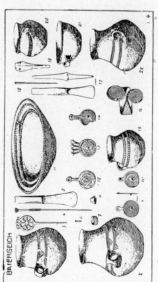

FIG. 20. — Cerámica excisa y otros materiales arqueológicos de la cultura de los Túmulos
del SO. de Alemania. Según *Behrens*

El ajuar de las tumbas es pobre; pero hallamos en este grupo depósitos de objetos, cosa muy rara en todos los demás grupos de esta cultura. Los principales objetos son: hachas del tipo de rebordes (fig. 7, núm. E 1), en las tumbas, y los tipos de boca de media luna o de «espátula» (fig. 7, núm. D 1) y de talón en ángulo (fig. 6, núm. C 3), tipo de Bohemia, en los depósitos. También han aparecido tres hachas de combate de tipo húngaro (fig. 4, núm. 3) (129). Hay dagas ojivales, generalmente del tipo corriente evolucionado y una con empuñadura de bronce (130). Espadas sólo hallamos una en Dahmsdorf, cerca de Breslau, del tipo de empuñadura de lengüeta (131); hay puntas de flecha y de lanza, cabezas de maza esferoide (132), brazaletes cilíndricos sencillos, fuertes y de ribetes horizontales, con alguna variante local (figs. 16, núms. 6 y 8 y 1 a 5), generalmente con decoraciones de tipo húngaro (133), y también el tipo de cuerpo oval con terminales de espirales (fig. 16, núm. 9). En estos depósitos hallamos también chapas de cinturón decoradas con puntos de tipo húngaro (134).

Pero a la vez también ofrece este grupo algunos paralelos con el Oeste; así llega el alfiler de rueda (135) y un pendiente de oro de tipo británico (136). A estos modelos hay que añadir otros nativos, como los brazaletes macizos decorados con propio estilo (fig. 16, número 12), los alambres dobles retorcidos en cilindro de tres vueltas y los alfileres de tipo Aunjetitz, el tipo platiforme silesiano (fig. 14, núm. 4), así como de cabeza de turbante y bola característicos de este grupo (fig. 14, núms. 1 a 3 y 7 y 12), con agujeros verticales (137). Además, tutuli, anillos con terminal en espiral y torques retorcidos (138).

La cerámica ha sido estudiada por Kozlowski y es del tipo de Protolausitz; hacia Polonia se ven claras reminiscencias neolíticas, como el jarro nórdico con cuello de embudo y forma de tulipán y varios cacharros derivados de Aunjetitz, así como la decoración de la superficie arrugada que ofrecen algunas vasijas. (139)

La ornamentación es rara. A veces recuerda la técnica de cuerdas y hay algunas veces incisiones de triángulos (140). También un vaso hallado en Obraht (Silesia) está decorado con una banda de triángulos estampados, a la manera de la cerámica excisa de la cultura de los Túmulos del sudoeste de Alemania (141) y que nos prueba cómo debe verse la unidad de toda la cultura de los Túmulos a pesar de las acusadas diferencias de los distintos grupos.

De la cerámica podemos deducir que este grupo procedía de colonos neolíticos con economía pastoril, derivados de los grupos de la cerámica de cuerdas, pero que aquí se mezclaron con otros elementos muy diferentes a la población que hallaron en el sur de Alemania y el Rin. La influencia de la cultura de Aunjetitz es clara. La influencia de la metalurgia procede de Hungría, pero no a través de la Moravia, pues los tipos moravos no aparecen allí sino muy rara vez; por el contrario, una serie de depósitos a través de los Cárpatos y oeste de Polonia prueba una relación directa por allí con Hungría, a través del Szamos y Alto Tisza, y es también precisamente en el nordeste de Hungría donde hallamos los tipos culturales que aparecen en Polonia y todo el círculo de Alemania (142).

Grupo del sudeste de los Alpes.

Igualmente alejados de España, aunque más afines a los demás centros de esta cultura, son los grupos de túmulos del sudeste de los Alpes. Todos ellos son cronológicamente muy avanzados, pues los más antiguos, con inhumación, como el de Hovech, en County Soprony, o el Keszthely (143), pertenecen al periodo V del Bronce medio, siendo la mayoría del Bronce VI o Hallstatt A de Reinecke (144).

Las afinidades de este grupo con túmulos de Alta Baviera, sobre todo, hace pensar en una penetración de la cultura de los Túmulos hacia el Sur, al final del Bronce, cuando se producían ya los movimientos fuertes del pueblo de los campos de urnas. Childe se inclina a pensar que tal vez sean supervivencia de los grupos neolíticos Laibach-Mondsee, en cuyo caso sus afinidades con la Alta Baviera y la Alta Austria las explicaría por las fuertes relaciones de los grupos Laibach-Mondsee-Altheim, culturas propias del neolítico final de aquellas respectivas regiones y la acción paralela ejercida sobre ambos países por los centros metalúrgicos de Italia y de Hungría.

Estos grupos han permanecido pastores durante parte de la Edad del Hierro, a pesar de la definitiva influencia de la invasión de los campos de urnas y han llegado, atravesando la Panonia, hasta el Maros (145).

Un segundo grupo ha vivido en las terrazas altas del Drina, en la meseta de Glasinac, donde entre los enterramientos ya de la Edad del Hierro hallamos túmulos de la pura Edad del Bronce, como en Višegrad, con inhumaciones y un ajuar típico de esta cultura, aunque

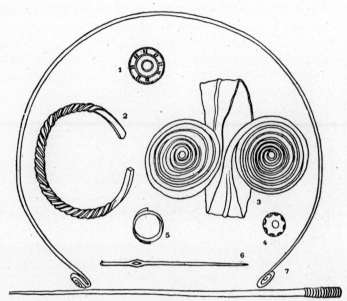

FIG. 21. — Del sepulcro tumular de la Combe-Bernard, en el municipio de Magny-Lambert (Côte-d'Or). Según *Déchelette*.

tal vez de época algo más avanzada (146). Próximos a estos grupos, podemos colocar todavía algunos enterramientos en cistas, con el cadáver encogido, que se han encontrado en la Herzegovina y en Debelo, cerca de Sarajevo (147) y hasta el oeste de Servia (148).

La diferencia que los separa de todos los demás grupos lo denuncia, sobre todo, la cerámica, enlazada con fenómenos etnográficos relacionados con la invasión de los campos de urnas, aunque en algunos casos no faltan ciertas reminiscencias de la cerámica excisa, el más típico elemento de unión de la cultura de los Túmulos (149).

Estos grupos, aunque relacionados por su carácter y muchos paralelos con el Norte, ofrecen muy personales elementos, como fíbulas seguramente recibidas por influencias venidas del Sur, del círculo de la cultura micénica y de Italia, siendo estas relaciones definitivas a lo largo de la Edad del Hierro. Ya lejos de nuestra época se fueron mezclando con elementos ilirios, desde el final del Bronce. Este grupo de túmulos no se relaciona con el asunto de nuestro trabajo, igual que el grupo anterior, y sólo lo hemos mencionado por abarcar toda la unidad de la gran cultura de los Túmulos de la Edad del Bronce y mejor comprender la visión de su importancia y la fuerza de su desarrollo posterior, ya que muchos de los movimientos de expansión y relaciones que analizaremos serán mucho más fácilmente comprendidos con esta completa exposición de cuantos grupos arqueológica y etnográficamente nos aparecen unidos a lo que podríamos llamar elemento protocéltico de los pueblos indoeuropeos de la Europa Central. Esta serie de grupos analizados forma el conjunto de un pueblo muy mezclado, pero cuya unidad aflora por encima de todas las variedades regionales tan brevemente descritas (véanse mapas figs. 1 y 15).

La cronología de la cultura de los Túmulos.

La cronología de estos túmulos no es muy firme, pues se formó esta cultura poco a poco. Hacia el Este, es seguro su contemporaneidad, durante la etapa inicial de su formación, en un momento en el cual la cultura de Aunjetitz aun florecía en los valles de la misma región. Y es de suponer también que tras el pueblo de Aunjetitz comenzaría su penetración hacia el occidente de Lausacia el pueblo de los campos de urnas, mientras las gentes de la cultura de los Túmulos se desarrollaban aun con su carácter y economía diferente. Incluso cuando, al final de la Edad del Bronce, la gran invasión de los campos de urnas se produce, sólo en parte desaparecen las formas culturales de las gentes de los túmulos, pues luego la veremos ya en la Edad del Hierro reaccionar contra estos pueblos dominadores del final de la Edad del Bronce, una vez fueron superados los choques de aquella gran invasión. Así, en general, los túmulos se desarrollaron desde el Bronce medio hasta el Hallstatt, pudiéndose fechar sus hallazgos gracias al estudio comparativo y evolución de los modelos de armas y utensilios en sus diversas fases.

Algunos de estos elementos han aparecido en hallazgos de la cultura creticomicénica, en diversos lugares de la cuenca del Egeo y hasta en Egipto, tan relacionado, a su vez, con la cultura egea, a la cual proporciona una cronología segura, pues en Egipto las fechas históricas son firmes desde el tercer milenario antes de Jesucristo.

Así, gracias a minuciosos y sistemáticos estudios comparativos, la arqueología puede ofrecernos hoy algunas fechas seguras sobre el desarrollo prehistórico de estos pueblos.

El primer dato para fechar nuestra cultura nos lo proporcionan las tumbas números 5 y 6 de las «Cámaras del Tesoro» de Micenas, halladas cerca de la famosa Puerta de los Leones. Según N. Åberg y G. Karo (150), estas tumbas se deben datar del 1550 al 1450 antes de J. C. Allí se encontró una alabarda y otra se halló en Sesklo, en la tumba número 25, de fecha parecida a las tumbas micénicas citadas, a juzgar por su cerámica. De este modo podemos dar una fecha a la alabarda, arma de posible origen español, y se puede establecer una fecha aproximada para las dagas triangulares, también seguramente nacidas en España y que aparecen unidas a las alabardas en varios hallazgos del Bronce inicial centroeuropeo. De esta daga triangular no vemos en esa cultura del Bronce la fase más antigua (151), pero de ella nace la llamada por Childe daga del tipo ojival, característica de toda nuestra cultura de los Túmulos: primero con cuatro clavos en el empalme de la empuñadura, durante la fase inicial, y luego con dos en la fase final (figura 4, núms. 4, 6 y 10).

Reinecke, que ha insistido mucho en este hallazgo micénico, utiliza también para establecer la fecha de las primeras etapas de la cultura de los Túmulos las perlas de vidrio azul que vemos salir en algunos túmulos del sur de Alemania, durante el período primero de esta cultura. Proceden del comercio con el Mediterráneo oriental, y otras iguales aparecen en joyas halladas en las tumbas de cúpula del final del micénico primitivo (hacia 1550 antes de J. C.). Las perlas de vidrio sólo se hallan en los más antiguos túmulos y desaparecen ya en la época en que toma vigor esta cultura, a partir del Bronce medio, conforme ha comprobado Schaeffer en Alsacia, donde son de una coloración algo diferente, pero de idéntica cronología a las analizadas por Reinecke (152).

Datos más directos proporcionan las espadas y puñales de empuñadura de lengüeta (figura 8, núms. 13 a 16), de las cuales se han hallado varias en Micenas, Creta y otros lugares de Grecia y sus islas, en estratos culturales que pertenecen al micénico final (1400-1250) y postmicénico (1250-1100). Una de estas espadas fué hallada en Egipto y lleva el cartucho del rey Seti II, monarca de la XIX dinastía, que reinó, aproximadamente, del 1205 al 1200 a. de J. C.

Estas espadas han sido estudiadas por Montelius, Kossinna, Müller, Naue, Peake y Reinecke y Sprockhoff, pues son uno (153) de los fundamentos de toda la cronología de la Prehistoria europea.

El más importante de estos hallazgos es la espada encontrada en los cimientos de una casa de Micenas que se fecha bien hacia el 1300, igual que otras dos encontradas en una tumba de Muliana (Creta), perteneciente al último período micénico. Igual fecha nos dan otros hallazgos, como el puñal de lengüeta del sepulcro número 96, de Zafer Papura, cerca de Cnosos, en Creta.

A su vez, espadas-estoques de tipo micénico (figura 8, núm. 12), aparecen en Centroeuropa y Escandinavia en esta misma época de la espada de lengüeta,

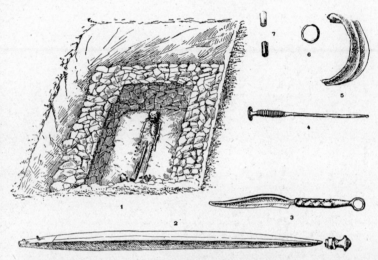

FIG. 22. — Sepulcro de túmulo de Courtavant (Aube). Según *Déchelette*

corroborando las relaciones mutuas y el sincronismo de ambos tipos de armas (154).

Por otra parte, se han podido establecer relaciones artísticas con la cultura del Egeo, como las bandas de espirales que aparecen cinceladas sobre objetos de bronce y que por Hungría llegan hacia el norte de Europa y rozan también el área cultural de los Túmulos.

A base de esos datos seguros se puede establecer la fecha de otros objetos que aparecen con estas espadas durante el final de esta cultura, y como también hallamos en Grecia los tipos más evolucionados de la citada espada a lo largo del período postmicénico al lado de tipos de fíbulas que estudiaremos más adelante (155), podemos hoy datar el final de la Edad del Bronce y período último de la cultura de los Túmulos, cuando ya la gran invasión de los campos de urnas se ha propagado, dominadora, por toda Europa central, avanzando hacia Occidente. Los períodos anteriores a la aparición de esta espada de lengüeta los establecemos por la clara evolución tipológica que se ha logrado de los demás objetos que se hallan en los ajuares de las tumbas y en los depósitos de útiles que al encontrarse unos al lado de otros en diversos lugares, una vez realizados seguros y metódicos estudios comparativos, han podido ser fechados en todos los estadios de su evolución.

Estas etapas o períodos, en lo que atañe a la Edad del Bronce, a base siempre de los

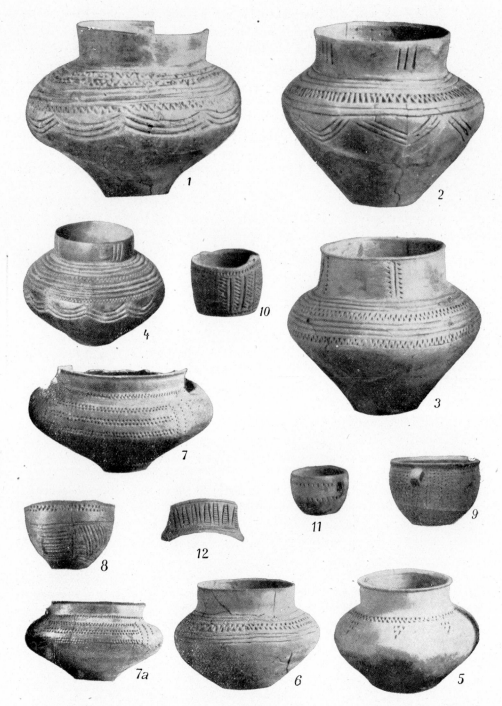

FIG. 23. — Cerámica de la cultura de los Túmulos del Bajo Rin del período Hallstáttico:
1, 2, 3 y 4, Dalheim; 5, Dellbrück; 6, Twisteden; 7 y 7 a, Wahn, cerca de Troisdorf; 8 y 9, Ra-
vensberg, cerca de Troisdorf; 10, Dalheim; 11, Riethoven, Brabante del Norte (Holanda);
12, Urmitz. Del Museo de Prehistoria y Protohistoria de Colonia. Según *Rademacher*.

mismos fundamentos, han sido sistematizadas por los prehistoriadores europeos en razón de una tipología y cronología no siempre idénticas.

Montelius (156) fué el primero en establecer para Escandinavia seis períodos, que fueron adaptados para las culturas alemanas por Kossinna y por Kostrzewski a Polonia, siempre, con variaciones, añadiendo otras Schumacher y Splieth (157), que también elaboraron su cronología. Sophus Müller (158) hizo otra para Dinamarca y Reinecke (159) estableció una ordenación tipológica de los materiales del sur de Alemania y Hungría, que también ha analizado el inglés Childe (160). El sueco Nils Åberg (161) ha abordado en una obra reciente el conjunto de los datos cronológicos de toda la Prehistoria europea.

Los datos que resumen esta serie de importantes trabajos no los analizamos más extensamente por no referirse a nuestro trabajo proyectado para España, y pueden resumirse en la siguiente tabla:

PERÍODOS TIPOLÓGICOS DE LA EDAD DEL BRONCE DE EUROPA CENTRAL

SEGÚN MONTELIUS, SOPHUS MÜLLER, KOSSINNA, SCHUMACHER, REINECKE, CHILDE

Fecha aproximada a. de J. C.	Montelius		Reinecke		Childe	Danubiano	Bronce
1850-1600			I { a / b	1	A	Danubiano IV	Bronce inicial
1600-1450	I	1	c	2	B		
		2				Danubiano V	Bronce medio
1450-1300	II	3	II { a / b / c	3	C_1 / C_2		
		4					
1300-1100	III	5 / 6	III { a / b	4	D	Danubiano VI	Bronce final
1100-900	IV	7 / 8		5	E = Hallstatt A		

NOTAS

(1) Marcial. Epigrama XXXV «Ad Lucium». — Floro Pompeyo. Epítome I, XXXIII, página 79, 9-10. B. G. Teubner, Leipzig, 1896.

(2) HANKINS, FRANK (H.), *La race dans la civilisation*, París, 1935.

(3) KOSSINNA (K.), *Die deutsche Vorgeschichte eine hervorragend nationale Wissenschaft*. Mannus-Bibl. Nr. 9, Leipzig, 1921, pág. 62. CHILDE (V. GORDON), *The Danube in Prehistory*, pág. 314, Oxford, 1929.

(4) SCHUMACHER (K.), *Siedelungs und Kulturgeschichte der Rheinlande*, Mainz, 1925, I, página 46 y nota 27.

(5) SCHLIZ (A.), *Der schnurkeramische Kulturkreis*. (*Zeitschrift für Ethnologie*, pág. 312), 1906.

(6) HEIERLI (J.), *Urgeschichte der Schweiz*, pág. 157, Zurich, 1902; VIOLLIER (D.), *Die Moor- und Seesiedelungen in den Kantonen Zurich und St. Gallen* (*Pfahlbauten, Zehnter Bericht*, páginas 187, 191 y sigs.); SULZBERGER (K.), *Das Moorbautendorf «Weiher» bei Thayngen, Kt. Schaffhausen* (*Pfahlbauten, X. Bericht*, pág. 166); GAMS und NORDHAGEN, *Postglaciale Klimaänderungen*, *Mitteilg. d. Geogr. Gesellsch*, XVI, München 1923.

(7) SCHAEFFER (F. A.), *La colonisation de la région de Haguenau à l'époque néolithique et à l'âge du bronze. Contribution à l'étude du climat postglacial en France* (*Revue Anthropologique*), 1926; FORRER (R.), *Des enceintes fortifiées préhistoriques, romaines et anhistoriques d'Alsace* (*Bulletin de la Soc. p. l. Conserv. d. Monuments Hist. d'Alsace*, págs. 35 y sigs.), 1926; DUNLOP (MARGARET), *L'âge du bronze en France* (*L'Anthropologie*, XLVIII, 1938, págs. 457 a 502, y XLIX, 1939-40, páginas 35 a 48); ERDTMAN (G.), *Etudes sur l'histoire postartique des forêts de l'Europe Nord-Ouest*, III; *Recherches dans la Belgique et au Nord de la France* (*Geol. För.*, t. L, fasc. III), Stockholm.

(8) GAMS und NORDHAGEN, ob. cit.; SERNANDER (R.), *On the evidences of Postglacial changes of Climate furnished by the Peat Mosses of Northern Europe* (*Geol. För.*, XXX), Stockholm, 1908;

del mismo autor: *Die Veränderungen d. Klimas als Zeugen postglacialer Klimaschwankungen*, en *Die Veränderungen d. Klimas*, etc.; *Sammlung von Berichten herausg. v. Exekutivkomitee des XI Internationalen Geologenkongresses in Stockholm*, 1910.

(9)   Investigaciones recientes de KNUD JESSEN intentan bajar esta fecha al año 500, y en Suiza, M. W. LÜDI (*Veröffentlichungen d. geobotanischen Int. Rübel in Zurich*, fasc. II, 1935) intenta colocar el medio de la época subatlántica hacia el fin del período de La Tène.

(10)   CHILDE (V. GORDON), *The Danube in Prehistory*, págs. 314 y 315, Oxford, 1929.

(11)   SCHLIZ (A.), *Der schnurkeramische Kulturkreis, Zeitschrift für Ethnologie*, pág. 312, 1906.

(12)   X. *Bericht der Römisch-Germanischen Kommission.*

(13)   EISNER, *Památky archeologické a místopisné (Spol. Prague)*, XXXIII, pág. 201; GEORG KRAFT, *Die Kultur der Bronzezeit in Süddeutschland, Veröffentlichungen des Urgeschichtlichen Forschungsinstitutes (Tübingen)*, pág. 64, Augsburg, 1926.

(14)   F. A. SCHAEFFER, *Les Tertres funéraires préhistoriques dans la Forêt de Haguenau*, I, página 240, Haguenau, 1926.

(15)   REINECKE, *Wiener Prähistorische Zeitschrift*, pág. 83, Viena, 1917.

(16)   *Fundberichte aus Schwaben*, XXI, 1913, pág. 18, y XXII, pág. 6, Stuttgart, y SCHUMACHER, *Siedlungs und Kulturgeschichte der Rheinlande*, I, Band Mainz, 1921, pág. 76.

(17)   Un ejemplo típico es el de la sepultura número 4 de Mehrstetten en el Wurtemberg (*Prähistorische Blätter*, pág. 50, Munich, 1906).

(18)   *Beiträge zur Anthropologie und Urgeschichte Bayerns*, lám. XXXV, Munich.

(19)   *Abhandlungen der naturhistorischen Gesellchaft zu Nürenberg*, XV, pág. 2.

(20)   *Prähistorische Blätter*, Munich, 1906, pág. 49; JULIUS NAUE, *Die Bronzezeit in Oberbayern*, lámina VII, Munich, 1894; BEHRENS, *Bronzezeit Süddeutschlands, Catalog des römisch-germanischen Centralmuseums*, pág. 217, Mainz, 1916.

(21)   F. A. SCHAEFFER, ob. cit., pág. 229.

(22)   V. GORDON CHILDE (*The Danube in Prehistory*, pág. 315, Oxford, 1929) duda de esta conclusión generalmente admitida. Él la llama doctrina ortodoxa. Se inclina a pensar que la técnica excisa ha podido llegar desde el Danubio, de Panonia, o más probablemente, dice este autor, por los Alpes, desde Carniola, donde los jarros de Laibach la habían desarrollado. Para él, Ratishoff, cerca de Ranshofen, en la Alta Austria, puede ser el hallazgo puente. Esta tesis nos parece errónea. Los estilos de Panonia y Laibach son completamente distintos a cuanto esta técnica representa. Además, nosotros hemos visto en España, donde la cultura de los túmulos no llegó, cómo el vaso campaniforme degenera, produciendo en época del bronce vasos que técnicamente han acabado, en cuanto a su decoración, en los motivos excisos que vemos en la cultura de los túmulos del sudeste de Alemania y Francia. Ver: M. ALMAGRO, *La cerámica excisa de la primera Edad del Hierro de la Península Ibérica, Ampurias I*, 1939, por ejemplo, el vaso de la cueva del Cartañá, *Ampurias I*, 1939. Sobre este tema puede consultarse el trabajo de E. Rademacher, *Die Kerbschnittkeramik, Mannus*, vol. XVIII, pág. 15. Berlín, 1926.

(23)   C. SCHUCHHARDT, *Alteuropa*, pág. 230, Berlín, 1941.

(24)   V. GORDON CHILDE, ob. cit., pág. 302.

(25)   C. SCHUCHHARDT, ob. cit., lám. XXXV, 6.

(26)   *Reallexikon der Vorgeschichte*, II, 82, editado por Max Ebert.

(27)   GEORG KRAFT, *Die Kultur der Bronzezeit in Süddeutschland. Veröffentlichungen des Urgeschichtlichen Forschungsinstitutes Tübingen*, pág. 59, Augsburg, 1926.

(28)   F. A. SCHAEFFER, ob. cit., I, pág. 215.

(29)   F. A. SCHAEFFER, ob. cit., pág. 227.

(30)   MARGARET DUNLOP, *L'âge du bronze en France. L'Anthropologie*, t. XLIX, 1939-1940, página 36.

(31)   KRAFT (GEORG.), *Die Kultur der Bronzezeit in Süddeutschland, Veröffentlichungen des Urgeschichtlichen Forschungsinstitutes (Tübingen)*, pág. 65, Augsburg, 1926.

(32)   BIRKNER (FERDINAND), *Bronzezeitliche Gräber bei Aying, B. A. München, Bayer. Vorgeschichtsbl.*, X, pág. 79, 1932, y *Ur- und Vorzeit Bayerns*, pág. 124, München, 1936.

(33)   EISNER (JAN.), *Jihoceské mohyly. Památky*, XXXIII, pág. 200, 1922-1923.

(34)   CHILDE (V. GORDON), ob. cit., pág. 296.

(35)   ČERVINKA (I. L.), *Böhmen-Mähren.* (Ebert, *Reallex.*, II, pág. 82), 1925.

(36)   WILLVONSEDER (KURT), *Die mittlere Bronzezeit in Österreich*, pág. 298, Wien, 1937.

(37)   MENGHIN (OSWALD), *Urgeschichte Niederösterreichs. Heimatkunde von Niederösterreich. Hgg. vom Verein für Landeskunde von Niederösterreich.* Heft. Nr. 7, pág. 18, Wien, 1921, y *Einführung in die Urgeschichte Böhmens und Mährens. Anstalt für Sudetendeutsche Heimatforschung. Vorgeschichtliche Abteilung*, pág. 64, Heft 1, Reichenberg, 1926.

(38)   ČERVINKA (I. L.), *Danubisch-sudetische Hügelgräberkultur*, en Ebert, *Reallex.*, II, página 348, 1925.

(39)   WILLVONSEDER (KURT), ob. cit., pág. 300.

(40)   WILLVONSEDER (KURT), *Die mittlere Bronzezeit in Österreich*, Wien, 1937.

(41)   REINECKE (PAUL), *Zur chronologischen Gliederung der süddeutschen Bronzezeit*, VIII, página 44, Germania, 1924.

(42)   WILLVONSEDER (KURT), ob. cit., pág. 240.

(43)   WILLVONSEDER (KURT), ob. cit., pág. 259.

(44) WILLVONSEDER (KURT), ob. cit., pág. 269.

(45) THEUER (ERWIN), *Urgeschichte Oberösterreichs*, págs. 12, 14, 39 y sigs., núms. 220 y 231, Linz, 1925.

(46) MAHR (ADOLF), *Bronzezeitgräber beim Ratishof am Weilhartforst* (*Neue Warte am Inn*, august, 1917); Braunau am Inn, 1917.

(47) MENGHIN (OSWALD), *Urgeschichte Niederösterreichs. Heimatkunde von Niederösterreichs. Hgg. vom Verein für Landeskunde von Niederösterreich*, Heft, Nr. 7, pág. 20, Wien, 1921.

(48) KYRLE (GEORG), *Österreich.* (Ebert, *Reallex.*, IX, S. 222-240), 1927.

(49) CHILDE (V. GORDON), *The Danube in Prehistory*, págs. 320 y sigs., Oxford, 1929.

(50) EISNER, *Památky archeologické a mistopisné*, XXXIII, pp. 200 ff. (Spol. Prague); *Sborník městkého historického musea v Plzni*, VII, 1-24, 1922; SCHRÁNIL, pp. 116 ff.; *Berichte der römisch-germanischen Kommission*, XVI, pág. 20, Frankfurt a. Main, 1925-26; THEUER, *Oberöster.*, pp. 10, 38; HAMPEL (J.), *A Bronzkor emlékei Magyarhonban*, láms. CCXLII-CCXLV, Budapest, 1886-96. Los principales grupos, además de los del Palatinado y Franconia, son Pilsèn y Budweis, en Bohemia, y Smolenice, en el oeste de Checoslovaquia, donde los esqueletos están en cuclillas, por lo cual se discute si entra dentro del grupo Herciniano de túmulos. Pero también en Gmünden, en Alta Austria, se hallaron enterramientos parecidos. (Véase mapa, fig. 1.)

(51) *Reallexikon der Vorgeschichte*, II, pág. 82, de Max Ebert.

(52) *Zeitschrift für Ethnologie*, XXXVII, pág. 833, Berlín; BEHRENS, *Bronzezeit Süddeutschlands*, (*Catalog des römisch-germanischen Centralmuseums*, lám. IX, 27), Mainz, 1916; *Sborník městkého historického musea v Plzni*, VII, lám. II, 9; SCHRÁNIL (J.), *Die Vorgeschichte Böhmens und Mährens*, lám. XXVI, 11, Berlín, 1927-28.

(53) EISNER, *Památky archeologické a mistopisné*, XXXIII, loc. cit., fig. 91 (Spol. Prague); confróntese GEISLOHE y BRUNN, XI.

(54) *Bronce D de Reinecke;* EISNER, *Památky archeologické a mistopisné*, XXXIII, pág. 229 (Spol. Prague); SCHRÁNIL (J.), *Studie o vzniku cultury bronzové v Čechach*, 1921, pág. 30, Prague; *Netovice, Houstka, Breitenloh, Labersricht*.

(55) BEHRENS, *Bronzezeit Süddeutschlands* (*Catalog des römisch-germanischen Centralmuseums*, figura 26 a, barrow XII, 2), Mainz, 1916; *Abhandlungen der naturhistorischen Gesellschaft zu Nürnberg*, XI, 1; II, 3.

(56) EISNER, en *Kbely, Chodoun y Sepikov*, ob. cit., fig. 91, 15.

(57) *Památky archeologické a mistopisné*, XVIII, pág. 248 (Spol. Prague); SCHRÁNIL (J.), *Die Vorgeschichte Böhmens und Mährens*, pág. 34, Berlín, 1927-28.

(58) CHILDE (V. GORDON), *The Danube in Prehistory*, pág. 301, Oxford, 1929.

(59) CHILDE (V. GORDON), ob. cit., pág. 302.

(60) *Památky archeologické a mistopisné*, loc. cit., fig. 88, 1-3 (Spol. Prague); BEHRENS, obra citada, XII, 8; *Wiener Prähistorische Zeitschrift*, XI, pág. 58, Wien.

(61) EISNER, *Památky archeologické a mistopisné*, XXXIII, pág. 32, fig. 7

(62) CHILDE (V. GORDON), ob. cit., pág. 302.

(63) BEHRENS, *Bronzezeit Süddeutschlands* (*Catalog des römisch-germanischen Centralmuseums*, lámina XII, 1), Mainz, 1916.

(64) *Milaveč (Bohemia); Repeč (Bohemia)*, 12; HAJ, *Sborník městkého historického musea v Plzni*, VII, fig. 4; *Husine*, 28.

(65) PIČ, *Čechy předhistorické*, lám. XXVIII, Praga, 1899.

(66) CHILDE (V. GORDON), ob. cit., pág. 303.

(67) THEUER, *Urgeschichte Oberösterreichs*, loc. cit., pág. 10, Linz, 1925; *Nachrichtenblatt für deutsche Vorzeit, Beiblatt zum Mannus*, III, págs. 43, 86, Berlín (Leipzig), 1927.

(68) NAUE (JULIUS), *Die Hügelgräber zwischen Ammer und Staffelsee*, Stuttgart, 1887; *Die Bronzezeit in Oberbayern*, Munich, 1894 (OB); *Die vorrömischen Schwerter*, Munich, 1903.

(69) NAUE sólo reconoció este rito, pero se han comprobado casos de incineración (*Beiträge zur Anthropologie und Urgeschichte Bayerns*, XVI, pág. 115; XVIII, pág. 117), Munich.

(70) *Beiträge zur Anthropologie und Urgeschichte Bayerns*, XVI, pág. 97, Munich.

(71) NAUE (JULIUS), *Die Bronzezeit in Oberbayern*, pág. 101, Munich, 1894.

(72) *Beiträge zur Anthropologie und Urgeschichte Bayerns*, XVI, pl. 37, 1, Munich; BEHRENS, *Bronzezeit Süddeutschlands* (*Catalog des römisch-germanischen Centralmuseums*, l. VIII, 2), Mainz, 1916; ASENKOFEN (G.), *Unterföhring* 3; *Beiträge zur Anthropologie und Urgeschichte Bayerns*, XVI, pl. 38, 8, Munich; cf. KRAFT, pl. XLIX, 3; NAUE (JULIUS), *Die Bronzezeit in Oberbayern* 1, XXXVIII, 2; BEHRENS, ob. cit., fig. 24, 1.

(73) NAUE (JULIUS), *Die Bronzezeit in Oberbayern*, pág. 53.

(74) NAUE (JULIUS), ob. cit., pág. 53; ob. cit., láms. XXIV, XXVI; LINDENSCHMIDT, *Altertümer unserer heidnischen Vorzeit* (*Römisch-germanischen Museum*, V, lám. 38), Mainz.

(75) KRAFT (GEORG), *Die Kultur der Bronzezeit in Süddeutschlan.* Ausburg, 1926.

(76) *Prähistorische Blätter* pág. 38, 1902.

(77) *Archiv für Anthropologie*, IX, pág. 229.

(78) A. LISSAUER, *Erster Bericht über die Tätigkeit der von der Deutschen anthropologischen Gesellschaft gewählten Kommission für prähistorische Typenkarten. Zeitschrift für Ethnologie*, XXXVI, página 581, 1904.

(79) *Bottingen II. Prähistorische Blätter*, pág. 34, Munich, 1905.

(80) *Prähistorische Blätter*, lám. IV, 1891; BEHRENS, *Bronzezeit Süddeutschlands, Catalog des römisch-germanischen Centralmuseums*, lám. VII, 26, Mainz, 1916; *Anzeiger für schweizerische Altertumskunde*, XVII, pág. 90, fig. 1, Zurich.

(81) *Fundberichte aus Schwaben*, XX, lám. II, fig. 5, Stuttgart. Probablemente, Edad del Bronce final.

(82) V. GORDON CHILDE, *The Danube in Prehistory*, pág. 308, Oxford, 1929.

(83) F. A. SCHAEFFER, *Les Tertres funéraires préhistoriques dans la Forêt de Haguenau*, volúmenes I y II, Haguenau, 1926-1930; A. W. NAUE, *Die Denkmäler der vorrömischen Metallzeit im Elsass*, Strassburg, 1905.

(84) F. A. SCHAEFFER, ob. cit., t. I, págs. 65 y 168.

(85) F. A. SCHAEFFER, ob. cit., t. I, págs. 66 y 67.

(86) F. A. SCHAEFFER, ob. cit., t. I, págs. 71 y 72.

(87) F. A. SCHAEFFER, ob. cit., t. I, pág. 73.

(88) F. A. SCHAEFFER, ob. cit., t. I, págs. 72 a 76.

(89) F. A. SCHAEFFER, ob. cit., t. I, pág. 261.

(90) F. A. SCHAEFFER, ob. cit., t. I, pág. 213.

(91) F. A. SCHAEFFER, ob. cit., t. I, láms. V a XV.

(92) F. A. SCHAEFFER, ob. cit., t. I, págs. 182 y sigs.

(93) F. A. SCHAEFFER, ob. cit., t. I, págs. 250 y sigs.

(94) F. A. SCHAEFFER, ob. cit., t. I, pág. 245. Nessel, el excavador de los túmulos de Haguenau, no guardó los restos antropológicos que, por otra parte, salían muy estropeados.

(95) MARGARET DUNLOP, *L'Age du bronze en France*, en *L'Anthropologie*, XLIX, pág. 36, 1939-1940.

(96) MARGARET DUNLOP, ob. cit., en *L'Anthropologie*, XLVIII, pág. 471, fig. 5, 1938.

(97) MARGARET DUNLOP, ob. cit., en *L'Anthropologie*, XLIX, pág. 37, 1939-1940.

(98) J. PHILIPPE, *Cinq années de fouilles au Fort-Harrouard:* 1921-1925, Rouen, 1927, y el mismo, *Le Fort-Harrouard*, en *L'Anthropologie*, XLVI, págs. 257 y sigs., 1936, y 541 y sigs; XLVII, páginas 253 y sigs., 1937.

(99) JOSEPH DÉCHELETTE, *Manuel d'Archéologie préhistorique, celtique et gallo-romaine*, París, 1908-1910, t. II, pág. 148, fig. 44.

(100) J. BEAUPRÉ, *Fouilles faites en 1903 dans les tumulus situés dans les bois de Benney et de Lemainville*, en *Bulletin mensuel de la Société Archéologique*, Lorraine, enero, 1904.

(101) MAURICE PIROUTET, *Les races humaines du Néolithique et de l'Age du bronze en Franche-Comté*, en *L'Anthropologie*, XXXVIII, págs. 51 a 60, 1928.

(102) WAHLE, ERNST, *Berichte der römisch-germanischen Kommission*, pág. 50, Frankfurt a/Main, XII.

(103) A. LISSAUER, *Zeitschrift für Ethnologie*, XXXVI, 1904, pág. 587; *Berichte der römisch-germanischen Kommission*, X, pág. 31, Frankfurt a/Main.

(104) V. GORDON CHILDE, *The Danube in Prehistory*, pág. 310, Oxford, 1929.

(105) BEHRENS, *Bronzezeit Süddeutschlands, Catalog des römisch-germanischen Centralmuseums*, Mainz, lám. XVIII, 1916; F. A. SCHAEFFER, *Les Tertres funéraires préhistoriques dans la Forêt de Haguenau*, t. I, pág. 37, fig. 18 a, Haguenau, 1926-1930; GEORG KRAFT, *Kultur der Bronzezeit in Süddeutschland*, lám. XVIII, Augsburg, 1926.

(106) BEHRENS, ob. cit., págs. 207 y 216.

(107) J. M. DE NAVARRO. *Geograph. Journal*, pág. 495, 1925.

(108) LINDENSCHMIDT, *Altertümer unserer heidnischen Vorzeit, Römisch-germanisches Museum*, V, lám. 2, 40-5, Mainz; *Bonner Jahrbücher*, Bonn, 131 (1927), pág. 192 (Kraft); BEHRENS, ob. cit., página 219.

(109) BEHRENS, ob. cit., pág. 219.

(110) BEHRENS, ob. cit., pág. 180, figs. 31-32.

(111) RADEMACHER, *Mannus. Ergänzungsband*, IV, pág. 115, láms. IX-X.

(112) V. GORDON CHILDE, *The Danube in Prehistory*, pág. 312, Oxford, 1929.

(113) RADEMACHER, ob. cit., lám. IX, B 1.

(114) RUDOLF STAMPFUSS, *Beiträge zur Nordgruppe der Urnenfelderkultur, Mannus. Ergänzungsband V*, pág. 85.

(115) En el valle del Saal hay dos o tres sepulturas del Bronce medio. V. GORDON CHILDE, *The Danube in Prehistory*, pág. 313, Oxford, 1929.

(116) Necrópolis de Havermark (Jerichow); *Jahresschrift für die Vorgeschichte der sächsisch-thüringischen Länder*, VIII, pp. 135 f., Halle.

(117) *Jahresschrift für die Vorgeschichte der sächsich-thüringischen Länder*, V, pp. 35 f., Halle.

(118) Kayna, Gerstengrund, Stadtlengsfeld y Grautschen; cf. BEHRENS, *Bronzezeit Süddeutschlands, Catalog des römisch-germanischen Centralmuseums*, pág. 207, Mainz, 1916.

(119) GÖTZE, HÖFER und ZSCHIESCHE, *Die vor-und frühgeschichtliche Altertümer Thüringens*, lámina XII, 118, Würzburg, 1909.

(120) La variante hannoveriana con dos asas es corriente, como en Baierseich, en Starkenburg.

(121) Sachsenburg, a. d. Unstrut, III.

(122) Igelsküppel, Unterbimbach, III, 3.

(123) Schenkenhügel, *Behrens*, núm. 508; Dörrensolz, Oberkatz, KOSSINNA, GUSTAV, *Die*

deutsche Vorgeschichte, eine hervorragend nationale Wissenschaft, 3.ª edic., *Mannus-Bibliotek*, Nr. 9, lámina XII; cf., BEHRENS, ob. cit., pág. 215.

(124)   En el hallazgo de SCHWARZA.

(125)   GÖTZE, HÖFE und ZSCHIESCHE, *Die vor-und frühgeschichtliche Altertümer Thüringens*, páginas 114 y 120, Würzburg, 1909.

(126)   SPROCKHOFF, *Niedersachsens Bedeutung für die Bronzezeit Westeuropas. Bericht der Römisch-germanischen Kommission*, Mainz, 1941.

(127)   *Die vorgeschichtliche Altertümer des Provinz Sächsens*, I, láms. I y II.

(128)   Para la construcción de los túmulos, ver: *Przeglad Archeologiczny*, II, 1924, pág. 260, figuras 4, 14, 17 y 18, Poznan; B. VON RICHTHOFEN, *Die ältere Bronzezeit in Schlesien (Vorgeschichtliche Forschungen)*, I, 3, págs. 6 y 144, f., Berlín, 1926.

(129)   B. VON RICHTHOFEN, ob. cit., lám. 25, k-m.

(130)   *Prähistorische Zeitschrift (D. Gesellschaft für Anthropologie, Ethnologie und Urgeschichte)*, I, pág. 56, Berlín; *Przeglad Archeologiczny*, II, fig. 17 y pág. 281, lám. IX, 2, Poznan.

(131)   *Schlesiens Vorzeit in Bild und Schrift (Schlesisches Museum für Kunstgewerbe und Altertümer*, Breslau), IV, pág. 6; B. VON RICHTHOFEN, ob. cit., lám. 2, g.

(132)   *Schlesiens Vorzeit in Bild und Schrift;* ídem, IV, pág. 8; *Mannus (Gesellschaft für Deutsche Vorgeschichte)*, IV, pág. 278, cf., Leipzig; *Schlesiens Vorzeit in Bild und Schrift;* ídem, V, pág. 4, para un tipo evolucionado; *Schlesiens Vorzeit...*, ídem., VI, figs. 17-18: los huesos han sido quemados y el sepulcro puede pertenecer a la Edad del Bronce último.

(133)   *Schlesiens Vorzeit in Bild und Schrift;* ídem, VI, pág. 13, fig. 28; B. VON RICHTHOFEN, ídem, lám. 2 I.

(134)   Kunowo, *Dist. de Srem; Przeglad Archeologiczny*, II, pág. 199 y figs. 40-42, Poznan; Lahserwitz; B. VON RICHTHOFEN, ob. cit., lám. 16, 3. Seschwitz, B. VON RICHTHOFEN, ob. cit., lám. 16 c; *Wojdal*, II; *Mannus*, VIII, pág. 246; Punitz, *Mannus*, pág. 263, y también en tesoros como Rudna y Gronica (Gostyn), *Mannus*, láms. VII-X.

(135)   *Mannus (Gesellschaft für Deutsche Vorgeschichte)*, VIII, lám. VI, Leipzig, I; B. VON RICHTHOFEN, ob. cit., lám. XVI.

(136)   *Przeglad Archeologiczny*, II, pág. 173, fig. 45, Poznan.

(137)   *Reallexikon der Vorgeschichte*, editado por Max Ebert, II, pág. 382; KOSTRZEWSKI lo atribuye a la fase A.

(138)   SEGER, *Prähistorische Zeitschrift (D. Gesellschaft für Anthropologie, Ethnologie und Urgeschichte)*, I, pág. 61, Berlín; B. VON RICHTHOFEN, ob. cit., lám. II (Krehlau).

(139)   B. VON RICHTHOFEN, ob. cit., pág. 79 y lám. XXIII; *Schlesiens Vorzeit in Bild und Schrift (Schlesisches Museum für Kunstgewerbe und Altertümer)*, VI, pág. 12, Breslau (Massel).

(140)   *Przeglad Archeologiczny*, II, pág. 269, fig. 24, Poznan (Krostoszyn 35); pág. 264, fig. 11; pág. 281, fig. 1 (Jasionna-Klebot), fig. 10, y pág. 170. *Mannus (Gesellschaft für Deutsche Vorgeschichte)*, VIII, pág. 247, fig. 4, Leipzig; pág. 246, fig. 5 (Wojdal): cf. KOZLOWSKI, *Mlodsza epoka kamieniaw Polsce*, Lwow *(Archiwum towarzystwa naukowego*, II, 2), 1924, pág. 38, lám. VI, 12; B. VON RICHTHOFEN, ob. cit., lám. II k.

(141)   B. VON RICHTHOFEN, ob. cit., pág. 20 y lám. III.

(142)   Ver el mapa de Kostrzewski, en *Reallexikon der Vorgeschichte*, editado por Max Ebert, II, lám. 189, y *Altschlesien, Mitteilungen des schlesischen Altertumsvereins*, I, pág. 10, Breslau.

(143)   J. HAMPEL, *A Bronzkor emlékei Magyarhonban*, láms. CX-CXI, Budapest, 1886-1896.

(144)   J. HAMPEL, ob. cit., lám. CXXXIV; *Archiv für Anthropologie*, XV, 1917, pág. 260, lámina VI, Brunswick.

(145)   *Mitteilungen der Anthropologischen Gesellschaft in Wien*, XXX, pág. 45.

(146)   *Archaelogiai Ertesitö (A Magyar Tudományos Akadémia)*, XXXIV, 1914, págs. 388 y 398, Budapest, Somlyó, Czurgó, Szalacska, Erd-Batta), cf. *Archaeologiai Közlemények (A Magyar Tudományos Akadémia)*, XXII, Budapest.

(147)   Glasinac, *Mitteilungen der Anthropologischen Gesellschaft in Wien*, XIX, pág. 145, fig. 203; Střelice, VIII, *Wissenschaftliche Mitteilungen aus Bosnien und der Herzegovina*, V, pág. 7, Sarajevo (Vienna); I, pág. 150. Han Osovo I, ídem íd., VI, pág. 21; Sokolac III, ídem íd., XI, pág. 58; Gucevo IV, ídem íd., V, pág. 7; Strelice I, ídem íd., VI, pág. 54, y Plesevica I, ídem íd., V, pág. 7. Los extremos de los brazaletes de estos túmulos no están, sin embargo, enlazados juntos, sino abiertos, como en Wabern, en Suiza *(Anzeiger für schweizerische Altertumskunde*, Zurich, 1918, pág. 73, fig. 1). Gucevo IV, Vrlazije IV, 2 *(Wissenschaftliche Mitteilungen aus Bosnien und der Herzegovina*, IV, página 6), Sarajevo (Vienna).

(148)   *Wissenschaftliche Mitteilungen aus Bosnien und der Herzegovina*, págs. 31 y 177, Sarajevo (Vienna); IV, ídem íd., IV, págs. 58 y sigs., cf. pág. 187; *Mitteilungen der anthropologischen Gesellschaft in Wien*, XXX, pág. 51, fig. 47.

(149)   Como en Kovacevdo VI *(Wissenschaftliche Mitteilungen aus Bosnien und der Herzegovina*, I, pág. 129), Sarajevo (Vienna); Vrlazije IV, I (ídem, IV, pág. 6).

(150)   NILS ABERG, *Kupfer- und Frühbronzezeit. Bronzezeitliche und früheisenzeitliche Chronologie, Teil III. Kungl. Vitterhets och Antikvitets Akademien*. Stockholm, 1932, págs. 139 y 143; GEORG KARO, *Schachtgräber von Mykenai*, Munich, 1930-33, págs. 139 y sigs, fig. 57.

(151)   PAUL REINECKE, *Zur Chronologie des frühen Bronzealters Mitteleuropas. Germania XVII*, 1933, pág. 12.

(152)   F. A. Schaeffer, *Les tertres funéraires préhistoriques dans la forêt de Haguenau*, Haguenau, 1926; Paul Reinecke, ob. cit., págs, 12 y sigs.

(153)   G. Kossinna, *Mannus (Gesellschaft für Deutsche Vorgeschichte)*, IV, págs. 274 y sigs., Würzburg, 1912; Gustav Kossinna, *Die Deutsche Vorgeschichte, eine hervorragend nationale Wissenschaft*, 3, edic., *Mannus-Bibliothek*, pág. 125; *Mémoires de la Société des Antiquaires du Nord*, Copenhagen, 1908; Harold Peake, *The Bronze Age and the Celtic World*, págs. 88 y sigs., London, 1922; Reinecke, *Götze-Festschr, Studien zur vorgeschichtlichen Archäologie Alfred Götze... dargebracht*, pág. 131 y sigs., Leipzig, 1925; Julius Naue, *Die vorrömischen Schwerter*, Munich, 1903; Ernst Sprockhoff, *Die germanischen Griffzungenschwerter*, «Römisch-Germanische Forschungen» Bd. V; ídem, *Die germanischen Vollgriffschwerter der jüngeren Bronzezeit, Römisch-Germanische Forschungen, Bd. IX*, Berlín, 1934.

(154)   Hallazgo de Hammer en Lindenschmidt, *Altertümer unserer heidnischen Vorzeit, Römish-germanisches Museum*, V. lám. LXII, 1132, Mainz; *Mémoires de la Société des Antiquaires du Nord*, fig. 116, Copenhagen, 1908: cf. los comentarios de Reinecke en Lindenschmidt, *Altertümer unserer heidnischen Vorzeit, Römisch-germanisches Museum*, V, pág. 362, Mainz.

(155)   Blinkenberg, *Fibules grecques et orientales (Lindiaca, V)*, fig. 13 b, Copenhagen, 1926; Randall-Mac Iver, D., *Villanovans and Early Etruscans*, lám. XIX, 13, Oxford, 1924.

(156)   Oscar Montelius, *Om tidsbestämning inom bronsaldern. Kungl. Vitterhets Historie och Antikvitets Akademiens Handlingar. Trettionde delen. Nyföljd.* Stockholm, 1885.

(157)   *Zeitschrift für Ethnologie*, Berlín, 1902; Kossinna, Kostrzewski, Karl Schumacher, *Stand und Aufgaben der bronzezeitlichen Forschung in Deutschland. Berichte der Römisch-Germanischen Kommission des Deutschen Archäologischen Institutes*, X, Frankfurt a/Main, 1917.

(158)   *Mémoires de la Société des Antiquaires du Nord*, Copenhagen, 1908.

(159)   Lindenschmidt, *Altertümer unserer heidnischen Vorzeit, Römisch-Germanisches Museum*, Mainz, V; Götze-Festschr. *Studien zur vorgeschichtlichen Archäologie Alfred Götze... dargebracht*, páginas 131-132, Leipzig.

(160)   V. Gordon Childe, *The Danube in Prehistory*, pág. 246, Oxford, 1929.

(161)   Nils Åberg, *Bronzezeitliche und Früheisenzeitliche Chronologie. Ts. I-V. Kungl. Vitterhets och Antikvitets Akademien.* Stockholm, 1925-1933.

CAPÍTULO II

LA CULTURA DE LOS CAMPOS DE URNAS

SUMARIO: La formación y desarrollo de la cultura de Lausacia. — La cultura de los campos de urnas al norte de los Alpes. — Las culturas posteriores a la invasión de los campos de urnas en el sur de Alemania y el Rin. — La cultura de los campos de urnas del Bajo Rin a Inglaterra. — Los campos de urnas de Suiza y Francia.

La formación y desarrollo de la cultura de Lausacia.

El pueblo de los campos de urnas se formó al este de la cultura de los Túmulos. Cuando al final del Bronce (período D de Reinecke) se presentó, avanzando hacia Occidente, por el Alto Danubio, desarrollaba una cultura que denominamos en su país de origen cultura de Lausitz o Lausacia, cuyo desenvolvimiento y expansión desde el Bronce medio conocemos bien gracias a varios trabajos científicos, debidos, sobre todo, a Seger (1). El origen de este pueblo ha sido discutido con pasión. Al principio, se admitió, como hizo Undset (2), un origen húngaro por ciertos paralelos seguros de la metalurgia y por los abollonados que veremos aparecer en su cerámica, técnica decorativa ésta muy frecuente hacia Hungría. Schuchhardt (3) propuso derivarla de la cultura de Walterienburg, por su manía de buscar siempre expansiones nórdicas hacia el Sur en todo fenómeno cultural europeo. Más tarde, Gustavo Kossinna, con agudo análisis, reconoció el hecho de la continuidad en la cultura llamada de Lausacia, del pueblo que durante el Bronce inicial había desarrollado la cultura de Aunjetitz (4). Esta tesis, hoy generalmente admitida, fué probada más tarde por Von Richthofen y Kostrzewski (5).

Por otra parte, la cultura de Lausacia era, desde un punto de vista económico, la heredera de la de Aunjetitz; ocupó un área geográfica similar (fig. 1), poblando las tierras bajas del centro de Europa, y, como ella, se apoyó para su brillante desarrollo en la agricultura, en el comercio y en la industria. Incluso se puede ver conservada en algunos de sus bronces típicos la tradición de Aunjetitz.

Sin embargo, se comprende que los antiguos investigadores dieran un origen húngaro a la cultura lausaciana por los muchísimos elementos de la misma que tienen su origen en el Danubio, como los frenos de cuerno para los caballos, los vasos teriomorfos y la idea de los moldes de fundición, entre otras cosas. La ornamentación de bullones en la cerámica, que ya hemos mencionado, aparece simultáneamente en el norte de Hungría (cultura de Tószeg C), en Lausacia y en el sudoeste de Alemania; pero es probable que esté inmediatamente inspirada en los conos o piñas que ornamentan los discos de oro de Hungría, debiéndose su dispersión por esas tres áreas geográficas al hecho de que todas ellas

se surtían de los centros metalúrgicos húngaros, sobre todo si tenemos en cuenta que
es una técnica decorativa trasladada a la cerámica de la ornamentación del metal.

Todas estas formas específicas y otras que caracterizan a la cultura de Lausacia han
venido desde Hungría; pero como elementos externos, todas ellas se pueden explicar, bien
por el comercio o bien por los forjadores ambulantes que relacionaban el valle de Oder
y del Elba con Hungría, durante el Bronce medio.

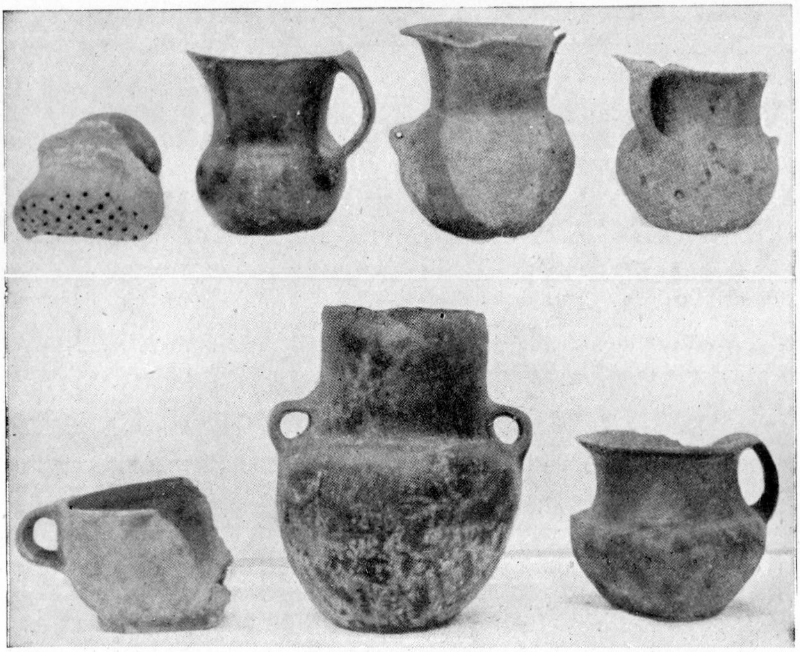

FIG. 24. — Vasos de Veselé (Eslovaquia). Reducidos a ¹/₆. Colección
particular. Según *Childe*

La cultura de Lausacia fué, por tanto, el producto cultural de la evolución del pueblo de Aunjetitz (6).

También se ha discutido acaloradamente, influyendo en ello el patriotismo de checos y polacos, por un lado, y de alemanes, por otro, el lugar donde nació, dentro de la extensa área que fué alcanzada en seguida por la cultura de Aunjetitz y luego rebasada por estas nuevas gentes que influyen en su desarrollo. La mayoría de los arqueólogos germanos y checos sostienen que esta cultura se originó en Lausacia y Silesia, y de allí se extendió hacia el Mediodía, conquistando Bohemia, Moravia y parte de Eslovaquia y Baja Austria. Frente a esta tesis, en los últimos años otros arqueólogos checos y, sobre todo, Červinka, han sostenido que la cultura de Lausacia es el resultado del crecimiento convergente de las culturas de Aunjetitz en Silesia, Moravia y Baja Austria, respectivamente. Este punto de vista ha tenido gran aceptación (7).

Červinka señala muy acertadamente que la cerámica lausaciana de Moravia se aproxima estrechamente en técnica a la cerámica local de Aunjetitz. Finalmente, algunos emplazamientos, como Hradisko, cerca de Komeřiž, parecen haber sido ocupados continuamente desde la fase de Aunjetitz a la de Lausacia. Lo mismo se podría hacer notar muy acertadamente acerca del cementerio de Gemeinlebarn. Los paralelos más cercanos para las formas de Lausacia pertenecen a los grupos orientales (grupo de Veselé, de la cerámica de Aunjetitz) (fig. 24) más bien que a los de Bohemia, y las formas intermedias (proto-Lausacia) se encuentran principalmente en el Sudoeste. Sin embargo, siempre resulta francamente difícil pensar cómo la población de Lausacia, que parecía exigua en la primera Edad del Bronce, se ha podido expansionar tan rápidamente para ocupar o conquistar en la última Edad del Bronce toda la región, desde el Spree al Ipoly.

De todos modos, el rico desarrollo de esta cultura en Silesia y la aparición de sus fases iniciales obligan a pensar que la cultura de Lausacia ha sido introducida hacia Bohemia por un nuevo pueblo, a través de los Sudetes. Más tarde, este elemento conquistador invade también Hungría, pues necesitó controlar los centros de donde había importado la mayoría de sus formas culturales, sobre todo los elementos para fundir el bronce (8).

La raza creadora de estas culturas de Aunjetitz desarrollada en el período del Bronce inicial y de la de Lausacia del Bronce final es el producto de una mezcla de elementos muy diversos, como hemos visto ocurre con el pueblo que desarrolla la cultura de los Túmulos. Entran en su formación elementos neolíticos danubianos y también alpinos del grupo de Schussenried, a los que dió nueva personalidad creadora una aportación de dolicocéfalos nórdicos (9), no faltando tampoco en su formación un fuerte elemento español representado por el vaso campaniforme. Estas gentes de economía agrícola ocupaban los valles y las tierras bajas del loess, desde Sajonia y Turingia hasta el Danubio, siendo la cultura de Straubing, en Baviera, y el grupo de Sajonia y Turingia fases regionales de fuerte personalidad de esta cultura antes de ser absorbidas por la cultura de los Túmulos, que también hizo igual en el Rin con la de Adlerberg, creación del pueblo de la cerámica de zonas, cultura esta última que debe pensarse sea algo más antigua, aunque ofrece elementos tomados de la cultura de Aunjetitz antes de que esta cultura de Adlerberg fuera absorbida, como dijimos, por la gran cultura de los Túmulos (10).

Conforme hemos visto que a la cultura de los Túmulos le dió unidad el pueblo de la cerámica de cuerdas, a la cultura de Aunjetitz, ya desde un período inicial representado por la cultura de Marschwitz, desarrollada desde Silesia y norte de Bohemia hasta el valle del Vístula, parece que le da su fuerza y personalidad una aristocracia de tipo dolicocéfalo nórdico que se mantiene aún más pura en el grupo de Sajonia y Turingia, y cuya arma personal, durante el neolítico, fué el hacha de combate, de piedra, tan usada también por el pueblo de la cerámica de cuerdas y que aun perduró en la época de los metales en todas las culturas emparentadas étnicamente con estos pueblos (11).

Así, en sus orígenes, los grupos que crearon la cultura de los Túmulos y de Aunjetitz son parientes próximos; incluso en su patria originaria, en esas tierras que van desde el este de Turingia hasta el Oder y el Vístula inclusive, no es fácil distinguir, a lo largo de la Edad del Bronce, si su cultura debe considerarse típicamente de los campos de urnas o debe clasificarse dentro de la de los Túmulos. Esto es muy importante para comprender las afinidades lingüísticas de estos dos pueblos. Ello ha permitido atribuir los restos «fósiles» de su habla, legados sobre todo por la toponimia y conservados por Europa Central y Occidental a celtas o a ilirios u a otros pueblos de lengua indoeuropa según los autores.

Todavía no predomina en este período el rito funerario de la incineración, que más tarde va a caracterizar y a dar nombre a este pueblo. Las gentes de Aunjetitz entierran sus cadáveres en túmulos; el rito de la cremación es muy raro, aunque alguna vez nos lo encontremos, como ocurre en Kelheim, hallazgo correspondiente a la cultura de Straubing, que es una fase bávara de fuerte personalidad de la cultura de Aunjetitz (12).

En el grupo de Sajonia y Turingia aparecen grandes túmulos, verdaderas tumbas reales, con una cámara donde se enterraba al muerto con sus armas, como en Leubingen (13), cuyo ajuar nos prueba las diversas aportaciones culturales que llegan a formar la cultura de los campos de urnas que desarrollará este pueblo, una vez fundidos estos diversos componentes, a través de la época de paz que representa la Edad del Bronce.

En el Bronce medio, los primeros campos de urnas que darán nombre a esta cultura
aparecen en Silesia, Moravia, Baja Austria y algunos lugares de Hungría. En su primera

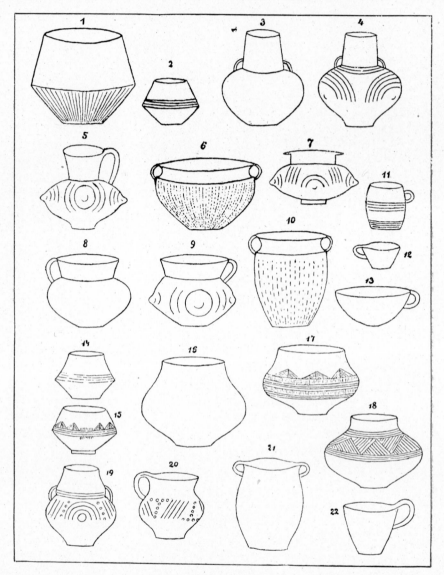

FIG. 25. — Vieja cultura de Lausacia (Alta Bohemia): 1 y 2, urnas doblemente cónicas;
3 y 4, ánforas de cuello cilíndrico; 5, jarro con asas en el territorio de Teplitzer; 6, taza
de doble asa, en Trebeschitz; 7, urna con cuello cilíndrico, en Petschek; 8, taza con asa,
en Petschek; 9, ídem, en Nestomitz; 10, urna de doble asa, en Lháň; 11 y 12, tazas con asa,
en Lháň; 13, taza con asa, en Woznitz. — Nueva cultura de Lausacia (Bohemia): 14, urna
doblemente cónica, en Dablitz; 15, ídem íd., en Korunka Jeleni; 16, urna globular, en
Korunka Jeleni; 17, ídem íd., en Powenitz; 18, ídem íd., en Korunka Jeleni; 19, forma primitiva de urna de doble cuerpo, en Korunka Jeleni; 20, taza de asa, en Korunka Jeleni;
21, urna de doble asa, en Sowenitz; 22, taza con asa, en Korunka Jeleni. Según *Menghin*.

fase, llamada proto-Lausacia, ya llevan el sello personal de toda esta cultura caracterizada
por el rito funerario y los grandes cementerios de urnas que se generalizan después, aunque ahora todavía la incineración no es uniforme en todas las sepulturas que se incluyen

en este período. Por ejemplo, Bilisics es un campo de urnas, y en Apáti Puszta, aunque la urna estaba llena de cenizas, había esqueleto (14). En Austria se usaba la inhumación y

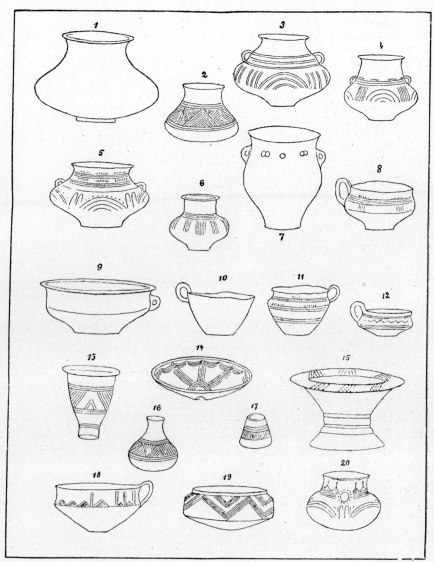

FIG. 26. — Cultura de Silesia (Bohemia): 1 y 2, urna globular, de Dražkowitz; 3, ánfora globular, de Swijan; 4, ídem íd., de Menik; 5, ídem íd., de Nepasitz; 6, urna con cuello cilíndrico, de Dražkowitz; 7, urna de doble asa, de Dražkowitz; 8 y 9, taza con asa, de Dražkowitz; 10 y 11, ídem íd., de Měnik; 12, ídem íd., de Swijan; 13, vaso para beber, de Swijan; 14, fuente, de Dražkowitz; 15, taza con pie, de Swijan; 16 y 17, botellas, de Měnik; 18, taza con cuello, de Reditz; 19, taza, de Reditz; 20, puchero globular, de Dražkowitz. Según Menghin.

en Moravia era la cremación invariable; en Silesia este rito subsistió con la inhumación de postura contraída y alguna vez bajo un túmulo, reminiscencia de la etapa anterior de Aunjetitz.

La variedad que vemos en el rito funerario contrasta con la unidad que nos ofrecen los ajuares que han proporcionado las tumbas, sobre todo cerámica, de cuyas diferentes formas se originan las de la etapa siguiente, en la cual, una vez conseguida la fusión total de los elementos que asimilan estas gentes, iníciase su enorme expansión y, por ende, la de todas sus formas culturales.

Por su interés primordial, analizaremos la cerámica que siempre nos permite distinguir todo movimiento etnográfico, y nos proporciona ya en esta etapa inicial del período que denominamos proto-Lausacia los siguientes tipos:

I. Urna de cuerpo abultado y cuello cilíndrico, con dos pequeñas asas que van del cuello al hombro del cuerpo; tipo opuesto a las asas de las urnas de los túmulos, que las llevan en los hombros de la panza (fig. 24, núm. 6, y fig. 25, núm. 3).

II. Vaso accesorio que aparece regularmente y es un cubilete con un asa de forma plana o de «banda» que desciende del cuello de embudo finamente modelado. Este tipo es común en el sur de Moravia y aparece también en los túmulos de Bohemia, donde Kossinna lo llama «jarro ilirio». Hay muchos análogos en Silesia (fig. 24, núms. 2, 4 y 7).

III. Jarro similar, pero apoyado en tres pies menudos. Estaba asociado con los tipos antes citados en Apáti Puszta y aparece también en el grupo de túmulos del Danubio medio, como en la sepultura de Regelsbrunn, en la Baja Austria (fig. 3, núm. 11).

IV. Varios tipos de platos simples para cubrir las urnas, que aparecen siempre con éstas.

Los tipos I y II aparecen decorados con canaladuras y en Moravia suelen ser sustituídas por estriados, decoraciones que vemos en otras sepulturas del Bronce medio.

La cerámica de Lausacia en su mayoría parece derivarse de formas de la cultura de Aunjetitz, en Eslovaquia, donde este grupo se denomina Veselé (fig. 24). De él desciende la urna de cuello cilíndrico y asas pequeñas en su entronque con la panza; los jarros de gran asa del borde al tronco y el vaso de tres pies se pueden relacionar con los vasos cilíndricos del mismo grupo.

La técnica es la misma exactamente. El ornamento de acanalados existe en una forma rudimentaria en toda la cerámica de Aunjetitz, y la acanaladura cónica ya se ve en algunos vasos de Moravia, siendo la cerámica el mejor argumento para defender la persistencia de la misma población (15).

Además de la cerámica tenemos unos cuantos hallazgos que, por los objetos de metal, nos aseguran una cronología aproximada dentro del Bronce medio para esta etapa evolutiva de la cultura de Lausacia.

De gran interés tipológico y cronológico es el hallazgo de Apáti Puszta, ya mencionado, en el cual hallamos alfileres de cabeza formada por alambre enrollado y de cabeza plana, brazaletes de chapa en gallones sencillos horizontales o de aro macizo y el de tipo de «faldellín» (fig. 16, núm. 18), que Kraft cree pertenecería, en el Wurtemberg, a la fase E de la cultura de los Túmulos, lo cual no es posible, como ya dice Childe; pendientes de chapa, alambres enrollados y cuchillo sin punta. Otros hallazgos, como Posohlavky y Koberice, en Moravia, han proporcionado alfileres de cabeza en forma de sombrilla y brazaletes de tipo de aro sencillo sin terminal, un fragmento de espiral y una flecha de mango de tubo.

El hallazgo de Regelsbrunn (fig. 3) con alfileres de cabeza de sombrilla y chapa enrollada que, según Willvonseder, entra en el grupo inicial de la cultura de los Túmulos del Danubio medio, ofrece cerámica de este tipo y sirve, como los anteriores, para establecer contacto cronológico con esta etapa de la cultura de las urnas (16).

En su última fase, esta cultura de los campos de urnas recibe el nombre de cultura de Lausacia y se desarrolla desde el Elba hasta el Vístula y por las tierras bajas de Moravia y parte de la Baja Austria y Eslovaquia. Todas estas regiones aparecen cubiertas, al final de la Edad del Bronce, por típicos campos de urnas, que Seger ha dividido en cuatro fases: A, B, C y D, más o menos coincidentes con lo que los arqueólogos checos lla-

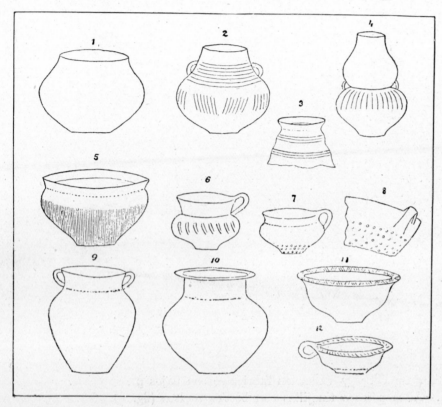

Fig. 27. — Cultura de Knoviz (Bohemia): 1, urna globular, de Knoviz; 2, ánfora globular, de Knoviz; 3, cuello de urna acanalado, de Radim; 4, «Etagenurne» o urna de doble cuerpo, de Weprek; 5, fuente o cazuela, de Radim; 6, taza con asas, de Letna, cerca de Praga; 7, ídem íd. y fondo agujereado, de Bilin; 8, pedazo de un cuello acribado, de Knoviz; 9, urna de doble asa, de Hloupětin; 10, ídem de cuello cilíndrico, de Dablitz; 11 y 12, escudilla y taza con asa, de Knoviz. Según *Menghin*.

man primer Lausacia, último Lausacia, cultura de Silesia y de Platenitz, y que en el norte de Alemania denominamos por los hallazgos Aurith, Göritz y Billendorf, correspondientes, respectivamente, a las tres últimas fases B, C y D de Seger, que Jahn y Oswitz denominan A, B y C (17).

A partir de la fase A de Seger, de la que sólo conocemos las necrópolis, ya la cultura de Lausacia ofrece sus formas características. El rito funerario era la incineración. El cuerpo era quemado cerca del cementerio, en un *ustrinum*, y las cenizas se reunían y depositaban en urnas osarios limpias del carbón. Ajuares de armas no aparecen nunca, y hasta los ornamentos raramente llegaban a la pira. La urna cineraria, con vasos accesorios, era enterrada en la tierra y se la cubría con un plato. A veces la urna tiene un agujero, generalmente al fondo, para escapar el espíritu, denominado «agujero del alma».

Normalmente se enterraba las urnas en el suelo, en un simple pozo. A veces se construía una cista de piedras, y en Lausacia y Silesia solían estar bajo un túmulo hasta de nueve metros de diámetro por uno o medio de altura.

Otras veces la urna se protegía con una piedra y no es raro el que varias urnas aparezcan bajo un mismo túmulo. En Bohemia y Moravia éstos son raros y es significativo el hecho de que algunos de estos túmulos de Moravia pertenecientes al Lausacia B forman parte de los cementerios de la última cerámica de cuerdas del grupo cultural de Marschwitz, de más al Norte, denunciándonos la raíz etnográfica de estas gentes (18).

La cronología y la distribución de los campos de urnas sólo podemos establecerlas a base de estudios comparativos sobre la evolución de sus formas cerámicas. Las vasijas son de buena fabricación. Su superficie está bien pulida y las primeras especies ofrecen un color rojizo. En Silesia y Bohemia aparece una cerámica oscura en algunos cementerios primitivos y siempre se puede ver una relación con las formas de la etapa anterior.

Las principales formas de la típica cerámica de los campos de urnas de Lausacia son:

I. Urna cineraria bicónica para los huesos, de unos 22 cm. de altura (fig. 25, números 1 y 2). Los dos conos forman un agudo ángulo en los primeros ejemplares. El cono más bajo suele estar ornamentado por líneas rayadas que nacen en la base. Alguna vez se suele ver una banda de incisiones en el vértice de unión de los conos; pero normalmente la mitad alta es plana.

II. Un tipo menos usual de urna ofrece un cuello añadido después de haber accionado sobre el cono alto, redondeándolo (fig. 25, núms. 3 y 4).

III. Urna cubierta con un plato plano o taza de doble asa (fig. 25, núm. 6).

IV. Larga ánfora ornamentada con abollonados en el hombro (fig. 25, núm. 19), que claramente pueden relacionarse con el proto-Lausacia.

V. Orza con cuello y asa y con ornamentación de cuatro a seis bullones sobre la panza (fig. 25, núm. 9).

VI. Jarra con abollonados sobre la panza, como los del proto-Lausacia (fig. 25, núm. 5).

Las formas IV, V y VI suelen fabricarse con bajos pies o bases.

VII. Altos potes o tinajillas con bordes vueltos (fig. 25, núm. 10) y con superficie arrugada.

La ornamentación característica del Lausacia primero son los grandes abollonados levantados sobre círculos en los vasos de tipo IV a VI. Entre los abollonados suele aparecer, combinados, una decoración de acanaladuras.

El utillaje del Lausacia inicial consiste en hachas perforadas y mazas de piedra, alfileres de cabeza de puño de bastón (Silesia) y de cuello con aros y alguna vez ya comienza a verse la fíbula nórdica del tipo de aguja de doble cruz y arco de espirales terminales (19).

Esta etapa está representada en hallazgos de Lausacia y Silesia. Luego se extiende hacia el Saal y hacia dentro de Brandemburgo y hasta Posnania y por el país de los Sudetes se introduce hacia el este de Bohemia y Moravia.

La cultura de Lausacia en la fase B de Seger ofrece una más amplia distribución y su cerámica ofrece también varios tipos y ornamentaciones (fig. 25). Se extiende por todo el este del Elba al sur del Spree y por la Polonia central hasta el Vístula, en la región de Varsovia, y por el sur llegan sus cementerios hasta Eslovaquia y Baja Austria. Se asentó en regiones que hoy son selvas plenamente, pero que entonces, en plena época suboreal, no estaban cerradas por los bosques. Se observa, sin embargo, que estos habitantes utilizaban los valles para asentarse y sus hallazgos los encontramos a lo largo de las rutas del comercio, como si se fueran extendiendo poco a poco hacia las regiones metalíferas de Eslovaquia (20).

Los cementerios nos prueban que se trata de una población sedentaria, pues están formados por cientos de sepulturas y abarcan varios períodos. A su vez, el gran número de estos campos de urnas prueba cómo sus habitantes realizaban sobre el territorio una auténtica colonización a través de unos grupos derivados de otros.

Sus emplazamientos nos descubren que vivían en villas regulares, en plena paz, sin protección militar alguna. Gracias a las excavaciones de Kiekebusch, en Buch, cerca de Berlín, sabemos que las casas eran paralelográmicas, como el «Megaron» micénico, con un pórtico de unas dimensiones de unos 6,50 × 3 m. Trozos de umbrales de madera se observan entre los pilares del porche y en la entrada a la primera estancia. El hogar permanecía en la habitación principal y a menudo se había excavado un pequeño pozo al lado del hogar, como en las casas de Erösch. En otras casas aparecía en el suelo una gran tinaja de provisiones.

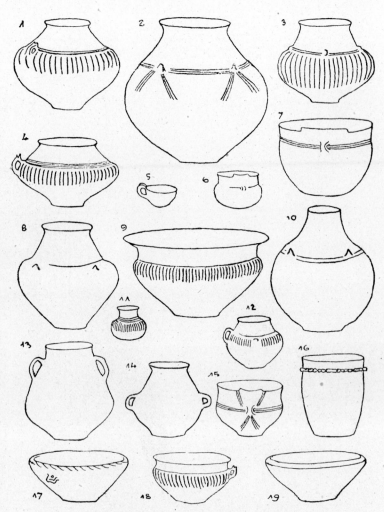

FIG. 28. — Cultura de Kritschen (Moravia): Vasos del cementerio de incineración de Kritschen. Según *Menghin*

Las paredes eran de vigas horizontales sostenidas por postes clavados y los intersticios se llenaban de barro. El techo era de ensamblaje de madera. Estas cabañas no formaban un plano definitivo; pero alrededor de la casa suelen aparecer chozas de una sola habitación (21).

El pueblo de Lausacia era agrícola, como se ve por los restos de grano y molinos de mano que se encuentran en sus casas y las hoces que hallamos en los depósitos y hasta en las sepulturas. Poseía animales domésticos, y entre ellos jugaba un gran papel el caballo. Bocados de caballos de cuerno, parecidos a los de Hungría, han aparecido en varios emplazamientos de Lausacia.

Los depósitos de objetos de metal, ya que jamás aparecen en las sepulturas, según hemos indicado, nos hablan de un comercio muy intensivo, sobre todo con Hungría. Parece, a veces, que estos depósitos eran de fundidores ambulantes, que recogían los objetos ro-

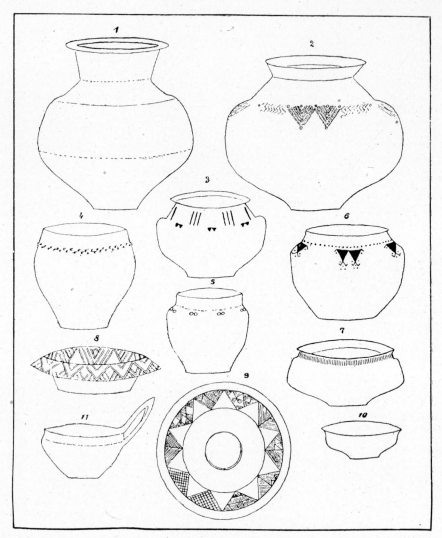

Fig. 29. — Cultura de Bylan (Bohemia): 1, 2 y 3, urnas globulares; 4, 5 y 6, ídem achatadas, pintadas en parte; 7, taza; 8 y 9, fuentes; 10, taza; 11, cazo con asa. Todos procedentes de Bylan. Según *Menghin*.

tos para cambiarlos por otros nuevos o para repararlos. La riqueza relativa de aquellas gentes nos la prueban los frecuentes depósitos de oro en forma de alambre que hallamos en Silesia, Bohemia y Moravia.

Pero el pueblo de Lausacia era también industrioso: sobre todo, metalúrgico; se han hallado infinidad de moldes en piedra de arena para fundir. También en el depósito de Nova Ves, en Bohemia, había un yunque de bronce y dos moldes completos de hachas de talón. Se ve que empleaban la técnica de fundir a la cera perdida, y si no eran mineros, por lo menos se les ve aproximarse en su expansión para dominar los centros productores del metal, como lo demuestran los campos de urnas de la Eslovaquia central. Ellos crearon, por lo menos, el hacha de tubo, usándose las del tipo de tubo (fig. 7, E 6) con asa lateral y sin ella (fig. 6, C 4), el tipo (fig. 6, B 5 a) de aletas cerradas y el tipo de

FIG. 30. — Cultura de Platenitz (Bohemia): 1 y 2, urnas globulares, de Uřetitz; 3, ídem, de Platenitz; 4, taza, de Uřetitz; 5, ídem, de Platenitz; 6, taza con asa, de Platenitz; 7 a 11, pucheros, de Platenitz; 12, vasija de cuatro pies, con desagüe, de Platenitz; 13, vaso triple, de Platenitz; 14, taza con pie, de Platenitz. Según *Menghin.*

talón angular (fig. 6, C 3) son las más comunes. Las hachas de tipo húngaro (fig. 4, núm. 3) aparecen como importaciones en los depósitos (22).

Para pescar se utilizaban anzuelos de bronce.

Hay cuchillos de varios tipos y hoces de botón y de formas italianas. La navaja de afeitar todavía no se usa, aunque en Sajonia se ven algunos ejemplares parecidos al tipo germano.

Aparecen artefactos de hueso y cuerno y también algunos fabricados con piedra pulimentada: martillos, picos para cavar, hachas planas y hachas-martillos perforadas, tanto en las sepulturas como en las casas; Schránil piensa que se colocaban en las sepulturas como viejos amuletos de valor simbólico para el pueblo de la Edad del Bronce. Lo que no se puede negar es que todavía en plena Edad del Bronce, como ocurría en Hungría, se fabricaban hachas-martillos y hachas de piedra. A veces también aparecen modelos en arcilla para uso funerario en Bohemia y otras partes.

El arma principal de este pueblo era el arco. Las flechas eran de hueso, sílex y bronce con pedicelo y aletas. Más raras son las puntas de lanza de hojas lanceoladas. Las espadas sólo se hallan en depósitos, pues ya hemos dicho que en la cultura de Lausacia sólo se entierran las cenizas, y son casi exclusivamente de empuñadura de lengüeta (figura 8, núms. 14-15).

Los ornamentos más comunes eran alfileres de tipos de rueca (fig. 13, D 6, D 3) y de contera de bastón (fig. 14, números 6, 7, 8, y el 5 en Silesia). Las fíbulas de dos miembros de tipo de arco de placa y espirales (fig. 33, núm. 15) comienzan a aparecer esporádicamente como elementos accidentales de la cultura de Lausacia, en los cementerios que se extienden desde Silesia hasta la Baja Austria, aunque la forma se haya probablemente originado en la frontera norte de la región de Lausacia y hacia

Fig. 31. — Cultura de Horkau. Según *Menghin*

el este de Alemania. En Moravia y sur de Alemania el tipo se transformó (fig. 33, número 17), bajo la influencia de las formas del norte de Italia y Hungría, como lo hicieron las fíbulas de aguja en resorte (fig. 33, núms. 1 a 11). Además, unas pocas variantes como el tipo fig. 33, núm. 5 son conocidas en los cementerios de Sajonia y Bohemia. En contraste con los numerosos tipos nórdicos, los cuales se extienden hasta Austria, las series del Sur están representadas hacia el Norte solamente por un solo ejemplo de arco serpentiforme, terminado en gran espiral (fig. 33, núm. 4), hallado en Dominiky, en Eslovaquia.

Quizá relacionado con los alfileres está un objeto de ornato consistente en un estrecho cordón de alambre de bronce terminado en dos grandes discos espirales (fig. 32, núm. 26). Se encuentra en sepulturas y depósitos de Lausacia y también en Hungría y Bosnia. Puede haber sido un ornamento de pecho y quizá revela el prototipo del broche de tipo de anteojo que veremos en esta cultura y en otras partes. El brazalete más común es de forma pesada con terminales sobrepuestos; pero se encuentra todavía algunas veces el tipo de alambre retorcido (fig. 32, núm. 32). También hallamos el torques del tipo macizo (figura 16, núm. 1), pero decorado con cordones y alambres retorcidos. Se encontró en

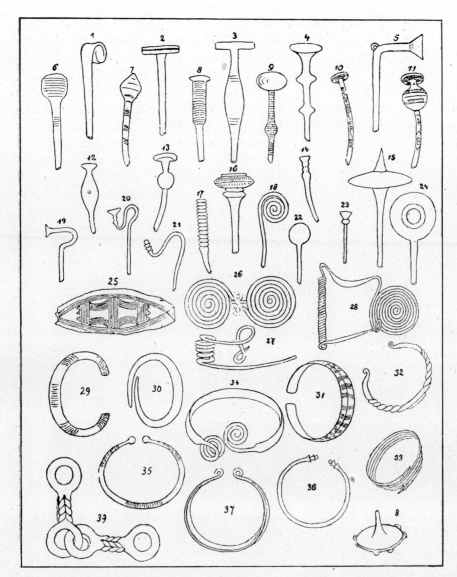

FIG. 32. — Tipos de bronce de las culturas de Lausacia de Knowiz, de Bylan y de Horkau (Bohemia): 1, aguja de cabeza enrollada, de Lháň; 2, ídem íd. de clavo, de Wrbschan; 3, ídem íd. íd. con cuello abultado, de Platenitz; 4, ídem íd. con doble ensanche, de Woznitz; 5, ídem acodada con corchete, de Zachlum; 6, 7 y 9, ídem de paleta, de Drazkowitz; 8, ídem, de Měnik; 10 y 11, ídem de cabeza de clavo y de vaso, de Swijan; 12, ídem de cuello abultado, de Drazkowitz; 13 y 14, ídem, de Měnik; 15, ídem, de Drazkowitz; 16, ídem, de Lipany; 17, ídem de rosca, de Winař; 18, ídem de cabeza de espiral, de Woděrad; 19-21, ídem de la Edad del Hierro, de cuello de cisne, de Předměřitz; 20 y 21, ídem, de Bylan; 22, ídem de cabeza esférica, de Bylan; 23 y 24, ídem, de Bylan; 25, placa de metal, de Rositz; 26, adorno de doble espiral, de Swijan; 27, fragmento de una fíbula, de Nepasitz; 28, fíbula de arpa, de Kolin; 29, brazalete, de Bylan; 30, ídem, de Petschek; 31, ídem, de Drazkowitz; 32, ídem, de Swijan; 33, ídem, de Měnik; 34, ídem, de Přemyšleni; 35, 36 y 37, ídem, de Bylan; 38, cabeza de aguja de bronce, de Bylan; 39, bocado de caballo, de Bylan. — Los números 1, 2, 3, 4, 5, 25, 29 y 30 pertenecen a la cultura de Lausacia. Los números 16, 17, 18, 34, 35, 36, 37 y 38 pertenecen a la cultura de Knowiz. Los números 6, 7, 8, 9, 10, 11, 12, 13, 14, 15, 26, 27, 31 y 32 pertenecen a la cultura de Silesia. Los números 19, 20, 21, 22, 23, 24, 28 y 29 pertenecen a la cultura de Bylan. Según *Menghin*.

una sepultura en Tynice, en el valle del Elba, en Bohemia, mientras otros son simplemente de aro retorcido (fig. 32, núms. 32 y 37). Los disquitos metálicos con un ojal en el dorso son muy comunes; quizá servían como botones.

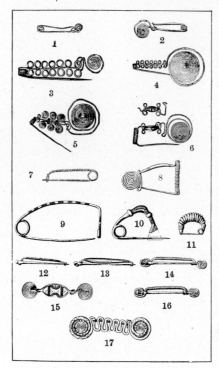

FIG. 33. — Tipos de las fíbulas de bronce más antiguas de Europa: 1, fíbula de arco de violín con lámina de enganche en espiral, Mosony-Szolnok (Hungría); 2, ídem, Bodrogkeresztur (N. de Hungría); 3, ídem, Györ; 4, ídem, Aszód (Hungría); 5, broche compuesto, con espirales de alambre que se ajustan por medio de unas traveseras, Aszód; 6, broche influenciado por el tipo de Heidesheim (N. de Hungría); 7, Suiza; 8. ídem de arpa. Statzendorf; 9, ídem simple, de arco de violín, en gran tamaño, túmulo de Strbci (S. de Bosnia); 10, ídem de arco con ancha placa de enganche, Drenovidô (Bosnia); 11, ídem de galones, variante del N. de Italia. Palafitos de Suiza; 12 y 13, ídem tipos escandinavos; 14, ídem con aguja cabeza de «vertreta»; 15, ídem tipo de Heidesheim; 16, ídem con aguja de cabeza en doble «cruz»; 17, ídem tipo de Burladingen (SO. Alemania). Según *Childe*.

El oro no es raro en los depósitos de Bohemia, donde aparece generalmente en forma de alambre, formando, a veces, extraordinarios ornamentos de alambre enrollado.

Ámbar se encontró en una sepultura, cerca de Hradec Frálove (Königgrätz). Dientes de lobo y cuentas de vidrio (azules y amarillas) también se usaron ocasionalmente en los collares.

Finalmente, se han encontrado en algunas sepulturas tazas pulidas de metal que, avanzada la Edad del Bronce, muestran una ornamentación en relieve.

La cronología de estas dos fases del Lausacia se ha podido fijar dentro del Bronce III de Montelius, por sus relaciones con el círculo nórdico y con Hungría. A su vez, en tal momento las gentes de Lausacia han penetrado en Occidente, invadiendo el sur de Alemania y llegando a Suiza. Más tarde pasan el Rin y las vemos, en oleadas sucesivas, llegar a Inglaterra, Francia y España con peculiares características. Por ello nos hemos detenido, analizando sus formas generales antes de estudiar los elementos culturales de los campos de urnas de estas últimas regiones, que haremos con mayor detenimiento.

El primer grupo local que se desgaja de la evolución típica de la cultura de Lausacia surge al oeste y centro de Bohemia y se llama cultura de Knowiz (23), correspondiendo ya al período avanzado del Lausacia B al C de Seger.

Su cerámica es lo más peculiar del mismo (fig. 27). Todo indica una mezcla de elementos de Lausacia como factor predominante, con vestigios claros, sobre todo en la ornamentación, de la cultura de los Túmulos. Esto mismo se ve en los metales que la enlazan con la cultura de Milaveč, lo mismo que ciertas formas cerámicas.

Junto a la urna con cuello cilíndrico aparece el osario bicónico de Lausacia, común en Bohemia, pero con una variante redondeada (fig. 27, núm. 1). La segunda forma de urnas también aparece, pero con un cuello muy largo. En el Bronce E se desarrolla el tipo de la «Etagenurne», urna de doble cuerpo con cuello combado (fig. 27, núm. 4). El tipo es más común en Pilsen; pero también aparece en el Elba, Bohemia, Sajonia, y especialmente en el Alto Palatinado y Franconia.

Otra forma del Lausacia B en este grupo son las tazas grandes y platos con acanaladuras.

El ánfora de Lausacia está representada por unos pocos ejemplares con abollonados degenerados. Las urnas con pilares entre el cuello y la panza y los anchos peroles están relacionados con formas de más al Oeste (24).

En la cerámica de Knowiz los vasos más pequeños están grafiteados en la última fase. Las grandes urnas, por el contrario, son bastas, con superficie arrugada. La deco-

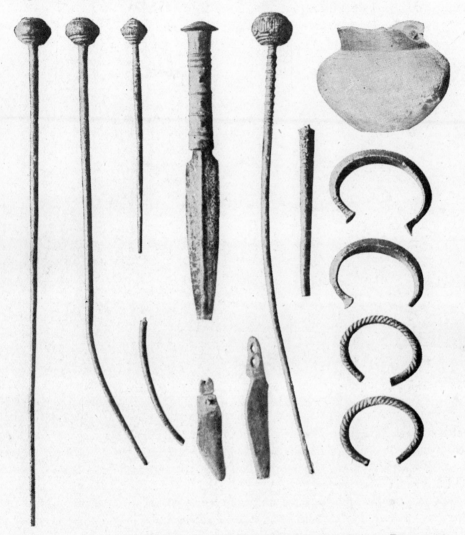

FIG. 34. — Ajuar del enterramiento de Mels-Heilig-Kreuz (Suiza). Bronces, $^1/_3$; vaso, $^1/_6$. Según *Kraft*.

ración está reducida a acanaladuras o ranuras. Los abollonados son raros, y una profunda ranura corriendo a lo largo del cuello de algunas urnas está tomada de los vasos de los túmulos.

Las armas corresponden a tipos de más al Oeste, con la adición de algunas mazas húngaras y el escudo de bronce de Pilsen, tipo nativo, desarrollo del de madera de la cultura de los Túmulos.

Los brazaletes son distintos-que los de Baviera; sólo en depósitos se encuentran brazaletes macizos, en tanto que en las sepulturas sale el tipo de vueltas de alambre y de «chapa». Los alfileres coinciden más estrechamente con Lausacia que las series austrobávaras. En la fase E vemos en los depósitos fíbulas de tipo nórdico con arco retorcido terminado en espirales y aguja con cabeza de vértebra (fig. 33, núm. 14); más tarde, las fíbulas de arco con doble espiral y de arco de placa con aguja en «cruz» aparecen en túmulos de cerca de Pilsen (fig. 33, núms. 15 y 16).

Aparecen muñequeras y tobilleras espiraliformes, anillos de dedo con alambre retorcido, collares, navajas de afeitar, cuchillos de mango en espina (fig. 10, núm. 9), todos ellos procedentes del Oeste (25).

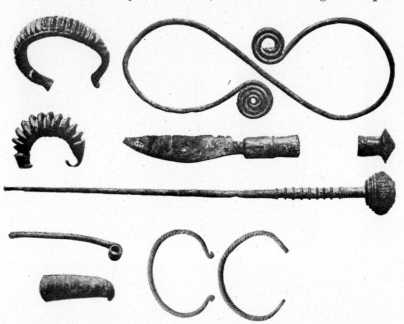

FIG. 35. — Tipos de objetos de metal precedentes de Egg (Suiza).
Según Kraft

Sin embargo, es distinto el tipo de sepultura, pues son frecuentes unos túmulos en los que se entierran las urnas, e incluso se han encontrado en Bohemia central, al lado del rito de la incineración, prácticas de canibalismo, que ya hace tiempo comprobó Matieka (26).

En su patria originaria, la evolución posterior de la cultura de Lausacia está representada por los campos de urnas de tipo silesiano, que evolucionan hasta el Hallstatt final, y en Moravia, por la cultura de Kritschen (fig. 28), paralela, cronológicamente, a la de Knowiz (fig. 27); ya en el propio período de Hallstatt se desarrollan las de Bylan, de Platenitz y de Horkau (figs. 29, 30 y 31) (27), equivalentes más o menos al Lausacia D de Seger.

La evolución tipológica de estas culturas parece se ha desarrollado, sobre todo, en Silesia, donde se cree se originó la cultura de Lausacia, que sigue irradiando influjos hacia el Sur, como una nueva invasión étnica, hasta que las corrientes de comercio que llegan desde Italia transforman la dirección de las influencias culturales.

El rito funerario siempre es el mismo, pero sin el agujero del alma en las urnas y las cenizas menos purificadas.

Las urnas ofrecen una separación menor entre los dos cuerpos principales, cuello y panza, y ahora se cubren por tapaderas en forma de discos planos adornados con impresiones digitales.

Los platos son cónicos; las tazas llevan unas asas que se levantan sobre el borde, y aparecen en abundancia los vasos teriomorfos.

La mayoría de esta cerámica está cubierta con grafito, y va ganando más y más terreno la decoración pintada.

Los tipos metálicos evolucionan, ofreciéndonos ahora los hallazgos de alfileres de cabeza de rueca (fig. 13, tipo D 7), de cabeza de turbante con cuello rayado (fig. 14, núm 12), de cuello de cisne, que llegan del Norte, y otros (fig. 32).

Hay broches de tipo de «anteojo» o doble espiral y bocados de caballo de doble pieza.

Fíbulas también de tipo primitivo (fig. 33, núms. 14 y 15), con arco de placa y espirales. También aparece el tipo de arpa (fig. 32, núm. 28, y fig. 33, núm. 8).

Torques de aro macizo con ornamentación de cordones.

Brazalete de hilo enrollado en tres vueltas (fig. 32, núm. 33), que también aparece en Moravia, y con él vemos el de gallones horizontales (fig. 16, núms. 4 y 5) y de chapa, con terminales espiraliformes (fig. 32, número 34).

Pendientes de forma de hoja y de pelota, y botones con saliente cónico agudo (fig. 32, número 38).

Los cuchillos son del tipo de mango en espina con hoja adornada (fig. 10, núm. 13).

Pequeñas navajas de afeitar de una sola hoja o doble.

Hoces de varias formas.

Hachas de tubo de tipo simple y con asa lateral (fig. 6, C 4, y fig. 7, E 6).

FIG. 36. — Bronces del ajuar de Glattfelden norte de Suiza. Según *Kraft*

Las espadas no aparecen en las sepulturas; son de tipo de empuñadura maciza de ocho lados y de tipo de hoja con engalle en el empalme y de empuñadura de lengüeta y hoja pistiliforme (fig. 8, núms. 4, 5, 8 y 16).

Aun se usaban hachas de piedra y otros modelos antiguos.

Alfileres de hierro y otros pequeños adornos, y también algún cuchillo, ya comenzaban a importarse, seguramente por la ruta Mediterráneo-Italia, que trae nuevos elementos que se van incrementando hasta llevar hacia el Norte la cultura de Hallstatt.

Todos estos fenómenos se van transformando, según las regiones, con la aparición de los escitas, que invaden las llanuras húngaras hacia el 700, empujando otra vez hacia el Oeste y, sobre todo, hacia el Sur, a los pueblos continuadores de los campos de urnas, que ahora ya entran en contacto con los griegos, en las costas, al norte del Adriático, y les dan el nombre histórico de ilirios. Su análisis no nos interesa especialmente, pues sólo hasta el Rin llegan sus influencias durante el período del Hallstatt, en tanto que vamos a estudiar con detenimiento la expansión hacia Occidente de los campos de urnas (28).

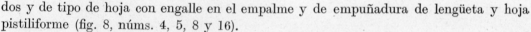

La cultura de los campos de urnas al norte de los Alpes.

En su expansión hacia Occidente, el pueblo de los campos de urnas sigue las tierras planas, favorables para las labores agrícolas, como si hubiera emprendido una decidida colonización de las regiones netamente favorables para la agricultura, situadas entre los pueblos de la cultura de los Túmulos, después de la etapa climática suboreal. Incluso parece que durante una época correspondiente al Bronce D de Reinecke hubo una convivencia y desarrollo sincrónicos de ambas culturas, aunque sólo coinciden al ofrecernos,

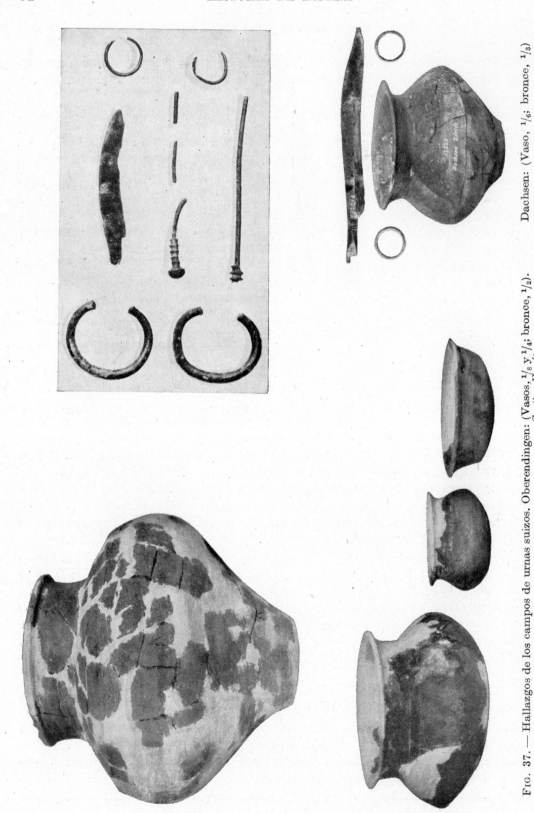

Fig. 37. — Hallazgos de los campos de urnas suizos. Oberendingen: (Vasos, ¹/₈ y ¹/₄; bronce, ¹/₂). Dachsem: (Vaso, ¹/₆; bronce, ¹/₃).
Según *Kraft*

a la vez, ciertos tipos de bronce, además de prestarse mutuas influencias que garantizan la veracidad de esta hipótesis.

Parece ser también que los campos de urnas se dirigen hacia los centros mineros y rutas comerciales. Así se crea el grupo de campos de urnas de Knowiz, en torno a las minas de estaño del Erzgebir-

ge, en las montañas de Bohemia, y por la misma causa se introduce muy tempranamente el pueblo de las urnas en las montañas del Tirol, buscando las minas de sal de Hallstatt y las rutas comerciales alpinas.

Al ir realizando su avance, este pueblo ofrece una cultura con especiales singularidades, y a pesar de la

FIG. 38. — Bronces procedentes de Belp (Suiza). Según *Kraft*

similitud y puntos de contacto con los campos de urnas de Lausitz, no cabe duda de que los cementerios de la región norte de los Alpes están separados de los del círculo de Lausacia por fuertes contrastes, como ha señalado Childe (29), los cuales aun se acusan más, como veremos, hacia el occidente del Rin y España. Las sepulturas de Lausacia son siempre muy pobres en bronces, en tanto que al norte de los Alpes hay casos de extraordinaria riqueza. Esta cultura de Lausacia da sensación de haber sido desarrollada por un pueblo pacífico y democrático, pues faltan los grandes sepulcros que marquen categorías sociales, y tampoco hallamos en los círculos culturales del Este ninguna clase de fortificaciones, en tanto que los campos de urnas del sur de Alemania y Suiza, y aun más hacia el Oeste, como veremos, tienen un marcado carácter guerrero, pudiéndose atribuir a su sociedad una organización aristocrática a juzgar por los ricos ajuares de algunas tumbas.

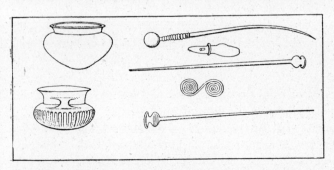

Los poblados de Lausacia nunca están fortificados; aparecen en los valles abiertos y llanos, en tanto que hacia Baviera y Tirol ya los vemos asentados estratégicamente en lugares aptos para la defensa. Estas diferencias se explican por la necesaria guerra con las gentes de la cultura de los Túmulos, contra las que adoptan en estas regiones precauciones militares los pueblos de los campos de urnas, a la vez que aceptan

FIG. 39. — Bronces y vasos del período final del Bronce, procedentes del túmulo núm. 26, grupo XII, de Riegsee (Baviera). Según *Naue*.

sus armas. Así, se abandona el hacha nacional de tubo, general en la cultura de Lausacia, en todo el este del Elba, por los tipos que reseñamos a continuación. Este río parece haber sido una frontera entre dos culturas y pueblos (véase fig. 98). Al Oriente aparecen los cementerios de pobres sepulturas tipo Lausacia, en tanto que al Oeste vemos las ricas sepulturas con urnas de cuello cilíndrico y ricos ajuares de bronces de tipo austrobávaro.

Por la cerámica y el rito funerario, parece se trata de una fuerte invasión en masa de estos
pueblos hacia Baviera, como la hemos visto en Moravia; pero no se puede admitir esto
a priori por las diferencias señaladas respecto a los campos de urnas de hacia el sudoeste
de Alemania, aunque no cabe duda alguna que el osario troncocónico típico de Lausacia
demuestra una penetración de bandas de este pueblo hacia Occidente. Lo importante,
para Childe, es precisar la extensión e importancia de este elemento etnográfico en la
formación de la nueva unidad cultural que sustituye en toda su área geográfica a la

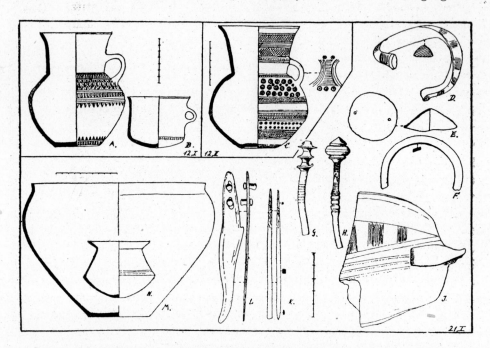

Fig. 40.—Objetos de la Edad del Bronce D encontrados en el túmulo 21, sepultura I,
y túmulo 12, sepulturas I y II, de Kurzgeländ (Alsacia). Según *Schaeffer*

cultura de los Túmulos y también a la cultura del Bronce de esta época en Suiza, proyectándose hacia Occidente sobre toda Francia y España, y sobre Inglaterra en un momento posterior.

La expansión de esta cultura de los campos de urnas hacia Occidente, según Childe,
se apoyó en tres elementos: 1.° Su descendencia de la cultura de Aunjetitz-Straubing,
que habitaba las tierras bajas al comienzo del Bronce. 2.° En el elemento invasor del área
de Lausacia y del área del Sudoeste. 3.° El constituído por la combinación de estos tres
elementos (30).

Sus relaciones con Straubing-Aunjetitz son grandes e incluso hubo lugares donde esta
población no se interrumpe a lo largo de toda la Edad del Bronce, como en Gemeinlebarn,
donde entre sus ya citadas sepulturas de inhumación e incineración se ven las aportaciones de Lausacia, las que vienen del norte de Hungría y las que llegan de los Alpes. Incluso
no hay una ruptura en el uso del rito funerario, pues alguna vez aparecen sepulturas de
inhumación igual que en Aunjetitz, con el cadáver encogido, como las de inhumación de
Gemeinlebarn, así como vemos en Kelheim el rito de la incineración con cerámica de
Straubing.

La urna de cuello cilíndrico se considera como un derivado de Aunjetitz, y los tipos intermedios aparecen, no sólo en Bohemia y Baja Baviera, sino también en la Baja Austria y Eslovaquia, e incluso la cerámica negra de los campos de urnas de Baviera puede considerarse como una reminiscencia de la cerámica de Aunjetitz. Así, se puede admitir un elemento etnográfico superviviente de la cultura de Aunjetitz-Straubing; pero sobre él es preciso añadir un nuevo elemento invasor venido del círculo de Lausacia.

Los checos creen que la cultura de Knowiz, que ya analizamos, es una extensión hacia el Oeste de la de Lausacia, mezclada con supervivencias de Aunjetitz. Červinka (31), Buchtela y los arqueólogos germanos admiten esta invasión lausaciana, a la que dan fuertes dimensiones y trascendental importancia. Kraft (32) ha añadido también varios elementos culturales que tienen sus raíces en Hungría o el Sudeste, como la técnica de fundir a la cera perdida, los vasos teriomorfos y las «pintaderas». También las experiencias mineras y metalúrgicas y las urnas con pilares han podido venir de formas húngaras del tipo Soroksar. Estos elementos, unidos a otras formas de bronce y de la cerámica, parecen denunciar la presión de un elemento mixto del final de Aunjetitz-Lausacia venido desde la Baja Austria, al comienzo del Bronce final, hacia Baviera.

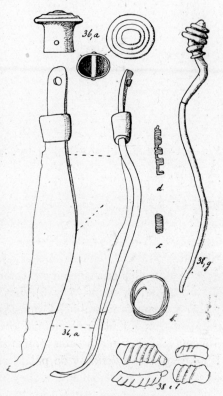

Del Sur han venido las cuentas de collar de vidrio, la fíbula tipo Peschiera (fig. 33, núm. 7) y quizá el tipo de fíbula de anteojo de Grünwald, las navajas de afeitar y los vasos de bronce. Pero las navajas de afeitar del Alto Palatinado y Bohemia, como ya dijimos, pueden ser una invención local, y el tipo de mango calado es un desarrollo nativo, a pesar de sus paralelos próximos en la Alta Italia. Lo mismo se puede pensar que las tazas de bronce con asa lateral, que aparecen en esta cultura, se hayan inventado al norte de los Alpes, como Reinecke hace notar (33).

Otro elemento de relación es la daga de empuñadura de lengüeta. Es un tipo que aparece en Micenas, pero que ha podido llegar de Italia, donde

FIG. 41. — Ajuar del túmulo 5, de Kurz-geländ (Alsacia). Según *Kraft*

también la vemos con cierta frecuencia; por este camino pudo haber penetrado igualmente la decoración en espirales de origen micénico que ofrecen las empuñaduras de bronce de las espadas. Sin embargo, Kossinna ha considerado esta daga, no sin muchas razones a su favor, como de origen centroeuropeo (34).

Mas todo esto serían simples relaciones culturales llegadas a Centroeuropa desde Grecia e Italia, que a la recíproca llevan a Italia los alfileres de cabeza de plato y de vaso, desde el noroeste de los Alpes. Ello no ha de significar que las culturas de Pianello y Villanova hayan de ser producto de una invasión hacia Italia, afín a la que parece ha pasado de Lausacia, hasta el sur de Alemania, pues sólo por sus claras afinidades cerámicas parece ser producto de una invasión la cultura de Albania y también la de la región comacina; sin embargo, siempre resultará algo difícil el admitir esto

para las culturas de Bolonia y del Este, según opinión de Mac Iver y de la mayoría
de los arqueólogos italianos. Tal es la tesis de algunos de los más modernos trabajos,
aunque no creemos fácil poder explicar el rito cinerario y las ricas formas culturales que
se desarrollan a partir del final del Bronce en Italia sin admitir una invasión nórdica.
A esta tesis se inclinan, sobre todo, los filólogos para explicar los idiomas itálicos indoeuropeos, y algunos arqueólogos como Merhart (35).

Pero tales problemas nos interesan menos en nuestro estudio sobre la formación de
la cultura que penetrará en España y que históricamente denominamos invasión céltica.

Las armas características de los campos de urnas que hallamos al norte de los Alpes
son las hachas de aletas cerradas (fig. 6, B 5 a), espadas tajantes de empuñadura de len-

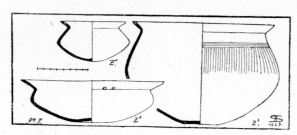

FIG. 42. — Perfiles de vasos de la Edad del Bronce
encontrados en el túmulo 94 del cantón de Kurzgeländ. Según *Schaeffer*.

güeta (fig. 8, núm. 15) y de empuñadura de bronce, como el tipo Milaveč,
(figura 8, núm. 6) o de pomo octogonal,
tipo Nöfing (fig. 8, núm. 4). Al final,
hacia el Hallstatt B, cuando esta cultura
se ha transformado, nacen las espadas
con engalle en el empalme (fig. 8, número 8) y después las variantes occidentales, como el tipo Ronzano (figura 8, núm. 10), y la espada de lengüeta
con una cuñita de refuerzo final, tipo

Wolmesheim (fig. 8, núm. 16), y también la espada de antenas (fig. 8, núm. 11), aunque éstas son más raras en esta época y más tardías cronológicamente como veremos
al estudiar las culturas de la época denominada del Hallstatt (36).

Anteriormente, esta cultura aceptó los tipos de espada sin empuñadura, desarrollándose uno de ellos que viene a ser como un último modelo de la espada de la cultura de los
Túmulos (fig. 8, núms. 7 y 9). Los cuchillos son de varios tipos (fig. 10, núms. 9, 11
y 12), y aparecían también formas arcaicas en algún caso, como el tipo de la figura 10,
número 4, en Mühlau y Gemeinlebarn, propio del Bronce D, y el tipo 1 de la fig. 10, en
Mühlen Matris y otros cementerios tiroleses. También aparecen navajas de afeitar de los
tipos de paleta redonda y de paleta con recorte en la base. Se hallan hoces con bastante
frecuencia. Las fíbulas son muy raras, y sólo las hallamos en el grupo austrobávaro.
Además, hay objetos de adorno que analizaremos en cada una de las regiones que ocupó
esta cultura, en las cuales haremos observar también las variantes de estos tipos generales
que conocemos por los depósitos y por las sepulturas.

Las casas son de planta paralelográmica, pues sólo en Knowiz se ven plantas redón-
das que no sabemos si debemos considerar como silos. Esta misma planta aparece en Bur-
weinting, cerca de Ratisbona (37) y es la planta de casa que se propaga ahora plenamente hacia el Oeste en todos los territorios ocupados por esta cultura, aunque hacia
Francia y España pronto se construyen casi todas de piedra, en tanto que en el centro
de Europa la madera seguirá siendo el principal material empleado.

En resumen, podemos establecer que esta oleada de gentes ni partió de un mismo punto ni a la vez. Además, siguió distintos caminos, unas veces mezclándose con los indígenas, como en Knowiz; otras, avanzando a través de los pueblos de la cultura de los Túmulos, hacia Occidente. Así, el análisis del vasto conjunto de materiales proporcionado por
las necrópolis excavadas es difícil, y los detalles particulares de cada hallazgo, aunque no

cambian la visión general de esta emigración, dan lugar a conjeturas y opiniones, sobre todo este extenso grupo que denominamos cultura de las urnas del norte de los Alpes.

Childe ha dividido en tres grupos esta cultura, desde Bohemia hasta el Rin; pero nos parece más acertada la visión de Kraft, el cual ha estudiado el fenómeno etnográfico con detenimiento, analizando en toda su unidad la masa de gentes desplazada hacia el sur de Alemania y el Rin, de la cultura de Lausacia, y los elementos que carac-terizan la nueva cultu-ra que se forma. Estos movimientos se reali-zan, según él, al final del Bronce D de Rei-necke.

Entonces los pue-blos de la cultura de los Túmulos reciben fuer-tes influencias en su rito funerario debidas a la presión de los cam-pos de urnas. Aparecen enterramientos de ce-nizas sin urna alguna. Otras veces vemos las cenizas depositadas dentro de los túmulos o metidas en urnas del tipo corriente, igual-mente enterradas den-tro de los túmulos. A la vez, la invasión arrastra hacia Occiden-

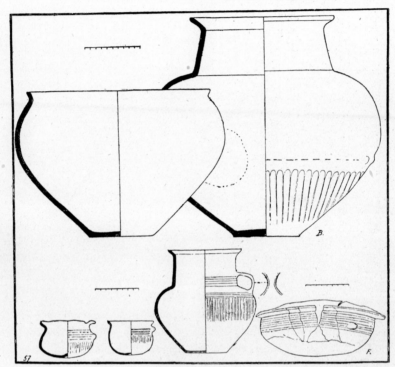

FIG. 43. — Cerámica encontrada en el túmulo 57 de Oberfeld (Alsacia). Según *Schaeffer*

te y hacia Suiza a elementos etnográficos nuevos que aparecen mezclados con gentes de los túmulos. Ahora la población de los palafitos suizos es dominada plenamente por los nue-vos invasores, perdiendo su independiente evolución, mantenida a lo largo de la Edad del Bronce, en cuya época sólo influencias de la cultura de los Túmulos vemos llegar a las gentes de origen neolítico alpino, que desarrollan la cultura de Wallis, durante la Edad del Bronce, continuación de la neolítica de Michelsberg. Todo cambia ahora, al final del Bronce, en Suiza; por el Norte, los grupos austrobávaros de invasores llegan a tomar con-tacto, según cree Kraft, con gentes itálicas, parientes cercanos suyos, que bajo la influen-cia del clima seco y cálido buscan en las montañas y valles alpinos elementos favorables para su desarrollo y establecen los poblados palafitos de tipo Peschiera.

Kraft, en sus minuciosos estudios sobre estas culturas, ha distinguido cuatro grupos u oleadas etnográficas en la invasión de los campos de urnas del sur de Alemania y Suiza, hasta el Rin: 1.° Formado por la fusión de los dos grupos parientes de la Alta Baviera y la Alta Italia, que se mezclan en Suiza y van hacia el Rin, y que está caracterizado por sus sepulturas, como Bennweier, que dan alfileres de cabeza de adormidera. Este es el grupo más antiguo (Bronce D de Reinecke) (figs. 34 a 36). 2.° El grupo de alfiler de cabeza redonda, con cuatro anillos debajo del cuello, típico de los campos de urnas del período que siguió al anterior; su hallazgo característico es Binningen (figs. 37 y 38). Este grupo pertenece al Hallstatt A. 3.º El grupo de cerámica decorada con incisiones varias, como la de la necrópolis de Haltingen, el cual nos muestra relaciones e influencias con la cultura de los Túmulos. 4.º El de la cerámica con decoración de ranuras, que cronológicamente es contemporáneo a los otros tres, pero que viene directamente del Este.

Además, todos los hallazgos muestran claras influencias húngaras en cuanto a la metalurgia y otros elementos formativos de esta cultura y además se siguen manteniendo relaciones con los grupos del círculo de Lausacia, de donde vendrá más tarde, sobre todo,

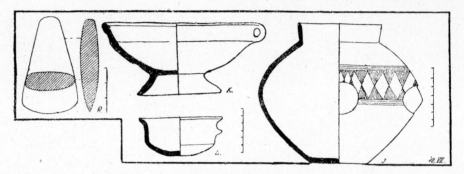

Fig. 44. — Cortes y perfiles encontrados en el túmulo 10, sepultura VII, de Kurzgeländ.
Según *Schaeffer*

la influencia de la cerámica pintada. Estos grupos invaden en el Bronce D y Hallstatt A todo el sur de Alemania, el valle del Rin y este de Francia. A través de las urnas de cuello cilíndrico se pueden seguir dos caminos de penetración: uno, por el norte de Suiza, y otro, por el sur de Alemania, siguiendo el valle del Neckar. Otro camino va a buscar, por Franconia, el Main. Así Götze ya habla de una clara invasión de gentes de Lausacia, en Turingia (38), y Childe ha reconocido un grupo independiente de campos de urnas en esa región (39). Vemos, pues, que desde un punto de vista cronológico hubo dos movimientos: uno, al final del Bronce, Bronce D de Reinecke, y otro al comienzo del Hallstatt, lo que se denomina como Hallstatt A.

La invasión más antigua del Bronce D se ve llegar hasta Pougues-les-Eaux (40), habiéndonos dejado, a su paso por Alemania, buenos ejemplos, como son los túmulos 3 y 4 de Uffing (41), la sepultura número XIII del túmulo 26 de Riegsee (fig.39) (42), y el túmulo de Haltingen, en el Baden (43), por no citar otros muchos.

En Alsacia forman un conjunto característico el túmulo 21 de Kurzgeländ (fig. 40), el 57 de Oberfeld (fig. 43) y el 30 de Kirchlach, todos en la selva del Haguenau, probándonos que hasta allí llegó con fuerza y pureza la invasión (44). Se puede asegurar que de Francia al Tirol y de Suiza a Franconia, esta oleada penetró con fuerza, habiendo clasificado como pertenecientes a ella varios hallazgos G. Kraft y E. Vogt, expertos especialistas de esta cultura.

Ya hemos dicho que el primer grupo de tales gentes lo forman las necrópolis con agujas de cabeza de adormidera, como, por ejemplo, Bennweier, y en él se catalogan los cuchillos de tipo más antiguo, de mango corto, con uno o dos clavos para sujetar su empuñadura (figs. 34, 35 y 38), y hoja de lomo y corte muy curvado. Con estos tipos aparece en las tumbas de hombres una espada llamada de tipo de Rixheim (fig. 8, núm. 9),

caracterizada por un empalme plano y triangular para la empuñadura, con tres agujeros
para tres clavos que la sujetaban, tipo que deriva seguramente de la espada corta sin
lengüeta para el pomo, propio de la cultura de los Túmulos. También aparecen espadas de pomo octogonal (fig. 8, núm. 4) y un botón oval en la contera y un tipo característico de brazalete (fig. 16, núms. 13 y 14), de cuerpo formado por fuertes arrugas,
llamado brazalete «barroco», del que puede ser un buen ejemplo el hallado en Stetten
o Egg (fig. 35) (45).

Dentro del estilo de este brazalete aparece, además, una aguja con cabeza en círculos
formando pirámide, «tipo Stetten», que hallamos igualmente en el Haguenau, en el tú-

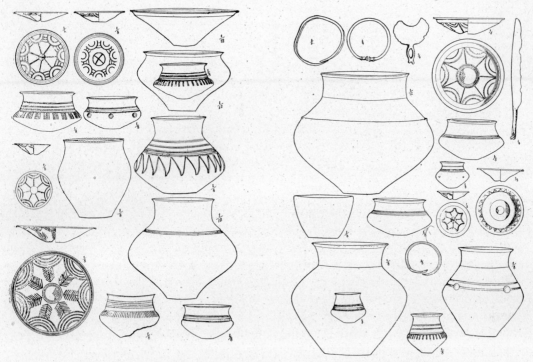

Fig. 45. — Bronces y tipos de vasos de Barbelroth. Según *Sprater*

mulo 5 de Kurzgeländ (fig. 16) (46), y que, como la cabeza de adormidera, ofrece variantes
dentro del mismo estilo «barroco» de los bronces de este primer grupo de gentes de campos de urnas.

En este grupo de campos de urnas con agujas de cabeza de adormidera y espadas sin
lengüeta para la empuñadura faltan, desgraciadamente, materiales cerámicos definidos.
Sólo la urna de Mels (fig. 34) (47), el fragmento de urna de Wolfganzen, decorado con un
cordón en el cuello con impresiones redondas en el mismo (48), y, tal vez, la serie de
cerámica de Heilbronn, con su decoración de arrugas en la superficie de los vasos, es
cuanto podemos decir que va con seguridad unido a los tipos de bronces citados y además
algunas urnas de Reutlingen, aunque tales materiales tal vez son, en su mayoría, al menos, más modernos (50). Tales elementos cerámicos son, pues, poco importantes y atípicos.

La urna de Mels fué utilizada por Kraft para compararla con materiales de Golasecca
y de Moncuco; pero no puede decirse hoy sino que los paralelos de Italia han bajado desde
Tirol y Suiza, pues su cronología es más moderna, no siendo posible que la cerámica de

Mels proceda de grupos italianos, como Kraft quiere. Este tipo ha sido estudiado y analizado por Vogt, y según él, procede del sur de Alemania, donde señala este especialista sus más próximos paralelos (51). En general, hoy existe una reacción contra la tesis que considera este y otros paralelos de esta cultura como de procedencia de Italia; Merhart, por ejemplo, ha probado que los cascos de metal no nacieron en ese país, sino al norte de los Alpes (52). Vogt, sobre todo, señala con detenimiento y competencia, frente a la tesis de Kraft, la imposibilidad de que estos elementos vengan de Italia; opinión que no parece razonada y a la cual nos inclinamos (53).

El hallazgo típico de este grupo encontrado más al Oeste es el citado del túmulo 5 de Kurzgeländ. Sin embargo, algunos bronces característicos suben más al Norte, pudiéndose citar una aguja de cabeza de adormidera, del Museo de Hanau; otra de Eschborn, en el Museo de Wiesbaden, y el cuchillo de Boppard (54). En el Bajo Rin y en Bélgica se encuentra una variante de esta aguja más pequeña y que al parecer es un derivado de segura cronología posterior. Lo mismo nos inclinamos a pensar de otros tipos del Rin medio y superior, que muestran una mezcla entre la aguja tipo Bennweier y la aguja tipos Binningen, de la cual hablaremos.

FIG. 46.—Binningen (Suiza). Placa de metal repujada. Según *Kraft*

Estas gentes de la aguja de cabeza de adormidera, primer grupo venido del Este, tal vez por Baviera, ocupó el sur de Alemania y el norte de Suiza hasta el este de Francia (55), y son como la vanguardia de otra invasión de pueblos afines y de parecida procedencia, que llegó tras el susodicho primer grupo y que se extendió mucho más lejos y perduró durante una época más duradera.

Pues bien, este segundo grupo de campos de urnas del sur de Alemania se caracteriza por ofrecer una serie de bronces peculiares, entre los cuales es el objeto más específico la aguja llamada de Oberendingen (figs. 37 y 38), por haber tomado Kraft el hallazgo de esta localidad del norte de Suiza como tipo de esta cultura.

Tal alfiler fué utilizado para sujetar el pelo, al igual que el de cabeza de adormidera, del grupo anteriormente citado. Su cabeza es una bola maciza y semiesférica, con una serie de anillos inmediatos a ella que sirven de transición de la cabeza al tallo de la misma, decorado por un cuello anular. El número de tales anillos o rebordes varía, y es un detalle interesante para la cronología y procedencia de los mismos, pudiéndose precisar los siguientes tipos:

I.   Con más de cinco anillos tenemos ejemplos hacia el Tirol y Baviera, tipo Riegsee (fig. 39) (56).

II.   Con cinco anillos aparecen en Suiza, en Binningen o Belp (figs. 37 y 38).

III.   Con menos de cinco anillos, tipo degenerado.

IV.   De los campos de urnas del sur alemán, como en Wollmesheim, en que la cabeza es más gruesa y hueca y los anillos siguen disminuyendo, tipo Weinheim (fig. 50) (57).

Los numerosos ejemplares que de este alfiler se conservan y que evolucionó y duró bastante tiempo, nos ofrecen variantes, tanto en la forma de la cabeza semiesférica como en los anillos del cuello, pero siempre dentro de una misma simetría. La distribución abarca desde el Tirol hasta el Rin, y desde Suiza hasta Maguncia, siendo los tipos III y IV los peculiares de la región renana (58).

De esta serie de campos de urnas con alfiler de cabeza de garbanzo, el hallazgo típico para el sur de Alemania y más representativo para todo este grupo cultural, ya hemos dicho lo forma Binningen, y también Oberendigen, y por ambos nombres se conocen los materiales pertenecientes a esta oleada de gentes (59). El primero de estos hallazgos está constituído por dos agujas del tipo citado, un cuchillo que ofrece su corte y lomos en recta, y no en curva angulosa, como en el grupo de campos de urnas anteriores «tipo Bennweier» o «tipo Mels». Dos brazaletes sin aquellos barrocos anillos o arrugas y dos anillos de una cadena juntamente con una urna cineraria y tres pequeños vasos cerámicos.

A este grupo de tumbas femeninas corresponde una serie de tumbas masculinas, en las cuales encontramos la típica espada de campos de urnas llamada de empuñadura de lengüeta, tantas veces citada (fig. 8, núms. 13, 14 y 15) (60).

FIG. 47. — Urnas cinerarias bicónicas. Weisenheim (Palatinado) y Vbrčany (Bohemia).
Según *Kraft*

Además de la típica aguja de cabeza agarbanzada y de la espada de empuñadura de lengüeta, aparecen en esta serie de campos de urnas brazaletes sin las arrugas anulares de tipo barroquizante del grupo anterior de campos de urnas; hay también cadenitas de hierro, muy frecuentes en el inventario de los palafitos, y dos tipos de cuchillo: uno más antiguo, de corte recto y más fuerte, ya citado en los hallazgos de Binningen y Oberendingen (fig. 37), y otro cuchillo de corte cóncavo y más fino, tipo Belp (fig. 38) o Neuzingen, con su mango en punta para la empuñadura, que es el que perdura y evoluciona durante los períodos siguientes, avanzando hacia Occidente y siendo la más excelente guía para seguir la penetración de estas gentes camino del centro de Francia y de los Pirineos (61).

Este cuchillo de mango en punta y hoja casi recta es el típico del primer momento del Hallstatt; aparece en el este de Francia, Suiza, sur de Alemania y territorios vecinos. Aparece en Esbenheim, Ofternheim y Barbelroth (figs. 10, núms. 9 y 10, y 22); hallazgos éstos característicos también por su cerámica. El último ejemplar hacia el sudoeste de Europa alcanza el departamento de Vaucluse y procede de Fouquières, al lado de Aviñón. Una variante del mismo y de la misma época ofrece la hoja, algo más alargada y redonda al final, como Gammertingen Wollmesheim I, y el ejemplar del depósito de Gray (Alto Saona). Con este cuchillo, que ya hemos descrito, es una buena guía también la navaja de afeitar con doble hoja circular y mango calado, tipo Barbelroth (fig. 45) y la fíbula con arco serpentiforme, tipo Wollmesheim I (fig. 33, núm. 17, y fig. 50) (62).

Las necrópolis de estas gentes ofrecen una gran cantidad de típica cerámica, de entre cuyas formas la más interesante y específica es la urna cineraria con cuello cilíndrico. Como tipo general se extendió muchísimo. Su frontera hacia el Norte es el Wesser, y hacia el Oeste llega al Bajo Rin y Francia.

Hacia las Ardenas ya no aparecen ejemplos característicos; pero son abundantes en el Palatinado, Hessen renano, Alsacia, Lorena, Baden y en Suiza. También se extendía por Francia y llegó al nordeste de España, como veremos, aunque con un tipo ya evolucionado.

Esta urna se caracteriza por su cuello cilíndrico, acabado en un reborde, amplia panza saliente más allá de la mitad superior, barro negruzco con la superficie muy alisada y generalmente sin decoración. A través de los distintos territorios que estas gentes ocupan

FIG. 48. — Cerámica de los campos de urnas de Franconia. Procedencia: Taüberrettersheim, Essfeld, Melrichstadt, Goldbach. Reducido a $^1/_8$. Según *Childe*

se puede precisar, en las grandes urnas cinerarias típicas, al igual que en las agujas, una evolución. Kraft distingue:

I.   Tipo Milaveč. Es un tipo alto, esbelto, con la panza muy alta y alguna vez decoraciones debajo del cuello a base de cordones finos con las características impresiones digitales o con rayas amplias (63).

II.   Tipo de Hötting, de ancho tronco redondo, liso, no tan grande como el de Milaveč. En él son frecuentes las decoraciones de rayas paralelas. Es el tipo que aparece en el Tirol (64). Entre ambos tipos I y II podemos colocar la urna de Oberendingen, más ancha que el tipo I (fig. 37).

III.   Es el tipo Ihringen, parecido al tipo II, pero de cuello más corto y decorado por franjas de líneas horizontales y verticales y las acanaladuras que como decoración suelen llevar estas urnas (65).

La urna de tipo Milaveč es un derivado directo de la cultura de Aunjetitz. Tal vez el mismo origen tiene la urna de Hötting, aunque perfectamente influída por las formas de los vasos metálicos y por la decoración del Alto Palatinado y de ciertos jarros de la cultura de Lausacia, y la urna de Ihringen es igualmente derivada de aquel círculo cultural. Las acanaladuras, tan frecuentes en su decoración, son solamente un modo decorativo muy empleado, pero que también es usado frecuentemente en las urnas de Aunjetitz.

Respecto a su cronología, se ha de tener en cuenta que el tipo no desaparece en seguida, pues es el más peculiar de los campos de urnas y perdura largo tiempo, aunque con formas más redondeadas cada vez, sobre todo hacia el Bajo Rin y el valle del Eifel. También hacia Francia y España aparecen tipos evolucionados de esta urna de cuello cilíndrico, los cuales estudiaremos más adelante.

El tipo I entra dentro del Bronce D. El tipo II se puede datar por las dos agujas de cabeza de vaso del hallazgo de Pandorf (Museo de Viena), entre el Bronce D y el Hallstatt A. El tipo III aparece en el hallazgo de Ihringen (Alto Palatinado), con tres tazas más, y entre ellas una sumamente decorada, a base de triángulos, círculos concéntricos y zonas de círculos paralelos, como los cinturones hallstátticos, y ciertas placas decoradas de metal, como la de Binningen (figura 46). De idéntica estructura es la urna y demás cerámica con ella hallada en Schifferstadt, y otra de Burgweinting que Reinecke incluye en el Hallstatt A (66).

FIG. 49.—Urnas y ánforas de Henfenfeld (Baviera). Museo de Nuremberga. Según *Childe*

En el valle del Rin, a pesar del gran número de urnas que se han encontrado de esta cultura, relacionadas directamente con esos tipos, son escasas las que se pueden citar por las pocas garantías de su hallazgo. Sin embargo, sí parece indudable que el tipo arranca de la cultura de Lausacia, de donde se derivan todos los de urna cineraria que hemos descrito y los que de estos mismos fueron surgiendo.

Juntamente con la típica urna aparecen en la necrópolis de estas gentes otra serie de vasos empleados para ofrendas seguramente y que se suelen encontrar dentro de la gran urna cineraria revueltos con las cenizas o alrededor de éstas.

Todos estos objetos suelen ser del mismo barro y de variados perfiles.

Hay tres tipos de tazas o peroles: una, poco profunda, con asa desde el hombro al borde, como en Lausacia; una variante, en la que el asa comienza en la mitad del cuello; más rara es el asa sobre el hombro. Pequeños potes de igual forma que la urna aparecen en varios campos de urnas, especialmente en Baden y Suiza. La jarra semeja al tipo de la taza, pero su cuello es más alto (67). Además hay pequeñas urnas de forma de Vilanova, en Tirol, y penetran, como veremos, hasta el Bajo Rin (68).

Estos vasos pequeños son muy finos y a menudo ennegrecidos con grafito. Las formas de taza están ornamentadas con incisiones varias, franjas y triángulos formando zonas alrededor del hombro (69).

A veces se rompe el motivo por bullones. Las urnitas «vilanovianas» llevan acanaladuras sobre el hombro. Los abollonados no son raros y llegan hasta muy al Occidente, como veremos al tratar de esta cultura en Francia.

Los motivos decorativos más usados son líneas rectas y paralelas y acanaladuras más o menos anchas y profundas, hechas sobre el barro tierno con un molde fino. A veces aparecen impresiones digitales u hoyos semiesféricos; mas, en general, los vasos son de barro negruzco, pero sin decoración, sobre todo en la cerámica que nace por el desarrollo de tal cultura en el sur de Alemania durante la etapa inicial.

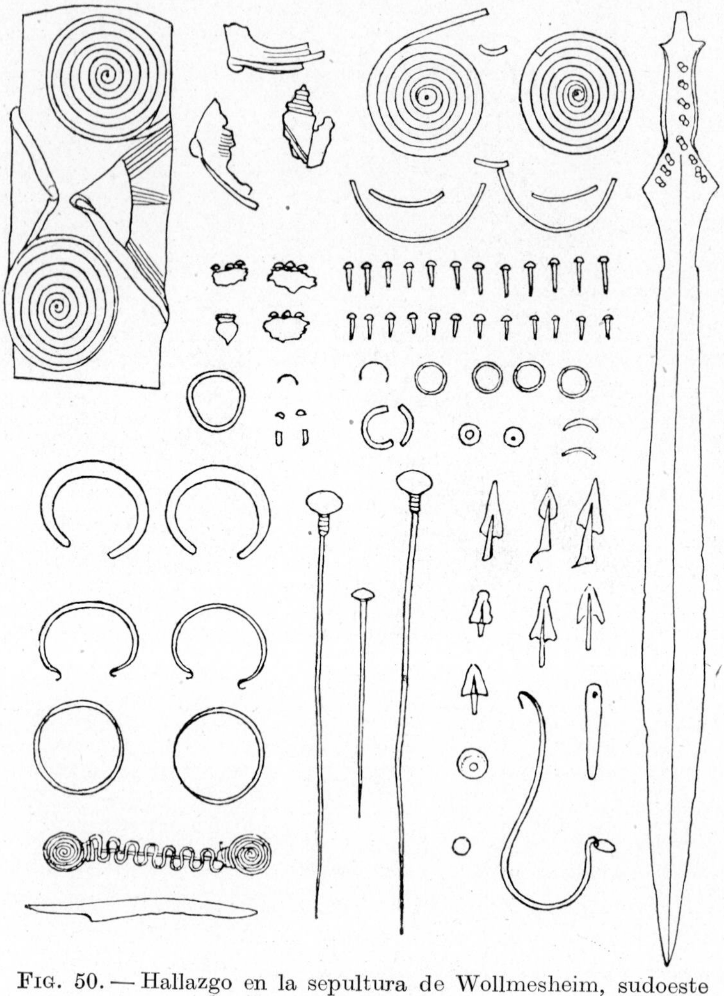

De cuando en cuando encontramos también decoración excisa a base del mordido del barro tierno; pero los ejemplos son raros y se trata, sin duda, de influencias de la cultura de los Túmulos, como nos lo ofrece el hallazgo de Neudorf, que se guarda en el Stadtmuseum de Viena.

A base de todos estos motivos decorativos ha intentado Vogt distinguir dos grupos cerámicos para el Hallstatt A del sur de Alemania. Uno es el grupo occidental, del cual el mejor ejemplo es Barbelroth, en el Palatinado (fig. 45).

Se caracteriza por una decoración de ranuras lineales de corte recto, circular o elíptico, la mayor parte de las veces obtenidas con el raspado de un peine de dos o tres púas.

FIG. 50. — Hallazgo en la sepultura de Wollmesheim, sudoeste de Alemania. Según *Sprater*

Esta técnica se extiende extraordinariamente por toda la zona geográfica de ese grupo occidental que abarca Suiza y el Alto Rin. Se aplica a urnas y vasos pequeños; pero, sobre todo, a los platos, a base de una decoración de sistema radial, con motivos decorativos de incisiones en espiga y semicírculos en el fondo.

De esta decoración que Vogt señala en el grupo occidental tenemos ejemplos en vasos de cronología posterior, hacia Occidente, avanzando a través de Francia a España, como, por ejemplo, en Llorá (Gerona) (figs. 106 a 109) y otras estaciones españolas.

Otro elemento decorativo típico de esta cerámica del Hallstatt A, aunque no sea sólo frecuente en este grupo occidental, es la decoración de abollonados pequeños en el centro de las panzas de las urnas, supervivencia decorativa de época anterior.

Además aparece la característica ornamentación de metopas lineales, que da una sensación de rica decoración muy propia de los campos de urnas occidentales, ya que no aparece en el grupo cerámico oriental (70).

En su mayoría, este elemento decorativo recuerda el estilo del Bronce inicial, que en el Rin produjo una decoración lineal muy parecida y cuyo origen se había de buscar hacia Occidente, principalmente en mo-tivos del vaso campaniforme. También en objetos de bronce del período inicial de esta Edad se ven motivos parecidos que continúan a lo largo de toda ella y, sobre todo, en los objetos de metal de los palafitos suizos de la época que va del Bronce medio al Hallstatt tardío.

Seguramente representa la mezcla de los varios elementos que forman esta cul-tura, en cuyo desarrollo a veces se man-tienen muy viejas influencias.

La serie de for-mas más completa de platos, tazas y urnas ya hemos in-dicado que la ofre-cen las tumbas I al VI de Barbel-roth. Lo más ca-racterístico es el detalle de que los cuellos terminan en un pequeño re-borde o labio que

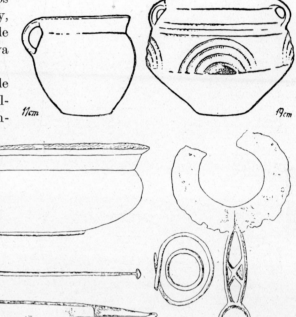

FIG. 51. — Bronces y cerámica procedentes de Fuchsstadt (Alemania occi-dental). Según *Kraft y Behrens*

luego se abomba y agranda, abriéndose hacia afuera en los tipos posteriores. En esta necrópolis hallamos todos los modelos de urnas, debiendo añadirse solamente el típico osario troncocónico derivado directamente de Lausacia que aparece algunas veces en los países romanos (fig. 47).

El grupo oriental se caracteriza por no ofrecer ninguna decoración incisa, siendo toda la ornamentación de anchos o estrechos acanalados, formando, a veces, guirnaldas o simples zonas paralelas. Hacia el Sur, este estilo llega hasta el lago Constanza, y al Norte es muy frecuente hasta Hanau y, sobre todo, por el Alto Palatinado y el Hessen-Nassau se ofrecen varios hallazgos. En este grupo aparecen los abollonados, pero no sólo los peque-ños y finos que hemos señalado en el grupo occidental, sino los abultados, a los que ro-dean a veces guirnaldas acanaladas (fig. 48). Todos estos motivos plásticos de decoración manifiestan la influencia de los adornos propios de objetos metálicos, siendo su origen seguramente el círculo de Lausacia, lo que nos prueba que en el grupo oriental de la cul-tura de las urnas del sudoeste de Alemania la importancia etnográfica y el influjo cultu-ral de la cerámica metalística de Lausacia fué mucho mayor que en el occidental.

En cuanto a las formas, encontramos, como en el grupo occidental, la urna de cuello cilíndrico con decoración en la panza, los anchos peroles sin asas —especie de urnas sin cuello, que también aparecen en el grupo occidental— y hasta alguna vez la urna doble cónica. Sin embargo, son más raros los vasitos de ofrendas. Asimismo es raro encontrar el gran vaso o tinaja de cerámica para provisiones, de factura más basta y que en el otro grupo hallamos, a veces, incluso utilizado como urna, fenómeno que también se da en España. Otros influjos de Lausacia son los vasos con dos asas, colocadas entre la panza y el cuello, sin reborde. Los platos suelen estar menos decorados, y hasta sin decoración.

A veces, sin embargo, estos grupos se mezclan, siendo muy difícil, por otra parte, establecer una frontera entre ambos. Lo único seguro es ver en unas u otras regiones la absoluta preponderancia de uno de los dos personales estilos decorativos que indudablemente reflejan la existencia de una provincia suroccidental y otra hacia el Norte, separadas por una línea que va del lago Constanza hacia la Selva Negra y el Neckar (71).

Ya esta personalidad de la región más septentrional del sur de Alemania le sirvió a Childe para crear el grupo de campos de urnas de Franconia, constituído, sobre todo, por los típicos campos de urnas del Alto Main y Piegenitz.

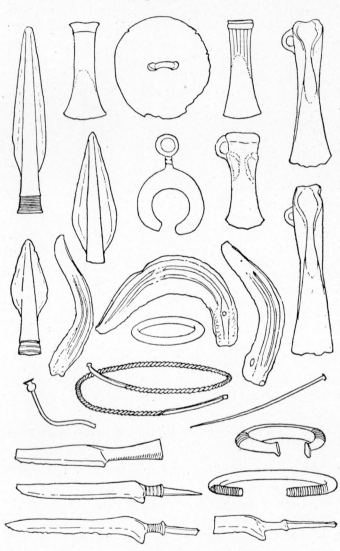

Fig. 52. — Depósito de bronce de Homburg.
Según *Schumacher*

En ésta no hay campos de urnas, sino muchas reminiscencias de la cultura de los Túmulos. Por ejemplo, el rito funerario generalmente hallado es la inhumación, enterrándose los esqueletos; alguna vez se hallan posibles incineraciones incompletas. Los bronces también muestran trazas del fuego y hay enterramientos de las cenizas con o sin urna. Los esqueletos o urnas cinerarias se enterraban en una cámara circular de pequeñas piedras o en una cista u hoyo que se tapaba con una piedra apropiada. A veces, un túmulo rodeaba la sepultura; pero esto no era siempre y puede ser producto de varios enterramientos juntos, como opina Wunder (72).

El ajuar es una mezcla de elementos de la cultura herciniana de túmulos y los grupos oriental y occidental de los campos de urnas. Del estudio de los hallazgos se deduce la existencia de dos períodos. El primero es la continuación de los túmulos del Bronce medio y se caracteriza por las puntas de flecha enmangadas; las armas son raras; los cuchillos y navajas de afeitar son abundantes y del tipo de los túmulos hercinianos. Las formas tempranas del cuchillo (fig. 10, núms. 2 a 7) son tan comunes aquí, que Kraft cree sea Franconia su patria. Las primitivas navajas de afeitar son tan abun-

dantes, que pueden considerarse como un tipo creado aquí, aunque procedan, en definitiva, de Italia.

En la fase Hallstatt A de Reinecke se introducen los cuchillos suizos (figura 10, núms. 13 y 14); del Alto Rin, llega el tipo (figura 10, núm. 10); primero, avanzan hasta el Main, de donde también vienen las navajas de afeitar, de corte en forma de anillo (figuras 45 y 51), los pendientes de la

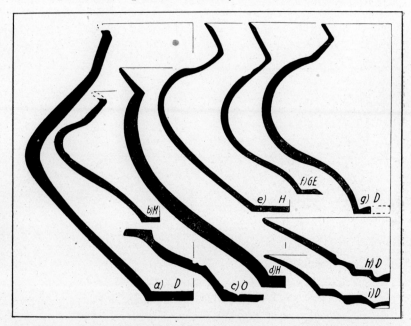

FIG. 53. — Perfiles cerámicos del Hallstatt: B y C, de Suabia; GE, de Grossengstingen; D, de Dottingen. Según *Kraft*

misma forma, tipos ambos palafíticos, como la característica hacha de aletas cerrada, también de tipo suizo (fig. 6, B 5 a).

Brazaletes retorcidos y los alfileres platiformes vienen del Este, mientras las tobilleras son renanas y los alfileres de cabeza de vaso y de rueca son bávaros (73).

Las formas cerámicas son las características del grupo oriental de Vogt, de los campos de urnas del sur de Alemania. La urna cineraria ofrece un cuello de trompeta (fig. 48, núm. 1). Los últimos tipos son más altos y más piramidales. Tales urnas vienen de los túmulos del Bronce final y campos de urnas de la Alta Baviera, donde también aparece el alfiler de turbante de rueca (fig. 13, D 6). También puede agruparse con urnas del norte de los Alpes. Paralelos de esta última forma se pueden hallar en tumbas de incineración en Turingia; pero con esta urna aparece una forma degenerada de ánfora del tipo de los túmulos hercinianos que son de posible derivación del osario troncocónico de Lausacia (fig. 48, núm. 3).

En el valle del Main, con cierta frecuencia y pureza, las formas de Lausacia aparecen en algunos hallazgos, como el del Museo de Wurzburgo, procedente de Rheindorf, cerca de Lichterfeld, con una ánfora, una taza y un pote del tipo Lausacia B (IV, VI y VII ya descritos, pág. 54); estos vasos fueron encontrados en un cementerio de inhumación con cerámica perteneciente al Bronce D de Reinecke.

Más abajo, en Fuchstadt, se hallaron dos urnas de doble cuerpo, tipo Lausacia, adorna- das con cuatro grupos de círculos concéntricos, en una sepultura de incineración, bajo un túmulo del Hallstatt A de Reinecke (fig. 49); sus paralelos mejores se hallan, no en Lausa- cia, sino en los campos de urnas del oeste de Bohemia, desde donde las dos urnas de doble cuerpo han debido ser importadas. En resumen, Childe ve en Franconia una superviven- cia de los túmulos cruzada con una temprana invasión del grupo norte alpino de los campos de urnas, que fué arrollada por una corriente venida directamente del noroeste de Bohemia.

La personalidad concedida por Childe a este grupo de campos de urnas no la han se- ñalado tanto los prehistoriadores alemanes. Realmente, en cuanto a la cerámica, entra

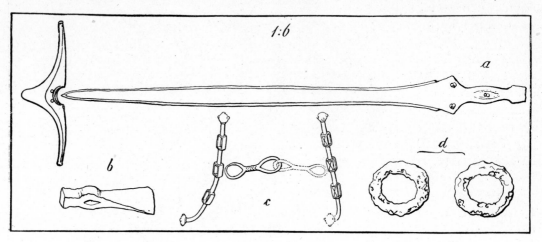

FIG. 54. — Hallazgos de un sepulcro de Platenitz. Según *Reinecke*

tipológicamente dentro del gran grupo de urnas del sur de Alemania; pero no cabe duda de que la creó una fuerte y personal oleada que llegó hasta el Main a través de las re- giones de Franconia y Turingia, paralelamente al desarrollo de las necrópolis de urnas del Sur. Por otra parte, tal vez en estas regiones centrales de Alemania hay menos ha- llazgos y se han podido perfilar con menos detalles sus características.

Las culturas posteriores a la invasión de los campos de urnas en el sur de Alemania y el Rin.

Todo este movimiento etnográfico y cultural representado por las invasiones de los campos de urnas se extiende hacia el Bajo Rin, proyectándose luego hasta Inglaterra, a la vez que por el Sur penetraba en Suiza y Francia, alcanzando en esta dirección España.

Nosotros hemos comprobado que ambos movimientos extremos son muy tardíos y complejos, bastardeándose conforme avanzan hacia Occidente, a la vez que nos ofrecen ambos, sobre todo en Inglaterra y España, fenómenos de arcaísmo muy acusados. Su per- sonal evolución la hemos de estudiar por separado, terminando antes la exposición com- pleta del desarrollo seguido por la cultura de los campos de urnas en el sur de Alemania, núcleo central desde el cual se pueden ver mejor todos los fenómenos que a veces vemos irradiar hasta esos grupos extremos, cuya evolución ya hemos indicado fué personal e independiente.

El fuerte fenómeno unitario que representa la penetración de los campos de urnas del Hallstatt A y Bronce D no vuelve a repetirse después, siendo la evolución de estos pueblo muy imprecisa y siempre local, dislocándose en ciclos culturales diversos.

Parece ser que el desarrollo y la transformación de los campos de urnas a lo largo de la llamada Edad del Hallstatt se realiza bajo dos influencias determinantes que no operan igual en todas partes. Una es la fuerte reacción del elemento del pueblo de la cultura de los Túmulos, anterior a la invasión, cuya reacción está representada ahora por la aparición, cada vez en mayor número, de los túmulos funerarios que sustituyen a los cementerios de simples sepulturas en urnas enterradas en el suelo, cuya pureza funeraria sólo se mantiene en los primeros momentos. No sólo es la adopción de este estilo de enterramientos en túmulos el que denuncia la supervivencia del elemento etnográfico de la cultura de los Túmulos, sino también ciertos tipos de bronces y, sobre todo, la reaparición en la cerámica de la ornamentación excisa o la decoración a base de zonas o líneas de simples incisiones formando metopas de triángulos o ángulos o simples líneas bordeando las asas, motivos que se oponen a la decoración de impresión metalística propia de los vasos de los campos de urnas y a sus motivos de ornamentación a base de acanalados abollonados y ranuras. Esta reacción se produce con más fuerza y más pronto allí donde el pueblo de los túmulos logra superar a la cultura invasora, como en el sudeste de Alemania, sobre todo en Wurtemberg, Baden y Alsacia, regiones donde este elemento había alcanzado su mayor esplendor al final de la Edad del Bronce.

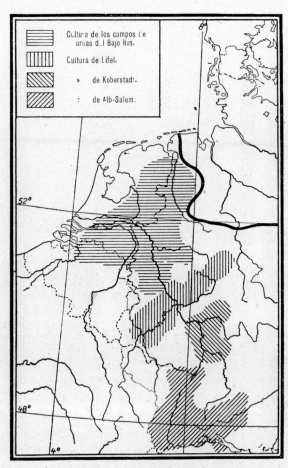

FIG. 55. — Las culturas célticas del Hallstatt en el Valle del Rin. Según *Kühn*

La segunda influencia general en todo el marco cultural y geográfico de los campos de urnas está representada por nuevas y continuas aportaciones industriales y artísticas, y tal vez también etnográficas, venidas desde el Este. De las culturas de signo ilirio ya mencionadas, que nacen después del período de Lausacia B, vienen a lo largo de todo el período del Hallstatt influencias muy diversas en los bronces y en la cerámica. Con ellas llega la metalurgia del Hierro; pero no antes del período del Hallstatt C.

Así, tras el período del Hallstatt A, que hemos analizado, se ha de admitir un segundo período en todo el marco geográfico de la cultura de los campos de urnas que denominamos Hallstatt B, en el cual los tipos de cerámica siguen una evolución que podríamos llamar degenerativa, pues se mezclan las formas y se pierde la pureza de los perfiles. Las urnas adoptan el perfil en S, acortan su cuello o lo suprimen; su panza se ensancha, apuntando un pie o, al menos, una estrechez, que lo anuncia; parece como si las formas de los vasitos de ofrendas de los enterramientos clásicos del período anterior inspiraran los vasos mayores de este segundo período; típicas son las asas en forma de

FIG. 56.—Hallazgos propios de la cultura de *Gündlingen*. Ihringen, SO. Alemania. Según *Reinecke*

anillo; aparecen los primeros vasos con ornamentación pintada. También hacen su aparición ahora los meandros, seguramente procedentes del círculo cultural de Vilanova, y la decoración de líneas incisas, formando paralelos, triángulos en serie o ángulos simplemente. A la vez, reaparece con más frecuencia la decoración excisa, denunciando ya la mezcla de elementos, aunque no debió desaparecer íntegramente nunca, pues, a la vez que los típicos hallazgos de campos de urnas que hemos citado, debieron mantenerse independientes grupos de gentes de los túmulos y grupos mixtos cuyos hallazgos sincrónicos no es fácil establecer; pero su lento resurgir y, por fin, su nuevo predominio desde el Hallstatt medio, nos prueban la necesidad de admitir su existencia, incluso en el momento del más puro dominio de los campos de urnas del Bronce D y Hallstatt A. Sin embargo, a pesar de que para toda la región del sudoeste de Alemania sea válido cuanto hemos dicho, hoy ya no se puede establecer ni para su parte meridional, ni para Suiza y este y centro de Francia una típica y uniforme cerámica durante el Hallstatt B (74), conforme se ha venido haciendo, sobre todo tras la clasificación de Reinecke y Schumacher (75), que consideraron como propio de este período los tipos cerámicos de los hallazgos de Ihringen y Gündlingen en el Baden (76), los cuales describiremos más adelante.

Lo único seguro y científico para fechar los materiales de este período es seguir, dentro de las características citadas, una línea aproximada de evolución, que puede apreciarse en el conjunto de los materiales que poseemos, debiéndose clasificar dentro de esta etapa los hallazgos que se apartan de las características del período clásico de la invasión y ofrecen las notas más o menos claras de evolución que hemos señalado. La dificultad aumenta por la carencia de hallazgos con cerámica y bronces unidos. Es por esto, sobre todo, por lo que no hay nin-

guna guía segura en que po-damos basarnos. Ni un solo tipo o forma cerámica se re-pite al lado de determina-dos objetos de metal, en este período, de una manera se-gura.

Sin embargo, como he-mos indicado con la cerámi-ca, un criterio evolutivo nos ha hecho establecer para el Hallstatt B una serie de bronces típicos frente a los que caracterizan el período anterior. Así, la espada de tipo Möringen-Ronzano (figura 8, núm. 10), que se

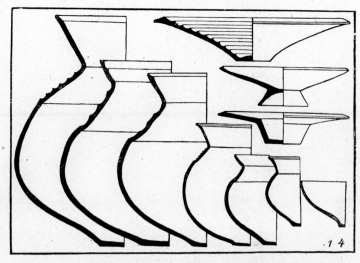

FIG. 57. — Perfiles cerámicos del Hallstatt C. Según *Reinecke*

repite en varios hallazgos, la mayor parte pertenecientes a este período. Asimismo entran en él, y aun después, las largas espadas de antenas (fig. 8, núm. 11), los alfileres de cabeza de vaso de modelo pequeño, brazaletes de aros finos y sencillos, abundantes hojas de lanza de enmangue de tubo y hachas de aletas y de tubo, con un asa lateral, además de gran número de hoces con el acanalado en la hoja, sirviendo como un refuerzo para el reborde. Muy típico es el cuchillo de tipo palafítico, con un circulito de tope entre la hoja y el mango en punta, que no es redondo, como en el Hallstatt A (tipo fig. 10, núm. 13), sino con cuatro lados, como en Homburg (fig. 52), botones planos de bronce y anillos y pen-dientes simples.

Se ha intentado colocar en este período la espada de bronce con hoja pistiliforme y lengüeta de grapa para la empuñadura, uno de cuyos más antiguos ejemplares es el de Platenitz (fig. 54), donde apareció con un bocado de caballo, del que sería un paralelo hacia Occidente el tipo de bocado de Möringen. Pero la cronología de Reinecke (77) para Platenitz es preciso rechazarla hoy, pues el tipo de espada hallsháttica hay que rebajarlo hacia el Hallstatt C, con lo cual la antigüedad de la cerámica tipo Gündlingen también habrá de ser rebajada en gran parte (78).

Típicos conjuntos del Hallstatt B, en el sur de Alemania, son el de Keiserlautern, en el Palatinado renano (79), o el de Homburg ya mencionado (80), y aunque ofrecen bronces que también aparecen en el Hallstatt A, mostrando una mezcla y una gran dificultad de clasificación, que hace muy difícil fechar los hallazgos del sur de Alemania de este dis-cutido período, no se puede negar el carácter evolutivo y tipicidad de algunos objetos a él pertenecientes, los cuales se extienden con frecuencia hasta Francia oriental y Suiza, donde se ve renacer ahora una industria metalúrgica hábil en la técnica de batir, tro-quelar y cincelar el metal, creadora seguramente de estos tipos.

Son una rica serie de objetos característicos que se han venido agrupando hasta hoy

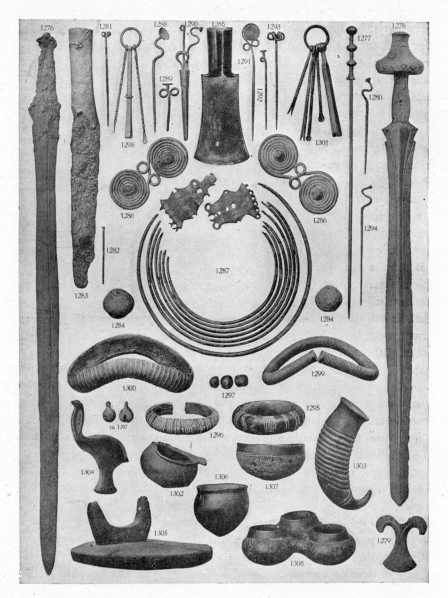

Fig. 58. — Hallazgos procedentes de sepulcros del tercer período hallstáttico del sur de Alemania. Según *Schumacher*

con la denominación de Bronce tardío o final o con la clasificación antigua de Bronce IV de Déchelette.

Vogt ha sistematizado, a la vez que la cerámica, esta serie de bronces considerándolos como la serie tipológica del Hallstatt B (81) y correspondientes cronológicamente al Benachi I que se desarrolló a partir del año 1000 al 850 a. de J. C. Tal conclusión cronológica

vuelve a remover la visión obtenida en los últimos años elevando de nuevo las fechas de
los materiales europeos, aunque corrigiendo la tipología generalmente admitida.

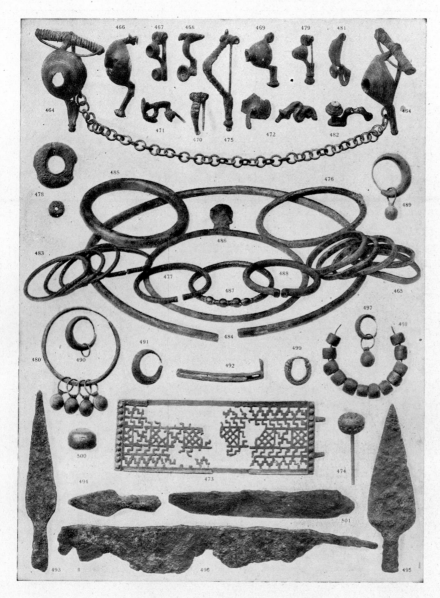

FIG. 59. — Hallazgos pertenecientes a diferentes momentos del último período hallstáttico
del sur de Alemania. Según *Reinecke*

Las espadas de tipo de Möringen (fig. 8, núm. 10) y de antenas tipo Corceletes (fig. 8,
número 11), las puntas de lanza con tubo hasta la punta, los brazaletes de ribetes finos
como en rosca o de perfil de «neumático» troquelados y cincelados, los largos alfileres de
cabeza de vaso pequeño o de bolita bicónica o de gorda bola hueca (fig. 14, núm. 11), las
hachas de aletas o de tubo, ya con un asa lateral, y las típicas conteras de lanza con botón
constituyen los modelos típicos de esta industria y época, que avanzaron hacia Occidente

poco a poco, perdurando hasta la introducción de la metalurgia del hierro, la cual también se debe considerar como más tardía en el Occidente que en el centro de Europa.

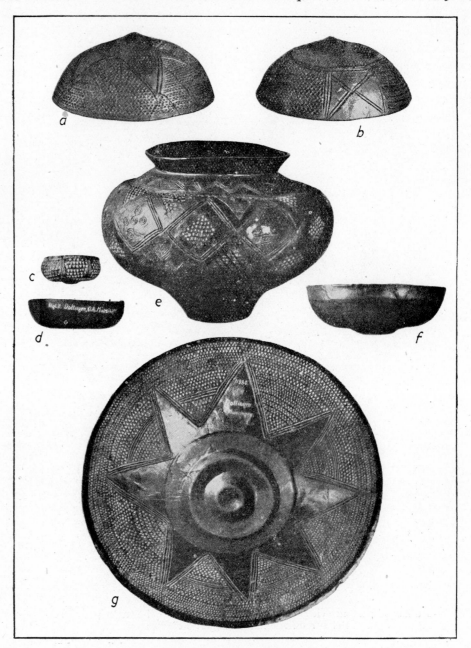

FIG. 60. — Cerámica excisa y policroma del Hallstatt medio y final del SE. de Alemania:
a y *b*, Zainingen; *c* a *g*, Dottingen. Según *Kraft*

Con relación a la tipología de los períodos hallstátticos ya hemos indicado que Reinecke, partiendo de la cerámica de tipo Ihringen-Gündlingen, seguido luego por Schumacher y por la mayoría de los arqueólogos alemanes, estableció con estos dos hallazgos una cultura general para el sur de Alemania durante todo el Hallstatt B. Hoy tal tesis, después de las críticas de Stampfuss y Vogt (83), no puede mantenerse ni se puede considerar el hallazgo de Gündlingen sino como un hallazgo local, sin valor general para forjar una tipología de todo un período. Por otra parte, Åberg ha mostrado cómo se debe tender a disgregar la cerámica de este hallazgo por no representar un solo enterramiento con ajuar de idéntica cronología, sino dos ne-crópolis que ofrecen una evolución. Este arqueólogo ha insistido en que los túmulos de Gündlingen serían hallazgos contemporáneos del perío-do de Arnoaldi en Italia, es decir, propios del Hallstatt C; pero creemos que en su afán de rebajar las fechas, ha exagerado la crítica. En nuestra opinión, aunque hay sepulturas se-guras de esta época, no todas pue-den incluirse en esta etapa, pues el túmulo A de Gündlingen, por ejem-plo, constituye un típico conjunto del Hallstatt B (84).

Así, aunque no nos adherimos totalmente a las conclusiones crono-lógicas de Åberg con relación al pe-ríodo final del Bronce y Hallstatt del norte de los Alpes, que sobre todo para el material suizo ofrecen serias dificultades (85), no cabe duda al-guna de que hemos de admitir una etapa más larga de lo que se creía para la evolución de los campos de urnas en el sur de Alemania, libre de influencias nuevas del Este; etapa en la cual hay que colocar la penetra-ción de esta cultura en Francia y tal vez su llegada a Inglaterra y a Es-

FIG. 61. — Vasos hallstátticos de Salem. Según *Schumacher*

paña con tipos evolucionados de los campos de urnas centroeuropeos, pero que en estos territorios del Occidente se han de fechar algo más tarde, habiendo de tenerse siempre muy en cuenta sus típicos fenómenos de arcaísmo al clasificarlos y fecharlos.

Muy aleccionador en este sentido es el estudio realizado por Kraft (86) sobre el ori-gen de la cultura hallstáttica del Alb suabo, que ofrece, entre otros elementos, la más rica serie de cerámica excisa, cuya belleza y riqueza ya interesó a los investigadores del siglo XIX.

En esta región se ve cómo se formó la cultura del Hallstatt medio, y a través de todas sus manifestaciones culturales, sin ningún género de duda, ha señalado minucio-samente Kraft una mezcla realizada entre los invasores de campos de urnas y la anti-gua población de los túmulos suabos. De éstos proceden las sepulturas en túmulos que no se dejan de usar, la forma de las urnas y la técnica de la excisión, que tampoco se abandonó nunca. Los campos de urnas introducen el rito de la incineración que coloca la urna entre piedras, la pulimentación de las superficies cerámicas, las formas de los platos y el grafiteado. También desde los palafitos occidentales cree Kraft que ha llegado la decoración de ranuras, la estructura de la decoración en zonas y la policromía.

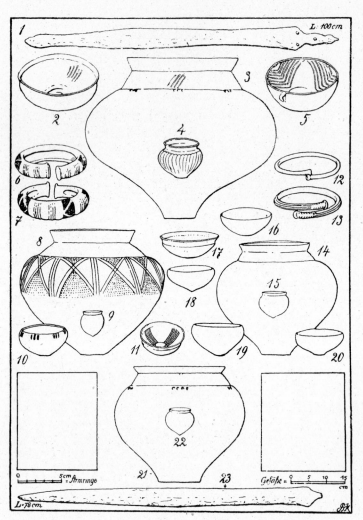

FIG. 62.—Tipos culturales de la cultura de Koberstadt.
Según *Schumacher*

Para él no han sido las relaciones con el arte de los Alpes, sino directamente las que han llegado de Italia, las que producen la policromía y otras variaciones en los ajuares, que no sufren radical interrupción desde el Bronce al Hierro, sino una evolución indígena.

Cronológicamente, este fenómeno se considera como iniciado en el Bronce D, cuando llegan los primeros campos de urnas, que ocupan las tierras bajas, mientras los anteriores habitantes siguen viviendo en las tierras altas aun en el Hallstatt A, época en que ya comienzan a hallarse juntamente en algunas raras sepulturas urnas cinerarias dentro de túmulos, a la vez que se adoptan las formas y la técnica de superficie metalística en los vasos de la cultura de los campos de urnas, como lo prueban los típicos hallazgos de Truchtelfingen I y Truchtelfingen Heid (87).

El Hallstatt B, para él, está representado por la cerámica policroma y el predominio de la excisión, como lo prueba la cerámica de Dottingen (fig. 53), que sería correlativa a los más avanzados campos de urnas, aunque en nuestra opinión debería incluirse ya en el Hallstatt C. Ahora aparecen los factores que separan la cerámica del Hallstatt del Bronce suabo; los perfiles recortados se sustituyen por las formas de pera y de redondeados hombros, que se decoran ricamente. También, además de la excisión, llega la decoración de líneas incisas, que procede de los palafitos.

Aunque Vogt (88), con razón en nuestra opinión, ha establecido un más sólido y justo juicio sobre la cronología y tipología de la cerámica, que Kraft sigue calificando según la vieja escuela alemana, este análisis del fenómeno de fusión realizado en Suabia nos prueba cómo nacieron las culturas del Hallstatt medio y final del círculo céltico sobre el hecho del viejo substrátum étnico que la cultura de los Túmulos representa y en el cual se debe ver el hecho inicial de la población céltica. Si luego este elemento sufrió la invasión y con ello la aportación de los pueblos de los campos de urnas, siempre allí donde los túmulos vivieron hallaremos en tiempos históricos pueblos célticos, en tanto que al este de los Alpes y Bohemia hallamos en esta época una población cuya cultura se viene atribuyendo al pueblo ilirio. Y no se olvide que en estas regiones orientales del sur de Alemania el fenómeno etnográfico de la invasión de los campos de urnas fué más fuerte, a la vez que, ya allí, los grupos de la cultura de los Túmulos eran menos típicos; por ejemplo, no ofrecían casi cerámica excisa, elemento que con mayor fuerza conservó este pueblo y uno de los que más le caracterizan.

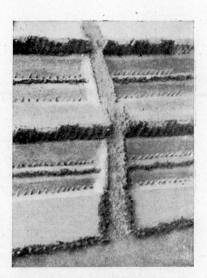

Fig. 63. — Fortificaciones de empalizadas de Koberstadt. Según *Schumacher*.

En el Rin, despúes del Hallstatt B, el renacer del elemento anterior a los campos de urnas fué general, como también ocurrió en el Wurtemberg y Baviera, y unido este renacimiento a las nuevas corrientes culturales que van llegando, hacen surgir bien diferenciadas, a lo largo de la cuenca de este río, cuatro culturas hallstátticas, además de la que con propia evolución se desarrolló en el Bajo Rin, desde Bonn hasta la Westfalia; la de Gündlingen-Ihringen-Salem, en la región de más al Sur, por el Alb al Baden y Alsacia; más al Norte, en el Rin medio y valle del Main, hasta las regiones del Taunus y del Wetterau, la de Koberstadt, y por todo el Eifel y Hunsrück, hacia el norte del Mosela y norte del Lahn, la cultura de Eifel; finalmente, en el Bajo Rin, la cultura de este mismo nombre (fig. 55).

Todas ellas reflejan la evolución mixtificada de aquella invasión del final del Bronce y Hallstatt A, representada por los campos de urnas, ahora ya fundida con los pueblos anteriores de esta extensa área geográfica y a la vez enriquecida por elementos culturales, sobre todo de Italia, y fuertes aportaciones del círculo ilirio. Muy pronto nos anuncian estas culturas, con su notable florecimiento, la fuerza que el círculo céltico va a alcanzar en la segunda parte de la Edad del Hierro, tomando la hegemonía cultural en toda la Europa central y convirtiéndose en centro de irradiación, no sólo cultural, sino también etnográfico, en dirección Oeste a Este.

También desde este grupo de culturas renanas arrancan infinidad de influencias que a través de Francia llegan hasta España. Unas veces proceden de más al Este, como el puñal o espada corta con empuñadura de antenas; otras han nacido en el Rin, sobre todo en la región que va del Alb al Baden y Alsacia hasta la comarca del Mosela, como los típicos broches de cinturón con un garfio central o la rica decoración excisa de la cerámica. Así, hemos de exponer brevemente las características de estas etapas culturales —más bien que culturas independientes— de los campos de urnas del sudoeste de Alemania, para mejor comprender la complejidad de influencias realizadas, principalmente al final del Hallstatt, sobre la cultura céltica occidental, hermana en su origen de las del sur de Alemania y este de Francia, pero de las que se aparta al conservarse arcaizante hacia el occidente y sur de Francia, hacia la Península Ibérica y hacia Inglaterra, país éste donde pueden verse muchos fenómenos, al analizarlos, que ofrecen estrechos paralelos con los ocurridos en España.

El más meridional de estos ciclos culturales citados es el representado por los enterramientos con cerámica tipo Gündlingen-Ihringen y, ya en época más moderna, Salem (89).

Los pueblos de esta cultura eran, en primer lugar, ganaderos, viviendo de la carne de sus rebaños, de huevos y de carne de cerdo, en muy primera línea. Se ha comprobado

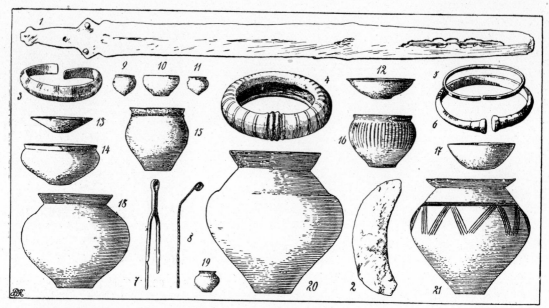

FIG. 64. — Hallazgos de la cultura hallstáttica de Höchst del Neckar. Según *Schumacher*

que cultivaban también judías, garbanzos y lentejas; pero no parece eran, al principio al menos, esencialmente agrícolas.

El rito funerario empleado siempre es el enterramiento en túmulos. Alguna vez, sobre todo en las etapas que podemos admitir como más antiguas, estos pueblos usan la incineración; pero la tendencia a inhumar los cadáveres cada vez fué más fuerte, acabando pronto por ser la única empleada en el círculo geográfico donde esta cultura se desarrolla, más o menos, al sur de la línea Stuttgart-Haguenau-Nancy.

Los bronces que pertenecen al ajuar de estos pueblos son los tipos ya descritos como propios del Hallstatt B, de la tipología de Reinecke. Todavía ahora aparecen en los hallazgos algunos tipos antiguos, pero más degenerados y más pobres, sobre todo al iniciarse esta etapa cultural. Alfileres de cabeza redonda, pero pequeños; alfileres de cabeza de vaso, de tipo también pequeño; brazaletes ligeros, con adornos, sobre todo en sus extremidades, y sólo dan ya una fuerte personalidad a estos hallazgos las grandes espadas de bronce, primero, y luego de hierro, que denominamos de tipo Hallstatt y que se caracterizan por su poca punta, su hoja pistiliforme, fuertemente acusada, y su lengüeta en forma de grapa, con muescas en el empalme cada vez más desarrolladas, al ir evolucionando el modelo, al igual que una típica contera de metal usada para la protección de la vaina de cuero. Tal objeto de bronce en forma de alas de pájaro cada vez tiene más abiertas las aletas, siendo un seguro dato cronológico para los hallazgos. Esta característica arma parece ser que ha nacido en el Rin y posiblemente en su orilla izquierda, extendiéndose luego hacia el Este en una amplísima área geográfica.

Muy característica, en esta cultura, es la cerámica con decoración pintada o fuertemente grabada de líneas en ángulo, bandas de triángulos, ranuras verticales y horizontales, bandas de líneas paralelas y de meandros (figura 56). Las formas son continuación evolutiva de los modelos ya descritos en los períodos anteriores: urnas de perfil en S, pero de forma muy acusada; platos con acanalados en el interior y fruteros con pie bien acusado. Los peroles y tazas suelen estar decorados y ofrecen asas bien en el borde, bien en medio del cuerpo (fig. 57).

Ya hemos dicho cómo se ha discutido la intercalación de esta cultura dentro de los períodos hallstátticos y cómo no es posible admitir hoy para todo el sur de Alemania una cerámica de tipo Gündlingen, y también cómo este mis-

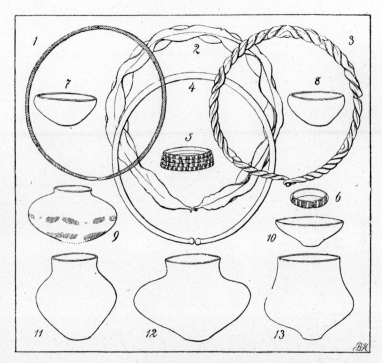

FIG. 65. —- Tipos de la cultura de Mehren, en el Rin.
Según *Schumacher*

mo hallazgo no cae dentro del Hallstatt B, al cual, sin embargo, pertenecen algunos sepulcros de la etapa inicial de formación de este grupo cultural, que cada vez se desarrolló con mayor riqueza y fuerza (90).

El Hallstatt C y D, en esta región más meridional de Alemania, lo llenó Schumacher con la llamada cultura de Salem (fig. 61), la cual, en realidad, refleja una etapa paralela y bastante afín a la de Koberstadt, de más al Norte, pues ofrecen ambas estrechas relaciones (figs. 58 y 59).

La cultura de Salem ha sido bautizada por la célebre necrópolis de este nombre, pequeña rival de la de Hallstatt. Salem está situado al norte del lago Constanza y proporcionó tres cementerios, con un conjunto de unos 20 túmulos, que contenían de uno a tres esqueletos cada uno, enterrados sobre un piso de piedras o en el simple suelo.

Estos mismos tipos de enterramiento se extienden por el Wurtemberg y el Alb, hasta el Baden y Alsacia, predominando pronto por todas partes la inhumación. Más antiguos que el hallazgo de Salem, y dentro de la misma área cultural, entran plenamente los ya citados de Gündlingen y el de Ihringen, de los cuales la cultura de Salem es la continuación en un momento algo más avanzado y de mayor riqueza. Así, sus tipos de bronce son más variados y ricos que en las necrópolis anteriores. Lo más característico de esta cultura es su cerámica, de formas muy redondeadas, pero de riquísima decoración policroma, a base de la excisión y de las incisiones profundas (figs. 60 y 61). Motivos muy variados, pero siempre geométricos, armoniosos y complicados, dan una extraordinaria riqueza a este estilo, que representa el cenit de aquella técnica, tan arraigada a las tradiciones de la cultura de los Túmulos, que tan pronto como pasó el elemento extraño de la invasión de los campos de urnas renace con mayor fuerza que nunca, alcanzando su mayor grado de belleza. Los ajuares de las tumbas han proporcionado puntas de lanza,

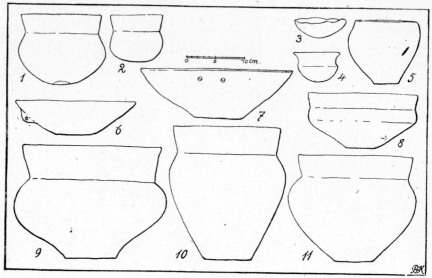

Fig. 66. — Hallazgos procedentes de Haulzy. Según *Schumacher*

espadas hallstátticas de hierro y de bronce, puñal de antenas, bocado de caballo y diversos objetos de adorno y hasta vasijas de metal. También es en esta cultura donde primero se usan en gran número las fíbulas de origen itálico, que fechan todos estos hallazgos a partir del período de Arnoaldi, en Italia, aunque en su mayoría son más modernos aún (91).

La llamada cultura de Salem no es otra cosa que la etapa final de la floración de la cultura de los Túmulos, de la que los hallazgos con cerámica pintada de tipo Gündlingen no son sino el inicio, tras la etapa de la cultura de los campos de urnas, cuyo predominio, aunque perdiendo cada vez mayor fuerza, sólo se manifiesta hasta el Hallstatt B. La etapa de Gündlingen-Ihringen representaría el tránsito del período B al C. Salem sería, en su mayoría, de la época final de este último período hasta la transición a La Tène.

El problema más importante es el de explicar la formación y origen de estas culturas. Muy probable es que nacieran por desarrollo local de la fusión del pueblo de las urnas con el pueblo de los túmulos, que acaba asimilando el elemento racial venido del Este, pudiéndose explicar las nuevas formas culturales por relaciones de comercio. Sin embargo, Schumacher habla de una nueva invasión iliria para todo el sur de Alemania y regiones renanas, que a partir de la cultura de Gündlingen sería denunciada, sobre todo, por la ornamentación pintada de la cerámica. Esta nueva raza, de aspecto algo primitivo, que Schliz denomina «neandertaloide», por su tipo craneano (92), se mezcló con la cultura de los campos de urnas del valle del Rin. Más tarde él ha considerado que esta invasión iliria sólo penetra en el Sudoeste (93), en tanto que al norte del Neckar y sobre el Main viven y evolucionan tranquilamente pueblos de la anterior cultura. Esta invasión llegaría desde el este de los Alpes; pero no parece que ocupó, según este autor, Suiza y los Alpes occidentales (94).

A esta tesis se adhieren la mayoría de los arqueólogos alemanes; pero hoy ya no se admite sino con cierta reserva (95) esta invasión etnográfica, que nosotros no creemos necesaria para explicar la ornamentación pintada y otros elementos culturales que han podido llegar por simples relaciones comerciales o de otro tipo del círculo ilirio, o de Italia, como quiere Kraft. Incluso en el círculo ilirio alpino florece otro tipo de cerámica distinto en el Hallstatt A y B, que mal pudo originar los estilos cerámicos del sudoeste de Alemania.

Por otra parte, hay razones — precisamente en Suiza, donde esta cultura no florece— para admitir una invasión, ya que durante el Hallstatt B los palafitos suizos de la cultura de las urnas son arrasados por una acción violenta, al parecer. Pero en Suiza nada importante y típico se halla en estos períodos del Hallstatt C y D que nos aclare el problema, pues el país no proporciona hallazgos, como si hubiese quedado semideshabitado hasta la época final del Hallstatt y de La Tène (96). Desde luego, la presencia de los escitas en Hungría y Danubio medio, a la vez que

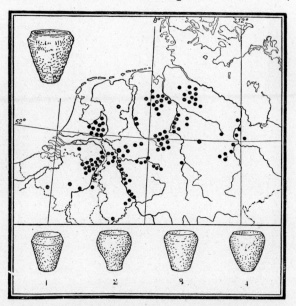

FIG. 67. — Difusión de la cerámica estilo Harpstadt: 1, Hallstatt A-B; 2, Hallstatt C; 3, Hallstatt D; 4, La Tène I. — *Según Kühn.*

penetran también hasta el corazón de Silesia, podría explicar estos movimientos ilirios hacia el Occidente, sobre todo si se rebajan las fechas que se venían admitiendo para los períodos del Hallstatt.

A pesar de estas razones, no es fácil explicar cómo una nueva aportación de sangre iliria no detenga, sino que acentúe, los caracteres célticos preilirios de las culturas del sur de Alemania, como ya hemos señalado en este grupo más meridional y lo mismo veremos en los que se desarrollan más al Norte. Además, la metalurgia parece haberse originado en centros renanos, seguramente al oeste del Rin Medio (97). La misma espada tipo Hallstatt parece nació en esta zona, avanzando hacia el Este, con lo cual tenemos un argumento más contra esta tesis de la invasión. A esta misma idea ha de inclinarnos, sobre todo, el enterramiento en túmulos e incluso el comienzo en esta época a inhumar generalmente los cadáveres, y asimismo el mayor progreso de la cerámica excisa, que ahora logra su mayor esplendor y que, como hemos visto a lo largo de la Edad del Bronce, es la nota general junto con el típico enterramiento que distingue las culturas de los túmulos, en las que se basa el substrátum étnico celta que ha de aglutinar más tarde a los pueblos de los campos de urnas y palafíticos, e incluso, en su avance último, a diversos elementos occidentales.

Esta cultura, como sus paralelas de más al Norte, evoluciona después bajo una influencia cada vez más fuerte y directa de Italia y del comercio griego realizado a través del valle del Ródano, conforme nos lo denuncian los hallazgos de las llamadas «tumbas de príncipe», los más ricos túmulos célticos de Centroeuropa. La última etapa de esta cultura céltica del Rin se denomina cultura de La Tène, y no es otra cosa que un nuevo estilo artístico más que una nueva cultura. Con él, después del año 400, los galos, en sus movimientos diversos, llevan la cultura céltica a Italia, Grecia, el Danubio y centro de Alemania, pasando a Inglaterra en un período avanzado.

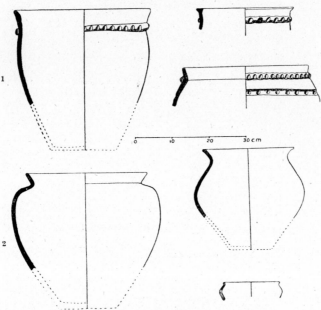

Sin embargo, España quedó al margen del movimiento etnográfico de los galos, aunque no de las fuertes influencias culturales, que incluso hicieron pensar a Hüber en una invasión gala en la Península. Mas tales problemas caen fuera del ámbito de nuestro estudio, que sólo trata de analizar el fenómeno de la invasión céltica en España y su desarrollo cronológico dentro de lo que en Europa denominamos primera Edad del Hierro o época de Hallstatt.

Al norte de la cultura de Saem se desarrolla, a partir del lHallstatt C —ya con metalurgia de hierro, aunque no sea todavía usado con frecuencia este metal—, la cultura de Kober-

FIG. 68. — Cerámica de Scarborough (Yorkshire) (¹/₉). Según *Hawkes*

stadt, que recibe el nombre de esta estación prehistórica situada entre Darmstadt y Francfort (figs. 62 y 63).

El rito funerario aquí es unas veces la inhumación y otras la incineración, que se ve va poco a poco desapareciendo, enterrándose siempre los restos del muerto en un túmulo (98).

Esta cultura se extendió por el Hessen-Starkenburgo hasta el norte y oeste del Odenwald y por las llanuras del Rin y del Main hasta el Taunus, y hasta el norte del Wurtemberg, siguiendo su frontera sur más o menos la línea Stuttgart-Baden-Haguenau. Esta típica cultura no parece que pasa el Rin hacia Occidente y tampoco se extendió hacia el Norte, como dubitativamente pensó, a veces, Schumacher (99).

Para este arqueólogo representa Koberstadt una invasión de pueblos venidos del Hallstatt con una cultura agrícola esencialmente que matizó sobre todo el valle del Neckar, Rin medio y Main, y penetró hasta el Lahn, dejando allí fuertes influencias antes de la llegada y mestizaje consiguiente efectuado con las tribus de pastores de la cultura de Eifel.

El armamento de estos agricultores, sea el que fuere su origen, hoy nada claro todavía, consiste en las largas espadas de bronce o de hierro del tipo denominado hallstáttico, que ya hemos descrito, con lo cual tendríamos también aquí, como más al Sur, si tenemos en cuenta su origen occidental, un argumento contra la idea de Schumacher sobre la penetración de nuevas gentes ilirias.

Además de esta pesada espada usaban un machete de filo curvo y una espada corta, ambos de hierro, y un cuchillito para usos comunes. Son raras las puntas de lanza y el uso del arco. Faltan en los hallazgos escudos, corazas y cascos. También son raras las

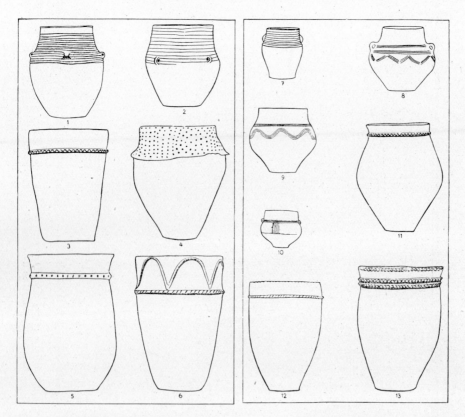

FIG. 69. — Tipos cerámicos del sudeste de Inglaterra, 1 a 6, y del Bajo Rin, 7 a 13. Urna tipo Deverel-Rimbury, números 1, 2, 7, 8 y 10. Según *Doppelfeld*

hachas de combate de bronce, que, sin embargo, suelen aparecer alguna vez en la próxima cultura de Eifel, y, sobre todo, no se abandonó su uso en los grupos meridionales, hacia Suiza y Ródano. Aparecen usados los bocados de caballo de un tipo más avanzado que los de Platenitz o de Möringen (fig. 54), como el de Rappenau (100). Muy típica es la navaja de afeitar de hierro, en forma de segmento o círculo, derivado de la forma de media luna, de bronce (fig. 64, núm. 2).

Por lo demás, esta cultura ofrece un rico conjunto de objetos diversos para el adorno, procedentes del Sur y del Este, en su mayoría, y algunas formas han podido también nacer en el este de Francia. Así, hallamos ricos brazaletes macizos; a veces aparece el torques, con asas para colgantes, que vemos en el Eifel; alfileres de cuello de cisne o de lazo, con cabeza de espiral; aros o canutos con objetos varios, para el adorno; pinzas de depilar y paletas para ungüentos; adornos de doble espiral, etc. (fig. 58). Sin embargo, faltan aún en la época inicial de esta cultura las fíbulas hallstátticas de origen itálico, que

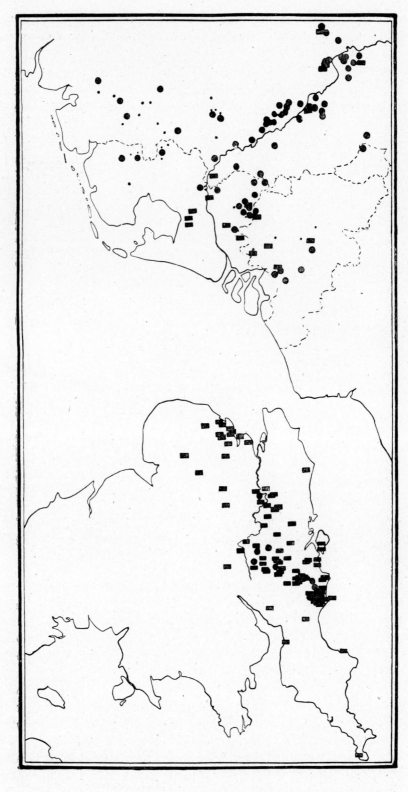

Fig. 70. — Distribución de las urnas globulares y cilíndricas tipo Deverel: ● Urnas globulares Deverel con ornamentos de ranura. ■ Urnas cilíndricas Deverel con ornamentos de incisión. • Hallazgos del mismo tipo

abundan en los hallazgos del final del Hallstatt y La Tène I, cuando esta área geográfica entra a formar parte de la cultura galocéltica, que se extiende también por el Baden.

La cerámica ofrece unos típicos perfiles de forma de pera, o sea grandes panzas con cuello estrecho y anchos rebordes en la boca de las urnas y una base sumamente estrecha. Hay tazas y vasos semiesféricos que servían para ofrecer alimentos al muerto, pues han guardado restos de peces y comida; casi, por regla general, todos sin asas. Lo más característico frente a los hallazgos de épocas anteriores es la decoración —frecuente en algunas urnas y vasos, aunque no haya estado muy generalizada— de dibujos pintados formando bandas de ángulos combinados o simples líneas y también incisiones de líneas formando zonas de triángulos, zigzag o raspas de pez. Pertenecen a esta época varios vasos y urnas con la característica decoración excisa, sobre todo a base de dientes de lobo y cadenas de rombos, siendo buenos ejemplos Ahornhof, Wiesloch (101), Ko-

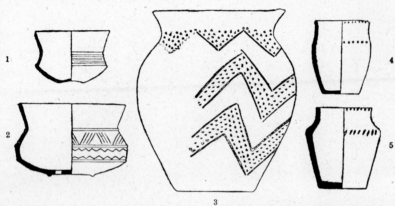

FIG. 71. — Cerámica del final del hallstáttico (jogasiense), de All Cannings Cross, Wiltshire (¹/₆), Inglaterra. Según *Hawkes*

berstadt y Darmstadt (102), sin que se haya de suponer que tales motivos excisos hayan de ser importaciones del Sur, pues aparecen precisamente en los hallazgos de más hacia el norte de esta cultura, en regiones donde hemos visto arraigó con fuerza uno de los grupos de la cultura de los Túmulos, el del Rin medio, del cual pudo ahora renacer esta facies cultural del Hallstatt medio y final, que llega con sus formas evolucionadas en la cerámica hasta la época de La Tène, como lo prueban algunos vasos con pie y otros con cuello y forma de ónfalos griego.

Schumacher ha considerado al pueblo que desarrolló esta cultura como una rama retoiliria y cree que sus formas están emparentadas con el sur de Alemania, para él ilirizada en esta época, y con Franconia.

Sin embargo, es la cultura renana de los campos de urnas, en sus formas evolucionadas, la que cataloga la mayoría de los hallazgos atribuídos por Schumacher a estas gentes invasoras, y, en nuestra opinión, los más evolucionados han servido a Schumacher para establecer su personalidad; pero no creemos, y aquí menos que en el Baden, haya de ser preciso explicarlos por una nueva invasión, aunque tampoco se pueda a rajatabla negar ésta. Basta ver la cronología avanzada, hoy con toda seguridad establecida (103), y las fuertes corrientes culturales que desde Italia suben hacia el Norte a partir del período de Arnoaldi, y, sobre todo, en el de La Certosa, por el Hallstatt, o directamente a través de los Alpes, para comprender y explicarnos satisfactoriamente la riqueza de los ajuares que un valioso comercio establece tras la etapa de fusión y de paz que siguió a la invasión de pueblos de más al Este durante los períodos del Bronce D y Hallstatt A (104).

La cultura de Eifel es la tercera clasificada por Schumacher en estas regiones renanas en el desarrollo, durante el Hallstatt medio y final, de la población anterior a la casi general unificación impuesta por la cultura o estilo de La Tène.

La cultura de Eifel ha sido denominada por Schumacher tipo Mehren (fig. 65) y se

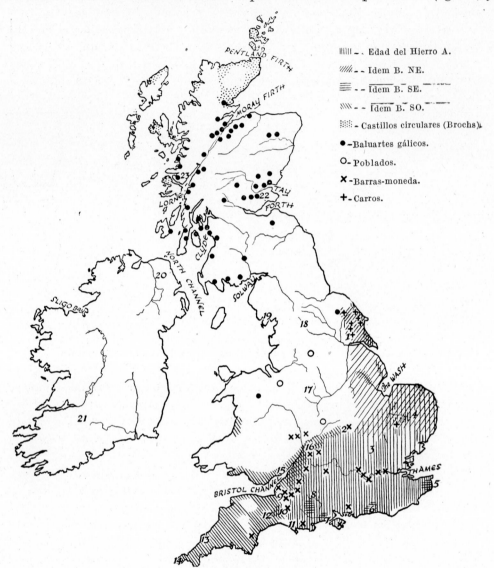

FIG. 72. — Distribución de las culturas y hallazgos de las etapas A y B de la Edad del Hierro inglesa. Según *Childe*

extiende por la región del Eifel, de Hunsrück y del Palatinado, y en la derecha del Rin, a lo largo y al norte del valle del Lahn (105).

Sus creadores eran pueblos pastores de ganado mayor y menor, y cazadores; vivían en esta zona de pintorescas selvas y praderas. Sus armas eran la lanza, el arco y flechas, y un cuchillo-machete de filo cóncavo. Entre los objetos de adorno es característico el torques o collar de fuerte arrugamiento, de aspecto barroquizante, que las gentes de esta zona geográfica han tomado seguramente del círculo germánico del período VI de Montelius y que los arqueólogos alemanes llaman «corona de muertos» (fig. 65).

Completan los ajuares muñequeras de varios aros, que juntos, a veces, combinan una decoración geométrica, además de brazaletes y torques simples. Sus muertos aparecen enterrados sobre el suelo, sin incinerar, y sobre ellos se levanta un túmulo.

La cerámica de este grupo cultural es poco rica en formas; se reduce a una urna y algunos perolitos, todos sin asas y perfiles muy redondeados, y siempre sin reborde en el cuello.

La decoración suele ser lograda a base de zigzag, triángulos, raspas simples, líneas rayadas o circulitos concéntricos, siempre formando tales motivos zonas. No aparece casi nunca la decoración pintada ni grafiteada y el barro suele ser bastante fino y ofrece un color chocolate. Muy característico de este grupo es la decoración a base de la impresión de unas cuerdas finas muy retorcidas. Esta cerámica, con sus perfiles y esta última característica decoración, se interna hacia la Lorena (106); pero allí el ajuar habla de relaciones con el grupo de Koberstadt, probándonos cómo la cultura del Eifel unas veces ofrece relaciones con las Ardenas y más al norte de Bélgica, donde predomina la cultura del Bajo Rin, y otras con las culturas hallstátticas del Sur. Así se ha podido subdividir, a su vez, en tres grupos regionales, por algunos autores alemanes: el del Eifel, el

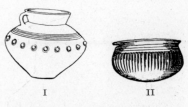

FIG. 73. — I. Urna del túmulo de Lemainville, Meurthe-et-Moselle. II. Urna de la Gruta de Nermont, comuna Saint-Moré (Yonne). Según *Déchelette*.

más característico; el de las Ardenas y Bélgica (fig. 66), influído por la cultura mixta del Bajo Rin, que estudiaremos aparte, por su personal evolución, y el de Berg, en el sur de Westfalia (107). Además se extiende esta cultura hacia Lorena, entroncando con grupos de Francia, como veremos (108).

Esta cultura, según Schumacher, con su rito de inhumación, representa ya una penetración del Oeste al Este, que luego, a lo largo del Hallstatt D y La Tène I, se intensifica y lleva a los galos por todo el Rin, imponiendo una cultura o, mejor diríamos, un estilo, cada vez más uniforme, que ha debido nacer en el centro y este de Francia.

La evolución de sus tipos es el único dato para la cronología de los mismos. Sobre todo en su primer momento, los hallazgos no son ricos en metal; luego proporcionan cadenas, brazaletes, broches de cinturón, torques cerrados con aros para colgantes pequeños y otros objetos que han llegado del sur de Alemania, y tal vez también del este de Francia, hasta las orillas del Rin, donde, a la vez, los cementerios de inhumación y los poblados que los franceses llaman *camps* y los alemanes *Lägerplätze*, van llenando esas tierras de eterna penetración mutua, que se extienden entre Francia o Alemania, probando la gran expansión gala.

La cultura de los campos de urnas del Bajo Rin a Inglaterra.

Otro gran círculo cultural de los campos de urnas se forma en el Bajo Rin, desde la región de Colonia hasta las provincias holandesas de Brabante y Limburgo, y Bélgica. Un grupo característico de la cultura de los Túmulos se extendió por estas tierras donde ahora se encuentran una serie de cementerios de campos de urnas creados por una invasión de gentes procedentes del círculo de Bohemia, que a través de Franconia, por el Main, llegó hasta el Rin e influyó, como decimos, hacia el norte del valle de este río, pues la nueva corriente invasora no lo cruzó en dirección hacia el sudoeste de Europa, sino que derivó hacia Holanda y Bélgica, empujada seguramente por gentes afines que avanzaban Rin abajo, desde el sudoeste de Alemania.

Estos invasores se imponen después de convivir al lado de las gentes de la cultura de los Túmulos, fundiéndose ambos elementos y pasando a Inglaterra hacia el Hallstatt

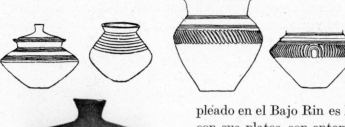

medio o final, con una cultura de resabios arcaicos que ha hecho atribuir a veces a los hallazgos británicos más edad de la que les corresponde.

El rito funerario empleado en el Bajo Rin es la incineración; pero las urnas, con sus platos, son enterradas en unos agujeros superficiales cavados en la tierra y cubiertos con un pequeño montículo. Estos enterramientos forman pequeños túmulos que se agrupan regularmente.

Se ve en tales cementerios una mezcla de elementos entre las antiguas gentes de los túmulos y los nuevos invasores, mezcla que también los ajuares confirman claramente.

Las urnas que aquí se utilizan son un tipo de cuerpo abultado con cuello cilíndrico sin reborde, que seguramente ha nacido como una derivación del tipo renano, según opina Childe (109), aunque Rademacher (110) lo considera originado en esta región. También el osario

Fig. 74. — Cerámica de las necrópolis de Dompierre-sur-Besbre (Allier). Según *Déchelette.*

troncocónico, con un cuello ligeramente cónico, aunque más raramente usado, aparece extendido incluso hasta Holanda (111).

Muy característica es la urna denominada en el Rin tipo Weert (112), caracterizada por no tener reborde en el cuello y llevar dos asas laterales, producto de esa doble influencia de Lausacia y del sur de Alemania. Muchos platos con reborde y pequeños potes grafiteados completan el ajuar cerámico. Estos vasos a veces están bañados en negro o son de barro sumamente oscuro.

La ornamentación de estas urnas es rara y alguna vez aparecen acanaladuras o simples ranuras, cuya incisión en el barro va degenerando de forma tal que ha servido a Doppelfeld para establecer una cronología aproximada de esta cerámica (113). Al pasar a Inglaterra, nace allí la urna de Deverel, de tipo globular y

Fig. 75. — Cerámica de Pougues-les-Eaux (Nièvre)

de tipo cilíndrico, cuya cronología, a partir del Hallstatt medio en adelante, ha establecido Doppelfeld (114), frente a la tesis de los arqueólogos ingleses, que siempre valoraron como más antigua la primera penetración de los campos de urnas en la isla.

Los elementos ornamentales de esta cerámica de los campos de urnas renanos nos muestran toda la gama de motivos de esta cultura, pues además de la decoración propia de la cerámica de los demás campos de urnas, los vasos de ofrendas y las urnas del Bajo Rin suelen estar ornados con bandas de decoración excisa alrededor del hombro, de técnica tardía, procedente de la cultura de los Túmulos, donde la vemos usada desde el Bronce medio.

Holwerda está equivocado, llamando hallstáttico a este estilo ornamental, frente a Kraft, que lo considera derivado de la última técnica del estilo de ornamentación excisa de la cultura de los Túmulos (115).

Este círculo cultural no ofrece en sus cementerios ajuares de bronce. Sólo dos cuchillos poseemos, ambos del tipo figura 10, núm. 12, y un tipo único sin paralelos, procedente de Wesel (116). También han aparecido algunos alfileres de tipo ya degenerado de los modelos de cabeza de adormidera y de vaso, navajas de afeitar y broches de anteojo. Un hacha de piedra perforada se encontró en una sepultura de Riethoven, pero sin restos de cerámica. Una espada de tipo Ronzano hallada en Waal seguramente llegó entonces a Holanda.

Tal pobreza de bronces hace difícil asegurar una cronología a este ciclo cultural. Holwerda los

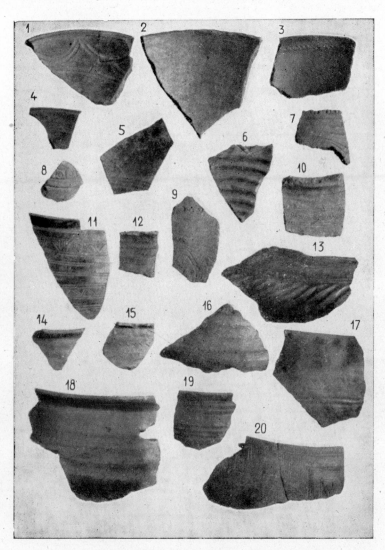

Fig. 76. — Cerámica del nivel III de Fort-Harrouard.
Según *Philippe*

coloca en conjunto al comienzo del Hallstatt. Rademacher (117) y Stampfuss (118) los fechan un siglo antes. Childe se inclina a una solución intermedia; pero lo más probable es que toda esta cultura sea algo más moderna de lo que aparenta a veces su tipología.

Este círculo de cultura de los campos de urnas renanos, en su evolución posterior, no sufre la influencia hallstáttica de Gündlingen. Hacia las tierras del canal de la Mancha e Inglaterra evoluciona independientemente, mientras en la región más septentrional esta influencia hallstáttica es matizada y superada por una cultura que Holwerda (119) y Stampfuss denominan germánica. Su cronología está asegurada por la necrópolis de Riethoven (120).

Esta influencia germánica se caracteriza por urnas bicónicas sin cuello ni reborde, con decoración de impresiones digitales sobre sus paredes y bordes en vez de los acanalados y ranuras. Según Rademacher, esta decoración pobre refleja un movimiento etnográfico que ya habría conquistado Holanda hacia el 500 a. de J. C. (121).

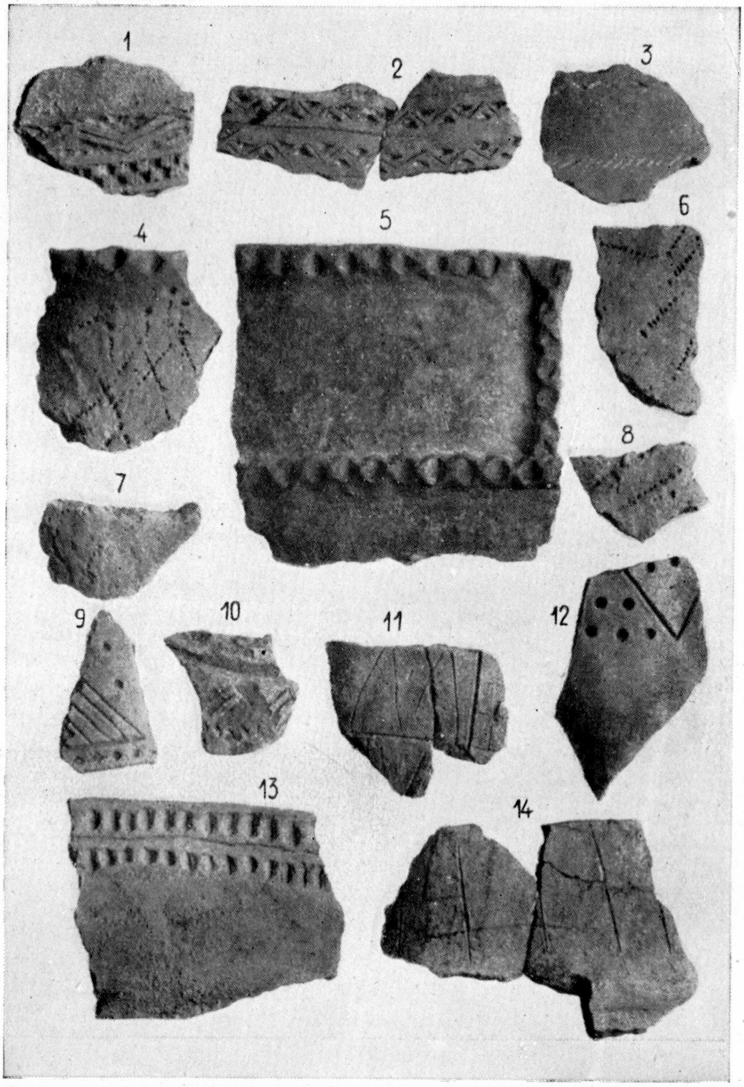

FIG. 77. — Cerámica de los niveles III y IV de Fort-Harrouard.
Según *Philippe*

Se puede comprobar que a la vez que en el Sur se desarrolla la cultura de Gündlingen, vive en el Bajo Rin un estilo cerámico más sobrio. La ornamentación pintada, que apenas se introdujo, es abandonada; lo mismo acontece con la tradicional decoración excisa. A la vez que la cerámica está menos decorada, las formas tradicionales de las urnas son sustituídas por la urna germánica tipo Harpstadt (fig. 67), que se propaga más y más a partir del Hallstatt C, reflejando la mezcla de un elemento germano que ya en el Hallstatt D predominaba entre la población del Bajo Rin, sobre todo al norte del río, hacia la Westfalia y el Wesser. Así la antigua frontera de las culturas de signo céltico se desplaza de este río al Rin, donde, al iniciarse la época de La Tène, ya los germanos estaban establecidos.

Resulta, pues, que la parte norte de la región del Bajo Rin, desde el Hallstatt C, y más aún en el Hallstatt D, cae bajo la fuerte presión germánica; pero también más al Sur vemos este movimiento germánico ir avanzando, influyendo al final del Hallstatt en la cultura de Eifel, como lo demuestra la cerámica sin decoración ya y los brazaletes retorcidos de claro tipo germánico, junto a las fíbulas de pie largo que han llegado desde el Sur y fechan entre el 500 y el 400 a. de J. C. este fenómeno etnográfico.

Por tanto, los germanos, a partir del Hallstatt medio fueron presionando fuertemente en esta región, siendo seguramente una de las causas de los desplegamientos céltico-galos que se inician después de este momento y desembocan en la expansión gala de la época de La Tène I, la cual fechamos por las fuentes escritas, además de por los datos arqueológicos, en el año 400 a. de J. C.

Sin embargo, en el Bajo Rin, a pesar de la llegada del elemento germánico, los característicos enterramientos en túmulos se mantienen, mostrando la arqueología una mezcla y una supervivencia de los viejos elementos, con los que lentamente van penetrando, pues no parece se pueda ver la llegada violenta de un nuevo pueblo.

Así, cuando César llegue a este país, y lo mismo le ocurrirá a Tácito, al escribir sobre esta región, no sabrá si clasificar como celtas o como germanos a las tribus de pueblos que se extienden desde Bonn a Tréveris y noroeste de Francia, en dirección al Rin y la Germania típica (122).

El último eco de este movimiento de pueblos hacia el Noroeste es la llegada de los campos de urnas a Inglaterra, a cuya isla siempre llegan las invasiones etnográficas desde las costas del canal de la Mancha, sobre todo desde los Países Bajos.

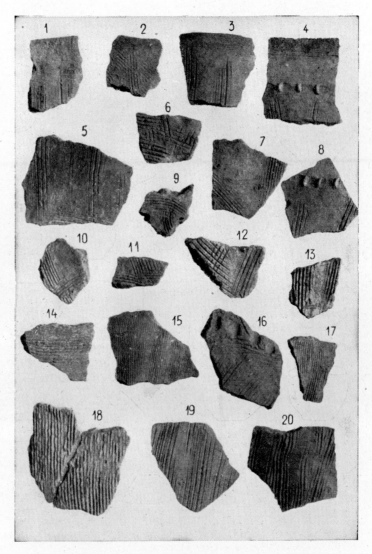

Fig. 78. — Cerámica de vasos de ornamentación de peine de los niveles III y IV de Fort-Harrouard. Según *Philippe*

Necrópolis como Scarborough (fig. 68) nos muestran la primera llegada de estas invasiones al suelo inglés, llegada que representa un fenómeno como el que al comienzo de la Edad del Bronce llevó hasta la Gran Bretaña al pueblo del vaso campaniforme del Alto Rin mezclado con el pueblo de las hachas de combate del centro de Alemania (123).

Ahora empiezan a establecerse los invasores en la región meridional del Támesis, durante la fase que los arqueólogos ingleses llaman Edad del Hierro A, subdividida por Weeler a su vez en A¹ y A² (124). Abercromby consideró que la penetración pudo iniciarse

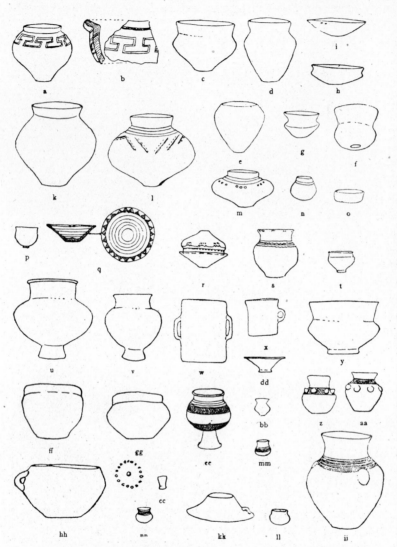

hacia el 900 a. de J. C., abriéndose un período hasta el 650, en que todo le sur de Inglaterra fué ocupado por unas tribus con rebaños de pequeñas cabras y pequeños cerdos, que levantaron los atrincheramientos con empalizadas y planta cuadrada de Dorset y fabricaron una típica cerámica, nueva para Inglaterra, y cuyos más próximos paralelos ya halló este autor estaban en el Rin y en el norte de los Pirineos, atisbando la igualdad cronológica y etnográfica del fenómeno que lleva los campos de urnas a Inglaterra y los empuja hasta la Península Ibérica. Por estos paralelismos queremos, aunque sea brevemente, analizar la invasión y cultura de los campos de urnas británicos y, sobre todo, por haber servido las hipótesis establecidas por los arqueólogos ingleses para sentar las líneas generales del fenómeno etnográfico ya denominado en España «invasión céltica».

Fig. 79. — Cerámica hallstáttica francesa. Grupo del Este: a, Diarville (Meurthe-et-Moselle); b, Langres (Haute-Marne); c-i, Haulzy (Marne); k, Bois Bouchot (Côte d'Or); l-o, Lothringen. — Grupo del Sur: p-t, Saint-Sulpice (Tarn). — Grupo del Oeste: u-dd, Meseta de Ger (B. Pyrénées); ee, Jumillac-le-Grand (Dordogne); ff-hh, Garin (Hte. Garonne); ii-nn, Avezac-Prat (Htes. Pyrénées). Según *Schumacher*.

Estos campos de urnas ingleses ofrecen un tipo de cementerio muy semejante al que se halla en el Bajo Rin: series de túmulos en los cuales se entierran las urnas de incineración con muy poco ajuar de bronce y algunos vasitos de ofrendas (125).

Dos tipos de urnas son los más corrientes en los primeros cementerios de Inglaterra: el uno es llamado por los arqueólogos ingleses tipo Deverel-Rimbury, cuyo origen renano ha probado Doppelfeld, según ya hemos indicado anteriormente. Este tipo de urna (fig. 69, números 1, 2 y 7 a 10) es de perfil sencillo, a veces con asas en el centro, al menos en los tipos más antiguos, con amplia base, cuello abierto y un reborde decorado con aca- nalados muy degenerados o con un cordón con impresiones digitales; pronto en la Gran

Bretaña evoluciona y se va en- riqueciendo su decoración con acordonados y, sobre todo, con impresiones de cuerda, puntilla- dos, raspas de pez, y no faltan tampoco las incrustaciones y la excisión, sobre todo en vasos pe- queños de ofrendas, como ocurre también muy generalmente en el Rin.

Esta urna ofrece dos tipos: uno el llamado por Doppelfeld globular, cuyo más recto para- lelo en el Rin es la urna tipo Weert, ya estudiada (fig. 69, nú- mero 8), y otro, el tipo más vul- gar, llamado cilíndrico, cuyo ori- gen es la tinaja de provisiones de los campos de urnas, que lue- go se usa como urna y que en el Rin está representado por el tipo de urna de Utrecht (fig. 69, nú- meros 11, 12 y 13).

Este tipo creyó Abercrom- by (126) era más antiguo que el anterior; pero ambos han llegado juntos como una fuerte invasión a Gran Bretaña desde el Bajo Rin (fig. 70) y se han desarro- llado paralelamente a partir del Hallstatt medio (127).

Más tarde, los campos de ur- nas ingleses ofrecen un nuevo tipo de urna, más corta, con de- coración de ranuras bastas, a

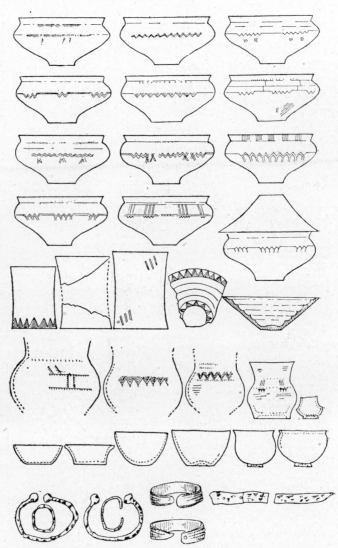

Fig. 80. — Cerámica de las necrópolis de Saint-Sulpice-la- Pointe (Tarn). Según *Joulin*

nuestro modo de ver evolución del anterior, y cuyos paralelos, más estrechos, hallamos hacia el norte de Francia, donde la cultura de los campos de urnas no sufre la transfor- mación impuesta en el Bajo Rin por la presión de las gentes de la urna tipo Harpstadt, ofreciendo, por tanto, una evolución muy semejante a Inglaterra. Las necrópolis de Wert Harling, All Cannings Cross (fig. 71) y de Cissbury, esta última ya más tardía (128), representan este segundo momento, en el cual ya aparece el Hierro y fíbulas del final del Hallstatt y de La Tène I, que han debido llegar desde la costa de Normandía, por donde embarcarán más tarde también los belgas, que introducen en las islas británicas la fuerte cultura de La Tène II.

Como en el Rin, en Gran Bretaña no ofrecen los cementerios ingleses de esta época ajuares; pero los atrincheramientos de Dorset los excavaron aquellos habitantes con ha-chas de bronce de talón cua-drado (129). Además, en depó-sitos aislados se han encontra-do los tipos de armas y menaje de estas gentes, no tan misera-bles como Abercromby creyó, por no hallar en sus tumbas otros elementos que la cerá-mica.

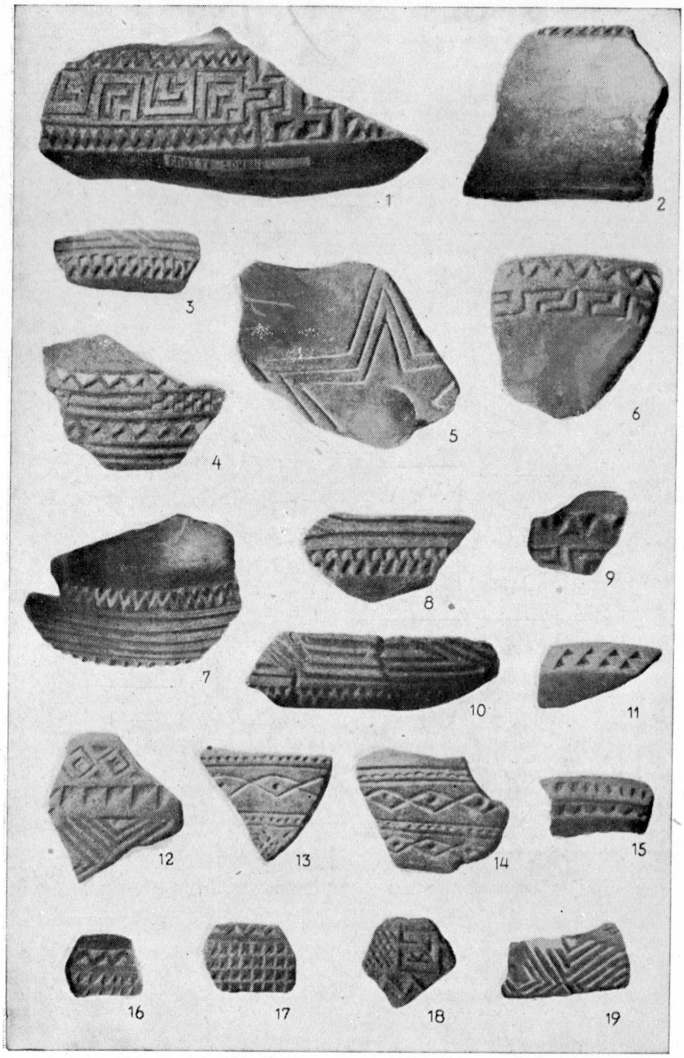

Depósitos iguales a los cita-dos por Hawkes (130), como del Bronce final y con una cronolo-gía de exagerada vetustez, que él colocó en el 1100 a. de Jesu-cristo, han de atribuirse a tales gentes, que llevarían a Inglate-rra la espada de bronce con em-puñadura de lengüeta, de tipo en U y en V, y la de empuña-dura maciza, pero de tipos muy evolucionados y degenerados, por lo cual deben considerarse de cronología más moderna que sus paralelos en el continente. También llega a Inglaterra, sobre todo a la costa oriental y tierras bajas, la espada halls-táttica de lengüeta de grapa para la empuñadura, que tal vez no representa sino una con-tinua relación con las costas francesas del Canal, y no una invasión; de todas formas estas espadas son raras, y si para Inglaterra pudieron inducir a pensar en una invasión proce-

Fig. 81.—Cerámica excisa de los campos de urnas del sur de Francia: 1-6, Beaume-Longue (Dions); 7-19, Grotte Nicolás (Russan).

dente del continente, tales tipos no llegan a España, por lo cual fué un error inspirarse en las deducciones de los arqueólogos ingleses para sistematizar la invasión de los cam-pos de urnas en nuestra Península (131).

Completan los tipos de armas las hachas de aletas, pero acompañadas del tipo anterior de talón y del tipo de tubo, todas con asa lateral; puntas de lanza de mango de tubo, deri-vados de los tipos propios de los campos de urnas continentales, pero más largos, con calados en la hoja, lo cual muestra su segura cronología avanzada por lo evolucionado del tipo, que ya estudiaremos en España, donde tal vez han nacido y de donde llegan a Inglaterra. También aparece la espada de hoja en punta de gota de sebo, tipo Huelva, y las hachas de apéndices laterales estudiadas por Hemps (132), entre otras influencias que se notan, sobre todo hacia el Occidente e Irlanda, tierras que no pierden su personalidad con relación al resto de Inglaterra hasta la gran invasión de los celtas de la época de La Tène.

También ofrecen los hallazgos ingleses navajas de afeitar de forma de paleta de doble filo, tipo Ahornblatt (133), tipo que veremos llega a España, apareciendo en el depósito de Huerta de Arriba (Burgos), ofreciendo la Gran Bretaña, mas no nuestra Península, el

modelo posterior halls-táttico, pero de cronología avanzada, de forma de cuarto cuadrante, con un solo filo, tipo Llinfaar (134), y que solamente después del Hallstatt B debe fecharse en Francia, y aun después en Inglaterra, pues sale con objetos de hierro que no han podido introducirse en las Islas Británicas hasta muy tarde. Alfileres de cabeza de vaso muy degenerados, hoces con un largo mango de tubo de vaso, escoplos y conteras de lanza completan los principales tipos de los depósitos británicos.

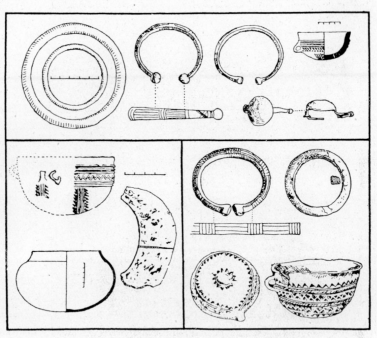

FIG. 82. — Tazas con decoración excisa del Hallstatt final de Alsacia. Según *Schaeffer*

Ellos muestran una evolución en contacto con Francia, pero sin que las relaciones puedan denunciar tantas invasiones como los arqueólogos ingleses, en su mayoría, han establecido.

Hawkes, por ejemplo (135), ha señalado, primero, una invasión al final del Bronce, más o menos hacia el año 1000 a. de J. C., que él llama del Bronce final. Luego llegaría otra invasión, que él llama cultura A del Hierro, denunciada por los campos de urnas de origen del Bajo Rin, llegados entre los siglos VIII y VII a Inglaterra. Ambas invasiones ocuparían las tierras bajas, pues sólo en ellas aparecen los hallazgos. Más tarde, entre los siglos VI y V, llegarían otros campos de urnas, de la Edad del Hierro B, que él denomina a veces con el nombre de jogasiense por sus paralelos con esta necrópolis francesa, que estudiaremos; estos últimos invasores llevarían a la Gran Bretaña la cultura del Hallstatt tardío.

Guiado por esta idea de ver una invasión etnográfica ante toda peculiaridad tipológica, Hawkes no duda en admitir otra invasión, que él incluye en la cultura del Hierro B inglés, que llevaría la cultura de La Tène II hacia el final del siglo IV al oeste de Inglaterra, desde España (136), por la Bretaña francesa. Naturalmente, él halla infinidad de motivos y elementos afines en el occidente de Inglaterra y región noroeste de España, porque la cultura de los campos de urnas célticos se encontró con una cultura vieja atlántica que se había extendido y se mantuvo en relación siempre, desde su origen, con la expansión megalítica de las gentes de origen español, las cuales unificaron todas las costas atlánticas desde Andalucía a Escocia y aun a Dinamarca. Mas tales afinidades no pueden servir para defender un movimiento como el admitido por Hawkes. A la vez, este arqueólogo fija otra invasión en la zona noroeste de las islas, a base de ciertos tipos muy degenerados,

FIG. 83. — Tazas con decoración excisa de la Lozère

que son utilizados tal vez por tribus indígenas que inhuman sus cadáveres aún, o tal vez por gentes de la cultura de La Tène llegadas con la gran invasión que él llama cultura C del Hierro y que representa la fuerte y definitiva llegada de la cultura de La Tène II, introducida por los belgas, del año 100 al 75 antes de nuestra era, en toda la Gran Bretaña.

Del estudio detenido del material inglés no puede sostenerse en modo alguno, al analizarlo comparativamente, ni la cronología ni la hipótesis de Hawkes, que se han venido usando con variantes por muchos prehistoriadores ingleses.

Los depósitos que hallamos en las tierras bajas inglesas del sudeste de Gran Bretaña son los útiles de un pueblo que hacía sus enterramientos en los campos de urnas y que jamás lleva a sus necrópolis sencillas de inhumación otra cosa que los vasos rituales. Además, bronces y cerámica no pueden fecharse más allá del siglo IX y son una retrasada evolución de la cultura de los campos de urnas de Centroeuropa, transformada ya, sobre todo, a partir del Hallstatt C, por las fuertes corrientes culturales de Italia al Hallstatt y los Alpes y de la cual ya el Bajo Rin, como hemos visto, poco se beneficia.

Toda la evolución de estos campos de urnas ingleses siempre se ha de estudiar considerando su independencia y arcaísmo. Así se comprenderá que en Gales y Cornualles se hallen paralelismos con Bretaña y el sudoeste de España; pero tales paralelismos son el producto de la penetración céltica en estas tierras atlánticas, que se hizo tarde y lentamente. En conjunto, los minuciosos análisis realizados por los arqueólogos ingleses han dividido en tres culturas del NE., SE., SO. la época del Hierro B inglés, según la moderna terminología de los arqueólogos de aquel país (fig. 72), que representa el final del Hallstatt centroeuropeo y el período de La Tène I.

En nuestra opinión, todos los materiales ingleses que van desde esa invasión de los campos de urnas renanos hasta la gran penetración belga posterior a La Tène II, pueden y deben estudiarse sin esa necesaria dependencia de continuas invasiones. Tal vez hubo relaciones ininterrumpidas entre el Támesis y el Marne. All Cannings Cross y Jogasses están muy próximos tipológicamente para negar una estrecha unión; pero no hay motivo alguno para que los pueblos de campos de urnas del noroeste

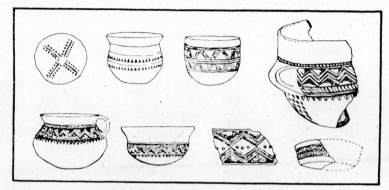

FIG. 84. — Cerámica excisa del centro de Francia de la Edad del Hierro

de Francia y el Bajo Rin se movieran invadiendo Inglaterra. Lo que ocurre es que en el Bajo Rin hubo la lenta penetración de los germanos, cuyo influjo denuncian las urnas de Harpstadt, transformándose en esta región la cultura originaria de aquel pueblo invasor de la Gran Bretaña, en tanto que el Escalda y, sobre todo, el Somme, el Marne y la Lorena, igual que Inglaterra, quedan libres de esta influencia evolucionando parecidamente.

Por el Occidente los contingentes de pueblos de los campos de urnas se movieron independientemente, evolucionando luego *in situ* hasta la introducción del hierro después del Hallstatt C, de Centroeuropa. Así la Arqueología puede ofrecernos desde el Hallstatt B hasta el período de La Tène fenómenos y paralelismos entre Inglaterra y Francia, que no es preciso explicar como una nueva invasión. De ese modo, el Hierro A de los ingleses nos ofrece afinidades y paralelos con el Bajo Rin y hasta con los palafitos suizos que Rin abajo es cierto que influyen hasta Inglaterra. El Hierro B nos muestra una relación de los campos de urnas ingleses con los del norte de Francia, introduciéndose ya el hierro, aunque sin abandonarse el bronce, que perdura, igual que en España, hasta mucho más tarde del 500 a. de J. C. como metal útil esencial. Finalmente llegaron los belgas hablando el celta de la P. Estos desalojan a los goidélicos, empujándolos hacia Irlanda y arrinconándolos en Gales. Sin embargo, siempre será discutido el momento de la celtización y de la llegada de los distintos grupos dialectales a las islas británicas y su identificación con fenómenos culturales tan afines en definitiva. Los arqueólogos ingleses se han inclinado a explicar todo pequeño cambio cultural por invasiones continentales, no tan fáciles de realizar en las islas ni en la antigüedad ni en los tiempos modernos. Así, la invasión goidélica y la británica se han identificado con muy diversos movimientos, que creemos no hay en la Arqueología prueba suficiente para

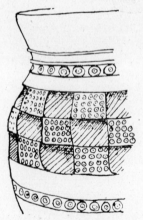

FIG. 85. — Vaso de Pommard (Côte d'Or). Según *Henry*.

ser mantenidos con la absoluta diferenciación que los arqueólogos ingleses establecen.

También nos parece excesiva la antigüedad, a veces incluso anterior al año 1000, que se quiere dar a los depósitos de bronces propios de esta cultura. Además, de ninguna manera creemos sean anteriores a la invasión de los campos de urnas como, generalmente, han admitido los especialistas ingleses, sobre todo Hawkes.

En resumen: desde los tipos de bronces ya descritos anteriormente que corresponden al Hierro A, con la cerámica más típica en los campos de urnas, se ve la llegada

FIG. 86. — Vasos de Banges, Saint-Hélier, Blaisy-Bas, de la Combe à la Boiteuse en Magny-Lambert, Messigny y de Bois Bouchot en Chamesson. Según *Henry*

de las nuevas gentes. Primero ocupan las tierras bajas y sólo producen una mixtificación de influencias hacia las tierras altas con las urnas incrustadas y excisas, que perduran hasta la invasión belga, bien establecida y fechada por los hallazgos en los comienzos del siglo I a. de J. C. Así, el Hallstatt inglés se divide en dos períodos, A y B, que coinciden con el Hallstatt medio el primero, y con el Hallstatt final y La Tène I de las culturas centroeuropeas el segundo, y aunque en las islas, sobre todo en las tierras bajas de las regiones del Este, se ven estrechos paralelos con las corrientes europeas, que argumentan a favor de sucesivas penetraciones etnográficas, no nos parece necesario admitir que tal evolución sucesiva de los tipos se haya de explicar por la continua irrupción de nuevos pueblos.

Insistimos en estas observaciones por creer que esta hipotética admisión de continuas invasiones desde Europa hasta Inglaterra, sobre todo la que en el siglo VI antes de J. C. habría introducido el Hierro B inglés, indujo seguramente a un error, al sistematizar nuestra invasión céltica, a Bosch Gimpera y a Hubert y, recientemente, a filólogos como Pokorny, no apreciando, como habremos de señalar, que en España no hay ni siquiera las pequeñas relaciones hallstátticas que muestran las espadas inglesas de «lengüeta de grapa» y las navajas de afeitar hallstátticas. Para nuestra Península hay que tener presente además cómo los textos escritos nos establecen ya hacia el siglo VI antes de J. C. un cuadro de la etnografía peninsular que probaba la penetración de los pueblos célticos en época anterior a esa fecha, en tanto que ya no vuelven a localizar ni señalar posteriores movimientos etnográficos que introduzcan en España nuevas gentes, los cuales, de haber tenido cierta importancia como quieren los arqueólogos mencionados, no hubieran quedado sin señalar por los geógrafos de la antigüedad que desde el siglo VI a. de J. C. nos hablan de España.

Los campos de urnas desde Suiza y el Rin hacia los Pirineos.

La gran invasión de pueblos que desde Bohemia y Silesia llegan por todo el sur de Alemania hasta el Rin, no se detuvo en la cuenca de este gran río. Conforme hemos visto su paso a Inglaterra, los hallazgos comprueban tempranamente su penetración por los Alpes, ocupando todos los valles suizos, principalmente las tierras de la altiplanicie norte de este país, incluso hasta caer sobre Italia del Norte. A la vez, a través de los caminos de invasión de Francia, vemos avanzar estas gentes tanto hacia el norte de la Galia como hacia el oeste y el sur, alcanzando finalmente los Pirineos, que tampoco fueron obstáculo a tan profundo movimiento etnográfico.

Suiza nos ofrece muy pronto pruebas de la llegada de estos pueblos, habiendo servido sus hallazgos a Kraft para sistematizar las dos grandes oleadas que ya hemos descrito, caracterizadas por las agujas tipo Mels y las de tipo Binningen (137).

Los primeros sepulcros pertenecientes a los invasores caen en el Bronce D, como ya hemos dicho, y llegaron desde el Noroeste, mezclándose sus portadores con la población palafítica, de la cual toman muchos típicos bronces y hasta algunas influencias cerámicas. Las estaciones de Alpenquai y Wallishofen-Hausmesser lo comprueban.

También entran ahora en Suiza algunos elementos de la cultura de los túmulos del sur de Alemania, como la cerámica excisa, que no llegó a esta región anteriormente y que, mezclada con los campos de urnas, aparece en tal momento en alguna estación. Sólo el hallazgo de Ulmendingen, que puede ser clasificado en el Bronce B, nos muestra una antigua relación con la cultura de los Túmulos del sur de Alemania, que, sin embargo, como ya dijimos, no pasó a Suiza (138) a lo largo de toda la Edad del Bronce, donde floreció en tal época una peculiar cultura palafítica en relación con el valle del Ródano y aun quizá con las tierras de más hacia el Oeste. Esta cultura se nos ofrece extraordinariamente rica, al final de su independiente desarrollo, en objetos de bronce y con formas cerámicas derivadas de la vieja tradición neolítica del país. Esta cultura, que Kraft ha denominado de Vallais, es ahora interrumpida por los invasores del Noroeste, que introducen las largas espadas sin lengüeta para la empuñadura, las agujas de cabeza de adormidera y las nuevas formas cerámicas de urnas de cuello cilíndrico, elementos todos procedentes del sur de Alemania.

Otra nueva presión, que se suma a la anterior, representada por las tumbas con alfiler de cabeza de bola y cinco aros en el cuello, transforma la población y la cultura de toda Suiza profundamente, asimilándola en todo a la cultura del Hallstatt de los campos de urnas del sur de Alemania. Los hallazgos de Oberendingen, Belp, Ottenbach y Dachsen (figuras 37 y 38) nos muestran las nuevas formas cerámicas próximas a las de las tierras vecinas de Alemania y a las cuales se añaden nuevos tipos que se han emparentado por su semejanza con hallazgos de los campos de urnas tiroleses, pero que no quiere decir que de allí hayan pasado a Suiza, sino que ambos paralelismos proceden de una oleada que ha llegado a los dos países desde Baviera.

Se ve claramente que el fenómeno que hemos estudiado y analizado ya en el sur de Alemania dejó su huella profunda en Suiza, bajando hasta Italia, donde el hallazgo de Rovio (139), en el cantón del Tesino, nos ofrece los mismos tipos de bronces del norte de Suiza y del Tirol de la época del Hallstatt A. También penetra este movimiento en el sudoeste de Suiza, ganando la región de Ginebra y de Vallais, y el hallazgo de Sitten realizado allí nos muestra ya con sus influencias la llegada de los invasores (140).

Behrens (141) intentó establecer una doble cultura en esta época en Suiza, admitiendo la supervivencia de una población lacustre al lado de una población agrícola-ganadera ocupadora de la tierra; pero tal tesis está alejada de la realidad. Todo parece indicar que a la llegada del pueblo invasor se inicia una mezcla de elementos y ya en el Hallstatt A florece una cultura que ha absorbido el elemento anterior. Esta es también la consecuencia que se obtiene de la filología, donde se ve al elemento indoeuropeo predominar e imponerse, como expondremos al tratar del problema ligur en el capítulo IV de este trabajo.

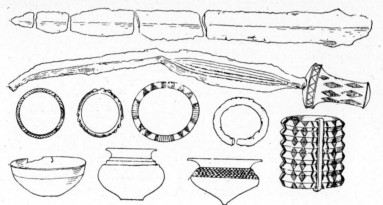

FIG. 87. — Necrópolis de La Planèse y de Neussargues (Cantal)

Naturalmente que hacia el Ródano este fenómeno de mezcla y fusión es más tardío y ofrece una menor pureza en los elementos culturales, creado por la población mixta que siguió floreciendo con características muy semejantes a Suiza y con gran riqueza a lo largo del Hallstatt B y aun parte del C, con formas degeneradas de los campos de urnas y ciertos bronces típicos arcaizantes.

Lo difícil, como ya hace observar Kraft, es señalar los elementos característicos que nos marquen una posible cronología en este fenómeno. La evolución de la urna de cuello cilíndrico, que va acortando su cuello y ensanchando sus rebordes, a la vez que los tipos de alfileres de cabeza redonda, cada vez más pequeños y con cuatro aros a uno sólo en el cuello, nos asegura una transición desde el momento representado por la tipología de Binningen que cae dentro del Hallstatt A, hacia períodos más modernos de cronología y evolución muy imprecisa.

Las peculiaridades de los hallazgos de la región Vallais-Ginebra, que muestran un apartamiento de los tipos originales del sur de Alemania, tanto en la cerámica como en los bronces, nos hace creer que allí floreció la cultura de las urnas, sobre todo en el Hallstatt B y no antes, lo cual queda corroborado no sólo por la decoración y perfiles de los vasos cerámicos, sino también por los depósitos de bronce, como el de Tolochenaz, con anchos brazaletes decorados y con bellos terminales y el pequeño alfiler de cabeza de vaso típico del Hallstatt B.

En la tumba XXVIII b de Saint-Sulpice, de incineración típica, aparece también este alfiler, y lo mismo corroboran otros hallazgos como el de Chelin, cerca de Lens, en el Vallais, donde se halló el broche de cinturón de chapa con gancho final y una navaja de afeitar que se puede relacionar con los tipos Benacci I-II, pero que, como derivado de Italia, ha de juzgarse algo más moderno.

En una tumba de Lens apareció un alfiler de cabeza bicónica; otro de cabeza de vaso con decoración en el cuello, como el de Gündlingen; otro de cabeza de aro, muy frecuente en el sudoeste de Suiza, que nosotros vemos llegar al sur de Francia y a España, y una fíbula de arco que no tiene segura cronología en sus paralelos de Italia, pues es un tipo sencillo que aparece en otros lugares, como Sitten, pero sin fecha segura. Vogt, que ha estudiado toda esta serie de depósitos de bronces del oeste suizo, los coloca en el Hallstatt B y representan ya para él un período en el que se ha logrado la fusión de los dos elementos afines invasores con la población indígena, viéndose surgir una rica cultura en el territorio suizo, que se extiende hacia Occidente (142).

Muy importante es el hecho de la aparición de la cerámica pintada en Suiza, pues es más frecuente en el Sudoeste que en el Nordeste, y ello nos prueba que la cultura de Gündlingen, donde aparece la misma técnica ornamental, es contemporánea del último momento de los palafitos helvéticos.

Otro elemento de importancia en esta cultura de los campos de urnas palafíticos es la aparición de los meandros como elemento decorativo (143). Esta decoración debió llegar desde la cultura de Vilanova, como las fíbulas y otros elementos que han pasado a dar personalidad a esta cultura, la cual, a partir del Hallstatt A, y sobre todo en el B, la vemos constituída en un importante centro metalúrgico en el Alto Ródano, con su típica decoración de líneas cinceladas en los bronces, que irradia, sobre todo, hacia el occidente de Francia y también hacia el Rin, dando una personalidad a la Suiza «francesa» frente a la Suiza germánica, más identificada con los fenómenos estudiados en el sur de Alemania, y donde predomina, o al menos se mantiene, más la decoración barroca de los bronces de gallones decorativos.

Esa región occidental es la que, con el Ródano, enlaza mejor con el fenómeno español y creemos debe verse en su peculiaridad al viejo pueblo ligur de las fuentes históricas, cuyo origen hay que buscar en la cultura palafítica de Michelsberg-Vallais, pero que fué indoeuropeizado por el elemento invasor celto-ilirio pasado desde el sur de Alemania con los campos de urnas del Hallstatt A y B, que hemos descrito brevemente.

Así se explican las dudas sugeridas a Kraft y a Bosch Gimpera, todavía no resueltas, sobre el significado etnográfico de los campos de urnas catalanes, muy próximos a estos grupos del oeste suizo y de la región de la narbonense, como veremos, y que J. M. Navarro no consideró como celtas, sino como ligures (144).

Nosotros creemos que eran un pueblo mixto, como la arqueología nos prueba, fuertemente celtizado, pero que no perdió su personalidad, por lo cual le podemos atribuir sus propios movimientos y desarrollo al margen de los otros grupos célticos del Rin o del centro de Francia y de España, que pudieron tener más o menos contacto con él, pero que ofrecen otras características, como veremos, siempre dentro de una indiscutible unidad que podemos llamar «céltica», en un sentido amplio, que es como los griegos usaron este nombre, mientras que la denominación de galos se aplicó más tarde concretamente al grupo de pueblos celtas del este de Francia y sur de Alemania, que desarrollan la cultura de La Tène, y aquellos más estrechamente influídos y emparentados con esta cultura.

Al comienzo del Hallstatt C, el cuadro que ofrecían los ricos y poderosos poblados suizos de las orillas de los lagos desaparece totalmente, siendo muy raros los hallazgos de esta época. La cultura que allí había sido iniciada se prolonga en las necrópolis de túmulos de fecha posterior, que ya nos muestran una nueva vida en el país, en contacto con el este de Francia sobre todo. Es posible que la causa sean influencias de clima,

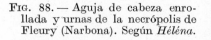

ya estudiadas en páginas anteriores, y también movimientos de otros pueblos y guerras, como lo comprueba la destrucción por el fuego de los antiguos establecimientos con varios niveles palafíticos de Alpenquai y Schalberg (145).

El fenómeno cultural y etnográfico reflejado por Suiza se proyecta sobre el Ródano y este francés, donde se desarrolla en la época del Hallstatt esta misma cultura derivada de los palafitos, llegando por la Narbonense al Levante de España, en tanto que el resto de Francia, donde vimos en la

FIG. 88. — Aguja de cabeza enrollada y urnas de la necrópolis de Fleury (Narbona). Según *Héléna*.

Edad del Bronce desarrollarse la cultura de los Túmulos, ofrece otras peculiaridades que la hacen afín con los hallazgos del resto de la Península. A pesar de todo, las afinidades de los hallazgos de todos estos territorios son más fuertes y claras que las diferenciaciones. No quiere esto decir en modo alguno que la invasión de los campos de urnas no penetrara fuertemente en Francia central y occidental. Así lo podemos juzgar por los hallazgos que conocemos, a pesar de que los materiales franceses han sido poco y mal publicados. Una excepción es Alsacia, donde Schaeffer ha estudiado los túmulos de Haguenau, tantas veces citados.

En el estado actual de nuestros conocimientos podemos ver que las dos oleadas de los campos de urnas del Bronce D y Hallstatt A aparecen en Francia a la vez que en el Rin y en Suiza, pero sólo en la región oriental de este país. La primera del Bronce D está representada en sus dos ramas, por la cerámica de abollonados y por la de acanaladuras, ambas de influencia metalística y originadas en el círculo de la cultura de Lausacia, como ya hemos dicho.

La oleada que la cerámica abollonada representa, llegada por el sur de Alemania en el Bronce D y cuyos más antiguos paralelos vemos claramente en Baviera, de donde seguramente arrancó el grupo que llegó hasta Francia, está caracterizada por la ornamentación de bollones rodeados con decoración incisa formando rombos, triángulos, etc. El mejor ejemplo es la urna VII del túmulo 10 de Kurzgeländ, en Alsacia (fig. 44). Los dos cacharros de esta tumba son típicos de la época del Bronce (146). La gran urna cineraria, con sus abollonados y la gran faja de decoración incisa, recuerda muchos ejemplares bávaros, que ya aparecen, sobre todo, en jarras y urnas de la cultura de los Túmulos. Más al oeste de Alsacia no hallamos nada parecido, y tampoco avanzan hacia el Sur o Norte la decoración de los antiguos abollonados, frecuentes en el Haguenau (147), prueba de que sólo hasta aquí llegó pujante la primera oleada de gentes de la cultura de las urnas, que incluímos en el Bronce D. Aun en una sepultura de la necrópolis de Saint-Gervais (Auxerre) vemos, entre acanalados, restos de este motivo decorativo, que también sale en una urna hallada en el túmulo de Lemainville (Meurthe-et-Moselle) (fig. 73-I), pero en la cual este motivo ornamental es de un tipo muy degenerado. Igualmente en otra urna cineraria de la necrópolis de Dompierre-sur-Besbre (Allier) (fig. 74) se ve como un recuerdo de este original estilo metalístico de la decoración cerámica venido desde Lausacia (148). Un eco lejano más de este estilo decorativo perdura en unas urnas halladas en el túmulo G de Pujaut, en el Buch, en la Aquitania (fig. 93), encontradas con objetos de clara cronología del Hallstatt final, que nos habla de las tardías supervivencias de los estilos decorativos venidos hacia Occidente con los campos de urnas desde Lausacia (149).

Otro pequeño bullón bordeado por tres estrellas concéntricas aparece en un fragmento de vaso en la cueva de Beaume-Longue, Dions (Gard), junto con cerámica excisa de tipo también muy evolucionado (150), y lo mismo nos comprueban algunos hallazgos más. Es decir, en Francia, más al oeste de Alsacia, sólo se ve un eco, una influencia, de esta decoración, que por su estilo parece una supervivencia ornamental más que claras pruebas de la llegada hacia el interior francés del pueblo que la había traído hasta el Rin. Sin embargo, tal motivo decorativo no pasa los Pirineos, en ninguna estación que sepamos, aunque se halle degenerado en hallazgos franceses muy avanzados, incluso de la época de La Tène (fig. 93).

De la cerámica de acanalados tenemos por Francia más ejemplos. Un buen conjunto es el túmulo 21 I de Kurzgeländ, en Alsacia (fig. 40). En él vemos el cuchillo de lengüeta con dos clavos para sujetar el mango, tipo propio del Bronce D, con un brazalete y una aguja de fuertes asas platiformes en el cuello y otra con cabeza de turbante y cuello estrangulado y decorado. Los vasos cerámicos son una urna sin cuello y otra pequeña con cuello bajo. Otro buen conjunto es el túmulo 57 de Oberfeld (151) (fig. 43), con cerámica acanalada, como otros ejemplares del sur de Alemania, y, entre otras formas, la típica urna de cuello cilíndrico y una jarra con acanalados horizontales y verticales.

Los túmulos 8, 1 y 6 de Hattenerstanguen ofrecen el mismo carácter, pero de más claras relaciones con la cultura de los Túmulos (152). Otro conjunto es el de la tumba II del túmulo 94 de Kurzgeländ (153) (fig. 42). También en el túmulo 30, sepultura número 1, de Kirchlach (154) se halló una urna sin cuello con los típicos acanalados horizontales y verticales y un brazalete macizo, ambos característicos del Bronce D, época a la cual pertenecen todos los hallazgos citados (155).

Algo más penetraron hacia el Oeste las decoraciones de acanaladuras horizontales, verticales y oblicuas, aunque por regla general son de un estilo degenerado y sólo usadas en sentido horizontal y de perfiles cada vez más estrechos y bastos. Esta es la decoración que vemos perdurar en el sur de Francia y España hasta época muy avanzada, como hemos comprobado en varios hallazgos, resabio de arcaísmo que ha conducido a errores al fechar los conjuntos.

Por el rito, los bronces y la cerámica se puede localizar esta penetración de la oleada de los campos de urnas dentro del Bronce D, con cerámica de acanalados horizontales y verticales, que pasó por Baviera al Rin y que ha dejado típicas y fuertes huellas, además de en el Haguenau, en otras necrópolis francesas, como la de Pougues-les-Eaux (Nièvre) (fig. 75) y Dompierre-sur-Besbre (Allier) (figura 74), a las cuales se puede añadir alguna otra estación, como la de Guerchy, en la Côte d'Or (156), cuya cronología, a juzgar por su decoración de cerámica acanalada, sería para Reinecke típico Bronce D (157); pero tal suposición, ya hoy, es inadmisible de una manera absoluta, aunque en Francia es poco lo conocido y mal publicados los conjuntos, haciéndonos andar siempre con gran imprecisión.

En la necrópolis de Pougues-les-Eaux (Nièvre) hallamos urnas (fig. 75) que por sus acanalados, anchos y limpios, horizontales y verticales, hemos de relacionar con ejemplares del Haguenau y del Rin, típicos del Bronce D; pero el conjunto de la cerámica hallada en esta necrópolis no es más antigua, en su mayoría, que el Hallstatt A. Sus bronces no nos ayudan mucho a deducir su cronología; pero

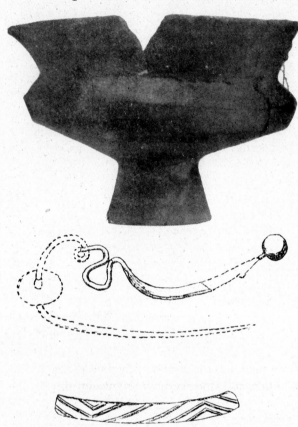

FIG. 89. — Fíbula, fragmento de brazalete y urna con pie del hallazgo de La Redorte (Com. de Mailhac). Según *Héléna*.

la navaja de afeitar típica se relaciona con el tipo del Bronce D del sur de Alemania. No así el cuchillo, que es de un tipo de larga duración (158). En conjunto, podríamos hallar aquí un fenómeno de mezcla de elementos arcaicos que perdura en época posterior, como comprobamos en forma más acusada en otros hallazgos de más al Occidente, lo cual nos puede llevar a fechar con excesiva antigüedad las estaciones francesas. El rito funerario es unas veces la incineración y otras la inhumación, que ni siquiera en este momento de auge de la cultura de las urnas logra imponerse totalmente en el centro de Francia. Otros hallazgos de esta cerámica es una taza de Grotte de Nermont (Com. Saint-Moré, Yonne) (fig. 73-II), muy parecida a otros ejemplares del Haguenau, que también podríamos incluir en el Bronce D (159).

La segunda oleada de los campos de urnas del Hallstatt A, que ya hemos estudiado en el sur de Alemania con su decoración de ranuras, parece ser que penetró más profundamente hacia el Oeste, alcanzando el centro de Francia, aunque los hallazgos más lejanos de sus bronces y formas típicas de su cerámica sólo llegan hasta el Delfinado, por el Sur, y las regiones orientales de las mesetas centrales de Francia.

Para seguir esta nueva oleada, hallamos en Francia buenos paralelos, por ejemplo, en la necrópolis Wingersheim (160), donde tenemos casi todos los tipos cerámicos del grupo occidental de los campos de urnas del sur de Alemania. La urna de cuello cilíndrico sin decoración aparece aquí en dos variantes. Un jarro ofrece la decoración de peines, y un plato muestra un motivo radial en su ornamentación igual al plato de Wollmesheim, en el Palatinado, cuya fecha es segura. Otra urna bicónica aparece en la sepultura cineraria de Ober-und-Niederenzen (161), con un plato sin decorar, otro cacharrito y una aguja. Un plato con guirnaldas y decoración radial hallamos en Achenheim (162), con otros fragmentos cerámicos con decoración de ranuras, un brazalete acostillado y una aguja de cabeza de bola y tres pequeños aros en el cuello, típicos del Hallstatt A.

También entran en esta época la sepultura de la cueva de Baume, junto a Mont-béliard, departamento de Doubs (163), de la que conocemos los tipos de alta y ancha urna, ambas características del Hallstatt A, según Vogt (164).

Otra vez hemos de hacer mención, por su típico carácter, de la necrópolis de Dompierre-sur-Besbre, ya mencionada (fig. 74) (165), con urnas de cuello cilíndrico de alto o bajo cuello, con débiles y estrechas acanaladuras como decoración, apareciendo una vez un abollonado rodeado de circulitos. Los acanalados recuerdan en seguida los de la necrópolis de Pougues-les-Eaux, de Alsacia, y del Palatinado; pero los perfiles son ya más evolucionados. Así, su fecha en el Hallstatt A es segura. Incluso podemos añadir que si bien aun vemos en esta necrópolis los acanalados horizontales combinados con otros oblicuos, ya aparece aquí un pequeño pie en un jarro, que se halla también en Pouges, y que es prueba de su modernidad. Además, un tipo igual de urna con cuello cilíndrico y acanalado aparece en Singen, utilizado como representante del tipo occidental por Vogt, y también sale en Suiza como forma propia del período del Hallstatt B (166).

Hacia más al Norte, en los niveles III y IV de Fort-Harrouard, en Normandía, hallamos unos cuantos restos de cerámica negra, pulida y decorada (fig. 76), con acanalados que nos inducirían a darle una fecha alta, entre el Bronce D y Hallstatt A; pero los bronces que le acompañan, agujas de cabeza de garrote y de vaso pequeño, prueban que allí no ha llegado esta influencia hasta el Hallstatt B (167).

Además, tal cerámica aparece encima del nivel III, con cerámica excisa (fig. 77) y rayada con peine tipo de decoración que veremos en España y sur de Francia hasta época tardía (fig. 76) y que en Fort-Harrouard se fecha con alfileres de cabeza bicónica y del tipo de pequeña adormidera, todos los cuales nos parecen tan modernos como los que su explorador da como propios del nivel IV, pareciendo, en líneas generales, que ambos niveles reflejan una misma cultura, y lo mismo los brazaletes, botones de bronce, pinzas de depilar y navajas de afeitar, hachas rectas y fragmentos de espadas. Son todos tipos venidos de Centroeuropa, semejantes a los que nos ofrecen ciertos depósitos del Occidente y de España, pero que nos muestran un tardío grado de evolución, por lo cual sería erróneo considerarlos sincrónicos totalmente a sus modelos centroeuropeos sólo por simples afinidades tipológicas. Con este criterio debemos juzgar los conjuntos de bronces que conocemos de Francia central, sobre todo de la Côte d'Or y de la región del Loira, cuyo análisis nos llevaría muy lejos en nuestra breve exposición.

Por los departamentos de Lorena (168), en el Ain (169), Yonne (170), Marne (171), Oise (172), Eure y Loire (173), además de los ya citados hallazgos encontramos esta cerámica que vemos en Francia en algunos *champs* que perduran aún en la época de La Tène, como ocurre en el sur de las Galias y España. Otro hallazgo típico de cerámica de acanalados inclinados en la panza es el de la urna cineraria y varios fragmentos cerámicos hallados en la Grotte du Cingle d'Elze, en Causse de Blandas (Nimes), que Vogt relaciona mejor con materiales suizos que de Alsacia, pero que, en líneas generales, se enlaza muy paralelamente con los ejemplares anteriores y representa la más lejana invasión de este estilo hacia el Sudoeste, conservando aún aquí una gran similitud y pureza técnica, que ya no hallamos más al Oeste. La urna baja y ancha, sin cuello alto, de este hallazgo, es muy semejante a otro ejemplar también de anchos acanalados que aparece en España en la necrópolis de Can Missert, de Tarrasa, aunque, como veremos más adelante, es un ejemplar más basto de tipo ya degenerado y seguramente posterior.

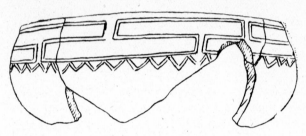

FIG. 90. — Vaso de la caverna de Montredon (Narbona). Según *Héléna*

También de esta región es el cuchillo típico del Hallstatt A, procedente de Jonquières (Vaucluse), que se conserva en el Museo Calvet, de Aviñón, y que, como la cerámica de la Grotte du Cingle d'Elze, del Museo de Nimes, es una prueba de la penetración de los campos de urnas hacia Occidente en este período (174).

Otros broces típicos del Hallstatt A hallamos en Francia aquí y allá; por ejemplo, en la Lozère, en Saint-Chély-du-Tarn, aparece en un depósito de bronces una cadena de anillos iguales a los de la de Belp y de Löhningen, en el cantón de Schaffhausen, en Suiza, y, a la vez, varias cabezas de alfileres con una taza de bronce (175).

Ya no hay posibilidad de situar más hallazgos franceses dentro de esta época. Los muchos hallazgos de campos de urnas que conocemos en Francia, tanto hacia el Norte como hacia el Sur, son de tipología posterior con toda seguridad. A veces la cerámica guarda las formas antiguas, pero es de barro más basto y las decoraciones son de un carácter que va apartando los hallazgos franceses de los alemanes, y en todo caso se parecen a los que allí hemos clasificado como propios del Hallstatt B o a la cerámica tosca del C y D.

Las amplias acanaladuras van desapareciendo, haciéndose de perfil más estrecho y profundo, y las estrechas ranuras pierden su pureza. Así surge una decoración incisa con motivos nuevos, como los meandros que han llegado de la cultura de Vilanova a los palafitos suizos, y de aquí, en el Hallstatt B, a Francia y al Rin.

Ya Morin-Jean vió claro que la cerámica y los bronces de los palafitos franceses pertenecientes a los campos de urnas no eran más antiguos que el Hallstatt B del sur de Alemania, faltando siempre los claros tipos cerámicos del Hallstatt A, como la urna de puro perfil de cuello troncocónico (176).

Esto mismo se puede aplicar a la mayoría de los hallazgos franceses que aun debemos catalogar por el rito funerario de la incineración, además de los tipos cerámicos, dentro de esta cultura.

Parece ser que los invasores fueron penetrando hacia el Oeste y Sur, ocupando las tierras llanas, pero también fundiéndose con los indígenas, de los que toman, entre otras cosas, la costumbre de enterrarse y de vivir en cuevas, fenómeno que empieza a ser frecuente en Francia central y meridional, y que lo será más aún en España. A la vez, parece que en la región central y septentrional de Francia abandonan pronto la incineración, adoptando la inhumación, practicada a lo largo de la Edad del Bronce, y, sobre todo, no se apartan del enterramiento en túmulos, en los que se meten las urnas cinerarias, tipo de enterramiento que se propaga ahora hacia el Sur, incluso hasta España.

Así, para el Sur y Oeste no podemos sino establecer una cultura de campos de urnas que vive aislada de las ricas y fructíferas corrientes culturales o etnográficas que hacen surgir los valiosos hallazgos del Hallstatt C y D de Alemania, los cuales no llegan más que hasta el centro de Francia. Sólo influencias alcanzan el país de Oc, y, por tanto, a España. El hierro llega tarde y no parece ser que con él aparezca ninguna nueva población. Cuando los galos surgen en el este francés, aquí no repercutirá sino muy tarde su cultura y su movimiento etnográfico. Incluso la espada grande que hemos denominado hallstáttica no llega sino hasta la Auvernia (177) y apenas al N. de la Aquitania; es decir, hasta donde, más o menos, llegó la cultura de los Túmulos y hemos visto llegar las más antiguas manifestaciones de la invasión de las urnas (véanse figs. 1 y 98). Naturalmente que los hallazgos de esta época que se realicen y se puedan estudiar en Francia aclararán este cuadro general que exponemos aquí brevemente; pero no creemos que se cambie radicalmente.

Poseemos suficientes elementos para establecerlo, como hemos hecho a base de las necrópolis de estos aislados y tardíos campos de urnas franceses, que tanto se parecen a los que estudiaremos en España, con más detenimiento y posibilidades de juicio.

De entre todos los yacimientos franceses estudiados destacan Fort-Harrouard y Jogasses. El primero está situado al norte del Sena (178), donde se ve empleado el tipo de casa cuadrada con los hogares interiores y los silos o almacenes circulares unas veces fuera y otras dentro de la habitación. En este poblado aparece una cerámica mezclada de tradiciones de la cultura de los Túmulos con decoración excisa, al lado de la clásica cerámica de acanalados, pero con alfileres de cabeza de vaso pequeño, que rebaja al Hallstatt B las deducciones cronológicas. También aparece la decoración de ranuras en meandros, guirnaldas y, sobre todo, una decoración de arrugas y raspado de la superficie con peine y la decoración de cordones con impresiones digitales, todo lo cual hallaremos en España y sur de Francia (figs. 76-78).

El conjunto de Fort-Harrouard, en sus niveles III y IV (179), es muy instructivo. Se ve cómo sobre el establecimiento de la Edad del Bronce, con cerámica excisa nivel III, se desarrolla esta población nivel IV, con todos los elementos citados mezclados a los anteriores, que siguen perviviendo en las cabañas de segura pertenencia a estos habitantes. Sobre todo, se sigue inhumando los cadáveres, aunque también se practica la incineración, dato muy significativo, pues nos prueba cómo los ritos de los campos de urnas influyen, pero no predominan, en la formación del nuevo pueblo. Parece que los tipos cerámicos y la ornamentación excisa de Fort-Harrouard han llegado por el Sena y el Marne, y no es probable que hayan pasado a Inglaterra, donde todo habla de relaciones con el Rin más que con Normandía en esta época.

Estas gentes han perdurado hasta la época de La Tène y es de suponer que al comenzar esta época el establecimiento fué abandonado, ocupando los galos las tierras más bajas en relación con una vida más agraria y un clima más húmedo, volviendo a subir

al Fort-Harrouard en el período de La Tène III, en que se ven nuevas gentes con cerámica pintada del período citado.

La supervivencia de estos tipos cerámicos arcaizantes a lo largo de toda la primera
Edad del Hierro nos la prueban varios hallazgos, incluso en el centro y este de Francia,
como el *champ* de Château, cerca de Salins (Jura),
donde aparecen unidos a fíbulas del último período
del Hallstatt y a la cerámica griega de los siglos VI
y V (180). Esta etapa final coincide en el noroeste de
Francia con lo que los arqueólogos franceses llaman
cultura jogasiense, de la necrópolis de Jogasses, en
Chouilly (Marne) (181).

Jogasses es una de las más ricas necrópolis del final
de la primera Edad del Hierro que conocemos de
Francia, donde la inhumación predomina sobre la
incineración, como en todo el norte y centro de las
Galias, en oposición al Mediodía francés y a España.

Como de época más tardía, está más próxima a los
hallazgos proporcionados por el sur de Francia y España: los broches de cinturón con un garfio central,
que luego se desarrolla con tanta tipicidad en España;
los puñales de bellas vainas decoradas con el estilo
hallstáttico, muy próximos tipológicamente a nuestro
puñal de antenas, propio también del sur de Francia
y no muy raro en el norte, en esta época; la cerámica,
los brazaletes, las fíbulas; todo ofrece una semejanza
que a veces equivale a la igualdad.

La población y cultura jogasiense, que llega a ofrecer paralelos con Inglaterra y Flandes, fué eliminada
de todo el norte de Francia por los galos de la cultura
de La Tène, que sobrevienen del Rin y centro de
Francia, mostrándonos una diferencia muy acusada
entre ambos pueblos.

Fig. 91.—Alfileres de bronce de la
caverna de Montredon y Trou-
des-Morts, región de Narbona.
Según *Héléna*.

Los jogasienses parecen ser la gente mixta de los
campos de urnas celto-ilirios. Son de estatura mediana, dolicocéfalos, nariz prominente y frente más estrecha que el tipo galo. Como las gentes de Jogasses
debieron de ser la mayoría de nuestros celtas españoles si nos dejamos llevar por las afinidades culturales;
pero la incineración, practicada en España sin ningún
caso de inhumación, no nos puede reforzar esas con-
clusiones obtenidas en Jogasses. Es posible que esta raza no sea sino el elemento dominador, que luego es absorbido por el conjunto de la población de origen neolítico, que
en Francia parece pertenecer a la raza braquicéfala alpina.

Sólo la cerámica nos guía a través de estas épocas en Francia; pero los trabajos de
síntesis faltan y no es posible hoy perfilar ni la evolución cronológica ni los tipos, a
pesar de que Schumacher dividió en tres regiones la Francia de la Edad de Hierro, y,

por lo tanto, su cerámica (fig. 79). El grupo del Este, que se puede considerar como una prolongación de la cultura renana de Koberstad-Eifel; el grupo del Sur, próximo a los palafitos suizos, y el grupo del Oeste, el más personal que refleja una tardía supervivencia de los campos de urnas. Nosotros creemos hallar en los grupos Sur y Este el mismo fenómeno cultural mucho más rico en matices de como lo expusieron Kraft y Schumacher, aunque de cronología mucho más moderna de cuanto se ha venido suponiendo por los arqueólogos franceses y españoles hasta hoy.

A esta cultura de las urnas, tardía y degenerada, que hallamos desde la región central de Francia y Suiza hacia el sudoeste de las Galias y España, pertenecen las necrópolis de Saint-Géry, de L'Isle d'Albi y Lavéne, varias cerca de Saint-Sulpice-la-Pointe (fig. 80) y las de los llanos de esta ciudad: Gabor, Bordes, Lagazanne y Montfort, ya conocidas desde hace tiempo, aunque mal publicadas y no revisadas después. Del mismo carácter son los hallazgos de la llanura tolosana de Saint-Roch y de Le Cluzel. Hacia la Dordoña hay la necrópolis de Pujaut, cerca de Mios y de Bos de Caubet, de Gaillards y de la Houn de la Peyre, en Biganos, y las de Berceau, de Castandet y de Bourg y de Martinet, en Salles (182). Con todos estos hallazgos, Brogan y Desforgés han creado el tipo regional de sepultura y urna cineraria que llaman del Tarn y que tiene estrechos paralelos en España en la necrópolis de Las Valletas, por ejemplo. Más hacia el Pirineo hallamos las necrópolis de Garín, en el Alto Garona; de Espiaup, junto a Bagnères de Luchon, y, en el Alto Ariège, la necrópolis de Pamiers (183).

Hacia la costa, hallamos una serie de estaciones que comprueban igualmente nuestra tesis de retrasada y lenta penetración de estas gentes y cultura de los campos de urnas más al sur de Francia. Vogt publicó en 1935 algunos conjuntos procedentes de esta región emparentados con la cultura de las urnas del Hallstatt A, como la Grotte du Cingle, de l'Elze, en Causse de Blandas, que ya hemos mencionado, que podría pertenecer tipológicamente al Hallstatt A; pero además dió a conocer los hallazgos de Baume-Longue, cerca de Dions, y de la Grotte Nicolás, cerca de Russan, que se conservan en el Museo de Historia Natural de Nimes (fig. 81), en los cuales, junto con vasos de cerámica pulida de tipo de la cultura de las urnas, aparecen otros fragmentos cerámicos ricamente decorados con excisión de motivos diversos, incluso una especie de meandros. Tal ornamentación la considera Vogt, y creemos que con razón, como un paralelo y tal vez influencia de las culturas hallstátticas de los períodos C y D del sur de Alemania, llegados, como ciertos objetos de metal, por influencias culturales más que por movimientos violentos de pueblos.

Del mismo tipo es la cerámica de la Grotte du Cimetière, de Gorges de la Céze, cerca de Tharaux, en el Gard. Esta decoración excisa, que tan ricos conjuntos nos ofrece en Francia y en España, parece ser que no dejó de emplearse desde la cultura de los Túmulos, que la desarrolla a lo largo de la Edad del Bronce, tomada, como sabemos, al vaso campaniforme, que la creó. Después de la invasión de los campos de urnas se realizó una fusión completa entre los invasores y la población anterior de los enterramientos en túmulos y bandas del pueblo mixto, así formado, son las que han entrado, en España sobre todo, por el Pirineo central, llegando al valle del Ebro y Meseta central.

Todavía no nos es bien conocido el desarrollo de la cerámica excisa, tenida en infinidad de casos, siempre que aparece fuera de la Alemania meridional, como espécimen característico de la cultura de los Túmulos y de la Edad del Bronce, lo cual es un error que conduce a fuertes equivocaciones al clasificar etnográfica y cronológicamente los yacimientos.

En Alsacia tenemos varios hallazgos que nos aseguran una fecha aproximada en el Hallstatt medio y final para otros muchos vasos franceses decorados con gran riqueza dentro de esta técnica (fig. 82), y siendo, por tanto, paralelos del rico desarrollo de esta cerámica en el Alto Rin y en el Alb suabo.

Una prueba de que en Francia la cultura de los Túmulos perdura, adoptando las aportaciones etnográficas y culturales de los invasores, nos la dan, entre otros muchos, varios hallazgos de los departamentos centrales de Francia; los típicos y frecuentes de la cerámica excisa de la Lozère (figs. 83 y 84) y el del túmulo de Pommard, en la Côte d'Or (184), donde se halló un alfiler de cabeza de vaso, de tipo pequeño, y un vaso de perfil en forma de S, con excisiones distribuídas en tablero y decoración estampada de círculos, igual que otros hallados, por ejemplo, en el Bajo Aragón o en Portugal (figura 85).

FIG. 92. — Vaso carenado de la capa superior de la caverna de Bize. Según *Héléna*.

De la publicación de materiales de esta región de la Côte d'Or y departamentos próximos, tan poblada desde el Bronce D hasta la época de La Tène, se demuestra que sobre la población de la cultura de los Túmulos llegan allí los invasores de los campos de urnas, los cuales introducen la incineración, pero sin ahogar la inhumación, como ocurrirá más al Sur y más al Oeste. La cerámica nos ofrece aquí urnas de perfiles muy redondeados de barro negro bien cocido y pulido (fig. 86), con acanalados degenerados que, sin embargo, desaparecen antes que hacia el sur de Francia y España, donde esta decoración de tipo arcaizante llega a la época de La Tène. En la Côte d'Or y este de Francia los paralelos con los fenómenos de los períodos del Hallstatt C y D de Alemania son muy estrechos, y no sólo la cerámica, sino también los bronces y el hierro, pronto abundante, lo corroboran plenamente. Incluso es frecuente la espada de hierro hallstáttica, que sólo llega a los bordes meridionales del macizo central francés (fig. 85) en yacimientos cuya cerámica y ajuares se enlazan plenamente con los hallazgos del Languedoc y de la Aquitania, en los cuales falta, sin embargo, esta típica arma. Otra diferencia muy acusada es la aparición constante de la incineración en la parte sur y oeste de Francia, en tanto que después del gran momento de la invasión de los campos de urnas durante los períodos que venimos denominando del Hallstatt A y B aun hallamos inhumaciones en la región central y también más al Norte, como hemos visto en Fort-Harrouard y Jogasses, con lo cual se demuestra que no desapareció este rito, siempre mantenido y al final impuesto por los galos de la cultura de La Tène. Esta cultura ha nacido, o al menos se ha introducido pronto, en estas regiones, a cuya formación han debido contribuir muy directamente sus habitantes después de la rica etapa que se abre en el Hallstatt medio y final, reflejada por los túmulos llamados hallstátticos, que muestran relaciones e influencias con el Rin y el sur de Alemania, que suben de Italia por el Hallstatt o por los Alpes, y también desde el Mediterráneo occidental por el Ródano. A la vez, al final del Hallstatt, desde Francia, llegan hacia Italia (Golaseca) y España tipos nacidos en el círculo de la cultura hallstáttica y en la región del este galo y el Alto

Rin, los cuales nos anuncian los movimientos galos de la cultura de La Tène, que serán fuertes desplazamientos de pueblos hacia el Este y que conocemos por la historia de Grecia y Roma.

Ya más al Sur, en la región de la Narbonense y del Rosellón, hallamos otras estaciones que se enlazan muy directamente con España, sobre todo con la región de Cataluña, con la cual forman una unidad etnográfica que aun vemos perduraba en los tiempos históricos de los primeros relatos griegos, los cuales remontan al siglo VI a. de J. C. Las necrópolis de Fleury (fig. 88), de La Redorte (fig. 89), y la gran cueva de Montredon (figuras 90 y 91) y de Bize (fig. 92), son las más importantes y nos muestran lo ya dicho antes acerca de tipos cerámicos evolucionados de los campos de urnas que perduran hasta época muy avanzada, cuando las influencias griegas los transforman en el fenómeno cultural ibérico que veremos en tantas necrópolis españolas de la región levantina (185).

En la Narbonense y el Rosellón encontramos necrópolis de incineración con urnas enterradas en el suelo o entre unas piedras y enterramientos en cuevas. En cuanto a la cerámica, aparecen decoraciones de acanalados degenerados y ranuras formando meandros en alguna ocasión. Como bronces, merece citarse el alfiler de cabeza enrollada y de cabeza de aro procedentes del este suizo, que hallaremos en Cataluña de nuevo. También aparece el hierro, prueba de la modernidad de esta etapa cultural, corroborada además por fíbulas del Hallstatt C y D. Naturalmente que se puede establecer una evolución tipológica entre los diversos hallazgos que conocemos; pero apenas se puede delimitar, por los pocos elementos de que disponemos. Lo que sí es seguro es que los más antiguos apenas llegarían a poderse equiparar al período del Hallstatt B centroeuropeo y con la etapa más moderna hemos de llegar a la cultura de La Tène, que sólo se marca con ciertos influjos en este país meridional, donde no es posible admitir una invasión gala, conforme Hubert pensó, excepción hecha de los Volcos-Tectosages, que llegaron en el período de La Tène II al Rosellón.

Todavía a un período más moderno que el representado por el grupo citado de necrópolis, pertenecerían los hallazgos del sudoeste francés, donde los aquitanos históricos nos muestran arqueológicamente una igualdad étnica con los españoles. Entre éstos podemos citar las excavaciones mal publicadas de Bordes de Rivière, en Montrejeau (Alto Garona); de Ager, en Bordes-sur-Lez, junto a Saint-Girons, en el Ariège; los de Ger, junto a Tarbes, y de Avezac-Prat, en la meseta de Lannemezan, estudiadas por Pottier (186), y los enterramientos más modernos de la necrópolis de Pujaut, en Mios, ya citada (figs. 93 y 94), y los de Truc du Bourdiou, en la Gironda (figs. 94 a 96); las de Aubaguan y Uchacq, en las Landas y en el Tarn; las de Sainte Foy, Roquebrune y Roquecourbe, cerca de Castres. Todas estas necrópolis que podemos atribuir al pueblo de los aquitanos, de origen célticopirenaico, se agrupan bajo la denominación de cultura de Avezac-Prat. Sus armas características, espada de antenas, *pilum* y *caetra* o pequeño escudo redondo hallstáttico, son las mismas de los pueblos españoles iberos, celtas y celtíberos de los escritores romanos, cuya área, con mayor o menor extensión, abarca a toda la Península central y septentrional sobre todo. Igualmente nos ofrecen los mismos ajuares en broches de cinturón, fíbulas, etc., y cerámica. Ya César distinguió y diferenció a esta población del sudoeste de las Galias del resto, y en las guerras contra Roma ayudan y son ayudados los pueblos aquitanos y peninsulares, apareciendo indiferentes ambos a las guerras de Roma con los galos propiamente dichos.

Textos y arqueología están conformes en ver en la población del sudoeste y mediodía
francés, sobre todo hasta el Ródano, a un pueblo muy afín a los celtas españoles; son
la prolongación ininterrumpida de la cultura de los campos de urnas llegada ya tarde y
mixtificada hacia estas regiones del sudoeste de Francia y España (187).

Los citados hallazgos reflejan un momento cultural contemporáneo a los primeros períodos de La Tène, igual que nuestra llamada cultura céltica o celtibérica, que erróneamente se creyó producto de una
nueva invasión de celtas acaecida
en el siglo VI en nuestra Península, excepto en Cataluña, según la
reconstrucción etnográfica hecha
por Bosch Gimpera, de la cual nos
hemos de ocupar al hablar de España. Ahora bien; el continuado
desarrollo de las necrópolis francesas de campos de urnas nos probaría la dificultad de admitir esa
doble invasión. Al mismo período,
pero más influídas por la helenización, pertenecen las estaciones
de Montlaurès, junto a Narbona;
Ensérune, cerca de Béziers, y
Beaux Roux y Sérignane, cerca
ya de Marsella, y la necrópolis
de Saint-Roch, junto a Tolosa de
Francia (188).

Sin solución de continuidad
se puede ver evolucionar en todo
el sur de Francia esta población,
desarrollada desde el momento
final de la cultura de los campos
de urnas, es decir, a partir del
Hallstatt B, hasta la romanización, excepto las influencias de
algunas incursiones galas.

Esta misma población penetra
en España a lo largo del Pirineo
y se extiende por toda la Península con una cultura afín y en un
estado de desarrollo muy pareci-

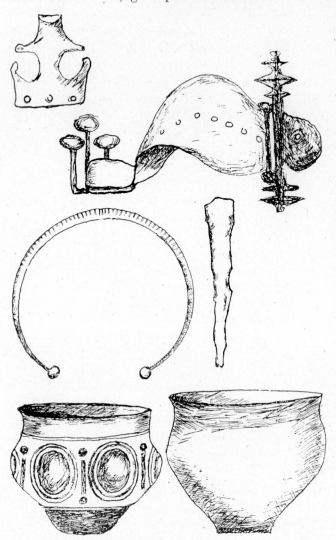

Fig. 93.—Objetos hallados en el túmulo G. de Pujaut.
Según *Peyneau*

do al que reflejan las más antiguas necrópolis francesas que hemos estudiado. Más tarde
sigue una evolución parecida a las del sur francés, en tanto que el centro y norte de
las Galias ofrecen una diferente evolución en relación con las etapas del Hallstatt C
y D, que hemos visto en el sur de Alemania, de las que sólo llegarán algunas influencias
hacia el Sur, que cada vez marca más su personalidad. La más característica guía sería
la falta de la espada de tipo Hallstatt y la carencia de sepulcros de inhumación. En su

lugar se adopta un tipo de espada corta con empuñadura de antenas, que durará hasta la romanización en todo el sur de Francia y en España. Por otra parte, el rito de la incineración es absoluto, enterrándose, sin embargo, las urnas cinerarias en túmulos pequeños de piedras y tierra.

Nuestra tesis se opone rotundamente, y por ello será combatida, a una supuesta conquista del Mediodía francés por los iberos históricos, que llegarían allí desde España. Pero tal tesis hemos de estudiarla con más detenimiento en España.

Bástenos aquí establecer la unidad cultural y étnica que se crea desde la Aquitania y el Languedoc hasta España, reflejada por los hallazgos arqueológicos, a la luz de los cuales deben ser interpretadas las cortas y a veces enigmáticas o poéticas noticias que los textos griegos, a partir del siglo VI a. de J. C., nos proporcionan y que nos autorizan a denominar «celtas» a estos pueblos, ya que desde esta época así les llaman los escritores clásicos, debiéndose abarcar con este nombre un complejo fenómeno etnográfico y no la invasión de una raza definida con una sola lengua y una idéntica cultura. El cuadro no era tan simple, y de aquí la confusión de los geógrafos y escritores de la antigüedad y la serie de teorías que con más o menos base se sustentan.

La cronología de las culturas prehistóricas europeas de la primera época del hierro o período del Hallstatt.

Todos los datos firmes y seguros que la Prehistoria europea tiene para fechar la Edad del Bronce pertenecen al siglo XIII a. de J. C., conforme ya hemos analizado.

Después de la invasión de los campos de urnas, aunque se han utilizado paralelismos más o menos seguros, no tenemos certeza cronológica absoluta para fechar los materiales arqueológicos de las culturas prehistóricas de Europa Central, Occidental y Nórdica, hasta fines del siglo VIII a. de J. C. (189).

En esta época la colonización griega en Italia ofrece hallazgos seguros para datar la cultura etrusca y la importante civilización del norte de Italia, y en esta península podemos afianzar algunas fechas ya firmes para ciertos objetos, sobre todo fíbulas y vasos metálicos de las culturas centroeuropeas (190).

El principal arqueólogo que logró sistematizar esta evolución cultural del centro de Europa desde la invasión etnográfica representada por los campos de urnas en el Bronce final hasta la época de La Tène fué Reinecke (191), el cual colocó en el 1200 el comienzo de este período, que dividió en las siguientes fases:

HALLSTATT A. 1200-1000
» B. 1000- 850
» C. 850- 725
» D. 725- 600

Para cimentar la cronología y tipología del *Hallstatt A*, apoyó sus conclusiones en una serie de datos y paralelismos. Este arqueólogo ya hubo de admitir que al final del Bronce el comienzo del Hierro no era posible precisarlo. El caldero de Skallerup de Seeland (192), el hallazgo de Milaveč (193), en Bohemia, y el de Peckatel (194), en Mecklemburg, representarían el momento final estilístico y técnico de la Edad del Bronce. Con ellos incluía en este momento una serie de tipos del Bronce III de Montelius.

En el sur de Alemania aceptaba hallazgos como el de Alzei en el Hessen renano, con una fíbula de arco serpentiforme con dos espirales grandes en los extremos, que daba carácter a todo el período de Hallstatt A (195). En él incluía las espadas de Ronzano y de antenas, algunas de lengüeta y las fíbulas de hierro húngaras en forma de arpa y los cuchillos de bronce con punta para el mango, los cuchillitos de hierro y otros tipos, como las navajas de afeitar en forma de media luna, alfileres de bola, etc.; es decir, casi todos los tipos anteriores al Bronce V de Montelius. Más o menos en relación con la clasificación

tipológica de la cultura nórdica de este arqueólogo, el Hallstatt A de Reinecke equivaldría a la parte final del período III, todo le IV y parte de la inicial del V. En relación con Italia sería equivalente a una supuesta utilización inicial del hierro en ese país. A la vez equivaldría al período Postmicénico del Egeo desarrollado durante las dinastías XX y XXI en Egipto, esto es, 1200-1000 a. de J. C.

Según Reinecke, el segundo período del Hierro o *Hallstatt B* va en el sur de Alemania desde el período inicial hallstáttico a la tipología de los materiales de la necrópolis de Hallstatt, en la cual todavía no aparece ninguna espada de hierro. En este segundo período continúa la cerámica típica del anterior unida a la espada de bronce hallstáttica y a tipos del Hallstatt III. Su cronología va del año 1000 al 850. Este grupo está representado por las necrópolis de incineración itálicas con urnas villanovianas; en el círculo egeo, corresponde a la transición del Postmicénico (IV Firnis), al estilo geométrico (estilo del Dipylon). «Las espadas de bronce y hierro pertenecen al Hallstatt B

FIG. 94. — Hallazgos de las necrópolis de Pujaut y de Bourdiou (Gironda). Según *Peyneau*

y C, al más antiguo las de hoja de bronce y al más moderno las de hoja de hierro» (196). Al Hallstatt B pertenecen también, según Reinecke, la decoración de las bandas de pájaros y los bocados de caballo del tipo de Platenitz (197), que perduran a lo largo del Hallstatt C.

Hallstatt C. En esta época la uniformidad del sur de Alemania, este de Francia y oeste de Hungría, se data con los paralelos del siglo VIII de Italia «con verdaderas identidades de detalle como los bocados de caballo, ejemplo los de la Tumba del Guerriero de

Corneto-Tarquinia». A este período corresponde la espada de hierro. Y en Grecia alcanza al estilo negro del Dipylon y al estilo tardío del Dipylon (198). En relación con la cultura nórdica el Hallstatt C corresponde al VI período de Montelius.

Los elementos típicos de este período son: espadas de hierro, alguna vez de bronce; brazaletes de bronce con fuertes espirales; vasijas de metal importadas de Italia; bocados de caballo; fíbulas de tipo de arco de media luna, de forma de arco y arpa y también fíbulas platiformes y de arco, las cuales son frecuentes al este de los Alpes; broches de cinturón decorados; brazaletes y collares de alambre; agujas con cabeza espiraliforme sencilla o doble, de cuello de cisne, etc., restos de carros y cerámica pintada. Esta última abarca Alsacia, sur y este de Baviera y norte de Suiza y parte norte de la llanura renana; en el Bajo Rin ofrece otra técnica decorativa. Hacia Bohemia y Austria, Danubio y occidente de Hungría, hasta Steiermark, aparecen las urnas de cuello alto, monocromas y también la cerámica con policromía. En Bohemia y Moravia tenemos cerámica con grafitos y policromía de carácter similar a la del sur de Alemania (199).

Hallstatt D. Este período final del Hallstatt abarca el siglo VII y gran parte del siglo VI a. de J. C. (200). Representa la continuación del período anterior con agujas de botón terminal, espadas de hierro y la cerámica muy decorada. Las tumbas se caracterizan por sus puñales de antenas, diversas formas de broches de cinturón y numerosas fíbulas del tipo de Certosa y con representaciones de animales. A este momento pertenecen tres o cuatro carros, vasijas de bronce griegas de importación con adornos de oro. En el territorio del sur de Alemania son típicos los sepulcros de inhumación en túmulos, siendo una excepción las sepulturas sin ellos o de simple incineración.

Este período termina con la época céltica de La Tène, cuyo principio hay que colocarlo en el final del siglo VI a. de J. C., según Reinecke.

Hemos resumido las conclusiones fundamentales de esta clasificación del arqueólogo alemán por haber sido básicas para otros muchos, aunque hoy estén muy abandonadas. Se adaptaban para el sur de Alemania, pero también para Austria y más al Este.

Los hallazgos de Hallstatt, en un trabajo suyo anterior (201), los incluye entre el Hallstatt B y D y algunas tumbas como la 288 y 996, la primera con espada de antenas y un fragmento de cerámica policroma y la última con una espada de bronce del tipo de Mörigen en el Hallstatt A.

Así establecía una cronología del año 1000 y aun antes para la fase más antigua, tesis que ya fué criticada y refutada por Hoernes (202).

Sus puntos de apoyo y su cronología hoy han sido abandonados, y si su terminología aun resiste, no así su clasificación tipológica, la cual ha sufrido muchas y definitivas variaciones como hemos ido exponiendo a lo largo de nuestros trabajos.

A Schumacher (203) se debe otra sistematización, que ha tenido más éxito. Este arqueólogo varió la cronología, aun partiendo de la clasificación tipológica de Reinecke, pues incluyó dentro de la Edad del Bronce los campos de urnas que entraban en el Hallstatt A, de Reinecke, y eran como el punto de partida de su estudio del Hallstatt.

Así establece los siguientes períodos:

Hallstatt A, correspondiente a los modernos campos de urnas del 1000-800 a. de J. C.

Hallstatt B, representado por la cultura de Gündlingen del 800-700.

Hallstatt C, culturas de Salen-Koberstadt, del 700 al 600, y Hallstatt D, en el cual estudia él la fase final de esta época del 600-500 a. de J. C.

　　　Estas divisiones de los dos arqueólogos mencionados han venido a ser clásicas y han
sido seguidas por todos los prehistoriadores en general; pero por no partir ninguna
de ellas de seguros cimientos, cada autor las ha variado un poco para mejor clasificar sus materiales según los resultados de sus investigaciones locales, donde el análisis
más minucioso las hacía a veces insostenibles con relación a determinados tipos o conclusiones (204).

　　　En primer lugar, el hierro no aparece sobre todo en las fases A y B de Reinecke, con
lo cual más bien esta etapa es una simple continuación de la cultura del Bronce final,
representada por los campos de urnas, que una fase independiente. Luego la cronología de
los materiales que sirvieron de base
para la clasificación tipológica y
cronológica no ha resultado tan
antigua como Reinecke, Schumacher y otros arqueólogos creyeron.

　　　Sobre todo, las últimas fases de
la cultura del Hallstatt, que además son las que ofrecen los más
seguros paralelos, han descendido
de fecha extraordinariamente, pues
el análisis de Reinecke siempre tendió a dar una antigüedad excesiva
a los materiales del centro de Europa.

　　　Por otra parte, los estudios de
la Edad del Hierro italiana han
establecido allí una cronología más
baja, que ha repercutido en la zona
del norte de los Alpes (205). Así,
Åberg ha refutado, con razón, esta
línea de juicio, seguida hasta no
hace mucho por la mayoría de los
prehistoriadores alemanes, y aun-

Fig. 95. — Tipos cerámicos de las necrópolis de Bos
de Caubet y Bourdiou (Gironda). *Según Peyneau*

que ya hemos dicho en otro lugar que tal vez baje demasiado las fechas, es indudable
que sus paralelos son seguros, aunque él no utiliza todos los materiales, y tal vez su
cronología resulte no sólo excesivamente baja, sino también incompleta. Para Åberg (206)
la cultura que podríamos llamar hallstáttica se divide en dos períodos:

　　　Hallstatt antiguo, del 650 al 500, y Hallstatt moderno, del 500 al 400, relacionándose
el antiguo con el período italiano de Arnoaldi, y el moderno con el de La Certosa. Según
esta clasificación cronológica, la fecha del año 500 a. de J. C., que había sido colocada
como límite entre el Hallstatt y La Tène por Reinecke, ha sido rechazada por la mayoría de los prehistoriadores europeos, y entre ellos por Åberg.

　　　Reinecke la había establecido a base de estos tres argumentos: 1.°, el tipo de fíbula
del comienzo de La Tène, según Tischler, con el enganche de la aguja vuelto hacia arriba
hasta tocar casi el arco (fig. 97), representa un siglo de evolución hasta convertirse en
las fíbulas de La Tène de cabeza de animal y máscaras; 2.°, las llamadas Tumbas de Príncipe ofrecen elementos griegos, sobre todo oinocoes de bronce (Dürkheim, Schwarsen-

bach, Weisskirchen, Hradiseht, cerca de Pisek), los cuales deben datarse en el año 500, así como la cerámica pintada, que es toda ella anterior al año 450, y 3.º, él considera que el período de La Tène I es correlativo al período de La Certosa.

Åberg critica estos argumentos fuertemente. El primero no tiene fuerza para él porque las fíbulas de cabeza de animal y de máscara no deben considerarse como un producto de la fíbula de La Tène y derivadas de ella, sino, por el contrario, como el final del desarrollo de la fíbula de Certosa.

La fíbula de La Certosa típica (fig. 97, núm. 1) vive durante todo el período de La Tène, como puede comprobarse en la necrópolis de Münsingen (207). De ella es una variante la fíbula de cabeza de botón (fig. 97, núm. 2) la de animal (fig. 97, núm. 3), y la fíbula de máscara (fig. 97, núm. 4), todas las cuales son evoluciones desarrolladas durante el principio de La Tène I, y todas ellas están claramente emparentadas. También el tipo de extremo vuelto hacia arriba (fig. 97, núm. 5) está emparentado con la susodicha fíbula del extremo vuelto hacia atrás hasta tocar el arco (fig. 97, núm. 6), característica del principio de La Tène. Así, pues, este tipo no tendría ningún significado cronológico en su desarrollo, ya que su evolución puede ser paralela, derivada y posterior a las fíbulas de La Certosa.

El segundo argumento sobre la antigüedad de los oinocoes de bronce griegos de las tumbas de Príncipe del período de La Tène ha cambiado completamente su significación desde que Jacobsthal y Langsdorff (208) han rectificado las investigaciones de Fürtwängler. Y así la fecha del 500 ya no se fija para todos estos objetos, sino que más bien es excesiva.

El tercer argumento de que La Tène I es correlativo del período de La Certosa, es enteramente rechazado por Åberg, que demuestra cómo este período del Hierro itálico es correlativo a la fase II del desarrollo del Hallstatt europeo. Así, baja la fecha del 500 al 400, momento en el cual se efectuaría la entrada de los galos en Italia. Nosotros sabemos por las fuentes históricas que los galos, el 390, a través de los Apeninos, llegaron a Italia, y el 387 tomaron Roma. No es seguro que ocupasen antes Bolonia, pero sí indudablemente que con su llegada desapareció la dominación etrusca y cambió la faz de la cultura italiana. Ello produjo nuevos caminos para las influencias griegas y etruscas hacia el centro de Europa y un distinto carácter de las mismas. Este fenómeno histórico es el que hay que relacionar con la transición del llamado hoy «estilo» más que «cultura» del Hallstatt a La Tène.

Tales son las líneas generales sobre las cuales ha cimentado su cronología Åberg, pero tales conclusiones no están exentas de crítica. Así, Vogt ha establecido en sus trabajos una tipología para el Hallstatt B, sincrónica, según él, al período de Benacci I (209), que vuelve a revalorizar la cronología alta para los materiales centroeuropeos, que cada vez se cree menos se les haya de hacer depender de Italia, según opinión de von Merhart (210). Así, hoy se tiende a mantener las divisiones cronológicas de Reinecke para la Europa Central, aunque variando su tipología a base de los elementos ya señalados por Kraft y Vogt.

En resumen, hoy la invasión de los campos de urnas que comenzó en el Bronce D, abarca los períodos del Hallstatt A, con los alfileres y espadas ya citados, como elementos más característicos evolucionando hasta el período del Hallstatt B, que no sería sino la continuación del anterior con alfileres de cabeza de vaso pequeño, de cabeza de bola, cuchillos de espina cuadrada para el enmangue con tope de separación entre el pomo y la hoja y espadas tipo Ronzano y de antenas tipo Corceltes. En cuanto a la cronología, se viene admitiendo la de Schumacher, aunque hoy se tiende a volver a levantar la fecha de las fases iniciales y bajar al 400 la del comienzo de La Tène. Ahora bien; tales tipologías y conclusiones cronológicas se han obtenido a base de los materiales arqueológicos de la Europa Central, pero no se pueden aplicar al Occidente. En Francia ya Déchelette se hubo de apartar de la clasificación de los arqueólogos alemanes y estableció dos épocas del Hallstatt, antiguo y moderno. Hoy los arqueólogos franceses admiten tres: antiguo, medio y moderno (211), sin precisar cronológicamente las fases de la evolución cultural de esta larga etapa.

En Inglaterra, donde los estudios arqueológicos están más avanzados que en Francia, han tenido que elaborar los sabios de aquel país sus fases tipológicas peculiares. La más generalmente admitida hoy es la que incluye en la etapa de los campos de urnas toda la fase antigua del Hallstatt centroeuropeo y que los arqueólogos ingleses denominan invasión Deverel-Rimburgy y que consideran como Edad del Bronce, ya que no aparece aún la metalurgia del hierro. Luego establecen las fases A, B y C de la Edad del Hierro propiamente dicha, que nada tienen que ver, a pesar del nombre, con la cronología y tipología europea. La fase del período inglés A viene a equivaler como el Hallstatt medio de los franceses y el Hallstatt C y D de los arqueólogos alemanes. El período B de la Edad del Hierro en Inglaterra es equivalente a lo que los franceses llaman cultura marniense desarrollada en esta región en la transición del Hallstatt al período de La Tène, y que, como hemos dicho, ofrece estrechos paralelos con Inglaterra y aun incluso el sur de Francia y España. El período C equivale a la invasión belga realizada en Inglaterra en la época de La Tène II (212).

Fig. 96. — Urnas de la necrópolis de Bourdiou (Gironda) Según *Peyneau*

En cuanto a España, hemos de ver en el capítulo siguiente cuántas peculiaridades ofrece a lo largo de esta extensa etapa la cultura que en nuestro suelo se desarrolla y que comienza ya a tomar contacto con los pueblos históricos fenicios, cartagineses y griegos. En consecuencia, tampoco nos sirve gran cosa la clasificación tipológica y las conclusiones cronológicas obtenidas en la Europa Central. Mas habrá que mirar a Inglaterra y Francia; pero esta última nación tiene este período de la Arqueología desgraciadamente poco conocido y sistematizado, con lo cual tampoco se puede establecer un paralelismo a lo largo de esta etapa, falsamente denominada época o edad del Hallstatt, para dividir y fechar el desarrollo de nuestros campos de urnas españolas.

Bastará resumir la diversidad de opiniones de los especialistas europeos para dar una idea del continuo movimiento de criterios cronológicos y sistemáticos sobre esta discutida etapa de la Prehistoria centroeuropea que denominamos *Período del Hallstatt*, desde que Hildebrand en el año 1874 (213) estableciera por primera vez esta determinación imprecisa y poco científica de llamar período del Hallstatt a una época que parte de un momento inseguro del desarrollo prehistórico europeo y que es problemática su cronología en cada territorio.

Este nombre se tomó sólo del círculo cultural que tipológicamente está representado en la necrópolis de Hallstatt en Austria. Se le llamó así al primer período del Hierro, que no puede ser circunscrito a los hallazgos del Hallstatt tipológica ni cronológicamente, ya que incluso es anterior su aparición a la época más antigua de la necrópolis hallstáttica.

De este error inicial parte la serie de variaciones introducidas por diversos investigadores para establecer una cronología lógica a los materiales de diversos círculos culturales, algunos muy diferentes y más amplios que el propio del Hallstatt.

Tischler (214) ya dijo que los resultados arqueológicos nos prueban que en el sur de Alemania se desarrolla una cultura del Bronce, la cual florece hasta el comienzo de las necrópolis italianas, y que es más moderna que las terramaras y correlativa al último momento de los Palafitos de la Edad del Bronce suizos. Esta cultura debió terminar alrededor del año 1000 a. de J. C. Después se desarrollan los dos períodos del Hallstatt, que llegan hasta el año 400 poco más o menos, y son paralelos en todas sus fases a las necrópolis del norte de Italia.

Montelius (215) ya señaló que la mayoría de las tumbas del Hallstatt son anteriores al período de La Certosa, y contemporáneas a Arnoaldi y al más avanzado momento de Benacci. El período de Arnoaldi se desarrolla en el siglo VIII y en la segunda mitad del VII. Así, la mayoría de las tumbas del Hallstatt pertenecen, según él, a los siglos VII y VI a. de J. C.

Las más antiguas tumbas del Hallstatt que ofrecen aún armas de bronce son, para Montelius, un período de transición de la época del Bronce, y en su trabajo establece una tabla dividiendo en dos grandes períodos el Hallstatt: el primero va del 850 al 550; el segundo, desde el 550 al 350 a. de J. C.

Sophus Müller (216) señala claramente que es Italia la llave de todo este período, y para él las más antiguas tumbas del Hallstatt serían del período moderno de Villanova, cuyo influjo es patente. Así, hay que admitir que el Hierro comenzó en esta zona después que en Italia, extendiéndose luego poco a poco a través del siglo VIII. Este desarrollo cultural no ofrece interrupción hasta el siglo VII (217).

Naue, al estudiar la Edad del Hierro en Baviera, establece cuatro períodos que comienzan alrededor del 800 y terminan con la ocupación romana.

Schumacher estableció primero, en 1898 (218), en un trabajo sobre la Prehistoria del sur de Alemania, tres períodos del Hallstatt, que él llamó antiguo, medio y moderno. «Al más antiguo período del Hallstatt podemos darle una cronología segura en los si-

glos VII al v por elementos de relación que ofrece con griegos y con Italia.» Del 500 al 400
coloca el otro, y después dice que por doquier aparecen las formas de La Tène.

Schliz (219), con la misma denominación que el anterior, da la siguiente cronología: Hallstatt antiguo, 1000-800; medio, 800-700; moderno, 700-500 a. de J. C. Este autor

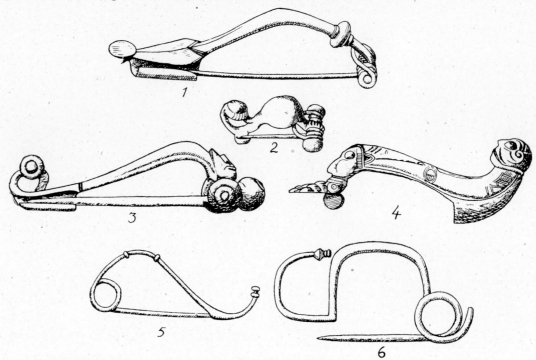

FIG. 97. — Fíbulas del período de La Tène I: 1, Fischen; 2, Leidingshof; 3, Oberwittin-
ghausen Baden; 4, Parsberg; 5, Mehrstetten; 6, Fischen. Según *Aberg*

considera como Edad del Bronce el período llamado Hallstatt A por Reinecke, como ya
veremos.

Hoernes (220) divide el territorio centroeuropeo durante el desarrollo del Hallstatt en
cuatro regiones o grupos principales:

1.º Grupo del Sudeste, que abarca el sudeste de los Alpes: Costa del Adriático,
Herzegovina y Steiermark.

2.º Grupo Central. Abarca el nordeste de los Alpes hasta el Danubio y Bohemia,
norte de Steiermarck, oeste de Hungría, Austria y sur de Bohemia y Moravia.

3.º Grupo del Noroeste, que tiene las regiones del Alto Palatinado, el norte de Bohemia y norte de Moravia, la Silesia y Posen.

4.º Grupo Occidental con el sur y oeste de Alemania, norte de Suiza y este de
Francia.

La cronología para Hoernes se asienta en el siguiente esquema:

Tiempo de la espada del Hallstatt en bronce	900-800
Tiempo de la espada del Hallstatt en hierro	800-700
Tiempo del puñal de antenas y florecimiento de la cerámica policroma	700-500
Transición de La Tène	500-400
La Tène I y La Tène II	400-200

El mismo Hoernes, en otro lugar (221), divide en dos períodos el Hallstatt: uno antiguo y otro moderno. El antiguo, del 900 al 700, y el moderno, entre 700 y 400. Para la absoluta cronología de la tipología admite las fechas dadas por Montelius a Bolonia.

Menghin, para Bohemia y Moravia (222), establece tres períodos: Hallstatt antiguo, 1000-850, caracterizado por las culturas de Knowiz, de Silesia y de Kritschen, que son tres ramas de la cultura de Lausacia, las cuales continúan su desarrollo hasta el III Hallstatt del centro de Europa.

Hallstatt medio, 850-700, caracterizado por las culturas de Bylan, de Platenitz y de Horkau.

Hallstatt moderno, 700-500 hasta el comienzo de La Tène.

Rademacher (223) establece cuatro períodos, como Reinecke, de 1200-1000-700-600-500.

Déchelette (224) divide el Hallstatt en los períodos: antiguo, del 900 al 700 a. de J. C., y el moderno, del 700 al 500; pero tiene, sobre todo, en cuenta a Francia.

Todavía Wagner (225) establece para el período del Hallstatt una cronología del 900-400, y Wahle lo hace extenderse de 950 al 550 (226).

Como se ve, por cuanto los autores alemanes, franceses e ingleses han variado las divisiones tipológicas del período del Hallstatt o primera Edad del Hierro, puede deducirse la inseguridad de las mismas.

Lo cierto es que en unos lugares determinados tipos perduran; en otros, las influencias son más ricas, rápidas y decisivas. Así, dentro de una indiscutible unidad de relaciones y afinidades, es seguro que las divisiones clásicas incluyen dentro de la primera Edad del Hierro todo el desarrollo final de las culturas de la Edad del Bronce, sin que se pueda precisar una ruptura o decisiva variación en las mismas, sino solamente un mayor enriquecimiento. La misma metalurgia del hierro se va introduciendo poco a poco, sin que sea fácil precisar fecha igual para todos los hallazgos.

Así se explica el que desde hace algún tiempo los arqueólogos ingleses hayan introducido para su país una cronología especial, apartándose de las denominaciones y valor tipológico y cronológico de las clasificaciones usadas en el continente.

Los franceses desde Déchelette, y luego Schaeffer y otros, se han creado una clasificación más elástica que la alemana para fechar sus tipos, parientes a los que vemos en el Rin y sur de Germania.

En España no se ha abordado nunca la clasificación tipolológica y cronológica de nuestros materiales a fondo, habiéndose introducido por Bosch Gimpera la terminología y cronología de Schumacher y Reinecke, que no es posible aplicar a los tipos españoles; pero de este problema y de la solución aceptada por nosotros trataremos al final del capítulo siguiente (227).

NOTAS

(1) *Schlesiens Vorzeit in Bild und Schrift* (*Schlesisches Museum für Kunstgewerbe und Altertümer*, Breslau), VIII, págs. 1 y sigs., 1924; *Reallexikon der Vorgeschichte*, editado por Max Ebert, VII, págs. 251 y sigs. Jahn (*Mannus, Ergänzungsband*, III, págs. 31 y sigs.).
(2) INGVALD UNDSET, *Archäologische Aufsätze über südeuropäische Fundstücke*, *Zeitschrift für Ethnologie*, XXI, pág. 209, 1889.
(3) C. SCHUCHHARDT, *Alteuropa*, pág. 286, Berlín, 1919.
(4) *Mannus* (*Gesellschaft für Deutsche Vorgeschichte*, Leipzig), III, págs. 318 y sigs.
(5) BOLKO VON RICHTHOFEN, *Die ältere Bronzezeit in Schlesien* (*Vorgeschichtliche Vorschungen*, I, 3), Berlín, 1926.
(6) V. GORDON CHILDE, *The Danube in Prehistory*, pág. 350, Oxford, 1929.

(7)　I. L. Cervinka, *Böhmen-Mähren*. Ebert, *Reallexikon der Vorgeschichte*, II, págs. 55-103; 1925.

(8)　Buchtela, *Jahrbuch der k. k. Zentralkommission für Erhaltung und Erforschung der kunst- und historischen Denkmale*, Wien, IV.

(9)　Götze-Festschr. *Studien zur vorgeschichtlichen Archäologie Alfred Götze... dargebracht*, Leipzig, 1925.

(10)　V. Gordon Childe, ob. cit., pág. 245.

(11)　Hallazgos en los Museos de Szeged y Szekszard. Cf. Mór Wosinszky, *Tolnavármegye története*, pág. 376, Budapest, 1896; Bolko von Richthofen, *Die ältere Bronzezeit in Schlesien* (*Vorgeschichtliche Vorschungen*, I, 3), láms. 9 c-d y 11 a, c. Nemcice, *Pravek, Kojetin*, l. III, 1926; Mór Wosinszky, ob. cit., lám. CXVI y pág. 493.

(12)　*Bayerland*, XXIV, págs. 474 y 594; Behrens (Gustav), *Bronzezeit Süddeutschlands*. Catalog des Röm.-Germ. Central-Museums, Nr. 6, pág. 64-5, Mainz, 1916; *Prähistorische Zeitschrift*, XI, pág. 122, 1919.

(13)　Němčice, Koberice. Cf. Antonin Gottwald, *Praveká sidliste a pohrebiste na Prostejovsku*, páginas 65 y 68, Prossnitz (Prostejov), 1924; J. Schránil, *Die Vorgeschichte Böhmens und Mährens*, lámina XXIV, I, 5, Berlín, 1927-1928; Bolko von Richthofen, *Die ältere Bronzezeit in Schlesien* (*Vorgeschichtliche Vorschungen*, I, 3), láms. 12 b y 13 e.

(14)　Mór Wosinszky (*Tolnavármegye története*, pág. 376, Budapest, 1896) publica el hallazgo, pero es V. Gordon Childe (*The Danube in Prehistory*, pág. 320, Oxford, 1929) quien hace notar que la urna estaba llena de cenizas y nos da a conocer la existencia del esqueleto que se guarda en el Museo de Budapest.

(15)　V. Gordon Childe, ob. cit., págs. 319 y 320.

(16)　V. Gordon Childe, ob. cit., pág. 320, nota 4 (complemento, nota 5); *Mannus* (*Gesellschaft für Deutsche Vorgeschichte*, Leipzig), *Ergänzungsband*, IV, págs. 140-143. Cf. también Kostr zewski, *Przeglad Archeologiczny*, pág. 170, Poznan, II.

(17)　Véase nota 1 de este mismo capítulo.

(18)　V. Gordon Childe, *The Danube in Prehistory*, pág. 322, Oxford, 1929.

(19)　V. Gordon Childe, *The Danube in Prehistory*, pág. 323, Oxford, 1929.

(20)　Oswald Menghin, *Urgeschichte Niederösterreichs*, Viena (Heimatkunde von Niederös terreich, 7), pág. 20, 1921.

(21)　Kiekebusch, *Die Ausgrabung des bronzezeitlichen Dorfes Buch bei Berlin*, págs. 51 y siguientes, 1923.

(22)　V. Gordon Childe, ob. cit., pág. 326.

(23)　V. Gordon Childe, ob. cit., pág. 344.

(24)　V. Gordon Childe, ob. cit., figs. 182, 191 y 197 a.

(25)　V. Gordon Childe, ob. cit., pág. 346.

(26)　*Mitteilungen der anthropologischen Gesellschaft in Wien*, XXVI, pág. 129; J. Schránil, *Die Vorgeschichte Böhmens und Mährens*, pág. 172, Berlín, 1927-1928.

(27)　Oswald Menghin, *Einführung in die Urgeschichte Böhmens und Mährens. Anstalt für Sudetendeutsche Heimatforschung*. Vorgeschichtliche Abteilung, Heft 1, págs. 37 y sigs., Reichen berg, 1926,

(28)　Herbert Kühn, *Die Vorgeschichtliche Kunst Deutschlands*, págs. 118 y sigs. y 139 y sigs., Berlín, 1935.

(29)　V. Gordon Childe, *The Danube in Prehistory*, pág. 350, Oxford, 1929.

(30)　V. Gordon Childe, *The Danube in Prehistory*, pág. 349, Oxford, 1929.

(31)　*Mitteilungen der anthropologischen Gesellschaft in Wien*, XXVI, pág. 129; J. Schránil, *Die Vorgeschichte Böhmens und Mährens*, pág. 172, Berlín, 1927-1928.

(32)　Georg Kraft, *Beiträge zur Kenntnis der Urnenfelderkultur in Süddeutschland (Hallstatt A)*. Bonner Jahrbüchern, Heft 131, pág. 177, 1927.

(33)　Reinecke, *Lindenschmidt, Altertümer unserer heidnischen Vorzeit*, Römisch-germanisches Museum, pág. 213, núm. 1, Mainz; David Randall-MacIver, *Villanovans and early Etruscans*, páginas 18 y sigs., Oxford, 1924.

(34)　V. Gordon Childe, ob. cit., pág. 353; Gustav Kossinna, *Die deutsche Vorgeschichte, eine hervorragend nationale Wissenschaft*, 3.ª edición, Mannus-Bibliothek, pág. 125.

(35)　David Randall-MacIver, ob. cit., págs. 4 y sigs. Gero von Merhart, *Donauländische Beziehungen der Früheisenzeitlichen Kulturen Mittelitaliens*. Bonner Jahrbücher, Heft 147, 1942.

(36)　*Studien zur vorgeschichtlichen Archäologie Alfred Götze- Festschrift dargebracht*, pág. 173, Leipzig, 1925.

(37)　*Verhandlungen der naturhistorischen Gesellschaft der Oberpfalz*, LXVIII, pág. 37, Ra tisbona,

(38)　A. Götze, P. Höffer und P. Zschiesche, *Die vor-und Frühgeschichtlichen Altertümer Thüringens*, Würzburg, 1909.

(39)　V. Gordon Childe, *The Danube in Prehistory*, pág. 356, Oxford, 1929.

(40)　J. Déchelette, *Manuel d'archéologie préhistorique, celtique et gallo-romaine*, t. II, fig. 152, 8 y fig. 154, 3, 6 a 8 y 11 a 13, París, 1908-1914.

(41)　Emil Vogt, *Die spätbronzezeitliche Keramik der Schweiz und ihre Chronologie*. Denkschriften der Schweizerischen Naturforschenden Gesellschaft, Band LXVI, Abh. 1, pág. 24, Zurich, 1930.

(42)　Emil Vogt, ob. cit., pág. 10; Gustav Behrens, *Bronzezeit Süddeutschlands*. Catalog des

Röm-Germ. Central-Museums, Nr. 6, pág. 98, fig. 23, Mainz, 1916; JULIUS NAUE, *Die Bronzezeit in Oberbayern*, lám. IX, 3, München, 1894.

(43) ERNST WAGNER, *Fundstätten und Funde im Grossherzogtum Baden*, vols. I y II; vol. I, página 253, Tübingen, 1908-1911.

(44) F. A. SCHAEFFER, *Les tertres funéraires préhistoriques dans la forêt de Haguenau*, I y II; volumen I, pág. 89, fig. 41, *D* a *M*; pág. 59, figs. 26 y 27, *A* a *F*, y pág. 107, fig. 47, Haguenau, 1926-1930.

(45) Bennweier, GEORG KRAFT, *Die Stellung der Schweiz innerhalb der bronzezeitlichen Kultur-gruppen Mitteleuropas*. «Anzeiger für schweiz Altertumsk», 1927-1928, fig. 5; Bennweier, GEORG KRAFT, *Beiträge zur Kenntnis der Urnenfelderkultur in Süddeutschland («Hallstatt A»)*. Bonner Jahrb., Heft 131, lámina V, 1 y 2. Cuchillos: Bennweier, GEORG KRAFT, *Die Stellung...*, fig. 5; *Haguenau-Kurzgeländ;* GEORG KRAFT, *Beiträge zur Kenntnis...*, lám. V, 2. Espadas: Flaach, GEORG KRAFT, *Die Stellung...*, lám. IX, 6. STETTEN, ídem, íd., fig. 4.

(46) F. A. SCHAEFFER, ob. cit., vol. I, pág. 83, fig. 38; GEORG KRAFT, *Die Stellung...*, fig. 4; GEORG KRAFT, *Beiträge zur Kenntnis...*, lám. V, 2.

(47) JOSEF HEIERLI, *Urgeschichte der Schweiz*, pág. 252, fig. 236, 13, Zurich, 1902.

(48) GEORG KRAFT, *Beiträge zur Kenntnis der Urnenfelderkultur in Süddeutschland («Hallstatt A»)*. Bonner Jahrb., Heft 131, lám. V, 3.

(49) GEORG KRAFT, ob. cit., lám. VI.

(50) GEORG KRAFT, ob. cit., pág. 162. Véase tal cerámica en FAUDEL-BLEICHER, *Matériaux*, Tf. XI 7; REUTLINGEN, en *Fundber. aus Schwaben*, XVIII, 1910, lám. II, 6; HEILBRONN, *Fundber. a. Schwaben*, 1926. Sobre tales materiales consúltese: GEORG KRAFT, *Mannus V. Ergänzungsband*, y GEORG KRAFT, *Die Stellung der Schweiz innerhalb der bronzezeitlichen Kulturgruppen Mitteleuropas*, «Anzeiger für schweiz. Altertumskunde», 1927-1928.

(51) EMIL VOGT, *Die spätbronzezeitliche Keramik der Schweiz und ihre Chronologie*. Denkschriften der Schweizerischen Naturforschenden Gesellschaft, Band LXVI, Abb. 1, pág. 40, Zurich, 1930.

(52) GERO VON MERHART, *Zu den ersten Metallhelmen Europas*. Bericht der Römisch-Germanischen Kommission, 30. Frankfurt, 1941.

(53) EMIL VOGT, *Die spätbronzezeitliche Keramik der Schweiz und ihre Chronologie*. Denkschriften der Schweizerischen Naturforschenden Gesellschaft, Band LXVI, Abh. 1, pág. 40, Zurich, 1930.

(54) GEORG KRAFT, *Beiträge zur Kenntnis der Urnenfelderkultur in Süddeutschland («Hallstatt A»)*, Bonner Jahrb., Heft 131, pág. 163. Véase para tales ejemplos la aguja de Nierstein en *Die Altertümer unserer heidnischen Vorzeit*, Band V, lám. 43, 717, y la de Lich en KUNKEL, *Ober hessens vorgesch. Altertümer*, pág. 129, fig. 118, 1. Para las agujas del Bajo Rhin véase PLEYTE, *Nederlandsche Oudheden van de vroegste tijden*, 1885, *Overijsel*, lám. IV, 2; el hallazgo de Wesel (alfiler de cabeza de adormidera, como Basadigen-Keller-RHEINERTH, *Urgeschichte d. Thurgaus*, pág. 193, fig. 35), comunicado por R. STAMPFUSS. Y en Bélgica, un buen ejemplo lo ofrece el hallazgo de Sensin (Namur), entre otros (*Soc. Archéolog.*, Namur, t. XVI).

(55) La relación de los hallazgos pertenecientes a este grupo cultural, con su inventario y bibliografía, la da GEORG KRAFT, *Die Stellung der Schweiz innerhalb der bronzezeitlichen Kulturgruppen Mitteleuropas*, *Anzeiger für schweizerische Altertumskunde*, págs. 18 a 20, 1927-1928. También en este trabajo se describen y analizan cada uno de los elementos de esta cultura y sus paralelos (págs. 20 y sigs.).

(56) JULIUS NAUE, *Die Bronzezeit in Oberbayern*, lám. XXX, 4, München, 1894.

(57) *Die Altertümer unserer heidnischen Vorzeit*, Band V, lám. 43, págs. 695 y sigs.; GUSTAV BEHRENS, *Bronzezeit Süddeutschlands*. Kataloge des Röm.-Germ. Central-Museums, Nr. 6, página 257, fig. 46, Mainz, 1916.

(58) GEORG KRAFT, *Beiträge zur Kenntnis...*, pág. 165.

(59) GEORG KRAFT, *Beiträge zur Kenntnis...*, lám. X, 4.

(60) Para ejemplo de estas espadas, la de Basilea, GEORG KRAFT, *Die Stellung der Schweiz...*, lámina X, 2, o Neusingen, GEORG KRAFT, *Beiträge zur Kenntnis...*, lám. VIII, 2.

(61) REINECKE, *Die Altertümer unserer heidnischen Vorzeit*, Band V, lám. 43, 727; GEORG KRAFT, *Beiträge zur Kenntnis...*, lám. VIII, 2; GEORG KRAFT, *Die Stellung...*, lám. X, 1; EMIL VOGT (*Die spätbronzezeitliche Keramik der Schweiz und ihre Chronologie*. Denskchriften der Schweizerischen Naturforschenden Gesellschaft, Band LXVI, Abh. 1, pág. 16, Zurich, 1930) cita los hallazgos típicos y la bibliografía. Además, véase EMIL VOGT, *Bronze- und Hallstatt-zeitliche Funde aus Südostfrankreich. Germania*, XIX, pág. 129, fig. 5, 1935.

(62) SPRATER, *Urgeschichte der Pfälz*, Speier am Rhein, 1915, figs. 69 y 71; Barbelroth, SPRATER, ob. cit., fig. 63, arriba, a la derecha.

(63) DOPPELFELD, *Prähistorische Zeitschrift*, pág. 8, 1935.

(64) PÍČ, *Starozitnosti (Čechy Predhistorické)*, I, II, pág. 62, fig. 14. La urna de Oberendingen es más ancha, «hallstáttica», como el tipo normal I.

(65) MORITZ HOERNES, *Urgeschichte der bildenden Kunst in Europa*, pág. 417, arriba, Viena, 1924.

(66) Ihringen, *Alemannia IX-Ztschr. d. Ges. f. Geschkde. zu Freiburg i. Br.* XXIV, pág. 278, 1908; Schifferstadt, *Pfälz. Museum*, pág. 184, 1925; GEORG KRAFT, *Beiträge zur Kenntnis...*, láminas IX, 1 y XI, 2.

(67) *Germania*, Bd. I, pág. 125.

(68) GEORG KRAFT, *Beiträge zur Kenntnis...*, pág. 170.

(69)   Véanse estos tipos en V. GORDON CHILDE, *The Danube in Prehistory*, figs. 194, 195 y 196, Oxford, 1929.

(70)   EMIL VOGT (*Die spätbronzezeitliche Keramik der Schweiz und ihre Chronologie*. Denkschriften der Schweizerischen Naturforschenden Gesellschaft, Band LXVI, Abh. 1, págs. 17 y 18, Zurich, 1930), cita todos los hallazgos típicos con estas decoraciones.

(71)   EMIL VOGT, ob. cit., págs. 20 y sigs. (complemento, nota 36); GEORG KRAFT, *Beiträge zur Kenntnis...*, pág. 164, figs. 2 c y 2 d.

(72)   *Abhandlungen der naturhistorischen Gesellschaft zur Nüremberg*, XV, pág. 44.

(73)   V. GORDON CHILDE, ob. cit., pág. 347.

(74)   EMIL VOGT, *Die spätbronzezeitliche Keramik der Schweiz und ihre Chronologie*. Denkschriften der Schweizerischen Naturforschenden Gesellschaft, Band LXVI, Abh. 1, pág. 30, Zurich, 1930.

(75)   PAUL REINECKE, *Lindenschmidt, Altertümer unserer heidnischen Vorzeit*, Römisch-germanisches Museum, Mainz, t. 55, pág. 315, y KARL SCHUMACHER, *Siedelungs- und Kulturgeschichte der Rheinlande*, I, pág. 90.

(76)   ERNST WAGNER, *Fundstätten und Funde im Grossherzogtum Baden*, t. I, págs. 181 y 191.

(77)   PAUL REINECKE, *Lindenschnidt, Altertümer...*, pág. 318, fig. 3.

(78)   NILS ÅBERG, *Bronzezeitliche und früheisenzeitliche Chronologie*, t. II, pág. 43, figs. 79 y 80.

(79)   FRIEDRICH SPRATER, *Die Urgeschichte der Pfalz*, Speier am Rhein, 1915, pág. 60, fig. 59.

(80)   LINDENSCHMIDT, *Altertümer unserer heidnischen Vorzeit*. Römisch-germanisches Museum, Mainz, t. V, pág. 133, taf. 25 y 26.

(81)   EMIL VOGT, *Der Zierstil der Späten Pfahlbaubronzen. Zeitschrift für Schweizerische Archaeologie und Kunstgeschichte*, Band 4, 1942; págs. 193 y sigs; ídem, *Die spätbronzezeitliche Keramik der Schweiz und ihre Chronologie*. Denkschriften der Schweizerischen Naturforschenden Gesellschaft, Band LXVI, Abh. 1, pág. 29, Zurich, 1930,

(82)   Véase nota 75.

(83)   RUDOLF STAMPFUSS, *Beiträge zur Nordgruppe der Urnenfelderkultur; Mannus, V Ergänzungsband*, Leipzig, 1927; EMIL VOGT, ob. cit., pág. 78.

(84)   Todos estos materiales pueden verse en ERNST WAGNER, ob. cit., fig. 121, pág. 182; EMIL VOGT, ob. cit., pág. 29.

(85)   EMIL VOGT, ob. cit., pág. 29.

(86)   GEORG KRAFT, *Uber die Herkunft der Hallstattkultur der Schwäbischen Alb*. Prähistorische Zeitschrift, Band XXI, págs. 21-75, 1930.

(87)   GEORG KRAFT, ob. cit., pág. 73.

(88)   EMIL VOGT, *Spätbrozezeitliche Keramik*, ob. cit., pág. 76.

(89)   ERNST WAGNER, ob. cit.; *Gündlingen*, t. I, págs. 181 y sigs.; *Ihringen*, págs. 187 y sigs.; *Salem*, págs. 80 y sigs.; *Veröff. d. Karlsruher Sammlungen*, II, 1899.

(90)   K. SCHUMACHER, *Die Hallstattkultur am Mittelrhein*. Prähistorische Zeitschrift, XI-XII, página 159, 1919-1922; DÉCHELETTE (JOSEF), *Manuel d'archéologie préhistorique, celtique et gallo-romaine*, II, 2, pág. 617.

(91)   NILS ÅBERG, *Bronzezeitliche und früheisenzeitliche Chronologie*, II, pág. 93, figs. 185-187,

(92)   KARL SCHUMACHER, *Siedelungs- und Kulturgeschichte der Rheinlande*, I, págs. 109 y 110, y SCHLIZ en *X. Bericht der Römisch-Germanischen Kommission des Deutschen Archäologischen Institutes*. Frankfurt a/Main.

(93)   MAX EBERT, *Reallexikon der Vorgeschichte*, vol. VIII, pág. 261.

(94)   MAX EBERT, ob. cit., vol. XI, pág. 403.

(95)   EMIL VOGT, ob. cit., pág. 77.

(96)   EMIL VOGT, ob. cit., pág. 78.

(97)   A. GEIS, F. A. SCHAEFFER, *Les récentes découvertes archéologiques faites à Eguisheim (Ht. Rhin)*. Anzeiger für Elsässische Altertumskunde, págs. 19 y sigs., 1927.

(98)   K. SCHUMACHER, *Die Hallstattkultur am Mittelrhein*. Prähistorische Zeitschrift, XI-XII, página 162, 1919-1922.

(99)   K. SCHUMACHER, *Die Hallstattkultur am Mittelrhein*. Prähistorische Zeitschrift, XI-XII, páginas 151 y 155, 1919-1922.

(100)   ERNST WAGNER, *Fundstätten und Funde im Grossherzogtum Baden*, t. II, pág. 349. figura 285; NILS ÅBERG, *Bronzezeitliche und früheisenzeitliche Chronologie*, II, pág. 58, figs. 115-118.

(101)   ERNST WAGNER, ob. cit., figs. 321 y 445.

(102)   F. SPRATER, *Urgeschichte der Pfälz*, Speier, 1928 (*Veröff. d. pfälz. Ges. zur Förderg. d. Wissenschaften V*), págs. 52.

(103)   NILS ÅBERG, ob. cit., II, págs. 56 y sigs.

(104)   KARL SCHUMACHER (*Die Hallstattkultur am Mittelrhein*. Prähistorische Zeitschrift, XI-XII, págs. 125 y sigs., 1919-1922) ha estudiado toda esta cultura y establece su tipología y caracteres.

(105)   KARL SCHUMACHER, ob. cit., pág. 163.

(106)   J. BEAUPRÉ, *Les études préhistoriques en Lorraine de 1889-1902*, Nancy, 1902.

(107)   HERBERT KÜHN, *Die vorgeschichtliche Kunst Deutschlands*, pág. 128, Berlín, 1935.

(108)   KARL SCHUMACHER, ob. cit., pág. 178.

(109)   V. GORDON CHILDE, *The Danube in Prehistory*, pág. 363, Oxford, 1929.

(110)   *Mannus, Zeitschrift für deutsche Vorgeschichte*, IV Ergänzungsband, pág. 125.

(111)   GEORG KRAFT, *Beiträge zur Kenntnis*, pág. 163.

(112)   J. H. HOLWERDA, *Zwei Riesenstuben bei Drouwen (Prov. Drente) in Holland*. Prähistorische Zeitschrift, V, 1913; J. H. HOLWERDA, *Nederland's vroegste beschaving*, lám. II, núms. 3 a 9, Leiden, 1907.

(113)   C. RADEMACHER, *Chronologie der niederrheinischen Hallstattzeit*; *Mannus*, IV, 1912; E. RADEMACHER, *Niederrheinische Grabhügelkultur*; *Mannus*, IV Ergänzungsband, 1924; *Mannus*, en *Reallexikon der Vorgeschichte* de EBERT (véase *Niederrheinische Hügelgräberkultur, Belgien, Holland*); R. STAMPFUSS, *Beiträge zur Nordgruppe der Urnenfelderkultur; Mannus*, V Ergänzungsband; *Mannus, Das Vordringen der Germanen zum Niederrhein*); *Mannus*, XVII; *Mannus, Das germanische Hügelgräberfeld Diersfordt*, Augsburg, 1928; *Mannus, Die germanische Landnahme im Kreise Rees. Niederrheinische Heimatkalender*, 1931; CH. J. COMHAIRE, *L'âge des métaux en Belgique (Bull. Soc. d'Anthr. de Bruxelles*, 12, 1893, págs. 18 y sigs.); J. H. HOLWERDA, *Nederlands vroegste beschaving*, Leiden, 1907; J. H. HOLWERDA, *Nederlands vroegste geschiedenis*, Amsterdam, 1925; O. DOPPELFELD, *Die Hallstattzeit im niederrheinischen Raum. Südwestdeutsche Tagung*, Bonn, 1930; O. DOPPELFELD, *Wege der Germanen zum Niederrhein*. *41*. Anthropologentagung, Mainz, 1930; O. DOPPELFELD, *Die Herkunft der Deverel-Urnen*, Prähistorische Zeitschrift, 1930, pág. 169, figura 18; O. DOPPELFELD, Prähistorische Zeitschrift, 1935.

(114)   OTTO DOPPELFELD, *Die Herkunft der Deverel-Urnen*, Prähistorische Zeitschrift, página 171, 1930.

(115)   GEORG KRAFT, *Beiträge zur Kenntnis...*, pág. 163.

(116)   PLEYTE, *Overijsel*, lám. IV, 2; *Drenthe*, lám. XXXIII, 2-3.

(117)   J. H. HOLWERDA, *Nederland's vroegste beschaving*, págs. 100 y sigs., Leiden, 1907; C. RADEMACHER, *Chronologie der niederrheinischen Hallstattzeit*; *Mannus*, IV, 1912.

(118)   *Mannus*, V Ergänzungsband, pág. 85.

(119)   J. H. HOLWERDA, *Nederland's vroegste beschaving*, pág. 105, Leiden, 1907; *Mannus*, XVII, págs. 302 y sigs., 1924.

(120)   *Oudheidkundige Mededeelingen uit's Rijksmuseum van Oudheden te Leiden*, IV, 1910, páginas 34 y sigs.

(121)   E. RADEMACHER, *Die niederrheinische Hügelgräberkultur von der Spätsteinzeit bis zum Ende der Hallstattzeit. Mannus*, IV Ergänzungsband, pág. 129.

(122)   CÉSAR, *Bellum Gallicum*, VIII, 25; TÁCITO, *Germania*, 28.

(123)   V. GORDON CHILDE, ob. cit., pág. 364; *Archaeologia* (Society of Antiquaries), London, LXXVII, pág. 180. Cf. KENDRICK, *The Druids*, pág. 39.

(124)   JOHN ABERCROMBY, *A Study of the Bronze Age Pottery of Great Britain and Ireland*, tomo II, pág. 113, Oxford, 1912. WHEELER, *Antiquaries Journal*, XV, pág. 274.

(125)   Véanse los materiales ingleses en ABERCROMBY, ob. cit., t. II y *A prehistoric invasion of England (Antiquaries Journal*, II, pág. 26), y OTTO DOPPELFELD, *Die Herkunft der Deverel-Urnen*, Prähistorische Zeitschrift, t. XXI, pág. 161, 1930. Un cuadro muy completo sobre la economía y carácter de la invasión da G. CHILDE, *Prehistoric Communities of the British isles*, Edimburgo, 1942, páginas 187 y sigs.

(126)   JOHN ABERCROMBY, *A Study of the Bronze Age Pottery of Great Britain and Ireland*, tomo II, tipo 3, grupos 2 y 3, págs. 39 y sigs., Oxford, 1912.

(127)   OTTO DOPPELFELD, ob. cit., pág. 169 y 171.

(128)   CUNNINGTON, *The early iron age inhabited site at All Cannings Farm, Wiltshire, Devizes*, 1923; *The Antiquaries Journal*, 4, pág. 347; *Archaeologia*, 16, págs. 1 y sigs.

(129)   JOHN ABERCROMBY, *A Study of the Bronze Age Pottery of Great Britain and Ireland*, tomo II, pág. 113, Oxford, 1912.

(130)   CRISTOPHER HAWKES, *Die Erforschung der Spätbronzezeit, Hallstatt-und La Tène-Zeit in England und Wales von 1914-1931* (a. d. 21. Bericht der Römisch-German. Kommission, 1932, páginas 95 y sigs.

(131)   W. PARKER BREWIS, *The Bronze Sword in Great Britain (Archaeologia*, vol. 73, 1922-23).

(132)   *The Antiquaries Journal*, 5, 1925, págs. 51-54 y 409-414.

(133)   CRISTOPHER HAWKES, ob. cit., fig. 3, pág. 92.

(134)   CRISTOPHER HAWKES, ob. cit., lám. 16. Tipo más antiguo el de Bexley Heat Kent. *Antiquaries Journal*, 11; CRAWFORD y WHEELER, *Archaeologia*, 71, 133, 1921; WHEELER, *Prehistoric and Roman Wales*, 202-203, 1925.

(135)   CRISTOPHER HAWKES, ob. cit., págs. 116 y sigs.

(136)   CRISTOPHER HAWKES, ob. cit., pág. 139; y *The Pottery from Sites on Plumpton Plain* Proceding of the Prehistoric Society, t. II, Cambrig, 1936, pág. 55. En este último trabajo ha rebajado su anterior cronología.

(137)   GEORG KRAFT, *Beiträge zur Kenntniss der Urnenfelder in Süddeutschland* (Hallstatt A) (*Bonner Jahrbücher*, 131, 1927, págs. 154 y sigs.); *Die Stellung der Schweiz innerhalb der bronzezeitlichen Kulturgruppen Mitteleuropas (Anzeiger für schweizerischen Altertumskunde*, 1927-1928); *Die Kultur der Bronzezeit in Süddeutschland* (Augsburg, 1926); *Die Bedeutung des ostmitteleuropäischen Kulturkreises für die Vorgeschichte Südwestdeutschlands (Wiener Prähistorische Zeitschrift*, XII, 1925, págs. 39 y sigs.).

(138)   EMIL VOGT, *Die spätbronzezeitliche Keramik der Schweiz und ihre Chronologie, Denkschriften der Schweizerischen Naturforschenden Gesellschaft*, Bd. LXVI, Abh. 1, 1930; ídem, *Germania*, 1935, pág. 128.

(139) P. CASTELFRANCO, *Necropoli di Rovio nel Cantone Ticino. Bulletino di Palentogia Italiana*, I, 1875, págs. 21 y sigs.;

(140) EMIL VOGT, ob. cit., ha analizado con todo detalle el problema de la cerámica de los campos de urnas suizos y el de los ajuares. En la página 4 de su trabajo, tantas veces citado, se hallan las principales estaciones y su bibliografía. Véase también la página 71.

(141) MAX EBERT, *Reallexikon der Vorgeschichte*, t. XI, Schweiz.

(142) EMIL VOGT, ob. cit., pág. 74, y *Der Zierstil der Späten Pfahlbaubronzer, Zeitschrift für Schweizerische Achaeologia und Kunstgeschichte*. Tomo IV, 1942, págs. 193 y sigs.

(143) Idem íd., pág. 76.

(144) BOSCH-KRAFT, *Zur Keltenfrage* (*Mannus*, VI Ergänzungsband, Festgabe für G. Kossinna, Leipzig, 1918, págs. 258 y sigs.); J. M. DE NAVARRO, *Were the peoples of the Rhône culture celts?* (Proceedings of the first International Congress of prehistorical and protohistorical Sciences; London, 1932; Oxford, 1934, págs. 277 y sigs.).

(145) EMIL VOGT, ob. cit., págs. 77 y 78.

(146) F. A. SCHAEFFER, *Les Tertres funéraires préhistoriques dans la fôret de Haguenau* (Haguenau, 1926, I, pág. 86, fig. 39); EMIL VOGT, ob. cit., pág. 25.

(147) F. A. SCHAEFFER, ob. cit., I, lám. V, *G*; lám. VI, *B*; lám. XII, *B* y *C*.

(148) FRANÇOISE HENRY, *Les Tumulus du Département de la Côte-d'Or*, París, 1933, pág. 33, figura 7; JOSEPH DÉCHELETTE, *Manuel d'Archéologie préhistorique, celtique et galloromaine*, 2ème éd., París, 1914, II, 1, fig. 153-2, fig. 152-7; J. BEAUPRÉ, *Fouilles faites en 1903 dans les tumulus situés dans les bois de Benney et de Lemainville* (*Bulletin Soc. Archéol. Lorraine*, 1904, lámina. I).

(149) BERTRAND PEYNEAU, *Découvertes archéologiques dans le Pays de Buch*, Première partie, Bordeaux, 1926, págs. 77 y 79, figs. 43 y 53.

(150) EMIL VOGT, *Bronze- und hallstattzeitliche Funde aus Südostfrankreich* (*Germania*, 1935, página 124, lám. VIII, núm. 5).

(151) F. A. SCHAEFFER, ob. cit., I, pág. 89, fig. 41, y pág. 61, figs. 26 y 27.

(152) Idem íd., I, pág. 33, fig. 15.

(153) Idem íd., I, pág. 98, fig. 42.

(154) Idem íd., pág. 112, fig. 47.

(155) EMIL VOGT, *Die Spätbronzezeitliche Keramik der Schweiz und ihre Chronologie* (*Denkschriften der Schweizerischen Naturforschenden Gesellschaft*, Bd. LXVI, Abh. 1, 1930, pág. 24); F. A. SCHAEFFER, ob. cit., I, pág. 166.

(156) *Matériaux pour l'Histoire primitive de l'Homme*, 1879, fig. 118, y JOSEPH DÉCHELETTE, ob. cit., II, 1, fig. 152-8; FRANÇOISE HENRY, ob. cit., pág. 34, fig. 8.

(157) PAUL REINECKE, *Chronologie der zweiten Halfte des Bronzealters in Süd- und Norddeutschland* (*Korrespondenzblatt der Deutschen Gesellschaft für Anthropologie, Ethnologie und Urgeschichte*, Braunschweig, XXXII, 1902, pág. 17); *Altertümer unserer heidnischen Vorzeit. Nach den in öffentlichen und Privatsammlungen befindlichen Originalen zusammengestellt und herausgegeben von der Direktion des Römisch-Germanischen Centralmuseums in Mainz*, V, pág. 214.

(158) EMIL VOGT, *Die Spätbronzezeitliche...*, pág. 24.

(159) JOSEPH DÉCHELETTE, ob. cit., II, 1, figs. 152-4.

(160) *Anzeiger für elsässische Altertumskunde*, Strasburg, t. VIII, 1913, fig. 49.

(161) Idem, 1910, figs. 136-38 y 144.

(162) Idem, 1914, pág. 439.

(163) JOSEPH DÉCHELETTE, ob. cit., II, 1, figs. 154-9.

(164) EMIL VOGT, *Die Spätbronzezeitliche...*, pág. 25.

(165) JOSEPH DÉCHELETTE, ob. cit., II, 1, figs. 48, 152-6 y 7, 154-2.

(166) EMIL VOGT, *Die Spätbronzezeitliche...*, pág. 25.

(167) ABBÉ J. PHILIPPE, *Fouilles au Fort-Harrouard* (*Bull. de la Société Normande d'Etudes Préhistoriques*, ts. XVIII, XXI); ídem, *Cinq années de fouilles au Fort-Harrouard, 1921-1925* (*Bull. de la Soc. Normande d'Et. Préhistoriques*, t. XXV bis); ídem, *Un fond de cabane néolithique au Fort-Harrouard* (*Revue Archéologique*, 6ème ser., ts. III-IV, 1934, págs. 3-13); ídem, *Le Fort-Harrouard* (*L'Anthropologie*, t. XLVI, 1936, págs. 257-301, 541-612; t. XLVII, 1937, págs. 253-308).

(168) BEAUPRÉ, *Fouilles dans les tumulus de Benney et de Lemainville*, Nancy, 1904, lám. I.

(169) V. SMITH, *Fouilles dans la vallée du Formans (Ain) en 1862*, lám. I, fig. 2.

(170) PH. SALMON, *La poterie préhistorique, Matériaux*, 1887, págs. 509, 515, y fig. 73.

(171) H. HUBERT, *La poterie préhistorique de l'âge du Bronze et de l'époque de Hallstatt de la collection de Baye, Revue préhistorique*, avril, 1910.

(172) N. PONTHIEUX, *Le camp de Catenoy*, Beauvais, 1873, lám. XXXVIII.

(173) E. MAUFRAS, *Le camp du Peu-Richard*, París, 1883, lám. III.

(174) EMIL VOGT, *Bronze- und hallstattzeitliche Funde aus Südostfrankreich, Germania*, 1935, página 125, lám. IX.

(175) *Matériaux pour l'Histoire primitive de l'Homme*, 1887, figs. 114-125; EMIL VOGT, *Die Spätbronzezeitliche ..*, pág. 72.

(176) MORIN-JEAN, *La céramique du Lac du Bourget. Essai de classification*, y L. COUTIL, *La céramique des palafittes du Lac du Bourget, Bulletin de la Soc. Préh. de France*, XII, 1915, página 386.

(177) MARGARET DUNLOP, *L'âge du bronze en France, L'Anthropologie*, XLVIII, 1938, página 497, fig. 16.

(178)   J. PHILIPPE, *Le Fort-Harrouard*, *L'Anthropologie*, t. XLVI, 1936, págs. 257 y sigs.
(179)   J. PHILIPPE, ob. cit., págs. 274 y sigs.
(180)   PIROUTET et DÉCHELETTE, *Découverte de vases grecs dans un oppidum hallstattien au Jura*, *Revue archéologique*, 1909, I, págs. 196 a 199.
(181)   ABBÉ P. FAVRET, *Les nécropoles de Jogasses à Chouilly (Marne)*, *Préhistoire*, t. V, paginas 24-120, con 58 figuras, interesantes por sus paralelos con España.
(182)   BOSCH GIMPERA, *Los celtas de la cultura de las urnas en España* (*Anuario del Cuerpo Facultativo de Archiveros, Bibliotecarios y Arqueólogos*, Madrid, 1936, vol. III, págs. 10 y 11), cita la bibliografía de estos antiguos hallazgos franceses.
(183)   OLWEN BROGAN y E. DESFORGES, *Gergovia*, *The Archaeological Journal*, vol. XCVII, Londres, 1941, págs. 1 y sigs.
(184)   FRANÇOISE HENRY, ob. cit., pág. 31, fig. 5. Sobre la cerámica excisa en Francia, véase el mapa de la fig. 15. La inmensa mayoría de tales hallazgos se pueden fechar en el período del Hallstatt final. Ver F. A. SCHAEFFER, *Les Tertres funéraires préhistoriques dans la fôret de Haguenau*, Haguenau, 1926, II, figura del túmulo 14, sepultura IX de Königsbruck; CH. MOREL, *La céramique à décor champlevé dans les tumulus des Causses Lozériens*, *Cahiers d'Histoire et d'Archéologie*, año 1, número 1. Como la cerámica excisa pasa a España en gran cantidad, allí estudiaremos sus problemas cronológicos y etnográficos algo más detenidamente.
(185)   PHILIPPE HÉLÉNA, *Les origines de Narbonne*, Toulouse-París, 1937.
(186)   POTHIER, *Les tumulus du plateau du Gers*, y ED. PIETTE et J. SACAZE, *Les tertres funéraires d'Avezac-Prat*.
(187)   BERTRAND PEYNEAU, *Découvertes archéologiques dans le Pays de Buch*, Bordeaux, 1926; PONTNAU y E. CABRÉ, *Un cimetière gaulois à Saint Sulpice*, Tarn. *L'Anthropologie*, 1894, pág. 645; J. DÉCHELETTE, III, pág. 672; LÉON JOULIN, *Les sépultures des âges Protohistoriques dans le Sud-ouest de la France*, *Revue Archéologique*, XIX, 1912.
(188)   PHILIPPE HÉLÉNA, *Les origines de Narbonne*, París-Toulouse, 1937, págs. 237 y sigs., con la bibliografía de las estaciones de la Narbonense; HENRY GÉRIN-RICARD, *Tumuli de la Sérignane*, *Bulletin de la Société arch. de Provence*, 1909; M. F. MOURET, *Comptes rendus*, Académie des Inscriptions, 1916, pág. 397; V. COTTE, *Documents sur la Préhistoire ue Provence*, t. IV; H. DE GÉRIN-RICARD, *Préhistoire et Protohistoire*, Marseille, 1931, págs. 14 y sigs. (*Encyclopédie Départementale des Bouches-du-Rhône*, vol. I).
(189)   ÅBERG, *Bronzezeitliche und Früheisenzeitliche Chronologie*, t. I, Italien, págs. 4 y siguientes, Estocolmo, 1930.
(190)   *Altertümer unserer heidnischen Vorzeit*, pág. 210, fig. 2; Mainz, 1911.
(191)   Idem, pág. 207, fig. 2.
(192)   Idem, lám. 39.
(193)   Idem, láms. 43 y 44.
(194)   Idem, págs. 318-320.
(195)   Idem, pág. 318, fig. 3.
(196)   Idem, pág. 403.
(197)   Idem, pág. 406.
(198)   Idem, pág. 146.
(199)   NILS ÅBERG, *Bronzezeitliche und Früheisenzeitliche Chronologie*, t. II, *Hallstattzeit*, página 104, Estocolmo, 1931.
(200)   REINECKE, ídem, pág. 107, fig. 225, 6; pág. 107, fig. 225, 1-6.
(201)   Publicado en *Mitteilungen der Anthropologische Gessellschaft*, Wien, 1900.
(202)   M. HOERNES, *Die Hallstattperiode*, Archiv. für Anthropologie N. F. Bd. III, 1905, página 280.
(203)   K. SCHUMACHER, *Siedlungs- und Kukturgeschichte der Rheinlande*, Bd. I, págs. 98 y siguientes, Mainz, 1921.
(204)   Aunque anticuadas las divisiones de Reinecke y Schumacher, especialmente las de este último, han sido aceptadas en España por Bosch Gimpera para sistematizar los hallazgos de los campos de urnas españolas.
(205)   DAVID RANDALL MAC IVER, *Villanovans ad early etruscaus. A study of the early iron age in Italy*, Oxford, 1924.
(206)   NILS ÅBERG, ob. cit., vol. I, *Italien*, Estocolmo, 1930, y vol. II, *Hallstattzeit*, Estocolmo, 1931.
(207)   WIEDMER: *Gräberfelde bei Münsingen*, Archiv. hist. Ver. Bern. Bd. 18, Taf. 5 y 7, páginas 304, 313 y 319.
(208)   PAUL JACOBSTHAL und ALEXANDER LANGSDORFF, *Die Bronzeschnabelkannen*, Berlín, 1929.
(209)   EMIL VOGT, *Der Zierstil der späten Pfahlbaubronzen*, *Zeitschrift für Schweizerische Archaeologie und Kunstgeschichte*, Band 4, Helft 4, págs. 192 y sigs., 1942; *Die Spätbronzezeitliche Keramik der Schweiz und Ihre Chronologie; Denkschriften der Schweizerichen Naturforschenden Gesellschaft*, Band LXVI, Abh I, 1930.
(210)   GERO VON MERHART, *Zu Den Ersten Metallhelmen Europas*, Sonderabdruck aus den 30, *Bericht der Römisch-Germanichen Kommission*, 1941. Muy importante es su trabajo *Donauländische Beziehungen der Früheisenzeitlichen Kulturen Mittelitaliens*. Bonner Jahrbücher, Heft 147, 1942.
(211)   F. A. SCHAEFFER, *Les Tertres funéraires préhistoriques dans la Forêt de Haguenau*, «Les Tumules de L'Age de Fer», pág. 195, Haguenau, 1930.

(212) HAWKES, *Antiquity*, V, págs. 67-74, y *Archaelogy in England and Wales*, pág. 153;
CHILDE, *Prehistoric Communities of the Bristish Isles*, pág. 194, Edimburgh, 1942.
(213) HILDEBRAND, *Sur le commencements de l'âge du fer en Europe. Congrès International d'anthropologie et d'archéologie préhist.*, Estocolmo, 1874, Bd., II, pág. 592.
(214) TISCHLER, *Gliederung der vorrömischen Metallzeit.* Correspondenzblatt., XII, 10, 1881.
(215) MONTELIUS, *Om tidsbesta mning inon bronsaldern nud rarskilt avseende pa Skandinavien.*
Vitterhets Akademiens Handlinger, Estocolmo, 1885.
(216) SOPHUS MÜLLER, *Urgeschichte Europas.* Estrasburgo, 1905.
(217) NAUE, *Revue Archéologique*, 1895.
(218) SCHUMACHER, *Zur Prähistorichen Archaeologie Südwestdeutchlands: Fundberrichte aus
Schwaben*, 1898.
(219) SCHLIZ: *Beiträge zur Kulturbewegung der Bronze und Hallstattzeit un Wurttembergische
Vierteljahrhefte für Landesgeschichte*, 1908, pág. 421.
(220) HOERNES, *Die Hallstattperiode*, Archiv. f. Anthrop. N. F. Bd., III, 1905.
(221) HOERNES, *Das Graberfeld von Hallstatt, seine Zusammensetzung und Entwickhung Mitteilungen des Staatsdenkmalamtes* Bd., 2-3-1920-21; Heft, 1-3.
(222) MENGHIN, *Einführung in die Ungerchichte Böhmens und Mährens*, Reichenberg, 1926.
(223) RADEMACHER, *Chronologie der Niederrheinische Hallstattzeit. Mannus*, 4, 1912.
(224) DÉCHELETTE, *Manuel d'archéologie Préhistorique II a Paris*, 1913.
(225) WAGNER, *Fundstätten und Funde im Grozssherzogtum Baden.* Tübingen, 1908, BI. S. IX.
(226) WAHLE, *Die Vor-und Frühgeschichte des unteren Neckarlandes*, pág. 18, Heidelberg, 1925.
(227) Véase también, M. ALMAGRO, *Introducción a la Arqueologia, Las culturas prehistóricas
europeas*, vol. I. Barcelona, 1941.

CAPÍTULO III

LOS CAMPOS DE URNAS DE ESPAÑA

SUMARIO: Los hallazgos arqueológicos. — La tipología de los objetos de bronce de esta cultura. — La cronología de los campos de urnas españolas hasta la época de La Tène

Los hallazgos arqueológicos.

Desde hace varios años fueron clasificados en España como célticos una serie de materiales arqueológicos directamente emparentados con las culturas centroeuropeas de la primera Edad del Hierro. Las fuentes escritas, que luego analizaremos, hablaban del pueblo celta como parte integrante de la población española prerromana y, naturalmente, han sido varias las hipótesis establecidas sobre la atribución a esta invasión de ajuares prehistóricos muy diversos.

Así, Ramis, en 1818, escribe un libro, *Antigüedades célticas de la isla de Menorca*, donde se considera a los celtas como realizadores de la original cultura de los talayots baleáricos. Errores de otro tipo, pero semejantes, cometieron Siret y Bonsor al analizar materiales de Almería y Carmona, y podemos ver paralelas equivocaciones en los escritos de los arqueólogos franceses e ingleses en el siglo pasado.

Hoy conocemos ya las manifestaciones culturales que podemos relacionar con la formación del pueblo celta histórico, tanto en Europa como en España,

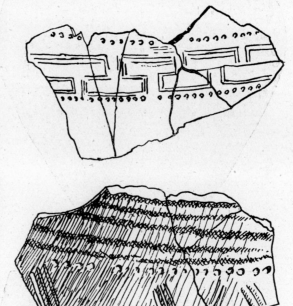

FIG. 99. — Cerámica de la Cueva de los Encantados. Puerto de la Selva (Gerona)

y podemos establecer un cuadro más completo de esta invasión a través de los materiales arqueológicos que, pertenecientes a la invasión de los campos de urnas, van apareciendo en toda la Península.

Los primeros hallazgos sitúanse en los pasos geográficos que ofrece el Pirineo, marcándonos las rutas seculares de penetración que comunican Francia con España. Al borde

FIG. 100. — Vasos cerámicos de la necrópolis de Punta del Pi. Puerto de la Selva (Gerona)

mismo del mar Mediterráneo, en el término municipal de Puerto de la Selva, tenemos los yacimientos de las cuevas de Mont Bufadors y la necrópolis de la Punta del Pi. Se hallan próximos al paso marítimo que viene desde Port-Bou y que hoy utiliza la vía férrea. Más al Oeste, frente al collado de Bañuls, aparece la necrópolis de Vilars y, a la salida del paso del Pertús, la necrópolis de Agullana. Así, en los Alberas pirenaicos ya comienzan los hallazgos arqueológicos a denunciarnos estratégicamente el paso de los invasores.

Los hallazgos de las cuevas de los Encantados y de la Puerta, en el Mont Bufadors de Puerto de la Selva, proporcionaron varios fragmentos de cerámica negruzca con acanalados bastos y decoración de una banda de meandros dibujados con ranuras paralelas (fig. 99). Las noticias de este hallazgo no nos permiten asegurar si se trata de enterramientos o viviendas, aunque en la Cueva de la Puerta había como un muro de piedras clavadas en el suelo, de 1,80 metros de alto por 0,35 de ancho, dejando una puerta o pasadizo de medio metro hasta la cámara primera.

En el mismo pueblo se encontró la necrópolis de Punta del Pi (1). Desgraciadamente, de toda su enorme extensión de 16 áreas, que proporcionaron unas 70 sepulturas, todas de incineración, sólo unos pocos vasos y fragmentos cerámicos se guardan en el Museo Arqueológico de Barcelona. Las urnas aparecen enterradas en el suelo, entre unas piedras, o simplemente en un hoyo, y están siempre tapadas, o por unas piedras o por un plato. El tipo de sepultura es idéntico a los que hemos visto en Francia, por ejemplo, en Fleury, y la cerámica recogida en esta necrópolis constituye uno de los conjuntos más típicos y antiguos de España, paralelo a otros hallazgos europeos de la cultura de las urnas dentro de la primera Edad del Hierro.

La cerámica de Punta del Pi es de barro grisáceo con bastante mica, bien pulido y decorado con acanalados. De todas las sepulturas excavadas sólo se conservan dos vasos completos muy toscos de perfil en S, uno de ellos con un cordón de impresiones digitales en el cuello, y además tenemos una pequeña taza con decoración de ranuras y una palmeta incisa parecida a vasos semejantes hallados en el sur de Francia y en Jogasses (2). También procede de Punta del Pi una tapadera troncocónica de anchos acanalados, y una urna, desgraciadamente incompleta, de la cual sólo nos queda la parte semiesférica, de cuerpo muy panzudo; mas hemos perdido el perfil de su cuello, con lo cual es poco lo que podemos deducir de ella como valor tipológico y cronológico (fig. 100).

En conjunto, las estaciones de Puerto de la Selva nos parecen sincrónicas al Hallstatt C y aun posiblemente posteriores, y es lástima que no se hayan conservado todos los

Fig. 101. — Hallazgos de la necrópolis de Vilars. Espolla (Gerona)

conjuntos cerámicos y ni un solo bronce que nos ayude a enjuiciar su época, aunque éste es fenómeno general en casi todas las estaciones de este período (3).

Próximo a Puerto de la Selva, pasado el collado marítimo, se encuentra, en los montes Alberas, el paso de Bañuls, a la salida del cual se halló la necrópolis de Vilars, en el término de Espolla. Igual que la necrópolis de Punta del Pi, fué excavada sin garantías científicas (4). Parece ser que aquí nos encontramos con un tipo de sepultura de incineración en la que se entierran las urnas con las cenizas dentro de un túmulo, tipo que, como veremos, se utilizó luego con mayor insistencia, por lo cual tal vez este cementerio sea algo más moderno que el de Punta del Pi. A ello induce también los objetos de cerámica de factura idéntica a la de las estaciones precedentes, pero de tipos más evolucionados (fig. 101). Esta necrópolis proporcionó una cadena de bronce y un alfiler de cabeza de aro, tipo procedente de Suiza, donde aparece muy frecuentemente, sobre todo en los palafitos occidentales; desde época indeterminada pasa a Francia y a España, siendo una prueba de la persistencia de los tipos, tanto en cerámica como en los bronces.

Según Kraft, su origen hay que buscarlo en paralelos del norte de Italia, siendo un derivado del tipo de aguja de cabeza de paleta (fig. 17 A), que luego evoluciona hacia

el tipo de cabeza de placa redonda, y luego de rueda, que hallamos en los túmulos renanos principalmente (figs. 13 y 20 C).

En Suiza siguió la simple evolución hacia la cabeza de aro sencillo, y ya aparece en
Bex (Lausana) y en el lago de Bourget. También la tenemos en otros sitios con cerámica
de tipo tardío, muy semejante a los hallazgos de las necrópolis españolas del Nordeste,
marcando un paso hacia España el ejemplar recogido en la Cueva de Montredon (fig. 91),
y también el molde de fundición de la necrópolis citada de Fleury, ambos en la Narbonense. Ya en España, la vemos en otras estaciones catalanas, como en la Cueva de Llorá,
con fíbulas iniciales de La Certosa, y en Tarrasa, llegando, que sepamos, hasta Las Valletas, ya en Aragón, como veremos.

Poco más al Oeste, a la salida del célebre paso del Pertús, que aprovechó la vía

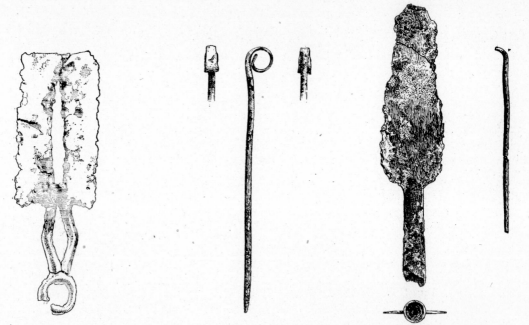

FIG. 102. — Navajas de afeitar y agujas de bronce de la necrópolis de Agullana (Gerona)

romana y que hoy utiliza la carretera general a Francia, se halla situada la necrópolis
de Can Bech, en el término municipal de Agullana, de la que sabíamos poco más que de
las anteriores, pues fué igualmente explorada por eruditos locales y no habían vuelto
a ser investigados los lugares donde aparecieron estos hallazgos, en su mayoría también
perdidos. Nosotros recogimos noticias de unas seis sepulturas, todas de incineración, procedentes de las antiguas exploraciones. Además, esta necrópolis ha sido recientemente
objeto de una campaña de excavaciones a cargo de nuestro Seminario de Prehistoria
de la Universidad de Barcelona (6). Los resultados son el hallazgo de doscientos veinticinco enterramientos de incineración y la delimitación de la extensión total del campo,
que contendrá aproximadamente unos setecientos enterramientos, lo cual señala un
núcleo de población bastante considerable.

En cuanto a la disposición de las urnas, no guardan éstas, por lo observado hasta
el momento, ninguna relación, sino que se encuentran esparcidas y, al parecer, se en-

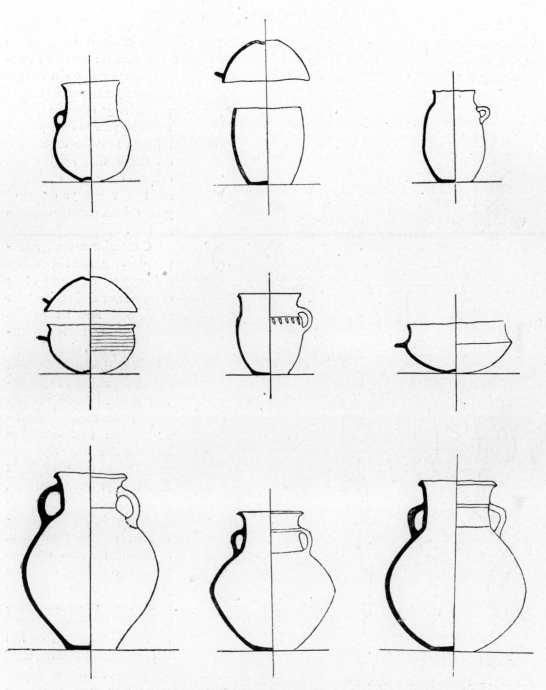

Fig. 103. — Conjunto de la cerámica de la sepultura número 184 de Agullana (Gerona)

terraron unas sobre otras en la misma necrópolis. Tampoco hemos comprobado en nuestras investigaciones los enterramientos de cistas que fueron observados por los excavadores que nos precedieron en este yacimiento, aunque no tendría nada de particular que apareceieran.

Las urnas son en su mayoría bicónicas, con o sin pie y largo cuello cilíndrico, todas ellas con tapadera troncocónica y corrientemente sin asa, decoradas a base de zigzag, de surcos acanalados, con incisiones rellenas de pasta blanca; también aparece muy a menudo una urna ovoide con un cordón digital en el arranque del cuello.

Este conjunto parece el más primitivo y ofrece algunos bronces: pinzas de tipo palafítico, navajas de afeitar de doble filo, agujas con cabeza de rueda doble, de aro tipo Vilars, ya descrito, y de cabeza enrollada (figura 102).

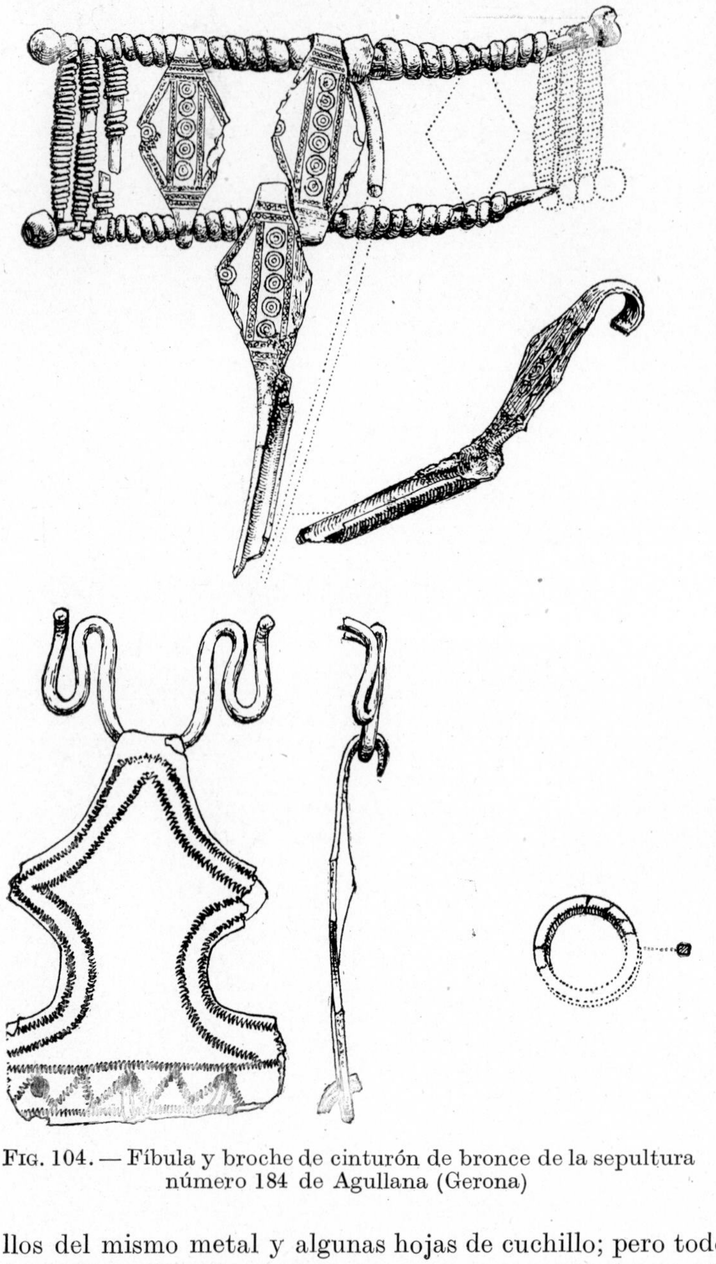

Generalmente estos grupos de enterramientos son más superficiales que otros enterrados más hondos, pero al parecer más avanzados cronológicamente, con urnas de tipo ovoide sin cordón digital, decoradas con surcos acanalados, que llevan generalmente un asa en posición vertical, juntamente con vasitos negros hallstátticos de tipología muy diversa con decoración incisa (zigzag, meandros, líneas horizontales, puntillados, etc.). En estos enterramientos, más profundos, aparecen fíbulas de tipo arcaico de dos partes, aguja y arco enchufados, tipo que es frecuente en toda España. También aparecen fíbulas de muelle largo en espiral —parecidas al tipo del Bajo Aragón—, anillos de hierro y de bronce, juntamente con objetos de hierro, ani-

FIG. 104. — Fíbula y broche de cinturón de bronce de la sepultura número 184 de Agullana (Gerona)

llos del mismo metal y algunas hojas de cuchillo; pero todo en tal estado de oxidación, que es imposible determinar exactamente en la mayoría de los casos a qué tipo pertenecen.

Un enterramiento singular de esta necrópolis es, por ejemplo, el número 184. Se encontraba cubierto por una losa de granito a la profundidad de 0,80 metros, debajo de la cual se hallaron, protegidas y agrupadas, tres urnas de forma alargada y claramente influídas ya por las formas de la cerámica griega de Ampurias o Rosas, colonias griegas muy antiguas en esta comarca. Estaban colocadas en posición vertical, una al lado de la otra, formando una línea recta de dirección Nordestesudoeste y rodeada de vasitos negros grafiteados. Separadas de este grupo por una losa vertical en su parte Oeste, se encontró otra urna del mismo tipo anforoide, y al lado Este, otro

FIG. 105. — Vaso con asa de botón alto y decoración excisa. Cueva de los Encantados. Seriñá (Gerona).

grupo formado por una urna y dos vasitos negros. Sin poder precisar a qué enterramiento de los que se hallan agrupados bajo la gran losa granítica, aparecieron un broche de cinturón, parecido al tipo que veremos se encuentra en Calaceite, y una fíbula magnífica y rara decorada con rombos, también de tipología avanzada, con algunos restos de óxido de hierro. En su conjunto representa una etapa de esta cultura bastante reciente; las urnas de tipo anforoide, aunque hechas a mano, por su sección ya nos recuerdan a la cerámica llamada ibérica, y podrían representar una influencia colonizadora bastante tardía de los griegos (figs. 103 y 104).

FIG. 106. — Motivos decorativos de la cerámica de la Cueva de Bora Tuna (Llorá)

Fig. 107. — Fragmentos cerámicos con motivos decorativos diversos de la Cueva de Bora Tuna, de Llorá (Gerona).

Así, nuestras investigaciones han venido a aclarar las noticias recogidas de los anteriores excavadores de la necrópolis y a probarnos la larga duración de la cultura de los campos de urnas en España, incluso en Cataluña. La necrópolis de Agullana se puede fechar de los siglos VI al III a. de J. C., y no parece sufrió interrupción ninguna aquella población, que llega al final a mostrarnos claras influencias grecorromanas.

La cerámica de esta necrópolis ofrece perfiles muy característicos de urnas de cuello cilíndrico, alto, sin rebordes y cuerpo doble troncocónico y a veces un pequeño pie. Se observan, pues, perfiles angulosos al lado de otras urnas con perfiles en S y alguna urna pequeña del tipo de la taza grande que ya hemos descrito en Punta del Pi, y también se ha conservado una tapadera troncocónica con asas, nota de acusada modernidad. La decoración es de acanalados poco típicos y bastos, al lado de ranuras en zigzag o formando meandros y escaleras; estos motivos ornamentales son la degeneración de los meandros de época anterior y de idéntica estructura y estadio evolutivo a los ornamentos de la cerámica de Jogasses, motivo propio de la época de La Tène (7), como casi todos los perfiles de los vasos de esta necrópolis, a los cuales podemos hallar buenos paralelos en las necrópolis francesas (fig. 79).

Los bronces que proporcionaron las sepulturas de Agullana antes de la excavación actual, desgraciadamente perdidos, no dejan de tener interés. En la tumba número 6 se halló una cadenita de bronce y un pendiente amorcillado, que es el precedente del pendiente «ibérico», que llevaron también los guerreros, como prueban las esculturas ibéricas (8); en la tumba número 5 se hallaron unos anillos de alambre en espiral, y en la tumba número 3, un fragmento de navaja de afeitar del tipo del Hallstatt final, donde precisamente apareció una cazuelita de cerámica de tradición arcaica, influencia de los tipos cerámicos propios de la época anterior a la invasión, y

Fig. 108. — Vasos cerámicos de la Cueva de Bora Tuna, de Llorá (Gerona)

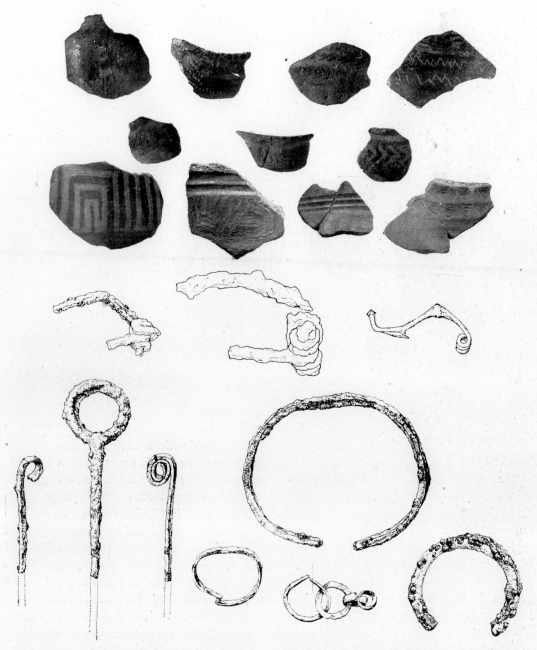

FIG. 109. — Cerámica, fíbulas y otros objetos de metal de la Cueva de Bora Tuna. Llorá (Gerona)

que nos prueba la mezcla de elementos que vinieron pronto a fundirse en nuestro pueblo céltico anterromano, al cual luego llamamos ibérico (9).

Ya más dentro de la provincia de Gerona hallamos vestigios humanos que nos guían con seguridad sobre los pasos de los invasores y nos van aportando nuevos datos al estudio de su cultura. Así, en Seriñá, cerca de Bañolas, hallamos la Cueva de los Encantados, que proporcionó, junto con material de la cultura megalítica pirenaica, una serie de vasos que entran de lleno en nuestro estudio de los campos de urnas, como claras

FIG. 110. — Cerámica de la necrópolis del campo de urnas de Anglés (Gerona)

influencias de su cerámica negruzca, e incluso de la técnica de la excisión procedente de la cultura de los Túmulos y que llegó mezclada con este fenómeno general hasta España.

Las decoraciones de acanalados y ranuras se dan en esta estación junto con otros dibujos, como una raspa sencilla incisa que aparece en una urna de perfil muy tardío de hacia el Hallstatt final o La Tène I (10), y sobre todo la técnica excisa que aparece en una cazuela con el asa de botón alto (fig. 104), cuya distribución alcanza a toda la región del noroeste de España, y que, en nuestra opinión, procede de la región ligur del noroeste de Italia, donde se la ve con frecuencia, mostrándonos también hallazgos intermedios en Francia. Nosotros creemos se puede considerar como la primera y más firme prueba de la penetración ligur de la Península, y su cronología avanzada queda asegurada por la técnica de la excisión que ofrece el vaso de Seriñá, cuyos motivos entran plenamente en la época del Hallstatt centroeuropeo y nos prueban el grado de fusión y mestizaje de los invasores.

Más hacia el occidente del Ampurdán se halla la Cueva de Bora Tuna, en Llorá, que proporcionó, como los hallazgos anteriores, un conjunto de materiales del mayor significado para desentrañar algunos problemas de esta invasión (11). Tan importante yacimiento se hallaba prácticamente inédito, conservándose sus materiales en el Museo de Barcelona, donde los hemos revisado detenidamente, habiendo vuelto a explorar la cueva, sin poder precisar segura estratigrafía, ya que todo está revuelto en grado sumo. La cueva, como la de la Puerta de Mont Bufadors, en Puerto de la Selva, estuvo preparada y cerrada por algunas grandes losas. Fué seguramente habitación, aunque había sido sepultura en época anterior, ya que al neolítico pertenecerían los huesos hallados con cerámica del tipo de Almería.

El material de esta estación es extraordinariamente interesante, y no cabe duda, a juzgar por las noticias recogidas, de que constituye un conjunto arqueológico homogéneo y sincrónico, aunque la cueva debió de ser habitada dos veces por estas gentes, pero siempre con la misma cultura, pues parece que se hallaron dos estratos con idéntico material. Allí se encontró una serie de fragmentos de cerámica hallstáttica del más puro estilo de los campos de urnas. El barro es negruzco y bien cocido, barnizado con un engobe fino y brillante, unas veces por los dos lados, y otras por uno sólo. Está decorado con ranuras obtenidas con peine de tres o cuatro púas, y trazándose con tal técnica varios tipos de dibujos, entre los cuales hallamos zigzag, espirales o escaleras, e incluso una rudimentaria decoración excisa (figs. 106 a 109).

Dentro de la técnica de dibujos lineales incisos es lo más rico que se ha hallado en España, cuyos paralelos son varios en Centroeuropa a partir del Hallstatt A. Sin embargo, el tipo de trazado, un poco anárquico e irregular, da personalidad a nuestra estación frente a lo europeo. Además, estas ranuras estaban coloreadas con una incrustación roja, que aun se ha conservado en algunos fragmentos, y que le daba más vistosidad a la decoración. Además de los motivos de ranuras, se ven adornos de simples incisiones formando espina y de cordones con impresiones digitales y de estampillado de sencillos círculos. También vemos decorando la superficie plana de la parte superior de un fragmento de vasija tres líneas irregulares de hoyitos que entran dentro de la decoración

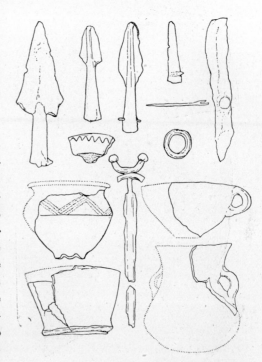

FIG. 111. — Cerámica y objetos de la necrópolis del Pla de Gibrella. Capsec (Gerona)

excisa, pues se ha sacado el barro, dejando surcos triangulares, pero muy chicos en este caso (fig. 107).

Las formas que se han podido reconstruir nos muestran unas orzas grandes de barro basto y de perfil en S; con el barro más fino coinciden fragmentos bien decorados de tazas, vasos y tapaderas. Muy notable es un plato con muy rica ornamentación de ranuras formando conjuntos radiales, cuyos más próximos paralelos los hallamos en Haumesser, en Suiza (12), típicos del Hallstatt B, y aun tal vez posteriores incluso allí (fig. 108).

La misma cronología avanzada nos da la única urna completa ya conocida de amplia panza redondeada, propia de la segunda mitad del Hallstatt. Así, por las formas cerámicas, motivos decorativos y perfiles podríamos incluir tipológicamente en el Hallstatt B o C tan importante hallazgo; pero la excavación proporcionó además unos cuantos objetos de metal que rebajan la época en que la cueva fué habitada y nos prueban, sin duda posible, cómo deben ser siempre tenidos en cuenta los persistentes arcaísmos de las culturas occidentales en relación con sus modelos originarios, no siendo excepción los materiales arqueológicos de nuestros campos de urnas. Tres fíbulas de codo, dos de hierro y una de bronce, todas de tipo de La Certosa, una aun con resorte unilateral, por tanto muy antigua, son prueba indudable de que este hallazgo de la Cueva de Llorá debe sincronizarse con el final del Hallstatt, a pesar de ofrecernos un conjunto cerámico de caracteres tan arcaicos que Bosch Gimpera lo incluyó, como hizo con la necrópolis de Punta del Pi, en su período I de la denominada por él cultura catalana de los campos de urnas. Corroboran esta fecha del Hallstatt final un brazalete abierto y sencillo, de perfil paralelográmico, tipo también moderno, y unos fragmentos de aros de cadena. Por último, hallamos aquí dos alfileres de cabeza de aro, uno incompleto y de gran tamaño, y dos de cabeza enrollada (fig. 109). Ambos modelos proceden de prototipos del este suizo; sobre todo nos aparecen en Francia con cronología imprecisa; pero en líneas generales, para el Languedoc y España podemos atribuirles una cronología avanzada. Es el tipo de alfiler de cabeza de aro que hallamos en Agullana, en Vilars y también en Tarrasa y Fleury, del cual ya nos hemos ocupado; se caracteriza el tipo español en que el aro ofrece un perfil aplanado y no redondo, como en el tipo centroeuropeo original. El otro modelo de alfiler de cabeza enrollada es de origen antiguo (13), pero se usó largo tiempo en España, y aparece, por ejemplo, en el Roquizal del Rullo y en Sena, hallazgos cuya cronología, al final del Hallstatt medio, nos parece segura.

Fig. 112. — Cerámica con decoración incisa del Cau del Duc, de Ullá (Gerona)

Más hacia la región montañosa, en la comarca de Capsec, hallamos las necrópolis de Anglés y de Gibrella.

Anglés es una necrópolis de incineración descubierta ocasionalmente al hacerse la cimentación de una fábrica (14); no ha sido aún excavada y ni siquiera sabemos cómo se hallaban los sepulcros, que parece no tenían la protección de piedras que vemos en la mayoría de las sepulturas de esta cultura. La urna, tapada a menudo por platos, se enterraba en el suelo. Los materiales cerámicos, únicos que se han conservado, han ido a parar a los Museos de Barcelona y Gerona, no ofreciendo gran diferencia de los de otras necrópolis ya estudiadas, excepto una nueva tipicidad en las formas que allí se usaban; aquí ya no sólo hallamos el vaso de perfil en S y la urna de cuello cilíndrico más o menos acusado, sino un modelo de urnas con doble asa en el hombro (fig. 110), que no aparecen en otras necrópolis, y cuyo origen, lejano en el círculo cultural de Lausacia, hace sea de los tipos más arcaicos llegados hasta España, seguramente a través de los palafitos suizos (15). Tal tipo de vaso ya aparece en Centroeuropa, en el Bronce D, y llega a Suiza con acanalados verticales, fechándose allí en el Hallstatt A. Así, en modo alguno se puede admitir, como ha hecho Bosch Gimpera, que sea esta necrópolis, por

FIG. 113. — Cerámica típica de la cultura de los campos de urnas procedente de las excavaciones de Ampurias

su tipología, más moderna que las demás, sino más bien más antigua, ya que desaparece luego este tipo cerámico, como también la urna de cuello cilíndrico, que son los dos perfiles más antiguos que entran en España. Naturalmente, aquí todos los fenómenos de arcaísmo han de interpretarse igual que en los hallazgos hermanos y no nos parece que deba aumentarse la edad de estos vasos de Anglés más allá que los de otras necrópolis, como Tarrasa, de la cual hablaremos, y que también nos ofrece algunos vasos de tipos muy antiguos.

Una prueba de lo que decimos es que también en esta necrópolis ya se halla alguna urna con pie y cuerpo troncocónico anguloso, cuyo perfil se acerca a vasos de La Téne I de Francia o de otros lugares españoles, como Salzadella o el Bajo Aragón, y cuya baja cronología es segura. Igualmente son de tipo muy evolucionado y tardío los acanalados que aparecen como decoración, junto a ranuras hechas con peine de tres púas del tipo ya descrito en Llorá.

La necrópolis próxima de Gibrella nos da muy estrechos paralelos con la de Anglés y pruebas aun más seguras de la modernidad de todos los tipos y fenómenos de arcaísmo de nuestra cultura de las urnas, por lo cual Bosch Gimpera no dudó en considerar como

muy modernas estas dos necrópolis, incluyéndolas en su período II de la cultura hallstáttica catalana, con notoria injusticia, desde un estricto punto de vista tipológico, ya que el tipo de doble asa en los hombros que en ambas aparece es más antiguo incluso que el tipo de cuello cilíndrico que le sirvió para fechar como muy antigua la necrópolis de Tarrasa. Pero

Fig. 114. — Objetos de bronce del depósito de Ripoll. (Gerona)

no hizo resaltar la verdad del hecho de que ambos tipos aparecen ya degenerados en relación con sus precedentes europeos, y, por tanto, no deben considerarse sincrónicos, sino más tardíos.

La necrópolis de Pla de Gibrella, en Capsec (16), es también de incineración, como las demás, y de ella fueron recogidos, sin ninguna garantía, algunos fragmentos cerámicos, algunas puntas de lanza de bronce y una de hierro, con una aguja y anillo de bronce; pero lo más importante es una espada de hierro de empuñadura de antenas, de tipo antiguo. La cerámica no ofrece particularidades, excepto la decoración con una cuerda muy fina o un alambre retorcido, que formando una banda vemos en una urna (figura 111). Este motivo aparece en otras estaciones españolas y puede proceder igualmente del Rhin o de Suiza, donde se halla al final del Hallstatt.

Desde luego, el frecuente uso del hierro en esta estación asegura una cronología algo más moderna, pero no mucho. En ella todavía aparece una urna con doble asa, como en Anglés, y no hay que echar en olvido que el hierro ya lo hemos visto usado en Llorá y lo veremos aparecer en otras estaciones de esta cultura, aunque Bosch Gimpera no citó este hecho en sus estudios, con lo cual la excesiva antigüedad dada a su período hubiera sido difícil de sostener (17). En la misma provincia de Gerona, hacia la costa, hallamos fragmentos cerámicos característicos de esta cultura en la Cueva de Can San Vicens, en

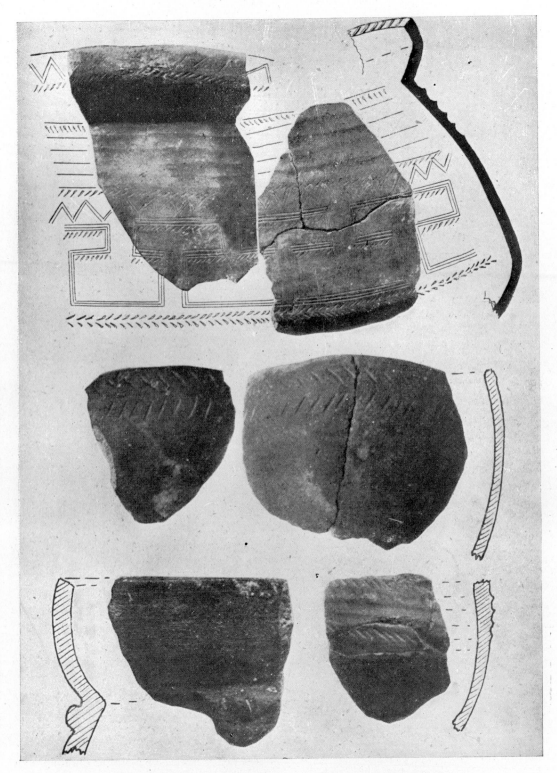

Fig. 115. — Cerámica de la Cueva de las Eures, de Perafita (Barcelona)

San Julián de Ramis, lugar estratégico de paso (18), y más abundantes aún en la Cueva del Cau del Duc, de Ullá (fig. 112), donde son sumamente característicos y de tipo idéntico a la cerámica que aparece en Llorá (19).

Más interés tiene, por el lugar de su hallazgo, la serie de vasos y fragmentos propios de esta cultura céltica que hallamos con cierta abundancia en la neápolis de Ampurias y que constituyen la cerámica indígena (figura 113). Se trata, sobre todo, de jarros con un asa sumamente exenta. Su barro es basto y negruzco, y su perfil en S y sus decoraciones, de motivos incisos sencillos, coinciden con ciertas urnas y tarros procedentes de las necrópolis y poblados de la cultura de los campos de urnas inmediatos.

El mismo barro y la misma ornamentación: incisiones, ranuras, arrugas e impresiones de alambre retorcido, nos asegura para Ampurias el uso frecuente de esta cerámica, sobre todo en las capas inferiores.

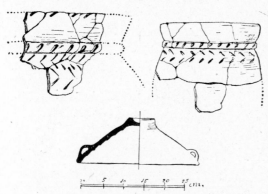

FIG. 116. — Cerámica del sepulcro del Turó de les Mentides. Folgaroles (Vich)

Ni Gandía ni Bosch Gimpera, que nos precedieron en las excavaciones de Ampurias, valoraron suficientemente esta cerámica. Los vasos que se conservaban en el Museo de Gerona y de Barcelona no tienen segura estratigrafía. Tampoco en los diarios de excavaciones este tipo de cerámica se analiza y se sitúa debidamente. Sin embargo, en nuestros cinco años de excavaciones hemos llegado a obtener una serie de firmes observaciones estratigráficas que nos aseguran el empleo de esta cerámica en los comienzos del establecimiento de la Neápolis, perdiéndose luego totalmente el uso de los cacharros indígenas fabricados a mano. En conjunto, no sólo en capas del siglo VI, sino hasta el III

FIG. 117. — Fragmentos de cerámica de los campos de urnas hallados en cámaras megalíticas en Puig-ses-Forgues Calonge (Gerona)

antes de Jesucristo, hallamos los fragmentos de estos vasos que tanto nos ayudan a interpretar el carácter étnico de los indigetes como un pueblo formado por los invasores de los campos de urnas celtas o celtoligures, venidos desde el sur de Alemania, o más posiblemente desde Suiza, donde hallamos sus más estrechos paralelos a través del mediodía de Francia, sembrado de hallazgos del mismo carácter que nos asignan un interland étnico muy semejante para Marsella o para Ampurias. Así, el fenómeno de la cultura ibérica hay que interpretarlo como el producto de la asimilación por estos pueblos de las formas y técnica de la cerámica griega de tipo corriente, de la cual nacerían los vasos ibéricos, primero con decoración sencilla, geométrica, y, más tarde, los grandes estilos de este bello arte: grupos Elche-Archena, Oliva-Liria, Azaila, etc., que serían el final y no el principio de este ciclo artístico frente a lo que a veces se supuso.

Así, pues, a través de nuestras metódicas y detenidas observaciones, hemos llegado a la conclusión de que los indigetes y la ciudad que hubo unida a Ampurias son gentes célticas, como dice categóricamente Esteban de Bizancio: εμπόριον πολισ Κελτι- κή ὑκτισμα Μασσαλιωτῷν (20). Así las excavaciones nos proporcionan otro dato para no poder atribuir tanta antigüedad como se creía a la cultura hallstáttica catalana, y sobre todo para asegurar su continua evolución, sin que se halle rastro alguno arqueológico de esa supuesta conquista de las tierras levantinas por los iberos hacia el siglo VI como se venía suponiendo hasta hoy, interpretando erróneamente, en nuestra opinión, los textos y la arqueología.

Esta misma cerámica es la que hallamos en la Creueta, poblado de cerca de Gerona, con cerámica griega del siglo IV, y donde ya aparece, como en los niveles inferiores de Ampurias, cerámica ibérica hecha a torno con decoración pintada geométrica, de formas derivadas a veces de esta cerámica a mano que hallamos en las estaciones de la cultura de las urnas.

En la misma Gerona, en la llamada finca de Belloch, al consolidar un mosaico romano, se hallaron restos característicos de esta cerámica a bastante profundidad. Están de-

FIG. 118. — Fragmentos cerámicos y objetos de bronce de Can Mauri. La Valldan, Berga

corados con acanalados y son de barro negro pulimentado con buena cocción (21).

No deja de tener interés el depósito de bronces hallado en Ripoll sin ninguna noticia relativa a su situación. Está compuesto por tres hachas de tubo de perfil muy tosco, casi poliédrico, dos de aletas, una punta de lanza de tubo y hoja pequeña, un punzón cuadrado con enmangue de tubo como para servir de regatón a un bastón de monte de estructura idéntica a escoplos y punzones hallados en los palafitos suizos, y otro objeto indetermi- nable, tal vez el fragmento del enmangue de tubo de un hacha de bronce fragmentada (figura 114). Por ser de los pocos depósitos de Cataluña, tiene interés, pues nos muestra cómo los tipos de metal de esta época en esa región, y lo mismo en el Bajo Aragón, se

Fig. 119. — Cerámica del poblado de Marlés (Barcelona)

relacionan con Suiza y sudeste de Francia, aunque no falten en el nordeste de la Península las hachas de talón, pero con mucha menos frecuencia que en el centro y occidente
de España.

Ya en la provincia de Barcelona tenemos, en las comarcas pirenaicas, la Cueva de
las Eures, en Perafita (22), en lo alto del Llusanés, región de gran valor estratégico,
alcanzada por los invasores seguramente desde los montes de Camprodón. Su material
consiste en restos cerámicos del más puro estilo de esta cultura, con decoración en meandros y acanalados del tipo que vemos en Tarrasa (fig. 115). El hallazgo aparecido en un
gran abrigo de la roca nos asegura un enterramiento de incineración de estos pueblos,
y no es fácil se trate de una simple influencia. Por otra parte, otros hallazgos semejantes que iremos citando nos prueban que las dificultades del Pirineo fueron supera-
das, y que por todos los valles penetraron estas gentes, que se funden y transforman la

antigua población pirenaica. Por otra parte, su economía pecuaria les hace siempre buscar las tierras altas de pastos, que además eran las más parecidas a su patria de origen. Es éste un fenómeno que veremos también en la Meseta.

Más abajo, en la Plana de Vich, tenemos el hallazgo del Turó de les Mentides (23), en el pueblo de Folgaroles, donde se hallaron fragmentos de una urna con decoración de raspas incisas en el cuello y su tapadera troncocónica con acanalados en el interior; curioso es el tipo de sepulcro adoptado en este lugar, pues el material hallstáttico de segura tipología se halló en una cista megalítica (fig. 116). Ello nos obliga a pensar en el aprovechamiento de un sepulcro anterior o en un caso de mezcla de ritos y culturas, pues al excavarse esa cámara se hallaron huesos inhumados, con lo cual debemos pensar que tenemos una supervivencia del rito megalítico, si es que no hubo una confusión en el excavador al no apreciar la superposición de enterramientos de distinta época. De todas formas, este caso de utilizar los megalitos para enterramientos en la época de los campos de urnas no es único en España y lo tenemos ya en la provincia de Gerona, en el dolmen de Puig-ses-Forgues, de Calonge, donde se hallaron varios fragmentos cerá-

micos de urnas de esta cultura junto con cerámica de asa de botón y otros tipos antiguos de la cultura megalítica (figura 117). Por ello, ante estos casos que hemos observado, y que se repiten con cierta frecuencia, veremos hallazgos con mezclas seguras de enterramientos de estos invasores con la población anterior.

En la comarca de Berga, por ejemplo, se obtuvo de la excavación de la Cueva de Can Mauri, en el término municipal de La Valldan (24), un típico

FIG. 120. — Urna y vaso de Argentona (Barcelona)

conjunto arqueológico perteneciente a la cultura de las urnas: cerámica con acanalados de tipo muy perfecto, junto con fragmentos de grandes orzas decoradas con cordones de impresiones digitales, arrugas o incisiones diversas, motivos que vemos siempre en los hallazgos de esta cultura.

Además de esta cerámica se halló en abundancia vasos y fragmentos que pertenecen, o al menos se relacionan, con la cultura pirenaica, como el vaso de asa con botón alto que hemos visto y descrito en Seriñá; ya su excavador se planteó el problema de la sincronicidad de todo el hallazgo, lo cual nos parece seguro, corroborándonos lo dicho anteriormente. Se puede asegurar que los invasores se mezclan e influyen fuertemente sobre los pueblos anteriores (25), pues su cultura era muy superior a la que tenían los pueblos que habitaban en toda la región de Cataluña y centro de España.

Can Mauri nos proporciona una típica daga del Bronce final centroeuropeo y una aguja de cabeza de garrote (fig. 118), tipo que hallamos en otros hallazgos del Occidente en fecha tardía. Por ejemplo, aparece en All Cannings Cross y en Fort-Harrouard, ya mencionados (26). El hallazgo de Can Mauri, como otros, muestra una segura mezcla de ambos elementos, que pronto formaron un pueblo mixto, cuya unidad etnográfica había ya sido alcanzada al dejarnos los escritores antiguos sus primeras noticias sobre España, hacia el siglo VI a. de J. C.

FIG. 121. — Estaciones hallstátticas de los alrededores de Sabadell: 1, pozo o silo de provisiones y cerámica de Torre Berardo; 2, cerámica de la tejería de Molist; 3, Can Fatjó dels Orons (Barcelona)

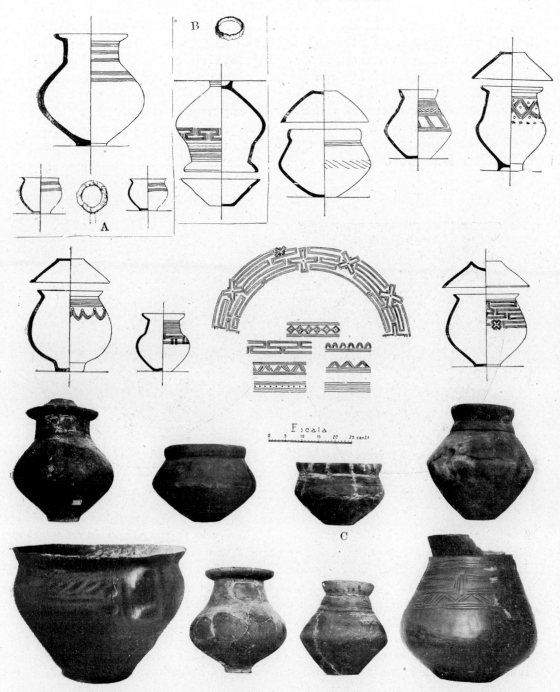

Fig. 122. — Urnas cinerarias, perfiles y motivos decorativos de la cerámica de la necrópolis de Can Missert de Tarrasa (Barcelona): A, ajuar de la sepultura 18; B, ajuar de la sepultura 16; C, Urna de la sepultura n° 2.

Más importante es el hallazgo de una casa de planta rectangular de unos 3,30 metros de lado, excavada cerca de Marlés (27). La excavación proporcionó sólo cerámica típica de los campos de urnas (fig. 119). Las formas de los vasos de Marlés son de cronología

avanzada, hacia el final del Hallstatt medio. Urnas de perfil en S y algunas tazas del
tipo, decoración y forma de tolba de la urna de Saint-Sulpice, que hallamos, además
del sur de Francia, en varias estaciones de España, como Sena (Huesca). También aparecen aquí vasos troncocónicos con pequeño pie y cuello, parecidos a perfiles que se
repiten en El Roquizal del Rullo.

Los motivos decorativos son varios acanalados y ranuras, como hemos visto en otras
estaciones hermanas, con incisiones formando raspas y espigas. Otras veces, un raspado
tosco arruga la superficie, y sobre todo aparece un ornato de impresiones hechas con
un alambre retorcido o cuerda muy fina formando dibujos de triángulos y líneas
paralelas.

Este motivo es aquí más frecuente que en otras partes; pero aparece en un vaso de

Fig. 123. —Cerámica de Cueva Freda de Montserrat (Barcelona)

Ampurias, en Gibrella, en Guisona y otros lugares, y lo veremos también en estaciones
del centro de España. Muy típica de esta estación es una decoración obtenida a base de
arrugados de la superficie total o parcial del vaso, formando cordones en zigzag o cru-
zados, con impresiones digitales o sin ellas, aplastados con una rueda de gruesos dientes
y también con un *cardium*. A veces se decora toda la superficie del vaso; otras veces,
sólo la parte inferior, dejando pulido el cuello.

Tal ornamentación, aunque tosca y a veces muy asimétrica y recargada, es de gran
originalidad. Sin embargo, frente a la opinión generalmente sustentada, siguiendo a
Bosch Gimpera, nos parece que su origen no hay que buscarlo en la cerámica indígena,
sino que ha llegado con los invasores, entre los cuales era frecuente tal tipo de decoración de cordones y arrugas en la superficie, en tanto que la tradición española se mantuvo con una cerámica sin decorar, pulida más o menos, y cuando usó de ornamentación
empleó otros motivos, sobre todo incisiones, aunque alguna vez aparezcan los falsos
cordones, elemento ornamental de casi todos los pueblos y tiempos.

La rara riqueza de la decoración de Marlés no es preciso buscarla en esa cultura llamada de las cuevas por Bosch (28); en todo caso en la mezcla de motivos traídos de fuera.

con la invasión, pudiéndose hallar en Europa dentro de esta cultura infinidad de elementos comparativos de impresiones digitales, acordonados y arrugas. Sólo un nuevo ornamento parece ser utilizado aquí en la decoración, y es la impresión del *cardium* sobre el barro tierno, cuyo origen nos parece indudable debe buscarse en la tradición de la cerámica cardial, que floreció durante el neolítico y el eneolítico en la región catalana.

FIG. 124. — Perfil del vaso de la necrópolis de Can Majem. Museo de Villafranca del Panadés.

Su perduración en tiempos romanoibéricos está atestiguada por hallazgos del poblado de Vilaró de Olíus (Lérida) (29), donde se ven también las acanaladuras y otros motivos que se mezclan luego con las corrientes culturales griegas y romanas, transformando las formas y ornamentos, pero sin perder jamás toda la cultura formada a expensas de la invasión de los campos de urnas su carácter originario impuesto por el pueblo invasor en todas partes, como iremos señalando.

Además de la casa excavada, muy cerca de Marlés, se exploró un sepulcro próximo que Serra Vilaró, a quien debemos estas investigaciones, calificó de megalítico (30). Es posible comparar este sepulcro con el del Turó de les Mentides, de Vich, ya citado, y lo mismo se comprueba en otros hallazgos de la comarca, cuya inclusión dentro de la cultura de los campos de urnas nos parece indiscutible y que ofrecerían casos de aprovechamiento y mezcla de ritos entre la cultura de los invasores y los pueblos indígenas de la montaña. Incluso este fenómeno lo veremos señalado igualmente a la llegada de los pueblos europeos portadores de la cultura de las urnas, en el Bajo Aragón, con tipos de cistas trasplantadas hasta allí ahora, ya que las culturas megalíticas parece no influyeron aquel territorio, y, sobre todo, en megalitos de Almería (31), dentro de los cuales se enterraban los invasores o los anteriores indígenas, ya entregados a la nueva cultura que borra todo lo anterior casi por completo en todas partes.

FIG. 125. — Cerámica de los campos de urnas de la capa inferior de Tarragona

Hacia la costa de la provincia de Barcelona tenemos también ejemplos típicos de esta cerámica. En primer lugar, hay las dos urnas halladas en Cal Estrada, en la riera de Argentona, a una gran profundidad, debido al mucho arrastre depositado sobre ellas (fig. 120). Formarían parte de toda una necrópolis de incineración típica, y a juzgar por los dos ejemplares recogidos, serían de las más antiguas de esta cultura.

Se trata de una urna de cuello cilíndrico y panza angulosa en vez de abultada, decorada en la parte superior del hombro con una guirnalda sencilla de acanalados; con ella se recogió un vaso cilíndrico también decorado con una guirnalda de acanalados paralelos y encima una banda de otros dos rectos, también paralelos, en sentido horizontal, todos obtenidos con un peine de púas de extremo redondeado.

Por su tipo y técnica son estos dos vasos de los más antiguos que poseemos; pero en modo alguno es superior su cronología al Hallstatt B.

Todavía se podrían citar otros hallazgos menos importantes, como los fondos de silos de provisiones hallados en las inmediaciones del rústico acueducto romano de Pineda y que personalmente pudimos explorar. Proporcionaron restos de los huesos de animales de los cuales se alimentaba aquella población: ciervo, cabra y cerdo, y con seguridad la cerámica hallada, aunque muy fragmentada, asegura un establecimiento propio de estas gentes.

Tipológicamente caen dentro de cuanto vamos analizando otros hallazgos de la región de la Maresma barcelonesa, así como infinitas supervivencias, sobre todo cerámicas, en los poblados llamados ibéricos de época posterior, contemporáneos a la conquista romana y aun algo posteriores, situados en los sitios estratégicos hasta que la pacificación romana, tras las campañas de Catón, al comienzo del siglo II antes de J. C., volvió de nuevo aquella población agrícola y ganadera a las ricas tierras, más

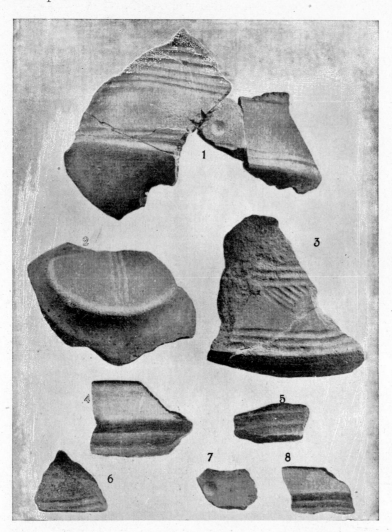

Fig. 126. — Cerámica decorada con surcos acanalados procedente de la Cueva Josefina, de Escornalbou (Tarragona)

llanas, de la costa y de las comarcas del interior, donde la vemos ahora asentada cuando la intranquilidad no había aún llegado a los colonizadores (32).

Intensamente ocupada en esta época anterromana por los invasores la rica llanura del Vallés, a base de los hallazgos casuales reunidos en el Museo de Sabadell se pueden localizar varias estaciones que aseguran una gran población agrícola asentada cerca de las fuentes en pequeños grupos. Los materiales que se han venido recogiendo casualmente en el citado Museo Municipal de Sabadell forman un conjunto aun inédito, en su mayor parte, del mayor interés para estudiar esta cultura en aquella comarca (33).

Sólo la necrópolis de Can Roqueta nos era más conocida, y esto a base de unas falsas reconstrucciones de vasos que probaban su sincronicidad y carácter afín a la importante necrópolis de Can Missert, de Tarrasa, de la que hablaremos. De esta necrópolis no se ha salvado más que una urna completa y algunos fragmentos cerámicos de una serie de nueve sepulturas de incineración compuestas por urnas cubiertas con sus tapaderas, todas situadas bastante juntas y rodeadas por unas losas derechas, según las noticias recogidas.

Los restos que han llegado hasta nosotros son fragmentos cerámicos de barro negruzco bien cocido y pulimentado, con decoraciones a base de acanalados estrechos, formando líneas paralelas, y también meandros, como vemos en otras estaciones catalanas.

La necrópolis de Can Roqueta no es la única de las proximidades de Sabadell, pues en el término municipal de Martorellas se hallaron, en la tejería de Molist, va-

Fig. 127. — Cerámica de las Cuevas D y H de Arbolí (Tarragona)

rios fragmentos de urnas decoradas con hondos acanalados, de perfiles y técnica constructiva muy similar a Tarrasa, con un plato o tapadera troncocónica de las usadas en esta necrópolis, decorada en su interior con anchos acanalados, que se entrecruzan formando una especie de ajedrezado. Más rica en hallazgos, siempre cerámicos, es la estación de San Quirse de Galliners, donde, al sacar tierra para el horno de ladrillos y tejería

Fig. 128. — Cerámica de Arbolí (Tarragona)

de Madurell, se han hallado ya unos 15 pozos hondos, al parecer silos para provisiones, de 1,60 a poco más de 2 metros de circunferencia, en los cuales salen varios fragmentos de cerámica característica de esta cultura, de todos los tipos, pero predominando las grandes tinajas para provisiones, de barro basto y decoración acordonada (fig. 121). Alguna vez vemos los finos vasos pulidos negruzcos, decorados con acanalados, de perfil más o menos hondo y más o menos abierto, que servían para guardar grasas y los líquidos más finos.

También hallamos aquí la ornamentación obtenida por las impresiones de un alambre retorcido o cuerda, que hemos señalado ya en otras partes y que abunda aún más hacia estaciones del interior de Cataluña, como Guisona o El Molar.

Muy difícil resulta la clasificación de estos pozos, situados a veces a dos metros de profundidad, que sólo proporcionan restos cerámicos muy rotos, algún hueso de cerdo y cabra y alguna muela de molino de mano, siempre también fragmentada, o percutores toscos de piedra. Es frecuente hallar muchos restos de cenizas. A primera vista se puede pensar que se trata de fondos de cabaña circulares, y así se han clasificado en España hasta hoy estos hallazgos, no atribuyéndose, por ello, sus materiales a la cultura de los campos de urnas, a la cual pertenecen. Por otra parte, comprobamos en varios casos cómo esta

FIG. 129. — Cerámica de la Cueva del Janet. Tivisa (Tarragona)

cultura usó e introdujo en España una casa de planta paralelográmica, a la cual acompaña en Europa el típico pozo de provisiones, según hemos descrito en lugares anteriores. Además, las dimensiones de estos llamados «fondos de cabaña» hacen la mayoría de las veces tal hipótesis imposible, pues no podría entrar a vivir un hombre en tales hoyos. Sólo en los de mayores dimensiones, aunque con dificultades, podría meterse una persona encogida. A nosotros la profundidad con que están excavadas en el suelo nos induce a pensar se trata de almacenes o silos próximos a las verdaderas cabañas de madera, hoy desaparecidas e imposibles de situar sus vestigios por lo removida que está la tierra y porque, asentadas en terrenos agrícolas, sólo a la gran profundidad en que aparecen los hoyos o silos está la tierra sin remover, en tanto que la superficie ha sufrido mil vueltas en los cultivos intensivos a que están sometidos todos los campos de esta rica comarca. Nuestra hipótesis está confirmada por otros hallazgos y debe ser tenida en cuenta para futuras investigaciones (34).

Del mismo carácter que el de Madurell son varios hallazgos más, o menos ricos, todos ellos casuales, como los que hemos señalado, y que nos prueban una gran densidad de población. Hemos podido situar en los alrededores de Sabadell y municipios limítrofes los siguientes: Torre Berardo, con cerámica arrugada y rayada, de claros perfiles hallstátticos (fig. 121); Can Fatjó dels Orons, situado al lado de San Cugat del Vallés, y que proporcionó una media urna con anchos acanalados en los hombros y otro material cerámico propio de esta cultura; de la fábrica Marcet, de Sabadell, proceden también varios hallazgos cerámicos. En la Sierra de la Salud, cerca del camino de Poliñá a Can

Llobateras, se puede situar, a base de la típica cerámica recogida, otra estación de esta cultura. En Ripollet hay dos estaciones: una, en el kilómetro 1 de la carretera de Sabadell a Antiga, donde se excavó uno de estos silos, y, sobre todo, en la tejería o «bóvila» de Ripollet, ahora en plena explotación. Allí se encuentran estos silos con bastante frecuencia, situados como en San Quirico de Galliners, con la particularidad de que en ambas estaciones se nota, gracias al corte de tierras de 4 ó 5 metros de profundidad que realiza la explotación industrial, una segura y repetida superposición de los pozos de provisiones hallstátticos sobre unos enterramientos de inhuma-

FIG. 130. — Urna cineraria de la Cueva del Janet. Tivisa (Tarragona)

ción que aun salen más profundos, pertenecientes a la cultura de Almería, con ricos ajuares funerarios que no es del caso analizar. Encima de los silos, que llegan a tener 2 a 2,50 metros de profundidad, debieron estar asentadas las viviendas, desaparecidas por las profundísimas y repetidas labores que exigen el cultivo de viñedos o huertos.

También en hallazgos de esta comarca se ve cómo la cerámica de cordones y de acanalados termina apareciendo junto a la llamada cerámica ibérica, ya hecha a torno. En «Cau del Aligué» de San Quirico Safaja, hay unas grandes cuevas al pie de unas rocas, cerca de los llanos, utilizadas seguramente como habitación por los hallstátticos de la cultura de los campos de urnas hasta el comienzo de la época «ibérica», en que la población se siente insegura y se cobija en los picachos montañosos, donde hallamos estratégicamente asentados los poblados ibéricos, propios de una época inestable, aunque sus pobladores son los mismos habitantes que, en contraposición, vivieron durante el período hallstáttico, tranquila y sedentariamente, como toda población agrícola.

La serie de hallazgos que vamos analizando nos induce a pensar que la fuerte corriente de invasores absorbió pronto la población del Bronce que en estas comarcas vivía, desarrollándose por doquier una cultura de tipos originarios europeos que podemos llamar céltica y que no sufrió ya cambio etnográfico alguno hasta los tiempos históricos, a pesar de la profunda transformación sufrida con la influencia colonizadora de griegos y romanos.

Cerca de todas estas estaciones, en la carretera de Tarrasa a Olesa de Montserrat, está la necrópolis de incineración de Can Missert, que es el único hallazgo de esta cultura excavado científicamente, y por ello el que nos ha proporcionado los más numerosos y mejor conservados materiales arqueológicos y más seguros datos sobre la cultura de los campos de urnas en Cataluña, y a base del cual se han sistematizado durante muchos años todos los demás hallazgos.

La excavación proporcionó un total de 48 sepulcros completos, todos ellos de incineración, habiendo además un empedrado de unos 40 centímetros de profundidad y 2,70 metros de largo por 1 de ancho, formado por piedras más o menos cuadradas, pero sin desbastar, y de 10 a 30 centímetros de tamaño. Se trata del *ustrinum* o lugar donde se realizaba la cremación ritual, y ofrece la misma forma sencilla al de otras necrópolis gemelas de Europa central, siendo, hasta el presente, el único constatado en la Península (35).

Como en las demás necrópolis de este tipo en Europa, las cenizas se depositaban en urnas cinerarias, a las cuales sólo acompañan algunas veces ciertos vasos más pequeños para ofrendas.

Fig. 131 — Cerámica de la Cueva del Janet. Tivisa (Tarragona)

Éstos y las urnas suelen aparecer tapados con losas más o menos planas o con las típicas tapaderas troncocónicas. Este tipo de tapaderas lo hallamos luego evolucionado en necrópolis más modernas que Tarrasa, como en el Bajo Aragón y El Molar, donde suelen ser planas completamente, tipo que en nuestra necrópolis no aparece aún (fig. 122).

Las urnas se enterraban en el suelo, en simples hoyos no muy profundos, protegidos o no por piedras y próximos unos a otros, pero independientes, formando un cementerio de sepulcros individuales y sin túmulos, lo cual nos prueba el carácter igualitario de aque-

Fig. 132. — Fragmento de cerámica excisa del Castellet de Bañoles. Tivisa (Tarragona)

llas gentes asentadas en la llanura del Vallés, viviendo seguramente de la explotación agrícola en poblados abiertos en esta época, como nos lo aseguran otros hallazgos de Cataluña: Guisona, El Molar y Marlés entre otros.

El campo de urnas de Tarrasa nos ofrece hallazgos similares de varias localidades, como Can Roqueta, de Sabadell; La Riera, de Argentona, El Turó de les Mentides, de Vich, y Las Eures de Perafita, en el Llusanés, dentro de la provincia de Barcelona, y otras muchas localidades en las provincias limítrofes, mereciendo especial mención la necrópolis del Molá, en la provincia de Tarragona, con 172 sepulcros excavados por Salvador Vilaseca, pertenecientes a un período un poco posterior a Tarrasa, pero de la misma cultura.

Rarísimos son siempre en estas necrópolis otros hallazgos fuera de los abundantes restos cerámicos, y Can Missert, de Tarrasa, confirma la regla; pero como los pocos objetos de metal aparecidos no fueron utilizados hasta hoy, los queremos reseñar a continuación por su interés. Así, en el sepulcro número 18 (fig. 122 A), según el inventario y el diario oficial de las excavaciones, que hemos estudiado detenidamente, aparecen un fragmento de alfiler de cabeza anular, de bronce, de gran valor por su interés cronológico,

Fig. 133. — Cerámica de la Cueva del Marcó. Tivisa (Tarragona)

como veremos, y en la tumba número 16 un anillo sencillo del mismo metal.

Todos los demás objetos recogidos en la excavación son cerámica (fig. 122). De Can Missert proceden más de un centenar de vasos cerámicos de diversas formas, fabricados a mano con un barro negruzco bien pulido en su superficie. Las formas consisten en urnas de cuello cilíndrico con panza esférica y pie más o menos iniciado. Otro tipo más raro es la urna formada por dos especies de conos truncados, aunque con cuello abierto ampliamente, como en el tipo anterior. También aparece la urna cineraria baja y sin cuello, y, por último, el modelo más corriente: la urna de perfil en forma de S, más o menos degenerada, y que es el tipo al cual pertenecen todos los pequeños vasos de ofrendas, apareciendo en un caso único un asa asentada en el hombro, y en otro, un arranque de asa simulada. Merecen mención aparte la serie de tapaderas troncocónicas en forma de platos, con frecuencia agujereadas en los

FIG. 134. — Cerámica de la Cueva del Marcó Tivisa (Tarragona)

lados y con las cuales se tapaban las urnas. La ornamentación que ofrecen todos estos vasos consiste en acanaladuras, en la mayoría de los casos estrechas y paralelas. A veces forman unos meandros más o menos complicados, dientes de lobo, ovas y también losanges cuadrados, siempre a base de unos acanalados estrechos y poco profundos, que parecen simples incisiones de amplio y poco profundo perfil. Solamente en raros casos aparecen los anchos acanalados; asimismo en la panza de la urna baja y sin cuello del sepulcro número 2 (fig. 122 C) vemos una serie de amplias acanaladuras inclinadas, de un modelo muy antiguo, pero que en este caso son una degeneración del tipo europeo a juzgar por el perfil evolucionado del vaso.

FIG. 135. — Cerámica y poblado de El Molar (Tarragona): *A*, ajuar de la tumba núm. 65; *B*, ajuar de la tumba núm. 26

En efecto, todos los paralelos que podemos hallar para estas formas y ornamentación de la cerámica hay que buscarlos en la cultura centroeuropea de las urnas, de la cual la necrópolis de Can Missert, de Tarrasa, es la mejor representación en la Península y la que ofrece un conjunto de mayor antigüedad. Las urnas de cuello cilíndrico las hemos encontrado en Alemania a partir del Hallstatt A, aunque de perfil diferente a las nuestras.

Si comparamos las urnas más antiguas de Tarrasa con modelos centroeuropeos, veremos que ofrecen siempre tipos evolucionados más próximos a los hallazgos centroeuropeos del Hallstatt B y C que a las del Bronce D o Hallstatt A. Por ello, si bien no podemos dudar de su parentesco, sin embargo no es posible guiarse de este elemento tipológico de una manera absoluta para datar demasiado alto este conjunto, sobre todo si tenemos en cuenta que las urnas de este tipo aparecen al lado de vasos de clara forma muy evolucionada, que sólo a partir del Hallstatt B pueden fecharse, y muchos de ellos aun en épocas muy posteriores.

Es en Suiza occidental donde tenemos los mejores paralelos para las formas y decoración de nuestros vasos, y casi todos los conjuntos en los cuales directamente podemos establecer comparaciones, entran en esta época segunda del Hallstatt. Un buen elemento para la cronología nos lo ofrece también el sepulcro número 18, en el cual apareció una urna de cuello cilíndrico de las más antiguas, a juzgar por el tipo, con su tapadera troncocónica, dos vasitos con ofrendas de evolucionado perfil en S y el aro de la cabeza de un alfiler de este tipo (fig. 122 A). Tal cabeza de alfiler ya la señalamos, entre otras estaciones, en la necrópolis hallstáttica de Vilars (Gerona), en Agullana y en el hallazgo de la Cueva de Bora Tuna, de Llorá (Gerona), con cerámica muy parecida a ésta de Tarrasa y otros tipos de alfileres de cabeza enrollada, más tres fíbulas del Hallstatt D, dos de ellas de hierro. Véanse págs. 106 a 109.

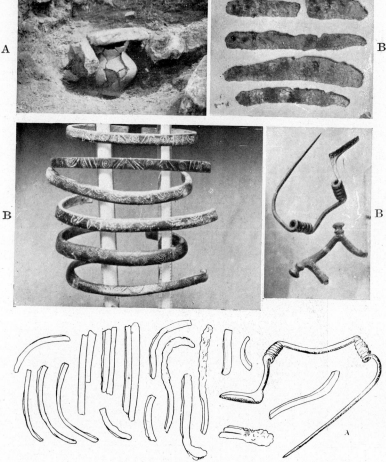

Fig. 136. — A, ajuar de la sepultura núm. 95; B, cuchillos, brazaletes y fíbulas de El Molar (Tarragona)

Este tipo de alfiler aparece también en la necrópolis de campos de urnas de Fleury, cerca de Narbona, con vasos de muy evolucionado perfil y un broche de cinturón de un solo garfio, todo lo cual debería fecharse en el Hallstatt final de Déchelette. Nuestra tendencia a rebajar la cronología de esta cerámica de los campos de urnas para España ha sido reforzada recientemente con los materiales proporcionados por otras estaciones catalanas, como el poblado recientemente excavado de La Creueta, al lado de Gerona, donde surge abundantemente cerámica de los campos de urnas con características muy arcaicas, como las amplias acanaladuras, junto con cerámica griega del siglo IV en adelante. Con este hallazgo se corroboran los resultados obtenidos en las capas inferiores de Ampurias y se ve cómo, en líneas generales, podemos establecer para esta necrópolis de Tarrasa y los más antiguos materiales catalanes de esta cultura una duración que sólo va del siglo ix en adelante.

Queremos, al hacer esta breve exposición de tan importante hallazgo, tratar muy resumidamente las conclusiones obtenidas a base de estos materiales por Bosch Gimpera y Kraft, que

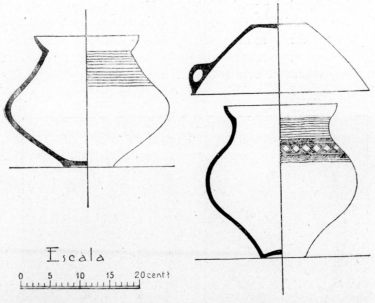

Escala

0 5 10 15 20 cent?

FIG. 137. — Perfiles cerámicos de la necrópolis de Llardecans (Lérida)

han utilizado primero los hallazgos de esta necrópolis y han basado en ellos principalmente sus teorías sobre los celtas y sus invasiones occidentales. Estos arqueólogos han establecido para esta necrópolis dos períodos (I y II), con dos etapas (a y b) dentro de su período I. Sin embargo, no han expuesto con minuciosidad ni la tipología, ni la cronología, ni los materiales propios y característicos de cada uno de estos períodos y subperíodos. Así, la cronología absoluta de este hallazgo y de toda esta cultura es muy diversa en cada uno de sus trabajos. Bosch Gimpera, en unos, hace pertenecer los más antiguos

FIG. 138. — Cerámica de la Cueva de la Fou de Bor (Lérida)

materiales al tiempo de los *Urnenfelder* del Rhin, esto es, del 1200 al 900, época a la cual pertenecería la parte oriental de la necrópolis de Tarrasa (período I), en tanto que la parte occidental se desarrollaría del 900 al 600 a. de J. C. (período II).

Nosotros, tras un estudio detenido del material y del diario de excavaciones, no podemos confirmar esta aseveración, pues las urnas de cuello cilíndrico salen mezcladas en diversos lugares de la necrópolis, sin poder hacer agrupaciones locales de tipos determinados. En otros trabajos del mismo autor estas cifras cronológicas varían algo; pero siempre el año 1000 antes de J. C. es más o menos el momento inicial de esta invasión etnográfica, que Bosch y Kraft han atribuído a los celtas, basados en la aparición de nombres célticos en Cataluña, como los de significado militar terminados en *dunum* (Besalú, Verdú, Salardú, Camprodón), y en *acum*, como Volpillac, Gausac, Reixac, Estrac, etc., y varios nombres de lugar (Bergium, Bergussiu), y los derivados del céltico *cuculle:* Monte Cogoll (Lérida), Cogul, Cogullas (Tarragona), Cogolls (Gerona) y La Cogullada (Barcelona).

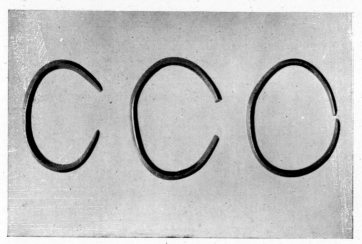

Fig. 139. — Brazaletes de bronce del depósito de Sant Aleix (Lérida)

Últimamente Bosch Gimpera se ha apartado algo de sus conclusiones anteriores. Ha admitido una invasión de los campos de urnas en toda España, gemela de la invasión catalana, que antes no llegaba, según su opinión, más allá de la Cataluña marítima. Se inclina, conforme hemos hecho nosotros por primera vez, a considerar como céltica su llamada cultura ibérica del Bajo Aragón, aunque admite otro origen para la misma. Establece una invasión céltica anterior a la del siglo VI, que habría llegado hacia la meseta a través de los pasos del Pirineo central. Se atreve a dar nombres históricos a estas oleadas de pueblos. Así, en tal momento llegarían los Pelendones a la región de Soria, y los Beribraces, hacia Valencia y Castellón, a través del valle del Ebro. Finalmente, considera el año 900 a. de J. C. como la fecha inicial de la penetración de las primeras bandas célticas que desde la Narbonense pasarían a Cataluña. Pero, en líneas generales, deja en pie las conclusiones establecidas para la necrópolis de Can Missert, en colaboración con Kraft, aunque rectifique la cronología y el alcance de este movimiento.

Los raros ejemplos comparativos utilizados y lo somero de su razonamiento nos han inclinado a rectificar la clasificación de estos materiales, y, por tanto, de todos los hallazgos de España pertenecientes a la cultura de los campos de urnas, obligándonos desde nuestros primeros trabajos, hace algunos años, a valorar ésta dentro de una concepción algo distinta de la hecha por los autores citados (36).

A continuación del Vallés, ya pasado el Llobregat, los restos de esta cultura se siguen señalando en varios sitios, como la Cueva Freda,

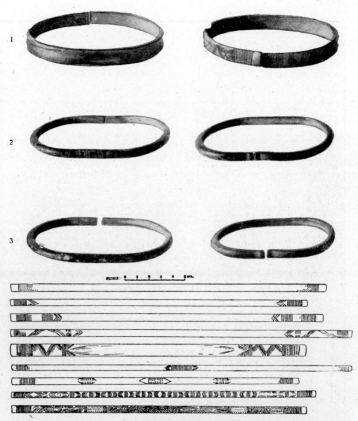

FIG. 140. — Brazaletes y motivos decorativos de los mismos de Sant Aleix (Lérida)

de Montserrat (fig. 123), con decoración de acanalados en varios fragmentos, y lo mismo proporciona la Cueva Montmany, aun inédita, situada cerca del río, en el pueblo de Pallejá (37), más hacia la desembocadura del Llobregat, la cual nos ha proporcionado otro abundante conjunto cerámico, sobre todo de cerámica decorada con cordones, y algo más basta que lo normalmente hallado. Parece ser que estas cuevas fueron habitadas y en ellas se encuentra la cerámica de las grandes tinajas para provisiones, como en los silos explorados en el Vallés. Es parduzca y basta, en contraposición a las urnas cinerarias, que son de un barro más fino y pulido. Pero la sincronicidad de ambos materiales y la pertenencia a la misma cultura es indudable, y este mismo fenómeno se puede ver en los poblados y necrópolis extranjeros de donde los invasores procedían.

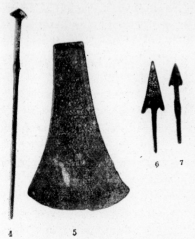

FIG. 141. — Hacha plana y aguja de bronce de la Cueva de Canals Piñana, y puntas de flecha del Serrat de la Coma. Estivill (Lérida).

Ya en la comarca del Panadés, podemos situar una necrópolis al lado mismo de Villafranca (38), la cual apareció al removerse tierra para el horno de ladrillos o

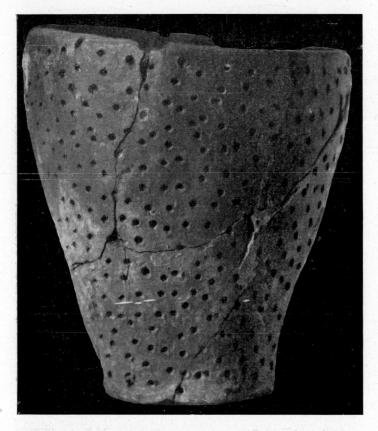

FIG. 142. — Cerámica de la mina «Forat de la Tuta»,
de Riner (Lérida)

«bóvila» de Can Majem (figura 124). Sus materiales se perdieron casi íntegramente; pero, por las noticias recogidas, parece ser se trata de una necrópolis típica de incineración, como las situadas en el Vallés. Las urnas aparecían rodeadas de unas cuantas piedras. Del material sólo ha llegado hasta nosotros una pequeña urna de perfil muy avanzado, decorada con acanalados, y un plato troncocónico fragmentado con una ornamentación apretada de surcos concéntricos y radiales. No falta la decoración de cordones con impresiones digitales, y además la de cuerda fina impresa sobre el barro blando que vemos en otras partes.

En esta misma región se halla situada la Cueva de la Griera, en Bellvey, con típicos fragmentos de la pulida cerámica hallstáttica, y hallazgos semejantes ha proporcionado la Cueva del Mas Vila, en Santa María de Miralles, con lo cual podemos ver por el Panadés la misma abundancia de vestigios de la cultura de las urnas situados en las demás regiones catalanas y con el mismo carácter.

Ya hacia Tarragona, a la salida del Panadés, cerca de la costa, tenemos la Cueva de Merla (39), en Roda de Bará, con fragmentos de cerámica pulida de este mismo tipo, y en la misma zona costera, más adelante, encontramos la Cueva Fonda de Salamó (40), con un abigarrado conjunto cerámico, en el cual se ve, con una marcada personalidad local, la mezcla de la cultura de los campos de urnas con la de los pueblos agrícolas del pobre Bronce final español, que hemos dado en llamar cultura de las cuevas unas veces, por su cerámica con decoraciones de cordones, y cultura del Argar, otras, por la cerámica pulida, de formas muy próximas a las bellas de esta estación tipo del sudeste de España. Los problemas que el conjunto de tal estación ofrece no pueden ser abordados ahora. Allí aparece el vaso campaniforme con otros estilos cerámicos, en cuanto al barro y decoraciones, y entre ellos vemos unos acanalados amplios e irregulares típicos de los grandes vasos encontrados en esta cueva, cuya forma se aparta de los de los campos de urnas;

pero siempre ha de ser más fácil relacionarlos con la ornamentación de la cerámica de estas necrópolis que con inciertos precedentes decorativos de culturas indígenas.

Siguiendo la costa, en la misma Tarragona, hallamos un rico conjunto de cerámica típica de esta cultura y de las formas más antiguas con barro negro y bien pulido (fig. 125). Se halla citada por Hernández Sanahuja como característica de la capa de la ciudad, que parece pereció con un incendio. Tan breve y conjetural noticia (41) no puede ser aquí sino mencionada para asegurarnos o una necrópolis céltica o un establecimiento de estas gentes como el más primitivo estrato de la actual ciudad.

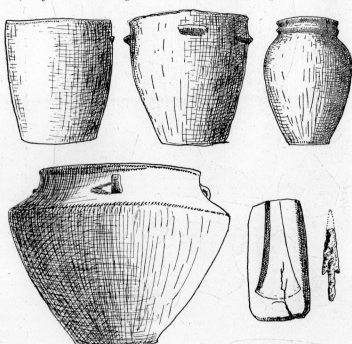

FIG. 143. — Cerámica y bronces de la mina del «Forat de la Tuta» de Riner (Lérida)

La aparición de tapaderas con asa de botón central, como en los poblados más antiguos del Bajo Aragón, que luego estudiaremos, nos induce a pensar que se trata de un antiguo poblado de esta cultura, que sólo conocemos por los hallazgos cerámicos que aquí recogemos, situados estratigráficamente en el más hondo nivel de la ciudad, según las excavaciones realizadas, y que aun no han sido valoradas con el debido detenimiento.

El mismo carácter ofrece la cerámica acanalada típica de la Cueva Josefina, de Escornalbou (fig. 126), hallada con varios fragmentos de vaso campaniforme muy evolucionado y otros estilos cerámicos próximos a los que salieron en la Cueva Fonda de Salamó; ambas estaciones nos prueban que tras la llegada de los invasores de los campos de urnas o se aprovechan los mismos lugares utilizados por gentes anteriores o se funde la población, cruzándose las culturas, resultando en estos yacimientos muy difícil de precisar cómo se realizó tal fenómeno por no haber segura estratigrafía (42).

FIG. 144. — Cerámica de la Cueva del Segre. Vilaplana
(Lérida)

Gracias a las investigaciones de Salvador Vilaseca, al que tanto debe la arqueología prehistórica de la provincia de Tarragona, conocemos más hacia el interior gran número de estaciones, algunas del mayor interés para establecer el carácter y alcance de la cultura invasora, a la vez que nos enlazan con las estaciones del valle del Ebro, tanto hacia Lérida como hacia el Bajo Aragón, igualando el fenómeno etnográfico por todas partes frente a la tesis hasta hoy sostenida por Bosch Gimpera, el cual concedía una absoluta y total independencia a la zona costerocatalana, considerando todos los hallazgos de esta cultura situados al interior como mera influencia de las necrópolis y poblados de la región más próxima a la costa, cuyo mejor representante, por su indudable pureza, era Tarrasa.

Los hallazgos del Priorato, situados geográficamente ya en la región montañosa que mira al valle del Ebro, nos prueban el sincronismo de todo el conjunto hallsttático de España, que podemos agrupar en la primera Edad del Hierro, aunque, naturalmente, haya una evolución que hace fácilmente datables unas necrópolis delante de otras, hasta llegar a la llamada época «ibérica» y romana.

De estos hallazgos, estudiados por Vilaseca, el más cercano a la costa es el de las Cuevas C, D, H y M y Cueva de la Dou de Arbolí (figs. 127 y 128), donde hallamos los mismos fragmentos cerámicos mezclados que hemos visto en Salamó (43). Del mismo tipo son los hallazgos de las Cuevas de Ro-

FIG. 145. — Hallazgos de cerámica de La Guingueta. Solsona (Lérida)

ques Caigudes y de la Cueva del Cartañá, en Vilavert; la Cueva de Les Gralles, en Ro-
jals, ya en la cuenca del Brugent y Coll Roig (44), y los de otras estaciones de la comarca de Prades, como el aun inédito de La Serra, en Montblanc, o el de Coster de Plá-
cido, en Masroig, donde hallamos, incluso al aire libre, vestigios de esta cerámica típica
de los campos de urnas mezclada con otros elementos de culturas anteriores, a los
cuales se impone pronto, para acabar dominando las formas culturales de los nuevos
invasores.

Ya hacia el valle del Ebro, en comarcas aun de la provincia de Tarragona, hallamos las Cuevas de La Miloquera, de Marsá, y la Cueva del Bassot, de Capsanes (45). Algo más al Occidente, la Cueva del Janet, en Tivisa, nos ofrece la más pura de todas estas estaciones y uno de los más importantes conjuntos de toda la cultura de las urnas en España (46). Proporcionó este yacimiento mucha cerámica típica de los campos de urnas, con gran predominio en perfiles y decoración sobre posibles reminiscencias de culturas anteriores que allí se pueden también señalar (figs. 129 a 131). Parece que el lugar fué habitado largo tiempo por gentes de la cultura de las urnas a juzgar por los muchísimos restos de cerámica, que formaron una auténtica escombrera, que ha dado algunos cientos de kilos de fragmentos cerámicos, en su mayoría de barro basto, propio de esas tinajas que hallamos decoradas con cordones, con impresiones digitales, verdugones y arrugas; pero sobre todo abunda, como en ninguna parte, la pulida y negra cerámica, con acanalados amplios y finos, de estructura horizontal y vertical o inclinada, de un aspecto

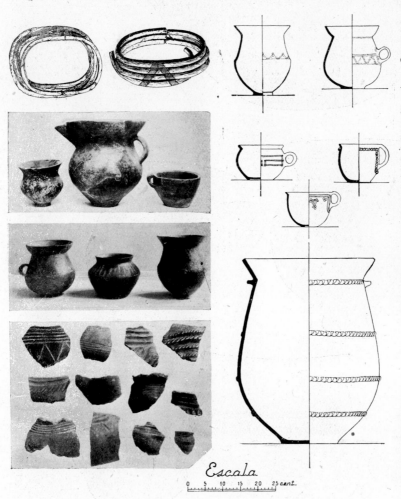

Fig. 146. — Cerámica y brazaletes de bronce de Guisona (Lérida)

mucho más antiguo que cuanto hemos visto en las demás estaciones de la región costera catalana. Únicamente la rica serie de entrecruzamientos de los acanalados y los perfiles avanzados nos muestran la modernidad de estos motivos decorativos, que por su estilo nos inducirían a pensar en el Hallstatt A o Bronce D, a no haber sido hallados vasos completos que nos aseguran con mayor garantía la fecha del Hallstatt B para este típico y rico conjunto, a pesar de todo, uno de los más antiguos de España pertenecientes a esta cultura. Además ofrece gran interés por su situación, ya que está mirando al Ebro y enlazando con Lérida, de donde sería más fácil hacer llegar los invasores que desde la costa, conforme ya Vilaseca entrevé en sus estudios meritísimos. Con todo lo cual se

viene a rechazar con este nuevo hallazgo la tesis dada por Bosch, en la cual se considera-
raban todos estos hallazgos de las regiones del interior como meras influencias culturales
llegadas desde las gentes de la costa.

Próxima a esta cueva se halla, en el mismo término de Tivisa, muy pegada al río Ebro,
la Cueva del Marcó (47), con cerámica del mismo tipo y de idéntica decoración, donde
además aparecen finas
ranuras formando líneas
irregulares (figs. 133 y
134). Las formas de estos
vasos son idénticas a las
ya mencionadas de Ta-
rragona y que veremos
en otras partes. También
hemos de citar un vaso
con decoración excisa
hallado en el poblado ibérico del Castellet de Ba-
ñolas, de Tivisa, sin ninguna precisión cronoló-
gica, pues apareció en el
fondo de una habitación
sin precisión estratigrá-
fica alguna y que tipoló-
gicamente pertenece a
este período (fig. 132).

En todas estas esta-
ciones falta siempre todo
vestigio de metal; sólo
algunos alisadores de
hueso, para la cerámica,
o algún peine, para la
decoración de la misma,
se halla revuelto con los
fragmentos cerámicos,
muy rotos, que apenas
permiten la reconstruc-
ción de algunas formas
de aquella típica cerá-

FIG. 147. — Fragmentos cerámicos de la Cueva de Joan d'Os,
de Tartareu (Lérida)

mica pulida y hecha a mano con barro negruzco. Estas formas han perdurado en todos
los niveles de los poblados de época ya muy posterior, donde con el torno, aprendido
con toda seguridad de los griegos, se introducen los estilos nuevos de vasos más finos con
esa decoración pintada que llamamos cerámica ibérica, en la cual aun vemos perdurar
ciertas formas de esta cultura que en esencia se transforma a lo largo de los siglos, pero
que sigue siendo en sus formas culturales la misma, tanto en Cataluña como en Aragón
y Castilla, y aun creemos que en todo el resto de España, con variaciones que iremos
señalando.

FIG. 148. — Cerámica de la necrópolis de Las Valletas, Sena (Huesca)

Un ejemplo también muy importante para el conocimiento de esta cultura de las urnas españolas es la necrópolis y poblado de El Molar, ya cerca de la provincia de Lérida (48). Este hallazgo nos asegura cómo además de las cuevas estas gentes habitaban en pequeños poblados abiertos, sin fortificar, en medio de las zonas llanas, donde se dedicaban al cultivo de los campos. Sus casas son de planta cuadrada, construídas con aparejo de piedras sin escuadrar y barro, formando calles estrechas e irregulares (figura 135). Al lado de este poblado se halló la necrópolis de urnas enterradas entre algunas piedras o sin ellas y tapadas unas veces con una simple losa o con su tapadera de barro.

Las formas son todas avanzadas y parece que tanto la necrópolis como el poblado corresponden a una época del Hallstatt final, sincrónica o aun posterior a la necrópolis de Agullana, ya descrita, o a la de Vilars, en Espolla, por ejemplo, o de Guisona (Lérida), y cuyos paralelos más directos los hallamos en el Bajo Aragón, en poblados que ya enlazan con la época de cerámica hecha a torno. Todavía en El Molar todos los cacharros y las 172 urnas cinerarias están fabricados a mano. Aparecen como decoración los acanalados, los cordones con impresiones digitales, y también las impresiones de alambres retorcidos, que con frecuencia se usó en Guisona y otras estaciones de la provincia de Lérida, que ya hemos citado en Gerona, y que más adelante veremos en otros hallazgos.

FIG. 149. — Vaso con decoración excisa de Estiche (Huesca)

Sobre todo es típica la ornamentación de estampillados de círculos concéntricos que en la cerámica del poblado aparece; frecuentemente la hallamos en El Roquizal del Rullo y otras estaciones aragonesas, en tanto que en Cataluña sólo conocemos los motivos sencillos de este arte descritos al citar la Cueva de Bora Tuna, de Llorá. Además, en esta necrópolis comienzan ya a enterrarse en algunos casos ciertos ajuares con las cenizas del muerto, lo cual nos señala un momento avanzado, a juzgar por los objetos de metal, cuya tipología representaría en toda Europa el Hallstatt D y que aquí hemos de considerar tal vez más avanzado aún y muy al final del período antiguo de esta cultura.

Es de señalar los tipos de brazaletes y, sobre todo, las fíbulas de doble resorte paralelo y lateral en los dos extremos del arco, iguales en todo a otras de Agullana, y que hallaremos en estaciones del interior de España, como Sancho Reja (49), en Ávila, tipo derivado de los modelos italianos de ojo, más que de tipos de Europa central, fenómeno que veremos con los otros objetos de metal que hallaremos dentro de esta etapa antigua de la cultura céltica española, como la fíbula de arco en tres brazos con dos antenas en

los codos del arco paralelo a la aguja, la cual se enmanga en uno de los lados del arco
terminado en tubo, donde se enchufa la aguja, que hace así de resorte, y de la cual se
halló un ejemplar fragmentado y sin agujas en una tumba de El Molar. Los brazaletes
y un torques de finales vueltos formando un aro (fig. 135 B) tipo Strättlingen (Berna), y
que volveremos a ver en otras estaciones españolas, como Salzadella, nos hablan de tipos

Fig. 150. — Cerámica con ranuras y acanalados, excisiones y estampados de El Roquizal
del Rullo, Fabara (Zaragoza)

suizos y renanos del Hallstatt medio, que aquí perduran aún ahora, como hemos visto
ocurre con las agujas de cabeza enrollada y de aro traídas desde allá por la invasión (50).

Cerca de este poblado, y ya en la provincia de Lérida, hemos de registrar la necrópolis de Llardecans (51), aun inédita, pero cuyos materiales son de gran tipicidad dentro
del Hallstatt C, con sus perfiles abombados, como ya nos los ofrecieron algunos otros
vasos de más hacia la costa (fig. 137). Además, toda la parte alta de la provincia de
Lérida nos muestra el mismo cuadro de abundantes estaciones, que hemos visto en la de
Gerona, como prueba de que todos los pasos del Pirineo fueron forzados por los invasores.

En el Alto Garona, en el puerto de Salardú, se localizó la necrópolis del Plá de Beret (52), cuyos materiales están hoy perdidos totalmente. Viniendo de Europa por el paso del Puigcerdá hallamos la Cueva de la Fou de Bor (53), donde entre materiales de gran rusticidad se hallaron pequeños vasos grafiteados y decorados con líneas incisas que es preciso atribuir a esta invasión (fig. 138).

Más bajo se sitúa el depósito de Cabó, en Organñá (54), de tres hachas de bronce, dos de aletas degeneradas y una de tubo con asa lateral, y tres brazaletes ovales, uno con decoración de líneas incisas, como los que vemos en el depósito de Sant Aleix (figs. 139 y 140). En éste se hallaron nueve brazaletes juntos, todos ellos característicos del Hallstatt D y

FIG. 151. — Vasos con decoración excisa e incisa de El Roquizal del Rullo, Fabara (Zaragoza)

La Tène I, con sencillas decoraciones, como otros ejemplares paralelos del sur de Francia y el Rhin, tipo que aparece en Llorá, en el Bajo Aragón, en El Molar y Guisona y en el depósito de Huerta de Arriba (Burgos), siendo de los pocos tipos de bronces que ofrece esta cultura.

Cerca de estos brazaletes se recogió en la Cueva de Canals, en Piñana, en el Pallars, un tipo de alfiler de cuello estrangulado de origen centroeuropeo y que, dados los resabios de arcaísmo de esta cultura, no nos parece errado hacerle llegar con estos invasores, a pesar de que su tipo es del Bronce medio y final en Centroeuropa, lo mismo que el hacha plana y las puntas de flecha con aletas y pedicelo central, propios de esta cultura, procedentes de la Cueva de l'Estivill, en el Pallars (fig. 141) (55).

De esta misma comarca procede el vaso de Beranuy, de tipo basto, hallado solo, por lo cual su cronología es imprecisa, pues el tipo de taza o jarrito de perfil en S y asa lateral perduró incluso hasta la romanización (56).

De singular interés es el hallazgo del Forat de la Tuta, en el término de Riner, del Obispado de Solsona, donde Serra Vilaró comprobó la existencia de una mina de esta cultura y época a juzgar por la cerámica y tipos de fundición que se recogieron. Parece ser que los yacimientos son pobres; pero el mineral del filón, junto con el cobre, da estaño, por lo cual fué aprovechado en aquella época. La saeta de hueso de pedicelo y aletas laterales es típica de esta cultura, y lo mismo la cerámica pulida de formas troncocónicas o redondeadas, algunas muy originales (figuras 142 y 143).

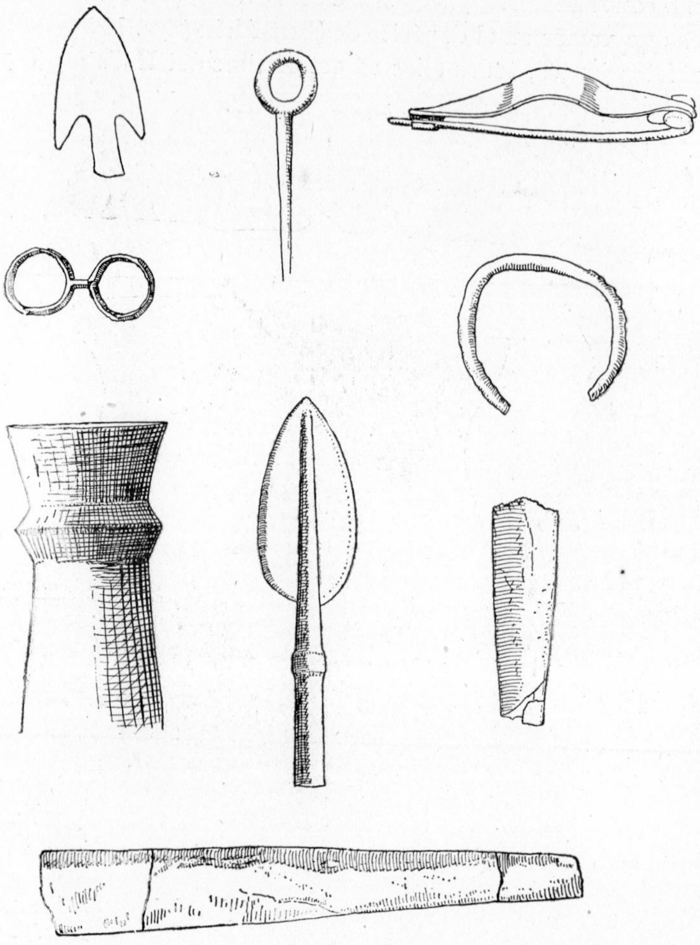

Las valvas de fundir son de arenisca, como las procedentes del Roquizal del Rullo y de otras partes, y nos dan tipos incompletos de un hacha plana de una amplia y arqueada boca, como el ejemplar más arriba citado de la Cueva de Canals, y punzones que hallaremos en varios yacimientos de estas gentes (57).

Muy importante es el conjunto de la Cueva del Segre, en Vilaplana donde, gracias a una excavación metódica, que debemos a Serra Vilaró, explorador meritísimo de esta comarca, podemos ver cómo los niveles *b* y *c*, pertenecientes a nuestra cultura, se asientan sobre un nivel inferior, de tipo argárico, caracterizado por cerámica muy pulida, y que nada tiene que ver con los acordonados decorativos que vemos en los vasos sincrónicos a la otra cerámica

FIG. 152. — Tipos de bronces: punta de flecha, brazalete y fíbula. Valvas para fundir espadas de punta aguda, anillas y pequeña hoja de lanza o flecha. El Roquizal del Rullo, Fabara (Zaragoza).

pulida propia de los campos de urnas con decoración de acanalados finos (fig. 144). Los perfiles en S y las asas amplias, muy redondeadas a veces, nos dan una fecha baja, hacia el Hallstatt C y D, para este establecimiento.

A la misma cultura, aunque algo más moderno, pertenece el Castellvell de Solsona, donde ya hallamos claras influencias griegas, como cerámica a torno y ciertos perfiles de oinokoes, además del hierro, que nos asegura una fecha aun más temprana que la de la necrópolis y poblado de El Molar, donde este metal es más raro, y faltan aún los vasos a torno de influencia helenística que vemos en el Castellvell. Esta estación muestra con

FIG. 153. — Morillos votivos de El Roquizal del Rullo, Fabara (Zaragoza)

claridad cómo esos pueblos prerromanos, luego llamados ibéricos, denominación aplicada
a sus habitantes los bergistanos históricos de la comarca de Solsona (58), que sometió
Aníbal, no son otra cosa que la población de origen centroeuropeo que trajo la cultura
de los campos de urnas hasta España y que fueron desarrollándose mezclados étnicamente con la población indígena anterior, ofreciéndonos desde su llegada una cultura
uniforme desarrollada sin solución de continuidad ni influencia cultural posterior seña-
lable hasta la romanización, iniciada más tempranamente en estas comarcas del nordeste
de la Península, pues en el 219 a. de J. C. ya llega a Ampurias el primer ejército romano.

Los resultados obtenidos en el Castellvell de Solsona se corroboran con los del poblado
próximo de La Guingueta, donde sus moradores vivían en pequeñas cabañas construídas
con ramas y arcilla y donde un redondo y profundo silo, como los señalados en el Vallés,
acompaña a cada choza, silos en los cuales fueron halladas cebollas, granos y otros restos
de provisiones. La cerámica recogida ofrece el tipo y formas ya señaladas con la misma
decoración de acanalados y cordones y arrugas (fig. 145). Algunos restos de bronce son

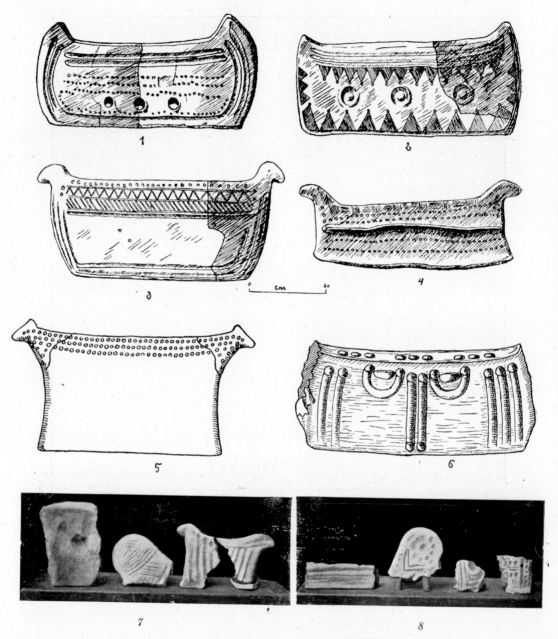

FIG. 154. — Morillos votivos de Rhein-Hessen: 1 a 3, de Dautenheim (Hessen); 4, de Adlerberg (Worms); 5, de Schefferstadt-Igglhein; 6, de Cortaillod; 7 y 8, de diversas localidades del Rhin

los únicos vestigios de metalurgia, faltando aquí el hierro en absoluto; pero la población que vivió en La Guingueta ya comienza a abandonar la llanura y busca refugio en la eminencia del terreno, aunque aquí todavía no se encuentran muros como en el Castell-vell, lo cual prueba también una mayor antigüedad. Sólo tras la intervención cartaginesa los habitantes se vieron amenazados, comenzando una época de intranquilidad, que dura hasta las últimas guerras civiles romanas. Los habitantes hubieron de abandonar sus establecimientos agrarios para fortificarse en agrupaciones urbanas mayores establecidas en sitios propicios para la defensa.

El mismo carácter que este poblado nos ofrece el de Guisona, ya en la comarca de la Segarra (59), donde, al lado de una rica fuente, como vemos en otros lugares, se estableció una

FIG. 155. — Cerámica de la necrópolis céltica de Azaila (Teruel)

población que vivía en casas de planta cuadrada levantadas con aparejo de piedras irregulares ligadas con barro amasado, y donde también aparecen unos silos para las provisiones idénticos a los que hemos descrito, pero pertenecientes a la época ibérica.

Este poblado debió ser abandonado hacia el siglo III, para establecerse la población en la acrópolis natural próxima de «Cap de Vila», aunque siguieron usándose en el viejo emplazamiento unos silos de provisiones de fecha más moderna, que también podemos atribuir a casas de época ibérica, desaparecidas por estar sus cimientos más a flor de tierra.

La cerámica de Guisona es de formas muy evolucionadas, con pies y bordes graciosos, que nos hace pensar en perfiles de vasos griegos. La técnica de su construcción es a mano, mostrándonos las decoraciones de acanalados estrechos y anchos y, sobre todo, de impresiones de cuerdas finas o alambres, que aquí es muy abundante, apareciendo también aún las finas ranuras obtenidas con un peine de cinco púas formando un falso meandro (fig. 146).

El hierro es poco abundante, y la cronología, muy baja, hacia el siglo IV antes de J. C., no nos parece exagerada, corroborándolo unos cuantos brazaletes planos y

FIG. 156. — Cerámica de la necrópolis céltica de Azaila (Teruel)

delgados que se unían formando muñequeras de varios aros con decoraciones incisas muy parecidas a ejemplares característicos de la cultura de los campos de urnas, en la cual son frecuentes la decoración de motivos geométricos incisos a cincel (fig. 146).

Finalmente, en el límite de la provincia de Lérida, hacia Huesca, se halla la Cueva de Juan d'Os, en Tartareu (60), donde se puede ver el mismo vario y complejo conjunto

de fragmentos de cerámica con decoración de arrugas y acanalados hondos y estrechos y, sobre todo, cordones con impresiones digitales al lado de cerámica pulida y negruzca, con decoración incisa sencilla, que no cabe duda caen dentro de esta época (fig. 147) tal vez como una simple influencia sobre un núcleo de población retrasada en aquella comarca de Balaguer, donde aún se utilizan objetos de sílex al lado de un hacha de bronce plana del ya mencionado tipo que aparece también en otros hallazgos de esta época.

Fuera de Cataluña el número de hallazgos es mucho menos numeroso, por lo que la visión lograda en esta región será siempre fundamental. Sin embargo, hallamos las suficientes estaciones para seguir los pasos y el carácter de esta invasión etnográfica que recorrió toda la Península.

En la provincia de Huesca son conocidos los hallazgos realizados por el párroco de Sena, mosén Gudel, en dos poblados y necrópolis próximas, Las Valletas y Presiñena (61), en aquel extenso término municipal, y ambas aún por publicar total y detenidamente, junto con otros hallazgos, menores en número, pero de idéntico valor y significado cultural. Estas estaciones han proporcionado algunos bronces, entre ellos brazaletes de perfil cuadrado y alfileres de cabeza enrollada, y también una valva para alfiler de cabeza de aro del tipo ya descrito en Vilars, Agullana y otras partes.

Fig. 157. — Vasos cerámicos de la primera Edad del Hierro de la cultura de los campos de urnas del Bajo Aragón: 1 y 2, Escodinas Bajas; 3, Escodinas Altas. Mazaleón (Teruel).

Los perfiles del campo de urnas de Las Valletas son de lo más típico y antiguo de estas culturas en el valle del Ebro (fig. 148). Faltan aquí la decoración de acanalados y ranuras, no apareciendo más que incisiones sencillas formando espiga o simples zigzag. Algunas formas arcaizantes hay que enlazarlas con tipos anteriores a la invasión. Otras son características evoluciones de las urnas bajas sin cuello que vemos en el Rhin, pero cuya forma de perfil en S y motivos decorativos han evolucionado tanto, que la fecha del Hallsttat C o D nos parece la más aproximada para este importante conjunto, no ayudando los pocos bronces recogidos a obtener una mayor precisión. Sin embargo, como ya hemos dicho, sus tipos enlazan con los de las necrópolis catalanas de esta primera época de la invasión, aunque tal vez sean estos últimos algo más antiguos incluso que los hallazgos aragoneses, que ahora iremos brevemente analizando. También nos ofrecen las urnas de Las Valletas una estructura semejante a hallazgos del sur de Francia, sobre todo de la región de Tarn, de donde, con toda seguridad, a través del Pirineo central, entró el pueblo que se asentó en el valle del Ebro, a lo largo de las llanuras y valles de las comarcas de Lérida y Huesca (62).

Remontando el curso del Alcanadre, no lejos de Sena, se halló el vaso de Estiche (fig. 149) con pie inicial y perfil idéntico a vasos de Jogasses y del sur francés, decorado con una línea de muescas excisas de la misma técnica tardía que ofrece el vaso exciso de Tivisa y que veremos aparecer en el Bajo Aragón, Numancia y otras partes.

Pasado el Ebro, volvemos a encontrar una serie numerosa de hallazgos de esta cultura, del más grande interés, todos ellos agrupados en la región del Bajo Aragón, bien explorada, en contraste con el resto del territorio de aquel antiguo Reino (63).

El más importante y rico hallazgo es el de El Roquizal del Rullo, término municipal de Fabara (64), que proporcionó el plano de un pueblo asentado en un pequeño cabezo sin fortificación alguna, con casas de

FIG. 158. — Urna y tapadera de la habitación núm. 2 de San Cristóbal de Mazaleón (Teruel)

planta cuadrada alzadas con piedras irregulares ligadas con barro. La excavación nos ha
dado un rico conjunto cerámico, en el que se distinguen tres tipos de ornamentación, a
veces entremezclados.

Uno ya nos es conocido y no ofrece ninguna particularidad: son las grandes tinajas
y vasos propios para tener provisiones que vemos aparecer en esta cultura desde el
centro de Europa a España,
decorados con cordones y arrugas y que en nuestra Península llegan a producir estilos especiales, como el de Marlés.
Otro grupo de vasos aparece
decorado con profundas y amplias ranuras, como si fuese el
eco final de aquella ornamentación de origen metalístico
nacida en Lausacia.

FIG. 159. — Cerámica de la habitación núm. 2 de San Cristóbal
de Mazaleón (Teruel)

Con las ranuras citadas vemos líneas incisas formando
paralelas, ángulos, raspas, etcétera. Este tipo de decoración ya lo hemos visto en Las
Valletas y en otras estaciones
de la cuenca del Segre; pero
aquí aparecen estas líneas incisas con una distinta personalidad que sólo nos acerca a Las
Valletas y a estaciones de Francia (figs. 150 a 151).

Los perfiles ahora son más
avanzados, con asas pequeñas
en la parte inferior de los vasos o hacia el medio. Pero sobre todo hay en El Roquizal un
tipo de cerámica ricamente
adornado con excisiones profundas, estampillados de círculos concéntricos y hoyos redondos o triangulares, obtenidos apretando el barro con un
objeto redondo o triangular. Es decir, una decoración excisa o estampada que alterna
con las incisiones del estilo anteriormente descrito, produciendo una sensación de gran
belleza, a pesar de ser barro tosco y de color pardusco, habiéndose ya abandonado la
técnica de los pulimentos y engobes finos que vemos en los vasos de la costa catalana
y que no pasan ya hacia el interior.

La cerámica de El Roquizal del Rullo tiene hallazgos parientes, pero no hermanos.
Es un conjunto único, y sólo en la meseta encontraremos algo parecido. Será por mucho

Fig. 160. — Fragmentos de cerámica de la habitación núm. 2, del poblado de San Cristóbal de Mazaleón (Teruel)

tiempo un problema el explicar satisfactoriamente este poblado, con su rica cerámica tan personal. Desde luego, su cronología hacia el Hallstatt C o D nos parece segura, por las formas de los vasos y por una fíbula de codo poco acusado con sencillo resorte unilateral, cuya fecha avanzada, hacia el siglo VI a. de J. C., nos parece segura (fig. 152).

También son piezas cerámicas de indiscutible interés arqueológico (fig. 153), los dos morillos votivos idénticos, hallados en esta estación. Su directa derivación de modelos

Fig. 161. — Tipo de poblado céltico del Bajo Aragón. Tossal Redó. Calaceite (Teruel)

europeos ya fué probada por nosotros (fig. 154), y ayudan también a reforzar la cronología
que para esta estación nos aseguran los modelos de objetos de metal, como la espada y
la fíbula y punta de flecha, todos directamente derivados de los tipos que aparecen en
el depósito de la ría de Huelva (fig. 152).

Fig. 162. — Materiales arqueológicos del poblado de Tossal Redó. Calaceite (Teruel)

Igualmente aparece aquí un molde de fundición para alfileres de cabeza de aro, como
los hallados en Tarrasa y Llorá —de cuya cronología, al lado de fíbulas de La Certosa,
ya hemos hablado—, así como sus paralelos cronológicos en el sur de Francia. Por otra

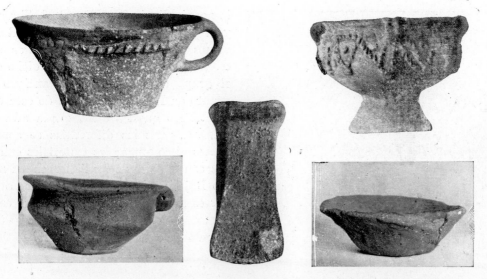

FIG. 163. — Material cerámico y hacha de tubo de El Vilallonc. Calaceite (Teruel)

parte, en esta cueva catalana hemos hallado la excisión como motivo ornamental y los círculos estampillados. Así, no cabe duda que Llorá, con Seriñá, Tivisa y Estiche no son sino estaciones que enlazan el rico estilo de la excisión de los vasos del Bajo Aragón con Francia, donde esta ornamentación se nos presenta unida a la cerámica de los campos de urnas, sobre todo hacia el centro y este de Francia

La cronología de los hallazgos franceses con ricos motivos excisos se coloca en el Hallstatt medio y final, y a esta época debe pertenecer este poblado, propio de gentes que han traído del centro de Francia y el Rhin hasta su culto, como lo prueban los ya citados morillos votivos ricamente ornamentados que aquí aparecen (65).

A veces hemos pensado si los invasores que han desarrollado con tan gran personalidad la cultura céltica del Bajo Aragón (66) son un grupo distinto del catalán, y que así como éste hemos de enraizarlo con Suiza, esa personal ornamentación de la cerámica aragonesa nos llevará a buscar en el Rhin, o mejor en el centro de Francia, un origen a estas gentes, que han debido llegar por los mismos motivos y casi al mismo tiempo que se produce la invasión catalana, aunque su personalidad especial nos parece indudable. Entre

FIG. 164.—Vaso pintado con cabeza de toro, de Tossal Redó. Calaceite (Teruel)

Fig. 165. — Vaso pintado con cabecita de toro esculpida sobre el cuello. Tossal Redó. Calaceite (Teruel).

la necrópolis de Can Missert, de Tarrasa, y el poblado de El Roquizal del Rullo, vemos más diferencias etnográficas que cronológicas, aunque ya hemos dicho que el grupo catalán es el más antiguo de cuanto en España poseemos de esta cultura. Pero nuestra duda queda aún sin resolver, pues las diferencias se acusan menos al comparar los materiales catalanes con el resto de los hallazgos del mismo Bajo Aragón, y se llega incluso a poder establecer estrechos paralelos, como hemos visto ocurre en otros hallazgos catalanes que nosotros hemos relacionado ya con El Roquizal.

Así, visto en conjunto, las diferencias son menores y el juicio que se forma muy distinto, sobre todo si unimos al cuadro de la cultura de las urnas españolas el que nos ofrece el sur de Francia, donde vemos igualmente, como dijimos al hablar de los hallazgos antiguos del Gard y la Lozère, y del de Baume Longue y Grotte Nicolas, estudiados por Vogt (67), casi todos los perfiles y ornamentaciones que aparecen en España igualmente entremezclados, e incluso hasta el mismo tipo de estampado triangular impreso contra el barro, no perpendicular, sino lateralmente, que con tanta frecuencia aparece en la Península Ibérica (68). Además de El Roquizal del Rullo, en otras comarcas inmediatas, pero ya en la provincia de Teruel, partido de Alcañiz, conocemos los poblados de Cabezo Torrente, en Chiprana; de las Escodinas Bajas y Escodinas Altas, en Mazaleón, este último poblado algo más moderno, así como el de San Cristobal de Mazaleón y El Cascarujo, cerca del propio Alcañiz. Todos ellos deben incluirse en este período, aunque sus perfiles cerámicos, que siguen apareciendo algunas veces en los inmediatos poblados del Tossal Redó y El Vilallonc de Calaceite (69), nos inclinan, como ya hizo Bosch Gimpera, excavador y sistematizador de estos hallazgos, a rebajar un poco su fecha en relación con los anteriormente citados, pero no tanto como él hace, incluso en sus últimos trabajos, donde, sin embargo, rectifica algo su antiguo punto de vista.

Fig. 166.—Desarrollo del vaso de las figs. 164 y 165

Además de los poblados mencionados, conocidos ya de antiguo, tenemos recientemente la muy instructiva estratigrafía de Azaila para todo lo que se refiere a la visión
que nos podemos formar del carácter céltico y de la evolución cultural de estas bandas en la parte del Bajo Aragón.

En el «Cabezo de Alcalá», del citado pueblo de Azaila (Teruel), está en curso de
excavación la más importante estación de esta comarca (70), tan abundante en hallazgos, la cual debió estar muy poblada antes de la época romana, seguramente por bandas hermanas de las que vemos hacia la costa de Tarragona y comarca de Lérida, de-
mostrándonos la relación de las tribus de illercavones e ilergetes de que nos hablan
las fuentes del siglo III, y que Hecateo, en el siglo VI, unifica con el nombre de
ilaraugatés.

En Azaila encontramos una necrópolis de campos de urnas, pero enterradas en
cistas tumulares, como en otros lugares de esta región. Está situada en el llano próximo al «Cabezo» famoso, y cerca de
ella aparecen los mismos fondos de
cabaña falsamente interpretados
que hemos descrito en el Vallés. La
cerámica, únicos hallazgos que nos
guían, es semejante en sus formas
a tipos de El Roquizal, pero sin decoración excisa, y, sobre todo, a la
serie de hallazgos ilerdenses ya mencionados, con los cuales ofrecen parecido ciertas cazuelas pentagona-
les y otros perfiles de vasos y asas,

Fig. 167. — Fragmento de cerámica pintada de colores
amarillo pardo y negro del sepulcro núm. 11. Barranco de San Cristóbal de Mazaleón (Teruel).

que enlazan, sin solución de continuidad, esta etapa más antigua del poblado hacia el
Hallstatt D y época de La Tène I con los hallazgos posteriores de la necrópolis, que
llega plenamente a enlazar con la época «ibérica» de la cerámica pintada (figs. 156 y 157).
Esta última no representa sino la penetración de la cultura costera, más helenizada, y
que, tras la conquista romana después del 195 a. de J. C., subyuga definitivamente
esta región.

Para el establecimiento de dos grupos cronológicos en estos poblados Bosch se ha apoyado, sobre todo, en la evolución de la urna de perfil en S, que en las Escodinas Altas
inicia un pie que ya tiene una altura mayor en San Cristóbal de Mazaleón, a la vez que es
menos globulosa. Este tipo, que hallamos también en Anglés y otras estaciones catalanas,
vemos aparece igualmente, por una evolución paulatina, en las necrópolis francesas ya
de la época del Hallstatt final y de La Tène I (Garín, Bagnères de Luchon, Avezac-Prat
y otras).

Realmente, el grupo más antiguo, en nuestra opinión, representado por la buena y
rica técnica excisa, lo vemos en El Roquizal del Rullo, término de Fabara, y en Cabezo
Torrente, de Chiprana, no pudiendo subir su cronología más del Hallstatt C. Luego
vendrían ya en el Hallstatt D las Escodinas Altas y Bajas, San Cristóbal de Mazaleón,
del cual publicamos el conjunto cerámico típico hallado todo unido en la habitación
número 2 del mismo (figs. 158 a 160), y la capa inferior de Azaila. Finalmente, asentado en un típico cabezuelo, enlazarían con la fase de la cerámica a torno y pintada
los poblados del Tossal Redó (figs. 161 y 162) y El Vilallonc de Calaceite (fig. 163), así

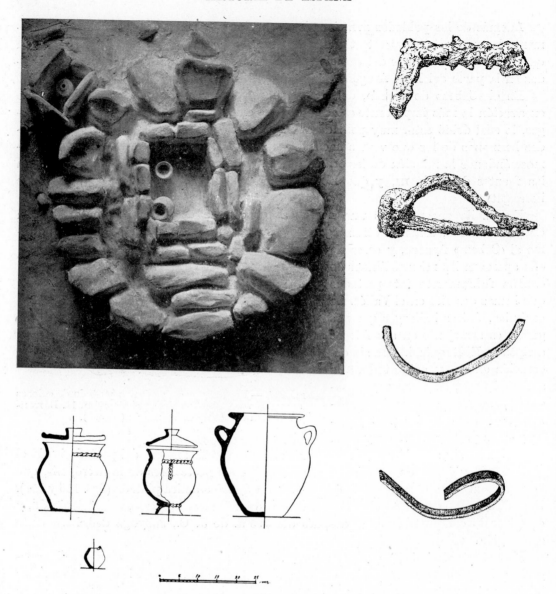

FIG. 168. — Planta y ajuar del sepulcro doble de la Masada de Flandi. Calaceite (Teruel)

como la capa inferior del poblado de San Antonio de Calaceite, aunque este último y Azaila florezcan principalmente después de la época que aquí estudiamos.

La excavación de los restos de estos poblados de casas de piedra han proporciondo mucha cerámica; pero sólo en El Roquizal y Cabezo Torrente, de Chiprana, y en algún otro, hallamos la rica cerámica excisa de que hemos hablado; todos los demás hallazgos la ofrecen raramente y del tipo de incisiones de líneas oblicuas, triangulares o rectas, con lo cual su semejanza a lo visto en Cataluña es mucho mayor. Parece ser que tampoco perduró mucho en Aragón esta técnica de la excisión traída de Centroeuropa, a cuyas fases del Hallstatt C y D se asemeja por técnica, formas y estructura. Hasta hoy sólo el poblado de El Roquizal del Rullo la ofrece abundantemente y creemos por ello sea el más antiguo.

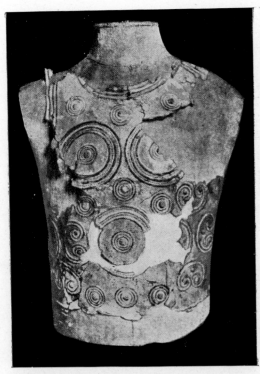 

FIG. 169. — Coraza y candelabro célticos hallados en Calaceite (Teruel)

Bosch piensa que es contemporáneo de Las Valletas y de las Escodinas Bajas y paralelo
a la fase B de los campos de urnas catalanes, con cuya tesis estamos conformes. Mas,
como ya indicamos, nos parece se ha de bajar un poco la cronología, pues no hay tanta
separación como él admite ni entre los grupos de la costa y del interior de Cataluña y
resto de España, ni entre las dos fases que se pueden establecer a base de la insegura
cronología tipológica (71).

Otra rareza cerámica de esta cultura es el vaso pintado del Tossal Redó (figs. 164
a 166), con un pequeño pie, panza muy ovoide y una cabeza de animal muy tosca en el
cuello; ofrece una decoración de bandas encerradas entre líneas paralelas horizontales,
donde se cruzan otras líneas formando triángulos o ángulos paralelos, llenando así toda
la superficie del vaso. Este vaso ofrece paralelos en el Bajo Aragón que asegura mejor
su clasificación y origen centroeuropeo, como los fragmentos que hallamos en el sepulcro
número 11 del Barranco de San Cristóbal de Mazaleón (fig. 167).

De nuevo nos trae esta técnica decorativa pictórica como un recuerdo de la ornamentación de la cerámica del Hallstatt medio y final del Rhin y de Francia, que desde la cultura de Gündlingen vemos aparecer pintada con colores fuertes, sobre todo rojo y amarillo, formando motivos geométricos, y que luego renace en ciertos estilos de La Tène.
La forma teriomorfa igualmente enlaza nuestro vaso con tipos del Hallstatt y Silesia, lo
cual indica una afinidad de ideas religiosas comunes en todo Centroeuropa, fenómeno probado por los morillos votivos de El Roquizal; así como todas las demás, esta cerámica
pintada ha llegado hasta nosotros con la invasión de estas gentes a través de Suiza o
Francia (72).

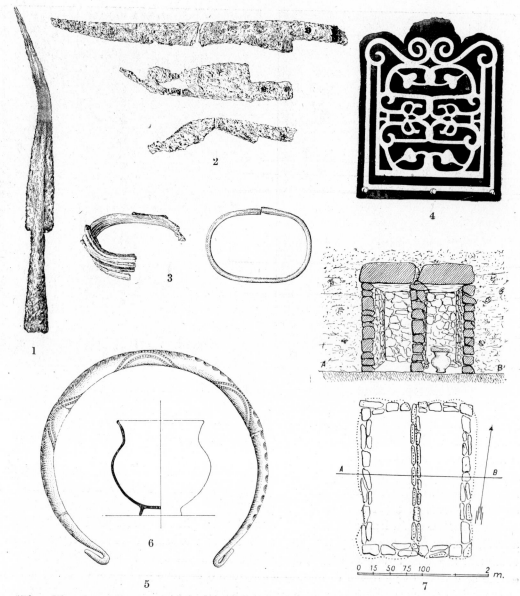

Fig. 170. — Tipo de sepulcro y ajuar de Salzadella (Castellón): 1, punta de lanza de hierro; 2, cuchillos afalcatados de hierro; 3, brazaletes de bronce; 4, broche de cinturón de bronce damasquinado con plata; 5, torques de bronce; 6, urna cineraria; 7, planta y alzado del doble sepulcro.

Como características diferencias que separan las estaciones de Aragón de las catalanas podemos señalar la falta de los anchos acanalados, de las ranuras y de los meandros, que sólo vemos dibujados con relieves de cordones con impresiones digitales en algunos vasos de fecha avanzada, ofreciendo esta decoración varios dibujos característicos que sólo aquí hallamos.

Por el contrario, es raro hallar decoración excisa o estampada en Cataluña. Por lo demás, en ambas regiones la evolución de las formas es parecida e idénticos los pocos tipos de metal que poseemos, aunque en Aragón, cuyos poblados son algo más modernos, hallamos algunos objetos más. Así tenemos los mismos tipos de brazaletes en El Vilallonc de Calaceite, ya citados en Cataluña; las fíbulas de codo de hierro y bronce que vimos en Llorá, y las de resorte lateral repetido en cada extremidad del arco que vimos en Agullana y El Molar; hay hachas planas y de tubo, y vuelve a aparecer en el Bajo Aragón, además, un tipo de broche de cinturón de un garfio que luego en España y sur de Francia desarrolló el tipo conocido de dos y más garfios, que ya cae dentro del período de La Tène. También hallamos otros objetos, como el botón de metal del Tossal Redó (fig. 162), del mismo tipo, que veremos en el depósito de Huelva, pero con enganche cuadrado, lo cual nos prueba su modernidad relativa, dado el arcaísmo de esta cultura, que sólo en muy avanzada época de La Tène la veremos transformarse plenamente. Igualmente hallamos valvas de fundición para espadas del tipo de Huelva en El Roquizal del

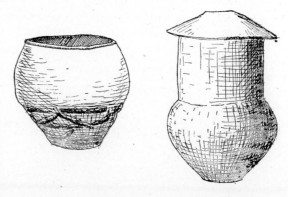

FIG. 171. — Vasos cerámicos del campo de urnas de El Boverot, Almazora (Castellón)

Rullo, siendo éste un hallazgo que muestra las diversas afinidades que unen a los diferentes grupos geográficos que se sitúan en todos los sitios de España.

De esta misma cultura, y de fecha que se ha de remontar al final del Hallstatt, son una serie de sepulcros tumulares, algunos formando pequeñas cistas, otros con paredes cubriendo la cámara, cuya cronología y materiales refuerzan las conclusiones dadas para esta cultura. El más típico, aunque haya otros más antiguos, quizá es el enterramiento doble de la Masada de Flandi, en Calaceite, con una fíbula de hierro de tipo de arco acodado, como las que hallamos en Llorá, y urnas cinerarias a mano de perfil en S, una de ellas con doble asa y barro fino, de cronología muy avanzada (figura 168).

Estos tipos de gran sepultura tumular, que en el Bajo Aragón son bastante numerosos, no se han hallado en otras partes de la Península; sólo en la comarca de Carmona volveremos a encontrar estos grandes enterramientos, que nos hacen pensar en el típi-

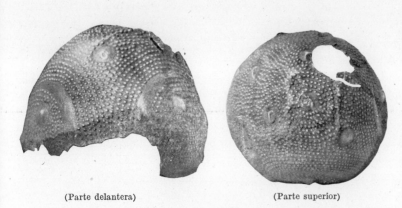

(Parte delantera) (Parte superior)

FIG. 172. — Casco de plata de la primera Edad del Hierro. Caudete de las Fuentes (Valencia)

co sepulcro que dió nombre a esta cultura y que perdura en el centro de Francia y en el sur de Alemania a lo largo de toda la Edad del Hierro. Es curioso que en esta comarca del Bajo Aragón alternen con simples necrópolis de campos de urnas enterradas entre piedras a ras del suelo o en pequeñas cistas sin túmulo, como hemos descrito en Azaila. Pero ni en un solo caso el rito de la incineración se abandona ni hallamos peculiaridad especial en la cerámica de otros ajuares funerarios.

De la riqueza y claro carácter céltico de toda esta cultura, directamente enlazada con el arte y la técnica del Hallstatt centroeuropeo (73), nos da idea el hallazgo en Calaceite de una coraza de metal y un candelabro, así como unas espadas, totalmente perdidas, sin que sepamos nada seguro de su forma, aunque al parecer eran de bronce y empuñadura de lengüeta o frontón (fig. 169).

También de esta cultura y de la época final que aquí estudiaremos es el sepulcro de "Los Espleters", de Salzadella, en el Maestrazgo, ya en la provincia de Castellón. Estaba

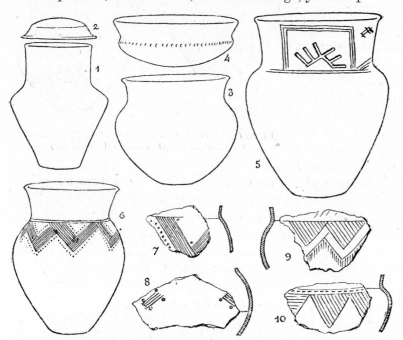

formado por dos cámaras gemelas de muros bien construídos, tapadas por grandes losas de piedras (figura 170). Contenían dos enterramientos; uno, al parecer saqueado, sólo contenía cenizas; pero el otro nos proporcionó una urna de las ya descritas con pie, tapada con una piedra; un torques redondo, con los terminales retorcidos, del tipo que vimos en El Molar; unos brazaletes del tipo Sant Aleix; una lanza de hierro del Hallstatt muy final, y tres cuchillos afalcatados, también

FIG. 173. — Urnas cinerarias de la Edad del Hierro: 1 y 2, Almizaraque; 3-6, Cabezo Colorado (Vera); 7-9, Los Caporchanes (Palomares); 10, Las Alparatas (Turre). Almería.

de hierro. Y, sobre todo, de gran interés es un tipo nuevo de broche de bronce con damasquinados de plata, dibujando una ornamentación geométrica, tipo que ha venido con los invasores, como el de ganchos, desarrollándose en España una rica serie, del que el de Salzadella es uno de los más antiguos y mejor fechados, hacia el siglo IV antes de J. C. (74).

Este hallazgo nos enlaza geográficamente con otros de la misma provincia de Castellón, todos apenas explorados. El poblado de Tosal del Castellet proporciona típica cerámica excisa y acanalada, junto con los demás tipos de esta cultura. Luego hallamos la necrópolis de Cabanes, aun inédita, que proporcionó brazaletes del tipo ya tantas veces mencionado, con cerámica corriente, más bien basta y, ya en la plana castellonense, el típico campo de urnas de El Boverot, próximo a Almazora. De esta necrópolis han ido a parar dos urnas al Museo de Prehistoria de Valencia (75). Son de barro tosco y negruzco, hechas a mano, y de perfil especial. Una de ellas nos ofrece un largo cuello cilíndrico, muy semejante a las que vemos en Francia, pero que se aparta de las formas globulares y doblecónicas que siempre hemos analizado en los hallazgos especiales de Aragón y Cataluña. Este tipo, sin embargo, aparece hacia el Sur en hallazgos de la provincia de Almería (figs. 171 y 175).

Pasado el valle del Mijares no tenemos ya hallazgos de esta cultura hasta llegar a la comarca almeriense. Pero no dudamos en afirmar el hecho de que a partir de esta época parece que el país se ha «celtizado», ofreciéndonos varios hallazgos, al menos una indiscutible influencia de esta cultura en su época avanzada, que aquí no hemos de analizar. Tal vez es a la falta de excavaciones a lo que se debe atribuir tan extenso vacío, pues poblados como, por ejemplo, la Bastida de Mogente (76), de cierta antigüedad, ofrecen una cultura, en esencia, de formas de origen europeo, que yo llamaría célticas, con lo cual el «iberismo» de esa región habría de concebirse tras una «celtización» casi total; pero es éste un tema que no hemos de abordar aquí.

Otra prueba interesante del paso de estas oleadas de gentes de origen centroeuropeo por las tierras levantinas es el rico casco de plata de tipo de capacete semiesférico hallado en Caudete de las Fuentes, en la región de Requena (Valencia) (fig. 172). Está repujado en una hoja de plata bati-

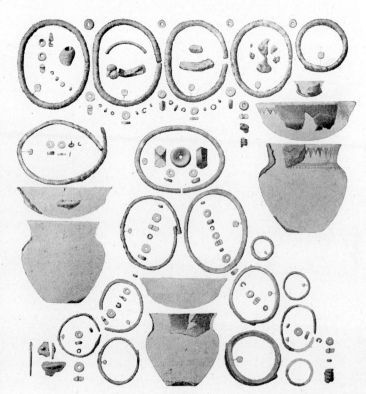

FIG. 174. — Urnas y ajuares de los sepulcros de incineración de Qurénima, de Caldero de Mojácar y de Barranco Hondo (Almería).

da, decorado con bulloncitos muy próximos entre sí, a modo de puntillado apretado, y que dejan libres en la parte anterior unas zonas sin decorar en forma de dos cuernos ligeramente cincelados. Sus paralelos más próximos los hallamos en Suiza en copas y otras piezas de bronce y oro de los palafitos, donde, sobre todo en los centros industriales del occidente suizo y regiones cercanas, se desarrolló una fuerte industria local, en la que se ve muy usada esta técnica de batir y troquelar el metal, procedente de Italia, como casi toda la técnica metalística del Hallstatt.

Tipológicamente es el modelo de casco semiesférico de los campos de urnas, que como las navajas de afeitar y otros útiles, vemos conservan en España, algo evolucionada, la forma primitiva usada en Europa central en las etapas evolutivamente más primitivas de esta cultura, ya estudiadas en los capítulos I y II de este trabajo. Así la forma de este casco enlaza con tipos del Bronce D al Hallstatt A, pero que por detalles estilísticos se han de fechar en la Península a partir del Hallstatt B, y aun más tarde, como ocurre con los estilos cerámicos y tipos de útiles de bronce (77).

Ya en Almería tenemos algunos hallazgos atribuíbles a las gentes invasoras de la cultura de los campos de urnas. Todos ellos proceden de necrópolis de incineración que fueron excavadas por Siret, pero que sólo conocemos parcialmente por sus trabajos, no siempre metódicos, en los cuales publicaba sólo aquello de mayor interés para sus hipó-

Fig. 175. — Tipo de sepulcro y urnas cinerarios de Parazuelos (Murcia)

tesis y estudios. De esos materiales podemos deducir un fuerte grupo de gentes procedentes de los campos de urnas, seguramente llegadas a través del Levante, pues la urna tipo Almazora es el más característico paralelo de las necrópolis almerienses, aunque aquí las urnas tienen el cuello cilíndrico algo más corto.

También aparece la urna baja, sin cuello y panzas abultadas. Siret nos cuenta que estas urnas proceden todas de hallazgos casuales aislados en varios lugares. Tenemos noticias de enterramientos de este tipo hallados en Almizaraque, Cabezo Colorado, en Vera; Los Caporchanes, en Palomares; Las Alparatas, en Turre; Cañada Flores, Marchandillo y otros, todos asentados en lomas bajas, y como ofreciéndonos una mezcla con la población indígena que practica aún el rito de la inhumación (fig. 173). Incluso han utilizado los invasores los sepulcros dolménicos para enterrar sus urnas, fenómeno que ya señalamos anteriormente en Cataluña. Hallazgos del mismo tipo que los citados tenemos en Barranco Hondo, Caldero de Mojácar, Qurénima (fig. 174) y Parazuelos (fig. 175), esta última estación en la provincia de Murcia, lindando con Almería (78).

En todos estos sepulcros de campos de urnas con típica incineración aparecen los mismos tipos de fíbulas de resorte lateral repetido, como en El Molar y Bajo Aragón etc.,

FIG. 176. — Fragmentos cerámicos de la sepultura núm. 2 de Caporchanes y brazaletes de la sepultura núm. 10 de Pozos de Marchandillo (Almería)

broches de cinturón, anillos y torques, y repetidamente los mismos brazaletes de perfiles ovales y cuadrados, en contraposición a los redondos de El Argar, más cilíndricos, más cerrados y sin decoración, en tanto ahora vemos las sencillas decoraciones lineales cinceladas que hemos citado en Cataluña. También en alguna ocasión vemos un brazalete del tipo del Tarn en las sepulturas de campos de urnas de Pozos de Marchandillo, muy caracterís-ticos por sus termi-nales en bolas doblecónicas (figura 176). Así las formas de las urnas, los tipos de se-pulcros de urnas enterradas simplemente en el suelo o en-tre piedras, o cistas peque-ñas, para proteger las urnas cinerarias, como en Parazue-los, y también los ajuares, nos hablan de una gran se-mejanza entre los tipos del sudeste peninsular con los grupos de hallazgos del Bajo Aragón y del sur de Fran-cia. La cronología, algo tar-día, de estos establecimien-

FIG. 177. — Cerámica de los campos de urnas procedentes del «Castejón» de Arguedas (Navarra)

tos hacia el Hallstatt D, y aun después, nos parece segura, aunque ciertos hallazgos sean tipológicamente más antiguos, como la espada de bronce de Tabernas (79).

De los poco sistemáticos estudios de Siret no alcanzamos a saber ni cuándo ni cuán-tos fueron los invasores; pero lo que sí se puede asegurar es que estos grupos de invasores han vivido hasta la dominación púnica con ajuares en que ya el hierro abunda, con espadas afalcatadas y de antenas, y que siempre se les ve conservando las formas culturales de su país de origen, siendo lástima grande el que no conozcamos detalladamente los inventarios de estos ricos hallazgos, sobre todo de las necrópolis de Villaricos y Herrerías, y aquellos en que la cultura de los campos de urnas se mezcla con la cartaginesa. Sabemos por las fuentes históricas cómo los púnicos, tras expulsar el comercio y la influencia directa de los griegos, se fueron apoderando más y más de aquellas ricas regiones

FIG. 178. — Vasos cerámicos del poblado de El Redal (Logroño)

mineras, las cuales también debieron atraer a los invasores centroeuropeos, conforme nos lo prueban los hallazgos. Su riqueza hará fundar a los cartagineses Cartago Nova no lejos de allí. Ya de esta época, en la que los vasos a torno aparecen frecuentemente, son las necrópolis de Boliche, parte de Villaricos, Herrerías, Las Cuartillas y los Pozos de Marchandillo (80), las cuales caen fuera de la época que historiamos, pero de las que tampoco tenemos muy precisas noticias, a pesar de que podrían dar tanta luz sobre la formación de la tipología y cronología de nuestra cultura ibérica, en cuyas formas culturales, incluso en el Sur y Sudeste, tanto influyó la invasión de los campos de urnas (81).

Después de este núcleo de penetración de los campos de urnas de Almería, que creemos relacionado con gentes de los grupos de la zona costera catalana y Bajo Aragón, hemos de volver a seguir metódicamente los rastros de esta cultura en la parte pirenaica, por donde debieron penetrar otros grupos, a través de los pasos del Pirineo central, los cuales, por Aragón y la Rioja, alcanzaron Castilla la Vieja, y de ellos hallamos rastros, sobre todo al norte del Tajo. Fué hasta este río fronterizo donde únicamente parece predominaron e impusieron desde Castilla su cultura centroeuropea, aunque, como hemos

FIG. 179. — Cerámica hallstáttica y fragmentos de un vaso de bronce de Cueva Lóbrega, Torrecilla de Cameros (Logroño). Según *Bosch*

visto con los grupos de Levante, hubo fuertes núcleos de invasores que llegaron hasta Andalucía, dominando la ría de Huelva, e incluso amenazaron Tartessos y Gadir mismo, conforme nos cuentan las tradiciones históricas recogidas por los textos clásicos, según veremos más adelante.

Más al oeste de la cuenca del Cinca, en el norte del Ebro, nos faltan hallazgos para suponer si los invasores pudieron a la sazón arrollar a los pirenaicos y forzar los altos y difíciles pasos del Pirineo central, desde los valles de Aragón y Andorra hasta Roncesvalles. Sólo las necrópolis francesas de esta época situadas en la alta comarca pirenaica del Garona y de sus afluentes, la formación de la población anterromana y varios nombres toponímicos que van unidos con seguridad a esta cultura, como Verdún y Navardún, situados cerca de Jaca, nos inducen a admitir que todo el Pirineo central fué ganado por los invasores, los cuales se establecieron en él, mezclándose con la población primitiva. Sólo hacia Occidente, a ambos lados de la cordillera, quedará casi pura, sin mezclarse, aquella vieja población pirenaica de la cual procederían los pueblos históricos vascongados.

Todo el valle del río Aragón, hacia las llanuras de Navarra, debió de ser ocupado por los invasores. Ya cerca del Ebro, debajo de la desembocadura del río Aragón, se ha explorado, con método riguroso (82), el cerrillo de «Castejón», a dos kilómetros de Arguedas. Se halla dominando la llanura del Ebro, y proporcionó importantes restos de esta cultura pertenecientes a un poblado de agricultores y pastores que comían abundantemente vaca, oveja, cerdo, además de jabalí y ciervo. Algunas almejas de río prueban sus costumbres de pescadores como otros pueblos parientes de Suiza y de Alemania. La excavación proporcionó molinos de mano amigdaloides para moler granos, como los que vemos en Aragón y Cataluña.

FIG. 180. — Fragmentos cerámicos de las cuevas de la Aceña (Silos) y San García. Ciruelos de Cervera (Burgos)

Vivían en casas cuadradas construídas con muros sencillos reforzados con puntales de madera de olmo, revestidos de un enlucido de barro amasado que aquí está sin deco-

rar, frente a la ornamentación sencilla que vemos en Mazaleón por ejemplo. Los techos
eran seguramente de ramas y tierra, como las chozas de campo que construyen aún
muchos aldeanos, sobre todo en las regiones españolas del norte del Tajo, y más en las
tierras montañosas, a veces sin vigas madres o con una central y techo a dos vertientes.
La excavación proporcionó también mucha y típica cerámica negruzca hecha a mano,
bien cocida, grafiteada a veces y siempre sin decorar, excepto las grandes urnas de
provisiones que ofrecen los ya mencionados acordonados con las impresiones digitales
ya descritas (fig. 177). Sus formas están muy próximas a las que conocemos de los po-

Fig. 181. — Materiales cerámicos con ornamentación excisa y otros motivos, y fíbula de codo
del Alto de Yecla, Silos (Burgos)

blados de la región de Lérida, de Tarragona o del Bajo Aragón, y su cronología, imprecisa, se debe colocar en el Hallstatt D, o sea hacia el año 500 más o menos. También
se debe remarcar muy especialmente su paralelo y estrecho parecido con los hallazgos
de la Aquitania, lo cual probaría la afinidad estrecha que las fuentes históricas de la
época romana atribuyen a los pueblos de ambas vertientes. Pero no es aquí donde hemos
de insistir sobre este problema (83). Echauri, en la desembocadura del Araquil, proporcionó unos hallazgos de armas más tardías que nos parecen indicar que la invasión
debió ganar el Araquil, infiltrándose adentro entre los vascones, aunque este hallazgo
tal vez pudo ser producto de posteriores relaciones, pues pertenece a la época de La Tène,
que aquí no hemos de estudiar. Fuera de esto, los hallazgos arqueológicos de la primera
Edad del Hierro nos faltan hasta la Rioja, y sólo un fragmento de cerámica excisa de tipo
antiguo recogido cerca de Belmonte, al lado de Calatayud, nos enlaza los yacimientos

aragoneses con los castellanos. Pero tal carencia de hallazgos se ha de atribuir a falta de investigaciones metódicas en esta extensa zona.

Ya en la región de la Rioja hallamos varias estaciones que nos ayudan a conocer aquí el carácter y época de la llegada de esta cultura.

Pasado el Ebro, en la provincia de Logroño, nos encontramos el poblado de El Redal, aun por excavar, pero que nos determina muy bien la época y carácter de la invasión (84). Se exploró una habitación construída a piedra seca, en cuyo interior se recogieron los once vasos que se guardan en el Museo de Soria (fig. 178). Todos son de barro negro y pulido, excepto los mayores, que son más bastos. La decoración es de una riqueza paralela, y aun superior, a la de El Roquizal del Rullo, con el cual, a juzgar por los fragmentos recogidos, debe estar muy cerca cronológica y etnográficamente este poblado. Persisten los acanalados en vasos pequeños, con asas pequeñas y bajas, igual que en El Roquizal, y la excisión ofrece motivos diferentes a los de aquella estación, como un friso de patitos tallados en alto relieve, que nos recuerda la ornamentación a troquel de pajaritos estampados del período del Hallstatt en Europa y España, donde estos motivos aun perviven mucho más.

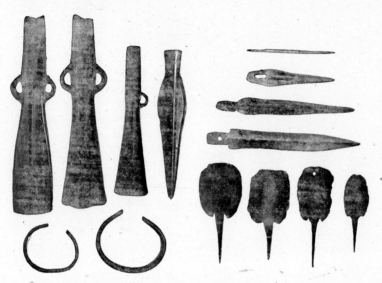

FIG. 182. — Depósito de bronces de la cultura española de los campos de urnas. Huerta de Arriba (Burgos)

Las grandes tinajas troncocónicas para provisiones recuerdan los calderos de bronce de las necrópolis del Hallstatt y de Este, y en uno de ellos vemos la decoración de cordones con impresiones digitales, pero aplicados los cordones perpendicularmente de tres en tres sobre el hombro de la tinaja.

El poblado de El Redal nos promete dar el más valioso conjunto de cerámica excisa de España, comparable cronológicamente a los franceses más ricos, como los de la Lozère, donde hallamos los mismos motivos y formas, incluso en rivalidad con los productos alemanes del Baden y del valle del Alb, aunque en los grupos europeos occidentales de esta cerámica excisa falta la rica policromía que vemos en las estaciones del sur de Alemania.

Su cronología nos parece acercarse al Hallstatt medio, y nos inclinamos a fecharlo algo antes que El Roquizal del Rullo, o al menos es un hallazgo donde se ha conservado mejor el estilo antiguo de los campos de urnas. Sin embargo, las formas son, indudablemente, avanzadas, como el vaso con pie, tipo que vemos en necrópolis tardías del sur de Francia, y aun las formas de las tinajas se acercan más al Hallstatt final que al medio (85).

La importancia de El Redal estriba en que él nos explica plenamente el carácter hallstáttico de una serie de hallazgos de cuevas y poblados de Castilla, donde se ven

FIG. 183. — Cerámica, pesos de telar y objetos de hierro y bronce procedentes de Castilfrío [de la Sierra y Valdeavellano de Tera (Soria)

unidas las técnicas de la excisión y la de rayar la cerámica con un punzón o peine que se va apretando y levantando sobre la superficie del barro blando, dejando una ornamentación de rayado con puntos rehundidos. Esta técnica, que se denominó del Boquique,

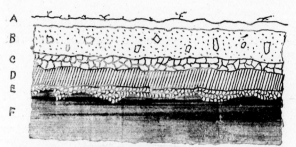

Fig. 184. — Corte estratigráfico del castro soriano de Castilfrío de la Sierra: A, tierra laborable; B, tierra roja con cerámica celtíbera; C, piedras del derrumbamiento del muro celtíbero; D, tierra negra con cerámica céltica, restos de cocina; E, gravillas y barro idéntico al de la capa D; F, roca natural.

También en la provincia de Logroño un típico hallazgo es el proporcionado por Cueva Lóbrega, de Torrecilla de Cameros, donde al lado de varios fragmentos de cerámica decorados con bandas de triángulos de líneas finas, incisas, hallamos un vaso bajo con asa idéntico a otros de esta cultura, y también parte de una taza de bronce, desgraciadamente destruída (fig. 179). Los mismos resultados nos proporciona la Cueva de La Miel, en Pradillo, y las Cuevas de la Viña y del Tejón, en Ortigosa, y la Cueva de San Bartolomé de Nestares (87).

Toda la sierra de Silos, la Bureba y alto valle del Arlanzón ofrecen hallazgos parecidos. Podemos citar la Cueva de la Aceña (Silos) (fig. 180) donde vemos fragmentos excisos, que también aparecen en el poblado del Alto de Yecla, próximo a Silos, con motivos muy semejantes a los de El Redal, y una fíbula de codo tipo Huelva (fig. 181). Hemos de citar aún la Cueva de Atapuerca, la Cueva de San García, en Ciruelos de Cervera, y otras próximas. En Poza de la Sal conocemos fragmentos cerámicos del Poblado del Milagro, donde se repite la decoración de impresiones de alambres retorcidos o cuerdas finas que ya hemos visto en Guisona y otras estaciones catalanas (88).

Sobre todo cae en esta región el importante depósito de bronces propios de esta cultura hallado en Huerta de Arriba (Burgos) (89).

En este hallazgo vemos brazaletes del tipo del Hallsttat final muy parecidos a al-

la creemos desarrollada ahora como la decoración de cordones, y no en ese largo y variado período eneolítico de la llamada cultura de las cuevas, donde se han catalogado infinidad de fragmentos cerámicos que pertenecen a los estilos decorativos de la Edad del Hierro y que deberán en lo sucesivo irse revisando y analizando más certeramente (86). El Redal nos enlaza con los hallazgos de tierras de Soria, Ávila y con los de los alrededores de Madrid, donde vemos un conjunto semejante.

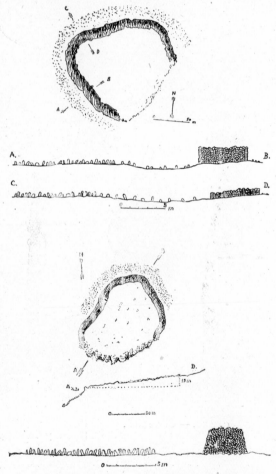

Fig. 185. — Croquis y perfiles de las defensas de los castros sorianos de Castilfrío de la Sierra y castro de Las Espinillas, de Valdeavellano.

gunos de Sant Aleix (Lérida), hachas de talón, puntas de lanza de enmangue de tubo, puñales sin empuñadura y navajas de afeitar cuyos paralelos más próximos los hallamos en Francia e Inglaterra. Este conjunto de bronces, que completa el ya citado de Ripoll y otros como los de la ría de Huelva e Hio (Vigo), nos da a conocer los utensilios de metal, incluso vasijas de bronce hoy perdidas, todo lo cual no hallamos sino raramente en los poblados y necrópolis de esta primera etapa cultural, desarrollada por los invasores en nuestra Península (fig. 182).

Así, pues, el conjunto de hallazgos de las provincias de Logroño y Burgos —y lo mismo nos confirmarán las demás— no ofrece diferencias esenciales, en cuanto al fenóme-

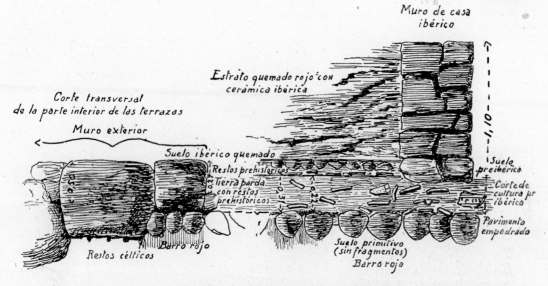

FIG. 186. — Corte estratigráfico de las excavaciones de Numancia. Según *Koenen*

no cultural de la invasión de los campos de urnas, con el que hemos descrito en Cataluña y Bajo Aragón sobre todo.

Tampoco los tipos cerámicos son muy distintos, aunque hasta el presente no hallemos en Castilla nada tan antiguo como los primeros materiales de la región catalana. Parece ser que la penetración se fué realizando por bandas de pueblos que habían vivido en regiones distintas de la Europa Central y que se desplazan lentamente hacia el Sur con sus ganados y familias, avanzando poco a poco.

Como en Cataluña, hallamos por Castilla poblados y cuevas donde los invasores vivieron largo tiempo, sobre todo en estas etapas iniciales de los primeros invasores, que aprovecharon el refugio natural que la naturaleza les brindaba, hasta que en época posterior levantaron pueblos donde morar. Tal vez sólo en esta época de la invasión viven estas gentes en cuevas, ya que en los tiempos posteriores, después del siglo III, en que los romanos nos hablan de sus costumbres, no hacen referencia a este género de habitación, contrastando con las noticias más antiguas proporcionadas por el periplo de Avieno del siglo VI a. de J. C., donde se insiste en el uso de este tipo de habitación. Por otra parte, la arqueología sólo constata el uso de las cuevas por los invasores en los primeros tiempos, ya que en ellas nos encontramos siempre materiales de la más antigua época en la que podemos precisar llegaron a nuestro país estas gentes.

Más hacia el sur de la Rioja y Burgos, la actividad desplegada por Blas Taracena en la provincia de Soria nos permite ver con mayor luz, en varios hallazgos, el paso de esta cultura de los campos de urnas de la primera Edad del Hierro, y que con ciertos argumentos podemos atribuir a los pelendones. En los niveles inferiores de los castros

Fig. 187. — Cerámica con decoración incisa y excisa del nivel inferior de Numancia

sorianos encontramos restos de esta cerámica hecha a mano, formas de la cual hallamos en todas partes, sobre todo en los de Castilfrío, Valdeavellano de Tera y Langa de Duero (fig. 183), este último con decoración de impresión de cuerdas o alambres finos, y el primero con cerámica pintada del tipo visto ya en el Bajo Aragón (90).

Todos ellos nos dan vasos hechos a mano con perfiles propios del Hallstatt C y D, y decoraciones como las ya descritas. Además, en algunos, como en el de Castillejo de la

Sierra, tenemos una clara estratigrafía (fig. 184) con los niveles propios de los campos de urnas debajo de otro nivel paralelo al de Numancia, a los cuales podríamos denominar celta y celtíbero por seguir la nomenclatura clásica. De todos estos castros tenemos noticia del tipo de habitación cuadrada y, sobre todo, de las empalizadas y piedras hincadas que los rodeaban formando fortificaciones anteriores a la muralla de piedra que protegían el poblado. Los paralelos con los vallados circulares célticos del Rhin (figs. 185 y 63) y de otras regiones de la Europa Central es segura.

Pero es sobre todo Numancia, la célebre ciudad destruída por Escipión *el Grande*, y donde estos celtas españoles se cubrirán de gloria, la que nos ha dado la mejor y más certera estratigrafía, que hoy ya podemos interpretar con toda seguridad, acudiendo siempre al análisis de los niveles que Koenen nos dejó, denominándolos ibéricos por la falsa visión etnográfica que sobre la vieja población numantina ha tenido Schulten (figura 186).

Él comprobó en varios de sus cortes, de una manera segura, que debajo de la ciudad incendiada, que ha proporcionado, entre otras cosas, la clásica cerámica pintada numantina, existen vestigios de un poblado más antiguo que muestra cerámica hallstática

FIG. 188. — Vasos de las capas inferiores de Numancia (Soria)

del mismo tipo que ya hemos señalado en Tarragona o Marlés, con el que coincide la decoración con *cardium* o imitación de *cardium*, y el empleo de las cuerdas o alambres retorcidos que se ven repetidas veces. Al mismo tiempo se emplea bastante la excisión, sobre todo con el motivo tardío del rehundido triangular; luego vemos ornamentación de arrugas, cordones, ranuras paralelas o en raspa y líneas incisas formando diversos dibujos. Es decir, el nivel inferior de Numancia nos ofrece un estrecho parentesco con todo lo que hemos visto de la cultura de las urnas en el valle del Ebro, de la Rioja a Tivisa, y en la región costera catalana (figs. 187 y 188).

Las formas reconstruídas ofrecen en su conjunto una etapa algo más moderna que lo hallado en Cataluña; se ve la penetración lenta de estas gentes, pero hay ejemplos de

FIG. 189.—Urnas y detalle ornamental de Garay (Numancia)

absoluta identidad (91). Además, al lado de Numancia, en el lugar de Molino de Garay, se hallaron dos urnas y varios fragmentos cerámicos del mayor interés, por su forma y decoración, al excavar Schulten un castillo ribereño que formó parte de las obras levantadas por Escipión para el sitio de la ciudad (92). Por las referencias del hallazgo parece ser se trata de unos silos pertenecientes a casas de campo del período en que estos invasores vivían en campo abierto, sin tenerse que fortificar en poblados, como los que hallamos en casi todas las estaciones sorianas, por proceder los hallazgos de excavaciones en los castros de la época de las guerras contra Roma. El hallazgo de Molino nos muestra a las claras que en Castilla, como en Cataluña, estas gentes vivieron, en los tiempos de la ocupación del país, en casas de campo aisladas, formando pequeñas aldeas sin fortificaciones. Schulten, sin interpretar plenamente el hallazgo, recogió de dos silos de provisiones, como los del Vallés y como los que podemos ver en otras partes de Europa, de donde vino esta gente, varios fragmentos cerámicos que permitieron aún

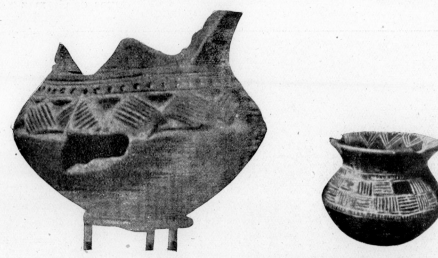

FIG. 190. — Vasos con decoración excisa e incisa de Quintanas de Gormaz (Soria)

reconstruir algunos vasos completos, entre ellos las dos tinajas decoradas con bandas de ornamentación excisa e incisa con impresiones de cuerdas, con cordones de impresiones digitales y otros motivos (fig. 189). La forma de estas tinajas, de más de medio metro de altura, recuerda ciertos tipos de vasijas de la cultura de los campos de urnas del Bajo Rhin; pero creemos se trata de una mera coincidencia, pues los vasos renanos fueron urnas cinerarias pequeñas, mientras nuestras vasijas de Molino fueron, con toda seguridad, tinajas de provisiones. También sus perfiles de cuello sin reborde los vemos en el sur de Francia, aunque allí no encontramos la rica decoración que ofrecen los vasos españoles (93).

La cronología de estos perfiles redondeados y casi sin cuello, así como esa rica ornamentación, nos hablan de una etapa hacia el final del Hallstatt, períodos C o D, que representaría la llegada de los invasores a la llanura numantina.

Siguiendo el valle del Duero, situamos en la misma provincia de Soria dos vasitos en el pueblo de Quintanas de Gormaz, hallados por Morenas de Tejada (94) sin saber en qué circunstancias. Uno ofrece la típica serie de mordidos en dientes de lobo enfrentados, que dejan en alto relieve una banda de losanges y encima unas líneas paralelas, con una serie de puntos entre dos de ellas. El otro ofrece un ajedrezado de líneas contrapuestas verticales y horizontales (fig. 190). Los dos son de la misma forma y del mismo tamaño reducido: 75 y 62 milímetros, respectivamente, y deben incluirse en esta cultura y dentro de la etapa inicial que venimos estudiando. Con grandes posibilidades de acierto nos inclinaríamos a considerarlos como una supervivencia o tal vez como la parte más antigua

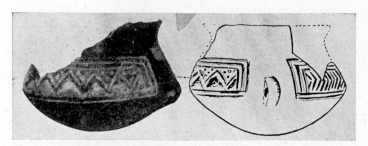

de la rica necrópolis de campos de urnas, ya de la época de La Tène, excavada por dicho señor y cuyos materiales se conservan en el Museo de Barcelona.

Los hallazgos de Quintanas de Gormaz nos enla-

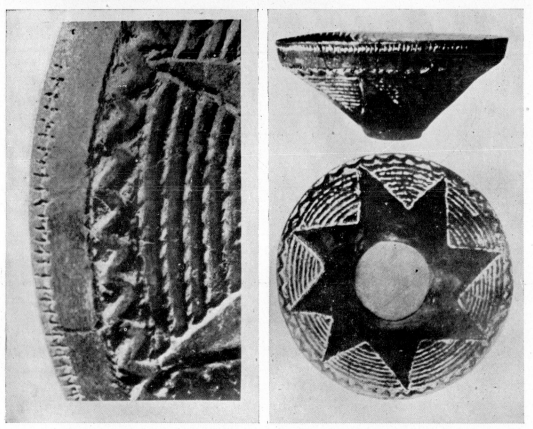

FIG. 191. — Cerámica con decoración excisa del nivel inferior del castro de Las Cogotas, Cardeñosa (Avila)

zan con los vestigios seguros que, como en la provincia de Soria, encontramos en las capas inferiores de los castros excavados en las provincias de Ávila y Salamanca. Aquí tenemos, sobre todo en el castro de Las Cogotas, en Cardeñosa (95), bien comprobado, lo mismo que hemos visto en Numancia o en Tarragona, una capa inferior con cerámica propia de esta cultura decorada con cordones de impresiones digitales, excisión de diversos motivos y, sobre todo, la técnica de las líneas incisas aisladas o hechas con peine o con un punzoncillo, haciendo como un punto y raya continuado, que se ha llamado de Boquique, atribuyéndola al período neolítico con notorio error. Además abundan las líneas con zigzag, rayas, líneas cruzadas, etc., y, sobre todo, una decoración de incrustaciones de cobre y ámbar, que también aparece en Numancia alguna vez (fig. 191).

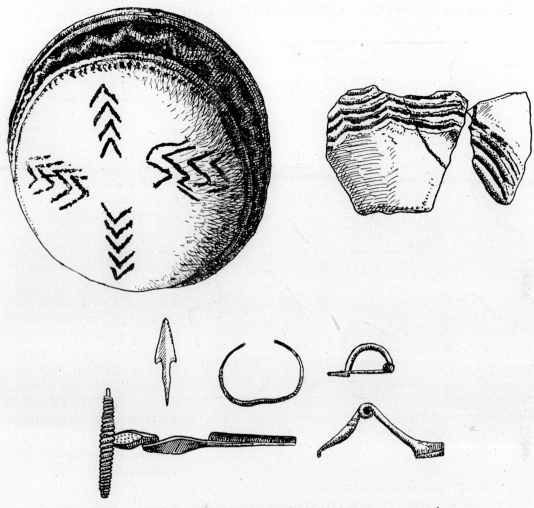

FIG. 192.—Cerámica con decoración excisa y con punto y raya y bronces del Cerro del Berrueco (Salamanca)

Los mismos resultados ofrece la estación de Sancho Reja, excavada por Joaquín María de Navascués y E. Camps, no lejos de Cardeñosa, y aun por publicar, y el castro del Cerro del Berrueco, ya en la provincia de Salamanca (96), con cerámica del mismo tipo que la que hallamos en Las Cogotas y fíbulas de la primera Edad del Hierro, con una vuelta en el codo del arco al lado de otros tipos más evolucionados (fig. 192).

Del estudio por nosotros realizado de estos materiales deducimos que su cronología no es muy antigua, y dentro del conjunto de materiales que venimos analizando, de esta época y cultura, se acercan más al Hallstatt D que al C, creyendo alcanzan también esta fecha del final del Hallstatt algunas sepulturas de la necrópolis de Cardeñosa, donde la cerámica guarda aún, en plena época de La Tène, un gran arcaísmo en la técnica, formas y ornamentación, en tanto que los ajuares nos muestran la gran riqueza y personalidad lograda en España por las gentes de los campos de urnas, que en tiempos romanos fueron llamados celtíberos por los clásicos, como hemos indicado, y sobre cuyo verdadero sentido etnológico trataremos en el capítulo siguiente.

Finalmente, hacia el Oeste y Norte los vestigios que tenemos de la etapa inicial de la invasión de los campos de urnas son más inseguros e incluso parece fueron algo más tardíos.

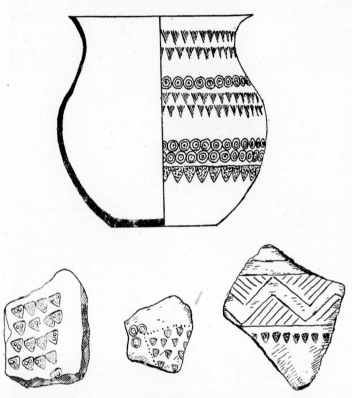

En Portugal hallamos restos de cerámica que pueden ser incluídos en esta época, como el vaso del castro de Sendín (97), decorado con tres bandas de estampados de círculos concéntricos y triángulos incisos que recuerdan los motivos de El Roquizal del Ruilo (fig. 193). Su forma y estructura ornamental coinciden con un vaso de Pommard, en la Côte d'Or (figura 85), que podemos incluir en el Hallstatt medio; por ello no dudamos acercar al Hallstatt C o D nuestro vaso de Sendín, que nos ayuda a clasificar otros fragmentos inéditos o mal publicados procedentes de castros portugueses, como Mairos-Soutilha, Arados y Sabroso, entre

Fig. 193. — Vaso con ornamentación incisa y estampillada de Sendín (Portugal) y fragmentos cerámicos de otros castros próximos.

otros (98), y también algunos de Galicia y Asturias, donde sólo la cerámica excisa nos puede guiar dándonos un dato relativo sobre aquellas estaciones, ya que nos parece que en esta región la cultura invasora de la Edad del Hierro hizo las mayores concesiones y recogió las más grandes supervivencias del pueblo de la Edad del Bronce megalítico.

Sus casas redondas, sus tumbas en falsa cúpula perduran en los castros galaicoastures, y no son de origen centroeuropeo, sino anteriores; por ello se podría decir, y la Arqueología lo comprueba, que la «celtización» fué menor en Galicia y norte de Portugal que en Castilla, y algo más tardía (99). Pero de toda esta cultura del noroeste peninsular, de tan singular matiz arcaizante, es incierto cuanto queramos reseñar sobre su origen, evolución y cronología, aunque algo más de luz nos dan algunos depósitos, como el de Hio, cerca de Vigo, y otros hallazgos sueltos de bronces que en otra parte de esta obra se estudian.

FIG. 194. — Cerámica de la necrópolis de campos de urnas de Alpiarça (centro de Portugal)

Mención especial merece el hallazgo de Alpiarça, donde se ha excavado una típica necrópolis de campos de urnas (100) que ofrece estrechos paralelos con urnas de cuello cilíndrico muy alto y sin reborde, halladas en Almería y que nos prueba cuán homogéneos son, vistos en su totalidad, estos movimientos. Las formas cerámicas de Alpiarça —urnas, biberones como en otras estaciones hallstátticas, vasitos pequeños y un frutero— son de un aspecto muy arcaico y además no ofrecen decoración alguna, a no ser un eco de bulloncitos, o tetones mejor dicho, que vemos en una de las urnas (fig. 86). Sobre todo, faltan los motivos de líneas incisas y de círculos que hallamos en el vaso del castro de Sendín.

En nuestra opinión, tal carencia de ornamentación es debida a su carácter funerario, en tanto que la cerámica de uso doméstico que vemos en los castros y poblados suele apa-

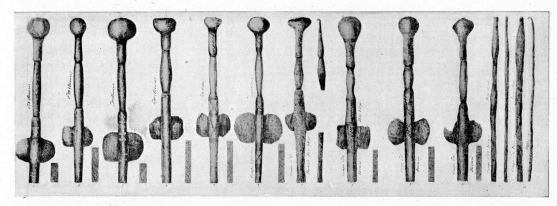

FIG. 195. — Alfinetes o agujas de asador de la cultura de los campos de urnas de Portugal

recer decorada. Ello es tanto más de suponer cuanto que en las necrópolis de Centroeuropa hallamos decorados sólo los pequeños vasos para contener ofrendas mortuorias, en tanto que las urnas funerarias después del Hallstatt A solían aparecer sin decoración. Así, las urnas de Alpiarça corresponderán a la necrópolis de un poblado con cerámica idéntica al

tipo de Sendín, igual a la que vemos en las capas inferiores de Las Cogotas, Numancia o El Redal. Esto mismo observamos en los sepulcros del Bajo Aragón, donde las urnas de los sepulcros son pulidas, en tanto que tenemos rica decoración en la cerámica procedente de los poblados, como El Roquizal del Rullo o Chiprana.

Finalmente, de Alpiarça procede un hacha plana con boca muy abierta, y un brazalete, tipos ambos del ajuar de estos invasores en Aragón o Almería.

Muy especial mención merece en Portugal la necrópolis de Alcácer do Sal, cuyos materiales, en su conjunto, aun restan inéditos, pero que a través de las notas publicadas por su excavador Vergilio

FIG. 196. — Vasos cerámicos con ornamentación excisa procedentes de los areneros del valle del Manzanares; alrededores de Madrid

Correia (101) podemos deducir se trata de una serie de sepulturas en su mayoría posteriores al Hallstatt y que, por tanto, no caen dentro de nuestro estudio. Sin embargo, de las citadas noticias se desprende que la necrópolis empezó allí hacia el Hallstatt D. En una sepultura de incineración, la número 48, cuyo ajuar y otras circunstancias desconocemos, se halló un anillo egipcio con el escarabeo de Psamético I (663-609 a. de J. C.), que nos asegura una fecha para la invasión en aquel lugar. Del mismo tipo el citado excavador señala otros enterramientos, aunque todos de incineración, por lo cual no podemos concretar más nuestras conclusiones. Es lástima que no se nos hayan descrito con minuciosidad ni el tipo ni el ajuar completo de ninguna sepultura de esta importante y lejana necrópolis céltica de Occidente.

De lo que no cabe duda es del carácter típicamente céltico de todo este cementerio a juzgar por los ajuares que conocemos, a pesar de que Bosch lo niegue. Por otra parte, el que aparezca un escarabeo egipcio como en hallazgos semejantes de Carmona, de los que nos ocuparemos a continuación, nos prueba el

FIG. 197.— Vasos cerámicos procedentes de los areneros del valle del Manzanares; alrededores de Madrid

avance hacia todas las tierras del sudoeste de España de las oleadas de invasores y sus contactos con los fenicios.

El mismo origen centroeuropeo tienen los conocidos «alfinetes», o largas agujas con dos aletas en el cuello y terminados en una bola redonda (fig. 195). Aparecen en la región meridional y central de Portugal y han sufrido diversas valoraciones. Son pinchos para asar la carne, que no tienen paralelos seguros en otros hallazgos de esta cultura.

En España, pasada ya la Cordillera Central, pero siempre al norte del Tajo, hallamos un grupo de nuevas estaciones de gran interés para valorar esta invasión. La mayoría se agrupan en los alrededores de Madrid, y son hallazgos casuales recogidos

FIG. 198. — Vasos excisos y detalles de su ornamentación, procedentes de los areneros del valle del Manzanares; alrededores de Madrid

en las explotaciones de areneros del valle del Manzanares, donde debieron establecerse en pequeños poblados los invasores. Estos hallazgos proporcionan restos aislados de cerámica decorada con profundas excisiones de una riqueza sólo comparable a lo que hemos visto en El Redal y en El Roquizal del Rullo; pero aquí los ceramistas emplearon además incrustaciones de color dentro de las excisiones o incisiones. También en los yacimientos madrileños aparece sumamente empleada la técnica llamada por Pérez de Barradas de punto y raya, que no es otra que la antiguamente denominada de Boquique, sobre la cual ya nos hemos ocupado.

Los hallazgos del Manzanares proceden de los areneros de Valdivia, Martínez, Nicasio Poyato y Los Vascos, todos en el término de Villaverde, y de otros muchos (102). Lo más importante es la riqueza de motivos ornamentales con técnica excisa, ofreciéndonos algunas formas nuevas, como los pies cerámicos doblecónicos, usados tal vez para sostener los vasos semiesféricos, que también hallamos en otras estaciones españolas, como en Yecla de Silos, y del cual tenemos paralelos frecuentes en Centroeuropa (103); son característicos los dientes de lobo y unas bandas de dobles hachas o grapas moteadas con incisiones de puntos que aparecen en bajo relieve a base del mordido o excisión del barro tierno antes de la cocción del vaso (figs. 196 a 198).

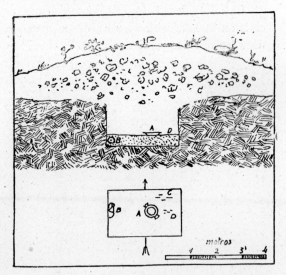

La serie de dibujos hace de este conjunto madrileño de cerámica tal vez el más rico en motivos de toda la cerámica de esta cultura en España, y ello puede ser una prueba de su antigüedad, que corroboran también sus perfiles, no tan modernos como los que vemos en Las Cogotas, por ejemplo. Algunos nos parecen incluso más primitivos que los de El Redal y no lejanos al Hallstatt B. Pero como no tenemos para guiarnos otro elemento de

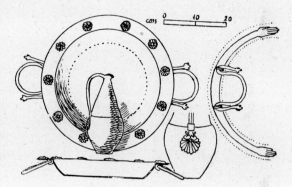

FIG. 199. — Tipo de túmulo sepulcral de incineración de la Cañada de Ruiz Sánchez (Carmona), y su ajuar, con objetos de importación del siglo VI.

juicio que la tipología, siempre será imprecisa la fecha segura atribuíble a estos materiales.

Los hallazgos de los areneros del Manzanares se repiten en el valle del Jarama, en el cerro de El Viso, de Alcalá de Henares, y cerca de Aranjuez, y en Azaña, ya en las lindes de las provincias de Toledo y Madrid.

Más al sur del Tajo faltan los poblados o necrópolis típicas de la cultura de los campos de urnas de estos períodos iniciales que venimos estudiando. Sólo algunos hallazgos de bronces y, sobre todo, el rico depósito de armas y útiles de la ría de Huelva, y también los textos literarios, sobre todo el periplo de Avieno, nos aseguran la penetración de fuertes bandas, que llegaron, por lo menos, a las tierras del valle bajo del Guadalquivir, amenazando a las colonias de Tartessos y Gadir durante algún tiempo. La serie de sepulcros excavados cerca de Carmona, ya publicados, aunque sin rigor científico, a fines del siglo XIX, nos muestran rastros de estas gentes por aquellas tierras, que ya no eran célticas en el siglo VI, cuando se escribió el citado periplo de Avieno, donde se dice, sin embargo, que habían sido dominadas por este pueblo centroeuropeo (104).

La excepcional riqueza de estos sepulcros, rivales ventajosos de cuanto se puede incluir en la Península en esta época, nos hubiera dado seguros datos para fechar y clasificar los pueblos y momentos de la invasión, que tan antiguo texto escrito nos refleja. Se

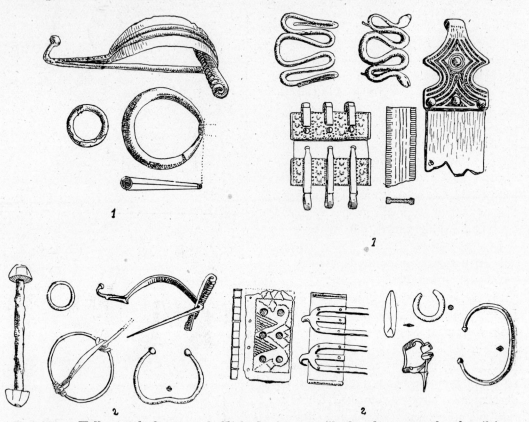

FIG. 200. — Hallazgos de Carmona: 1, fíbula de plata y anillo de cobre y oro y broche céltico de cinturón de El Acebuchal; 2, fíbulas y otros objetos de bronce de la necrópolis Cruz del Negro.

ven rosetas y palmetas de objetos fenicios de los siglos VI y V, procedentes de enterramientos tumulares. También pertenece al siglo VI, o comienzos del V, un oinochoe y un caldero de bronce (fig. 199). Pero casi es imposible saber en qué túmulos y con qué ajuares han aparecido la serie de objetos célticos que conocemos. Por su tipología, pertenecen muchos de ellos, de claro entronque con la cultura de los campos de urnas, al período del Hallstatt D y aun posteriores; la cerámica es, con frecuencia, de tipo céltico, y no de grupos del vaso campaniforme, como se había supuesto, y su decoración ofrece paralelos con los vasos que hemos descrito del castro de Las Cogotas o El Redal, no faltando en algún vaso la profunda excisión, que asegura un claro entronque con nuestra cultura; pero siempre, al hablar de estos materiales, nos queda la duda que produce el haberlos conocido sólo por dibujos más o menos exactos de publicaciones antiguas.

Los hallazgos están situados en varios lugares de los alrededores de Carmona hasta Alcalá de Guadaira, en una pequeña meseta que domina el amplio llano por donde corre el río Carbones y el Guadaira. Allí debió vivir una población bastante numerosa y enriquecida por el comercio con Tartessos y Gadir, en la época en que incluso también los griegos llegaban hasta aquel país.

De toda la serie de estaciones estudiadas por Bonsor, de la que tenemos algunas noticias más completas es El Acebuchal, donde encontramos las mismas complejas referencias que en cualquiera otra de las necrópolis mencionadas por él, como la Cruz del Negro, el Bencarrón, Alcaudete, Entremalo, etc., distantes unas de otras varios kilómetros. En la citada necrópolis de El Acebuchal, que podemos citar como tipo a través de las descripciones de Bonsor, podemos precisar tres ritos funerarios. Uno es la inhumación, al cual pertenecían los túmulos B, L, M y R.

FIG. 201. — Típica cerámica de la cultura de los campos de urnas de los sepulcros de incineración de Carmona. La mayoría de El Acebuchal y Cruz del Negro.

Del túmulo B tenemos la lista de su ajuar; pero solamente nos dió su excavador algunos dibujos inseguros de ciertos objetos. De los otros túmulos sólo sabemos que eran iguales a éste en estructura y la noticia de haber aparecido una punta de lanza de bronce, que se perdió. El túmulo B lo exploró un excavador llamado Peláez; pero Bonsor lo volvió a abrir y publicó su estructura. Consiste en un montículo de tierra que cubre una fosa excavada en la roca de 3,05 metros, 1,04 de ancho y 1,10 de profundidad. Esta fosa estaba, en parte, formada por un muro de piedras y arcilla. En él había dos cadáveres con los cráneos en dirección Sudoeste.

El ajuar consistía en una gran fíbula de plata, pero no sabemos de qué tipo. Un huevo de avestruz, con los bordes recortados en puntas, como también ocurre en otros hallazgos de Almería, propios de esta cultura. Dos enganches de cinturón, que representan dos serpientes; el uno, en plata, y el otro, en bronce. Un broche de cinturón de bronce, con botones dorados. Dos fragmentos de cinturón de un tisú de hilo de cobre, con dos botones de oro. Fragmentos de una correa forrada por una fina placa de cobre. Algunas gargantillas de oro y vestigios de un tisú de oro. Ni en este túmulo ni en los demás de inhumación aparece cerámica, según Bonsor, lo cual es casi increíble.

En los túmulos L, M y R se encontró una cerámica entre la tierra idéntica a la que aparece en otros sepulcros o «pozos de ofrendas»; pero es imposible aclarar a través de los dibujos la cronología y el estilo de esos tipos cerámicos.

Sólo podemos asegurar que el tipo de túmulo, así como los objetos de su ajuar, es completamente igual a los de esta cultura y con seguridad procede del centro de Europa; pero casos de inhumación de estas gentes no se hallan en España. Es posible

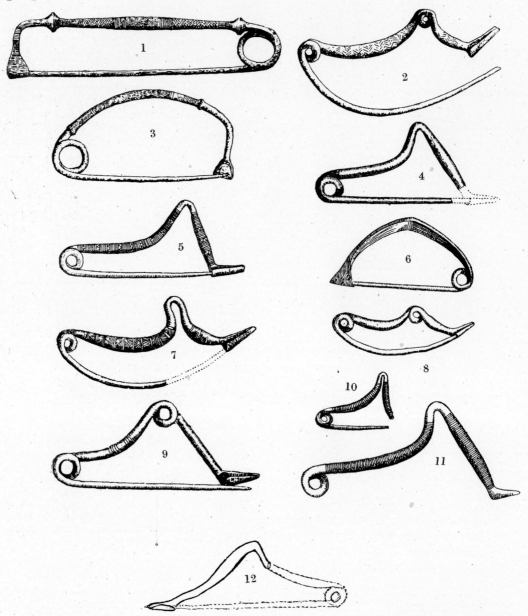

Fig. 202. — Prototipos de las fíbulas españolas de codo de la primera Edad del Hierro procedentes de Sicilia y Francia: 1 y 6, Pantálica (Sicilia); 2, Desauri (Sicilia); 3, Molino della Badia (Sicilia); 4, 5, 7, 8 y 9, Cassibile (Sicilia); 10 y 11, Modica, Siracusa (Sicilia); 12, Notre-Dame d'Or, Vienne (Francia).

que fuera una influencia púnica la que hizo a estos ricos jefes de Carmona aceptar la inhumación; también podría ser un error de Bonsor, ya que, como hemos dicho, debajo de los sepulcros célticos de incineración parece ser hubo inhumaciones de la época del Bronce inicial.

Además de esa posible inhumación, encontramos en esta necrópolis abundantemente usado el rito de la incineración, la cual ofrece dos tipos: el primero es simplemente el

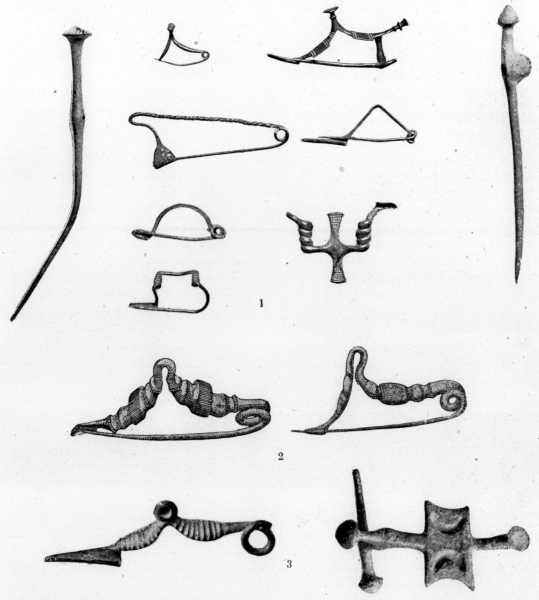

Fig. 203. — Fíbulas de codo, doble resorte, aguja enchufada en el arco y otros tipos procedentes de la Meseta del período antiguo de la cultura céltica española: 1, Museo Arqueológico Nacional; 2, Museo de Barcelona; 3, Museo del Instituto de Valencia de Don Juan, Madrid.

enterramiento de las cenizas dentro de una urna, donde, a la vez, se colocaban los objetos del ajuar del muerto, cubriéndolo todo con un túmulo de tierra. A este tipo pertenecen las «motillas» H, I y J.

De estos túmulos o motillas tenemos el ajuar de la motilla J, con una bella placa de marfil, que se debe fechar en el siglo VI. Otro tipo de enterramiento de incineración són las urnas enterradas simplemente en el suelo, sin más aditamentos. Entre las urnas cinerarias excavadas algunas están pintadas de negro y rojo, según su excavador.

A través de todas estas diversas e imprecisas noticias que Bonsor nos ha legado, parece ser que también él excavó en aquella comarca verdaderos silos de provisiones, como los que ya conocemos en otras partes. Además se puede deducir que debajo de sus túmulos se hallaron otros enterramientos de inhumación en pozos más profundos, como vimos ocurre en la comarca del Vallés, cerca de Barcelona, donde repetidas veces los hallazgos sepulcrales del eneolítico, con sus típicas cerámicas y ajuares de sílex y cuentas de calaíta, aparecen bajo los hallazgos de la cultura de los campos de urnas. Pero del rico y sugestivo conjunto de hallazgos célticos de Carmona es imposible hoy decir nada más por la inseguridad y falta de noticias (figs. 199 a 201).

Ajuares muy próximos a los que hallamos en estos enterramientos proporcionó alguna sepultura encontrada en la necrópolis romana de Carmona, pero sin que sepamos concretamente las circunstancias de su hallazgo, pareciéndonos se trataría de un enterramiento de la época anterromana, pues es poco probable que llegaran las supervivencias célticas hasta los tiempos avanzados en que comienza aquel cementerio (105).

Otros enterramientos de significado semejante a los de Carmona, y que prueban nuestra supuesta ocupación céltica de aquellos lugares, aparecen en la necrópolis de Setefilla, en Lora del Río, también en la provincia de Sevilla y cerca de un punto estratégico para el paso del Guadalquivir (106). Sus ajuares son muy semejantes a los de los enterramientos de los alcores de Carmona, con abundantes elementos fenicios de muy imprecisa cronología, pero que deben colocarse alrededor del siglo VI. a. de J. C., aunque es seguro que muchos de los enterramientos de ambas nacrópolis son más modernos. Así, tales hallazgos confirman la existencia de pueblos célticos en aquellas comarcas hasta la época romana, reforzándose tal atribución con las noticias que nos han proporcionado los más antiguos textos escritos y los de la época romana sobre los pueblos del valle del Guadalquivir.

La tipología de los hallazgos de bronce de esta cultura.

Después de resumir las estaciones que podemos agrupar dentro de la época inicial de la cultura de los campos de urnas que entró en España en la primera Edad del Hierro, nos falta reseñar una serie de hallazgos sueltos y algunos raros depósitos de metal que completan nuestro conocimiento sobre la misma. Sobre esta cuestión puede el lector ver los hallazgos reunidos en la parte final de lo escrito sobre la Edad del Bronce en el primer volumen, primera parte, de esta misma HISTORIA DE ESPAÑA. Allí se estudia todo el conjunto de armas y útiles de bronce correspondientes a esta cultura. El bronce fué el metal más utilizado para todo, y sólo alguna vez aparece el hierro, cuyo uso no se generalizó en España hasta después del Hallstatt, apareciendo siempre las armas de este metal con fíbulas de La Tène (107).

El más importante de estos depósitos de bronces se descubrió en la ría de Huelva, siguiéndole en importancia el de Hio, en la ría de Vigo, y el de Huerta de Arriba, en la provincia de Burgos, ya mencionado, con tipos varios de hachas, navajas de afeitar y brazaletes típicos de esta cultura todo lo cual se pueden fechar en el Hallstatt C. Además tenemos el perdido de Organá y el de Ripoll, en Cataluña. A la vez, abundan los hallazgos sueltos de hachas, espadas, dagas, alfileres, fíbulas, botones, brazaletes y torques, navajas de afeitar, hoces, escoplos y cuchillos, cuya tipología y distribución se analizan en lugar citado de esta obra (108).

De su estudio tipológico y distribución en la Península se deduce la lenta y progresiva penetración de esta cultura de los campos de urnas de Norte a Sur. Así, los más antiguos tipos de espadas de lengüeta con empalme en U, las hachas planas o de tubo y también las de talón sin anillas laterales, son más frecuentes hacia el Norte, y lo mismo ocurre con los hallazgos de cerámica excisa que casi no pasan el Tajo ni el Júcar, marcando una fuerte división de la Península; al norte que a la España celtizada y al sur la España mediterráneo-africana (fig. 15).

Se ve por los hallazgos que pronto los invasores dominaron Almería y Huelva, centros metalúrgicos de primer orden, y se relacionaron con Italia en el sículico III, de donde recibieron las fíbulas de codo tan típicas en esta primera época, aunque luego perduraron como los demás tipos introducidos ahora en la Península (figs. 202 y 203); pero sus relaciones principales se desarrollaban hacia el sur de Francia y costas atlánticas, hasta Inglaterra, estableciéndose de nuevo una unidad cultural en lo que a la metalurgia se refiere, substituyéndose los tipos tardíos de la cultura atlántica megalítica por los nuevos modelos de origen europeo, aclimatados en todo el Occidente, ya muy tardíos y evolucionados, sobre todo los que se fundieron con metal español. Así, las espadas de lengua de carpa occidentales tipo Huelva, las largas conteras de lanza, las hachas de talón de asas laterales y otros objetos de bronce que frecuentemente aparecen en el Occidente, creemos han nacido tardíamente en España, aunque derivados de tipos centroeuropeos más antiguos introducidos en nuestra Península por la invasión de los campos de urnas.

Para su cronología no tenemos más dato seguro que la evolución tipológica de la cerámica y los tipos de metal. Nosotros hemos establecido la fecha del 750 a. de J. C. para el depósito de Huelva, y tal vez sea excesivamente alta. Nada comparable a lo que en Europa cae dentro del Hallstatt B tenemos entre los bronces españoles, los cuales, si bien siguen la tipología de los antiguos modelos del Hallstatt A y B, no llegan probablemente sino muy tarde y muy evolucionados a España. Sólo después del Hallstatt, cuando se adopta el hierro, aparecen ricos y originales conjuntos. Su estudio cae fuera de nuestro trabajo, y en ellos, adoptando una cronología equivocada en nuestra opinión, se ha querido ver nuevas invasiones de gentes centroeuropeas llegadas desde el Bajo Rhin. Pero sobre este problema trataremos en el capítulo siguiente.

Cronología de la cultura española de los campos de urnas hasta la época de La Tène.

Como se ha adelantado al describir los hallazgos, la época y la etapa cultural en que pueden colocarse los campos de urnas españoles corresponde cronológicamente a períodos de la primera Edad del Hierro en Europa llamada hallstáttica. Pero desde hace tiempo, tan pronto como pudieron ser establecidas las líneas generales de la prehistoria española, resultó imposible hablar en la Península de edad o época del Hallstatt y de La Tène conforme se dividía en Europa a la denominada Edad del Hierro por los prehistoriadores clásicos del siglo XIX, cuya influencia se proyectó, naturalmente, a través de sus discípulos, en el siglo presente. Ocurría el mismo fenómeno que ya hemos señalado para Francia o Inglaterra en el apartado final del capítulo anterior. Hoy todas estas denominaciones resultan imprecisas, y sus conceptos clásicos han sido profundamente revisados por los actuales arqueólogos. También nosotros, en la parte que nos ha correspondido redactar de esta prehistoria española, hemos huído de hablar de la «Edad del Hierro», o de la «Época o cultura del Hallstatt», pues creemos que son términos ya inservibles.

En su lugar hemos tratado de exponer lo que representa para España la gran oleada de pueblos indoeuropeos que, con la denominación de invasión céltica, penetran en la Península y transforman radicalmente su cultura y su etnogenia.

La cronología de tal suceso y su evolución en suelo peninsular las hemos acoplado, a lo largo de nuestra exposición, a la terminología europea, aunque representen en España fenómenos de vida cultural diversos a los que ofrecen las culturas de la Europa Central estudiadas en el capítulo II de nuestro trabajo. Por otra parte, los paralelos con Europa nos sirven hoy en la prehistoria española más para la fijación del origen y cronología de esta cultura y sus evoluciones de formas y técnicas que aquellos que podemos establecer con las culturas mediterráneas. Esta conclusión arqueológica es firme frente a lo que pueda figurarse quien conozca los textos escritos que parecen denunciar unas relaciones muy tempranas y una fuerte penetración cultural de griegos y púnicos en España. Tal vez futuros hallazgos hagan cambiar el panorama de la prehistoria española aportando nuevos datos; pero hasta la fecha, sólo a base de conclusiones obtenidas de la evolución de los tipos de útiles y ajuares, procedentes de necrópolis y poblados y a base de sus paralelos en Europa, podemos movernos para datar las culturas indígenas hispanas hasta la fecha del 400 a. de J. C., más o menos límite de nuestra exposición. Y creemos que las mismas conclusiones se obtienen para la llamada por nosotros «cultura céltica», que para la considerada por otros «cultura ibérica», cuya cronología y significado está hoy sufriendo una profunda revisión.

Los datos únicos que poseemos para fechar nuestros materiales más antiguos en el Hallstatt B se deducen de las comparaciones tipológicas con los materiales europeos, sobre todo de Suiza y región meridional y central de Francia. Si relacionamos las más antiguas necrópolis catalanas, Tarrasa, Anglés, Janet, Llorá, con los materiales de los palafitos suizos o de Le Bourget, en Francia, nos conducen a esa conclusión. Las formas de las urnas de cuello cilíndrico se han utilizado hasta una época avanzada, y en Tarrasa, en la tumba núm. 19, se puede fechar una de estas urnas aparecidas con otros vasitos de ofrendas de perfil en S por una aguja de cabeza de aro que vemos en otros yacimientos aun más tardíos. Sin embargo, en Tarrasa y otros hallazgos semejantes ya descritos, la técnica de la cerámica negra y pulida, las tapas de las urnas troncocónicas y sin asas, los enterramientos de urnas metidas en el suelo sin los túmulos, que luego vemos aparecer, todo indica una estrecha relación con los hallazgos alpinos occidentales y del valle del Ródano que pueden fecharse hacia el Hallstatt B. Naturalmente que aun hemos de tener presente antes de mantener una fecha alta en cualquier hallazgo español, el enorme arcaísmo que luego se prolonga a lo largo de etapas posteriores. Una fecha algo más moderna obtenemos para la más antigua cerámica excisa de la meseta: El Redal, Molino, alrededores de Madrid. Los bronces nos faltan, y sólo el depósito de la ría de Huelva, el de Huerta de Arriba y el poblado de El Roquizal del Rullo, con cerámica y con bronces algo posteriores a aquel hallazgo andaluz, a juzgar por una fíbula de codo y una valva de fundir pomos de espada, nos dan una fecha que equiparamos al Hallstatt C centroeuropeo. Es lástima grande que algunos hallazgos de las necrópolis de Carmona Setefilla, y de Alcácer do Sal, con materiales púnicos del siglo VI las primeras, y el escarabeo egipcio de Psamético I (615-609), la segunda, no puedan ser p enamente utilizadas por la ciencia, y lo mismo hemos de decir de las tumbas de Almería, excavadas por Siret, donde al parecer también abundan objetos de importaciones fenicias que podrían datarlas.

Ya del Hallstatt D es la Cueva de Llorá, El Molar; la necrópolis de Agullana, ésta aun prolongada en época bastante más moderna. Hallazgos del Bajo Aragón de la época más antigua, como las Escodinas y los de su época, y en Castilla los niveles bajos de Numancia y otros castros sorianos, se pueden agrupar en este período, así como la capa inferior de Las Cogotas y de Sancho Reja, y al parecer del Cerro del Berrueco, de la provincia de Salamanca.

En Portugal se pueden incluir en este período los materiales más antiguos de Alcácer do Sal y de Alpiarça. Lo mismo ocurre con los hallazgos que hemos citado de Andalucía y Levante.

Sin embargo, es todo esto muy impreciso todavía, y debe tenerse en cuenta que algunas necrópolis y poblados abarcan uno o más períodos pues faltan hallazgos firmes que es de esperar se vayan obteniendo y cambien algo o refuercen nuestro punto de vista, aunque en líneas generales lo creemos ya firme, sin que insistamos aquí demasiado en un minucioso análisis, impropio de este lugar. El depósito de la ría de Huelva y Huerta de Arriba (Burgos), el material de El Roquizal del Rullo y de Llorá, de El Molar y de Agullana nos guían sobre la evolución de nuestra cultura céltica de los campos de urnas y nos inducen a agrupar en la forma que lo hacemos los hallazgos.

Sobre todo, tenemos para reforzar nuestras conclusiones las noticias históricas proporcionadas por el antiguo periplo griego Marsellés, del siglo VI a. de J. C., recogido por Rufo Festo Avieno. En él se establece el primer cuadro etnográfico de España y se describe a los pueblos celtas de la Meseta y de las tierras de Levante. Concretamente se dice que estos pueblos celtas habían dominado la isla de Cartare, en la desembocadura del Guadalquivir, y que en esa fecha habían sido ya rechazados más allá de Sierra Morena. Tales datos nos aseguran firmemente su llegada, por lo menos en el siglo VII, al sur de España. Sería el momento en que los centros metalúrgicos de Huelva y de Almería debían estar en su poder conforme lo denuncian los hallazgos. Después las influencias coloniales debieron encontrar en la población anterior o en bandas célticas mercenarias el apoyo suficiente para dominar las riquezas mineras de la España del Sur. La invasión es rechazada más allá de Sierra Morena y queda bastante aislada la cultura céltica española de las influencias mediterráneas. Por eso, sólo cuando se conozca el aprovechamiento del hierro, en época posterior, nos ofrecerán ricos ajuares los poblados y necrópolis de Castilla y Aragón. De las espadas de bronce, fuertes y relativamente abundantes en España, de tipo de empuñadura de lengüeta, pasaremos a las falcatas y espadas españolas de antenas fundidas en hierro, que debemos comenzar a fechar a partir del año 400 poco más o menos.

Es decir, el bronce, salvo algunos objetos raros, es el metal usado en España durante toda la primera Edad del Hierro de los prehistoriadores clásicos europeos. Y la razón de la carencia de ajuares la atribuímos a la falta de metal, pues las fuentes mineras del Sur sólo estuvieron en manos fuertes de estos invasores hispanos hasta el siglo VII o comienzos del VI a. de J. C.

Un refuerzo de la visión de los textos nos viene de los hallazgos indígenas de Ampurias y de los poblados con cerámica griega de los siglos V y IV de la provincia de Gerona, como La Creueta. En ellos vemos cuán tardío es el fenómeno cultural de la «iberización» y cómo debemos hacer llegar hasta el siglo V nuestra Edad del Bronce indígena.

Así, entre el 800 y el 200 transcurre este largo lapso de tiempo, en el cual se desarrollan los períodos I (800-600) y II (600-400), en que se pueden agrupar los materiales de

los poblados y necrópolis descritos pertenecientes a nuestra cultura de los campos de
urnas, debiéndose admitir un Período III (400-300) y un Período IV (300-200) de transición a la etapa «ibérica», en el cual alterna esta cerámica hallstáttica o céltica frabricada
a mano tipo de los campos de urnas de España con la «ibérica» fabricada a torno. A los
pueblos portadores de esta cultura los griegos les dieron el nombre de celtas, y cada vez
habrá que diferenciarlos más, tanto linguística como cultural y racialmente, de los galos.
Con frecuencia *Keltoi* y *Galatai* se confundieron, sobre todo por los historiadores y geógrafos de los tiempos de Roma (107). Lo mismo que confundieron también ligures, iberos
y celtas. Pero la verdad es que representaban conjuntos de pueblos diferentes. Una vez
analizados los vestigios arqueológicos de la etapa inicial de esta cultura, abordaremos en
el capítulo siguiente su interpretación histórica a la luz de la filología y de las fuentes
escritas.

NOTAS

(1)   Todos estos hallazgos de Puerto de la Selva fueron realizados por ROMUALDO ALFARÁS, de
Figueras, y publicados brevemente por MANUEL CAZURRO, *Las cuevas de Seriñá y otras estaciones*
prehistóricas del NE. de Cataluña, Anuari, II, 1908, págs. 79 y sigs., figs. 20, 21 y 22.

(2)   Buen paralelo para la taza de Punta del Pi, que aparece además en Agullana, son los
vasos de los tipos XIV, de VOGT, *Die spätbronzezeitliche Keramik der Schweiz und ihre Chronologie,*
Denkschrift der Schweizerischen Naturforschenden Gesellschaft, Bd. LXVI, Abh. 1, 1930, figs. 298 y
siguientes, y las urnas y tazas de Jogasses. Véase P. FAVRET, *Les nécropoles de Jogasses à Chouilly*
(Marne), Préhistoire, t. IV, pág. 104, figs. 45 y 46.

(3)   BOSCH GIMPERA incluyó esta necrópolis en su período I.

(4)   Fué descubierta por AVILÉS ARNAU, y posee el yacimiento antigua bibliografía, recogida
por BOSCH GIMPERA, *Prehistoria Catalana,* Barcelona, 1919, pág. 176, y BOTET Y SISÓ, *Geografía*
general de Cataluña, Gerona, pág. 484, figuras con algunos grabados. BOSCH y PERICOT excavaron
un sepulcro, que dió un botón de bronce, y una sepultura de cista como algunas de Agullana. L. PE-
RICOT, *Sepulcre hallstáttic dels Vilars, Espolla, Anuari,* VII, 1921-26, pág. 61.

(5)   Véase sobre este tipo de alfiler G. KRAFT: *Die Stellung der Schweiz innerhalb der bronzezeitli-*
chen Kulturgruppen Mitteleuropas, en *Sonderabdruck aus dem Anzeiger für schweizerische Altertums-*
kunde, 1927-28. Zurich, pág. 7 y lám. 11, núms. 18 y 19; HÉLÉNA, *Les origines de Narbonne.* Narbonne, 1937, figs. 74 y 79.

(6)   La necrópolis de Agullana la situó don MIGUEL DE PALOL al hacer la carretera de Agullana
a La Bajol, y sus materiales se hallan en la colección Palol, de Gerona, y Museos Arqueológicos de
Gerona y Barcelona. BOSCH GIMPERA ha publicado algunos vasos. Véase *Etnología de la Península*
Ibérica, Barcelona, 1932, págs. 45, 455 y 622, y *Los celtas de la cultura de las urnas en España,*
Anuario del Cuerpo Facultativo de Archiveros, Bibliotecarios y Arqueólogos, vol. III, 1936. En 1943,
bajo nuestra dirección, los alumnos P. DE PALOL y J. TOMÁS han iniciado una excavación siste-
mática. En la revista *Ampurias,* V, Barcelona, 1943, P. DE PALOL, *La necrópolis hallstáttica de*
Agullana, ha reunido las noticias sobre esta estación en tanto se publica la Memoria definitiva; en
Avances de los hallazgos de la necrópolis de Agullana, campaña de 1943, *Ampurias,* VI, 1944, J. MA-
LUQUER ha estudiado en este trabajo los bronces hallados en esta importante necrópolis.

(7)   EBERT, *Reallexikon der Vorgeschichte, Fankreich,* vol. IV, 1, lám. LXIX, y otros vasos
semejantes, sobre todo los idénticos perfiles del cuello de las urnas (figs. *a, b* y *e*).

(8)   CABRÉ AGUILÓ, *Guerreros indígenas de la Edad del Hierro con pendientes de oro, Las Cien-*
cias, núm. 2, Madrid, 1934, pág. 132.

(9)   No es éste el lugar para desarrollar ampliamente nuestro punto de vista sobre el alcance
etnográfico de la palabra «ibero» y su cultura ibérica; pero creemos debe pensarse cada vez más en
la filiación europea de este pueblo, al menos en las regiones catalanas, como producto del contacto
y como consecuencia de la invasión céltica, que aquí vamos analizando.

(10)   Esta cueva fué excavada por el señor BOSOMS y por ALSIUS. Los objetos, guardados avara-
mente por el primer señor en Barcelona, no han podido ser ni vistos siquiera por el autor por la
negativa del dueño. Las noticias del hallazgo las dió MANUEL CAZURRO, *Anuari,* 1908, pág. 68.
Véanse, como paralelos de la urna, vasos franceses y renanos. Las demás son semejantes a tipos
ya estudiados. Compárense también con la serie XVI, de VOG T, ob. cit., láminas VIII y IX.

(11)   M. PALLARÉS y L. PERICOT, *La cueva de Bora Tuna de Llorá, Anuari,* 1921-26, vol. VII,
páginas 62-64. El conjunto del material se conserva aún inédito en el Museo Arqueológico de Barcelona, y lo publicamos ahora (figs. 106 a 109).

(12)   EMIL VOGT, ob. cit., fig. 332.

(13)   La aguja de cabeza enrollada aparece en todas las épocas, en los palafitos suizos, con
imprecisión cronológica (véase plancha II, de GEORG KRAFT, *Die Stellung der Schweiz innerhalb der*
bronzezeitlichen Kulturgruppen Mitteleuropas, Anzeiger für schweizerische Altertumskunde, 1927-28,
núms. 11, 13 y 14; 11, Siders; 13, Bex; 14, Lausanne-La Bordonnette, con tipo anillo). Según KRAFT,

en las tumbas de Gruyère, y también en el Valais (GEORG KRAFT, ob. cit., pág. 8), suelen ser piezas importadas. Perdura y aparece en Egg, en un clásico conjunto del Bronce D, con alfiler cabeza de adormidera (GEORG KRAFT, ob. cit., lám. IX). Otro igual sale en la necrópolis de Fleury, Narbona (PHILIPPE HÉLÉNA, *Les origines de Narbonne*, Toulouse-París, 1937, fig. 82). Otra sale en El Roquizal del Rullo (JUAN CABRÉ AGUILÓ, *Excavaciones en el Roquizal del Rullo, término de Fabara, provincia de Zaragoza, dirigidas por D. Lorenzo Pérez Temprado*, Memorias de la Junta Superior de Excavaciones y Antigüedades, año 1928, lám. XXI, fig. 2). Las de Las Valletas (Sena), inéditas en el Museo de Zaragoza. También aparece este tipo en Agullana y otras estaciones catalanas.

(14)   LUIS PERICOT, *La col·lecció prehistórica del Museu de Girona*, Barcelona, 1923, pág. 13, figs. 2 y 3, lám. IV; BOTET, *Data en que els grecs...*, pág. 15; L. JOULIN, *Les sepultures des âges préhistoriques dans le Sud-Ouest de la France et dans la Peninsule hispanique*, *Revue Archéologique*, 1910, II, pág. 197; BOTET, *Geografia de Catalunya*, volumen de Gerona, pág. 941; BOSCH GIMPERA, *Prehistória Catalana*, pág. 185.

(15)   Es el tipo Vc, de EMIL VOGT, ob. cit., pág. 46, figs. 128-134. De modo alguno puede admitirse que el conjunto de los vasos de Anglés sea más moderno que el de otras necrópolis catalanas de esta cultura, como hace BOSCH al incluirlo en el Período II de la cultura de las urnas catalanas.

(16)   La bibliografía completa de este hallazgo en BOSCH GIMPERA, *Prehistoria Catalana*, Barcelona, 1919, pág. 186.

(17)   La necrópolis de Gibrella ofrece un paralelo seguro con los hallazgos transpirenaicos de esta misma cultura. Véase LÉON JOULIN, *Les sépultures des âges protohistoriques dans le Sud-Ouest de la France*, *Revue Archéologique*, 1912.

(18)   BOSCH GIMPERA, *Les coves del Nord-est de Catalunya*, *Anuari*, 1915-1920, pág. 479.

(19)   L. PERICOT, *Cuevas sepulcrales del Montgri*, *Ampurias*, I, pág. 117, lám. I.

(20)   Este problema que aquí exponemos debe ser tenido en cuenta por cuantos han venido interpretando los textos literarios y han dado, tal vez, un equivocado sentido etnológico a la denominación de iberos empleada para designar a nuestros antiguos habitantes prerromanos. ESTEBAN DE BIZANCIO, citado por BOTET Y SISÓ, *Emporion*, Madrid, 1879, pág. 25, nota 5; HÜBNER, *Corpus inscriptionum latinarum*, vol. II, pág. 615. Véase sobre esta cerámica de los campos de urnas y el comienzo de la cerámica ibérica pintada en Ampurias, M. ALMAGRO, *Memoria de las excavaciones de Ampurias*, 1943, *Memorias de los Museos Arqueológicos de España*, Madrid, 1944, y M. ALMAGRO, *Las excavaciones de Ampurias y sus últimos hallazgos*, A. E. A., 1945, pág. 59 y sigs.

(21)   FRANCISCO RIURÓ, *El poblado de La Creueta*, *Ampurias*, V, Barcelona, 1943. Los materiales de Belloch, inéditos, en el Museo de Barcelona.

(22)   El depósito de Ripoll en J. GUDIOL CUNILL, *Nocions d'Arqueologia Catalana*, Barcelona, s. a, vol. I, pág. 28, fig. 29. Para la cueva de las Eures, en curso de excavación, SALVADOR VILASECA, *La Cueva de Les Eures*, *Ampurias*, V, Barcelona, 1943.

(23)   J. RIUS SERRA, *El sepulcre del Turó de les Mentides*. Folgaroles. *Anuari*, VI, 1915-1920, página 581.

(24)   J. SERRA VILARÓ, *La cova de Can Mauri*, Berga, Manresa, 1922.

(25)   Esto nos lleva a considerar a la cultura Pirenaica sincrónica en su última fase de la invasión céltica, que sería la que la transformó. Véanse sobre este problema M. ALMAGRO, *Introducción a la Arqueología*, Barcelona, 1941, pág. 300. M. Almagro. *La cultura megalítica en el Alto Aragón*, *Ampurias*, IV, 1942, págs. 169 y sigs., y J. MALUQUER DE MOTES, *La cerámica con apéndice de botón y el final de la cultura megalítica del nordeste de la Península*, *Ampurias*, IV, 1942, págs. 171 y siguientes.

(26)   CUNNINGTON, *All Cannings Cross*, Devizes, 1923, Plate 21, núms. 2-4, y J. PHILIPPE, *Fort-Harrouard*, *L'Antropologie*, XLVI, 1936, pág. 593, fig. 50, y pág. 599, fig. 53.

(27)   J. SERRA VILARÓ, *Cerámica de Marlés*, Solsona, 1928, y *Trobala protohistórica a Marlés*, *Anuari*, VI, 1915-1920, pág. 573.

(28)   Contra esta denominación, que nada dice y que abarca en ella períodos y culturas muy dispares, pues las cuevas se han habitado incluso en la Edad Media, y aun hoy en algunos sitios, nos hemos opuesto en otros lugares. Véase M. ALMAGRO, *Introducción a la Arqueología*, Barcelona, 1941, págs. 203 y sigs., y 354 y sigs.

(29)   SERRA VILARÓ, *Poblado ibérico de El Vilaró de Olius*, Memoria de la Junta Superior de Excavaciones y Antigüedades, Madrid, 1919-1920, Memoria 35.

(30)   SERRA VILARÓ, *La civilització megalítica a Catalunya*, Solsona, 1927, pág. 230.

(31)   L. SIRET, *Villaricos y Herrerías*, Madrid, 1907, pág. 430.

(32)   BOSCH GIMPERA, *Dos vasos de l'Edat del Ferro trobats a Argentona*, Anuari de l'Institut d'Estudis Catalans, t. V, 1913-1914, Crónica, pág. 816; PONS GURI, *Ampurias*, V, 1943, pág. 152, y para otros hallazgos y poblados ibéricos de la costa, véase SERRA RÁFOLS, *El poblamiento de la Maresma o Costa de Levante en la época anterromana*, *Ampurias*, IV, 1942, págs. 69 y sigs.

(33)   Las únicas breves noticias sobre todos los hallazgos de los alrededores de Sabadell se pueden ver en BOSCH GIMPERA, *La col·lecció Prehistórica del Museu de Sabadell*, *Anuari*, 1913-14, Crónica, t. V, pág. 872, y RENOM Y COSTA, *La Secció prehistórica del Museu de Sabadell*, Sabadell, 1934, pág. 21; COLOMINAS, *Necrópolis de Can Fatjó (Rubí)*, *Anuari*, VI, 1915-20, pág. 592.

(34)   En San Quirse de Galliners y en Barberá ha sido donde nosotros hemos explorado algunos de estos hoyos profundos, que nos inducen a las conclusiones expuestas. Entre el kilómetro 2 y 3 de la carretera de Sabadell a Mollet, al abrir las zanjas para explanación, se encontraron varios fondos de cabañas, que fueron destruídos sin recoger el material. Dentro del término

de Barberá, en unos llanos elevados, cerca del río Ripoll y no muy lejos de la fuente de Can Boatella, el corte de la carretera ofrecía todavía restos de tres pozos de cabañas cortados en parte. Estaban a diferente nivel, siguiendo la línea del terreno firme donde estaban excavados. Todos tienen la misma altura que anchura, de paredes rectas, forma circular y basamento llano. Las medidas oscilan entre 1,70 y 2 metros. En uno de ellos no se encontró material de ninguna clase; sólo una capa de cenizas de un centímetro con restos de huesos de animales y piedras (restos de muelas y percutores). En los otros dos, que presentaban el mismo aspecto, salieron fragmentos de muelas para granos, de piedras rugosas, piedras redondeadas para machacar cereales, y algunos fragmentos de cerámica tosca, propia de las estaciones de la cultura de los campos de urnas. Todos los materiales se hallan inéditos aún en el Museo de Sabadell.

(35) BOSCH GIMPERA y COLOMINAS ROCA, *La necrópolis de Can Missert de Tarrasa*, Anuari, VI, 1915-20, págs. 598 y sigs. Los excavadores no identificaron el hallazgo del *ustrinum;* pero de sus descripciones nos parece segura nuestra afirmación.

(36) Este arqueólogo español ha sido el primero en sistematizar los materiales arqueológicos de los celtas españoles, aunque ha modificado sus puntos de vista en sucesivos trabajos al compás de las nuevas investigaciones. Nosotros creemos separarnos de él en cuanto a cronología y a la visión de la invasión, así como a la valoración de la misma, en su relación con las culturas indígenas que absorbió. De ello trataremos en el capítulo IV de este trabajo. Su último trabajo sobre este problema es: *Los celtas de la cultura de las urnas en España*, Homenaje a *Mélida*, vol. III, Madrid, 1936, publicado en francés en *Préhistoire*, vol. VIII, pág. 121, y lo mismo en inglés con alguna variante, y nuevas hipótesis de nombres de pueblos que creemos muy poco defendibles, *Two Celtic Wawes in Spain* en sir JOHN RHYS, *Memorial Lecture, British Academy*, London, 1939.

(37) J. COLOMINAS, *La prehistoria de Montserrat*, Barcelona, 1925. Los materiales de la cueva de Pallejá se hallan aún inéditos en el Museo Arqueológico de Barcelona.

(38) A. FERRER y PEDRO GIRÓ, *La colección prehistórica del Museo de Villafranca del Panadés, Ampurias*, V, 1943.

(39) F. CARRERAS CANDI, *Geografía General de Catalunya*, vol. 1, pág. 257, y A. FERRER y PEDRO GIRÓ, ob. cit., *Ampurias*, V, 1943.

(40) LUIS MARIANO VIDAL, *Cerámica de Ciempozuelos en una cueva prehistórica del NE. de España*. Asociación Española para el Progreso de las Ciencias, Congreso de Valladolid. Barcelona, 1916. Los materiales de esta cueva aparecen publicados en la parte dedicada al Eneolítico de esta misma HISTORIA DE ESPAÑA. Tomo I, primera parte.

(41) BUENAVENTURA HERNÁNDEZ SANAHUJA, *Catálogo del Museo Arqueológico de Tarragona*, Tarragona, 1894, págs. 5 y sigs. Cita varios vasos de este tipo; pero su estudio en el Museo de Tarragona es imposible por estar dicho Museo en curso de instalación. BOSCH GIMPERA publicó uno en *Etnología de la Península Ibérica*, Barcelona, 1932, fig. 364, que se puede comparar con otros idénticos hallados en el Bajo Aragón y en Numancia. Véase BOSCH GIMPERA, ob. cit., fig. 525. Este tipo de vaso, a juzgar por su forma, es típico del Hallstatt B y C. Véanse otros idénticos de Schalberg, fig. 176, de EMIL VOGT, ob. cit., tipo VI c.

(42) J. SERRA VILARÓ, *Escornalbou prehistóric*, Barcelona, 1925, láms. XXXVI y sigs.

(43) SALVADOR VILASECA, *Les coves d'Arbolí (Camp de Tarragona), Butlletí Arqueológic*, ép. 3, núms. 47, 48 y 49 Tarragona, 1934, y *Noves troballes prehistóriques a Arbolí, Butlletí Arqueológic*, ép. 3, vol. V, núm. 3, Tarragona, 1935; del mismo, *Más hallazgos prehistóricos en Arbolí, Ampurias*, III, 1941, págs. 45 y sigs.

(44) Roques Caigudes, localidad situada en término de Vilavert, en la confluencia del Brugent y Francolí, a 1 km. de La Riba, inédita. Las otras estaciones, en SALVADOR VILASECA y J. IGLESIAS, *Exploració prehistórica de l'alta Conca del Brugent*, III, lámina XLIV. *La cova de les Gralles, Revista del Centro de Lectura*, año XIII, núms. 225-227, enero-marzo, 1932; SALVADOR VILASECA, *La cova del Cartanyá, Boletín de la Asociación Catalana de Antropología, Etnografía y Prehistoria*, vol. IV, 1926, págs. 37-71; ídem, *La indústria del sílex a Catalunya. Les estacions tallers del Priorat y extensions. Reus*, 1935, págs. 49 y 50; ídem, *Los pequeños tranchets de sílex del Bajo Priorato, Atlantis*, 1941, pág. 109.

(45) SALVADOR VILASECA, *Les estacions tallers de sílex*, pág. 70; ídem, *Revista del Centro de lectura*, 1932. El material, aun inédito, de la Cueva del Bassot, a la derecha del Torrente de la Vall.

(46) SALVADOR VILASECA, *Dos cuevas prehistóricas de Tivisa, Ampurias*, I, 1939, págs. 159 y siguientes.

(47) SALVADOR VILASECA, ob. cit., pág. 169, láms. XV y sigs.

(48) SALVADOR VILASECA, *El poblado y necrópolis prehistóricos de Molá (Tarragona)*, Madrid, 1943.

(49) Estación inédita excavada por E. CAMPS y J. M. DE NAVASCUÉS. Materiales inéditos en el Museo Arqueológico Nacional.

(50) Para todos estos tipos de torques, que aparecen también en el sepulcro de Salzadella, véase GEORG KRAFT, *Die Stellung der Schweiz innerhalb der Bronzezeitlichen Kulturgruppen Mitteleuropas*, Zurich, 1928, láms. I y IV; y su perduración en el Hallstatt medio y final, en SCHAEFFER, ob. cit., vol. II, págs. 214 y sigs., figs. 165 y 166.

(51) Fué hallada por JOSÉ COLOMINAS, en la vertiente de un pequeño cerro distante media hora de Llardecans, el año 1930. Se encontraron casualmente varias urnas protegidas por losas de piedra formando caja del tamaño de las urnas (unas treinta). Muchas salieron rotas, pero fueron destruídas todas. Dos años más tarde el Instituto de Estudios Catalanes excavó la parte virgen del cerro, encon-

trándose solamente dos sepulcros de las mismas características de los anteriores, recogiéndose las dos urnas que están depositadas en el Museo Arqueológico de Barcelona y que han sido publicadas y utilizadas por Bosch Gimpera en sus trabajos, pero sin que se haya hecho nota ni publicación alguna particular sobre el hallazgo.

(52) Raymond Lizop, *Le Comminges et le Couserans avant la domination romaine*, Toulouse-París, 1931, pág. 141.

(53) J. Colominas Roca, *La Cova de la Fou, Bor, Cerdaña*, Anuari, VIII, 1927-1931, página 14.

(54) G. Courty et J. Gorneau, *Brazalets et haches de bronze de la Catalogne, Bulletin de la Société Préhistorique Française*, t. XVIII, París, 1920, págs. 94-96.

(55) José de C. Serra Ráfols, *Exploració arqueológica al Pallars, Butlletí de l'Associació Catalana d'Antropologia, Etnogr. i Prehistoria*, I, 1923, pág. 82, lám. X.

(56) Bosch Gimpera, *La col·lecció Sala de Vich*, Anuari del Inst. d'Est. Catalans, V, 1913-14, página 874.

(57) J. Serra Vilaró, *Mina i fundició d'aram del primer període de l'Edat del Bronz> de Riner. Bulletí del Centre Excursionista de Catalunya*, 1920, Anuari, VI, 1915-20, pág. 535. Compárese la tinaja de Riner, *Anuario*, VI, fig. 209, con otra de Numancia, *Excavaciones de Numancia*, Madrid, 1912, lám. XXII.

(58) J. Serra Vilaró, *Excavaciones en la cueva del Segre.* Memoria de la Junta Superior de Excavaciones, núm. 21, 1917; ídem, *Excavaciones en el poblado del Castell Vell, Solsona.* Junta Superior de Excavaciones, Memoria núm. 27, 1918. El poblado tal vez fué destruído por Catón y los laietanos, amigos de los romanos, a los que se les permitió extenderse desde la costa hacia el interior a expensas de ilergetes y bergistanos. Tenemos noticias en los escritores clásicos (véase J. Serra Vilaró, ob. cit., pág. 15, donde con acierto resume estas noticias); ídem, *Excavaciones en Solsona.* Junta Superior de Excavaciones, Memoria núm. 83, 1925-1926.

(59) José Colominas, *Poblado ibérico de Guisona*, Ampurias, III, 1941, pág. 35.

(60) P. Bosch Gimpera, *Resultats de l'exploració de coves de Catalunya*, Anuari, VI, 1915-20, página 473.

(61) Citados y utilizados por Bosch, que ha publicado algunas urnas. Véase *Etnología de la Península Ibérica*, Barcelona, 1932, pág. 465, figs. 428 a 431

(62) Compárese, por ejemplo, con formas de Saint-Sulpice la Pointe. El tipo de urna del Tarn fué ampliamente desarrollado en Aragón. En Francia ha sido estudiado por Olwen Brogan y E. Desforgues, *Gergovia. The Archaeological Journal*, vol. XCVII, Londres, 1941, págs. 1 y sigs. Véanse también Léon Joulin, *Les sepultures des âges Protohistoriques dans le Sud-Ouest de la France (Revue Archéologique, XIX, 1912)*, y R. Pontnau y E. Cabié, *Un cimetière gaulois à Saint-Sulpice (Tarn) (L'Anthropologie, V, 1894, pág. 645)*.

(63) La bibliografía esencial sobre la cultura céltica del Bajo Aragón es la siguiente: Bosch Gimpera, *La cultura ibérica del Bajo Aragón* (publicación del IV Congreso Internacional de Arqueología, Barcelona, 1929); ídem, *Una primera invasión céltica en España hacia 900 años antes de J. C. (Investigación y Progreso, 1933)*. Para el material de las distintas estaciones véase también Bosch, *Notas de prehistoria aragonesa (Butlletí de l'Associació Catalana d'Antropologia, Etnología i Prehistoria*, I, 1923, págs. 15 y sigs.) (estaciones de Sena y de Cascarujo); Bosch, *La investigació de la cultura ibérica al Baix Aragó (Anuari del Institut d'Estudis Catalans, V-VI, 1913-14 y 1915-20)*; A. Bruhl, *Excavaciones en el Cabezo de Cascarujo (Alcañiz)*, Memorias de la Junta Superior de Excavaciones, 121, 1931).

(64) Cabré Aguiló y J. Pérez Temprado, *Excavaciones en El Roquizal del Rullo* (Memorias de la Junta Superior de Excavaciones y Antigüedades, núm. 101, 1928).

(65) Sobre los problemas de la cerámica excisa, véase M. Almagro, *La cerámica excisa de la Primera Edad del Hierro de la Península Ibérica*, Ampurias, I, 1939, pág. 138. Sobre los morillos votivos véase M. Almagro, *Spanische Feuerböcke*, Germania, 1935, pág. 222, y *Morillos votivos del quizal del Rullo. Homenaje a Mélida, Anuario del Cuerpo Facultativo de Archiveros, Bibliotecarios Roy Arqueólogos*, t. III, Madrid, 1936.

(66) Desde 1934 hemos defendido el carácter céltico de esta cultura, generalmente llamada ibérica por Bosch y su escuela. Lo mismo habían pensado, hasta después de nuestros trabajos, Cabré y demás arqueólogos españoles.

(67) Emil Vogt, *Bronze- und hallstattzeitliche Funde aus Südostfrankreich*, Germania, 1935, páginas 123 y sigs.

(68) Sobre la cerámica excisa, sus técnicas, área geográfica en Europa y problemas cronológicos y etnográficos, escribiremos un detenido estudio que aparecerá en la revista *Ampurias* con el título: *La cerámica excisa en Europa.* De él damos el mapa (fig. 15) con la distribución de esta técnica ornamental, la más propia característica de lo que podría identificarse con el antiguo pueblo céltico.

(69) Bosch Gimpera, *La cultura ibérica del Bajo Aragón* (publicación del IV Congreso Internacional de Arqueología, Barcelona, 1929); ídem, *Una primera invasión céltica en España hacia 900 años a. de J. C. (Investigación y Progreso*, 1933); ídem, *Notas de prehistoria aragonesa (Butlletí de l'Associació Catalana d'Antropologia, Etnología i Prehistoria*, I, 1923, págs. 15 y sigs.) (estaciones de Sena y Cascarujo); ídem, *La investigació de la cultura ibérica al Baix Aragó (Anuari del Institut d'Estudis Catalans, V-VI, 1913-14 y 1915-20)*; A. Bruhl, *Excavaciones en el Cabezo de Cascarujo (Alcañiz)*, Memorias de la Junta Superior de Excavaciones y Antigüedades, 121, 1931; Bosch Gimpera, *Los celtas de la cultura de las urnas en España, An. del Cuerpo Facultativo de*

Archiveros, Bibliotecarios y Arqueólogos, Madrid, 1936, vol. III, págs. 21 y sigs. Lo mismo aproximadamente en francés e inglés; véase nota 36 de este capítulo.

(70) J. CABRÉ, *La cerámica céltica de Azaila. Archivo Español de Arqueología,* núm. 50. Madrid, 1943, págs. 49 y sigs. Este autor creemos ha juzgado mal los materiales, a base de los cuales intenta establecer una serie de movimientos de pueblos que nos parece es inviable aceptar e imposible probar. Lo mismo ha ocurrido con otras hipótesis establecidas, y luego al parecer abandonadas, por éste y otros autores. Preferimos dar una visión de conjunto de los materiales y no aceptar interpretaciones más o menos personales.

(71) BOSCH GIMPERA ha establecido para el Bajo Aragón una rectificación cronológica respecto a sus conclusiones primeras sobre esta cultura, que él llamó ibérica, contraria a una clara derivación establecida po: nosotros para la misma de la cultura europea de los campos de urnas. En nuestra opinión, es muy difícil establecer diferencias cronológicas ni étnicas entre la serie de poblados mencionados, cuya cultura va evolucionando desde el siglo VIII hasta el siglo III, en que comienza a llegar la romanización. En 218 los romanos pasan el Ebro, y desde ese momento hay que colocar el gran desarrollo de la cerámica ibérica y de los poblados ibéricos tipo San Antonio, de Calaceite y Azaila, este último destruído, al parecer, en tiempos de las guerras de Sertorio, o sea en el siglo I antes de J. C.

(72) Como comparación con nuestro vaso, véase SCHUMACHER, *Siedelungs- und Kulturgeschichte der Rheinlande,* I, Mainz, 1925, figs. 28, 31, 33 y 37; HERBERT KÜHN, *Die Vorgeschichtliche Kunst Deutschlands,* Berlín, 1935, láms. X y XI; y EMIL VOGT, *Die spätbronzezeitliche...,* pág. 69, figs. 338, 326, etc. Este autor plantea el origen y la cronología moderna de esta decoración después del Hallstatt C, págs. 77 y sigs.

(73) J. CABRÉ ha estudiado estos objetos, que ya caen fuera de nuestra época, hacia el período de La Tène I. Véase J. CABRÉ AGUILÓ, *El Thymaterion céltico de Calaceite, Archivo Español de Arqueología,* vol. XV, Madrid, 1842, pág. 181.

(74) J. COLOMINAS, *Els enterraments ibérics del Espleters a Salzadella, Anuari,* VI, 1915-20, páginas 616 y sigs. BOSCH, *El broche de Salzadella,* lo ha fechado en el siglo V, y J. CABRÉ, *Broches de cinturón de bronce, Archivo Español de Arte y Arqueología,* 1937, pág. 30, da un origen español a este broche. Véase, en contrario, según nuestra opinión, claros precedentes, por ejemplo, en el túmulo 52 de Oberfeld; F. A. SCHAEFFER, *Les tertres funéraires préhistoriques dans la fôret de Haguenau,* Haguenau, 1926, II, fig. 10; OSKAR MONTELIUS, *La Civilisation primitive en Italie depuis l'introduction des métaux,* Stockholm, 1895, láms. 56, 11, procedentes de Este, y láms. 44, 16, de Golasecca. Este tipo de broche se origina en Italia durante el Benacci I. Véase DAVID RANDALL, MACIVER, *Villanovans and early Etruscans, A Study of the Early Iron Age in Italy,* Oxford, 1924, lámina II, núm. 14, 4; núms. 4, 5 y 6, y lám. XIV, núm. 18. Lo que sí nos parece español es la técnica ornamental damasquinada, pues en Europa sólo son cincelados o repujados.

(75) Los hallazgos de la provincia de Castellón aquí mencionados han sido estudiados por BOSCH GIMPERA, *Anuario del Instituto de Estudios Catalanes,* 1915-20, pág. 625; ídem, *Els Problemes Arqueológics de la provincia de Castelló, Bol. Soc. Castellonense de Cultura,* 1924; F. ESTEVE GÁLVEZ, *Un poblado de la primera Edad del Hierro en la Plana de Castellón, Ampurias,* VI, 1944, páginas 151-154.

(76) J. BALLESTER TORMO y L. PERICOT, *La Bastida de «Les Alcuses» (Mogente),* Archivo de Prehistoria Levantina, Valencia, 1928, págs. 179 y sigs.

(77) L. MARTÍNEZ SANTA OLALLA, *Casco de plata céltico de la primera Edad del Hierro. Investigación y Progreso,* 1934, pág. 22. Se pueden establecer paralelos en GROSS *Les Protohelvètes,* París, 1883, láms. 22 y 25, y sobre todo la copa de oro de Zurich y otros. Sobre el tipo de este casco véase G. VON MERHART, trabajos citados en la nota 210 del cap. II de este trabajo, pág. 140.

(78) LUIS SIRET, *Villaricos y Herrerías,* Madrid, 1907, fig. 32, págs. 429 y sigs.; E. y L. SIRET, *Las primeras edades del metal en el sudeste de España,* Barcelona, 1890; texto, pág. 81, lám. XXVII, figura 1, acertadamente comparada con una urna francesa de Vadene. L. SIRET, *Orientaux et Occidentaux en Espagne aux temps préhistoriques, Revue des Questions Scientifiques,* octobre 1906, y janvier 1907, Bruselas, lám. XI, figs. 24 a 27; y L. SIRET, *L'Espagne préhistorique, Revue des Questions Scientifiques,* Bruselas, 1893, figs. 292-306; Parazuelos en L. SIRET, *Las primeras edades de metal en el sudoeste de España,* Barcelona, 1890, lám. VI y además lám. XII.

(79) Sobre la espada de Tabernas y sus paralelos véase MARTÍN ALMAGRO, *El hallazgo de la ría de Huelva y el final de la Edad del Bronce en el Occidente de Europa, Ampurias,* II, págs. 86 y siguientes, fig. 19.

(80) L. SIRET, *Villaricos y Herrerías,* Madrid, 1907, láms. XIV a XVIII, sólo nos reproduce lamentablemente algunos objetos que dice proceden de cientos de sepulturas, sin que sepamos nada más de tan importante material. Algunos inventarios de los últimos hallazgos, citados sin noticias descriptivas de su aparición, pueden verse en P. BOSCH GIMPERA, *El Arte en España,* Exposición Internacional de Barcelona, Catálogo *España Primitiva,* núms. 6252-6265, Barcelona, 1929, pág. 168; y P. BOSCH GIMPERA, *La Arqueología prerromana hispánica,* Barcelona, 1920, pág. 179.

(81) Tal vez alguna de estas tumbas nos diera la clave, si algún día pueden ser estudiadas y han sido bien excavadas, para fechar con plena seguridad el final de esta invasión y aportar datos seguros a todo el resto de Europa, ya que sabemos que en ellas aparecieron objetos de cerámica griega y otras importaciones de griegos y púnicos. El mismo valor tendrían los túmulos de Carmona, también mal excavados y casi perdidos para la ciencia.

(82) BLAS TARACENA y LUIS VÁZQUEZ DE PARGA, *Excavaciones en Navarra.* Príncipe de Viana. Año IV, n. XI, Pamplona, 1943.

(83) M. ALMAGRO, *La población pirenaica anterromana*. Conferencia en la Estación de Estudios Pirenaicos, Jaca, 1943.

(84) BLAS TARACENA, *La antigua población de la Rioja*, Archivo Español de Arqueología, XIV, 1940-41, págs. 164 y sigs.; M. ALMAGRO, *La cerámica excisa de la primera Edad del Hierro*, Ampurias, I, Barcelona, 1939, págs. 145 y sigs.

(85) Compárense las tinajas de El Redal con otras de Italia y Hallstatt. Véase NILS ABERG, *Bronzezeitliche und früheisenzeitliche Chronologie*, vol. I, figs. 324, 501, 540, 579-80; vol. II, figs., 52, 63 y 73 (Stockholm, 1930-31).

(86) Este error ya ha sido rectificado por la mayoría de los arqueólogos españoles; pero es preciso analizar bien aquellas formas de ornamentación derivadas del vaso campaniforme, que debió perdurar mucho hasta incluso enlazar posiblemente con las técnicas de las culturas europeas que llegan en la primera Edad del Hierro. La misma cueva del Boquique, cuyos insignificantes materiales están en el Museo Arqueológico de Barcelona, es de esta época, como veremos.

(87) JUAN GARÍN Y MODET, *Nota acerca de algunas exploraciones practicadas en las cavernas de la cuenca del río Iregua, provincia de Logroño*, Boletín del Instituto Geológico de España, XIII, segunda serie, 1912, pág. 123; BOSCH GIMPERA, *La cerámica hallstáttica en las cuevas de Logroño*, Boletín de la Real Sociedad Española de Historia Natural, mayo, 1915, pág. 275; LOUIS LARTET, *Poteries primitives, instruments en os et silex, tailles des cavernes de la Vieille Castille (Espagne)*, Revue Archéologique, París, 1866, pág. 114, láms. III y IV; ISMAEL DEL PAN, *La edad de «Cueva Lóbrega» y de las de «Peña Miel», de la Sierra de Cameros (Logroño)*, Memorias de la Sociedad Española de Antropología, Etnografía y Prehistoria, I, Madrid, 1923, págs. 129 y sigs.

(88) P. SATURIO GONZÁLEZ, *Hallazgos arqueológicos en el Alto de Yela, en Santo Domingo de Silos*, Atlantis, Madrid, 1936-40, págs. 109 y sigs., figs. 1, 4 y 6; JULIO MARTÍNEZ SANTA OLALLA, *Prehistoria burgalesa*, Butlletí de l'Associació Catalana d'Antropologia, Etnogr. i Prehist., t. III, pág. 147. y IV, págs., 85 y sigs., sobre todo el último; J. MARTÍNEZ SANTA OLALLA, *Cerámica incisa y cerámica de la cultura del vaso campaniforme*, Anuario de Prehistoria Madrileña, vol. I, 1930, págs. 97 y sigs. Más tarde este autor ha rectificado sus conclusiones; véase su nota sobre *Casco de plata céltico de la Primera Edad del Hierro*, Investigación y Progreso, año VIII, Madrid, 1934, págs. 22-25.

(89) El hallazgo de Huerta de Arriba ha sido estudiado por nosotros. M. ALMAGRO, *Tres nuevos hallazgos del bronce final en España*, Ampurias V, 1943, pág. 270 y sigs.

(90) BLAS TARACENA, *Excavaciones en diversos lugares de la provincia de Soria*, Memorias de la Junta Superior de Excavaciones y Antigüedades, núm. 75, 1924-25; ídem, *Excavaciones en las provincias de Soria y Logroño*, Memorias de la Junta Superior de Excavaciones y Antigüedades, número 86, 1925-26; ídem, *Noticia de un despoblado junto a Cervera de Río Alhama*, Archivo Español de Arte y Arqueología, II, 1926, págs. 137 y sigs., y sobre todo BLAS TARACENA, *Excavaciones de las provincias de Soria y Logroño*, Memorias de la Junta Superior de Excavaciones y Antigüedades, núm. 103, 1928-29. En la *Carta Arqueológica de España*, Soria, Madrid, 1942. Catalogados por municipios, hay referencia de cada uno de estos hallazgos, con toda la Bibliografía.

(91) A. SCHULTEN, *Numantia*, vol. II; *Die Stadt Numantia*, 63 cortes estratigráficos y láminas II a VI. Compárese, por ejemplo, el vaso de Numancia, en SCHULTEN, ob. cit., láms. VI, II, con el de Tarragona, BOSCH, *Etnología de la Península Ibérica*, Barcelona, 1932, fig. 364.

(92) A. SCHULTEN, ob. cit., lám. II, y en J. MARTÍNEZ SANTA OLALLA, *Cerámica incisa y cerámica de la cultura del vaso campaniforme*, Anuario de Prehistoria Madrileña, I, 1930, pág. 105, con toda la bibliografía sobre este importante hallazgo.

(93) Compárense los vasos de Molino con formas renanas en RADEMACHER, *Die niederrheinische Hügelgräberkultur von der Spätsteinzeit bis zum Ende der Hallstattzeit*, Mannus, Ergäanzunsband, I-IV, pág. 112; y BARÓN DE LOE, *Belgique Ancienne*, t. II, Bruselas, 1931, págs. 57 y 171; en LÉON JOULIN, ob. cit. entre varios conjuntos del sur francés se hallan perfiles parecidos.

(94) Publicados por CABRÉ, *La cerámica de la Segunda Edad del Bronce en la Península Ibérica* (actas de la Sociedad Española de Antropología, Madrid, 1929, pág. 227), y utilizados, con otros varios hallazgos cerámicos de esta cultura, por M. ALMAGRO, *La cerámica excisa de la primera Edad del Hierro de la Península Ibérica*, Ampurias, I, pág. 148, lám. V. Entonces incluímos en el Hallstatt B estos vasos y otros semejantes; pero creemos no alcanzan los hallazgos de la Meseta esta etapa, sino más bien la siguiente del Hallstatt C, aunque la cronología absoluta de estos hallazgos ha de quedar por ahora imprecisa.

(95) J. CABRÉ AGUILÓ, *Excavaciones de Las Cogotas, Cardeñosa (Avila)*. I, El castro; II, La necrópolis. Memorias de la Junta Superior de Excavaciones y Antigüedades, núms. 110 y 120, respectivamente; Madrid, 1929-30 y 1931-32. Además, del mismo autor, *La cerámica de la segunda mitad de la época del Bronce en la Península Ibérica*, actas de la Sociedad Española de Antropología, Madrid, 1928-29, pág. 205 y sigs.

(96) Los materiales de SANCHO REJA se conservan en el Museo Arqueológico de Madrid, y hemos podido estudiarlos gracias a la amabilidad de sus descubridores. CÉSAR MORÁN, *El cerro del Berrueco en los límites de Avila y Salamanca*, Salamanca, 1921. Del mismo autor: *Excavaciones arqueológicas en el cerro del Berrueco*, Memorias de la Junta Superior de Excavaciones y Antigüedades, núm. 65, Madrid, 1923-24.

(97) SERPA PINTO, *O Castro de Sendim. Felgueiras*. Homenagem a Martins Sarmento, Guimarães, 1933, págs. 377, fig. 2, y 378, fig. 4.

(98) J. R. DOS SANTOS JÚNIOR, *A cerámica campaniforme de Mairos (Tras-os-Montes)*. Homenagem a Martins Sarmento, págs. 366 y 369, figs. 1 y 2, publica material de diversas épocas, pero la

mayoría creemos son de esta cultura; Leite de Vasconcellos, *Religioes de Lusitania*, Lisboa, 1913 página 131, fig. 57.

(99)   Véanse las conclusiones obtenidas por García y Bellido y J. Uría en sus excavaciones de Coaña; Antonio García y Bellido y J. Uría y Ríu, *Avance a las excavaciones del Castellón de Coaña, Revista de la Universidad de Oviedo*, año I, 1940, núm. II; Antonio y García Bellido, *El castro de Coaña (Asturias) y algunas notas sobre el posible origen de esta cultura, Archivo Español de Arqueología*, núm. 42, 1940; ídem, *El castro de Coaña (Asturias), nuevas aportaciones, Archivo Español de Arqueología*, núm. 48, 1942, y mi recensión a tales trabajos en *Ampurias*, III, Barcelona, 1941, págs. 192 y 193.

(100)   Mendes Corrêa, *Urnenfelder de Alpiarça, Anuario de Prehistoria Madrileña*, volúmenes IV-VI, 1933-35, pág. 133, láms. I a IV. Con el material de los campos de urnas antiguos aparecen formas y vasos que creemos de hacia la época romana o, al menos, más modernos que lo que va con las urnas cinerarias.

(101)   V. Correia, *Una conferencia sobre a necrópole de Alcácer do Sal*, Coimbra, 1925 *(tirada a part de Biblos)*; ídem. *Fechos de cinturáo da necrópole de Alcácer do Sal*, Coimbra, 1925; ídem, *Un amuleto egipcio da necrópole de Alcácer do Sal* (Terra Portuguesa, núm. 41, 1925, págs. 3-6). *Excavaçoes realizadas na Necrópole Pré-romana de Alcácer do Sal em 1926 e 1927, Comunicaçao feita no Concreso des Ciencias Luso-Español*, de Cádiz, 1927, Coimbra, 1928.

(102)   J. Pérez de Barradas, *Nuevos estudios de Prehistoria Madrileña, Anuario de Prehistoria Madrileña*, IV-VI, 1933-35, págs. 37 y sigs., con toda la bibliografía referente a estos hallazgos y varias láminas. Muchos de los vasos que aquí publicamos son inéditos y nos han sido facilitados por el Marqués de Loriana, al cual damos aquí las gracias. Sería de agradecer un estudio de conjunto de tan ricos hallazgos. Marqués de Loriana, *Hallazgo de un jarro exciso en el valle del Manzanares, Atlantis*, XVI, 1941, pág. 167.

(103)   Véase uno parecido y decorado con la misma técnica, procedente de Alpenquai; Emil Vogt, *Die spätbronzezeitliche...*, fig. 335.

(104)   G. Bonsor, *Les colonies agricoles pre-romaines de la Vallée du Bétis*, París, 1899, *Revue Archéologique*, t. XXXV, págs. 126 y sigs. En este trabajo se reflejan diversas investigaciones realizadas por este autor, no siempre directamente, sino a través de prospectores que le vendían el producto de sus saqueos. Con ellos formó la colección que hubo en el castillo de Mairena del Alcor, y luego fueron a parar vendidos por este inglés poco escrupuloso a los Estados Unidos. Es de esperar la realización de metódicas excavaciones en aquellos parajes de los alcores de Carmona, donde podría llegar a tropezarse con algún túmulo completo, y así certificar y concretar mejor los datos confusos e incompletos que tenemos sobre estas necrópolis de origen centroeuropeo, que no dudamos en atribuir a los celtas, bien establecidos allí, bien mercenarios al servicio de los púnicos, como quieren García y Bellido y Domingo Fletcher, que se han ocupado de aquellos hallazgos recientemente. D. Fletcher, *Los hallazgos de Ampurias y Carmona en relación con la cronología de la cerámica ibérica, Archivo Español de Arqueología*, Madrid, 1944, págs. 113 y sigs. Véase también García y Bellido, *Fenicios y cartagineses en Occidente*, Madrid, 1942, págs. 219 y sigs. Sobre la cronología baja de ambos autores estamos conformes, pero como no sabemos la forma en que se recogieron los hallazgos, hay que admitir tipológicamente sepulturas muy antiguas que caen plenamente en la época que historiamos. Un grupo de broches y otros objetos del Acebuchal se guardan en el Museo Arqueológico de Sevilla. Publicados por J. Cabré en *Memorias de los Museos Arqueológicos Provinciales*, vol. V, Madrid, 1944, láms. XXXVI a XXXIX.

(105)   G. Edward Bonsor, *An Archaeological Sktch-Book of the Roman Necropolis at Carmona.* «Hispanic Society» New-York, 1931, lám. XXIX, pág. 119.

(106)   G. E. Bonsor y R. Thouvenot. *Necropole iberique de Setefilla*. París, 1928.

(107)   Véase M. Almagro, *Introducción a la Arqueología*, vol. I, Barcelona, 1941, págs. 365 y siguientes.

(108)   Todos estos materiales han sido estudiados por nosotros en los siguientes trabajos: M. Almagro, *El hallazgo de la ria de Huelva y el final de la Edad del Bronce en el Occidente de Europa, Ampurias*, II, 1940, págs. 85 y sigs.; ídem, *El depósito de bronces de Huerta de Arriba (Burgos), Ampurias*, V, 1943, pág. 170 y sigs.

(109)   Sobre las sinonimias de Keltoi y Galatai véase Mortillet, *Formation de la Nation Française*, París, 1897, I, págs. 78 y sigs.; Arbois de Jubainville, *Les celtes, les galates et les gaulois*, 1875, pág. 10; entre otros se ha ocupado de esto A. Bertrand en *Diccionario arqueológico de la Galia*, en las palabras Celtas y Gálatas.

CAPÍTULO IV

LAS FUENTES ANTIGUAS, LOS RESTOS FILOLÓGICOS Y ELEMENTOS ANTROPOLÓGICOS SOBRE LA INVASIÓN CÉLTICA EN ESPAÑA

SUMARIO: Las noticias de los escritores antiguos hasta el siglo IV a. de J. C., sobre los pueblos pre-rromanos de España. — Las investigaciones filológicas sobre las invasiones indoeuropeas en España. — Hipótesis sobre los ligures y su relación con España. — La hipótesis de la invasión iliria en España. — Elementos célticos en las hablas prerromanas españolas.

Las noticias de los escritores antiguos sobre los pueblos prerromanos de España.

Los vestigios materiales que hemos analizado en el capítulo anterior representan una profunda y decisiva penetración de bandas de nuevos pueblos que transforman la población española e importan fuertes y definitivos elementos raciales y culturales.

Hemos resumido los datos reales que la Arqueología nos proporciona. Con ellos podemos, en líneas generales, fechar los movimientos y estado cultural de aquellos pueblos.

Intentaremos ahora dar nombre a los invasores con la luz de las primeras fuentes históricas que al Occidente se refieren, e interpretar los concisos y raros textos que nos han dejado los escritores de la Antigüedad, por regla general discordantes y ambiguos. Esos textos han sido hasta hoy la base principal de cuanto se ha escrito y han dado lugar a los apelativos que se han aplicado a esos pueblos inmigrados en la Península.

La verdad es que de ellos supieron poco los navegantes griegos, ya que sólo comerciaban en las costas. Aún menos clara fué la visión de los escritores romanos que llegaron tarde a España, cuando la fusión del elemento invasor con los primitivos habitantes ya se había realizado y las bandas inmigrantes se hallaban establecidas en diferente proporción dentro de determinadas comarcas. Sin ocuparse demasiado en esclarecer problemas etnográficos, los romanos confunden muchos datos antiguos y no precisan gran cosa sobre el origen y diferencias de las diversas gentes que metieron bajo su yugo en la Península. Por ello es necesario hoy volver a criticar todos esos textos antiguos, meramente narrativos, por regla general, comparándolos con los materiales arqueológicos, que son la base más segura. También la Filología viene a ayudarnos en el esclarecimiento de estos problemas. Más adelante resumimos los resultados obtenidos; pero el estudio de las lenguas prerromanas españolas está menos que en mantillas. Asimismo son también muy pocos los elementos de juicio que la antropología peninsular prehistórica y la actual pueden darnos por el alto grado de fusión alcanzada en todas partes por nuestra raza, una de las más homogéneas de Europa, y sobre la cual se trata ampliamente en uno de los capítulos iniciales de esta HISTORIA DE ESPAÑA. Después de analizar las aportaciones de estas ciencias auxiliares, las pocas noticias escritas de los antiguos cobrarán relieve suficiente para ser comprendidas entre sus constantes contradicciones. Así podremos dar nombre a estos pueblos y perfilar mejor el carácter racial y cultural que la Arqueología nos descubre.

El primer autor griego que nos ofrece noticias sobre el Occidente es Hesíodo, que escribió hacia el siglo VII a. de J. C. Su saber es el producto de los conocimientos adquiridos por los primeros navegantes griegos del Occidente: calcidios, rodios, cretenses y peloponeses. Estos marinos, después de las guerras de Troya, navegan hacia el Mediterráneo occidental, iniciando una audaz competencia con los fenicios —únicos comerciantes hasta entonces del Occidente legendario—, tras la serie de cataclismos políticos acaecidos en el Mediterráneo oriental a fines del segundo milenio.

Del fragmento 55 (1) de su *Teogonia*, recogido por Estrabón, que es preciso datar en los primeros años del siglo VII, se deduce vagamente que los ligures son el pueblo general del Occidente, en oposición a otros pueblos limítrofes de los confines del ecumeno de aquellos tiempos, como los etíopes y los escitas (2).

Esta es la primera versión que los griegos tienen sobre los habitantes de las tierras del Mediterráneo occidental que ellos frecuentaban. Con fundamento, a base de otros textos sobre tales expediciones navieras, podemos suponer que los griegos visitaban la costa del Golfo de León —por donde pasaba la «ruta Heraclea» mencionada por el pseudo Aristóteles— y llegaban al Estrecho, donde coincidían con otra ruta interinsular a través de las islas del Mediterráneo occidental (3). Esta cita de Hesíodo ha sido analizada por Héctor Pais (4) y reducida a sus verdaderos límites, pues hace observar que Hesíodo recibió su información de los griegos de Cumas, que hacia el siglo VIII habían sido los primeros en navegar por tierras de la Italia septentrional, tomando contacto con los etruscos y más adelante con los ligures, los cuales serían, durante cierto tiempo, el último pueblo del Occidente navegado por los griegos. Esta aseveración la confirman otros antiguos escritores griegos, que nos han guardado más amplios detalles sobre los pueblos del Occidente al escribir algo más tarde, y donde se ve que ya no eran sólo ligures los habitantes del Occidente en esos siglos de los descubrimientos griegos (siglos IX a VI a. de J. C.).

Es muy difícil decir hasta dónde llegaban estos ligures citados por Hesíodo y quiénes eran. La Arqueología y la Filología están conformes hoy en considerar a este pueblo —que luego aparece frecuentemente en los textos clásicos, con muy diversa dispersión, importancia y carácter— como una antigua población alpina que llegaba hasta la Liguria, donde tomó contacto con la civilización etrusca en época ya tardía. A juzgar por los vestigios de su lengua, estaba fuertemente indoeuropeizada por un idioma paralelo al véneto y tal vez etrusquizada hacia la región italiana del golfo de Génova (5).

Su límite hacia Occidente, y si penetraron o no en España, veremos ha sido muy discutido, pues hemos de insistir de nuevo sobre el problema ligur.

Después de Hesíodo, el texto más antiguo es un periplo marsellés utilizado por Eforo y otros autores de la Antigüedad y conservado en el conocido poema del siglo IV de nuestra era, titulado *Ora maritima*, escrito por Rufo Festo Avieno.

Schulten ha estudiado con detenido análisis este texto y a base de él ha elaborado una visión de la España antigua, hoy ya insostenible, pues sus interpretaciones personales de lo que en el libro se lee van demasiado lejos. Es preciso volvamos a exponer solamente el contenido literal de esta fuente, pues ir corrigiendo la labor del profesor Schulten, interpretación por interpretación, nos detendría demasiado, aparte de que no ha sido sólo él quien ha utilizado esta antigua fuente de nuestra Historia elaborando teorías diversas a las suyas.

El algo pedante poeta Rufo Festo Avieno utilizó un texto antiguo ya mixtificado por tres refundiciones. El texto que tuvo a la mano, y donde se hallaba comprendido el periplo del siglo VI y otras fuentes antiguas, era de Éforo, un maestro del siglo I antes de J. C., y sobre él Avieno interpoló de su cosecha y debió de interpretar por su parte como poeta presumido. Es exagerado dar una autoridad excesiva a este poema, como

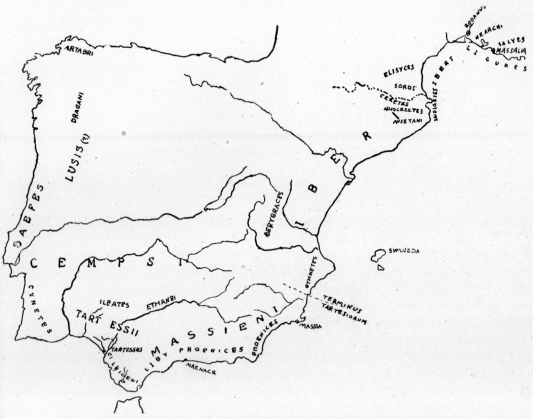

FIG. 204. — Topografía de España en la época de Avieno. (Siglo VI a. de J. C.)

ha hecho Schulten, y creerlo al pie de la letra. La fecha del periplo marsellés utilizado por el poeta romano se debe colocar en la primera mitad del siglo VI, más bien que en la segunda. Ampurias no se cita, y la Arqueología comprueba su existencia en la segunda mitad del siglo VI. Los efectos de la batalla de Alalia —cierre del Estrecho y destrucción de las bases del sur de España por los cartagineses— tampoco se perciben al leer el relato del navegante. Así, pues, más bien nos inclinamos a colocarlo antes de la grande y decisiva batalla de Alalia (535 a. de J. C.) que inmediatamente después, como hace Schulten.

Si Alalia fué abandonada tras la batalla, igualmente debió de acontecer con Mainake, base focense hacia el Estrecho por el cual combatían hacía tiempo los cartagineses y griegos. Cuando se escribe el periplo Mainake existe pujante y el comercio griego con

Tartessos también, cosa que tras Alalia debía desaparecer para los griegos definitivamente. Nos inclinamos más a considerar el periplo como producto de la primera mitad del siglo VI, pues entonces Tiro, tras duras luchas sostenidas por los fenicios en el siglo VIII contra Asiria, era sitiada y al fin destruída por Nabucodonosor de Babilonia, heredero de aquel imperio (578 a. de J. C.). Durante estos años los griegos lograron entenderse con los tartesios y atravesar el Estrecho a pesar de Cádiz, un poco abandonada a su suerte en el Occidente.

Focea heredaba la talasocracia o dominio marítimo y ahora los masaliotas focenses debían intentar romper la navegación del Estrecho y establecer el camino terrestre de Mainake a Tartessos. Es una nueva época de expansión griega como la que debió seguir a las dificultades sufridas por Fenicia, reflejada en el salmo XXIII de Isaías a la caída de Tiro bajo el yugo de los asirios, donde se canta la libertad recobrada por Tartessos, no ha mucho semidominada por los fenicios conforme lo confirman otras fuentes anteriores, que no es el caso analizar. Tan pronto como Cartago se rehizo, el estado de cosas reflejado por el periplo donde los griegos comercian a través de Mainake con Tartessos debió de terminar, y Alalia fué la batalla final y decisiva (6).

En el texto de la *Ora marítima*, además, es muy difícil saber lo que el autor ha copiado literalmente del antiguo periplo marsellés, lo que ha interpretado según su cultura históricogeográfica y lo que ha puesto de su cosecha. Por ello, nos parecen arbitrarios muchos de los asertos establecidos por Schulten sobre lo que debe ser antiguo y lo que debe ser nuevo en el poema *Ora marítima*.

Según este periplo (fig. 204, versos 195 y siguientes), España está poblada hacia el Atlántico por los draganes, lucis o lusis, safes y cempsios, y, finalmente, en el Algarbe, por los cinetas.

Bosch Gimpera quiere ver también, además de los pueblos concretamente citados por Avieno, unos arubios, que darían nombre al cabo Arubium (Ortegal) que cita el periplo en el verso 160. Su nombre sería luego el de *artabros* o *arotraebe*, de las voces célticas *ar* o *are*, extremo, y *treb*, habitación (7).

Más hacia el septentrión de las costas atlánticas españolas, el periplo del siglo VI refleja hondos movimientos de pueblos, que hemos de suponer alrededor de las costas del Canal de la Mancha y mar del Norte y que podemos relacionar con los materiales arqueológicos estudiados al final del capítulo II, según los cuales puede establecerse una fuerte y continuada invasión de pueblos del Rhin hacia las costas del mar del Norte y hasta Inglaterra.

Este país lejano llamábase Oestrimnida, y en él se citan las tribus de hiernos y albiones, que comerciaban con los tartesios y que se han de localizar como pobladores de Inglaterra, en tanto que hacia el Continente el país estuvo ocupado por los ligures «evacuados hacía mucho por obra de los celtas y por las frecuentes guerras, viviendo los expulsados ligures por obra del destino, como con frecuencia sucede a los hombres, en esta tierra en donde ahora habitan casi siempre entre horribles malezas» (8).

Este pasaje concuerda exactamente con los hechos que refleja la Arqueología y con el texto de Hesíodo anteriormente citado. La serie de alteraciones que sufrieron todas las tierras del Occidente en los siglos primeros del milenio anterior a nuestra era están aquí reseñadas, si consideramos a los celtas como autores de estas invasiones de pueblos hacia el mar del Norte y el Occidente en general, y se llama ligures a los pueblos indígenas anteriores a la invasión, conforme un griego de los siglos VI y VII, siguiendo a Hesíodo y el saber griego de estos siglos, había de denominar genéricamente a la más antigua población humana de tan lejano Occidente.

Los oestrimnios parecen ser los pueblos megalíticos atlánticos de la Edad del Bronce, y de los hiernos y albiones podría pensarse fueran ya tribus célticas ocupando Inglaterra; pero estos problemas nos alejan del estudio de lo referente a España, único motivo de nuestra exposición.

A partir del Anas (Guadiana) más nombres geográficos y de pueblos nos muestran que el navegante marsellés conocía mejor la tierra. Pero estos nombres no nos aseguran nada sobre el carácter racial y cultural de aquellas gentes, y todo cuanto se escriba sobre el particular será hipotético. El periplo sólo dice que del Anas al Ibero (Tinto) se extiende una tierra llamada Iberia. Resulta curioso que aparezca aquí localizado el nombre del río Ibero; «toda la tierra que está situada en la parte occidental de dicho río es llamada Iberia; en cambio, la parte oriental contiene a los tartesios y a los cilbicenos» (9). Se deduce por la descripción de las tierras y costas de la baja Andalucía, que estos últimos pueblos citados se extendían hasta Gibraltar.

Hacia el interior de Andalucía habitan los etmaneos, y entre éstos y los cempsios, que llegan a Sierra Morena, se sitúa el pueblo de los ileates, del cual volveremos a hablar. También se menciona al describir estos lugares el lago Ligustino, que ha dado base para localizar a los ligures cerca de Tartessos, en la desembocadura del Guadalquivir.

Es de una extraordinaria importancia el dato que nos proporcionan los versos 255 a 260 del citado periplo, donde se dice concretamente: «A continuación sigue la isla de Cartare, que según creencia bastante extendida poseyeron los cempsios, pero después, expulsados por la guerra de sus vecinos, partieron en busca de varios lugares».

Este pasaje nos asegura que los cempsios habían invadido el país hasta la desembocadura del Guadalquivir, donde se sitúa esta isla de Cartare. Por el hecho de su expulsión podría suponerse que los tartesios, y como ellos los ileates, etmaneos y cilbicenos, sus vecinos, no debían de ser de la misma raza; pero ni de aquéllos ni de éstos dice el periplo cuál fuera su raza. También tenemos con este dato una fecha aproximada para fijar la expansión de estos pueblos cempsios hasta el sur de Andalucía. Es razonable admitir que tuvo que ser, por lo menos, bastante antes del siglo VI. Falta saber si los cempsios eran celtas. Schulten y otros suponen que, lo mismo que los sefes, eran pueblos célticos distintos de iberos y ligures (10); su nombre tiene que ver con la voz céltica *cemm*, de discutida filiación y que significa monte (11), y el periplo dice además: «*Cempsi atque sefes arduos collis habent Ophiussae in agro*». El nombre de los sefes lo relaciona Schulten con la palabra griega *sepes*, serpientes, y cree reforzar su observación sobre el nombre de este pueblo con la noticia fantástica que se lee en los versos 156 y siguientes del periplo, donde se cuenta que los oestrimnios fueron expulsados de Ofiusa (España) por una invasión de serpientes. «Fué llamada primero Oestrimnida porque habitaron sus lugares los oestrimnios. Luego, multitud de serpientes ahuyentó a los habitantes y dió nombre a las abandonadas tierras» (12). Ello es viable, y esta interpretación está acorde con la Arqueología, pero no deja de ser hipotética y de poco fundamento. Los antiguos pueblos megalíticos del Occidente que podemos identificar con los ejecutores de la cultura megalítica atlántica de origen hispano, fueron expulsados o sometidos por los celtas. Estos practicaron además, con frecuencia, un culto totémico de la serpiente y pudieron recibir, por lo tanto, ese nombre de sefes = sepes (serpientes) de los anteriores habitantes y de los griegos. Pero ello es sólo un indicio para hacer celtas a los sefes y a los cempsios. Más fuerte es el argumento que la Arqueología nos da para creer celtas a los sefes y cempsios si los consideramos como los portadores de la cultura de los campos de urnas hacia las Mesetas y Portugal, y si concretamente los relacionamos como dominadores de Cartare antes del Periplo, a base de ver su invasión denunciada por los hallazgos de armas del depósito de la ría de Huelva o con los vestigios de campos de urnas de Carmona y Setefilla, anteriormente estudiados.

Pero estas últimas necrópolis habría que atribuirlas a época posterior, y así sería o una persistencia cultural o pertenecerían a gentes mercenarias. Pero la existencia de masas invasoras que permanecieron allí mismo se comprueba no sólo por los túmulos y necrópolis de Carmona y Setefilla, sino también si se piensa que aún en el siglo III se citan tribus célticas hacia Huelva, y además la toponimia céltica de aquella parte de Andalucía sostiene la importancia de esta invasión.

Los mismos ileates, llamados luego gletes por Herodoto, desaparecen bajo el nombre de «célticos» en las fuentes del siglo III a. de J. C. Schulten quiere convertirlos en ligures que luego sufrieron penetraciones célticas, basándose en razones filológicas discutibles; e igualmente considera ligures a los *cinetas*, que Herodoto denomina *kinetas* y Herodoro *kinesios*, palabra que encierra la raíz de *conios*, con el que los vemos designados desde el siglo III, además de que los romanos llamaron a su territorio *Cuneus ager* (13).

Gómez Moreno ha rechazado esta tesis de Schulten y hace iberos a los conios o cinetas, y celtas a los gletes, y ligures a los cempsios, pero también sin argumentos convincentes (14).

Nombres como Conimbriga y Conistorgis, donde aparece el término *brig*, céltico, así como los de *Coursedoqum* y *Couneancum* que tienen el *on* céltico, nos aseguran una filiación céltica de su idioma, además de aparecer en el siglo III en aquellas regiones los *célticos*, en tanto que no se cita ya a los cempsios ni gletes. Lo mismo los cilbicenos, que se extienden desde el río Tartessos a Málaga, son denominados por Herodoto *kelkianoi*, y en su territorio abundan toponímicos celtas que han servido a Gómez Moreno para establecer pueblos célticos hacia la Penibética. Así, en definitiva, de los textos no es posible deducir la filiación de estos pueblos, y la Arqueología sólo prueba, como la Filología, fuertes penetraciones célticas que ya en la época del Periplo parece iban siendo rechazadas por el elemento precéltico, asistido seguramente por los colonizadores tartésicos y griegos sin que aquel elemento hubiera desaparecido del todo, según nos prueba el texto de Plinio (15).

A estos pueblos precélticos de Andalucía se les ha querido también agrupar bajo la denominación de tartesios o mastienos, pero ello es igualmente poco probable y no lo hemos de tratar nosotros aquí. Tartessos no parece fuese otra cosa que una colonia fundada por los tirsenos del Asia Menor, una de cuyas ramas serían los etruscos históricos (16). En este caso, los tartesios, como los gaditanos sus sucesores en el monopolio del comercio a través del Estrecho, serían un elemento extraño a la población indígena de la Edad del Bronce, a la cual se debe atribuir la importante y floreciente cultura megalítica, cuya expansión hacia el Occidente peninsular y a toda la Europa atlántica estaría reflejada por las navegaciones de los oestrimnios que menciona el Periplo. Estos oestrimnios expulsados por los celtas tendrían que ser el vestigio de esa vieja población ibérica creadora de la gran unidad atlántica de pueblos que aun seguían yendo y viniendo desde la Bretaña e Islas Británicas, donde se refugiaron, hasta Andalucía, y cuyos productos, sobre todo el preciado estaño y el ámbar, se concentrarían en el rico mercado de Tartessos, desde el cual tales mercancías serían enviadas al Oriente.

Pasado el Estrecho de Gibraltar, cuyos accidentes geográficos describe con minuciosidad, cita el periplo de Avieno a los libiofenicios, entre el Estrecho y el cabo de Gata, y la costa desde el cabo de Gata a Cartagena dice la poseyeron los fenicios, en tanto que hacia el interior de la Andalucía oriental sólo cita a los massienos —llamados mastienos por Hecateo y Polibio—, cuya capital, Massia o Mastia, se sitúa hacia Cartagena. No dice si estos pueblos son ligures, celtas o iberos, ni si son parientes o diversos de sus vecinos.

Luego se menciona a los gimnetas, que llegaban hasta el río Sicano, frente a la isla Gimnesia, o sea Ibiza, única isla baleárica que se menciona en el poema, y desde aquí hasta el Pirineo «los iberos extendieron su dominio, extensamente establecidos junto al mar interior» (17). Señala entre sus ciudades las de Illerda, Sicana y Tiris, y por el verso 612 vemos que llegaban hasta el río Orano, el Lez de Montpellier, según Schulten, o el Ródano, según Déchelette y otros autores.

Así, es curioso que aparezca en este periplo, referido a la costa del Levante español y al sur de Francia, por primera vez el nombre de iberos, después de haber colocado una Iberia y un río Ibero en el Sudoeste, que era seguramente, como hemos dicho, el río Tinto de Huelva.

No sabemos si, como admite Gómez Moreno, aquellos iberos de Huelva son parientes de estos de Levante, luego absorbidos por los célticos, y si, por lo tanto, como opinó Philippon, serían los iberos un pueblo indoeuropeo que entró en la Península con la invasión general, aunque después se vino a denominar con esta voz a toda la Península en sentido geográfico, voz que finalmente fué evolucionando, hasta verse en el ibero al pueblo aborigen anterior a la invasión de los celtas. Reconozcamos que los textos antiguos hasta el siglo III, excepto la rara y única noticia de Avieno, no llevan a los iberos hacia el Sur más allá de la región valenciana y no los confunden con los habitantes de las regiones de Andalucía y Murcia, donde el elemento céltico no parece haberse impuesto, en tanto que la Arqueología sí nos muestra al Levante español totalmente dominado por la invasión de los campos de urnas.

Se advierte que en el Periplo se trata de distinguir a los iberos de los pueblos de más al Sur y también de otro pueblo que se menciona hacia el interior, «los Beribraces, tribu agreste y feroz que vagaba entre los rebaños de su numeroso ganado. Ellos, alimentándose paupérrimamente con leche y pingüe queso, mostraban una vida semejante a la de las fieras» (18).

El nombre de éstos se conservó luego en el sur de Francia, en la tribu de los Bebrices, que encontró Aníbal en el Pirineo. Desde luego es típicamente céltico y debió de ser, en realidad, *bebriaces* idéntico a los *bibroci* de Bretaña y al irlandés *bibraige*, pudiendo significar «pueblo de castores», como *Bibervolk* en alemán (19).

Después de haber hablado de los beribraces, el primer pueblo que se cita, pasado Barcelona, es el de los indigetas, con palabras muy parecidas que nos hacen pensar pudieran ser la misma población, «ásperos y gente ésta dura, gente feroz en la caza y que vivía en escondrijos». Su litoral llega hasta el cabo Pirineo (cabo Creus) y, aunque es descrito con minuciosidad por el navegante que redactó el periplo, no aparece Ampurias, fundada en la segunda mitad del siglo VI, con lo cual tenemos un dato firme para la cronología del relato que sería anterior a esa fecha. Hacia el interior se dice textualmente que la tierra la poseyeron «antes los ceretas y los duros ausoceretas; ahora, con este mismo nombre, son una tribu de los iberos» (20).

Si interpretamos este pasaje a la luz de los hallazgos arqueológicos tenemos que pensar que la parte donde se cita a los iberos es una interpolación del poeta, a no ser que supongamos que estos iberos, mezclados con ceretas y ausoceretas, son el elemento invasor indoeuropeo, pues la Arqueología comprueba la ocupación de toda la Cataluña vieja por la cultura de los campos de urnas, y lo mismo nos dice la Filología, a base del estudio toponímico, según más adelante veremos.

La serie de hallazgos que hemos expuesto de la provincia de Gerona no permiten otra deducción, y es preciso rechazar las supuestas conquistas de gentes del sur que Schulten y Bosch han admitido. En el Ampurdán y hacia las comarcas del Pirineo catalán, donde el periplo cita a ceretas y ausoceretas habían habitado los pueblos pirenaicos megalíticos, y sobre ellos caen los invasores. El país no sufrió otra transformación hasta la conquista romana, si hemos de creer en los hallazgos de esta comarca, bastante numerosos y seguros.

Luego se cita a los sordones, pueblo que vuelve a mencionarse con palabras parecidas a las de beribraces e indigetas, haciéndonos ver que los griegos hallaban peligros y poca facilidad de trato con estos habitantes, pues nunca se aplican tales apelativos a las gentes del sur de la Península, más asequibles a la relación y al comercio. En fuentes posteriores este pueblo ya no aparece, pero Plinio localiza a unos sordones como tribu de los ilergetas en el valle del Segre que pueden ser la misma gente (21). Los sordones ocupaban todo el Rosellón. A continuación se citan los elesices, a los cuales se denomina «reino feroz», cuya capital es Naro, tal vez Narbona. Estos debían de llegar hasta el río Orano, donde «la tierra ibera y los ásperos ligures son separados por el cauce de este río».

Pero por Hecateo sabemos que estos elesices, a los que él llama elisicios, son ligures y también tenemos noticias de un pueblo de los elusates en Aquitania, con lo que puede verse cuán difícil es seguir los textos por las infinitas posibilidades de interpretaciones diversas que nos brindan.

Después de citar a los elesices el Periplo no menciona ya ningún otro pueblo más que los ligures. Sólo al hablar del Ródano se dice que corre por la región ciménica «oscura por los bosques», y leemos el nombre de los tilangios, deliternos y clatircos y el campo Lemenico, mas nada añade sobre el significado etnográfico de estos nombres.

El tono poético en que está escrita la *Ora maritima* y los pocos datos que se dan sobre los pueblos que se citan, además de sus nombres, hacen peligroso sentar afirmaciones a base de este texto para clasificar los materiales arqueológicos y atribuir a una raza o población determinada los antiguos habitantes de la Península que aquí se señalan.

Como se ve, pocas veces el Periplo menciona a los celtas o a los ligures con sus nombres. A los iberos los considera como un pueblo más, pero no como una agrupación de pueblos y parece oponerlos a los ligures. Por ello, los partidarios de la tesis ligur, o de la tesis ibérica, o de la tesis céltica pueden agrupar argumentos toponímicos con la Filología y argumentos arqueológicos con los hallazgos mencionados para completar las breves referencias del Periplo y para deducir que tal o cual nombre de pueblo debe de pertenecer a este o al otro grupo lingüístico y racial. Desde el punto de vista científico, establecer todas estas atribuciones es ir demasiado lejos en el estado actual de la ciencia, y lo mejor es reunir lo que de seguro sabemos y esperar que la Arqueología y la Filología nos vayan concretando sus investigaciones para emitir juicios fundados en algo serio.

Han sido los partidarios de la tesis ligur los que más han buscado apoyo a sus hipótesis en el Periplo utilizado por Avieno; pero pueblos ligures no aparecen en este texto con tal calificativo dentro de España, no obstante el relato del poeta Avieno en el verso 105 eferrente a la ocupación por ellos de las tierras del norte de Europa, de donde fueron expulsados por los celtas, pues no es seguro que esto sea noticia del periplo antiguo, y cuando menos, resulta muy confusa, aunque sí, como ya hemos escrito, lógica y acorde con la Arqueología.

Muy importante es el dato que nos proporcionan los versos 612 y 613 del Periplo, en los cuales se dice que los iberos están separados de los ligures por el río Orano; el Lez, según Schulten; el Hérault, según C. Julian, Holder y Fouché (22), y el Ródano mismo, según Déchelette. Éste cree, con razón, si admitimos una gran antigüedad al Periplo, que los ligures pasaron el río poco después y llegaron hasta los Pirineos, conforme lo podemos deducir del texto de Hecateo, quien llama ligures a los elesicios, y del periplo de Escílax, donde se lee que los ligures poseen todas las tierras de la costa sur de Francia hasta el Pirineo (23).

Schulten interpreta varios nombres de tribus mencionadas por Avieno en España como pertenecientes al pueblo ligur, basándose en razones filológicas que han sido muy discutidas y que, en realidad, no tienen ninguna base. Sólo podría referirse a tal pueblo el lago Ligustinus, citado por el periplo en la desembocadura del Guadalquivir, y una frase mal interpretada: *pernix Ligus Draganumque proles*, en la cual Ligus parece debe lerse *Lucis* (24), con lo cual la tesis de Schulten sería completamente arbitraria. En refuerzo de su tesis, Schulten ha atribuído a testimonios del siglo VI, sin nombre de autor, la noticia, recogida por Esteban de Bizancio, en la cual se lee: *Ligustina, ciudad de los Ligures en la Iberia occidental y cerca de Tarteso*, donde se repite la versión del Periplo. Pero la cita no se comprueba en otra parte (25).

Lo único seguro es que, a pesar de lo mucho ligur que Schulten ha visto en los nombres del Periplo, éste no cita a los ligures nunca en España, excepto en el nombre de *Lacus Ligustinus*, que puede ser una interpolación del poeta Avieno y no un nombre antiguo. Y, aunque lo fuera, pudo ser puesto por los griegos a pueblos extraños, sin que se haya de ver forzosamente ligures en la desembocadura del Guadalquivir. Sin embargo, esta suposición no la rechazamos tampoco, ya que podría ser aceptable; pero podría explicarse a los ligures andaluces mejor como arrastrados por los movimientos célticos que no como suponen Schulten y otros historiadores, que han considerado a los ligures como el pueblo aborigen del Occidente. La Arqueología, y también la Filología, como ya hemos indicado y aun insistiremos más adelante, rastrean en las tierras de las provincias de Sevilla y Cádiz restos de la gran invasión céltica, que pudo llevar allí ligures conforme pudo arrastrar a unos germanos situados por Plinio en Sierra Morena, que sólo ahora pudieron llegar mezclados entre las masas de la gran invasión indoeuropea que hemos estudiado.

Más importante, en lo que se refiere a este discutido pueblo, es el texto de los versos 637-640, donde el Periplo dice que los celtas rechazaron hacia los Alpes a los ligures que habían llegado hasta el mar del Norte, con lo cual viene a reflejar la visión de Hesíodo sobre este pueblo, considerado como el más occidental de la tierra.

También aquí aparecen por primera vez en los textos antiguos los celtas al decir que expulsaron de las costas del mar del Norte a los ligures; sin embargo, no vuelven a sonar más con este nombre. Es posible, por ello, que si en España hubo celtas entonces, conforme la Arqueología lo prueba —y el Periplo no les dió este nombre—, hayamos de pensar, o que los celtas españoles eran grupos de pueblos distintos de los que arrojaron a los ligures del mar del Norte, o que sea toda esta lucha de celtas y ligures un reflejo poético difícil de interpretar, y hasta quizá una total interpolación de Avieno. Pero siempre serán conjeturas inseguras cuanto queramos ver en lo que el texto literalmente no dice.

Hemos querido analizar con cierto detenimiento este breve pero valioso documento por haber servido a infinidad de trabajos y teorías en las cuales lo que el texto antiguo aportó es bien poca cosa y lo demás es cosecha excesivamente abundante (26) de los comentaristas.

Poco después de escrito el Periplo extractado por Avieno escribió Hecateo su libro *Europa*, que puede fecharse hacia el año 500 a. de J. C. Sólo por Esteban de Bizancio, que vivió en el siglo v de nuestra era, sabemos las noticias del Occidente que Hecateo tuvo y que no son, por tanto, referencias totalmente seguras ni exactas. Para él, Mar-

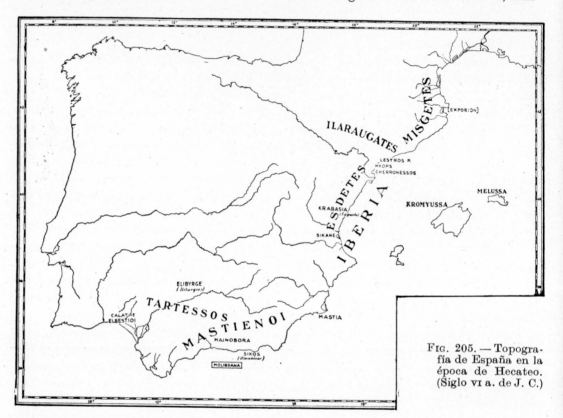

FIG. 205. — Topografía de España en la época de Hecateo. (Siglo VI a. de J. C.)

sella había sido «una ciudad ligur cerca de la Céltica», que aparece como la región inmediata hacia el interior de Francia, y cita la ciudad céltica de Nyrax, imposible de localizar.

Hecateo nos dice que los elesicios del sur de Francia son ligures, y los pueblos del Levante español, iberos, colocando en el sur de España a los mastienos, a los que diferencia de los iberos, dándonos varios nombres de pueblos de estas regiones que no coinciden con los del Periplo, obteniéndose de su estudio una estampa de España que completa a la de Avieno, aunque es menos concreta (fig. 205). Tal vez por aquel entonces los griegos saben menos de España que un siglo antes, pues su comercio y sus navegaciones se reducen más y más a partir de la derrota de Alalia, no siendo extraño que los textos posteriores, hasta la conquista romana, sean menos claros y concretos.

Cita Hecateo en el Sur, hacia Huelva, a los elbestios o elbisinios; luego a los tartesios, en la desembocadura del bajo Guadalquivir, y a los mastienos hacia la Andalucía oriental.

En Esteban de Bizancio, tomado de Hecateo, se lee que Mace, hacia la costa de Málaga, y Menaca son ciudades célticas; pero ello es, seguramente, un error de Esteban de Bizancio, pues Hecateo no cita a los celtas en España.

Al Este aparecen «los esdetes, tribu ibérica», y la ciudad de Sicana, ciudad de Iberia que también menciona el Periplo junto a la desembocadura del río Sicano (Júcar).

Más al Norte aparecen nombres de pueblos no mencionados en el Periplo, como los ilaraugates, que luego, en fuentes posteriores, veremos llamar ilergetes e ilercavones, y donde el Periplo colocó a los indiketes y otros pueblos Hecateo coloca a los misgetes, pueblos mezclados, como dice Escílax al hablar de la población comprendida entre el Ródano y el Pirineo, el cual la califica de «ligures e iberos mezclados» (27).

Así, pues, Hecateo, la segunda fuente en importancia para la época antigua inicial de nuestra historia que nos corresponde examinar aquí, no menciona en España a celtas ni a ligures con su nombre, a pesar de que los conocía y situaba, como ya hemos dicho, en la Francia meridional al hablar de Marsella y de los elesicios, pueblo ligur del sur de Francia, que se puede relacionar con los elusates que se citan en Aquitania en fuentes posteriores.

Así vemos que, hasta el siglo v, los escritores griegos no suelen hablar de ligures ni de celtas con aplicación calificativa de estos nombres en el Occidente atlántico. Sólo a partir del año 500 a. de J. C. los celtas aparecen con este nombre ocupando el confín de las tierras de una manera segura en la geografía de los griegos. Tras los conocimientos imprecisos que Hesíodo refleja, los focenses llevan en el siglo vi más concretas noticias de España y el Atlántico al mundo helénico, y ya entonces se dice que son los celtas y los iberos, mas no los ligures, los habitantes de la Península.

Todavía es más contradictoria una noticia conservada por Plinio, que la dice tomada de la perdida tragedia *Elíades*, de Esquilo, donde se lee: «El Eridano está en la Iberia y se llama Ródano». Tal afirmación del poeta no creemos tenga valor científico, pues aunque se ha usado muchas veces para llevar a los iberos hasta el Ródano, sólo parece un desconocimiento natural de las regiones del Occidente en un poeta del siglo v a. de J. C. (28).

Con informaciones más precisas, Herodoto, a comienzos del siglo v, nos ha proporcionado el siguiente texto sobre el lejano Occidente: «El Ister (Danubio) sale del país de los celtas, y desde la ciudad de Pyrene corre a través de Europa, que corta por el medio, y los celtas se hallan más allá de las columnas de Hércules, limítrofes de los *kinesioi*, que son, por el Océano, el último pueblo de Europa» (29).

Es también importante un texto de Tucídides, historiador del siglo v a. de J. C., donde se lee: «Los sicanos... se dicen autóctonos; pero la verdad es que son iberos arrojados por los ligures de las orillas del río Sicano, en Iberia» (30). Es decir, que para este historiador, tan serio en todas sus noticias, los ligures habían conquistado ya hacía tiempo las tierras donde luego los griegos, desde el siglo vi en adelante, colocan a los iberos cuando ya han aprendido muy bien a distinguir y valorar a los celtas, iberos y ligures de su época. Esta noticia es incluso algo anterior a él, pues ya Helánico de Lesbos nos da la misma versión, recogida también por Filisto, Eforo y Dionisio de Halicarnaso y que coincide con otra noticia que nos ha guardado Diodoro tomada de Antíoco de Siracusa, escritor de hacia el 440 a. de J. C., el cual comenzaba su historia de los sículos con Cocaelo, rey de los sicanos (31).

En el estado actual de la ciencia sería imposible dar una explicación satisfactoria a este texto. Es poco menos que imposible hilvanar las antiguas relaciones hispanosicilianas en la Edad del Bronce con estos hechos descritos por Tucídides y demás autores

griegos. La verdad que esta tradición puede tener, no puede ser iluminada por hallazgos que quepa relacionar ni con los iberos ni con los ligures históricos, y la llegada de
estos últimos expulsando a unos antiguos aborígenes denominados iberos se contradice con los autores griegos del siglo VI. Ello no ha impedido que cada autor, según la
idea elaborada acerca del valor e importancia de estos pueblos, haya encontrado fuerte
apoyo en este texto. Recoger la serie de interpretaciones del mismo realizadas por los
historiadores sería extensísimo y renunciamos a ello como en otros casos. Nuestra opinión se reduce a considerar hoy tal noticia inexplicable y sin posible esclarecimiento a
base de los hallazgos arqueológicos y de los datos obtenidos de los otros autores y de
la Filología.

Otro autor griego, Herodoro de Heraklia, que vivió hacia el 420 a. de J. C., nos ha
dejado una relación de los pueblos de Andalucía en su historia de Hércules (32), que
reproducimos íntegra: «Este pueblo ibérico que habita la costa del Estrecho recibe varios
nombres, siendo un solo pueblo con distintas tribus. Primero, los que habitan la parte
más occidental se llaman cinetes (después de los cuales, yendo hacia el Norte, se encuentran los gletes), después los tartesios, después los elbisinios, después los mastienos, después los celcianos, y después se encuentra ya el Estrecho». Son variaciones y nombres
nuevos de cuanto sabemos por los escritores del siglo VI, pero, sobre todo, aquí se introduce la innovación de llamar iberos a pueblos diversos. ¿Es que ya la voz *ibero* es equivalente en su significación a la actual *español* o *europeo*, es decir, tiene sólo un sentido
geográfico y no étnico? Lo cierto es que, a partir de Herodoro, cada vez es más confusa
la visión de la España antigua reflejada en los escritores griegos, inclinándonos a admitir
que la voz Iberia e ibero cobran un sentido geográfico, aunque alguna vez se oponga
celta a ibero. Así, en Jenofonte, al narrar la expedición mandada por Dionisio de Siracusa a los lacedemonios, se dice taxativamente: «y llevaban celtas, iberos y hasta cincuenta jinetes», pero sin concretar si los celtas eran de España u otra parte (33). Se
puede pensar con fundamento que la Céltica es la que luego se llama Galia, e Iberia,
España; pero tal conclusión en modo alguno es firme aun para esta época.

Aristóteles (siglo IV-II a. de J. C.) nos da la misma versión que Herodoto sobre las
fuentes del Danubio y nos asegura que el Ródano desemboca en la Liguria. En otro texto
suyo da el nombre de Céltica a toda la región montañosa interior de la Península, opo-
niéndola a la Ibérica. Al parecer, con este nombre incluye las tierras del Sur y Este, en
tanto que la Céltica se extiende hacia Castilla y hacia la Galia.

El texto es muy vago y podría interpretarse sin oposición alguna con nuestra suposición del valor simplemente geográfico de las voces Iberia = España, y Céltica = Galia,
cuando nos dice que los celtas están más arriba de Iberia (34).

Apolonio de Rodas, que escribe su obra *Argonautas* en el siglo III a. de J. C., pero
que siguió con gran saber a los escritores antiguos, nos habla de cómo los Argonautas
remontan el Ródano conducidos por Eridano y son amenazados por fuerte tempestad
en los lagos suizos dominados por los montes Hercinianos, que se extienden en medio del
país de los celtas (35).

Otra visión confusa de la extensión de tierra ocupada por los celtas y ahora referida
a España, es la que refleja un texto tomado de Eforo que escribió entre 405 al 340, conservado por Escimno: «La nombrada Tarteso, ciudad ilustre, regada por un río que lleva
gran cantidad de estaño, oro y cobre desde la Céltica. Después está la tierra llamada
Céltica, que se extiende hasta el mar de Cerdeña» (36).

Schulten da una antigüedad anterior al 500 a. de J. C. a este texto, basado en que en los tiempos de Eforo ya había sido destruída Tartessos, por lo cual este autor reflejaría, como ocurre en general en toda su obra, más antiguas fuentes.

Estrabón nos ha dejado la noticia de que «Eforo supone la Céltica tan grande en extensión que le atribuye la mayor parte de las regiones de lo que hoy llamamos Iberia, hasta Gades. Declara, además, que este pueblo es amigo de los griegos y menciona muchos detalles que no concuerdan con lo actual» (37).

En otro pasaje conservado por Escimno se repite esta aseveración de las relaciones comerciales entre griegos y celtas, y se colocan así los pueblos de España según Eforo: os libifenices, luego los tartesios, luego los iberos, «más arriba de estos parajes los beribraces, más abajo, siguiendo por el mar, están los ligures y las ciudades griegas pobladas por los foceos de Marsella; la primera es Ampurias y la segunda Rode. Esta fué fundada por los rodios, que tenían en otro tiempo un gran poder naval» (38).

Parece deducirse de los escritos de este geógrafo como una influencia de los antiguos geógrafos jonios, a los que sigue fielmente. Como para aquéllos, son para él, recordando a Hesíodo, los indos, los escitas, los celtas y los etíopes los pueblos principales.

De los textos anteriormente reproducidos y de otros utilizados por diferentes autores, tomándolos de este escritor, nos podríamos aproximar a la idea que Eforo tuvo de una Hispania o Iberia totalmente, o casi totalmente, céltica habitada por pueblos célticos.

Eforo (405-340) dió en los libros 3 y 4 de sus Historias una Geografía del Ecumeno a base de las antiguas fuentes jonias y aun cartaginesas de siglos anteriores, sobre todo del VI y V. Perdidos sus escritos, si rastreamos en otros autores las citas e interpretaciones de los mismos, llegamos a la conclusión de que Iberia fué para él nuestra Península en su totalidad general, como la India «país antípoda», dice en una ocasión.

Según Eforo, los iberos, como pueblo, juegan un papel muy pequeño, y sólo los vecinos de Ampurias parecen ser clasificados por éste como ligures en la Península, y si en una ocasión aparecen en este autor las denominaciones de celtoescitas y celtíberos, pudieron ser nombres añadidos por Estrabón, quien nos ha recogido este texto (39).

Hacia el 350 a. de J. C. se ha escrito el importante periplo, atribuído a Escílax de Caryanda, que refleja una visión de los pueblos del Occidente muy semejante a Hecateo y que seguramente utilizaron Eforo, Escimno, Estrabón y otros. Ya en esta época los griegos no llegan al sur de España dominado por los cartagineses, y Escílax sólo conoce a los iberos en la costa oriental, y «después de los iberos una mezcla de iberos y ligures hasta el río Ródano» (40).

Todavía más importante es en el siglo IV el periplo, repetidamente aludido, de aquel navegante marsellés llamado Piteas, espíritu explorador con conocimientos completos de cuanto la antigüedad de su tiempo conocía de Matemáticas y de Astronomía. ¡Lástima grande que Polibio y Estrabón no lo respetaran más en las versiones que de él nos han trasladado y que sirvieron de base a Timeo y a Eratóstenes en los siglos IV y III!

Piteas encontró a los osismios en los extremos del Finisterre francés, pueblo que aun vivía allí en la época de César y que se debe identificar con los oestrimnios que navegaban de Tartessos hacia Occidente en el siglo VI, según relata el periplo utilizado por Avieno. El nos transmite el nombre céltico de la isla Ouesant Uxisama, el de Cantion, hoy país de Kent, cuya raíz tal vez es pariente de la voz *céte*, del irlandés, que significa mercado. En este serio y científico autor, como en otros geógrafos antiguos, parece ser que Iberia es España, y Céltica Francia. Pero sobre todo, a partir de Piteas, parece que Iberia es cada

vez más para los griegos toda la Península, concepto que se impone definitivamente desde
el siglo III a griegos y romanos, teniendo tal palabra un claro valor geográfico, pero no
etnográfico (41).

Años más tarde Timeo (340-250 a. de J. C.) nos describe que los ríos tributarios del
Atlántico atraviesan la Céltica (42), y nos habla de un camino de Hércules que va desde
Italia hasta la Céltica, hasta los celtoligures y los iberos, con lo cual deducimos que las
Galias son la Céltica, los celtoligures los pueblos ribereños del Mediterráneo hacia el Piri-
neo, denominándose desde entonces iberos a los españoles. También en otros pasajes de
Timeo se ve claro que Iberia es el nombre de toda la Península (43).

Lo mismo se deduce de otros textos clásicos, por ejemplo, el de Eratóstenes (280-192
antes de J. C.), quien, según un pasaje conservado por Estrabón, dice que «la periferia de
Iberia está habitada hasta Gades por galos»; donde se ve que incluso la parte céltica de
España recibía en el siglo III el nombre de Iberia. Así Eratóstenes coincide con Eforo,
según el cual la Céltica llega hasta Gades, como hemos dicho, y como sus fuentes fueron
Piteas y Timóstenes, hay que pensar que reflejan un conocimiento geográfico exacto, a
pesar de las críticas de Estrabón, el cual, en otros lugares, comentando y criticando a
Eratóstenes y otros autores antiguos, escribe por su parte: «y ahora es preciso añadir que
Timóstenes y Eratóstenes y los geógrafos anteriores a éstos ignoraban por completo Iberia y Céltica, e infinitamente más aún Germania y Britania»; y más adelante este mismo
autor escribe: «Por otra parte, Polibio afirma con reparo que Eratóstenes desconoce
Iberia y por esto incurre en contradicciones al hablar de ella».

Muy contradictorias han sido las interpretaciones dadas al texto de Eratóstenes conservado por Estrabón, en el cual, concretamente, di e que de las tres penínsulas mediterráneas en «una de ellas está el Peloponeso, en la segunda Italia y en la tercera Liguria...»

Esta denominación de Liguria para toda la Península, que en otros pasajes parece ser
denominada Iberia, se debe a la influencia ejercida por Hesíodo en este autor, y es una
prueba de que para los geógrafos griegos hubo un elemento ligur en la Península. Pero sería aventurado sacar deducciones de este simple nombre geográfico aplicado a España (44).

Resumiendo las fuentes y no queriendo interpretar demasiado lo poco y oscuro que
en ellas se lee, podemos sólo asegurar que en la Antigüedad no estuvo clara para geógrafos e historiadores la interpretación sobre el carácter y orígenes de los pueblos españoles
prerromanos.

A partir de Polibio (200-120 a. de J. C.), las fuentes sobre la población española son
más extensas. Nos describen las costumbres y vida de nuestros habitantes, pero nada
aportan al desciframiento de los orígenes de aquellos, indígenas y mezclados con los invasores celtas que aquí estudiamos. Además, estas fuentes, posteriores al siglo IV, serán
debidamente estudiadas, al hacer la exposición de la segunda Edad del Hierro y el
período de las colonizaciones, en otro lugar de este libro.

No es exagerado decir, si nos apartamos de la tendencia tan seguida hacia las interpretaciones personales, que escapó a los antiguos esa exactitud en la exposición de movimientos etnográficos que vamos adquiriendo con los hallazgos arqueológicos. Sólo el auxilio de
la Filología podrá ir nombrando con probidad científica en el fututo la verdad encerrada
en estos nombres étnicos confundidos y opuestos que hallamos en los textos escritos. En
los historiadores y geógrafos griegos y luego romanos la diferenciación de las tribus y pueblos célticos, ligures e iberos no se precisa ni aun en tiempos posteriores a la época en que
caen los materiales estudiados en nuestro trabajo. Así, lo correcto será basarse en la in-

terpretación de los datos arqueológicos a fin de no establecer teorías etnológicas con las confusas noticias que poseemos a través de estos textos escritos (45).

Sólo podemos establecer en líneas generales que ya antes del siglo VI, cuando los griegos empiezan a conocer bien el Occidente, los celtas ocupan las tierras de más allá de los ligures, comenzándose a usar el nombre de iberos para designar sólo a los habitantes del este de la Península, y dándose el nombre de mastienos para los del sur de España, sin que sea posible deducir de los textos el sentido étnico de estos vocablos.

Más tarde, el nombre de ibero se va extendiendo a todos los pueblos peninsulares y aun a pueblos del sur de Francia afines a los habitantes de España. Es Eratóstenes quien da por primera vez el nombre de Iberia a toda la Península, hasta entonces denominada por vocablos que sólo se referían a una parte imprecisa de nuestra España, conforme nos dice aún mucho más tarde el propio Polibio (46). Así, los nombres de Iberia, Keltike y Ophioussa, como leemos en autores antiguos griegos, no parece indicar todas las tierras y gentes de España, sino sólo parte de ellas. Y todo parece reflejarnos como si los habitantes del sur y levante de España hubieran recibido bien desde el principio el comercio y las colonias griegas; pero no sabemos en qué grado pueden diferenciarse estos *iberos* levantinos de los celtas y ligures invasores de la Península, a los que se pinta como mucho más bárbaros en el periplo de Avieno que a los pueblos *iberos* del Levante y a los *mastienos* del Sur. Primero griegos y luego romanos, sobre todo después del siglo III a. de J. C., supervaloraron este elemento ibérico por ser el que mejor conocían, y de ello nacerán mil desvíos geográficos que es preciso prevenir. Unas veces lo identifican con gentes del Sur, incluyendo a los mastienos en esta voz, y en otras ocasiones designan con este nombre a los pueblos del sur de Francia o del interior de España, como los lusitanos, o del Pirineo central, como los aquitanos y jacetanos, todos los cuales es preciso considerar en esta época como célticos, o al menos celtizados, por sus costumbres, cultura e idioma. Es decir, se aplica a pueblos que de tener algo común es lo que les aportó la invasión etnográfica que culturalmente llamamos invasión céltica.

En resumen, cuanto más analicemos los textos, más claro se ve que la voz ibero tuvo un valor más bien geográfico que étnico entre los antiguos, al menos hasta el siglo III, en que comienza a nacer la voz celtíbero y a diferenciarse bien dos elementos etnográficos, iberos y celtas, en la etnogenia peninsular, elementos que vienen a significar los lejanos aborígenes y los indoeuropeos invasores, ya entonces muy fundidos, y que los escritores romanos fácilmente confunden a veces.

Las voces celtíbero y celtoligur muestran, además de la visión de pueblos fundidos, la duda surgida en los escritores del siglo III en adelante al tener que atribuir a uno de estos dos pueblos los habitantes de una región cuyo nombre pasa de unos escritores más antiguos a otros más modernos, unas veces como celtas, otras como ligures y otras como iberos.

Para Hubert (47), la palabra *celtíbero*, usada por Timeo por primera vez, y lo mismo se debe pensar, en nuestra opinión, de la voz *celtoligur*, sería una denominación geográfica inventada por los griegos, equivalente a la voz *libifenices*, es decir, fenicios de Libia. Así los celtíberos serían los celtas de Iberia, y los celtoligures, los ligures de la Céltica. Pero tal juicio ofrece sus dudas, pues en Polibio, Eratóstenes y otros escritores del siglo III renace una idea etnográfica tal vez equivocada, pero ya contrapuesta, sobre estos pueblos, y las palabras de Marcial citadas al comienzo de este trabajo son terminantes al sentirse descendiente de iberos y celtas, cosa que piensa también el español Lucano cuando escribe: «... *profugique a gente vetusta —Gallorum Celtae miscentes nomen Iberis*» (48).

Tal vez la política de Roma, que con seguridad usó de las rivalidades etnográficas y de todos los resquicios de división que pudieran atisbarse en los pueblos para mejor sojuzgarlos, revalorizó intencionadamente lo *ibérico*, es decir, lo que en la Península estuviera menos sometido a la invasión céltica, es decir, aquello menos agreste y enemigo de la colonización griega y luego romana (49).

Tampoco es posible, a base de los antiguos escritores, formarse un juicio sobre la cantidad y la calidad que existe de elemento celta, en relación con el ibero, en los pueblos así clasificados como celtíberos. En esto, hoy por hoy, más que exponer teorías nos hemos de avenir a lo que dice la Arqueología y convencernos que el elemento invasor predominó plenamente, casi borrando al elemento indígena. Todos los vestigios culturales que estos pueblos nos han dejado proceden, como los pueblos invasores, de Centroeuropa. Su cerámica, ajuares, ritos y, seguramente, su lengua, tienen allí sus paralelos, y no hacia el África o el Mediterráneo, donde habría que buscar el origen de los iberos aborígenes. Sin embargo, aun falta precisar si el lenguaje hablado por estos pueblos celtas y celtíberos era un idioma indoeuropeo cercano a los demás idiomas célticos que conocemos de la P y de Q. En nuestra opinión, la lengua introducida en la Península debió de tener una formación más antigua. Así se podrían explicar la diferencia y las afinidades toponímicas y filológicas que como un eco se han hallado en idiomas indoeuropeos más modernamente desgajados del tronco común.

Las investigaciones filológicas sobre las invasiones indoeuropeas en España.

Los filólogos han manejado desde el siglo pasado una serie de voces, sacadas de la toponimia y de los textos antiguos referentes a España, cuyo número y significación va aumentando cada día, y con las cuales se ha venido interpretando los textos y barajando infinidad de hipótesis.

Tres son los principales grupos de teorías basadas en los elementos filológicos para dar sentido y nombre a esta invasión indoeuropea en relación con la antigua población prerromana española.

La primera es la hipótesis ligur: según ésta, todo el Occidente, incluso España, habría sido indoeuropeizado por este pueblo, que representaría una transformación cultural y racial definitiva antes de la invasión céltica. Los mantenedores de esta teoría ya diferencian ese elemento del ibero, y él vendría a ser como la población aborigen más antigua y jugaría los más diversos papeles en la formación de los pueblos del oeste de Europa.

Esta tesis fué luego revisada, viniendo a ser los ligures más antiguos que los iberos y anteriores a los indoeuropeos. En ella se puede incluir la variante de Philippon, que consideró a los iberos como indoeuropeos llegados a España desde Europa, con lo cual se vino simplemente a llamar ibero a lo que otros consideraban ligur.

La segunda tesis atribuye a los ilirios el papel que otros les dan a los ligures como indoeuropeizadores del Occidente, y ha sido formulada no hace mucho. Una tercera considera a los celtas como el principal elemento invasor que transformó nuestra etnogenia.

Es curioso que las tres, con sus numerosas variantes, manejan aproximadamente los mismos textos históricos anteriormente citados por nosotros, y más o menos las mismas raíces y sufijos, pero interpretándolos del modo más dispar.

Renunciamos a exponer los argumentos sostenidos por algunos filólogos, ya que, como los rechazan los demás, alargaría inútil y extensamente nuestro estudio.

Solamente resumimos aquí, en el orden en que aparecieron en la ciencia, estas tesis y sus principales variantes sobre el problema de nuestra formación racial.

Hipótesis sobre los ligures y su relación con España.

A mediados del siglo XIX apareció la hipótesis que consideró al pueblo ligur como el substrato indoeuropeo más antiguo del Occidente. Fué una tesis esencialmente francesa nacida al impulso de la filología, pero en la cual argumentaron arqueólogos y antropólogos.

Su primer genial mantenedor es D'Arbois de Jubainville (50), para el cual los ligures fueron el pueblo indoeuropeo que colonizó y pobló todo el Occidente antes que los celtas o galos.

Desde entonces se ha hablado mucho de los ligures, pero poco es lo seguro que sobre ellos podemos decir.

Ya para los antiguos no estuvo claro el origen de este pueblo, y Dionisio de Halicarnaso (51) atestigua que no se sabía de dónde habían venido los ligures a Italia. Incluso sobre su denominación había la referencia, recogida por Plutarco, de que los ligures se llamaban asimismo ambrones, nombre que vuelve a sonar una vez en Eutropio. Este autor los considera, aunque no muy seguro de ello (52), como de estirpe gala, en tanto que Sexto Pompeyo Festo dice concretamente: «*Ambrones fuerunt gens quaedam Gallica*» (53), y hoy se piensa en relacionar estos ambrones, con gentes germánicas paralelas a los teutones, a cuyo lado fueron derrotados cuando la invasión germana de cimbrios y teutones en Italia.

Así, en sus orígenes y en toda su extensión está llena de dudas y contradicciones la tesis ligur que en la supuesta expansión por el occidente de Europa de este pueblo está solamente basada en unos pocos elementos, entre los cuales, además de los textos antiguos, poco claros y expuestos a mil conjeturas e interpretaciones, figura una serie de toponímicos y de sufijos utilizados de muy diversa manera. Entre ellos el más importante es el de ...*asco* ...*asca* ...*usco* ...*usca* ...*osco* ...*osca*.

El material lingüístico fundamental utilizado por D'Arbois y Müllenhoff consiste en una inscripción latina del año 117 a. de J. C. que trata de una cuestión de límites entre los genoveses y los laugenses, donde aparece varias veces el sufijo ...*osca* (54) en nombres de lugar. A esta base añadieron otros sufijos y raíces de la *Tabula alimentaria* de Velejia y, sobre todo, aventuradas comparaciones toponímicas.

D'Arbois, con romántico estilo literario, lleno de imaginación, describe la Europa anterior a la invasión ligur, que traería al Occidente, según él, todos los elementos culturales esenciales: los cereales, el arado, el bronce, etc. Los ligures habrían poseído las Galias después de los iberos y antes que los celtas; Italia habría sido igualmente ocupada a expensas de los iberos por los propios ligures antes de que llegaran los umbros, atribuyendo a sus hipotéticos ligures en la península italiana los nombres de sículos y aborígenes. En España, D'Arbois admite la invasión ligur, pero no la conquista total de la Península Ibérica. Para él, ligures, tracios e ilirios formaban grupos étnicos poco distantes y barajó un sinfín de datos obtenidos de la interpretación de los antiguos textos escritos para su aserto, método seguido por otros autores para sostener tesis diferentes a base de parecidos elementos.

Así, entre críticas y defensas, se han seguido y abandonado hipótesis, si bien no idénticas, sí de casi paralela valoración, hablándose hoy de ilirios en vez de ligures y separándose ahora a los vénetos de aquellos con los cuales se venía creyendo formaban una unidad lingüística y etnográfica.

Las teorías de D'Arbois tuvieron un éxito resonante y ganaron muchos adeptos que las fueron modificando a su gusto, según el prisma local o la especialidad del mantenedor. El más genial de todos estos historiadores partidarios de la tesis ligur fué C. Jullian (55). También este autor en sus trabajos partió principalmente de los hipotéticos vestigios del idioma para establecer la unidad ligur. Utiliza los vocablos de D'Arbois y algunos nuevos y elabora su teoría ligur, tan aventurada como las demás.

En realidad, como resumió Modestov, «la lengua de los ligures no se ha conservado ni en una lengua viva transformada por sucesivas generaciones ni en ningún monumento escriturario, salvo las inscripciones de la roca de «Val del Inferno», en Liguria, las cuales no se han podido descifrar aún. Bajo la fe de Plinio se ha creído que Bodincus, antiguo nombre del Po, era una palabra ligur que significaba sin fondo. Esta opinión la tomó Plinio de Metrodoro de Scepsis, escritor del Asia Menor, muerto el año 70 a. de J. C. Pero la fuente de Metrodoro es Polibio, muerto en 128. Pues bien; Polibio atribuye la palabra Bodincus a los ribereños del Po, sin decir nada de la nacionalidad de aquellos habitantes que la empleaban (56).

Hemos transcrito esta cita para que se vea cuán difícil es decidirse sobre cualquier juicio emitido por los especialistas en este problema.

Otro historiador francés (57), Alejandro Bertrand, no compartió las ideas de D'Arbois, rechazando sus imágenes literarias de la prehistoria gala en relación con ligures, iberos y celtas, completamente personales y opuestas a los hallazgos arqueológicos, criticando mucho a C. Jullian, que los utilizó en sus trabajos, además de sus aportaciones nuevas basadas en la Filología. Él fué el primero que negó el carácter indoeuropeo atribuído a los ligures. Para él, el pueblo ligur es el substrato preindoeuropeo de las Galias y de las regiones alpinas, tesis que habría de seguir ganando terreno hasta nuestros días, en que ha vuelto a ser rechazada, así como las variantes que la renovaran, en cuya línea hay que colocar los trabajos de Schulten (58), Bertoldi (59), Wartburg (60) y otros. Estos han considerado al pueblo ligur como una raza no indogermánica pobladora de toda Europa occidental, a la cual pertenecía la población más antigua de la Península Ibérica y de todo el Occidente europeo.

Schulten reunió y dió importancia a los testimonios de los escritores antiguos sobre la sede de los ligures y vascos, para él una misma cosa, y separó ambos idiomas y pueblos de los iberos, que habrían llegado a España desde África en época mucho más reciente.

Contra él se pronunció H. Schuchardt (61), y mantuvo su opinión de que el vascuence era la prolongación de un dialecto ibérico; respecto a la colocación de la lengua ligúrica, no se pronunció de una manera clara. Bertoldi (62) y, basándose en sus trabajos, W. v. Wartburg (63) han seguido interpretando un tanto a su manera las tesis arqueológicas de Bosch Gimpera, y han querido elaborar teorías etnológicas demasiado atrevidas a base de los hallazgos arqueológicos de la Península, estableciendo unos pueblos creadores de la cultura capsiense, parientes de los pueblos norteafricanolíbicos, y otros cántabropirenaicos, repartidos hacia el oeste y mediodía de Francia. El segundo grupo sería el origen de los ligures, según estos autores extendidos hacia los Alpes, mientras los iberos, de origen capsiense, y por tanto africanos, nunca llegarían a los Alpes, sino solamente hasta Cerdeña y Sicilia.

Al mismo tiempo que Wartburg, R. Menéndez Pidal (64) desarrolló la teoría de que los ligures eran un pueblo de la Europa central de carácter mediterráneo, en parte ya indogermanizado, al que se inclina a llamar ambrones, y que emigró hacia Occidente. El habría traído los toponímicos que se encuentran no en la Liguria histórica, sino, como hace constar siguiendo a Pokorny, en la región ilírica, siendo de origen ilírico o procedentes del substrato mediterráneo que él cree existe en el ilírico. Menéndez Pidal no resuelve el problema de en qué lugar de la Europa central tenían su patria estos ligures o ambrones, ni si eran un pueblo lingüístico y racialmente aislado, o qué relaciones filológicas y etnográficas existían entre ellos y las demás razas centroeuropeas.

Valorando estos ambrones, Menéndez Pidal ha venido replanteando recientemente el problema ligur, en lo que se refiere a España, creyendo que estos ambrones serían restos de ligures dejados en las playas del septentrión cuando de allí los expulsaron los celtas y les impelieron a descender a la Liguria histórica, según ya hemos visto nos relata Avieno en su *Ora maritima* (65).

El sabio filólogo español ha recogido unas cuantas voces con la raíz ...*ambr*... en España, Francia e Italia. Como Ambruno, en Bérgamo (Lombardía); Ambruna (Piamonte), Ambron (Toscana), Lambronne, hoy Lambrole, subafluente del Garona (Aude); Ambronai (Ain), que supone Ambronacus, Ambroniacus; el río l'Ambron (Haute Loire), Ambrona (Soria), Hambron (Salamanca), Ambroa (Coruña), escrito Ambrona en 747 (66).

Menéndez Pidal ha mostrado idénticas comparaciones con las voces *ganda: kanta*, que significarían pedregal, utilizadas por Bertoldi, que las cree un sustrato mediterráneo antiguo (67). Philippon y luego Fouché utilizaron otros paralelos entre España y la región alpinoligur, como Albarum, Alisancun, Argantia, Bergantia (68).

Varias voces en ...*asco* ...*asca*, aparecidas en España, como Velasco, Belascoain, Benasque, Magasca, etc., ofrecen el sufijo guía ...*asco*, atribuído al ligur, y lo mismo ha utilizado Menéndez Pidal, Langa, Langeta, etc.; Toleto, Lucemtum, Lucientes, etc., cuyas raíces nos ofrecen una amplia distribución por la zona del nordeste de Italia (69). Pero para nuestro filólogo, con los sufijos ligures aparecen gran número de vocablos que él califica de ilirios, de acuerdo con Pokorny, quien ha extremado esta tesis, como veremos a continuación.

Otros autores han considerado también a los ambrones como los indoeuropeizadores de los ligures. Así opinó Kretschmer (70), aunque más recientemente ha visto en el elemento alpinoligur otras diversas corrientes indoeuropeas, siempre a base de los estudios lingüísticos (71). En sus últimos trabajos, Kretschmer deduce que el elemento indoeuropeo se impuso plenamente, recibiendo toda la región alpinoligur muy fuertes influjos del véneto, como las *medias aspiradas*, que denuncian infinidad de toponímicos y nombres de persona, elemento que Much había considerado como ilirio (72), según la teoría entonces dominante de incluir a los vénetos dentro de los ilirios. Otro elemento indoeuropeo, además del véneto, se aprecia en el idioma ligur, y es la sustitución de las *medias aspiradas* por las *medias*, aunque no se pueda distinguir de qué grupo hayan podido llegar, pero que seguramente oculta un elemento pariente de los idiomas itálicos y célticos; por último, admite una capa con el nombre de los ya citados ambrones, que sería la más reciente, y contemporánea, tal vez, de los teutones, que según Catón ocupaban Pisa ya antes que los etruscos. Pero este filólogo afirma que no es posible diferenciar los elementos lingüísticos del ligur en sus diversas capas y asignarlos a pueblos históricos, ya que sólo conocemos el idioma ligur por el nombre, opinión que anteriormente ya hemos dicho sostuvo Modestov.

Así es muy difícil decidir qué elementos sean los que podemos atribuir a los ligures entre los vocablos o sufijos indoeuropeos que llegan a España, y cuáles serían célticos puros. Menéndez Pidal, al intentar bucear en estos problemas, no aclara la cuestión. La serie de toponímicos que él califica de ambroligur-ilirio todavía es de imprecisa clasificación, y, sobre todo, no sabemos, en el estado actual de la filología europea, el grado de parentesco entre todos esos pueblos. Sin embargo, no cabe duda de una cosa, y es que la distribución de estos nombres, utilizados por Menéndez Pidal, por Centroeuropa —Alpes—, España, sin distinguir regiones, concuerda con la Arqueología, que no detiene a nuestra invasión de los campos de urnas en ninguna parte, excepto el norte de Navarra y rincón del golfo de Vizcaya, donde faltan los hallazgos. Pero establecer grados y diferencias entre las distintas bandas de invasores que los campos de urnas representan es hoy todavía imposible.

Uno de los autores que más importancia han dado a los ligures en España ha sido Gómez Moreno. Creemos que su visión estará sometida en el futuro a duras críticas y definitivas rectificaciones. Para él, son ligures los cántabros, astures, vacceos y vetones, lusitanos y carpetanos. También en su primer trabajo admitió, además, a los autrigones, caristios y várdulos hacia el oriente de la meseta, ya lindando con los vascones. En el Sur considera ligures a los cempsios, y celtas a los gletes, en tanto que juzga a cuneos o conios como iberos.

Utiliza nombres diversos sobre los cuales cimenta su teoría; pero otros filólogos, con mayores argumentos, consideran celtas casi todas las voces utilizadas por Gómez Moreno como ligures, como es el nombre *ambactus*, que Pokorny cree es celta de la P, o sea britónico.

Este pueblo sería un elemento invasor venido de Europa ya indoeuropeizado, pero, para Gómez Moreno, todos los pueblos del valle del Ebro y los Pirineos son ibéricos, con lo cual no se explica bien por dónde penetró en el interior de nuestro país el elemento ligur, sin dejar restos en el istmo que nos une a Francia. La misma objeción plantean los pueblos que, situados a lo largo de la cordillera Ibérica y Sierra Morena y en el noroeste, califica Gómez Moreno como celtas. Tampoco admite la conquista ibérica que Schulten había establecido hacia el siglo III antes de J. C., considerando arbitrariamente a los iberos venidos desde el Sur y Levante a la meseta procedentes de África, como en el siglo VIII hicieron los árabes (73).

Una especial mención hemos de hacer aquí de la tesis sustentada por E. Philippon, discípulo de D'Arbois de Jubainville. En varios trabajos que tuvieron gran aceptación Philippon manejó los mismos elementos básicos que su maestro, además de los textos antiguos, para probar que los tartesios e iberos son dos pueblos diferentes y que los ligures no llegaron a establecerse en España.

Philippon reúne como iberas palabras eminentemente célticas, como *gurdus*, las terminadas en *brig*, que relaciona con *bris;* las terminadas en *esco-osco* y las en *ambr*, como *Ambra*, y hoy *Ammer*, en la Alemania occidental, ya mencionadas, y otras claramente germánicas, como *Elba* (74).

Según este autor, los iberos serían los indoeuropeizadores del Occidente, y, en gran parte, la novedad de su tesis se reduce a llamar ibero a lo que otros consideran ligur. Sin embargo, en sus geniales observaciones no todo es desaprovechable, y muchas de sus ideas volverán a usarse en trabajos posteriores realizados por otros autores en los últimos años para solucionar el valor étnico-filológico de esta palabra con más método al compás de los avances continuos de la ciencia.

En resumen, los filólogos discrepan sin llegar aún a concretar en firme la importancia, carácter y papel que jugó en el Occidente el pueblo ligur, aunque es mucho lo avanzado en la resolución de los problemas referentes a este pueblo.

Tampoco los antropólogos están muy concordes sobre las características atribuíbles al pueblo ligur. Pittard sostiene que el cráneo ligur es braquicéfalo y lo asemeja a los braquicéfalos neolíticos de Francia, que representarían sus vanguardias y la base actual de la población de Francia. Haddon, sin embargo, los hace dolicocéfalos y los considera parte de la raza mediterránea (75). Otros, como Boisjoislin, han atribuído a los ligures un cuerpo pequeño y moreno y cráneo corto y ancho, características de su raza uralo-altaica y de la raza melanoide. Pero hace constar que «en el país de los caprichos de la historia, donde se ha conservado el nombre de Liguria es donde se encuentran menos ligures verdaderos. Sólo se halla allí un ligur semitizado de cara aquilina y de perfil tajante como un guijarro» (76).

Cuanto más se deje correr la fantasía más atractiva será la visión del problema ligur, del cual poco seguro sabemos fuera de lo que la Arqueología nos dice hoy, ya muy de acuerdo con la Filología y con la Antropología sensata, la cual, en resumen, nos muestra una población muy mezclada de mediterráneos y alpinos, entre los cuales no faltan nórdicos que han inmigrado en todos los tiempos hacia las regiones de la Europa meridional.

Hoy lo mejor es admitir que es muy difícil diferenciar filológica ni etnográficamente en este pueblo el elemento indoeuropeo del no indoeuropeo, ya que su idioma ofrece sufijos, y, además, por todas partes donde hubo ligures anduvieron los pueblos indoeuropeos, tanto en el norte de Italia como de Francia y España, excepto la región del noroeste de Navarra y tierras vascongadas, y esto sólo puede admitirse hoy con muchas reservas. Así, una selección de nombres ligures y nombres indoeuropeos es casi imposible, y la posibilidad de atribuir al ligur determinadas desinencias ya no puede ser utilizada más sin peligro de error, como ha ocurrido con el sufijo «guía» del ligur *asco*, considerado por muchos como no indoeuropeo, hasta que Wolf ha demostrado plenamente su indogermanismo, después de las dudas ya mantenidas por otros (77), frente a la tesis de Schuchardt, que veía en él una formación radicalmente vasca mediante la suma de dos sufijos: *z*, *ko*, y que Pokorny creyó lo había prestado el ibero al ligur. Menéndez Pidal ha argumentado también en contra de esta suposición de Schuchardt y Pokorny haciendo ver cuán numerosos son los casos de este sufijo en Liguria y lo escasos que son en Vasconia e Iberia, lo mismo en los nombres conservados en los escritores antiguos que en la toponimia actual (78).

Si a todo lo dicho añadimos lo poco claro de los textos antiguos y la cita mencionada de Plutarco de que los ligures se denominaban a sí mismos ambrones, por su descendencia, deduciremos con este texto, y lo confirma la Arqueología, que los que desarrollaron la cultura y hablaron las lenguas ligures en los tiempos históricos vinieron a recibir su nombre de la población anterior ya mezclada y absorbida por los invasores. Caso parecido ha ocurrido a los hititas, designados por los hebreos y también por nosotros con el nombre de la vieja población anterior no indoeuropea que ahora los arqueólogos han puesto al descubierto y denominan *protohitita* o *protokati*. Si admitimos este hecho cultural, el problema estriba en separar lo protoligur no indoeuropeo de lo indoeuropeo, y esto no está resuelto ni siquiera en Italia, donde Diodoro (V 39, IV 20), Plinio (II 123), Estrabón (IV 204), Catón (en Plinio, III 134), Polibio (II 15, 8 y III 60, 8) y otros nos hablan de estos pueblos describiéndonos sus parentescos y diferencias con relación a otros pueblos itálicos. Así es de temer que para siempre ha de quedar muy confusa la diferenciación del posible elemento ligur inmigrado a otras regiones, por el alto grado de fusión del elemento indoeuropeo que en él se introduce no permitiendo su diferenciación de lo celta o de lo ilirio, como ocurre en lo referente a España.

Esto es más seguro de afirmar que cualquiera otra hipótesis, pues si nos fijamos en las mismas tribus ligúricas de Italia, el análisis realizado por Kretschmer nos prueba cuán mezclados están estos elementos y cómo los escritores antiguos los confunden. Pondremos como ejemplo el caso de los taurinos encontrados por Aníbal al desembocar en Italia, y cuyas ciudades Iria, Dertona, ya fueron comparadas con Iria, en Galicia, y Tortosa, en Cataluña, por Schulten (79) para probar el ligurismo en España, a pesar de que a este pueblo ligur de Italia el mismo Tito Livio lo califica como *semigalli*, y Kretschmer lo cree mezcla de réticocélticovenético sobre una capa anterior genuinamente ligur, es decir, preindoeuropea (80).

Lo que no cabe duda hoy para filólogos y arqueólogos es que el elemento indoeuropeo, hacia la época del Hallstatt, se impone definitivamente en Liguria. Así, cuando Roma toma contacto con aquel país no se pueden ya distinguir los sucesivos fenómenos etnográficos ocurridos, y sus escritores recogen noticias y tradiciones contrapuestas en aquellas tribus, haciéndonos hoy tan confuso el problema ligur en la misma Italia que no es de extrañar que varios autores se hayan opuesto a la supuesta expansión ligur, y algunos, como A. Berthelot (81), Caro Baroja (82), Fouché, Pokorny (83) y otros quiten toda importancia a los testimonios pro existencia de ligures en España y hacia Occidente. Sobre todo, Bosch Gimpera (84), apoyándose en la Arqueología, ha sido radical en esta opinión.

A nuestro modo de ver, es imposible hoy diferenciar arqueológica ni filológicamente lo ligur de lo celta en España, pero creemos, sin embargo, que, mezclados a los movimientos de pueblos de los campos de urnas, han llegado hasta el Pirineo y España gentes de los Alpes suizos y del Alto Ródano, a las cuales podemos calificar de ligures, siguiendo los textos escritos ya analizados. Eran hermanos de los grupos que habitaban hacia la Saboya y que luego los griegos y romanos llamaron ligures cuando, a su vez, estaban ya indoeuropeizados lingüística y racialmente. La llamada cultura de Golasecca en Italia, considérese celta, o ligur, o celtoligur, es de gran semejanza a la estructura de las culturas célticas peninsulares en todas sus formas. Igualmente, el vaso con asa de alto botón, que vemos extenderse desde los Alpes itálicos al nordeste de España, refuerza estas relaciones paralelas, tal vez más antiguas que la invasión general. Sobre todo, podría ser que el vaso de asa con botón alto refleje una avanzada de los ligures, aunque su llegada nos parece haya sido muy distinta a los demás fenómenos analizados con la invasión de los campos de urnas, a la cual preferiríamos llamarla en su conjunto céltica. Ya entonces la indoeuropeización de aquellas regiones ligures estaba muy avanzada por las penetraciones y contactos con los campos de urnas venidos desde Suiza y desde la región venética. Filológicamente, todo este movimiento de campos de urnas del sudeste alpino se agrupaba con la denominación de vénetoilirio, pero ahora se ha diferenciado plenamente el valor de estos dos idiomas.

Así, el mucho auge que había tomado la tesis iliria en lo que se refiere al ligur y al véneto se ha frenado, estando hoy sobre el tapete esta discusión, en la cual el campeón defensor de una vasta propagación del ilirio hacia Occidente es Pokorny (85), siendo tendencia seguida por algunos especialistas. Otro filólogo, Wolf, a base de la expansión del pueblo de los campos de urnas, cuya unidad etnográfica defiende con algunos arqueólogos, creyó que los ligures habían sido indoeuropeizados por una rama de los ilirios: los carnoilirios (86).

Finalmente, es interesante señalar que N. Jokl pensó ya hace mucho tiempo en fuertes infiltraciones indoeuropeas, emparentadas con los ilirios, entre los ligures (87). Su tesis no tuvo eco entonces, pero ahora ha sido ampliamente desarrollada por Pokorny, para el cual los ligures, siempre limitados a jugar un papel en el este de los Alpes, enviaron una fuerte oleada al Occidente, que denunciaría la toponimia.

Además de todo lo dicho hay que tener presente la influencia del véneto en el ligur, establecida recientemente por Kretschmer, con lo cual se ve un antiguo estrato común a los celtas españoles, ligures y vénetos que explicaría muchas raíces creídas por Pokorny ilirias antes de la diferenciación clara entre el véneto y el ilirio, considerados casi una misma lengua hasta no hace mucho, y entonces se podría pensar que lo mismo ocurrió con las voces denominadas por Menéndez Pidal ligurambrones, cuando habría que atribuirlas a un estrato común más antiguo a la formación del ilirio histórico.

Pero todas estas analogías filológicas son aún imprecisas. Sólo nos ha interesado reseñarlas para ver cómo aumentan el campo de nuestros conocimientos y la enorme importancia de la invasión, considerada desde el punto de vista de la indoeuropeización de la Península, que es lo mismo que verla proyectada sobre todo el Occidente.

La hipótesis de la invasión iliria en España.

Ya hemos indicado que entre los negadores de la tesis ligur frente a las diversas variantes de D'Arbois y de Schulten figura Pokorny, para el cual no es defendible la expansión de este pueblo más allá de los límites del Ródano al lago Leman y al Ticino (88).

Para explicar la extensión de los toponímicos y sufijos que van de los Alpes orientales al Occidente, muchos de los cuales ya hemos analizado, Pokorny utiliza las mismas voces que D'Arbois, más otras muchas, y la mayoría las cree producto de una vasta colonización iliria que seguiría los ríos y valles, a diferencia de los celtas, que han dejado sus nombres en las montañas. Pokorny, en su tendencia a valorar lo ilirio en todas partes, admite una decisiva invasión iliria a través de los Alpes hasta la tierra clásica ligur, y quiere que cuanto D'Arbois había llamado ligur se considere ilirio occidental. En definitiva, no hace sino llamar ilirio a todo lo que antes se llamaba ligur —interpretando, según su punto de vista, a los escritores de la Antigüedad— y añadir más elementos filológicos a la serie anterior de paralelos conocidos.

Creemos que Pokorny ha supervalorado lo ilirio. Su tesis ha sufrido ya duras críticas en lo que se refiere a Italia y sur de Alemania, que aquí no nos interesa recoger. En lo referente a España, Menéndez Pidal ha rechazado muchas de sus afirmaciones. Otras, como el carácter ilirio de los nombres de los ríos, por ser éste un pueblo que coloniza los llanos a favor del clima subatlántico que ayudó su expansión, pueden ser más viables, pero a su tesis de una invasión iliria en España no creemos se pueda llegar, aunque se hubiera originado una influencia o se hubieran producido contactos entre lo protoilirio y lo celta.

Este filólogo, a base de su clasificación de los nombres, acepta tres sucesivas invasiones indoeuropeas para la Península, distintas cultural y etnográficamente. La primera, sería iliria y llegaría hacia el año 1000 a. de J. C. La fundamenta en los materiales catalanes, principalmente Tarrasa, publicados por Bosch Gimpera y Kraft, pero abandona a estos arqueólogos en lo que le conviene, ya que ellos no admitían invasión sino para Cataluña, y sólo Bosch Gimpera, en sus más recientes trabajos, según ya hemos reseñado, la lleva hacia el interior en forma algo imprecisa. Pokorny halla nombres ilirios por toda España, con lo cual ya se vale por sí y no se sirve de la tesis arqueológica de Bosch y Kraft (89). Después de esta invasión iliria habría llegado a España la invasión céltica hacia el 500, con espadas de antenas, que serían el arma celta por excelencia. Ya en el siglo III la cultura de La Tène II representaría otra invasión paralela a la invasión de Inglaterra del Hierro B de los arqueólogos ingleses. Esta última penetración nos traería una serie de palabras del grupo céltico de la P, o sea britón, frente a los vestigios que encuentra del celta más antiguo de la Q, que atribuye, naturalmente, a una invasión intermedia del siglo VI, mantenida por Bosch Gimpera, y cuyos restos filológicos se localizan, sobre todo, hacia Galicia, donde, según Pokorny, además de la mayor cantidad de vestigios de la misma, es también la región donde más abundan los puñales de bronce de antenas.

Tal tesis es muy atrevida y casi inviable si nos atenemos a los materiales arqueológicos. En cuanto a la serie de nombres que Pokorny cita como ilirios, creemos se pueden explicar pensando en los contactos que celtas e ilirios tuvieron, sobre todo los viejos celtas españoles, cuyo idioma, más primitivo que el celta de la Q y de la P, debía de estar mucho más próximo en sus raíces al idioma indoeuropeo, padre común del ilirio y de los dialectos celtas de la Q y de la P, o sea el goidélico y el britónico.

Sin embargo, es interesante la gran cantidad de nuevas palabras utilizadas por Pokorny, muchas de ellas tenidas hasta hoy en España por *ibéricas* y cuyo entronque con los idiomas europeos parece seguro (90).

Después de Pokorny, Menéndez Pidal (91) también ha considerado como ilirias una serie de voces españolas. Así las formadas con la raíz *carav:* Carauanca, Caranticos, Carabanchel, Caravantes, Carabanzo, etc., que aparecen en España y Alpes orientales y hasta Panonia. Lo mismo ocurre en otras voces como Corconte (Santander), Corcuera (Álava). Más carácter ligur que ilirio tienen para Menéndez Pidal ciertos toponímicos comunes a España, Liguria e Iliria, que tienen como base *borm, born:* Bormia, Bormio, Bormida, etcétera; algunos ya utilizados desde D'Arbois y que Kretschmer compara con la raíz alemana *warm*, caliente; en latín, *formus;* y que Much consideró como una voz hermana del anglosajón *beorma:* en latín, *fermentun,* levadura, derivado luego en borbotar, hervir, tesis que acepta Menéndez Pidal agrupando en ella también la raíz *borb*. Lo mismo desbordan el área ligur de los antiguos textos otras raíces como *lama*, que suele aparecer cerca de las voces con la raíz *ambr;* Badajoz, capital de Extremadura, que aparece también para denominar un riachuelo subafluente del Duero (Valladolid); Badalloz, pueblo de Álava; en Italia, Badaiuz, en territorio vénetoilirio; Badalasco (Brescia), Badalucco (Cúneo y Siena); en Francia, Badaillac (Cantal), y en Portugal, Badalinho.

Así, el filólogo español establece para España una invasión que ya hemos dicho denomina ambro-ligur-iliria, la cual representaría «la inmigración de un pueblo centroeuropeo ya en parte indoeuropeizado» y en la cual habría que ver la verdad de los textos clásicos que hablan de ligures en España, aunque sería preciso valorar de forma distinta esta invasión. Menéndez Pidal no nos dice si esta penetración se efectuó antes o después de la invasión céltica ni la fecha en que se habría realizado.

Así, la tesis iliria, no ha mucho nacida, parece ser llamada a sustituir en gran parte a las antiguas tesis ligures en cuanto se refiere al Occidente; pero, lo mismo que aquéllas, creemos ha de moverse sobre bases poco firmes durante algún tiempo. Sólo unos detenidos análisis de raíces y, sobre todo, un mayor número de hallazgos han de probarnos o han de rechazar definitivamente esta invasión. Por hoy, según hemos dicho ya, los paralelos filológicos que se califican como ilirios no tienen mucha más fuerza que los considerados como ligures. Y, además, no sabemos, desgraciadamente, del ilirio mucho más de lo que sabemos del ligur. No será extraño ver un día filológicamente probado que todas esas variantes sean consideradas como comunes a estos primitivos idiomas en un estrato anterior común a todos ellos, al cual pertenecerían los antiguos invasores españoles, que nosotros llamamos «celtas» sólo por seguir usando el nombre utilizado por los viejos textos, que jamás hablaron de ilirios en España, ni de parentesco alguno de nuestros antiguos habitantes con tal pueblo.

Elementos célticos en las hablas prerromanas españolas.

Por encima de todo lo hipotéticamente considerado ligur o celta, los más claros y numerosos vestigios filológicos en relación con esta invasión indoeuropea en España se pueden calificar como célticos, agrupando gran número de palabras de pueblos y personas citados por los textos antiguos y, a veces, conservados aún en nuestros días.

Es curioso que incluso los mantenedores de la tesis ligur, como el mismo Schulten, han tenido que reconocer que en los pueblos por ellos calificados de ligures o iberos, a base de discutibles teorías, se aprecian raíces y sufijos célticos seguros, incluso en todos sus nombres patronímicos. Casi todos los vocablos que les podíamos atribuir, lo mismo entre los lusitanos o entre los cántabros que en la mayoría de otros pueblos, se consideraban como de origen celta. A pesar de ello, en los trabajos de este autor se niega el carácter céltico de estas poblaciones, no acertando nosotros a comprender el porqué. Ahora no hemos de entrar en estas cuestiones. Lo único seguro es que en los idiomas célticos se clasifican series numerosas de voces prerromanas españolas aun por resumir y estudiar, como las terminadas en los sufijos guías clásicos de los idiomas célticos, principalmente *briga*, *dunum* y *acum*. Con las dos últimas se forman gran número de voces muy frecuentes al norte del Ebro, donde a todos los pueblos anterromanos se les consideraba siempre por los autores como iberos y donde nosotros insistimos en la importancia del elemento invasor que pasó por el Pirineo (92).

Un gran número de palabras, sobre todo terminadas en *briga*, podemos citar. Este sufijo fué considerado como básico para sus argumentos por Philippon (93), que lo creyó ibérico, y por D'Arbois, que lo hizo ligur (94). Su significado céltico es hoy indudable, y es el equivalente del alemán *burg*, pueblo fortificado, y se halla en el nombre de la diosa céltica Brigitt, que muestra un vocalismo en *i*. Lo que sí parece seguro es que se añadió a raíces romanas y a otras posiblemente no célticas, o al menos así se ha supuesto, aunque muchas de ellas se ha visto que eran célticas después de haberse creído ligures o iberas. En general, estos nombres en *briga* son más frecuentes en las regiones del centro y Oeste que en el Sur y Levante, faltando en Cataluña y región costera mediterránea, donde Segóbriga (Segorbe) es el ejemplo más cercano a la costa.

A los nombres en *briga* se puede añadir los nombres en *brega* y los nombres en *obre*, derivados de antiguos en *briga* o en *bris* (95).

Schulten hizo ver que el límite de expansión de estos nombres está limitado por Deóbriga, en el alto Ebro, el país de los autrigones; por Nertóbriga, en el Jalón; Segóbriga (Segorbe), en el Levante, pasando por Contrebia, nombre céltico, también en el valle del Jiloca, y alcanzando por el Sur solamente Sierra Morena, donde se sitúan Miróbriga y Nertóbriga.

Quedan fuera de esta área seguros y fuertes establecimientos célticos en Cataluña, Bajo Aragón, Levante y Andalucía. Sin embargo, alcanzan la costa del golfo de Vizcaya nombres célticos como Flavióbriga y dos ríos Deva, uno en los caristios y otro en los cántabros. Además, hay que añadir el gran número de voces célticas halladas en los patronímicos conservados de estos pueblos del Norte que por lo menos nos dan la impresión de estar completamente celtizados (96).

Aparte de estos nombres clásicos en *briga*, Pokorny atribuye al celta de la Q una serie de nombres que, sobre todo, agrupa hacia el noroeste de la Península, como Aquae Querqueruae, en Galicia; Equabona, cerca de Lisboa, y también Equosera (Burgos). En este grupo lingüístico incluye nombres como Endovellicus y el ilergeta Indibilis y otros (97). Además, como hemos señalado, admite una invasión británica equivalente al Hierro B de los arqueólogos ingleses. Ella habría dejado infinidad de toponímicos, conservándose su nombre en Bélgida, ciudad de la Tarraconense, citado con terminación vascoibérica, y que, según Hubert, se puede escribir Vellica; pero entonces sería propia del dialecto goidélico como Epila (Zaragoza) y la antigua Epora (Córdoba) probándonos su gran extensión. Pero, en nuestra opinión, todo esto es muy problemático. Aun añade los patronímicos Ambirodacus y Ambimogidus y el muy frecuente Ambatus, que Gómez Moreno creyó ligur (de *anda-bata*, luchador ciego). También Pokorny atribuyó a esta invasión los nombres de *Forum Gallorum*, en la vía de Zaragoza a Canfranc, de *Gallica Flaviá*, del río Gallicus (Gállego), y el de Suessatium, que recuerda el pueblo belga de los suessiones, los cuales reaparecen en los suesetanos, no citados por Hubert, y que Pokorny cree ilirios, al menos en nombre (98).

Y para más abundamiento, todos los nombres en *dunum:* Verdum, en Cataluña y Aragón; Navardum, en el país de los suesetanos; Sebeldunum, entre los ausetanos; Arialdunum, aun no fijado; Caladunum (Calahorra), cerca de Monte Alegre, en Portugal, y un Esteldunum (Estola), cerca de Luque, en Córdoba. Y los en Cucullae, frecuentes en Cataluña, como Cogul, Cogolls, etc. Con estos belgas entrarían, según él, los Germani, que Plinio *el Viejo* (99) cita en Sierra Morena.

Todos estos elementos celtas de la Q y de la P señalados en España, según la Arqueología, no se puede hoy probar que hayan entrado en distinto momento, sobre todo entre el 350 y 250 a. de J. C., como Hubert y Pokorny sostienen. Los textos y los hallazgos arqueológicos lo señalarían, y hasta el momento no es posible admitirlos. Será al menos preciso esperar más concretos datos para poder estratificar y diferenciar todos los elementos indoeuropeos que han llegado a la Península. También debemos señalar, como se admite hoy, el carácter céltico de casi todos los nombres patronímicos *ibéricos* que aparecen en las fuentes romanas: Acco, Atto, Boutius, Reburrus, Andobales o Indibilis, Viriato, Rectógenes, Cerannios, Coxo, Thyresius, Leukon, Megaravicus, Anaros, etc. (100).

Este carácter céltico de los nombres españoles anterromanos lo defienden incluso aquellos autores como Schulten que sostienen la concepción de una raza ibérica. Hoy cada vez es más seguro que tal iberismo representa una lengua y una aristocracia, así como unas formas culturales esencialmente *célticas*. Nosotros esperamos que en los años venideros, investigando por ese camino, se llegará a perfilar mejor el carácter de los pueblos invasores y su enorme importancia en la formación de la etnografía hispana.

No hace mucho sólo las voces formadas por los sufijos *brig,* y *dunum* y *acum* se consideraban como celtas, y sobre ellas estableció Bosch Gimpera algunas de sus conclusiones. Ahora podemos ya asegurar que hay muchos más restos célticos en la toponimia y en los nombres prerromanos conservados en España. Es de esperar que la Filología, dado el enorme avance de la epigrafía de las inscripciones indígenas, pueda interpretar pronto algunas voces más. Incluso es de esperar podamos leer y comprender pronto la serie de inscripciones anterromanas llamadas *ibéricas* que no han de ser reseñadas en este lugar. Entonces la luz aumentará extraordinariamente sobre las viejas hablas españolas, y aunque no se pueda admitir la proposición de Schuchardt, idioma = pueblo, no cabe duda que la Arqueología, siempre base fundamental para el estudio de los pueblos y culturas prerromanas de España, podrá interpretar con más seguridad y perfección la serie de matices que existen en nuestros restos filológicos prerromanos. Hoy sólo conduciría su análisis a exponer teorías que cambiarían con más rapidez de aquella con que se hubieran construído.

A través de todo lo dicho podemos considerar cuán complejo és el análisis e interpretación de nuestra cultura de los campos de urnas, que sin embargo nos prueba palmariamente la indoeuropeización de la Península por gentes de origen centroeuropeo, observándose un fenómeno muy parecido al que nos muestran las tierras de los Alpes occidentales y del occidente de Europa e Islas Británicas.

Hoy es imposible, en el estado de la ciencia, asegurar si las invasiones eran ligures, ilirias o celtas, y si estos celtas serían o no hermanos más antiguos o simples pueblos gemelos de los galos, filológicamente hablando, como luego vinieron a significar las denominaciones de *keltoi* y *galatoi* entre los antiguos.

Tampoco se debe ir demasiado lejos en las interpretaciones de los textos antiguos posteriores al siglo III —que aquí no hemos analizado— a base de los escasos materiales arqueológicos y filológicos que poseemos. Ello ha llevado a Bosch Gimpera a ir exponiendo hipotéticas teorías, siempre renovadas y no más firmes que las anteriores, aunque plausibles por su ambicioso afán de interpretar nuestra etnología anterromana.

Asimismo, no vemos fácil sostener y precisar las tres invasiones que los filólogos (Pokorny, Hubert, etc.) sostienen y a cuya tesis se han adherido también algunos arqueólogos, especialmente ingleses. Los arqueólogos españoles han venido estableciendo sólo dos invasiones: una hacia el año 1000 y otra hacia el siglo VI; pero, en nuestra opinión, ni los textos ni los hallazgos las fundamentan. Las diferencias posibles en los yacimientos no permiten romper la unidad del desarrollo de la cultura que se introduce en la Península desde el comienzo de la invasión, hacia el 800 a. de J. C., hasta la época romana.

No negamos, sin embargo, posibles y continuas infiltraciones de pueblos a través de los Pirineos e incluso venidos por el Atlántico, pero de impreciso valor etnográfico y cultural; sobre todo, en nuestra opinión, es preciso admitir relaciones mucho más extensas de lo que se creía con la cultura de La Tène, sin que nos atrevamos a admitir una invasión étnica de los galos de la Q, ni de los britones de la P, en esta época, como quieren ver los filólogos. Pero no es éste el lugar de analizar este problema.

Nosotros hemos preferido llamar celta a este fenómeno general de indoeuropeización del Occidente, mas no quisiéramos tampoco prescindir de la denominación de ligur. Este elemento entraría con la inmigración general denunciada por los campos de urnas, pues hay en nuestra invasión céltica muchos elementos alpinos; pero si la Arqueología los ha de reconocer, como lo hace la Filología, también es verdad lo muy difícil de diferenciar que resultan en relación con los elementos de los demás invasores, al menos en el actual estado de nuestros conocimientos. No se olvide tampoco que ligures y celtas han llegado en un grado muy semejante de vida cultural dada la temprana indoeuropeización de los primeros, aunque admitamos una posible diferenciación lingüística y étnica. Incluso es posible que los ligures llegaran los primeros y se establecieran en las regiones costeras catalanas y tierras más próximas al norte del Ebro, como nos inclinaría a pensar la distribución del vaso de asa con botón alto y la falta de nombres en *brig*, lo cual es bien poco, sin embargo, para defender una teoría más.

Sobre todo esto se debe tener presente la diversidad de la España preindoeuropea, pues ya no es posible pensar ni en su uniformidad ni en la unidad de la Hispania prerromana. Los romanos y griegos nos lo cuentan y la Arqueología lo va comprobando. La unidad nos vino a España con Roma, y sólo poco a poco y a fuerza de batallas y dolores, sin llegar nunca a ser tan definitiva y completa como en otras partes. Filólogos e historiadores que interpretaban a favor de sus hipótesis los antiguos textos, y arqueólogos poco prudentes que han ido más allá de lo que se veía, han complicado más el problema en vez de aclararlo.

Si dejamos a un lado la pirámide enorme de teorías y manejamos con sentido común los textos y la epigrafía, nos veremos obligados a replantear el problema negando la unidad lingüística y cultural peninsular anterromana, de la cual sólo persiste el elemento vasco, producto del aislamiento de la comarca donde aun se habla, pero no vestigio de una unidad étnica, o al menos filológica, conforme desearon los vascoiberistas cuyas teorías ya no sigue hoy nadie, y lo mismo desecharemos otro sinfín de hipótesis más o menos personales.

Recientemente Gómez Moreno (101), al publicar su interpretación de la escritura ibérica y leer las inscripciones en ella redactadas, establece claramente la diferenciación de lo tartésico, aun indescifrable, y de lo ibérico, ya legible. Según él, oretanos y bastetanos hablarían ibérico, como los contestanos y edetanos, y escribirían en tartésico. Lo tartésico estaría denunciado por las inscripciones del Algarbe y Alcalá del Río, y por ser ilegibles no se catalogan sus restos lingüísticos entre las familias de lenguas.

Lo ibérico, Gómez Moreno se inclina a emparentarlo con dialectos vascos, a juzgar por la contextura fonética que resulta de la lectura de las inscripciones, según su interpretación. Pero con este alfabeto están escritas ciertas inscripciones de la meseta y del sur de Francia que pertenecen, según el mismo autor, a idiomas indoeuropeos, aunque él no los clasifica ni logra interpretar su significado.

Rastreando a base de la lectura de Gómez Moreno los textos lingüísticos, Caro Baroja (102) ha venido recientemente a ver cinco grandes regiones lingüísticas en la España antigua: Una zona Sur, donde se hablarían probablemente idiomas púnicolibios y donde la cultura romana arraigó primero. Esta zona, arqueológicamente aún confusa, ofrece, sin embargo, una marcada personalidad con relación al resto de la Península y abarca Andalucía y se proyecta en tierras al sur del Segura y Guadiana y tal vez aún más al norte. Correspondería a los antiguos mastienos de los textos del siglo VI, poco influídos por la invasión. Todo el resto de la Península se divide arqueológicamente en tres zonas: una el Levante y valle del Ebro, donde lo mediterráneo arraiga pronto, sobre todo en la zona costera, y también desde el siglo II y I a. de J. C. en el valle del Ebro. La segunda zona es el valle del Duero y Tajo. Otra tercera zona son las regiones montañosas de la Galecia-Cantabria, que no se llegan a romanizar hasta el Imperio y en grado mínimo. Las dos zonas primeras, a nuestro modo de ver, fueron celtizadas plenamente por bandas de pueblos indoeuropeos, entre los cuales es seguro que había ligures y, probablemente, hasta germanos; pues sólo ahora pudieron entrar los germanos de Sierra Morena citados por Plinio.

Esta invasión indoeuropea ocupó el territorio de la zona Sur, pero no pudo allí permanecer dominando. Tampoco pudo asentarse con la rapidez inicial ni con la misma intensidad en la zona Norte, al menos en los primeros siglos. Galicia, hasta hoy considerada como la más céltica tierra de España, si creemos a los datos arqueológicos, lo fué mucho menos que las Castillas o el Ebro. Sólo poco a poco influyen allí los pueblos indoeuropeos invasores, y dejando intactas casi todas las formas culturales primitivas (casa redonda, tumbas en túmulo con corredor, la técnica de la falsa cúpula, las formas de la cerámica, etc.), y, al parecer, también su lengua es diferente a la de los otros grupos célticos españoles. Más decididamente parece ser que penetraron los celtas en la zona de las montañas de Burgos, entre los cántabros e incluso hacia las Vascongadas. Los autrigones son seguramente celtovascos (*ones* es término céltico, al parecer), y los nombres célticos de personas y lugares existen en su territorio. Arqueológicamente no sabemos casi nada de esta región en la época que estudiamos, pero una rica cultura céltica que conocemos por los hallazgos de Monte Bernorio y Miraveche se desarrolló después del siglo IV. Hacia la Vasconia nada aparece, lo cual es venir a demostrar que por allí un pueblo de pastores y poco agrícola ha durado hasta los romanos. Con él hay que suponer mezclados muchos elementos célticos, pero sin la cantidad y calidad de los que pueblan y dan personalidad a las mesetas y al valle del Ebro.

Ni con las noticias de los textos antiguos que hemos citado, ni con las de los autores posteriores, mucho más explícitos, podemos saber qué idiomas hablaron estos pueblos prerromanos y si todos ellos tienen unidad lingüística o no al invadir la Península. Tampoco es mucho y sí muy inconcreto lo que se puede afirmar de las lenguas hispanas en los siglos III al I, cuando Roma, tras su conquista, los va poco a poco latinizando. Ahora bien, de los hallazgos arqueológicos nos parece prudente pensar en una filiación indoeuropea de todos estos pueblos invasores. La Filología deberá afinar sus estudios y confirmar esta visión que nos da la Arqueología, o tal vez modificarla. Posiblemente quedaron vestigios de los idiomas indígenas anteriores a la penetración de los pueblos indoeuropeos, entre los cuales el vascuence es un testigo de singular interés. Será prudente también admitir influencias del habla indígena en el idioma de los vencedores, como en otras manifestaciones de la cultura ya hemos señalado. Cerámica, armas, tipos de casa, motivos ornamentales y otros elementos nos hacen ver que los invasores adoptan algunas formas culturales de los vencidos. Así, la prudencia aconseja no hipotetizar más, ni dogmatizar nada sobre el idioma o idiomas introducidos por este movimiento etnográfico, que si se ha aclarado mucho ya su alcance, aun ha de concretarse con nuevas investigaciones, única labor útil para ir dando luz a estos problemas, en los cuales las muchas teorías escritas en la época moderna han venido a enredar las cosas más que aclararlas.

Todo ello es preciso sea tenido en cuenta al enjuiciar e interpretar los vestigios arqueológicos o filológicos para filiar a los pueblos hispanos anterromanos, llámenlos los escritores de la Antigüedad celtas o iberos, o dejen sin filiar sus nombres tribales como ocurre muchas veces.

Aunque no sea éste el lugar para analizar detenidamente esta cuestión, sí queremos referirnos a la falsa valoración de la voz «ibero» aplicada por los antiguos a ciertos pueblos de clara filiación étnica y filológica con esta invasión indoeuropea que analizamos. Entre estos ejemplos son muy instructivas las noticias de los textos antiguos referentes a los aquitanos, siempre creídos como «iberos», es decir, pueblos de origen precéltico a base de la descripción terminante dada por Estrabón y otros escritores antiguos de que los aquitanos eran más parecidos a los iberos que a los galos (103), no teniendo presente muchos autores modernos, al valorar esto, el sentido ambiguo, entre geográfico y étnico (ibero, igual a hispano; ibero, opuesto a celta o galo), con que esta palabra se empleó.

Para los aquitanos se ha buscado una afinidad con los vascos pensándose que su idioma sería parecido al vascuence (104).

Estudiando los nombres de las tribus aquitanas y los patronímicos conservados en las inscripciones se ve que, aunque aparezcan posibles influencias o supervivencias, la mayoría de estos nombres se pueden catalogar como célticos, y lo mismo nos prueba la Arqueología. Algunos nombres claramente vascoides los hallamos a ambos lados del Pirineo, como en las inscripciones funerarias aquitanas y en el bronce de Ascoli, y por ello nos parece firme el carácter «céltico» de aquitanos, iacetanos, ilergetes, etc., ya que concuerdan en ello la Filología y la Arqueología y hasta la amistad política entre ambos pueblos, que les llevó repetidas veces a batirse juntos contra Roma, incluso contra los aliados de ésta, los vascones, a los que Pompeyo se atrajo.

Ahora bien, no debe perderse de vista la fuerte celtización del país y, sobre todo, la diferencia esencial entre el celta español de los campos de urnas con relación al celta de la Q o gaélico, así como al celta de la P o britónico, muy próximo a este último. Así la clara separación establecida por Julio César, el conquistador y cronista de las Galias, entre belgas, galos y aquitanos es fácil de comprender, así como la semejanza estrecha de estos últimos con los iberos (entiéndase hispanos), pues la Arqueología nos lo comprueba. El armamento, el culto funerario, la cerámica, los ajuares en general de un aquitano, de un ilergete o de un berón o vacceo son afines, y todos ellos muy distintos del de un galo. No se olvide esta celtización al interpretar los restos de su idioma. Por ello nos oponemos a la vascofilia, pero reconocemos la posibilidad de que todos o parte de estos pueblos hayan hablado vascuence antes de romper la unidad étnica indiscutible del Pirineo durante la época del Bronce, representada por la homogénea cultura megalítica pirenaica, y aun podría admitirse una mayor área a este idioma antes de la llegada de la invasión céltica, pero no después. Todavía ha de tenerse presente el hecho seguro de que Roma procuró la expansión vascongada a expensas de los pueblos limítrofes. Es casi seguro que al tomar contacto con los pueblos pirenaicos desde tiempo de Catón a Pompeyo halló una clara rivalidad entre los vascos arrinconados al Oeste por los invasores y todos los demás pueblos de alrededor.

Pompeyo funda Pamplona en tierra de vascones, y más tarde, en los escritores del siglo I de nuestra Era, hallamos a este pueblo mucho más extendido que en las fuentes que nos relatan las guerras de la conquista y las luchas civiles de Roma en toda la Península. Aun más cabe pensar en una pacífica expansión vascuence por las tierras más fértiles limítrofes a lo largo de la época de paz que el Imperio romano representa. Por ello el hallar algunos nombres patronímicos vascuences en las inscripciones romanas de Aquitania o Iberia no debe inducirnos a pensar en que la invasión dejase su idioma vascuence a los pueblos pirenaicos ni a los del Levante español, conforme algunos arqueólogos y filólogos exageradamente han afirmado. La tesis, simplista en exceso, del vascoiberismo ha de ser rechazada, y sólo debe irse exponiendo lo que buenamente da de sí la ciencia filológica y arqueológica sobre los idiomas antiguos españoles antes de la romanización. Lo mismo es preciso no basarse en las fuentes con fe absoluta en lo que dicen, pues nos llevarán a contradicciones, y poca luz se hará valorando lo dicho por un autor antiguo, olvidando a otro, no preferido, por ser contrario a nuestra tesis.

En nuestra opinión, el término *ibérico* fué un calificativo de valor geográfico entre los más antiguos escritores, torcidamente interpretado en tiempos modernos. En todo caso, se puede admitir que sea *un fenómeno cultural* producto de las relaciones mediterráneas con griegos y romanos, que, sin ser tan antiguo en el orden artístico como supusieron nuestros maestros, vendría a ser cronológicamente paralelo a la romanización iniciada en España en el siglo III, como ya dijimos hace tiempo, y casi como su consecuencia en tierras *célticas*. Más fuerte y temprano en Andalucía y Levante, siguiendo los dos caminos de penetración hacia el interior (valle del Ebro y región manchega), avanzaría hasta las mesetas, adonde llega tarde y con menos intensidad, no percibiéndose culturalmente en la zona Norte.

Desde que nosotros consideramos como céltica por primera vez a la cultura *ibérica* del Bajo Aragón hasta hoy, los materiales arqueológicos se vienen oponiendo, a nuestro modo de ver, a esa visión *ibérica* en sentido no indoeuropeo que los filólogos utilizaban siempre, confundiendo datos que por sí tampoco daban luz precisa (105).

En nuestra opinión, un poblado como La Bastida de Mogente o San Miguel de Liria, donde se han hallado inscripciones ibéricas que se ha intentado leer con el vascongado actual, nada tiene que lo aparte de un poblado del Bajo Aragón de su misma época en cuanto a las formas culturales. Las superiores evoluciones o riqueza es cosa aparte. Además, si analizamos los orígenes de sus vasos, de sus armas, de sus útiles, hallamos un mismo camino claro siempre hacia Europa central, de donde arrancó la invasión. Fuera de cuatro importaciones y unas cuantas influencias mediterráneas, lo demás no se puede buscar sino en la cultura de los pueblos invasores que borran todo lo anterior. Es muy difícil que respetaran el idioma y que se pueda fijar allí el día de mañana un habla no indoeuropea. Todo nos inclina a pensar que los pueblos ibéricos del Levante y valle del Ebro hablaban dialectos *célticos*, es decir, indoeuropeos, aunque de estructura muy antigua. Se puede pensar que de nuestros idiomas célticos al galo o al británico habría la diferencia que del latín al español, en cuanto a evolución, y, además, es posible incluso que fueran de otro grupo lingüístico, pues las tesis citadas de Kretschmer y Pokorny lo prueban.

Lo único seguro es que nuestros celtas son un pueblo indoeuropeo que ha hablado dialectos de un idioma cercano al que hablaron los pueblos celtizados del noroeste de Italia y que se hallaba en relación con los pueblos celtas protogalos del sur de Alemania, sobre los cuales el elemento etnográfico ilirio, o mejor dicho, preilirio de la invasión de los campos de urnas debió de aportar infinidad de raíces protoilirias que luego aparecen en los pocos términos que podemos atribuir a este pueblo histórico. El diferenciar estas raíces como ilirias, celtas o ligures es todavía problema por resolver.

A este idioma, introducido en España hacia el 800, mucho más arcaico que el celta de la P y de la Q que hablaron luego galos y belgas históricos, pertenecería la lengua que hablaban los aquitanos —distinta de la gálica, conforme César hace constar taxativamente—, las lenguas de varios pueblos celtoligures del sur de Francia y norte de Italia y la de los *iberos*, *celtíberos* y *celtas* españoles. Tal vez no se impuso ni en Andalucía, donde se debió de conservar una lengua imposible de filiar y que arqueológicamente sería oriunda del Mediterráneo occidental, como la cultura megalítica que allí florece, y donde se habló luego púnico, según nos dice Estrabón, ni en la región cántabrovascongada, donde el vasco se resistió desde la región de los caristios —la actual Vizcaya oriental— hasta las zonas altas del Pirineo occidental, pues en ambas vertientes se conservaba, después de la invasión, por los continuadores de aquel pueblo pastor de la cultura pirenaica megalítica desarrollada desde la Edad del Bronce. Incluso sabemos que este elemento pirenaico reaccionó en algunas ocasiones —como en la época de la conquista romana y en la Edad Media— extendiendo su idioma a comarcas próximas, tanto hacia el Ebro como hacia Francia.

Sin embargo, en este antiguo vasco entrarían gran acarreo de voces indoeuropeas y tal vez incluso parte de su contextura gramatical. Ello ha servido para considerar a los vascos unas veces como ligures arrinconados, otras como un resto de la antigua habla de los iberos (106).

Todas estas cuestiones no las podemos analizar aquí detenidamente, y, sin duda alguna, serán discutidas, por lo inseguras, durante mucho tiempo.

Sólo hemos de enjuiciar hoy el mayor volumen y valoración que lo indoeuropeo tiene en todos los restos arqueológicos y filológicos prerromanos que se conservan de nuestra Península. Esta verdad habrá de tenerse en cuenta al catalogar y determinar etnológicamente los pueblos que a partir del siglo III a. de J. C. van conociendo los historiadores romanos tras las guerras anibálicas, primero, y como consecuencia de sus propias conquistas peninsulares, después.

Unas veces con el nombre de iberos, que se va extendiendo a toda la Península, otras con el de celtíberos, se encubre la gran verdad de una población y una cultura de tipo europeo, y no africano ni mediterráneo, conforme se ha querido supervalorar hasta hoy. Esto nos parece lo más real y seguro que se puede deducir, por el momento, de las investigaciones llevadas a cabo.

Los calificativos de ligures, iberos y celtas dados a los pueblos peninsulares no son fáciles de distinguir etnográficamente. Además, durante la época romana cambiaron de nombre y calificativo pueblos que conocemos por los escritores griegos anteriores al siglo III, y si sus diferentes calificativos de iberos o celtíberos parecen denunciar movimientos etnográficos, se puede asegurar que por su cultura no han cambiado de carácter.

Los romanos supervaloraron lo ibero y fueron dando este nombre a toda España, y luego historiadores modernos han querido oponer lo ibero a lo europeo y hasta negar el carácter de Europa a la Península. Cada día la Prehistoria nos prueba que esto es falso, y cuanto de africano o mediterráneo entró a formar parte de la población española lo hizo antes de esta época que historiamos, o después con la invasión árabe, quedando en general lo africano sometido y sin fuerza cultural para imponer su personalidad. Esto vale, sobre todo, para las regiones al norte del Tajo y del Júcar, donde viven los núcleos de población más vitales de España y donde desde el paleolítico se puede ver el predominio de lo que con Europa nos enlaza.

Notas

(1) Hesíodo, *Teogonia*, frag. 55: Αἰθίοπας τε Λίγυς τε ἰδὲ Σκύθας ἱππημολγους. Otros autores han leído λιθυας en vez de λιγυς. Véase Philippon, *Les ibères*, pág. 121.

(2) Estrabón, VII, 37. Véase también D'Arbois de Jubainville, *La civilisation des celtes et celle de l'épopée homérique*, XII, 148,

(3) García y Bellido, *Las primeras nevegaciones griegas en España*, en *Archivo Español de Arqueología*, 1940, pág. 116. La misma noticia en Timeo, *De mirab. ausc.*, 85; véase Schulten, *Fontes Hispaniae Antiquae*, vol. II, pág. 103.

(4) Héctor Pais, *Storia critica di Roma duranti i primi cinque secoli I*, Roma, 1918; Parte primera, pág. 332; Parte segunda, pág. 788; ídem, *Storia della Sicilia e della Magna Grecia*, vol. I, Turín, 1894, pág. 501.

(5) P. Kretschmer, *Die Vorgriechischen Sprach- und Volksschichten. Glotta*, XXVIII, 1934, páginas 203 y sigs.

(6) A. Schulten, *Fontes Hispaniæ Antiquæ*, vol. I, Barcelona, 1922. Bosch Gimpera, *Etnología*, pág. 310. También se aparta de la opinión de Schulten, dando una mayor antigüedad al peri-

plo. Véase sobre estas luchas por el Estrecho de Gibraltar, Martín Almagro, *La lucha por el dominio del Estrecho de Gibraltar. África*, núm. 23, Madrid, 1943, págs. 8 y sigs.

(7) Bosch Gimpera, *Etnología de la Península Ibérica*, Barcelona, 1932, pág. 471, y Schulten, *F. H. A.*, I, pág. 94.

(8) Avieno, *Ora marítima*, versos 135 y sigs.

(9) Avieno, *Ora marítima*, versos 250 y sigs.

(10) *F. H. A.*, t. I, pág. 93, *Numantia*, I, pág. 98.

(11) Holder (*Alt-Celtischer Sprachschatz*, Lepzig, 1896) dice que no son celtas. La raíz *cemm*, que se ha conservado en Cevennes, es celtoligur, según Hubert, ob. cit., vol. I, pág. 381. Nosotros la creemos céltica, es decir, indoeuropea y propia de los invasores.

(12) Schulten, *F. H. A.*, vol. I, págs. 90 y 93.

(13) En Polibio, 10, 7, 5, y Apiano, *Iber.* 57. Véase Schulten, ob. cit., pág. 94

(14) Gómez Moreno, *Los iberos y su lengua. Homenaje a Menéndez Pidal*, Madrid, 1925, páginas 479 y sigs.

(15) Gómez Moreno, ob. cit., pág. 295. Plinio, III, 13 y 14.

(16) A. Schulten, *Los tirsenos en España*, en *Ampurias*, II, 1940, págs. 33 y sigs.

(17) Avieno, *Ora marítima*, verso 474.

(18) Avieno, *Ora marítima*, versos 483-489.

(19) Pokorny, *Reallexikon der Vorgeschichte*, de Max Ebert, artículo «Kelten».

(20) Avieno, *Ora marítima*, versos 613-614.

(21) Plinio, 3-24. Schulten los cree introducidos en España por las invasiones galas, pero no hay ninguna razón para ello. Véase *F. H. A.*, vol. I, comentario al verso 552 de la *Ora marítima*, pág. 125.

(22) *F. H. A.*, vol. I, pág. 129; P. Fouché, *Les ligurs en Espagne et en Roussillon. Revue Hispanique*, LXXXI, París, 1933, pág. 12.

(23) Déchelette, *Manuel d'Archéologie*, II, 1, págs. 8 y sigs.

(24) La equivocación parte de Schrader; Schulten lo observa, pero, como le conviene para sus teorías, acepta la equivocación y no el texto primitivo. Schulten, *F. H. A.*, vol. I, pág. 63. Ha sido abandonada, entre otros, por Menéndez Pidal, en su trabajo: *Sobre el substrato mediterráneo occidental*, en *Ampurias*, II, pág. 8; Bosch Gimpera (*Etnología*, pág. 834) se opone rotundamente a dar entrada al problema ligur en España. Según él, «la teoría ligur aparece como una generalización del nombre de los ligures de Liguria hecha por los griegos, esto es, como una teoría de los mismos griegos sin ningún contenido real». Esta misma tesis ha sostenido en su trabajo reciente Bosch Gimpera, *Two Celtic Wawes in Spain*, vol. I, extr. de *Proceed. of the British Acad.* vol. XXVI, Londres, 1939.

(25) Véase en Schulten, *F. H. A.*, vol. I, pág. 169.

(26) Para comprender lo contradictorio de las interpretaciones dadas a estos raros textos de Hecateo y Avieno puede verse Philippon, *Les ibères*, París, 1909, págs. 121 y sigs.

(27) Todos los fragmentos de Hecateo sobre España recogidos por Schulten en *F. H. A.*, volumen I, págs. 165 y sigs; Escílax, 3, citado por Schulten, ob. cit., pág. 168. Además de los textos de Esteban de Bizancio, recogidos por Schulten, hay otro, en el cual este autor llama a Ampurias «ciudad céltica», como a Mace y a Mainake. Citado por Hübner, *Corpus. Incrip. Lat.*, volumen II, pág. 615.

(28) Fragmento utilizado arbitrariamente con frecuencia. Véase el texto original en Schulten, *F. H. A.*, vol. II, pág. 19.

(29) Herodoto, II, 33, y IV, 49, recogidos y comentados por Schulten, *F. H. A.*, vol. II, página 28.

(30) Tucídides, 6, 2, en *F. H. A.*, vol. II, pág. 40.

(31) Véase *F. H. A.*, vol. II, pág. 34. Comentario al texto de Helánico de Lesbos.

(32) Fragmento recogido y comentado por Schulten, *F. H. A.*, vol. II, pág. 37.

(33) Jenofonte, *Helénicas*, 7, 1, 20, escritas hacia el 368 a. de J. C., en *F. H. A.*, vol. II, página 49.

(34) Aristóteles, *Meteorológicas*, 350, 6, 2, y *De Animalium generibus*, 38. Este último texto creemos fué mal interpretado por Hubert, vol. II, pág. 380. En Schulten, *F. H. A.*, vol. II, páginas 75 y 216, y *Numantia*, I, pág. 95.

(35) Apolodoro de Rodas, *Argonautas*, 627-647. El autor de las *Argonáuticas órficas* lleva también a los Argonautas a través del país de los celtas y hasta Irlanda (verso 1711).

(36) Eforo, en Escimno, 162; Schulten, *F. H. A.*, vol. II, pág. 55.

(37) Estrabón, 199. En Schulten, *F. H. A.*, vol. II, pág. 59.

(38) Escimno, 196. Recogido por Schulten, *F. H. A.*, vol. II, pág. 61.

(39) Estrabón, 7 y 33. En Schulten, *F. H. A.*, vol II, pág. 63.

(40) Recogido por Schulten, *F. H. A.*, vol. II, pág. 66.

(41) Hubert, ob. cit., pág. 7; Schulten, *F. H. A.*, vol. II, págs. 77 y sigs. Sobre Piteas véase Broche, *Pythéas le Massaliote*. París, 1936; J. Loth, *Revue Celtique*, vol. X, pág. 352; Rhys, *Celtae and Gaelli*, Londres, 1905, pág. 22; Estrabón, I, 4, 3. Y los fragmentos referentes a España, en Schulten, *F. H. A.*, vol. II, pág. 77.

(42) Timeo, fragmento 36 (en Plutarco, *De Plac. Philo*, II, 17, 2), comentado por Schulten en *F. H. A.*, vol. II, pág. 105, cuya opinión no comparto.

(43) Véase este fragmento en Timeo, *De mirab. ausc.*, 85. En Schulten, *F. H. A.*, vol. II, página 103. Este autor, en sus comentarios a este pasaje, cree que la Céltica es el valle del Po, cosa

sin fundamento, a nuestra manera de ver, pues aun no estarían los galos allí y, sobre todo, no estaría
celtizado. Además, los galos son conocidos por este nombre, abarcándose con él casi siempre a los invasores celtas de Italia, Grecia y el Oriente. Se halla este mismo relato de TIMEO en el seudo ARIS-
TÓTELES, donde se lee la misma noticia y los mismos nombres de pueblos. Véase GARCÍA Y BELLIDO,
Primeras navegaciones griegas a Iberia, Archivo Español de Arqueología, Madrid, 1940, pág. 116.

(44)   Todos estos fragmentos recogidos por SCHULTEN, *F. H. A.*, vol. II, págs. 114 y sigs.

(45)   Sobre lo confuso que resultan los conocimientos geográficos griegos consúltese A. BER-
TRAND y S. REINACH, *Les celtes dans les vallées du Po et du Danube*, París, 1894, págs. 4 y sigs.

(46)   POLIBIO, 3, 37, 9. En SCHULTEN, *F. H. A.*, vol. III, págs. 136 y sigs.

(47)   HUBERT, ob. cit., vol. II, pág. 104.

(48)   MARCIAL. Epigrama XXXV, *Ad Lucium*. LUCANO. *Belli Civilis*, IV, 9-10.

(49)   Es éste un punto de vista que podrá tener un futuro, pero que no es aquí donde debemos
desarrollarlo. La iberización avanzó hacia el interior con Roma y todo lo «ibérico» es un fenómeno
de provincialización helénicorromana. Véase MARTÍN ALMAGRO, *El problema de la invasión céltica en
España según los últimos descubrimientos, Investigación y Progreso*, 1935, pág. 182, e *Introducción
a la Arqueología. Las culturas prehistóricas de Europa*, Barcelona, 1941, pág. 420.

(50)   ENRIQUE D'ARBOIS DE JUBAINVILLE escribió, en relación con este problema, varios trabajos
en donde siempre se desarrolla la misma tesis. Los más fundamentales son: *Les premiers habitants de
l'Europe*, París, 1877; 2.ª ed., 1889-94. *Etudes grammaticales sur les langues celtiques*, 1881. *Les noms
Gaulois chez Cérès et Hirtius*, 1891. *Introduction à l'Histoire de la Littérature celtique. La civilisation des
celtes et celle de l'épopée homérique*, París, 1899. *Notices sur les celtes d'Espagne*, 1890, y con L. LOTH,
Les celtes depuis les temps les plus anciens y *Les druides et les dieux celtiques*, 1906.

(51)   *Antigüedad romana*, I 10. En DIONISIO, I 11, y ESTRABÓN, IV 2, se les da un origen
griego; AVIENO, verso 132, ESTRABÓN, II 28, y ESCÍLAX, *Periplo*, los consideran venidos del Norte.
PLUTARCO *Marius*, XIX.

(52)   *Breviarium ab urbe condita*, 5-11.

(53)   *Sexti Pompei Festi: De significatione verborum*, 17-2.

(54)   *Corpus insc. Lat*, I, 199.

(55)   Las principales obras de este autor sobre este tema son: *Histoire de la Gaule*, París, 1907-
1925, en 8 vols. *De la Gaule à la France*, París, 1922.

(56)   MODESTOV, *Introduction à l'Histoire romaine*, París, 1907, págs. 84-110.

(57)   *La Gaule avant les gaulois*, París, 1891, págs. 304-47. Además, A. BERTRAND expone la
misma tesis en las siguientes obras: *Archéologie celtique et gauloise*, París, 1873. *La religion des gaulois*, 1897.

(58)   *Numantia*, I, 1914. Desarrollada en otros trabajos posteriores, de los cuales merece especial mención: A. SCHULTEN, *Las referencias de los vascones hasta el año 810 después de J. C., Revista Internacional de Estudios vascos*, vol. XVIII, 1927.

(59)   En *Bulletin de la Société de Linguistique de Paris*, vol. XXXII, 1931, págs. 93-184, y en
Zur Rom. Philologie, vol. 57, págs. 137 y sigs.

(60)   *Entstehung der romanische Völker*, 1939, págs. 21 y sigs.

(61)   *Wien. Anthropologische Mitteilungen*, vol. 45, 1915, págs. 109 y sigs.

(62)   *Zum Rom. Philologie*, vol. 57, págs. 137 y sigs.

(63)   *Entstehung der romanische Völker*, 1939, págs. 21 y sigs.

(64)   *Zum romanische Philologie*, vol. 59, 1939, y *Sobre el substrato mediterráneo occidental, Ampurias*, vol. II, 1940.

(65)   Los versos 129 y siguientes, a nuestro modo de ver un tanto imprecisos, han sido comentados con interpretaciones un poco personales —tal como SCHULTEN hizo con otros pasajes en relación
con España— por BERTHELOT, en *Revue Archéologique*, II, 1933, págs. 117-119 y 249-252. ZEUSS
situaba estos ambrones hacia el río Ambra, hoy Emmer, afluente del Weser. Para los hidroní-
micos Ambra y su relación con los celtas, véase H. HUBERT, *Les celtes*, 1932, pág. 126, notas 5
y 147; cree que el étnico Ambroni puede ser de origen geográfico. Más bien parece que no tiene nada
que ver con el hidronímico. KRETSCHMER (*Die Herkunft der Umbrer*, en *Glotta*, XXI, 1932, páginas 112-119), identifica los ambrones con los ombrones, que PTOLOMEO sitúa en Sarmatia, y con los
umbros, y piensa que los ambrones fueron el pueblo que indoeuropeizó a los ligures y, como elemento dominante, les dieron su nombre. (La identificación de *ambrones, ombrones* o *umbros*, ya la
anota DESJARDINS, *Géogr. de la Gaule*, II, 1878, pág. 309.) Según FURLANI (en *Studi Etruschi*, X, 1936,
página 145, nota 2), ambrones son las gentes que, según AVIENO, bajan del Norte, y ligures el pueblo
que encuentran en Italia. Así, los toponímicos Ambron, Ambrona, etc., designan puntos ocupados
por un pueblo afín al ligur de Italia; probablemente en esos lugares, Ambron, Ambrona, permanecían
los últimos restos del substrato ligur. (Véanse TITO LIVIO, *Periochae ex libro LXVII*, ed. Teubner,
1910, pág. 78, y MONROE E. DEUTSCH, *Caesar and the Ambrones*, en *Classical Philology*, Chicago,
XVI, 1921, págs. 256-259). Que los ambrones fuesen también una de las cuatro tribus que pobla-
ban la Helvetia, es una mera hipótesis. KRETSCHMER, en *Glotta*, XXI, 1932, págs. 112-119; WOLF, en
Mannus, XXII, 1930, págs. 181 y sigs., y XXIII, pág. 227, citado por KRETSCHMER-JOKL, en *Reallexikon der Vorgeschichte*, VI, 1925, s. v. *Illyrier*, pág. 46. Después, J. POKORNY, en *Exkurs zur Ligurerfrage*, en *Zeitschrift für Celtische Philologie*, XXI, 1938, págs. 59 y sigs., estudia ampliamente
las relaciones iliricoligures, tratando de probar una inmigración ilírica en la Liguria italiana, que
produce un fuerte superestrato indoeuropeo en la lengua ligur; pero de esta tesis ya hablaremos
más adelante, pues a ella se han opuesto otros filólogos, entre ellos KRETSCHMER.

(66)   Todos estos elementos informativos pueden verse ampliados en Menéndez Pidal, *Ampurias*, II, págs. 9 y sigs., nota 7.

(67)   En *Bulletin de la Société de Linguistique de Paris*, XXXII, 1931. Este autor utilizó hasta más de sesenta toponímicos Gándara en Galicia, Asturias, Santander, País Vasco, Gascuña y norte de Cataluña, y este sufijo lo ve extendido de los Alpes a los Pirineos y lo cree propio de un substrato mediterráneo. Menéndez Pidal (*Ampurias*, II, pág. 4) ofrece pruebas de su distribución por el Levante: Gandía (Valencia), Sur: Gandul (Sevilla), Centro: Gandullas (Madrid), y también hacia el centro de Francia: Gandoulis y Gandalou (Tarn-et-Garonne) y Gandaille (Lot-et-Garonne).

(68)   Fouché, *Les ligures en Espagne et en Roussillon. Revue Hispanique*, LXXXI, págs. 73 y 301-303, París, 1933. Albarum, en la España antigua, y Albera, en el Piamonte (Menéndez Pidal, ob. cit. pág. 6); Alisancum (Alesanco), en Logroño, y Alisinoum, en Galia (Nièvre); Argantia (Arganza), río de Asturias, y Argentios (Argens), río en el departamento de Var; Bergantia (Berganza), en Álava, y Bergentia (Bergenza) en Lombardía.

(69)   Menéndez Pidal (*Ampurias*, II, 1940, pág. 7), cita las siguientes voces: Velasco, toponímico frecuente en Álava, Logroño y Soria; Belascoain, en Navarra; Balasc, en Lérida; se halla, asimismo, en Francia y en Italia: Balasque, en país vascofrancés; Balasco, en Aude; Velasca (Milán), Balasco (Ticino). En España, Velasco se encuentra repetido también como antroponímico. Ofrecen también el mismo sufijo *asco:* Benasque (Huesca), Benasque (Lérida), Behasque (Basses Pyrénées), Veascus, Le Bescaume (Hérault); Venasque (Vaucluse), en la Francia vasca y ligur; y en territorio ligur italiano: Venasca (Cuneo), Benasco (Génova), Benaschi (Pavía). Aunque no tan abundantes, Menéndez Pidal ha añadido otros de no menos valor: el río Magasca (Cáceres) y el pueblo Magasco (Génova), y hace mención de la inscripción de la Liguria, en la *Sententia Minuciorum*, en la que se nombran cuatro ríos con el sufijo *asco*. Cita también: Piasca (Santander) y Piasca (Cúneo y Vercelli); Amusco (Palencia), y Hemuscum, Emuscum, Eymeux (Drôme). Otros ejemplos de coincidencias toponímicas señala también Menéndez Pidal: Langa, tres poblaciones en el Piamonte; Langasco (prov. de Génova), sede de los antiguos langenses o langates. En España, Langa se encuentra en varios pueblos de Soria, Zaragoza, Cuenca y Ávila; Langata, arroyo (Guipúzcoa). Continúa con: Toleto (Piamonte, prov. de Alessandria), Toletum, Toledo (Carpetania); Toleto, Toledo (Huesca); Toledillo (Soria), Toleda (Badajoz). Añade todavía Menéndez Pidal: Lucentum, Lucento, en el Piamonte (Turín); Lucentum, Lucenti, Lucentes (Alicante); este mismo nombre se encuentra repetido al norte de la provincia de Zaragoza: Lucientes, en el territorio de los vascones según este autor.

(70)   En *Glotta*, XXI, 1932, págs. 84 y sigs.

(71)   En *Glotta*, XXX, Gotinga, 1943, págs. 84 y sigs.

(72)   Much, *Correspondenz Blat der Deutsche Anthropologische Gesellschaft*, 1905, núm. 10.

(73)   Los principales trabajos de este autor sobre estos problemas son: Gómez Moreno, *Sobre los iberos y su lengua. Homenaje a Menéndez Pidal*, págs. 478 y 495, y *Las lenguas hispánicas. Boletín del Seminario de Estudios de Arte y Arqueología*, fascículos XXVIII a XXX, Valladolid, 1942, páginas 5 y sigs. Son de gran valor y verdad sus escuetas palabras sobre el idioma ligur, «difícilmente segregable del celta y resultando inseguro definir sus reliquias».

(74)   Los principales trabajos de E. Philippon en relación con nuestro tema son: *Les peuples primitifs de l'Europe méridionale*, París, 1925, págs. 151 y sigs. *Les ibères*, París, 1909, págs. 50 y siguientes. También el gran precursor español Hervás y Panduro, en su *Catálogo de las lenguas de las naciones conocidas y numeración, división y clases de ellas, según la diversidad de sus idiomas y dialectos*, V, Madrid, 1804, pág. 134, sostiene que *briga* es terminación ibérica, y añade que sólo en España es donde aparecen la mayoría de los nombres con esa desinencia, pero su origen indoeuropeo y propio de los dialectos célticos hoy es indiscutible.

(75)   Pittard, *Les races et l'Histoire*, París, 1924, págs. 150-9; Haddon, *Las razas humanas y su distribución*, Madrid, 1924, págs. 48-59.

(76)   *Les peuples de la France*, París, 1908, págs. 123 y sigs.

(77)   En los siguientes trabajos se mantiene la tesis de no ser de origen indoeuropeo el sufijo *asco:* Meyer-Lübke, *Das Baskische. Germ. Rom. Monatsschrift*, XII, 1924, pág. 171; Aebischer, *Études de toponymie catalane*, Barcelona, 1928, págs. 163 y sigs.; Ribezzo, *Rivista greco-italica*, XVI, 1932, pág. 265; Bertoldi, *Studi Etruschi*, VII, 1933, pág. 284. Sobre todo, K. F. Wolf, *Randvölker der Alpen «Schlern»*, 1933, págs. 251 y sigs. Aquí abandonó la tesis del no indoeuropeísmo sustentada por él mismo el año anterior en *Mannus*, XXII, 1932, págs. 192 y sigs., para aceptar la tesis del carácter indoeuropeo de este sufijo.

(78)   Menéndez Pidal, *Ampurias*, II, 1940, pág. 5 y notas. Véase la anterior nota 69 en este mismo capítulo.

(79)   *Numantia*, I, pág. 61.

(80)   P. Kretschmer, *Glotta*, XXX, págs. 204 y sigs.; Tito Livio, V, 34, 9.

(81)   *Les ligures. Revue Archéologique*, II, 1933, págs., 72-120; 245-303.

(82)   *Emerita*, X, 1942, págs. 272 y sigs. y XI, págs. 17 y sigs.

(83)   *Les ligures en Espagne et en Roussillon. Revue Hispanique*, LXXXI, 1933.

(84)   *Mitt. Anthrop. Gesellschaft, Wien*, vol. LV, pág. 112, y *Etnologia*, págs. 631 y sigs.

(85)   El trabajo esencial sobre esta tesis, en J. Pokorny, *Zur Urgeschichte der Kelten und Illyrier, Zeitschrift für celtische Philologie*, t. XX, cuadernos 2 y 3, y t. XXI, cuaderno 1, Halle (Saale), 1938. Completado con un trabajo de Richard Pittioni, *Die Urnenfelder Kultur und ihre Bedeutung für die Europäische Kulturentwicklung*. En este resumen se trata de reforzar la visión filo-

lógica de una expansión iliria sostenida por POKORNY, y en lo referente a España resume los re-sultados obtenidos hace años por KRAFT y por BOSCH GIMPERA en los antiguos trabajos citados.

(86) *Mannus*, XXII, 1932, págs. 181 y sigs., y XXIII, págs. 227 y sigs.

(87) *Reallexikon der Vorgeschichte*, VI, 1925, *Illyrier*, pág. 146.

(88) POKORNY, *Excurs zur Ligurerfrage, Zeitschrift für Celtische Philologie*, 1938, págs. 77 y siguientes.

(89) Entre estas voces de rio que utiliza POKORNY, ob. cit. pág. 168, copiamos las más seguras e importantes. A continuación añadimos la lista de raíces ilirias de pueblos y antroponímicos sin ningún comentario ni aprobación por nuestra parte. Solo llamamos la atención sobre la duda que al defensor de la tesis iliria le plantean siempre por su similitud con lo céltico. Los nombres de ríos principales ili-rios en España serían: Adrus (Anas), Anystus, hoy Muga, también nombre antiguo del Llobregat (los numerosos Neste de los Pirineos proceden de una falsa disyunción de l'Aneste), quizá de Anio, de sufijo Naristus Agista y búlgaro Andžista, en Macedonia oriental; Areva, mejor Arava, del nombre del pue-blo de los Aravici (además Arevaci por influencia del celta Are-) o de Ara, Arevia, o del nombre de pueblo de los Aravisci en panonio y del nombre de árbol, aravos > (a)ravicellus «Pinus Cimbra» (BERTOLDI, *Studi Etr.*, VII, 1933, pág. 286); Arnus (norte de Barcelona); Aturia > Oria en país vasco; Avos, además Αὔαρον ἄκρον > Cabo Aveiro; Βαρβήσολα con Barbetium iugum, del toponí-mico Barba, etc., pueden pertenecer al ilírico barb-. Sin embargo, es dudoso, a causa del vasco barbalaka, barbar, «burbujear, hervir», barbu la «ruido», etc.; Dercenna (en el Ebro), pertenece, a causa de este sufijo, al nombre hidrográfico Dercetius (Callaecien), Derceia (Marseille), Dercennus, rey del Lacio (ligur?), naturalmente; derc- puede ser también céltico; Durius «Duero», y Turia; Γλάνις (ESTEBAN DE BIZANCIO) puede también pertenecer aquí, pero puede también ser céltico; Λέσυρος, al sur del Ebro; Limia, hoy Lima, al norte de Portugal, pueden ser asimismo celtas; Lupia-nae nymphae; Navíos; Nerva; Pallantia > Palancia (al norte de Valencia), no será ibérico a causa de la inicial y el sufijo, como tampoco es celta el toscano Pallia; Perusiae lacus (junto a Bílbilis) tiene otro paralelo, Turasiae; Pisoraca > Pisuerga, del ilírico Pisaurus (Umbría), Pisarina > Pesarina, en Venecia; Salo(n) (en el Ebro), idéntico a Salon, en Dalmacia, sin embargo, sal- frecuentemente es celta; Sauga > Saia junto a Santander latininizando Souga (como el galo Sauconna de Souconna), del nombre de río ruso Sož < Sugia (Dnieper), procede de Souconna, como el latín sugo «chupar», de sucus, «jugo» (W.-P. II 469); quizá pertenece también aquí Sucro, hoy Júcar, entonces el indogermano seuk-: seug- es seguro y los sufijos -r- son en extremo frecuentes; Sicoris (en el Ebro), Segre puede proceder también de Siquoris (comparable al latín equos, ecus, equus), y entonces de Seguillo Siqui-llos (Castilla la Vieja) procede Segura (Murcia), además del nombre de divinidad Sinquatis (Luxem-burgo belga), ai síñcati «verter, mojar», seiku̯- W.-P. II 466; Tamaris > Tambre (Galicia), Tamarici fontes (Cantabria); Turia (junto a Valencia); la mayor parte del ibérico tiene solamente t-, y ape-nas d- inicial y. es mejor la forma ibérica del Durius ligur. (H. SCHUHARDT, *Mitt. Anthr. Ges.* Wien XLV, 1915, pág. 112).

Nombres de ríos ilíricos tradicionales muy tardíos son: Aliste (en el Duero); Álmar (en el Tor-mes); Ambron (Aragón) y Ambror (Extremadura); Ara (Aragón), Aranzuelo; Arnego (Galicia) < Ar-nicus; Esaro (Galicia) y Esera (Aragón) de Is- o Ais (del nombre de río véneto Aesontius > Isonzo, Aesis > Esino, en Umbría; Aesarus > Esaro, en Bruttium); Isuela < Isola (en el Ebro); Magro, al sur de Valencia < Makrus. Del nombre de río Odra (en el Pisuerga) y del toponímico Αὔτρακα (Ptol.), teniendo en cuenta el galo Autricum (Chartres) de Autricum, el nombre del río Autura > Eure, se puede deducir una forma básica Autura; Sil (Galicia) de Sīl-, véneto Sīlis, ligur Sīlarus nombre de río del Po (Emilia), con ĭ Silarus > Sele (Campania), sioloᵭ, «mar»; sil, «agua tranquila»; Seguillo, Se-gura; Tamagna, Tamega (Portugal); Vizella > Visella Ave (Portugal).

Toponímicos y nombres de pueblos ilíricos tradicionales antiguos: Arucci (sur de Portugal, re-cuerda el sudilírico Ἀρουκκία (Ptol.), además A (u) rupio con el cambio ilírico kk:pp) KRAHE, *Zonf*, VII, 1931, pág. 33); los nombres Bergium, Bergidum, Bergula, Bergusia, etc., según MEYER-LÜBKE, demuestran sin objeción «que antes o al mismo tiempo que los galos residía un pueblo al norte de la Península Ibérica que formaba toponímicos con Berg-» (*Homenaje a Pidal*, I, 64) y que según esta explicación únicamente pueden ser ligures, por lo tanto, ilirios; bria en Βρουτο-βρία (Bé-tica), etc., ha comparado PHILIPPON (*Les Ibères*, pág. 160 y sigs.) con el tracio -βρια «castillo» (ambos de uriā, W.-P., I) y sobre eso llama la atención que en la construcción ibérica (la terminación a pue-de ser interpretada como el artículo ibérico) puede formarse una derivación bri-k-, por ejemplo: Bru-tobrica (moneda), de ahí nombres como Tenobrica, además de Τενέβριον ἄκρον, etc. Más tarde, con la invasión de los celtas, estos nombres se perdieron con el celta -briga, de tal manera, que frecuente-mente sólo ha sido substituído el más viejo -bric-, por ejemplo, en Coni(u)mbrica (Iss.), junto a Co-nembriga, Merobrica junto a Mirobriga; Βοῦρον (Galicia) del ilírico Βοῦρα; Καριστοί, con el sufijo ilírico, junto al iberizado Carietes (costa noroeste); Clunia > Culunia > Coruña (Aravaci), Clunia en Vorarlberg, Cluniacum > Cluny (Saône-et-Loire, Saboya) y Clugnat (Creuse), a causa de Κλούνιον, en Córcega (también forma básica del río Chioni), apenas celta; Κοπλάνιον πεδίον Παλλαντίας (Palen-cia), está seguramente por Kom-plānion, del latín plānus, celta Medio-lānum; Ebura, en la desem-bocadura del Betis, donde seguramente no hubo celtas, en Lusitania, también en Campania, ligur Eburelia, etc., se ha asegurado ser tanto celta como ligur, lo mismo que el albanés berše «tejo»; Ἰστόνιον, (Castilla la Nueva), como Ἰστόνιον en Samium Ἰστώνη, montaña de Corcira; Λαπατία Κώρου ἄκρον (Galicia), del galo Lapate, etc.; Λουππαρία (oretanos); Medullios mons (cántabros), lo mismo que Madullia en el Lacio; Murgi (junto a Almería), recuerda ciertamente el ligur Murg-, pero a causa de Lacimurga, antes que verdadero ibérico «montaña-lugar», del vasco muru «colina»; Namarini (Asturias); Νάρβασοι (Galicia), actualmente toponímico Narbo (Cuenca); Ὀρκελίς (Bética), también toponímico, en Tracia; Paramus y Segontia Paramica; se han derivado los antroponímicos Pentius < Penzo, tres aldeas en Galicia, además, tres aldeas Pentes < Pentī, en Galia únicamente Pentus > Pennes (Drôme), Pintia, en León, y de nuevo en Galicia (> Pinza, Pinzas); Pintones en Lusitania; contienen apenas el ordinal celta, el galo pimpetos, akymr. pimphet, air, cóiced, sino mucho más ilirio pen(ku)t-, del véneto Pentadius, etc.; Petavonium, Paetaonio (Asturias), junto con Poetanion, ínsula (Portugal), quizá del panonio Poetovio «Pettau»; Segestica (Ebro, del panonio isla Segestica «Sissek»; Sermo(n) (Ebro), con otros nombres de río antiguos como la Sermane, (Drôme); le Sermon (Allier) y la Sermenza (Piamonte); Serpa (Lusitania), no tiene ninguna correspondencia en vasco, pero pudiera también ser identificado con el ruso Serp, letón sirpe «hoz», mir. serr; Suessetani (Ebro), al norte de éste Suessation, del nombre del pueblo belga Suessiones, a causa de Suessa Aurunca en el Lacio no es celta, si también el nombre, como quizá otros muchos ilirios, en un principio, pudo ser extendido ámpliamente por los celtas en sus emigraciones, del afries. swēs «pariente», indogermano suĕdh-so-, ai. svadhā «costumbre, patria», etc. (W.-P., II 455); los Teari Julienses con Tίαρ (Ilercabonĕs) y Thiar (junto a Cartagena), hacen pensar en el río tracio Τέαρος y el apulio Teanum viejo Teate, Tiate y el primitivo aurunco Teanum (Tiano), Sidicinum, en Campania; Οὐισόντιον (Pelendones), además de otros nombres de río antiguos como Alisontia > Elsenz, etc.

Otro de los nombres ilíricos, usado ya en la época romana, es el tradicional *paramus* «meseta», que todavía hoy subsiste frecuentemente en Galicia y León como *páramo*; además el antroponímico galo *Parameius*, y el istrio *Paramō*. La inicial habla tanto en contra del origen ibérico como del celta (así tampoco proporciona ninguna raíz con el indogermano ku-) y la nota de PHILIPPON (*Les ibères*, 1909, pág. 191), sobre el ai-*paramá*- «el último, más alto, mejor», encuentra indudablemente la rectificación, a pesar de las diferentes vocales graduales *(pr-:per-)*. Así también el antroponímico *Plendus*, por su inicial, puede ser únicamente ilirio; el nombre de pueblo *Pelendones*, y el nombre del pueblo aquitano *Belendi*, están formados de *Plend-*, puesto que el ibérico no conoce la inicial con *p*, ni muda + líquida, lo mismo que *Culunia* (> Coruña), de *Clunia*, o el vasco *kereta* del celta *cleta;* la forma *Plend-* debe ser, por tanto, la más antigua, puesto que no existe un sufijo *-end-* indogermano. La misma raíz se ve en el letón *plañdīt* «hinchar», «ensancharse», en el lituano *ižsplenda* «volverse ancho», como también *P(e)lendones* «los orgullosos». (W.-P., II 100. Mühlenbach-Endzelin s. v. plañdît).

Como nombres de ríos que recoge POKORNY entre los antiguos antroponímicos, son ilirios: Anio, Aninus, Anna, Anno, Apilus, Apilicus, Apinus del ilirio Aplo, Apiius, Aplus, Apurus, griego ἄπελος, indogermano ap(e)lo- «fuerza», (W.-P. I 176); a causa de Apilus Arquii f., también arquius (del latín arcus arkuus, «arco»); Peisimus, del ilirio Pelsonia, panonio lacus Pelso; Pictelancus, del galo Pictones, etc.; Plendus; Poemana dea, de ahí el castillo misio Ποιμανηνόν, con frecuencia etimológicamente idéntico al griego ποιμήν, lituano piemuõ «pastor», también «madrina», etc.

(90) Es ésta la nota más destacable de la investigación filológica de los últimos años, según la cual la mayoría de nuestros toponímicos tienden a enlazarse con raíces indoeuropeas, habiéndose establecido paralelos seguros con otras raíces de lugares europeos, sobre todo del sur y este de Alemania y de los Alpes y Francia, en tanto que resultan cada vez menos firmes los paralelos hacia África, además, poco y mal estudiada en este aspecto.

(91) Ob. cit., pags. 11 y siguientes.

(92) BOSCH GIMPERA, *Los celtas de la cultura de las urnas de España*, pág. 17; MAYOR LÜBKE, *Das Katalanische*, Heidelberg, 1925, págs. 160 y sigs.; AEBISCHER, *Études de toponymie catalane*, *Memorias del Instituto de Estudios Catalanes*, Sección de Filología, vol. I, Barcelona, 1928, págs. 146 y siguientes.

(93) *Les ibères*, París, 1909, pág. 156.

(94) En *Revue des Etudes anciennes*, Burdeos, 1906, pág. 47.

(95) HUBERT, ob. cit., vol. I, pág. 386; D'ARBOIS, *Les celtes depuis les temps les plus reculés jusqu'en l'an 100, avant notre ère*, París, 1904, pag. 103 y PHILIPPON, *Peuples*, pág. 216.

(96) Véase esto en SCHULTEN, *Los cántabros y astures y sus guerras con Roma*, Madrid, 1943. a pesar de ser el autor mantenedor acérrimo del ligurismo entre aquellos pueblos.

(97) POKORNY, ob. cit., pág. 174.

Los vestigios inequívocos de los celtas de la Q que podemos atribuir, según POKORNY, a una segunda invasión hacia el final de la época del Hallstatt, que POKORNY califica como goidélica (obra citada, páginas 173 y sigs.), son las siguientes: El toponímico Aquae Querquernae, junto al nombre de pueblo Querquerni (Quarquerni), una tribu de los celtibéricos, Callaici, en Galicia, pertenece, sin duda, al indogermánico perkuos, «roble» (W.-P., II 47), y puede aquí únicamente ser celta, es decir, irlandés primitivo, puesto que la asimilación p...ku>ku...ku solamente puede ser céltico e itálico. En ilírico la p permanece invariable, como del albanés pesε, «cinco», sale mesapio penkeos, pekaheh y albanés pjek, «yo amaso» (pekuō, W.-P., II 17). Los Quarqueni, al este de Venecia, son, según JOKL (EBERTS, *Reallexikon*, VI 42) y KRETSCHMER (*Glotta*, XXI, 1932, pág. 123), «el único vestigio de la raza y lengua latinas antes de su invasión en la Península Itálica» y pertenecen al latino Querquetulani. El goidélico Querquerni, correspondiente a la forma ilírica, de hecho precede al nombre de Nymphae Percernes (Vaucluse) en el sur de Francia, que frecuentemente deriva del ilírico percus < perkuos; igualmente la c del latín quercētum, junto a querquētum, etc.

El nombre de divinidad lusitano, frecuentemente citado, Endo-vellicus (HOLDER, I 1436), junto a Vellicus, sin duda tribu celta, contiene la preposición preverbal del irlandés primitivo endi-, endo- (indogermano n̥dhi), air. ind, correspondiente al británico primitivo ande-, con análoga o en el nexo.

El mismo endi- del primitivo irlandés pasa, quizá (con i inicial por influencia latina), al nombre de rey ilergeta Indibilis, Ἰνδιϑέλης (HOLDER, I 147; III 618), junto a Ἀνδοϑάλης, o bien con el prefijo británico o vasco (andı «grande»); pero donde la voz primitiva parece ibérico auténtico (antroponímicos Bilistages, Neitin-beles, Umar-beles, aquitano Belex), es quizá en la primera parte integrante asimismo del vasco primitivo (enda «tribu, familia»), y transformada en un principio por influencia céltica.

Teniendo en cuenta los mencionados ejemplos podemos también mirar como irlandés primitivo el toponímico Equ-abona (junto a Lisboa), «arroyo del caballo». Por el contrario, Equo-sera (Burgos), a causa de su segundo componente (antroponímico ilirio Serus, Sera, toponímico Σερέτιον, Serota, del nombre del río Sera, Dordoña y Ain, etc.), es anterior al ilirio. Igualmente indeciso es el origen con los Quarquerni (*Cil*, II 2477), de los llamados nombres de tribus gallegas, Equaesi (también PLINIO, III 28), del antroponímico Equesus (Vascones), donde el sufijo no parece ser celta (comparable al ibérico antroponímico Galaesus, además del nombre de río Γαλαίσος, junto a Tarento, pullés Ἀγγαίσον γαῖα), y eso ni -aes- ni -es- sino posiblemente una forma híbrida. Finalmente, habría que mencionar todavía (*Cil*, II 4980), Atlondus Maquiaesus Sumnae f. (leg. Maqui Aesus?), (norte de Portugal?); puesto que Atlondus (Ate-londus), pertenece al air. lond «savaje», cabe pensar quizá en el irlandés primitivo, maqquos «hijo».

(98)   La nombrada tercera invasión, a la que se deberían frecuentemente el mayor número de toponímicos celtas, procede de los celtas britones; a ella pertenece el toponímico Belgida, según POKORNY (obr. cit., pág. 173), reflejo del nombre de los Belgae que fueron celtas de la P, a pesar de la terminación vascoibérica; los nombres primitivos ilirios de los Suessetani y Germani pudieron también ser transmitidos a través de la primera invasión celta procedente de Bélgica. La p británica puede verse en el toponímico moderno Epila < Eppila (Zaragoza) y el antiguo Epora (éste de Córdoba), en el caso de que la inscripción en moneda Aipora no ofrezca la variante correcta. El británico am de m precede a los antroponímicos Ambirodacus (de -roud-), Tarragona, y Ambi-mogidus (con sufijo ibérico), norte de Portugal; el frecuente Ambatus puede estar por Ambactus, pero también por Ambi-batus (de anda-bata «luchador ciego»; latín, battuo: batir, pelear).

(99)   PLINIO, III 25.

(100)   HUBERT, ob. cit., vol. II, pág. 105, y SCHULTEN, ob. cit.

(101)   GÓMEZ MORENO, *Las lenguas hispánicas*, Discurso leído en la recepción de la Real Academia de la Lengua, Madrid, 1942; ídem, *Las Lenguas Hispánicas*, *Boletín del Seminario de Estudios de Arte y Arqueología de la Universidad de Valladolid*, curso 1941-42; ídem, *La escritura Ibérica*, Madrid, 1943.

(102)   J. CARO BAROJA, *Observaciones sobre la hipótesis del vascoiberismo considerada desde el punto de vista histórico*, *Emerita*, tomo X, págs. 236 y sigs., y tomo XI, págs. 1 y sigs., Madrid, 1942-43.

(103)   ESTRABÓN, IV, I, I (176); IV, 2, 1 (189).

(104)   Con el mejor método y con la debida frialdad viene trabajando en el campo de la Filología J. CARO BAROJA. Es de lamentar su desprecio hacia los materiales arqueológicos, a los que despectivamente califica en alguna ocasión de «cacharros». Sin embargo, su camino y forma de utilizar los materiales toponímicos de los textos y lápidas, y aun las noticias etnológicas antiguas y vestigios folklóricos que él ha estudiado a fondo, nos parece conducirán a algún resultado concreto sobre el carácter de nuestros pueblos prerromanos. Sus principales trabajos son: *Observaciones sobre la hipótesis del vascoiberismo considerada desde el punto de vista histórico*, *Emerita*, tomo X, 1942; *Algunas notas de onomástica antigua y medieval*, *Hispania*, núm. XIII, octubre-diciembre, 1943; *Los Pueblos del Norte de la Península Ibérica (Análisis históricocultural)*, Madrid, 1943; *La Aquitania y los nueve pueblos*, *Archivo Español de Arqueología*, Madrid, 1944, págs. 113 y sigs.

(105)   Esta visión e interpretación del significado cultural de lo ibérico, expuesta hace años por nosotros, parece va siendo ya generalmente admitida por los especialistas. Véase MARTÍN ALMAGRO, *La invasión céltica según los últimos descubrimientos*. *Investigación y Progreso*, 1935, y *Las culturas prehistóricas de Europa*. Barcelona, 1941, págs. 367 y sigs., y 416 y sigs.

(106)   Para estos problemas puede consultarse FLORENTINO CASTRO GUISASOLA, *El enigma del vascuence ante las lenguas indoeuropeas*, en *Revista de Filología Española*, anejo XXX. Madrid, 1944. Según este autor, del análisis del idioma vascuence actual, resulta: 1.° Una comunidad de origen remotísimo, con el indoeuropeo; 2.° Unas afinidades con idiomas indoeuropeos lejanos, también de origen antiguo, dentro del conjunto de lenguas arias como el sánscrito, el georgiano, el armenio; 3.° Afinidades con el eslavo, griego, dialectos itálicos y demás idiomas indoeuropeos y naturalmente con el celta y latín; y 4.°. Estas relaciones con el latín, se continúan luego con el castellano, aragonés, bearnés, gascón, provenzal y francés. Un atrevido análisis ha realizado recientemente P. FOUCHÉ, *A propos de l'origine du Basque*, en Revista, *Emerita*, Supl. al tomo V, Madrid, 1943. Sus juicios no podemos estudiarlos aquí, pero serán fuertemente combatidos, En este trabajo vuelve este autor a considerar como no indoeuropeas palabras que otros han atribuído a ligures, celtas o ilirios.

II
PROTOHISTORIA
TARTESSÓS

POR
A. GARCÍA Y BELLIDO

TARTESSÓS Y LOS COMIENZOS DE NUESTRA HISTORIA

Tartessós es un enigma de los más atrayentes, y como tal ha sido mezclado con otros
no menos apasionantes; así, se ha visto con frecuencia unido al de la Atlántida y al de
las emigraciones tirsenias. Tartessós se ha afirmado, hasta el punto de haberse recons-
truído su historia con una cantidad no escasa de fantasía. Tartessós se ha negado rotundamente como una creación sin base histórica. Tartessós, en fin, como la Atlántida,
ha cambiado de lugar, intentándose su reducción tan pronto en Iberia como en Túnez,
identificándose unas veces con Gádir, otras con Sevilla o Jerez, otras con Asta Regia o
isla de Saltés y otras, en fin, en un punto cualquiera de la desembocadura del Guadalquivir, o del Guadalete, o del Tinto. Sobre Tartessós se han escrito cantidades asombrosas de páginas: unas, juiciosas; otras, audaces, y otras, finalmente, descabelladas. Lo único
que todavía queda en pie con certeza es su misteriosa existencia.

Las fuentes antiguas nos han legado un caudal no escaso de datos; pero tan vagos,
que no solamente dejan por resolver los puntos más arduos, sino que las varias interpretaciones que sugieren sirven y han servido de base para sostener las hipótesis más contrapuestas. Ya en la antigüedad se discutía, como hoy, de cosa tan importante como es la
localización de la famosa ciudad.

En las líneas que siguen no intentaremos dar una opinión más, ni aun resumir las ya
dadas. Nos limitaremos a exponer lo que se sabe y se ignora de este problema, presen-
tándolo en su estado actual.

Fuentes bíblicas.

Si admitimos provisionalmente —luego veremos (página 284) el problema y su solución— que en el término hebreo *Tarschisch* se encierra la misma raíz del topónimo
indígena que dió, en griego, Tartessós —con testimonios intermedios que luego presentaremos—, podríamos hallar que el nombre de la misteriosa región o ciudad aparece ya
citado en textos escritos en el otro extremo del Mediterráneo, por lo menos en fechas que

rondan el siglo VIII a. de J. C. Trátase de la mención bíblica contenida en Isaías, quien no hace otra cosa sino citar de pasada ciertas «naves de Tarschisch».

Ahora bien, en otros textos del Antiguo Testamento redactados en época posterior al de Isaías, este nombre de Tarschisch aparece también con frecuencia como designando un país lejano de Occidente, rico en oro, plata, plomo, al que se iba en viajes periódicos una vez cada tres años (Libro de los Reyes, véase pág. 322). Como algunas de estas referencias aluden a hechos acaecidos ya en los reinados de Salomón (1020-950) e Hiram (969-936) y, desde luego, en tiempos posteriores, no cabe duda que la existencia de Tarschisch puede sin torsión alguna retrotraerse hasta el año 1000, en números redondos. El Tarschisch del Antiguo Testamento debía existir, pues, a fines del segundo milenio antes de J. C. Esto es lo que se desprende de las menciones bíblicas interpretadas positivamente.

Fuentes originales griegas primitivas hasta el año 400 a. de J. C.

Tras las menciones bíblicas vienen en orden de fechas las griegas, todas las cuales insisten, sin vaguedades, en que Tartessós se hallaba al sur de la Península Ibérica. La más remota mención original conservada es la del poeta Stesíchoros, que escribía hacia el año 600 en Sicilia. El texto —breve pero explícito— nos ha sido transmitido por Estrabón, quien, refiriéndose a la región de Cádiz (1), cita de aquel poeta este verso:

«...las fuentes inmensas del (río) Tartessós, de raíces argénteas.»

Nótese, empero, que aquí se habla sólo del río de este nombre, mas no de la ciudad.

Más adelante (hacia el 530) la ciudad misma es ya citada por el poeta Anacreonte (también en Estrabón) (2), en una curiosa referencia a Arganthonios como rey longevo de Tartessós. Arganthonios, rey de Andalucía, nos es conocido con todos los requisitos históricos apetecibles (véase pág. 285). Hacia el 500, Hecateo (en Esteban de Bizancio) menciona en Andalucía una ciudad, la de Elibyrge, perteneciente a Tartessós, nombre que aquí representa no ya una ciudad, sino más bien un imperio. Tales alusiones tienen el valor de estar hechas por autores que viven en el tiempo a que se refieren las citas, es decir, que son virtualmente contemporáneos de lo que narran.

Tras éstas recojamos otras en las que el escritor se refiere ya a momentos anteriores a la fecha de su vida o de su escrito. Tal ocurre, principalmente, con Herodoto (480-430), quien nos cuenta el sorprendente viaje de Kolaíos a Tartessós, y la amistad de los focenses con Arganthonios, rey de la región (véase pág. 512). El texto de Herodoto tiene el valor de citar a Tartessós con motivo de un hecho que puede fecharse aproximadamente en la mitad del siglo VII, con lo cual sería éste el primer testimonio griego *histórico indirecto* de la existencia de Tartessós. Subrayo la palabra porque en las leyendas helénicas este testimonio puede retrotraerse a fechas algo más remotas, lo que no es imposible, como la Arqueología ha probado (véase pág. 501). Además, Herodoto habla de un animal al que da el epíteto de «tartéssico». Poco después de Herodoto, su casi homónimo Heródoros de Herákleia menciona el pueblo de los tartessios, y Aristófanes (hacia 445-385) hace alusión a la murena «tartéssica».

Los textos griegos que acabamos de recopilar no ofrecen las dudas de los bíblicos. Son algo más recientes; pero, en compensación, son también mucho más firmes y de datas seguras. Cuando no son directos, sus transmisores son, empero, de toda confianza. Las citas más viejas (Stesíchoros y Anacreonte) son debidas a Estrabón, quien las transcribe literalmente, palabra por palabra. Si se trata de un mero transmisor que alude a hechos pasados, éste (por ejemplo, Herodoto) es de garantía, y hemos de creer en la fidelidad de su transcripción aunque recoja ya referencias alteradas por los mismos narradores que le sirvieron de fuente informativa.

Después de estas citas, en las que autores griegos de fecha remota (desde el 600 al 400) nos hablan de Tartessós como existente en su tiempo y como localidad española firmemente ubicada en la región del bajo Guadalquivir, comienzan a ser frecuentísimas las menciones y, con ellas, las noticias de su pasado histórico y aun mitológico, noticias que serán utilizadas a continuación para intentar reconstruir sus vicisitudes. Pero como son citas hechas por autores muy posteriores, o carecen de data precisa originaria, su valor testifical para los problemas de la situación y vetustez de Tartessós es ya escaso.

No podemos prescindir de adjuntar a estos viejos textos, de fecha y autor conocidos, otros que, si bien no llevan nombre de autor, parecen, en cambio, proceder del siglo VI. Son los más explícitos y extensos, lo que hace doblemente lamentable el anonimato con que han llegado a nosotros. Es verdaderamente digno de nota el que estos diferentes textos, a pesar de hallarse en autores de épocas muy diversas, son todos congruentes, no se contradicen y dan la sensación de tener un mismo origen, tanto que parecen como piezas sueltas de un rompecabezas, con las cuales aun pudiera recomponerse una parte del tema perdido. Resumiremos, pues, sus datos, que, sumados y acoplados convenientemente, nos dan el fragmento de un texto perdido que podría recomponerse así: «Tartessós es una ilustre ciudad de Ibería, que recibe su nombre del río Baítis (Guadalquivir), llamado antes también Tartessós. Este río procede de la región céltica (la meseta) y nace en la «montaña de la plata»; arrastra en su corriente, además de plata y estaño, oro y bronce en mayor abundancia. El río Tartessós se divide en dos brazos al llegar a su desembocadura. Tartessós, la ciudad, se alza en medio de los dos brazos, como en una isla. Cerca de Tartessós hay un lago llamado Aorno, y una ciudad ligur de nombre Ligustina, sita en la parte occidental de Ibería» (3).

Otro texto, oriundo también del siglo VI, pero igualmente anónimo (griego o púnico), es el contenido en el poema geográfico de Festo Avieno titulado *Ora Maritima*. Desgraciadamente, en él hay interpolaciones de referencias mucho más viejas y de otras mucho más modernas, de tal modo que es a veces difícil aislar sus componentes. Ateniéndonos a los que parecen del siglo VI, su recomposición nos daría un texto como el siguiente: «Tartessós está en una isla del golfo de su nombre, en el cual desemboca el río Tartessós, que baña sus murallas después de pasar por el lago Ligustino. El río forma en su desembocadura varias bocas, de las cuales tres corren al Oriente y cuatro al Mediodía, las cuales bañan la ciudad. Arrastra en sus aguas partículas de pesado estaño, y lleva rico metal a la ciudad de Tartessós. Cerca se hallan el «monte de los Tartessios», lleno de bosques, y el «monte argentario», sito sobre la laguna Ligustina, en cuyas laderas brilla el estaño. La ciudad de Tartessós está unida por un camino de cuatro días con la región de Tajo, o el Sado, y por otro de cinco con Mainake, donde los ricos tartessios poseían una isla consagrada por sus habitantes a Noctiluca. El límite oriental del dominio de los tartessios estuvo en tiempos en la región de Murcia, y el occidental en la zona de Huelva.»

De fecha muy anterior, aunque de todo punto imprecisable, me parece la noticia contenida en la misma *Ora Maritima*, según la cual los tartessios comerciaban con los oestrymnios, y que Gádir fué antes ciudad tartessia (4).

La ecuación Tarschisch = Tartessós.

Mas ahora han de exponerse ciertas cuestiones importantes. Tratando de las menciones del Antiguo Testamento, se objeta que las citas más viejas de Tarschisch pueden ser interpolaciones de los redactores posteriores y no noticias contenidas en las fuentes primitivas; pero la posibilidad de esta contingencia, si bien no se puede negar, es lo cierto que tampoco se puede probar. Más importancia tiene otra objeción según la cual, aunque se desprenda de los textos que el Tarschisch bíblico era un país del lejano Occidente, ello no autoriza a deducir necesaria y precisamente que su situación estaba en el sur de España. Pudo estar en cualquier otro lugar del Occidente. Por otra parte, surge también esta duda lógica. ¿Es en verdad el Tarschisch del Antiguo Testamento el mismo país que los griegos llamaron Tartessós? A ambas preguntas se puede contestar con los razonamientos que siguen. Es evidente que los textos griegos más antiguos mencionan ya un Tartessós situado con toda seguridad al sur de la Península Ibérica, concretamente en la región del bajo Guadalquivir. Si el Tarschisch bíblico fuese el Tartessós de los textos griegos tendríamos base firme para aseverar que la Tarschisch del Antiguo Testamento estaba precisamente en España y no en otro cualquier lugar de Occidente. En efecto, parece verosímil que en el Tarsch-isch del Antiguo Testamento se encierra la misma raíz que el Ταρτ-ησσός de los griegos, variando sólo las terminaciones. Tarschisch será la forma semítica, y Tartessós la griega, con la terminación -ssós, frecuente en otros toponímicos del suroeste de Asia Menor (región de Karia) (5). Además, por exclusión, un país de Occidente rico en metales no cuadra sino a España, cuya riqueza dió origen a infinidad de fábulas atribuídas, en parte, a los primeros fenicios (véase pág. 377). La ecuación Tarschisch = Tartessós parece, pues, bastante firme, y en el estado actual de nuestros conocimientos no ha sido vulnerada aún con eficacia suficiente para hacerla perecer. Esta identificación fué propuesta hace siglos por sabios españoles, y aceptada posteriormente incluso por la exigente ciencia moderna, tanto por la Lingüística como por la Historia (6).

El período mitológico.

Los griegos, basándose probablemente en tradiciones indígenas recogidas en sus viajes y en sus colonias de Occidente, crearon una mitología tartéssica que aparece desde muy temprano incorporada al acervo legendario griego, principalmente al ciclo herakleida. Los romanos, más tarde, añadieron también su parte.

En la *Theogonia* de Hesíodos (siglo VII) se hace la genealogía de los reyes tartessios. Según ella, «en los confines de la noche», es decir, en el Occidente lejano, vivían las Gorgonas. Eran «monstruos» terribles que habitaban en Sarpedon, la isla rocosa sita en el «Okeanós de profundos torbellinos» (las Kyprias). De la llamada Medusa, cuya cabeza fué cercenada por la segur de Perseo, nacieron el «gran Chrysáor y el ágil corcel Pegaso». Aquél, llamado así por empuñar áurea espada; Pegaso, por haber surgido junto a las fuentes del Océano. De la unión de Chrysáor con la hermosa Kallirhoe, hija del ilustre Okeanós, adivino Geryón (Hesíodos). Éste, según Stesíchoros, vino a nacer «junto a las fuentes inmensas del Tartessós de raíces argénteas, en una concavidad de las rocas», y según Heródotos, vivía «más allá del Ponto, en Erytheia, junto a Gádeira», con lo que la leyenda queda fijada en España. Según unos, era tricípite, y según otros, trisómato, y así se le representa en los vasos cerámicos griegos. Se dedicaba a apacentar innúmeros ganados, por lo que Stesíchoros lo llama «pastor de bueyes». Por ello le acompañaba un gigantesco perro llamado Orthos. Además poseía grandes riquezas en oro y plata (Diódoros) y era rey de Tartessós (Justino, Severo). Heraklés mató a Orthos y al boyero Eurytion «en un sombrío establo al otro lado del ilustre Okéanos», y después, en la isla de Erytheia (región de Cádiz), venció en dura lucha a Geryón. El fornido Heraklés «llevóse los bueyes de espaciosa frente a Tyrins la sagrada» (Hesíodos) (7). Geryón tuvo una hija, Erytheia, la cual engendró de su unión con Hermes al rey de Tartessós, Nórax, el cual hubo de emigrar de España, estableciéndose en Cerdeña, donde fundó la primera ciudad de la isla, llamada por ello con su nombre, Nora (Solino y Pausanias).

Sin entronque conocido con la dinastía de Geryón, los escritores antiguos nos han legado el nombre y los hechos de otros reyes míticos. Uno de ellos, Gárgoris, rey de los curetes, descubrió la apicultura, sacando la miel de los bosques tartéssicos (Justinus). Su hijo Habis fué abandonado al nacer y amamantado por una cierva. De su persona nos dicen que era ágil en la carrera, e iba tatuado; enseñó a sus súbditos los beneficios del cultivo del campo; dictó las primeras leyes; prohibió el trabajo a los nobles, y dividió el pueblo en siete clases (Justino). Makrobios, además, habla de un rey Theron, cuyas naves ardieron súbitamente, como heridas por el rayo, en una batalla sostenida contra los de Gádir. Si este Theron es lo mismo que Geryón o Geron, es dudoso (8).

Período histórico.

Éste comienza con los tiempos más remotos a que se pueden retrotraer las actividades náuticas de los tartessios, de los que hablan claramente varios textos y la Arqueología ha documentado, en parte, plenamente. A ellas siguen, en orden del tiempo, la llegada de los fenicios hacia el 1100, y el establecimiento de la primera colonia en Gádir, que por su objeto inmediato miraba a Tartessós y su rico emporio metalífero. Pero a más de estas noticias, que son estudiadas aparte (págs. 316 y sigs.), no hallamos otras fidedignas, de aspecto histórico firme, hasta entrado el siglo VII a. de J. C. Éstas refiérense a la vida y actividades de otro rey, ya sin envolturas mitológicas, que vivió en Tartessós largo tiempo, el famoso Arganthonios. Todo lo fundamental que de él sabemos procede de Herodoto, quien en sus viajes por las ciudades de Asia Menor jónica pudo recoger sobre él algunas noticias. Según el historiador halicarnasio, Arganthonios fué hombre de una longevidad asombrosa. Atribúyele una vida de ciento veinte años (9). Pero no es sólo Herodoto; el gran poeta Anacreonte, bastante anterior a aquél (vivió hacia el 530), ya lo conocía, y alabó incluso su gran longevidad en unos versos en que dice: «Yo no quisiera el cuerno de Amaltea, ni reinar ciento cincuenta años en Tartessós» (10). El poeta escribe casi en vida de Arganthonios y le atribuye ciento cincuenta años. La fama fué aumentándolos. En Silio Italico tiene ya trescientos años. Pero ateniéndonos a los datos de Herodoto, que son los más prudentes y menos inverosímiles, Arganthonios debió nacer hacia el 670; pero no comenzó a reinar hasta cumplidos los cuarenta años, es decir, en el 630. Su muerte acaeció hacia el 550. Se ha supuesto que los ciento veinte años de Arganthonios serían más bien de un doble reinado bajo monarcas del mismo nombre. No es precisa esta suposición. La fama de longevidad extraordinaria data de los coetáneos. Por otra parte, una vida de ciento veinte años, aunque asombrosa, no es imposible. Sobre su amistad con los griegos y su intervención pecuniaria en la defensa de Focea, se hablará oportunamente (págs. 515 y sigs.) En su tiempo hubo dos hechos importantes conocidos: el viaje de Kolaíos a España, y probablemente la fundación de Mainake, colonia griega la más occidental de todas, último lugar de la «oikoumene» donde se hablaba griego.

Después de su muerte, en el 550 poco más o menos, tuvo lugar el desastre de Alalíe-
(hacia el 540-535). Tartessós, cuya amistad con los focenses hería de rechazo a los púnicos, y sus concesiones comerciales iban dirigidas en perjuicio de los cartagineses, tuvo que
pagar cara esta tendencia filhelena. Arganthonios procuró sacudir una excesiva intervención económica de los púnicos en sus reinos. Quizá el filhelenismo del soberano tartessio
era interesado; es natural que viese en aquellos griegos los posibles liberadores de Tartessós ante una potencia que, como la púnica, atenazaba sus libertades. Gádir y Tartessós estaban frente a frente, como probablemente lo estuvieron desde tiempos atrás (luchas ·
de Therón el mítico). El hecho es que, a partir de Alalíe, Tartessós se va eclipsando en los
textos llegados a nosotros. Su idea se presenta cada vez más vaga, y su pasado esplendor
comienza a ser advertido por todos como cosa pretérita. Tartessós había muerto, sin que
sepamos realmente cuándo. Pero es de sospechar su fin, dado que la famosa ciudad tenía
un enemigo en Carthago y éste una ocasión favorable en Alalíe.

La sospecha, posiblemente acertada, hace verosímil la aplicación a Tartessós de cierta
vieja referencia en que se habla de una conquista de Gádir por los púnicos. Como los
textos son relativamente recientes (Athénaios y Vitruvius, siglo I a. de J. C.), se explica
la confusión de Cádiz con Tartessós. Cuenta esta historia cómo se inventó entonces el
ariete.

Imperio tartessio.

Un pueblo rico, de tanta historia y tan alta cultura como el tartessio, hubo de ejercer
pronto un dominio más o menos aceptado sobre los pueblos vecinos. Es decir, que tuvo
que erigirse en cabeza de una confederación de tribus o pueblos sobre los que ejerciese
su imperio. Sobre la extensión que alcanzó el imperio tartessio no tenemos más informe
que el contenido en el periplo base de la *Ora*, el cual nos dice, al hablar de la región del
Cabo de la Nao: «Aquí estuvo en otro tiempo el límite de los tartessios». Es dudoso, empero, si este límite era el río Segura (el *Theodorus* del texto) o el Júcar (*Sucro*). Como-
quiera que fuese, a él pertenecieron en esa imprecisable fecha los pueblos citados por el
propio periplo dentro de estos límites; es decir, los iberos de la región de Huelva; los
cilbicenos de Cádiz; etmaneos e ileates del curso medio del Guadalquivir; los mastienos
de Andalucía oriental y provincia de Murcia (Mastía = Cartagena), a los que deben
añadirse los kynetes del Algarbe y, con más reservas, los gymnetes de la región mon-
tuosa de Alicante. Por el Norte tendría su límite natural en las sierras Mariánicas o el
Guadiana. Tal imperio hubo de coincidir con la época de apogeo, que pudiera colocarse
quizá en tiempos de Arganthonios. La batalla de Alalíe, si bien trajo, al parecer, el eclipse
de Tartessós ciudad, no debió afectar a la constitución de sus dominios sobre los demás
pueblos vecinos. Es muy posible que esta especie de imperio o confederación tutelada
por Tartessós perdurase aún siglos después. El límite de los dominios cartagineses en
España, expresos en los Tratados con Roma del 509 y 348 y comprobados por los datos
arqueológicos, coincide con el de Tartessós por esta parte. Es probable que tal coincidencia no sea fortuita. Cartago, después de Alalíe, debía ejercer una especie de protecto-
rado sobre los tartessios, y era interés suyo el que Tartessós conservase autoridad sobre
su imperio. El término «Mastía tarseiou», empleado por Polibio al transcribir el Tratado
romanocartaginés del 348, indica que entonces la zona de Cartagena (Mastía) era aún
parte, siquiera fuese nominal, de Tartessós. Por el mismo tiempo Teopompo (en Esteban
de Bizancio) dice: «la tierra de Mastía está sometida a los tartessios». Luego, después, los
viajeros de los siglos II y I a. de J. C. (Polibio, Artemidoro y Poseidonio), hablan ya de

la Turdetania (la raíz «Turt» es igual a «Tart») como una región algo más pequeña, equivalente a la Bética, pero en la que hay que ver el resto del antiguo reino tartéssico. «Se llama Turdetania del pueblo que le habita, es decir, de los turdetanos o túrdulos, acaso dos nombres distintos de un mismo pueblo, acaso dos pueblos distintos», según Estrabón (11). En tiempos de Eratóstenes (siglo III) aún se llamaba Tartessós a la región cercana al Estrecho de Gibraltar, y en general a la habitada por los túrdulos (12).

Cultura.

De la cultura tartéssica sabemos por medio de Estrabón (que sin duda lo recogió de algunos de los historiógrafos griegos que estuvieron en Cádiz en el siglo I) esta interesante noticia: que conservaban «anales escritos, y poemas y leyes en forma métrica, de seis mil años o en seis mil versos» (el texto es dudoso en este punto). Indudablemente esta cantidad —de tomarse como años— es a todas luces exagerada, pero podría desprenderse de ella que los turdetanos reputaban su cultura, y con razón, de muy vieja. El mismo Estrabón —bebiendo en las fuentes dichas— afirma que los turdetanos eran los más cultos de los iberos (13). La escritura antigua de la región meridional de España es, en efecto, de tipos vetustos. Conocemos de ella un buen número de inscripciones lapidarias y numismáticas de cronología incierta, pero en parte muy antiguas de aspecto. Sus mismos caracteres epigráficos, aunque se asemejan parcialmente a los del resto de los iberos levantinos, contienen otros de procedencia y valor desconocidos que hacen que estos escritos no sean aún por entero legibles, cosa que no acaece con los alfabetos levantinos; sin embargo, estos mismos, aunque legibles, son herméticos a una interpretación. Respecto de la magnificencia de la antigua Tartessós, pueden dar idea ciertos rasgos recogidos mucho tiempo después. Así, el dicho de Polibio de que los turdetanos, a la llegada de los Barcas, tenían artesas y toneles de plata. El mismo Polibio se refería probablemente a un tartessio cuando, hablando de la casa de cierto rey ibero, dice de su magnificencia que «emulaba la molicie de los feacios, excepto en el poner la cratera de plata y oro llena de vino de cebada en medio de las habitaciones».

De la legislación a que se refiere el texto estraboniano hay noticias esporádicas atribuídas a Eforo, según las cuales los jóvenes no podían testificar contra los ancianos. Tenían también fiestas en las que las mujeres concursaban en habilidad, presentando anualmente, ante un jurado masculino elegido por votos, sus labores textiles. Tenían también medida para el talle, que no podían sobrepasar sin ser infamadas. La división en siete castas, atribuída al rey Habis, es resto muy viejo de la antigua legislación. De su religión sábese muy poco. Hay indicios para suponer que adoraban al sol, la luna, las estrellas y las potencias telúricas infernales. El periplo contenido en Avieno nos ha conservado la noticia del santuario de la *Inferna Dea* en la región de Huelva (acaso en la Rábida), donde había un templo «con cueva en oculta oquedad y oscura cripta»; un «ádyton», según palabra griega empleada en el mismo poema, es decir, un lugar sagrado impenetrable. Quizá la laguna Etrephaea del texto haya de corregirse por Erebea, en alusión a la divinidad infernal del santuario cercano. El color rojo del agua, teñida por los yacimientos ferruginosos del lugar, pudo dar origen al culto. Cerca de Gádir, en una isla, se daba culto a una divinidad asimilable a Aphrodite (Venus), en cuyo santuario había un templo, una cripta profunda y un oráculo (Avieno). En tiempos del mismo periplo, enfrente de Mainake existía una isla consagrada por los indígenas a la Luna *(Insula Noctilucae)*, que entonces pertenecía a los tartessios *(tartessiorum juris)*. Muy antiguo era el santuario del cabo de San Vicente, citado por el periplo y aludido por

Eforo y descrito mejor por Artemidoro como lugar inhóspito, habitado de noche por ciertas divinidades temibles. Otro semejante había en una isla cercana a las Columnas, según el viejo «periplo». El santuario dedicado al viento, Zéphyros, en la costa del Algarbe, era especialmente venerado por los navegantes tartessios que venían del Atlántico a sus costas (Avieno).

Navegaciones tartessias.

Las navegaciones tartessias por el Océano debían ser ya de gran radio en tiempos anteriores a la llegada de los fenicios. Hay un buen número de concordancias entre las culturas que durante la Edad del Bronce florecieron en las Islas Británicas, la Bretaña francesa y la costa Noroeste de España. Los sepulcros megalíticos, las insculturas, el vaso campaniforme fueron ya llevados allí durante la época chalcolítica (eneolítica). Al comienzo del Bronce aparecen en Bretaña y en las Islas Británicas nuevos testimonios de relaciones —puntas de flechas, hachas planas, alabardas, plata, joyas (como ciertas diademas áureas o pulseras)—. Más tarde hallamos en Galicia, Irlanda y hasta Escocia unas insculturas grabadas en rocas, cuyos signos —tengan o no valor de alfabetos— son sorprendentemente iguales. Los laberintos incisos en rocas de Mogor y Briteiros, en Portugal, son virtualmente idénticos a los hallados en las peñas de Hollywood y Sess Kilgreen, en Irlanda. Los grabados en los dólmenes irlandeses y en ciertas estaciones bretonas son también semejantes a los gallegos. Las lunulas de oro, tan abundantes en Irlanda, se han hallado igualmente en Inglaterra, Escocia, norte de Francia y Galicia y Portugal. Los *halskragen* nórdicos tienen en el Noroeste sus ecos, así como otras joyas y adornos. Esta enumeración, que cabría hacerse más extensa, prueba la existencia de estrechas relaciones, que no pudieron ser hechas sino a través del mar. Evidentemente tuvo que haber un pueblo de arriesgados nautas que dieron lugar a ellas. Este pueblo no pudo ser otro que el tartéssico, cuya fama de navegante no sólo está atestiguada en época romana (Estrabón) y moderna, sino que en la misma antigüedad se hablaba ya de ella como existente en tiempos remotísimos, que pueden suponerse sin torsión dentro del segundo milenio antes de Cristo, como vamos a ver.

Ruta del estaño.

Ya entre las noticias viejísimas contenidas en la *Ora Marítima* figura una de gran valor; en ella se afirma que desde tiempos muy remotos los tartessios navegaban hasta las islas Oestrymnides o Kassiterides (14), en busca del estaño, del cual se habla en los versos antecedentes. Estas navegaciones deben colocarse antes de la llegada de los fenicios a Cádiz, es decir, antes del año 1000, coincidiendo, por tanto, con la plena época del Bronce mediterráneo, durante la cual el tráfico marítimo unía, directa o indirectamente, el Occidente con el Oriente de nuestro mar, como frecuentes testimonios arqueológicos lo demuestran (15).

Precisamente este comercio de Tartessós con las Kassiterides fué, sin duda, el principal aliciente que movió a los fenicios a establecerse en las cercanías del emporio del estaño, fundando Gádir. Allí, los fenicios, no sólo cargaban el preciado metal, sino que, siguiendo las experiencias de los expertos nautas ibéricos, aprendieron a navegar ellos mismos hacia las islas del estaño, arrumbando en sus naves sobre la estela de las tartessias. Si esto lo lograron de grado o por fuerza, no es ya fácil saberlo.

En un principio, probablemente, no hicieron sino adquirir por cambio el metal que los tartessios llevaban desde las Oestrymnides hasta la desembocadura del Guadalquivir. Luego, a las Islas del Estaño iban tanto unos como otros. Un texto muy importante,

también contenido en la *Ora Marítima,* nos lo comunica claramente al hablar de las Oestrymnides o Kassiterides: «También los colonos carthagineses —dice— y el *pueblo que
vivía entre las Columnas de Hércules* frecuentaban estas aguas» (16). Hemos subrayado
la interesante frase que se explica por sí misma. Con gran precisión, el texto distingue
entre los colonos púnicos y los pueblos indígenas de la región del Estrecho, es decir, los
tartessios; ambos —carthagineses y tartessios— hacían, pues, la ruta del Atlántico norte,
en busca del estaño de las Oestrymnides.

En relación con estas navegaciones está la famosa expedición de Himilcon. Ésta tuvo
lugar, al parecer, al mismo tiempo que la de Hannón (17), pero con objetivos geográficamente contrapuestos: Hannón, hacia el sur del Estrecho; Himilcon, hacia el norte. Uno
y otro partieron de Gádir.

De la expedición de Himilcon, empero, estamos mucho peor informados que de la de
Hannón, y todo se reduce, en lo fundamental, a breves menciones de Plinio y de Avieno,
principalmente de este último. Reconstruyendo los hechos a medida de los informes llegados a nosotros, parece ser que Himilcon alcanzó a las islas o tierras del estaño, las
Oestrymnides, tras una navegación larga y penosa de cuatro meses (18). Es indudable
que siguió y persiguió la ruta antigua de los tartessios; pero ignoramos hasta qué punto
hubo de servirse de los conocimientos náuticos que sobre esta ruta fueron acumulados
de tiempo atrás, en Tartessós o en Gádir, por los comerciantes indígenas del estaño oes-
trymnico. No es mucho aventurar, sin embargo, que aquí, como en el caso de su con-
nacional Hannón, o en el de los griegos Meidocritos, Pytheas y Eúdoxos, los carthagineses se debieron servir, no sólo de las experiencias tartessias, sino de los mismos pilotos
indígenas que probablemente llevaban en sus naves.

De las peripecias del viaje, de si intentó o no hacer fundaciones, no sabemos realmente nada. Tampoco se nos dice cuál fué el verdadero motivo de la expedición; pero
esta laguna podemos suplirla sin hacer demasiadas fantasías, suponiendo que era el estaño el móvil principal del viaje. Esto nos parece evidente. Himilcon hubo de escribir
una relación e informe de sus exploraciones (19); pero, aparte de lo dicho, no ha llegado
a nosotros sino un conjunto de datos, en su mayoría fantásticos o exagerados y de escaso
interés científico. Avieno, siguiendo a Himilcon, habla de calmas marinas que paraliza-
ban a los navíos (20); de grandes extensiones de mar cubiertas de algas y en las cuales las
naves quedaban enredadas (21); de extensas zonas de bajos fondos, casi sin agua (22);
de animales temibles y enormes que nadaban por aquellas aguas (23). En suma, de una
serie de «terrores oceánicos» concebidos, sin duda, con el fin de atemorizar a los que,
deseosos de compartir las riquezas que proporcionaban estas navegaciones, pretendiesen
surcar las rutas enigmáticas de las Oestrymnides (24).

Pudiera ser que parte de las noticias que el poema de Avieno nos da de las tierras
atlánticas de la Península Ibérica y de las situadas a su norte, procedan, directa o indirectamente, del periplo escrito por Himilcon; pero ello no es, ni mucho menos, seguro.
Probablemente muchas son debidas a exploraciones anteriores atribuíbles a los navegantes tartéssicos más que a los cartagineses y recogidas en Gádir de viva voz, como
más tarde Poseidonio (hacia el año 100 antes de la Era) hizo con respecto a las tradiciones locales o acontecimientos allí acaecidos —fundación de Gádir, viaje de Eúdoxos de Kyzikos, mareas anuales, etc.—. Pero éstas y otras cuestiones quedan un tanto
al margen de nuestro propósito, y su desarrollo, sobre ser de poco fruto, nos llevaría
muy lejos.

Himilcon, como Hannón, hizo un viaje por orden superior; así se desprende claramente del texto brevísimo de Plinio (25). Si en los cuatro meses de la expedición (26) ha
de contarse la ida y la vuelta, no es posible decidirlo (27). Esto es, en resumen, lo poco
que ha llegado a nosotros sobre el viaje de Himilcon (28).

Tras la segunda guerra púnica, Cádiz perdió su condición de ciudad cartaginesa y se
adhirió, por pacto, como ciudad confederada, a Roma. Esta relativa independencia tuvo
que afectar también a sus negocios mercantiles con las Kassiterides. Lo probable es que
los ciudadanos gaditanos siguieran monopolizando celosamente su comercio de estaño,
procurando a toda costa ocultar a los romanos la ruta de las Kassiterides. Desde mucho
antes, parece ser que los cartagineses hundían a todo barco extranjero que se acercaba al
Estrecho. Un texto de Estrabón nos lo hace saber cumplidamente. Dice el geógrafo:
«Los cartagineses hundían todos aquellos navíos extranjeros que navegaban hacia Cerdeña y las Columnas, lo cual explica que la mayor parte de las noticias sobre las regiones occidentales sean tan poco dignas de fe» (29). Pero este estado de cosas hubo de cesar
desde el punto y hora en que las naves romanas pudieron navegar sin obstáculos por el
Estrecho y fuera de él. Fué entonces cuando los romanos intentaron conocer la ruta del
estaño. Una interesante narración, debida también a Estrabón, nos da cuenta de un hecho, que si no fué el primero ni el único, es, sí, significativo en extremo.

«En un principio —dice Estrabón refiriéndose a las Kassiterides—, los fenicios de
Gádeira constituían el único pueblo que enviaba barcos para traficar en estas islas y
ocultaba cuidadosamente a los demás las rutas que conducen a ellas. Ocurrió, incluso,
que un patrón de navío fenicio que se vió seguido por barcos romanos, cuyos pilotos
esperaban así llegar a conocer la ruta de estos emporios, varó voluntariamente, y por
puro celo nacional, en un bajo fondo, arrastrando al lugar de su propia pérdida a los que
le seguían; pero habiendo logrado salvarse él de este naufragio general, le fué indemnizado
por el Estado todo lo perdido. A fuerza de ensayar, no obstante, los romanos acabaron
por descubrir la ruta de estas islas. Fué Publius Crassus el que pasó el primero. Y como
reconoció el poco espesor de los filones y el carácter pacífico de los habitantes, dió todas
las indicaciones, pudiendo facilitar la libre práctica del comercio en estos parajes más
alejados de nosotros que lo que está el mar de Bretaña» (30). Con la hazaña de Publius
Crassus, el monopolio de la ruta del estaño dejó de ser cartaginés para hacerse libre.
La conquista de las Galias y Bretaña y la apertura del Atlántico acabó de dar solución
a uno de los misterios más atrayentes de la Historia antigua, del comercio y de la Geografía.

¿Cuándo vivió y quién era este Publius Crassus? Sabido es que Crassus se llamaba el
legado de César en las guerras de las Galias; pero no se conoce ningún hecho de tal naturaleza ejecutado por él. Es más: cuando César desembarcó en las Islas Británicas (55-54),
no tuvo sobre ellas más información que la que pudo proporcionarse de los mercaderes
galos y de un oficial llamado Velusenus (31). Por ello es más verosímil identificar este
nombre con el abuelo del auxiliar de César, llamado Publius Crassus precisamente. Éste
fué procónsul en la España Ulterior en 96-94, y recorrió, en son de guerra, parte del litoral atlántico de la Península. Por tanto, el descubrimiento de la vieja ruta del estaño
por los romanos debe datarse en esta época de comienzos del siglo I a. de J. C., y ello,
como se ve, partiendo de España y no de las Galias. Probablemente Crassus se ayudó
de marineros españoles para su empresa (32).

Las pesquerías de las costas occidentales de África.

Ya desde tiempos imposibles de fijar, pero de cierto muy remotos y anteriores a las primeras fundaciones fenicias en el lejano Occidente, los pueblos atlánticos de la Península Ibérica debían tener extenso conocimiento de las costas africanas que se extienden hacia el Sur. La proximidad de ambos continentes, cuyas tierras son visibles la una desde la otra y a simple vista —la anchura mínima del Estrecho es de sólo 14 kilómetros—; las relaciones comerciales o de otro orden que, sin duda, debieron mantener en todo tiempo los habitantes de ambas costas; el origen común —ibero-líbico— de los pueblos de una y otra orilla; las corrientes y vientos favorables a estas comunicaciones, y, sobre todo, el carácter marinero de los pueblos ibéricos de la Andalucía atlántica —carácter que estuvo presente siempre en su historia—, son razones de peso para poder afirmar ya *a priori* que gran parte de las costas occidentales del vecino continente no fueron nunca un misterio para los pueblos que habitaron la faja litoral que se extiende entre el cabo de San Vicente y el Estrecho.

Sería absurdo sostener que los tartessios —a quienes hemos visto poco antes mantener estrechas relaciones marítimas con Bretaña, las Islas Británicas e Irlanda, antes de los fenicios— no estuviesen capacitados para navegar hacia el Sur, a lo largo de las costas mauritanas y hasta parajes muy alejados; tanto, por lo menos, como lo está Cádiz de Irlanda.

Mas es, sin embargo, cierto que de ello no tenemos textos tan remotos como aquel de Avieno que ilustra autorizadamente los viajes tartessios hacia el Norte. Se explica este vacío porque hacia el Sur no navegaban los tartessios en busca del solicitado estaño —mercancía que en el segundo milenio anterior a J. C. era la más preciada y la más útil—, sino en busca del humilde pez necesario a su sustento diario. La Historia, aun en nuestros días, registra y anota con cuidado los viajes y las rutas comerciales de rica vena; pero suele olvidar o posponer las simples navegaciones de los pescadores. Avieno —o, mejor, el anónimo autor del periplo contenido en la *Ora Marítima*— no deja escapar la ocasión de hablarnos del estaño y de las navegaciones de tartessios y fenicios en su busca, pues este comercio interesaba a todos; pero desdeña el anotar los viajes de los humildes pescadores gadeiritas por las costas mauritanas, por los mares canarios, por el litoral sahariano, tan ricos entonces como ahora en pesca de todo género. Aun hoy día, los pescadores del Algarbe, de Huelva y de Cádiz, salen a pescar hasta la región del Río de Oro y Canarias y, más al Sur, hasta Cabo Verde, buscando los riquísimos bancos de pesca de aquellas aguas. Estas pesquerías, aunque en escala que desconocemos, se explotaban ya también muchos siglos antes de nuestra Era. Los pueblos ribereños que antiguamente habitaban entre Lisboa y el Estrecho vivían —como aun hoy—, sobre todo, de la pesca de altura. Todos los restos arqueológicos conocidos a lo largo de esta faja litoral son, sin excepción, aldeas de pescadores y saladores de pescado. Por si fuera poco, Cádiz tenía como emblema de la ciudad dos atunes, que figuraban estampados en el reverso de sus monedas. El atún era, en efecto, el pez que más importancia tuvo en la antigüedad para estas ciudades, cuya población se dedicaba en su mayor parte a la salazón de pescado.

Condiciones marineras de los tartessios.

De toda esta extensa zona litoral entre el cabo de San Vicente y el Estrecho, la región, más activa, la más marinera, era, al parecer, la llamada propiamente tartessia, es decir la que estaba comprendida entre la desembocadura del Guadiana y el Estrecho, con sus dos ciudades principales: una, de abolengo indígena, Tartessós; otra, de fundación fenicia, Gádir. En Tartessós debió residir primero el centro marinero de toda la Andalucía atlántica. Fundada Gádir por los fenicios con miras a beneficiarse de los metales, para sus negocios con el extremo opuesto del Mediterráneo, la prosperidad de Tartessós fué decreciendo desde el año 1000 a. de J. C. hasta el 500; fecha que, si no es la de su destrucción —esto no puede afirmarse—, es, sí, la de su definitiva decadencia. En la etapa cartaginesa era Gádir el centro de las navegaciones atlánticas y el negocio del estaño debió de estar ya todo o casi todo en manos de los púnicos gaditanos.

Pero hay que advertir que si bien el gran comercio estaba en manos púnicas, es decir, en manos de los colonos cartagineses —armadores, exportadores, negociantes, etc.—, es también cierto que la población humilde, esa población que forma la masa mayor de una ciudad o colonia y que se emplea en faenas de menos lucro, como la pesca, no era cartaginesa, sino indígena, tartessia. Ahora bien, estas gentes vivían, como siglos antes, de la pesca y de las salazones; eran ellas, y no la capa dominadora de comerciantes ricos y empresarios potentes, la que navegaba todavía en las rutas del estaño o las que iban en sus humildes barcas a pescar por las costas marroquíes y saharianas. Los fenicios y cartagineses no hicieron —y esto es de gran importancia— sino seguir las rutas abiertas por los tartessios, de los cuales aprendieron los secretos de la navegación atlántica, ya en su viaje del estaño, ya hacia las pesquerías de las costas africanas. Poco ha hemos visto los textos referentes a las navegaciones por el Atlántico septentrional y se recordará que estos navegantes indígenas son citados expresamente en estas empresas; al principio, como únicos (33); luego, compitiendo con los colonos y empresarios cartagineses (34). Tócanos ahora presentar los textos que nos hablan de sus navegaciones por las costas africanas.

Los pescadores gaditanos en las costas africanas. Los atunes varados.

En el seudo Aristóteles (35) se encuentra esta relación, tomada, al parecer, de Timeo: «Se dice que los fenicios que viven en la llamada Gádeira y navegan por fuera de las Columnas Herákleias, impelidos por el viento apeliota, llegan en cuatro días a unos lugares deshabitados llenos de juncos y sargazos, que no están cubiertos durante la baja mar, pero que se inundan en la pleamar y donde se hallan abundantemente los atunes, asombrosos por su tamaño y grosor, cuando en ellos quedan varados.» Henos, pues, aquí ante un texto muy claro que nos habla de las pesquerías de atún en las costas africanas. Estos «fenicios» son, naturalmente, los pescadores de Cádiz y su región, es decir, gentes indígenas de las cuales se servían los negociantes púnicos. A esto añadiremos luego textos aún más evidentes (36).

La rara noticia de que los atunes quedaban varados en la playa al retirarse la marea es repetida luego por Plinio, pero aplicada a las Fortunatae Insulae. De las que —siguiendo al sabio rey de Mauritania, Iuba, citado al comienzo del párrafo por Plinio— dice: «Estas islas son infectas por la putrefacción de los peces que la mar arroja constantemente a sus playas» (37).

La isla paradisíaca y su riqueza pesquera.

Diodoro, al describirnos una isla atlántica paradisíaca, recoge otra noticia referente a la riqueza pesquera de esta zona atlántica sita entre el continente africano, Madeira y las Canarias: «El mar que baña esta isla contiene gran número de peces, porque el Océano es por naturaleza rico en ellos» (38).

Cómo llegaron a esta isla los púnicos refiérelo el mismo historiador en el párrafo siguiente (39): «Esta isla era desconocida antes a causa de su gran distancia del continente. Fué descubierta de este modo: Los fenicios exploraron las costas sitas al otro lado de las Columnas y navegaron a lo largo de Libia, siendo impelidos por grandes vientos hacia muy adentro del Océano. Tras muchos días de tempestad, arribaron a la isla ya mencionada, y habiendo experimentado la bondad y naturaleza de ella, a todos se lo comunicaron.»

De nuevo se trata aquí también de conocimientos proporcionados por los marineros y pescadores tartessios, a los cuales siguieron luego las explotaciones púnicas, más en regla y probablemente con fines comerciales. Nótese que se habla, primero, de una navegación a lo largo de Libia, es decir, en este caso de Marruecos, y luego de la consabida tempestad, la cual, si bien es contingencia muy posible, en muchos casos sólo pretende ocultar la verdadera ruta y atemorizar al ingenuo navegante que pretendiese buscar la isla en cuestión (40). Respecto a la fecha de esta noticia, poco puede decirse. Diodoro habla aquí de «fenicios»; pero esta designación se usaba también en época puramente cartaginesa y para cartagineses. Parece, no obstante, que alude a hechos anteriores al viaje de Hannón (hacia el 500 a. de J. C.).

Los llamados «caballos» gaditanos.

Poseidonio, con motivo de narrar el famoso y enigmático viaje del kyzikeno Eúdoxos, refiere que en Gádir, aparte de los grandes navíos que armaban los ricos comerciantes, había otros más pequeños, de las gentes pobres, de los pescadores, «a los que llamaban caballos, a causa de la figura de sus proas; con ellos pescaban —añade la narración poseidónica— a lo largo de las costas de Mauretania, hasta el río Lixus» —el actual Draa, que desemboca poco más al sur de Agadir— (41).

Extraña atribución a los pescadores gaditanos
de la circunnavegación de África.

De la misma narración poseidónica se deduce, además, que la fama de los pescadores gadeiritas era tal, que hacia el tiempo de Eúdoxos —fines del siglo II a. de J. C.— había llegado a impresionar a los navegantes del gran puerto de Alejandría, al otro extremo del Mediterráneo, sin duda por lo atrevido de sus empresas y las noticias de tierras extrañas que por su medio llegaban a Cádiz y de allí al resto del mundo. Los pilotos más expertos de Alejandría llegaron a creer posible que alguna de estas embarcaciones de pescadores alcanzasen el mar Rojo circunnavegando el África. La suposición no es absurda si se tiene en cuenta que entonces la masa continental africana se creía mucho menor. Esta fama hállase testimoniada por la curiosa anécdota —muy verosímil— que cuenta Poseidonio, según la cual Eúdoxos halló en las costas africanas del Océano Índico una proa de navío, de madera, con una figura de caballo tallada, acerca de la cual le dijeron los indígenas que era el resto de cierta nave allí naufragada y que venía de Occidente. Con ella Eúdoxos regresó a Egipto. De vuelta de Alejandría, Eúdoxos «llevó al puerto la proa, donde, habiéndola mostrado a los pilotos, supo de ellos que era el resto de una nave de los gadeiritanos» (42).

Los marineros gaditanos y las Islas Afortunadas.

La primera noticia que tuvo Sertorio de las Islas Afortunadas fué por boca de unos pescadores con los que casualmente se encontró éste al desembarcar en las playas cercanas a Cádiz. «Allí —dice Plutarco— vió unos marineros que acababan de llegar de unas

islas del Atlántico» (43). Esto acaeció hacia el año 82-81. Por estas fechas, la navegación a las Canarias —pues éstas son las islas aludidas— era, por lo visto, relativamente
normal. Estos marineros debían de ser simples pescadores de aldea, puesto que Sertorio
desembarcó clandestinamente cerca de la desembocadura del Guadalquivir, buscando
de intento un paraje poco frecuentado. Las Canarias debían de ser conocidas de mucho
tiempo antes, si bien son éstas las primeras noticias ciertas de su conocimiento que han
llegado a nosotros.

Cádiz, ciudad de marineros.

Veamos ahora las palabras, llenas de admiración, que Estrabón dedica a la índole
eminentemente marinera de los gaditanos. «Sus habitantes —dice— son los que navegan
en más y mayores naves, tanto por Nuestro Mar (Mediterráneo) como por el Exterior»
(Atlántico). «La mayoría —continúa— viven en la mar y son pocos los que residen en
sus casas.» Y más adelante: «En ella —alude a Dídyme, una especie de barrio de Cádiz—
residen pocos, pues todos pasan en la mar la mayor parte del tiempo» (44). El mismo
Estrabón afirma en otro lugar que «esta isla —Gádir era isla entonces—, gracias a la in-
trepidez de sus habitantes en las cosas del mar y a su adhesión a los romanos, ha experimentado un tal incremento en su fortuna de todo orden, que, a pesar de alzarse en el extremo de las tierras, es la más famosa de todas» (45). Además, dice en otro párrafo que
Gádir «sobresale por sus empresas marítimas» (46).

No se puede pedir una claridad mayor sobre el punto que estamos persiguiendo; es
decir, sobre las condiciones náuticas de los gaditanos, del pueblo anónimo gaditano en
general, de pescadores y marineros; no de la capa cartaginesa superior, dominante: la de
los banqueros, de los ricos mercaderes, de los potentes armadores, los que tenían en su
mano las industrias más lucrativas y exportaban a Roma y otros lugares los minerales
y los productos agrícolas de la Bética y la Lusitania; las conservas de Cádiz, Baisipo,
Bailon y otros puntos. Éstos no navegaban. Tenían a su servicio barcos grandes, que
eran tripulados por marineros salidos de las capas humildes de pescadores y conducidos
por expertos pilotos de la misma procedencia. Los que no tripulaban estos grandes navíos
de comercio salían a la mar muy lejos, en navegaciones que duraban días, tripulando sus
barcos pequeños, sus «caballos», en busca del pescado destinado a las fábricas de salazón.
Por ello, en Cádiz no vivía habitualmente sino una mínima parte de su población efectiva, como Estrabón recalca.

El gran comercio estaba todo en manos cartaginesas —y, en la época a que pertenece
la narración estraboniana también de latinos y griegos—. Sus condiciones de traficantes
expertos les llevó a explotar en su beneficio las excepcionales condiciones de los indígenas para las faenas del mar. De ellos supieron el camino del estaño; de ellos aprendieron
también la ruta a las islas atlánticoafricanas, tantas veces recorridas por los pescadores.

*Las pesquerías gaditanas de la costa
del Sahara y el viaje de Hannón.*

A la luz de estas consideraciones, cobra nuevo aspecto el viaje famoso de Hannón
por las costas de África. La serie de fundaciones coloniales efectuadas en este viaje se
distribuyen precisamente por toda la costa occidental de África y terminan en Kerne,
última colonia fundada entonces. Esta Kerne estaba precisamente al sur del Sahara español y coincidía, por tanto —lo que no es mera casualidad— con el extremo de la zona
marítima pesquera de estos bancos de pesca que visitaban los pescadores gaditanos.

A mi juicio, el viaje de Hannón no tuvo otro fin que el de organizar e «industrializar» la explotación de esta riqueza; del mismo modo que Himilcon, su coetáneo —y esto ya no es nuevo, sino de todos sabido—, persiguió el mismo fin con el estaño de las Kassiterides. Vemos, pues, ahora con claridad para la ruta africana lo que ya se sabía respecto a la británica; es decir, que en una y otra los cartagineses no hicieron sino seguir la estela de las naves tartéssicas. Sus descubrimientos no son propiamente suyos, sino consecuencia de otros ajenos. Los pilotos que en estas expediciones llevaron no eran cartagineses, sino tartessios, y las tripulaciones no eran tampoco púnicas, sino ibéricas. Era púnica la empresa; su carácter mercantil; su organización, sabia y meticulosa; la gran amplitud de miras, y, desde luego, sus jefes superiores, sus generales: Hannón fué uno de ellos.

El comercio regular de Cádiz con
las costas del África occidental.

A partir del viaje de Hannón, debió de haber ya relaciones comerciales regulares con las tierras del occidente de África. Caelius Antipater, el analista romano del tiempo de los Graco (130 a. de J. C.), contaba que conoció a un navegante que, partiendo de la Península Ibérica, marchó, con fines comerciales, a las costas etiópicas (47).

Estrabón (48), por su parte, da a entender la existencia de una regularidad o normalidad en estos viajes comerciales, de los cuales venían noticias muy curiosas sobre los pueblos de aquellas partes de África. «En Libia (África) —dice Estrabón—, si hemos de dar crédito a las relaciones hechas por los mercaderes de Cádiz, como lo han dado ciertos autores que cita Artemidoro, más allá de la Maurusia, en las vecindades de los etíopes occidentales, viven los *lotophágoi*.»

En otra noticia por el estilo atribuída a Éforo (siglo IV) y recogida igualmente por Estrabón, se dice que «dos tartessios —nótese que aquí ya no se alude a los gaditanos ni a los fenicios ni a los cartagineses— referían que los etíopes invadieron la Libia (África), llegando hasta el Dyris (Atlas); mientras unos se quedaron allí, otros ocuparon buena parte de la costa» (49). Lo que indica de nuevo una buena información de los hechos acaecidos en la zona occidental de África. Para la época romana los hallazgos arqueológicos y los textos probatorios de estas relaciones son ya muy numerosos. Pero su presentación cae fuera de lugar aquí.

De todo ello resulta claro el espíritu marinero de estos pueblos y nos permite retrotraer estas noticias referentes a Gádir a tiempos mucho más remotos, para los cuales tampoco faltan referencias similares. Los gaditanos de que habla Estrabón sobre noticias oriundas en su mayoría de Poseidonio, que estuvo en Cádiz hacia el año 100 a. de J. C., son, sin duda, los mismos tartessios que en fechas mucho más remotas viajaban por el Atlántico en busca del estaño nórdico o de las pesquerías africanas.

¿Dónde estuvo la ciudad de Tartessós?

El problema planteado por esta interrogante es, acaso, el que ha suscitado en los últimos tiempos más opiniones, y es, desde luego, el más cuestionable. Para simplificar la exposición del estado actual de este interesante —aunque, en cierto modo, vano— problema, vamos a partir del supuesto hoy día más corriente y más generalizado de que Tartessós es un término geográfico que debe fijarse en España y concretamente en el curso último del Guadalquivir. Supuesto lo dicho, y prescindiendo de otra tesis que lo coloca en Túnez, hallamos que en los textos griegos el nombre de Tartessós y sus derivados se

nos presentan como designando un reino, un pueblo, una región, un río, un monte y, finalmente, una ciudad. Ninguna de estas alusiones o designaciones se excluyen. Además,
todas coinciden en poder ser reducidas a la misma comarca o región de la Península
Ibérica. Es obvio que el río parece ser el Guadalquivir; la región sería la Tartesside, llamada también, según otra forma emparentada con ella, Turdetania, la cual corresponde
a la zona del bajo Guadalquivir. El pueblo es el de los tartessios, llamados de otros modos turdetanos y túrdulos; el monte sería tal vez cualquiera de las cumbres orográficas
de la región de Cádiz, cumbres visibles desde el mar; el reino, de extensión variable,
tendría su sede originaria y permanente en el bajo Guadalquivir, igualmente. En cuanto
a la ciudad, veamos el problema más despacio.

Entre todas las designaciones enumeradas, aparece también, ya desde fecha muy
temprana, la de la ciudad de su nombre, sin duda capital de la región y del pueblo homónimo y asentada sobre el río de idéntica nomenclatura. Esta ciudad se suele llamar en
los textos Tartessós. No siempre, sin embargo, es posible saber si éstos se refieren a la
ciudad, a la región o al reino; pero es el caso que no faltan tampoco las alusiones concretas a una *polis*, es decir, a una ciudad, aunque a esta palabra le demos más bien el
sentido griego de ciudad-estado que el latino de centro urbano, de *urbs*. Como, además,
hay escritos posteriores que hablan de la ciudad como fenecida e intentan a veces hasta
precisar su situación, ello demuestra la existencia de un grupo urbano con este nombre.

Ahora bien, ¿dónde estuvo esta concentración urbana que llamaron Tartessós? A este
punto vienen a converger todos los estudios sobre el caso, sin que hasta el día ni las hipótesis ni las catas hechas acá y allá en busca de comprobantes hayan dado resultado positivo alguno. Esta es la realidad, y lo dicho debiera ser el final de este párrafo acabado de
comenzar. Pero el tema ha sido y sigue siendo de tanta actualidad, y arrastra consigo
tanta inquietud novelesca, que conviene, aunque no sea más que como informe y como
resultado desapasionado, dar aquí un breve resumen de los intentos hechos para localizar la ciudad y de las posibilidades más dignas de consideración en vistas al futuro; a
un futuro en el que hemos de esperar más la ampliación de nuestros conocimientos sobre
la arqueología tartessia, en general, que el hallazgo efectivo y real de esta problemática
ciudad de historia y mitología tan vaga como atrayente.

Ya de antiguo la tesis tradicional española (50) era que Tartessós hubo de estar en
las actuales Mesas de Asta, cercanas a Jerez y asiento de la ciudad iberorromana de Asta
Regia. Mas no por ello dejaron de formularse nuevas ideas sobre su posible emplazamiento.
Una de ellas fué la de situarla en los arenales marismeños del coto de Doñana, fronteros
a Sanlúcar de Barrameda, en la desembocadura del Guadalquivir (51). Las excavaciones
acometidas en 1922-1925 en dicho lugar no dieron otro resultado que el hallazgo de los
restos de una aldehuela romana de baja época, asiento de pescadores humildes, y nada
más que fuese digno de servir de argumento favorable a la tesis en vías de comprobación (52). Desechada esta opinión, tanto por fracasada como por la imposibilidad material de que en terrenos tan bajos y tan poco firmes pudiera haber existido dicha ciudad,
se abrió el campo libre para cualesquiera otras hipótesis (53). Entre ellas, se abrió paso,
por su interés, sobre todo, la de Mesas de Asta, sitas cerca de Jerez y asiento de una
gran ciudad romana. Esta tesis está en camino de comprobación. Hasta el día, empero,
no han surgido de las catas hechas por bajo del nivel romano nada que autorice a decir
que, en efecto, estuvo allí, y no en otro lugar, la misteriosa ciudad (54). Los estudios
sobre el tema, sin embargo, se han estimulado con todas estas indagaciones y han apare-

cido recientemente una buena cantidad de libros y ensayos de consideración, en los cuales brilla, por lo general, una gran preparación científica sobre el caso, aunque, a veces, también una excesiva pasión (55). Otra de las hipótesis, a mi juicio, injustamente olvidada es la de su posible localización en Huelva, o cerca de ella: por ejemplo, en la isla de Saltés (56). La tarea es ardua y creo se ha de adelantar poco yendo a explorar con ideas preconcebidas de acierto. Lo necesario es considerar que cualquiera de los yacimientos de la región de Cádiz, y aun de Huelva y Sevilla, pueden dar en su exploración, ya que no la propia ciudad, por lo menos indicios de la posible situación de Tartessós. No sólo el mismo Jerez —castillo de Doña Blanca, el Alcázar y la Cartuja— y las Mesas de Asta, sino el subsuelo precartaginés de Cádiz y la Isla de León; las regiones de Sevilla (capital), Santiponce, Carmona, Huelva, Saltés, etc., son puntos del bajo Guadalquivir y del Guadalete que pudieron albergar algún día el caserío de Tartessós o, por lo menos, darnos idea de la cultura que esta ciudad y su región debieron gozar hacia la primera mitad del siglo último anterior a Cristo, cultura de la que estamos tan mal informados.

Los comienzos de nuestra historia.

Con lo referente a Tartessós, cuyas alusiones más remotas entran, sin duda, en el segundo milenio anterior a J. C., y con la creación, algo posterior, pero dentro aún del mismo milenio, de Cádiz (materia del capítulo siguiente), abandona España la prehistoria y entra de lleno en su período protohistórico. En este momento nos ha parecido oportuno tratar brevemente de los nombres remotos con que fué conocida España y del origen de este nombre, ya consagrado hace muchos siglos por el uso universal.

Los más primitivos nombres de España.

En términos latos, para cualquiera de las grandes culturas de Oriente, incluso la griega, el conocimiento del occidente de Europa llevó consigo el de España o, mejor, el de la Península Ibérica, tomando esta designación en sentido estrictamente geográfico. Desde este punto de vista podría decirse, y se ha dicho con frecuencia, que su nombre primitivo es el de Hesperia. Ello puede aceptarse sin compromiso, pero advirtiendo que no se tienen en cuenta aquí sino los documentos griegos llegados hasta nosotros, y que se prescinde en absoluto de otros púnicos muy anteriores y de los cuales no han subsistido hasta el día sino ligeros indicios. ¿Cómo llamaron los fenicios a lo que hoy conocemos como Península Ibérica? En el *Libro de los Jubileos*, texto muy viejo, que contiene, al parecer, la descripción de un planisferio fenicio, datable, poco más o menos, en los comienzos del último milenio a. de J. C. (véase pág. 323), se llama, o parece llamarse, a esta región del remoto Occidente Meschech, acaso tomando en sentido lato el nombre de un pueblo que podría identificarse con el posteriormente conocido con el nombre de mastienos o massienos, pueblo citado en textos griegos bastante más modernos como habitante de la costa Sur y Sudeste, por lo menos entre Málaga y el Segura. Su capital era Cartagena, que en tiempos precartagineses se llamó Mastía o Massía, que encierra la misma raíz. En los demás textos bíblicos, sin duda posteriores en su redacción al de los *Jubileos*, esta designación desaparece por completo, para ser substituída por otra más concreta y restringida, por la de Tarschisch, sobre cuya identidad con el término griego Tartessós ya nos hemos ocupado líneas antes (pág. 284). Ahora bien, el término Tarschisch, aunque no es nada preciso, por lo que toca a su extensión geográfica, no cabe duda que en tiempos remotos —hacia el año 1000— hubo de significar para los fenicios una tierra sita al

Occidente, en el extremo del Mediterráneo, equivaliendo quizá, y por consiguiente, a todo lo que hoy llamamos Península Ibérica, sin que ello implique el conocimiento del carácter peninsular de ésta.

En todo caso parece ser que estas designaciones son más viejas que las contenidas en la *Theogonia* hesódica, donde vemos por vez primera empleado el término Hespérides, del cual vamos a tratar ahora brevemente. En efecto, en el lejano Occidente, en el Océano, estaba el famoso «Jardín de las Hespérides». La voz griega «Hésperos» significa precisamente «la tarde», «el anochecer», y por extensión, tomándolo en sentido espacial, geográfico, «el Occidente», «el Ocaso», el lugar, en suma, por donde aparece la noche, por donde el sol se pone. Pero este término es extraordinariamente vago; para los griegos primitivos, o para aquellos autores helenos poco informados, Hesperia, o el país del Occidente, podía ser, y de hecho lo era, la tierra sita inmediatamente a su lado occidental; así vemos que tal designación recae a menudo en Italia, a la que realmente se le llamó Hesperia. Luego, y a medida que los conocimientos geográficos de los griegos fueron ampliando la extensión del mundo, este término hubo de emigrar hacia el Occidente hasta alcanzar el *finis terrae*, es decir, el Océano inmenso o, en otras palabras, el extremo del orbe conocido. Es entonces cuando Hesperia significa latamente tanto la Península Ibérica como el extremo occidental de África (el Marruecos atlántico). En el poema hesiódico es éste ya el concepto implícito, puesto que se sitúan las Hespérides y su jardín en los confines de la tierra, allá por donde se dilata el inmenso Océano que circunda la tierra. Estrabón, para el cual los versos homéricos tienen el valor de ciencia pura y de fuente geográfica, insiste en su famoso tratado en que Homero alude claramente a estos países del remoto Occidente, y saca a colación no sólo las referencias a las Hespérides, sino otras más simbólicas y abstractas esparcidas acá y allá en la *Ilíada*, y aún más en la *Odisea*. Este tema, aunque contiene puntos en extremo interesantes para la historia de los conocimientos del mundo en la Antigüedad, se aparta, empero, decididamente del problema que aquí nos ocupa, en beneficio del cual sólo cabe deducir que el término Hespérides en Hesíodo no alude concretamente a España, pero sí que ésta va implícita en él como una de sus partes, por el momento innominada.

No son más explícitos los versos contenidos en el viejísimo documento geográfico conocido por *Ora Maritima*. Como en otro lugar se expone, este poema utiliza fuentes en extremo vetustas (págs. 542 y sigs.). No es posible por el momento fechar con cierta precisión el texto por el cual parece ser que a la Península Ibérica se la conoció por algún tiempo con el nombre de Ophioussa, o tierra de las serpientes (ὄφις = culebra, serpiente). Los versos que se refieren a ello parecen claros en este aspecto y dicen así: «después (de Oestrymnis, que aquí hemos de identificar con la Bretaña francesa) se descubre un gran golfo de extenso mar (el golfo Cantábrico) hasta Ophioussa. Luego, desde este litoral hasta el Mar Interno (Mediterráneo) se ofrece para el caminante una vía de siete días. Ophioussa ofrece tanta anchura como... presenta la isla de Pelops (península de Morea o Pelopónnesos)...» (versos 144 y sigs.). El sentido es claro, y la comparación con la península del Peloponeso acentúa, salvo el error de dimensiones, la identificación con España y aún más el conocimiento de su carácter peninsular, conocimiento debido aquí a los navegantes que hacían el comercio del estaño con Galicia, Bretaña y Cornualles, y que después se perdió para la ciencia geográfica, para volver a descubrirse (al menos juzgando por los textos conocidos) tras el viaje o los viajes de Pytheas el massaliota, hacia fines del siglo IV a. de J. C. Si este nombre lo dieron los focenses o cualquiera de los grie-

gos que recorrieron antes estos parajes en la época más remota de sus navegaciones por
el lejano Occidente, es cosa que tampoco se puede precisar. En todo caso, Ophioussa
parece haber sido un término geográfico aplicado concretamente a España o, por lo
menos, a una gran extensión de ella. Por los párrafos transcritos parece ser, empero, que
cuadra más a la zona occidental de la Península, es decir, a la parte atlántica, que a toda
ella en conjunto.

El nombre de Iberia.

En los textos griegos que hablan de España concretamente, y con más conocimiento
de ella y sus cosas, aparece ya desde el comienzo el nombre de 'Ιβηρία, Iberia, como correspondiente a la Península. Es más: aun cuando entre los romanos, como luego veremos, se
usó siempre el de Hispania, no obstante, estaba el de Iberia tan arraigado entre los griegos
que se siguió empleando incluso por aquellos escritores que viven en plena época romana
imperial. Sabido es que una de las fuentes básicas en que se apoyó Avieno para redactar su
famoso poema *Ora Maritima* es, al parecer, un viejo periplo, de origen griego acaso, datable en el siglo VI a. de J. C. y en el que se describen las costas de España. Pues bien; en él
vemos ya, por vez primera (57), empleado el nombre de Iberia (aquí en la forma de Hiberia,
de la cual se hablará luego). Pero este texto, como los de Hekataíos, conocidos a través de
Stéphanos de Bizancio (siglo VII), no son directos; por tanto, cabe la posibilidad de que los
nombres *Iberia* o *íberes* sean aclaraciones del refundidor y no menciones del autor refun-
dido. La primera cita directa no aparece hasta Herodoto (mediados del siglo V), donde ya
se mencionan a los «iberos» y a Iberíe (*sic*, a lo jonio), en lugar de Iberia.

¿De dónde vino el nombre de Iberia? El texto de la *Ora* que acabamos de recordar nos
lo dice explícitamente, teniendo de ventaja sobre otros su mayor antigüedad. Al describir
el litoral de la región de Huelva, el mencionado periplo cita un río, acaso el actual Tinto,
o el Odiel, al cual llama Hiberus, y dice a continuación: «Muchos sostienen que de él han
recibido su nombre los hiberos y no del río que corre por entre los inquietos vascones.
Y toda la tierra que está situada en la parte occidental de dicho río es llamada Hiberia;
en cambio, la parte oriental es la que contiene a los tartesios y los cilbicenos» (58). Si
prescindimos del párrafo donde habla de los vascones (que a juicio de muchos es una
aclaración interpolada por Avieno o por cualquiera de sus predecesores en el manejo del
texto primitivo, lo que parece cierto), queda en el texto prístino que los iberos y el Iberus
estaban en la región del Sur, más concretamente en la de Huelva, y antes, por tanto,
de las Columnas de Hércules (Gibraltar). Es curioso que el nombre de Hiberus o Iberus,
aplicado a este río de la zona de Huelva, es muy viejo, tanto que ya no se vuelve a citar
en otras reliquias literarias llegadas a nosotros, cosa que acaece, como es sabido, con
otros muchos nombres contenidos en el viejísimo texto que sirvió de base para la *Ora
Maritima*.

Sin embargo, la referencia de la *Ora* podría ser discutible de no existir la circunstancia de haber llegado por casualidad una cita muy antigua también, aunque algo posterior (datable en el siglo V a. de J. C.), en la que vemos situados a unos iberos precisamente en la región de Huelva, junto a los tartessios también y claramente diferenciados
de ellos. El autor es Heródoros de Herákleia, que escribe hacia el 420. En el texto tales
entidades étnicas son enumeradas de Este a Oeste, y dice así: «A orillas del Mar Sardo
(Mediterráneo occidental) habitan, en primer lugar, los libyfenicios, colonos cartagineses
(zona costera entre Almería y el Estrecho); después, según dicen, están los tartessios
(región del Bajo Guadalquivir); a su lado están los iberos» (59). Los «íberes» de este

documento eran, pues, los mismos que son citados en el texto de Avieno, y, por lo tanto, uno y otro acreditan su antigüedad.

Otro texto mucho más tardío, pero de gran autoridad, viene a decir lo mismo y confirmar, por tanto, a los dos anteriores. Hállase en Estrabón, pero procede, como declara explícitamente el geógrafo, de un tal Asklepiades de Myrleia, ciudad de la Bythinia, en Asia Menor. Este escritor estuvo largo tiempo en Andalucía hacia el siglo I a. de J. C., donde enseñaba «grammatica»; escribió también una descripción de los pueblos turdetanos, perdida, pero utilizada por Estrabón; pues bien, de ella procede esta frase: «Según algunos, el nombre de Iberia no designó más que la región de la parte de acá del Iber, a cuyos habitantes en un principio llamaban igletes, y ocupaban una pequeña región, al decir de Asklepiades el Myrleanós» (60). Según este párrafo, parece ser que se llamó Iberia por el Íber, que hoy llamamos Ebro; pero repárese que el texto dice que es el Íber, que pasa por una pequeña región ocupada por los igletes, así llamados antiguamente. Ahora bien, ¿quiénes eran estos igletes? Pues estos «igletes», llamados también «glétes», según Theópompos (siglo IV) (61), eran gentes que ya desde tiempos del periplo contenido en la *Ora* (siglo VI a. de J. C.) ocupaban precisamente la región de Huelva, donde son citados con el nombre de ileates (62), que luego no vuelven a ser mencionados y menos en la región del Ebro. De fuerza probatoria inferior es la cita de Estrabón, en la que, aludiendo a Ónoba, Huelva, la llama πόλις Ἰβηρίας, «ciudad de Iberia» (63).

¿Qué interpretación cabe hacer de estos hechos? A mi juicio, tanto los púnicos como los griegos, la región de España que conocieron antes y mejor no fué la del Este, sino la del Sur. En el Este no tenían qué buscar ni en qué comerciar, mientras en el Sur, desde tiempos inmemoriales, existían ricos emporios y centros mineros de gran importancia, de los cuales uno, y no el menos valioso, estaba precisamente en la región de Huelva, con sus minas de cobre, y otro, el de Tartessós, cercano a él, de fama entonces universal por sus depósitos de minerales traídos del interior, y sobre todo de estaño oriundo de Galicia y las Bretañas, tanto francesa como inglesa. No es una casualidad que hacia el año 1000, poco más o poco menos, se fundase en las cercanías de ambos emporios la ciudad de Gádir, la colonia fenicia más antigua de todo el Occidente; ni que los griegos se estableciesen cerca de ellos también al crear la colonia de Mainake (al este de Málaga), la más occidental asimismo del mundo griego; ni que los focenses estableciesen lazos de amistad con Arganthonios, rey de Tartessós; ni que en Andalucía se hayan encontrado los más viejos testimonios de relaciones con griegos y púnicos, y en ella hubiese florecido la cultura más desarrollada de toda la Península; ni que allí entrase la romanización antes y mejor que en ninguna otra provincia del Imperio. Todo ello muestra bien a las claras que griegos y púnicos hubieron de conocer antes estas regiones que las del Ebro, donde no había puertos fáciles, ni riqueza agrícola, ganadera o mineral con que atraer a los mercaderes extranjeros.

De la región de Huelva el nombre de Iberia hubo de extenderse al resto de la Península, mejor dicho, de la parte que fueron conociendo los griegos paulatinamente conforme ampliaban el área de sus navegaciones. Así, pues, en los textos griegos el nombre de Iberia se aplica indistintamente a toda la zona peninsular conocida por ellos, pero no necesariamente a toda la Península. Polybios, por ejemplo, a mediados del siglo II a. de J. C., distingue (en III, 37, 10-11) claramente lo que es Iberia de lo que no es, y dice estas elocuentes palabras: «Se llama Iberia a la parte que cae sobre Nuestra Mar desde las Columnas Hérakleas; mas la parte que cae hacia el Gran Mar o Exterior no tiene nombre común a toda ella a causa de haber sido reconocida recientemente.» Alude a la campaña de Brutus *el Callaicus*, o Gallego, del año 138, fecha desde la cual a esta zona del NO. hispánico se llamará en lo sucesivo Gallaecia, pero no Iberia, nombre que, aunque comprende también a aquél, no se emplea explícitamente para aludir a esta región.

Cabe, empero, preguntar: ¿entonces cómo es que los textos más recientes se expresan siempre como si el nombre de Iberia procediese del río Íber = Ebro? Pues, probablemente, porque éste, una vez conocida la Península, llamó la atención por su mucho caudal y su gran extensión, al paso que el otro era insignificante, y quién sabe si para entonces había ya cambiado su nombre, como parece deducirse del silencio posterior y de un texto de Plinio, en el que los actuales Tinto y Odiel aparecen con otros nombres, con los de Luxia y Urium. Como los griegos eran muy dados a sacar explicaciones históricas, mitológicas y etimológicas de los nombres geográficos exóticos que no entendían, es fácil que cundiese la idea, luego generalizada y aceptada, de que Iberia procedía del nombre del río Íber o Ebro. No pretendo haber explicado satisfactoriamente el hecho, pero sí el aducir una posibilidad muy verosímil. Más de una vez se encuentran en el Mediodía nombres tópicos que reaparecen en el Este y Nordeste. Pudo haber un pueblo ibero y un río Íber en Huelva, y otro pueblo y río homónimos en el Nordeste; pero el tratar de explicar las causas de estas homofonías, que no son casuales, cae fuera de este lugar.

El nombre de Hispania.

Del mismo modo que entre los griegos se acostumbró siempre a llamar a la Península nuestra con el nombre de Iberia, así también entre los escritores latinos no encontramos para la misma más designación que la de Hispania. Correlativamente, si para los primeros sus habitantes se llaman «íberes», para los segundos se dicen «hispani». El nombre de Hispania aparece ya en los primeros textos latinos conocidos, fechables en su fuente por lo menos en el año 200 a. de J. C. Casualmente, de los cinco fragmentos conocidos (brevísimos, unos cinco versos en total) de la Historia Romana de Ennius *(Annales)* que pueden referirse a España, uno de ellos contiene la primera mención conocida en latín del nombre Hipania. Esta cita ha de colocarse hacia el año 200, es decir, luego del final de la segunda guerra púnica, de la hanibálica. Así, pues, el nombre de Hispania se halla ya en uno de los tres primeros autores con que se abre a la Historià la literatura latina (Ennius era algo más joven que Livius Andronicus y que Naevius). En el siglo II se debió citar corrientemente en los historiadores (tal Catón), pero en documento directo sólo lo vemos una vez en L. Casius Hemina (hacia el 150), e indirectamente dos en L. Coelius Antipater (hacia el 420). En el siglo I a. de J. C. es ya corriente en todos los historiadores. Advirtamos que lo probable es que se citase antes con mucha más frecuencia, pero como los textos directos anteriores al siglo I son rarísimos, rarísimas también son las veces en que aparece en ellos el nombre de Hispania, como hemos visto. Es un nombre, pues, mucho más reciente que el griego de Iberia, que, como hemos visto, puede calcularse en uso en pleno siglo VI. Esta diferencia de nombres la notaron ya los antiguos, naturalmente, y Estrabón dice a este respecto: «Con el nombre de Iberia los antiguos (griegos) designaron a todo el país, a partir del Rhodanós (Ródano) y del isthmo que comprenden los Golfos Galáticos (de Lión y de Vizcaya), mientras que los de hoy día colocan su límite en el Pyréne (Pirineos), y dicen que las designaciones de Iberia e Hispania son sinónimas...; los romanos han designado a la región entera indiferentemente con los nombres de Iberia e Hispania» (64). La afirmación última sobre la indiferencia entre Iberia e Hispania para los romanos es posible que fuese cierta en el habla corriente y en los círculos helenizantes y helenizados de la época de César y de Augusto; pero la verdad es que es rarísima la vez que el latino usa de la voz Iberia, al menos en los textos conservados. En cuanto a la extensión de ambos términos, y salvo casos y circunstancias de las que más tarde nos hemos de hacer eco con otros fines, es evidente que para Estrabón, que escribe en la época de Augusto, y para todos los geógrafos e historiadores posteriores, fuesen griegos o latinos, el nombre de Hispania se aplica por entero a toda la Península, sin distinguir en él región determinada alguna, presentándose, pues, evidentemente, como designación general para toda la Península. Es interesante que con frecuencia aparece en plural, aludiendo, sin duda, a las diversas provincias con que aparece dividida ya desde comienzos del siglo II (Ulterior y Citerior, luego Tarraconensis, Lusitania y Baetica).

Ahora hagámosnos esta pregunta: ¿cómo es que griegos y latinos conocen a la Península con dos nombres muy distintos, en los que no cabe buscar origen común alguno? Si el nombre de Iberia se lo explicaban los griegos por el río Íber, fuese éste cual fuese, ¿qué origen tuvo el de Hispania? Ya es vieja la suposición de que en esta voz se encierra una raíz fenicia, acaso derivada de «saphan», equivalente a «cuniculus» o «conejo», animal muy abundante en España y desconocido de los fenicios, como lo fué también entre los griegos (65). El añadido de la i, con la que los fenicios designaban la idea de isla o costa, debió dar i-saphan-im, de donde hubo de derivar la voz Ispania, con significado, acaso, de «costa o isla de los conejos». Este nombre sería, pues, el corriente entre los cartagineses, quienes lo heredarían de los tirios. Luego, por la proximidad de Cartago y Roma y por la comunidad de intereses en el Mediterráneo occidental, comunidad divergente que les llevó a las tres famosas guerras púnicas, los romanos conocieron nuestra Península con el nombre fenicio de Ispania, al que añadieron una H, no explicada, pero acaso similar a la de Hiberia o a la de Hasta, y quizá la de Hispalis. Dicha explicación, si no es del todo satisfactoria, es sí probable y posible. En tal caso tendríamos que el nombre más viejo de España sería el de Ispania, anterior y más concreto que el de Hesperia, Ophioussa e Iberia con que la conocieron los griegos, pues el nombre púnico habría que datarlo en los tiempos de las primeras relaciones de Tiro con las costas del sur de España, es decir, con la fecha aproximada del año 1000, en que, poco más o poco menos, los tirios fundan Gádir (Cádiz) (66).

Los iberos y su origen.

Delicada en grado máximo es la cuestión de la oriundez de cualquier pueblo, sea el que se quiera. Pero toda historia debe plantearse el problema del origen del pueblo que historía. Dejando aparte la respuesta que haya de dar a este asunto la Antropología, y de la cual tiene el lector de esta historia abundante informe en la parte correspondiente, vamos a tratar el tema del origen de los iberos desde un punto de vista histórico-arqueológico, que es el que nos compete aquí.

El nombre de «íberes» ('Ίβηρες) aparece en los textos griegos más primitivos como aplicado a ciertos pueblos que habitaban, en general, las costas mediterráneas y atlántico-meridionales. Ya hemos visto antes cómo se los cita en la región de Huelva (pág. 299) como tales iberos, y en textos por cierto muy remotos en su origen. Que, en contra de lo que se suele creer —es decir, que los iberos eran sólo los habitantes de las márgenes del Ebro—, se llaman también iberos a los pueblos de la región andaluza, apóyalo, aparte de los acabados de aludir, varios otros testimonios antiguos. Para Heródoros de Herákleia (hacia el

420 a. de J. C.), los pueblos que cita en la región del Estrecho («kynetes», «glétes», «tartéssioi», «elbysínioi», «mastienoí» y «kelkianioí») son todos «íberes», siendo —añade— «un solo pueblo con distintas tribus» (67). Pero hay que reconocer que durante todo el siglo VI esta designación no aparece todavía, siendo la más común para el Mediodía la de «tartéssioi». En los fragmentos de Hekataios, conservados a través de Stéphanos de Byzancio, el nombre de «Ibería» y el de «íberes» parece proceder de las aclaraciones de Stéphanos y no del propio Hekataios. Lo mismo cabe decir de otros fragmentos recogidos, sin procedencia, por el mismo Stéphanos y por otros (68). En Polibio todavía (siglo II a. de J. C.) se dice esto: «La parte que está hacia nosotros hasta las Columnas de Hércules (Estrecho de Gibraltar) se llama Iberia, y la que está junto al Mar Exterior o Mar Grande (Atlántico) no tiene nombre común a toda ella», lo cual quiere decir, en otros términos, que si identificamos Ibería con la región ocupada por los íberes, éstos no llegaban para Polibio, en lo que conocía, sino hasta la zona de las Columnas, siendo el resto poblado por otros pueblos, de los que sólo dice en el texto eran pueblos bárbaros. Mas, en verdad, en ninguna de estas referencias se acomete de frente el problema étnico, permaneciendo todo oscuro, sin ver diferencias entre unas y otras de las entidades citadas. Tanto Philistos como Tucídides, al hablar de los «Sikanoí» de Sicilia, dicen que son «íberes» oriundos de la región del río Sikanos, en Ibería. El Sikanos es el posteriormente llamado Soúkron, es decir, el Júcar; por tanto, estos iberos eran concretamente de la región de Valencia. Mas ello no autoriza a deducir que eran los únicos iberos, sino sólo parte de los iberos de Iberia. En el texto conservado del periplo de Eskylax (hacia el 350 a. de J. C.) se dice: «los primeros en Európe son los íberes, pueblo de Ibería, y el río Íber... luego Emporion, que son colonos de los massaliótai. La navegación costera de Ibería dura siete días y siete noches». El texto demuestra que desde las Columnas hasta Emporion, es decir, hasta el Pirineo, toda la costa era Ibería y su pueblo el ibero, designación ésta que, como en la anterior, no dice sino que los iberos son de Iberia. Por ello dice a continuación el tiempo que se tarda en costear Iberia. Aquí, como en casi todos los demás casos, el término geográfico de Ibería coincide con el étnico de «íberes». En los autores de épocas siguientes, tanto griegos como latinos, el término de Ibería o Hispania afecta a toda la Península por entero, incluso a las regiones menos conocidas del Noroeste. Consecuentemente, el de «íberes» o «hispani» atañe en general a todos los pueblos que habitan Ibería o Hispania, siendo imposible el determinar si estos nombres recaen concretamente sobre parte de estos pueblos, como nombre propio de contenido racial diferenciado de los demás, o no. Esta vaguedad en la calificación étnica llevó a los autores posteriores a Polibio, y aún más los que siguen a Poseidonios, a intentar aclarar de vez en cuando si tal o cual pueblo del interior de la Península es de estirpe céltica o celtibérica. Pero ello lo hacen sin precisión intencionada, sin explicarnos el porqué de tal calificativo, en contraste con el general de «íberes» o «hispani», sin aludir de un modo determinante a diferencias lingüísticas o raciales con respecto a los otros, no calificados de celtas o celtíberos. Y como estas vagas alusiones étnicas no son tampoco sistemáticas, acaece a veces que para ciertos grupos es difícil saber con precisión su estirpe racial. En líneas generales, cabe decir que son iberos, en el sentido étnico de la palabra, todos los pueblos de la costa mediterránea y parte de la atlántica, por lo menos hasta el Tajo o el Duero, incluyendo en ellos también a los mismos lusitanos, cuya cultura, si bien se encuentra hacia fines del último milenio anterior a Cristo fuertemente celtizada, su estirpe étnica es al parecer ibérica. Lo mismo debe pensarse de parte de los pueblos del Noroeste, en los que en tiempos de Estrabón

y de Plinius hallamos algunos claramente calificados por estos autores como celtas, y otros sin sobrenombre alguno racial (69). Es posible que un estudio más detenido de las fuentes, en conjunción con la Arqueología, la Toponimia y la Antropología, diese resultados algo más claros; pero el hecho es que hasta hoy este punto no ha sido esclarecido de un modo satisfactorio.

Examinado el problema a la luz del arte y en general de las exteriorizaciones de índole cultural, cabe decir, por lo menos, que aquellos pueblos ribereños del Mediterráneo, desde el Ródano o desde la Narbonense, o si se quiere desde los Pirineos, hasta la Andalucía atlántica, pueblos que, como hemos dicho, dan la sensación de ser los iberos por antonomasia —racialmente hablando y sin prejuzgar la naturaleza étnica de los demás del interior—, tienen una idiosincrasia muy especial y muy propia que los diferencia claramente del resto de los pueblos que habitan el interior y entre los cuales algunos llevaron el calificativo de celtas o celtíberos. Si se comparan las figuras de los vasos ibéricos oriundos de la costa con los de la región de Numancia, se echa de ver al punto que las unas traducen un fondo psíquico, una mentalidad, muy distintos de las otras; en los vasos ibéricos las figuras y las composiciones son de una naturaleza imposible de aliar con las del círculo de Numancia: las unas —las ibéricas— tienden al realismo, a la forma natural, a las líneas curvas, mientras que las numantinas propenden claramente al simbolismo lineal, a la estilización geométrica abstracta, a las líneas rectas y angulosas. La misma forma de los vasos son igualmente expresivas y distintas. Ahora bien, no es, por tanto, una casualidad que los textos digan que los numantinos y los de su región son elementos de estirpe celtibérica, en los cuales acaso sea mucho más la parte céltica que la ibérica, siendo posible, como algunos suponen en contra de los textos, que el calificativo de celtíberos no responda, en realidad, a una mezcla sanguínea de celtas e iberos, sino al hecho de ser celtas en territorio que se dice Iberia. Los restos epigráficos dan también claras muestras de que la lengua de una región y la de otra son distintas, así como los toponimios de una y otra son igualmente dispares en su fondo lingüístico, como puede comprobarse en los testimonios aducidos en otra parte de este libro. Lo mismo cabe decir de otras exteriorizaciones culturales (70). No es, pues, una arbitrariedad el decir que los pueblos de la costa son racialmente distintos de los del interior. Lo que podía ser discutible ya es si a los pueblos de la costa cuadra bien el calificativo de iberos con sentido étnico, cuando el origen de esta voz parece ser meramente geográfico y no racial. Ya hemos visto que «íberes» es lo mismo que «hispani» y que ambos designan simplemente a los habitantes de Iberia o Hispania, en general, sin tener en cuenta índole étnica alguna. Mas tal término de ibero, tomado en sentido racial, es el aceptado corrientemente y se contrapone al de celta. El remover esta cuestión, proponiendo una nueva nomenclatura más científica que la usada, se sale ya de los propósitos de este libro y acaso no haría sino introducir un caos en lo que hasta ahora, si bien no es científico, tiene, por lo menos, un sentido ya consagrado con el que podemos entendernos.

Acaso parezca superflua esta disquisición sobre la diferencia racial entre los pueblos de la costa, llamados generalmente iberos, y los del interior, algunos de los cuales son explícitamente designados como celtas; pero viene a cuento porque una corriente celtófila que no ha mucho llegó a osadas consecuencias, ha querido negar incluso la existencia física de un pueblo ibero y una cultura ibera —racialmente hablando—, teniendo a ésta como una simple consecuencia de la acción o influencia de las culturas próceres mediterráneas sobre un solo pueblo, el céltico, que hubo de ocupar en los últimos siglos anteriores a Cristo toda o casi toda la Península. Para éstos, la cultura ibérica de la costâ no sería sino la céltica, modificada por la acción de las colonias griegas y púnicas, y, por ende, el pueblo de estirpe ibérica una mera sombra y una designación étnicamente arbitraria.

Respecto al origen de los iberos, se tiene como firme adquisición que proceden del norte de África, siendo —racialmente hablando— una rama de los pueblos líbicos o, mejor, de los pueblos mediterráneos. En otra parte de este libro se trata de las varias invasiones que en épocas antehistóricas, muy primitivas, llegaron a España, procedentes del norte de África. Nosotros no vamos a repetir aquí las consecuencias y denominaciones que la investigación prehistórica ha sacado de estos testimonios puramente culturales y a veces también antropológicos. Nos vamos a limitar a hacer un cálculo retrospectivo para hallar, si es posible, la primera aparición de aquellos elementos raciales y culturales a los que conviene retrollevar el calificativo de iberos tomado en su acepción étnica. Es evidente que en tiempos casi plenamente históricos la cultura primitiva de los pueblos del sur y del este de España se transformó en otra de aspecto superior, ligeramente teñida en un principio de las clásicas del Mediterráneo y luego fuertemente influída por la de los conquistadores y colonizadores cartagineses y más por la de los romanos, que fueron los verdaderos impulsores de lo que se llama arte ibérico, como a su tiempo veremos y probaremos. Antes de ello, es decir, antes de una fecha aproximada y vaga que podemos colocar hacia el siglo VI o V, los pueblos de la costa vivían una vida muy primitiva, salvo los de la región andaluza cercana a las Columnas y al Betis, que estaban al parecer mucho más adelantados, sin duda, por sus viejas relaciones comerciales con otros pueblos, tanto del Oriente mediterráneo como del Occidente atlántico —véase lo dicho sobre Tartessós en las páginas 285 y siguientes—. El ambiente cultural de estos pueblos parece ser que no sufrió alteraciones profundas conocidas que indiquen la llegada de elementos raciales distintos y con aportaciones nuevas revolucionarias, hasta un momento en el que, por vez primera, yendo hacia atrás en el orden del tiempo, nos tropezamos con lo que se llama la «cultura de Almería», la cual aporta una serie de particularidades totalmente nuevas en el cuadro cultural anterior de esta región. Las novedades afectan, por el momento sólo a la región almeriense; pero luego, y paulatinamente, vemos que van anulando o arrinconando a las culturas anteriores, tanto del Sudeste y de Andalucía, como del Este y Nordeste; es decir, de la región de Valencia, Aragón y Cataluña. ¿Es lícito suponer que estas novedades culturales fueron penetrando por estos ámbitos peninsulares, no sólo por medios pacíficos o por meras influencias, sino que además llevaba como portador a elementos iguales o similares a los llegados en un principio a la zona de Almería frontera a la actual costa africana de Orán? ¿Cabe pensar que la substitución de una cultura por otra hubo de ser, en gran parte, efecto de un desplazamiento de pueblos, siendo los unos arrinconados o exterminados por los otros, por los protagonistas de la nueva fase cultura? Lo único cierto es que la cultura almeriense acabó por penetrar y ocupar tanto Andalucía como Levante, Aragón y Cataluña. Ahora bien, como ésta es precisamente el área donde más tarde, en tiempos ya históricos o protohistóricos, hallamos por los textos a los llamados iberos, es natural deducir que estos «almerienses» son los iberos prehistóricos o, lo que es lo mismo, los antecesores de los iberos, que, en sentido racial, han de desarrollar más tarde la cultura llamada por antonomasia ibérica. Es muy posible que esta aportación cultural y racial traída por los «almerienses» no sea más que un refuerzo de otras anteriores del mismo origen y étnica. Es también posible que tal cambio fuese un fenómeno meramente espiritual y material, es decir, cultural, pero no por necesidad sanguíneo, o racial, es decir, étnico. Pero el explayar este tema sería entrar en detalles que se exponen ampliamente en otras páginas de este libro, a las cuales remitimos, tanto para ellos como para las fechas asignables a tales introducciones. Nuestro propósito, aquí, no es sino anudar el cabo suelto de los iberos prehistóricos con el de los históricos objeto de nuestras líneas.

NOTAS

(1) ESTR., III, 2, 11.

(2) ESTR., III, 2, 14.

(3) Los textos proceden de Esteban de Bizancio, Escimos, Eustatio y del «escholiasta de Aristófanes». Han sido recogidos por SCHULTEN en *F. H. A.*, I, pág. 168.

(4) Los textos de Avieno en *F. H. A.*, I. Véase lo dicho sobre Avieno y su poema en las páginas 541 y sigs.

(5) Tales como los siguientes: Telmissós, Halikarnassós, Karmilessós, Idebessós, Termessós, Sagalassós y muchos más. También se encuentran en Kreta, donde hay Poikilassós, Glyssós, Amnissós y Tylissós, y en Sicilia, donde se conocen Herbessós y Talmessós. Tartessós sería, pues, una designación muy primitiva debida a los primeros navegantes griegos que visitaron España (véase A. GARCÍA Y BELLIDO, *Hispania Graeca*, I, pag. 78).

(6) Para los argumentos en contra consúltense los trabajos de HERRMANN publicados en las *Petermanns Mitteilungen*, y principalmente su libro *Die Erdkarte der Urbibel, mit einem Anhang über Tartessos und die Etruskerfrage* (Braunschweig, 1931), donde resume y sistematiza los estudios anteriores de las *Peter. Mitt.* Sostiene HERRMANN que Tartessós fué un término trasplantado en tiempos históricos de Túnez al Guadalquivir. Consúltense el resumen publicado por HERRMANN en *Investigación y Progreso* (1927, núm. 8) y nuestro resumen crítico del libro, publicado en *Anales de la Universidad de Madrid (Letras)*, 1933. Además, los comentarios ocasionales hechos por otros autores, principalmente por Pemán: *El pasaje tartéssico de Avieno a la luz de las últimas investigaciones* (Madrid, 1941).

(7) El *Arx Gerontis*, citado en el periplo resumido por Avieno como sito en las costas gaditanas, es, sin duda, un recuerdo de este personaje. Para la bibliografía véase la nota siguiente.

(8) Véanse: SCHULTEN, *Tartessos*, 2.ª edic. (Madrid, 1945), principalmente 212 y sigs.; *F. H. A.*, I, donde están recogidos los textos de Hesíodo y Stesíchoros. Sobre Nora y su expedición a Cerdeña, GARCÍA Y BELLIDO: *Los iberos en Cerdeña, según los textos clásicos y la arqueología* (*Emérita*, 1935, 225).

(9) HEROD., I, 163.

(10) ESTRAB., III, 2, 14.

(11) ESTRAB., III, 1, 6.

(12) ESTRAB., III, 2, 11.

(13) ESTRAB., III, 1, 6.

(14) «*Tartesiisque in terminos Oestrumnidum negotiandi mos erat.*» *O. M.*, 113-115.

(15) Sobre las relaciones de la Península Ibérica con Bretaña, Islas Británicas e Irlanda, hay, además de las referencias literarias que se indican, una gran cantidad de testimonios arqueológicos, que no podemos exponer aquí por falta de lugar. Consúltense las obras siguientes, donde, además, se hallarán nuevas referencias bibliográficas ampliatorias: LOTH, *Relations directes entre l'Irlande et la presqu'ile iberique à l'époque énéolithique*, en *Mem. de la Soc. d'Hist. et d'Archéol. de Bretagne*, 1925, núm. 3; BOSCH, *Etnología de la Península Ibérica*, Barcelona, 1931; PERICOT, *Historia de España*, de Gallach, tomo I (1943). Últimas aportaciones: GARCÍA Y BELLIDO, *El caldero de Cabárceno y la diadema de Rivadeo. Relaciones con las Islas Británicas*, en *Archivo Esp. de Arq.*, número 45, pág. 560 (Madrid, 1941); Ídem, *La Dama de Elche* (Madrid, 1943), págs. 189 y sigs.; F. F. CUEVILLAS, *El tesoro de Golada*, en la revista *El Museo de Pontevedra*, núm. 1 (Pontevedra, 1942). Recensión en *Arch. Esp. de Arq.*, núm. 47 (1942).

(16) «*Carthaginis etiam colonis et vulgus inter Herculis agitans columnas haec adhibant aequora.*» *O. M.*, v. 114-116.

(17) «*Sicut ad extera Europae noscenda missus eodem tempore Himilco.*» PLIN., *Nat. Hist.*, II, 169.

(18) «*Haec aequora —quae Himilco Poenus mensibus vix quattuor— ut ipse semet rem probasse retulit enavigantem, posse transmitti adserit.*» Av., *O. M.*, versos 117-119.

(19) PLINIO (*N. H.*, I, 5) cita a Himilcon como fuente de su libro V.

(20) «*Sic nulla late flabra propellunt ratem,—sic segni humor aequoris pigri stupet.*» Av., *O. M.*, 120-121.

(21) «*Plurimum inter gurgites—extare fucum et saepe virgulti vice—retinere puppim.*» Av., *O. M.*, 122-124.»

(22) «*Non in profundum terga demitti maris—parvoque aquarum vix supertexi solum.*» Av., *O. M.*, 125-126.

(23) «*Obire semper huc et hunc ponti feras,—navigia lenta et languide repentia—internatare beluas.*» Av., *O. M.*, 127-129.

(24) Estas noticias encabezan la serie de fantasías que sobre el Océano estuvieron en boga durante toda la Antigüedad y Edad Media, y que no fueron disipadas por entero hasta fines del siglo XV, gracias a las atrevidas expediciones de españoles y portugueses.

(25) *N. H.*, II, 169. Copiado antes en la nota 17.

(26) Av., *O. M.*, 117. Véase nota 18.

(27) Se ha dicho que si la descripción de las costas atlánticas de la *Ora* se hizo sobre noticias de Himilcón, éstas procederían de la parte del periplo que narra la vuelta; pero ello es arbitrario, pues el autor, cualquiera que fuere, pudo acomodar el rotero que tuviere a la vista al orden de su propia narración con sólo invertir la secuencia de los datos.

(28) Consúltense, principalmente: GSELL. *Hist. Anc. de l'Afrique du Nord*, I, y los editores de la *Ora Maritima:* sobre todo, MÜLLENHOFF, *Deutsche Altertumskunde*, I (Berlín, 1870); SCHULTEN, *F. H. A.*, I (Barcelona, 1922); BERTHELOT, *Festus Avienus. Ora Maritima* (París, 1934).

(29) ESTRAB., XVII, 1, 19.

(30) ESTRAB., III, 5, 11.

(31) *Bell. Gall.*, IV, 20-21; V, 12-14.

(32) Véase mi trabajo en *Estudios geográficos*, V (1944), págs. 548 y sigs.

(33) «*Tartesiisque in terminos Oestrumnidum negotiandi mos erat.*» *O. M.*, 113-115.

(34) «*Carthaginis etiam colonis et vulgus inter Herculis agitans Columnas haec adhibant aequora.*» *O. M.*, 114-116.

(35) περί θαυμ. ἀκουσμ., 136.

(36) El texto no debe tomarse como una indicación absolutamente precisa en lo que se refiere a la duración del viaje y la descripción del lugar; pero, calculando sobre estos datos, podría ubicarse en la costa marroquí cercana, poco más o menos, a Mogador. La alusión a los sargazos ha inducido a algunos autores a manifiesto error, suponiendo que se alude al llamado «mar de los sargazos»; pero esto no es viable, por cuanto el texto dice claramente que se trata de un paraje costero, desierto, alternativamente invadido y evacuado por las mareas, y, además, porque el área de los sargazos se encuentra en pleno Atlántico y a una distancia mucho mayor que la que el texto parece indicar. Respecto a la fecha de la noticia, nada puede afirmarse, pues la mención de los «fenicios de Gades» no implica aquí fecha anterior a la cartaginesa. Pero el texto es, desde luego, anterior al año 300 a. de J. C.

(37) «*Infectari eas belluis, quae expellantur assidue, putrescentibus.*» PLIN., *N. H.*, VI, 202. La noticia no me parece producto de mera fantasía. Ignoro si hoy día acaece algo por el estilo en estos parajes; pero, al margen de ello, es sabido que en los mares afectados por seísmos o erupciones submarinas (y el mar de las Canarias lo está también), las olas suelen arrojar a las playas cantidades enormes de peces muertos, tras un fenómeno de éstos. Casos tales se citan en las costas peruanas y en otros puntos. Se dice que la muerte en masa de estos peces está originada por las emanaciones de gases volcánicos.

(38) DIOD., V, 19, 4.

(39) DIOD., V, 20.

(40) Una paráfrasis del mismo texto original que aprovecha DIODORO, contenida en el Ps. ARISTÓTELES (π. θ. ἀ., 34), aclara cumplidamente este extremo.

(41) ESTRABÓN, II, 3, 4. El Λίξος éste es el mismo citado en el periplo de Hannón, § VI, y que fué conocido, además, por otros autores antiguos con el nombre, casi idéntico al actual, de Darat. Esta identificación es mejor que la corriente hasta ahora, que proponía el Lucus, cercano a Larache.

(42) ESTRABÓN, II, 3, 4.

(43) PLUTARCO, *Sertorio*, 8.

(44) ESTRAB., III, 5, 3.

(45) ESTRAB., III, 1, 8.

(46) ESTRAB., III, 2, 1.

(47) «*Multoque ante eum* —alude al viaje de Eúdoxos, hacia el 100 a. de J. C.— *Caelius Antipater vidisse sequi navigasset ex Hispania in Aethiopiam commerci gratia.*» PLIN., *N. H.*, II, 169.

(48) ESTRAB., III, 4, 3.

(49) ESTRAB., I, 2, 26.

(50) Brillantemente investigada por CHOCOMELI, en su estudio *En busca de Tartessos* (Valencia, 1940).

(51) Entre los primeros paladines de esta idea se halla BLÁZQUEZ: *El periplo de Himilcon* (Madrid, 1909), y AVIENO: *Ora Maritima* (Madrid, 1924). Más y mejor asesorado por los textos y por los técnicos, defendió —y defiende aún— la misma opinión A. SCHULTEN, quien, para ponerla en evidencia, acometió las excavaciones de 1922-1925, de las que ahora hablaremos.

(52) Los estudios previos fueron hechos por el geólogo JESSEN y el topógrafo general LAMMERER. Los resultados de las excavaciones fueron publicados por el *Archaeologischer Anzeiger* en 1922, 1923-1924, 1925 y 1927, con el título de *Forschungen nach Tartessos*.

(53) No obstante, la de Doñana sigue mantenida por el mismo SCHULTEN. Y otros, como BONSOR, siguieron investigando cerca de Doñana. (Véase BONSOR, *Excavaciones en el Cerro del Trigo, término de Almonte (Huelva)* (Madrid, 1928).

(54) Véase CHOCOMELI, *En busca de Tartessos*, y los trabajos de MARTÍN DE LA TORRE, W. MEYER y C. PEMÁN, citados luego. Sobre el resultado de las excavaciones véase ESTEVE, *Contribución al conocimiento de Asta Regia (Atlantis*, 1941, 386). El mismo, *Las excavaciones de Asta Regia* en *Archivo Español de Arqueología*, núm. 48, 1942. El mismo, *Excavaciones en Asta Regia, campaña de 1942-43*, Madrid, 1945 (Ministerio de Educación Nacional). Asta Regia ofreció a SCHULTEN materia para un trabajo que publicó *Archivo Español de Arqueol.*, 1941, pág. 249. Sobre la posibilidad del emplazamiento de Tartessós en Asta han tratado también otros autores que se citan más adelante.

(55)   Van a la cabeza los de César Pemán, que comenzó, en 1935, con su artículo *Xera, Cerit y Tartessos (Investigación y Progreso*, IX). Siguió luego el documentado libro al que tuve el honor de prologar, titulado *El pasaje tartésico de Avieno*, publicado por el Consejo Superior de Investigaciones Científicas (Madrid, 1941), en que el autor, con un gran sentido de la realidad, acometió la empresa previa de revisar el texto de Avieno referente a esta zona y leer de nuevo el poema ante la reconstrucción paleogeográfica proporcionada por los estudios hechos en la región de Cádiz por el geólogo Gavala. Sus resultados, en este aspecto, han sido los más destacados de toda la fase tartésica, aunque la cuestión de la ubicación de Tartessós queda, como es natural, dentro de la mera hipótesis. Para Pemán, es lo probable que estuviese hacia Jerez de la Frontera; pero, consciente de los problemas que toda tesis sobre la localización de esta ciudad encierra, acepta también la posibilidad de que Tartessós pueda hallarse en otro lugar. Del mismo Pemán son varios estudios publicados después sobre el mismo tema; principalmente, *Nuevas contribuciones al estudio del problema de Tartessós* y *Nuevas consideraciones sobre el problema de la ubicación de Tartessós*, en *Archivo Español de Arqueología*, núm. 42 (1941) y núm. 51 (1943), a los que hay que añadir el escueto resumen publicado por la Real Sociedad Geográfica, núm. 95, 1941. Citemos también los trabajos de Martín de la Torre y W. Meyer, *Beitrag zur Tartessos-Frage* (Sevilla, 1939). Añádanse, de Martín de la Torre, *Tartessos: Geografía histórica del sudeste de España* (Sevilla, 1941) y *El puerto de Menestheo y el brazo perdido del Guadalquivir (Investigación y Progreso*, 1940, pág. 257). De W. Meyer agreguemos: *Beitrag zur Frage der zweiten Guadalquivir-Mündung im Altertum*, en las *Petermanns Geographische Mitteilungen*, pág. 198, 1941. Últimamente, A. Schulten ha vuelto sobre el problema, indirectamente, en varios de sus trabajos, de los cuales citaremos: *Los tirsenos en España (Ampurias*, 33, 1941, e *Inv. y Progreso*, 16, 1941) y *Asta Regia*, en *Archivo Español de Arqueología*, 249, 1941. Véanse, además, para la historia de Tartessós, en general, y para la tesis de Tartessós-Túnez, la bibliografía antes citada, entre la cual conviene recordar, sobre todo, el libro de Schulten, *Tartessós: Contribución a la historia antigua de Occidente* (Madrid, 1924), de la cual ha salido en 1945 nueva edición, corregida y aumentada, y el libro de Herrmann, *Die Erdkarte der Urbibel, mit einem Anhang über Tartessos und die Etruskerfrage* (Braunschweig, 1931), donde se acumulan los estudios y datos publicados ya antes por el autor y por Borchardt, Th. Bossert y otros, en las *Pettermanns Mitteilungen*. Acerca del libro de Herrmann, consúltense nuestro resumen crítico publicado en los *Anales de la Universidad de Madrid (Letras)*, 1933, con el título *El problema de Tartessós y la cuestión etrusca*, y el publicado por el mismo Herrmann en *Investigación y Progreso*, I (1927), 59. Véanse, además, Bosch Gimpera, *Tartessós*, en la misma revista, III (1929), páginas 73 y sigs. Un resumen de las actividades tartesiólogas hasta 1943 lo da el documentado artículo de Serafín de Ausejo, publicado en *Sefarad*, págs. 171 y sigs. (1942). Últimamente mi breve nota: *Tartessós pudo estar donde ahora la isla de Saltés, en el estuario de Huelva*, en *Arch. Esp. de Arqueología*, núm. 55 (1944), págs. 191 y sigs., parece que ha marcado por el momento el fin de esta fiebre tartesióloga, que tuvo su período álgido entre 1939 y 1942.

(56)   Véanse, a este respecto, las opiniones poco trabajadas científicamente de Arenas López, *El verdadero Tartesó* (Valencia, 1926), y de Bayerri, *Historia de Tortosa*, I, y el mío reciente, donde defiendo la posibilidad de que Tartessós estuviera en Saltés, publicado en *Archivo Español de Arqueología*, núm. 55 (1944), págs. 191 y sigs.

(57)   Verso 253.

(58)   Versos 248-255.

(59)   El texto se halla en el llamado seudo Skymnos de Chios, 199, y debe proceder de un autor del siglo v, y no de Éphoros, como se ha dicho. Helo aquí, en su parte más interesante: ἑξῆς δ' ὡς λόγος Ταρτήσσιοι κατέχουσιν. εἶτ' Ἴβηρες οἱ προσεχεῖς.

(60)   III, 4, 19.

(61)   En Stéphanos de Byz., frag. 242.

(62)   *Ora*, v. 302.

(63)   III, 5, 5.

(64)   Estrab., III, 4, 19.

(65)   Véase Estrab., III, 2, 6 y III, 5, 2.

(66)   Para más detalles, véase el artículo de Schulten, *El nombre de España*, publicado en *Investigación y Progreso*, año VIII, núm. 6 (Madrid, 1934). Schulten no trata más que del origen del nombre España. De éste y de los demás nombres que, como el de Iberia, estuvieron también en uso, traté ampliamente en mi artículo *Los más remotos nombres de España*. *Arbor*, 19 (1947) = *Revista Guimarães*, XVI (1947). Sobre ciertos extremos publicados en tal estudio, y en concordancia con puntos de vista étnicos, trató Hoyos Sáinz en *Arbor* (1948).

(67)   Frag. Gr. Hist., I, 215, 502.

(68)   Véase *F. H. A.*, I, págs. 165 y sigs.

(69)   Para esto, véase mi artículo *Los albiones del noroeste de España y una estela hallada en el Occidente de Asturias (Emérita*, vol. XI, págs. 418-430; Madrid, 1943).

(70)   A. Tovar ha estudiado el área de extensión de los celtas desde un punto de vista lingüístico y filológico en estas tres direcciones: 1) por la distribución de las gentilidades; 2) por la distribución de las centurias, y 3) por los restos de lenguas celtibéricas en las inscripciones en alfabeto ibérico. De ello resulta que el elemento céltico se distribuye en distintas oleadas por el área norte, centro y oeste de la Península. El resultado es idéntico al que ha llegado la Arqueología. Véase A. Tovar, *Bol. Seminario de Arte y Arqueología de la Univ. de Valladolid*, fasc. XLIII-XLV (1946-47). Del mismo: *Über das Keltiberische und die Anderen alten Sprachen Spaniens*, Eranos, XLV (1947).

III
COLONIZACIÓN PÚNICA

POR

A. GARCÍA Y BELLIDO

CAPÍTULO PRIMERO

LA COLONIZACIÓN FENICIA DESDE SUS COMIENZOS HASTA LA FUNDACIÓN DE IBIZA
(Siglo XI hasta el 654)

SUMARIO: Los fenicios en el Occidente: primeras referencias. — La fundación de Gádir según las más antiguas tradiciones. — Los textos bíblicos y sus referencias al comercio con Tarschisch. — Cuestiones críticas. — Desarrollo de la colonización fenicia en el Occidente. — La colonización fenicia en España.

Los fenicios en el Occidente: primeras referencias.

A fines del segundo milenio anterior a Cristo la llegada a la Península Balcánica de los dorios puso fin rápido a la civilización aquea, cuyo comercio había logrado alcanzar las costas de Sicilia y quién sabe si también las de Provenza, Cerdeña y Baleares, donde se han hallado objetos de origen indudablemente egeo (1). Paralelamente, en Egipto se pasaba por una mutación grave, y en Asia Menor acontecimientos de varia índole (conjunto de hechos que dieron lugar a la epopeya homérica; invasión de los frigios, etc.) fueron origen también de alteraciones importantes. Por todo ello, los lazos que, directa o indirectamente, unían durante el segundo milenio anterior a Cristo la cuenca occidental del Mediterráneo con la oriental, cuyo centro radicaba en el Egeo, se vieron por el momento sensiblemente aflojados o rotos, quedando, por tanto, ambos extremos aislados, o por lo menos mal relacionados.

También los fenicios, que habitaban la estrecha faja costera de Siria, donde tenían sus ciudades principales y sus puertos más activos y mejor relacionados, sufrieron a fines del segundo milenio duras pruebas (los «pueblos del mar», la llegada de los filisteos a Palestina). Pero estando el fenicio especialmente dotado para el comercio marítimo, no bien se repuso de las alteraciones pasadas inició su renacimiento aprovechándose de la difícil crisis que afectaba aún a los demás pueblos de sus proximidades. Tanto Sidón como Tiro se rehicieron pronto. Por otra parte, Fenicia, ya enteramente semitizada, logró por entonces desatar los lazos tutelares que la unían con Egipto.

En tal coyuntura, los navegantes de Tiro heredaron y ampliaron todo aquel comercio, que años antes estaba principalmente en manos de los aqueos. Las naves tirias cruzaban el Mediterráneo llevando bajo sus velas desplegadas mercancías de todas clases: vasos de bronce, tejidos bordados, vidrios egipcios, marfiles tallados, cerámica, joyas, granos, esclavos, etc., etc.; unas veces los productos manufacturados eran obras legítimas de rodios, chipriotas o egipcios; otras eran simples imitaciones fenicias. Por doquier navegaban las

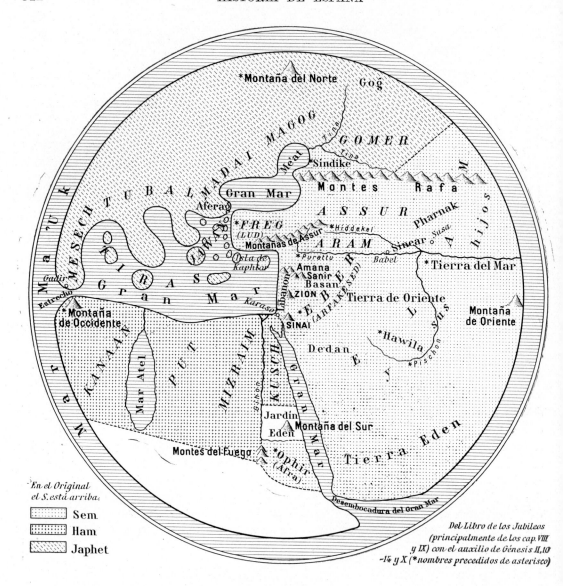

EL MAPA MUNDI DE LOS HEBREOS (HACIA EL 950 ANTES DE JESUCRISTO)
reconstruido según el Libro de los Jubileos.

FIG. 206. — El mapamundi de los hebreos hacia mediados del siglo x a. de J. C., según reconstrucción
basada en el *Libro de los Jubileos*. — *Según Herrmann*

naos de Tiro negociando de un lado en otro, abriendo explotaciones nuevas, creando intereses mercantiles en todas las costas del Egeo, incluso en las de la propia Grecia. A fines
del segundo milenio y comienzos del primero anterior a la Era, Fenicia, y particularmente Tiro, alcanzaba una época de gran prosperidad económica que había de durar
aún dos siglos más. Es la época a la que alude Homero, quien hablando de ellos nos
los presenta como dueños únicos del tráfico marítimo y del comercio de las cosas de
lujo (2). Es, también, la época en que reinaba en Tiro el poderoso Hiram I (970-936)

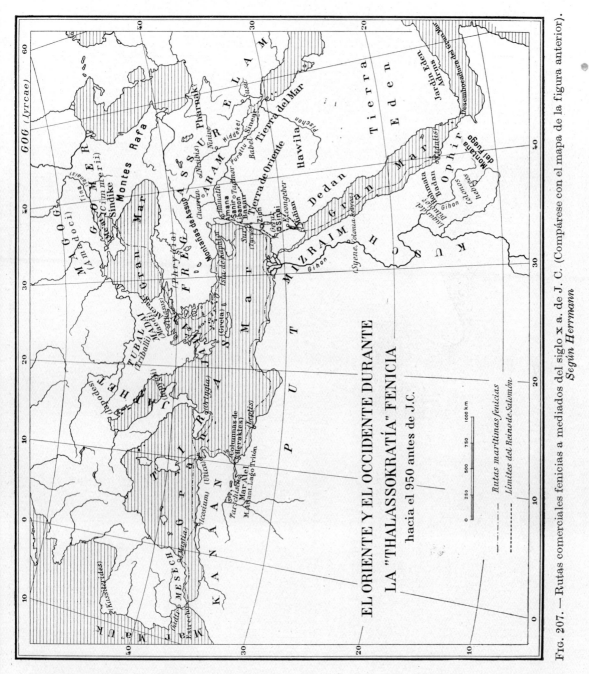

FIG. 207. — Rutas comerciales fenicias a mediados del siglo X a. de J. C. (Compárese con el mapa de la figura anterior). *Según Herrmann*

—suegro del legendario Salomón de Jerusalén—, aquel Hiram que restauró y amplió la ciudad antigua e hizo de ella una nueva; que construyó su doble puerto y alzó a Melkart un magnífico santuario. En sus días las flotas tirias iban muy lejos a buscar raras y exóticas mercaderías; sus naves eran las mayores y más marineras. El mismo Salomón, que construía por entonces su famoso templo en Jerusalén, hacía traer en las naves de Hiram, de muy remotas tierras, los más extraños y costosos productos para el ornamento del grandioso santuario.

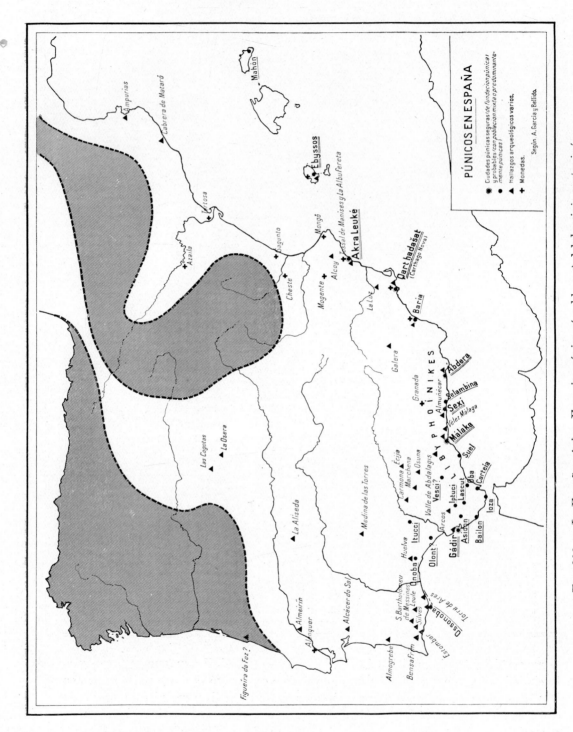

Fig. 208. — La España púnica. Espacio máximo (en blanco) del dominio cartaginés

No sabemos cuándo ni cómo las naves de Tiro iniciaron sus travesías por el Occidente lejano en busca de exóticos productos o preciados minerales. Como carecemos por lo general de fuentes directas que nos hablen de ello, hemos de recurrir muchas veces a narraciones muy posteriores, debidas a plumas griegas o romanas, en las que probablemente se resumen textos o tradiciones de origen fenicio ya perdidos. En dichas narraciones, aunque se percibe claramente el eco de viejas historias, es ya tan lejano que a duras penas se logra reconstituir los hechos y adivinar la fecha en que pudieron acaecer.

Hay un núcleo de noticias que narran acontecimientos atribuíbles a las primeras actividades de las naves fenicias en el Occidente en fechas que parecen algo anteriores a las primeras fundaciones. Tales noticias hablan de un comercio con las tierras de Libia y de Iberia. Timeo, en la primera mitad del siglo III a. de J. C., recogió una tradición según la cual, antes de que Gádir fuese fundada (3) «los fenicios, que desde tiempos

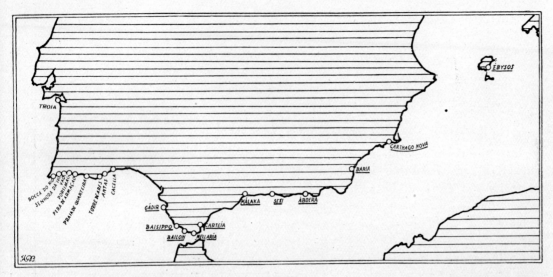

FIG. 209. — Ciudades con fábricas de salazones en la época púnicorromana. Los nombres subrayados son antiguos

remotos —dice— navegaban constantemente con fines comerciales, fundaron muchas colonias en las costas de Libia y otras en la parte occidental de Europa» (4). La noticia es muy vaga, y probablemente en ella hay mezcla de cosas ocurridas dentro de un lapso de tiempo muy grande, incluso posterior a la fundación de la misma Gádir. El mismo historiador, o Poseidonios (hacia el 100 a. de J. C.), nos refiere el carácter que tenían las primitivas transacciones comerciales fenicias con el Occidente: era la adquisición de plata, que siendo metal de valor desconocido para los indígenas, lo adquirían los fenicios a cambio de pequeñeces, «comerciando luego con ella en Grecia, Asia y todos los demás pueblos, en lo que obtenían grandes ganancias» (5). Parece ser que tal negocio precedió ya a las fundaciones propiamente coloniales; el mismo texto dice a continuación que «practicando este comercio durante mucho tiempo enriqueciéronse los fenicios y fundaron muchas colonias, unas en Sicilia y las islas vecinas, otras en Libia, Cerdeña e Iberia» (6).

Según Estrabón, los fenicios, antes de los tiempos de Homero (7), «poseían lo mejor de Iberia y Libia» (8); y, añade en otro pasaje, que, «poco después de la guerra de Troya, llegaron hasta más allá de las columnas Herákleas y fundaron ciudades aquí y en medio de las costas de Libia» (9). Como se ve en las noticias que llegaron a oídos de Estrabón, también se remontan las primeras aventuras coloniales de los fenicios a tiempos lindantes con los últimos siglos del segundo milenio anterior a nuestra Era.

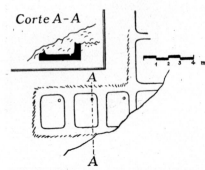

FIG. 210.—Cubas para salar en una fábrica de salazón, de época romana, descubierta en la antigua Baria (hoy Villaricos, Almería). — *Según Siret.*

En tiempos de Plinio *el Naturalista* corría la voz, por él recogida, de que el santuario de Hércules alzado por los fenicios cerca de Lixus, en la costa atlántica mauritana, precedía en fecha al de Gádir, estimándose, por tanto, como anterior al 1100 (10).

Sin duda alguna, con todos estos vagos testimonios nada firme puede reconstruirse, y sería pecar de ligeros y crédulos el tomarlos por datos históricos firmes; no los transcribimos aquí sino como indicios verosímiles de la remota antigüedad en que los fenicios iniciaron sus empresas por el lejano Occidente. Hay, empero, otros textos llegados a nosotros que, aunque envueltos aún en ropaje mítico o semilegendario, se presentan con visos más históricos y concretos que los precedentes. Refiérense a Gádir, el emporio más viejo, y sin duda más importante, de los creados por los fenicios en Occidente. Veámoslos.

La fundación de Gádir según las más antiguas tradiciones.

Tenemos dos núcleos de referencias escritas, de origen muy remoto, que sin repetirse, antes bien, ignorándose recíprocamente, se complementan y explican. El uno contiene una narración que corría de boca en boca en la misma Gádir, narración que recogida por el filósofo griego Poseidonios en la propia ciudad hacia el año 100 antes de la Era, cuenta la historia de su fundación. El otro, que se encuentra en libros de varios geógrafos e historiadores griegos y latinos del siglo I de Cristo (Estrabón, Velleio, Plinio y Mela), nos transmite la fecha de tal acontecimiento. En ambos grupos hay elementos históricos indudables, pero parecen conformados por la leyenda.

Veamos primero la historia del origen de la ciudad. Aunque fué recogida, como se ha dicho, por Poseidonios, ha llegado a nosotros por medio de Estrabón, que la transcribió casi un siglo más tarde. Y dice así: «Sobre la fundación de Gádeira (11) recuerdan los gaditanos estas cosas: dicen que cierto oráculo ordenó a los tirios la fundación de un establecimiento en las Columnas Herákleas; una primera expedición partió a la descubierta del lugar indicado. Habiendo

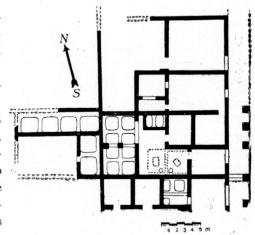

FIG. 211.—Fábrica de salazón, de época romana, de la antigua Bailon (Bolonia, Cádiz)

llegado al estrecho que hay junto a Calpe (12) y creyendo que los dos promontorios que lo forman (13) eran el término de la tierra habitada y el extremo alcanzado por Heraklés en su viaje, supusieron que estaban allí las Columnas de que hablaba el oráculo. Tomaron tierra en la costa de más acá del estrecho donde ahora está la ciudad de los exitanos (14). Allí hicieron un sacrificio, y como no resultasen favorables las víctimas, regresaron a su patria. Tiempos después partieron de nuevo, llegando hasta unos mil quinientos estadios más allá del estrecho, hasta una isla consagrada a Heraklés, sita junto a la ciudad de Onoba, de Iberia (15). Creyendo ser éstas las Columnas sacrificaron a los dioses; mas como tampoco fueran propicias las señales, se volvieron de nuevo a su patria. En la tercera expedición fundaron a Gádeira y alzaron el santuario en la parte oriental de la isla y la ciudad la construyeron sobre la occidental» (16).

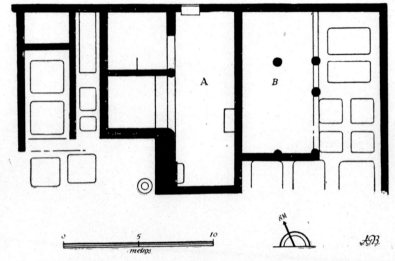

FIG. 212. — Fábrica de salazón, de época romana, de la antigua Bailon (Bolonia, Cádiz)

La fundación de Gádir costó, pues, dos viajes de tanteo y uno definitivo; en el primero se intentó erigir la colonia en donde después estuvo la ciudad de Sexi, que también llegó a ser colonia púnica; en el siguiente, en Onoba, a orillas del Tinto, rico en cobre. Finalmente se eligió un punto medio, la isla de Cádiz, cuya situación era mucho más ventajosa que la de los otros dos puntos. En sus más próximas vecindades estaba la ciudad de Tartessós, con sus emporios de metales útiles y ricos, que era lo que realmente buscaba el sabio oráculo de los tirios. El carácter de la fundación insular era ventajoso para el intercambio de los productos y para la defensa de los intereses creados en la colonia. Los fenicios establecían sus fundaciones con preferencia en las islas pegadas al litoral (17). Si la colonia se aseguraba, pasaban entonces a tierra firme. La isla de Heraklés no tenía las ventajas de la de Cádiz por ser baja, arenosa, casi estéril, y muy fácil de abordar. Cádiz tenía pozos de agua dulce en abundancia, era rica en

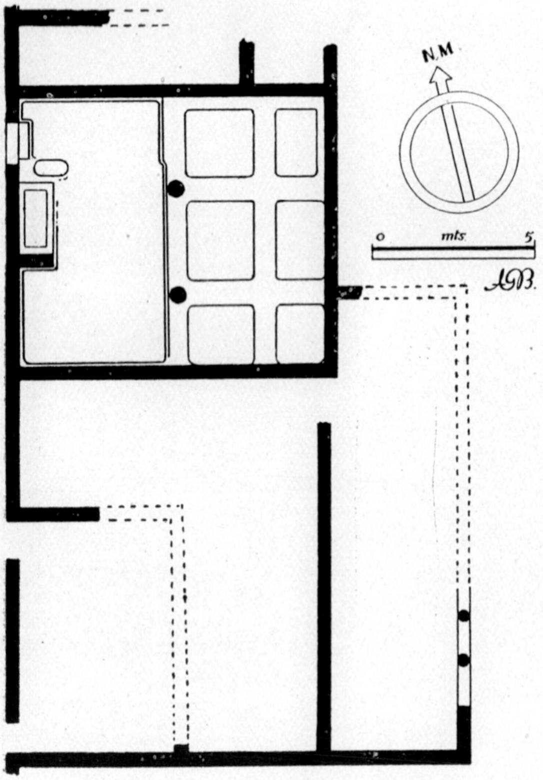

FIG. 213 — Fábrica de salazón, de época romana, de la antigua Baria (Bolonia, Cádiz)

Fig. 214. — Instrumentos de pesca (arpones, anzuelos, agujas para hacer redes). Proceden todos los reproducidos de Ibiza

ganados y pastos (18). La tradición que los gaditanos conservaban acerca del origen de su ciudad tiene, pues, una densidad histórica muy poco afectada por influjos legendarios. Probablemente los hechos no discreparon mucho de la versión poseidónica. Ha de consignarse, empero, que Poseidonios se mostró contrario a creer en la narración que él mismo nos transmitió, y que califica de «mentira fenicia» (19). A esto contestó Estrabón diciendo que nada se puede afirmar ni negar. Poseidonios, o su trascriptor Estrabón, no consignaron en esta narración la fecha en que, según los gaditanos, fué fundada su ciudad. Afortunadamente esta data figura en otros autores que vamos a ver ahora.

Es en Velleio Patérculo, historiador latino del siglo I, donde hallamos las noticias más concretas sobre el particular. Velleio, tras hablar de la vuelta de los «herákleidas» al Peloponeso, retorno que coloca unos 80 años después de la caída de Troya, es decir, hacia el 1100 (20), dice que en esta época la flota tiria, que dominaba el mar, fundó Gádir en la extremidad de España y en el término del mundo, en una isla rodeada por el Océano y separada del continente por un estrecho muy breve. Pocos años más tarde —añade— los mismos tirios fundaron en África la ciudad de Útica (21). Ahora bien, como, según referencias púnicas recogidas por Timeo (22), Útica fué creada 287 años antes que Cartago, y ésta nació en el año 814 (23), resulta para Útica la fecha de 1101. Plinio, a su vez, dice que en su templo de Apolo había vigas que existían

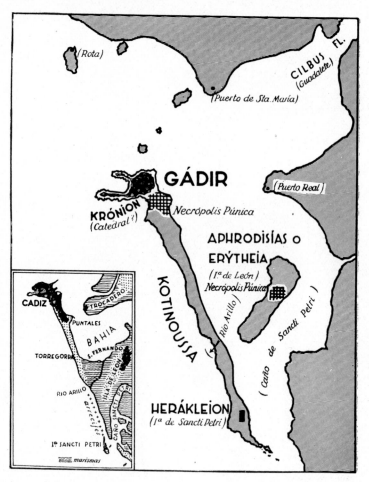

Fig. 215. — La bahía de Cádiz en la Antigüedad, según los estudios de Gavala y Pemán. En el ángulo, estado actual. — Según García y Bellido.

desde su fundación, 1178 años antes del que escribía, es decir, desde 1101 a. de J. C. (24).
Cádiz, por tanto, sería fundada poco antes. La fecha de la fundación de Cartago es uni-
versalmente aceptada, pues coincide además con los testimonios arqueológicos y está abonada también por otros textos fidedignos y
coincidentes. En cuanto a Cádiz, el mismo Velleio dice que fué simul-
tánea con la guerra de Kodros, rey de Atenas, contra los dorios; y
con la fundación de la ciudad de Mégara, en las cercanías de Corinto,
hechos ambos que se fechan, en efecto, en los mismos años (25). Además, como la caída de Troya fué fijada tradicionalmente en el año 1184
y el mismo Velleio dice que Cádiz nació unos ochenta años después, la
coincidencia por este lado es también perfecta.

FIG. 216. — Anillo
signatario halla-
do en 1878 en
Puerta de Tie-
rra, Cádiz. — Se-
gún Berlanga.

En los demás autores que escribieron sobre el particular hallamos
idénticas conclusiones. Estrabón la pone poco después de la caída
de Troya (26); Plinio, que hace el cálculo sobre los datos de Timeo,
llega a los 1178 años antes del que escribe, y como éste fué el 77, se llega, por tanto,
al 1101 (27), y Mela afirma lo mismo (28). Que fué fundación de los tirios lo acreditan
numerosos textos que sería ocioso citar (29). Más adelante veremos las objeciones que se
han puesto por algunos a lo dicho so-
bre estas fechas (30).

FIG. 217. — Los tres sepulcros descubiertos en 1887;
esta reconstrucción se basa en el diseño del arquitecto de las obras. La parte aislada encerraba la
urna antropoide de las figuras 218 a 220; las otras
dos eran: una, de varón (izquierda), y la otra, de
mujer (derecha).

Los textos bíblicos y sus referencias al comercio con Tarschisch.

Hay, además, otros textos en los
que no se hace mención alguna de Cádiz, ni se remontan en sus narraciones
a fechas tan lejanas como la de su fundación; pero, en cambio, aportan interesantes noticias sobre la existencia de
un comercio entre Tiro y un lejano país
de Occidente que se identifica con el
mediodía de España.

Estas noticias hállanse repetidamente en distintos libros del Antiguo
Testamento. Casi todas ellas tienen una
fecha de redacción mucho más remota
que los textos clásicos ya analizados.
Pero, no obstante, tampoco llegan a ser
coetáneas de los hechos. En estos textos bíblicos encontrámonos siempre con
la mención de Tarschisch, es decir, de

Tartessós, según la ecuación generalmente admitida. Por ellas sabemos que desde los
tiempos del rey Salomón de Jerusalén (975-935) y de su suegro el rey Hiram I de Tiro
(970-936) las naves tirias volvían periódicamente, una vez cada tres años, cargadas de
oro, plata, marfil, monos, pavos reales, estaño y plomo procedentes de Tarschisch.

En Ezequiel se dice: «Tarschisch comerciaba contigo [se dirige a Tiro] a causa de
la multitud de toda clase de mercancías; llevaban al mercado plata, hierro, estaño y

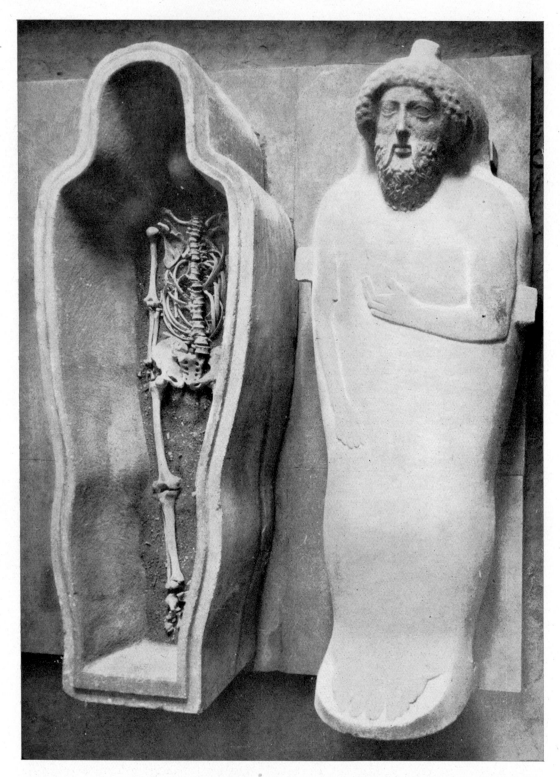

FIG. 218. — Urna antropoide hallada dentro de uno de los sepulcros de la figura 217. El interior de la urna conserva el esqueleto intacto. Museo de Cádiz

FIG. 219. — Detalle de la tapa reproducida en la figura 218

FIG. 220. — El sarcófago antropoide, aun *in situ*, a poco
[de su descubrimiento en la Punta de la Vaca, de Cádiz

plomo» (31). En Jeremías se habla de «anchos lingotes de plata que proceden de Tarschisch y oro de Uphas» (32). En el libro I de los Reyes léese esto: «pues el rey (Salomón) tenía naves de Tarschisch en el mar junto con las naves de Hiram. Las naves de Tarschisch venían una vez cada tres años y traían oro, plata, marfil, monos y pavos reales» (33). Estos son los textos de contenido más importante, pero hay más en Salmos (34), Isaías (35), Génesis (36), Jonás (37), Ezequiel (38) y Reyes I (39).

De todas las menciones, acabadas de citar, la más antigua en su fecha de redacción es, al parecer, la de Isaías, II, 16, cuya redacción se coloca en el 730. Otras (40) son de redacción más reciente, pero anterior al comienzo del siglo VI, o sea al 586, fecha del cautiverio. Las demás son, al parecer, de redacción posterior, oscilando entre el 580 (41) y el siglo V.

Algunas de ellas no hablan propiamente de Tarschisch, sino de «naves de Tarschisch» que hacen viajes a Uphas u Ophir, país que se suele situar en el Oriente cercano. Sirva de claro ejemplo el pasaje del primer libro de los Reyes: «Y Josafat había hecho construir navíos de Tarschisch que debían ir a Ophir en busca de oro» (42). Estas «naves que van a Tarschisch» llegaron, pues, a designar un tipo genérico de navío grande y apropiado a largas travesías, equivaliendo su nombre y su empleo al de nuestros actuales trasatlánticos, que se llaman así aunque navegan por otros mares distintos al Atlántico. En cuanto a los productos de Tarschisch, todos o casi todos los metales citados en los textos bíblicos como oriundos de ella son los mismos que posteriormente aparecen con gran frecuencia en los escritores griegos y latinos, como objeto incluso del comercio fenicio, y dieron justa fama a la Península Ibérica sobre todas las demás tierras del Mediterráneo. El marfil y los monos, si bien éstos se daban también en España (actualmente los hay indígenas en Gibraltar) (43), podían muy bien ser mercancías adquiridas en cualquier punto del N. de África, donde por fuerza, tanto a la ida como al regreso, habrían de hacer escalas (44).

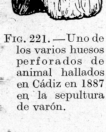

Hemos advertido antes que en los textos bíblicos no se menciona ni una sola vez a Gádir, a pesar de existir ya —según los textos griegos y latinos— en la época de Salomón e Hiram, fecha en que comienzan a citarse los «navíos de Tarschisch» en los testimonios bíblicos acabados de presentar. Pero entre los libros apócrifos del Antiguo Testamento figura uno, el llamado *Libro de los Jubileos* o *Pequeño Génesis*, en el que el nombre de Gádir se encuentra tres veces (45).

FIG. 221. — Uno de los varios huesos perforados de animal hallados en Cádiz en 1887 en la sepultura de varón.

El texto prístino se atribuye a la época de Salomón; incluso parece que sus fuentes son más antiguas que las del mismo Génesis. La importancia del libro estriba para nosotros en habernos transmitido el contenido de un antiguo planisferio fenicio de tipo geográficocomercial, utilizado por el redactor hebreo del *Libro de los Jubileos* para su crónica. El planisferio debía tener forma circular, orientada al S.; en él se representaba el ámbito comercial en que se movían los fenicios de su tiempo (véanse las figuras 206 y 207) (46). El texto, aunque no sea canónico, es de un indudable interés histórico y geográfico, como vamos a ver (47).

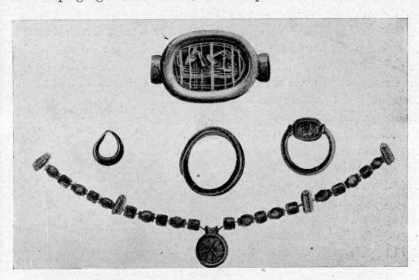

FIG. 222. — Hallazgos de la sepultura femenina del grupo descubierto en 1887 en Punta de la Va a, Cádiz. — *Según Berlanga*

Por lo que a España concierne, el *Libro de los Jubileos* dice al hablar de las partes de la Tierra correspondiente a Ham (África) lo siguiente: ... «Y va hacia el Norte, hasta el límite con Gádir, y viene de las costas de las Aguas del Mar (Estrecho de Gibraltar) a las del Gran Mar (Mediterráneo), hasta que alcanza el río Gihon (el Nilo), hasta alcanzar el lado derecho del Jardín Edén» (que coloca en Etiopía).

Al mencionar las correspondientes a Japhet (Europa) añade: ... «Y se extiende hacia el Norte y va a las montañas de Kelt hacia el Norte y al Mar Ma'uk (el Océano) (48), y va hacia el oriente de Gádir hasta el lado de las Aguas del Mar.» Más adelante, al des-

cribir las tierras adjudicadas a los hijos de Japhet, particularizando sus nombres, dice: ... «Y para Meschech viene, como sexta parte, toda la orilla más allá de la «tercera lengua» (la Península italiana), la que alcanza hasta el oriente de Gádir.» Es lo probable que, dada la distribución de las tierras del planisferio en cuestión (véase el mapa de las figs. 206 y 207), el nombre de Meschech pertenezca a la costa sita al O. de Italia, es decir, la que va de Liguria a Gibraltar. El carácter peninsular de España no es conocido; por ello la «tercera lengua» es Italia, y las otras dos Grecia y Tracia. Meschech podría ser el SE. de la Pen-

FIG. 223. — Cádiz. Punta de la Vaca. Sepulcro púnico hallado el 4 de enero de 1891. Se conserva aún, pero desmontado, en el Museo de Cádiz. — *Según fotografía.*

ínsula Ibérica, donde por el 500 Hecateo (49) conoce a los Μαστιανοί ο Μασσιανοί (50), cuya capital, Μαστία ο Μασσία, emporio del plomo y la plata, pudo dar la forma Meschech del *Libro de los Jubileos*.

Cuestiones críticas.

Se habrá observado que, en líneas generales, las referencias clásicas griegas y latinas —en parte al menos de origen púnico— y los textos bíblicos, coinciden en lo fundamental, es decir, en la existencia de un tráfico directo entre Fenicia y el lejano Occidente en fechas que pueden hacerse remontar sin esfuerzo hasta el año 1000, o más, si nos atenemos a los textos clásicos. En otros puntos es cierto que no van paralelos, pero es también verdad que no se contradicen ni excluyen. Son textos que reflejan fuentes distintas que se complementan y explican mutuamente sin entrar una sola vez en colisión. Las fuen-

tes de la fundación de Gádir y del comienzo de las navegaciones tirias por los mares del Ocaso son de origen occidental, gaditano o cartaginés. Las bíblicas, que refieren la historia del pueblo de Israel, son de procedencia oriental. Ambas, además, se ignoran entre sí.

Pero ha de hacerse constar, en homenaje a la verdad, que el análisis y crítica de todas ellas levanta serias dudas sobre el justo valor que debe dárseles y el contenido de veracidad, sobre todo en lo tocante a las fechas, que pueden llevar.

FIG. 224. — Cádiz. Punta de la Vaca. Hipogeo púnico hallado el 4 de enero de 1891. Compárese con la figura 225. Se conserva, desmontado, en el Museo de Cádiz. — *De fotografía.*

La primera objeción que su estudio sugiere es, sin duda, importante: ninguno de los textos citados son, por la fecha de su redacción, coetáneos, ni siquiera próximos, a los hechos que narran. Por el contrario, han llegado a nosotros en redacciones debidas a autores muy posteriores a ellos. Los textos de Poseidonios, Estrabón y Velleio once o doce siglos después de la fecha a que hacen referencia. Y en cuanto a los bíblicos, si bien en parte se acercan mucho más a los hechos (el más próximo es del siglo VIII), no dejan por eso de estar muy distanciados en fecha de dichos acontecimientos. Los primeros testimonios ciertos acompañados de todos los requisitos históricos apetecibles son los de Isaías, II, 16, y XXIII, 1, que fueron redactados en 730 y aluden a hechos contemporáneos del autor; pero los demás ya bajan sus fechas hasta descender a los siglos VI y V. El *Libro de los Jubileos* no se conoce sino por manuscritos muy recientes, como dijimos. Cabe,

FIG. 225. — Otra vista del hipogeo de la figura 224

por tanto, sospechar una deformación de los hechos e incluso interpolaciones o modificaciones tardías.

Sin embargo, en respuesta a estas justificadas objeciones, puede aducirse en favor de la verosimilitud del contenido de los textos este razonamiento: que si bien aquellas objeciones hacen vacilar la creencia de que los hechos hayan ocurrido tal y como se cuentan, no aportan, en cambio, prueba alguna en su contra, quedando siempre en favor de la tradición su misma existencia; máxime si, como aquí acaece, las distintas versiones de los hechos ni se destruyen ni se contradicen, antes bien se apoyan, se complementan y se refuerzan coincidiendo en lo principal: la fecha.

Tampoco tienen fuerza probatoria suficiente a nuestro entender los argumentos basados en que la fundación de Útica en el 1100 no es segura. Dúdase de la autenticidad del mismo nombre de Útica en el texto que ha transmitido su fundación (51). Pero ello, a mi juicio, no es bastante, pues la fecha de la fundación de Gádes dada por Velleio Patérculo no estriba sólo en su sincronía con la de Útica, sino que independientemente de que

Fig. 226. — Cádiz. Punta de la Vaca. Hipogeos púnicos hallados el 21 de julio de 1891.
De fotograbado publicado por Berlanga

Útica fuese o no fundada en la época que se dice, el mismo autor hace coincidir la fecha de fundación de Gádir con la guerra de Troya, la «vuelta de los herakleidas», la fundación de Mégara y las guerras de Kodros con los dorios invasores, hechos todos que nada tienen de dudosos en cuanto a su data aproximada. Además de Velleio, Estrabón, Plinio y Mela coinciden en que Cádiz fué fundada en tiempos de la guerra en torno de Ilion. Por tanto, la fecha que se quiera dar a la fundación de Útica no afectará nunca a la de Cádiz, ya que ésta estriba, además, en su sincronía con otros hechos tenidos por seguros.

Fig. 227. — Cádiz. Punta de la Vaca. Otro de los hipogeos hallados en julio de 1891. — *Según fotograbado publicado por Berlanga.*

En cuanto a la carencia de datos arqueológicos para tal época —otro argumento esgrimido en contra de la tradición—, si bien es cosa cierta que hasta el presente no hay nada seguro que pase del siglo VIII, ello no prueba tampoco con datos incontrovertibles la ausencia de un comercio por aquellas fechas, ya que su falta puede atribuirse muy bien al azar. El más antiguo testimonio púnico con fecha cierta es el escarabeo de Psammétichos I de Egipto, hallado en Alcacer do Sal, la antigua Salacia (en la desembocadura del Sado, Portugal), que debe datar de fines del siglo VII. Pero es posible que algunos de los hallazgos del SE., sobre todo de Almería, sean anteriores (52). Los argumentos en contra son, pues, una vez más de orden negativo. Por lo tocante a la duda basada en la imposibilidad de que Gádir sita en el extremo del mundo conocido fuese fundada con prioridad a Cartago. (prescindimos en este momento de Útica), cabe aducir que tal imposibilidad no es cierta, pues hay ejemplos semejantes en todas las etapas colonizadoras de la Antigüedad, y aun de la Edad Moderna. Con frecuencia se intentaba primero el establecimiento de un

mercado en cualquier punto cercano al foco mercantil objeto de interés (en este caso, Tartessós o Tarschisch); luego, si el intento fraguaba, se establecían eslabones intermedios que asegurasen la pervivencia de aquél. Tal particularidad la veremos repetirse con Kyme y Mainake cuando tratemos de la colonización griega en Occidente, y se repitió en otros muchos casos más.

Los que se apoyan en los argumentos negativos expuestos, dan para la fundación de Gádir una fecha cualquiera dentro del siglo VIII o VII, la cual aplican también al comienzo de las navegaciones fenicias por los mares de la Península. De ser así, todo iría de acuerdo con lo que arqueológicamente sabemos del resto de la colonización fenicia del Occidente. En Cerdeña el testimonio arqueológico más viejo es un candelabro chipriota datable en el siglo IX; en Ibiza, como luego veremos, los hallazgos primeros podrían concordar con la fecha de 654 dada textualmente para su fundación; y en Cartago no hay tampoco obstáculo arqueológico importante que se oponga a la fecha tradicional del 814.

FIG. 228.— Hallazgos procedentes del grupo de tumbas púnicas reproducidas en las figuras 226 y 227 (excepción del objeto central inferior).

Es decir, que todo lo dicho por los textos sobre España ocurriría —según este punto de vista— unos tres siglos más tarde que la fecha transmitida por ellos. Mas como la colonización griega del Occidente está atestiguada con suficiencia, tanto por los textos como por los hallazgos arqueológicos, por lo menos desde mediados del siglo VIII (hay indicios también anteriores), tendríamos, por consiguiente, que los comienzos de la colonización y de los viajes fenicios por el Occidente serían sincrónicos con los de los griegos. Ahora bien; tal sincronismo no es de ningún modo aceptable, pues el conjunto de los hechos conocidos y los textos históricos, transmitidos en parte por los mismos griegos (53), nos aseguran que en España, como en el resto del Mediterráneo Occidental, los fenicios pre-

cedieron en mucho a los griegos. En consecuencia, habrá que suponer para el comienzo
de la colonización fenicia de Occidente una data bastante anterior al siglo VIII.

Mi opinión es que mientras no se halle algo verdaderamente positivo que destruya
la tradición consagrada por el tiempo y la sustituya ventajosamente con textos históricos
o pruebas arqueológicas que satisfagan más que los actuales testimonios, debemos atenernos a ellos, con todas las reservas prudentes que se quieran, pero sin rechazarlos de

FIG. 229. — Cádiz. Región del Astillero, contigua a Punta de la Vaca. Grupo parcial de hipogeos
púnicos excavados de 1912 a 1916

plano y teniéndolos en la consideración que merecen; pues no en vano datan de muchos
siglos ni es casualidad que hayan sido los únicos transmitidos por los historiadores antiguos, como tampoco es coincidencia baladí que concuerden en lo fundamental, la fecha, a
pesar de proceder de fuentes distintas y que se ignoraban mutuamente.

Concebida la cuestión en su conjunto, pueden resumirse las consecuencias dedu-
cibles diciendo que si bien no debe tomarse la fecha de 1101 ó 1100 como la exacta, sí debe
verse en ella una referencia a la remota antigüedad de la fundación de Gádir, o por lo menos
de los primeros viajes fenicios a Tarschisch-Tartessós. Lo mismo cabe pensar de los textos bíblicos. Cortando cabos puede, pues, aceptarse el año 1000 como una fecha redonda
de referencia aproximada y aguardar en ella la solución de este problema, que, pese a la
luz vertida por los textos, es aún uno de los más obscuros de nuestra historia antigua (54).

Desarrollo de la colonización fenicia en el Occidente.

Según otras referencias escritas, recogidas también mucho tiempo después de los hechos, a la fundación de Útica y de Gádir siguieron, bastante más tarde, una serie de creaciones coloniales esparcidas por toda la zona meridional del Mediterráneo, comprendida entre las Syrtes y el Estrecho de Gibraltar. Dejando aparte la supuesta Kakábe o Kámbe, presunta antecesora de Cartago, conócense como ciertas las de Auza, fundada en la primera mitad del siglo IX en la región de Túnez (Aumale?) (55), y la de Cartago, para la que un cierto número de testimonios escritos, todos coincidentes, dan la fecha precisa de 813-14, fecha de otra parte confirmada por la arqueología (56). Con menos precisión cronológica, pero quizá nacidas también por esta época, sábese de otras colonias luego

famosas, Hippo (Diarrhytus?), Hadrumetum y Leptis (Magna?) entre la región de Túnez y Las Syrtes (57).

Las pequeñas islas rocosas de Melite (Malta), Gaulos (Gozzo) e Isanim o Kossurar (Pantelleria) recibieron también, junto a sus nombres fenicios, colonos tirios al parecer desde muy temprano. En Sicilia, antes de la llegada de los griegos (mediados del siglo VIII), los fenicios se establecieron en una serie de promontorios e islas en todo el perímetro de ella. Más tarde

FIG. 230. — Cádiz. El Astillero. Vista parcial del grupo de hipogeos excavados entre 1912 y 1916

estos establecimientos quedaron reducidos a las tres colonias de Pánormos (Palermo), Motye (isla de San Pantaleo, frente a Marsala) y Soloeis (Solunto, al E. de Palermo), las tres en la parte más occidental de Sicilia (58).

En Cerdeña son también del siglo IX probablemente las de Cáralis (Cágliari), Sulci (isla de S. Antioco), Nora (cerca del cabo di Pula), las tres en el sur de la isla; y Tharros (en el golfo de Oristano) al Oeste.

También Córcega, las costas de Etruria, las de Provenza, las Baleares y el litoral norte de África Menor debían ser visitados activamente en estos siglos por marineros y traficantes fenicios. Sin duda, además de las colonias arriba citadas hubo factorías o establecimientos de segundo y tercer orden distribuídos por todos estos parajes. Sus nombres no han llegado a nosotros. Si algunos de los toponimios que parecen tener formas púnicas son de esta época o la siguiente cartaginesa, no es fácil saberlo. El nombre de Massalía, se suele explicar por algunos como de origen púnico, de *mazzala*, que significaría «residencia», «establecimiento», «emporio»; la inscripción fenicia hallada en Marsella, con la reglamentación del sacrificio sacerdotal, vendría en apoyo de ello. Pero no es esta opinión aceptada por todos. La inscripción se sospecha que fué importada de Cartago (59).

Fuera del Estrecho, en las costas marroquíes del Atlántico, decía Eratosthenes que existieron nada menos que trescientas colonias de los tirios, colonias —añade— que fueron pronto arruinadas por los indígenas (60). Evidentemente ésta es una exageración o un error inexplicables. En tiempos muy posteriores se hicieron ciertas fundaciones en esta misma región, pero datan ya de época cartaginesa. La única colonia que tiene fama de muy antigua es la de Lixus, cuyo santuario de Melkart, según noticia que recogió Plinio (61) con cierta desconfianza por su parte, se decía ser anterior incluso al de Gádir. Pero esto no parece tampoco probable. La ciudad es llamada πόλις Φοινίκων en el Pseudo Skylax (62), lo que no resuelve nada. La costa atlántica de Marruecos no empezó a ser objeto de cuidados por parte de los púnicos hasta la expedición de Hannón, próximamente hacia el 500.

FIG. 231. — Cádiz. Objetos hallados en el grupo de tumbas (figs. 229 y 230) descubiertas en el Astillero. Museo de Cádiz.

Las causas o motivos más importantes en esta notable expansión colonial de los tirios parece fueron varias, pero en primer lugar, un crecimiento considerable de la población metropolitana y un ansia desmesurada de ganancias y poderío despertados, sobre todo, en la juventud. Los textos así lo dicen al menos (63). Diodoro añade que tal expansión advino gracias a las riquezas creadas por el comercio de España (64).

Este es, en líneas muy generales, el cuadro de lo poco que se sabe de la primera época de la colonización fenicia de Occidente (65). Como se había advertido, para esta época remota nos debatimos en un ambiente de densas obscuridades en las que sólo de vez en cuando brilla alguna débil luz. Todo lo que sea, pues, intentar reconstruir, aunque en rasgos muy sueltos, el pasado de esta época, será por mucho tiempo (mientras la arqueología no aclare algo más las cosas) un simple hilvanar de noticias sueltas, esporádicas, breves, alteradas o dudosas, únicos restos que han quedado a flote tras el naufragio de los siglos.

La colonización fenicia en España.

Pero volviendo a España, ¿qué sabemos de los primeros tiempos de la colonización fenicia, aparte de lo que nos dicen los textos ya comentados? ¿Hubo otras fundaciones además de la de Gádir? Realmente se sabe tan poco, que no es posible contestar a tales preguntas sino con vagas suposiciones. En primer lugar, la carencia de testimonios arqueológicos, atribuíbles con seguridad a estas fechas, hace que los pobres e imprecisos testimonios escritos queden en el aire en espera de una interpretación que les dé valor estrictamente histórico, del que por el momento carecen. Ya hemos mencionado antes los textos conservados en Diodoro que hablan de algunas fundaciones fenicias en la parte occidental de Europa, y del provecho sacado del comercio de la plata, gracias al cual pudieron crear numerosas colonias en Sicilia, islas vecinas (¿a qué islas puede referirse?), Libia, Cerdeña e Iberia (66). Ni un solo nombre se da de estas colonias.

El poema de Avieno, en citas pasajeras, dice, concretando algo más, que en la costa de Almería, entre ésta y Cartagena, habitaron primitivamente los fenicios (67) y que en la costa entre Málaga y Almería hubo antes una muchedumbre fenicia (68). Pero parece ser que aquí Avieno utilizó fuentes muy poco informadas. Por otra parte, no puede afirmarse, como suele hacerse con harta ligereza, que en esta época primitiva existiesen ya las colonias de Málaka, Sexi y Ábdera; no hay ninguna referencia que permita afirmar tal cosa, pues los textos donde se citan por vez primera son todos posteriores al año 500 a. de J. C. y no se alude nunca a un período fenicio anterior de su vida. Es más, la única citada por el 500 es la de Sexi, mas no se habla de su condición de colonia fenicia ni cartaginesa; Hecateo, cuya es la noticia, dice tan sólo que es ciudad de los mastienos (69); sin embargo, es probable que entonces ya fuese una colonia púnica. Hacia el 300 son citadas sus famosas salazones (70). La cita de Estrabón con motivo de los orígenes de Gádir (71) no implica que fuese fundada entonces la ciudad, como con manifiesto error se ha dicho; tan sólo dice que se detuvieron «donde ahora (en tiempos de Estrabón) está la ciudad de los exitanos» (o sexitanos) ἐν ᾧ νῦν ἔστιν ἡ τῶν Ἐξιτανῶν πόλις. Ábdera, por su parte, es posible que fuese hasta Alalíe no una colonia fenicia, sino un establecimiento griego (72). En cuanto a Málaka, tampoco hay testimonios de que arranquen sus orígenes de la colonización fenicia. Tanto ésta como Ábdera no aparecen como púnicas hasta mucho más tarde, según veremos a su tiempo.

Lo más probable es que en la zona costera que va del Cabo de San Vicente hasta más allá del Cabo de Gata, habitasen desde tiempos remotos un cierto número de fenicios, ya tirios, ya originarios de las colonias norteafricanas, dedicados al comercio y a la industria, principalmente la de salazón, número que, al crecer y prosperar en tiempos ya cartagineses, se concentraron en los lugares que luego habían de ser las colonias citadas de Málaka, Sexi y Ábdera. Estos comerciantes púnicos dispersos por la costa son los mismos que los textos posteriores llaman «libyophoenices», o con términos similares, y de los cuales hablaremos en otro lugar.

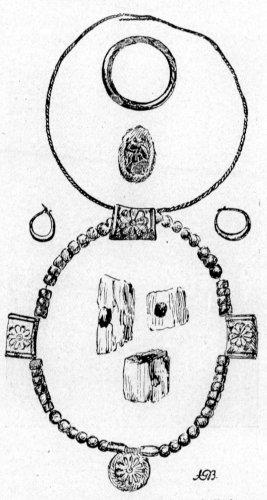

FIG. 232. — Joyas y objetos de hueso hallados en Cádiz, en la zona del Astillero, en el grupo de tumbas reproducido en las figuras 229 y 230. Museo de Cádiz.

Estrabón dice que antes de Homero los tirios poseían ya lo mejor de Iberia (73). Y alude a una lucha entre ellos y los turdetanos, tras la cual, y habiendo sido éstos vencidos, cayeron en el vasallaje de los tirios (74). A ello atribuye el geógrafo la profusión de fenicios que en su tiempo (el cambio de Era) vivían en casi todas las ciudades de Turdetania (75). Por esta vaga noticia sabemos, pues, que los tirios, una vez instalados en Gádir, ampliaron sus dominios —como era la norma— en tierra firme, sosteniendo a lo que parece duras luchas con los indígenas; y esto es tan verosímil, que aunque no lo dejasen entrever los textos, habría que suponerlo. En tal caso, cierto episodio conservado en Macrobio sería aplicable a este momento con toda propiedad.

En efecto, Macrobio, que estuvo en España, pudo recoger aquí, o en África, de donde parece era originario, una historia muy curiosa que vamos a transcribir: «Therón, rey de España Citerior, como fuese lleno de furor con un ejército de naves a expugnar el templo de Hércules —dice Macrobio textualmente—, los gaditanos vinieron de la parte contraria en largos navíos; y trabado el combate permaneció algún tiempo indeciso hasta que de pronto las naves del rey emprendieron la fuga y al mismo tiempo comenzaron a arder presas de un fuego que súbitamente se apoderó de ellas. Los poquísimos que quedaron con vida, prisioneros de los enemigos, refirieron que habían visto unos leones en las proas de las naves gaditanas y que de pronto sus naves ardieron heridas por unos rayos como los que pintan en la cabeza del Sol» (76).

El texto, para su mejor comprensión, necesita unas correcciones y aclaraciones. Este Therón debe estar por Gerón o Geryón (77), rey de Tartessós, del que deriva el nombre de «Ars Gerontis», que Avieno (78) da probablemente a Cádiz (79). En la mitología griega del ciclo herákleida, Geryón, el pastor de bueyes, habita en la isla Erytheia, que estaba en la bahía de Gádir (80). Además hay que corregir lo de Hispania Citerior por Hispania Ulterior, es decir, que Therón era rey de la parte meridional de la Península, como el contexto deja entender claramente. Por último, añadamos que las proas de las naves gaditanas con figuras de leones es, no un añadido fantástico, como pudiera parecer, sino una realidad característica de las naos gaditanas. Poseidonios refiere que en su tiempo (hacia el año 100 antes de la Era) las naves de Cádiz eran conocidas hasta en Alejandría por las figuras de animales que llevaban en sus mascarones (81). Quizá también pudiera referirse a estas luchas el episodio narrado por Vitruvio (82) y Ateneo (83); pero aquí existen más dudas (84). En cuanto al texto de Justino (85), que se suele atribuir a este mismo momento (86), creemos que está más claro aplicado a las campañas de Amílcar en el 237 (87).

Si echamos una mirada a los acontecimientos de esta obscura época buscando nuevas informaciones o elementos de juicio para el tema que nos ocupa, hallaremos en la historia de Tiro alguna referencia a nuestra Península. Sabemos que Tiro, la metrópoli, pasaba entonces por graves vicisitudes originadas en el creciente poder militar y político de sus vecinos los asirios. Desde mediados del siglo IX, Tiro cayó en el vasallaje de Asiria, a cuyos reyes paga-

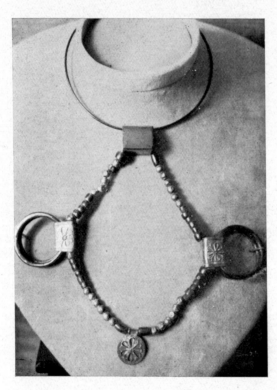

FIG. 233. — Collar reproducido en la figura anterior según reconstrucción, poco probable. Los anillos laterales no debieron pertenecer al collar. Museo de Cádiz.

ba tributo, gloriándose algunos de ellos incluso del dominio efectivo sobre la ciudad. Su comercio exterior quizá no padeciese mucho con ello. Durante el último cuarto del siglo VIII y primero del VII sufrió duros asedios que la dejaron malparada. Este hubo de acarrear inevitables consecuencias en su imperio ultramarino. En efecto, a esta época turbulenta se refieren dos textos, uno bíblico, de Isaías, hacia el 700 (sitio de Tiro por Senherib) (88); otro, algo posterior, de Assarhaddon, en el cual se suponen vasallos suyos a los de Tarsis (Tarschisch?) aludiendo a la capitulación de Tiro tras el cruento asedio que comenzó en 673 y terminó en 668 reinando ya Assurbanipal (89). Este vasallaje era naturalmente nominal; caída Tiro, y habiéndose formado con ella una nueva provincia asiria, el vencedor se atribuía las posesiones del vencido considerando a sus habitantes como súbditos (90). Ha de advertirse que no es del todo seguro si los dos citados textos se refieren en realidad a Tartessós, es decir, a España.

NOTAS

(1)   Véase A. García y Bellido, *Las primeras navegaciones griegas a Iberia; Archivo Español de Arqueología*, núm. 41; Madrid, 1940; págs. 97 y sigs. El mismo: *Hispania Graeca* (Barcelona, 1948), I 29 y sigs.

(2)   *Il.*, VI, 289 y sigs.; XX, 741 y sigs.; *Od.*, IV, 615 y sigs.; XV, 458 y sigs.

(3)   Como se verá, este hecho se colocaba hacia el año 1100 a. de J. C.

(4)   Diodoro, V, 20, 1. Φοίνικες ἐκ παλαιῶν χρόνων συνεχῶς πλέοντες κατ'ἐμπορίαν πολλὰς μὲν κατὰ τὴν Λιβύην ἀποικίας ἐποιήσαντο, οὐκ ὀλίγας δὲ καὶ τῆς Εὐρώπης ἐν τοῖς πρὸς δύσιν κεκλιμενοῖς μέρεσι.

(5)   Diodoro, V, 35, 4. ...διὸ δὴ τοὺς Φοίνικας μετακομίζοντας εἴς τε τὴν Ἑλλάδα καὶ τὴν Ἀσίαν καὶ τἄλλα πάντα ἔθνη μεγάλους περιποιήσασθαι πλούτους.

(6)   Diodoro, V, 35, 5. ...διόπερ ἐπὶ πολλοὺς χρόνους οἱ Φοίνικες διὰ τῆς τοιαύτης ἐμπορίας ἐπὶ πολὺ λαβόντες αὔξησιν ἀποικίας πολλὰς ἀπέστειλαν, τὰι μὲν εἰς Σικελίαν καί τὰς σύνεγγυς ταύτης νήσους, τὰς δ'εἰς τὴν Λιβύην καὶ Σαρδόνα καὶ τὴν Ἰβηρίαν.

(7)   Quiere decir antes de Troya.

(8)   Estr., III, 2, 14.

(9)   Estr., I, 3, 2.

(10)   Plinio, *N. H.*, XIX, 63: *Lixi oppidi æstuario, ubi Hesperidum horti fuisse produntur, CC passibus ab Occeano, iuxta delubrum Herculis, antiquius Gaditano, ut ferunt.*

(11)   Así la llamaban los griegos.

(12)   Gibraltar.

(13)   El otro es el de Abyla, en la costa de Ceuta (el Jebel Musa).

(14)   Exitanos o sexitanos, los de Sexi (Motril o Almuñécar).

(15)   Onoba es Huelva. La isla, probablemente, la de Saltés. Los 1.500 estadios suponen unos 270 kms., es decir, algo más de la distancia directa entre Gibraltar y Huelva. Este exceso se debe a que los estadios se calculaban sobre una navegación costera, por tanto sinuosa.

(16)   Estrabón, III, 5, 5.

(17)   Tucídides, VI, 2, nos habla de ello. El mismo caso lo veremos repetirse en Ibiza. Por lo demás, no era privativo sólo de los púnicos. Los griegos, siempre que era posible, hacían lo mismo. En España, Emporion y Mainake lo demuestran.

(18)   Estrabón, III, 5, hace brillante descripción de sus ventajas.

(19)   Estr., III, 5, 5. Ποσειδώνιος ἡγεῖται τὸν λόγον, τὸν δέ χρησμὸν καὶ τοὺς πολλοὺς ἀποστόλους ψεῦμα Φοινικικόν.

(20)   La fecha la da en I, 8, 4.

(21)   *Anno octogesimo post Troia captam centesimo et vicesimo quam Hercules ad deos excesserat, Pelopis progenies, quæ omni hoc tempore pulsis Heraclidis Peloponnesi imperium obtinerat, ab Herculis progenie expellitur... Peloponnesii digredientes finibus Atticis Megara... condidere. Ea tempestate et Tyria classis, plurimum polens mari, in ultimo Hispaniæ tractu, in extremo nostri orbis termino, in insula circunfusa Oceano, perexiguo a continenti divisa freto, Gadis condidit. Ab iisdem post paucos annos in Africa Utica condita est.* Vell., *Hist. Rom.*, I, 2, 3.

(22)   En el Ps. Arist., 134.

(23)   Según el mismo Timeo, en *Dionisio de Halicarnaso*, I, 74. Timeo dice que Cartago fué fundada treinta y ocho años antes de la primera olimpiada. Como ésta se data en el 776, llegamos a la fecha dicha de 814.

(24)   Plin., *N. H.*, XVI, 216.

(25)   Véase la nota número 21.

(26)   Estr., I, 3, 2.

(27)   Plin., *N. H.*, XVI, 216.

(28) MELA, III, 6, 46.

(29) Véase MOVERS, II, 2, pág. 625, núm. 98.

(30) El tema ha sido tratado multitud de veces, pero véanse, sobre todo, MELTZER, *Geschichte der Karthager*, I, 459 y sigs.; GSELL, *Histoire ancienne de l'Afrique du Nord*, I (1913), 360 y sigs.; HÜBNER, art. «Gades», en la *R. E.*, de Pauly-Wissowa.

(31) EZ., XXVII, 12. Texto fechado hacia el 580. Seguimos en éste y en los demás textos bíblicos del Ant. Test. las fechas que SELLIN dió y están consignadas en *F. H. A.*, I, 157 y siguientes. No son por todos aceptadas, pero por ser las más bajas, facilitan nuestros argumentos, reduciendo posibles errores en la superestimación de las fechas.

(32) Jer., X, 9. Redacción del siglo v.

(33) Reyes, I, X, 22. En redacción de fecha anterior al cautiverio, es decir, antes del 586.

(34) LXXI, 10; hacia el 650.

(35) II, 16 y XXIII, 1, fechables hacia el 730 a. de J. C., siendo, por ello, las citas más antiguas; LX, 9; LXVI, 19 y 56-66, después del cautiverio.

(36) X, 4; hacia el 475.

(37) I, 3; siglo v.

(38) XXXVIII, 13; después del cautiverio.

(39) X, 22; anterior al cautiverio.

(40) Como Reyes I, X, 22; XXII, 49; Salmos, LXXI, 10.

(41) Ezequiel, XXVII, 12.

(42) I de Reyes, XXII, 49; de fecha anterior al cautiverio.

(43) Véase ÁNGEL CABRERA, *Fauna ibérica. Mamíferos;* Madrid, 1914; págs. 223 a 225. Es la llamada «mona de Gibraltar» o, científicamente, *Macaca Sylvanus* (Lin.). A mediados del siglo XVIII constituyó una verdadera plaga, a la que hubo que poner remedio. Advirtamos, sin embargo, que se ha puesto en duda su antigüedad y autoctonía; pero también es cierto que sin aportar pruebas suficientes.

(44) Los textos bíblicos referentes a Tarschisch fueron ya recopilados por GESENIUS, en su *Thesaurus Vet. Test.*, pág. 1315 (1843). Véanse también las *F. H. A.*, I, 157.

(45) El *Libro de los Jubileos* ha llegado a nosotros en dos versiones: una, griega, del siglo I antes de J. C., al parecer, y otra, etiópica, posterior al siglo v después de J. C.

(46) Abarca desde el Golfo Pérsico hasta el Mediodía de la Península Ibérica, y desde el Sur de Arabia hasta los territorios del Volga. Presenta los hijos de Noeh, Sem, Ham y Japhet como personificaciones de Asia, África y Europa, respectivamente. El centro del planisferio es el templo de Sión. El Paraíso Terrenal (Jardín Edén) sitúalo en Abisinia, donde coloca también las tierras emergentes del Diluvio.

(47) Desde su descubrimiento, a fines del siglo pasado, se han hecho diversos estudios, como los de LITTMANN, *Das Buch der Jubiläen*, en el libro de KAUTZSCH, *Die Apokryphen des Alten Testaments*, II (1900), 31-119; BORCHARDT, *Das Erdbild der Juden nach dem Buche der Jubiläen, ein Handelsstrassenproblem*, en las *Pettermanns Mitteilungen*, 1925, y últimamente ha sido comentado con nuevos puntos de vista y sosteniendo una data original mucho más antigua (siglo X), por HERRMANN, *Die Erdkarte der Urbibel, mit eine Anhang über Tartessos und die Etruskerfrage*; Braunschweig, 1931. Una larga recensión de este libro, hecha por nosotros, puede verse en *Anales de la Universidad de Madrid*, t. II, fasc. I (Letras), 1933.

(48) El nombre griego Okeanós procede, al parecer, de la voz fenicia.

(49) En STÉPHANOS DE BIZ.

(50) Según grafía en THEÓPOMPOS, frag. 224.

(51) BELOSCH, *Griechische Gesch*, I (2.ª edic.), 2, 251; CLERC, *Les premières colonisations phocéennes dans la Mediterranée occidentale*, en la *Revue des études anciennes*, VII, 1905, pág. 339; BOSCH GIMPERA también se hace eco de la duda en «Problemas de la colonización fenicia», *Revista de Occidente*, núm. LX, 1928, pág. 326.

(52) En las exploraciones y excavaciones llevadas a cabo, con tanto celo como poco método, por el benemérito Luis Siret en la región del sudeste peninsular, salieron a luz una serie de testimonios arqueológicos cuya clasificación debe someterse a un cuidadoso examen. Estos testimonios son principalmente los siguientes: Varios centenares de disquitos perforados, a modo de perlas para collar, obtenidos de cáscaras de huevos de avestruz (se presentan muy alterados y su materia puede confundirse con la de las conchas marinas; pero un análisis microscópico de ella muestra la estructura característica de la cáscara del huevo de avestruz. Se trata, pues, de indudables importaciones); algunos objetos hechos en marfil de elefante (suelen ser peines, plaquitas y ornamentos diversos. Entre los peines hay uno, hallado en Los Millares, fabricado de dos piezas ensambladas. También estos objetos deben tenerse por productos importados); y dos idolillos hechos con marfil de hipopótamo. (Véanse sus reproducciones en L. SIRET, *Les Cassitérides et l'empire colonial des Pheniciens (L'Anthropologie*, t. XX (1909), págs. 139 y sigs.).

La fecha asignada a estos objetos no nos parece clara. Para su descubridor, serían de fines de la época neolítica y oriundos de un comercio con el oriente del Mediterráneo. Pero no cabe duda que esto no puede aceptarse sin una revisión cuidadosa de las publicaciones en que fueron dados a conocer, ya que, por desgracia, es imposible explorar los propios yacimientos y menos, naturalmente, informarse de su descubridor, ya que éste murió hace años. Tenemos la sospecha de que son productos de importación mucho más reciente, quizá de la época en que, según la tradición, comenzaron a visitarnos los tirios. Pero tampoco podemos afirmar nada a este respecto. Uno de los pomos que Siret publicó como producto de esta época tiene sus semejantes en otros hallados en Ibiza, lo cual nos hace dudar de todos los hallazgos por él publicados en el mismo grupo.

En Fuente Álamo (provincia de Almería) halláronse unas perlas de vidrio azul, idénticas, al parecer, a otras halladas también en las Islas Británicas y cuya fecha, según se dice (véase Bosch Gimpera, *Etnología de la Península Ibérica*, pág. 226, y su referencia a una publicación de O. G. S. Crawford), debe remontarse hacia el 1400 a. de J. C. Parecen ser productos egipcios. Ello está más de acuerdo con lo que hoy día podemos aceptar como posible, y no tendría nada de extraño que tanto las perlas de Fuente Álamo como los productos antes citados llegasen a España traídos por comerciantes fenicios a fines del segundo milenio a. de J. C., en el cual colocan los textos, como se ha visto, las primeras navegaciones tirias a la Península y la fundación de Gádir.

Por la circunstancia de llevar un nombre conocido y fechable con seguridad, el más antiguo testimonio seguro de un comercio de importación fenicia de España, es el anillo signatario, en forma de escarabeo, hallado en Alcacèr de Sal (la antigua Salacia), en la ría del Sado, al Sur de Lisboa. Como lleva grabado el sello de Psamético I de Egipto (615-609), su importación, en el más favorable de los casos, no debió ser anterior a los últimos años del siglo VII. (Vergilio Correia, *Un amuleto egipcio da necropole de Alcacer do Sal*, en *Terra Portuguesa*, núm. 41, 1925, pág. 3-6.)

Que esta fecha no es, ni mucho menos, la primera posible, lo dice el hallazgo del casco griego de Jerez, cuya data, en el último tercio del siglo VII, hace probable un comercio fenicio bastante anterior, ya que, como sabemos, los griegos llegaron a España mucho después que los fenicios. (Sobre el casco de Jerez, véase César Pemán, en *Archivo Español de Arqueología*, núm. 44, y A. García y Bellido, en la misma revista, núm. 45. Se hallarán las referencias bibliográficas hasta el día en mi libro *Hispania Graeca* (Barcelona, 1948) I, 1 y sigs.

(53)   Recuérdese el claro testimonio de Tucídides, al que se le da con razón gran autoridad, según el cual los fenicios llegaron a las costas sicilianas bastante antes que los griegos (es decir, antes de mediado el siglo VIII), ocupando promontorios e islas (Tuc., VI, 2). Tampoco en Sicilia se han hallado testimonios arqueológicos fenicios de fecha tan remota; pero ello no autoriza a dudar de la tradición recogida por Tucídides.

(54)   La tendencia «revisionista» iniciada por Beloch en Alemania ha tenido su aplicador español en Bosch Gimpera, quien se muestra partidario de rebajar hasta el siglo VIII los comienzos de la colonización fenicia en la Península e incluso el de la fundación de Cádiz. Para Bosch Gimpera, el hecho de no tener testimonios fenicios anteriores a dicho siglo o el siguiente es determinante. Pero el autor se contradice a sí mismo al olvidar que las cuentas de vidrio de Fuente Álamo (Almería) las da como producto egipcio importado a fines del segundo milenio a. de J. C. *(Etnol. Pen. Iber.*, pág. 226). Y si esto es así, como parece, ¿a quién sino a los fenicios cabe atribuir tal comercio? En cuanto a los textos bíblicos —según el mismo Bosch—, los más antiguos no resuelven nada, pues sólo se habla de las naves de Tarschisch. Los más concretos son ya del siglo VII en adelante. La referencia de Velleio no le merece crédito, por lo lejana de los hechos. Véase «Problemas de la colonización fenicia de España y del Mediterráneo occidental», en la *Revista de Occidente*, número LX, 1928, págs. 314 y sigs. En la 330 resume sus consecuencias. Puede verse también el mismo texto en *Etnología de la Península Ibérica*, Barcelona, 1932, págs. 258 y sigs. Sin embargo, han sido muy pocos los que han seguido esta proposición excesivamente crítica. Últimamente, von Bissing, que conoce bien los problemas del Mediterráneo en estas épocas, decía a tal propósito: *Die mehrfach geäusserten Zweifel an der Richtigkeit der Ueberlieferung scheinen mir unbegründet*, en *Studi Etruschi*, vol. VII (1933), pág. 34.

(55)   La única mención, en todo fidedigna, procede del judío Ménandros de Éfeso (siglo III antes de J. C.), que dice fué fundada por Ithobal, rey de Tiro, en Josepho (siglo I de J. C.). *Jud. Ant.*, VIII, 13, 2 (234).

(56)   La fecha exacta la aduce Timeo, en *Dionisio de Hal.*, I, 74. Dice que su fundación precedió en 38 años a la primera olimpiada, la cual se fija, como es sabido, en el 776.

(57)   En este orden las cita Sallustio, *Jug.*, XIX, 1: *Phœnices... Hipponem, Hadrumetum, Leptim aliasque urbis in ora maritima condidere*.

(58)   Tucíd., VI, 2.

(59)   Véase Millás Vallicrosa, «De toponimia púnico-española: Sefarad» *(Revista de la Escuela de Estudios Hebraicos*, vol. I, fasc. 2, pág. 9; Madrid, 1941).

(60)   Estrabón, XVII, 3, 2, quizá tomado del periplo de Ophellas, datable en el siglo IV (?).

(61)   XIX, 63. Véase aquí nota 10.

(62)   § 112.

(63)   Sallustio, *Jug.*, XIX, 1; Tert., *De anima*, 30; Just., XVIII, 4, 2; Curcio, IV, 4, 20; Diod., V, 35.

(64)   Diod., V, 35, 5.

(65)   Consúltense las obras clásicas de Movers, *Die Phönizier*, II, 2.ª parte (Berlín, 1850); Meltzer, *Geschichte der Karthager*, I (Berlín, 1879); Gsell, *Histoire ancienne de l'Afrique du Nord*, I (París, 1913) y mi libro *Fenicios y Cartagineses en Occidente*, Madrid, 1942.

(66)   Diod., V, 35, 5. Véase aquí nota 6.

(67)   *Ista Phœnices prius loca incolebant*, Ora Maritima, 459-60.

(68) . *Phœnisque multus habuit hos pridem locos;* ídem, 440.

(69)   Σίξος, πόλις Μαστιηνῶν. Ἑκαταῖος, μετὰ δε Σίξος, πόλις. En Stéphanos de Byzancio.

(70)   Athenaios, III, 121 a. Véase más adelante, págs. 381 y sigs.

(71)   III, 5, 5.

(72)　Véase más adelante, pág. 423.

(73)　Καὶ τῆς Ἰβηρίας καὶ τῆς Λιβύης τὴν ἀρίστην οὗτοι κατέσχον πρὸ τῆς ἡλικίας τῆς Ὁμήρου. Estrabón, III, 2, 14.

(74)　εἰ γὰρ δὴ συνασπίζειν ἐβούλοντο ἀλλήλοις, οὔτε Καρχηδονίοις ὑπῆρξεν ἂν καταστρέψασθαι ἐπελθοῦσι
τὴν πλείστην αὐτῶν ἐκ περιουσίας, καὶ ἔτι πρότερον Τυρίοις. Estr., III, 4, 5.

(75)　οὗτοι γὰρ Φοίνιξιν οὕτως ἐγένοντο σφόδρα ὑποχείριοι ὥστε τὰς πλείους τῶν ἐν τῇ Τουρδητανίᾳ πόλεων καὶ τῶν πλησίον τόπων ὑπ᾽ ἐκείνων νῦν οἰκεῖσθαι. Estr., III, 2, 13.

(76)　Macr. Saturn., I, 20, 12.

(77)　Un nombre que sonaba como Therón se usó en España. Por una mera similitud fonética,
los autores le dieron la forma del nombre griego. Véase Schulten, Tartessos, 43.

(78)　Vs. 263 y 304.

(79)　Bosch Gimpera, Problemas de la colonización fenicia (Rev. de Occidente, núm. LX, página 346.

(80)　Véanse los textos recogidos por Schulten en Tartessos, págs. 43 y sigs.

(81)　Poseidonios en Estrabón, II, 3, 4: ἃ καλεῖν ἵππους ἀπὸ τῶν ἐν ταῖς πρῴραις ἐπισήμων.

(82)　X, 13, 1.

(83)　περὶ μηχανημάτων.

(84)　Véase García y Bellido, La colonización phókaia en España (Ampurias, II, 1940, página 81).

(85)　XLIV, 5, 1.

(86)　Schulten, Tartessos, 41.

(87)　Véanse páginas 366 y sigs.

(88)　«¡Aullad, naves de Tarschisch, porque destruída es (Tiro) hasta no quedar casa ni entrada!... ¡Pasaos a Tarschisch; aullad, moradores de la isla!... ¡Inunda tu tierra como el Nilo, tú, pueblo de Tarschisch! No hay más esclavitud». Isaías, XXIII, 1 y sigs.

(89)　«Los reyes del medio del mar, todos ellos del país Iadnam (Chipre), del país Iaman (Ia-
van = los jonios) hasta el país de Tarsisi, se inclinan bajo mis pies.» Según nueva lectura de la inscripción, debida a Meisner y Unger, Deut. Literaturzeitung, 1917, 410. La primera lectura, la de
Messerschmidt —Keilschrifttexte aus Assur historischen Inhaltes, 1911, núm. 78—, daba Nu-si-si,
en lugar de Tarsisi.

(90)　Para la historia particular de Tiro en este período, véase principalmente W. B. Flemming,
The History of Tyre, 1915.

CAPÍTULO II

LA COLONIZACIÓN CARTAGINESA DESDE SUS COMIENZOS (FUNDACIÓN DE IBIZA, 654) HASTA LA CONQUISTA CARTAGINESA (237)

SUMARIO: Primeras actividades de Cartago en el Occidente. — Fundación de Ibiza en 654. — Griegos y púnicos en las Baleares. Consecuencias de la fundación de Ibiza. — La caída de Tiro y su repercusión en Occidente. — Encuentros navales entre cartagineses y griegos. — Preponderancia cartaginesa en el Mediterráneo Occidental. La batalla de Alalíe (hacia el 535). — La «thalassokratía» cartaginesa. El Tratado romanocartaginés del 509. — Expediciones marítimas por el Atlántico, Hannón e Himilkon. — Extensión de la influencia cartaginesa hacia el 500. Himera (480) y sus consecuencias. — Cartagineses y etruscos en el siglo v. Pérdidas de sus hegemonías. — La Península Ibérica en el segundo Tratado romanocartaginés (año 348). — Fundaciones cartaginesas en España: Málaka, Sexi, Abdera. — Otras factorías cartaginesas en la Península Baria; los emporios de salazón de la costa atlántica. — Los llamados «libyphoínikes».

Primeras actividades de Cartago en el Occidente.

La decadencia de Tiro, iniciada a fines del siglo VIII y comienzos del VII, fué remediada en el Occidente por el auge rápido de una de sus colonias más jóvenes: Cartago. Sabemos que Cartago fué fundación muy posterior a la de Gádir. Según las transmisiones escritas, y a las que ya hemos hecho alusión, fué fundada por los tirios en el año de 814-13. Los hallazgos arqueológicos no desmienten esta fecha, antes bien la apoyan y confirman. Textos y arqueología van, pues, aquí de la mano (1). El nombre de Cartago (Cart hadaschat o «Ciudad Nueva») parece implicar la existencia de una ciudad anterior, que se ha supuesto sería la que llevó los nombres, mal explicados, de Kámbe o de Kakkábe, que se encuentra en algunos autores, juntos con otros más dudosos, como Kadmeia y Oinoussa, aplicados a la misma Cartago (2). Pero todo esto está muy lejos de ser seguro y aun probable. Quizás el epíteto de «nueva» pudo haberlo en relación con su vecina y «vieja» Útica (Utica = ¿«ciudad antigua»?), fundación mucho más remota que la de Cartago. Sea de ello lo que fuere, es el caso que la situación de la ciudad recientemente fundada, cerca de unas ricas salinas, en la amplia bahía de Túnez, y ocupando el centro geográfico del camino entre Egipto, Siria, Palestina, Chipre y el Egeo, por un lado; Sicilia, Córcega, Las Baleares y los ricos mercados metalíferos de la Península Ibérica, por otro, favoreció su rápido crecimiento y prosperidad. Su puerto fué el lugar forzoso de escala y depósito de cuantos navíos hacían la ruta de Tarschisch. Allí concurrían, además, los que venían de la frugífera Sicilia y de las islas y países costeros del mar Sardo. Dominando el Canal de Sicilia, era dueña del punto de convergencia de las dos cuencas mediterráneas y, por tanto, del camino entre ellas. Enclavada, además, entre tribus líbicas salvajes y atrasadas, las utilizó como elementos auxiliares en sus necesidades de tipo militar. Más tarde, al ampliar su imperio, aplicó el mismo sistema a los demás pueblos, entre ellos el ibérico. La esfera de sus intereses hubo de crecer rápidamente. A los pocos lustros de su creación, sus activos ciudadanos debían ya pulular por los más importantes centros comerciales del Mediterráneo Occidental. La decadencia de la metrópoli favorecía indirectamente este auge y crecimiento. Cartago comenzó entonces a crearse un imperio colonial propio, estableciendo colonias de asiento allí donde las conveniencias comerciales lo aconsejaban.

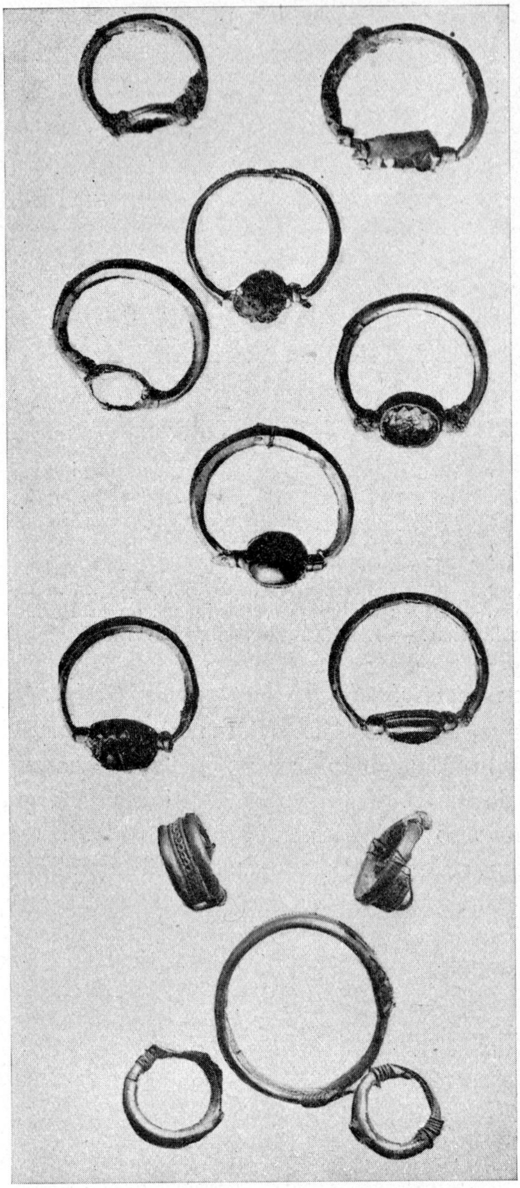

Desgraciadamente, así como desconocemos en gran parte la marcha de los acontecimientos en la colonización tiria, carecemos también de elementos suficientes de juicio para componer, siquiera sea a grandes rasgos, la primera fase de la colonización del Mediterráneo Occidental llevada a cabo por Cartago. En su origen ha de suponerse iniciada tan pronto como ésta comenzó a suplantar a su metrópoli en la explotación y beneficio del comercio en Occidente. Este momento es imposible de fijar. Pero no debió ser muy lejano de aquellos acontecimientos tan fatales para Tiro y a los que hemos hecho ligera referencia pocas líneas antes; probablemente la caída de la metrópoli en el año de 668 puso a Cartago en trance de valerse ya por sí misma. El hecho es que poco después, en el 654, vemos a los cartagineses estableciéndose en una de las Baleares, en Ibiza. En esta época, pues, y no en la batalla de Alalíe, como se ha solido decir hasta ahora, es preciso datar los comienzos de la colonización cartaginesa en España.

FIG. 234. — Joyas halladas en los primeros hipogeos descubiertos, casualmente y sin observación, en 1912 en la zona de los glacis de Puerta de Tierra, en Cádiz. Museo de Cádiz.

Fundación de Ibiza en 654.

La magnífica situación de Ibiza en el centro del mar Sardo, frente a la Península, y en la vía interinsular, viejísima, que de Italia o Sicilia, por Cerdeña, Menorca y Mallorca conducía a las tierras de los metales, le daba una importancia considerable. Por entonces este puente de islas era utilizado por los navíos griegos que hacían el comercio con la fabulosa Tartessós. De Kyme o Siracusa, o de cualquier otra colonia de las ya existentes desde mediados del siglo VIII en el sur de Italia y Sicilia, los griegos visitaban de vez en cuando también las islas, a las que bautizaron con nombres muy particulares —todos terminados en -*oussa*—, tales como Kromyoussa, probablemente Menorca; Meloussa, quizá Mallorca; Ophioussa, Formentera, y Pityoussa, Ibiza (3). Al final del puente insular y en tierra firme, frente a Ibiza precisamente, los griegos habían fundado una factoría, la de Hemeroskopeíon. Pero puede afirmarse que fuera por tener en Hemeroskopeíon una base ya asegurada, o por falta de interés comercial o por la resuelta oposición de los naturales, los griegos no se establecieron en las Baleares ni entonces ni después. Mallorca y Menorca vivían por aquella fecha una civilización del Bronce. Sus habitantes eran de carácter bravío y costumbres salvajes. Su condición de isleños y sus hábitos guerreros les libró de la dominación extranjera hasta la época romana. La única isla donde era fácil la creación de una factoría colonial era Ibiza, la cual, a juzgar por ciertos datos evidentes, parece ser que entonces estaba deshabitada o mantenía una población rala en extremo. Pero los griegos, si pensaron poner el pie en Ibiza, no llegaron a tiempo para tal empresa. Se les adelantaron los cartagineses. La isla era pequeña y fértil, aunque por el momento esta última circunstancia parece que no importó gran cosa. Más valor tenía, sin duda, la existencia en ella de salinas naturales. Probablemente los primeros colonos cartagineses no fueron sino pescadores y

FIG. 235. — Cádiz. Joyas procedentes de la necrópolis púnica. La abeja de oro fué hallada antes de agosto de 1892 en Punta de la Vaca

saladores de pescado. Juntos quizá con algunos comerciantes y marineros emprendedores, los colonos se establecieron al principio (según conjeturas muy fundadas) en un islote pequeño cercano a la isla mayor, la de Ibiza. Este islote está hoy soldado al litoral, pero lleva todavía el nombre de su primera condición, el de Isla Plana. Los más antiguos testimonios púnicos de Ibiza se han hallado, al menos, en ella. De la Isla Plana debieron pasar al poco tiempo a la mayor, la de Ibiza, según solían hacer no sólo los púnicos, sino también los griegos, pues este proceder era impuesto por las circunstancias a todos.

Por fortuna, del nacimiento de la colonia sabemos algo más de lo que era de esperar dada la escasez general de textos. Tradiciones históricas de origen sin duda púnico, recogidas por Timeo y transmitidas mucho después por Diodoro, el historiador griego coetáneo de Augusto, dícennos que esta fundación cartaginesa acaeció en el 654-53, y que la colonia se llamaba Ébysos (4), nombre que, a través del latino Ebusus, se ha conservado en el actual de Ibiza con poca alteración.

Por vez primera en la historia de la colonización púnica en España coinciden los textos con los hallazgos arqueológicos. Estos hallazgos proceden de la Isla Plana, que, como hemos dicho, debió ser el asiento primero de los colonos púnicos, quienes, más tarde, se trasladaron a Ébysos, como ya se ha indicado. Trátase de una porción de figuritas de barro cocido (figs. 274 y 275), que, al menos en parte, pueden muy bien datar de los años en que se dice fué fundada la colonia, es decir, de mediados del siglo VII o la segunda mitad del mismo (5).

Griegos y púnicos en las Baleares. Consecuencias de la fundación de Ibiza.
Por entonces, o algo después, los griegos, que miraban codiciosamente, sobre todo hacia Tartessós y los ricos metales del sur de España, no pudiendo establecerse en sus cerca-

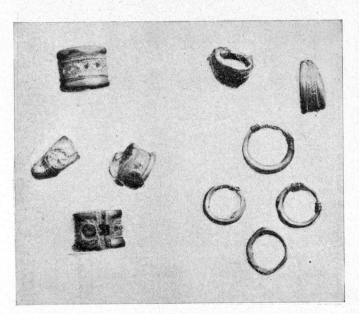

nías, al otro lado del Estrecho, sin duda por temor a los fenicios de Gádir, se asentaron tímidamente en las proximidades de la actual Málaga, en una colonia que llamaron Mainake y a la que llegaban por el puente de islas, ya aludido, y Hemeroskopeíon, colonia griega frontera a las Baleares. Andando el tiempo, la presencia de los púnicos en Ibiza trajo, naturalmente, consecuencias importantes para el comercio de los griegos en el sur de la Península (6). Cuando las actividades de éstos, en concurrencia con las de aquéllos, se encontraron en las mismas rutas del Mediterráneo Occidental, persiguiendo sin duda los mismos o parecidos fines, hubo

Fig. 236. — Joyas halladas en los primeros hipogeos descubiertos, casualmente y sin observación, en 1912 en, la zona de los glacis de Puerta de Tierra, Cádiz. Museo de Cádiz.

de crearse un estado de rivalidad comercial que con frecuencia tuvo que dar origen a choques y colisiones armadas entre púnicos y griegos. En tales circunstancias, las bases comerciales de ambos bandos, convertidas en bases militares por la fuerza de los acontecimientos, cobraron un valor que antes no podía sospecharse.

Así, pues, la ocupación de Ibiza por los cartagineses les dió, al correr del tiempo, un punto de apoyo de primer orden en pleno mar Sardo y Balear y en medio de la ruta que los griegos venían utilizando en sus viajes comerciales a la Península. El puente de islas señalado por los nombres en «oussa» se vió cortado así para ellos en su punto de sutura con la tierra firme. Cuando Cartago tuvo conciencia de sus propios destinos y hubo de defenderlos contra potencias extrañas, supo utilizar los puntos en que sus ciudadanos se hallaban establecidos desde antiguo. De tal modo, que con Gádir al Oeste, cerrando y guardando el Estrecho de Gibraltar; Ébysos al Norte, en las Baleares, y Cerdeña y Sicilia al Este, los púnicos cerraron en el Mediterráneo Occidental un triángulo impenetrable que aseguraba el fácil comercio y navegación por el mar que baña Andalucía y el norte de África, también esta última en manos de los cartagineses. Realmente en este triángulo radicó desde entonces la potencia cartaginesa. Su política tendió a reforzarlo constantemente (tratados del 509 y 348). Estas magníficas posesiones, de interés no ya sólo comercial, como antes, sino también estratégico, no las perdieron nunca si no es cuando llegó

para los cartagineses la ruina total y definitiva de su imperio a fines del siglo III a. de Jesucristo. Ibiza, pues, vino a convertirse en el bastión más avanzado de esta amplia fortaleza, que amenazaba por este punto la vía más cómoda que los griegos podían utilizar en sus empresas comerciales con Tartessós.

Cuando el desarrollo de Ébysos llegó a su madurez, y su amenaza pudo hacerse sentir para los nautas griegos, éstos hubieron de abandonar poco a poco sus actividades comerciales con el sur de España, cada vez más llenas de dificultades, y lanzarse por nuevos rumbos. Éstos derivaron hacia el Norte, más despejado de peligros y competencias, iniciándose así el período de colonización fócea en la Provenza, Córcega y la costa catalana. Massalía, creada por ellos hacia el 600, Alalíe hacia el 560 y Emporion hacia el 550, marcan bien a las claras las consecuencias que para los griegos hubo de traer, andando el tiempo, la fundación que en 654 hicieron los púnicos en Ibiza.

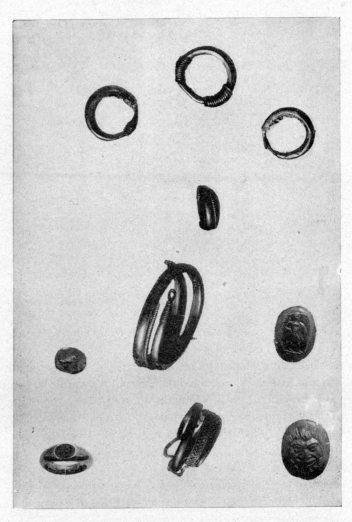

Fig. 237. — Joyas halladas en los primeros hipogeos descubiertos, casualmente y sin observación perita, en los glacis de Puerta de Tierra, en Cádiz. Museo de Cádiz.

A pesar del forzoso desinterés que los griegos hubieron de mostrar desde entonces por Tartessós, dado el exclusivismo comercial que se atribuían los púnicos y las dificultades materiales que tenían que vencer los helenos, ello no impidió, empero, que éstos mantuviesen, aunque probablemente a duras penas, su colonia de Mainake y que gozasen de gran prestigio entre los reyes tartessios, uno de los cuales al menos, el famoso Arganthonios —que reinó desde fines del siglo VII hasta mediados del VI—, se distinguió por su acendrado filhelenismo, según nos cuenta Herodoto (7).

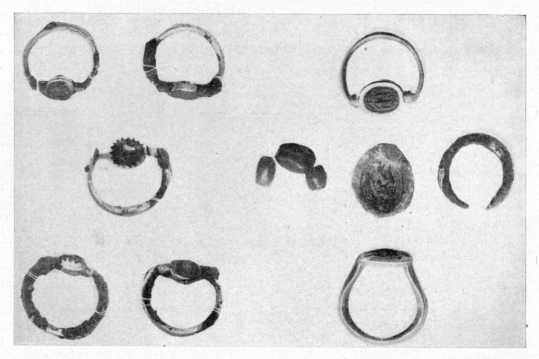

FIG. 238. — Joyas halladas en los primeros hipogeos descubiertos, casualmente y sin observación
de perito, en los glacis de Puerta de Tierra, en Cádiz. Museo de Cádiz

La caída de Tiro y su repercusión en Occidente.
Ello se explica, además, porque entre tanto había acaecido en el Oriente la caída de
Tiro, hechos cuya repercusión en Occidente hubo de ser grande, si bien no tanto como se
suele afirmar. Ésta, ya en decadencia desde comienzos del siglo VII, vióse envuelta, a
principios del VI, en una lucha larga y agotadora contra Nabukadnezar (Nabucodonosor). La ciudad no fué tomada, pero salió del prolongado sitio, que duró trece años, tan
abatida, que su ruina definitiva data de entonces (586-573). A nuestro modo de ver, la
predilección de Arganthonios por los foceos en aquellas circunstancias deja traslucir una
posición antipúnica oportunista. Tartessós hallábase quizá cansada de la preponderancia
cartaginesa y vería en los griegos sus posibles liberadores. Pero nuestra ignorancia sobre
los acontecimientos a que pudo dar lugar la caída de Tiro y el consiguiente desamparo
de sus colonias en Occidente es casi total. Es natural que la crisis fuese aprovechada por
los focenses, cuya «thalassocratía» comienza a contarse precisamente por estos mismos
años; pero Cartago, que no era débil, hízose cargo al punto de su papel en defensa no sólo
de los intereses de su metrópoli, sino de los suyos propios, ya de consideración. Parece ser
que Cartago se opuso resueltamente a una nueva expansión de los foceos por el Mediodía
de España. Al menos éstos no lograron modificar sensiblemente el estado anterior de cosas
en lo que a la región tartéssica se refiere. En Andalucía todo siguió igual, y esto quizá sea
el mayor triunfo de los griegos en tales circunstancias, pues la situación de Mainake era
desde antiguo precaria y difícil. Ya hemos dicho que precisamente por estos años es
cuando se extiende y amplía el imperio colonial foceo por Córcega, Provenza y Cataluña.
Como no hay señales coetáneas de una actividad por el estilo en Andalucía ni el Sudeste,
es de suponer que Cartago logró defender con éxito su área de influencia.

Encuentros navales entre cartagineses y griegos.

Sábese, sí, que entre los focenses y los cartagineses hubo encuentros navales, de los que parece ser salieron siempre airosos los griegos; pero ni las fechas ni las circunstancias de tales colisiones son conocidas. Un texto muy tardío, debido a Justino, dícenos que los massaliotas, al parecer no mucho después de la fundación de su ciudad, tuvieron algunas refriegas navales con los púnicos. «Barcos de pesca capturados fueron —dice— causa de discordia entre ellos y los cartagineses. Derrotáronles varias veces, y no les concedieron

la paz sino después de vencerlos» (8). Pausanias dice que los massaliotas ofrecieron en Delfos una estatua a Apolo con el botín ganado a los cartagineses en una batalla naval (9). Pero su fecha se ignora. El mismo Pausanias habla también de otra victoria, mas los datos están equivocados y no es posible saber la verdad (10). Tampoco pisamos terreno firme cuando consideramos otro párrafo sobre el mismo tema, esta vez en un historiador tan prestigioso como Tucídides, el cual, por su proximidad a los hechos, pudo estar bien informado. En él se habla también de una batalla naval, victoriosa para los foceos, pero con tal vaguedad que no es posible saber a qué hecho se refiere. Por el contexto me parece que

FIG. 239. — Varios anillos descubiertos en 1912 en la zona de los glacis de Cádiz. Museo de Cádiz

alude a la de Alalíe (11). Por último, Estrabón habla de que en el siglo I a. de J. C. conservábanse aún en Massalía algunos trofeos que recordaban victorias navales ganadas por los massaliotas «sobre los que habían rivalizado con ellos en el mar» (12).

Parece desprenderse de las referencias citadas que estos encuentros entre massaliotas y cartagineses tuvieron lugar en aguas de las Baleares, de Córcega o de Provenza (13). Esta consideración llévanos de nuevo a comprobar que, pese a las circunstancias favorables para los griegos tras de la caída de Tiro, el centro de gravedad de la historia del Mediterráneo Oriental estaba al norte de las Baleares. Las fundaciones griegas de Emporion y Alalíe y la batalla naval dada frente a la última, en aguas de Córcega —de la que se trata a continuación—, son otros tantos hechos que inducen a lo mismo.

Preponderancia cartaginesa en el Mediterráneo Occidental.
La batalla de Alalíe (hacia el 535).

Pero si de esta serie de encuentros navales, que debieron de ser frecuentes antes, y sobre todo después de la fundación de Massalía, no tenemos más que las pobres alusiones copiadas; estamos, en cambio, bastante mejor informados del más importante y decisivo de ellos: del que tuvo por teatro las costas orientales de Córcega y por fondo la joven colonia fócea de Alalíe, fundada en el 560 en ellas.

Todo lo que de tal acontecimiento sabemos se debe a la pluma y la curiosidad de Herodoto, quien, aunque en pocas palabras, refiérenos con relativo detalle los hechos con sus antecedentes y consiguientes. Cuéntanos, en efecto, que hacia mediados del siglo VI,

Fig. 240. — Cádiz. Grupo de construcciones sepulcrales hipogeas excavadas en julio de 1914 en la zona de los glacis de Puerta de Tierra. — *Según P. Quintero*

como Ciro, el rey de Persia, amenazase de conquista todas las ciudades jonias de Asia Menor, los focenses, viéndose sitiados, sin llegar a defender la suya, optaron por abandonarla, buscando refugio en Alalíe, donde se trasladaron en masa (hacia el 545). La presencia de los foceos y su flota metropolitana en el Mediterráneo Occidental acentuó, sin duda, la rivalidad entre ellos y los cartagineses, a los cuales se unieron también los etruscos por razones semejantes. En tal ambiente de tensión cualquier hecho podía dar lugar a un encuentro decisivo. Éste, buscado o casual, tuvo lugar frente a la misma Alalíe, capital entonces de todos los foceos, donde, concentrados los navíos etruscos y cartagineses, dieron batalla a las naves griegas. La victoria fué de los foceos; pero como en ella perdieron gran cantidad de naves y quedaron averiadas las restantes, siendo imposible reponerse de las pérdidas, el dominio del mar quedó por los aliados cartagineses y etruscos.

En líneas generales los hechos fueron éstos. Las consecuencias inmediatas derivadas de ellos, la destrucción de Alalíe, cuyos moradores fueron o muertos o dispersos, y el hundimiento de la potencia marina de los foceos. Mainake debió ser destruída entonces. En la costa levantina perecieron ciertas factorías, probablemente foceas, de las que ya no se vuelve a hablar más en los textos posteriores. Marsella, que se hizo cargo al punto de la herencia de Fócida, se convirtió en cabeza y metrópoli de sus hermanas. A su amparo pudieron salvarse de la catástrofe general aquellas colonias que estaban más cerca de su protección. Éstas crecieron a costa de recoger a los refugiados de las destruídas o abandonadas. Massalía misma experimentó por esta causa y en esta época un notable auge que explica la creencia, ya corriente en la Antigüedad, de que la fecha de su fundación data de este momento (14).

Dueños los etruscos y cartagineses del mar, comienza con esta fecha su «thalassokratía». De sus vicisitudes y duración se hablará en el párrafo siguiente.

La «thalassokratía» cartaginesa. El tratado romanocartaginés del 509.

A la «thalassokratía» focense, que duró unos cincuenta años, según la lista transmitida por Diodoro, sucedió en el Mediterráneo Occidental el predominio naval de los cartagineses y sus aliados los etruscos. Nada sabemos de lo que pudo ser base de esta

FIG. 241. — Cádiz. Hipogeos de los glacis de Puerta de Tierra excavados en 1914. — *Según P. Quintero*

alianza (15); pero si hemos de juzgar por los hechos que sucedieron a la batalla de Alalíe, ha de suponerse que en ella entraba el reparto de esferas de influencia: los etruscos, al menos, se interesaron por el Lacio, La Campania y Córcega; Cartago, por su parte, se aseguró en el Mediodía de España y en Cerdeña; pero, sobre todo, planeó grandes empresas en Sicilia, donde a partir del 510, y más tarde desde los comienzos del siglo V, habrá de comenzar una serie de luchas titánicas y atroces contra los griegos sikeliotas. Más fácil les fué la anexión de Cerdeña (16). Por lo que toca a España, parece probable que destruyeron la colonia griega de Mainake; Ábdera, si fué antes una factoría griega, como su nombre parece indicar, de entonces acá se hizo púnica, y como tal acuñará más tarde moneda. Tartessós comenzó a eclipsarse entonces; si fué por causa de los púnicos, no lo sabemos de cierto, pero es de suponer que Alalíe tuvo que repercutir desfavorablemente en un reino que había mostrado su clara parcialidad por los griegos en vísperas de la batalla (17).

Poco antes de finalizar el siglo VI los cartagineses firmaron con los romanos un pacto de amistad que nos ha sido conservado por Polibio. En su parte más importante para nosotros —y más obscura— decía: «Habrá amistad entre romanos y cartagineses y sus aliados respectivos bajo estas condiciones: no navegarán los romanos ni sus aliados de la parte de allá del Kalón Akrotérion, a no ser que les obligue a ello una tempestad o fuerza enemiga, y en caso de ser alguno arrojado por fuerza, no le será lícito comprar ni tomar más que lo preciso para reparo de su nave o culto de sus dioses, y partirá dentro de cinco días» (18). No está muy claro ni el contenido del texto ni la fecha del acuerdo. Hoy día se ha solucionado, al parecer, una de sus principales incógnitas; pero quedan aún pendientes otras, principalmente la de la fecha, que aunque se suele aceptar la polibiana (509), no todos están acordes en ella.

Uno de los problemas fundamentales radicaba en la identificación del cabo que el texto polibiano llama Kalón Akrotérion (Καλὸν Ἀκροτήριον). Polibio dice que el Kalón Akrotérion estaba cerca de Cartago; pero los problemas que el texto de Polibio planteaba en el siglo XIX, respecto a estos tratados, afectaron también a las explicaciones o comentarios del propio Polibio (19).

Sin embargo, hoy puede considerarse como lo más probable que sea el actual Ras sidi Ali el Mekki, próximo al Porto Farina, llamado por ello también Cabo Farina, al norte de Cartago. El texto del tratado, tal como lo transcribe Polibio, interpretado con los elementos de juicio que nos da la historia de su tiempo (fines del siglo VI) y con ayuda del otro tratado posterior (atribuído al 348), donde se nombra de nuevo el Kalón Akrotérion, induce

FIG. 242. — Cádiz. Hipogeos púnicos excavados en los glacis de Puerta de Tierra en 1914. — *Según P. Quintero*

cen a suponerlo en la región de Cartago, que es lo que Polibio hizo. Además, como Meltzer llegó a probar (20), es el mismo que allí cita Ptolomeo (21), y es llamado en Livio (22) *Pulchri Prumunturium*, designación latina que equivale a la griega Καλὸν Ἀκροτήριον, «Cabo Bello», o «Pulcro», que diríamos nosotros. De esta opinión son, además de Meltzer, E. Meyer (23), Gsell (24) y, en general, todos los que han escrito después de la aclaración de Meltzer.

En este caso el tratado en cuestión —al que Polibio llama «primero» entre Roma y Cartago— no mencionaría a España, lo que no deja de ser raro, ya que entre los que el tratado llama «aliados» de Roma figuraba sin duda Massalía y sus colonias hermanas (25), a cuya expansión Cartago debía interesarle poner un límite. Como en el «segundo» tratado (el del 348) se fija una frontera entre los intereses cartagineses y los de los romanos y sus aliados, y su contenido es, en general, semejante al «primero», es de suponer que en éste hubo una cláusula referente a la Península, que el historiador griego no transcribió, probablemente porque no pudo interpretarla o porque en su tiempo (siglo II a. de J. C.)

el texto original no se conservaba ya íntegro. Esto es tanto más verosímil cuanto que el mismo Polibio dice que aun para los romanos, incluso los más inteligentes, era muy difícil explicar algunos párrafos del documento por la diferencia entre la lengua de aquel tiempo (fines del siglo VI) y la de su día (mediados del II) (26). Esto es muy probable, aunque no carece de interés la interpretación de Meltzer (27), según la cual el tratado prohibía a los romanos y sus aliados, no el navegar al sur del Kalón Akrotérion (como

FIG. 243. — Cádiz. Playa de Los Corrales con el lugar de las excavaciones

Polibio interpretó), lo cual no tiene sentido, sino al Oeste, es decir, hacia el Estrecho de Gibraltar, hacia Tarsis. De ser ésta la intención del tratado —lo que creemos—, la transcripción polibiana lo expresaba mal. En todo caso la obscuridad del texto induce de nuevo a pensar en la falta de algún párrafo que Polibio no transcribió por las causas dichas. Ya veremos cómo en el del 348 este mismo artículo está claramente expuesto y con sus límites geográficos bien determinados.

La cuestión de la fecha reside en la divergencia de las fuentes, pues mientras Polibio lo atribuye al 509 (28), Diodoro lo data en el 344 (29), y Livio en el 348 (30). Actualmente la opinión sigue, por lo general, a Polibio (así Niessen, Meltzer y Gsell); sin embargo, conviene advertir que dos grandes autoridades, como Mommsen y E. Pais, se inclinan por la data más reciente (31).

Expediciones marítimas por el Atlántico: Hannón e Himilcon.

Fruto sin duda de la nueva era iniciada para Cartago con la victoria de Alalíe son las dos famosas expediciones atlánticas llevadas a cabo hacia el año 500 por Hannón e Himilcon. El uno, Hannón, partió hacia el Sur y, bordeando las costas occidentales de

Mauretania, llegó a parajes alejados, difícilmente precisables, pero no muy distantes de Sierra Leona. El viaje tuvo como fin la fundación de colonias en las costas atlánticas africanas, donde surgen entonces —enumerándolas de Norte a Sur— la de Thymiatérion (por Rabat), Karikón Teíchos, Gytte, Ákra, Mélitta, Árambys (cinco ciudades situables hacia Mogador y al parecer ya preexistentes y ahora reforzadas con nuevos colonos) y Kérne (en una isla sita en el fondo de una bahía, ¿la de Río de Oro, en el Sahara español, o la del Galgo, en su límite Sur?) (32). El otro, el de Himilcon, tuvo por objeto explorar la vieja ruta del estaño y las Kassiterides, sin propósitos coloniales a lo que parece. El viaje duró cuatro meses, y lo que de su periplo se ha conservado hállase en el poema de Avieno, *Ora Maritima*, donde se han recogido insignificantes fragmentos o noticias referentes, sobre todo, a los terrores del Océano (33). Ambos nautas púnicos tomaron a Cádiz como punto de partida y base de las dos expediciones de que fueron guías (34).

FIG. 244. — Cádiz. Otra vista de la playa alta de Los Corrales

Extensión de la influencia cartaginesa hacia el 500. Himera (480) y sus consecuencias. La fuerza de Cartago hacia aquellas fechas debía ser grande, y superior, desde luego, a la de los griegos de Occidente. En Sicilia tenía que estallar el inevitable choque con el núcleo más importante del helenismo en Occidente. Vencidos por mar los griegos, faltaba dominarlos por tierra. Es muy posible que, como se dijo en la Antigüedad, existiese un plan de conjunto de persas y cartagineses para caer simultáneamente sobre los griegos de una y otra parte. El hecho es que el 480 se dió el asalto más temible que jamás sufriera el mundo griego. Salamina, en Grecia, e Himera, en Sicilia, marcan, sin embargo, el más rotundo fracaso en la gigantesca acometida de los bárbaros.

No es éste el lugar de hablar de la última, en la que tan mal parados salieron los púnicos, pero sí es de sumo interés hacer resaltar aquí dos notas de importancia. La primera es que con este motivo sabemos la extensión del poderío cartaginés hacia el año 500, pues parte, al menos, de los mercenarios que componían su ejército en la batalla de Himera citada eran gentes reclutadas en tierras que no hubiéramos considerado como sujetas a la influencia púnica de no existir este testimonio en contra: los elisykes y ligures, reclutados por los púnicos en tal ocasión. Los ligures son de sobra conocidos como habitantes del golfo de Génova, próximamente en lo que hoy se llama Liguria. En cuanto a los elisykes, por aquel entonces, o algo antes, ocupaban la región de Narbona (35). Por lo demás, la lista de los otros componentes del ejército cartaginés en aquella ocasión es igualmente expresiva. Herodoto, de quien procede la cita de los elisykes y ligures, menciona además a los libios, iberos, sardonios y kyrnios, o corsos (36); es decir, que los cartagineses, tras la batalla de Alalíe, eran dueños de los caminos marítimos que conducían a todas las costas del Mediterráneo Occidental, y no sabemos hasta qué punto también de la influencia política y económica sobre ellos. Aparte de las costas del norte de África (Libia) y de Iberia, de donde proceden aquellos mercenarios citados en primer lugar, la relación de Herodoto nos dice que estaban en el mismo caso los del golfo de Lión (elisykes), los del golfo de Génova (ligures), Cerdeña (sardonios) y Córcega (kyrnios o corsos). Más tarde son citados también los celtas, los etruscos, los samnitas y los bruttios (37).

Todo ello equivale a suponer que a los griegos no les quedaba por entonces en el lejano Occidente más que la Provenza y dos o tres factorías en la Península (Emporion, y quizá Rhode al Nordeste, y Hemeroskopeíon al Sudeste), cuadro realmente pobre si le comparamos con el anterior a Alalíe. Contrastando con él vemos, por la citada enumeración de Herodoto, que tras Alalíe los púnicos se habían hecho realmente dueños de las costas e islas del Mediterráneo Occidental. Se comprende que en tal posición hiciesen un tratado con Roma en el 509 y planeasen la expulsión de los griegos de Sicilia.

FIG. 245. — Cádiz. Hipogeo púnico hallado en 1917 en la playa de Los Corrales

A esta última empresa, que fué el ansia constante de los cartagineses en lo mejor de su historia, llevaron representantes de todos los pueblos que estaban sujetos a su dominio o su influencia directa. Pero —y ésta es la segunda nota que queríamos destacar— el rotundo fracaso de la acometida —Himera, en 480— repercutió sin duda en favor de las colonias griegas de Occidente y en contra de los púnicos, que debieron ver disminuir el área de influencia entre los pueblos ribereños del Mediterráneo Occidental. Cuando a fines del siglo v reanudan la acometida contra las ciudades griegas de Sicilia los elisykes y ligures, al menos, ya no vuelven a ser mencionados como estipendiarios en los ejércitos cartagineses. ¿Es que esta zona estaba ya fuera de la influencia de los púnicos? Probablemente sí, y ello fué por causa del rotundo fracaso de Himera en 480.

El comercio púnico debió alcanzar por estas fechas posteriores a Alalíe su apogeo. Por lo que toca a España, las salazones de Cádiz son citadas ya a mediados del siglo v por los autores cómicos de Atenas. Eúpolis y Aristófanes hablan de ellas como cosa preciada y muy conocida. Después comentaremos éstas y otras menciones referentes a las florecien-

tes salazones púnicas en España Al mismo tiempo debía ser muy activa la exportación
de minerales y de esparto y las industrias tintóreas derivadas del *múrex* o moluscos afines,
de los que se extraía la púrpura (38).

Cartagineses y etruscos en el siglo V. Pérdidas de sus hegemonías.
     Las acometidas cartaginesas contra las ciudades griegas de Sicilia, iniciadas con for-
tuna adversa en Himera el 480 y reanudadas con resonantes victorias en el 409, no trajeron, ni entonces ni más
tarde, el éxito aplastante
que parecían augurar. Los
griegos sikeliotas vieron
caer y perecer las más
hermosas de sus ciudades
bajo la acometida de las
tropas púnicas, en las que
figuraban siempre gran-
des contingentes de esti-
pendiarios ibéricos. Pero,
a pesar de ello y no obs-
tante ser dueños los pú-
nicos de la isla entera, Siracusa, la capital moral
y materialmente de los
sikeliotas, resistió tenaz-
mente, ayudada por la
buena suerte, a todos los
sitios y asaltos de los cartagineses. Con ella el espíritu griego en el Occidente quedó a salvo.

     Por otra parte, los an-
tiguos aliados de los pú-
nicos, los etruscos, aquellos que actuaron en Ala-
líe, sufrieron en el transcurso del siglo v y pri-
meros decenios del iv re-

FIG. 246. — Cádiz. Pozo descubierto en las excavaciones de 1917
en la zona de Los Corrales

veses tales, que su preponderancia en el mar Tirrénico, así como su potencia militar en
la Península Italiana, quedaron pronto anuladas. Primero fué la batalla naval de Kyme,
frente a la colonia griega de su nombre (año 474), en la que Siracusa deshizo el poder
marítimo de los etruscos. Luego, tras largas y cruentas luchas, interrumpidas por treguas,
la caída de Veyes en poder de los romanos, hecho que marca la decadencia militar de los
etruscos en tierra (396). Finalmente, la invasión de los galos, que tras arrasar el país de
los etruscos de Norte a Sur, acabaron por establecerse, a mediados del siglo iv, en la
región septentrional de la Península Italiana.

La Península Ibérica en el segundo tratado romanocartaginés (348).

Tras estas vicisitudes, la victoria de Alalíe quedó neutralizada y, en consecuencia, el estado de cosas en el Mediterráneo Occidental cambió radicalmente de nuevo, esta vez en favor de los griegos y romanos. Estamos, sin embargo, muy mal informados de ciertos pormenores a este respecto. Por fortuna, un documento de suma importancia, el tratado romanocartaginés del 348, viene a darnos una idea clara del estado general de la situación del Mediterráneo Occidental a mediados del siglo IV.

En dicho tratado las dos potencias entonces más fuertes acuerdan limitar de nuevo sus respectivas áreas de intereses.

El tratado —«segundo» en orden del tiempo, según Polibio— estaba

FIG. 247.—Cádiz. Grupo de hipogeos púnicos descubiertos en la zona de Punta de la Vaca en 1918

concebido en estos términos: «Sobre estas condiciones habrá amistad entre los romanos y los aliados de los romanos con los cartagineses, tirios, uticenses y sus aliados; más allá del Kalón Akrotérion y de Mastía de Tarsis los romanos no podrán hacer presas ni comerciar ni fundar ciudades. Si los cartagineses se apoderasen de alguna ciudad del Lacio no sometida a los romanos, quedarán con el dinero y los cautivos, pero dejarán la ciudad. Si los cartagineses tomasen gentes con las cuales los romanos hubiesen pactado paz, aun cuando no estuviesen bajo su imperio, no las llevarán a los puertos de los romanos; y si alguna fuese llevada y un romano la tomase, quedará libre. A lo mismo se atendrán los romanos. Si algún romano tomase agua o víveres en alguna región sometida a los cartagineses, no hará, con el pretexto de las provisiones, injuria alguna a los que están unidos en paz y amistad con los cartagineses. Si, por el contrario, alguien lo hiciere, se considerará injuria pública. En Cerdeña y en Libia ningún romano comerciará ni establecerá poblado, ni aportará en ellas si no es para apro-

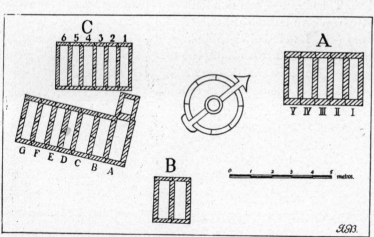

FIG. 248.—Cádiz. Grupo de hipogeos púnicos excavados en la región de Punta de la Vaca en 1919.—*Hecho sobre el plano de F. Cervera*

visionarse o para reparar su nave. Si es llevado por una tempestad, dentro de cinco días debe partir. En la parte de Sicilia sometida a los cartagineses, y en Cartago, un romano puede vender y hacer todo aquello que es lícito al ciudadano. Igual derecho tendrá un cartaginés en Roma» (39).

Queda claro en este texto que los cartagineses tenían como tierras sujetas a sus dominios o influencia las costas de Libia, las de la Península Ibérica hasta la región de Cartagena (Μαστία ταρσηίου), Cerdeña y Sicilia. En otro lugar, al hablar de la colonización
griega en España, se exponen las ventajas que de este tratado se derivaron para las colonias foceomassaliotas (40). Lo interesante para nosotros ahora es ver que en los años

mediados del siglo IV Cartago
tenía sus intereses en la Península circunscritos a un área
determinada, que limita —con
una precisión no vista en el
«primer» tratado del 509— en
Mastía, ciudad ibérica del
reino tartéssico. Mastía, o
Massía, en efecto, aunque capital de los mastienos o massienos, debía pertenecer de
antiguo al reino o confederación tartéssico. El periplo contenido en la *Ora* de Avieno,
y en versos que parecen proceder en su contenido de fuentes muy primitivas, dice a
este respecto —después de
hablar de la «ciudad de los
massienos» *(urbs Massiena)*,

FIG. 249. — Cádiz. Necrópolis púnica de Punta de la Vaca. Dos
collares hallados en las excavaciones de 1922. Museo de Cádiz. — *Foto Mas.*

de «sus altas murallas» y del río Theodorus— que «los fenicios habitaron primitivamente
estos lugares», y que «aquí estuvo en otro tiempo el límite de los tartessios» *(hic terminus
quondam stetit Tartes(s)-iorum)* (41). La ciudad de Mastía es citada ya desde Hecateo
(hacia el 500), o quizá mucho antes, si el texto original del *Libro de los Jubileos* com-
prendía con el término *Meschech* a los *massianoí* de los griegos (42). Ταρσήιος es un adjetivo derivado de Τάρσις. De este nombre que da aquí el texto, a lo que los griegos solían
llamar Tartessós, se habló antes (pág. 284). En el texto original el nombre de Tartessós
se escribió con la fórmula fenicia que vimos se empleaba corrientemente. Tarsis es, pues,
igual que Tarschisch.

Fundaciones cartaginesas en España: Málaka, Sexi, Ábdera.

La herencia de Tiro puso bajo la égida cartaginesa su imperio colonial de Occidente.
Por este medio Gádir y las demás factorías fenicias en la Península, cuyos nombres, quizá
por su poca entidad, no han llegado a nosotros, pasaron a manos cartaginesas. Ocurrió

FIG. 250. — Joyas de oro halladas en la necrópolis de Punta de la Vaca en las excavaciones
de 1922. — *Foto Mas*

aquí el mismo o parecido fenómeno que veremos repetirse con Massalía respecto a las colonias foceas. Faltas de la madre patria, la hija mayor, o más apta, heredó el papel director de la metrópoli, erigiéndose en cabeza, guía y defensa del conjunto de las colo-

nias hermanas que sobre-
vivieron a la caída definitiva de la ciudad funda-
dora.

Pero Cartago no sólo
se cuidó de mantener a
salvo su herencia y de-
fenderla contra posibles
desmembraciones, sino
que a su vez, siendo y sin-
tiéndose potente, creó por
propia iniciativa nuevas
colonias, que aumentaron
y enriquecieron su heren-
cia. El mismo fenómeno
se repetía paralela y sin-
crónicamente entre las colonias griegas de Occi-
dente, como a su tiempo
veremos.

Entre las creaciones
de Cartago figura como
primera la de Ibiza, de la
cual hablamos ya en uno
de los párrafos preceden-
tes. Fué fundada de cierto
en el 654 a. de J. C. Después de ella, y como con-
secuencia de su resonante
victoria en Alalíe, Car-
tago, viéndose dueña del
mar de Occidente, hubo,
sin duda alguna, de mul-
tiplicar sus fundaciones o
de favorecer la afluencia
de emigrantes púnicos a

FIG. 251. — Cádiz. Necrópolis púnica de Los Corrales. Tumba descubierta en 1925. — *Según Quintero*

las costas recientemente aseguradas para el comercio gracias a la mencionada victoria. Los tratados del 509, y sobre todo el del 348, ya analizados, muestran que en el siglo V, y más en el IV, sus intereses no radicaban simplemente en las colonias de Gádir y Ébysos, sino que, lejos de ello, se extendían en bloque a una extensa faja litoral que desde la Andalucía atlántica llegaba hasta el lugar de la actual Cartagena. Ello es indicio de que en dicho litoral Cartago tenía ya entonces una serie de establecimientos, más o menos desarrollados, en los que vivía un núcleo colonial de cierta importancia.

En efecto, los textos griegos, únicos llegados a nosotros a estos fines, nos hablan de ellos, unas veces dando sus nombres, otras citándolos anónimamente. Por estas fechas, y no antes, como se ha pretendido, debieron aparecer las colonias púnicas de Sexi, Málaka y Ábdera; el haber acuñado moneda con caracteres púnicos en época romana acreditan su origen, si bien dichas acuñaciones no orientan en cuanto a la fecha de sus fundaciones respectivas. Sexi, aunque mencionada hacia el 500 por Hecateo, no aparece como ciudad púnica en la cita. Mucho más tarde, hacia el 300, vemos que sus salazones son alabadas al lado de las de Gádir, lo que induce a pensar que ya por entonces la colonia púnica vivía de una floreciente industria (43). Quizá por medio de Artemidoro, Estrabón (44) cita su «taricheía» y le atribuye origen fenicio (se entiende púnicocartaginés) (45). Las demás referencias de Mela, Plinio, Marcial y Ptolomeo no aclaran nada a este respecto.

FIG. 252. — Cádiz. Cuatro sepulcros de incineración descubiertos en la playa de Los Corrales. — *Según Quintero*

En cuanto a Málaka, aparte del carácter de sus monedas, la primera noticia de su origen púnico es la contenida en Estrabón (46), por la que sabemos que su casco urbano tenía traza de tipo fenicio y una floreciente industria de salazón. La cita de Estrabón procede, al parecer, de Artemidoro (hacia el 100 a. de J. C.) (47). Posteriormente menciónanla Mela, Plinio, Avieno y el Ravenate, pero sin aportar nada de interés para el caso.

Por lo que atañe a Ábdera, la primera cita en el orden del tiempo es la precedente de Artemidoro (48), y en ella no aparece como púnica. El mismo origen tiene la cita de Estrabón (49), donde se declara su abolengo fenicio (por cartaginés), como Málaka y Sexi (50). Las citas posteriores de Mela, Plinio, Ptolomeo y el Ravenate no aclaran más la cuestión.

Otras factorías cartaginesas en la Península. Baria; los emporios de salazón de la costa atlántica.

Además de las colonias citadas, hubo otras factorías, embriones de colonias, distribuídas por las mismas costas mediterráneas, pero de las cuales no han transmitido los textos nada aprovechable. Por otra parte, como no pasaron de ser simples aldeas de pescadores e industriales de salazón, no acuñaron moneda como Málaka, Ábdera o Sexi, que aunque dedicadas a las mismas actividades, tuvieron otra categoría.

Las excavaciones, empero, han revelado varias factorías de este tipo, casi todas en la región atlántica, y de las cuales hablaremos líneas adelante. En la región mediterránea la única que conocemos con su nombre antiguo es la de Baria (Villaricos), en la costa oriental de Almería. En dicha localidad habitaban, sin duda en buena armonía, una población escasa de indígenas y púnicos. Estos se dedicaban a las salazones de pescado. Los vasos griegos (entre ellos grandes cráteras) hallados en la necrópolis ibérica indican que la existencia de la ciudad y su tráfico con el exterior, bien fuese con los

FIG. 253. — Cádiz. Hipogeos púnicos y cipo funerario excavados en la playa de Los Corrales en 1933. — *Según Quintero*

griegos directamente o por medio de los comerciantes púnicos, lo que es más probable, data ya por lo menos de comienzos del siglo V. Los testimonios arqueológicos indican que perduraba en tiempos romanos. Es muy probable que acuñase moneda también (51). Los aljibes para la fabricación del «gáron» son sin duda ya de esta época, sincrónicos con los del de Andalucía y el Algarbe. En el párrafo siguiente veremos cómo el caso debió ser bastante más frecuente, pues la población de «libyphoínikes» que habitó este litoral, desde el Estrecho hasta más allá de Baria, debió vivir, distribuída en pequeños núcleos, entre las aldeas indígenas. Probablemente no diferían gran cosa del ejemplo que hemos visto en Villaricos (Baria).

Al otro lado del Estrecho, en la Andalucía atlántica y el Algarbe portugués, la existencia desde tiempos remotos de un foco comercial y colonial como el de Gádir hubo de favorecer el nacimiento de algunas factorías o emporios más, cercanos a él, y distribuídos a lo largo de las playas atlánticas. Hay vagas referencias a ellos, como ya vimos, pero tampoco aquí conocemos nombre alguno. Más tarde, en la era cartaginesa, vuélvese a hablar, de nuevo, de emporios púnicos en estas partes de Andalucía y Algarbe. El poema de Avieno, en una parte del texto datable poco después del año 500, dice que más allá de las

Columnas los cartagineses «poseyeron pueblos y ciudades» (52). Además, el periplo del
seudo Skylax, fechado por el siglo IV, dice existir en Europa, fuera de las Columnas, un
gran número de emporios cartagineses (53).

De estos emporios podemos conocer algunos gracias, en primer lugar, a la Arqueología,
y en menor parte, a los textos tardíos. Todos ellos eran emporios de pescadores dedicados
a la fabricación del *gáron*. A ellos pertenecían Bailon y Mellaría (54), Baisipo y una
serie de lugares alineados todo a lo largo de la costa del Algarbe, donde se han descubierto
señales más o menos numerosas de fábricas de salazón que, aunque de época romana,
perpetúan, probablemente con la misma población de estirpe púnica, la industria que allí
se practicaba antes de la conquista romana. Yendo de Este a Oeste, es decir, de la desembocadura del Guadiana hasta el Cabo de San Vicente, estos lugares son (véase el mapa de la figura 209): Cacella, Antas, Torre de Ares, Praia de Quarteira, Pera de Baixo, Portimão (antiguo Portus Hannibalis?), Vao, N. Senhora de Luz y Bocca do Rio. En la desembocadura del Sado, frente a Setúbal (en Troia), hubo también una serie de fábricas dedicadas a la salazón de pescados. De todas ellas se hablará con más detenimiento en el capítulo dedicado a las pesquerías (55). Por las monedas, a esta lista pueden añadirse las ciudades de Asido (Medina Sidonia), Oba, Vesci, Lascuta, Arsa, Iptuci, Ituci, Olont, Turris Regina y alguna más, que por sus epígrafes constituyen un grupo numismático especial, cuyas emisiones se enlazan íntimamente con las del Norte de África. La ciudad de Bailon, ya citada líneas atrás, acuñó

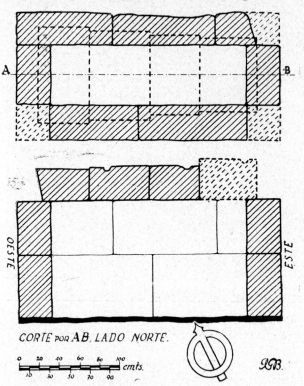

FIG. 254. — Cádiz. Hipogeo púnico descubierto en 1933 en la playa de Los Corrales. — *Según plano levantado por A. García y Bellido.*

también moneda del mismo grupo. Casi todas ellas han podido identificarse gracias a las
leyendas latinas que acompañan a las líbicas y fenicias. Todas caen dentro de la actual
provincia de Cádiz o en sus proximidades. Las monedas de Ituci y Olontigi (u Olont) se
clasifican como fenicias propiamente tales. La ciudad de Iulia Ioza, Tarifa (I. Transducta), es posterior a la época cartaginesa y fué fundada con elementos norteafricanos
en los últimos tiempos de la República (56).

Los llamados «libyphoínikes».

Como vimos, el tratado romanocartaginés del 348 dice con claridad que para Cartago,
en estas fechas, la parte de la Península Ibérica que le interesaba, hasta el punto de acotarla como exclusivamente púnica, era la meridional; en otras palabras, todo lo que fué,
o quizá era aún, el reino de Tartessós, compuesto de una serie de pueblos con característis-

ticas étnicas y culturales comunes y que se extendía desde el Algarbe actual hasta el río Segura por lo menos. Es justamente en esta extensa zona donde los hallazgos arqueológicos púnicos son abundantes, y es en ella donde, al calor de influjos viejos y constantes, aparecen una serie de particularidades notables, principalmente en el alfabeto, o los alfabetos, que no sólo la diferencian de la zona ibérica levantina, sino que, además, no hallan otra explicación más que en la existencia, junto con los pueblos indígenas, de una población púnica de bastante importancia viviendo y trabajando a su lado. Sin duda alguna estos elementos son los que los textos llaman libifenicios.

La primera mención de ellos podría ser la del poema de Avieno si el pasaje donde se citan fuese de seguro atribuíble al viejo periplo de la primera mitad del siglo VI, lo que, realmente, parece muy verosímil. En él, Avieno, tras de hablar del río Chrysus (el actual Guadiaro, que fluye de Norte a Sur, entre las provincias de Cádiz y Málaga), dice: «a una y otra parte de él viven cuatro pueblos... los feroces *libyphoenices*, los *massieni*, los reinos de los *cilbiceni*... y los ricos *tartessii*» (57). La referencia es dudosa en lo que toca a la región que ocupaban los libifenicios; pero puesto que la de los otros tres pueblos es conocida en sus líneas generales, no cabe para la de los libifenicios más localización que la faja de costa que va del Guadiaro hasta la provincia de Granada, aproximadamente, es decir, toda la costa de la provincia de Málaga (58). Quedaba, pues, fuera de esta zona un

FIG. 255. — Figuritas de bronce, de tipo egiptizante, con máscara de oro, halladas en el interior de la actual Cádiz en 1928. Madrid, Museo Arqueológico Nacional. — *Foto Museo Arqueológico Nacional.*

trozo de costa que más tarde será habitado por púnicos, pero que en el siglo VI parece no lo era aún. De este modo explícase ahora bien que Hecateo (59) dijese por aquellas fechas que la ciudad de Sexi (Almuñécar?) era ciudad mastiena y no púnica, como más tarde veremos lo fué. Por lo demás, el término «libyphoenices», que se presenta en esta ocasión quizá por vez primera, es obscuro. Ya veremos más adelante qué interpretación puede dársele.

Cronológicamente síguele la mención que de ellos hace Eforo (siglo IV), quien los sitúa, antes de las Columnas, «a orillas del Mar Sardo»; llámalos Λιβυφοίνικες, y dice de ellos que eran «colonos de los cartagineses» (60). Para la época anterior a la conquista romana, éstas son las únicas citas llegadas a nosotros. Pero de tiempos posteriores hay otras y muy significativas.

M. Agrippa, hablando de las costas que van del Estrecho a Almería, dice que estaban ocupadas por gentes «púnicas» (61). Indudablemente se refiere a los libifenicios. Pero hay más: Ptolomeo sitúa desde el Estrecho hasta Baria, en la costa oriental de Almería, a los «bástulos llamados púnicos» (62), evidentemente los mismos que en Appiano son llamados «blastophoínikes» o «bastulophoínikes» con ocasión de narrar un hecho de las guerras lusitanas acaecido hacia el 154 a. de J. C. (63). También el epítome de Marciano de Herákleia sitúa en la costa, al este de Calpe y Carteia, a los «bástulos llamados púnicos», sin duda tomándolo de Ptolomeo (64).

¿Qué quieren decir los textos cuando hablan de España de estas colonias o poblaciones mixtas libiofenicias? Parece ser, dada la composición de la palabra, que la voz «libyca» es adjetiva; que la principal es «púnica». En tal caso lo más recto sería interpretar la palabra compuesta como designación de unas colonias de «phoínikes» o púnicos (en su sentido lato) oriundos del norte de África, de Libia, es decir, de la región dominada por Cartago; el término sería, pues, equivalente al de cartagineses (65).

FIG. 256. — Biberón púnico de la necrópolis de Cádiz.
Foto Quintero

Así, pues, los «libyphoínikes» citados en España son simplemente los colonos cartagineses establecidos en el litoral andaluz del Mediterráneo. Mas como esta designación era realmente impropia, se le dió, andando el tiempo, la justa, citándolos con el doble nombre de «púnicos» (como antes) y de «bástulos» por estar establecidos en la región habitada por este pueblo. Así nacieron los nombres de «bastulophoínikes» o «blastophoínikes» que hemos visto en textos tardíos, como los de Ptolomeo y Appiano. De cartagineses los califica también este último, aunque da una explicación que no es justa diciendo que fueron llevados allí por Aníbal, cuando en realidad son colonias establecidas bastante antes (66).

¿Qué colonias eran éstas? Por lo menos, las tres más importantes eran las que en época romana siguieron acuñando moneda con caracteres púnicos, es decir, las de Málaka, Sexi y Ábdera.

Si hubo otras más, sus nombres no han llegado a nosotros como tales «colonias». Sin embargo, es seguro que dispersas por las costas de las provincias actuales de Cádiz, Málaga, Granada y Almería, y probablemente también por las de Murcia, hubo factorías menores con población mixta de indígenas y púnicos. Tal debían ser, entre otras, Baria (Villaricos) y Carteia (cerca de Algeciras) y alguna más, donde hay restos arqueológicos púnicos o noticias de la industria de la salazón, a la cual se dedicaban con especial interés los cartagineses. Esto explica, además, que no obstante las tres únicas colonias arriba citadas, la más oriental de las cuales (Ábdera) estaba situada en los límites entre las provincias de Granada y Almería, los testimonios escritos hablan de una región mucho más extensa al aludir a la extensión ocupada por los libiofenicios. Así también se explicarían los raros caracteres epigráficos de algunas de las acuñaciones de ciertas localidades de la provincia de Cádiz y zonas contiguas.

Sin embargo de lo dicho respecto al sentido de la palabra «libyphoínikes», es lo cierto que las otras colonias cartaginesas de España no se llamaron así. A los púnicos de Gádir no se les nombra nunca como libiofenicios, quizá porque el origen de esta colonia es Tiro; las demás factorías púnicas, que sin formar al parecer colonias auténticas estaban dispersas en la costa de la Andalucía atlántica y el actual Algarbe, no fueron designadas nunca, que sepamos, como libiofenicias. Lo mismo cabe decir de Ébyssos, colonia cartaginesa. En resumen, la designación de «libyphoínikes» se aplica sólo y exclusivamente a los que habitaban en la zona mediterránea de Andalucía a partir justamente del Estrecho de Gibraltar, como algunos de los textos citados dice. Quizá la palabra en cuestión encierre un significado o un matiz cuyo exacto valor no podemos apreciar. Quizá también esta parcialidad en la aplicación del referido nombre sea debida a una causa fortuita y sin importancia. Pero ésta es la verdad tangible.

Los estudios de toponimia añaden como presuntas fundaciones púnicas, o al menos como posibles centros de población, las ciudades de Suel (67), cerca de la actual Fuengirola, al oeste de Málaga, y de Selambina (68), que probablemente ha dado su nombre a Salobreña, al este de Almuñécar, sitas ambas, como se ve, no lejos de Málaka y Sexi. Otros nombres tópicos se han querido interpretar en este sentido, pero no ofrecen seguridad más que los dos citados (69).

NOTAS

(1)   Advertimos que, sin embargo, Eusebio dijo que Cartago nació en el 1213; pero no es lo probable, aunque se le ha buscado explicación refiriéndola al mito de Elissa.

(2)   P. e., en Stéphanos de Biz.

(3)   Véase A. García y Bellido, *Las primeras navegaciones griegas a Iberia*, en *Archivo Español de Arqueología*, núm. 41, 1940, pág. 118; el mismo, *Hispania Graeca* (Barcelona, 1948), I, 66 y sigs., y aquí mismo, pág. 227.

(4)   πόλιν ἔχει τὴν ὀνομαζομένην Ἔρεσον [así en el códice, en lugar de Ἔβυσον], ἄποικον Καρχηδονίων...ὁ δ'ἀποικισμὸς αὐτῆς γέγονεν ὕστερον ἔτεσιν ἑκατὸν ἐξήκοντα τῆς κατὰ τὴν Καρχηδόνα κτίσεως. Diod., V, 16, 2 y 3. El cálculo de la fecha es el siguiente: fundación de Cartago, en 814-13; 160 años después es el 654-3. En cuanto a otras particularidades del texto y a las demás noticias que contiene se hablará más adelante, al hacer la historia de la ciudad.

(5)   Más adelante se tratará de ellos con el detenimiento que merecen. Véanse págs. 470 y sigs.

(6)   Debemos huir de interpretar la creación de Ébysos como un acto pensado y ejecutado con miras a ulteriores planes; como una operación preliminar de otras concebidas en gran escala. Indudablemente no fué así, ni podía serlo en aquellos tiempos. Lo que vino a ocurrir luego brotó normalmente de un estado de cosas que la fuerza de los hechos habían impuesto.

(7)   I, 163. Véase *Hispania Graeca*, I, 126.

(8)   Jus., XLIII, 5,

(9)   Paus., X, 18, 7.

(10)   Pausanias, X, 8, 6. Dice que esta victoria tuvo lugar cuando la fundación de Massalía; acontecimiento que coloca erróneamente en el tiempo de la expulsión de los foceos de su ciudad, es decir, hacia el 545. Si con ello se refería la victoria «cadmea» de Alalíe, tras de la cual se solía suponer la fundación de la ciudad por algunos, no es fácil saberlo.

(11)   Tucíd., I, 13. Hay muy diversas opiniones. Meltzer la supone en cualquiera de los momentos arriba citados; otros, como Müllenhoff, Sonny y Jullian, en el siglo v o comienzos del iv; hipótesis esta última difícilmente sostenible, a nuestro juicio, si se examina el párrafo en su conjunto.

(12)   Estr., IV, 1, 5.

(13)   Que no fueron en las costas tartéssicas se desprende del hecho arriba consignado y cierto de que no hubo cambio alguno al sur del cabo de La Nao, pues tales victorias, de haberse obtenido en aguas tartéssicas, habrían de haber repercutido en Andalucía.

(14)   Para todas estas cuestiones véanse las páginas dedicadas, más adelante, a la colonización focea y su final; en ellas tratamos con más amplitud de estos puntos y sus problemas. Allí se da también la bibliografía pertinente.

(15) Que la alianza era firme lo refiere Aristóteles en su *Política*, III, 5, 9.

(16) Sobre la conquista de Cerdeña habla Justino, XVIII, 7. Véase también E. Pais, *Sardegna prima del dominio Romano (Atti dei Lincei*, 1882); el mismo, *Storia della Sardegna e della Corsica*, 1923. Sobre la participación en ella de mercenarios baleares, A. García y Bellido, *Los iberos en Cerdeña, según los textos clásicos y la arqueología (Emerita*, vol. III, fasc. 2; Madrid, 1935).

(17) Sobre todo esto se hallarán más informes en las líneas dedicadas a la colonización griega, págs. 537 y sigs.

(18) Pol., III, 23.

(19) Para Müller, el Kalón Akrotérion (edic. de *Ptolomeo*, pág. 150, nota), era el Cabo de Palos, cerca de Cartagena; para Fischer (C. Th. Fischer, *De Hannonis Carthagin. Periplo*, 1893, página 83), el de La Nao, algo más al norte de Alicante; Th. Reinach *(Revue des études grecques*, XI, 1898, núm. 30), y Häbler *(Berliner philologische Wochenschrift*, 1894, págs. 1284 y sigs.) lo suponían también en España.

(20) *Commentationes Fleckeiserianæ*, Leipzig, 1890; págs. 259 y sigs.

(21) En III, 23, I.

(22) XXIX, 27, 12.

(23) *Gesch.*, II, pág. 709.

(24) *Hist. Anc. de l'Afrique du N.*, I, pág. 442.

(25) Recuérdese el texto de Justino, que nos transmite esta vieja alianza *prope ad initio conditæ urbis*. Just., XLIII, 5, 3.

(26) Pol., III, 23.

(27) *Gesch. d. Karth.*, I, 181.

(28) Pol., III, 22 y sigs.

(29) Diod., XVI, 69.

(30) Liv., VII, 27; véase Oros., III, 7.

(31) Además de las polémicas surgidas a fines del siglo pasado, en la actualidad el asunto ha sido reiteradamente tratado por varios especialistas. Las últimas publicaciones sobre esta materia son: F. Schachermeyr, *Die römisch-punischen Verträge*, en el *Rheinische Museum*, 1930, 350; M. Cary, *A forgotten treaty between Rome and Carthage*, en el *Journal of Roman Studies*, IX, 1919, 66; A. Piganiol, *Observations sur la date des traités conclus entre Rome et Carthage*, en el *Musée Belge*, XXVII, 1923, 177; E. Ciaceri, *Il primo trattato fra Roma e Cartagine*, a 509 a. C., en las *Atti d'Accademia di Napoli*, 1932, 293.

(32) El periplo se ha conservado en una traducción griega, al parecer resumen de una inscripción original grabada en el templo de Kronos, de Cartago. Véase la edición de Müller, *Geographi Græci minores*, I, París, 1855, págs. 1 a 14. Plinio da también noticias en II, 67, 169. Consúltense Meltzer, *Gesch. der Karthager*, I, págs. 229 y sigs., y, sobre todo, Gsell, *Hist. Anc. Afrique du N.*, I, págs. 476 y sigs.

(33) Véase mi libro *Fenicios y Cartagineses en Occidente*, págs. 171 y sigs.

(34) Respecto a Hannón, aunque el periplo dice que partió de Cartago, se detuvo en Gádir, donde sin duda embarcó marinos gaditanos que conocían bien y de antiguo las costas de África. Plinio mismo dice *circunvectus a Gadibus*, II, 169.

(35) Avieno, v. 586, los cita en estos lugares.

(36) Herodoto, VII, 165. Véase nuestro estudio *Los iberos en Sicilia (Emérita*, vol. VII, 1939; Madrid, 1940, pág. 72).

(37) Véase Herod., VII, 165, y Diod., XIII, XXV, *passim*.

(38) Véase el capítulo que dedicamos más adelante a la «taricheía» o industrias de salazón de pescado.

(39) Pol., III, 23.

(40) Véanse págs. 539 y sigs.

(41) Avieno, v. 462-3.

(42) Véanse más atrás, págs. 323 y sigs.

(43) Athénaies, III, 121 *a*.

(44) III, 4, 2.

(45) Esta atribución va implícita en el párrafo siguiente, en el que Estrabón, tras hablar de Málaka y Sexi, dice de Ábdera que es «también» de fundación fenicia (Estrabón, III, 4, 3).

(46) III, 4, 2.

(47) El epítome de Artemidoro hecho por Marciano de Herákleia la cita también en 6.

(48) En Stéphanos de Byzancio.

(49) III, 4, 3.

(50) μετά ταύτην ['Εξιτανῶν πόλις] ''Αβδηρα Φοινίκων κτίσμα καὶ αὐτή.

(51) Véasé el artículo de Gómez Moreno en el vol. II del *Homenaje a Mélida;* Madrid, 1934; página 174.

(52) *Ora Mar.*, vs. 375-377: *ultra has columnas propter Europæ latus | vicos et urbis incolæ Carthaginis | tenuere quondam*. La fuente debe ser Skylax de Karyanda, citado poco antes en el verso 372, es decir, hacia el 490 a. de J. C.

(53) ἀπὸ 'Ηρακλείων Στηλῶν τῶν ἐν τῇ Εὐρωπῃ ἐμπόρια πολλὰ Καρχηδονίων. § 1, edic. de Müller, en *Geogr. Gr. min.*, I, 16.

(54) Estrabón, III, 1, 8.

(55) Véase pág. 385.

(56) ESTRABÓN, III, 1, 8.

(57) AVIENO, vs. 419 y sigs.

(58) El conflicto está en el límite oriental, pues en el texto de Avieno el occidental es claro. Schulten y sus seguidores ponen el límite oriental en la provincia de Almería; pero los fragmentos conservados de Hecateo —en Stéphanos de Bizancio— dan ya como massiena la ciudad de Mainóbora, sita sin duda alguna en las cercanías de Vélez-Málaga. Como Hecateo escribe hacia el 500, sus noticias son algo anteriores; por tanto, no muy distantes de la fuente que sirvió a Avieno para redactar este pasaje. Sobre Mainóbora o Maínoba véase lo que se dirá más adelante, a propósito de la colonia griega de Mainake, págs. 523 y sigs.

(59) En STÉPHANOS DE BIZ.

(60) τῶν πρὸς τὸ Σαρδῶον δὲ πέλαγος κειμένων οἰκοῦσιν Λιβυφοίνικες, ἐκ καρχηδόνος ἀποικίαν λαβόντες. En el *Skymnos de Chios*, vs. 196 a 198.

(61) *Oram eam in universum originis Pœnorum existimavit M. Agrippa.* PLIN., *N. H.*, III, 8.

(62) βαστούλων τῶν καλουμένων Ποινῶν. PTOL., II, 4, 6.

(63) APP. *Ibér.*, 56. Luego volveremos sobre este mismo texto.

(64) MARC. DE HERÁK., II, 9, tras citar Calpe y Carteia, dice: ἐνταῦθα παροικεῖ τὸ ἔθνος [τῶν[Βαστουλῶν τῶν καλουμένων Ποινῶν.

(65) En apoyo de ello, y no de su interpretación inversa (libios dominados por cartagineses), hablan las demás citas que de este nombre conocemos, las cuales se refieren a otros lugares donde se dan las mismas circunstancias. En efecto, la mención de Hecateo (fragmentos 310 y 314), llama con este nombre a los cartagineses del norte de África. El periplo de Hannón, hacia la misma fecha, llama «libyphoínikes» también a las colonias que iban a fundar en la costa atlántica mauritana (ἔδοξε Καρχηδονίοις "Άννωνα πλεῖν ἔξω Στηλῶν Ἡρακλείων καὶ πόλεις κτίζειν Λιβυφοινίκων. Periplo de HANNÓN, 1). Lo mismo se desprende de las palabras de DIODORO (XX, 55) y de PTOLOMEO (VII, 9). En resumen, según el sentido de los textos, como el que se desprende de la palabra desde un punto de vista gramatical, con la voz «libyphoínikes» (variante «libophoínikes»), se designaba a los fenicios antiguos y modernos (es decir, cartagineses) que habitaban la Libia desde las Syrtes hasta las costas atlánticas. Véanse, además de MOMMSEN, *Röm. Gesch.*, I, VI, 489 y, sobre todo, KAHARSTEDT, *Gesch. der Karthager*, III, 73 y sigs.

(66) βλαστοφοίνικες... οἴς φασιν Ἀννίβαν τὸν Καρχηδόνιον ἐποικίσαι τινὰς ἐκ Λιβύης καὶ παρὰ τοῦτο κληθῆναι Βλαστοφοίνικας. APP. *Ibér.*, 56.

(67) PTOL., II, 4, 7.

(68) PTOL., II, 4, 7.

(69) Véase A. DIETRICH, *Phönizische Ortsnamen in Spanien (Abhandlungen für die Kunde des Morgenlandes*, XXI, 2; Leipzig, 1936); J. M.ª MILLÁS VALLICROSA, *De toponimia púnico-española*, en *Sefarad*, revista de la Escuela de Estudios Hebraicos, I, 2; Madrid, 1941.

CAPÍTULO III

CONQUISTA DE ESPAÑA POR LOS BARCAS (DEL 237 AL COMIENZO DE LAS GUERRAS ANIBÁLICAS)

SUMARIO: Cartago al final de la primera guerra púnica. — Pérdida del dominio cartaginés en España (hacia el 240 a. de J. C.). — Amílcar en España. — Desembarco en Gádir. — Amílcar y sus luchas con los pueblos tartessios. Indortes e Istolatio. — Amílcar somete a los pueblos del SE. de la Península. — Fundación de Akra Leuké. Desastre de Heliké. — Muerte de Amílcar. El Tratado con Roma. — Asdrúbal. — Fundación de Gart Hadashat (Carthago Nova). — Tratado dicho «del Ebro» entre Roma y Asdrúbal (226). — Asesinato de Asdrúbal. — Aníbal (hasta el cerco de Sagunto). — Expedición al interior. Toma de Althía (221). — Aníbal en la cuenca del Duero. Toma de Salmantica y Arbukala (220). — Batalla del Tajo. — La segunda guerra púnica, la anibálica.

Cartago al final de la primera guerra púnica.

Como es sabido, las guerras de Sicilia, ya endémicas desde el 409, dieron ocasión a Roma, una vez terminada la unificación política de la Península Italiana, para intervenir en los asuntos de la isla. De aquí surgió la llamada «Primera Guerra Púnica» (264-241), tan larga y agotadora como fatal para Cartago. Tras de ella, en efecto, perdió sus viejas posesiones de Sicilia, y por si fuese poco, experimentó en su propio suelo y ante las puertas de sus ciudades principales una de las sublevaciones militares más sangrientas y largas que se recuerdan en toda la Antigüedad. Las tropas mercenarias, compuestas de unos 20.000 hombres, en su mayoría libios, iberos, baleares, celtas, ligures y semigriegos (1), ya desmoralizados por las derrotas de Sicilia, al desembarcar en el norte de África se declararon en rebeldía, iniciándose entonces una guerra brutal, en la que no se retrocedió, ni por unos ni por otros, ante las represalias y crueldades más atroces (241-238). A ella sumáronse desde el primer momento las tribus líbicas, que exprimidas hasta lo inconcebible por los púnicos, tanto en la recluta de hombres como en los tributos, hallaron en esta ocasión el momento propicio para caer sobre sus odiados dominadores. Jamás estuvo Cartago en trance tan inminente de perecer. La guerra de los mercenarios llevaba camino de ser para ella mucho peor que lo había sido la de Roma. Sólo la conciencia de que en tal lucha le iba la propia existencia y con ella la del resto de su imperio, aun relativamente intacto, pudo crear en los cartagineses un estado de ánimo capaz de vencer aquella impresionante situación, en la que todo estuvo a punto de perderse irremisiblemente. Por fortuna para Cartago, el final de tal sarta de horripilantes episodios —que justifica el nombre de «inexpiable» dado a la guerra de los mercenarios— fué la victoria, y con ella el comienzo de una nueva vida con nuevos derroteros, que no tardarán en iniciarse.

FIG. 257. — Ingreso a la cámara funeraria púnica hipogea descubierta en la Isla de León,
cerca de Cádiz. — *Foto Quintero*

Pero Roma, que no perdía ocasión, supo aprovechar la que brindaba la guerra de los
mercenarios y la sublevación de los pueblos líbicos. Cartago perdió en el entretanto dos de
sus más valiosos centros coloniales: Cerdeña y Córcega. Primero fué Cerdeña, cuya sece-
sión pudiera haberse impedido o remediado a tiempo de no haber surgido la interesada
oposición de Roma, que hizo el esfuerzo inútil; la breve e injusta guerra nacida con este
mòtivo entre Roma y Cartago dió ocasión al segundo expolio, el de Córcega. En poco
tiempo, pues, Cartago había sufrido el cercenamiento triple, difícilmente reparable, de Sicilia, Cerdeña y Córcega, que fueron a engrosar el naciente Imperio romano.

A esta serie de infortunios, Cartago tuvo que ver sumado otro no menos grave que,
por haberlo reparado pronto e ir envuelto en preparativos de más trascendental envergadura, ha quedado obscurecido, hasta el punto de ser difícil su reconstrucción histórica:
nos referimos a la pérdida casi total de sus dominios del mediodía de la Península Ibérica, hecho que presentaremos a continuación.

Pérdida del dominio cartaginés en España (hacia el 240 a. de J. C.)

El desprestigio en que cayó la poderosa Cartago tras su perdida guerra con Roma,
unido a la imposibilidad de atender debidamente a la defensa de sus intereses en España
dado el estado caótico en que la propia metrópoli se debatía, debió de originar entre los
pueblos indígenas del sur de España, sometidos de antiguo al dominio directo o indirecto

Fig. 258. — Carátula de negro hallada en la tumba hipogea de la figura anterior

de los púnicos, un estado de ánimo propicio a levantamientos similares en su génesis y desarrollo a los recientes de libios y sardos, que tan caros costaron a los cartagineses. Aunque en realidad los textos no mencionan ningún hecho concreto de este tipo en España, tales movimientos —mezcla de justificada xenofobia y de ansia de independencia y libertad— existieron y lograron alcanzar sus fines inmediatos, como se desprende del estado de cosas con que se encontró Amílcar en España cuando vino en son de reconquista.

De ello hablan brevemente ciertos textos. En primer lugar, el concienzudo Polibio, quien nos dice que la llegada de Amílcar a España significó el «restablecimiento» de los intereses de Cartago en ella (2), lo cual presupone que tales intereses (πράγματα) estaban antes de su llegada perdidos o poco menos. Luego otro texto, de Justino, quien recogiendo en resumen noticias contenidas en Pompeyo Trogo (historiador de la época de Augusto) dice, refiriéndose, en nuestra opinión, a estos acontecimientos, que «celosos los pueblos vecinos de la prosperidad de Gádir la atacaron; pero entonces —añade— los cartagineses enviaron auxilio a sus consanguíneos, vengando con su victoria la injuria y sometiendo para sí parte de la provincia. Animados por la expedición primera —continúa— enviaron después al general Amílcar con un ejército mayor para conquistar la provincia» (3).

Intentando reconstruir a la luz de tales testimonios escritos los hechos, aunque sólo sea en rasgos generales y vagos, cabe suponer que aprovechando los pueblos del sur de la Península la debilidad militar de Cartago, cayeron sobre las factorías cartaginesas de la costa y del interior, dispersas y sin amparo suficiente, haciéndose dueños de ellas. Pero en Gádir, ciudad bien defendida por sus fortificaciones y su naturaleza isleña, fracasaron. La llegada de ciertos refuerzos púnicos permitió a los sitiados despejar el cerco y aun conquistar para mayor seguridad una parte de la tierra firme circunvecina (4). Con ello, no

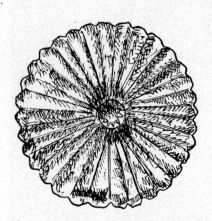

sólo detuvieron el derrumbamiento total de sus dominios peninsulares, sino que conservando la más importante de sus factorías, Gádir, hallábanse en condiciones favorables para desembarcar en ellas fuerzas suficientes y acometer la restauración de su perdido imperio. Luego veremos cómo, en efecto, Amílcar desembarcó en Gádir precisamente y cómo, desde ella, emprendió la lucha contra los turdetanos, sus vecinos.

Estos acontecimientos, tan velados por el silencio o la parquedad de los textos, fueron, a nuestro juicio, sincrónicos con la guerra de mercenarios y libios, es decir, que debieron acaecer entre el 241 y el 238 (5).

FIG. 259. — Málaga. Rosetón de oro hallado en una tumba púnica en 1875. — *Según Berlanga.*

Amílcar en España.

La pérdida para Cartago de las islas de Córcega, Cerdeña y Sicilia, que pasaron a poder de Roma, cambió por completo la situación política militar y económica de ambas potencias; Cartago dióse cuenta pronto de la fuerza expansiva que animaba a su rival. La situación de Cartago era realmente difícil, pero aun tenía remedio; todavía dominaba como dueña y señora, con más razón tras su victoria sobre las tribus libias, en todo el norte de África, desde las Syrtes hasta las playas del Atlántico. Además, Roma, a lo que parece, había respetado (de grado o por fuerza) los derechos de Cartago sobre el sur de nuestra Península; por lo menos no hay noticias en contra de este supuesto. Los cartagineses conocían de sobra la abundancia de recursos que podían extraer de la Península Ibérica, tanto en dinero y vituallas como en hombres. Ante la nueva situación surgió un plan tan grandioso como atrevido: la conquista efectiva de España y la creación en ella y con sus recursos de una base de operaciones en Europa con el proyecto, realizable a larga fecha, de servirse de ella como punto de partida para una invasión de Italia por el Norte.

Tenía la Península Ibérica tres atractivos de primera fuerza dentro de las necesidades vitales de Cartago como potencia mediterránea: su larga costa oriental, que miraba a Italia; su riqueza minera y agrícola y, en primer plano, la facilidad de reclutar entre sus habitantes buenos y numerosos contingentes mercenarios, ya probados en multitud de campañas. Todo ello habrá de compensar largamente las pérdidas pasadas y preparar el desquite futuro.

FIG. 260. — Málaga. Gozne de hueso procedente de una tumba púnica.

Desembarco en Gádir.

Las guerras metropolitanas contra mercenarios y libios tuvieron su fin en el 238. Al año siguiente, Amílcar púsose en camino para España. Sin perder de vista la escuadra acompañante, y sujetando de camino las tribus mauritanas, recorrió con su numeroso ejército las costas de Argelia y Marruecos, hasta llegar al Estrecho de Gibraltar. Allí embarcó sus contingentes y los trasladó a las tierras fronteras de Europa, desembarcándolos en Gádir, única posición, que, a lo que parece, había quedado incólume en la sublevación general de los indígenas (6). Amílcar llevaba, como siempre, un ejército, compuesto, en su mayoría, por tropas líbicas, y con él a su yerno Asdrúbal y a su hijo Aníbal, el de Cannas, que entonces era un niño de nueve años (7). Desde este momento, y por vez primera en la historia de la colonización púnica de España, se halla el historiador con una serie de textos en general numerosos y explícitos.

Hay quien supone que Amílcar obró aquí por su cuenta y riesgo, ocultando al Senado cartaginés sus verdaderos propósitos. Esta opinión corrió ya entre los historiadores antiguos y tiene sin duda un origen interesado romano (8). Pero hoy se tiene por cosa inadmisible. La conquista de España por los Barquidas y las guerras anibálicas fueron una empresa nacional cartaginesa preparada a conciencia y con la ayuda constante, aunque no siempre eficaz y de grado, del pueblo y del Senado cartagineses. Era, además, una lucha que, dada la evolución de las cuestiones internacionales a lo largo del siglo III, se presentaba, lo mismo para Cartago que

FIG. 261.—Malaga. Gozne de hueso procedente de una tumba púnica.

para Roma, como inevitable y necesaria. Lo admirable aquí es la rapidez con que Cartago, dándose cuenta de ello, se rehizo de las pasadas pérdidas y emprendió la ejecución del gigantesco plan desembarcando en España sus ejércitos al año siguiente de terminada la guerra contra mercenarios y libios. Que el proyecto no era la simple restauración de su dominio, sino la conquista total, por lo menos de la parte litoral mediterránea de la Península y la explotación intensiva de los recursos naturales en cosas y hombres con fines mucho más amplios y trascendentes, lo prueba (aparte del rumbo que tomaron al punto los acontecimientos) el hecho de haber confiado el mando de las tropas de desembarco y conquista a un general de la categoría de Amílcar, el vencedor de los mercenarios y libios, y el crecido contingente de tropas y elefantes que llevaba consigo. La guerra de España no iba a ser una campaña de simple policía colonial, ni de represalia, sino una conquista en grande y contra un enemigo cuya fortaleza, resistencia y decisión en el combate eran bien conocidas de los generales cartagineses.

FIG. 262.—Málaga. Sello de cornelina descubierto a fines del pasado siglo —Según Berlanga.

Amílcar y sus luchas con los pueblos tartessios. Indortes e Istolatio.
Para las campañas de Amílcar no tenemos la información que era de desear, pero realmente no falta, y en líneas generales puede seguirse su marcha. De ella se desprende que durante el período de nueve años que transcurren entre su desembarco y su muerte, siguiendo unas veces procedimientos rápidos y violentos y otras diplomáticos y capciosos (9), logró dominar, no sin luchas duras y al parecer largas, a los pueblos tartessios de la cuenca del Betis, sin que sepamos de estas campañas más que lo que cuenta Diodoro (10). Según el historiador sikeliota, Amílcar, «luchando contra los iberos y tartessios, con Istolatio, general de los celtas (11), y su hermano, dió muerte a todos... y alistó a sus propias órdenes 3.000 que había apresado con vida. Pero Indortes reunió de nuevo 50.000 hombres, y retirándose, antes de presentar batalla, a una colina, fué sitiado por Amílcar. Durante la noche intentó escaparse, perdiendo la mayor parte de las tropas y siendo él mismo

capturado vivo. Amílcar le sacó los ojos, lo atormentó y crucificó. A los restantes cautivos, en número de más de 10.000, los dejó en libertad. Se ganó por persuasión la sumisión de muchas ciudades, a otras las sometió combatiéndolas» (12). Como se ve, el cartaginés comenzó pronto a nutrir sus contingentes con tropas indígenas. Que la resistencia opuesta por éstos fué grande, dícelo el tiempo que invirtió en dominar Andalucía y las duras luchas que le costó la conquista del Sudeste, de la que vamos a hablar de seguido.

FIG. 263. — Almuñécar. Zarcillo de plata procedente de una tumba púnica hallada en 1870. — *Según Berlanga.*

Amílcar somete a los pueblos del SE. de la Península.

Dominada la cuenca inferior del Guadalquivir, parece ser que Amílcar debió llevar sus tropas a la parte oriental de Andalucía, a la región de los mastienos, por donde subió hacia Alicante. Con ello pasó los límites fijados en el tratado del 348, en el que, como se recordará, los intereses de Cartago tenían su fin por el Este en Mastía de los tartessios, es decir, en el lugar donde dentro de muy pocos años Asdrúbal fundará la ciudad de Carthago Nova. Por este mismo tiempo dícenos Diodoro que Amílcar hubo de reprimir en el norte de África una sublevación de los númidas, para lo cual, y distrayendo fuerzas de España, envió a su yerno Asdrúbal. Este logró contener el levantamiento matando a 8.000 hombres y haciendo 2.000 prisioneros. El resto fué sometido a tributo (13).

Fundación de Akra Leuké.

FIG. 264. — Almuñécar. Anillo de plata hallado en el año 1870 con otras joyas. *Según Berlanga.*

Entre tanto, sigue narrando Diodoro, tras haber sometido Amílcar en España muchas poblaciones, fundó una «gran ciudad», que llamó, por el lugar donde estaba situada, Akra Leuké (14). Esta ciudad es la misma que los anales romanos llaman Castrum Album, (15), y debió construirse sobre o cerca de una factoría griega del mismo nombre, la cual, con Hemeroskopeíon y Alonís, formaba el trío de colonias massaliotas citadas en estos parajes por Estrabón, aunque sin nombrar más que Hemeroskopeíon (16).

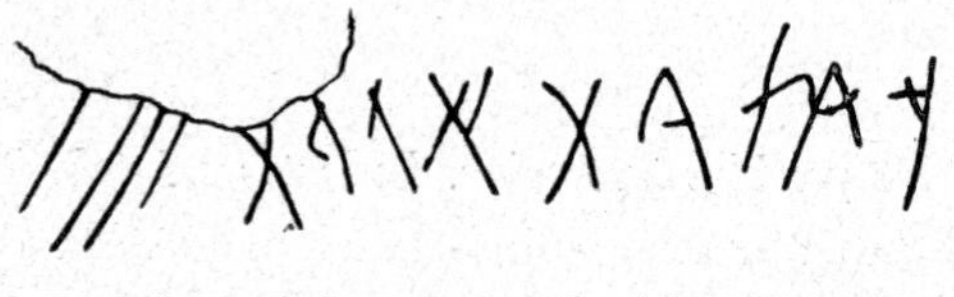

FIG. 265. — Galera, cerca de Adra, Almería. Inscripción púnica en un vaso, pieza del siglo IV. Museo de Granada. — *Según Gómez Moreno y Berlanga.*

Las excavaciones han puesto al descubierto su necrópolis, sita en la Albufereta, al pie del cerro de Manises (Tossal de Manises), donde sin duda debió alzarse la ciudad, de la cual parece ser quedan algunos restos de muros anterromanos. El nombre de Akra Leuké conviene con el color blanco de la sierra caliza de San Julián, que bordea estas costas, y con el alto peñón de Benacantil o Santa Bárbara, que domina la ciudad de Alicante (17). Akra Leuké, colonia púnica, debió ser fundada, pues, hacia el 230 y destruída o renovada con la conquista romana, lo que coincide con la amplitud cronológica que muestran los objetos hallados en la necrópolis de la Albufereta, que pertenecen al último tercio del siglo III.

Desastre de Heliké. Muerte de Amílcar. El Tratado con Roma.

Fundada la ciudad, Amílcar la utilizó como base de operaciones para sujetar las tribus vecinas de la costa y del interior. La resistencia mayor hallóla en la ciudad de Heliké ('Ελική), que se identifica generalmente (pero sin razones suficientes) con Ilici, Elche (18). Del texto de Livio (19) no se deduce tampoco esta identidad, como veremos. Diodoro dice que venido el invierno, Amílcar envió sus elefantes, con la mayor parte del ejército, a invernar a la costa, a Akra Leuké, mientras él, en persona, continuaba el cerco de la ciudad; esto quiere decir, entre otras cosas, que Heliké no estaba en lugar propicio para una invernada, cosa que no se compagina con la situación de Elche. Trátase, a mi juicio, de Elche de la Sierra, en la región montañosa del sur de Albacete, en el camino natural, abierto por el Segura, entre Jaén y Granada y la llanura manchega albaceteña (20).

Entonces ocurrió lo imprevisto: el desastre de las tropas cartaginesas y la muerte en él de su general Amílcar. La acción hállase en varios autores más o menos alterada o fantaseada; pero apoyándose en los más fidedignos, los acontecimientos fueron desarrollándose de este modo: el rey Orissón, que lo era al parecer de los oretes u oretanos, pueblo del curso alto del Guadiana (región que corresponde a la actual provincia de Ciudad Real), bajó hacia Hellín en auxilio de los sitiados, haciendo creer a Amílcar que lo hacía en su favor. Llegado el momento oportuno, cayó sobre los cartagineses, obligándoles a levantar el sitio (21). Parece ser que la estratagema de que se valió el régulo oretano fué el atacar con carros cargados de teas encendidas y tirados por bueyes (22). El recurso ha sido tachado de inverosímil, pero creemos que no hay razón para ello (23).

La retirada de las tropas cartaginesas trajo la muerte del general, la cual cuenta Diodoro diciendo que, como Amílcar buscase la salvación de sus hijos y amigos huyendo por otro camino, fué notado por el rey ibero; perseguido por éste, Amílcar, al cruzar un río,

FIG. 266. — Ibiza. Figura procedente de la Isla Plana. Sitges, Cau Ferrat.—*Foto Mas.*

descabalgado por la corriente, murió (24). La muerte de Amílcar acaeció en el año 229-28, tras nueve de luchas continuas y duras con los iberos. De la catástrofe se salvaron su yerno Asdrúbal y su hijo Aníbal. Según Cornelio Nepote, enriqueció el África con caballos, armas, hombres y dinero sacados de España (25).

Según Dion Cassio, Amílcar recibió una embajada de Roma que, por lo visto, fué bien acogida y a la que se le contestó diciendo que los cartagineses llevaban la guerra de España para pagar las deudas que tenían con los romanos (26). Esta es la primera intervención de Roma en los asuntos que iban a llevar a la segunda guerra púnica. Tuvo lugar en el 231 y parece ser que fué motivada por la ocupación de Akra Leuké que, como factoría griega massaliota, entraba dentro de la alianza de Roma y en el pacto del 348.

Asdrúbal.

La gracia de su juventud, dice Livio, le ganó el afecto de Amílcar, el cual, más tarde, le elevó a yerno suyo, dado que además era de feliz ingenio (27). Muerto Amílcar, y siendo aún excesivamente joven su hijo Aníbal, sucedióle Asdrúbal. Este, tendiendo más a las soluciones pacíficas que a las violentas, cuyas consecuencias no eran las esperadas, inició una política de atracción y de amistad con los régulos ibéricos, pactando con ellos alianza (28). Su mando, pues, lo administró, como dice Polibio, «con cordura e inteligen-

cia» (29). No descuidó por ello de engrosar y reforzar su ejército. Tras la derrota de Heliké, Asdrúbal levantó definitivamente el sitio de la ciudad y se retiró a Akra Leuké con más de 100 elefantes. Este ejército considerable estaba formado en parte por los iberos adictos, pero también de nuevos contingentes venidos de África. Así al menos lo dice Appiano (31) y se desprende también de la llegada de un centenar de elefantes. Formó un ejército de 50.000 soldados bien instruídos, 6.000 caballos y 200 elefantes.

Parece ser que su primer acto fué castigar al rey Orissón sometiendo a doce de sus ciudades (32). A este acto ejemplar añadió otro de alta diplomacia: su matrimonio con la hija de un régulo ibérico; esto le valió la adhesión de los iberos, que lo proclamaron general (33).

Fundación de Qart Hadashat (Carthago Nova).

La necesidad de crear en España una base capaz para sus fines llevó a Asdrúbal a buscar otro lugar más a propósito que el elegido por Amílcar. Akra Leuké, en efecto, no era suficiente para ello, ni tenía condiciones adecuadas. Con más sentido, o más facilidades, Asdrúbal levantó una ciudad nueva en Cartagena, puerto uno de los más seguros y mejores de todo el Mediterráneo (34). No sabemos en qué condiciones se hizo la fundación, pues allí existía de antiguo una ciudad ibérica, Mastía, capital de los mastienos. Pudiera ser que

Fig. 267.—Ibiza. Figura procedente de la Isla Plana. Barcelona, Museo Arqueológico—*Foto Mas*.

el régulo con cuya hija casó fuese el jefe de este pueblo, el cual le proclamó general, como hemos visto por el texto de Diodoro. El hecho es que la elección del lugar fué realmente genial (35). La amplia y segura bahía; la riqueza en plata de sus alrededores; su proximidad a las costas del norte de África; su emplazamiento dentro del límite de los tratados con Roma (36); la riqueza salina de sus playas cercanas, tan buscada por los púnicos para sus salazones (37); los amplios campos de esparto de su trascosta, tan útiles como imprescindibles para la fabricación de cordajes para los navíos, etc., etc., fueron otros tantos motivos para la elección y uno más para constatar el alto sentido político, diplomático y militar que adornaba a Asdrúbal y que los textos alaban con razón.

El nombre dado a la nueva fundación fué el de Qart Hadashat, lo que en púnico significa «Ciudad Nueva», quizá refiriéndose a la antigua Mastía, o quizá también por recuerdo de la capital púnica, Cartago, cuyo nombre es el mismo. Los griegos la llaman Καινὴ Πόλις o «Ciudad Nueva» y Καρχηδών (38), transcripción, alterada del nombre púnico original, con el cual también designaban la Cartago de África. Entre los latinos se usó el de Carthago Nova, que también se encuentra en griego como Νέα Καρχηδών. Diodoro añade que, además de Carthago Nova, Asdrúbal fundó otra ciudad, de la que no da nombre alguno, pero que a mi juicio pudo estar donde El Molar actual, en la bahía de Elche. Efectivamente, en esta localidad se han excavado varias sepulturas pertenecientes a una necrópolis donde junto a elementos étnicos indígenas (iberos, y al parecer celtas), los hay también púnicos en abundancia, pues casi toda es de inhumación y con ajuares típicos (39).

Tratado dicho «del Ebro» (226) y fin de Asdrúbal (221).

Roma, que no veía con tranquilidad las actividades de los cartagineses en España, envió otra embajada. Quedó acordado que los púnicos no pasarían en sus conquistas del Ebro. Fué una evidente concesión a los cartagineses, que, por este medio, veían reconocidas sus pasadas conquistas y se les entregaba además una gran extensión de la Península, incluso la parte costera que va de la región de Cartagena (límite del tratado del 348) al Ebro; es decir, que las colonias griegas de Hemeroskopeíon, Alonís, Akra Leuké y la ciudad de Sagunto (en la que probablemente había una colonia griega también, aunque al parecer escasa) quedaron virtualmente en manos de los púnicos. Roma preséntasenos en este tratado en una situación precaria con respecto a la actitud observada con Cartago al final de la

FIG. 268. — Ibiza. Figura procedente de la Isla Plana. Barcelona, Museo Arqueológico. *Foto Mas.*

primera guerra púnica. Como Polibio dice, ello se debe, sin duda, a la proximidad de la guerra gala. En efecto, el Tratado del Ebro es de 226 y la mencionada guerra estalló al año siguiente. Roma halló la neutralidad de Cartago gracias a las concesiones hechas a costa de sus aliadas, principalmente de Massalía (40).

No obstante la política inteligente de atracción llevada a cabo por Asdrúbal, su fin violento fué obra de un indígena, que, según parece, para vengar la muerte de su señor, recurrió al asesinato del capitán púnico; esto ocurrió en 221 (41).

Aníbal (hasta el cerco de Sagunto).

La muerte violenta de Asdrúbal elevó a la jefatura del ejército al hijo de Amílcar, el joven Aníbal. Este había venido a España con su padre en 237. Contaba entonces nueve años de edad (42). Aníbal, pues, se educó en las duras guerras contra los iberos. Cuando Asdrúbal —cuya tendencia a los procedimientos suasorios es alabada por todos los autores como hemos visto— tenía necesidad de actuar con mano dura, recurría a Aníbal (43). A la muerte de Asdrúbal los cartagineses dominaban en todo el mediodía y el sudeste de la Península hasta el golfo de Valencia. Del interior, probablemente también la región de los oretanos, sita entre el Guadiana y Sierra Morena. Mas allá no tenemos noticias de que hubiesen penetrado las armas púnicas. Sin embargo, el tratado del 226 les daba derecho a llevarlas por el interior y la costa hasta las riberas del Ebro. Esto es lo que va a hacer Aníbal desde el primer momento. Deseoso, empero, de actuar con rapidez y decisión e impelido por su carácter activo y duro, abandonó los métodos de Asdrúbal por otros más violentos.

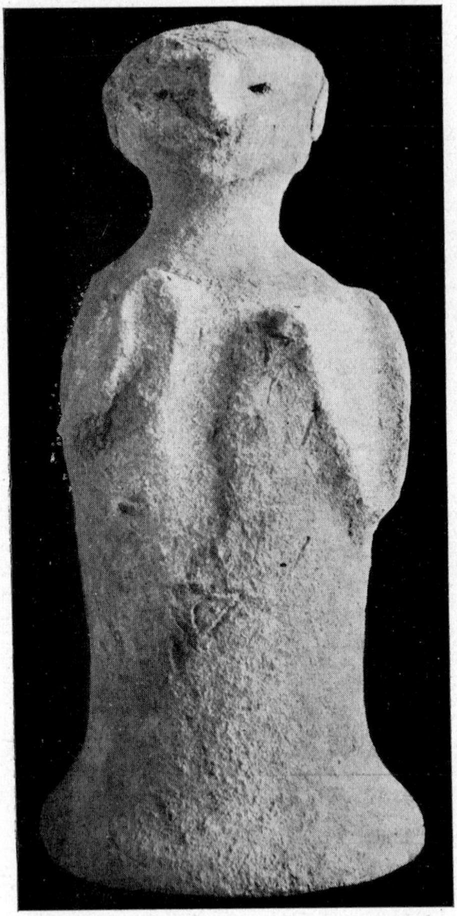

Expedición al interior. Captura de Althía (221).

Dícenos Polibio que tan pronto como tomó el mando de sus tropas, de las que era muy querido, se entró por las tierras de los olkades, pueblo de filiación étnica desconocida, pero cuya situación, si bien es igualmente ignorada, parece poder reducirse a la región entre el Guadiana y el Tajo. Su ciudad más fuerte llámase en Polibio Althía (’Aλθία), y en Livio, Cartala, a la que llama, quizá con exageración, «ciudad opulenta». Aníbal acampó ante ella, y después de terribles y briosos ataques, acabó por tomarla rápidamente (221). Los pueblos vecinos, aterrados por este hecho, se entregaron a los púnicos. Con las grandes riquezas obtenidas por las contribuciones impuestas a los pueblos sometidos, el general cartaginés regresó a invernar a Carthago Nova (44).

FIG. 269. — Ibiza. Figura procedente de la Isla Plana. Barcelona, Museo Arqueológico. — *Foto Mas.*

Aníbal en la cuenca del Duero. Toma de Salmántica y Arbukala (220).

Al año siguiente (220), al comienzo del verano, llevó su campaña mucho más lejos, pero en la misma dirección. Pasando a lo que parece por los pueblos de los olkades y vecinos, cuya sumisión logró el año anterior, atacó a los vaccaios o vacceos. La ciudad principal de éstos era Helmantiké (45), cuya ecuación con Salamanca es evidente, y Arbukala (46), ciudad, según Polibio, grande y poblada (47). La situación de esta última es desconocida, pero probablemente fué Toro. La toma de Salamanca es contada con cierto detalle por Polyainós y Plutarco, según los cuales, temerosos los salmantinos de las fuerzas de los púnicos, acordaron con ellos la entrega de trescientos talentos de plata y trescientos rehenes. Pero bien fuera por estratagema calculada (48), bien por arrepentimiento, el hecho es que no entregaron lo pactado. Aníbal volvió sobre sus pasos y saqueaba, al parecer, ya la ciudad o iba a acometer el asalto, cuando, a ruego de los salmantinos, permitió que salieran desarmados los hombres de condición libre y sus mujeres. Estas, sospechando que sus maridos serían registrados, escondieron en sus ropas las armas. Cuando los soldados de Aníbal se entregaban a los desórdenes del saqueo, y como sus mismos guardas tomaran parte en él, cayeron hombres y mujeres sobre los soldados púnicos, logrando evadirse todos (49). En el ejército púnico iban soldados libios, como sabemos. Aquí son citados los «masaisylioi» por Plutarco como encargados de custodiar a los salmantinos y sus mujeres (50). La misma suerte cupo a Arbukala, la cual parece ser que opuso más resistencia a los púnicos (51).

Batalla del Tajo.

Sometidas las dos importantes ciudades de los vaccaios, Aníbal emprendió el regreso. Pero los fugitivos de Helmantica y los desterrados de los olkades que no habían aceptado la sumisión a Aníbal, habiendo logrado levantar a los carpetanos (los Καρπήσσιοι, de Pol.), cayeron sobre el ejército cartaginés, cargado de botín, en el momento en que éste iba a cruzar el Tajo. «Si los cartagineses —dice Polibio— se hubiesen visto obligados a luchar contra ellos, evidentemente hubieran perecido.» Pero Aníbal obró con prudencia. Vadeó el río, y a cierta distancia de él se preparó a caer de improviso sobre los indígenas tan pronto como éstos, al cruzarlo, dividiesen sus huestes entre una y otra orilla. En efecto, así que los perseguidores comenzaron a atravesar la corriente, acometieron los elefantes y la caballería contra ellos, derrotándolos. Aníbal pasó de nuevo al otro lado y puso en fuga a más de 10.000 indígenas. Con la victoria logró la sumisión de los pueblos de esta parte, pero quizá no del resto de España hasta el Ebro, como exageradamente dicen los autores (52).

Es interesante el discutir el camino que siguió Aníbal a la ida y el regreso, así como el lugar probable de la batalla del Tajo. Los textos no mencionan a los carpetanos sino a la vuelta. De ello se ha deducido que en el camino de ida Aníbal hubo de rodearlos sin penetrar en sus tierras. En este caso no queda más que

Fig. 270. — Ibiza. Figura procedente de la Isla Plana. Barcelona, Museo Arqueológico.—*Foto Mas.*

buscar un camino al E. o al O. de la región carpetana. El camino más probable es el del O., quizá bajando por el Tajo hasta el Alagón, y de allí, siguiendo el cauce de este río hacia el N., hasta dar en las llanuras salmantinas. Es decir, por la ruta que más tarde siguió la vía romana que iba de Emérita Augusta a Salamanca, y que dejaba al O. la sierra de Gata, y al E. la de Gredos. Esto no es más que una suposición, pues en realidad no sabemos gran cosa de esta campaña, y el silencio que los textos guardan acerca de los carpetanos en el camino de ida puede deberse a muchas causas (53). En cuanto al camino de vuelta, puesto que luchó con los carpetanos, lo probable es que fuere al atravesar sus dominios. En tal caso, lo más verosímil es que superase el Guadarrama por Ávila o Segovia, bajando a las llanuras de Madrid y Toledo a buscar de nuevo el Tajo. En apoyo de esta suposición sale al paso un argumento de orden arqueológico, cual es la existencia en la región de Ávila de ciertas ciudades cuya ruina data de estos tiempos. Estas ciudades son las de los actuales despoblados de Las Cogotas y la Osera, cuyos nombres antiguos desconocemos, pero que en su tiempo debieron pertenecer a los vaccaios probablemente (54). Lo más verosímil parece, pues, que Aníbal bajase a la cuenca del Tajo por el valle del Alberche. En este supuesto, la batalla del Tajo tendría lugar entre Talavera y Aranjuez (55).

La segunda guerra púnica, la anibálica.

Esta, como origen que fué de la conquista romana, se expone en el tomo II de esta obra.

NOTAS

(1)   Pol., I, 67, 7; Diod., XXV, 2, 2.

(2)   ἀνεκτᾶτο —Amílcar— τὰ κατὰ Ἰηρίαν πράγματα τοῖς Καρχηδονίοις. Pol., II, 1, 6.

(3)   El texto dice como sigue: «... *invidentibus incrementis novæ urbis finitimis Hispaniæ populis ac propterea Gaditanos bello lacessentibus auxilium consanguineis Carthaginiensis misere. Ibi felice expeditione et Gaditanos ab iniuria partem provinciæ imperio suo adiecerunt. Postea quoque hortantibus primæ expeditionis auspiciis Hamilcarem imperatorem cum maiore manu ad ocupandam provinciam misere...*» Just., XLIV, 5, 2-4. La primera parte de este párrafo se ha supuesto hasta el presente como alusivo a acontecimientos mucho más remotos: concretamente, a los mismos a que aluden la narración ya transcrita de Macrobio (pág. 54). Pero, a nuestro juicio, encaja mucho mejor con los preludios de la conquista efectiva de la Turdetania por Amílcar, el cual es citado de seguido. La extremada concisión del copiado texto de Justino, que resume en unas cuantas líneas todo el proceso de la colonización púnica (incluso la fenicia), hace realmente obscuro el párrafo en cuestión en lo que atañe a su exacta cronología. Pero el levantamiento de las tribus cercanas a Gádir y el envío de una primera expedición de auxilio son hechos que, referidos a este momento, aclaran el texto de Polibio y explican satisfactoriamente el plan de operaciones desarrollado a continuación por Amílcar en la segunda expedición.

(4)   *Partem provinciæ imperio suo adiecerunt,* dice Trogo (nota precedente).

(5)   La opinión de Schulten (que también supone, como nosotros, un levantamiento de las tribus indígenas) de que tales hechos ocurrieron durante la primera guerra púnica y no después, como es nuestra opinión, no hace variar en nada lo dicho, pues realmente cabe también esta posibilidad. Schulten supone la fecha del 250. (*F. H. A.,* III, 9.)

(6)   Que fué Gádir el lugar de desembarco lo afirma Diodoro: Καὶ εἰς τὰς Ἡρακλείους στήλας καὶ εἰς τὰ Γάδειρα πόλις καὶ εἰς τὸν Ὠκεανὸν κατέπλευσεν; XXV, 10, 1. Diodoro recoge, al parecer, noticias de Silenós, el historiador griego que acompañó a los púnicos en la guerra anibálica. El término κατέπλευσεν parece indicar que la expedición se hizo toda ella por mar. Pero es indudable que el ejército caminó a la vista de la escuadra, que fué utilizada luego para el paso del Estrecho. Appiano (*Iber,* 5) también señala Gádir como lugar de desembarco: διῆλθεν ἐπὶ Γάδειρα.

(7)   Pol., II, 1, 6.

(8)   Hállase en Diodoro (XXV, 8), Appiano (*Hannibal,* 2) y Zonaras (VIII, 17); quizá su inventor fuese Fabio Pictor.

(9)   Pol., II, 1, 7.

(10)   XXV, 10.

(11)   μετὰ Ἰστολατίου στρατηγοῦ τῶν Κελτῶν.

(12)   Los celtas mencionados por Diodoro son probablemente tropas asalariadas que combatían por los tartessios. A lo largo de las luchas de Roma en España este caso está atestiguado varias veces más. A tales celtas, y no a una invasión o preponderancia céltica en el Mediodía, como se ha dicho con harta ligereza, pertenecen las armas halladas en ciertos yacimientos arqueológicos del sur de España (Villaricos y los alrededores de Carmona, por ejemplo).

(13)   Diod., XXV, 10, 3.

(14)   Ἀμίλκας... ἔκτισε πόλιν μεγίστην, καλέσας αὐτὴν ἐκ τῆς τοῦ τόπου θέσεως Ἄκραν Λευκήν. Diodoro, XXV, 10, 3.

(15)   Liv., XXIV, 41.

(16)   Estrabón, III, 4, 6. Sobre esto véanse págs. 304 y sigs.

(17)   Consúltense, a este respecto, la Memoria núm. 126 de la Junta Sup. de Excavaciones, de Lafuente Vidal. Además, véanse Schulten, *F. H. A.,* III, 11, y la bibliografía que da A. García y Bellido, *Archäologische Ausgrabungen und Forschungen in Spanien,* en el *Archäol. Anzeiger,* 1931, 212 y sigs. Últimamente, Lafuente Vidal, *Alicante en la Antigüedad,* Alicante, 1948.

(18)   Además de Ilici, encuéntrase Ἰλικίς, en Ptol., II, 6, 61, y Ἰλλικιτανὸς λιμήν, en ídem, II, 6, 14. Esta identificación no tiene más base que la homofónica. Pero como decimos en la nota 20, comentando un pasaje de Diodoro, cabe la posibilidad de que se trate de una ciudad de nombre parecido, sita quizá en la meseta albaceteña o en plena Mancha.

(19) XXIV, 41, 3.

(20) Diod., XXV, 10, 3. Debe notarse que la identificación de Heliké con Elche encuentra en el texto de Diodoro un serio inconveniente, ya que es inverosímil que Amílcar tuviese que trasladar los elefantes de Elche a Alicante para pasar la invernada (εἰς παραχειμασίαν), siendo así que Elche es justamente lugar más cálido que Alicante. En el caso de ser cierta la noticia de Diodoro, habría que suponer Heliké en el interior, quizá por la altiplanicie de Albacete, región de invierno frío. Yo he supuesto sea Elche de la Sierra, en la zona montañosa del SO. de Alicante, en el paso natural abierto por el Segura, paso que lleva a la provincia de Granada y Jaén. Elche de la Sierra conservaría el nombre antiguo con tanta legitimidad como la de Alicante, pero con la ventaja de convenirle mucho mejor el texto de Diodoro en lo que al clima invernal duro se refiere.

(21) Diod., XXV, 10, 3.

(22) Frontino, II, 4, 17; Appiano, *Iber*, 5, y Zonaras, VIII, 19.

(23) Así Schulten, *F. H. A.*, III, 14, que lo supone burda invención. Bueyes con teas encendidas en la cornamenta fueron empleados por los cartagineses en los pasos de Falerno, en una acción en la que tomaron parte activa los mercenarios iberos (Pol., III, 93, 10).

(24) Diodoro, XXV, 10, 4. Tzetzes, *Hist.*, I, 27, cuenta estos detalles no inverosímiles: dice que a caballo con sus hijos, Asdrúbal y Aníbal, y sin casco ni penacho, fué reconocido por los iberos, que persiguiéndolo, y tras haber puesto en salvo a sus hijos, fué alcanzado y herido con un dardo en el momento de entrar en el Ebro con su caballo, demasiado impetuoso. Su cadáver —añade— no fué hallado. En cuanto al río, si Heliké es Elche de la Sierra, debe ser el Segura (y no el Ebro, según dice Tzetzes), que en invierno puede llevar agua suficiente para explicar el hecho. Livio, hablando de Castrum Album (es decir, de Akra Leuké), dice que este lugar era famoso por la muerte del gran Amílcar: *Castrum Album —locus est insignis cæde magni Hamilcaris—;* Livio, XXIV, 3, 41.

(25) Cor. Nep., *Amilcar*, 4. No es probable que fuese muerto por los vettones, como dice Nepote; pero no es imposible que en la batalla de Heliké, además de los oretes, viniesen también los vettones; casos como éste son numerosos en las guerras de independencia contra Roma.

(26) Dion Cassio, XII, frag. 48 de la ed. Boissevain.

(27) Liv., XXI, 2, 3.

(28) Liv., XXI, 2: *Is plura consilio quam vi gerens hospitiis magis regulorum conciliandisque per amicitiam principum novis gentibus quam bello aut armis rem Carthaginiensem auxit.* Más brevemente, pero en el mismo sentido, hablan también de ello Diodoro: μαθὼν πρακτικωτέραν οὖσαν τῆς βίας τὴν ἐπιείκειαν προέκρινε τὴν εἰρήνην τοῦ πολέμου. (XXV, 11, 1), y Polibio, que atribuye sus éxitos: οὐχ οὕτω διὰ τῶν πολεμίων ἔργων ὡς διὰ τῆς πρὸς τοὺς δυνάστας ὁμιλίας (II, 36).

(29) Pol., II, 13, 1.

(30) Diod., XXV, 12.

(31) *Iber*, 6: Καρχηδόνιοι... στρατιὰν ἄλλην ἔπεμπον ἐς Ἰβηρίαν.

(32) Diodoro (XXV, 12) añade: καὶ πάσας τὰς πόλεις Ἰβηρίας, pero esto es evidente exageración.

(33) Diodoro (XXV, 12): γήμας δὲ θυγατέρα βασιλέως Ἰβήρων, ὑπὸ πάντων τῶν Ἰβήρων ἀνηγορεύθη στρατηγὸς αὐτοκράτωρ. Diodoro aquí exagera de nuevo, pues no es probable que se le sometiesen «todos» los iberos, sino, a lo más, los súbditos del reyezuelo con cuya hija había casado.

(34) Diod., XXV, 12; Pol., II, 13, y Zonaras, VIII, 19.

(35) No es necesario suponer la destrucción de Mastía para explicarse la erección de Cartagena en aquel lugar, como hace Schulten, *F. H. A.*, III, 16.

(36) Es muy posible que a la nueva fundación contribuyese, a más de las magníficas condiciones del lugar, el agudo sentido diplomático de Asdrúbal, que deseoso de alejar toda sospecha de los romanos y ante la embajada que ya por estos motivos había recibido su antecesor, Amílcar, acordase, con buen criterio, trasladar la base de sus ejércitos y la capital de los nuevos territorios dentro del límite impuesto por los Tratados.

(37) Ya veremos cómo las salazones de Cartagena fueron famosas y de importancia muy grande.

(38) Pol., II, 13, 1: τήν τε παρὰ μέν τισι Καρχηδόνα, παρὰ δέ τισι Καινὴν πόλιν προσαγορευομένην.

(39) ...ἔκτισε... Νέαν Καρχηδόνα καὶ ἑτέραν πόλιν ὕστερον. Diod., XXV, 12. Para la necrópolis del Molar véase la *Memoria núm. 107* (1930) debida a Senent Ibáñez. La necrópolis e .tá sólo parcialmente excavada.

(40) Pol., II, 13, 7; III, 27, 9; Appiano, *Iber*, 6, y Livio, XXI, 2, 7, mencionan también los resultados del pacto, pero añadiendo la exclusión de Sagunto, lo cual no es cierto. Esta ardua cuestión entra en los discutidos orígenes y causas de la segunda guerra púnica, que ya en la Antigüedad aparecen harto embrollados y confusos. Consúltese la obra de De Sanctis, *Storia dei Romani*, III, 1, 429.

(41) Liv., XXI, 2, 6. Appiano, *Iber.*, 8, quien añade que fué en el curso de una cacería; Val. Máximo, III, 3, ext. 7; Justino, XLIV, 5, 5; Diodoro, que dice que era siervo suyo, XXV, 12; Polibio, que fué un esclavo celta que lo asesinó en su propia tienda, durante la noche, para vengar afrentas particulares, II, 36, 1.

(42) Pol., II, 1, 6.

(43) Appiano, *Iber.*, 6.

(44) Pol., III, 13, 5-6; Liv., XXI, 5, 2-4. Livio dice que los olkades eran amigos de los cartagineses, pero no sometidos. Esto es muy probable.

(45)   Ἑλμαντική, según Polibio; *Hermandica*, según Livio; Σαλματίς, según Polyainós; Σαλμαντική, según Plutarco, o Σαλμάντικα, según Ptolomeo.

(46)   Αρβουκάλη, Pol. en lugar ya citado.

(47)   Livio la llama Arbocala en lugar ya citado.

(48)   Plut. en lugar ya citado.

(49)   Plut., *Virt. Mul.*, c. 10, 248 e; Polyainós, VII, 48.

(50)   Estos masaisylioi habitaban la región de Orán. Es el primer pueblo líbico que es mencionado concretamente en España como mercenario de Cartago.

(51)   Pol., III, 14, 1; Liv., XXI, 5, 6.

(52)   Pol., III, 13, 7 y sigs.; Liv., XXI, 5, 7 y sigs. La afirmación de Livio de que los carpetanos, con los refuerzos de olkades y vaccaios, eran cien mil, es a todas luces una exageración.

(53)   Una de ellas la alianza, si, como es posible, incluímos a los carpetanos entre aquellos vecinos de los olkades que se aliaron con Aníbal tras la campaña del 221. (Véase pág. 373.)

(54)   Sobre ellas véase lo que se dice en este mismo volumen.

(55)   Seguimos la opinión más verosímil. A ella añadimos por nuestra cuenta el testimonio arqueológico que la refuerza. Véase, además, Ed. Meyer, *Kleine Schriften*, II, 401. Este supone que las referencias de la conquista de Helmantiké, puesto que no aparecen en Livio ni Polibio, es de fuente distinta que Silenós, atribuyéndola a Sósylos, otro de los cronistas que acompañaron a Aníbal en sus campañas. Véase Ed. Meyer, loc. cit., II, 405.

CAPÍTULO IV

COMERCIO E INDUSTRIA PÚNICOS

SUMARIO: El comercio de metales; minería. — Agricultura. — Las industrias pesqueras y conserveras en la España púnica. — El *gáron* español. Las menciones clásicas. — La industria del
gáron español en época romana. — Las fábricas de salazón. — Otras pequeñas industrias derivadas de ellas.

El comercio de metales; minería.

Es evidente que la fundación de Cádiz tuvo como fin inmediato el comercio con los
metales tartessios. El estaño y el cobre con el cual se hace el bronce teníanlos en abundancia allí. La plata se extraía en grandes cantidades de las minas del Mediodía de España.
También el oro debía obtenerse de las arenas auríferas de algunos ríos; el actual Guadiaro
llámase en un pasaje muy viejo de la *Ora Maritima*, Chrysus (1); mucho más tarde dí-
jose del Segura, el antiguo Tader o Thedoros, que acarreaba pepitas áureas (2).

No sabemos cuál de estos metales era el más codiciado para los púnicos, pero la realidad es que los textos antiguos refiérense con especial predilección a la plata, acerca de cuyo
comercio corrían entre púnicos y griegos muchas leyendas, en parte de fondo verosímil,
en parte puras fantasías. En lo que se refiere a los fenicios (lo concerniente a los griegos
es recogido en su lugar), textos hay en los que se les atribuyen ganancias fabulosas en
el comercio de la plata. Ninguno de ellos es tan expresivo como el que, quizá de fuente
púnica, recoge el historiador sikeliota Timeo (hacia los siglos IV-III a. de J. C.), quien
refiere esta leyenda: «Cuentan que los primeros fenicios que llegaron por mar a Tartessós
volvieron trayendo a cambio del aceite y de la pacotilla que habían llevado consigo tal
cargamento de plata que no podían tener ni recibir más, viéndose obligados a su regreso
a fundir en plata todas aquellas cosas de que se servían, incluso las áncoras» (3). Esta
misma leyenda, cuyo origen parece verídico, la hallamos, algo alterada y ampliada, en
Diodoro (siglo I), quien siguiendo a Poseidonio, el mejor cantor que han tenido las riquezas mineras de España, refiere esto: «Dícese que en tiempos antiguos, habiendo [en
Iberia] muchos bosques y muy poblados de árboles, como unos pastores los incendiasen,
se quemó toda la región montañosa; de tal modo que, ardiendo durante muchos días,
fué arrasada por entero la superficie de la tierra (de aquí que estos montes se llamen Pirineos) —la aclaración es del texto—, y por ella corrió gran cantidad de plata, ya que al
fundirse el mineral de que se extrae se formaron torrentes de metal puro. Siendo ignorado su uso entre los indígenas, los mercaderes fenicios, que supieron lo ocurrido, la adquirían por cualquier pequeño cambio de otras mercancías. Por ello, llevándola los fenicios a

Grecia y a Asia, y a todos los demás pueblos, obtenían grandes ganancias. A tanto llegaron los mercaderes en su afán de lucro, que después de cargadas las naves, sobrando aún
grandes cantidades de plata, quitaron el plomo de las anclas y las hicieron de plata. Así,
practicado este comercio durante mucho tiempo, los fenicios se enriquecieron y fundaron
muchas colonias: unas en Sicilia y en las islas vecinas; otras en Libia, en Cerdeña y en
Iberia» (4). Estos hechos son el paralelo fenicio del viaje famoso de Kolaíos el samio, que

llevó de Tartessós a mediados del siglo VII
cantidades inmensas de plata (5). La leyenda
del incendio de los bosques y la fundición
consiguiente de la plata de sus tierras hállase
también narrada por otros autores (6). En
cuanto a las explotaciones mineras propiamente púnicas, la arqueología ha sido hasta
el día extraordinariamente pobre en hallazgos. Realmente puede afirmarse que todos
los monumentos referibles a este punto datan
de época romana exclusivamente. Es de suponer que los mismos púnicos no explotaban
las minas, sino que, quizá bajo su dirección
y vigilancia, los encargados de los trabajos
eran los propios indígenas. De los textos citados poco ha, se desprende que cuando los
fenicios, en un principio, arribaron a España, en ella se explotaban ya ciertos yacimientos, cuyos productos, ora en bruto, ora
labrados, adquirían a cambio de las barati-
jas y pacotillas de que hablan los textos
referidos. Dejando aparte los hallazgos de
época romana, entre los cuales figuran lingotes con inscripciones latinas (7) e instrumentos de laboreo, los únicos atribuíbles a los
púnicos son un ara y una escultura (quizá
dos) halladas en las minas de Riotinto. El
ara es claramente púnica (fig. 392). De las
dos cabezas esculpidas en relieve, ambas muy
Fig. 271. — Ibiza. Figura procedente de la Isla   toscas, una es igualmente de filiación púnica.
Plana. Sitges, Cau Ferrat. — *Foto Mas*   La otra, probablemente también, aunque menos clara. Sin embargo, estos monumentos nada tienen que ver con la minería, pero sí
con la población que cerca de las minas hubiere.

Agricultura.

Sabido es que los cartagineses tuvieron una agricultura desarrollada y próspera en
extremo, que causó asombro a Agatocles y Régulo cuando desembarcaron en Cartago
en son de guerra. Hubo incluso tratados de agricultura; alguno tan famoso como el de
Magón, que fué mandado traducir al latín por el mismo Senado Romano y fué resumido
en griego dos veces. Sus enseñanzas son aprovechadas por Varrón y Plinio (8). Es de suponer que esta técnica fuese empleada también en España, máxime si tenemos en cuenta

que Cartago hizo de nuestra Península la base primordial de la economía militar antes y durante la segunda guerra púnica. Pero el hecho es que no sabemos gran cosa. De Ibiza cuéntanos Diodoro (9) que tenía poca tierra de viñedos, y olivos injertos en acebuches, y que sus campos eran risueños: διειλημμένη δὲ πεδίοις. Mela añade que era fértil en gra-

nos, pero más aún en otros productos; Plinio cita los higos secos de Ibiza, que eran preciadísimos y se exportaban en cajas, así como la abundancia de cebolla albarrana (para estas citas véase pág. 425).

Sin embargo, el olivo no parece importación púnica. Este fué introducido probablemente por los colonos griegos de Levante. El analista Fenestella dice que hasta la época de Tarquino *el Viejo* no se conocía el olivo (sin duda alude al cultivado) en Italia, África ni en España (10). El olivo silvestre, el acebuche, es conocido en España antes que el olivo cultivado. En Cádiz (y en general en toda Andalucía) debía crecer bien y abundante, como aun hoy su especie cultivada. Hasta tal punto, que los marineros griegos llamaban, probablemente ya desde el siglo VIII o VII a. de J. C., a Cádiz νῆσος Κοτινοῦσα o «isla del acebuche» (11). Acabamos de citar el párrafo de Diodoro en que habla (sin duda tomándolo de Timeo) de los acebuches de Ibiza que estaban injertos de olivo. Timeo escribe hacia el año 300; probablemente estos injertos eran los primeros ensayos de introducción del olivo cultivado en Ebysos, pues los cartagineses no debieron aprovecharlo mucho antes. Consta que bien entrado el siglo VI, el olivo no era aún conocido en Cartago (12) y que aun en el siglo V importaba el aceite de Sicilia en grandes cantidades (13). En España los olivos son ya famosos en el siglo I. Estrabón, y desde él muchos más autores, citan el aceite de la Bética como muy preciado, así como las aceitunas. El aceite se exportaba en gran cantidad a Roma.

FIG. 272. — Ibiza. Figura procedente de la Isla Plana. Barcelona, Museo Arqueológico. — *Foto Mas.*

El *granatum* o *malum punicum* de los latinos indica para Italia su procedencia cartaginesa (14); probablemente lo mismo ocurrió en España. Catón (15) habla ya de los *mala punica*.

Una industria púnica de importancia en España fué la del esparto. Su centro principal debió ser la región de Cartagena. Estrabón háblanos del Σπαρταρία πέδιον o «Campus Spartarius» de los latinos, llanura inmensa y seca «donde crece abundantemente la especie de esparto que sirve para tejer cuerdas y se exporta a todos los países, y principalmente a Italia» (16). Los romanos no hicieron sino continuar con la explotación, que ya entre los púnicos se llevó en gran escala. En el siglo I de J. C. ocupaba, según Plinio, una extensión de 150 km. por 50 (17). A mediados del siglo III a. de J. C. es mencionado el esparto de Iberia (σχονία εξ ᾽Ιβηρίας) para sogas en la armada de Hierón II (18).

Las industrias pesqueras y conserveras en la España púnica.

Una colonización permanente implica la existencia de elementos colonizadores de todo orden. Los traficantes en metales no se preocupan más que de adquirir y cargar su

FIG. 273. — Ibiza. Figura procedente de la Isla Plana. Barcelona, Museo Arqueológico. — *Foto Mas.*

mercancía, dejando a lo sumo en los puertos de embarque o en los distritos mineros un número determinado de empleados o intermediarios. Pero una colonia estable necesita vivir del suelo que le rodea y practicar la agricultura, la ganadería y la pesca. La colonización púnica en España nos ofrece muestras de todo ello, lo que, como veremos, no puede hacerse extensivo también a la griega, de cuyas industrias locales y economía no tenemos informes, debido probablemente a que las colonias helénicas de la Península Ibérica tuvieron un carácter peculiar que a su tiempo se estudiará. En las colonias púnicas no todos vivían de las explotaciones mineras o de la agricultura. Gracias a los textos y a las excavaciones arqueológicas sabemos que entre ellos existían industrias prósperas derivadas de la pesca, tan considerables y de tal calidad, que sus productos fueron famosos y llegaron a importarse hasta en la Atenas del siglo V y del IV a. de J. C.

En efecto, uno de los negocios más pingües de los púnicos en España fué en todo tiempo la almadraba o pesca del atún y especies afines, y la del esturión, la murena y el escombro. Esto, unido a las salinas, que nunca faltaban en las cercanías de sus establecimientos o factorías (así en Cádiz, en Cartagena, en Ibiza, en Troia de Portugal, etc.), dió origen al desarrollo de una importante industria de salazón y salpresado, que es la que los textos griegos llaman τάριχος o ταριχεία. Había establecimientos especializados en ello a lo largo de toda la costa meridional de la Península, principalmente en Gádir, Bailon (Bolonia, cerca de Tarifa, provincia de Cádiz), Mellaría (algo más al S.), Carteia (cerca de Algeciras), Málaka (Málaga), Sexi (Almuñécar?), Ábdera (Adra, en la costa de Almería), Baria (Villaricos, entre Almería y Cartagena), Carthago Nova (Cartagena), Ibiza (Baleares) y otros puntos esparcidos todo a lo largo del litoral algarbeño (véase fig. 209).

El «gáron» español. Las menciones clásicas.

Esta industria almadrabera producía el γάρον o *garum* (llamado también *liquamen*), una especie de salsa que se empleaba en multitud de casos acompañando en las comidas a las legumbres, carnes, frutos, etc., a modo de aderezo o condimento; incluso se solía mezclar, tanto entre los griegos como entre los romanos, con vino, vinagre, aceite y hasta se tomaba simplemente con agua. Los autores antiguos no han sido parcos en darnos noticias sobre su fabricación y los modos y maneras de consumir la salsa de pescado. Sirva como ejemplo esta receta de Marcial, ya que es español y habla del *garum* español también: «disuelve la yema que nada en el blanco de la clara de (huevo), en la salsa de escombro de Hesperia» (19). Había varias clases de salsas, pero siempre se hacían de los intestinos, hipogastrios, gargantas, fauces, etc., del atún, la murena, el escombro o el esturión. Mezclábasele también peces pequeños enteros. Todo junto se dejaba en salmuera y al sol durante unos dos meses; cuando se quería acelerar su preparación se recurría a curarlo al fuego.

Tenía el *gáron* propiedades estimulantes del apetito, semejándose en ello a nuestros aperitivos o entremeses de mariscos o, mejor, pastas de anchoas. En la época helenística y romana los médicos solían recomendarlo por sus facultades alimenticias y curativas; sin duda, debidas estas últimas a la presencia de vitaminas antirraquíticas propias del hígado y demás vísceras de estos peces. Ya veremos como Hikésios y Galeno citan precisamente el *gáron* español como excelente medicina. En la Atenas del siglo v era muy corriente el empleo del *gáron*. En la comedia ática se le cita con cierta frecuencia; menciónanlo Esquilo, Sófocles, Kratinos, Pherekrates, el cómico Platón, Aristófanes, Antífanes, Díphilos, Nikóstratos y algún otro. Llevábase a Atenas de muy diversos puntos, de Bizancio, de Frigia, de Sicilia, etc., etc. Pero lo

Fig. 274. — Ibiza. Figura procedente de la Isla Plana. Ibiza, Museo. — *Foto Mas.*

interesante es que con todos competía ya desde el principio de estas noticias el *gáron* español, que era llevado a Atenas, bien por los comerciantes griegos, bien por los mismos púnicos (20).

El *gáron* de Cádiz era de los más famosos. Por lo menos desde el siglo v a. de J. C. es mencionado con gran aprecio por los autores griegos. Como hemos dicho, era conocido en Atenas, donde competía con las conservas de Bizancio y Frigia. En el siglo v un autor ático de comedias, Eúpolis (446-411), menciona la salazón de Gádir junto a la de Frigia (21). Aristófanes hace también alusión a la «murena tartéssica» (22). Algo más tarde, hacia el 400, otro autor cómico, Antiphánes, vuelve a citar las conservas saladas del esturión de Cádiz junto al atún de Bizancio (23); Nikóstratos (hacia el 380), hijo de Aristófanes, cita el γαδειρικὸν ὑπογάστριον al lado también de los de Bizancio (24). No menos famoso debía de ser el atún en conserva de las fábricas de Sexi, pues hacia el 300 aproximadamente un autor de la «comedia nueva», Díphilos, lo pone en parangón con el famoso de Amynkla, al que sobrepasa en delicadeza y suavidad (25). Tanto gustaba en Atenas que, quizá por causa de un fuerte impuesto como producto extranjero, se introducía en el siglo IV de contrabando (26). En la época helenístico-romana, Hikésios (un médico que vivía hacia el 100 a. de J. C.) recomendábalo a sus enfermos por sus virtudes curativas; según Athénaios (27), Hikésios decía de los atunes pescados en Gades que eran más grasosos que los de Sicilia, recomendando de ellos, sobre todo, los hipogastrios, «que siendo gordos —decía—, son preferibles por su buen sabor a las demás partes..., aunque las gargantas son más sabrosas».

FIG. 275. — Ibiza. Figura procedente de la Isla Plana. Sitges, Cau Ferrat. — *Foto Mas*

Timeo (siglo IV-III a. de J. C.) da algunas noticias de su pesca. Helas aquí: «Dicen que los fenicios que habitan la llamada Gádeira y navegan más allá de las Columnas de Heraklés llegan con viento apeliota en cuatro días a unos parajes... en los que se encuentran en abundancia atunes asombrosos por su longitud y grosor..., los ponen en conserva y juntándoles en unos depósitos los llevan a Cartago, de donde no sólo los exportan, sino que por su excelente calidad lo toman ellos mismos como alimento» (28). Entonces, como hoy, los pescadores de la región de Cádiz, indígenas y púnicos, recorrían las costas occidentales de Marruecos y del Sahara, ricas en pesca, como se sabe. Las naves de los pescadores gadeiritas, llamadas «caballos» por las figuras del mascarón de proa, son citadas por Poseidonio (29). El descubrimiento de las Canarias, de Madeira, y quizá de las Azores en la Antigüedad, es debido a estas navegaciones. El atún no se salaba todo. Al menos para la exportación parece que se preferían las partes más sabrosas. Athénaios, en un texto ya referido, cuenta, según el médico Hikésios, que en Cádiz se ponían en conserva «las gargantas solas». Si eran esturiones, «los hocicos, paladares y las partes llamadas «melandríai» (30). Hacia el 250 a. de J. C. Theodoridas menciona los atunes de Gades (31).

Polibio, en la segunda mitad del siglo II a. de J. C., pudo conocer en Cádiz las pesquerías de atunes. Sus referencias hállanse en Estrabón y Athénaios (32).

Estrabón sólo hace una ligera referencia a las salazones de Sexi, que califica de famosas (33), de Mellaría (34), Málaka, «que tiene grandes salazones» (35), y Cartagena, de la que dice «en ella y en sus cercanías abundan las fábricas de salazón» (36).

Ya hemos visto que al lado del atún se pescaba con los mismos fines el escombro, en griego σκόμβρος, es decir, la caballa, de carne roja, hoy poco estimada. Debía de ser muy abundante en la región de Cartagena, a juzgar por el nombre de Σκομβραρία con que los antiguos designaban a la isla que guarda la entrada de la bahía de Cartagena. Es el mismo Estrabón quien nos lo dice; «llámanla Skombraría de los escombros que sirven para hacer el mejor *gáron*» (37). En Cádiz se menciona también el esturión (38). Plinio cita en Ibiza la salpa, de carne dura, incomestible en otros puntos, pero muy apreciada en Ibiza, donde la cocían después de ablandarla a fuerza de palos (39).

La industria del «gáron» español en época romana.

En la Roma republicana el *gáron* era cosa aún de lujo. Su consumo no había llegado a popularizarse como más tarde. Entonces importábase de todos los puntos del Mediterráneo; pero también el más apetecido fué el *garum* español, de color negruzco, es decir, de la especie más sabrosa. Llamábasele *garum sociorum* (*garum* de los aliados), principalmente al de Cartagena, que era uno de los más preciados y tan caro como los mejores ungüentos, según Plinio (40). Un cántaro hallado en Pompeya llevaba la marca de *garum sociorum* (41). Los textos referentes a las salazones españolas son en la época imperial muy frecuentes: Horacio habla del *garum* ibérico (42); Marcial, del de Sexi y del «hespérico» o español en general (43). Plinio cita, además del ya mencionado de Cartagena, el de Sexi (44); Galeno, el médico (45), menciónalo en sus numerosos escritos por lo menos dos veces (46); Séneca lo cita en una de sus epístolas (47), etc., etc. (48). Plinio habla de unos viveros o piscinas de Carteia donde se criaban peces para la obtención del *garum* (49). En el siglo I un tal P. Clodius Athenius, *negotians salsarius*, representaba en Roma las salazones de Málaga (50). Naturalmente que esta industria de la salazón española no fué creación de los romanos, sino continuación de la púnica, ya tan famosa desde el siglo V antes de J. C. Por ello la citamos aquí. Sin duda alguna, tanto los pescadores como los conserveros continuaron con los nuevos dominadores ejerciendo su oficio y trabajando en sus fábricas y talleres.

FIG. 276. — Ibiza. Figura procedente de la Isla Plana. Barcelona, Museo Arqueológico. — *Foto Mas.*

Las fábricas de salazón.

Las excavaciones de Villaricos, la antigua Baria, en la costa oriental de Almería, pusieron al descubierto gran número de aljibes para salazón; algunos conservaban aún huesos, espinas y escamas de pescado menudo. Son depósitos pequeños (fig. 210) de 3 × 2 metros, o algo mayores a veces, con sus esquinas redondeadas y cavados en la playa (51). En Bolonia, la antigua Bailon de los griegos, o Baelo de los latinos (sur de la provincia de Cádiz), se descubrieron también varios talleres completos de salazón de pescado con sus cubas y dependencias (figs. 211, 212 y 213), sitos en la orilla del mar. Los aljibes de salmuera son, aproximadamente, como los de Baria; aquí, como en Villaricos, presentan los ángulos redondeados y un agujero de desagüe con el fin de limpiar fácilmente los depósitos; todas estas cubas debían estar al aire libre y, desde luego, no comunicaban entre sí; en ellas se echaba la salmuera, en la cual había de dejarse macerar el pescado. Antes de esta operación debía procederse a la limpieza (descamado) y corte; parece ser que la gran sala A (fig. 212) debía estar destinada a esta operación; su suelo, formado, como los depósitos, de un conglomerado artificial fraguado en cemento, estaba ligeramente inclinado hacia el mar; en la pared del Este hay una gran losa plana, en forma de banco, destinada probablemente a la limpieza del pescado, el cual luego era lavado con agua abundante que corría por el ángulo oeste de la sala en busca del mar. Las demás dependencias no han podido identificarse claramente; algunas fueron almacenes sin duda; otras debieron servir para fabricar los envases; el número de los depósitos alcanza a 15, cuatro de ellos de 1,20 metros de profundidad. Aunque estas fábricas de salazón son de época romana avanzada, no cabe duda que no hubieron de diferenciarse mucho de las púnicas anterromanas, ya que ni la población ni la industria hubo de sufrir cambio alguno importante con la nueva

FIG. 277.—Ibiza. Figuras procedentes de la Isla Plana. Ibiza, Museo.
Foto Mas

dominación. La primera cita de las ruinas de Bailon o Baelo data del siglo XVII, en el cual Macario Fariñas del Corral hizo de ellas una descripción. Después son mencionadas por los historiadores con frecuencia. Las excavaciones sistemáticas no se hicieron sino hace pocos años (52).

También en las ruinas de la antigua Mallaría se han hallado restos de depósitos de salazón (53). Estaban igualmente junto a la playa. Ya hemos visto que las salazones de Mallaría son citadas por Estrabón. A pocos kilómetros al oeste de Bailon estuvo la antigua Baisippo, cuyas ruinas se hallan cerca de la actual Barbate, próximas al castillo de Santiago. Dichas ruinas mostraban a mediados del siglo pasado, y cerca de la playa, una serie de aljibes como los descritos en otros lugares (54). Otro centro de «taricheía» era la ciudad de Cetraria, mencionada por el geógrafo de Ravenna, entre Mallaría y Tarifa (antigua Iulia Ioza, fundación romana con elementos norteafricanos). Es posible que este nombre proceda de κητοθηρεῖα, es decir, «pesca de atunes» (55). Igualmente en distintos puntos de Ibiza se han hallado testimonios de éstas y otras industrias derivadas de la pesca.

En el litoral portugués del Algarbe, donde hubo varias colonias de pescadores carta-gineses dispersas por la costa, se practicó en gran escala la almadraba, dando lugar a una floreciente industria de salazón de pescado, del cual, si no por los textos, estamos bien informados gracias a la arqueología. En efecto, en el trecho que va desde el Cabo de San Vicente hasta la desembocadura del Guadiana, se han visto y estudiado nume-rosos restos, más o menos conservados, de cubas o aljibes como los descritos y repro-ducidos de Baria y Bailon. Enumerándolos de Oeste a Este, son (fig. 209) los de Bocca do Rio, Nuestra Senhora da Luz, Vao, Portimão (quizá el antiguo Portus Hannibalis),

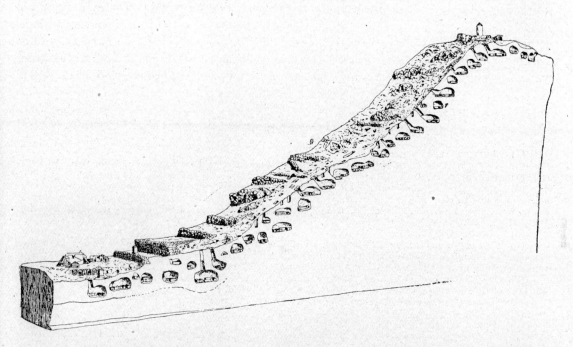

Fig. 278. — Corte del cerro de los Molinos o Puig d'es Molins mostrando la necrópolis subterránea púnica. — *Según modelo en escayola del Museo de Barcelona*

Pera de Baixo o de Armação, Praia de Quarteira, Torre de Ares, Antas y Cacella. A estas estaciones pesqueras y conserveras debe añadirse la de Troia, en la desembocadura del Sado, no lejos de la antigua Salacia (Alcácer do Sal). También son de época romana imperial (56). De todas estas ruinas, tanto de las portuguesas como de las españolas, han salido también gran cantidad de anzuelos de pesca, agujas de hacer redes, arpones, etcé-tera (fig. 9).

Otras pequeñas industrias derivadas de ellas.

Además de esta pesca mayor, en las riberas marinas de la región de Cádiz se pescaban pulpos, congrios y moluscos de toda clase. Los escritores helenísticos hablaron de esta riqueza pesquera gaditana con verdadero entusiasmo. Estrabón, que recoge sus noticias, hace la siguiente descripción: «Por rico que sea el interior de Turdetania, la costa puede competir con él gracias a las riquezas del mar. En general, todas las ostras y conchas del mar exterior [Atlántico] exceden, por su abundancia y tamaño, a las demás; ... lo mismo pasa también con todas las especies de cetáceos, orcas, ballenas y marsopas, que cuando respiran parece que lanzan al aire una columna de vapor. Los congrios se desarrollan enormemente, y por su tamaño pasan en mucho a los de nuestras costas [Mediterráneo], como las murenas, y en general todos los peces de esta especie. Dícese que en Carteia los «buccinos» y «múrices» contienen diez «kotylos», y en las costas de afuera [del Atlántico] se pescan murenas y congrios de más de ochenta minas, pulpos de un talento de peso, calamares de dos codos de longitud, y así por el estilo» (57).

Igualmente se practicó la pesca de los múrices, destinados a la extracción de la púrpura. En Villaricos, por ejemplo, halláronse conchas de múrex y de púrpura, aunque no en abundancia y sin abrir, lo cual supone que, al menos éstas, no fueron utilizadas para la extracción de la materia colorante. Pero en Parazuelos, otro lugar de la costa, se encontraron acumuladas y abiertas (58). También en Ibiza, en la Isla Plana, se halló un gran yacimiento de múrices, y restos al parecer de aljibes de cemento como los descritos (59).

NOTAS

(1) AVIENO, v. 419.
(2) PSEUDO ARISTÓTELES, περὶ θαυμ. ἀκ. 46, pasaje atribuído a Teofrasto, siglo IV a. de J. C.
(3) Ps. ARIST. π. θ. ἀ. 135.
(4) DIODORO, V, 35, 3 y sigs. La leyenda ha sido conformada para explicar por una falsa etimología griega el nombre de los montes Pirineos, derivándolo de πῦρ = fuego; pero el contenido de la narración refiérese, sin duda, a la plata andaluza, como en el pasaje antes trascrito del Ps. ARIST., 135.
(5) HERODOTO, IV, 52.
(6) ESTRABÓN, III, 2, 9; ATHÉNAIOS, VI, 233 e; Ps. ARIST., π. θ. ἀ. 87; pero en este último, por ejemplo, las ganancias se atribuyen, no a los púnicos, sino a los griegos de Massalía, los cuales tenían sus colonias precisamente en las estribaciones de los Pirineos.
(7) De Cazlona, C. I. L., II, 3280; Cartagena, II, 3739; Canjayar, cerca de Granada, II, 4964, 1; el de Fuentes de Cantos, II, 4964, 2, es anepígrafo.
(8) Véase GSELL, Hist. anc. del'Afrique du Nord, IV, págs. 3 y sigs.
(9) V, 16, 2.
(10) PLIN., N. H., XV, 1.
(11) ESCOLIASTA DE ARISTÓFANES, Plut., 586; PLINIO, según TIMEO, N. H., IV, 120.
(12) PLINIO, N. H., XV, 1.
(13) DIOD., XIII, 81, 4.
(14) PLINIO, XV, 39.
(15) De a. c., VII, 3, 126 y 133.
(16) ESTRABÓN, III, 4, 9.
(17) PLINIO, XIX, 30; MELA, II, 86, habla también de él.
(18) ATHÉNAIOS, V, 206, F.
(19) MARC., XIII, 40.
(20) Para el garum, en general, consúltese en esta voz la R. E. Pauly-Wissowa y el diccionario de Daremberg y Saglio.
(21) πότερ'ἢ τὸ τάριχος Φρύγιον ἢ Γαδειρικόν. El texto pertenecía a la comedia Márikas, según Stéphanos de Bizancio. Véase KOCK, Fragmenta comic. attic., I, 186
(22) ταρτησία μύραινα; Ranas, 474-5.
(23) τάριχος ἀντακαῖον εἴ τις βούλετ' ἢ Γαδειρικόν, Βυζαντίας δὲ θυννίδος εὐφροσύναις ὀσμαῖσι χαίρει, ATHÉNAIOS, III, 118 d. Véase también KOCK, Frag. comic. attic., II, 43.
(24) ATHÉN., III, 118 e; KOCK, Fragmenta comic., attic., II, 220.
(25) κρείσσων δὲ ὁ Ἀμυνκλανὸς καὶ Σπανὸς ὁ Σαξιτανὸς λεγόμενος, λεπτότερος γὰρ καὶ γλυκύτερος, en ATHÉNAIOS, III, 121 a. La atribución a Díphilos no es segura; por el empleo de la voz σπανός, derivada de la forma latina, nos parece que este Díphilos debe ser otro, ya de la época romana posterior al año 200.
(26) Βυζάντιόν τε τέμαχος ἐπιβακχευσάντω Γαδειρικόν θ'ὑπογάστριον παρεισίτω, de Nikóstratos. Véase KOCK, Fragm. comic. attic., II, 220.
(27) VII, 315 d.
(28) Ps. ARISTÓT., π. θ. ἀ., 136. El pasaje se atribuye a Timeo, con mucha probabilidad.
(29) ESTRABÓN, III, 3, 4.
(30) ATHÉN., 315 d.
(31) ATHÉN., VII, 302 c.

(32) Estr., III, 2, 7; Athén., 302 c. Éstos dicen que el atún se alimentaba con la «bellota de mar», y llaman, por tanto, «cerdo marino» al atún. De la industria conservera no se conoce ningún texto polibiano, si no queremos atribuirle las citas que se contienen en Estrabón sobre la antigua Sexi (Almuñécar?), Málaka, Mellaría y Cartagena, que recogemos a continuación.

(33) τὰ ταρίχη ἐπωνύμως λέγεται, Estr., III, 4, 2.

(34) Estr., III, 1, 8.

(35) καὶ ταριχείας ἔχει μεγάλας, Estr., III, 4, 2.

(36) κἀνταῦθα δὲ καὶ ἐν τοῖς πλησίον τόποις πολλὴ ἡ ταριχεία. Estr., III, 4, 6.

(37) ἡ καλοῦσι Σκομβραρίαν ἀπὸ τῶν ἁλισκομένων σκόμβρων, ἐξ ὧν τὸ ἄριστον σκευάζεται γάρον. Estr., III, 4, 6. Aun hoy la isla conócese con el nombre de Escombrera y escombreras se llama también el lugar que se halla en la punta Aquilones, al noroeste de la isla.

(38) Antipháns, en Kock, *Fragm. comic. attic.*, II, 43, de Athén., 315 d.

(39) «*Circa Ebusum salpa principatum obtinet, obscenus alibi et qui nusquam percoqui possit nisi ferula verberatur.*» Plin., IX, 68.

(40) «*Nunc e scombro pisce laudatissimum in Carthaginis spartariœ ceteriis (sociorum id apellantur) singulis milibus nummum permutantibus congios fere binos. Nec liquor ullus pœne piœter unguenta maiore in pretio esse cœpit, nobilitatis etiam gentibus.*» Plin., XXXI, 94.

(41) C. I. L., IV, suppl. 5659.

(42) «*Garo de sucis piscis Hiberi.*» *Sat.*, II, 8, 46.

(43) VII, 78, y XIII, 40; éste ya se ha transcrito líneas antes.

(44) Plin., *N. H.*, XXXII, 146.

(45) Siglo II d. de J. C.

(46) Gal., vol. XII, 622 y 637 *K.*

(47) Sen., *ep.* 95, 25.

(48) Otras menciones, a más de las dichas, hállanse en Pollux, VI, 49, que cita la salazón de Cádiz; *Totius orbis descriptio*, c. 59; Ausonio, que habla de la *muria* de Barcelona, *ep.* 21.

(49) Plinio, IX, 48.

(50) *C. I. L.*, VI, 9677.

(51) Siret, *Villaricos y Herrerías*, en las *Memorias de la R. Acad. de la Hist.*, Madrid, 1907; página 10.

(52) P. Paris, Bonsor, etc., *Fouilles de Belo*, I; París, 1923; págs. 169 y sigs.

(53) P. Paris, Bonsor, etc., loc. cit., plano XXXI.

(54) Véase Hübner, *Zeitschrift für allgemeine Erdkunde*, vol. XIII, 1862; págs. 35 y sigs.; el mismo, *Arqueología de España* (Barcelona, 1888), págs. 223 y 224.

(55) Hübner, *Arqueol. de España*, pág. 224.

(56) Véase Antonio Mezquita de Figueiredo, *Ruines d'antiquesé tablissements à salaisons sur le littoral du Portugal*, en el *Bulletin Hispanique*, vol. VIII, núm. 2, 1906, pág. 109, reproduce plantas de las ruinas de Vao, Portimão, Antas y Cacella, de menor entidad que las de Bailon e idénticas a ellas. Es lástima que la obra de Estacio da Veiga, en la que se basa el artículo dicho, no lograra verse terminada.

(57) Estrabón, III, 2, 7.

(58) Siret, *Villaricos y Herrerías*, Mem. de la R. Acad. de la Hist., 1907, pág. 387.

(59) Véase C. Roman, *Antigüedades ebusitanas* (Barcelona, 1913), págs. 48 y 61.

CAPÍTULO V

LAS COLONIAS PÚNICAS

CÁDIZ

Cádiz y su bahía en la Antigüedad.

La labor del mar y las aportaciones fluviales han modificado bastante la antigua forma de la bahía de Cádiz y también, consecuentemente, las formas de las islas que encerraba. En la Antigüedad (fig. 215) la bahía era mucho más amplia, y de la costa destacaban claramente dos islas: una, bastante grande, muy estrecha y alargada de Noroeste a Sudeste, era la de Gádir, unida entonces al actual islote rocoso de Sancti Petri; la otra isla era la de León, separada de la tierra firme por un ancho canal —del que es resto aminorado el actual Caño de Sancti Petri—, y de la isla gaditana por un brazo de mar, que se reduce hoy al río Arillo. Los embates del mar por la parte de afuera han carcomido la costa en el transcurso de los siglos de tal modo, que no sólo han reducido la extensión de la isla de Cádiz, sino que la han cercenado en dos, quedando la parte más meridional de ella como un peñón aislado (isla de Sancti Petri). Por otra parte, las aportaciones de tierras han dado lugar a que la de León esté hoy casi soldada a la tierra firme y a la isla de Cádiz. El mapa de la figura 10 da clara idea de esta reconstrucción paleogeográfica y es indispensable para entender e interpretar los textos antiguos referentes a Cádiz.

Los nombres antiguos de Cádiz y de sus islas.

En los tiempos cuya historia intentamos reconstruir recibieron estas islas distintos nombres, sobre cuya exacta reducción no siempre se ha llegado a conclusiones acordes y unánimes. Así, pues, los nombres de Erýtheia y Aphrodisías, que se hallan frecuentemente

citados en estos parajes, no tienen una aplicación segura. La duda aumenta porque ya
en la Antigüedad su reducción era materia controvertible.

Parece lo más verosímil que la llamada Erýtheia fuese la isla de León, de escasa altura, hoy día rodeada por salinas y «caños»; Aphrodisías sería otro nombre de la misma
isla según algunos autores antiguos.

En cuanto a la isla de Cádiz, es citada como Kotinoussa. El nombre es muy antiguo
y debe datarse, por lo menos, en el siglo VII a. de J. C., fecha en la que diversas gentes
micrasiáticas recorrían las bocas del Atlántico (1). Es curioso que tal nombre procede, sin
duda, de la abundancia del acebuche u olivo silvestre, en cuyo caso sería la primera
alusión a la riqueza olivarera de Andalucía (2). En el poema geográfico de Avieno (3),
Cádiz parece ser citada también bajo el nombre de «Arx Gerontis», o castillo de Geryón (4). En el mismo poema, Sancti Petri es probablemente el «Fani prominens».

Una de estas islas era llamada por los indí-genas (5) «Insula Iuno-nis»; pero no sabemos a cuál pudo referirse, pues el nombre se dice equi-valente a los tres (Erý-theia, Aphrodisías y Ko-tinoussa) ya citados. Probablemente es la isla de Hera mencionada por Estrabón (6), cerca del Estrecho, es decir, mu-cho más al sudeste de Cádiz (7).

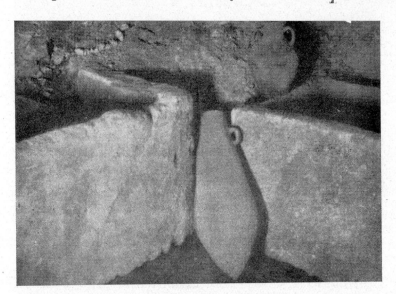

Fig. 279. — Ibiza. Interior de una cámara hipogea de la necrópolis
púnica del Puig d'es Molins. — *Según Román*

Respecto a su nom-
bre más corriente, el de Gádir, es unánime ya desde la Antigüedad que procede de los
fenicios y que significa «castillo», «fortaleza»; en general, «recinto murado» (8). Equivale,
pues, al de Agadir, pero aquí con la variación gráfica de *ha*, artículo que va unido, como
en muchos toponimios africanos, al apelativo *gádir*. Aun hoy día esta palabra se encuentra en bereber, donde *agader* significa muro, y *agadir* se aplica a los castillos bereberes
del Atlas (9). Esto ha hecho sospechar recientemente si el nombre de *gádir*, empleado por
los fenicios desde antiguo con el mismo sentido que los bereberes, no es una palabra
tomada de acarreo por aquéllos en el norte de África.

Es curioso que entre los griegos, ya desde el primer momento, el nombre en cuestión
suele citarse, poco alterado, no en singular, sino en plural, τὰ Γάδειρα, o en variante
jónica, τὰ Γήδειρα. Herodoto (10) la llama, por excepción, pero en forma plural, igualmente Γήδειροι. Esta forma plural quizá proceda de referirse no a una sola isla, sino al conjunto de ellas. También podría interpretarse como alusión a varios centros de población
asentados en distintas partes de las mismas islas.

Los templos de Cádiz: El Herákleion y el Krónion.

La narración de origen poseidónico, recogida en la misma Cádiz y transmitida por Estrabón, y en la cual se narran las tres expediciones que precedieron a su fundación por los fenicios, ya la conocemos (11). Pero a renglón seguido Estrabón dice que «alzaron el santuario sobre la parte oriental de la isla, y la ciudad sobre la occidental» (12). Estrabón no dice qué santuario sea éste; pero parece que, por un error de orientación muy explicable y considerando la isla como orientada de Este a Oeste, Estrabón alude aquí claramente al templo de Hércules, al célebre Herákleion de Cádiz (propiamente santuario de Melkart, el Hércules tirio). Esto se confirma si consideramos que, según el mismo pá-

Fig. 280. — Máscara grotesca procedente de la necrópolis púnica de Ibiza. — *Según Colominas.*

Fig. 281. — Máscara púnica de la necrópolis del Puig d'es Molins. Museo de Barcelona. — *Según Colominas.*

rrafo, la ciudad fué alzada en el lado opuesto, en el occidental, es decir, donde efectivamente estaba la antigua y está la actual.

La duda se disipa aún más si cotejamos este párrafo con otro escrito líneas antes por el mismo Estrabón, el cual dice: «La ciudad yace en la parte occidental de la isla; ... el Herákleion está en la otra parte, hacia el Oriente, en el lugar donde la isla se acerca más a tierra firme, de la que no está separada más que por un canal de un estadio (13), y dicen que la ciudad dista del santuario doce millas, un número de millas igual al de los trabajos (14); mas la distancia es algo mayor, tanto como es de larga la isla, midiendo la longitud de ella de Oriente a Occidente» (15). Es claro, pues, que el santuario de Heraklés, el Herákleion famoso, estuvo edificado en la isla de Sancti Petri. A mayor abundamiento, Mela coincide con el texto de Estrabón (16), así como el *Itinerario* de Antonino (17), que da también la distancia de doce millas entre Gádir y el templo de Hércules (18).

En el Herákleion gaditano era fama que se guardaban los restos de Heraklés (19). Silio Itálico, fantaseando en parte, y en parte, quizá, sobre noticias ciertas, dice del templo que tenía (quizá en el vestíbulo o en las puertas) representados en relieve los doce trabajos, que describe uno a uno (20). El mismo Silio añade que se conservaban las antiguas vigas de madera del templo más antiguo (que probablemente fué, primitivamente, como el de Útica, edificado con maderos, algunos de los cuales, según Plinio, se conservaban aún en su tiempo); que no podían entrar en él ni las mujeres ni los cerdos; que los sacerdotes tenían un traje especial; que no había imagen alguna de la divinidad venerada, y, finalmente, que en él se cuidaba un fuego eterno (21). Estrabón (22) añade que en el templo había dos columnas de bronce, en las cuales estaba escrita, no una dedicatoria piadosa, sino una relación de gastos. Probablemente lo sería en fenicio. Por el mismo Estrabón sabemos, gracias a una polémica algo pesada y ociosa entre referencias de Polibio, Artemidoro, Poseidonio y Silenos, a la cual se mezcla el mismo Estrabón, que en el recinto templario brotaban dos fuentes de agua dulce, en una de las cuales, por lo menos, había que descender unos escalones para recoger el agua (Polibio). La casual coincidencia (Poseidonio) de que algunas veces disminuía la cantidad de agua al tiempo de la pleamar, hizo creer que este fenómeno inverso estaba originado por una causa que, como desconocida, dió origen a la curiosa disputa dicha. Pero además de estos pozos, cuya agua no era buena, había otros en la ciudad, de los cuales bebía la población, así como del agua recogida en depósitos-cisternas o aljibes distribuídos por muchos puntos de ella (23). Que el santuario era muy famoso en la Antigüedad lo dice el hecho de haber dado lugar a un cómputo o era propios (24) y las visitas que le hicieron todos los grandes caudillos que pasaron por España, como Aníbal, Magón, Escipión y César, el cual se cuenta vió y meditó allí ante una estatua de Alejandro Magno.

FIG. 282. — Dos máscaras púnicas procedentes de Ibiza. Museo Arqueológico de Madrid. — *Foto Espasa-Calpe*.

Además del Herákleion hubo en Cádiz otro templo, pero éste se alzaba en la ciudad misma, probablemente donde hoy la catedral: es el Krónion, o santuario de Krónos (es decir, del dedicado a Moloch), sobre el cual nos da esta brevísima y simple noticia Estrabón (25).

La ciudad y sus habitantes.

En cuanto a la ciudad propiamente dicha y sus habitantes, sabemos poco realmente, a pesar de Estrabón, quien dedicó a Cádiz una quinta parte (el capítulo V) del libro tercero, referente a toda la Península Ibérica. La descripción de Estrabón no corresponde, en verdad, a la ciudad de época cartaginesa, sino a la del siglo I a. de J. C.; no obstante, como coincide con el momento en que acaba de romanizarse, aun hay en dicha descripción algunos elementos aprovechables para la época que estudiamos. La descripción estraboniana es a veces prolija, otras deficiente, pero en todo caso entusiástica en extremo. Merece la pena de seguirla de cerca.

«Sus habitantes —dice— son los que navegan en más y mayores naves, tanto por nuestro mar (26) como por el exterior (27); y puesto que no habitan una isla grande ni dominan extensas regiones en la parte opuesta de la tierra firme, ni poseen tampoco otras islas, la mayoría de sus habitantes, viven en la mar, y son pocos los que residen en sus casas o se han establecido en Roma. No obstante, podría pasar por la ciudad más poblada después de Roma, pues he oído decir —continúa— que en un censo hecho en nuestros días fueron contados hasta quinientos caballeros gaditanos, más que cualquier otra ciudad de los italiotas, excepto la de los patavinos (28). Sin embargo de este número, su isla no mide más de cien estadios de longitud (29), siendo su anchura, a veces, de un estadio (30). En un principio (31) habitaron una ciudad muy pequeña (παντάπασι μιϰρά); pero Balbo el gaditano, varón que alcanzó los honores del triunfo (32), levantóles otra que llaman Neá (33). De ambas surgió Dídyma (34), la cual no está agobiada de espacio, ya que, aunque su perímetro no excede de veinte estadios (35), en ella no residen sino pocos, pues todos pasan en la mar la mayor parte del tiempo, o viven en la tierra firme y, sobre todo, en la vecina islita (36), que por su fertilidad y su feliz situación se ha convertido en una como «antípolis» de Dídyma. Pero en proporción son pocos los que habitan en ella y en el Arsenal, que les ha construído Balbo en la tierra firme frontera» (37).

Fig. 283. — Pinax egiptizante hallada en Ibiza. Museo Arqueológico de Madrid. — *Foto Museo Arqueológico de Madrid.*

Por Gádir pasaron los más eminentes hombres de ciencia de la época helenística. En ella estuvieron: Polibio, en la segunda mitad del siglo II a. de J. C.; Artemidoro y Poseidonio, hacia el comienzo del siglo I a. de la era cristiana. Observaron el fenómeno de las mareas oceánicas, que en el Atlántico son mucho más fuertes, como se sabe, que en el Mediterráneo. Allí Poseidonio estudió el flujo y reflujo de las aguas, las inundaciones de los esteros de esta zona del Atlántico, las puestas del sol, y tuvo ocasión, además, de recoger algunas leyendas e historias, de las que sólo se han conservado (gracias, por lo demás, a Estrabón) là de la fundación de la ciudad, ya expuesta, y la del viaje del famoso Eúdoxos de Kyzikos, su contemporáneo, quien partiendo de Cádiz y asesorándose de la experiencia marinera de los gaditanos y de su conocimiento de las costas de África, intentó por dos veces la circunnavegación del continente negro, sin que sepamos qué fué de la empresa la última vez que la intentó (38). El mismo Poseidonio no pudo observar las mareas más que durante una lunación, pues sólo residió en Cádiz un mes; pero «supo de ellos —de los gaditanos, dice Estrabón (39)— que hacia el solsticio de verano las mareas altas y las bajas eran más fuertes que durante todo el resto del año» (40).

Los fragmentos copiados de Estrabón nos pintan el asombroso desarrollo experimentado por Cádiz en tiempos de César y de Augusto, en el cual el comercio cobró un auge

Fig. 284. — Museo de Ibiza.
Foto Mas

Fig 285. — Museo de Ibiza.
Foto Mas

extraordinario, se construyeron dependencias navales nuevas y se amplió la ciudad, fundando en las playas vecinas nuevos núcleos de población. En el tiempo en que Poseidonio estuvo en Cádiz había casas de varios pisos, pues que hizo observaciones desde la más alta de la ciudad y el terreno de ella es llano. Ya hemos dicho antes que, según Estrabón, la ciudad tenía pozos de agua, pero mala; la mejor recogíanla de la lluvia en aljibes o depósitos. La gente de mar, a la cual pertenecía, como bien claro dice el texto estraboniano, la inmensa mayoría de la población de Cádiz, se dedicaba al comercio marítimo con todos los puertos del Mediterráneo (en Alejandría eran bien conocidos los barcos gaditanos) y del Atlántico, y a las pesquerías, pues, como ya hemos visto, las industrias de salazón derivadas de ellas continuaron en la nueva época su pasada actividad, exportando, sobre todo a Roma, sus famosas conservas, de las que nos hablan los textos antes

FIG. 286. — *Alabastra*. Vítreos coloreados de tipo púnico frecuentes en Ibiza. (Los reproducidos
proceden de Ampurias.) Museo Provincial de Gerona.

recogidos (41). El *gáron* de Cádiz fué en tiempos del Imperio tan famoso y apreciado
como lo había sido antes en tiempos cartagineses. Los atunes estampados en sus monedas
son el signo parlante de la industria más característica de la ciudad, y alternan en sus
acuñaciones con la cabeza de Hércules, divinidad tutelar de la Cádiz púnica y de la
romana. Es interesante subrayar el párrafo de Estrabón en el que dice que la ciudad
era aún pequeña en tiempos de la dominación cartaginesa. Su extensión y población,
sin embargo, no es fácil calcularla.

Una faceta interesante de Cádiz es la de su fama en bailarinas y cantantes. Ya Eúdoxos, el explorador de las costas de África, partió de Cádiz llevando en uno de sus viajes
muchachas jóvenes cantoras (μουσικὰ παιδισκάρια), a más de médicos, técnicos y carpinteros de ribera (42). Más tarde, en época imperial, serán varias veces citadas las
bailarinas gaditanas, haciendo las delicias de los banquetes romanos con sus cantos y
danzas, compitiendo con las bayaderas orientales y griegas (43). Esta visión de la vida
gaditana puede retrotraerse sin duda a tiempos muy anteriores, plenamente púnicos, y
son evidentemente los primeros testimonios de la admirable disposición para el canto y
la danza, en la que tan justa fama ha adquirido Andalucía.

Hallazgos arqueológicos púnicos de Cádiz. Primeras noticias.

Desde tiempo muy atrás la isla de Cádiz ha sido pródiga en testimonios de su pasado.
Tanto Pedro de Medina, en el siglo XVI (44), como S. W. Jorge Bruyn (45) y Suárez de
Salazar en el XVII (46), dieron ya noticias de restos arquitectónicos, principalmente el
último de los mencionados.

Se citaban los de un anfiteatro o circo, y se decía, además, que en los días de mar tranquila y clara podíanse ver, por la parte de la capilla de Santa Catalina, restos arquitectónicos sumergidos y medio cubiertos por la arena. Además, los buceadores testificaban haber observado otras ruinas, a las cuales se agarraban las redes de pesca y los anzuelos (47).

Restos por el estilo se han observado también en las aguas que circundan la isla de Sancti Petri, testimoniando su pasada importancia como asiento que fué del famoso Herákleion. En efecto, de las cercanías de la isla de Sancti Petri proceden una serie de estatuas —algunas de entidad, como el jinete, en bronce, de tamaño natural— y otros restos arqueológicos que, aunque de época romana, son prueba de lo dicho. Sin embargo, no hay aún indicios del templo (48).

Ahora bien; si de lo que fué lo más importante de Gádir y lo más monumental nada ha llegado hasta ahora a nuestro conocimiento directo, la casualidad nos ha puesto en contacto con una rica necrópolis que es, hoy por hoy, el más importante testimonio arqueológico del pasado púnico, y aun romano, de la ciudad. La necrópolis era conocida, por lo menos, desde el siglo XVII.

FIG. 287. — Ibiza. Museo del Cau Ferrat, de Sitges

En efecto, ya Suárez de Salazar describía tres clases de sepulturas, que él pudo ver y estudiar, del siguiente modo: «Unas —dice— tienen forma de aljibes muy pequeños, de obra tosca o labrados de piedra de la misma isla, sin argamasa, y no mayores que aquello que permite ocupar un cuerpo humano; otras, colocando las cenizas en urnas, y éstas en tierra o en excavaciones en la roca; y el tercer sistema consistía en un departamento abovedado de cantería debajo de la tierra, de catorce pies de largo por siete de altura, estucadas las paredes de blanco y con unos huecos a media vara del suelo.» Los dos últimos sistemas descritos son probablemente ya romanos; pero el grupo primero está formado, a lo que parece, por hipogeos púnicos, similares a los descubiertos en nuestros días desde 1887. Del grupo tercero no se conocen ejemplares, so pena que Salazar aludiese con él a columbarios romanos, de los cuales hay testimonios actuales, si bien pobres y pequeños.

Los hallazgos sueltos debieron de abundar de entonces acá, pero no hay noticias precisas de ellos. En 1878, por ejemplo, un mariscador encontró en la zona de murallas de la Puerta de Tierra un anillo con sello giratorio, del tipo tan corriente en los hallazgos de los sepulcros púnicos de Cádiz y probablemente oriundo de alguno de ellos (fig. 216). De

importancia mucho mayor fueron los hallazgos casuales acaecidos en Cádiz desde el año
de 1887, gracias a los cuales se pusieron al descubierto los primeros hipogeos que han
revelado la existencia en la zona extramuros inmediata a las murallas de una verdadera necrópolis púnica de gran importancia histórica y arqueológica. Ya hemos dicho
que Salazar conoció algunos de ellos; pero como no quedaba sino la noticia, estos
recientes hallazgos fueron realmente una verdadera novedad. Vamos a verlos.

FIG. 288. — Ibiza. Cau Ferrat, Sitges.
Foto Mas

FIG. 289. — Ibiza. Cau Ferrat, Sitges.
Foto Mas

El grupo de tumbas descubierto en 1887. El sarcófago antropoide.

En dicho año, y con ocasión de los desmontes que se estaban haciendo para explanar
el terreno dedicado a la Exposición Marítima, aparecieron en el lugar conocido con el
nombre de Punta de la Vaca tres sepulcros intactos. No había llegado a ellos todavía el
ansia malsana de los profanadores de tumbas ni de los negociantes en antigüedades, como
ocurrió en Ibiza. Pero, desgraciadamente, en el momento del hallazgo no estuvo presente
perito alguno que observase con la minucia que se requería el ajuar funerario de cada una
de las tumbas y su asociación y posición dentro de ellas. Tampoco se levantó, por consiguiente, plano de los hipogeos. El triple monumento se destruyó al punto y los objetos
hallados en sus interiores se dispersaron, yendo a parar algunos de ellos a manos desconocidas.

Algo vino a remediar la posterior presencia en Cádiz del benemérito arqueólogo mala-
gueño don Manuel Rodríguez de Berlanga, quien pocos meses después del hallazgo for-
tuito se personó en el lugar con el fin de estudiar lo que aún pudiera quedar de él,

sobre todo un magnífico sarcófago marmóreo que, éste sí, venturosamente pudo salvarse. Berlanga informóse allí no sólo por las crónicas de los diarios locales, que recogieron, a veces con falta de precisión explicable, algunos detalles interesantes de los hallazgos, sino también de todos cuantos, con ojos más o menos cultos, habían visto los descubrimientos. Indagó el paradero de algunas de las joyas halladas y recogió, en suma, cuantas noticias pudo acopiar (48 a). Con estos datos, y puesto que los descubrimientos del año 1887 son realmente los más importantes de Cádiz, por ofrecer, entre ellos, el valioso sarcófago antropoide, vamos a dar noticia exhaustiva de todo cuanto ha llegado a nosotros, presentándola metódicamente. Así podremos sacar, en lo posible, consecuencias arqueológicas e históricas hasta cierto punto firmes, ya que estos descubrimientos no han sido revisados científicamente todavía desde la época en que Berlanga los describió (48 b).

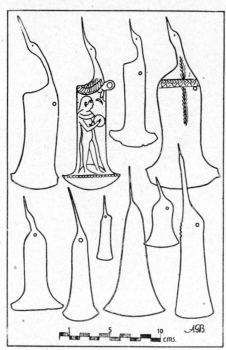

FIG. 290. — Distintos tipos y evoluciones de «hachuelas votivas» púnicas halladas en Ibiza. Museo Arqueológico, Madrid.— *Según García y Bellido.*

Según las indagaciones llevadas a cabo por Rodríguez de Berlanga, parece ser que el 10 de mayo de 1887 se pusieron al descubierto, como a 4 ó 5 metros de profundidad, tres sepulturas, de las que aparecieron en primer lugar dos enterramientos unipersonales distintos, aunque adosados por su lado más largo. A los veinte días se dió con el tercer sepulcro, contiguo a los dos anteriores, dentro del cual se halló el sarcófago antropoide. Los tres sepulcros estaban abiertos en la piedra caliza. Dentro de ellos se habían construído, de obra, tres compartimientos con destino a igual número de sepulturas. Éstas eran de sillares, así como sus cubriciones. Todo el conjunto se hallaba cubierto de arcilla impermeable, traída al efecto de otro lugar. De ello se desprende que una vez abiertos los hoyos se hicieron los tres hipogeos, los cuales, efectuado el sepelio, se volvieron a cubrir con arcilla impermeable con el fin de preservar el interior de las cámaras de filtraciones y de humedad. Los tres hipogeos estaban dispuestos como indica la figura 217, tomada del esquema que el arquitecto de las obras diseñó ante el señor Berlanga y del cual damos una versión más verosímil en la figura dicha. La principal, que era la mayor, se hallaba al Oeste y encerraba el sarcófago antropoide; las otras dos eran más cortas y más angostas, pero en la misma orientación, teniendo una de ellas (la que fué de una mujer) menos profundidad que las restantes.

En cuanto al contenido de ellos, he aquí lo que averiguó Berlanga: El mayor contenía un arca de mármol blanco, con figura humana esculpida (fig. 218), que luego describiremos. Dentro de ella, a su vez, había un esqueleto de hombre, que aún se conserva (figuras 218, 219 y 220), y restos de madera, quizá de cedro, a más de fragmentos de vestido o sudario, aunque todo ello muy deshecho. Probablemente el sarcófago marmóreo contuvo un ataúd de madera, y el cadáver debió sepultarse con su túnica o sudario.

Los otros dos hipogeos contenían también sendos esqueletos, uno de ellos femenino. No tenían, empero, sarcófago de piedra como el primero, pero debieron tenerlo de madera probablemente. Los tres cadáveres tenían su cabeza orientada hacia Poniente y habían sido colocados en decúbito supino.

En lo tocante a los ajuares funerarios, el *loculus* que contuvo el sarcófago antropoide no ofreció al parecer más que un tarro muy pequeño, roto, de barro, que Berlanga duda fuese de aquí por su aspecto romano, sospechando fuera una substitución de otro más bello o rico que pudo haberse hallado dentro de la urna marmórea. Pero es seguro, por lo que parece, que se hallaron dos clavos de cobre como de unos dos centímetros escasos y que no aparecieron monedas (49). Los otros dos *loculi* contuvieron, según se averiguó, el uno, el de varón, restos de armas de hierro y huesos de animales, de los que Berlanga pudo ver una media docena formando pequeños canutos de unos seis centímetros, como de tibia, naturalmente perforados, pero con entalladuras y taladros circulares hechos de intento (figura 221). Berlanga sospechó fuesen pitos o flautas, pero hoy se sabe son goznes de tapas de sarcófago. En Ibiza, Carmona, Málaga, Ampurias y la Albufereta también se hallaron otros iguales. El otro *loculus*, el que albergó los restos mortales de una mujer, contuvo sin duda el más rico ajuar de todos los tres. A él se adjudican, al menos, las siguientes joyas o adornos: un collar (fig. 222) con diez cuentas de oro, nueve de ágata, tres adornos de pasta y un colgante,

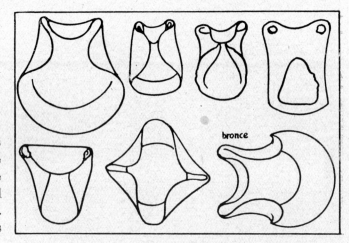

FIG. 291. — Distintos tipos de lamparillas de barro púnicas de de Ibiza. (La del ángulo inferior derecho es de bronce.) Museo Arqueológico, Madrid. — *Según García y Bellido.*

en forma de medallón, con una roseta de nueve hojas, algunas con restos de pasta policroma en azul y otro color indefinido. Además, un anillo de oro —que se dice estaba en una de las falanges— con escarabeo giratorio de ágata, grabado por su parte plana, con una figura de mujer de cuerpo entero y de perfil que se dirige hacia la izquierda del que mira, llevando en la derecha un ramo que se acerca a la nariz, y en la opuesta un jarro (figura 222). Afortunadamente estas joyas fueron no sólo conocidas y publicadas por Berlanga en litografía (de aquí nuestra ilustración), sino que han podido ser identificadas en una colección privada. Como se ha dicho antes, los hipogeos fueron destruídos a poco. No obstante, gracias al dibujo reproducido arriba (fig. 217) y al hecho de coincidir su descripción con la de los otros descubiertos hasta hoy, podemos formarnos idea muy aproximada de cómo eran y cómo estaban asociados.

Respecto al sarcófago antropoide (figs. 218 a 220), gracias a su traslado al Museo Provincial de Cádiz, fundado precisamente por su causa, lo conocemos a satisfacción. Contenía, y contiene, un esqueleto masculino que ha sido estudiado antropológicamente. La urna dibuja a grandes rasgos la silueta humana. La caja se cubre con una tapa, que luego describiremos (véase pág. 468). Sus dimensiones son 2,15 m. de longitud, 0,62 m. de altura y 0,96 m. de anchura mayor. Es de mármol blanco, que se ha dicho de Almería, aunque no creemos se haya analizado debidamente.

Es lástima que las noticias que se recogieron de los ajuares no sean absolutamente firmes. Por ello no puede decirse nada concreto sobre la fecha en que tuvieron lugar los tres sepelios. Las joyas atribuídas al enterramiento femenino nos parecen, juzgando por otras similares halladas posteriormente en sepulturas hipogeas, en todo iguales a las descritas, más bien de época helenística, pero en todo caso probablemente posteriores a la fecha que, tan sólo por el arte, puede aplicarse al enterramiento donde se depositó el sarcófago esculpido. En tal caso habría que pensar que los tres sepelios serían de época distinta, siendo el antropoide el primero y posteriores los otros dos, cosa que es posible, ya que el grupo de dos tiene paredes comunes, y el que contuvo el antropoide, no, a pesar de su contigüidad. También pudiera ser que la urna antropoide, no empece su arte, fuese de factura más reciente, ya que obras de tal carácter (donde el rito y la tradición juegan tanto papel, sobre todo en estas culturas primitivas) solían vivir aferradas a fórmulas y gustos donde todo cambio o evolución estaban virtualmente prohibidos por la costumbre. Casos de arcaísmo pertinaz son, como se sabe, muy frecuentes en el arte púnico en general (50).

FIG. 292.—Dos sellos (muy aumentados) procedentes de Ibiza. *Según Pérez Cabrero*

Los nuevos y numerosos hallazgos de hipogeos de 1890 a 1892.

Transcurrieron más de dos años sin que la antigua necrópolis púnica de Cádiz diese nuevos testimonios de su pasado hasta que, precisamente el último día del año de 1890, haciendo en la misma zona de Punta de la Vaca unos desmontes para rellenar el área destinada a la construcción de los Astilleros de Vea-Murguía, apareció, a la profundidad de varios metros, otro grupo de hipogeos semejantes a los anteriores. Esta vez eran cuatro. Se hallaban perfectamente alineados y orientados de saliente a poniente. Estaban compuestos cada uno de ellos de doce grandes piedras, en algunas de las cuales se notaba una ranura ancha y profunda (estas ranuras pueden verse también en otras, como en la reproducida en la figura 252). Los *loculi* eran de tosca labor y el aparejo colocado sin argamasa (50 a).

Los interiores de estos *loculi* tenían sendos esqueletos con los pies hacia Levante. De su contenido en objetos nada dicen las referencias coetáneas, pero parece ser que no se hallaron monedas ni inscripciones (según se afirmó, y es verosímil). En cuanto a los sepulcros mismos, fueron destruídos a poco.

En la misma fecha tuvo lugar el descubrimiento de dos pozos, abiertos en las contigüidades de los cuatro *loculi* citados, cuya importancia presumimos grande, aunque no se la dieron en el momento, por desgracia. Estos dos pozos estaban labrados en la roca. El mayor tenía cerca de dos metros de diámetro en la boca, era cilíndrico y de una profundidad que no se llegó a comprobar sino hasta los cinco o seis metros. El otro, vecino del anterior, era algo menor. Ambos comunicaban por su interior a un metro del fondo (50 b).

Al año siguiente, en los días 4 y 23 de enero de 1891, algo más al NO., apareció otro grupo de cinco sepulturas iguales a las anteriores (figs. 223, 224 y 225) (51). El 2, 4 y 11 de abril siguientes surgieron de la tierra otros nuevos *loculi*, de piedra de «caracolillo», como todos los anteriores y posteriores, y de dimensiones, forma, paralelismo y orientación idénticos a los descubiertos antes. El hallazgo del día 2 consistió en cinco tumbas de tamaño algo mayor, al parecer, y de factura más cuidada. Todas eran colindantes, teniendo una de ellas varias piedras por debajo, mientras que otras no llevan más que cinco lados, y el sexto formado directamente por el mismo suelo. Esta particularidad, bien observada, es extensible a los sepulcros hallados por las excavaciones metódicas posteriores al año 1912. Estaban levantados sobre la arcilla y tenían sobre sí un relleno de cuatro metros. El día 4 de abril apareció otro hipogeo, con restos de un revestimiento interno de estuco blanco bastante bien conservado. Por último, el 11 del mismo mes (abril) descubriéronse varios más, cuyo número no se declara. De ninguno de ellos se dice el contenido funerario, ni si llevaban esqueleto, pero es de presumir que se tratase de sepelios individuales y de inhumación como todos los anteriores y posteriores. En suma, del 2 al 11 de abril se hallaron más de cinco sepulturas hipogeas.

Meses después, el 11 de junio del mismo año, surgió otro sepulcro más, semejante en todo a los anteriores. Su ajuar consistía en un arete de cobre en forma circular, una cuenta de vidrio hueca, azul, con di-

FIG. 293. — Ibiza. Museo del Cau Ferrat, Sitges.

bujos entre blanco y amarillo, sin duda resto de un collar. También se dijo que entre los escombros se halló un «alabastrón» de vidrio, lo que no se pudo comprobar. Sin embargo, es de suponer que no perteneció al ajuar de la tumba. Los restos óseos de ella pertenecieron a una mujer.

El 21 de julio del mismo año (1891) y en los mismos terrenos de Punta de la Vaca se dió con otro grupo de cinco sepulturas, que posteriormente ascendieron a nueve (51). Materia lítica, disposición y forma coincidían con lo anterior. De ello dan idea suficiente nuestras figuras 226 y 227, tomadas de fotograbados publicados por Berlanga (52). Por ventura, a este descubrimiento estuvo presente el señor Sánchez Navarro, gracias a cuyas minuciosas descripciones, que comunicó por carta a Berlanga, conocemos interesantes particularidades del hallazgo (52 a).

En cuanto al inventario fúnebre, a más de los restos humanos, en pésimo estado de conservación, se hallaron varias alhajas que se vendieron a particulares. Entre ellas se cita un alambre de oro, en forma de hélice, de unos dos centímetros de alto, con cinco vueltas de diferente grosor, que oscila entre 3 a 5 mm. De él pendían, engastados, tres estuchitos con cabeza de león, gavilán y carnero, y un cuarto como un obelisco (fig. 228).

Luego los describiremos y estudiaremos, pues afortunadamente pasaron a poder del Museo de la localidad. Además, Sánchez Navarro cita una estatua pequeña, de divinidad egipcia (Osiris), de bronce, de unos 12 cm. de alto, hecha de pacotilla (53). Su procedencia es muy dudosa; por ello no insistimos más en su estudio. Otra cosa acaece con los mencionados estuchitos, que pasamos a describir.

En la figura 228 pueden verse sus reproducciones, tomadas de fotografía, junto con otra pieza ajena (parte inferior centro), de la cual prescindiremos. Entre las cuatro restantes, tres son semejantes entre sí. Están formadas por sendos cilindros huecos de oro y bronce, divididos en cuatro secciones: la primera formada por un anillo de oro; la segunda, de otro de bronce; la tercera, de un aro de oro, terminando la cuarta ya en una cabeza de gavilán con disco solar y *uraeus*, ya de león, con los mismos atributos, o de carnero. Detrás de las cabecitas hay unos anillos para su suspensión. Estas cabezas están finamente labradas en oro y muestran un arte sabio y una técnica perfecta. El interior de los cilindros estaba vacío en parte y en parte relleno de una substancia que no se ha analizado aún, que sepamos. El cuarto colgante es una especie de obelisco con base y anillita superior para su suspensión.

Fig. 294. — Figurita egiptizante de la necrópolis de Ibiza. Museo Arqueológico de Madrid. — *Foto Espasa-Calpe.*

Estuchitos de este mismo tipo y dimensiones son conocidos tanto en Cartago como en Cerdeña, Saida y Malta, y pertenecen a un período puramente cartaginés ya reciente. En algunos de ellos, el P. Delattre halló una cintita, en la que se representaba una procesión de dioses egipcios. Esta cintita estaba encerrada, formando un rollo pequeño, dentro de los estuches. También en Tharros (Cerdeña) se hallaron varios ejemplares de oro y plata conteniendo laminillas de los mismos metales enrolladas alrededor de un delgado cilindro de bronce dorado. Los de Saida son de baja época. Fueron de uso muy general y persisten hasta muy tarde (54). En España mismo se han hallado también en Ibiza. Uno de ellos publicó Vives, sin dar procedencia exacta (55). El otro, hallado en 1922 en una tumba intacta del Puig d'es Molins, iba acompañado de material arqueológico de época muy reciente, quizá ya romano (56).

Continuemos con la descripción de los otros hallazgos sepulcrales acaecidos en 1891 y 1892. En los últimos días de noviembre se encontraron varios *loculi* del mismo tipo y con los cadáveres yacentes en la misma posición y orientación. Nada se dice del número de ellos ni de su ajuar.

Al año siguiente (1892), en 28 de mayo, se hallaron frente a la antigua Punta de la Vaca cuatro *loculi* más con sendos esqueletos. Los muretes de estos compartimientos eran más delgados que los precedentes y estaban estucados en su interior. Sus ajuares no se describen.

El 21 y 22 de agosto aparecieron tres nuevas tumbas idénticas y con grueso revestimiento de un enlucido blanco muy fino. No se dice nada de ajuar; la urna de cristal azulado con la abeja de oro (fig. 235, ángulo inferior izquierdo), zarcillos y anillo, también de oro, con sello, hallada en el mismo lugar anteriormente (no se dice cuándo), no parece proceder de las tumbas. La urna de cristal azulado debe ser ya de época romana, quizá augústea.

Consideraciones generales sobre los anteriores hallazgos.

Hemos trasladado a estas páginas minuciosamente todo cuanto se ha averiguado acerca de los hallazgos de la Punta de la Vaca entre 1887 y 1892. A ello hemos añadido los comentarios ocasionales con el fin de precisar, sobre todo, la cronología derivable de ellos. Las fuentes no son directas siempre, como se ha visto, ni siempre completamente fidedignas, por proceder en muchos casos de personas poco preparadas para apreciar su interés arqueológico. No obstante, queda claro, a nuestro juicio, que este conjunto de hipogeos, que suman cerca de cincuenta, constituyeron parte de una extensa necrópolis que, como veremos a continuación, se extendía por todo el istmo que cae inmediatamente fuera del recinto murado de la ciudad, al S. de la Puerta de Tierra. Por estar siempre a la misma profundidad media de cuatro a cinco metros, por constar en varios casos que yacían sobre suelo virgen y tenían por encima un nivel romano datable por lo menos alrededor del siglo I, los sepulcros de la Punta de la Vaca han de datarse evidentemente en época anterromana. La gran unidad arquitectónica de los tipos sepulcrales y la evidente similitud de contenido funerario hace a todos los sepulcros de la Punta de la Vaca aproximadamente del mismo período. Mas para mayor precisión cronológica conviene tener en cuenta

Fig. 295. — Figurita de barro cocido hallada en el Puig d'es Molins. Museo Arqueológico de Barcelona. — *Según Colominas.*

ciertas observaciones y otros datos brindados tanto por la presencia de objetos más o menos típicos, como la ausencia de aquellos de cronología determinada en otros yacimientos púnicos extrapeninsulares. A este respecto conviene subrayar la presencia exclusiva del rito de la inhumación y de los sepelios unipersonales, cosas ambas que nos llevan por lo menos a tiempos anteriores al siglo III a. de J. C., en el cual comienzan a ser frecuentes en Cartago los sepelios múltiples en una misma cámara y el rito de la incineración, que se va haciendo paulatinamente más frecuente. Además, la carencia de monedas, sin excepción conocida, nos lleva de nuevo a la misma fecha tope inferior. Por otra parte, el mismo sarcófago antropoide nos delata con su arte un momento seguro que podemos hacer ascender por lo menos hasta el año 400 a. de J. C., y posiblemente hasta el 460 si la fábrica del sarcófago fuese coincidente con la fecha que muestra en su estilo. Por tales razones la necrópolis gadeirita, por lo menos en su zona de la Punta de la Vaca, debe datarse, en líneas generales, entre los siglos V y III a. de J. C. Fechas más altas nos parecen por el momento sin apoyos. Quizá los pozos descubiertos a fines de 1890 fuesen accesos a cámaras funerarias más antiguas, ya que este tipo de hipogeos remontan a tiempos anteriores; pero ello es por hoy imposible de aclarar. El estar rellenos de restos romanos inducen a suponer que fueron ya entonces violados. Quizá algún día hallen respuesta estas interrogantes de tanto interés para la vieja historia de la Gádir púnica, y en general de la España antigua (57).

FIG. 296. — Cau Ferrat, Sitges

Excavaciones sistemáticas en la zona de la Punta de la Vaca (de 1912 a 1916).

Aunque con un retraso lamentable, y después de haber visto aparecer y desaparecer una cincuentena de sepulcros, al fin, y gracias a las gestiones de personas cultas, y en especial del señor Quintero Atauri, comenzaron en 1912 las excavaciones vigiladas de la necrópolis de Cádiz (57 a).

De 1912 hasta 1916 se descubrieron en la región del Astillero, es decir, en la parte oriental del istmo, al SE. de las murallas, dieciséis sepulcros, alineados de N. a S., en dos series superpuestas (figs. 229 y 230); la inferior consta de diez; la superior, de seis *loculi*. Las cámaras inferiores, que se hallaron a cinco metros de profundidad, tienen por término medio una longitud de dos metros, una altura de 0,90 y una anchura de 0,60. Algunos eran algo mayores. Todos estaban orientados de Este a Oeste, en el sentido de su longitud. En uno de ellos se observaron señales de revestimiento interior, calizo, particularidad ya advertida también, como vimos, en otros hallados en la etapa anterior (57 b).

Todos eran sepulcros unipersonales, y los restos de los cadáveres aparecían como un pequeño montón informe sobre una capa de arena fina cubierta con otra ligera, entre arcillosa y bituminosa, sin duda impregnada de las substancias originadas por la descomposición de la materia orgánica. Todos los esqueletos se pulverizaron al extraerlos, excepto uno. Entre ellos aparecieron restos de madera, clavos de cobre y algunas joyas, que luego se describirán.

Respecto a los ajuares funerarios de cada una de las sepulturas no estamos informados con la claridad que era de desear. De la tumba donde se halló el esqueleto en mejores condiciones —restos que pertenecieron a un individuo masculino—, se sabe al menos que sobre la parte correspondiente al pecho se hallaron un anillo muy oxidado, al parecer de estaño y plata; un colgantito circular de oro y un estuchito-amuleto en forma cilíndrica con una piedra roja (fig. 231).

En el extremo más occidental de la hilera inferior, es decir, debajo de los *loculi* de la superior, se hallaron los dos compartimientos mayores de la serie, con un metro de altura, 0,75 de anchura y 2,40 metros de longitud. Ellos suministraron el ajuar de joyas más ricas, caracterizadas por ser de oro macizo sin aleación, y trabajado sin soldadura, sino a remaches o trenzados.

Una de estas dos tumbas contenía el siguiente ajuar (figuras 232 y 233): un anillo de oro con escarabeo grabado, mostrando un guerrero armado de lanza y escudo de arte bueno, grequizante, por el estilo

FIG. 297. — Placa en forma de máscara con busto hallada en la necrópolis púnica del Puig d'es Molins. Museo de Barcelona.

de los muchos hallados en la necrópolis de Ibiza; dos anillas de oro amorcilladas; un aro mayor, también de oro; un anillo de materia resinosa rojiza, transparente, sin decoración alguna y que se rompió y perdió, estaba colocado en una de las falanges de la mano derecha; en la parte correspondiente a los pies había restos de vasijas a medio cocer y cuatro pequeños trozos de marfil (?) horadados por su centro y muy deteriorados, aunque es indudable que han de ponerse en relación con otros similares de hueso hallados en el grupo del antropoide y en Málaga, Carmona, Ibiza y La Albufereta, y cuya interpretación como goznes es quizá lo más indicado; pero la pieza más interesante de todas, y uno de los más valiosos hallazgos gadeiritas de orfebrería, lo constituye un magnífico collar, que fué hallado en la misma tumba sobre la parte correspondiente al pecho del difunto. Su reconstrucción en la figura 28 es sólo hipotética y poco probable. Las tres piezas, con rosetas de 10 pétalos, son de oro, así como el collar, de filamento trenzado y el dije colgante discoideo de 12 pétalos; en cuanto al contario, tiene 48 cuentas, de ellas 24 de oro y otras tantas de ágata, las primeras esféricas y las segundas cilíndricas; añádanse cuatro más de ágata también, pero de tamaño algo mayor.

Los seis *loculi* de la hilera superior (fig. 229), colocada en parte sobre los últimos sillares de la inferior y a tres metros del nivel del suelo, pero sin que al parecer tuviera relación con ellos, están formados con piedras de menores dimensiones, que quizá no fueron labradas para el sitio, pues a veces se llenaron los espacios que faltaban con otras piedras de menor tamaño y formas irregulares. Los seis son correlativos, con muro común para cada dos, demostrando que fueron construídos en un mismo tiempo (57 c). Es digno de observar también la diferente orientación de todo el grupo, más desviada hacia el Sur, y el estar llenos de tierra, cosa que, aunque indudablemente fortuita, no sucede en los otros (57 d).

FIG. 298. — Cabecita de barro cocido, de tipo egiptizante, hallada en el Puig d'es Molins. Museo de Barcelona.

Los objetos suministrados por los *loculi* superiores se reducen a un amuleto de vidrio simulando un idolillo muy semejante a otros hallados en Cartago e Ibiza, unas cuentas de vidrio de igual carácter y dos anillos de cobre chapado en oro.

Nuevos hallazgos funerarios (de 1912 a 1916): la zona de los glacis de Puerta de Tierra.

En el mismo año de 1912, en que comenzaron las excavaciones protegidas y que dieron por resultado el descubrimiento de los 16 sepulcros acabados de describir, tenía lugar en la zona extramuros de Cádiz, en los arenales del sudoeste de la llamada Puerta de Tierra, en los glacis de las antiguas fortificaciones ístmicas, nuevos e importantes hallazgos arqueológicos; en efecto, por aquellas fechas se trabajaba en obras de cimentación de los edificios militares de aquella zona cuando, fortuitamente, aparecieron, según se dijo, varias sepulturas, que fueron destruídas sin dar cuenta a la Comisión de Monumentos. No obstante, se pudieron recoger varias piezas cerámicas, tales como urnas cinerarias, «ungüentaria», ánforas, todas de carácter romano, y varias joyas de oro, reproducidas casi todas en las figuras 234, 235 (ángulo superior izquierdo), 36, 37, 38 y 39, de fecha difícil de precisar, pero probablemente muy modernas.

No lejos de este lugar, a unos 200 metros al Sur, había aparecido también otro grupo de enterramientos semejantes que fueron destruídos por las aguas, cosa que se pudo comprobar al tiempo que se advertían indicios de otros que estaban sin descubrir.

En julio de 1914 comenzaron, pues, las exploraciones en esta nueva zona, dando por resultado el descubrimiento de 23 *loculi* (figs. 240 y 241), distribuídos en tres grupos, que según su excavador —cuyas descripciones seguimos de cerca— eran éstos: uno, situado a mayor profundidad que los otros, presenta *loculi* del mismo tipo que los que componían la hilera inferior del grupo del Astillero y que, como éste, está formado por 12 cámaras análogas en todo a las descritas. En ellos se encontraron únicamente restos de osamentas con la cabeza hacia Poniente, cuentas de ágata y un canto rodado de grandes dimensiones y forma alargada, sobre el que se apoyaba el cráneo de uno de los esqueletos. Los otros dos grupos, uno de cuatro cámaras y otro de siete, estaban situados en un nivel algo más alto e independiente del primero, si bien se hallan todos inmediatos entre sí; con respecto del primero, los dos últimos grupos estaban algo a Poniente. Hallábanse formados por losas colocadas verticalmente, y otras iguales que sirven de tapa o techo; conservaban evidentes señales de haber sido profanados en época remota, y, aparte de los esqueletos, sólo se encontraron, bajo un sillar hundido, cinco anillos funerarios de cobre, chapados de oro, con vidrios ovalados, en vez de escarabeos, anillos que, con otro de pasta vítrea, estaban colocados en una sola mano (57 e). La tierra que cubría estas construcciones estaba mezclada con grandes cantidades de cenizas, carbones, cerámica y otros restos al parecer de época romana (58).

En las excavaciones de 1916 se hallaron tres *loculi*, mas estaban ya removidos, quizá desde época romana. No obstante, aparecieron algunas cuentas de oro y de ágata y un rosetón discoideo, que en su tiempo debieron formar un collar como los conocidos; además, aretes de oro y pendientes del mismo metal, uno en media luna, con puntitos grabados en su parte plana (fig. 228, en el centro inferior). En la misma región se descubrieron sepulcros de incineración con urna y material romano, entre ellos monedas de cobre, *unguentaria* de vidrio, cajita rectangular y pomo cilíndrico,

FIGS. 299 y 300. — Cabecitas de negro, de tierra cocida, halladas en la necrópolis púnica del Puig d'es Molins. Museo de Barcelona.

ambos de marfil; lámparas romanas, etc., representando en su conjunto una época que cabalga sobre el comienzo de nuestra era y el fin de la anterior (59). Los resultados de estas excavaciones animaron a las autoridades, y por fortuna se acometieron nuevas y fecundas rebuscas, dando por fruto los hallazgos de las campañas de 1916 a 1924, que vamos a relatar.

Fig. 301.—Figura femenina de gusto griego arcaico, procedente del
Puig d'es Molins. Museo Arqueológico de Barcelona.

Fig. 302.—Figura femenina de oferente,
con alto «kálathos», hallada en la necrópolis del Puig d'es Molins. Museo Arqueológico de Barcelona.

Nuevas excavaciones en la necrópolis púnica (de 1916 a 1924).

En las excavaciones del año siguiente (1917) se halló aislada, en los taludes batidos por
el mar que forman la playa alta de Los Corrales (figs. 243 y 244), una tumba como las anteriores, pero que tiene la importancia de darnos un ejemplar con losas de pavimento, lo cual

es raro en esta necrópolis. En la figura 245 se ve su estructura con claridad (59 a). Estaba ya violada de tiempo atrás, lo que se desprende del hecho de que siendo, por sus dimensiones, destinada a un solo cadáver, gracias a los compartimientos hechos en su interior con pequeñas piedras sin labrar, pudieron sepultar tres cadáveres (59 b).

Durante la misma campaña y algo más al Norte, en dirección a la ciudad, se exploraron varios enterramientos de inhumación, pero sin obra arquitectónica alguna, todos paralelos entre sí, bastante próximos y con orientación permanente de Este a Oeste. Junto al cráneo aparecieron, por lo general, *ungüentaria* de cerámica basta, así como algunos vidrios azulados y biberones en forma de paloma, junto con discos, clavos y algunas monedas, todo ello indicio de una época ya romana.

En los terrenos del Astillero, y por las mismas fechas, se halló una piedra con cavidad cúbica que pertenecía a la cubrición de una tumba como la anterior, también con sillares de solera; la piedra labrada correspondía al lado de Oriente y ha de ponerse en relación con la hallada en Málaga (véanse páginas 418 y sigs.) en otra tumba púnica coetánea (60).

En las excavaciones del año 1918 hallóse en la región de Punta de la Vaca

FIG. 98. — Puig d'es Molins. Museo Arqueológico de Barcelona.

FIG. 99. — Puig d'es Molins. Museo Arqueológico de Barcelona.

una doble sepultura de tipo y orientación corrientes (fig. 247). Contenía esqueletos de varón y hembra, pero no se halló nada de ajuar. Según se puede observar, sobre el enlastrado del piso de las tumbas se señaló en rojo el espacio que había de ocupar cada *loculi*. Además, el muro divisorio estaba construído con dobles hileras de sillares pareados, alternando con otros sencillos que sirven como de lazo. Esto mismo debió acaecer en la construcción de la tumba reproducida en la figura 245, en cuya pared lateral hay unos espigones que debían trabarla con la vecina, desaparecida (61).

La campaña siguiente, dirigida en 1922 por don Francisco Cervera, tuvo también su campo de acción en los terrenos contiguos a la Punta de la Vaca, y sus resultados, a más de ser realmente importantes, fueron publicados en una Memoria modelo de método y claridad. Descubriéronse a tres metros de profundidad cuatro grupos de tumbas, que en junto sumaban 21 *loculi*, semejantes a los anteriores (véase plano de la figura 248) y orientados, con poca diferencia por parte de uno de los grupos, de Noroeste a Sudoeste (62).

El grupo A (véase fig. 248) contenía cinco *loculi* alineados y contiguos, con paredes comunes. Los restos de esqueletos hallados tenían la cabeza hacia el Noroeste; cuatro dieron ajuar más o menos rico, pero la cámara II dió el más numeroso (62 a). La cámara III no contenía ajuar y los restos humanos estaban incompletos, faltando los del tórax y la cabeza. La IV, con restos humanos como la anterior, una piedra pulida y restos de un anillo, mas un clavito.

FIG. 305. — Ibiza. Palma de Mallorca.
Col. Costa

El grupo B (fig. 248) constaba sólo de dos *loculi*, ya despojados por los mariscadores de la playa. Dos de los sillares presentaban unas cavidades regulares, hechas de intento, que hemos de relacionar con otras ya observadas en esta misma necrópolis y en una tumba coetánea de Málaga. Las dos tumbas estaban embutidas en una especie de canal abierto en la roca y nunca tuvieron vecinas. Además, por su técnica constructiva, eran mucho más perfectas que las otras. El grupo C (fig. 248) yacía a 1,50 metros por encima del nivel inferior del grupo anterior y constaba de seis *loculi;* sus ajuares fueron pobres y escasos (62 b).

El grupo D (fig. 248) estaba próximamente a la misma profundidad del anterior, con una diferencia de sólo 20 centímetros; constaba de ocho *loculi*, uno de ellos muy pequeño y fuera de serie. Los ajuares eran también aquí corrientes y escasos, aunque no tanto como en el grupo C (62 c). En la tumba C se hallaron, además de cuatro anillos (tres metidos en un solo dedo), 12 varillas o flejes de cobre, curvados en forma de cuatro, y conservando en sus extremos como restos de atado de alguna cosa, y seis campanillas con sus correspondientes badajos (62 d). La tumba D contenía tantas alhajas como todas las demás juntas. Componía su ajuar: un collar de 12 cuentas y dos piezas tubulares de oro, más 20 cilindros de ágata que debieron llevar estos tres pendientes de oro (fig. 249); un jarrito sin asas, pero agallonado; un disco con roseta de 12 pétalos (que debieron de estar esmaltados en colores distintos y alternos a juzgar por los residuos grisáceoverdoso y rojoobscuro) y pendiente de una especie de carrete, y, finalmente, una cabecita de carnero muy fina de trabajo, con un frontal de cinco arcos prolongados, tres en la línea inferior, también con esmalte (62 e).

Por último, entre el grupo C y el D se halló una pequeña cámara en la que había algunos huesos humanos y hasta 22 cilindros de hueso, 16 completamente lisos y seis más altos, con un taladro rectangular y otro circular al lado. Recuérdese que tanto en las anteriores excavaciones como en Málaga, La Albufereta, Carmona, Ampurias e Ibiza (figs. 221, 260 y 261) se han hallado piezas por el estilo. Se trata de goznes pertenecientes a tapas de sarcófagos de madera.

Respecto a la fecha deducible por los hallazgos y por las circunstancias obtenidos de la exploración, en la cual se halló sobre ésta, a 1,50 metros, aproximadamente, una necrópolis de incineración puramente romana, cabe afirmar, como el excavador hizo ya, que

Fig. 306. — Museo de Ibiza

los 21 sepulcros de esta nueva serie han de fecharse antes del siglo IV. La ausencia de toda moneda, el rito de inhumación, los sepelios unipersonales, el tipo de las joyas y su labor son otros tantos apoyos para este juicio. En resumen, estamos, pues, dentro de las mismas fechas que *grosso modo* venimos observando en todos los sepulcros de este tipo en la necrópolis gaderitana (63).

Otros hallazgos en la necrópolis púnica (de 1925 a 1933).

En 1925 el señor Quintero Atauri puso al descubierto en la playa de Los Corrales una serie de sepulturas abiertas en la piedra conchífera. Constituían los enterramientos simples fosas correlativas y orientadas todas de Poniente a Oriente, con los esqueletos hacia este último punto. El brazo derecho extendido y el izquierdo doblado hacia el pecho (figura 251). En la mano llevaban generalmente una ampollita de barro y algunas veces dos o tres más alrededor. En la misma mano tenían uno o dos anillos de cobre y estaño,

y sobre el pecho o junto a la cabeza un disco de cobre. Por excepción, una de las cala-
veras, al parecer de mujer adulta, tenía dos zarcillos de oro puro semejantes a los ya
corrientes en las tumbas de piedra. Las fosas, una vez efectuado el sepelio, eran cubiertas con grandes tégulas, otras con lajas de piedra y otras con ánforas, rellenando los espacios con piedrecitas y barro rojo de gran resistencia. Como en los estratos superiores se

hallaron enterramientos de incineración ya de época romana o de transición (algunos con monedas de la
serie gaditana de tiempo cartaginés,
y otras de los primeros tiempos de
la dominación romana), es lógico suponer que los enterramientos unipersonales, en fosa y de inhumación
antes citados, pertenecieron probablemente al siglo IV, es decir, que
serían en parte coetáneos de los
grandes *loculi*, aunque destinados a
gente de clase social más baja; de
ahí su mayor modestia y sencillez y
su ajuar pobre (64).

De estas sepulturas puede dar
idea la figura 252, donde se reprodu-
cen cuatro de otras seis más halladas
en la campaña siguiente (65).

En las excavaciones sucesivas
hasta 1933 se hallaron algunos *loculi*
más del tipo arquitectónico ya indicado y evidentemente de época anterromana, como sus similares. Suman en junto 17, distribuídos a lo
largo de la playa de Poniente, entre
los glacis y el cementerio actual.
Algunos forman grupos; el más numeroso de siete hipogeos. Todos dieron material pobre y restos óseos,

FIG. 307. — Busto plano de tipo griego procedente
del Puig d'es Molins. Museo Arqueológico de Barcelona

por supuesto (65 a). Muy próximo
a estos sepulcros apareció un cipo
con un recuadro en el frente, dentro

del cual hay un busto toscamente labrado, con la cabeza circundada de rayas; debajo
presenta un hueco rectangular, que quizá albergó en su tiempo una lápida; la parte alta
tiene la forma de un frontón triangular con estrías, como queriendo indicar un tejadillo;
conservaba restos de estuco blanco de bastante espesor y débiles indicios de adornos en
rojo y amarillo (65 b). Otro cipo similar, pero sin más que una hendidura rectangular en
el frente, apareció en la más próxima vecindad de otro grupo de cuatro hipogeos grandes (fig. 253). En la última campaña (1933) se halló un hipogeo aislado (fig. 254), donde se
da la planta y el alzado según plano levantado por nosotros, dentro del cual se notaron,

sobre los escasos restos humanos, algunos pequeños fragmentos de madera y un *ungüen-tario* de barro. Sobre la losa de Poniente apareció suelta una piedra pequeña, rodada, de base más ancha, en cuya parte somera tiene unas hendiduras que parecen simular un rostro humano. No sabemos si estaba o no en relación con el enterramiento en cuestión (66).

Resumen sobre la necrópolis púnica de Cádiz.

De la relación que antecede resulta que desde 1887 hasta el día se han descubierto en las afueras de Cádiz, tanto en la zona costera del Este, que da a la bahía, como en

FIG. 308. — Cabezas femeninas de la necrópolis del Puig d'es Molins. Obsérvense los agujeros de las orejas, de las que pendían anillos hoy desaparecidos. Museo Arqueológico de Barcelona.

la del Oeste, que mira al pleno Océano, la asombrosa cantidad de unos 150 hipogeos de piedra, casi todos surgidos casualmente (66 a).

Los 150 *loculi* son, sin embargo, un buen exponente de lo que debió ser en lujo y en riqueza aquella población gadeirita en los siglos v al iii a. de J. C. Si calculamos los que se ha llevado el mar por la parte de la playa de Los Corrales, los que han debido de excavarse y saquearse todo a lo largo de la Edad Media y Moderna hasta 1887, y los que aun quedan sin duda bajo tierra esperando el día de su excavación sistemática, tendremos una idea todavía más clara de lo que era Cádiz por aquellos siglos en que sus con-

FIG. 309. — Ibiza. Cau Ferrat, Sitges

FIG. 310. — Museo de Ibiza

servas se consumían hasta en Atenas, sus navegantes recorrían el Mediterráneo y el Atlántico hasta las Canarias, Madeira y probablemente también las Azores, por el Oeste; Portugal, Galicia, la Bretaña francesa, las Islas Británicas e Irlanda, por el Norte; y la Mauretania, la costa del Sahara y probablemente también las del Senegal, por el Sur.

Es de notar, por comparación con las demás necrópolis conocidas, que ésta de Cádiz abunda de un modo realmente excepcional en joyas de oro de rica factura. Además, y a diferencia de los hipogeos de Ibiza, en parte coetáneos a los de Cádiz, en esta necrópolis no se observa la costumbre de enterrar a los muertos con figuritas de terracota, cerámica basta, huevos de avestruz y collares de pacotilla. La necrópolis de Cádiz es de una población más distinguida, en muchos casos realmente prócer, como el sarcófago antropoide lo indica. Y obsérvese que aunque éste es todavía único, son muchas las tumbas en las que, no obstante su mayor pobreza exterior, han dado en su interior una cantidad y una calidad de joyas muy superior, al parecer, a las que encerraba el mencionado sarcófago. Todos los enterramientos son, además, unipersonales e independientes unos de otros, hechos por añadidura de grandes sillares que, al parecer, iban siempre recubiertos en su interior de una espesa capa de estuco blanco. En ellos impera en absoluto, sin excepción conocida alguna, el rito de la inhumación, que en Cádiz parece ser se conservó todavía en algunas familias hasta el comienzo de nuestra era.

Una pregunta salta a los puntos de la pluma: ¿Qué restos han llegado a nosotros de la necrópolis, que indudablemente hubo de dar albergue postrero a la población gaditana de los siglos anteriores al v, en que parece ser comenzó a utilizarse la de los hipogeos de piedra? Desgraciadamente no hay posibilidad por ahora de contestar a esta pregunta.

FIG. 311. — Figura sedente de tipo griego hallada en la necrópolis del Puig d'es Molins. Museo Arqueológico de Barcelona.

FIG. 312. — Museo de Ibiza

Si estuvo donde la actualmente conocida y donde, como se sabe, continuó también la romana, no es posible afirmarlo. Si estuvo en alguna zona ocupada posteriormente por los ensanches de la ciudad antigua y aun la moderna, no es tampoco fácil probarlo, aunque yo me inclino por ello; es muy posible, en efecto, que cuando en el siglo v alcanzó la ciudad de Cádiz su grande y primer esplendor, de que son buenas muestras los enterramientos descritos, el casco urbano debió ocupar ya casi la totalidad del área actualmente ocupada por la población, haciéndose por ello imprescindible el traslado del cementerio a las afueras, es decir, al espacio ístmico comprendido, en líneas generales, entre la playa de Los Corrales y la Punta de la Vaca, el S. y SE. de la Puerta de Tierra. Esto explicaría la gran unidad de rito, de ajuares y de construcciones hipogeas observada en la necrópolis en cuestión, unidad que implica, naturalmente, una misma época para todas ellas. Del interior de Cádiz, nada o casi nada se sabe. Tan sólo de una figurita en bronce, con revestimiento de oro en la cara, de tipo egipcio, que fué hallada casualmente en las obras del edificio de la Telefónica en 1928, y que hoy se conserva en el Museo Arqueológico Nacional (fig. 255). Se halló a cinco metros de profundidad, con restos cerámicos que no conocemos. Tampoco se pudo averiguar nada más (67).

La necrópolis púnico-romana

En las líneas que anteceden hemos dado cuenta, ateniéndonos en lo posible a los mismos textos-fuentes de que proceden nuestras únicas noticias, de todos los hallazgos acae-

cidos en las afueras de Cádiz desde 1887, fecha en que apareció el sarcófago antropoide, hasta la última campaña publicada, que es la de 1933. Hemos prescindido en nuestra relación de todo aquello que pertenece, sin duda, a época romana; pero como es de suponer que en gran parte la población gaditana era todavía púnica, a pesar de la afluencia, cada vez más abundante, de elementos griegos y latinos, hemos creído necesario dar un breve resumen de

FIG. 313. — Ibiza. Cau Ferrat, Sitges

los hallazgos postcartagineses. Este resumen se hallará a continuación.

En la misma área donde se descubrió el centenar y medio de hipogeos de piedra de que hemos dado cuenta en las líneas precedentes, y en nivel siempre más alto que el de ellos, han aparecido desde el comienzo de este género de hallazgos y de excavaciones testimonios abundantes de la necrópolis de época romana. Sus enterramientos son casi siempre de cremación, depositándose los restos, más o menos incinerados, en urnas de barro, o a veces de vidrio, o colocándolos en columbarios. Los ajuares suelen ser *unguentaria* de barro o de vidrio, lamparillas romanas, urnas cinerarias, figurillas de terracota, biberones (fig. 256), monedas, y no son raras las inscripciones funerarias siempre en latín. No faltan, sin embargo, algunos enterramientos en los que, siguiendo sin duda viejas costumbres, se prefirió a la nueva práctica de la incineración la inhumación tradicional; pero estos casos parecen poder limitarse a la época republicana. Por lo que puede observarse, a comienzos del Imperio el rito general en Cádiz era ya el de la incinera-

FIG. 314. — Fragmento de una cabeza femenina de gusto griego procedente del Puig d'es Molins. Museo Arqueológico de Barcelona.

ción y su cementerio tenía aspecto más romano que púnico. Sobre la amplitud cronológica de él nos hablan claro, sobre todo, las monedas; gracias a ellas sabemos que en su

FIG. 315. — Cabeza de gorgona de gusto griego hallada en el Puig d'es Molins. Detrás de ella, la cabeza esgrafiada reproducida en la figura adjunta. Museo Arqueológico de Barcelona.

mayoría estos sepelios se llevaron a cabo a partir de la conquista, es decir, en líneas generales, desde comienzos del siglo II antes de J. C., y duraron por lo menos hasta el siglo II después de J. C. Enterramientos posteriores no parece se hayan descubierto en esta zona (68). También hemos de atribuir a tiempos romanos la triple cámara hipogea excavada en la roca y sita en la Isla de León, al SE. del Cerro de los Mártires (fig. 257). De ella procede la carátula de negro (fig. 258) que apareció entre material revuelto y sin cronología segura (69).

LAS COLONIAS Y LOS ESTABLECIMIENTOS PÚNICOS DE LA ZONA MEDITERRÁNEA: MÁLAKA, SEXI Y ÁBDERA

Esta zona costera, que va desde las bocas del Estrecho hasta la provincia de Murcia, estuvo habitada en su mayor parte, como hemos dicho líneas atrás, por los llamados *libyphoínikes* o *blastophoínikes*. Estos no debían constituir una población homogéneamente distribuída por toda la línea costera, sino más bien hemos de figurárnosla agrupada en una serie de poblaciones, mezcla de indígenas y libiofenicios, de las cuales sólo Málaka, Sexi y Ábdera fueron, a lo que parece, verdaderas colonias púnicas de fundación o de población predominantemente púnica. El hecho, entre otros, de haber sido las únicas que acuñaron moneda propia con caracteres púnicos a partir de la conquista romana, es el mejor argumento en pro de lo dicho. Ninguna de ellas, empero, ni aun siquiera las tres mencionadas, alcanzaron nunca un desarrollo digno de nota. Mela es testimonio de ello: «No son —dice— más que una serie de *oppida* casi ignotas, cuya mención no interesa más que en relación al orden de esta obra» (se refiere a su libro), y luego cita las ciudades de Ábdera, Sexi, Málaka y otras (69 a). Por lo dicho, parece ser que no pasaron, ni en la época cartaginesa ni en la romana, de ser simples factorías de pescadores y de fabricantes de conservas saladas, radicando lo principal de su comercio en la exportación del *gáron*, en el que ciertamente parece que llegaron a destacar, como vimos, al tratar del desarrollo de esta industria, entre los púnicos peninsulares.

Entre las ciudades de la zona costera mediterránea habitada por los llamados *liby-phoínikes*, la más importante de todas parece que fué la de Málaka, sita sin duda donde hoy su casi homónima y sucesora Málaga.

Su nombre *málaka* no se presenta siempre con la misma grafía, pero su significado

Fig. 316. — Puig d'es Molins. Museo Arqueológico de Barcelona.

más probable es el de «factoría» u «oficina», de «emporio» o «establecimiento comercial» (70). Esta forma tópica se halla también en el Norte de África, en Malacath (71).

En el orden del tiempo la primera noticia de su carácter de ciudad púnica la aportan sus propias acuñaciones. Estas, si bien no empiezan sino en época romana (hacia el 200 a. de J. C.), indican por lo menos que entonces su población estaba compuesta predominantemente de púnicos. Desde cuándo comenzó a ser habitada por ellos, es cosa que no se sabe, aunque lo más verosímil es que fuese una fundación cartaginesa nacida no antes de la batalla de Alalíe (mediados del siglo vi). No hay ningún motivo para suponerla fundación fenicia, como se ha solido decir.

Después de las monedas, el primer documento que nos habla de Málaka como ciudad púnica es el texto de Estrabón ya aludido, el cual, por cierto, no es muy explícito, limitándose a decir que por su planta denuncia su origen fenicio (quiere decir, sin duda, cartaginés). También alaba sus salazones (72). Posteriormente vuelven a citarla Plinio, Avieno y el Ravennate, sin aducir dato de interés a este respecto.

Arqueológicamente es poco lo que Málaga ha dado de su pasado púnico. En 1875 se hallaron dentro del recinto antiguo, y a unos tres metros de profundidad, bajo un estrato con residuos romanos (entre ellos una moneda de Gordiano), un arca cuadrilonga formada de sillares de 1,50 metros de anchura aproximadamente, tres de largo y uno de fondo. No se vieron indicios de cubrición ni de solera, siendo su pavimento la misma tierra. En un extremo de este espacio cuadrangular se halló una caja de plomo deteriorada por la acción del tiempo. En ella había, junto con alguna tierra, restos exiguos de huesos, al parecer humanos, y tres discos de oro, el mayor de 8 gramos de peso y un diámetro de 0,65 cm., y los otros dos, iguales entre sí, pesaban cada uno 1,8 gramos y tenían un diámetro de 0,34 cm. Los tres llevaban en el centro un granate montado en oro.

Los mencionados discos, hechos de una delgada lámina de oro repujada, formaban un rosetón, cuyos largos pétalos llegan en el grande al número de 32 (fig. 259) y en los más pequeños a 16, presentando en los dos extremos de sus diámetros un intersticio por donde debió pasar algún sujetador. También aparecieron mezclados algunos canutos de hueso, restos de los goznes del sarcófago.

Al levantar uno de los sillares del sepulcro se vió que en el centro de la cara de la caja de plomo que estaba en contacto con el sillar que tenía debajo, había un hueco labrado en su centro que coincidía exactamente con otro igual visible en el sillar, sobre el que estaba superpuesto. Este espacio en cada uno de los dos sillares era de 50 cm. de largo por otros tantos de ancho y lo mismo de profundidad. Dentro de dicho hueco intermural se encontraron, como en la caja de plomo, mezclados con alguna tierra, restos de huesos humanos, entre ellos un trozo de cráneo y otros pedazos de tibias de animales, como los de la caja de plomo, y labrados de igual manera (figuras 260 y 261). Algunos de estos huesos, sin duda goznes de la tapadera del sarcófago, son exactamente iguales a los descubiertos en Cádiz en los hipogeos hallados desde 1887, y en otros lugares púnicos, así como los dijes de oro lo son a los encontrados allí en distintas fechas. Indudablemente este sepulcro malacitano era poco más o menos coetáneo y del mismo tipo que los descritos de Cádiz, es decir, aproximadamente de los siglos v al iv a. de J. C.

Más tarde (pero antes de 1891) se halló también en Málaga, en sitio ignorado, el escarabeo en cornelina, perforado en su longitud, reproducido en la figura 262 (73).

Sexi.

Tampoco son muy antiguos los primeros documentos sobre Sexi; sin embargo, son anteriores a los de las ciudades hermanas de Ábdera y Málaka. La primera mención de la ciudad data de hacia el año 500 a. de J. C. Citóla Hecateo de Mileto, del cual procede la mención de Stéphanos de Byzancio, quien, explícitamente, así lo afirma. El texto (74) es tan poco expresivo que ni siquiera alude a la étnica de la ciudad, indicando sólo su situación entre los massienos. Pero como acuñó moneda con caracteres púnicos (a partir del 200 aproximadamente), y puesto que es citada como púnica también por Estrabón dos siglos más tarde, no cabe duda que hemos de tenerla como otra de las fundaciones cartaginesas creadas en la floreciente época que siguió a la victoria de Alalíe. En efecto, Estrabón dice de ella que era

FIG. 317.— Figura femenina de tipo grecosiciliano hallada en la necrópolis del Puig d'es Molins. Museo Arqueológico de Barcelona.

fundación fenicia (por cartaginesa, sin duda), y alaba sus salazones (75). Estas, a su vez, son citadas ya por un tal Dífilo (76), que se ha querido identificar con el Dífilo de

FIG. 318. — Dos aspectos de un busto de la necrópolis del Puig d'es Molins. Museo Arqueológico de Barcelona

la «comedia nueva», en cuyo caso la mención habría que suponerla como hecha en el siglo IV antes de Jesucristo. Pero ya dijimos que tal identificación nos parece poco segura por cuanto el adjetivo de Σπανός («spanós», hispano) que da a sus productos salados tiene forma derivada de la latina, de Hispania, que no está documentada hasta fines del siglo III antes de Jesucristo. En tiempos estrictamente romanos es citada la ciudad por Mela, Marcial, Plinio y Ptolomeo, sin aportar nada de interés al tema en cuestión. Ya se dijo también que la cita de Estrabón a propósito de la primera expedición que preludió el nacimiento de Gádir no implica de ningún modo que entonces existiese ya (77).

Su localización tradicional es la de Almuñécar, pero también puede ser otra, pues Almuñécar podía identificarse mejor con la ciudad de Maina-

FIGS. 319 y 320. — Museo de Ibiza

FIG. 321. — Figura femenina de tipo helenizante hallada en la necrópolis del Puig d'es Molins. Museo Arqueológico de Barcelona.

FIG. 322. — Figura de tipo griego hallada en la necrópolis púnica del Puig d'es Molins. Museo Arqueológico de Barcelona.

ke por conducto árabe. No obstante, es seguro que estaba por esta zona limitada entre Adra y Almuñécar.

Su carácter púnico, deducido de las fuentes históricas y de las numismáticas, se halla reforzado por las toponímicas, todo lo cual contribuye a que Sexi sea sin duda alguna una de las pocas colonias púnicas reconocidas como tales con seguridad. Su nombre aparece con formas distintas; junto a Σίξος y Sexi, se presenta también el de Ex (78). Esta última se corresponde con la forma Ἐξιτανῶν πόλις de Estrabón. En Ptolomeo figura como Σίξ. Ya hemos dicho que es dudosa su localización; por ello las indagaciones hechas sobre toponimios ahora en uso han de tenerse por provisionales. Si hubiese estado en (o cerca de) Almuñécar podría traerse a colación muy bien el nombre de Jete, que se halla en sus proximidades. Este nombre recuerda el

FIG. 323. — Museo de Ibiza

antiguo de Sexi. Las monedas púnicas de la ceca atribuída a Sexi aparecidas en las cercanías de Jete llevan la palabra צבצן, cuatrilítera, reduplicación de un grupo bilítero equivalente a la bíblica צחצה en el sentido de «árido», «seco», lo que no sabemos si en la Antigüedad se correspondía con la naturaleza del terreno (79).

A más de los hallazgos numismáticos ya mencionados en las inmediaciones de Almuñécar, se descubrió por el año de 1870 parte de un antiguo enterramiento, donde aparecieron diversos objetos que en su mayoría salieron fuera de España. Entre los que quedaron aquí, Berlanga conoció un aderezo conservado en una colección privada de Málaga; compónese de un collar cuyas cuentas son de vidrio, de hueso, de lignito, y algunas, al parecer, de ámbar, rematando con dos adornos de cobre en sus extremos y teniendo en el centro un cilindro de cornelina sin grabado. Es de ejecución descuidada.

Otras de las joyas halladas eran un par de zarcillos formados por dos pedazos de alambre de plata de un grueso medio de dos milímetros, enroscados en forma de aro, cuyos extremos no se tocan, estando algo separados entre sí. Un extremo está remachado a martillo (fig. 263). La tercera joya es un anillo de plata con un escarabeo grabado (fig. 264) (80).

FIG. 324. — Puig d'es Molins. Museo Arqueológico de Barcelona

FIG. 325. — Puig d'es Molïns. Cau Ferrat,
Sitges

FIG. 326. — Museo de Ibiza

Ábdera.

El hecho de haber existido en la Tracia una
colonia griega, fundación de los klazomenios
mikrasiáticos del mismo nombre (᾿Αβδηρα), ha
hecho sospechar ya hace tiempo si no se trata
aquí también de una fundación griega, ya que los de Klazomenai eran vecinos de los
focenses y, como éstos, pudieron quizá haber estado también en España en una época en
la que los emporios de metal de nuestra Península eran lugares frecuentemente visitados
por variedad de gentes (81). Pero lo cierto es que no pasa de una sospecha (82).

Los que apoyándose en el hecho comprobado de que Ábdera figura luego en la etapa
cartaginesa como colonia o factoría púnica, tienen este nombre tópico por originario de
los púnicos también. Los epígrafes numismáticos de la ceca atribuída a Ábdera llevan la
inscripción עבדרת con variante עָבְּנְרעת, nombre que se toma como teofórico, ya que se
encuentra también como voz antroponímica en inscripciones púnicas de la antigua Ca-
lama (Ghelma), en Mauritania. A este propósito se advierte el grupo עבן, 'abd: siervo
amante de Melkart (83).

En lo que atañe a su historia sabemos tan poco como de las demás ciudades *libyphoínikes* o *blastophoínikes* compañeras suyas. Aparte de sus acuñaciones, que no comienzan
antes de la conquista romana, es decir, hacia el 200, cuyo epígrafe ya hemos comentado
antes, la primera mención textual no aparece hasta el siglo I a. de J. C., en el que Artemidoros (84) la cita, pero con tal brevedad, que ni siquiera su condición étnica se dice. Un
siglo más tarde Estrabón, recogiendo noticias del mismo Artemidoro probablemente, dice

ya que es de origen fenicio (por cartaginés), como Sexi (85). Las citas posteriores debidas
a Mela, Plinio, Ptolomeo y el Ravennate no aclaran más la cuestión.

Más suerte ha tenido en lo tocante a su localización actual. El nombre de Ábdera consérvase aún hoy en el de Adra, pueblo costero de la provincia de Almería, muy cercano al
límite con Granada. De los geógrafos antiguos se desprende, en efecto, que estaba en estos
parajes; por tanto, su reducción no ha de ponerse en duda. Además, en sus cercanías se
ha hallado un testimonio púnico que acredita lo dicho y que vamos a recordar de seguido.

FIG. 327. — Museo de Ibiza

No de Adra precisamente, sino del lugar llamado Galera, cortijada de la provincia
de Almería, contigua a Adra, procede el fragmento de un vaso griego del siglo IV con una
inscripción púnica (fig. 265) (86).

ÉBYSOS

Fundada en 654-3 por los cartagineses, como ya se dijo, vió acrecer desde entonces su
población con elementos venidos de todos los puntos del mundo mediterráneo. Diodoro,
bebiendo en noticias de Timeo, nos ha conservado una bella, aunque corta, imagen de
la isla y la colonia. Dice así: «Después de la isla de Sardó (87) está la llamada Pityoussa
(Πιτυοῦσσα), que lleva esta denominación a causa de la multitud de pinos que en ella
crecen (88). Está en medio del mar y dista de las Columnas Herákleias tres días y tres
noches de navegación; para ir a Libia basta un día con su noche, y sólo un día de viaje la
separa de Iberia. En extensión es igual a Kórkyra (89), y es de mediana fertilidad; tiene
poca tierra de viñedos y olivos injertados en los acebuches (90). Y las lanas que en ella

se producen son reputadas como agrádabilísimas por su suavidad. La entrecortan campos risueños y colinas, y tiene una ciudad que se llama Ébysos (91) y es colonia de los cartagineses. Tiene también puertos dignos de mención y grandes murallas y muchas casas bien construídas (92). La habitan bárbaros de todas clases, principalmente fenicios (93). La colonización de esta isla tuvo lugar después de ciento sesenta años de la fundación de Cartago» (94).

La brevísima mención de Estrabón no tiene valor alguno a este respecto (95). Más tiene la de Mela (96), que dice: «Es fértil en granos, pero aún más en otros productos. No se hallan en ella animales dañinos, ni siquiera esas especies agrestes susceptibles de aterrorizar, porque no sólo no cría ninguno, sino que ni aun sufre los que allí se llevan.»

Plinio cita como muy preciados los higos de Ibiza, que eran exportados secos (97), así como la abundancia de cebolla albarrana (98) y las pesquerías (99), sobre las cuales se habla en otro lugar (véanse páginas 380 y sigs.).

El nombre de Ébysos no siempre aparece en la Antigüedad escrito del mismo modo, lo cual era de esperar por ser esto regla general en las transcripciones de nombres ajenos al griego o al latín. Se ven las siguientes grafías: Ébysos y Ébousos, en Estrabón ("Εβυσος, "Εβουσος); Ébesos en Diodoro ("Εβησος); Ébyssos ("Εβυσσος), en Ptolomeo; y Bousós, Bousos y Byssós, en otros menos autorizados. Las formas latinas son similares. Todas son transcripciones del nombre púnico que se lee en las mismas monedas de la localidad, *ai-b-sch-m*, que debe leerse *i-bûsim* o *i-bosem* o *i-besim* (100). Su origen se ha supuesto púnico y con significado de «Isla de los pinos», de lo cual es

FIG. 328.—Puig d'es Molins. Museo Arqueológico de Barcelona

traducción el nombre griego (101). La explicación corriente de «Isla de los pinos», o mejor «de los cipreses», se tiene por algunos como poco probable; tampoco lo es la de «Isla de los bálsamos». «Aibusos» es, según Hübner, más bien un nombre indígena, no fenicio (102). Sin embargo, últimamente se ha vuelto a insistir en la idea tradicional, pese a esta opinión, haciendo proceder el nombre de una voz púnica con significado de «Isla de los pinos» (103).

Ébysos y Gádir fueron las dos únicas colonias púnicas que acuñaron moneda propia antes de la llegada de los romanos. Es de gran interés, como luego veremos, este hecho de que las acuñaciones de Ébysos siguen la ley púnico-siciliana, pero sobre todo el que sus ejemplares se han hallado también en las demás Baleares, en España y en el sur de Italia, siendo posible que hayan servido de moneda corriente, sobre todo en las islas y los demás dominios cartagineses (104).

Hallazgos arqueológicos.

Toda la isla de Ibiza es un solo yacimiento arqueológico donde raro es el sitio en el que, excavando, o a flor de tierra, no se encuentren restos de su pasado púnico, romano y hasta bizantino; naturalmente, lo que más abunda es lo púnico, y luego lo romano (105).

Aquí no hemos de referirnos sino a los yacimientos más importantes, de los cuales conviene destacar, en primer lugar, los sobresalientes de la Isla Plana, del Puig d'es Molins y del Puig d'es Valls (los tres en las proximidades de la antigua Ébysos) y el de la Cueva d'es Cuyram o Cuyeram (al noroeste de la isla). Entre todos completan, hasta cierto punto, el cuadro arqueológico de Ibiza, no sólo por la amplitud cronológica de sus hallazgos, que va del siglo VII (?) a plena época imperial romana, sino porque éstos consisten tanto en necrópolis y santuarios como en restos de población. Comencemos con el más primitivo, al parecer, el de la Isla Plana.

Fig. 329. — Museo de Ibiza

Hallazgos de la Isla Plana.

Como se ha dicho ya, el primer asiento de los colonos púnicos de Ébysos debió estar en la llamada Isla Plana, que cierra la bahía de Ibiza por su lado oriental; hoy se halla unida a la tierra firme, no conservando de isla más que su nombre, con el cual aún se le conoce. En ella tuvieron lugar en 1907 importantes descubrimientos casuales que vamos a reseñar. A unos palmos de profundidad se hallaron, primero, muchos fragmentos de huevos de avestruz; estaban en la boca, casi redonda, de un pozo abierto en la roca viva. Tras atravesar diversas capas de tierra y piedras se hallaron un corto número de estatuillas de barro cocido, de tipo muy primitivo y rudo, que siguieron surgiendo a medida que se ahondaba en el hoyo artificial, hasta alcanzar un gran número (figs. 266 a 277). Se trata probablemente de un *bothros* o pozo tapado. Estas figuritas recuerdan, en general, tipos antiguos del Oriente mediterráneo; pero, si bien algunas pudieron ser de fines del siglo VII, es decir, de poco tiempo después de la fundación de Ébysos, es cierto que otras son más recientes sin duda, llegando y pasando quizá algunas al siglo V antes de J. C. Sobre ellas tratamos más adelante (véanse páginas 470 y sigs.).

Poco distante del lugar hallóse otro pozo, como el anterior, de bastante profundidad, en el que se encontraron muchos restos humanos. En las cercanías, pero sin que sepamos qué relación guardaban con los hallazgos dichos, se descubrieron también monedas, vidrios esmaltados y ánforas púnicas; y a unos 80 metros del pozo primero, un rectángulo de 8,5 metros de largo por dos de ancho, con su suelo y paredes recubiertos de cemento, la base de un pilar en el centro y, cerca de ella, otra gran piedra cuadrada. Estos últimos hallazgos suponemos que pertenecieron a un taller de púrpura o de salazón, como los hallados en la Península, y serían, por tanto, de época romana. En la Isla Plana se ha hallado un gran yacimiento de múrices, sin duda para la fabricación de la púrpura (106).

La necrópolis del Puig d'es Molins.

Parece ser lo más probable que los cartagineses, tras haber establecido su primer asiento en la Isla Plana, una vez asegurados en ella, extendieron su factoría a la costa vecina, fundando la colonia de Ébysos. En todo caso, es aquí donde radicó el principal asiento de los púnicos, como los textos ya presentados dicen. Pero, además, la arqueología ha dado evidentes pruebas de ello. Como ocurre en Gádir, y en otros puntos, de la ciudad púnica no se sabe más que lo que los textos nos han transmitido. Empero en Cádiz, como en Ibiza, conocemos su necrópolis. La de Ébysos estuvo en un cerro, alejado tan sólo 200 metros de la ciudad, llamado hoy,

FIG. 330. — Busto de tipo helenizante hallado en la necrópolis púnica del Puig d'es Molins, Ibiza. Museo Arqueológico de Barcelona.

por sus molinos, el Puig d'es Molins, del cual nombre ha derivado el de la necrópolis, cuyos importantes restos vamos ahora a presentar.

El *puig* es de naturaleza caliza; en él se cavaron las sepulturas de la necrópolis, muy cerca unas de otras. Su profundidad es variable, pero, en general, no suele ser muy grande; abundan los hipogeos, situados a 2 y 3 metros; pero los hay también a 4 y 5 metros de hondura. Comunícanse con la cámara mortuoria por un simple agujero, que hubo de estar tapado con una gran losa, sin escala de descenso alguna (véase la fig. 278). Las cámaras hipogeas son recintos tetragonales, irregulares, en lo general de escasas dimensiones, oscilando por lo común entre los 3 y 4 metros de lado, con una altura de techo que no suele pasar de los dos metros y medio (106 a). Los hipogeos suelen contener de uno a seis sarcófagos, abundando más los enterramientos múltiples que los sencillos (fig. 279). Estos sarcófagos (107) son todos monolíticos, sin adorno, decoración pintada, ni inscripción alguna; miden, por lo general, unos 2,30 metros de longitud. No han aparecido tapas, lo que se atribuye —sin suficiente fundamento— a las expoliaciones de los árabes; es más seguro que la escasez de esqueletos hallados en ellos se debe a dichas expoliaciones. El interior de tales urnas presenta casi siempre unas cavidádes que debieron servir para colocar ánforas o vasijas cónicas; en los dos extremos, correspondientes a los pies y cabeza del difunto, muestra unos declives. En algunos casos, junto a los sarcófagos se depositaron también ánforas y urnas cinerarias. Los sarcófagos suelen estar adosados a las paredes. El suelo de las cámaras es liso, pero hay excepciones (108).

En junto, la necrópolis de Ébysos debió contener, incluyendo las cámaras que aun deben quedar ocultas bajo los olivares del cerro, unos 3.000 ó 4.000 hipogeos de este tipo. Desgraciadamente, esta rica necrópolis fué expoliada ya desde tiempos medievales (por lo menos) (109). A los buscadores de tesoros medievales siguieron los modernos, que excavando clandestinamente en la necrópolis, acabaron por expoliar los hipogeos, negociando no sólo con las joyas halladas en cámaras aun vírgenes, sino que, recogiendo aquello que despreciaron los árabes (figuritas, cerámica, vidrios, monedas, etc.), sacaron al mercado todo el contenido de los hipogeos, dando lugar a la formación de una serie de colecciones particulares que fueron enriqueciéndose, hasta que el Estado intervino,

FIG. 331.—Tanagra procedente de la necrópolis púnica del Puig d'es Molins. Museo Arqueológico de Barcelona.

poniendo en lo posible límite a esta expoliación sistemática (110).

Por esta razón puede afirmarse que la necrópolis ha llegado a nosotros ya total o casi totalmente pillada y removida. Los ajuares funerarios que encerraban los hipogeos y los sarcófagos se nos presentan en informe montón, sin que sepamos, ni se pueda ya saber, su asociación y su posición respectiva dentro de las tumbas; esto hace que el valor científico de todos y cada uno de los objetos procedentes de esta necrópolis se halle limitado al que en sí mismo puedan ofrecer; ciertas costumbres funerarias, alguna fórmula o ritos de enterramiento, son por ello detalles de importancia también desconocidos; y, lo que es más grave, la cronología respectiva, siempre difícil y problemática en lo púnico, se nos escapa la mayoría de las veces por carecer de elementos de juicio tan importantes como son los que ofrece la asociación de unos objetos con otros. Vémonos reducidos, por tanto, al aspecto de los propios objetos, aspecto que, como es sabido, suele ser a me-

nudo engañoso en virtud de la tendencia arcaizante, imitativa y conservadora, tan típica del arte figurado de los púnicos.

Durante las cinco campañas publicadas (1921-1925) por la Junta Superior de Excavaciones se exploraron en total 150 cámaras, muchas ya vacías, o casi vacías, de objetos; otras aún con ellas, pero revueltos y parcialmente robados. Sin embargo, las excavaciones oficiales aun lograron descubrir y excavar alguna tumba que casualmente pudo llegar a nuestros días sin ser violada, ni por los árabes ni por los expoliadores modernos, y aun otras cuyo contenido estaba casi intacto, pero violado de antiguo. Conviene destacarlas y comenzar por ellas, dando cuenta de su ajuar y todas las demás circunstancias que nos han sido transmitidas por sus excavadores.

Uno de los poquísimos enterramientos ibicencos que ha llegado hasta nuestros días intacto fué descubierto en la campaña de 1922. La cámara sepulcral midió 2 metros en la cara anterior,

FIG. 332. — Figura femenina con un ciervo en las manos; procede del Puig d'es Molins. Museo Arqueológico de Barcelona.

1,85 en la posterior, 2,35 en la lateral derecha y 2,10 en la lateral izquierda (111). Contenía en su interior dos sarcófagos de «marés», adosados a ambos muros laterales del recinto. El sarcófago de la derecha midió 2,20 metros de largo por 0,70 de ancho; el de la izquierda, 2,30 de longitud por 0,72 de anchura. En su interior se hallaron intactos, en excelente estado de conservación, los dos mencionados sarcófagos de «marés». Las filtraciones seculares a través de la puerta de acceso antigua habían cubierto el recinto de una débil capa de tierra. Los hallazgos de ajuar fueron éstos: un estuchito talismán, de oro, de forma cilíndrica, rematado con una cabecita de león (idéntico a uno de los descubiertos en Cádiz y reproducidos en la figura 228); dos huevos de avestruz, con dibujos her-

FIG. 333. — Museo de Ibiza

FIG. 334. — Puig d'es Molins. Museo
Arqueológico de Barcelona

mosísimos, colocado uno en cada tumba; dos urnas cinerarias, de barro ordinario; dos ánforas; dos platos de lucerna, con franjas rojas; una lucerna de barro negro, con un mechero y asa, que tiene un diámetro de 9 centímetros; un amuleto de plata; colgante de collar de vidrio representando un falo con testículos; y otro colgante, de vidrio también, que es una figurilla de mujer en actitud obscena, y, finalmente, un hermoso escarabeo de cornalina con un finísimo grabado que representa una cierva amamantando a su cría (112). Si juzgamos por la presencia de la lucerna helenística de barro barnizado de negro, la tumba hipogea podría datar del siglo IV o III; pero es posible que el último sepelio fuese posterior.

En la campaña de 1924 se exploró otra cámara hipogea de las mayores, cuyo contenido es de los más completos. La cámara, irregular como todas, mide de lados 5,60, 4,40, 5,25 y 2,55 metros. Adosados al muro izquierdo se hallaron dos sarcófagos de «marés» de 2,20 de longitud por 0,73 de anchura. Lo curioso es que en el suelo de la cámara había una fosa de forma rectangular, de la que se extrajeron gran parte de los objetos que ofreció dicha cámara. Estos suman, en total, 28, y son: una estatuilla femenina; dos figuras de barro con representación de pez; una figura representando una paloma; un disco con la representación de un ave; una figura de barro de divinidad alada; un *aryballos* ítalogriego; un plato de lucerna con franjas rojas y de barro ordinario; cinco lucernas helenísticas de barro fino, de tipo llamado rhodio, de un solo mechero; tres *unguentaria* de barro ordinario y forma de huso; tres espejos de bronce; seis colgantes de collar de vidrio representando un *cabiro*, cabecitas humanas, y uno de ellos de gran interés, representación de una mujer en actitud obscena; un hermoso anillo de oro con chatón de forma elíptica y bello grabado que representa el *protomos* de un caballo galopando; un arete de oro liso, y, finalmente, un amuleto de loza que representa un león (113). Parece que el último sepelio pudo ocurrir en el siglo III a. de J. C.

De gran interés, por la asociación de ciertos objetos típicos, es uno de los hipogeos explorados en la campaña de 1924. Aunque estaba ya removido, en él se hallaron gran

FIG. 335. — Museo de Ibiza   FIG. 336.—Figura femenina del Puig d'es Molins.
Museo Arqueológico de Barcelona

número de fragmentos de huevos de avestruz; un par de hachuelas votivas (las llamadas navajas de afeitar); un *oinochoe* de cuerpo cilíndrico y franjas rojas; tres aretes, uno de plata, los demás de bronce; un escarabeo de loza de color verde, con grabado de jinete; una lucerna de barro negro con un mechero; unas cuentas de collar, diversas, y una moneda púnico-ebusitana. El ajuar, en su conjunto, parece ser del siglo III a. de J. C. (114). Lo mismo cabe decir de otro enterramiento cuyo ajuar presentó, entre varios objetos más, dos hachuelas de bronce votivas junto a dos pequeños *lékythos aryballiscos* ítalogriegos, con cara uno y palmeta otro, y de manufactura muy descuidada, más tres lucernas helenísticas de barro negro y un solo mechero (115). Como se ve, también aquí estamos en presencia de una cámara del siglo IV-III.

En la misma campaña se exploró una cámara que, aunque menor que la antecedente, muestra la particularidad de contener, como aquélla, una fosa rectangular abierta en el suelo del recinto, fosa que mide 2,10 metros de longitud, 0,60 de anchura y 0,55 de profundidad; en su interior aparecieron pequeños fragmentos de tres estatuillas femeninas. El resto del inventario de este hipogeo acusa, al parecer, una fecha similar a la anterior, es decir, del siglo IV al III (lamparilla helenística) (116). En otra de las cámaras vecinas se halló, junto a la puerta de entrada, una cavidad de forma circular de 1,20 metros de profundidad (117).

A época ya romana debe pertenecer el enterramiento que describimos a continuación. Estaba ya removido; mas a pesar de ello, aun se encontraron en la cámara gran

FIG. 337.— Cuatro figuras de tierra cocida procedentes de la necrópolis púnica del Puig d'es Molins. Museo Arqueológico de Madrid

cantidad de huesos humanos y muchos trozos de huevos de avestruz, mezclado todo con fragmentos de diversos vasos cerámicos; se encontró además una tacita de barro ordinario; dos *unguentaria* de vidrio; dos agujas de bronce; un vaso de barro fino con estrías; otro con dibujos en forma de espigas; cuatro vasos de *terra sigillata*, dos de ellos con estampilla; dos lancetas de bronce; una varilla de vidrio y un cuchillo de hierro muy perdido (118).

No todos los enterramientos descubiertos en la necrópolis del Puig d'es Molins son cámaras como las descritas; estas cámaras debían pertenecer a personas o familias de clase más o menos acomodada, probablemente a la de los comerciantes y fabricantes de salazones o púrpura, a los agricultores ricos, etc. Pero entre ellas hay también enterramientos constituídos por simples fosas cavadas en la roca o en el terreno blando, a profundidad media de unos dos metros y con una orientación en algunas de Este a Oeste, en las cuales sólo se halla junto al cadáver un ajuar en extremo pobre por lo general; no cabe duda que estos enterramientos pertenecen a personas modestas, probablemente a los pescadores (suelen hallarse anzuelos y otros instrumentos de pesca, como los reproducidos en la figura 214), obreros de las salazones, etc., etc. No faltan entre ellas también sepulturas infantiles, en las cuales suele aparecer en el ajuar el consabido y típico biberón de barro (fig. 256). Las dimensiones de estas últimas suelen oscilar entre 1,20 metros y 1,50 de longitud, por 0,50 metros de anchura y unos 0,50 de profundidad.

El número de objetos surgidos de la necrópolis del Puig d'es Molins es realmente asombroso, y hoy día componen varias colecciones de importancia,

FIG. 338. — Puig d'es Molins. Museo Arqueológico de Barcelona

de las que deben citarse, como más valiosas, las oficiales del Museo Arqueológico Nacional de Madrid, Museo Arqueológico de Barcelona y Museo Arqueológico provincial de la misma Ibiza, y entre las particulares, la del Cau Ferrat, de Sitges (formada por don Santiago Rusiñol). Todos los objetos proceden,

FIG. 339. — Dos aspectos de una figura femenina del Puig d'es Molins. Museo Arqueológico de Barcelona

FIG. 340.—Museo de Ibiza

como es natural, de los ajuares funerarios que estaban depositados en los hipogeos; pero,
por las razones ya dichas, desconocemos sus asociaciones. En el inventario general figuran objetos de uso, cómo alfileres, tijeras, pulseras, anillos, espejos, llaves, cuchillitos, co-

FIG. 341. — Figura masculina del Puig d'es
Molins. Museo Arqueológico de Barcelona.

FIG. 342. — Figura femenina del Puig
d'es Molins. Museo Arqueológico
de Barcelona.

llares formados de cuentas hechas de pasta vítrea, ámbar, piedras pulidas (ágata, mala-
quita, comalina, serpentina) (figs. 288 y 289), amuletos, anzuelos de pescador, etc., etc., y
otros que parecen más bien de ofrenda ritual funeraria, como huevos de avestruz, hachuelas votivas (las llamadas navajas de afeitar) (fig. 290), jarritos de pasta vítrea para óleos
perfumados (fig. 286), *unguentaria* de cerámica corriente, lamparillas (ya griegas, ya púnicas) (fig. 291), mascarillas (figs. 280-282, 313 y 324), pastillas grabadas (figs. 292,

FIG. 344. — Figura femenina procedente de la necrópolis púnica del
Puig d'es Molins. Museo Arqueológico de Barcelona.

FIG. 343. — Figura varonil togada
procedente del Puig d'es Molins.
Museo Arqueológico de Barcelona.

y 556-560), monedas, campanillas de bronce, címbalos del mismo metal, cerámica fina y basta (figs. 284-287) y, como más importantes, las famosas figuras de barro cocido que han aparecido en gran abundancia y han dado justamente fama a la necrópolis que nos ocupa (figs. 294-349 y 536-550).

Todo este material se presenta ante los ojos del arqueólogo o del historiador como un confuso montón de objetos, del cual no se pueden extraer más que ideas referibles a toda la necrópolis en general, pues, como ya se ha dicho repetidas veces, la ordenación y asociación con que aparecieron en todas y cada una de las cámaras hipogeas la ignoramos hoy y se ignorará siempre. Sin embargo, los objetos mismos pueden servirnos de orienta-

Fig. 345. — Ibiza. Museo de Sitges

FIG. 346. — Busto femenino procedente de la necrópolis púnica del Puig d'es Molins. Museo Arqueológico de Barcelona.

ción para calcular por lo menos el marco cronológico en que puede encerrarse la necrópolis; según ello, ha de afirmarse, sin temor, que los sepelios verificados en la necrópolis del Puig d'es Molins, considerada en su conjunto, abarca una amplia cronología que va desde la segunda mitad del siglo VI a. de J. C. hasta la época romana bien entrada. Esta afirmación puede hacerse porque entre los miles de objetos oriundos de Ibiza figuran, con relativa abundancia, algunos de importación exótica o de fabricación no púnica (es decir, griega y romana principalmente), cuya cronología no deja lugar a duda; además, porque entre las terracotas puramente púnicas hay con frecuencia muchas que imitan, calcan o «falsifican» obras griegas, llevando impresos, por tanto, rasgos, estilos o modas que son, por lo general, bien conocidos.

En efecto, entre los objetos exóticos importados o de fabricación no púnica figuran principalmente vasos griegos orientales (fig. 533) de figuras negras (figs. 306 y 534) y rojas, vasos campanienses de barniz negro y algunas terracotas de arte que abarca desde los finales del siglo VI (figs. 536-539) hasta el siglo III antes de Jesucristo (figuras 539 y 550).

Es muy significativo el hecho de que las lucernas helenísticas aparezcan en Ibiza en mucha mayor cantidad que las propiamente púnicas locales.

Por ejemplo, en la campaña de 1924 se hallaron siete lámparas púnicas por die-

FIG. 347. — Cabeza femenina de la necrópolis del Puig d'es Molins. Museo Arqueológico de Barcelona.

FIG. 348. — Puig d'es Molins. Museo Arqueológico de Barcelona

ciocho helenísticas; y en la de 1925, dos por siete, respectivamente, advirtiendo que el mismo total de cámaras exploradas en estas dos campañas es el de 34. Esto por lo que respecta a lo griego, porque en lo que atañe a lo romano, la presencia de cerámica aretina, cerámica samia o *sigillata*, monedas romanas, vidrios soplados y translúcidos, ánforas y cerámica romana de todas clases, bronces y amuletos, etc., etc., atestigua con evidencia la continuidad de la necrópolis en época que alcanza por lo menos a los primeros tiempos del Imperio.

Todo ello, tanto lo griego como lo romano, nos lleva, pues, del siglo VI, en sus postrimerías (por lo menos), hasta la época imperial ya entrada.

Lo mismo se deduce de las figuras púnicas de arcilla aparecidas en la necrópolis en tanta abundancia, pues como luego veremos (véanse págs. 474 y sigs.), su arte, su estilo, sus atributos y su empleo muestran en muchos casos que sus modelos eran griegos, prin-

cipalmente sicilianos, y de una cronología que va de fines del siglo VI hasta quizá la
segunda guerra púnica, a partir de la cual ya comienzan a aparecer otros tipos parcialmente influídos por el gusto romano (119).

Las ruinas de un poblado en Puig d'en Valls.

El Puig d'en Valls es, como su nombre indica, otra colina o cerro; hállase, como su
congénere el Puig d'es Molins, en las cercanías de Ibiza, a unos dos kilómetros de la

FIG. 349. — Puig d'es Molins. Museo
de Barcelona

FIG. 350. — Figurita de Tanit procedente
del santuario de esta divinidad descubierto en la Cueva d'es Cuyram, en Ibiza. Museo Arqueológico de Barcelona.

ciudad, y alcanza una altura de unos cincuenta metros, poco más o menos. En este
cerrillo, y en el verano de 1906, fueron practicadas ciertas excavaciones por la benemé-
rita Sociedad Arqueológica Ebusitana. Desgraciadamente, pese a sus buenos deseos, las
excavaciones no se llevaron con el método y
cuidado científico que era de desear. No obstante, las noticias que de ellas se tienen denuncian un yacimiento realmente de gran
interés, hasta ahora único en la arqueología
púnica de Occidente; en efecto, el Puig d'en
Valls no es una necrópolis como tantas, más
o menos grandes, constatadas en Ibiza y en
la Península Ibérica; trátase de los restos de
un poblado del cual se reconocieron ruinas
de edificios, silos, cisternas, etc.; se descubrieron también, según parece, restos de un
templo subterráneo y de otro a flor de tierra, y si no se vieron ruinas de casas particulares fué, según se dice, porque eran obras de material deleznable; además se hallaron
también gran cantidad de objetos distintos, según su excavador, a los corrientes en otros

yacimientos ibicencos, entre ellos algunos puramente griegos, principalmente cerámicos, juntamente con otros púnicos.

Los más notables de estos objetos son unos vasos cilíndricos que terminan en una cabeza de carnero bastante correcta y que se hallaron en el llamado templo subterráneo; entre los exvotos figuran una gran cantidad de terracotas representando brazos, piernas y figuras humanas, casi todas con un bucle o rizo en sus cabecitas; además salieron también bién contarios vítreos de collares, *unguentaria* de vidrio, amuletos, etc. (120).

El santuario de Tanit en la Cueva d'es Cuyram.

No una necrópolis, sino un verdadero santuario púnico de tipo rupestre es el descubierto en 1907 en la Cueva d'es Cuyram, sita en el término de San Vicente, al NE. de la isla. De él se extrajeron unas 600 figuritas de terracota de unos 25 centímetros de altura, y más de 1.000 fragmentos de otras, todo mezclado en una espesa capa de cenizas y de huesos humanos incinerados. Diferénciase de las halladas en el Puig d'es Molins en muchos aspectos. En general, las de Cuyram son de un solo tipo, por lo demás no

FIG. 351. — Cueva d'es Cuyram. Museo del Cau Ferrat, de Sitges

representado entre las halladas en el Puig. Este tipo, muy uniforme en arte y aspecto, presenta el busto femenino de una deidad tocada de una especie de *kálathos* y cubierta por dos alas plegadas que hacen el oficio de manto. La figura en conjunto adopta así una forma acampanada (figs. 350-353). Tanto en el *kálathos* como en el pecho lleva unos adornos, entre ellos la flor de loto, el disco solar, la luna en cuarto creciente y unas rosas de cuatro o seis pétalos. Por lo general son grises, y algunas conservan restos de policromía e incluso una recubrición de laminitas de oro. Parte de ellas tienen en el dorso una especie de A. Son huecas y presentan un agujero en su espalda, como es lo normal en las terracotas. Su base es por lo general elíptica, rara vez circular. Que las figuras éstas representan a Tanit es indudable.

Los atributos de estas figuras los indican bien claro. Pero, además, también lo demuestra la inscripción hallada en el lugar. Es una lámina de bronce de 92 mm. = 46 milímetros de superficie y 2 mm. de grueso, hallada en 1923 ó 24 por un labrador. En 1929 fué adquirida por la Comisión de Monumentos de Alicante y publicada en 1932 (121). La lámina tiene sus dos caras escritas.

No se ha podido interpretar más que una, la más reciente, neopúnica (fig. 355), que al parecer se escribió más tarde al dorso de otra anterior, no descifrada todavía. La más moderna, cuya lectura ha sido posible, consta de cuatro líneas, de las que las tres primeras dicen:

Mandó hacer y alabar y grabar esta | figura (?) Abd-Esmun, el hijo de
Azar-Baál, | el sacerdote, para nuestra señora, para Tanit la potente...

(La cuarta línea es de interpretación aun dudosa).

En cuanto a la inscripción más antigua que ocupa el lado opuesto, sólo se ha podido identificar el nombre de Tanit, que aparece ya en la neopúnica, como se ha visto. Las fechas respectivas son el siglo IV o III a. de J. C. para la más antigua, y el II o I a. de J. C. para la posterior.

El santuario de la Cueva d'es Cuyram estaba dedicado, por tanto, a Tanit, cuya imagen es la que vemos reproducida en la mayoría de las figuras surgidas de su ámbito sagrado. Las fechas suministradas por las inscripciones van de acuerdo con la asignable a las figuras, las cuales muestran un arte muy influído por el griego, a través del cual deja reconocerse una data que no pasa de la segunda mitad del siglo V, pero que probablemente llega a la época romana. Además de las imágenes de Tanit han aparecido en el mismo yacimiento otras en parte de tipos ya conocidos en los ibicencos, algunas muy bellas y de excelente factura, que sin duda son griegas, como la hermosa cabeza del Museo de Barcelona (fig. 535), datable en la segunda mitad del siglo V o algo después (122). Otras imitan o vacían

FIG. 352. — Cueva d'es Cuyram. Museo de Barcelona

thymiateria helenísticos (fig. 353) del siglo IV o III; no faltan tampoco pruebas cerámicas del estilo llamado campaniense, lo que acredita una vez más la data que en parte debe atribuirse a todo este lote. En la figura 354 reproducimos dos figuras sedentes en barro y un león de marfil que apareció carbonizado. Aunque el tipo de estas divinidades entronizadas data de época más remota, las de la Cueva d'es Cuyram no parecen anteriores al siglo V (123).

Necrópolis de Purmany o de la Cala de San Antonio.

Aquí estuvo el llamado *Portus Magnus,* cuyo nombre aun se conserva, poco transformado, en el de Purmany. En *Portus Magnus,* situado a unos 15 kilómetros de la ciudad de San Antonio, se hicieron ya en 1903 algunas prospecciones arqueológicas que dieron por

FIG. 353. — Museo de Ibiza

resultado el hallazgo de un número de sepulturas que, a diferencia de las del Puig d'es Molins, no formaban cámaras hipogeas, sino simples fosas; los sepelios eran de gente pobre al parecer; sólo se hallaron algunas figuras de barro cocido del tipo de las del Puig d'es Molins, testimonios de *terra sigillata* con bellos estampados, vidrios soplados incoloros (aunque, naturalmente, aparecieron irisados), cuentas de pasta vítrea del mismo tipo que las del Puig, a más de objetos de hierro, como cuchillos, espátulas, anillos, brazaletes y una gran cantidad de agujas para hacer redes (fig. 214); no había, al parecer, esqueletos; pero sí se hallaron urnas cinerarias, lucernas y pequeñas vasijas de todas formas.

FIG. 354. — Cueva d'es Cuyram. Ibiza, Museo Arqueológico

Evidentemente, la necrópolis era de un pueblo pequeño de pescadores y comerciantes de salazón, como todos o casi todos los de Ibiza y la Península, y, sin duda, de tiempos ya romanos; dicen esto no sólo los ajuares, típicamente romanos en su mayoría, sino el hecho más determinante de que las monedas halladas en los enterramientos eran ya de época imperial, correspondientes a los primeros tiempos de la era cristiana. En *Portus Magnus*, pues, vivía una población de origen púnico, que en el primer siglo de la era estaba ya en parte romanizada (124).

Fig. 355. — Tableta con doble inscripción (anverso y reverso) hallada en la Cueva d'es Cuyram, Ibiza. Museo de Alicante.

Necrópolis de Talamanca.

Tiene muchas semejanzas, en cuanto a la población de que procede, con la de *Portus Magnus*. En Talamanca también vivía una población de pobres pescadores y saladores; pero ésta parece ser anterior. Contenía hipogeos del tipo de los del Puig, pero más modestos. Su ajuar es, sin embargo, del mismo aspecto que los del Puig; hay, pues, figuras de barro cocido; amuletos, cuentas, ungüentarios, anforitas, etc., de vidrio coloreado; cuchillos, sortijas, espejos, agujas para hacer malla de red, anzuelos, etc. Entre las figuritas destaca una de color blanco representando una mujer de cuerpo entero, vestida con larga túnica, que le llega hasta los pies, y cubierta con una tiara cilíndrica; está en actitud de salir de una concha que la envuelve; estatuillas análogas se han hallado en Tharros y en Cartago, esta última tenida por Delatre por representación de Tanit. La de Ibiza no la conocemos, y en su descripción seguimos la de C. Román (125).

Hallazgos de Formentera.

En la isla vecina y menor, sita al sur de Ibiza, también se han hallado restos de su pasado púnico, aunque

Fig. 356. — Ibiza. Cau Ferrat, Sitges

nada sistemático se ha hecho en ella hasta el día. En 1906 se hallaron en el lugar conocido por Portusalé varios esqueletos dentro de una cueva, juntos con diversas piezas de cerámica. En otros lugares se han hallado monedas púnicas y romanas, urnas cinerarias, cuentas de collar, ungüentarios, etc.

Fundaciones de los Bárkidas: Qart hadaschat y Akra Leuké

Según referencias escritas, los Bárkidas fundaron en España tres colonias, la de Akra Leuké, cerca de donde hoy Alicante; la de Qart hadaschat, o Carthago Nova, en donde hoy Cartagena, y otra tercera colonia que es sólo citada por Diodoro (XXV, 12), pero sin dar nombre ni situación, aunque debió alzarse en las cercanías de El Molar (o junto a la desembocadura del río Segura), según descubrimientos arqueológicos. Indudablemente la más importante de las tres fué con mucho la de Qart hadaschat, de la que vamos a hablar en primer lugar.

Qart hadaschat (Carthago Nova).

La fundación de Asdrúbal en 223 ha sido ya expuesta líneas atrás. Indudablemente fué mucho más acertada que la de Akra Leuké, obra de su antecesor. Sobre las ventajas de la nueva fundación y las razones políticas que probablemente movieron a ella ya se dijo bastante entonces. Ahora sólo réstanos hablar de la ciudad misma, sobre la cual tenemos referencias curiosas y muy fidedignas.

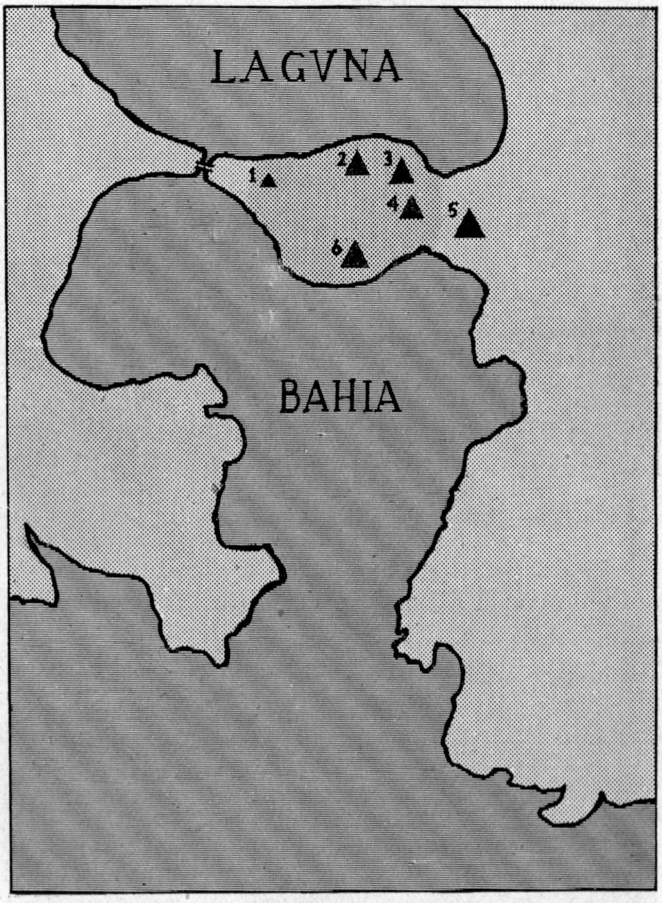

Débense éstas al gran historiador Polibio, quien, con motivo de la toma de la ciudad en 209 por Escipión, hace la topografía de ella (125 a) en tiempo de la conquista, ayudándose de su autopsia, que

Fig. 357. — Cartagena y sus alrededores en la Antigüedad, según la descripción de Polibio: 1, *Alcázar de Asdrúbal* (Cerro Molinete); 2, *Colina de Kronos* (Monte Sacro); 3, *Colina de Aletes* (Cerro de San José); 4, *Colina de Hephaistós* (Cerro Despeñaperros); 5, *Colina de Ares* (Castillo de los Moros), y 6, *Colina de Asklepiós* (Castillo de la Concepción). — *Según García y Bellido.*

tuvo lugar cuando, como acompañante de Escipión *el Menor*, vino a España a asistir al cerco de Numancia.

Para la mejor comprensión de lo que era entonces Cartagena véase el esbozo y la fotografía acerca de las figuras 357 y 358, advirtiendo que entonces tenía el lugar un aspecto distinto por existir en su lado N., sobre la actual Puerta de Murcia, una extensa laguna, que aun hoy es reconoscible, si bien ha desaparecido por entero gracias a las labores de relleno y desagüe. En la Edad Media era aún terreno pantanoso, formando una albufera,

FIG. 358. — Aspecto actual de la bahía de Cartagena, asiento de la antigua Mastía, con su puerto natural. (Compárese con la figura anterior.) — *Foto Servicio de Aviación Militar*

conocida por el «Almarjal», debido a la abundancia del almarjo, planta propia de esta clase de terrenos. Esta laguna jugó un papel importantísimo en la toma de la ciudad por Escipión en el 209. Su profundidad debía de ser ya, en tiempo de los cartagineses, pequeña,

FIG. 359. — Vaso púnico hallado en Cartagena. — *Según reconstrucción de González Simancas.*

pues la ciudad fué tomada gracias a la marea baja, que no siendo sino de 20 cm. de diferencia con la pleamar, dió lugar, sin embargo, a que los romanos la salvasen, asaltando la ciudad por su lado norte, el que daba a la laguna (125 b).

Más al sur de la laguna se abre la bahía, que no ha debido variar desde entonces nada, o casi nada. Y entre ella y la laguna se extendía un istmo, que iba desde la actual Puerta de Murcia hasta la de San José, donde la lengua de tierra alcanzaba su menor anchura, unos 400 metros. Este punto era casi el único por el que podía ser atacada con eficacia la ciudad, y estaba defendido por el actual Castillo de los Moros en su lado oriental y el recinto murado, alto y fuerte. La ciudad se alzaba, pues, entre la Casa de Misericordia y la Plaza de Toros, al Este; y la plaza de España y la Dársena Grande, al Oeste; la bahía, al Sur, y la laguna, al Norte. Las orientaciones cardinales que da Polibio no coinciden con las reales por haberse hecho sobre un cálculo deficiente; pero salvado esto, todo lo demás de su descripción es exacto en extremo. Polibio, en efecto, al describir Carthago Nova desde la bahía, que es por donde él entró, pues hizo el viaje por mar, dice lo siguiente: «Yace (Carthago Nova) hacia la mitad de la costa de Iberia, que se opone al viento «lips» (sudeste), en una bahía de unos veinte estadios de fondo y unos diez de anchura en su boca; por esta causa toda la bahía tiene la forma de un puerto. En su boca hay una isla que deja a ambos lados una canal estrecha para su entrada. Las olas de la mar rompen en ella, por lo que toda la bahía se halla siempre tranquila, si no es que soplando por entre ambas canales los vientos «lips» se alteren las olas. Con los otros vientos la bahía está siempre tranquila por su carácter mediterráneo. En el fondo de la bahía se alza una montaña a modo de península, sobre la que yace la ciudad, rodeada al Oriente y el Mediodía por el mar, y al Occidente, por un estero que toca aún algo con el Norte; de tal modo, que el espacio restante que hay del estero al mar y une la ciudad con tierra firme no tiene más de dos estadios.»

FIG. 360.—Estela hallada en Cartagena

La isla a que alude Polibio es sin duda la de Escombrera (la antigua Scombraría, así llamada por la pesca del «scombro» o caballa). El lugar que Polibio le atribuye en la entrada de la bahía es, evidentemente, falso en la realidad, pero cierto en la apariencia, si la descripción se hace, como la hizo Polibio, arribando al puerto desde alta mar. En este caso hay un momento en el que la isla parece cubrir la entrada de la bahía, dejando a ambos lados dos estrechos canales, que son a los que alude Polibio (126). Respecto al viento λίψ, es el «leveche» o «sudeste» (127).

Luego habla Polibio de la ciudad propiamente dicha, mencionando las cinco colinas que bordeaban esta península (véase el plano de la fig. 357): «El centro de la ciudad está en un hondo; por el lado meridional tiene una entrada llana viniendo del mar (se refiere a la parte del arsenal); pero por las partes restantes está rodeada de colinas: dos altas y escabrosas y otras tres mucho más bajas, aunque

FIG. 361. — Pebetero helenístico hallado en las excavaciones de La Albufereta (Alicante)

están llenas de cavernas y malos pasos. De estas colinas, la mayor está al Oriente (realmente es al Sur), se extiende hasta el mar y sobre ella se ve el templo de Asklepiós (el Eschmun de los púnicos; es el actual Castillo de la Concepción). Hacia el Occidente (en realidad al NO.) le corresponde otra de igual situación, sobre la cual está levantado un

Fig. 362. — Ánfora púnica, procedente de La Albufereta (Alicante).

Fig. 363. — Figura púnica, helenizante, de barro, del tipo de las de Ibiza, hallada con otras más en La Albufereta (Alicante).

magnífico palacio, obra, según dicen, de Asdrúbal, cuando afectaba la monarquía (es el Monte Molinete). Las otras colinas, menos altas, circundan la ciudad por el Septentrión (realmente es el NO.); de las tres, la que mira al Oriente (en verdad la más meridional del grupo) se llama la colina de Hephaistós (el actual Castillo de Despeñaperros); la inmediata a ésta lleva por nombre colina de Aletes (es decir, lo que hoy se llama Cerro de San José), quien por haber hallado las minas de plata, según fama, logró los honores divinos; y la tercera tiene nombre de Kronos (el Moloch púnico; actual Monte Sacro).»

Fig. 364.—La Albufereta (Alicante). Hueso labrado. Compárese con las figuras 16, 55, y 56.

Respecto al canal que unía la laguna con la bahía, añade Polibio lo siguiente: «El estero inmediato al mar se comunica con éste por medio de una obra (canal) que se ha hecho para la comodidad de las gentes de la playa; sobre la faja de tierra que separa al uno del otro se ha fabricado un puente para transportar por él, en bestias y carros, lo necesario desde la campiña.»

La ciudad de Carthago Nova estaba, pues, edificada sobre esta península y, como dice Polibio, en un hondo, rodeado por las cinco colinas. El perímetro de la ciudad era, según el mismo historiador griego, 20 estadios (3.630 metros), quien añade que en su tiempo (es decir, unos setenta años después de la conquista) era aún más reducido, sin duda debido a la menor importancia que Cartagena tenía para los

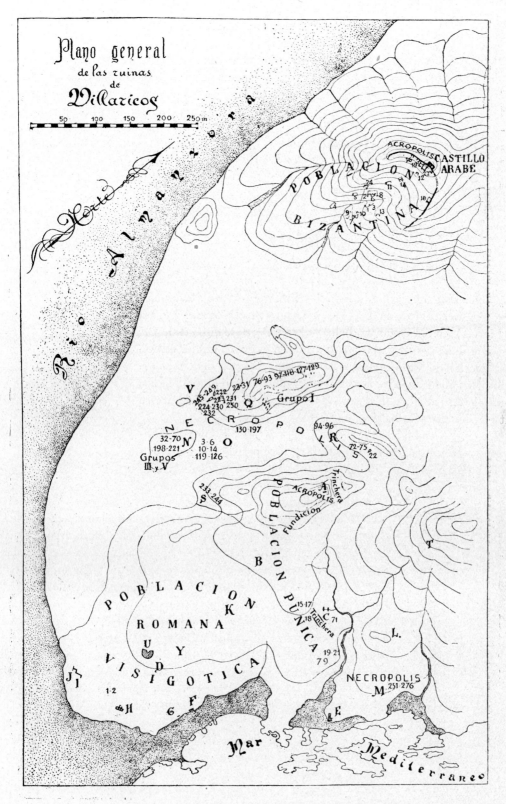

Fig. 365. — Plano general de la zona arqueológica de Villaricos, antigua Baria, en la desembocadura del Almanzora, en la provincia de Almería. — *Según Siret*

romanos. Se creía por algunos contemporáneos de Polibio que este perímetro era el doble; pero Polibio insiste en ello y saca a relucir su autoridad como espectador directo y atento de lo que describe (128). Los cálculos hechos sobre la reconstrucción intentada

en la figura 357 da unos 3.600 metros de perímetro, es decir, sensiblemente lo que Polibio calculó. La parte del istmo mayor que la unía con la tierra firme por el Este, por el lado del Castillo de los Moros, estaba defendida con murallas, fuertes y altas, pero de poca longitud (el istmo no mediría más de 400 metros entonces). A ellas destinó Magón 2.000 hombres para su defensa,

Fig. 366. — Villaricos. Sepultura púnica. — *Según Siret*

y 500 puso en el Castillo de los Moros. El otro punto abierto era el estrecho istmo de la parte occidental (por la actual Puerta de Murcia), con la canal ya dicha y el puente; aquí hubo de haber también defensas muradas, pero eran sin duda de menor extensión que las del lado opuesto. No obstante, Magón dedicó a este lado otros 500 hombres, apostados en el alcázar o ciudadela llamada de Asdrúbal, que dominaba la estrecha lengua de tierra entre la laguna y la bahía.

La ciudad púnica debió ocupar, por tanto, de 35 a 40 hectáreas, y el número de sus habitantes, juzgando sobre las cifras de los defensores ciudadanos, no militares, movilizados por Magón cuando el asedio, y por los prisioneros hechos por Escipión

Fig. 367. — Villaricos. Sepulcro púnico. — *Según Siret*.

al tomar la ciudad, debía alcanzar por lo menos a los 30.000 ó 40.000 habitantes libres. En junto puede decirse de la Qart hadaschat púnica que era una gran ciudad para su tiempo (129).

Los hallazgos arqueológicos de Cartagena no han dado hasta el presente señales de su pasado púnico más que quizá el vaso de la figura 359, que parece cartaginés y fué encontrado en las excavaciones de 1925 y 1927. En éstas aparecieron también, formando parte de murallas del siglo XVIII, unos sillares que su excavador supone sean de las murallas púnicas; pero ello es harto dudoso. Más fácil es que la estela funeraria reproducida en la figura 360 sea de ascendencia cartaginesa; pero ello tampoco puede asegurarse (130). De la otra ciudad fundada por Asdrúbal, después de Carthago Nova, véase lo que se dice en la página 371.

Akra Leuké.

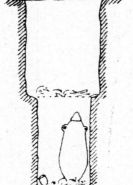

Fig. 368. — Villaricos. Sepultura doble púnica. — *Según Siret*.

La segunda ciudad (en importancia) de las fundadas en España por los Bárkidas fué la de Akra Leuké, cuyo nombre lo recibió probablemente de una colonia griega ya preexistente que se supone, con mucha razón, estuvo en esta zona de las proximidades de Alicante (131). Fué fundada, como ya se dijo, por Amílcar en 231 (132). Las excavaciones de La Albufereta y del Tosal de Manises, pocos kilómetros al norte de Alicante, nos han puesto en contacto directo con la ciudad fundada por el general cartaginés. De las excavaciones —llevadas con falta de método y publicadas confusamente— ha salido, según parece, una necrópolis anterromana, de incineración, con abundancia de objetos ibéricos y cartagineses, mezclados con mucha cerámica griega, ya negra, de la especie llamada «campaniense», ya pintada. Los objetos cartagineses son típicos: huevos de avestruz, ánforas de barro, restos de vasitos de vidrio policromo, contarios de la misma materia, pebeteros helenísticos de cabeza de mujer (figura 361), «udjas» de pasta vítrea, huesos labrados, como los de Cádiz, Carmona, Ampurias, Ibiza y Málaga (figura 364); cerámica púnica (figura 362), restos de un brasero como los hallados en La Aliseda, El Molar y Carmona, y, lo que es más interesante, algunas figuras de barro del tipo de las halladas con tanta profusión en Ibiza (fig. 363). Entre las monedas figuran 15 púnicas de Ibiza, una de Carthago Nova y otra de Gádir, aparte de otras que no han podido identificarse por su mal estado. Pero no deja de ser curioso que no haya aparecido ninguna griega y sólo dos ibéricas seguras; ello acusa, con más fuerza aún, el carácter cartaginés de la fundación y nos afianza en la justificada conjetura de que estamos ante la necrópolis que sirvió de último asilo a la escasa población púnica de Akra Leuké. Como la colonia debió perder gran parte de su importancia

FIG. 369. — Villaricos. Huevos de avestruz pintados procedentes de la necrópolis púnica. — *Según Siret*

a poco de ser creada por causa de la fundación de Carthago Nova, y como los romanos la ocuparon en 209, Akra Leuké no tuvo tiempo de crecer y prosperar; por ello su necrópolis nos presenta en la escasez de sus enterramientos claro reflejo de su corta vida, que corresponde concretamente al último tercio del siglo III a. de J. C.

De la ciudad en sí nada sabemos de seguro. Debió de estar asentada en el cerro llamado de Manises (Tosal de Manises), pero las construcciones posteriores romanas y las deficiencias de observación durante las excavaciones nos privan de conocer lo que de púnico haya quedado. Parece probable que tras su destrucción por Escipión se construyó al punto la ciudad romana, de la que quedan restos visibles. La población, en parte al menos, debió seguir siendo la púnica anterior, pues sobre el nivel donde se han hallado los enterramientos de incineración correspondientes a la ciudad cartaginesa se han descubierto testimonios de otra necrópolis ya puramente romana, aunque en parte siguen apareciendo en ella indicios de elementos púnicos, visibles, por ejemplo, en los «thimyateria» en forma de cabeza femenina, que también aparecieron en este estrato superior. Si fueron los púnicos o los púnicorromanos quienes construyeron una parte de las murallas del Tosal de Manises que muestra traza cartaginesa, no es ya fácil saberlo por desgracia, pero ello, en cualquier caso, es un dato interesante que afianza más la identidad de estas ruinas con la Akra Leuké púnica, fundación de Amílcar (133).

Baria.

FIG. 370. — Villaricos. Huevos de avestruz pintados procedentes de la necrópolis púnica. — *Según Siret*

No sabemos si llegó a la categoría de colonia púnica, pero sí podemos afirmar que desde el siglo IV a. de J. C., por lo menos, albergaba ya un núcleo de elementos cartagineses dedicados no sólo a la almadraba y salazón, como sus hermanos de Málaka, Sexi, Ábdera y otros puntos, sino también a la explotación de los ricos yacimientos de plata y plomo de los alrededores del río Almanzora. El número de ellos, sin embargo, no debió ser nunca grande. Vivían más o menos mezclados con los indígenas mastienos de la localidad.

Si acuñó moneda, no se sabe de cierto; pero se ha sospechado, con razón, que todas las descubiertas en las necrópolis de Villaricos (lugar de la antigua Baria) deben ser de ceca local. Son de bronce e idénticas (cabeza de mujer y palmera), y por desgracia anepígrafas. Como son especialmente abundantes en dicho lugar, es natural suponer que sean de Baria, si bien se han hallado también en diversos lugares de Andalucía (134).

No sabemos nada de la historia de la ciudad más que lo que es posible deducir de los hallazgos arqueológicos. Que estos hallazgos corresponden a la ciudad de Baria fué ya aclarado por el padre Fita gracias a la dedicatoria grabada en un sillar que se encontró al levantar las obras de la fundación Carmelita y a la coincidencia de haberse conservado en el Edrisí el nombre de Baria precisamente en tal paraje (135). Todo el campo arqueológico de Villaricos muestra indicios de haber contenido tumbas de muy diversas épocas. El núcleo más importante, empero, estuvo en las faldas de unas lomas y en un cerrito bajo cercanos a los aluviones del Almanzora (figura 365, en Q). Muchas sepulturas fueron destruídas por los labradores; pero antes de ello se reconocieron y estudiaron una gran cantidad de tumbas. Su explorador, el benemérito Siret, no hizo de sus interesantes hallazgos una exposición metódica y científica, por lo que hoy tenemos que lamentar la falta de una serie de datos y circunstancias ya irremediables (135). Ateniéndonos a los escasos datos aprovechables, vamos a dar en líneas sucesivas cuenta de la necrópolis púnica de Villaricos,

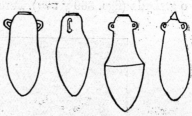

FIG. 371. — Villaricos. Cuatro tipos de ánforas halladas en la necrópolis púnica.

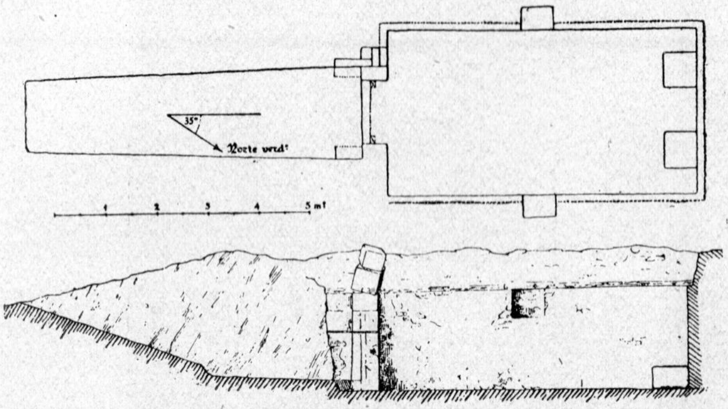

que es la que aquí nos interesa.

En la colina Q (véase el plano de la fig. 365) halláronse una serie de pozos o fosas rectangulares excavados en la piedra floja hasta unos dos metros de profundidad, dos de longitud y medio de ancho, por regla general. El fondo del hoyo presenta en muchos casos una depresión en los lados menores, quedando el centro en ligero relieve (fig. 366). Algunas tenían cubiertas de losa, y otras debieron tenerlas de madera. En el revestimiento de la fosa se debieron emplear tablones de madera, a veces enlucidos de yeso (fig. 367).

FIG. 372.—Villaricos. Cámara sepulcral de la necrópolis púnica. (Planta y corte longitudinal.) — Según Siret

En algunos casos estas tumbas tenían dos pisos (figura 368).

El rito practicado era el de inhumación, aunque en algunos casos (muy contados) se vieron también pruebas de incineración. Los sepelios fueron, por lo general, unipersonales, pero también hay casos de dos enterramientos en una misma fosa.

No teniendo inventario

FIG. 373. — Villaricos. Entrada a una cámara hipogea de la necrópolis púnica. — Según Siret

de cada una de las tumbas exploradas, hemos de atenernos, por fuerza, a la enumeración, en su conjunto, de los objetos suministrados por la necrópolis en general. Según su exca-

vador, cuando el ajuar es completo, lo constituyen un huevo de avestruz y un ánfora.
El huevo de avestruz presenta, por lo general, una ancha boca y una decoración pintada
o grabada (figs. 369 y 370). Pero hay también ejemplos de boca pequeña y sin decoración

FIG. 374. — Villaricos. Objetos púnicos (en su mayoría) procedentes de la necrópolis
ibérica. — *Según Siret*

(figura 370, ángulo inferior izquierdo). En cuanto a las ánforas, véanse las formas reproducidas en las figuras 366, 368 y 371. Llevaban tapones de barro (figs. 368 y 371, última
de la derecha). Además se han hallado en las sepulturas de esta región unas asas de
bronce, únicos restos de unas cajitas o cofrecitos de madera, y un pendiente de bronce

dorado, dos sortijas de bronce, una de oro, clavos de bronce o de hierro, una vasija pequeña y dos astrágalos incinerados.

Las sepulturas de incineración son, como se ha dicho, muy raras. En su caso, y aparte de los restos de la cremación, se encuentran en la fosa un cascarón de huevo o un ánfora.

En un solo caso se halló una urna cineraria. De gente más pobre, sin duda, son los hoyos redondos, en los que se habían depositado huesos incinerados. Estos hoyos están en las cercanías de las sepulturas de inhumación. Por el contenido y forma de los enterramientos de esta zona de Villaricos, por la rareza de las incineraciones, por la falta de lámparas, *unguentaria* y monedas; por el tipo de la fosa, etc., pueden colocarse en fechas no más recientes que los siglos IV-III a. de J. C.

En el mismo lugar se descubrieron sepulturas más monumentales, que su excavador, no obstante ser de la misma necrópolis, describe aparte. Consisten en grandes criptas hipogeas con accesos laterales por medio de «dromos» o galerías horizontales o inclinadas (fig. 372). Otras están abiertas al aire libre, con paredes reves-

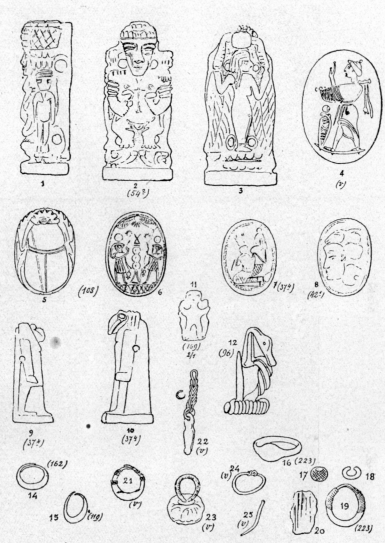

FIG. 375. — Villaricos. Objetos púnicos (en su mayoría) procedentes de la necrópolis ibérica. — *Según Siret*

tidas de obra y cubiertas con bóvedas (fig. 372); éstas se construyeron por el procedimiento de las hiladas horizontales en saledizo paulatino (las llamadas «bóvedas falsas») hasta alcanzar cierta altura; grandes losas horizontales acaban de cerrar el hueco de la bóveda; algunas muestran entrada en arco también falso (fig. 373). Las paredes suelen estar revestidas con una capa de yeso mezclado con picadura de piedra, y otra, encima, de yeso puro muy blanco y fino. Se advierten también restos de un enlucido rojo. Estas cámaras funerarias sirvieron de último albergue a una población que ya practicaba, in-

distintamente, bien la inhumación, bien la cremación, pues que ambos ritos son simul-
táneos. Los restos inhumados solían depositarse en sarcófagos de madera.

Como ajuar funerario, estas cámaras contienen huevos de avestruz con un agujero pe-

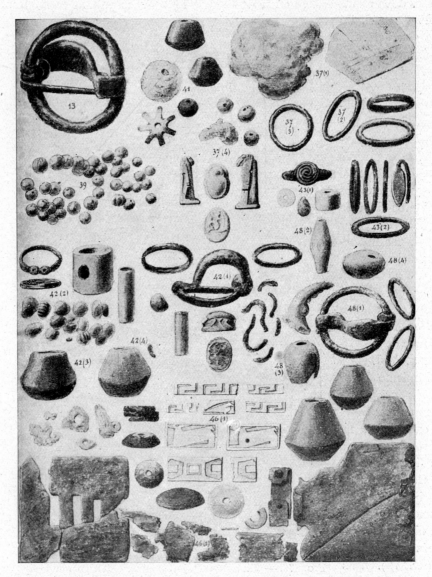

FIG. 376. — Villaricos. Objetos púnicos e indígenas procedentes de la necrópolis
ibérica. — *Según Siret*

queño, clavos de hierro y bronce, algunos anillos pobres; pero el resto del inventario es
claramente de época romana (monedas de Carthago Nova con cabeza de Augusto, estrigi-
les de hierro, *unguentaria* de pie y cuello alargado y angosto, etc. La práctica de la cremación, ya muy extendida; los enterramientos múltiples en una misma cámara *(polyán-
drion)*, la bóveda, etc., son también indicios claros de que este grupo pertenece ya
a la época postcartaginesa. Hay también aquí sepulturas más modestas, excavadas

como simples hoyos, pero por sus ajuares y mezcla de ritos hemos de suponerlas coetáneas de las más monumentales.

Junto con esta población púnica, a la cual pertenece la necrópolis descrita, vivía una
población indígena, cuyo cemen-
terio, no muy lejano del púnico, ha dado buena cantidad de
sepelios de incineración con un
ajuar típico (falcatas, vasos cerámicos ibéricos, etc., etc.). Aquí,
como en las demás necrópolis
ibéricas andaluzas, de cierta entidad (Alcácer do Sal, Toya, Galera, Baena, Baza), las urnas cinerarias eran con frecuencia
hermosas cráteras griegas italiotas del siglo IV. La convivencia
con los pescadores y traficantes
púnicos, si bien no influyó en
sus ritos y costumbres tradicionales, sí debió influir, en cambio, en su vida diaria, al menos
en sus objetos de uso y adorno.
En las sepulturas indígenas de
Villaricos se han encontrado con
cierta profusión amuletos egipcios, contarios de vidrio y pie-

FIG. 377. — Estela
púnica de Villa-
ricos.

FIG. 378. — Villaricos. Estatua pequeña en piedra blanca muy floja. Procede del cabecico *N*. (Véase
plano de la figura 365. Compárese con la figura 383.) — *Según
Siret.*

dras finas para collares, plaquitas de huesos con grabados muy esquematizados de cua-
drúpedos y otros objetos exóticos por el estilo de procedencia púnica (figs. 374 a 376).
Tanto éstos, como los griegos, fueron importados sin duda por los comerciantes cartagineses.

Aunque el rito imperante en estos enterramientos indígenas es el empleado por los

FIG. 379.—Almizaraque, Almería. Tumba infantil púnica.—*Según Siret*

íberos en toda la Península, es decir, la incineración o cremación de los restos, hay también,
sin embargo, tumbas en las que aparece mezclado con sepelios de inhumación propios de
la población púnica. Así, por ejemplo, una sepultura contenía en un extremo huesos sin

quemar, y en otro, quemados; en otras dos había: en una, 13 esqueletos con dos urnas cinerarias, y en la otra, 35 esqueletos con tres urnas cinerarias. ¿Eran de gentes púnicas o de

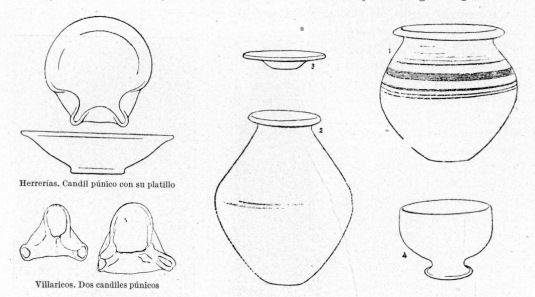

Herrerías. Candil púnico con su platillo

Villaricos. Dos candiles púnicos

Fig. 380. — Candiles púnicos. Escala, 1 : 4. (Compárense con la figura 291.) — *Según Siret*.

Fig. 381. — Herrerías. 1, urna cineraria púnica con fajas de color pardo obscuro; 2 y 3, urna cineraria con fajas pintadas y su tapadera; 4, copa. Escala, 1 : 6.

iberos que practicaban por influjo cartaginés el rito púnico? Realmente nada se puede afirmar ni rechazar. Es digno de nota que la famosa inscripción púnica de Villaricos (figura 377) procede precisamente de este grupo de enterramientos. Si ha sido o no trasladada allí del cementerio púnico contiguo, no lo sabemos.

Esta inscripción dió la siguiente lectura: «Queber Gor-Astaroth ben Ba'al Pales (sepulcro de Gor-Astaroth, hijo de Ba'al Pales» (135 a).

Del mismo lugar procede la escultura de la figura 378, labrada en piedra blanca y floja. Ha llegado a nosotros ya muy estropeada; pero no obstante, es claro que se trata de una imagen púnica semejante a la de la Galera (fig. 384) y a otras aparecidas en varios lugares de mundo cartaginés. Lo deteriorado de su superficie impide obtener deducciones cronológicas de su arte o factura.

En Almizaraque se hallaron una serie de sepulturas infantiles con los restos encerrados intactos dentro de ánforas

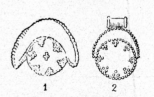

Fig. 382. — Herrerías. 1, alhaja de plata; 2, alhaja de oro, de Cartago (necrópolis de Donimes). Compárese con el objeto inferior centro de la figura 228 hallado en Cádiz. — *Según Siret*.

Fig. 383. — Villaricos. Estela púnica procedente del cabecico N, grupo III, del plano de la figura 365. Compárese con la estela de la figura 253. *Según Siret*.

(figura 379), una de ellas con grafitos sencillos (dos rayitas y una especie de V). También en Herrerías, localidad cercana a Villaricos, se han hallado huevos de avestruz, algunos procedentes de tumbas de incineración pobres formadas por simples hoyos; candiles (fig. 380), vasos (fig. 381) y alguna joya (fig. 382). En sus cercanías abundan las escorias y el mineral de plomo argentífero.

Respecto a la población de Villaricos (136) (Baria) no sabemos más que lo que dicen los restos de aljibes hallados cerca de la playa (fig. 210). Sobre su objeto y utilidad ya se habló líneas atrás al tratar de la industria de salazón. Por el momento recuérdese que son restos de época ya romana. En ésta debió alcanzar Baria su mayor florecimiento. Aquí afluyeron gentes de todas procedencias: romanos, griegos, etc. Las inscripciones (una de ellas, en letras capitales griegas, estaba dedicada a Clío, y parece haber sido la base de una estatua) no han sido raras. Más tarde ocupó el lugar una población ya cristiana primitiva y luego bizantina y árabe.

NOTAS

(1) Verso 419.
(2) Verso 456.
(3) AVIENO, vs. 263 y 304. Para su filiación con otros nombres similares en «oussa», véanse más adelante, págs. 505 y sigs.
(4) El escholiasta de Aristófanes (*Plutos*, 586) identifica claramente Kotinoussa con Gádir: Νῆσος Κοτινοῦσσα τὰ Γάδειρα. PLINIO —en *N. H.*, IV, 120— la cita también tomando la noticia de Timeo (hacia el 300), y Mela conoce en las cercanías de esta última un *locus Oleastrum*.
(5) PLIN., *N. H.*, IV, 120.
(6) III, 5, 3.
(7) Sobre la paleogeografía de Cádiz y su región se ha escrito mucho; pero nos parece sobre todo útil el estudio últimamente hecho por César Pemán, basado en los estudios geológicos publicados por el ingeniero Gavala. Este estudio es *El pasaje tartéssico de Avieno* (Madrid, 1941). El de GAVALA, *Cádiz y su bahía en el transcurso de los tiempos geológicos*, en el *Boletín del Instituto Geológico y Minero de España* (Madrid, 1927). Pemán revisa y critica todas las fuentes antiguas sobre el particular. En su estudio se hallarán también las referencias bibliográficas modernas. Posteriormente he dedicado mi curiosidad al tema de la identificación de los nombres antiguos con los modernos y he llegado a resultados casi coincidentes con los de Pemán. Discrepamos, en la reducción de la isla Aphrodisías, que yo identifico con la de Ertÿheia, como los antiguos, y Pemán con la isla de San Sebastián. Véase GARCÍA Y BELLIDO: *Fenicios y Cartagineses en Occidente*. Madrid, 1942. Véase bibliografía complementaria en la página 389 de este libro.
(8) PLIN., *N. H.*, IV, 120; AVIENO, *Ora Mar.*, 268; SAN ISIDORO, *Etim.*, XIV, 6, 7.
(9) Véase MILLÁS VALLICROSA, *De toponimia púnico-española*, en la revista *Sefarad*, de la Escuela de Estudios Hebraicos (Madrid, 1941), vol. I, fasc. 2.
(10) IV, 8.
(11) Véase pág. 316.
(12) ESTR., III, 5, 5: καὶ ἱδρύσασθαι τὸ ἱερὸν ἐπὶ τοῖς ἑῴοις τῆς νήσου, τὴν δὲ πόλιν ἐπὶ τοῖς ἑσπερίοις.
(13) 184 metros.
(14) Los doce trabajos de Heraklés.
(15) ESTR., III, 5, 3.
(16) MELA, III, 46.
(17) 408, 3.
(18) HÜBNER, en *R. E. Pauly-Wissowa*, artículo «Gades», se equivoca al suponer que estuvo en donde hoy Chiclana y Fuente Amarga, en contra de la identificación tradicional entre los eruditos del lugar, que fué también recogida por MÜLLENHOFF, *Deut. Altertumsk.*, I, 2, 135, y la que hoy, con las rectificaciones hechas sobre la actual topografía, es posible ya afirmar sin dudas.
(19) MELA, III, 46.
(20) SIL., III, 32.
(21) SIL., III, 14-31. Probablemente, tomado de Poseidonio, de Varrón (quizá a través de Livio) o de Artemidoro o Polibio, que también estuvieron en Cádiz.
(22) ESTR., III, 5, 6.
(23) ESTR., III, 5, 7.
(24) MELA, III, 46.
(25) III, 5, 3.
(26) Mediterráneo.
(27) Atlántico.
(28) Él censo se hizo en tiempos de Augusto. La ciudad de los *patavinos* es Patavium (Padua).
(29) Unos dieciocho kilómetros y medio.
(30) 184 metros.

(31)   Es decir, probablemente en época cartaginesa todavía.

(32)   Se refiere al famoso Balbo *el Joven*, que tan importante papel jugó en los últimos tiempos de la República al lado de César.

(33)   Nueva.

(34)   La «ciudad doble» o «gemela».

(35)   Unos 3.700 metros.

(36)   La de León probablemente.

(37)   ESTR. III, 5, 3.

(38)   Véanse sobre esto las págs. 293 y sigs.

(39)   III, 5, 8.

(40)   ESTR., III, 5, 8.

(41)   Véanse págs. 381 y sigs.

(42)   ESTR., II, 3, 5.

(43)   Los textos fueron recogidos y amenamente comentados por COSTA en su bello librito *La religión de los celtíberos* (Madrid, 1917), 2.ª edic., págs. 173 y sigs. pero no usó de fuentes buenas. Yo he tratado el tema de nuevo en mi libro *Fenicios y Cartagineses en el Occidente*. Madrid 1942, págs. 107 y sigs., y en mi artículo de *Revista de Ideas Estéticas*, núm. 3 (1943), págs. 59 y sigs.

(44)   P. DE MEDINA, *Libro de las grandezas y cosas memorables de España* (Sevilla, 1548). Véase su comentario y publicación parcial de A. GONZÁLEZ PALENCIA, en su discurso de ingreso en la Academia de la Historia (Madrid, 1940), y nuestra nota en *Archivo Español de Arqueología*, número 40 (Madrid, 1940), pág. 69.

(45)   *Civitatis orbis terrarum*. Colonia, 1576.

(46)   SUÁREZ DE SALAZAR, *Antigüedades y grandezas de la isla y ciudad de Cádiz* (Cádiz, 1610).

(47)   S. W. JORGE BRUYN, *Civitatis orbis terrarum* (Colonia, 1576).

(48)   Un resumen de todo lo hallado en Sancti Petri puede verse en PEMÁN, *El pasaje tartéssico de Avieno* (Madrid, 1941), págs. 49 y 50, donde se hallará la bibliografía oportuna.

(48 a)   Con todo ello Berlanga hizo una relación realmente modelo de crónica arqueológica, pues se preocupó, con un método científico que honra a él y a la arqueología española de su tiempo, de averiguar y relatar todo detalle, por minucioso que fuera, preocupándose no sólo del contenido de cada uno de los hipogeos, sino de su situación, orientación, calidad de la piedra, posición de los restos humanos, dimensiones, etc., etc.; es decir, de describir en lo posible una necrópolis, tumba por tumba, ajuar por ajuar, sin mezclar ni confundir unos hallazgos con otros, como desgraciadamente aún suele hacerse, con grave daño de los resultados científicos de esta clase de hallazgos.

(48 b)   En las líneas que siguen nos ceñiremos, pues, estrechamente, sobre todo en las descripciones, a las referencias que hoy día son fuente única. Las imprecisiones y vaguedades deben achacarse a las circunstancias que presidieron estos descubrimientos.

(49)   Alguien dijo entonces que las joyas que se encontraron dentro del hipogeo con esqueleto femenino —joyas que luego describiremos— pertenecieron al antropoide; pero ello no parece verosímil, y el mismo Berlanga las atribuye explícitamente al femenino.

(50)   Para la bibliografía de estos hallazgos véase lo dicho más adelante sobre el sarcófago antropoide, pág. 468.

(50 a)   La piedra empleada en ellos no se presta en realidad a labras cuidadas, pues de estos hipogeos sabemos por vez primera, en esta ocasión, que estaban hechos con la piedra que en Cádiz llaman «de playa», es decir, con la que también se dice «de caracolillo» o «cangrejera», un conglomerado en el que abundan los fragmentos de conchas. Por lo demás, como los hallazgos posteriores han demostrado, esta piedra era la empleada en tiempos púnicos para las construcciones hipogeas de Cádiz.

(50 b)   Este último, en su relleno, ofreció algunos restos humanos, fragmentos cerámicos y arquitectónicos de época, sin género de dudas, romana, según sus inscripciones demostraron. Como los pozos no acabaron de vaciarse, se ignora adónde conducían. Queda la sospecha de si eran pozos de acceso a cámaras funerarias del tipo ya conocido en otros puntos del mundo púnico. El hecho de estar enclavados en el área de la necrópolis refuerza esta opinión. De haber sido lo que sospechamos tendríamos entonces en ellos restos de enterramientos anteriores en fecha a los que hoy día conocemos.

(51)   Dos de estos nueve hipogeos se llevaron al patio del primitivo Museo, donde se instalaron, no muy bien, por falta de numeración en las piezas. Posteriormente, al trasladarlos al nuevo local del Museo, las piedras se amontonaron en el patio, en cuyo estado las vi todavía recientemente.

(52)   *Revista de Archivos*, t. V, lám. VI.

(52 a)   De las cinco primeras tumbas, dos eran algo mayores, llegando en sus interiores a 1,25 metros de altura; las otras tres medían 0,93 de altura, 2,20 de largo y 0,60 de ancho. Los sillares eran de un espesor de 0,30.

(53)   La cual reprodujo Berlanga en mal fotograbado. Véase *Rev. de Archivos*, t. V, pág. 319.

(54)   DELATTRE, *La nécropole des Rabs* (1906), pág. 35, fig. 80. Para los de Tharros, SPANO, *Bulletino de Corresp. Archeol.*, IV, 33-36; el de Malta publicólo E. PAIS, *La Sardegna*, pág. 88, núm. 3; los de Saida, en RENAN, *Mission*, p. 393; véase también PERROT Y CHIPIEZ, III, 238 y figs. 183 y 184.

(55)   VIVES, *Necrópolis de Ibiza* (Madrid, 1917), lám. VIII, 2.

(56)   CARLOS ROMÁN, *Memoria* núm. 58 de la Junta Sup. de Exc. (Madrid, 1923), págs. 10-11 y lám. IX *A*. El ajuar funerario de esta tumba está mal publicado y no podemos formarnos idea de él por falta de datos, sobre todo gráficos.

(57) La bibliografía, fuente para estos hallazgos, está reducida únicamente a los artículos publicados por RODRÍGUEZ DE BERLANGA en el tomo V, año 1901, de la *Revista de Archivos*, páginas 139, 207, 311 y 390, que componen un trabajo titulado *Nuevos descubrimientos arqueológicos hechos en Cádiz del 1891 al 1892.*

(57 a) Todo lo obtenido, desde entonces acá, está ya registrado en publicaciones especiales, principalmente en las *Memorias* de la Junta Superior de Excavaciones. Los objetos se guardan casi todos en el Museo Provincial de Cádiz; otros en el Museo Arqueológico Nacional (los menos). Sin embargo, hemos de lamentarnos amargamente de que la mayor parte de los yacimientos arqueológicos explorados hayan sido destruídos o se encuentren en triste abandono.

(57 b) El sistema empleado en la apertura y construcción de estos hipogeos coincide al parecer con la del grupo a que perteneció el antropoide: se abría una gran fosa con los costados en talud hasta una profundidad de cinco metros; hecha la cámara, efectuado el sepelio, se cubría el total con tierra apisonada.

(57 c) Miden 0,50 metros de altura, 0,30 de anchura y 2 de longitud hacia el fondo.

(57 d) En la sección que se hizo en el desmonte del terreno —dice su excavador, a quien seguimos casi al pie de la letra— pudieron apreciarse dos diferentes taludes de construcción, limpios los inferiores, sobre el suelo primitivo y mezclados con abundantes fragmentos cerámicos de época cartaginesa (restos de urnas cinerarias, ánforas, páteras, una de carácter griego, y dos figuritas de barro cocido representando bustos de mujer) en la serie superior, cuya profundidad es de cuatro metros. Es evidente, pues, que la hilera superior es de época bastante más reciente que la inferior.

(57 e) Una de las piedras de cubierta de estos *loculi* estaba estucada de blanco por la parte exterior, lo que quizá se deba a la utilización de otras piedras procedentes de sepulturas anteriores destruídas. En cuanto a la orientación de todas las 23 cámaras, es la corriente, con un poquito más de desviación en los dos grupos superiores que en el inferior.

(58) Para estos hallazgos, véase P. QUINTERO ATAURI, *Necrópolis ante-romana de Cádiz* (Madrid, 1915); el mismo trabajo en el *Boletín de la Sociedad Española de Excursiones* (Madrid, 1914). Además, véase, del mismo autor, *Cádiz: Primeros poblados; Hallazgos arqueológicos* (Cádiz, 1917), y la *Memoria* núm. 5 de la Junta Superior de Excavaciones (Madrid, 1916).

(59) Consúltese la *Memoria* núm. 12 de la Junta Superior de Excavaciones (Madrid, 1917), debida a P. QUINTERO ATAURI.

(59 a) Mide 2,10 metros de longitud, 1,13 de altura y 0,64 de anchura; sus sillares, ligeramente escuadrados, son de la piedra corrientemente empleada en estas sepulturas, es decir, la que llaman «cangrejera» u «ostionera»; está orientada de Noroeste a Sudoeste.

(59 b) El peligro de que el mar, que en esta zona bate con especial bravura (figs. 243 y 244), se llevase el monumento, aconsejó su desmonte y su instalación en sitio seguro, la cual, sin embargo, aun no se ha hecho, que sepamos.

(60) Consúltese la *Memoria* núm. 18 de la Junta Superior de Excavaciones (Madrid, 1918), debida a P. QUINTERO ATAURI.

(61) Consúltese la *Memoria* núm. 26 de la Junta Superior de Excavaciones (Madrid, 1920), debida al señor P. QUINTERO ATAURI.

(62) Por haberse efectuado los hallazgos dentro de propiedades no enajenadas, las cámaras volvieron a cubrirse después de su exploración.

(62 a) Constaba de dos pendientes o fíbulas en forma de aretes, con extremos de filamento de oro enrollado; un anillo funerario con piedra giratoria; dos fíbulas en doble vuelta espiral; dos sortijas con anillos, también en doble espiral, pero el espacio intermedio está decorado con un tejido de filigrana sobre chapa de oro; dos sortijas con decoración de puntos y un collar compuesto de 18 cilindros de ágata en forma de tonel; dos cuentas de oro huecas y tres plaquitas de oro semejando una la figura grotesca de Eshnun o Bes; otra, una concha geometrizada, y la última, un «udja» u «ojo de Osiris». Los anillos grandes se hallaron hacia el centro del pecho; las sortijas, a la altura de los muslos, y los pendientes, pareados, junto al sitio de la cabeza, y el collar en la parte del pecho.

(62 b) Anillos, fíbulas, pendientes, contarios de collar de ágata, cilíndricos; otros de pasta vítrea, esféricos, con círculos concéntricos obscuros y claros incrustados en la pasta verdosa.

(62 c) Anillos de oro con piedra; sortijas con filigrana como las halladas en la tumba III del grupo A; un amuleto egipcio de estaño y plata; pendientes de arete, etc.

(62 d) Las varillas, de cobre, se hallaron hacia el centro del cuerpo distribuídas todo a lo ancho del lóculo, como si fuese armazón interior de la indumentaria; las campanillas se hallaron a los pies, amontonadas, a manera de ofrenda final. ¿Estarían los doce flejes en relación con las seis campanillas? Pudiera ser, pero parece más probable sean clavos votivos.

(62 e) Collar de 10 grandes cuentas de oro y 10 de ágata (fig. 249); dos abrazaderas o fíbulas (figura 250), con filigranas de curvas enlazadas en S, centradas en puntos y encuadradas por ligeras trenzas de hilo de oro, con granulado en su interior; en uno de los extremos luce un magnífico rosetón de tres planos superpuestos y giratorios: el inferior, de ocho pétalos; el segundo, de nueve (todos dispuestos para llevar esmalte), y el superior, de 10 más pequeños y abombados.

Colgante central en forma de sencillo cordón que suspende cuatro abrazaderas. Dos anillos de electrón, restos de un collar de 10 cuentas de pasta y dos de ágata. Dos anillos de fíbula (fig. 250) con elegante filigrana en forma de SS pareadas; en uno de los extremos de cada anillo hay un rosetón como el ya descrito antes. Lazo marinero de oro. Y, finalmente, cuatro pendientes lisos, de oro, de forma usual.

Queda por advertir que los pendientes en forma de morcillitas se hallaron a uno y otro lado de la parte que hubo de ocupar la cabeza, dada la posición de los contados huesos que se conservaban, que eran de las extremidades casi todos y ni uno sólo del cráneo; particularidad que se repite en todas las tumbas exploradas en esta campaña. Ha de anotarse también que en la tumba A se encontraron en gran número y variedad restos de incinerados que se mezclaban con otros de las urnas que debieron contenerlos y que allí estaban como tirados, más que depositados, a manera de osario. Probablemente la tumba fué aprovechada en época posterior, lo que no impidió que conservara, revueltos e incompletos, algunos restos del primitivo ajuar.

(63)   Consúltese la *Memoria* núm. 57 de la Junta Superior de Excavaciones (Madrid, 1923), debida al señor F. CERVERA.

(64)   P. QUINTERO, *Memoria* núm. 76 de la Junta Sup. de Exc. (Madrid, 1926).

(65)   Idem, *Mem.* núm. 84.

(65 a)   Entre éstos, siete, sitos en las cercanías del cementerio, tenían la particularidad de que el murete lateral derecho, en vez de estar construído de sillares, como sus congéneres, era de cítara de pequeñas lajas de piedra de playa.

(65 b)   Si perteneció o no a estos enterramientos, es cosa dudosa, pues apareció entre tierra removida.

(66)   Para estos últimos hallazgos véanse las *Memorias* núms. 99, 117 y 129 de la Junta Superior de Excavaciones, debidas al señor QUINTERO ATAURI.

(66 a)   Cabe pensar que si las excavaciones, en lugar de llevarse a cabo esporádicamente, dejándose guiar más de los indicios preexistentes, se hubiesen acometido sistemáticamente, despejando poco a poco la extensa área de la necrópolis, los resultados hubieran sido mucho más fructíferos y abundosos; pero esto era realmente difícil. Se tropezaba con la indiferencia general, con las dificultades materiales (propiedades particulares o del Estado, edificios, huertas, etc., etc.) y con la mezquindad de los presupuestos de excavaciones, que, aunque engrosados posteriormente por el Ayuntamiento de la ciudad, no dió nunca cantidades suficientes para excavar aquel yacimiento con todo el lujo de medios que merece.

(67)   P. QUINTERO, *Mem.* núm. 99 de la J. S. de E. (Madrid, 1929).

(68)   Consúltense las *Memorias* de la Junta Sup. de Excav. en todos los números ya señalados en las líneas anteriores, pues, por lo general, allí donde aparecieron los hipogeos púnicos salieron también, en mayor o menor cantidad y claridad, testimonios de la necrópolis de época romana, que, como hemos dicho, ocupa los estratos superiores.

(69)   Véase *Memoria* núm. 117 de la J. S. de E., debida a P. QUINTERO ATAURI.

(69 a)   MELA, II, 94, *ignorabitra sunt oppida.*

(70)   Adviértase que entre las colonias griegas, algunas, como la de «Emporion», llevaban nombres de este mismo sentido.

(71)   Véase MILLÁS VALLICROSA, *De toponimia púnico-española*, en la revista *Sefarad*, de la Escuela de Estudios Hebraicos (Madrid, 1941), vol. I, fasc. 2, pág. 6, de la tirada aparte.

(72)   ESTR., III, 4, 2. La cita de Estrabón procede, al parecer, de Artemidoro, hacia el comienzo del siglo I a. de J. C., pues está citada por Marciano de Herákleia en el epítome que hizo de este geógrafo.

(73)   Para estos hallazgos, véase RODRÍGUEZ DE BERLANGA, *El nuevo bronce de Itálica*, apéndice II, págs. 329 y sigs. (Málaga, 1891). Las noticias son de Eduardo J. Navarro, quien las comunicó a Berlanga. Nuestros grabados proceden de la obra citada, así como la descripción de ellos, que hemos seguido casi al pie de la letra.

(74)   Σίξος πόλις Μαστιηνῶν. Ἑκαταῖος «μετὰ δε Σίξος πόλις.»

(75)   ESTR., III, 4, 2.

(76)   ATHÉNAIOS, III, 121 a.

(77)   La referencia estraboniana (III, 5, 5) no dice más sino que la expedición tocó en el punto de la costa donde entonces (en tiempos de Estrabón) se alzaba la ciudad de los exitanos o sexitanos.

(78)   MELA, II, 94.

(79)   Véase MILLÁS VALLICROSA, *De toponimia púnico-española*, en la revista *Sefarad*, de la Escuela de Estudios Hebraicos (Madrid, 1941), vol. I, fasc. 2, pág. 6, de la tirada aparte.

(80)   R. BERLANGA, *El nuevo bronce de Itálica*, apéndice II, pág. 334 (Málaga, 1891), de donde son nuestros grabados. El collar de cuentas, que no lo reproducimos nosotros, lo publica también Berlanga, donde puede verse.

(81)   Véanse más adelante, págs. 495 y sigs., lo dicho sobre este período anterior al puramente focense de la colonización griega de España.

(82)   Véase la página 530.

(83)   Véase MILLÁS VALLICROSA, *De toponimia púnico-española*, en la revista *Sefarad*, de la Escuela de Estudios Hebraicos (Madrid, 1941), vol. I, fasc. 2, pág. 5, de la tirada aparte. En este trabajo se hallarán los complementos bibliográficos pertinentes.

(84)   En STÉPHANOS DE BYZANCIO.

(85)   μετὰ ταύτην [᾿Εξιτανῶν πόλις] ᾿Άβδηρα Φοινίκων κτίσμα καὶ αὐτή. ESTRABÓN, III, 4, 3.

(86)   R. DE BERLANGA, *El nuevo bronce de Itálica*, apénd. II, pág. 335 (Málaga, 1891). La inscripción está tomada del calco que le envió M. Gómez Moreno.

(87)   Cerdeña.

(88)   ἀπὸ τοῦ πλήθους τῶν κατ᾽ αὐτὴν φυομένων πιτύων.

(89)   Corfú.

(90)   Olivos silvestres; τὰς δ᾽ ἐλαίας ἐμπεφυτευμένας ἐν τοῖς κοτίνοις.

(91) El cód. dice Éresos ('Ἔρεσον), lo que es evidente errata.

(92) Καὶ οἰκιῶν πλῆθος εὖ κατεσκευασμένων.

(93) Κτοικοῦσι δ' αὐτὴν βάρβαροι παντοδαποί, πλεῖστοι δὲ Φοίνικες.

(94) Diod., V, 16.

(95) Estr., III, 5, 1.

(96) II, 125-126.

(97) *Siccat honos (ficos) laudatas, servat in capsis, Ebuso insula præst intissimas amplissimasque.* Plin., XV, 82.

(98) *Scillae sponte nascuntur copiosissimæ.* Plin., XIX, 94.

(99) Plin., IX, 68.

(100) Hübner, art. *Ebusus*, en la *R. E. de Pauly*, vol. V, II (1905).

(101) Véase antes en Diodoro y Plinio, III, 5: *Pityusae a Graecis dictae, a frutice pineo, nunc Ebusus vocatur.*

(102) Hübner, loc. cit.

(103) Millás Vallicrosa, *De toponimia púnico-española*, en la revista *Sefarad*, de la Escuela de Estudios Hebraicos (Madrid, 1941), vol. I, fasc. 2.

(104) Hübner, *R. E. de Pauly-Wissowa*, art. «Gades».

(105) Baste, para dar idea de esta abundancia en restos o testimonios antiguos, el caso de cierto celador, que llegó a formar un monetario numeroso con sólo esperar a que las aguas de lluvia le dejasen al descubierto las monedas que yacían a flor de tierra. En Talamanca, por ejemplo, se hallaron en una sola finca más de 500 monedas imperiales romanas. Cuando el pintor Santiago Rusiñol quiso completar su colección de vidrios del Museo del *Cau Ferrat*, de Sitges, emprendió, con su peculio y con el permiso oficial, unas excavaciones en el Puig d'es Molins, de las cuales surgieron nada menos que doscientos ungüentarios y lacrimatorios de vidrio, sin contar con las figuras de barro, los objetos cerámicos, etc., etc.

(106) Para la bibliografía de estos hallazgos véanse págs. 470 y sigs.

(106 a) Hay, sin embargo, hipogeos de ámbitos mayores; en uno de ellos, por ejemplo, sus cuatro lados medían, en metros, 3,88 el anterior, 7 el posterior y 6,5 y 5,55 metros los laterales; otro media 4,05 en su lado anterior, 4,75 en el posterior, y en los laterales (por excepción, iguales), 3,10. Los de este tamaño son, sin embargo, abundantes. Como hemos dicho, estos hipogeos son simples cámaras, siempre cuadrangulares; pero una tiene la particularidad excepcional de presentar al lado derecho de la entrada, y en sentido paralelo a ella, una especie de callejón o cavidad abierta en la roca y que mide 1,90 metros de longitud por 0,9 de ancho.

(107) Son de una piedra arenisca especial, que en el país se llama de «marés», y de la que hay abundantes canteras en Ibiza y Formentera.

(108) Por ejemplo: un hipogeo presentaba una fosa rectangular abierta en el suelo del recinto; fosa que mide 2,10 metros de longitud, 0,60 de anchura y 0,55 de profundidad; en su interior aparecieron pequeños fragmentos de tres estatuitas femeninas. En otra cámara se excavó una fosa de forma rectangular, en la que también se hallaron algunos objetos. Finalmente, en otra se encontró, junto a la puerta de entrada, una cavidad de forma circular de 1,20 metros de profundidad.

(109) Las lámparas árabes, por ejemplo, halladas a veces dentro de las cámaras son claro indicio de ello, así como los indudables testimonios de saqueo, patentes en el desorden y revolución que reina en el interior de la inmensa mayoría de los hipogeos conocidos. Para facilitar su tarea, estos «buscadores de tesoros», en lugar de llegar a las cámaras desde la superficie, solían abrir, previo tanteo por percusión de las paredes, galerías subterráneas de cámara a cámara. La mayoría de los hipogeos tienen perforadas algunas de sus paredes. Por ello, en las exploraciones modernas, suele suceder, a veces, que distintos fragmentos de un mismo objeto se hallen dispersos en cámaras contiguas. Como es de presumir, los profanadores medievales de tumbas buscaban las joyas de oro, sobre todo; lo demás, destrozado o no, lo dejaban, por lo general, en la misma cámara. Esta es la razón por la cual muchas de las figuritas de barro cocidas halladas en las exploraciones modernas han aparecido desposeídas ya de aquellos adornos de oro que debieron llevar (generalmente el *nezem*), y ésta es también la causa de que las joyas de cierto valor sean raras en esta necrópolis.

(110) Esta intervención no remedió del todo el mal, pues, aunque, aminoradas, las rebuscas clandestinas siguieron practicándose de noche, a la luz de unos faroles.

(111) Su excavador no nos da ángulo alguno ni nos dice la orientación; la referencia de «derecha» e «izquierda» creo que debe interpretarse en relación a la puerta antigua de entrada en la cámara.

(112) Nada se dice sobre el lugar y posición en la cámara de estos objetos; tan sólo sabemos que los dos huevos de avestruz fueron hallados uno en cada sarcófago y que el escarabeo de cornalina se halló al tamizar la tierra. Como además no se reprodujo en la *Memoria* de este hallazgo más que el estuche y el colgante de vidrio con una mujer, y éstos malamente recognoscibles, no podemos sacar, en consecuencia, nada firme para nuestro objeto ya que, desgraciadamente, nos falta autopsia. Véase la *Memoria* núm. 58 de la Junta Sup. de Excavaciones (Madrid, 1923), debida a don Carlos Román.

(113) Carlos Román, *Mem.* núm. 80 de la J. S. E. (Madrid, 1926), págs. 7 y sigs. El ajuar reproducido no es completo. Sobre el lugar que ocupaban los objetos nada se dice. Tampoco se aclara si la tumba estaba removida o no. De todos modos, violada o intacta, su ajuar parece bastante completo, y por ello la damos aquí como testimonio arqueológico interesante.

(114) C. Román, *ut supra*, pág. 10, hip. VIII.

462 HISTORIA DE ESPAÑA

(115) C. ROMÁN, *ut supra*, pág. 12, hip. XIV.

(116) Idem, íd., pág. 10.

(117) Idem, íd., pág. 13.

(118) Idem, *Memoria* núm. 91 de la J. S. de Exc. (Madrid, 1927), pág. 12, hip. XIV. No somos más precisos en la descripción de los objetos por no hallar esta precisión tampoco en la *Memoria* citada. De los fragmentos cerámicos nada se dice en ella, ni de la clase de cerámica de que se trata. Las marcas de *terra sigillata* no se declaran, ni se reproduce ninguno de los vasos citados. Esta lamentable imprecisión y la falta de autopsia nos impiden sacar consecuencias más firmes.

(119) Para la bibliografía de estos hallazgos aténgase a la dada a propósito de las figuritas de tierra cocha estudiada más adelante. Véanse págs. 474 y sigs.

(120) Hemos seguido casi al pie de la letra la descripción que de este yacimiento hizo en 1931 CARLOS ROMÁN, en su libro *Antigüedades Ebusitanas* (Barcelona, 1913), págs. 122 y sigs. Desgraciadamente, la referencia es harto deficiente.

(121) MACABICH, *Ebusus*, 1932, Palma de Mallorca, reproducción incorrecta. ENNO LITTMANN, *Punische Inschriften aus Ibiza (Forschungen und Fortschritte*, 1932, núm. 14, pág. 179),

(122) Véase nuestro libro *Hispania Graeca*, III, lám. CLIII.

(123) Consúltese para estos hallazgos de la Cueva des Cuyram, CARLOS ROMÁN, *Antigüedades Ebusitanas* (Barcelona, 1913).

(124) De nuevo nos vemos aquí reducidos a noticias poco explícitas. Véase CARLOS ROMÁN, *Antigüedades Ebusitanas* (Barcelona, 1913), págs. 125 y sigs.

(125) *Antig. Ebus.*, págs. 129 y sigs.

(125 a) X, 10, 1 y sigs.

(125 b) Pero parece ser que el asalto de Carthago Nova coincidió con una bajamar excepcional, que a veces, en circunstancias especiales, suele producir diferencias de 0,34 a 0,42 metros sobre el nivel ordinario. Estos casos acaecen cuando en la zona de Cartagena reinan duros terrales, o sean, vientos polares. *(Derrotero general del Mediterráneo*, I; Madrid, 1873; pág. 64, nota.) Sin embargo, lo único que necesitaban los asaltantes es poder vadear la zona cercana a las murallas y para ello con una bajamar ordinaria era bastante.

(126) Véase SCHULTEN, *F. H. A.*, III, 105.

(127) Idem, íd.

(128) POL., X, 10.

(129) En el plano adjunto se han designado con sus nombres antiguos y modernos esta descripción topográfica-polibiana. Consúltese: CUNTZ, *Polybios-Studien* (1902); KROMAYER y WEITH, *Schlachtenatlas zur Antikenkriegsgesch*, *Röm. Abteil.*, hoja 3; SCHULTEN, *Cartagena in Altertum*, *Deutsche Zeitung für Spanien*, núm. 461 (Barcelona, 10 de sep. de 1935); ídem, *F. H. A.*, III, 106. En estos estudios se mejora evidentemente las interpretaciones de HÜBNER, *R. E. de Pauly-Wissowa*, III, 1623, y KAHRSTEDT (MELTZER-KAHRSTEDT), *Gesch. d. Karthager*, III (1913), 509 y sigs.; el mismo, en *Archäol. Anzeiger* (1912), 217 y sigs. La desviación polibiana pudo proceder de la engañosa situación de Carthagó Nova para aquel que viene del Ebro, en dirección Norte-Sur, como supone Kahrstedt, o por haber calculado según la salida del sol en invierno, que tiene lugar hacia el Sudeste, y no en el Este, como acertadamente explica Schulten. Últimamente han tratado de Cartagena Antigua A. GARCÍA Y BELLIDO, *Investigación y Progreso*, núms. 9-10, 1943, págs. 293 y siguientes, y A. BELTRÁN, *Archivo Español de Arqueología*, núm. 72 (1948), págs. 191 y sigs.

(130) Véase GONZÁLEZ SIMANCAS, *Memoria* núm. 102 de la Junta Sup. de Excavaciones (Madrid, 1929).

(131) Véanse págs. 582 y sigs.

(132) DIOD., XXV, 10, 3 y 4.

(133) Para las notas bibliográficas, consúltese lo dicho en las páginas 582 y sigs.

(134) Véase GÓMEZ MORENO, *Notas sobre numismática hispánica*, en el *Homenaje a Mélida*, II (1934), pág. 174.

(135) Las necrópolis púnica e indígena fueron publicadas, no objetivamente, tumba por tumba y ajuar por ajuar, como debe ser publicada una necrópolis, sino mezclando sus materiales y haciendo de ellos y de las sepulturas una clasificación apriorística; clasificación, además, que deja mucho de ser justa.

(135 a) FITA, *Boletín de la Real Academia de la Historia* (mayo 1905).

(136) Para todo lo concerniente a Villaricos y Herrerías, debe consultarse la *Memoria* que el señor SIRET publicó en la Real Academia de la Historia, de Madrid, en 1907.

CAPÍTULO VI

EL ARTE PÚNICO EN ESPAÑA

SUMARIO: Generalidades. — *Escultura:* Figura sedente, en alabastro, de Galera (Granada). — El sarcófago antropoide de Cádiz. — Las figuras de la Isla Plana. — Las figuras de arcilla cocida de las necrópolis de Ibiza. — Relieves de Marchena y Écija. — *Orfebrería:* Hallazgos de la Aliseda. — Los marfiles de Carmona y Osuna. — Collares de pasta vítrea. — Objetos de bronce: braseros y oinochoes. — Hallazgos monetarios.

Generalidades.

Difícil es saber qué fechas han de atribuirse a muchos de los hallazgos fenicios o púnicos de la Península Ibérica. El deficiente conocimiento del arte y la arqueología fenicia y cartaginesa en general y la falta consiguiente en muchos casos de una cronología firme y segura, impide ser todo lo preciso que se quisiera en la clasificación y cronología de parte de los numerosos testimonios de estas culturas aparecidos en España, tanto en tierra firme como en sus islas mediterráneas.

El carácter peculiar de las producciones artísticas y culturales de los púnicos hace doblemente difícil la tarea de clasificación y ordenación cronológica de sus manifestaciones. En muchos casos no es tampoco seguro que sean productos realmente púnicos, pues ni los fenicios ni sus sucesores en el Occidente, los cartagineses, tuvieron, propiamente hablando, un arte con caracteres étnicos nacionales, como lo tuvieron no sólo los griegos y egipcios, sino pueblos de cultura más pobre y en parte también de acarreo, como lo fué la etrusca y la ibérica. Ello es una prueba de la negación para el arte figurada de los semitas: antes de ser una prohibición religiosa —observa, con razón, un crítico de origen judío—, fué una incapacidad del espíritu. El alma semita puede escrutar dentro del alma de los demás hombres; sabe filosofar, mas no sabe ver el cuerpo; su inteligencia, amplia en la armonía de los números, sabe construir según fórmulas rítmicas; pueden tener, por tanto, arquitectura y decoración, pero no arte figurada. Los árabes lo han demostrado, una vez más, tras la experiencia de los hebreos, tras la de los fenicios y cartagineses. El artista o el industrial púnico, poco exigente para sí mismo y al servicio de clientes cuyas necesidades artísticas y culturales no iban tampoco más lejos, imitó constantemente el arte y el estilo, y hasta los objetos mismos de aquellos pueblos, más progresivos, con los que se hallaba en contacto. Así, pues, el semita púnico se viste a través del tiempo con galas tomadas del arte crético micénico, del arte mesopotámico, del egipcio, del griego y, finalmente, del romano, e incluso del etrusco; a veces mezclando en parte estas influencias en una misma obra. Esta imitación convertíase a menudo en meras fórmulas, y se da el caso de que tipos, gustos, estilos y fórmulas industriales muy remotos continuaban repitiéndose en los talleres púnicos durante lustros, decenios y hasta siglos. Este espíritu imitativo, este arcaísmo pertinaz, esta mezcla sin selección y sin criterio aprehensible es lo que en la mayoría de los casos impide llegar a establecer un escalonamiento cronológico seguro que sirva de módulo para clasificar otros objetos similares. Es posible que con el tiempo, y a medida que las excavaciones sistemáticas vayan aclarando muchos aspectos de la técnica y el arte feni-

FIG. 384. — Figurita de divinidad sedente, en alabastro, hallada en la necrópolis ibérica de la antigua Tútugi (actual Galera, Granada). Museo Arqueológico, Madrid.

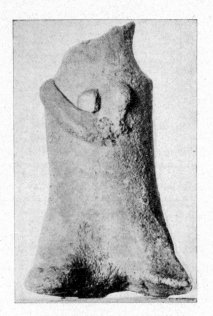

FIG. 385. — Figura de barro, de tipo púnico, hallada en el santuario ibérico de Alcoy.

cio y cartaginés, se hará más claridad en aquellas manifestaciones provinciales que, como las de Sicilia, Cerdeña, Ibiza y el Mediodía de España, vivieron dentro del ambiente cultural creado por los fenicios y, sobre todo, por los cartagineses. Pero mientras no se llegue a una mayor precisión en la cronología de los hallazgos púnicos en general, en esos hallazgos oriundos de los focos productores más importantes (Fenicia, Chipre y Norte de África), no será prudente decidirse por clasificaciones concretas y firmes ante un buen número de hallazgos, sobre todo ante aquellos que, por haber acaecido sin intervención de personas científicamente facultadas, se nos presentan hoy huérfanos de todo apoyo que ayude a su justiprecio cronológico.

A estos inconvenientes, que podemos considerar generales, viene a unirse otro que tendrá en el futuro su remedio: nos referimos a la falta sensible de un catálogo metódico y exhaustivo, en lo posible, de todo el material púnico hallado en España, declarando y estudiando las circunstancias que presidieron su hallazgo y clasificándolo según el estudio comparativo hecho, pieza por pieza, con sus paralelos de fuera de España, sobre todo con aquellos bien observados y clasificados. Creemos que este trabajo daría resultados realmente ópimos para nuestra arqueología de época colonial, ya que la abundancia de material púnico sobrepasa en mucho por su cantidad al griego hallado en España y cuyo catálogo hicimos nosotros con resultados tan halagüeños como inesperados. Baste para formarse una idea de ello el subrayar que mientras de la colonización griega en España no ha llegado a nuestros días más que una sola necrópolis, la del Portitxol, en Emporion —y ésta expoliada antes de la intervención de personas especializadas—, de la colonización púnica tenemos un gran número de necrópolis distribuídas por toda la isla de Ibiza, entre ellas la importantísima del Puig d'es Molins, con unos 5.000

FIG. 386. — Alcoy. Santuario ibérico. Fragmentos de figuras de tipo púnico

FIG. 387. — Alcoy. Santuario ibérico. Figuras de tipo púnico

sepulcros, más la de Cádiz, con más de un centenar y medio de enterramientos próceres y una buena cantidad de otros menores, y las de Villaricos y Carmona, por no citar sino las más importantes. A eso añádase el santuario de Tanit, en Ibiza, con un sinfín de exvotos, y los hallazgos sueltos, a veces tan importantes como el de la Aliseda.

En las líneas que siguen he intentado llenar en lo posible el vacío ya dicho, y aunque en la clasificación de muchos de los objetos hemos llegado a resultados concretos y nuevos, la tarea queda, en realidad, por acometer con todo el tiempo y espacio que merece. Los frutos que se recojan serán, repetimos, abundantes y quizá de trascendencia.

ESCULTURA

Figura sedente, en alabastro, de Galera (Granada).

En la necrópolis ibérica de la antigua Tútugi (Galera, provincia de Granada) halláronse varias muestras del comercio púnico, parte en importaciones directas, parte en imitaciones indígenas. Con ellas con-

FIG. 388. — Alcoy. Santuario ibérico. Figuras de tipo púnico

vivían otras, en cantidad algo mayor, de fábrica griega, aunque probablemente importadas por los comerciantes púnicos. Todos los ajuares de esta necrópolis pertenecen a los siglos IV y III a. de J. C. Entre las piezas púnicas destaca como más interesante la figurita de alabastro que reproducimos en la figura 384.

Apareció en la sepultura número 20, juntamente con unos vasos indígenas sin ornamentación (salvo dos platos con incisiones serpenteantes), un *kylix* griego, dos anforitas de pasta vítrea policroma de tipo púnico y, finalmente, un fragmento de oinochoe griego de bronce. Por el ajuar, el sepelio parece ser tuvo lugar en el siglo IV.

La escultura de alabastro es de unos 20 centímetros de alta y representa una figura femenina sentada en un sillón, flanqueado por dos esfinges coronadas de altas tiaras; las alas, el tocado y la posición de estas esfinges denuncian modelos egipcios. La figura femenina tiene también rasgos egiptizantes, sobre todo en el tocado. Va vestida con una especie de «chitón» de mangas cortas, de pliegues regulares y paralelos, muy finos, que cruzan de arriba abajo en estrías toda la figura, tanto por delante como por detrás. Pero el detalle más interesante está en el gran cuenco que sostiene en sus manos, apoyadas a su vez en el halda; cuenco que estaba destinado a recibir el líquido que habría de manar de los pechos, a cuyo efecto éstos estaban perforados y en comunicación con una cavidad interna de la figura. La cavidad se llenaba por la parte alta de la cabeza. Las esfinges llevan, además,

FIG. 389. — Figura en barro de tipo púnico. Museo de Cádiz

amplios collares, largas trenzas que caen sobre los hombros, y la figura femenina unas ricas cenefas que corren por el cuello y el borde inferior del «chitón». Lo poco que se ve del rostro, muy deteriorado, así como los de las esfinges, el hieratismo y rigidez de la figura y otros detalles de menor cuantía, inducen a interpretar esta figurita alabastrina como una imagen religiosa púnica identificable con Astarté, de una fecha que pudiera

FIG. 390. — Relieve púnicorromano de Marchena. Sevilla, Museo Arqueológico.

FIG. 391. — Dos aspectos del cipo o ara púnicorromano de Marchena. Sevilla, Museo Arqueológico.

datar del siglo VI o V. El hecho de haber sido hallada en una sepultura con ajuar que debe datarse en el siglo IV, explica los deterioros de la figura, que, antes de servir de acompañante al muerto con ella enterrado, hubo de rodar, evidentemente, mucho. Por lo demás, el tipo de la figurita de Galera no es insólito dentro de lo púnico. Aunque no hay, que sepamos, ningún otro ejemplo de imagen religiosa similar con la particularidad de un rito indudablemente relacionado con la fecundidad femenina o con la maternidad, conócense, empero, varias figuras sentadas en actitud y con aditamentos semejantes a la de Tútugi. La más cercana es la hallada en Soloeis, Solunto, colonia púnica de Sicilia, conservada en el Museo de Palermo, figura también femenina, sentada entre dos esfinges, y vestida de largo «chitón». Sin embargo, no llevó, como la de Galera, cuenco alguno ni tuvo los pechos perforados. Otros ejemplos semejantes son los descubiertos en Cartago y datables, al parecer, en el siglo III o IV. Son, desde luego, de arte y gusto más «clásicos» que la de Galera (1). En la antigua Baria (actual Villaricos) se descubrió también una figura similar a la de Galera, como ya dijimos. Aunque está deteriorada en extremo (véase la fig. 378), se puede ver en

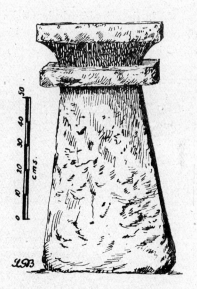

FIG. 392. — Ara púnica procedente de las minas de Tarsis

ella la imagen sedente de una divinidad. Se halló en la necrópolis ibérica, pero ya se vió que la población indígena estuvo influída en sus costumbres por la colonia púnica que convivía con ellos en Baria.

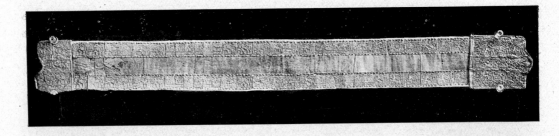

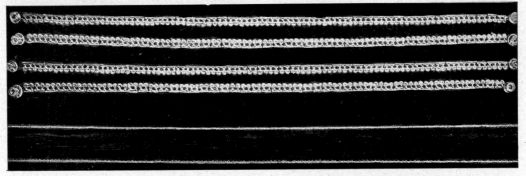

FIGS. 393 y 394. — La Aliseda (Cáceres). Cinto de oro, arriba; cadenetas de oro, abajo.
Museo Arqueológico de Madrid

El sarcófago antropoide de Cádiz.

En la descripción de la Cádiz antigua y de sus restos arqueológicos hemos destacado el importante hallazgo del sarcófago antropoide acaecido en 1887, recogiendo todos cuantos datos han llegado hasta nosotros de las circunstancias de tan importante descubrimiento (véanse págs. 389 y sigs. y las figs. 218, 219 y 220). Ahora vamos a presentarlo desde su punto de vista artístico.

FIG. 395. — La Aliseda. Ajorcas de oro.
Museo Arqueológico de Madrid

La tapa lleva en relieve poco acusado la figura abstracta, «a lo griego», del muerto, sin que se haya intentado reproducir retrato alguno. Representa un hombre de cierta edad y en cuerpo entero, yaciendo. Se nos aparece tocado con barba rizada y amplio peinado, también rizoso, que envuelve la frente. Las facciones son nobles y correctas, denunciando, a toda luz, una fuerte influencia griega oriunda de modelos de mediados del siglo v antes de Jesucristo, poco más o menos. El resto, que lo integra el cuerpo, está trabajado en relieve muy bajo y liso; sus proporciones son exageradamente anchas, adaptándose a la forma de la

FIG. 396. — La Aliseda (Cáceres). Detalle de uno de los extremos del cinto (fig. 393).
Museo Arqueológico de Madrid

FIG. 397. — La Aliseda (Cáceres). Detalle de la parte central del cinto (fig. 393).
Museo Arqueológico de Madrid

urna. Todo él simula estar envuelto en amplia túnica, cuyas mangas no llegan al codo. El brazo derecho cae extendido a lo largo del cuerpo, y su mano se cierra empuñando una corona de laurel simplemente pintada, hoy día ya imperceptible. El otro brazo dóblase sobre el pecho y lleva en su mano una especie de granada o manzana, o, como quieren algunos, un corazón, ambas cosas posibles. La túnica, absolutamente lisa, sin pliegues ni modelado, cae hasta los pies, cuyas puntas quedan al descubierto. Estos están

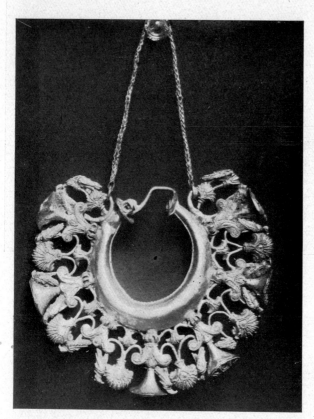

bien esculpidos en sus detalles, pero son excesivamente anchos; llevaron pintadas —según se dijo— unas sandalias, pintura que no se percibía ya a los tres o cuatro meses de su descubrimiento.

Como se sabe, sarcófagos semejantes han sido hallados en distintos puntos del mundo púnico. Además de los numerosos de Sidón, citemos los de Saida, Chipre, Palermo, Gozzo y Malta. Los más antiguos parecen ser los de tipo egipcio, de donde más tarde se derivó el griego, al cual pertenecen la mayoría, y el de Cádiz, por supuesto. Lo que no está dilucidado es si estos últimos han salido de mano griega o púnica.

En algunos casos, como en el nuestro, la pureza de las formas y la perfección del trabajo son realmente admirables, sin que se adviertan, sin embargo, más rasgos ajenos a lo griego que el derivado de la forma general de la figura antropoide, que obedece a conceptos únicamente atribuíbles a los púnicos, y esto por derivación de los egipcios.

Fig. 398. — La Aliseda. Pendiente de oro. Museo Arqueológico de Madrid

Por lo demás, la cabeza, tanto en sus rasgos generales como en la técnica escultórica y en los detalles del peinado, obedece a corrientes artísticas puramente griegas y datables en los años mediados del siglo v a. de J. C. Por ello está justificada la sospecha de si el sarcófago de Cádiz, único conocido por ahora en la Península (incluyendo Ibiza), no fué importado de Sicilia o de Cartago, donde tantos artistas griegos trabajaban y cuyos nombres, al menos en parte, se han conservado en algunas de las acuñaciones cartaginesas. Que no es obra hecha en Cádiz es casi seguro (2).

Las figuras de la Isla Plana.

Ya hemos descrito líneas antes (págs. 426 y sigs.) las circunstancias en que aparecieron las figuritas de la Isla Plana, que por su tipo son sin duda las de aspecto más primitivo de Ibiza. Las figuras de la Isla Plana halladas en un pozo son, en efecto, de arte y técnica muy primitivas; tienen forma acampanada unas, otras ligeramente aovada, representando seres masculinos y femeninos, a veces en grotescas o impúdicas actitudes (figs. 61 a 72). Algu-

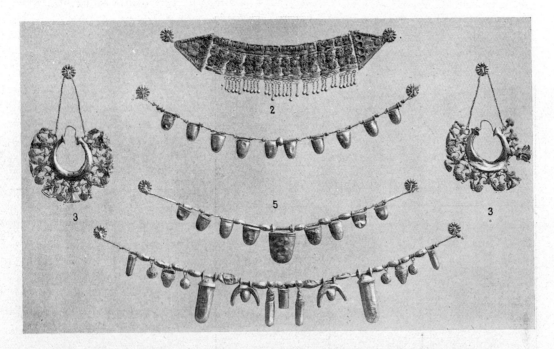

FIG. 399. — La Aliseda. Parte del tesoro púnico. Diadema, collares y pendientes

nas llevan sobre la cabeza una típica lucerna púnica, de dos o más picos (figs. 276 y 277), collares con dijes o amuletos (figs. 268, 270, 272, 274 y 275), o un tocado sencillo sobre la cabeza, semejante a una boina pequeña (figs. 268, 270, 271, y 272). Todas se presentan

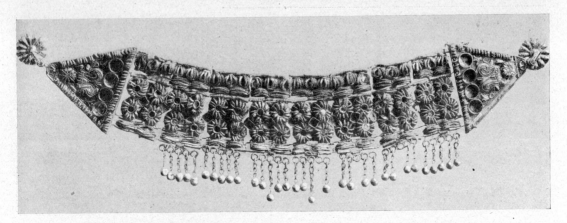

FIG. 400. — La Aliseda. Diadema de oro. Museo Arqueológico de Madrid

desnudas, informemente modeladas, sin anatomía alguna, sin piernas, y sólo, por excepción, con una pequeña base que les sirve de asiento. Los rostros son igualmente informes, sin más detalles que sus ojos, boca, nariz, y en algunas un mentón muy acusado (figs. 266, 267 y 276). El sexo por lo general muy marcado en las figuras masculinas (figs. 267, 270, 272, 275 y 276). Son huecas y presentan en la espalda un breve orificio, abierto para su mejor cochura. No presentan restos visibles de pintura o enlucido alguno. Su aspecto, tosco y primitivo, y su parentesco formal con otros barros similares hallados en el oriente mediterráneo (3), algunos de ellos de data muy remota, anterior quizá al siglo IX, han inducido a suponer las de la Isla Plana en una fecha poco menos que coincidente con la de la fundación de Ébysos, ya que antes no es fácil que llegasen allí en tal cantidad. Sin embargo, hay que ser prudentes en esto de su fecha probable, pues, como ahora veremos, figuritas iguales, o muy parecidas en forma y técnica, han aparecido en la misma Península Ibérica con material arqueológico bastante más moderno.

FIG. 401. — La Aliseda. Detalle de tres de los collares púnicos. Museo Arqueológico de Madrid

En efecto, las figuritas de Ibiza presentan, dentro de su aspecto, uniformemente bárbaro y primitivo, tres tipos claramente reconoscibles por el modo cómo están hechos los ojos; en uno de los grupos, éstos son simples pegotes redondos de barro; en otro, los bordes de los párpados están modelados en relieve por una especie de tira de barro aplicada al cuenco del ojo, y en otro, finalmente, los ojos están indicados por simples incisiones lenticulares, es decir, que están en hueco.

De este último grupo son la mayoría de las figuras de la Isla Plana; pero hay también representantes —aunque aislados— de los otros dos. Esto quiere decir que no deben tenerse los tres grupos como de

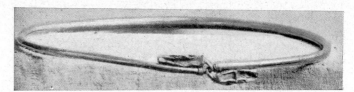

FIG. 402. — La Aliseda. Pulsera de oro. Museo Arqueológico de Madrid

época muy distinta. Son, sí, diversos procedimientos técnicos, todos ellos bárbaros e incipientes, de indicar los ojos, pero los tres parecen coetáneos. Ahora bien; dos de estos tipos —los de ojos discoideos y los de reborde lenticular— perduraron, incluso hasta épocas mucho más recientes, en otros lugares de la Península, como los hallazgos del Santuario de la Serreta, de Alcoy (figuras 385 a 388). De nuevo, pues, nos encontramos ante imprecisiones cronológicas difícilmente salvables por el momento. Otras similares aparecieron también en Carmona, y una en la provincia de Cádiz (fig. 389). Las de Alcoy, al menos, parecen ser posteriores al siglo VI. En cuanto a la figura de la Isla Plana, hay un detalle que la pone, al menos en parte, por bajo del siglo V antes de Jesucristo; este detalle es la lámpara que algunas llevan sobre su cabeza (figuras

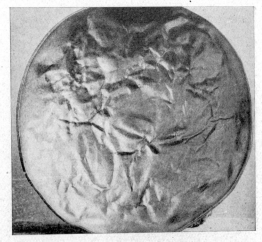

FIG. 403. — La Aliseda. Disco de oro. Museo Arqueológico de Madrid

276 y 277). Las figuras de Carmona pudieran ser anteriores si juzgamos por los demás hallazgos del lugar. La de Cádiz no se sabe cuándo, dónde ni cómo se halló (4).

FIG. 404. — La Aliseda. Brasero de plata púnico

Fig. 405. — La Aliseda. Vaso de vidrio. Museo Arqueológico de Madrid.

Fig. 406. — La Aliseda. Inscripción egipcia, sin sentido, del vaso de vidrio de la figura anterior

Las figuras de arcilla cocida de las necrópolis de Ibiza.

Al hablar de los hallazgos arqueológicos acaecidos en la necrópolis del Puig d'es Molins, cerca de Ibiza, y en otras necrópolis de menor importancia distribuídas por el resto de la isla, hemos citado como uno de los testimonios más importantes las numerosas figuritas en tierra cocha.

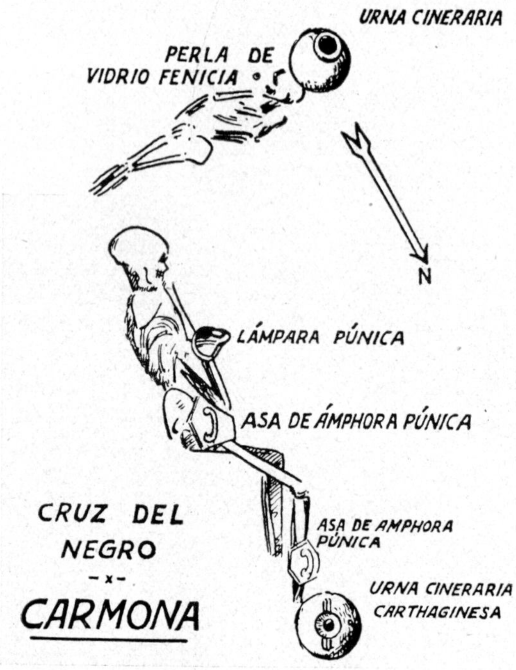

Dichas figuritas muestran una gama variada; en su mayoría son figuras femeninas representadas ya en busto (fig. 297), ya en cuerpo entero (fig. 302); unas veces sentadas (figura 311); otras en pie; algunas desnudas (figura 340). Hay también figuras masculinas enteras, en pie, desnudas a veces (fig. 341), con barba unas (fig. 343), depiladas otras (figura 345). En todos los casos la actitud de estas figuras es rígida, hierática; llevan en la mano frutos o animales como ofrendas votivas (fig. 332); otras avanzan sus brazos hacia adelante (fig. 337); otras, en fin, presentan la palma de la mano en actitud de orante (fig. 322) o adoptan otra postura similar. En muchos casos las femeninas van profusamente enjoyadas con collares, pendientes, ínfulas, pectorales, tocados suntuosos (fig. 317); vestidas con ricos trajes (figu-

Fig. 407. — Carmona. Cruz del Negro. Sepulturas púnicas de inhumación

ra 344), o simplemente con ligero «chitón» al modo griego (fig. 330). A veces sólo llevan en nariz y orejas anillos de oro *(nezem)* (fig. 330); otras van tocadas con el *kálathos* o *modius* de las divinidades *chthónicas* griegas (fig. 330), etc., etc. Por todo ello parece ser

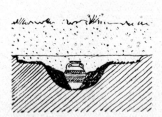

Fig. 408. — Carmona. Cruz del Negro. Tumba de in-cineración.

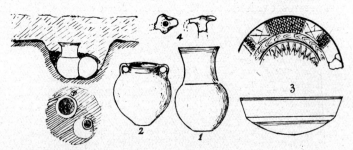

Fig. 409. — Carmona. Cruz del Negro. Tumba de incineración (a la izquierda, planta y corte) y ajuar (a la derecha).

que en unos casos se ha querido representar una divinidad; en otros, empero, es claro su sentido de exvoto personal funerario.

Estas figuras estuvieron originariamente policromadas, y algunas incluso enjoyadas con joyas verdaderas, aunque en ciertos casos son sólo joyas simuladas; en otros, recu-biertas con laminillas muy finas de oro. Algunas han llegado a nosotros con restos de policromía; pero las que tuvieron anillos de oro en las orejas y las narices *(nezem)*, como en la figura antes cita-da, son muy raras, pues éstos fueron arrancados por los buscadores de tesoros; no obstante, los agujeros de la nariz y orejas son siempre indicios de que los tuvieron.

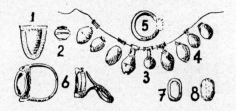

Fig. 410. — Carmona. Cruz del Negro

En cuanto a su arte, pueden resumirse todas ellas en tres grupos o especies claramente definidas: 1.º, el que presenta *tipos griegos* o *grequizantes;* 2.º, el de *tipos egiptizantes*, y 3.º, el de *tipos cartagineses*.

El *grupo griego* o *grequizante* es muy numeroso y presenta ejemplares de arte griego, a veces muy puro, tanto que en algunos casos es seguro se trata de obras de coroplastas griegos o tomadas de moldes hechos sobre originales heléni-cos. De éstos prescindimos aquí por haber sido ya registrados en su mayoría dentro de nues-tro catálogo de obras griegas halladas en España (5). Pero hay abundancia de figuras que, siendo obras indudables de ar-tistas púnicos, dejan traslucir —como se advirtió antes—,

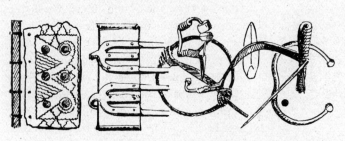

Fig. 411.—Carmona. Cruz del Negro. Hallazgos de tipos célticos en la necrópolis en circunstancias desconocidas

con más o menos claridad, una influencia griega indudable. Gracias a ello podemos afir-mar que estas obritas plásticas se fabricaron en Ibiza desde la segunda mitad del siglo vi hasta fines del iii, por lo menos. Hay evidentes trasuntos de obras arcaicas primero (figura 301); de arte clásico del siglo v después (fig. 310), y, finalmente, de gusto y arte del IV y helenístico (fig. 331). En nuestras reproducciones no hemos elegido siempre los ejemplares más puros, sino con preferencia aquellos que muestran, junto a estas influencias, caracteres evidentemente púnicos. No obstante, conviene advertir que tanto en unos

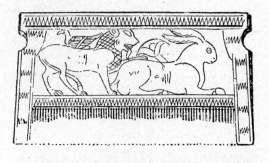

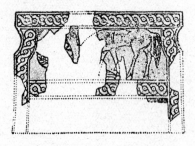

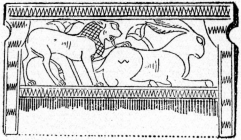

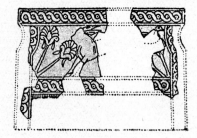

FIG. 412. — Carmona. Cruz del Negro. Peines ebúrneos hallados en la necrópolis sin circunstancias conocidas.

FIG. 413. — Carmona. Cruz del Negro. Peine ebúrneo (anverso y reverso) hallado en circunstancias desconocidas.

como en otros hay muchos detalles, en formas y atributos, que permiten afirmar, sin género de duda, que los prototipos de ellos fueron las imágenes de Deméter y Kore, tan abundantes en suelo siciliano y en santuarios puramente griegos, como el de Malophóros de Selinús, los de Akragas y otros puntos. Las figuritas griegas son, como las ibéricas, obras en barro cocido, y en ciertos casos absolutamente idénticas. En Ibiza, por ejemplo, son frecuentes las figuras femeninas con collares múltiples de dijes o estu-

FIG. 414. — Carmona. Cruz del Negro. Peine de marfil hallado en circunstancias desconocidas

chitos pequeños, que unas veces iban pendientes de un hilo y otras cosidos o sujetos al pecho (fig. 339). Estas hállanse también iguales en los santuarios sikeliotas. Además, unas y otras suelen llevar los mismos atributos, bien sea un cochinillo, ya un ave, ya otro animal (ciervo en la fig. 332), aparte del *kálathos* o *modius* (fig. 322), cuya ascendencia griega es indudable, como ya dijimos antes.

Por todo esto no es mucho afirmar que probablemente las figuritas de Ibiza obedecen a un culto asimilable al de Deméter, que tanta importancia tenía coetáneamente en la Sicilia griega. De gran valor a este respecto es la noticia transmitida por Diodoro (6), según la cual, cuando la atroz peste que diezmó el ejército cartaginés de Sicilia en el 396, se admitió oficialmente entre los cartagineses con fines «expiatorios» el culto greco siciliano de Deméter y Kore, incluso con sacerdotes griegos. Esto implica también, sin duda, la existencia previa de una veneración bastante extendida ya entre los púnicos de

Sicilia. De Sicilia pasó a Ibiza no sólo el culto, sino también su forma. Por este medio, religión y arte, fuertemente influídos por las corrientes griegas, hallaron su reflejo en Ibiza, donde se hicieron sentir pronto en estos centenares de figuritas de cerámica de que tan pródigo ha sido el cementerio del Puig d'es Molins.

Conviene insistir en este hecho, pues no ha sido señalado hasta ahora; su importancia la reputamos grande, pues gracias a él podemos explicarnos mejor y con más fundamento la extraordinaria abundancia de objetos griegos hallados en las necrópolis de Ibiza. Constituye además un rasgo de los más característicos del arte ebusitano, ya que ni en Gádir, ni en el resto de la España púnica, se encuentran testimonios tan claros de estas relaciones con Sicilia, relaciones que no se limitan a la simple influencia periférica, sino que penetran también en el fondo religioso. No me cabe la menor duda de que en ellas tomaron parte

Fig. 415. — Carmona. Cruz del Negro. Anverso y reverso de un peine de marfil hallado sin circunstancias conocidas.

muy activa, quizá la más importante, los miles de mercenarios baleares que durante estos siglos figuran ininterrumpidamente en los ejércitos cartagineses de Sicilia (7).

El segundo grupo, el que hemos llamado *egiptizante*, no es tampoco escaso, aunque sus ejemplares son menos bellos y de una cronología incierta, sólo aclarable a veces por ir también mezclados con la corriente egipcia ciertos detalles de origen griego (fig. 295). Aunque no sea propiamente una figura de bulto, la *pinax* de la figura 283 es buen ejemplo de esta corriente egipcia, más o menos adulterada por la versión cartaginesa.

En cuanto al grupo tercero, el llamado *cartaginés*, está integrado, sobre todo, por figuras de hombres vestidos o desnudos, en pie, barbados o no (fig. 341), y a veces por figuras femeninas en la misma actitud y forma, pero por lo general mucho más adornadas (fig. 344). Su fecha hemos de suponerla

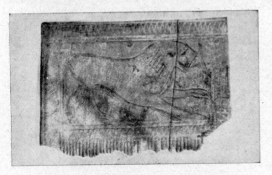

Fig. 416. — Carmona. Cruz del Negro. Peine de marfil

tardía, quizá en muchos casos ya romana. Es de creer que estas figuras ya no representan divinidad alguna, como la mayoría de las griegas o grequizantes, sino la imagen más o menos convencional del muerto. Su brutal realismo, a veces realmente sorpren-

FIG. 417. — Carmona. Cruz del Negro. Fragmento de una placa ebúr-
nea grabada.

dente y bárbaro, denuncia una plástica, que aunque
educada por las formas griegas o romanas y obede-
ciendo a su estímulo y ejemplo, no pasa de traducir
de un modo realista y simple las formas humanas.
Ante ellas se ve patente la impotencia de los semitas
para las artes figuradas, pues no obstante su larga
convivencia con la cultura y el arte griegos, no lograron al cabo de siglos más que copiar servilmente los
modelos o crear obras tan rudas como las descritas.

Citemos aparte la presencia en Ibiza de varias máscaras (figs. 280-282) semejantes a las que aparecen en los demás cementerios cartagineses, sea en África o Cerdeña. Su
carácter, puramente cartaginés, está probado, así como su
origen, en modelos griegos o rodios, principalmente claro
en el grupo de *sileno* (fig. 282, abajo). Son siempre medias
caras, a veces con agujeros en el borde y con ojos vacíos.
No iban sobre el rostro del difunto, al modo de los sarcófagos egipcios, sino que acompañaban al cadáver como simple figura apotropaica con el fin de preservar al muerto de
los violadores de tumbas y de los genios maléficos. El ric-
tus terrorífico de algunas de ellas se transforma en un gesto
burlón (fig. 280).

Relieves de Marchena y Ecija.

En Marchena se halló un relieve de buen arte con cierta
escena en la que se ve al pie de una palmera una cierva

FIG. 418. — Carmona. Cruz
del Negro. Marfil grabado

amamantando a su cervatillo (fig. 390). De la misma procedencia se conoce una especie de ara o
cipo cuadrangular, en una de cuyas caras, y en
arte bastante cuidado, se ve una palmera sola, y
en la otra, un caballo al galope (fig. 391). Se dan
como púnicos, pero no hay más razón para ello, a
nuestro juicio, que la presencia de las palmeras.
Su arte es romano. Consérvanse los dos en el Museo Arqueológico de Sevilla (8).

De Medina de las Torres (Badajoz) se dice procede una figurita de bronce representando esclavos (?) con peluca y tocando las castañuelas, que
pasó al Museo Británico. Tiene a los pies espigas
vástagos para su sujeción a alguna peana (9).

En Huelva, en las minas de Tarsis, aparecieron
dos esculturas muy bastas y un ara (fig. 392).

En Tajo Montero, cerca de Ecija, se descubrieron unas estelas sepulcrales con relieves representando los bustos de los difuntos y una figura des-
nuda junto a una palmera, cuyo arte es grecopú-
nico bastante correcto. La inscripción latina que

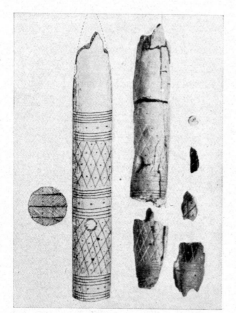

FIG. 419. — Carmona. Cruz del Negro.
Punzón de marfil; tamaño, 1 : 2

muestra una de estas estelas, y los recursos técnicos, como el empleo del trépano, traduce su época ya romana (quizá del siglo II d. de J. C.), si bien su arte podría pasar
como del siglo IV o III a. de J. C. (9 a).

ORFEBRERÍA

Hallazgos de la Aliseda.

De una inseguridad y de una variedad cronológicas muy grande son los famosos hallazgos de la Aliseda (Cáceres), acaecidos por acaso en 1920 y conservados hoy en el Museo
Arqueológico de Madrid. El tesoro de la Aliseda
compónese de un buen número de joyas áureas de
finos trabajos. De entre ellas destaca, tanto por su
valor intrínseco como por su técnica, un gran cinturón de oro (figs. 393, arriba, 396 y 397), hecho
de 61 piezas, de las cuales, 59 forman la banda, y
las dos restantes ambos cierres. Su longitud es de
68,3 centímetros, y su anchura de 7,1. La labor es
estampada en hojillas de oro. Sobre un fondo de
menudo granulado se figuran cuatro motivos ornamentales distintos: un hombre y un león de pies,
afrontados, como luchando, figuras ambas muy esquemáticas y bárbaras; una esfinge alada sobre un
sencillo zócalo, también de arte bajo; una palmeta
doble, y, finalmente, una palmeta más sencilla. Con

FIG. 420. — Carmona. Cruz del Negro. Fragmentos
de marfiles grabados

FIG. 421. — Carmona. Cruz del Negro. Espátula egipcia en marfil
(tamaño original).

estos cuatro moldes en relieve se hicieron todas las combinaciones decorativas del lujoso
cinturón. Los dos broches, que son de una sola pieza y constituyen la parte más rica
del cinto, están decorados por tres frisos: el superior e inferior con el grupo del hombre y
el león; el de en medio por la doble palmeta. El cinto está formado de tres largas bandas:
la de arriba y la de abajo compuestas de muchas plaquitas unidas entre sí y ornadas
con la estampación, primero del grupo hombre y león, luego de la esfinge; la banda del

Fig. 422. — Carmona. Cruz del Negro. Peine decorado (anverso y reverso) hallado en la necrópolis
sin circunstancias conocidas

centro es lisa, con sólo dos estrías. En su tiempo iría aplicada a una ancha correa de
cuero. Esta lujosa pieza, cuyos motivos ornamentales son derivaciones de los mesopotámi-
cos y nilóticos, muestra, sin embargo, un arte tan esquemático y tan pobre, que sólo
puede atribuirse a ineptitud del orfebre y no a una fecha excesivamente remota, que

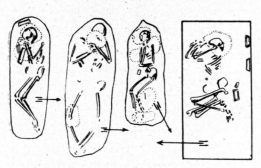

Fig. 423. — Carmona. El Acebuchal. Cuatro sepulturas de lapidados, en las cuales, excepto
en la segunda, se hallaron los marfiles grabados de las figuras 424 a 427.

no parece tener. Para nosotros no sería anterior al siglo VI, calculada esta fecha sobre
semejanzas generales con cosas orientalizan-
tes y de la Etruria contemporánea.

No menos lujo, pero sí una mano más
cuidada y suelta, muestran otros adornos
áureos procedentes del mismo lote. Destacan por su belleza dos pulseras con labores
de calados (fig. 395) y dos arracadas (figuras 398 y 399) a los lados, todas de oro; las
primeras con bellas palmetas granuladas y
espirales; las arracadas con una bellísima
labor formada por flores de loto y lirio en

armónica combinación. Tanto su arte como su técnica son realmente admirables y pudieran ser obra del siglo V al IV.

Citemos, además, una diadema (figs. 396, arriba, y 397) de factura similar a las joyas mencionadas, pero con adornos menos típicos (se ha supuesto obra ibérica sin serlo), probablemente del siglo IV; tres collares con glandes y estuchitos de oro para guardar amuletos (figs. 399 y 401), de la misma época quizá, y otras piezas de menor interés (fig. 402), pero todas de oro también, entre ellas anillos signatarios, sortijas y una pátera de oro lisa (figura 403). La única pieza de plata es un brasero de tipo cartaginés, cuyas asas arrancaban de dos manos abiertas y extendidas (fig. 404). De vidrio, un oinochoe, fechable quizá en el siglo IV o III, con jeroglíficos egipcios sin sentido, es decir, copiados o imitados al acaso

FIG. 424. — Carmona. El Acebuchal. Anverso y reverso de modelos de peines hallados en la tumba primera de la figura anterior.

por el vidriero púnico (figs. 405 y 406). Todo este conjunto de piezas muestran diferencias artísticas y distancias cronológicas. Parece evidente que la joya más antigua del lote es el cinturón. El hecho de ser un ejemplar aislado y faltando, por tanto, elementos comparativos para aclarar sus parentescos y su data probables, hemos de buscar orientación en aquellas piezas del tesoro que puedan suministrarnos un índice cronológico. Este índice nos da una fecha oscilante entre el siglo VI y el III a. de J. C., lo cual permite deducir que el cinturón, y probablemente también las arracadas y pulseras, cuya finura técnica acredita su antigüedad, deben ser obras de los siglos VI y V, respectivamente. No es verosímil fecha más remota como se ha propuesto, pues la torpeza de las figuras del cinto —como ya hemos dicho— no parece achacable sólo a arcaísmo, sino también a inhabilidad del orífice.

FIG. 425. — Carmona. El Acebuchal. Anverso y reverso de uno de los peines de marfil hallados en la tumba cuarta de la figura 423

En todo caso, puede sospecharse que el tesoro de la Aliseda fué reunido y enterrado hacia fines del siglo III a. de J. C., quizá para ponerlo a salvo cuando el hundimiento del Imperio cartaginés en España (10).

De Arcos de la Frontera, provincia de Cádiz, se dice que procede un pendiente casi idéntico al de la figura 398, que de la colección Vives pasó a poder del Museo Arqueológico de Madrid. Es un arete en forma amorcillada, con una gran bordura de forma de pal-metas alternando con flores de loto; en la parte alta, junto al cierre movible, dos anilli-tas. Es de oro, y la parte amorcillada, hueca. Su decoración se asemeja por el tema, ya que no por la ejecución, que es bastante más pobre, al par de pendientes del tesoro de la Aliseda.

Los marfiles de Carmona y Osuna.

En la provincia de Sevilla, entre Carmona (la Carmo de la Antigüedad) y Alcalá de Guadaira, ambas al este de la capital, se extienden una serie de cerros bajos, alineados de Nordeste a Sudoeste, que partiendo de algo más al norte de Carmona, vienen a ocupar el espacio que media entre el río Corbones y el Guadaira, cubriendo una distancia de unos 40 kilómetros. Los cerros se llaman Los Alcores y dominan la fértil zona de La Vega. Cuatro ciudades se asientan sobre Los Alcores: Carmona, Viso del Alcor, Mairena del Alcor y Alcalá de Guadaira. Los

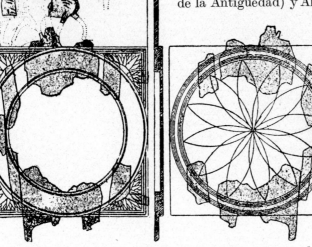

FIG. 426. — Carmona. El Acebuchal. Anverso y reverso de una placa de marfil hallada en un túmulo, dentro de una urna de barro negro, sin asas.

Alcores están, a su vez, cubiertos por un gran número de montículos o túmulos, más o menos elevados (en la región los llaman «motillas»), encerrando por lo general sepulturas agrupadas, constituyendo una seria necrópolis de gran interés y varias época.. Hasta 1898

FIG. 427. — Carmona. El Acebuchal. Objetos hallados en uno de los túmulos de incineración sin circunstancias conocidas.

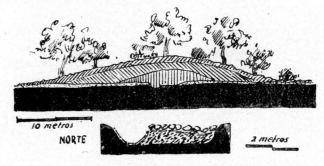

FIG. 428. — Carmona. Alcantarilla. Aquí se hallaron la placa de la figura 430 y el ánfora de la 429

se habían excavado ya una buena cantidad, quedando todavía por explorar muchos más, precisamente los mayores.

Al nordeste de Carmona, y en sus afueras, hállase la necrópolis llamada de la Cruz del Negro, conocida ya desde el año 1870, aproximadamente. Constaba de numerosas sepulturas, algunas de inhumación (fig. 407); otras de incineración, de las cuales los obreros que trabajaban entonces en la vía del ferrocarril de Carmona a Guadajoz destruyeron la mayoría, dispersándose y desapareciendo los objetos hallados. Según las referencias recogidas años después, parece ser que fueron destruídos una treintena de enterramientos; presentábanse en varias líneas paralelas, a dos metros aproximadamente de intervalo y orientadas de Este a Oeste. Son simples fosas rectangulares poco profundas, donde se colocaba la urna cineraria con las cenizas del cadáver. En 1898 Bonsor pudo aún reconocer tres de ellas, que vamos a describir.

Una (fig. 408) dió un ánfora colocada en medio del mismo foso de incineración. El ánfora, ornada con zonas rojas y líneas obscuras, contenía, junto a los restos incinerados, una placa de cinturón de bronce y muchos trozos de placas de marfil ornamentadas, pero, por desgracia, casi totalmente destruídas. Los carbones de la fosa dieron, al ser tamizados, una fíbula de anillo y fragmentos pintados de huevos de avestruz.

FIG. 429.— Carmona. Alcantarilla. Ánfora púnica hallada en fragmentos en la sepultura de la figura anterior.

FIG. 430.— Carmona. Alcantarilla. Placa de marfil grabada procedente del túmulo de la figura 425.

La otra tumba (fig. 409) ocultaba en un hoyo dos vasos cerámicos: uno (fig. 409, 2) con cenizas y una perlita de ágata; el otro, de cuello grande acampanado (figura 409, 1), contenía restos de orzas, platos y la pátera de la figura 409, 3, en mal estado de conservación, pero con los dibujos en amarillo y blanco sobre fondo rojo en las dos caras. Además aparecieron la boca de oinochoe de cerámica amarilleante (fig. 409, 4) y, bajo los carbones, algunos huesos pequeños de animal y vestigios de un objeto de cobre.

La tercera de estas fosas dió entre las cenizas de la hoguera algunas osamentas, una lámpara púnica de un mechero y una placa de marfil, que se redujo a polvo. La urna se

FIG. 431.—Carmona. Alcantarilla. Fragmento de una placa de marfil grabada procedente de uno de los túmulos.

FIG. 432. — Carmona. El Bencarrón. Túmulo. Aquí se hallaron las placas ebúrneas de las cuatro figuras siguientes.

había colocado en las proximidades de esta fosa, y entre los huesos que estaban recogidos en ella figuran los objetos siguientes: un amuleto en cobre chapado de oro (fig. 410, 1); una perla de oro (2); un colgante de collar en oro (3); ocho colgantes de collar en plata (4); un anillo de plata (5); dos anillos de plata, de sello móvil (6); un sello en plata (7); un escarabeo de pasta que formó parte de un sello de anillo (8). Además, el excavador cita, aunque no reproduce, los siguientes objetos: 10 perlas de ágata; una fíbula con dos perlas de ágata; dos anillos de cobre; dos pendientes anulares, abiertos, de cobre, y una placa de cinturón. Es una contrariedad que no conozcamos ni la fíbula ni la placa de cinturón, que probablemente nos hubiese dado la fecha aproximada del lote funerario, el cual hemos de suponer del siglo v al iv a. de J. C.

Hay otros objetos hallados en la misma Cruz del Negro, pero sin circunstancias conocidas; entre ellos (fig. 411) deben citarse cuatro brazaletes de bronce, terminados en bolas y en sección circular y romboidal; una fíbula con dos perlas de ágata; una fíbula de ballesta y otra anular, y una placa de cinturón.

Fig. 433. — Carmona. El Bencarrón. Placa de marfil hallada en el túmulo de la figura 432. — *Según Bonsor*.

Pero los objetos más interesantes hallados en esta necrópolis, por desgracia sin circunstancias conocidas, son los peines de marfil grabados reproducidos en las figuras 412 y siguientes.

En El Acebuchal descubriéronse cuatro sepulturas de inhumación (fig. 423), que presentaban la particularidad de tener sobre los restos, y sobre todo en la cabeza, grandes losas. Esto, el presentar los cráneos machacados y la actitud de los restos, en los

Fig. 434. — Carmona. El Bencarrón. Placa de marfil (anverso y reverso) hallada en el túmulo de la figura 432. — *Según Bonsor*

que parece evidente, en tres de los casos, que murieron con las manos en la cara, indujo a pensar a su excavador que estos enterramientos pertenecieron a seres lapidados por causas o ritos que desconocemos. Pero lo curioso es que se les lapidó o enterró con peines de marfil, de los cuales dos (fig. 424), muy deteriorados, pero con ornamentación, se hallaron en la primera tumba de la figura 423, en la cual también apareció una vértebra de cérvido; cuatro peines y una tableta de marfil, también grabados (fig. 425), aparecieron en la tumba dibujada en cuarto lugar en la figura 423. Ésta, además, estaba formada por una fosa regular, bien construída con piedras y arcilla. De los cuatro lapidados, tres fueron enterrados en fosas orientadas de Este a Oeste,

Fig. 435. — Carmona. El Bencarrón. Placa de marfil hallada en el túmulo de la figura 432. — *Según Bonsor*

con la cabeza hacia Occidente. Otros hallazgos de la misma zona son los reproducidos en las figuras 426 y 427.

En Alcantarilla el túmulo de la figura 428, de cuatro metros de altura, cubría una sepultura de incineración, de fosa rectangular; sus cenizas habían sido cuidadosamente cubiertas de tiestos de ánfora, cuyos fragmentos, unidos, dieron el tipo púnico reproducido en la figura 429. El contenido de la tumba era: trozos de tela y de esparto carbonizados, algunos botones y ornamentos de cobre, y la placa hallada en el centro de la fosa y reproducida en la figura 430, más algunos fragmentos de menor tamaño, pero también ornados, uno de ellos con la parte delantera de un caballo de buena factura y arte

FIG. 436. — Carmona. El Bencarrón. Placa de marfil (anverso y reverso) hallada en el túmulo de la figura 432. — *Según Bonsor*

(figura 434). Es interesante añadir que de aquí procede también un brazalete céltico del tipo reproducido en la figura 411, y semejante también, hallado en la Cañada de Ruiz Sánchez, cerca de la misma Carmona (véase más adelante).

En el lugar llamado El Bencarrón se descubrió un túmulo (fig. 432), en el centro del cual se abría una fosa rectangular, de 0,30 metros de profundidad y cavada en la roca. En esta fosa, y en el suelo, estaba encajada una gran losa cimentada de barro a su alrededor; bajo ella apareció, también cavada en la roca, otra fosa rectangular de dimensiones menores; estaba enlucida de arcilla, con el fin de nivelar la superficie de la roca; encima de la arcilla se había dado una capa de cal. En el fondo de la fosa inferior, y debajo de una capa de arena, se hallaron cenizas humanas, un anillo de cobre y cuatro láminas de marfil decoradas con escenas grabadas. Estas placas pueden verse reproducidas en las figuras 433-436. Otras dos, no reproducidas, son por el estilo y aparecieron en muy mal estado.

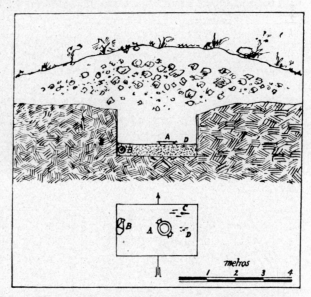

FIG. 437. — Carmona. Cañada de Ruiz Sánchez. Corte del túmulo y planta de la fosa con su contenido. (Véase la figura siguiente.)

Uno de los túmulos más interesantes de todo este conjunto de necrópolis es, sin duda, el de la Cañada de Ruiz Sánchez, lugar sito en las afueras de Carmona, hacia el NE. (fig. 437). Medía 3,60 metros de alto, y bajo él se halló una fosa de incineración, cuyas paredes estaban coloreadas de un rojo uniforme, no debido a la acción del fuego sobre la arcilla, sino a un verdadero enlucido hecho de intento, como un análisis determinó. Entre cenizas de madera —restos de la pira en la que se quemó, sobre la misma fosa, el cadáver— aparecieron algunos restos craneanos no consu-

midos por el fuego y cuya situación en la fosa denunciaban que el cadáver fué incinera-
do con la cabeza hacia el Este. A su derecha se hallaron algunos trozos de hierro mal

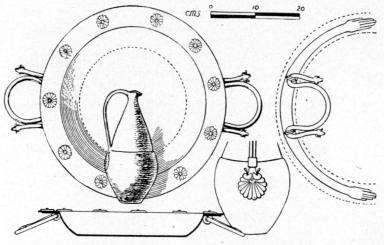

FIG. 438. — Contenido de la tumba reproducida en la figura anterior

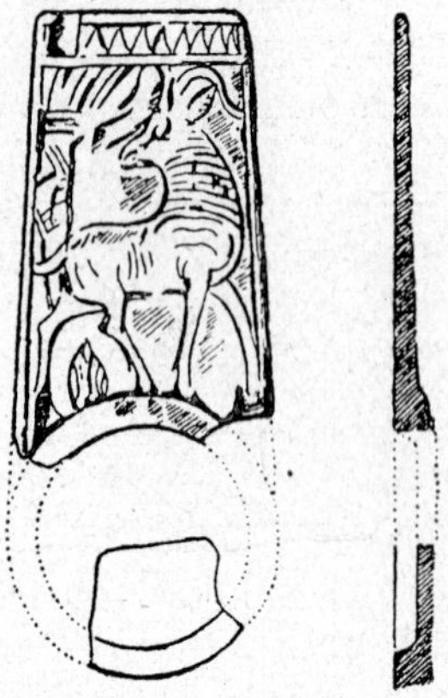

FIG. 439. — Carmona. Escudilla de marfil con grabados. Vista frontal y sección. — *Según Bonsor.*

conservados, dos puntas de lanza y un pequeño vástago de hierro con los extremos guar-
necidos de bolas e idéntico a otros hallados en El Bencarrón, Alcantarilla, El Acebuchal
y Cruz del Negro, en sepulturas igualmente de incineración. Se trata, sin duda, de un bra-
zalete de tipo céltico. Sobre el centro de la fosa había un brasero de cobre (figs. 437 y 438) en muy mal estado. Descansaba sobre las cenizas. Hacia los pies del enterramiento se halló, pero bajo la capa de cenizas, el bello oinochoe de bronce (figura 438). La distribución de estos objetos en la tumba puede verse en la figura 437.

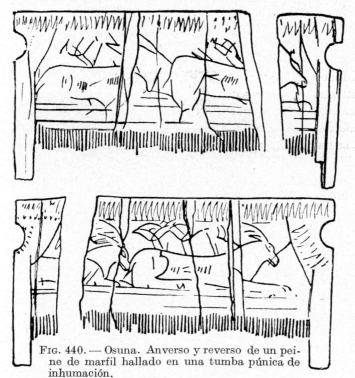

FIG. 440. — Osuna. Anverso y reverso de un peine de marfil hallado en una tumba púnica de inhumación.

El conjunto de los hallazgos exóticos en marfil muestra una gran unidad de estilo y época. Pertenecieron a tres clases de objetos: cajitas, peines y escudillas, con ornamentación grabada a buril muy fino. Las cajitas aparecieron deshechas, pero con las láminas de marfil, que las componían en buen estado por lo general. Probablemente en su tiempo irían pegadas a tablillas de madera, de las cuales, empero, no hay restos. Todas presentan, junto a motivos ornamentales frecuentes en lo oriental (palmetas, flores de loto, soguea-dos, trenzados, etc.), escenas de carácter simbólico compuestas de modelos y elementos igualmente orientales (asirios, chipriotas y egipcios en su mayoría). Fijémonos primero en las placas que decoraban las cajitas. En una (fig. 433) vemos un guerrero con yelmo, «chitón» y «knemides», luchando, rodilla en tierra y armado de lanza y escudo redondo, contra un león; detrás del guerrero, que luce, además, larga barba, un grifo alado parece protegerle y ayudarle. Dos de ellas, pertenecientes a una misma cajita (fig. 434), represen-tan un toro luchando contra dos leones que le acosan y una gacela atacada por otro león, pero defendida por la presen-cia protectora de un grifo. Otra escena semejante a la últi-ma vese repetida en dos tabletas más de una misma cajita (figura 435). En una (fig. 436) vemos un cazador o guerre-ro que se acerca a caballo a un par de gacelas, las cuales se hallan protegidas por el genio del grifo, que aparece entre la gacela madre (?) y la cría. En cuanto a los peines, mues-tran también, grabadas en ambas caras, escenas por el esti-lo: por ejemplo, león atacando a una gacela en reposo (figu-ra 416); león y gacela solos y echados, ambos con un pá-jaro en el lomo (fig. 415); león atacando a tres gacelas, en cuyo socorro viene un grifo (fig. 422); dos gacelas protegi-das por dos grifos, en situación simétrica (fig. 422), y otras semejantes (figs. 424, 425, 426 y sigs.). De las escudillas basta reproducir una para formarse idea de ellas (fig. 421),

FIG. 441. — Osuna. Ajuar de una sepultura púnica de in-humación. Compárese con el de la figura 424.

pero son pocas y de menor importancia artística. Además hay otras plaquitas distintas de composición y temas (figs. 426 y 430) y una gran cantidad de menudos fragmentos, restos de otras similares a las descritas. Todas ellas formaron parte de objetos de tocador a lo que parece. Por lo demás, su carácter simbólico, en el que es evidente la idea del alma en lucha contra el mal y defendida por el bien, explica su presencia en estos enterra-mientos en alusión a la vida de ultratumba y como ob-jetos apotropaicos (11).

Respecto a la fecha asig-nable a estos marfiles, que según algunos alcanzaría el siglo X, hoy día puede afir-marse que no pasan del VII siquiera y que lo probable es que sean del VI o poste-riores. Objetos hallados en Cartago, semejantes a otros

FIG. 442. — Vélez-Málaga. Collar y sello (desarrollado) procedente de una tumba púnica. — Según Berlanga

de Carmona, alcanzan incluso el siglo II, si bien hay que reconocer paralelos más próxi-mos entre las piezas ebúrneas de Carmona y otras egiptizantes de la primitiva Carta-go. De éstas es, por ejemplo, el peine en todo del estilo de los de Carmona hallado en una tumba de la colina llamada De Juno, que apareció con material remontable a los si-glos VII-VIII (12). Del mismo tipo son otros hallados en la propia Cartago, en Duimes y

Fig. 443. — Murcia. Santuario de La Luz. Ánforas púnicas, hoy en el Museo de Murcia.
Según F. Avilés

Dermech, lugares que, con la colina De Juno y Byrsa, han suministrado las tumbas púnicas más antiguas de Cartago (13). Sobre la procedencia originaria hay las dudas de siempre. Para unos son de fábrica fenicia (14); para otros, cartaginesa (15), y para otros, en fin, obra salida de talleres griegos de Egipto (16). La opinión de Poulsen es, sin embargo, decididamente favorable a su procedencia puramente fenicia, opinión que nos parece la única sostenible hoy día (17).

Al norte de Carmona, en Entremalo, Vientos, Parias, y al sur, en Alcaudete y los Alcores, han aparecido restos cerámicos púnicos, y en Alcantarilla otros iguales a los de la necrópolis púnica de Cartago. También en la Cruz del Negro se hallaron lámparas y escarabeos típicamente cartagineses. Además, pese a la aparente uniformidad del estilo, en los grabados pueden distinguirse, en ellos por lo menos, dos grupos que pudieran corresponder también a dos fechas distintas.

En el estrato inferior de las murallas de Osuna (provincia de Sevilla), no lejos, por tanto, de Carmona, halláronse en 1903 dos fosas excavadas en la roca y orientadas de Oeste a Este, ambas de inhumación, una con restos femeninos. De ella procede el peine de la figura 440, cuyos dibujos son similares a los de Carmona (18). De la otra salieron un ungüentario de alabastro semejante a otro hallado en El Acebuchal, de Carmona, (figura 427) y un collar de cuentecillas policromas de pasta vítrea (fig. 441). El alabastrón de Osuna y el de Carmona tienen también sus paralelos en otro de la colina De Juno, cuya fecha es, como hemos dicho, del siglo VII, por lo menos (19). Todo lo cual refuerza de nuevo la data asignada a estos hallazgos de España. Hemos de hacer, sin embargo, una advertencia, y es que la fecha del ajuar no siempre corre paralela con la supuesta para los peines, debido en muchos casos a que estos últimos, como objetos de lujo, per-

vivían, a lo largo del tiempo, más que la cerámica o los vidrios.

Collares de pasta vítrea.

Estos productos de la industria púnica y greco-egipcia, que servían a menudo de pacotilla para intercambiar con los pueblos ribereños del Mediterráneo, han aparecido en gran abundancia en España, principalmente, como es natural, en las propias factorías púnicas. Son, sobre todo, abundantes en Ibiza, cuyas necrópolis los han suministrado en cantidad enorme (véanse figuras 288 y 289). Pero los hay también en Cádiz, Ampurias y en distintos puntos del Algarbe (Bensafrim, Silves, Almogrebe, S. Barthomeu de Messines, Estombar, la antigua Ossonoba y Torre de Ares), así como en Vélez-Málaga. En esta última el hallazgo acaeció casual-

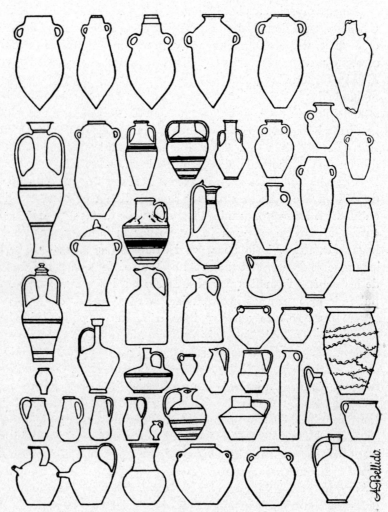

FIG. 444. — Diferentes tipos de cerámica púnica (en su mayoría de Ibiza) hallados en España. — *Según A. García y Bellido*

mente en el año 1874, en el que un labriego halló una sepultura dentro de la cual había una porción de cuentas de collar: unas de vidrio de colores y forma cónica, y otras redondas formadas por diversas piedras; entre ellas había algunas de lapislázuli (figura 442). Pero la pieza más importante de todas ellas es un cilindro de hematita de 18 centímetros de largo, en cuyo alrededor aparece grabada la escena reproducida en la figura 442, centro (20).

Estas perlas vítreas llegaron por el comercio interior, quizá no directamente, sino de mano en mano, hasta el interior de la meseta, como los numerosos hallazgos de las necró-polis de La Osera y Las Cogotas, en la provincia de Ávila, demuestran. Puesto que estas ciudades fueron al parecer destruídas por los cartagineses en la expedición de Aníbal a Salamanca, es natural que tales cuentas vítreas sean de origen púnico, ya que la vida de dichos lugares no alcanzó a la época romana.

Objetos de bronce: braseros y oinochoes.

Líneas antes hemos hablado del interesante hallazgo acaecido en uno de los túmulos de Carmona, en el de la Cañada de Ruiz Sánchez. De la capa de cenizas, residuo de la pira de cremación, surgieron un oinochoe y un brasero, ambos de bronce (figs. 437 y 438). El brasero, muy semejante en forma a los aun en uso entre nosotros, va provisto de dos asas giratorias terminadas en cabecita de carnero y sujetas por argollas a dos láminas, que, disimulando dos brazos abiertos y terminados en sendas manos, rodean el borde del brasero en semicírculo. En La Aliseda (Cáceres), en El Molar (Alicante) y Tútugi (Galera, Granada) se han hallado también braseros iguales, con los mismos brazos y manos extendidos. El de La Aliseda es de plata (fig. 404). El oinochoe mide unos 26 centímetros de alto y va ornado con una palmeta en el punto donde su asa se adhiere al cuerpo del vaso.

Procedente del dragado de la ría de Huelva es un oinochoe en bronce que ha llegado casi intacto a nuestros días y se custodia en el Instituto de Valencia de Don Juan, en Madrid. Es mayor (mide 36 centímetros de alto) y más bello que el de Carmona, al cual, sin embargo, se asemeja mucho por su forma y el estilo de su decoración; el asa, al llegar a la altura de la boca, se divide en tres cabezas de serpiente, y en su punto de arranque se resuelve en un capullo de lirio, del que parte una palmeta de once pétalos; de las volutas formadas por el lirio brotan dos vástagos terminados a su vez en dos capullos de lirio cerrados que semejan campanillas.

No obstante, uno y otro se diferencian en esto: que el de Carmona tiene boca trebolada y cuello cónico de líneas ligeramente abombadas, mientras el del Instituto de Valencia de Don Juan presenta boca circular y un cuello cónico normal; las palmetas también son distintas; más sencilla la de Carmona, así como el asa. Conócense varios oinochoes semejantes a los españoles aparecidos tanto en suelo etrusco y chipriota, como cartaginés (compárense con los del Museo Etrusco Gregoriano y los del Museo de Cartago, el del Museo del Louvre, procedente de Amathonte). Parecen ser obras de los siglos VII y VI (21).

Hagamos mención también de las llamadas «navajas de afeitar», de bronce, más propiamente hachas votivas (fig. 290), productos que, pese al aspecto egiptizante o griego de sus grabados, son puramente cartagineses y quizá etruscos, aunque hechos en Cartago. Las más antiguas son de mediados del siglo VI; las de Ibiza parte son del VI y del V, y las grabadas con trazos continuos parecen ser del siglo IV a. de J. C.

Hallazgos monetarios.

Los hallazgos de monedas cartaginesas en la Península, tanto de la Cartago propiamente tal, como de sus distintas colonias, han debido de ser muy frecuentes, pero, desgraciadamente, éstos no han sido registrados como debiera y hoy día desconocemos el número de ellos y la mayoría de los lugares de su aparición. Esta clase de hallazgos es de sumo interés para estudiar el comercio y las relaciones con el exterior; pero no interesan los hallazgos de moneda acaecidos en la misma ciudad de su acuñación, ni las de acuñación de época romana. Ciñéndonos, pues, a los pocos hallazgos conocidos con tales requisitos, mencionemos los nombres de Azaila, Tortosa, Sagunto, Cheste, Mogente, Mongó, Ibiza, Tosal de Manises, Cartagena, Villaricos, Granada, Alenquer (al norte de Lisboa) y otros muchos puntos más no precisados. En todos ellos han aparecido monedas púnicas, tanto cartaginesas como españolas, de Ibiza, Cádiz y Carthago Nova, de acuñación anterior al 206.

EL ARTE PÚNICO EN ESPAÑA

NOTAS

(1) Para la necrópolis de Túmugi y la figurita en cuestión, véase CABRÉ, *Memoria núm. 25* de la Junta Superior de Excav., principalmente pág. 26 (Madrid, 1920); el mismo, *La necrópolis de Túmugi*, en el *Bol. de la Soc. Esp. de Exc.* (1921), págs. 20 y sigs. Para la fecha del ajuar, A. GARCÍA Y BELLIDO, *Los hallazgos griegos de España* (1936), núms. 4 y 45.

(2) El sarcófago antropoide de Cádiz ha sido publicado multitud de veces en España y el Extranjero. Diólo a conocer primeramente BERLANGA, en el apéndice II a su obra *El nuevo bronce de Itálica*, lám. II, en litografía (Málaga, 1891). Simultáneamente se dió a conocer en Lisboa, Berlín y París. HÜBNER lo clasificó mal al darlo como «puramente arcaico». Algo tiene de ello, como los rizos del pelo y el tratado de la barba y bigotes; pero ello es propio, no del «arcaísmo puro», sino de su fase de transición, representada, por ejemplo, en los frontones del templo de Zeus, en Olympia, y en obras fechables poco antes de mediado el siglo v. Posteriormente fué publicado por PELAYO QUINTERO, en su artículo del *Boletín de la Soc. Esp. de Excursiones* (1914), y en la publicación posterior, pero con el mismo contenido y gráficos, titulada *La necrópolis anterromana de Cádiz* (Madrid, 1915).

(3) Por ejemplo, las de Sidón, descubiertas en 1914. Véase CONTENAU, *La civilisation phénicienne* (París, 1926), págs. 200 y sigs., figs. 57 y 58. Véanse otros ejemplos semejantes hallados en Siria y Chipre, en BOSCH GIMPERA, *Etnol. de la Pen. Ibérica*, fig. 214, y J. L. MYRES, en el *Journal of Hellenic Studies* (1897), págs. 166 y sigs.

(4) Las figuritas de Ibiza han sido publicadas varias veces. Las publicaciones más importantes son las de CARLOS ROMÁN, *Antigüedades Ebusitanas* (Barcelona, 1913), láms. I a XXXI, texto correspondiente, y ANTONIO VIVES, *La necrópolis de Ibiza* (Madrid, 1917). Sobre su cronología, véanse los paralelos aducidos por BOSCH GIMPERA, *Problemas*, etc., *Rev. Occidente*, núm. LX, pág. 323. En cuanto a las figuras similares de Carmona, véase BONSOR, *Los dioses de los Alcores*, *Mem. de la Soc. Esp. de Antrop. Etnogr. y Prehist.* (1924), pág. 175; el mismo, *La véritable origine de Carmona et les découvertes archéol. des Alcores*, *Rev. Archéol.* (1927), I, 285. Otra de la misma procedencia, pero en piedra y con ojos de estaño incrustados, guarda el Museo Episcopal de Vich. Véase GUDIOL, *Arqueol. Sagrada catalana* (Vich, 1902), pág. 37, fig. 16. El barro de Cádiz fué publicado por C. PEMÁN, *El pasaje tartéssico de Avieno* (Madrid, 1941), fig. 22, 3. Los de Alcoy los publicó CAMILO VISEDO, en *Mem. núm. 45* de la Junta de Excavaciones (Madrid, 1922), y en *Algunas supervivencias mediterráneas halladas en la Serreta de Alcoy*, en el *Homenaje a Mélida*, II, 151 (1934).

(5) Véase A. GARCÍA Y BELLIDO, *Los hallazgos griegos de España* (Madrid, 1936). Un resumen del tema, aquí, en la página 346 y sigs.

(6) XIV, 77.

(7) Véase para ello A. GARCÍA Y BELLIDO, *Los iberos en Sicilia*, *Emérita*, VII, 1.º y 2.º, 1939 (Madrid, 1940), págs. 72 y sigs.

(8) Fueron dados a conocer por P. PARIS, *Essai sur l'art et l'industrie de l'Espagne primitive*, I (París, 1903), pág. 326.

(9) MÉLIDA, *Arq. Esp.*, pág. 127.

(9 a) Fueron publicadas por P. PARIS, *Essai sur l'art et l'industrie de l'Espagne primitive* (París, 1903), tomo I, figs. 318-323.

(10) J. R. MÉLIDA, *Tesoro de La Aliseda*, *Bol. de la Soc. Esp. de Excursiones*, 1921, II, páginas 96 y sigs. La misma en las publicaciones del Museo Arqueológico Nacional. El mismo, *Der Schatz von Aliseda (Archäologischer Anzeiger*, 1928, 497 y sigs.).

(11) Todos los objetos extraídos por el señor BONSOR de Carmona fueron vendidos al Extranjero, como si los objetos arqueológicos salidos del suelo español no formasen parte integrante de nuestro patrimonio artístico. En estos y otros casos, los extranjeros que han excavado en España han dispuesto, por lo general, de sus hallazgos como bienes exclusivamente suyos. Para los marfiles grabados de Carmona véase: CARLOS CAÑAL, *Sevilla prehistórica*, Madrid, 1894, págs. 88 y siguientes, figs. 75-84; BONSOR, *Colonies agricoles pré-Romaines de la vallée du Bétis*, *Revue Archéologique*, V (1899), pág. 35; HÜBNER, *Objetos de comercio fenicio encontrados en Andalucía*, *Revista de Archivos, Bibliotecas y Museos*, junio 1900; BONSOR, *Early engraved Ivories*, New York, 1928; CONCEPCIÓN F. CHICARRO, *Notas sobre las placas de marfil grabadas de la Colección Peláez*, del Museo de Sevilla, en *Memorias de los Museos Arqueológicos Provinciales*, VI (1945), págs. 119 y sigs., y el mismo contenido en *Archivo Español de Arqueología*, 68 (1947), págs. 220 y sigs.

(12) El ajuar funerario de origen exótico hallado en las catorce tumbas intactas exploradas por Merlin en dicho lugar compónese de vasos corintios de comienzos del siglo VII y hasta una copa y unos *skyphoi* con motivos propios de la cerámica protocorintia, que remonta a pleno siglo VIII. Véase MERLIN, *Bulletin de la Société Nat. des Antiquaires de France* (1917), págs. 109 y sigs.; el mismo, *Fouilles de tombeaux puniques à Carthage*, en el *Bulletin archéologique* (1918), tirada aparte.

(13) Véase MERLIN, *Bull. Arch.*, loc. cit. p. 21, de la tirada aparte.

(14) DÉCHELETTE, *Rev. Archéol.*, II, p. 393.

(15) P. PARIS, *Rev. Archéol.*, 1908, ii, p. 319.

(16) JOULIN, *Rev. Archéol.* (1910), II, 234.

(17) Véase FR. POULSEN, *Der Orient und die Frühgriechische Kunst* (Berlín, 1912), pág. 53.

492 HISTORIA DE ESPAÑA

(18) A. ENGEL y P. PARIS, *Une forterésse ibérique à Osuna (Nouv. Archives des misions scientifiques,* XIII, 1906, págs. 357 y sigs.).

(19) Véase MERLIN, loc. cit., tumba núm. 8, fig. 4.ª

(20) El collar fué a parar a manos de un coleccionista de Málaga, donde estaba a fines de siglo. Véase BERLANGA, *Nuevo bronce de Itálica,* apéndice II, pág. 333 (Málaga, 1891), de donde es nuestro grabado.

(21) El de la ría de Huelva ha sido publicado por mí varias veces; véanse *Fenicios y Cartagineses en Occidente,* fig. 58 (donde aún desconocía su procedencia); *Ars Hispaniae,* I, fig. 146, y últimamente en el *American Journal of Archeology,* LII (1948), pág. 246, fig. 8. Para el de Carmona (figura 435), véase BONSOR, artículo de la *Rev. Archéol.* ya citado; para los de Cartago, PAUL GAUCKLER, *Nécropoles puniques de Carthage,* I, 1915, lám. 100 y pág. 114. También reproduce otros varios en barro. Para los etruscos, *Museum etruscum gregorianum,* 1842, I, lám. 42 (9, 9ª); MONTELIUS, *Civ. prim. Italie, Ital. centr.,* II, pág. 254, fig. 58; DÉCHELETTE, *Manuel,* III, 172; además P. JACOBSTHAL, *Rhodische Bronzekannen, Jahrb. Archäol. Instit.,* 1929, págs. 216 y 220; A. GARCÍA Y BELLIDO, *Relaciones entre el arte etrusco y el ibérico. Archivo Esp. de Arte y Arqueol.,* 1931, pág. 140.

IV
LA COLONIZACIÓN GRIEGA

POR

A. GARCÍA Y BELLIDO

CAPÍTULO PRIMERO

LAS PRIMERAS NAVEGACIONES DE LOS GRIEGOS A ESPAÑA ANTERIORES A LA COLONIZACIÓN FOCENSE

(Siglos IX-VII a. de J. C.)

SUMARIO: Los griegos históricos: Comienzos de sus exploraciones en el Occidente. Calcidios y rodios. — Reflejo de los primeros viajes por Occidente en los poemas míticos anteriores al año 600. La *Odisea*, Hesíodo, las *Kyprias*, Stesíchoros. — Tradiciones griegas semimíticas e históricas referibles a sus primeras navegaciones por los mares de la Península Ibérica: las Baleares y Tartessós, Tlepólemos, los rodios, Rhode y Rhoda. — Los primeros testimonios arqueológicos griegos en el Occidente extremo. — Testimonios rodios. El ciclo legendario de Heraklés y su propagación en el Occidente. La toponimia heráclida. La «Vía Herákleia». — Testimonios calcidios. Rutas marítimas. La vía interinsular a Tartessós. — Huellas culturales. El alfabeto calcidio. — Meidókritos.

Los griegos históricos: Comienzos de sus exploraciones en el Occidente: calcidios y rodios.

En líneas anteriores hemos puesto en evidencia y comprobado arqueológicamente cómo, durante la Edad del Bronce, fueron relativamente frecuentes los contactos entre el Mediterráneo occidental y la cuenca del Egeo, donde vivían los griegos una vida que, aunque elevada, caía aún en época prehistórica. Ahora vamos a verlos ya dentro de su historia actuando de un modo decisivo en el mismo sentido que sus predecesores. Los principios del Hierro en el Egeo vinieron acompañados de una tan intensa conmoción en el orden étnico y cultural, que hizo cambiar totalmente la faz de su historia. Naturalmente, esto no se cumplió sin graves repercusiones de toda índole. El período caótico y obscuro con que comienza Grecia a entrar en su historia escrita, trae consigo una pérdida casi absoluta de aquellas viejas relaciones, más mediatas que inmediatas, que durante la Edad del Bronce mantuvieron en contacto y relación ambos focos culturales extremos del Mediterráneo. Por el momento fueron únicamente los fenicios los que, sin duda, conservaron y fomentaron aquellas antiguas relaciones, beneficiándose, sobre todo, del comercio de metales, cuyo emporio occidental constituíalo por entonces Tartessós o Tarschisch. Parece como si los griegos, ocupados en los comienzos de aquella nueva etapa de su vida en buscar acomodo dentro del nuevo ámbito geográfico, sede de sus futuras grandezas y miserias, hubiesen perdido totalmente la pasada noción de aquellas tierras sitas a su occidente. Sin embargo, los hechos posteriores demuestran que este olvido no fué total. Cuando el orden y la estabilidad política permitieron a los griegos tender su mirada por las tierras y mares circunvecinos, cuando pudieron intensificar sus relaciones exteriores, vuelven a arar el mar con sus naves en busca de las lejanas

costas del Occidente, atando a sus nuevos afanes las viejas experiencias de sus precursores.
El sur de Italia y la isla de Sicilia fueron de nuevo meta de sus rumbos; éstas, andando el
tiempo, se transformarán en una Magna Grecia. Tal redescubrimiento de los parajes más
occidentales del mar Jónico abrió las puertas de entrada al amplio seno Sardo y Balear,
que muy pronto debieron surcar. Sus primeras navegaciones vinieron acompañadas de
un gigantesco impulso comercial y de una actividad marinera sólo comparable a la desarrollada en los siglos XV y XVI por españoles y portugueses. Gracias a ello, el lejano mar
de Occidente volvió a abrirse ya de una vez para siempre y a ser parte importante en la
historia del mundo antiguo. Veamos cuándo y cómo llegan los griegos históricos a las
tierras bañadas por el Mediterráneo occidental.

Mediado el siglo IX, navegantes jonios, oriundos de Calcis y Eretria, en Eubea, fundan una colonia, la de Kyme, la Cumae de los romanos, valientemente clavada lejos de
sus hogares metropolitanos, en pleno mar Tirrenio, unos kilómetros al norte de la actual
Nápoles, frente por frente de Cerdeña. El valor y el significado que este hecho, casi inverosímil, tiene para la historia cultural del Mediterráneo occidental, es enorme. Ello
nos prueba que los intereses griegos creados por el nuevo estado de cosas miraban desde
el principio, y primordialmente, al lejano Occidente, adonde iban conducidos, no sólo por
los recuerdos de viajes y emporios ancestrales, sino también por el ejemplo de las navegaciones fenicias, que entonces tenían ya una base comercial firme en Gádir, en las bocas del
Atlántico, y un cierto número de intereses en Sicilia. Al constituirse Kyme en la primera colonia griega de Italia, el navegante heleno había hecho acto de presencia en la mitad
occidental del Mediterráneo, el cual no tardará en ser incorporado totalmente a su *oikoumene*. Este acontecimiento, usando de la máxima prudencia en las fechas, puede situarse
sin temor, por lo menos, hacia el 800 a. de J. C. (1).

Kyme fué el punto de partida de una asombrosa actividad colonizadora. Rasgado el
misterio, los griegos, y a su cabeza los mismos jonios calcidios, comienzan a pulular por
el nuevo mar, estableciendo, en primer lugar, nexos o lazos intermediarios entre la nueva
colonia y la metrópoli. A los jonios de Calcis y Eretria síguenles los dorios del Peloponeso,
de Creta, los aqueos de la Lócrida. Así, poco más tarde de la creación de Kyme, vemos
poblarse de factorías y colonias griegas todas las playas suditálicas y sicilianas bañadas
por las aguas del mar Jónico y el mar Sículo. Surgen unas colonias tras otras. A la calcidia
Kyme síguela Naxos, fundada por gentes del mismo origen, en 735, al pie del Etna. Un
año más tarde la sucede Ortygía, cuna de la gran colonia dórica, de la opulenta Siracusa;
luego, Mégara Hyblaia, doria también; Leontinoi, Katana —éstas de estirpe jónica—,
alineadas todas ellas en la costa siciliana del mar Jónico y nacidas hacia el 730. Los jonios calcidios, necesitando dominar la llave del estrecho que da entrada al mar Tirrenio,
donde ya tenían el punto avanzado de Kyme, fundan Zankle (llamada después Messana),
en la misma fecha. Nueve años después surge, en el sur de Italia, sobre las costas del
mar Jónico, la aquea Sybaris (721); luego, Taras (Tarento), Kroton (Crotona), Locri,
nacidas hacia el 708; doria Taras, aqueas las otras dos. Con el fin de vigilar ambas orillas
del estrecho de Zankle, nueva hornada de gentes jonio-calcidias plantan frente a ellas,
en la costa itálica, Rhegion, fundada el 708 también. Poco antes los mismos de Zankle
fundan la subcolonia de Mylai (716), asomada por entero al nuevo mar Tirrenio. Hacia
el 700, los rodios, con los cretenses, dorios como ellos, se establecen también en Sicilia,
dando el nombre de Gela a su primera colonia, sita ya frente a las costas cartaginesas,
vigilando el otro paso al Mar Sardo. Así, en menos de medio siglo, con las fundaciones

de jonios, dorios y aqueos una nueva Grecia había nacido a las puertas del mar occidental.

Los testimonios de orden arqueológico demuestran que, antes de la fundación de estas colonias, sus comarcas eran ya visitadas por comerciantes activos. El colono, más positivo y cauto que los exploradores, piratas o negociantes ocasionales, no se establece si antes no está bien informado del porvenir de las tierras que ha de colonizar. A las fundaciones citadas, todas ellas del último tercio del siglo VIII, precedieron, con mucho, viajes aislados de exploración o de aventura, tanteos y creaciones de emporios provisionales, en muchos casos simples refugios de aventureros (el caso de Zankle), embriones de las futuras colonias.

La llegada de los griegos a las costas tirrenias y sicilianas, y las consiguientes fundaciones en ellas efectuadas, trajeron consigo, y como consecuencia inmediata, el tráfico con los pueblos indígenas que habitaban en sus orillas. Fué entonces cuando a las vagas noticias geográficas que acerca de las tierras y mares occidentales tuviesen los griegos —en particular por conductos fenicios— se unieron informaciones más precisas y concretas, recibidas esta vez de los propios moradores de las tierras que acababan de visitar y colonizar. Una de las características más notables de la pasada Edad del Bronce, por lo que al intercambio recíproco de los pueblos ribereños del Mediterráneo occidental se refiere, constituyóla el mutuo y perfecto conocimiento que entre ellos existía de tiempo atrás. Italia, Sicilia, Baleares, Cerdeña, Córcega, las costas de la Península Ibérica y el norte de Africa no se ignoraban entre sí. Los hallazgos oriundos de unos círculos culturales dentro de otros, las líneas generales del desarrollo de estos círculos o facies, tan íntimamente relacionados, son las mejores pruebas de este intercambio de signo esencialmente marítimo que unía unas islas con otras y éstas con las costas continentales de sus márgenes. Esto, que es evidente para la Edad del Bronce, acentuóse en los albores de la del Hierro, máxime cuando ya desde sus comienzos un pueblo de navegantes y mercaderes, el fenicio, servía de vehículo entre las distintas costas del mar Sardo; tanto Sicilia como Córcega, Tartessós como Italia y, sin duda también, la Provenza, eran frecuentemente visitadas por ellos antes que los griegos llegasen a sus playas. Informados los helenos por los indígenas, conocieron pronto los secretos de aquel amplio seno marítimo a cuyas puertas se hallaban instalados. Con los informes recogidos, no cabe dudar que ya en la segunda mitad del siglo VIII, o todo lo más tarde en sus postrimerías, los griegos pudieron navegar por todo el mar de Occidente, yendo de isla en isla y de éstas a las más lejanas costas por donde se ponía el Sol y donde, como sin duda sabían también, iban a recoger riquezas minerales los traficantes y marinos fenicios de mucho tiempo atrás.

Pasado el estrecho angosto fianqueado por las dos colonias calcidias de Zankle y Rhegion, el nuevo mar abríase para los griegos como un campo dilatado propicio a sus aventuras y negocios. Ya en aquella época eran conocidos los grandes navíos de cincuenta remos, los *pentekóntoros*, citados en la *Ilíada* y la *Odisea* (2), de sólida construcción, gran autonomía y bien dispuestos para las navegaciones largas y de altura (figs. 445 y 446). La aparición de aquellas potentes naves debió producir entonces una verdadera revolución en las cosas del mar, algo semejante a la que originaron en el siglo XV las carabelas. En este aspecto, como en tantos otros, el paralelismo de estas dos grandes etapas de descubrimientos geográficos es verdaderamente notable. El espíritu inquieto de los primeros navegantes helenos hubo de impulsarles de modo irresistible a explorar aquellas soleadas costas, idénticas en clima, frutos y aspecto a las suyas propias. Deseosos de adelantarse unos a otros en una no siempre noble competencia, sin miedo a lo desconocido, llevando como norte el afán de lucro, las fáciles ganancias o la arriesgada rapiña, comenzaron a

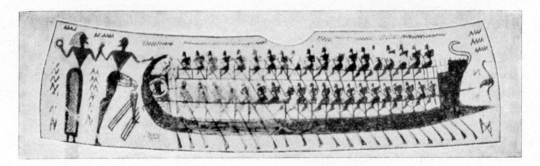

FIG. 445. — Pentekóntoro griego del siglo VIII. De un vaso del estilo geométrico final conservado en el Museo Británico

navegar por el mar Tirreno, el mar Sardo, el mar Balear, el mar Tartessio, viendo gentes nuevas bien dispuestas al ventajoso intercambio, descubriendo caudalosos ríos, ín-

FIG. 446. — Gran navío griego de altura pintado en un vaso del estilo geométrico final (siglo VIII) conservado en el Museo de Tarento. — *Según Payne, Protokorinthische Vasenmalerei* (lám. III).

dices de tierras profundas y dilatadas, hallando grandes islas habitadas por pueblos bárbaros, fáciles de dominar y explotar, o frecuentadas rutas comerciales de seguras y ricas presas.

Reflejo de los primeros viajes por Occidente en los poemas míticos anteriores al año 600. La «Odisea», Hesíodo, las «Kyprias», Stesíchoros.

Los poemas contemporáneos, en especial la *Odisea*, reflejan vagamente este nuevo mundo abierto ante los ojos de los griegos y aquel espíritu audaz y de aventura que les llevó a explorarlo y recorrerlo en todos sentidos. Pero como en realidad nada concreto a nuestro fin puede descubrirse en esos poemas, salvo la evidencia de su fondo histórico referible a las navegaciones por el mar de Occidente (3), buscaremos en otras leyendas, de fondo más concreto, aquellos testimonios que aclaren en lo posible este oscuro período en que los helenos comenzaron a navegar por nuestros mares (4).

Es en Hesíodo (hacia el 700) donde hallaremos datos más precisos demostrativos de una mayor claridad en el concepto geográfico de los confines occidentales del mundo antiguo. Su alusión a Italia y Sicilia, donde coloca las aventuras de Ulises, es el resultado de las navegaciones primeras de los calcidios (Kyme, Naxos, etc., datables, por lo menos, en el siglo VIII).

La cita de los tirrenios y latinos es reflejo de las navegaciones calcidias y rodias. Del Estrecho tiene una noción que se halla explícita en sus localizaciones de los mitos de Heraklés y Perseo, de las Gorgonas y de las Hespérides «de voz sonora», de Atlas y Erýtheia. Las Hespérides y las Gorgonas sitúalas «más allá del ilustre Océano». El fuerte Heraklés dió muerte a Orthos y al boyero Eurytion en un sombrío establo de Erýtheia, isla sita «en medio de las olas», «cuando el héroe atravesó el Océano». Atlas sostiene el cielo «en los confines de la Tierra».

En las *Kyprias* (siglo VII) y en Stesíchoros (hacia el 600) hay nuevas alusiones a los lejanos parajes de Occidente en relación, también, con el mito heráclida. Después las referencias van adquiriendo un aspecto cada vez más histórico. El viaje de Kolaíos, hacia el 650, es ya una narración de tipo puramente histórico, como veremos a su tiempo.

Tradiciones griegas semimíticas e históricas referibles a sus primeras navegaciones por los mares de la Península Ibérica: las Baleares y Tartessós, Tlepólemos, los rodios, Rhode y Rhoda.

Viejas tradiciones recogidas por ciertos historiógrafos decían que antes del cómputo por olimpíadas (la primera se fecha en el 776), navegantes rodios se habían aventurado en la época de su *thalassokratía* por los mares lejanos de Occidente, llegando hasta España y fundando en ella a Rhode, al pie de los Pirineos. Remontándose en sus recuerdos aun más atrás, referían que ciertos dorios de Rodas, tras las guerras troyanas, llegaron a instalarse en las Islas Baleares. Estas interesantes tradiciones han llegado a nosotros gracias a Estrabón (5), quien además nos habla de las otras fundaciones rodias contemporáneas en el sur de Italia.

En el poema de Lykóphron (escrito hacia el 270 a. de J. C.), *Alexandra*, recogiendo viejas tradiciones de fondo histórico indudable, se alude poéticamente a aquella colonización temprana de las Baleares. La adivina Casandra (Alexandra), hija de Príamo de Troya, profetiza cómo parte de los griegos arribarán en sus naves a las «rocosas» Gymnesías, donde vivirán miserable vida, desnudos, armados con hondas y no comiendo pan si antes no han logrado derribar con ellas el pedazo colocado lejos, sobre un palo (6). A renglón seguido alude a la prolongación de estos viajes hasta cerca de las «puertas de Tartessós», es decir, a las columnas de Hércules o Estrecho de Gibraltar.

Otra versión del mismo tema hállase en el epítome de Apolodoro (siglo I a. de J. C.),
donde se dice que las gentes del héroe rodio Tlepólemos —un heráclida—, tras el saqueo
de Troya, arribaron a Creta, desde donde, apartados por los vientos, llegaron a las islas
ibéricas y allí se establecieron (7). Formas legendarias semejantes, y que enmascaran
hechos históricos, hay también para las islas de Córcega y Cerdeña, en las que los *nostoi*,
o regreso de los héroes troyanos a sus hogares, juegan un papel muy parecido. La *Eneida*
es una forma tardía de esta misma serie de tradiciones.

En estas referencias de tipo legendario, y oriundas probablemente de Rodas, encontrámonos ante un reflejo de navegaciones muy remotas por nuestros mares. En ellas

FIG. 447. — Oinochoe geométrico hallado
en el Bassin du Carénage, Marsella. Museo Borély.

FIG. 448. — Anforisco geométrico
de Saint-Marcel, Marsella. Museo Borély

parece posible rastrear dos estadios distintos en su proceso de leyendización: uno, el más
histórico, en el que estas navegaciones, perdido ya el recuerdo de su fecha, se colocan vagamente en tiempos anteriores a las olimpíadas (antes, por tanto, del 776); otra, más
deformada e influída por las narraciones novelescas de los *nostoi* (último grupo del ciclo
troyano, muy afín al carácter aventurero de aquellas prodigiosas e históricas navegaciones), relaciona éstas con el héroe rodio Tlepólemos o, sin dar nombre alguno, con los
acontecimientos inmediatamente posteriores a la caída de Troya.

Los escritores antiguos aun nos han dado más detalles sobre la participación rodia
en las primeras empresas del Mediterráneo occidental: Plinio transmítenos otra noticia
según la cual a orillas del Ródano tuvieron aquéllos una ciudad de nombre Rhoda,
de la que el naturalista no dice más sino que ya había desaparecido *(at que ubi Rhoda
Rhodiorum fuit)* (8). Como acabamos de ver, algo más al Oeste, la colonia griega de
Rhode era reputada también como colonia rodia. Sobre la fecha de su fundación hay esta
interesante noticia, recogida de Éforo o de Timeo (siglo IV) (9), según la cual Rhode fué
fundada en tiempos de la *thalassokratía* rodia, es decir, en el siglo IX, siendo, por tanto,

anterior al cómputo por olimpíadas y coincidiendo en ello con la referencia cronológica del otro texto de Estrabón ya citado.

En resumen: según cierta versión, ya corrompida por la leyenda, los rodios tocaron en las Baleares hacia el siglo XII (Troya, Tlepólemos, los *nostoi*); según otra, la fundación de Rhode en el Pirineo tuvo lugar durante la *thalassokratía* doria (calculable entre el 900 y el 876); y, por último, aquélla de Estrabón en la que estos hechos son fijados, prudentemente, poco antes de las olimpíadas (776), es decir, en números redondos, hacia el 800. Pues bien; debe descartarse como inaceptable, desde luego, la primera, siendo dudosa la segunda, y plenamente posible la tercera. Así, pues, es muy verosímil la presencia

Fig. 449.—Hidria geométrica de la antigua Olbia. Museo de Hyères

Fig. 450. — Lequito protocorintio de la antigua Olbia. Museo de Hyères

de los primeros rodios en Occidente ya a mediados del siglo IX (época de su *thalassokratía*); pero es de suponer que su actividad no se hiciese sentir hasta el siglo VIII. Pudo ser entonces cuando se fundase en el Ródano aquella colonia de Rhoda de que nos habla Plinio, y en las estribaciones de los Pirineos la de Rhode, cuya fundación, según ciertos textos ya citados, tuvo lugar cuando los rodios eran potentes en el mar (siglo IX). Desde luego, como vamos a ver en seguida, ciertos objetos griegos de la primera mitad del siglo VIII, que han sido señalados en Provenza, confirman plenamente la posibilidad histórica de la fecha transmitida por los textos de carácter legendario acabados de citar.

Los primeros testimonios arqueológicos griegos en el Occidente extremo.

Tomados en consideración los testimonios literarios ya citados en el párrafo anterior, indaguemos lo que haya de cierto en ellos, utilizando como base de partida el testimonio arqueológico. De las costas de Provenza proceden los siguientes claros indicios de un comercio con griegos, datable ya en el siglo VIII: un oinochoe geométrico (fig. 447), probablemente cicládico, de la primera mitad del siglo VIII y procedente del Bassin du Carénage; un anforisco geométrico, quizá ático, y de la misma fecha, hallado en las cercanías de Marsella (fig. 448); una hidria pequeña, también geométrica (fig. 449), y un lequito protocorintio (fig. 450), ambos hallados en la localidad de la antigua Olbia y conservados en el Museo de Hyères; unas fíbulas de bronce halladas en Gard, de tipo heládico e im-

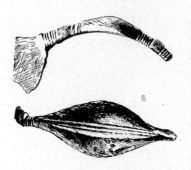

portadas en el siglo VIII (fig. 451). Y, finalmente, como dudosa, una taza procedente del Étang de Berre (fig. 452), semejante en forma a otras halladas bajo el Heraion de Sasmo en un nivel correspondiente al siglo VIII (10). Que sepamos, no existen pruebas arqueológicas de estas fechas en las Baleares y costas firmes de la Península Ibérica. Pero por ahora sirven de testimonio indirecto más fehaciente los hallazgos citados de la región de Marsella (11).

Es, por tanto, clara la existencia de un tráfico comercial griego con las tierras del lejano Occidente, por lo menos desde la primera mitad del siglo VIII, es decir, antes que la fecha más baja aceptada, aunque provisionalmente, para la fundación de Kyme, la primera colonia griega de nuestra cuenca mediterránea. La posibilidad

FIG. 451.—Fíbulas griegas arcaicas halladas en Gard. Museo de la Sociedad Arqueológica de Montpeller.

histórica de aquellos primeros y remotísimos viajes rodios a las Baleares y Tartessós y de aquellas fundaciones de Rhode y Rhoda —de todo lo cual, como ya se ha visto, hablan ciertas tradiciones más o menos deformadas y corrompidas por las leyendas— queda, pues, con estos testimonios arqueológicos, probada.

Testimonios rodios. El ciclo legendario de Heraklés y su propagación en el Occidente. — La toponimia heráclida. — La «Vía Herákleia».

Un aspecto susceptible de ser interpretado en favor de la probable aportación dórica (de que nos hablan los textos) al descubrimiento del Occidente es el de la temprana localización de cierto número de episodios del ciclo legendario heráclida, dórico por tanto, en la Península y regiones vecinas. La leyenda, al menos desde Hesíodo (hacia el 700) —quien, como vimos, ya poseía informes ciertos sobre el Océano exterior occidental—, coloca la victoria del «fornido Heraklés» sobre el «tricípite Geryón» en las tierras del lejano Occidente (12). En ellas sitúa también a Atlas (13) y la mansión de la «terrible Styx» (14). Poco más tarde, en Stesíchoros (hacia el 600), la leyenda halla una localización más precisa; Estrabón (15) nos ha conservado un fragmento del poema *Geryonís*, en el que aquél cantaba el viaje de Heraklés a Occidente. El fragmento dice que en Tartessós —de cuyo río nos da las primeras noticias— fué engendrado el «pastor de

FIG. 452. — Taza jónica del Étang de Berre. Museo des Antiquités National

bueyes» Geryón. Stesíchoros vivió y compuso sus poemas en Sicilia, en la colonia dórica de Himera, adonde, sin duda, llegaban con frecuencia noticias del sur de España por medio de los viajeros rodios, peloponesios o cretenses, y quizá también de los primeros navegantes fóceos. En las *Kyprias* (siglo VII) se hace alusión a lo mismo. De un siglo más tarde, aproximadamente, fragmentos de Peisandros de Camiros, dorio de Rodas; de Panyasis de Halicarnaso, también dorio, y de Pherekides, de Atenas, sobre todo de este último, nos hablan igualmente de Heraklés en su relación con el Occidente y Tartessós (16). Esta elaboración mitológica, que iba tomando cuerpo desde el siglo VIII-VII conforme se abría el Occidente a los griegos, daba libre entrada a la fantasía. Por eso no es de extrañar que el logógrafo Hecateo de Mileto, hombre de ciencia y geógrafo escrupuloso, protestase ya contra estas localizaciones arbitrarias y abusivas de Heraklés en Tartessós e intentase reducir el mito a su prístino ambiente geográfico (17).

Se ha solido explicar esta presencia de Heraklés en Occidente como debida a influjos fenicios, ya que éstos trasladaron el culto de Melkarte a las costas del mediodía de la Península. Pero sin negar tal influencia, no cabe duda que en esta temprana localización del mito heráclida hubo una colaboración eminentemente griega, debida a la presencia de gentes dorias (rodios, peloponesios, cretenses) en los primeros viajes y exploraciones.

El nombre de «Herakléous Stélai», que desde los más remotos tiempos designaba entre los griegos al Estrecho de Gibraltar; el de «Herákleia», que llevó en tiempos muy antiguos una ciudad de las proximidades de Algeciras (18); el de «Herakléous nésos», que perteneció, al parecer, a la isla arenosa de Saltés, frente a Huelva (19), y el de otra «Herakléous nésos» que el mismo Estrabón recuerda para la de «Scombraría», actual Escombrera, frente a Cartagena (20), son quizá restos toponímicos muy viejos de la antigua participación de gentes dorias (rodias, cretenses o peloponesias) en la apertura de los ricos mercados del lejano Occidente. Además, la frecuente presencia de Heraklés en los orígenes legendarios de algunas ciudades de Occidente (Sagunto, Nimes, Mónaco, Niza y la antigua Herákleia Caccabaras, y alguna más), aunque parece reciente, son recuerdos quizá de una antigua vía comercial doria, de la que ya hemos visto hay posibilidades arqueológicas (21). El seudo Aristóteles habla de una «Vía Herákleia» que de Italia llevaba al país de los celtas, de los celtoligures y de los iberos (22), dando a entender la existencia de una ruta comercial costera que por la Provenza llevaba a España y que es posible se refiriera a la de los primeros navegantes dorios de que ya hemos hablado (véase el mapa de la figura 453). El nombre de «Vía Hercúlea» con que se designaba la vía litoral que en tiempos romanos llevaba hasta Gades, no tiene otro origen.

También al otro lado de las Columnas el mito de Heraklés tuvo, como se sabe, gran importancia; a él se refieren las leyendas de Anteo, Atlas, las Hespérides y el papel jugado en el origen de Tingis (Tánger) y de la dinastía mauritana, a la que perteneció Juba, así como en los orígenes de Lix o Lixus (23).

Caso, sin duda, algo más que coincidente es el hecho de que la propia Rodas, metrópoli de aquellas colonias legendarias de Rhode y Rhoda, se llamase primitivamente, según Estrabón (24), Ophioussa, es decir, lo mismo que en tiempos remotos se llamó a la Península o a parte de ella (25) y una de las Baleares (26); pero además esta particularidad: que las «Gymnesíai» (Baleares) sean en Plinio (27) Gymnaside, y en Isidoro de Sevilla (28) Gymnasiae, en cuyas grafías extraña la *a* dórica, doblemente curiosa en esta zona, donde dominaron definitivamente los jonios de Fócea y Massalía (29). El mismo caso hallamos en el toponimio mencionado por Avieno (30) de *Mons Malodes*, que corresponde al griego Μαλῶδες (de μᾶλον = μῆλος), es decir, con *a* dórica (31). El *Mons Malodes* estaba no lejos de la colonia de Rhode, al pie de los Pirineos, colonia que, como ya se ha dicho, era tenida por fundación de los rodios.

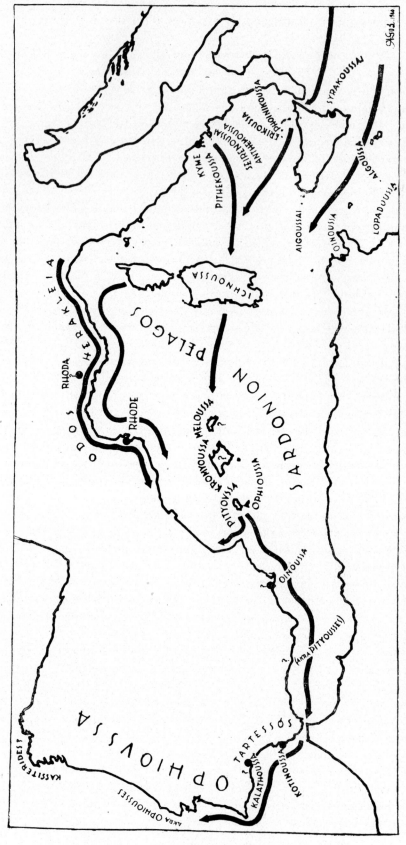

Fig. 453. — Mapa que muestra en esquema la ruta en -*oussa* del puente de islas y la «Vía Herákleia» con sus fundaciones rodias.
Según A. García y Bellido

Testimonios calcidios. Rutas marítimas. La vía interinsular a Tartessós.

Por dos vías marítimas podían llegar los griegos a nuestras costas insulares y peninsulares: bien viniendo de las bocas del Ródano, a lo largo de la Provenza y Cataluña, o bien partiendo del sur de Italia o Sicilia, por el puente de islas (Cerdeña, Baleares), hasta el cabo de La Nao, y de allí, en ruta costera, a las Columnas Herácleas y Tartessós. No era posible otra vía, pues la del África Menor fué siempre virtualmente impracticable para los griegos, por costear feudos sujetos a Cartago. De la primera tenemos las pruebas arqueológicas ya citadas del sur de Francia, presentes desde comienzos del siglo VIII, más las noticias, también recordadas líneas atrás, de una Rhoda en la desembocadura del Ródano, y otra Rhode al pie de los Pirineos, ambas colonias o factorías de los dorios de Rhodas y fundadas, al parecer, en fechas muy remotas, probablemente hacia el siglo VIII. De la ruta interinsular, por el contrario, no hay ni pruebas arqueológicas aducibles por el momento, ni menciones de textos antiguos que nos hablen precisamente de ella (pruebas indirectas son, sin embargo, las menciones escritas de los rodios en las Baleares). Mas casualmente, y gracias a un cierto número de toponimios muy antiguos, en parte datables ya en esta primitiva época, y conservados esporádicamente en distintos autores, se puede reconstruir con tal claridad aquella primera vía interinsular, que cabe decir se halla tan bien documentada como la provenzal, a pesar de no haber dado aún pruebas arqueológicas.

La ruta interinsular que, como un puente, lleva en línea recta de la Campania, o Sicilia, donde estaba la más vieja colonia griega de Occidente, al avanzado promontorio del cabo de La Nao, en la costa oriental de la Península Ibérica, fué sin duda una de las primeras utilizadas por los griegos (calcidios o rodios) en sus viajes y prospecciones por los mares del occidente mediterráneo. Era, además de la más cómoda (por ser directa), la más fácil, por eludir las costas etruscas y ligúricas y ser el camino natural señalado por las corrientes y vientos. Sin duda, los griegos no hicieron con ello sino seguir en sus naves las viejas rutas ya de antiguo surcadas por los indígenas y que ponían en comunicación Italia y Sicilia con Cerdeña, Baleares y la Península Ibérica. Pero hay una serie de datos en la primera toponimia de este derrotero que confirman de modo altamente satisfactorio su supuesta existencia. Ya se había notado (32), tanto en Italia y Sicilia como en las Baleares y costas meridionales de la Península, la insistente presencia de ciertos nombres de lugar terminados, al modo de otros jonios de Asia Menor, en «oussa» (οὖσσα) (33).

En el Occidente, la ruta marítima del vado de islas está atestiguada por estos otros toponimios, emparentados sin duda con los de Asia Menor (véase el mapa de la figura 248): en las cercanías de Kyme, colonia de los jonios de Calcis y Eretria, *Pithekoussa* (isla de Ischia), *Seirenoussai* (los tres islotes rocosos deshabitados, Li Galli, pegados a la costa septentrional del golfo de Salerno) y *Anthemoussa* (quizá otro nombre de los mismos). En Sicilia no son tampoco raros; una de las dos islas más occidentales del archipiélago Eólico llamóse *Erikoussa* (actual Elicudi), y la otra, *Phoinikoussa* (Filicudi). De las Pelágicas, entre Malta y Túnez, Lampedusa aun conserva poco alterado su antiguo nombre de *Lopadoussa*, y *Algoussa* es la actual Linosa; entre las Egadas, en el extremo occidental de Sicilia, la actual Lavignana llamóse por los antiguos *Aigoussa*, así como, en general, todo el archipiélago *(Aigoussai o Aegates)*. Además, recuérdese que la más importante de las ciudades de la isla de Sicilia se llamó *Syrákoussa* (actual Siracusa).

Tan numerosos como en Italia y Sicilia son también en España y sus islas mediterráneas estos nombres tópicos antiguos en «oussa». Partiendo indistintamente de uno o de otro foco colonial griego, el primer escalón o tramo del mencionado puente insular de la vía a Tartessós, era Cerdeña, que en tiempos remotos, dicen los textos, llevó el nombre de *Ichnoussa*. De ella el salto a las Baleares está atestiguado por los antiguos nombres conservados de sus islas. Así, los viejos testimonios escritos citan los de *Meloussa, Kromyoussa* (34), quizá Mallorca y Menorca, respectivamente; *Pityoussa*, Ibiza (35); *Ophioussa*, Formentera (36). Del archipiélago balear pasaba este itinerario en «oussa» a las costas del sur y sudeste de la Península, donde se situaban los siguientes nombres: *Oinoussa?* (37), probablemente, algún punto cercano a Cartagena; sigue, en el mediodía andaluz, un supuesto *«akra Pityousses»*, que parece coincidir más con el cabo Sacratif que con el Sabiñal (38). Pasadas las Columnas Herácleas, menciónase una isla *Kotinoussa*, sin duda Gades (39), y una bahía *Kalathoussa*, la de Huelva? (40). En pleno Atlántico, un *«akra Ophiousses»* ha de identificarse con el cabo Roca (41). Finalmente, la Península Ibérica parece ser fué llamada también en su totalidad *Ophioussa* (42). El mismo Tartessós (Tarschisch para los fenicios) muestra una terminación característica de la toponimia del sudoeste del Asia Menor, precisamente en la zona continental más próxima a Rodas (43).

Como aquellos nombres en «oussa» son de origen micrasiático, se vió en ellos una excelente prueba a lo que los textos decían acerca de la colonización fócea en el Occidente. Sin embargo, son muy anteriores a los fóceos y debe datarse en los tiempos de las primeras navegaciones de los calcidios y rodios (siglos IX-VIII). Hay estas razones: en primer lugar, los nombres en «oussa» parten en rigor de la colonia jonio-calcidia de Kyme, o de las sicilianas, donde hemos visto que abundan; además, ni en el sur de Italia ni en Sicilia actuaron los fóceos como exploradores ni como fundadores. Fócea vino tarde a Occidente para colaborar en la helenización de Italia meridional y Sicilia. Éste fué uno de los motivos por los que emprendió la colonización de las más lejanas costas, aun casi vírgenes, de España y Francia. Sólo tras la derrota de Alalíe (hacia el 535) llegaron algunos prófugos a fundar Hyle, en Lucania. De ser toponímicos de origen fóceo, como se ha pretendido, era lógico esperar las mismas terminaciones en alguno, por lo menos, de los toponimios griegos de las costas provenzales o catalanas, donde, como se sabe, tuvieron los fóceos numerosas colonias; y la verdad es que no existen ejemplos de ello. Históricamente hay, además, este argumento para considerar el cúmulo de toponimios en «oussa» como anterior a los fóceos: el establecimiento de los cartagineses en Ibiza, a mediados del siglo VII (654 a. de J. C.), amenazó de modo tan audaz esta antigua travesía, que los nautas griegos hubieron de abandonar la cómoda vía interinsular y buscar otra más segura por el Norte, costeando las playas levantinas de la Península para enlazar en el cabo de La Nao con la vía tartessia. A esto debióse, igualmente, el esfuerzo de los massaliotas, algo más tarde, por establecerse en las costas catalanas y levantinas (Emporion, quizá Pyrene, Kallípolis y Kypsela, Alonís y hasta probablemente una primitiva Akra Leuké).

Huellas culturales. El alfabeto calcidio.

Prueba y testimonio de la importancia que desde un principio tuvo la participación de los calcidios en la apertura al comercio y la civilización del Occidente es, sin duda, una serie de fenómenos de tipo cultural que vemos aparecer entre los pueblos indígenas que habitaban a lo largo de la costa mediterránea, y cuyos orígenes hay que suponerlos en fechas indudablemente lejanas. ¿En qué momento cabe situar la introducción del torno del alfarero, ya en uso general entre los iberos hacia el año 500? ¿Cuándo y por quiénes se introdujo el alfabeto? ¿Y la técnica de la fundición en pleno, tan usada por los iberos en la fabricación de los millares de estatuitas votivas de sus santuarios? ¿Y el arte y técnica, tan finos, de su pintura cerámica? El hecho de que los primeros testimonios de estos progresos culturales no puedan retrotraerse por el momento a fechas anteriores, en general, al comienzo del siglo v, excluye aquí su estudio. Pero del alfabeto cabe hacer una excepción. Sus formas y signos han conservado rasgos tan arcaicos que una comparación con el alfabeto primitivo de los calcidios, que fué el primero y más importante de los alfabetos griegos llegados al Occidente, permite suponer que gran parte de los signos de los alfabetos ibéricos son de origen calcidio, aunque otros pudieron ser tomados del fenicio o ser modificados por su influencia. El fenómeno es más claro por lo que toca a otro pueblo del Mediterráneo, el etrusco, que, como el ibero, tuvo sus primeros contactos con los griegos por medio de gentes calcidias. El alfabeto etrusco parece proceder del calcidio de Kyme (Cumas), la colonia griega más cercana. Hübner, en 1888 (44), admitía ya para el ibérico la posibilidad del origen calcidio; pero, desconocedor aún de la verdadera importancia que la colonización griega tuvo en España y en todo tiempo, e impresionado en demasía por los libros de Movers y de Meltzer, se decide más por el origen fenicio. En sus *Monumenta Linguæ Ibericæ* (45) ratifica su decisión por tal procedencia. No obstante, suyas son estas frases: «Los alfabetos griegos que con este ibérico —se refiere al más antiguo— pueden compararse, son los de las colonias calcídicas de Italia y de Sicilia, Kyme, Neapolis, Rhégion, Zankle, Naxos, Himera, cuyos signos respectivos tienen relativamente la más grande semejanza con el ibérico. Si, pues, la escritura ibérica es hija de la griega, no es fácil que haya nacido de otros abecedarios que de los que se dejan indicados» (46). Origen jónico se ha atribuído con razón al alfabeto del plomo de Alcoy, aunque creemos, por nuestra parte, que debe ser jonio-calcídico (47).

Meidókritos.

A los tiempos de las primeras navegaciones y exploraciones griegas por el Occidente remoto, y no a los de los fóceos (siglo vi), debe atribuirse un viaje oscuro, pero sin duda valiente y arriesgado, del que no han llegado a nosotros más que las vagas y breves noticias recogidas y transmitidas en el siglo i después de J. C. por Plinio *el Viejo*. En su *Naturalis Historia* (48) léese este párrafo: «*Plumbum ex Cassiteride insula primus adportavit Midacritus.*» Plinio, con la voz *plumbum*, quiso decir, sin duda, *plumbum album*, estaño, ya que de las islas llamadas por los griegos Kassiterides no se extraía sino estaño. Meidókritos (equivalente latino, Midacritus) no sólo estuvo en la Península, sino que, cruzando el Estrecho, navegó dentro del Atlántico, aun suponiendo que el estaño no fuese a buscarlo a las propias Kassiterides, sino a Tartessós, el gran emporio metalífero de Occidente, centro y depósito de los yacimientos atlánticos. El hecho tuvo que tener en su tiempo gran resonancia, pues el monopolio del estaño occidental estaba en manos de los fenicios. Meidókritos debió ser, por tanto, uno de los primeros navegantes y comerciantes griegos que compitieron con los púnicos, comenzando con hechos de esta naturaleza los primeros intentos de colonización griega en el lejano Occidente, concretamente en España.

Notas

(1) El problema de la fecha de fundación de Kyme ha dado lugar a una acentuada diversidad de opiniones. Por ceñirnos a los últimos y más autorizados juicios, citemos los de K. J. Beloch y E. Pais. Beloch (*Griechische Geschichte*, I, IIª, pág. 227, segunda edición, 1926) no acepta que Kyme haya sido fundada antes de dominar el estrecho de Mesina, calculando su fundación no mucho antes que la de Mégara o Siracusa. La remota fecha transmitida por Eusebio, Velleio y Estrabón se la explica Beloch por una confusión con su homónima la Kyme de Asia Menor. Ettore Pais, por el contrario, admite como muy verosímil si no la fecha dada por los autores citados, sí, al menos, la prioridad de ella con respecto a las demás colonias suditálicas y sikeliotas, según el testimonio de Estrabón (πασῶν πρεσβυτάτη τῶν τε Σικελιῶν καὶ Ἰταλιωτίδων. Estrabón, V, 4, 4,). En un principio, añade, no se trataba de fundar colonias agrarias o políticas, sino de fijarse en puntos seguros para el depósito y el tráfico de mercancías, obtenidas incluso por procedimientos piráticos (E. Pais, *Storia dell' Italia Antica*, 2.ª edic. (1933, I, pág. 271). La opinión de Beloch nos parece exagerada. Casos como el de Kyme los tenemos en la fundación de Gádir, en la de Mainake, en varias de las colonias griegas del Ponto, etc., que fueron creadas antes de establecer las colonias intermedias.

(2) *Ilíada*, II, 719; XVI, 170, y *Odisea*, VIII, 35.

(3) *Odisea*, IV, 567, XI, 155; XII, 1.

(4) Muchos han sido los ensayos hechos sobre la posible ubicación de ciertos países y personajes de la *Odisea*. Para Bérard, *Les Pheniciens et l'Odyssée*, I (1902) y II (1903), Circe habitaría en la costa italiana; los Lestrigones al norte de Cerdeña; Calipso en el Estrecho de Gibraltar. Pero estas, como otras identificaciones por el estilo, son siempre arbitrarias y muy problemáticas. Ya en la antigüedad, durante la época helensíticorromana, se interpretaron en este sentido muchos pasajes de Homero. Estrabón (I, 1, 4 y 5) coloca en Iberia los Campos Elíseos y las Islas Afortunadas citadas por el poeta. Más adelante (III, 2, 12) vuelve a insistir sobre el conocimiento que tuvo Homero de Tartessós y admite el viaje de Ulises hasta Lisboa (III, 2, 13 y siguientes). Las afirmaciones de Poseidonio, Artemidoro y Asklepiades de Myrlea, recogidas crédulamente por Estrabón, y las de los latinos, como Silio Itálico, Justino y Plinio, que nos hablan de una remota colonización griega en Galicia, a raíz de las guerras troyanas, de ciertas costumbres griegas entre los moradores del interior de la Península, de un culto a Odiseo en la Sierra Nevada, etc., etc., son deducciones arbitrarias sacadas, sin otros fundamentos, de la similitud de ciertos toponimios indígenas con otros griegos. Sobre estas interpretaciones, a las que tan dados eran ciertos escritores helensíticorromanos, se ha escrito mucho hasta nuestros días, en los que un sano criterio las ha descartado definitivamente.

(5) Estrabón, III, 4, 8; XIV, 2, 10.

(6) Lykóphron recoge aquí la noticia —presente en varios textos— de que los baleares, para adiestrarse desde niños en el manejo de la honda, usaban de este curioso ardid. (Véase Diodoro, V, 18.) El escoliasta de Lykóphron aclara este pasaje añadiendo la noticia de que Timeo afirma haber llegado a las Baleares algunos beocios, y que el historiador sikeliota llama en una ocasión a estas islas Choiradas (rocosas), es decir, un nombre presentado como epíteto en Lykóphron.

(7) ὑπ' ἀνέμων ἐξωσθέντες περὶ τὰς Ἰβηρικὰς νήσους ᾤκησαν. (Véase *Myth. Graeci*, I, 6, 15 b).

(8) Plinio, *Naturalis Historia*, III, 33.

(9) Seudo-Escimno, 205-6.

(10) Jacobsthal y Neuffer, *Gallia Graeca, recherches sur l'hellénisation de la Provence*, en *Préhistoire*, t. II, fasc. 1, 1933, págs. 40 y sigs., con la bibliografía anterior.

(11) La opinión manifestada a comienzos de siglo por Jullian (*Hist. de la Gaule*, I, p. 195) de que los objetos más antiguos conocidos entonces fuesen importaciones de etruscos, fenicios e incluso de piratas ligures, no explica satisfactoriamente estos hallazgos.

(12) Hesíodo, *Teogonía*, 287 y sigs.

(13) Hesíodo, *Teogonía*, 517.

(14) Hesíodo, *Teogonía*, 776.

(15) Estrabón, III, 2, 11.

(16) Véanse todos los textos citados en Schulten, *Fontes Hispaniae Antiquae*, I, II.

(17) Arriano, *Anábasis*, II, 16, 5.

(18) Timosthenes, en *Estrabón*, III, 1, 7.

(19) Estrabón, III, 5, 5.

(20) Estrabón, III, 4, 6.

(21) Sobre la posterior propagación del mito de Heraklés por Occidente, debida, sobre todo, a los mitógrafos helenísticos y romanos, consúltese, además de Schulten, *Fontes*, I y II, el artículo de P. W. Gruppe, *Heraklés*, en la *R. E.* de *Pauly-Wissowa-Kroll*, supl. III, 997 y sigs.

(22) *De Mirab. auscult.* 85. Ὁδὸς Ἡράκλεια ἕως τῆς Κελτικῆς καὶ Κελτολιγύως καὶ Ἰβήρων.

(23) P. W. Gruppe, *Heraklés*, en *Pauly-Wissowa*, supl. III, col. 859.

(24) Estrabón, XIV, 2, 2.

(25) Avieno, *Ora Maritima*, ver. 152.

(26) Estrabón, III, 5, 1.

(27) Plinio, *Naturalis Historia*, III, 77.

(28) San Isidoro, *Etimologías*, XIV, 6, 44.

(29) SCHULTEN, *Die Griechen in Spanien, Rhein. Museum, f. Ph.* (1936); págs. 322 y 324.

(30) AVIENO, *Ora Maritima*, V, 535.

(31) SCHULTEN, loc. cit., p. 320.

(32) Debemos a SCHULTEN (*F. H. A.*, I. pág. 89) las primeras indicaciones sobre estas coincidencias toponímicas, que más tarde recogió CARPENTER (*The Greeks in Spain*, pág. 12) y nosotros ampliamos aquí con nuevos testimonios y reforzando las consecuencias deductibles, aunque, como se verá, en otro sentido histórico y cronológico.

(33) Sirvan de ejemplo para estos últimos, que dan la pauta a los de Occidente, los siguientes, escalonados todos a lo largo de las costas que miran al Egeo: *Arginoussai, Oinoussai, Pharmakoussa, Drymoussa, Lagoussai, Teutloussa, Polipodoussa, Kordyloussa, Tichioussa*, etc.

(34) HECATEO, en STÉPHANO DE BIZANCIO.

(35) AVIENO, *Ora Maritima*, 470; DIODORO, V, 16.

(36) ESTRABÓN, III, 5, 1.

(37) Hállase en LIVIO, XXII, 20, 3, en forma de *Onusa;* pero POLIENO, VIII, 16, 6, llámala ινοῦσσα.

(38) AVIENO, 435.

(39) PLINIO, *Naturalis Historia*, IV, 120, y DIONISIO PERIÉGETA, 456.

(40) De ÉFORO en STÉPHANO DE BIZANCIO.

(41) AVIENO, 172.

(42) AVIENO, 148.

(43) Tales como los siguientes: *Telmissós, Halikarnassós, Karmylessós, Idebessós, Termessós, Sagalassós*, y muchos más. Estos aparecen también en Sicilia *(Herbessós, Telmessós)*, donde los fóceos no intervinieron. Su presencia en Creta, isla dórica, igual que Rodas, donde se hallan nombres como *Poikilassós, Gylissós, Amnissós, Tylissós* (*vide* SCHULTEN, *Tartessós*, pág. 22), condúcennos también a la posible atribución de la forma *Tartessós* a los navegantes dorios de Rodas y Creta y no a los fóceos, en cuyo ámbito histórico geográfico no se encuentran terminaciones tan caracterizadas. No hacemos aquí cuestión sobre el origen de estas formas.

(44) *La Arqueología de España*, págs. 64 y sigs.

(45) Berlín (1893), pág. XXXI, cap. III.

(46) *La Arqueología de España*, pág. 65.

(47) GÓMEZ MORENO, *El plomo de Alcoy*, en *Rev. de Fil. Española* (1922), t. IX, págs. 352-360. Un cuadro comparativo de los alfabetos fenicio, griego y calcidio puede verse en HÜBNER, *La Arqueología de España*, pág. 67.

(48) VII, 197.

CAPÍTULO II

LA COLONIZACIÓN FÓCEA DESDE LOS COMIENZOS HASTA SU FIN EN LA BATALLA NAVAL DE ALALÍE

(Siglo VII, hacia el 535)

1. EL PROCESO DE LA COLONIZACIÓN HASTA ALALÍE

La transición. El Occidente, campo de actividades de todos los griegos.

Entre el final de la primera etapa descubridora calcidiorrodia, el comienzo de la fócea y la plena colonización, media un espacio de tiempo, largo e imprecisable, durante el cual los mercados occidentales debieron ser campos de tanteos y experiencias para buen número de aventureros y negociantes de todo origen. No existía ni monopolio griego alguno ni probablemente preferencias concretas por parte de ninguna de las ciudades colonizadoras. El Occidente pertenecía a todos los helenos y a ninguno.

Estamos tan mal informados de este oscuro período de transición, que sólo a duras penas puede entreverse, en ciertos testimonios textuales indirectos y de muy vaga cronología, algo de lo que se acaba de decir. Tal acaece con unos cuantos nombres de lugar de la costa atlántica del norte de Africa; toponimios que, por su forma y significado, permiten deducir que en fechas anteriores a la colonización cartaginesa del occidente de Marruecos, gentes de distintas regiones de Asia Menor (carios y misios principalmente) se aventuraron al otro lado del Estrecho, fundando quizá algún emporio de poca vida. El nombre de *Muro Cario* (Καρικὸν Τεῖχος) que llevó una de las colonias fundadas por Hannón en las cercanías de la actual Mogador (1) presupone quizá la existencia de un establecimiento (?) cario anterior a la fundación púnica (hacia el 500). El *puerto Mysokaras* (Μυσοκάρας λιμήν) (2) recuerda también, probablemente, la existencia de elementos misios y carios mezclados. Idéntica deducción puede hacerse de los *Maúsoloi* (Μαύσωλοι) citados algo más al Sur. El nombre de Massalía mismo se suele suponer de origen cretense; en Creta, efectivamente, se cita un río Massalía (3). Realmente, no pueden tomarse estos testimonios muy en firme, pues desconocemos las fechas precisas y las circunstancias de tales fundaciones, así como el origen verdadero de dichos nombres tópicos; pero, a falta de otros testimonios, no cabe duda que en ellos pueden verse trasuntos de la presencia remota de gentes grecoasiáticas en el lejano Occidente (4). La terminación *-ssós*, que los griegos añadieron al nombre indígena de Tarte-ssós, es casi con seguridad de origen cario (5). De otros elementos griegos en Occidente háblannos textos de dudosa interpretación. Se citan en ellos a gentes de Micenas y Olbia (?) venidas con Heraklés a Mauritania, a gentes de Creta, y a una ciudad jonia existente en el norte de África Menor (5 a). A esta etapa indecisa, en la que gentes nuevas comienzan a mezclarse con aquellos calcidios, cretenses y rodios, que fueron, como vimos, los primeros en llegar y explorar estos remotos países; a ese período sin nombre característico, en el que se estaban disolviendo, tras un paulatino abandono, las empresas iniciadas por los primeros descubridores y en el que no había comenzado aún la colonización sistemática de los fóceos; a esa etapa en la que el Occidente era todavía campo abierto para todo griego que quisiera probar fortuna, pertenece el episodio de fecha algo más reciente, que cuenta la estupenda aventura del samio Kolaíos.

Kolaíos de Samos y su maravilloso viaje a Tartessós (hacia el 650)

Cuenta Herodoto que cierta nave samia, capitaneada por un tal Kolaíos, navegando rumbo a Egipto fué desviada al O., viéndose forzada a tocar en el islote de Platea (pegado a la costa de la Cirenaica). De allí zarparon de nuevo en busca de las playas de Egipto, pero un fuerte temporal (el viento «apeliota», es decir, el viento E.) les empujó durante varios días, hasta que, traspasadas las Columnas Herákleas, vinieron a dar de arribada en Tartessós (6). Los náufragos, tras hacer sus negocios con los indígenas, emprendieron el regreso a Samos, su patria. Herodoto dice textualmente: «Al regresar a su patria los samios lograron de su cargamento mayores beneficios que cualquier otro griego del que sepamos noticias fidedignas, si no es únicamente Sóstratos el egineta». Fueron tales sus ganancias que la décima parte de sus beneficios ascendieron a seis talentos (unas treinta mil pesetas oro), con los que mandaron construir un magnífico caldero de bronce de tipo argólico coronado de cabezas de «griphos» y sostenido por tres gigantes, también de bronce, de tal tamaño que aun arrodillados medían siete codos de altos. Este trípode, que como se ve por la narración de Herodoto, era una gran obra de arte, fué llevado como piadoso «exvoto» al célebre santuario de Hera, al famoso Heraion de Samos, en acción de gracias por el feliz regreso logrado tras aquel largo y accidentadísimo viaje. Como la narración del historiador griego dice que esta asombrosa aventura aconteció poco antes de la fundación de Kyrene, que se fecha hacia el 650 (elegimos la fecha más prudente), no es arriesgado suponer el mismo año 650 o algo antes como data aproximada para el viaje de Kolaíos de Samos.

Su interpretación.

Mas el texto de Herodoto, si se toma al pie de la letra, es inaceptable como narración verídica. Atravesar el Mediterráneo de E. a O. sin tropezar con tierras de Sicilia, sur de Italia o de Túnez, es una aventura virtualmente imposible. Sin embargo, a nuestro modo de ver, no hay que atribuir a la narración de Herodoto un sentido histórico estricto —pues evidentemente no lo tiene—, sino un valor histórico legendario (en el que es preciso ver incluso un velado recuerdo de la *Odisea)*, del que ha de entresacarse el núcleo histórico que le sirvió de base. La navegación por Occidente debió dar lugar a muchas aventuras y peripecias anónimas que, concretadas más tarde en un personaje de nombre conocido y conservado, dió lugar a narraciones semihistóricas, seminovelescas. La llegada a Samos de una nave que al mando de Kolaíos trajo del lejano Occidente, de Tartessós, un cuantioso tesoro (60 talentos = 1.572 kg. de plata = 300.000 ptas. oro), causó tal asombro entre sus contemporáneos, que sobre este acontecimiento y este nombre confluyeron peripecias y aventuras pasadas, de gente ya anónima, dando lugar a la deformación histórica del hecho principal. Este, a nuestro juicio, no fué sino uno —quizá el más afortunado— de los muchos viajes que durante el siglo VII se debieron hacer hacia Tartessós, tanto por fóceos, rodios, calcidios cretenses, carios, misios y samios como por cualquier otro de los muchos grupos griegos dedicados entonces tanto a empresas piráticas como a la apertura de mercados y a la creación de emporios comerciales.

No sabemos qué derivaciones tuvo el famoso viaje de Kolaíos, ni si los samios se siguieron beneficiando con nuevas visitas a Tartessós. El hecho es que no serán samios, sino fóceos, los que, después de aquel afortunado viaje, irán estrechando más y más sus lazos con Tartessós y que, en general, serán también fóceos los que durante fines del siglo VII y la primera mitad del VI, naveguen, comercien y funden colonias en la cinta litoral más alejada del Mediterráneo.

Por lo demás, el texto de Herodoto tiene para nosotros el doble valor de ser el primer texto concreto de nuestra Historia y el de transmitirnos además el único nombre «oficial» llegado a nosotros de aquella serie de «colonos» griegos que nos descubrieron para sí. Pero adviértase que no fué Kolaíos el primer descubridor griego, sino nada más que el primero que se presenta en circunstancias históricas de fecha cierta y con nombre conocido (7).

El texto de Herodoto sobre Kolaíos es el único relativamente detallado que acerca de las navegaciones griegas por nuestras costas ha llegado a nosotros. Esto hace que los viajes de los fóceos, más sistemáticos y permanentes, queden algo empequeñecidos por no tener la fortuna de haber sido objeto de una narración por el estilo. Pero nos interesa hacer hincapié en la importancia que corresponde en verdad a cada uno de ellos dentro del momento histórico que queremos reconstruir.

El viaje de Kolaíos (con ser para nosotros de un interés extraordinario dada la escasez de noticias que sobre estos hechos nos han llegado) no es otra cosa que una simple anécdota, un viaje casual y aislado, una peripecia marina, como tantas otras, sin apreciables consecuencias.

De los samios no vuelven a hablar los textos para nada en estos lejanos mares y en fechas sucesivas. Los datos arqueológicos tampoco nos mueven a su recuerdo (8). A su lado aparece la actuación fócea como una obra consciente, sistemática y trascendente; y es ella la única que en estos lejanos mares del Occidente producirá un fruto duradero. Vayamos, pues, a los fóceos.

Los focenses y sus primeros viajes a la Península. Sus causas.

El nuevo período que en la exploración del Mediterráneo occidental se inicia durante el siglo VII avanzado, no corresponde ya fundamentalmente ni a calcidios ni a rodios, ni a ninguno de los demás pueblos mencionados por los textos antes citados; sus actividades, que tan brillante papel jugaron en la apertura de la cuenca occidental del Mediterráneo al comercio y a la cultura griega, van pasando paulatinamente en el mencionado siglo a manos de los fóceos o focenses (phokaioí). Era Fócea (Phókaia) una joven ciudad micrasiática sita en la entrada del profundo seno de Esmirna, no lejos de la desembocadura de uno de los ríos más importantes del Asia Menor jónica, el Hermos, cuyo valle facilitaba el comercio con las tierras del interior. Habitada por gentes activas y arriesgadas, siguiendo la corriente colonizadora de la época, establecieron ciertos emporios comerciales en el Helesponto y en el *Eúxeinos*, o actual mar Negro. Pero su hazaña más importante fué la gran empresa colonial desarrollada en el apartado mar de Occidente, en las costas del Mediodía de las Galias y del Levante de la Península Ibérica.

Fueron las circunstancias las que forzaron a los fóceos a fundar establecimientos coloniales en ellas. Realmente, el gran período de la colonización griega, en su fase de fundación de ciudades y de apertura de mercados nuevos, había terminado ya en Italia y Sicilia cuando los fóceos se lanzaron a sus empresas colonizadoras. Los fóceos fueron los últimos en seguir aquella corriente iniciada muchos decenios antes y cuyo momento de apogeo para el Occidente fué, como vimos líneas atrás, la segunda mitad del siglo VIII y la primera del VII. Así, pues, cuando los navegantes y comerciantes focenses dieron principio a sus tanteos y exploraciones náuticas, con el fin de hallar tierras que explotar y asientos para futuras factorías y colonias, se encontraron con que tanto el sur de Italia como Sicilia eran campos cerrados a sus actividades, ya que sus tierras más frugíferas y sus costas más accesibles habían sido ocupadas de antemano por sus predecesores calcidios, rodios, aqueos y demás pueblos metropolitanos de aquellas ricas y florecientes colonias. Por otra parte, tanto Etruria como Cerdeña parece ser eran tierras casi vedadas y, desde luego, reacias a toda colonización griega. Otras, como Liguria, eran poco acogedoras, y sus habitantes, diestros en la navegación pirática, demasiado celosos del extranjero. Quedábanles como campos propicios para una empresa colonizadora de altos vuelos en el lejano Occidente tan sólo las costas de Provenza, las del Levante español y las de Andalucía. En ellas había riquezas mineras incalculables y ya de mucho tiempo atrás famosas; sus habitantes eran gentes despiertas, acogedoras y hospitalarias, amigas del extranjero; vivían en una fase cultural, que para los griegos era atrasada; de las tierras del interior, y por los enormes ríos (Ródano, Ebro, Guadalquivir, etc.) que desembocaban en aquellas lejanas costas (los más grandes conocidos entonces por los griegos, salvo el Nilo) llegaban productos de todo género (metales, ámbar, etc.). Sus extensos valles, sus ricas márgenes, sus deltas o estuarios, sus abundantes productos del suelo y del subsuelo, todos eran ciertamente dones propicios para augurar a cualquier empresa colonizadora un espléndido porvenir. De todas, las más prometedoras eran las del Mediodía de la Península Ibérica, rica en metales y en productos agrícolas. Hacia estas tierras encauzaron, pues, los fóceos sus primeras actividades. Sin embargo, el acceso a ellas no estaba entonces exento de peligros, a veces insuperables. Los púnicos —fenicios o cartagineses— tenían ya en ellas muchos y viejos intereses. Además, los piratas etruscos, ligures y púnicos, y hasta quizá los mismos griegos, dominaban en este apartado mar, haciendo difícil la navegación. Estas y semejantes razones fueron, sin duda, las que obligaron a aquellos calcidios y rodios, a aquellos carios, misios y aqueos (que iniciaron más de un siglo antes que los fóceos la navegación por estos mares) a abandonar la empresa. Bien establecidos ya en sus ricas colonias del sur de Italia y de Sicilia, para calcidios y rodios el comercio incierto con la Península no compensaba sus esfuerzos; así, pues, comenzó el abandono paulatino de aquellos lejanos emporios comerciales que fueron los primeros en descubrir y en explotar. Herodoto, recogiendo tradiciones locales, atribuye a los nautas fóceos la gloria de haber sido los primeros de entre los griegos que tripulando, no naves pesadas de carga, como se solía, sino los grandes *pentekóntoros* (πεντηκόντοροι), o navíos de cincuenta remos, se arriesgaron a largas travesías sobre mares difíciles de navegar por sus peligros o por su lejanía. Según el historiador halikarnassio, no sólo se atrevieron a cruzar por el Adriático —mar plagado en todo tiempo de piratas—, sino que, pasando al otro lado de Sicilia, surcaron con sus navíos por vez primera el mar tirreno, el mar ibérico, llegando, después de dejar atrás las Columnas Herákleas, a las ricas tierras de Tartessós, bañadas ya por las aguas misteriosas del Gran Océano (9). El texto de Herodoto exagera, sin duda, atribuyendo a los fóceos una primacía que es lo probable no les corresponda, al menos exclusivamente. Ya lo vimos líneas atrás (10). ¿Cuándo comenzaron estos fóceos a frecuentar el mercado de Tartessós? Del texto de Herodoto no se puede deducir un momento concreto; la noticia es en parte exagerada, y en todo caso muy imprecisa (11). Indudablemente hay un lapso de tiempo considerable entre la fecha asignable a los primeros viajes y descubrimientos de los fóceos y la noticia referente a Arganthonios y su intervención en la defensa de Fócea, de que más tarde se hablará. Entre ambas debe colocarse el episodio, también narrado por Herodoto, y con el mismo carácter anecdótico y ocasional, de la nave samia capitaneada por Kolaíos.

Volviendo al cálculo de la fecha probable en que los fóceos comenzaron sus tratos con el Occidente, y ateniéndonos no sólo a la vaga noticia de Herodoto, sino también a los testimonios arqueológicos, puede suponerse que aquellas visitas debieron comenzar mediado ya el siglo VII. El casco griego de Jerez, fechable hacia el 625, la fundación de Mainake, quizá existente ya por la misma fecha, y la más segura de Massalía, creada hacia el 600, hacen muy probable este cálculo.

La colonización del Mediodía de la Península: Tartessós, Arganthonios y los fóceos.

Es de nuevo a Herodoto a quien hemos de agradecer las noticias. Según él (12), los fóceos lograron entablar relaciones muy cordiales con el famoso rey tartessio Arganthonios (13).

La amistad entre Arganthonios, el rey filheleno de Tartessós, y los navegantes fóceos, tan breve pero expresivamente descrita por Herodoto, es un dato valiosísimo para fijar con gran aproximación la fecha en que estas relaciones, muy remotas en su origen, comenzaron a adquirir ese carácter firme y seguro con que han llegado a nosotros. La tradición nos ha conservado datos, de fuente casi tan vieja como los mismos hechos, por los que sabemos que este famoso Arganthonios había muerto hacia el 550 (14) y que su vida, de una longevidad que se hizo muy pronto proverbial entre los mismos griegos, había sobrepasado los ciento veinte años (15). Así, pues, su vida comenzaría hacia el 670. Mas como según el mismo Herodoto (16), reinó ochenta años, su gobierno debió comenzar hacia el 630, fecha quizá algo posterior a la llegada a Tartessós de Kolaíos el samio, que no parece —juzgando *ex silentio*— haberle conocido. Si los fóceos sostenían una vieja amistad con Arganthonios (rey o dinastía, que no hace ni deshace), es verosímil que esta amistad se ini-

ciase a fines del siglo VII. Tenemos, pues, en esta fecha una referencia cronológica bastante
precisa para el comienzo de la fase más intensa en las relaciones comerciales entre fóceos
y tartessios. Como esta amistad perduraba por los años mediados del siglo VI, en la época
de la conquista de la Jonia por los persas, el trato con los griegos puede calcularse como
particularmente intenso hasta la caída de Fócea hacia el 546, fecha en que los jonios aun
se hubiesen trasladado a Andalucía si no hubiese sido por la muerte, acaecida por entonces,
de su protector (17).

Si estas relaciones eran tan cordiales como los testimonios escritos nos refieren, es natural encontrar ya en los mismos textos antiguos noticias acerca de ciertas colonias, factorías
o puntos de escala griegos en la ruta de Tartessós. La necesidad de una fundación colonial

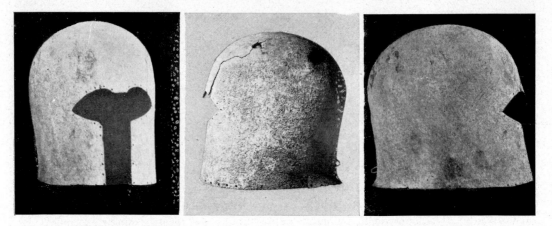

Fig. 454. — Casco griego de fines del siglo VII hallado en las cercanías de Jerez
de la Frontera (Cádiz). Museo de Jerez

que sirviera de apoyo y de plaza mercantil en un lugar cercano al gran emporio tartessio
se tuvo que hacer sentir, naturalmente, desde el punto y hora en que los fóceos comenzaron
sus transacciones con los indígenas. Mainake, la colonia griega más occidental de la «oikoumene», fundada cerca de las bocas del Atlántico y unida por una carretera a Tartessós,
nació y vivió para cumplir y satisfacer tal necesidad. Por ello su fecha de nacimiento ha
de colocarse muy poco después del primer contacto entre griegos y tartessios. A fines del
siglo VII Mainake debía estar ya fundada. Otra colonia conocida también por los textos
y tan vieja si no más que Mainake, fué Hemeroskopeion, cerca del cabo de La Nao y en el
extremo oriental de la gran confederación tartessia. Dada su situación estratégica, al fin
de la ruta interinsular y al comienzo de la que conducía al gran emporio del Baetis, sus
principios pueden muy bien retrotraerse a la época prefócea. De todos modos es, gracias
a los fóceos, por lo que entra en la Historia.

Los textos antiguos no nos han conservado con el nombre de colonias griegas en el sur
de España más que las dos citadas; empero tradiciones o recuerdos poco precisos parecen
indicar la existencia de algunas otras ciudades, que bien por su vida efímera, bien por su
escasa categoría, no han conservado de griegas más que el nombre con que han llegado
a nosotros, sin que sepamos más de su historia. Estas son, de E. a O. y a partir de Hemeroskopeion: Oinoússa, Molybdana, Ábdera y Herákleia; sobre ellas trataremos extensamente líneas después. Si no fueron colonias, sino simples puntos de escala o de carga de

minerales o transformaciones griegas de homofónicos indígenas, no es posible saberlo. Casos semejantes hallaremos en la zona que va del Ebro al Pirineo. Nosotros nos inclinamos a ver en estas ciudades de nombre griego simples embriones de colonias, puntos de escala o, si se prefiere, especies de «concesiones», como decimos hoy.

Testimonios arqueológicos coetáneos.

Este parece ser el esqueleto de los hechos juzgando por los escasos y confusos testimonios escritos llegados a nuestros días. ¿Qué testimonios materiales tenemos de la veracidad de este armazón histórico? El hallazgo del casco griego arcaico acaecido en 1938 en las cercanías de Jerez, entre esta ciudad y Cádiz, a orillas del Guadalete (fig. 454), coincide por su fecha, último cuarto del siglo VII, con los años primeros del reinado de Arganthonios; es, por tanto, contemporáneo, por poco más o menos, de la arribada a Tartessós de aquella nave samia que capitaneaba Kolaíos y del comienzo de aquellas cordiales relaciones entre los fóceos y Arganthonios. Nótese, además, la cercanía del lugar de este importante hallazgo con Tartessós, Mainake y Gádir, las tres ciudades más importantes entonces de Andalucía. Algo más recientes son: un grifo (fig. 455) de procedencia probablemente andaluza y datable hacia el 600; los restos de un oinochoe rodio, hallado en la provincia de Granada (figs. 456 y 457) y datable en la primera mitad del siglo VI; el casco corintio de Huelva (véase lámina), o quizá venido poco antes de Alalíe, y, finalmente, el centauro de Rollos y el sátiro del Llano de la Consolación, ambos de la provincia de Albacete (figs. 458 y 459), de mediados del siglo VI (18).

FIG. 455. — Grifo de bronce procedente, al parecer, de Andalucía

Todos estos hallazgos, que van desde el último cuarto del siglo VII hasta la fecha crítica de Alalíe (hacia el 535), y desde Huelva hasta el cabo de La Nao, son el mejor testimonio de la veracidad de los textos arriba citados y del cálculo cronológico hecho sobre ellos. La coincidencia es absoluta.

Púnicos y griegos en el Estrecho. Los griegos abandonan la ruta
a Tartessós.

Por la vertiente atlántica, al otro lado de las Columnas Herácleas, no parece que los fóceos llegasen a fundar colonias o factorías, lo cual no deja de ser extraño a primera vista; pues si, como las referencias literarias dicen, el móvil principal era el comercio de metales con Tartessós, lo natural era esperar una colonia griega al otro lado del Estrecho. Es decir, que los fóceos debieron de haber hecho algo semejante a lo que los púnicos hicieron al fundar Gádir en las cercanías de las bocas del Baetis. Mas como no fué así, ¿a qué se debe esta inconsecuencia? Sin duda, a dificultades casi insuperables que a la larga determinaron incluso un cambio de rumbo en la colonización fócea en Occidente, como a su tiempo veremos. Estas dificultades partían del exclusivismo comercial de los púnicos, que de siglos atrás, y gracias a las posiciones privilegiadas de sus factorías o colonias, que dominaban el Estrecho en ambas orillas, hicieron difícil, desde el primer momento, la arribada de las naves jonias al rico emporio tartessio. La toponimia griega antigua en la costa atlántica de Andalucía no falta (islas de Erýtheia, Aphrodisías y Kotinoussa; Kalathoussa, Herma, cabo Ophiousses, etc.), pero es muy arcaica y rara, lo que hace datarla en fechas muy remotas, coetánea poco más o menos a los primeros tanteos de que hemos hablado

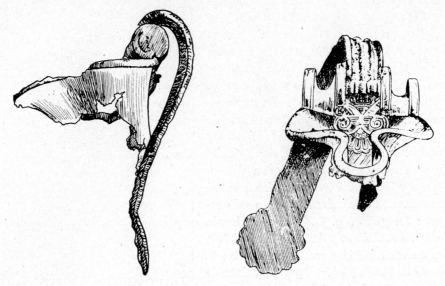

Figs. 456 y 457. — Oinochoe rodio de bronce hallado en la provincia de Granada, hoy en la Hispanic Society, de Nueva York

antes (págs. 495 y sigs.). Más tarde hubieron de surgir dificultades difícilmente superables Los encuentros entre navíos griegos y púnicos debían ser harto frecuentes y no siempre afortunados para los primeros (19). La fuerza de los púnicos en el Estrecho de Gibraltar radicaba, más que en el número y potencia de sus naves, en la magnífica situación de sus colonias fretanas, y Gádir fué siempre púnica. En este sentido la clausura del Estrecho data de fecha muy anterior a la de Alalíe (hacia el 535 ó 40). En realidad, podría decirse que siempre estuvo virtualmente cerrado. La fundación de una colonia en la costa mediterránea, como Mainake, y no en las playas atlánticas, como Gádir, nos parece la prueba más evidente de este estado de cosas. Mainake, la colonia griega más avanzada en el Occidente, como más tarde ha de recordarnos Eforo, apuntaba por sus intereses vitales a Tartessós, es decir, al otro lado de las Columnas, pero tímidamente, quedándose sólo en sus cercanías, a una distancia prudencial y frente a un mar que, al contrario de lo que ocurría con el mar gaditano, podía considerarse casi libre para los griegos. Gracias al camino terrestre que le unía con la cuenca inferior del Guadalquivir (20), vale decir con el centro comercial, con Tartessós, podían los griegos traficar sin necesidad de exponer sus naves y mercancías a la codicia, siempre acechante, de los púnicos, dominadores del Estrecho. Su desaparición tras Alalíe es prueba indirecta de su única razón de existir el comercio con

Casco griego hallado en la Ría de Huelva. — *Museo de la Real Academia de la Historia*. MADRID

Tartessós. Lo mismo vale suponer su muerte por la ruina de este gran emporio que por la de Fócea. Faltando una de ambas, Mainake no significaba nada para los griegos.

Mainake y Hemeroskopeion deben tenerse, ya lo hemos dicho, como las más antiguas colonias griegas de Occidente, datables en su origen en fecha anterior al 600. Después de ellas, los fóceos, que ya de antiguo, y siguiendo rutas de antes conocidas venían visitando las costas provenzales, y ante el temor, siempre presente, de un golpe cartaginés contra sus

FIG. 458. — Centauro. Figura arcaica de bronce hallada en Rollos (Albacete).
Museo Arqueológico, Madrid

intereses tartéssicos (Gádir y Ébysos marcaron constantemente los dos puntos más vulnerables de la ruta griega hacia el Estrecho), comenzaron a interesarse por las tierras del Ródano. El año 600, reinando Arganthonios en Tartessós, y no obstante su amistad, en lugar de ampliar y reforzar sus bases en Andalucía, los jonios prefieren comenzar en la Provenza un nuevo imperio colonial de más seguro porvenir. Y a ello se dedicaron en la sexta centuria. Nosotros, como Meltzer (21) y Jullian (22) vemos en ello un signo de la debilidad griega frente al poderío cartaginés, siempre firme en el sur de la Península (23).

El comercio focense con Tartessós fué siempre difícil, como hemos visto en el párrafo anterior. La permeabilidad del Estrecho para las naves jonias, constantemente problemática. Mainake, aunque discretamente apartada de él, estaba aún demasiado próxima a las rutas púnicas y demasiado aislada en el lejano Occidente para que los fóceos se sintiesen confiados del porvenir que aguardaba al comercio griego con Tartessós. Por otra parte, Arganthonios, su cordial amigo, realmente no era dueño absoluto de su reino. Tenía que contar también con los púnicos, que, junto a él y de muchos siglos atrás, vivían e intervenían. El filhelenismo de Arganthonios no podía ser suficiente garantía para los griegos, pues quizá, y sin duda contra la propia voluntad del rey de Tartessós, estaban los intereses creados por los comerciantes cartagineses. Es más, probablemente esta amistad y predilección de Arganthonios por los jonios fóceos era en parte interesada. Arganthonios pudo ver en los griegos los posibles liberadores de su reino, demasiado intervenido por la avaricia y exclusivismo de sus vecinos gaditanos. Pero éstos, firmemente instalados en Gádir, «la fortaleza», eran difícilmente desplazables de ella y de las posiciones ya conquistadas.

FIG. 459. — Sátiro del Llano de la Consolación (Albacete). Figura griega arcaica de bronce. Museo del Louvre.

Por si fuese poco la vía del puente de islas, el camino de los nombres en «oussa», del que se habló líneas atrás, seguida desde remotos tiempos y probablemente utilizada también en un principio por los focenses, estaba ya desde mediados del siglo VII gravemente amenazada por los púnicos. Estos, hacia el 650, habían sentado sus plantas sobre la isla de Ébysos (Ibiza), es decir, sobre uno de los eslabones de la cadena que unía la Península con el sur de Italia y Sicilia. Desde esta base, y en un momento dado, los púnicos podían dificultar o interrumpir el paso de los navíos griegos que de las Baleares pasasen a Hemeroskopeion, o viceversa. En el extremo occidental de Sicilia estaban también establecidos. La isla de Cerdeña, otro eslabón importante de la cadena, se hallaba igualmente bajo la influencia del poder marítimo de Cartago, que no tardará muchos años en acometer su conquista efectiva por medio de las armas.

Al advertir los griegos las dificultades crecientes que iban surgiendo, tanto en las cercanías de las Columnas Herácleas como a lo largo de la antigua ruta interinsular, comenzaron a poner sus miras en tierras de porvenir más seguro.

Nuevos rumbos. Massalía y la colonización fócea en el NE. de la Península.

Simultáneamente a los viajes de Tartessós por el puente de islas, los navegantes de Fócea, como sus antecesores, negociaban también con las tierras ligures comprendidas entre las estribaciones de los Alpes Marítimos y las Bocas del Ródano. Una cadena de islas costeras, las Stoichades (islas Hyéres), facilitaban el comercio con los naturales, de los que los griegos adquirían productos llegados a ellas por vía fluvial desde lugares muy metidos tierra adentro. La posibilidad de fundar en aquellos parajes una serie de colonias que encauzaran esta corriente mercantil permitió a los griegos buscar en ellas una compensación al inseguro y peligroso comercio con Tartessós.

A fines del siglo VII estaba todo en sazón para fundar en las cercanías del Ródano una colonia. Consultados los oráculos, parten los joniofocenses, bajo la dirección de los «oikistas» o fundadores Simos y Protis, hacia el lejano Occidente, llevando como protectora a la Artemis efesiana (24). El año 600, poco más o menos, surge en una hermosa rada natural la ciudad que llamaron Massalía (Μασσαλία), destinada a ser heredera de la metrópoli y uno de los más brillantes focos de la cultura griega en Occidente (25).

Las fundaciones fóceas de esta época demuestran lo mismo, es decir, que a comienzos del siglo VI el interés comercial se había desviado de Tartessós en busca de emporios, si bien menos ricos, más fáciles de explotar y más seguros. Cuarenta años después de la fundación de Massalía, crean en Córcega otra colonia puente para el nuevo derrotero del Ródano, Alalíe, destinada a ser por breve tiempo capital del imperio colonial focense en Occidente. Quizá Olbía, al nordeste de Cerdeña y en tierras, por tanto, al margen de las influencias cartaginesas (26), pudo servirles también de escala en la misma ruta.

Mas como a pesar de todas las dificultades, Tartessós continuaba siendo para los griegos un emporio de sumo interés, la tendencia de los jonios fué entonces enlazar por el N. con las factorías del Mediodía de España, navegando a lo largo de las costas de Levante y eludiendo así Cerdeña y Baleares, entonces bajo la hegemonía cartaginesa.

A ello obedeció, en parte, la fundación de algunas colonias y factorías escalonadas a lo largo de las playas que van del Ródano hasta el Pirineo y de aquí hasta el Ebro y el cabo de La Nao. La más importante de estas fundaciones fué, sin duda, la de Emporion, nacida poco antes del 550, tímidamente, en un islote costero, no lejos de un establecimiento griego muy anterior, el de Rhode, fundado, al parecer, por los rodios en período prefocense. En fechas desconocidas, pero anteriores al 535 (fecha aproximada de la batalla de Alalíe), existían otras factorías más escalonadas desde el cabo de Creus hasta el Ebro. Sus nombres inducen a tenerlas como fundaciones griegas. De todos modos su historia se pierde a partir de Alalíe. Tales son, de N. a S., la de Pyrene, Kypsela, Salauris Kallípolis y Lebedontia (véase más adelante págs. 531 y sigs.).

Testimonios arqueológicos coetáneos.

Los testimonios arqueológicos para esta zona (prescindiendo de los del Mediodía de Francia), y en esta fecha anterior al 535, son todos de la región emporitana. De Emporion mismo sus importantes hallazgos demuestran que su fundación debe datarse, sin duda, en los años mediados del siglo VI. En cuanto a los tesoros monetarios hallados en Pont de Molíns y Ampurias contenían ejemplares micrasiáticos arcaicos de estas mismas fechas (27).

La caída de Tiro y su repercusión en la colonización fócea de Occidente.

No es fácil calcular la repercusión que tuvieron en Occidente, sobre todo por lo que toca al desarrollo de este naciente imperio colonial fóceo, las luchas de Nabucodonosor de Babilonia contra Tiro a comienzos del siglo VI. Estas duraron unos trece años; y aunque la ciudad no capituló, salió del prolongado cerco tan decaída que su ruina definitiva data de aquellas fechas (586-573). Quizá se haya exagerado mucho la importancia de este acontecimiento para la expansión del comercio fóceo. Si bien los jonios se aprovecharon en lo posible de tan favorable coyuntura, no pudo ser por mucho tiempo, pues Cartago, aunque colonia tiria, ya constituía, de por sí y desde tiempo atrás, un emporio autónomo, fuerte y rico, que sólo nominalmente dependía de su metrópoli. Caída ésta, Cartago vino a ocupar al punto su puesto en Occidente, adelantándose en medio siglo a lo que Massalía debía de hacer tras la caída definitiva del imperio focense en la batalla naval de Alalíe. En este aspecto el paralelismo entre las dos grandes y rivales colonias no puede ser más exacto. Y así como al desastre de Alalíe sucedió el auge de Massalía como cabeza y heredera del imperio colonial de los focenses, del mismo modo Cartago empuñó pronto en sus manos las riendas del imperio colonial tirio, convirtiéndose en cabeza y metrópoli del resto de las colonias hermanas.

El *statu quo* del Mediterráneo occidental no debió experimentar, por tanto, una alteración muy profunda por la caída de Tiro en 573. No se ven, al menos, signos de tal alteración. Los fóceos siguieron su camino colonizador en Provenza, ya iniciado en el 600; y en el Mediodía de la Península continuaron sus buenas relaciones con Arganthonios. Si el Estrecho Herákleo se hizo entonces más permeable a las naos griegas que lo fué hasta entonces, no lo sabemos de cierto.

La llamada «thalassokratía» fócea suele datarse aproximadamente desde la caída de Tiro hasta Alalíe (573 a 535), y sucede (28) a la de los lesbios. Pero como de esta «thalassokratía» fócea no tenemos más dato seguro que el de su final (Alalíe, hacia el 535 o poco antes, en la caída de la metrópoli en el 546), no es posible deducir si se ejerció en forzar y abrir el Estrecho a sus naves o más bien en asegurarse el dominio del mar provenzal y tirrenio contra cartagineses, etruscos y ligures.

Provenza, Cataluña y Córcega, centros de gravedad de la colonización fócea desde el 600 hasta la batalla de Alalíe (hacia el 535).

Los hechos hablan en favor de esta última interpretación. Pues mientras en el Mediodía de la Península no aparecen nuevas colonias (que sepamos), en la ruta a Massalía se funda, precisamente en aquellos años primeros de la «thalassokratía», la colonia de Alalíe en Córcega (hacia el 565), frente a Etruria. Ello es índice claro de la dirección marcada por los intereses griegos, que, en definitiva, era la misma que ya llevaban desde el año 600, en que se fundó Massalía, y, por tanto, desde mucho antes de la caída de Tiro. Alalíe, destinada a ser testigo de una de las acciones más tristes de la historia del Mediterráneo occidental, fué fundada veinte años antes de la caída de Fócea (29). Olbía, en el nordeste de Cerdeña (probablemente fundación fócea), Emporion, Mónoikos, Theline y los establecimientos menores (Pyrene, Kallípolis, Kypsela, etc.) son otros tantos índices de la misma tendencia expansiva hacia las costas provenzales y catalanas. La coalición de etruscos y cartagineses indica lo mismo, que era el mar tirrenio el objeto principal de la «thalassokratía» fócea y no las Columnas. Y, finalmente, el lugar del traslado de los jonios a la caída de su ciudad ante los persas, y el de la batalla naval en que se dilucidó la suerte de los refugiados griegos en Occidente, Alalíe, es la prueba más fehaciente de que el centro de gravedad de la Historia en aquellas fechas no era el Estrecho de Heraklés, bien sujeto en manos de los púnicos desde fines del segundo milenio y fuera de cuestión por el forzado abandono de los griegos, sino el mar tirrenio y ligur, que por entonces era el teatro principal de la expansión fócea iniciada allí a comienzos del siglo VI.

2. Las colonias hasta Alalíe

Dice Herodoto (30) que Arganthonios invitó a los griegos a instalarse en sus tierras y que los invitados rechazaron el ofrecimiento de hospitalidad brindado por el rey tartessio. Herodoto, al hablar de esta invitación rechazada, se refiere únicamente al último momento de Fócea, a aquel en que viendo los jonios cernirse sobre su ciudad la esclavitud o la destrucción y habiendo notificado a su protector Arganthonios sus temores, éste les ofrece, para el caso en que tuvieran que evacuar Fócea, su hospitalidad. Del sentido del contexto se desprende con claridad que el ofrecimiento no fué el de fundar colonias simplemente —pues éstas ya existían en tiempo atrás—, sino el del traslado en masa de la población de Fócea a Tartessós. Este traslado fué el que rechazaron los griegos, pues quizá aun tenían algunas esperanzas. Pero —añade el mismo Herodoto— viendo que el poder de los persas era cada vez más amenazador, Arganthonios dióles dinero en abundancia para reforzar las defensas de la ciudad. Cuando, caída ésta en manos de los persas (hacia el 546), los griegos se acordaron del ofrecimiento de Arganthonios, ya era tarde: su protector había muerto (31).

Intentemos ahora, a la luz de las parcas referencias escritas y de los insuficientes testimonios arqueológicos conocidos, reconstruir en lo posible el cuadro general y particular de estas factorías fóceas en España. Las consideraremos en sus dos grupos principales, el del Mediodía y el del nordeste de la Península.

Colonias y factorías focenses en el sur y sudeste de España: Mainake, Hemeroskopeion y otras.

Mainake. — Los textos hablan con poca precisión de una ciudad, Mainake (Μαινάκη) situada al parecer unos kilómetros al este de Málaga. El periplo (mediados del siglo VI a. de J. C.), base de la *Ora Maritima* de Avieno, dice (32) que estaba en las bocas de un río probablemente del mismo nombre que la ciudad. (Malacha llama Avieno, sin duda equivocadamente, a este río, atraído por la semejanza con Málaka o Málaga). No sabemos de quién procede una mención errónea de Mainake que la llama céltica (33). El periplo, en rigor, no dice que fuera colonia griega; esta noticia procede de Eforo (siglo IV), a quien se atribuye un pasaje contenido en el seudo Skymnos de Quios, en el que se dice que cerca de las Columnas hay una ciudad massaliota llamada Mainake, la más occidental de todas las ciudades griegas: αὔτη πρὸς Εὐρώπην δὲ τῶν Ἑλληνίδων πόλεων ἁπασῶν εσχάτην ἔχει θέσιν (33 bis). Estrabón, por su parte, repite la expresión, añadiendo que era ciudad fócea (34). Otra mención, procedente, sin duda, de Asklepiades, Poseidonios o de Artemidoro (siglo I a. de J. C.) (35), deshace el error, por lo visto corriente en la antigüedad, de confundirla con Málaga, apoyándose en que el trazado urbano difería totalmente de esta colonia púnica, siendo el de Mainake puramente griego (36).

Parece ser que su nombre no es griego; pudo derivarse del de la ciudad indígena Maínoba (37), o Mainóbora (38), que aun subsistía en plena época imperial y en aquel mismo lugar (39). De Main-oba o Main-óbora pudo surgir Main-ake. El periplo añade que la ciudad de Mainake estaba en tierra firme sobre una altura y que frente a ella existía una isla con una marisma y puerto seguro. ¿En qué situación recíproca se hallarían griegos e indígenas? ¿Sería Mainake una «polis» de griegos? ¿Eran Mainake y Maínoba una misma ciudad —una ciudad doble—, como Emporion e Indike lo serán años más tarde? Esto es lo más probable. Mainake, más que una colonia, estrictamente hablando, parece fué una especie de concesión dentro de los dominios tartessios, pues el periplo no solamente pasa por alto su carácter colonial —omisión muy extraña—, sino que, expresamente, añade que aquella isla, con su buen puerto (precisamente las dos cosas que más tenían que interesar a

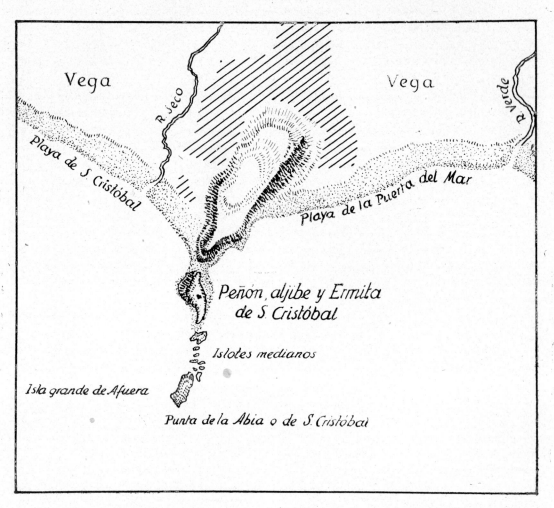

FIG. 460. — Almuñécar. Presunta localización de la antigua Mainake.—*Según Fernández Guerra*

los nautas jonios), estaba bajo el dominio de los tartessios *(tartessiorum iuris)*. Tal aclaración del periplo se ha solido poner en relación con los vecinos massienos, cuyos dominios limitaban por aquellos lugares con los tartessios (40). Nosotros vemos más bien una aclaración referente a la situación jurídica de los griegos de Mainake en relación con los tartessios. Según ello, parece deducirse que aquéllos no eran dueños del puerto —del cual, no obstante, se servirían— ni de la isla, gozando sólo de una concesión cercana a la ciudad (como el caso de Emporion) para su tráfico comercial. El carácter sagrado de la isla (Noctiluca la llama el periplo, es decir, que estaba consagrada a la Luna) explica también esta excepción. Sobre la fecha aproximada de su fundación, o mejor, del establecimiento de la concesión, ya hemos dicho por qué debe ser anterior al año 600 (véase atrás, pág. 516).

En cuanto al título de massaliota, que Eforo da a Mainake (41), débese al papel metropolitano asumido por Massalía tras la caída de Fócea. Este caso volveremos a encontrarlo en Hemeroskopieon y es perfectamente explicable.

Por lo que atañe a la situación de Mainake, a pesar de lo que se ha dicho y escrito, nada hay seguro mientras no se hallen vestigios fidedignos. Que estaba cerca de Vélez-Málaga o algo más al Este, parece seguro. Para algunos (42) Mainake estuvo donde hoy Almuñécar (fig. 460), en cuyo peñón, aljibe y ermita de San Cristóbal se cree reconocer el islote, el estanque (ambos mencionados por la *Ora*) y el santuario (que es preciso suponer); acerca de éste, aduce la existencia de ciertos cimientos que pudieron ser del templo de la Luna. La punta de San Cristóbal avanza hacia el Sur, y está flanqueada por dos playas que sirven de fondeaderos (43). El nombre de Al-Muñécar se ha solido relacionar con un supuesto Al-Menaka. Los geógrafos árabes, sin embargo, explican Almuñécar como *almunakkab*, que significaría la ciudad «franqueada», la que se deja a la espalda (44). Si este nombre lo impusieron los árabes, o acomodaron nombre ante-

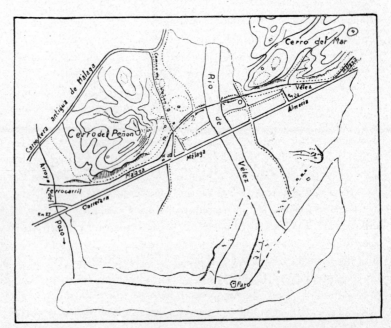

FIG. 461. — Torre del Mar. Presunta localización de Mainake.
Según Schulten

rior y después explicaron su etimología arreglada, no es fácil saberlo (45). Recientemente, reconstituyendo el trazado antiguo de la costa, se ha creído hallar su emplazamiento (figura 461) junto a Torre del Mar (28 kms. al este de Málaga), donde pudo existir una isla baja, hoy incorporada a tierra firme (46). Falta comprobar la suposición arqueológicamente. De todos modos, de la ciudad nada habrá de hallarse, pues el lugar donde ésta pudo existir es un cerro pelado en roca viva. El hallazgo de la necrópolis sería el único hecho determinante, y ésta no pudo ser grande por el escaso volumen de su población y su probable corta vida.

En cuanto al final de Mainake nada en concreto se sabe. Hacia el año 100 a. de J. C. era ya un montón de ruinas según referencias procedentes, a nuestro parecer, de Alklepiades de Myrlea —que hacia el siglo I a. de J. C. vivió en la Bética y escribió sobre ella un tratado—, y recogidos por Estrabón (47) sus vestigios, según este texto, presentaban aún indicios de haber pertenecido a una ciudad griega (48). Sobre las causas de su destrucción o ruina tampoco se sabe nada. Es posible que fuera debida a los cartagineses, en cuyo caso lo más aceptable sería situar su fin a renglón seguido de la derrota de Alalíe, es decir, después del 535. Mas pudo ser también destruída por los indígenas. El que Estra-

bón mencione la ciudad indígena de Maínoba como aun viva (49), y la de Mainake como
ya desaparecida (50), aun aceptando como buena la posible identidad de sus nombres
(Maín-oba > Main-ake), induce a sospechar que ambas constituían dos núcleos urbanos
distintos, aunque probablemente próximos, y quizá por ello rivales, no obstante la protección de Arganthonios a los fóceos. Recuérdese la situación de Emporion con respecto a
la ciudad indígena descrita por T. Livio (51).

Según el supuesto periplo, base de la *Ora Maritima* (52), de Mainake partía un camino
que, bordeando probablemente las sierras de Ronda por su norte, conducía a las llanuras
bajas del Guadalquivir, y de aquí a la desembocadura del Tajo. Gracias a él podrían los
griegos traficar con Tartessós sin necesidad de cruzar el Estrecho, evitando de este modo
el área de influencia púnica, que en todo tiempo, y por medio de su base comercial y militar
de Gádir, podía impedir a placer el tráfico directo de los griegos con los emporios de las
bocas del Guadalquivir. La unión de esta vía terrestre con el estuario del Tajo permiti-
ríales recibir también el estaño de las Kassiterides sin necesidad de cruzar el Estrecho.
Esta ruta interior no era sino el camino natural de intercomunicación de ambos mares y
debía estar en uso desde tiempo inmemorial entre los indígenas. No hay razón alguna
para suponerla obra de los griegos, pero sí para creer que fué utilizada desde muy temprano por aquéllos, probablemente mucho antes de que, como consecuencia de la batalla de Alalíe, les fuese totalmente interceptado el paso del Estrecho por los cartagineses.

Los hallazgos arqueológicos de la zona próxima a Mainake, testimonios indirectos de
su presencia, son hasta el momento los más antiguos de toda la Península. El casco griego
hallado en 1938 en las inmediaciones de Jerez de la Frontera (Cádiz), a orillas del Guadalete (fig. 454), remonta por su fecha al último cuarto del siglo VII, en la que no nos parece
muy aventurado suponer ya la existencia de Mainake. De tiempo posterior, pero aun
dentro del período fóceo, y por consiguiente en vida de la colonia, son el «protomo» de
grifo (fig. 455), resto de un lebes de bronce, datable hacia el 600 (de probable procedencia
andaluza); los restos de un oinochoe rodio de bronce, datable en la primera mitad del
siglo VI y procedente de Granada (figs. 456 y 457), y, por último, el otro casco griego hallado en 1930 en la Ría de Huelva, datable en la segunda mitad del siglo VI (véase lámina,
página 518). Todos ellos atestiguan tanto la existencia de Mainake (y quizá la de alguna factoría más) como la del tráfico griego en esas fechas con Tartessós. En contraste con esta relativa abundancia de objetos de bronce no puede señalarse en Andalucía ni un solo hallazgo
cerámico que pueda datarse en fechas tan remotas, lo cual no tiene otra explicación sino la
de que han pasado inadvertidos (53).

Hemeroskopeion. — La más conocida de las colonias fóceas de la mitad meridional
de la Península fué Hemeroskopeion (Ἡμεροσκοπεῖον). El haber sobrevivido a su metrópoli, hasta confundirse después con la ciudad romana, Dianium, permitió que su nombre
no cayese en el olvido. Cítala la *Ora Maritima* de Avieno, en añadido suyo (por tanto, del
siglo IV d. de J. C.) (54), como ciudad ya desaparecida y situada en las proximidades del
cabo de La Nao (extremo oriental de la provincia de Alicante), aunque sin dar más detalles:
Hemeroscopium quoque habitata pridem hic civitas. Artemidoro —hacia el 100 a. de J. C.—
recuérdala también, añadiendo el dato de haber sido colonia fócea (55), lo que era forzoso
deducir del texto de Avieno. Estrabón (56) es la única que menciona, como más importante, entre las tres colonias massaliotas (57) que coloca en estos parajes (las otras dos se
ha supuesto, con razón, serían Alonís y Akra Leuké). Estrabón describe Hemeroskopeion
como una atalaya; así indica también su propio nombre, visible para los navegantes des-

de muy lejos (58) y provista de un puerto bien defendido, apto como pocos para nido de piratas (59). En ella menciona un templo muy venerado y dedicado a la Artemis efesiana (60), lo que demuestra también el origen jónico oriental —sin duda fóceo— de sus moradores.

Por su situación debió ser el primer puerto de escala en la tierra firme peninsular para aquellos navíos que siguiesen la vieja ruta trazada por el puente de islas. Su origen, pues, hay que suponerlo en tiempos bastantes remotos, incluso prefóceos. Posteriormente, dada

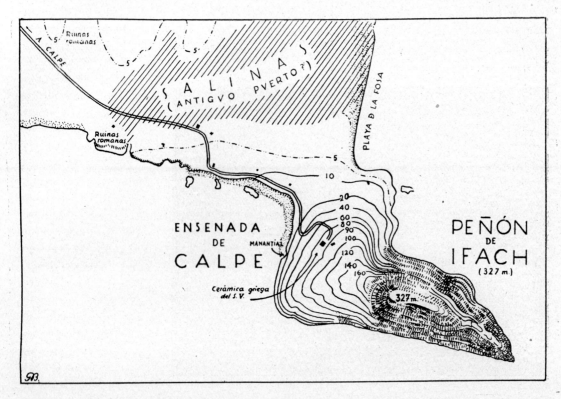

FIG. 462. — Plano de la zona del Peñón de Ifach, en la costa de Alicante

su excelente posición geográfica, pudo prosperar hasta el punto de convertirse en una colonia fócea firme y de asiento. Cuando la ruta interinsular fué abandonada, quizá hacia fines del siglo VII, Hemeroskopeion no perdió por ello su importancia, pues vino a convertirse en base intermediaria entre las colonias del sur de Francia y los emporios metalíferos del sur y sudeste de España. Desgraciadamente, desconocemos su historia; pero a juzgar por el desarrollo artístico de los pueblos indígenas que habitaban en la comarca, en el que la impronta griega, tanto de tipo arcaico como clásico, quedó fuertemente impresa, es casi seguro que su importancia sobrepasase entonces a todas las de las demás colonias griegas de la Península. Por lo menos, cabe hacer esta afirmación: que su labor, como propagadora de la cultura griega, fué la más fecunda. En cuanto al dicho de Estrabón de que era fundación massaliota (61), se explica por el papel que Massalía jugó entre las colonias de Occidente desde la caída de la metrópoli en manos de los persas y la desgraciada batalla de Alalíe. Ya hemos visto que con Mainake hubo una confusión parecida.

Su antigua localización se ha supuesto tradicionalmente, y con razones fundadas, en o cerca de Dianium (hoy Denia). En las proximidades de esta ciudad, en efecto, levántase sobre el mar un promontorio que pudo ser el que dió origen a su nombre y el mismo que describen los textos referidos. Otros la han supuesto en el Peñón de Ifach, algo más al sur de Denia (figs. 462 y 463). En Estrabón es clara su identificación con Dianium (62).

Hasta ahora no se ha dado con restos indudables de la Hemeroskopeion antigua. Creemos que esto hay que achacarlo a falta de atención en los hallazgos, principalmente cerámicos. En Ifach, los más antiguos testimonios hallados son —según dicen— unos fragmentos de vasos griegos no anteriores al siglo V (63). Entre los demás testimonios arqueológicos de la región tampoco hay nada que pueda retrotraerse por su fecha a una más antigua que la de mediados del siglo VI. El centauro de Rollos (fig. 458) y el sátiro del

Llano de la Consolación (fig. 459) son dos bellos bronces, datables, el primero, hacia mediados del siglo VI; el segundo, a raíz de Alalíe (64). De hallazgos monetarios de esta fecha no ha dado nada cierto la región. En Denia mismo se hallaron dos monedas griegas, de las que nada más que la noticia conocemos. El tesoro de Mongó, localidad cercana de Denia, no contenía monedas griegas de fecha anterior al 520. De los demás hallaz-

FIG. 463. — Vista de la Playa de la Fosa desde lo alto del Peñón de Ifach (véase la figura anterior) — *Foto García y Bellido*

gos de monedas griegas procedentes de Benisa, punta de Ifach y barranco del Arc, no lejos todos de la misma Denia, nada conocemos de su contenido, pues perdiéronse sin llegar a estudiarse. En Silla, cerca de Valencia, se hallaron dos monedas: una de Siracusa y otra de Argos (?); pero no se ha dicho la fecha de sus cecas (65). En compensación, para tiempos posteriores, son muy abundantes los testimonios, indicando, según ya dijimos antes, la gran importancia que como foco comercial y cultural tuvo Hemeroskopeion y sus dos colonias hermanas y vecinas —pero muy posteriores— de Alonaí y Akra Leuké. Es curioso que, a pesar de lo dicho, Hemeroskopeion no acuñase moneda como Emporion y Rhode. Al menos no se conoce ninguna atribuíble a su ceca griega.

El nombre de Dianium que llevó la ciudad latina invita a explicarlo por el templo de Artemis ephesía, la Diana romana, que ya hemos dicho cita Estrabón. El mismo —o sus fuentes, Poseidonio o Artemidoro—, inducidos, sin duda, por esta aparente ecuación, llaman a Hemeroskopeion también Artemision (66), lo que no parece cierto. En realidad deriva del nombre de la ciudad indígena a cuyo lado creció la colonia griega. Así, pues,

Dianium vendría de Diniu, que se lee en los epígrafes ibéricos de las acuñaciones locales. Al menos, durante la época helenística, en sus cercanías hubo una activa explotación de hierro, lo que también explica su importancia (67).

Otras factorías o puntos de escala.—Un punto de escala, si no una verdadera factoría, debió existir en la bahía actual de Algeciras, donde al abrigo del Peñón de Gibraltar (figuras 259 y 260), o en sus cercanías, existió una «antigua y memorable ciudad» indígena llamada Karteia (68). Timosthenes (siglo III a. de J. C.) la coloca a siete kilómetros y pico del Peñón, dentro del arco de la bahía. Añade, además, estos interesantes datos: que fué

Fig. 464. — El Peñón de Gibraltar visto desde el lado español. Al fondo, la costa africana, y en medio, el Estrecho

en otro tiempo estación naval de los iberos y que su nombre remoto fué Herákleia por haber sido fundación de Heraklés, según algunos y el mismo Timosthenes (69).

La importancia indudable del Estrecho para los helenos se deja reconocer en los nombres griegos que en sus cercanías aparecen. Aparte del citado de Heráklea, el conocido de Columnas Herákleas, Ἡρακλέους Στῆλαι, o Puerta Tartéssica, Ταρτησσοῦ πύλη, con que también se le designó (70), y el de Calpe, Κάλπη, aplicado al Peñón de Gibraltar y la ciudad de sus pies. El nombre es de origen griego con toda seguridad. Avieno así lo reconoció ya, sin duda por sugerencia de alguna de sus fuentes griegas (directas o indirectas): *Calpeque rursum in Graecia species cavi teretisque visu nuncupatur. urcei* (71). El mismo nombre llevaron en la Antigüedad tres peñones muy semejantes por su forma: el de Calpe, en la entrada del Ponto, y el de Ifach, cerca del cabo de La Nao, a cuyos pies yace el pueblecillo que aun se llama Calpe. Es ya conocido el del Estrecho con este nombre por el autor del rotero aprovechado por Avieno (72). El actual Guadiaro parece ser fué conocido por los griegos con el nombre de Χρυσοῦς. El Chrysus es citado por la *Ora* (73), y pudiera aludir a arenas auríferas. El banco arenoso, llamado en el periplo (74) Herma, es también de origen griego (75).

Una factoría griega en el sur de España y en la ruta a Tartessós pudo ser Adra, la antigua Ábdera (Ἄβδηρα), sita unas millas al oeste de Almería. Los escasos textos llegados a nosotros acerca de la ciudad no la consideran colonia griega, sino púnica. Desde luego es también con tal aspecto como se presenta a través de sus monedas. Ábdera fué, en efecto, una colonia púnica. Pero el aspecto griego de su nombre, idéntico, por ejemplo,

FIG. 465. — Puerto de pescadores llamado la Caleta de los Catalanes, sito al pie del Peñón de Gibraltar, en su lado oriental. — *Foto García y Bellido.*

a una colonia de los clazomenios en Tracia, ha inducido a sospechar ya de tiempo atrás si no fué en un principio una colonia o más bien una factoría griega (76). El nombre puede ser de origen rodio (77). Quizá, tras Alalíe, esta factoría griega, embrión de colonia, pasó a poder de los cartagineses, quienes se establecieron en ella con preferencia a Mainake (a la que parece destruyeron), entre otras razones, por ser Ábdera lugar más próximo a Africa para aquellos que navegasen entre Cartago y el sur de la Península. El periplo, base supuesta de la *Ora Marítima* de Avieno (78), dice que desde el promontorio de Venus (cabo y sierra de Gata) se percibía la costa líbica (69).

Dudas aun mayores existen acerca de otra ciudad llamada en algunos textos muy tardíos Onusa u Oinoussa y cuya localización está tambén llena de problemas. Su nombre mismo es dudoso, lo cual hace que las consecuencias que de él se pretendan sacar han de tenerse por provisionales. Livio (80) escribe Onusa, y la sitúa entre el Ebro y Cartagena. En Polyainós el nombre aparece escrito en su forma al parecer más correcta, Οἰνοῦσσα, lo que nos lleva al punto a la época más remota de la colonización, por ser, sin duda, otro nombre más de los de la serie en «oussa», tan frecuentes en España (81). En cuanto a su localización, parece coincidir con algún punto no lejano de la actual Cartagena (82). Esta existía por entonces con el nombre de Massia o Mastia. De haber sido Oinoussa una factoría de sus proximidades, lo más probable es que hubiese estado a la entrada de la magnífica bahía, frente o en la isla Escombrera, la antigua Scombraría o isla de Heraklés (Ἡρακλέους νῆσος) citada por Estrabón (83). La riqueza minera de la región, principalmente en plata, pudo tentar a los griegos, ya desde tiempos remotos, a establecerse en la isla, de la que pasarían a la tierra firme. Si Oinoussa es una adaptación grequizada de un nombre indígena, no es fácil saberlo.

La misma relación con los centros mineros de esta zona explica la existencia en ella, ya antes del 500, de una ciudad que, según Hecateo (84), se llamó Molýbdana (Μολύβδανα),

sin duda aludiendo al plomo o μόλυβδος. No hay ninguna otra referencia de ella. Pudiera
haber acaecido lo que con Mainake. En cuanto a su situación, siendo imprecisa [Hecateo
no dice de ella sino que era una ciudad de los mastienos (M. πόλις Μαστιηνῶν)], cabe suponerla, desde luego, en la cinta costera entre Cartagena y Almería, donde el plomo sigue
siendo extremadamente abundante (sierras de Gados y Almagrera, Mazarrón), y del que se
benefició en la Antigüedad la plata, como hoy día. En Villaricos (antiguamente Baria) se
han hallado, junto con objetos púnicos, vasos griegos de los siglos V y IV y un *aryballos* corintio (fig. 466) del siglo VI (85). Villaricos está al pie de la
sierra Almagrera, y fué en la Antigüedad puerto. Es posible
que los púnicos estableciesen su emporio allí donde los griegos
ya se habían asentado, y aun pudiera ser que la Molýbdana
de Hecateo fuese la misma Baria (Villaricos). De todos modos el nombre permite asegurar que los griegos tenían en
aquellas costas un importante emporio comercial dedicado
al beneficio del plomo y la plata (86).

FIG. 466.— *Aryballos* corintio
hallado en Villaricos (antigua Baria).—*Colección particular.*

Colonias y factorías focenses en el noroeste de Es-
paña: La Palaiá Polis de Emporion. Rhode.
Otras factorías: Lebedontia, Kallípolis, Salau-
ris, Kypsela y Pyrene.

Emporion. La Palaiá Polis. — Estrabón (87), describiendo someramente la naturaleza del litoral mediterráneo que
va de las Columnas al Pirineo, dice que así como desde el
Estrecho hasta Tarragona la costa no ofrece sino un pequeño
número de puertos, desde esta última hasta Emporion, éstos, sobre ser mejores, son más
numerosos y la tierra más fértil (εὐλίμενα καὶ χώρα ἀγαθή). Esto explica la relativa cantidad de nombres griegos que hemos de hallar en esta región y la importancia de la colonización fócea y massaliota, señeramente representada por los nombres de Emporion y
Rhode, únicas factorías griegas en España que, por lo que hasta ahora sabemos, acuñaron moneda propia. Comencemos por Emporion.

Poco antes de mediado el siglo VI, por el mismo tiempo en que los fóceos fundaban
la base de Alalíe, en Córcega, surgía también, en un bello golfo al sur del cabo de Creus y
de las estribaciones pirenaicas, una factoría griega, fócea como ella, tímidamente instalada
en un principio sobre una islita pequeña y muy pegada a la costa. Estos fueron los comienzos de Emporion. La islita se ha soldado en el transcurso del tiempo al litoral, y es lo
que hoy se llama San Martín de Ampurias. Bajo las actuales pobres viviendas estuvo
en un tiempo asentada la primitiva colonia griega. De ella nada se conoce. Cuando este
breve y humilde núcleo comercial crece y se desarrolla, de la islita, los griegos, sin duda
en buenos tratos con los naturales, pasaron a la tierra firme, estableciéndose también
en ella. Esto ocurre en el transcurso de la segunda mitad de siglo VI, más bien hacia sus
postrimerías.

De este modo, por contraposición a la Palaiá Polis o ciudad antigua, levantada sobre la
islita de San Martín hacia el 560 ó 550, sucede treinta o cuarenta años después la Neá Polis
o ciudad reciente. Pero el nombre de la colonia fué el de Emporion ('Εμπόριον), tomado
sin duda del carácter del primitivo establecimiento, que no pasaría de ser un mercado
ocasional, un lugar de trueque con los indígenas, es decir, un «emporio» (ἐμπόριον), como lo

designaban los griegos. Siendo la Neápolis posterior a la batalla de Alalíe, no nos ocuparemos de ella aquí, pero sí de la Palaiá Polis, que entra de lleno en el período fóceo.

La cuestión de la fecha de su fundación ha dado motivo a varias controversias que, a la luz de los hallazgos surgidos de sus excavaciones, son ya totalmente ociosas. Estos hallazgos, principalmente cerámicos, dan, sin disputa, una fecha inicial que puede fijarse hacia el 550 (88). Mas algunos, argumentando con el silencio del periplo tenido como base de la *Ora* de Avieno, y el de Hecateo (hacia el 500), cuyos fragmentos conocidos no mencionan tampoco la factoría emporitana, pretenden rebajar esta fecha unos decenios. La causa de tales omisiones son, por lo que atañe al periplo, que éste no es posterior a Alalíe, sino algo anterior, sin duda, a los comienzos de Emporion; y por lo que toca a Hecateo, que no poseyendo de él sino fragmentos esporádicos, no es justo juzgar *ex silentio* y deducir la no existencia de la colonia en los lustros finales del siglo VI. Aquí, como en otros casos, la Arqueología suministra pruebas ante las cuales no hay otro recurso que adaptar los textos para reducirlos ante la realidad.

Estos son tardíos, pues los primeros que nombran la colonia son del siglo IV. Antes, como hemos dicho, ni el periplo ni Hecateo la mencionan.

Las primeras referencias, atribuíbles a Eforo y Timeo (siglos IV y III), no dicen sino que Emporion era una colonia de los focenses de Massalía (89). Noticias más amplias, oriundas de Polibio, Poseidonio o Artemidoro (siglos II-I a. de J. C.), son las que nos refieren la existencia primera de una Palaiá Polis sobre la islita de San Martín de Ampurias y la posterior fundación de la Neá Polis en tierra firme (90), aunque nada aportan acerca de la fecha de sus comienzos. Estos, sin embargo, son hoy perfectamente conocidos gracias a las excavaciones, como ya hemos visto. El mismo Estrabón añade que en ella se veneraba a la Artemis ephesía (91). Las noticias de escritores posteriores nada nuevo aportan, salvo las atribuíbles a Catón (siglo II a. de J. C.), recogidas en T. Livio (92), donde se hallan interesantes datos sobre el régimen de la colonia en relación con el de Undica o Indike, la vecina ciudad indígena, esbozados también brevemente por Estrabón (93). Pero éstos pertenecen en realidad al período helenístico y, por tanto, caen fuera de este lugar. Más tarde se hablará de ellos (véanse págs. 572 y sigs.).

Casi todo lo que de la vida de Emporion se sabe hoy procede de las excavaciones practicadas en el lugar donde estuvo emplazada la colonia fócea. Este emplazamiento, al revés de lo que ocurre con el resto de las antiguas colonias griegas en la Península, era conocido de tiempo atrás. Los hallazgos arqueológicos que con tanta frecuencia surgían del lugar, los restos arquitectónicos que aflorando a la luz del día eran mudos testimonios de la fenecida ciudad, la abundancia de fragmentos cerámicos esparcidos por sus alrededores, juntamente con la coincidencia toponímica del nombre actual (cast., Ampurias; cat., Empuries) y el antiguo (lat., Ampuriae; griego, Emporion), eran indicios indiscutibles de que en aquel lugar debían de buscarse con probabilidades de éxito las ruinas de la colonia griega, que, como en tantos otros casos, sirvió de asiento a la ciudad romana.

El insigne agustino Enrique Flórez, en 1775, dedicó ya a las monedas emporitanas un cuidadoso estudio (94). En 1801 su docto sucesor en la España Sagrada, el agustino Manuel Risco, un tratado (95); Ceán Bermúdez, en 1832, estudió sus hallazgos, especialmente monedas y lápidas (96); Hübner, en 1870, al escribir el tomo II, el dedicado a España, del *Corpus Inscr. Lat.*, trató, con una erudición ya completamente moderna, lo referente a Emporion y a sus inscripciones. Poco más tarde, en 1879, el benemérito Botet y Sisó dedicó a Emporion un extenso libro lleno de erudición (97),

que ha sido hasta las excavaciones el tratado más extenso y completo sobre sus antigüedades e historia (98).

La colonia griega no alcanzó su desarrollo máximo hasta el período helenísticorroma-
no, del cual proceden la mayoría de sus ruinas. Pero de sus primeros tiempos han salido también a la luz restos de gran interés arqueológico, especialmente para el esclarecimiento del origen de la colonia y su fecha de fundación, cues-
tión que va ligada también a otros problemas de gran interés histórico y arqueológico, como es la fecha probable del rotero que
sirvió de base al contenido de la *Ora Maritima* de Avieno. En
este momento hemos de prescindir de los hallazgos posteriores a
la batalla de Alalíe (hacia el 535) para fijarnos en aquellos más
primitivos, anteriores al acontecimiento citado, y correspondientes, por tanto, a la primera fase de la vida de la colonia.

Ya se ha dicho que el primer asiento de la factoría fóceomassaliota fué el islote costero que, unido hoy a tierra firme, ocupa el
pueblecillo de San Martín de Ampurias. Bajo él yacen (si existen
aún) los restos de la Palaiá Polis, que no han sido aún hallados
debido a la superposición del caserío actual. En cambio se tienen
los hallazgos procedentes de la necrópolis arcaica sita en tierra

FIG. 467.—Vaso griego,
de origen micrasiáti-
co, procedente del
Emporion.

firme, al sur de la Neá Polis, en el lugar llamado el Portitxol, necrópolis que dió el último asilo a la población primera de la colonia, a aquellos colonos que se asentaron tímidamente en la Palaiá Polis. Constituyen estos hallazgos, principalmente, lotes de vasos
cerámicos, de talleres micrasiáticos (fig. 467), algunos figurados; vasos chipriotas, corintios (fig. 468, *A*) e italocorintios (fig. 468, *B*), ejemplares vidriados; probablemente oriundos de Naukratis, en el Delta (fig. 468, *C* y *D*); vasos calcídicos, rodios y del tipo o especie llamada de Phikellura. A esta clasificación del material cerámico de Ampurias (99)

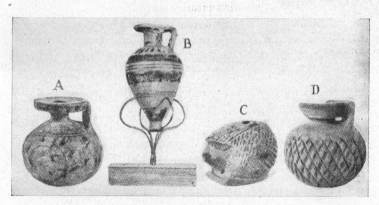

FIG. 468. — Vasos griegos arcaicos de Ampurias: *A*, corintio;
B, ítalocorintio; *C* y *D*, de Naukratis (Egipto)

hay que añadir la pre-
sencia, escasa, però segura, de cerámica corriente,
jónica, presente también
en varios lugares de la
región de Massalía y da-
table en la primera mitad
del siglo VI (100). Aunque
en su gran mayoría estos
hallazgos proceden de la
segunda mitad del si-
glo VI, algunos son fechables, sin duda, en una
data anterior al 550.

Entre los objetos no
cerámicos destaca, en primer lugar, la bella cabeza broncínea de pantera (fig. 469) hallada por Ferrer antes de las excavaciones oficiales en una tumba griega de inhumación
del mismo cementerio. Fué remate de una lanza de carro; por su arte parece pieza de
origen jónico oriental y de fecha no muy alejada del 550. Es gran lástima que la necrópolis del Portitxol fuese de antiguo explotada por buscadores de tesoros que han expoliado

el importante yacimiento, perdiéndose muchos de sus hallazgos. A estas pérdidas pertenece un equipo de guerrero, de bronce, y del que no queda más que la noticia. Probablemente era ya del siglo v. En cuanto al relieve de una doble esfinge, en mármol,
hallada en 1919 y que se ha tenido por griega arcaica, es, a nuestro entender, obra romana (101).

Aunque de este primer período de la naciente colonia fóceomassaliota no hay, al parecer, acuñaciones, es interesante señalar, al menos, ciertos hallazgos de monedas exóticas
de tipo muy primitivo que debieron servir de elementos de intercambio comercial durante los primeros años de la colonia. Prescindiendo por el momento de los hallazgos
acaecidos en la región, limitémonos ahora a los procedentes de la misma ciudad. Estos
son: una moneda arcaica, anepígrafa, de la «liga» o «hansa» fóceomytilena, datable entre
el 650 y el 545, y otra, ésta de Teos,

FIG. 469. — Cabeza de pantera. Bronce griego arcaico hallado en la necrópolis de Emporion. Museo de
Barcelona.

datable con anterioridad al 545. Teos
fué una ciudad micrasiática vecina de
Fócea, que sufrió aquel año la misma
suerte que ésta, y sus habitantes hubieron de abandonar también la ciudad
patria (102). El hallazgo primero, que
se repite en Pont de Molins (no lejos
de Ampurias, y del que luego se hablará), es posible testimonio de que parte
de los fóceos de Alalíe hubieron de buscar probablemente refugio en la naciente colonia emporitana tras el desastre naval del 535, contribuyendo a la
fundación de la Neá Polis. Las monedas citadas aparecieron en ésta juntamente con otras monedas, también griegas, pero posteriores, y entre ellas una
gran cantidad de acuñaciones massaliotas (103).

Rhode. — Cerca de Emporion, en el extremo norte del golfo llamado actualmente de
Rosas, existió otra colonia griega, la de Rhode (ʽΡόδη), de la que recibió nombre la actual
Rosas, y de ella el golfo mencionado. No obstante esta transmisión onomástica, desgraciadamente la antigua colonia no ha sido hallada. Las calicatas hechas en 1916-17 resultaron fallidas. Unicamente en el interior de la fortaleza subsistente, donde se supone pudo
estar emplazada la colonia, se hallaron unos fragmentos de cerámica griega de figuras
rojas y de «campaniense». Mucho antes, en 1850, halláronse cerca de la ciudad una gran
cantidad de monedas, entre las cuales había dos exóticas de origen griego, anepígrafas,
que, a juzgar por el grano de «silphion» en ellas representado, son de la Cirenaica (al oeste
de Egipto) y datables hacia el 480 a. de J. C. Para el problema de su ubicación y de los
primeros tiempos de esta colonia lo dicho no resuelve nada.

Quedan, sin embargo, los textos; de ellos despréndese, como vimos (págs. 499 y sigs.),
que la primitiva colonia pudo ser fundada en tiempos de las primeras navegaciones de los
griegos por los mares de la Península. La tradición adjudica a los rodios su origen y en
fecha calculable en los años mediados del siglo ix. El símbolo parlante de sus monedas

alude también a este origen. No obstante, se ha creído ver en el nombre de la ciudad una raíz ligur, poniéndola en relación con la del río Rhodanus (104).

Las vicisitudes por que pasó esta primera factoría rodia no las conocemos. El periplo no las menciona. Quizá al abandonar los rodios las empresas comerciales en el Occidente y sucederles los fóceos, la factoría quedó desamparada y se extinguió o cayó en el círculo focense. Los textos que la citan lo hacen como colonia massaliota, pero no dejan por ello de aludir a su vieja historia y a su origen rodio. El Ps. Skymnos (105), transcribiendo referencias de Eforo o Timeo, la cita juntamente con Emporion, como colonia fócea de los massaliotas, pero añadiendo (106) que Rhode fué fundación rodia de la época de su «thalassokratía» (siglo IX) (ταύτην ['Ρόδη] δὲ πρὶν ναῶν κρατοῦντες ἔκτισαν 'Ρόδιοι...). Estrabón, en un pasaje (107), dice que, según unos, fué fundación emporitana; pero según otros, rodia (108). Más adelante (109) afirma que los rodios, poco antes de las olympiadas (776), πρὸ τῆς ὀλυμπικῆς θέσεως, fundaron la ciudad, que luego pasó a ser de los de Massalía (τὴν 'Ρόδον ἔκτισαν, ἣν ὕστερον Μασσαλιῶται κατέσχον). Esta versión, recogida de algunas de sus excelentes fuentes (Polibio, Poseidonio o Artemidoro, que estuvieron en España), es, sin duda, la más exacta y la que más se ciñe a los indicios históricos recogidos y a la marcha general de los acontecimientos desde la batalla de Alalíe. En ella se veneraba, en tiempos de Estrabón, la Artemis ephesía (110), culto propagado por los fóceomassaliotas.

Lebedontia, Salauris, Kallípolis, Kypsela y Pyrene. — Emporion no fué, al parecer, la única factoría griega en las costas sitas al norte del Ebro. El rotero que sirvió de base al contenido de la *Ora Maritima* cita otras factorías, embriones de colonias, que no llegaron a crecer, desapareciendo pronto o identificándose con ciudades que luego recibieron otros nombres, pero que, juzgando por la designación griega con que se nos han transmitido, inducen a suponerlas verdaderas fundaciones helénicas, Tales son Lebedontia, Salauris, Kallípolis, Kypsela y Pyrene, de cuya localización precisa nada se sabe, y de su historia todavía menos. De estos nombres son claramente griegos unos, pero sólo de apariencia griega otros, pudiendo ser en algún caso simples helenizaciones de nombres iberos homofónicos. Nada se sabe de cierto tampoco sobre esto (111). Naturalmente, no han faltado intentos de identificación y reducción geográfica de esos nombres griegos o seudogriegos. Lebedontia (112) recuerda, por su nombre, a Lébedos, en la costa jonia de Asia Menor; se han mencionado como lugares de su emplazamiento Ampolla, al norte del delta del Ebro, y Tarragona. Salauris (113) recuerda, por su forma, a Kalauria, en el golfo Sarónico, reduciéndose por unos a Salou; por otros, a Sitges o Tarragona. Kallípolis (114) es nombre relativamente frecuente entre los griegos y alude al bello emplazamiento o al hermoso aspecto de la ciudad; se ha colocado tanto en Tarragona como en Barcelona. En cuanto a Kypsela (115), es igual a otra ciudad de Tracia y recuerda una plaza fuerte, Kypsela, de Arcadia (116), y el nombre del tirano de Corinto, Kypselos. Su localización oscila entre Playa de Pals y San Felíu de Guixols. Finalmente, la ciudad de Pyrene (117), «de rico solar» —mencionada también por Herodoto (118) y por Esteban Bizantino (119), y cuyo nombre llevan los montes del istmo ibérico—, tal como la citan los textos es de clara raíz griega; si en dicha grafía va oculto un nombre indígena, no lo sabemos; sus localizaciones son Cadaqués, Selva del Mar, Elna y Port-Vendres, todas igualmente dudosas.

De ninguna de estas presuntas y vetustísimas colonias, remontables quizá en su fecha de fundación a las primeras navegaciones rodias (120), ha quedado, como puede figurarse, resto arqueológico.

Al hablar líneas atrás de Emporion y Rhode, hemos aludido a los hallazgos numismáticos acaecidos en ellas y datables en fecha anterior a la batalla de Alalíe. Pero en la región nordeste de la Península ha aparecido, además de los mencionados, otro conjunto monetario que por su procedencia y contenido podría ponerse en relación tanto con las colonias arqueológica o históricamente comprobadas (Rhode y Emporion) como con aquellas otras, principalmente las del tramo pirenaico, que son griegas sólo en presunción (Kypsela, Pyrene).

Nos referimos al «tesoro» de Pont de Molins, localidad cercana a Figueras (provincia de Gerona) y no lejos, por tanto, del grupo de las citadas colonias o factorías griegas situadas al pie del Pirineo o a orillas del golfo de Ampurias. Del hallazgo, acaecido en 1868, pertenecen al período más primitivo de la colonización griega en Occidente una gran cantidad de monedas griegas arcaicas, anepígrafas, del tipo llamado de «Auriol» y de procedencia probablemente micrasiática. Añádase una drachma de Kyme con la leyenda retrógrada NOIAMYK, del 550-470, y un fragmento de estátero arcaico de Metapontion, colonia aquea del sur de Italia y datable la misma fecha. Las demás monedas griegas halladas en el tesoro de Pont de Molins pertenecen por su fecha al período siguiente, posterior al 535 (121).

3. La batalla de Alalíe y fin de la colonización fócea

Caída de Fócea (hacia el 545).

El fin del imperio fóceo de Occidente fué una consecuencia inmediata de trascendentales acontecimientos desarrollados en el extremo opuesto del Mediterráneo, en Asia Menor, a mediados del siglo vi a. de J. C. El nacimiento de la gran potencia militar de Persia trajo consigo el conflicto con el reino filheleno de Lidia, regido entonces por el famoso Creso (Kroisos). Este fué derrotado por el rey de Persia, Ciro (546), que al punto puso sus miras en las florecientes ciudades griegas de Asia Menor. El peligro que se cernía sobre éstas llegó pronto a oídos de Arganthonios, el rey de Tartessós, amigo y protector de los griegos. Herodoto, recogiendo noticias todavía frescas, cuéntanos (122) que ante el trance en que se veían los fóceos, Arganthonios les ofreció sus tierras, invitándoles a establecerse en ellas. Pero los jonios rehusaron la oferta; tan sólo aceptaron una gran suma para construir alrededor de la metrópoli sólidas defensas amuralladas. Las defensas, una vez construídas, no sirvieron de nada. Juzgando los fóceos sacrificio inútil la defensa de la ciudad, estando ya sitiados por los ejércitos de Ciro, abandonaron de la noche a la mañana su patria. El asilo demandado a los de Chios, sus vecinos isleños, a los que pretendieron comprar las Oinoussai, no fué escuchado por el temor de atraerse las iras de los persas o, como dice Herodoto (123), por evitar futuras rivalidades comerciales. Los fóceos, en tales apuros, no hallaron más solución que partir en sus naves hacia una de las lejanas colonias de su imperio occidental. El pensamiento de los fugitivos recayó, en un principio, sobre Andalucía; pero habiendo muerto por entonces su protector el rey Arganthonios, hubieron de buscar asilo en otras tierras (124). La elegida fué Córcega, en la que, años antes (hacia el 566), habían fundado la colonia de Alalíe frente a frente de las costas de Etruria; allí se trasladaron parte de los fóceos (parece ser que más de la mitad se volvió a Fócea), comenzando de nuevo su vida de comerciantes y colonos a la vista y en la cercanía del resto de las ciudades de su floreciente imperio.

Batalla naval de Alalíe (hacia el 535)·

Tal presencia en el centro del mar Tirreno no fué del agrado de etruscos y cartagineses, quienes, con razón, temían una rivalidad desventajosa para su pesca y comercio. El conflicto con sus nuevos vecinos no tardaría en estallar. Los fóceos, fuertes todavía en el mar, unían, como era lo normal en su tiempo, el comercio con la piratería. Cartagineses y etruscos formaron entonces una alianza para poner fin a este nuevo estado de cosas. Con una armada de sesenta navíos se presentaron ante las costas de Córcega con ánimo de provocar la batalla. Los de Alalíe contaban también con sesenta naves. Salieron a alta mar y tuvo lugar el choque de ambas flotas. Aunque los fóceos resultaron vencedores, fué a costa de graves daños. Perdieron cuarenta naves y quedaron averiadas las veinte restantes. Imposibilitados por el momento para rehacer su flota, los de Alalíe, aunque victoriosos, quedaron de hecho a merced de sus enemigos, y la ciudad hubo de ser al punto abandonada (hacia el 535) (125). Muchos perecieron en manos de los etruscos y cartagineses, que los mataron a pedradas. Del resto, los más, se refugiaron en Rhegion, a la entrada del estrecho de Messina, de donde se trasladaron a Hyle (luego Velia), en la costa de Lucania, sobre el mar Tirreno (126). Otros, a juzgar por ciertos testimonios numismáticos, se dispersaron por las distintas colonias fóceas de Provenza; algunos pocos se debieron instalar en las colonias de la costa catalana, donde encontraremos verosímiles huellas de su presencia.

De este modo terminó para los griegos focenses su época de «thalassokratía». La repercusión que estos acontecimientos tuvieron en sus colonias, principalmente en las de la Península Ibérica, las estudiaremos en líneas sucesivas.

Repercusión de la batalla naval de Alalíe en las colonias fóceas
de Occidente. Eclipse de Tartessós.

Al predominio marítimo de las naves fóceas sucedió la «thalassocratía» de los vencedores, etruscos y cartagineses. A su amparo, los aliados pudieron distribuirse sus respectivas esferas de influencia en el Mediterráneo occidental; a juzgar por los hechos subsiguientes, correspondieron: a Etruria, el Lacio, la Campania y Córcega; y a Cartago, el Mediodía de España, Cerdeña, y sobre todo, Sicilia, de donde siempre fué pretensión cartaginesa expulsar o dominar a los griegos llegados a la isla algo más tarde que los púnicos.

Por lo que toca a España, las consecuencias inmediatas de la derrota fócea fueron la pérdida por parte de los griegos de aquellos mercados que durante el transcurso de los siglos VII y VI lograron conquistar en el sur de la Península, principalmente el de Tartessós, el más codiciado de los emporios de Occidente. Las colonias, factorías y puntos de escala que los jonios establecieron en Andalucía sobre la ruta marítima de aquel emporio de metales hubieron de correr, naturalmente, la dura suerte que era de esperar. No hay, sin embargo, noticias concretas acerca de ello. Sólo cabe juzgar por deducciones, mas éstas son harto probables. Parece ser que Mainake, la más occidental de las colonias griegas llegadas a nosotros con este título, fué destruída por entonces. Es más, uno cualquiera de los grandes personajes helenísticos que recorrieron tierras de la Península (Polybio, Poseidonio Artemidoro, Asklepiades) no vió de ella sino sus ruinas (127). En cuanto a Ábdera, si fué, en efecto, una factoría en un tiempo griega, como sospechamos, debió de cambiar entonces de mano, convirtiéndose en un establecimiento púnico, como en tiempos sucesivos seguirá siéndolo. Por lo que atañe a las demás factorías o pequeños emporios del sur de la Península, su suerte nos es desconocida igualmente. La «vieja y memorable» ciudad de

Herákleia, identificada por Timosthenes (128) con Carteia, en la bahía de Algeciras, debía ser ya en el siglo III a. de J. C. una ciudad de poca importancia, como se desprende del texto. De Oinoussa y Molýbdana nada se sabe. Quizá esta última, no citada, como vimos, más que por Hecateo, se convirtió luego de Alalíe en la factoría púnica de Baria, que, aunque no se halla mencionada como tal por los textos, es seguro lo fué como la Arqueología demuestra (véase atrás, pág. 531).

Con todo ello, el comercio fóceo con Tartessós quedó definitivamente cortado de entonces para siempre. El Estrecho Herákleo se hizo impracticable para naves griegas. Las simpatías que lograron ganarse reinando Arganthonios, y que tantos frutos hubieran producido en Andalucía, quedaron estériles. De ahora en adelante lo que de griego llegue a las tierras del Baetis será precario, y eso por intermedio de cartagineses. La misma Tartessós pagó el pecado de su «philhellenismo» sufriendo las brutales represalias de los vencedores. En realidad, a partir de entonces no sabemos concretamente nada de ella. Pero este silencio tan significativo es precisamente el más claro testimonio de su muerte o de su definitiva decadencia. La mención de «Mastía Tarséiou» en el tratado romanocartaginés del 348 no permite deducir necesariamente la existencia de Tartessós en aquella época (129). Es una simple designación étnicogeográfica.

Mas verosímil nos parece la aplicación a Tartessós de un episodio referido a Gádir y llegado a nosotros por dos conductos, que, aunque tardíos, son fidedignos: uno, por la obra περὶ μηχανημάτων de Ateneo, técnico de fecha indeterminada (siglo I a. de J. C.?), y el otro, por medio del conocido libro de Vitruvio (130). Ambos parecen tomar su narración de una fuente común, pues sus versiones son paralelas. Nárranlo al explicar el origen del ariete, y cuentan a este propósito que dicho artefacto fué empleado por vez primera cuando los cartagineses sitiaron a Gádir (131). De ser posible, como parece, la sustitución de Gádir por Tartessós, éste sería el único testimonio y episodio conocido referente al fin de la ciudad.

Hacia comienzos del siglo V, esta definitiva clausura del Estrecho pudo hallar su eco en Píndaro (518-440), que parece señalar la imposibilidad de franquear por entonces las Columnas Herákleas. «Después de ellas —dice en las *Olympicas* (132)—, el camino es tan inaccesible a los hombres superiores como a los vulgares.» «No es posible ir más adelante, hacia el mar inaccesible, más allá de las Columnas de Heraklés» (133).

En cuanto a las colonias y factorías griegas entre el Pirineo y el cabo de La Nao, parece ser que una de las consecuencias inmediatas de la rota de Alalíe fué el colapso en la ya floreciente expansión colonial por la costa catalana que el periplo nos presenta en sus comienzos. Al menos, aquellas colonias y factorías a las que la catástrofe de Alalíe sorprendió en una fase inicial, faltas de vida propia y de apoyo, murieron pronto. Tal debió suceder a Lebedontia, Salauris, Kallípolis y Kypsela, citadas sólo por el periplo y de las que no se vuelve a hacer mención en documentos posteriores. Otro tanto cabe suponer de la suerte que corrió Theline, mencionada también únicamente por el periplo y sita en las bocas del Ródano, muy cerca, pues, de la misma Massalía. Pyrene, por el contrario, después del periplo es citada por Herodoto (134) y quizá por la fuente (Eforo?) que utilizó Esteban de Bizancio (véase atrás, nota 119). De todos modos, si se salvó de la catástrofe de Alalíe, no es verosímil que fuese por mucho tiempo, pues no hay noticia ni resto alguno de su supervivencia en siglos sucesivos. De las citas mencionadas no se deduce necesariamente tampoco que Pyrene viviese en las fechas en que fueron escritas.

En cuanto a Massalía, la más importante de las colonias griegas en Occidente, si bien sufrió las duras consecuencias del hundimiento de la metrópoli, parece ser que, gracias al desarrollo de su vida propia, pudo sostenerse ante la general descomposición del imperio colonial fóceo. Es más, la llegada a ella en busca de asilo de parte de los griegos de Alalíe (135) contribuyó a dar nueva vida a la colonia. Tal impulso renovador explica la tradición, evidentemente falsa, pero corriente en la Antigüedad, que data en estas fechas la fundación de Massalía (136). Los recién llegados, portadores de sus imágenes y exvotos (137), tomaron parte activa en el renacimiento de la vida comercial, política y religiosa de Massalía.

Conscientes los massaliotas de su papel, se arrogaron el derecho indiscutible de heredar el oficio metropolitano y protector de la madre patria, procurando salvar de aquel derrumbamiento general todo lo posible. Massalía (138) se hallaba unida en vieja amistad con Roma *(prope ab initio conditae urbis)*. El tratado que en 409 firmó ésta con Cartago, y en el que por parte de Roma figuraban como beneficiarias sus aliadas (139), permitió a Massalía —de estar incluída entre ellas como es verosímil y suele admitirse— una cierta seguridad y libertad de acción, al menos en aquellos lugares alejados de los intereses cartagineses en la Península. A su vez, Massalía pudo permitir a Cartago una amplia intervención en el sur de las Galias. Tal supuesto se desprende, al menos, de la presencia de mercenarios elisykes entre los que Cartago llevó a Sicilia cuando Himera en el 480 (140). Pasados los primeros momentos inmediatamente posteriores al desastre, Massalía, aliviada quizá por el apoyo de Roma, pudo salvar parte del patrimonio colonial heredado de Fócea, como luego veremos.

Debe tenerse por seguro que Emporion, Rhode y Hemeroskopeion permanecieron griegas. Aún más, sabemos que su nueva vida cayó de lleno bajo la hegemonía de Massalía. Los textos posteriores, sin excepción, hablando de estas colonias, aunque alguna vez recuerden su origen directo fóceo (rodio, para el caso de Rhode), llámanlas siempre colonias massaliotas (141), lo que indica claramente el nuevo estado de cosas.

A conservar estas colonias debió contribuir en alto grado el refuerzo recibido en su población por la llegada en demanda de asilo de aquellos comerciantes y colonos fóceos dispersos por el resto de las colonias destruídas o amenazadas por los púnicos y etruscos. Ya hemos visto que tras Alalíe parte de los fóceos desterrados fueron a Massalía, y otros, tras una breve estancia en Rhegion, se trasladaron a Lucania, donde fundaron la colonia de Hyle (luego Velia). Otros debieron derramarse por las colonias griegas de la costa ligur, y algunos, sin duda, llegaron a Rhode y Emporion, contribuyendo con otros prófugos oriundos de Mainake y de las demás factorías del sur y este de la Península al crecimiento de la Palaiá Polis de Emporion, que por este tiempo, habiéndose hecho insuficiente el pequeño islote costero, y en buenas relaciones con los indígenas, se trasladan a tierra firme, fundando la Neá Polis (véanse más adelante págs. 567 y sigs.). La abundancia de tesorillos con monedas de tipo «Auriol», cuyos hallazgos han acaecido tanto en la costa tirrénica de Italia como en Provenza y en el nordeste de España, son, sin duda, testimonios mudos de esta triste diáspora de los griegos de Alalíe. A ellos debieron de sumarse otros refugiados procedentes de las factorías cercanas de Lebedontia, Kypsela, Salauris, Kallípolis y quizá Pyrene. El rápido auge de la Neá Polis de Emporion, que coincide en sus principios precisamente con los momentos más difíciles por que pasaron las colonias fóceas, hace muy verosímil esta reconstrucción de los hechos. Emporion, como Massalía, experimentó entonces un renacimiento debido al incremento de su población. Aunque en Rhode y He-

meroskopeion no hay testimonios arqueológicos —como los hay en Emporion— para
poner base firme a una reconstrucción similar de su historia en estos años, es de sospechar,
sin embargo, que acaeciese algo por el estilo. En resumen, el fenómeno puede formularse
diciendo que la retracción general, defensiva, del helenismo occidental, tras de la rota de
Alalíe, trajo como consecuencia un incremento de la población, a costa de los lugares
abandonados, en aquellas colonias que pudieron permanecer firmes ante los embates de
la desgracia.

Consecuencias de la batalla de Alalíe en el orden espiritual.
Crisis de la helenización de la Península.

La caída de Fócea (hacia el 546) y la batalla naval de Alalíe (hacia el 535) marcaron
dos fechas de importancia decisiva en la historia del Mediterráneo occidental. Tras ellas
adviene un nuevo estado de cosas de signo esencialmente distinto. Al floreciente desarrollo
de la colonización griega, que traía consigo una serie de valores y conceptos de la más alta
calidad y de las más espléndidas perspectivas, sucede en el Occidente un período de depresión de lo helénico, con pérdidas irreparables ya para siempre y un retroceso general en
aquel movimiento expansivo que, tras llegar a las bocas del Atlántico, fué tan cordial y
entusiásticamente recibido por los tartessios filhelenos, que auguraba en Andalucía una
nueva Magna Grecia. Los vencedores, etruscos y cartagineses, eran pueblos que, aunque
no se les puede tachar de bárbaros —en el sentido peyorativo de la palabra—, su concepto
de la vida, tanto material como espiritual, era tan otro, el caudal de su cultura tan inferior,
que su acción educadora sobre los pueblos peninsulares, bien dispuestos en general a la
asimilación de formas culturales nuevas, no puede, ni con mucho, compararse a la ejercida
por Grecia, de la que en última instancia dependían también tanto los etruscos como los
cartagineses. En este sentido no vacilamos en afirmar que el hundimiento del imperio
colonial fóceo de Occidente fué, singularmente para España, una verdadera desgracia.
Retrasó en varios siglos nuestra incorporación activa al mundo verdaderamente civilizado, privando a nuestra historia de un caudal de valores, sobre todo culturales, que sólo
la conquista romana, aunque tardíamente, vino a reparar. La intensa helenización de
Andalucía y Levante, que por tan llanos caminos discurría en la víspera de Alalíe, de no
haber surgido la inesperada catástrofe, hubiese hecho de ambas regiones de España, tan
permeables al progreso, focos culturales quizá tan vivos y espléndidos como lo fueron
el sur de Italia y Sicilia. Sólo se requería la colaboración del tiempo, y ésta fué precisamente la que faltó al quedar truncada la expansión griega por causa de la derrota
de Alalíe. La rápida y valiosísima aportación española a la cultura romana es una
prueba de lo que hubiera podido suceder cinco siglos antes con respecto a la griega si
no hubiese acaecido aquel desastre.

4. EL SUPUESTO PERIPLO MASSALIOTA CONTENIDO EN LA «ORA MARITIMA» DE AVIENO

En las líneas precedentes hemos analizado los textos sobre el origen y proceso de la
colonización griega, principalmente fócea, desde sus comienzos hasta su hundimiento en
Alalíe (hacia el 535 a. de J. C.). No conocemos más nombre cierto de persona que el
de Kolaíos, el cual, como vimos, se presenta con casi todos los requisitos históricos apetecibles. Los demás protagonistas de esta etapa de colonización son totalmente anónimos.

El nombre, mucho menos documentado, de Meidókritos oscila en un amplísimo margen cronológico, sin que sea posible reducirlo a un momento concreto.

Pero a lo largo de nuestra reconstrucción hemos tenido que acudir con frecuencia al autor anónimo de un texto que por no ser de orden estrictamente histórico (queremos decir «narrativo»), sino puramente geográfico, «descriptivo», no hallaba su sitio apropiado en las líneas pasadas más que como autoridad de referencia. Sin embargo, es el testimonio más antiguo y más importante que de la colonización griega ha llegado a nosotros. Este testimonio procede de un navegante anónimo, probablemente griego, que de cierto estuvo en España hacia mediados del siglo VI, recorrió con frecuencia sus costas y trasladó sus observaciones por escrito, dando lugar a un periplo (περιπλούς) o rotero que debió servir de guía para los navegantes griegos que durante la colonización fócea traficaban con las costas peninsulares. Lo incluímos aquí, al final de la etapa fócea de la colonización, por ser producto directo de ella, considerando, además, que un testimonio de esta naturaleza no debe desgajarse del marco general histórico, apreciándolo sólo y exclusivamente como mera «fuente». Es, sí, una «fuente» de primer orden, pero es también, ante todo, un magnífico exponente de aquella etapa histórica, tan revelador y tan expresivo como pueda serlo un objeto arqueológico de los más significados. Su contenido es primordial para la geografía antigua de la Península Ibérica, y en general para la de todo el Occidente. Aquí trataremos sólo de exponer el estado actual de la serie de importantes problemas suscitados por dicho texto, insistiendo, sobre todo, en los de la fecha y valor documental, histórico o arqueológico, del periplo, dejando para el momento en que tratemos de la geografía antigua de la Península la exposición y aprovechamiento de su valioso contenido étnico y geográfico. El extraordinario interés, la multitud de problemas que plantea (aún por resolver en gran parte) y la complejidad del tema nos obliga a dedicarle una extensión que a primera vista pudiera parecer algo excesiva. Estamos, sin duda, ante el primer texto escrito llegado a nosotros sobre nuestra Península, es decir, ante la primera «geografía descriptiva» de ella. Bien merece una presentación digna de su rara importancia, y una exposición del estado actual de sus numerosas cuestiones críticas.

Rufus Festus Avienus y la «Ora Maritima».

R. F. Avieno (142) fué un funcionario y escritor romano de hacia el año 400 d. de J. C., nacido en Volsinia (Etruria), y conocido en la investigación de la geografía e historia antiguas de nuestra Península por su poema didáctico, que llamó *Ora Maritima.* y en el que describe las costas de toda o la mayor parte de la Península Ibérica en 713 versos senarios. El fin que le impulsó a componer dicho poema fué el didáctico (143). Entusiasta de los tiempos pasados, no intentó reflejar en dicho poema geográfico el estado de cosas correspondiente a su tiempo, sino que, dejándose llevar voluntariamente por su amor a la Antigüedad, dió a sus descripciones un ambiente arcaico, remoto, de fecha indecisa, a lo que contribuyó mucho la calidad y antigüedad de las fuentes que utilizó para ello. El mismo se gloría de haber bebido en fuentes «muy viejas» y «recónditas». Entre los varios autores que le sirvieron para la redacción del primer libro de su poema cita Avieno varios escritores griegos del siglo V a. de J. C. y uno cartaginés de hacia el 500 a. de J. C. Pero aparte de las obras de los citados autores, la base principal que, quizá sin saberlo cierto el propio poeta, le sirvió para la composición de su obra (especialmente en lo referente a la Península Ibérica), fué, al parecer, un viejo periplo, o descripción de costas, de fecha anterior a la de los autores por él citados y del que no se dice nada en el poema.

Como este periplo, o conjunto de noticias, constituye el núcleo más antiguo de informaciones que al parecer existe sobre el occidente de Europa y sobre la Península Ibérica, ha atraído la atención de los investigadores desde hace siglos, dando lugar a una gran cantidad de trabajos analíticos y ediciones críticas en las que el tema más importante ha sido siempre el averiguar la fecha y el probable autor del mencionado periplo base de la *Ora*, y luego la ardua cuestión de rehacer, en lo posible, el texto puro, muy adulterado tras los avatares por que pasó antes de llegar a manos de Avieno, y, posteriormente, antes de llegar a las nuestras. Sobre tales temas se han emitido multitud de opiniones. Para unos, el poema, tal como ha venido a nosotros, es susceptible de descubrirnos sus secretos, habiéndose llegado, por ejemplo, en la cuestión de la fecha probable del supuesto periplo que sirvió de base, a cierta unanimidad de criterio. Para otros, en cambio, el texto de Avieno se presenta tan confuso e intrincado que no ven posibilidad de llegar a una aclaración de sus fuentes y laboraciones, al menos por ahora. Estas dos tendencias opuestas han convivido durante todo el siglo xix y continúan hoy perviviendo la una al lado de la otra. En realidad, el texto de Avieno, tal como lo conocemos, presenta enigmas de soluciones muy difíciles (144).

El problema de las fuentes en la «Ora Maritima» de Avieno.

Fué el mismo autor del poema quien declaró que para su redacción valióse de «autores muy antiguos», de «fuentes recónditas» y «páginas vetustas». Y es también, por la mano del mismo poeta por quien sabemos, parte al menos, los escritores que le sirvieron de fuente informativa. En un importante pasaje de su obra, Avieno, en efecto, cita las siguientes autoridades, distanciadas ya en casi un milenio del propio escritor: «... he añadido [a Salustio, de quien tomó su descripción del mar Táurico, perdida] muchas cosas sacadas de los comentarios de numerosos autores. Aquí, pues, se hallará a Hecataeus Milesius y a Hellanicus Lesbius, también a Phileus Atheniensis, a Scyla Caryandaeus, luego a Pausimachus, el que fué engendrado por la antigua Samus, y también Damastus, nacido de la noble Sigeum, y Bacoris, procedente de Rhodus, así como a Euctemon, el de la conocida ciudad del Attica; al sículo Cleon, también a Herodotus Thurius [sic], lo mismo que al que es magna gloria en el arte del decir, Thucydides Atticus» (versos 40-50).

Pero tales fuentes no fueron utilizadas todas para la parte del poema conservada (libro I). Esta enumeración referíase a la totalidad de la obra. En el libro I sólo se citan y glosan incidentalmente a Skylax de Karyanda (hacia el 490 a. de J. C.) (145), Euktemon de Atenas (hacia el 435 a. de J. C.) (146), Damastes de Sígeion (hacia el 420 a. de Jesucristo) (147) y Phileas de Atenas (del siglo v a. de J. C.) (148). Avieno fué en esto un escritor de probidad científica digna de toda confianza. Se preciaba de la remota antigüedad de sus fuentes, y no ocultó, al menos voluntariamente, la indicación precisa del origen de su información, citándola oportunamente, tal como hoy día hacemos nuestras citas de autoridades. De tal modo, que si en la parte conservada de la *Ora Maritima* no son mencionados más autores griegos que los dichos últimamente, es de suponer que fué por no haberlos utilizado o, mejor, por no figurar en los libros que él pudo manejar. Todas las autoridades recordadas y glosadas son del siglo v a. de J. C., y todos ellos conocidos por otros conductos. La más utilizada por Avieno parece haber sido la de Euktemon, al que cita y copia textualmente en dos ocasiones y con más extensión que a los otros.

Además de estas fuentes griegas, Avieno cita y glosa también en tres ocasiones (149), una inesperada, la del cartaginés Himilkon, más antigua que las griegas, pues su periplo, al cual se refiere Avieno, se fecha por el 500 a. de J. C. Los conceptos tomados expresamente de él por el poeta no son en puridad científicos, sino más bien legendarios. Es el testimonio de que se vale para describir de un modo tenebroso y lleno de misterio el terror de los mares oceánicos más allá de las Columnas de Heraklés. Pero añade Avieno esta interesante aclaración: lo ha tomado *ab imis Punicorum annalibus prolata longo tempore* (de los obscuros anales de los púnicos, que lo han transmitido a través de los siglos). Es decir, que entre las fuentes —mediatas o inmediatas— de Avieno hubo traducciones o versiones de estos anales. Con tal referencia entran, pues, en juego, junto a las fuentes griegas, «los anales de los púnicos».

Por otra parte, no es verosímil que Avieno haya tenido ante sí los originales o las copias de todos los autores por él citados. Es casi un milenio el que separa la fecha de la redacción de la *Ora Maritima* de la de las fuentes por él mencionadas. De ello se deduce —prescindiendo de otras particularidades— que lo probable es que Avieno tomase sus informes, no de todas y cada una de las autoridades citadas, sino de algún trabajo bastante posterior y en el cual se hubiesen utilizado, más o menos mediatamente, gran parte de los autores recordados, a los cuales es posible que Avieno añadiese por su cuenta algunos datos más y, sobre todo, adaptase libremente, a su gusto, aquellos informes con el fin de dar a su poema el aspecto con que se ha presentado a nosotros.

Aun más. Ha sido opinión comúnmente aceptada (salvo excepciones raras), desde Schöning (1791), pero sobre todo desde Müllenhoff (1870), que en las descripciones de Avieno, aparte de las autoridades citadas por él mismo, late oculto a lo largo de todo el poema un hilo narrativo y descriptivo, quizá incógnito para el mismo poeta, que, aunque en forma muy alterada, ha sido el vehículo portador de un conjunto de noticias muy arcaicas y anteriores a las fuentes expresamente citadas por el autor de la *Ora*. Los nombres de Ophioussa y Oestrymnis sólo aquí recogidos; la mención de ciudades muy antiguas, luego olvidadas por los escritores, incluso por los que el mismo cita como fuentes; de ríos con nombres muy remotos, así como de islas, montes, entidades étnicas, etc., más tarde completamente olvidados, hace necesario reconocer en este conjunto de datos arcaicos una fuente más remota que todas las demás por él citadas, la cual es, por añadidura, desconocida para el propio poeta, ya que no hace la menor alusión a ella. En tal conjunto de datos tenemos, por tanto, una primera autoridad, situable por lo menos en fecha anterior al año 500 a. de J. C., que es la más antigua de las citadas por Avieno.

Como esta antiquísima fuente describía las costas, se ha creído reconocer en ella un viejo derrotero o periplo, utilizado y extractado, hasta hacerlo casi irrecognoscible, por una serie de escritores ya en fechas remotas, y del cual nos presentaría la *Ora* el último estadio de esas sucesivas transformaciones. Este viejo periplo sería, por tanto, la base descriptiva sobre la cual se fueron interpolando o intercalando en distintas fechas aquellos autores griegos y el púnico citados en el poema de Avieno. De tal modo que, perdida ya su memoria a fuerza de elaboraciones y transformaciones, el propio Avieno, tan explícito y sincero siempre en declarar el origen de sus «vetustas» informaciones, no lo citó, por ignorarlo. Todo ello hace que el problema de las fuentes de Avieno se complique de un modo extraordinario y que una buena parte de los trabajos críticos hechos sobre la *Ora Maritima* se hayan dedicado a la ingrata tarea de aclarar, hasta donde sea posible, el complejo problema de su origen y evolución antes de llegar a Avieno.

Ni el supuesto periplo, base de la *Ora*, ni los autores en ella citados, han llegado, pues, íntegros a manos de Avieno. Antes de él hubo retoques, interpolaciones, refundiciones y aun —según algunos— superposiciones de dos o más periplos. Fué Müllenhoff (150) quien sagazmente advirtió estas mixtificaciones, que algo más tarde negaron Müller y Unger. Schulten (después de comprobar y constatar la existencia de alteraciones en el rotero) propuso a Éforo (hacia el 300) como autor de un primer extracto de él, extracto que incorporaría a su *Geografía*, escrita en forma de periplo (Periégesis). El mismo Éforo introdujo en su obra —según Schulten—, junto a las noticias tomadas del rotero, pasajes de otros autores de los siglos VI-V (los citados por el autor de la *Ora*). El trabajo de Éforo no debió conocerlo tampoco directamente Avieno, sino a través de otra refundición o resumen que Schulten atribuye a cualquiera de los maestros de escuela del siglo I a. de J. C., que con fines didácticos solían resumir en verso las disciplinas científicas para hacérselas más fácilmente asimilables a los escolares. Así, por este medio, llegaría a Avieno un primitivo periplo ya interpolado y resumido, que él utilizaría, y aun modificaría por su parte, dando todo ello por resultado su *Ora Maritima* tal como ha llegado a nosotros (151).

El mismo año (1922) en que Schulten publicó su edición de Avieno, E. Norden (152) ya manifestó también la necesidad de suponer en los comienzos de la época imperial una alteración en el texto, en virtud de la cual se intercaló, por mano de algún erudito, el periplo cartaginés de Himilkon. Norden hizo recaer sus sospechas en Juba de Mauretania. La misma opinión manifestó algo más tarde Köstermann (153), quien, tras rechazar la atribución que Schulten hace a Éforo como el más importante intermediario entre el primitivo periplo y Avieno, propone también al rey Juba. Este poseyó una excelente biblioteca, y era hombre de claro ingenio y dado a estudios de cosas antiguas. Probablemente Juba tuvo en su poder una elaboración del siglo IV, que completó con interpolaciones oriundas de fuentes fenicias que él poseyó y conocía, sin duda, mejor que nadie entonces. Juba es citado además por Avieno (154) como hombre estudioso.

La solución de estos enigmáticos problemas no es tan fácil que pueda darse de otro modo que como hipótesis más o menos fundada. Así no extrañará que Herrmann, a su vez, haya propuesto también importantes modificaciones a lo dicho por Schulten. Según Herrmann (155), partiendo del supuesto suyo de que el periplo originario es probablemente de procedencia cartaginesa (pero anónimo), reconoce en el geógrafo Euktemon, de Atenas (hacia el 435 a. de J. C.), la primera aportación ajena al periplo. Euktemon es citado y copiado textualmente en la *Ora Maritima*. Más tarde, en el siglo I a. de J. C., supone Herrmann que hubo una primera elaboración (coincidiendo en ello con Schulten). El autor de ella debió ser algún griego que hubiese estado en Italia hacia el primer tercio del siglo I a. de J. C. Sus sospechas recaen concretamente en Aléxandros Polyhistor (hacia el 70 a. de J. C.) que de Asia Menor fué trasladado a Roma por Pompeyo como prisionero de guerra. Pero el Polyhistor no sería el único intermediario entre el periplo primitivo y Avieno. Siguiendo a Norden y Köstermann, supone que hacia el comienzo del Imperio hubo de haber otro interpolador que diese paso al periplo del cartaginés Himilkon, citado tres veces en el poema. Este no pudo ser otro que el erudito y arqueólogo rey de los númidas, Juba, muerto hacia el 23 d. de J. C. De esta segunda refundición salió, tres siglos más tarde, la de Avieno, el cual, por su parte, recibe nuevas noticias procedentes de Dionisio *el Periegeta* (156). Del estudio de Herrmann sale muy reforzada la personalidad de Euktemon, cuya obra conócese, principalmente, gracias a las interpolaciones de la *Ora* (157). Según el propio Avieno, Euktemon vivió en Amphípolis, de donde Herrmann supone se trasladó a Rhegion, que durante las guerras sicilianas fué base importante para los atenienses. Piensa, dejándose llevar demasiado de la fantasía, que en Rhegion, adonde más de cien años antes fueron a buscar refugio los fóceos después de Alalíe, pudo Euktemon conocer un periplo massaliota (158).

En cuanto a la opinión de Berthelot, el último que ha tratado del poema (159), no cabe decir sino que reacciona contra esa tendencia para caer en el escepticismo más extremado. Ni cree en un periplo del siglo VI, ni cree tampoco posible, en el actual estado de nuestros conocimientos, que se pueda llegar a dilucidar el problema de sus fuentes. La multiplicidad de éstas —opina Berthelot— se advierte con facilidad, mas se hallan barajadas tan libremente por el poeta, que es imposible sacar nada en claro. Acepta que la *Ora* muestra notoriamente la utilización de fuentes griegas y concluye afirmando que le parece sensato situar la redacción de ellas en la época en que la costa ibérica fué frecuentada por los negociantes griegos. Pero Berthelot deja su opinión sumida en esa nebulosa (160).

Sin embargo, habiendo una gran cantidad de razón en el pesimismo de Berthelot, es también cierto que en el problema de las fuentes de Avieno se han dado pasos muy sensatos que no parecen rechazables. Tales son, a nuestro juicio: *a)* el establecimiento de un periplo base, más antiguo que las fuentes citadas por el poeta; *b)* un lapso de tiempo que va del siglo IV a. de J. C. al I, en el que el periplo, que sin duda ya había sufrido alteraciones, permanece casi o totalmente oculto; *c)* que este periplo, ya alterado, recibió, probablemente por medio del erudito arqueólogo Juba de Mauretania (que es citado expresamente por Avieno en el verso 280 como hombre «dado continuamente al estudio de las letras»), nuevas aportaciones; *d)* que, con muchas probabilidades de acierto, de él hemos de suponer proceden las menciones de Himilkon y lo que hay de origen cartaginés en el resto de la *Ora*, y, finalmente, *e)* que Avieno no conoció directamente ninguna de las fuentes que menciona. Por lo que toca a la fecha asignable al primitivo periplo, o como quiera llamarse al conjunto de informaciones más antiguas claramente percibibles a todo lo largo del poema, véase lo que a continuación se dice.

La fecha del periplo base de la «Ora Marítima».

Ya hemos visto (véase nota 144) la diversidad de opiniones que acerca de la fecha probable del periplo base del poema geográfico de Avieno se han emitido durante el siglo XIX. Para unos era obra del siglo V a. de J. C.; para otros, del IV, y aun hubo partidarios de la época helenística. Entre todos los comentaristas de fines de la pasada centuria parece se impuso, sin embargo, el criterio manifestado en 1870 por Müllenhoff, que con buenas razones y claro juicio vió en el derrotero base de la *Ora* un conjunto de circunstancias correspondiente al siglo VI a. de J. C. Esta ha sido también la hipótesis que casi sin excepción ha dominado y domina en nuestro siglo. Queda por resolver, empero, otro importante problema. Puesto que el rotero se refiere a la historia y geografía de la cuenca occidental del Mediterráneo, y en ésta hubo un momento decisivo y trascendental marcado por la batalla naval de Alalíe (hacia el 535), es tarea necesaria el averiguar si el periplo base de Avieno se redactó antes o después de dicho acontecimiento histórico. La cuestión es de importancia suma, y según se acepte una u otra solución, los problemas que atañen al occidente del Mediterráneo se presentarán ante nosotros en el derrotero de modo también muy diverso. Uno de los temas ineludibles en el estudio del poema ha sido, pues, precisamente éste. Detengámonos en presentar los criterios más recientes, ya que son los que con más elementos de juicio se han formulado.

Para Schulten (1922) la fecha asignable al periplo base de la *Ora* cae en los años inmediatamente posteriores a Alalíe, pues cree que el rotero deja traslucir hechos derivados de aquel decisivo acontecimiento. Justifica su creencia del siguiente modo: «1) Fué compuesto poco después de la batalla de Alalíe del año 537 a. de J. C. (con la que parece terminar la navegación de los massaliotas a Tartessós) porque el Estrecho y la ruta marítima a Tartessós ya aparecen en él casi cerrados para los massaliotas, mientras aún es posible la navegación a Mainake (y a las dos islas del Estrecho) y, por tanto, también la vía terrestre de Mainake a Tartessós. 2) El autor escribió antes del año 509, fecha del primer tratado concluído con los cartagineses, de una parte, y los romanos con sus aliados los massaliotas, de otra, pues por este tratado la navegación de éstos más allá del cabo Pulcro (cabo Farina), es decir, hacia el Occidente, y, por tanto, hacia España, quedó por completo suprimida. 3) El periplo fué escrito antes de la fundación de Emporion y Rhode, colonias de Massalía, que en él no son mencionadas. Es, pues, anterior al año 500, porque de los vasos griegos allí encontrados se deduce que Emporion fué fundada antes de dicho año» (161). La opinión de Schulten nació sin fuerza y no sólo no ha tenido seguidores, sino que se le han opuesto contradictores con argumentos tan fehacientes como son los datos arqueológicos que, por razones inexplicables, Schulten, conociéndolos, no los utilizó. Pero, además, las conclusiones sacadas del mismo periplo por Schulten no son aceptables bajo ningún concepto. Ni el periplo deja traslucir la clausura del Estrecho por los cartagineses, ni la vía terrestre entre Mainake y Tartessós es obra de griegos;, y aunque lo fuera, no probaría tampoco que se hizo por causa del cierre dicho. A nuestro juicio (162) (véase aquí página 526), que coincide con el de Bosch (163) y el de Herrmann (164), esta vía es el camino natural indígena de comunicación por tierra entre la costa mediterránea y el valle del Guadalquivir, aunque —a diferencia de Herrmann y de Bosch— creemos, sí, que fué utilizada por los griegos para evitarse el paso del Estrecho, a cuyas puertas estaba, como guarda celoso y vigilante, el establecimiento púnico de Gádir; pero esto ya desde tiempos, sin duda, anteriores a Alalíe (véase sobre lo mismo más atrás, pág. 526). El argumento del pacto romanocartaginés (de ser cierta su existencia en el 509, lo que no es seguro) sólo valdría como *terminus ante quem*, en lo que no hay divergencias. Queda como único en lid el argumento de la fecha de fundación de Emporion; es cierto que esta colonia massaliota, y su vecina Rhode, no son mencionadas en el rotero. Pero este silencio, aun aceptando la data aproximada del 500 que Schulten atribuye a la fundación de Emporion (de Rhode no se sabe nada concreto a este respecto), no diría sino que el periplo es anterior al año 500, pero de ningún modo que es posterior a Alalíe. Es lástima que Schulten no haya explotado un dato que ya años antes había suministrado la excavación de Emporion. Estas han dado tal cantidad de pruebas, principalmente cerámicas, de mediados del siglo VI, y anteriores, por tanto, a Alalíe, que hoy día no cabe ya dudar que la fundación del establecimiento fóceomassaliota de Emporion ha de datarse hacia el 550 y que, por ende, ya que el rotero no lo menciona, la fecha de redacción de éste debe retrotraerse, con máxima probabilidad de acierto, a cualquiera de los años anteriores al 550 a. de J. C., es decir, a la primera mitad del siglo VI. Esta opinión es por hoy la única aceptable y la única razonable dado el testimonio arqueológico irrefutable ya dicho. En resumen, puesto que la fecha tope más alta, el *terminus post quem*, es la del 600 (fundación de Massalía, colonia citada y descrita en el periplo) y la más baja, o *terminus ante quem*, es la del 550 (fundación de Emporion datable por testimonios arqueológicos y no citada en el mencionado periplo), el rotero base de la *Ora Marítima* de Avieno ha de tenerse como reflejo de un estado de cosas en el Mediterráneo occidental, perteneciente a la primera mitad del siglo VI a. de J. C. El periplo es, por tanto, anterior a Alalíe (comienzo de la segunda mitad del siglo VI) y a la caída del predominio fóceo en el Mediterráneo occidental. Entre los estudios dedicados a Avieno aparecidos con posterioridad al de Schulten, el de Herrmann (165) no duda en darle la fecha arriba propuesta, es decir, la del 600-550. Sin embargo, Berthelot (166), llevado por un escepticismo crítico excesivo, cree que la hipótesis de un periplo del siglo VI es pura «novela», añadiendo que aunque los textos utilizados por Avieno son restos de obras muy antiguas, es vano intentar dar una fecha a ese conjunto tan heterogéneo de informaciones. En general —opina Berthelot—, el cuadro diseñado por Avieno presenta para España un ambiente referible a los siglos VI-IV a. de J. C.; pero hay otros datos que se remontan a la época de la fundación de Massalía y hasta a acontecimientos muy anteriores a ella, amalgamados todos con otros contemporáneos del imperio cartaginés y romano, e incluso de los años en que escribía el poeta. Estas noticias —resume Berthelot— pueden, por tanto, abarcar un espacio de tiempo de quince siglos, desde la colonización tiria hasta Teodosio; algunas de ellas han podido transmitir recuerdos de acontecimientos aun más antiguos (167). Que en el poema hay una serie de noticias de procedencia antiquísima, es cierto, y ello es lo que ha servido de base precisamente para la suposición de un texto primitivo anterior a las autoridades nombradas por el poeta; ahora bien: si en este conjunto antiquísimo nos hallamos con una serie de datos descriptivos que van bordeando la costa, lo más lícito y razonable es suponer que el texto primitivo fué concebido como un rotero, periplo o periégesis, el cual tuvo que tener además una fecha de redacción. Por todo ello el matiz, vago y escéptico, con que Berthelot envuelve su crítica no hace sino anular lo ya andado, que nos parece, en parte, de valor positivo y, por tanto, completamente aceptable dado el estado de nuestros conocimientos. Este escepticismo sistemático —que ha tenido en Francia varios partidarios, como Desjardin, Lemaire y algún otro— nos parece estéril. Nadie duda que el texto de Avieno presenta sus fuentes barajadas sin criterio, que es difícil de aclarar y que ha de constituir por muchos años un tema lleno de enigmas y, por tanto, propicio a interpretaciones más o menos problemáticas. Pero tampoco cabe duda que, al menos en la cuestión de la fecha asignable al conjunto de referencias más antiguas —quizá no tan remotas como quiere Berthelot— contenidas en el poema (llámesele a este conjunto «restos de un periplo», o no), se ha dado un paso decisivo con la interpretación cronológica propuesta por Müllenhoff en 1870 y los nuevos datos, sobre todo de orden arqueológicos, aportados desde entonces acá. En resumen, nos parece indudable que el conjunto de noticias más viejas contenidas en el poema de Avieno, hayan formado éstas parte —repetimos— de un primitivo periplo o no, pertenecen, sin duda, o, mejor dicho, reflejan claramente, un estado de cosas para la Península Ibérica correspondiente a la primera mitad del siglo VI a. de J. C., y en las que es muy posible haya recuerdos de cosas acaecidas mucho antes. En nuestras líneas, al referirnos al periplo, lo hemos hecho siempre en este supuesto.

Autor del periplo base de la «Ora Marítima».

La primera atribución del rotero base de la *Ora* recayó sobre un autor griego anónimo, que según la inteligente visión de Schöning (1791), es un presunto massaliota o alejandrino. Después (1831), Lelewel, deduciéndolo de las citas que en el poema se hace de Himilkon (168), supuso a este navegante cartaginés como autor del derrotero que constituye el núcleo fundamental más arcaico de la descripción de Avieno. De entonces acá estas dos tendencias siguen vivas, sin que haya tenido la suerte de hallar una solución tan unánimemente aceptada como la de la fecha del periplo base. Christ (1865) creyólo griego, fijándose en Pytheas de Massalía (siglo IV), que, en efecto, hizo exploraciones por el Atlántico,

como se sabe. El libro de Movers sobre los fenicios (Bonn, 1841-1856) parece influyó en
decidir a Müllenhoff a suponer también a Himilkon como presunto autor del derrotero.
Su argumento principal fué sacado del grande y desproporcionado espacio dedicado en el
periplo a Massalía y el Rhódano (80 versos), deduciendo, en una pirueta lógica, que ello
era indicio de estar escrito para marinos ajenos al ambiente y las rutas griegas y, por tanto,
para cartagineses. Müllenhoff creyó, además, que este periplo púnico hubo de ser traducido
al griego. Hübner, por su parte (1888), lo suponía escrito por un massaliota, pero sobre
fuentes informativas de procedencia púnica. Blázquez, en 1909 y 1924, ve el autor en Himilkon. Bonsor sigue la misma opinión (1921), y así, con estas alternancias, llegamos a los más
modernos trabajos, en los que a unos argumentos se oponen otros, sin quedar clara la cuestión. Schulten (1922) no duda de que su autor haya sido un griego massaliota, precisamente por la misma observación que condujo a Müllenhoff a defender la tesis contraria.
Pero aporta también otras pruebas. Tales son: la ruta del periplo de Massalía a Tartessós,
que era la que seguían los navegantes fóceos en sus viajes a Tartessós; el autor trata con
particular interés las cosas referentes a los fóceos y massaliotas, citando sus colonias; la
mayor precisión y detalle en la descripción de las costas a partir de la desembocadura del
Tajo, término del viaje de las naos massaliotas; la importancia que da a Tartessós, al que
dedica 40 versos, siendo con Massalía y su zona las dos únicas descripciones extensas; y,
finalmente, el silencio con que trata las cosas púnicas. Schulten termina por proponer
un nombre, Euthymenes, que fué massaliota, y describió el Océano Occidental (169).

Blázquez (170), en contra de la opinión de Schulten de que el autor del periplo fué
un massaliota, argumenta diciendo que es absurdo concebir un viaje griego hacia el 530
por el sur de la Península, al otro lado del Estrecho, precisamente en la época en que
cartagineses y etruscos, aliados frente a fóceos y massaliotas, habían vencido a sus enemigos. No cabe duda, dice, que Avieno tomó de Himilkon la mayor parte de los datos referentes a las costas del sudoeste de España. Desde el Estrecho hasta Marsella Avieno utiliza
una fuente bien distinta, para la cual admite la de los escritores griegos mencionados por
el propio Avieno. Herrmann vuelve a Müllenhoff dando estas cuatro razones: a) hasta la
época romana el periplo es desconocido en la literatura griega, lo que sería incomprensible
de haber estado escrito en su lengua; b) Cádiz aparece mencionada en su forma fenicia,
Gádir, siendo así que los griegos la llamaban siempre τὰ Γάδειρα, o en jónico, τὰ Γήδειρα;
c) las únicas divinidades veneradas por los navegantes, según Avieno, son Saturno, Venus
y Minerva. Saturno se corresponde con el griego Kronos, divinidad que en la época massaliota no gozaba de culto especial; era más de esperar hallarse con divinidades como Zeus
o Poseidón. Por el contrario, todo se acuerda bien si esas divinidades se traducen por sus
equivalentes púnicas Baal, Astarté y Tanit; d) su composición es distinta a la de los periplos griegos; éstos dan siempre, incluso en las travesías más cortas, la correspondiente
distancia, ya en estadios, ya en días-viaje. El periplo sólo hace esto en casos aislados; por
lo general, coloca varias travesías, una tras otra, y luego da la suma total de distancias.
Este procedimiento —concluye Herrmann— no lo hallamos repetido más que en un solo
periplo, en el del cartaginés Hannón (hacia el 500 a. de J. C. (171). Herrmann no deduce
de ello que sea precisamente Himilkon el autor del rotero base de la *Ora Maritima*, pero
sí que debe atribuirse a un cartaginés y redactado en la primera mitad del siglo vi. En
cuanto a Berthelot, el último que hasta ahora ha dedicado su atención al poema geográfico,
no cree ni en la existencia de un periplo cartaginés, ni aun siquiera que el viaje oficial de
Himilkon llegase a consecuencias importantes. Ya hemos visto que su posición respecto

a las fuentes de la *Ora* era extremadamente escéptica y pesimista. Pero supone que las noticias más antiguas que se dejan traslucir en la *Ora* tuvieron su origen en Gádir, la gran ciudad marítima, que conservó el recuerdo de muchos hechos pasados. Lo que no aclara es si estas tradiciones fueron recogidas por los púnicos, los griegos o los romanos (172).

Amplitud geográfica del periplo base de la «Ora Maritima».
El problema de Oestrymnis.

También ha sido muy discutido, y seguirá siéndolo, el tema de la amplitud geográfica de las descripciones costeras del periplo primitivo. El problema no afecta sino al comienzo del derrotero, es decir, si las Oestrymnis (llamadas posteriormente desde Hecateo Kassiterides, o tierras del estaño) han de colocarse en la Bretaña francesa e islas inglesas o en las costas noroeste de la Península Ibérica.

Para Schulten, por ejemplo, el periplo parte (por referencias indirectas) de Bretaña, donde coloca las tierras Oestrymnis y las islas del mismo nombre. El *«promunturium* Veneris*»*, citado luego en la *Ora*, lo identifica con el cabo Higuer, en un ángulo interno del golfo de Vizcaya, siendo el cabo Ortegal, en el extremo norte de Galicia, la localización del promontorio Aryum. Para explicarse la enorme escasez de toponimios entre la Bretaña y el estuario del Tajo, desde el cual los nombres geográficos se densifican notablemente, supone que el autor griego del periplo no conocía *de visu* sino la costa atlántica desde el Tajo, sabiendo de las costas más al norte de él por las referencias recogidas de los navegantes tartessios que hacían el viaje del estaño hasta la Bretaña. Pero según otra interpretación, las Oestrymnis han de colocarse en Galicia, cuyas minas de estaño eran conocidas ya en la Antigüedad. Poseidonio no conoce más minas de estaño que las del noroeste de España y las de las islas Británicas, de donde era transportado el mineral a Massalía y Narbona. Mientras que ni antes ni ahora es conocida la Bretaña francesa como productora de estaño. No se explica, por tanto, que los comerciantes de este metal fuesen navegando a Bretaña por él cuando era recibido por vía terrestre en Provenza o lo podían recoger mucho más cerca en el noroeste de España.

Esta idea, que ha tenido en España muchos partidarios, ha sido emitida también por algunos extranjeros como Uker (1821), Unger (1882) y algún otro, aparte de los contemporáneos, entre los que parece abrirse paso la misma idea y de los que hablaremos luego. En España han sido partidarios de ella el profesor de latín, de Huelva, Pérez Quintero, que en 1790, y contra la opinión del P. Flórez, de Masdeu y de Camden, corrige Hibernia por Iberia, colocando las Kassiterides en Galicia (173); José Cornide, citado por Pérez Quintero, Joaquín Lorenzo Villanueva (174), Miguel Cortés y López (175), Riobóo, el P. Sotelo, García de la Riega y algunos más. De todos ellos, el más ardiente defensor, no exento de partidismo regional, pero con argumentos de enorme peso, ha sido el último. En su libro *Galicia Antigua* (Pontevedra, 1904) sostuvo, en páginas muy eruditas y con argumentos de todo orden —aunque no siempre acertados y con errores de gran bulto—, que Oestrymnis = Kassiterides han de situarse en las costas noroeste de la Península, defendiendo las siguientes localizaciones de los nombres citados en la *Ora;* Jugum Oestrymnicus, el cabo Finisterre; Sinus Oestrymnicus, el tramo de costa del Finisterre al Silleiro; Insulae Oestrymnidae, las islas actuales y antiguas (hoy incorporadas a tierra firme) de la misma costa; Veneris Jugum, Punta de Lanzada; *duae insulae inhospitae*, islas Ons; y el Aryium Jugum, el cabo Silleiro (176). Blázquez (177) sostiene la atrevida tesis, poco probable, de que las islas Kassiterides o Oestrymnides fueron las de Santa María, en el

Algarbe, siendo el Pr. Oestrymnicus el cabo de San Vicente. De todos modos sus razonamientos no están desprovistos de lógica.

En el Extranjero ha sido Herrmann (178) el que últimamente (1931) ha vuelto por los senderos de Ukert y Unger, coincidiendo en casi todo con lo que casi treinta años antes ha defendido con tanto calor y poco éxito nuestro compatriota García de la Riega. Para Herrmann es Galicia el comienzo del periplo, y no las alejadas tierras de Bretaña o las islas Británicas. Berthelot, por el contrario, supone las enigmáticas tierras Oestrymnicas en Bretaña francesa, siguiendo la tesis más generalizada hasta ahora.

Para nosotros la opinión de García de la Riega nos parece la más aceptable desde todos los puntos de vista. El estaño (casiterita) aparece en toda la extensa zona galaicoportuguesa, al norte del Tajo, en aluviones fluviales muy ricos, o en filones, formando con Galicia el yacimiento más extenso de la Península y uno de los mayores de Europa (179).

El problema del origen del estaño es extraordinariamente complejo y fuera de este lugar. Ya se ha tratado en páginas anteriores. Aquí sólo lo hemos tocado incidentalmente, pues la cuestión no afecta sino al problema de si el periplo parte de Bretaña o de Galicia. Este, repetimos, parece comenzar en el noroeste de España, donde deben situarse las primitivas Kassiterides.

En consecuencia, el camino terrestre descrito por el periplo (180), y que según él comunicaba el Mediterráneo con Oestrymnis en siete días, no puede ser ya el trazado por Schulten, que lo hacía pasar por Burdeos hasta Narbona. El de Herrmann es más convincente. Partía de Tarragona, y siguiendo probablemente a lo largo, poco más o menos, de la vía posterior romana: Tarraco-Cesaraugusta-Virovesca-Asturica-Lucus-Iria Flavia, llegaría a Oestrymnis (Galicia) en los siete días que dice el rotero, es decir, en jornadas de 120 kilómetros en veinticuatro horas, que es la normal.

NOTAS

(1) HANNÓN, *Periplo*, 5; EFORO en ESTÉPHANO DE BIZANCIO. MOVERS (II, 2, págs. 17 y sigs. y 550) cree que son colonos karios, los cuales sirvieron de mercenarios con frecuencia en Lidia, Palestina y Egipto (MASPERÓ, *Hist. anc. de l'Orient*, III, págs. 128, 389 y 489).

(2) TOLOMEO, IV, 1, 2; cfr. PLINIO, V, 120, *Myso-macedones*. (Véase la nota 4).

(3) TOLOMEO, IV, 6, 6; en ESTÉPHANO DE BIZ. se lee: Μαύσωλοι, οἱ Κᾶρες... (Véase la nota 4). Respecto a la etimología de Massalía, cf. TOLOMEO, III, 15, 3, Μασσαλία ποταμοῦ ἐκβολαί, véase el artículo de M. ROLLAND, *Sur l'origine du nom Massalía*, en *Provence*, XV, 1935, págs. 231-247. Otros, empero, lo tienen como de origen púnico, derivándolo de *mazzala* = residencia, establecimiento.

(4) Véase SCHULTEN, *Die Etrusker in Spanien; Klio* (1930), pág. 395, y *Die Tyrsener in Spanien, Klio* (1940), 84. SCHULTEN aduce además otros testimonios menos claros, como el de Ἀκκαβικὸν τεῖχος, una fundación cartaginesa cercana a las Columnas (en Ἀκκα- comienzan muchos nombres minorasiáticos) y Σάλμυκα, ciudad de la misma región (semejante a otras ciudades de la Caria, el Ponto, Creta, Elida y Beocia).

(5) Véase en la página 509, nota número 43, varias concordancias de este tipo.

(5 bis) Véase, respectivamente, PLUTARCO, *Sertorio*, 9; TOLOMEO IV, 2, 5 (edic. MÜLLER), POLEMÓN *Scriptores physiognominae veteres* (edic. FRANZ), p. 184; HECATEO, en ESTÉPHANO DE BYZ. y su interpretación en GSELL, *H. anc. de l'Afrique die N.* I, p. 345, n.° 2.

(6) Ἡρακλέας στήλας διεκπερήσαντες ἀπίκοντο ἐς Ταρτησσόν, HEROD., IV, 152.

(7) El viaje de Kolaíos ha sido tratado multitud de veces en nuestra literatura histórico-arqueológica y, naturalmente, también en la internacional. Desde nuestro MASDEU, en el siglo XVIII, buen conocedor de los clásicos, fuente de nuestra historia, hasta los últimos trabajos, pasando por CORTÉS y LÓPEZ, el primer compilador de nuestras fuentes clásicas (1835), el episodio de Kolaíos está entroncado en el sitio que le corresponde. El texto de HERODOTO no ha planteado más cuestión crítica importante que la de su posibilidad en la forma que el historiador griego nos lo ha transmitido. Ya hemos dado nuestro parecer líneas atrás. Su fecha precisa dependerá sólo de la que se adopte para la fundación de Kyrene; generalmente se suele aceptar hoy día la del 630. De todos modos siempre caerá dentro del siglo VII.

(8) La bella figurita de bronce de mediados del siglo VI, que de la Biblioteca Nacional pasó al

Muséo Arqueológico de Madrid (fig. 504), ni es samia ni es tampoco muy seguro que sea un hallazgo español. Véase A. GARCÍA Y BELLIDO, *Hallazgos Griegos de España*, pág. 33.

(9) Οἱ δὲ Φωκαιέες οὗτοι ναυτιλίῃσι πρῶτοι Ἑλλήνων ἐχρήσαντο, καὶ τόν τε Ἀδρίην κα τὴν Τυρσηνίην καὶ τὴν Ἰβηρίην καὶ τὸν Ταρτησσὸν οὗτοι εἰσι οἱ καταδέξαντες. HEROD., I. 163.

(10) Ni debieron ser los primeros en utilizar los grandes pentekóntoros, ni fueron —esto ya puede afirmarse— los primeros en navegar por el mar Occidental. Los informadores del historiador halikarnasio, sin duda fóceos, deformaron la realidad en su favor. Pero sálvase de esta narración la seguridad de que, en tiempos todavía remotos, los navegantes fóceos desplegaron una actividad excepcional en estos mares. Los acontecimientos posteriores son la mejor prueba de la gran importancia que aquellas actividades debieron tener.

(11) Para algunos (BOSCH, por ejemplo, véase *Problemas de la colonización griega en España* en la *Revista de Occidente* (1929), considerando que ésta va asociada en HERODOTO a la de Arganthonios, cuya vida corresponde a la primera mitad del siglo VI sin ninguna duda, rebajan el comienzo de las navegaciones fóceas hacia Tartessós hasta fecha demasiado próxima, con ánimo también de hacerla coincidir con la de la *thalassokratia* fócea limitable —a juzgar por la famosa lista de DIODORO— entre el 584 y el 546. Pero estos cálculos son evidentemente erróneos. En primer lugar dejemos sentado que HERODOTO no se preocupa en lo más mínimo de narrar las actividades de los fóceos en los lejanos mares de Occidente; que lo que acerca de ellas nos cuenta lo hace de pasada, ocasionalmente, y sólo como detalle precursor de la caída de la ciudad de Fócea en manos de los persas en el 546, punto principal y centro ideológico de su narración. Por ello no se refiere más que al episodio de Arganthonios como obligado antecedente al tema que luego desarrolla de las murallas de Fócea y de su posterior inutilidad ante el asedio persa. Por eso, también, en la narración de Herodoto parece como si los fóceos no hubiesen hecho más que un sólo y casual viaje a Tartessós, aquel en que Arganthonios, ante la negativa (noticia también falsa si 'la hacemos anterior al momento de las guerras de Ciro) de los fóceos a establecerse en Tartessós da a éstos dinero suficiente para construir las murallas de su ciudad, que pronto había de ser atacada por los persas. Este núcleo narrativo es, por tanto, claramente referible a una fecha no muy lejana del 550. Pero, además, es fácil ver que HERODOTO, para explicar a sus lectores el por qué y cómo estaban los fóceos en relación con Arganthonios y Tartessós, hace previa alusión ocasional también, muy ligera y muy imprecisa por tanto, de los primeros viajes a Occidente, atribuyéndoles la primacía de ellos, cosa que es falsa, como se ha visto. En esta última noticia hemos de distinguir un núcleo histórico de fecha muy anterior a las anécdotas referidas sobre Arganthonios y las murallas de Fócea.

(12) I, 163.

(13) Se ha advertido, con razón, que el texto de HERODOTO no precisa si esta amistad se anudó en un solo viaje o fué el natural resultado de viejas y tradicionales relaciones comerciales. Pero es indudable que, aunque el texto no sea claro a este respecto, hemos de suponer como seguro que alude a viajes frecuentes ya desde tiempos remotos. Luego veremos cómo los hallazgos arqueológicos apoyan esta interpretación, aparte de que la fundación de Mainake, la colonia *phókaia* más avanzada en el reino de Tartessós, no es concebible sin una serie de viajes frecuentes y sistemáticos. Este punto nos parece completamente dilucidado.

(14) HERODOTO, I, 163.

(15) El gran lírico ANAKREONTE, una generación posterior a Arganthonios, le atribuye una vida de 150 años (ESTRABÓN, III, 2, 14, que copia los versos del poeta, y PLINIO, VII, 154). SILIO ITÁLICO, III, 398, utilizando fuentes quizá de origen indígena, le atribuye nada menos que 300 años, que calculados en la mitad, por no ser evidentemente años solares, representarían unos 150. Una vida de algo más de 100 años no es nada imposible. Pero a juicio de algunos ha de interpretarse este caso como una sucesión de dos reyes del mismo nombre o como el reinado de una dinastía. Para los 120 años que da HERODOTO, no lo creemos absolutamente necesario. Para los 150 de ANAKREONTE, sí, por ser ya casi imposible una longevidad tan grande.

(16) I, 163.

(17) HERODOTO, I, 165.

(18) Para los hallazgos arqueológicos citados, consúltese GARCÍA Y BELLIDO, *Los hallazgos griegos de España*; el mismo, *Nuevos hallazgos griegos de España*, *Archivo Español de Arqueología*, número 45, Madrid (1941). C. PEMÁN, *Sobre el casco griego de Guadalete*, en *Archivo Español de Arqueología*, núm. 44, Madrid (1941). De hallazgos numismáticos de estas fechas, y en el sur de la Península, no hay nada concreto, pues el magnífico monetario griego, que en 1859 constaba en poder de un anticuario de Cádiz, no sabemos qué ejemplares contenía ni aun siquiera si fueron hallados en la región.

(19) Sobre la total ignorancia que acerca de este aspecto se tiene, sólo un texto, no muy claro tampoco, podría arrojar cierta débil luz. Dícenos TUCÍDIDES en él que gobernando en Samos Polícrates, o poco después, hubo un encuentro entre naves fóceas y cartaginesas (no dice dónde), en el que salieron victoriosas las naos jonias. (TUCÍD., I, 13). No es probable que TUCÍDIDES se refiera a un hecho acaecido hacia el año 600, fecha de la fundación de Marsella, como se ha pretendido. Nosotros creemos más bien que se trata de un reflejo mal recordado y peor transmitido de la batalla de Alalíe (hacia el 535). TUCÍDIDES dice que este acontecimiento ocurrió después de la toma de Rhéneia por Polícrates de Samos.

(20) AVIENO, v. 178-182.

(21) *Geschichte der Karthager*, I, pág. 168.

(22) *Histoire de la Gaule*, I, pág. 199.

(23) Ambos autores lo atribuyen al cierre efectivo del Estrecho por causa de una supuesta

batalla victoriosa para los cartagineses en sus cercanías. Nuestra opinión es otra, como se ha visto. Ambas, sin embargo, coinciden en lo fundamental.

(24)   La tradición fué recogida, con ligeras diferencias, principalmente por ARISTÓTELES (ATENEO, XIII, P. 576 a.), POMPEIO TROGO (en Justino, XLIII, 3) y ESTRABÓN (IV, 1, 4).

(25)   Para la fundación de *Massalía*, aparte de las obras generales de BUSOLT, BELOCH, JULLIAN, véanse los trabajos de CONSTANS, *Esquisse d'una histoire de la Basse-Provence dans l'Antiquité*, Marseille (1923); CLERC, *Massalía*, I, Marseille (1927), y el artículo de WACKERNAGEL en *Pauly-Wissowa-Kroll* (1930). Para los hallazgos arqueológicos del sur de las Galias, principalmente JACOBSTHAL y NEUFFER, *Gallia Graeca. Recherches sur l'hellénisation de la Provence; Préhistoire*, t. II, fasc. I (1933).

(26)   Cuando la conquista de la isla por los púnicos esta zona norte quedó sin dominar, refugiándose en ella cierto número de prófugos baleáricos y libios.

(27)   Véase A. GARCÍA Y BELLIDO, *Los hallazgos griegos de España*. Damos aquí mismo un cuadro sinóptico de estos hallazgos monetarios; cfr. pág. 262. Para los hallazgos de la región de Marsella véase lo dicho en la nota 25.

(28)   En la famosa lista de DIODORO (VII, 13).

(29)   HERODOTO, I, 165.

(30)   I, 163.

(31)   HERODOTO, I, 165.

(32)   Verso 427.

(33)   Μαινάκη, κελτική πόλις, en ESTÉPHANO DE BIZANCIO.

(33 bis)   SEUDO SKYMNOS,147-149. Sin embargo, en tiempos de Éforo, Mainake ya no existía probablemente. Sin duda el historiador sikeliota manejó viejas fuentes, en las que era citada como fócea; pero sabiendo que en su tiempo era Massalía la metrópoli de las antiguas colonias focenses, le dió el título de Massaliota sin indagar si aun existía Mainake o no. Para todo lo referente a Mainake véase, como más extenso y reciente, mi libro *Hispania Graeca*, principalmente vol. II, págs. 3 y sigs.

(34)   Μαινάκη, ἣν ὑστάτην τῶν Φωικαϊκῶν πόλεων, πρὸς δύσει κειμένην παρειλήφαμεν. ESTRABÓN, III, 4, 2.

(35)   En ESTRABÓN, III, 4, 2.

(36)   SCHULTEN, basándose en este texto, dedujo que Mainake fué trazada a cordel, siendo, por tanto, un precedente, el más viejo, del trazado urbanístico de Hippódamos de Míletos. Es una violenta torsión del texto que ya fué convenientemente impugnada por VON GERKAN en (1924), *Griechische Städteanlagen*, pág. 36, nota 6.

(37)   Μαίνοβα, ESTRABÓN, III, 2, 5; PTOL., II, 4, 7.

(38)   Μαινόβωρα, HECATEO, en ESTÉPHANO DE BIZANCIO.

(39)   MELA, II, 94; PLIN., III, 8.

(40)   Μαινόβωρα πόλις Μαστιηνῶν, HECATEO, en ESTÉPHANO DE BIZANCIO.

(41)   Μασσαλιωτική πόλις. SEUDO SKYMNOS, v. 146.

(42)   FERNÁNDEZ GUERRA Discurso-contestación a RADA y DELGADO, Acad. Historia (1875), página 135.

(43)   *Derrotero del Mediterráneo*, de la Dirección de Hidrografía, Madrid (1883), t. I, pág. 179.

(44)   YAQUT, *Diccionario Geográfico*, edic. Wüstenfeld, Leipzig, 1866 y sigs., vol. IV, pág. 671.

(45)   Debemos esta nota a los arabistas señores ASÍN y GONZÁLEZ-PALENCIA, a los que damos aquí de nuevo las gracias por su amable comunicación.

(46)   Véase SCHULTEN *Tartessos*, pág. 61, y *Archäol. Anzeiger* (1923), *Forschungen und Fortschritte* (1939), 17.

(47)   III, 4, 2.

(48)   τὰ δ' ἴχνη σώζουσα Ἑλληνικῆς πόλεως. ESTR. III, 4, 2.

(49)   III, 2, 5.

(50)   III, 4, 2.

(51)   XXXIV, 9.

(52)   Versos 178-182.

(53)   Para los hallazgos griegos en Andalucía véase GARCÍA Y BELLIDO, *Hallazgos griegos de España*, núms. 1-3 del Catálogo de los bronces. El casco de Jerez, hallado con posterioridad, ha sido estudiado por PEMÁN, *Hallazgo de un casco griego en el Guadalete*, Cádiz (1938), y ESTEVE, en el diario local *Ayer*, de Jerez, 6 de octubre de 1939, y publicado por SCHULTEN, *Forschungen und Fortschritte* (1939), núm. 4; C. PEMÁN, *Sobre el casco griego del Guadalete*, en *Archivo Español de Arqueología*, núm. 44, Madrid (1941), y A. GARCÍA Y BELLIDO, *Nuevos hallazgos griegos de España*, en *Archivo Español de Arqueología*, núm. 45, Madrid (1941), y principalmente *Hispania Graeca*, Barcelona, 1948, vol. II, pág. 82.

(54)   Verso 476.

(55)   φωκαίων ἄποικος, ARTEMIDORO, II de su *Geografía*, en ESTÉPHANO DE BIZANCIO.

(56)   III, 4, 6, siguiendo probablemente a POSEIDONIO o ARTEMIDORO.

(57)   Loc. cit. τούτων δ' ἐστὶ γνωριμώτατον τό Ἡμεροσκοπεῖον.

(58)   Loc. cit. κάτοπτον δὲ ἐκ πολλοῦ τοῖς προσπλέουσι.

(59)   Loc. cit. ἐρυμνὸν γάρ ἐστι καὶ ληστρικόν.

(60)   Loc. cit. τὸ Ἡμεροσκοπεῖον, ἔχον ἐπὶ τῇ ἄκρα τῆς Ἐφεσίας Ἀρτέμιδος ἱερὸν σφόδρα τιμώμενον.

(61)   Loc. cit. Véanse notas 56 y 57.

(62)   En los últimos años, empero, haciendo caso omiso de los textos antiguos, se ha lanzado la hipótesis ligera de si no sería más bien el gigantesco bastión rocoso de Ifach (Calpe), sito unas

millas más al Sur, que se alza a pico sobre el espejo del mar hasta una altura de 327 metrso Su base forma una península que penetra un kilómetros en él y está provisto de una fuente natural de agua potable que surge en su parte baja, en una cueva. Sobre la tesis *Hemeroskopeion-Ifach*, véase CARPENTER, *The Greeks in Spain* (1925), págs. 11 y sigs.; contra ella, MARTÍNEZ Y MARTÍNEZ, *Hemeroskopeion e Ifach*, en el *Boletín de la Real Academia de la Historia*, XCII (1928), pág. 757, y A. GARCÍA Y BELLIDO, *Sobre la localización y los nombres de Hemeroskopeion*, en *Archivo español de Arqueología*, número 43 (1941), pág. 349, que defienden la tesis tradicional.

(63)   Véase GARCÍA Y BELLIDO, *Los hallazgos griegos de España*, pág. 114.

(64)   Véase GARCÍA Y BELLIDO, *Los hallazgos griegos de España*, págs. 28 y 36.

(65)   Sobre estos hallazgos y su bibliografía véase A. GARCÍA Y BELLIDO, *Hallazgos griegos de España*, págs. 156 y sigs.

(66)   καλεῖται δε Διάνιον, οἷον Ἀρτεμίσιον (ESTRABÓN, III, 4, 6). Consúltese A. GARCÍA Y BELLIDO, *Sobre la localización y los nombres de Hemeroskopeion*, en *Archivo español de Arqueología*, número 43 (1941), pág. 349.

(67)   ESTRABÓN, III, 4, 2, ἔχον σιδηρεῖα εὐφυῆ πλησίον.

(68)   πόλις... ἀξιόλογος καὶ παλαιά (en ESTRABÓN, III, 1, 7).

(69)   ἔνιοι δὲ καὶ Ἡρακλέους κτίσμα λέγουσιν αὐτήν, ὧν ἐστι καὶ Τιμοσθένης, ὅς φησι καὶ Ἡράκλειαν ὀνομάζεσθαι τὸ παλαιόν (ESTRABÓN, III, 1, 7).

(70)   Otros nombres pueden verse recogidos por SCHULTEN en *Die Säulen des Herakles*, en el trabajo de O. JESSEN, *Die Strasse von Gibraltar* (Berlín, 1927).

(71)   *Or. Mar.*, verso 348.

(72)   Versos 87, 344 y 348; véase SCHULTEN en el *Archäolog. Anzeiger* (1927), 223; ídem, *Die Säulen des Herakles* en el trabajo citado; ALEMANY, *Bol. Acad. Hist.* (1932).

(73)   V. 419.

(74)   V. 323 y sigs.

(75)   ἕρμα = escollo, banco.

(76)   Así creen CLERC, *Les premières colonisations phocéennes dans le Mediterranée Occidentale*, en *Revue des Études Anciennes*, VII (1905), págs. 329 y sigs.

(77)   Véase HILLER V. GAERTRINGEN en R. E. PAULY-WISSOWA, *Supl.* V, 739.

(78)   V. 444.

(79)   El monte africano visible desde Gata, según la *Ora*, es el Herma (no se confunda con el homónimo anterior); se ha creído el cabo Tres Forcas. Nosotros creemos más bien en el Gurugú, de 1.150 m., y aún mejor en el Beni Snasen, de cerca de 1.500 m. Uno de los lados de la triangulación geodésica se hizo desde las costas de Orán visando las crestas de Sierra Nevada.

(80)   XXII, 20, 3; XXI, 22, 5, donde hay que corregir *omissam* por Onus (s) am.

(81)   POLYAINÓS VIII, 16, 6. Oinoussa es también nombre que lleva un grupo de islas en la costa de Asia Menor. El vino, del que parece derivarse el nombre, se pudo introducir ya en los comienzos de la colonización, esto aparte del posible empleo aquí como imagen. Por eso la corrección que SCHULTEN hace derivándola de ὄνος, asno, no la creemos necesaria. (Véase la nota siguiente).

(82)   En LIVIO por comparación con POLYAINÓS; para SCHULTEN podría ser Peñíscola (*Fontes*, III, 67; *Die Griechen in Spanien*, 318 de la separata).

(83)   III, 4, 6.

(84)   En ESTÉPHANO DE BIZANCIO.

(85)   Véase GARCÍA Y BELLIDO, *Hallazgos griegos de España* (1936), pág. 108, con la bibliografía completa.

(86)   ESTRABÓN, III, 4, 6, cita entre Cartagena y el Júcar, es decir, próximamente hacia el cabo de La Nao, dos islas cercanas, Planesía (Πλανησία) y Plumbaría (Πλουμβαρία). Este nombre es, sin duda, de un origen semejante al que dió MOLÝBDANA, lo cual invita a identificar también sus localizaciones. Mas aunque para Planesía es verosímil su reducción en la Isla Plana, frente a Santa Pola (golfo de Elche), no ocurre lo mismo con Plumbaría, para lo que no hallamos una reducción aceptable. ¿Sería algunos de los islotes de las cercanías del mar Menor (Las Hormigas, Los Pájaros, Los Punchosos, islote del Cargador, etc.)? Podría ser también el islote de Benidorm, pero entonces habría que buscar otra reducción menos satisfactoria para la isla y ciudad massaliota de Alonís. El nombre de *plomiza* conduce más hacia la región de Cartagena que hacia la de Alicante. En todo caso, hay que excluir la isla de Escombrera, ya que es citada por el propio ESTRABÓN en el mismo párrafo. Debe tenerse en cuenta, empero, que Plumbaría es toponímico de origen latino. Si tradujo uno anterior griego, semejante a MOLÝBDANA, se ignora.

(87)   (III, 4, 8).

(88)   Véase FRICKENHAUS, *Griechische Vasen aus Emporion* en el *Anuario del Instituto de Estudios Catalanes* (1908); ídem, *Zwei topographische Probleme*, BONNER JAHRB. (1909).

(89)   EFOROS o TIMEO en el Ps. SKYMNOS 203-4; Ps. SKYLAX, caps. 2 y 3.

(90)   ᾤκουν οἱ Ἐμπορῖται πρότερον νησίον τι προκείμενον, ὃ νῦν καλεῖται Παλαιὰ πόλις, νῦν δ'οἰκοῦσιν ἐν τῇ ἠπείρῳ (en ESTRABÓN, III, 4, 8).

(91)   ἐν τῷ Ἐ. τὴν Ἄρτεμιν τὴν Ἐφεσίαν τιμῶσιν, ESTR., III, 4, 8.

(92)   En XXXIV, 9.

(93)   III, 4, 8.

(94)   E. FLÓREZ, *Medallas de las colonias, municipios y pueblos de España* (Madrid, 1775).

(95)   El LXXX en el tomo 42 de esa grandiosa obra.

(96)   *Sumario de las Antigüedades Romanas* (Madrid, 1832).

(97)   *Noticia Histórica y Arqueológica de Emporion* (Madrid, 1879).

(98)   Con todos estos trabajos, y algunos más de menor cuantía, cuando al comienzo de este siglo se pensó en excavar la ciudad no había problema importante acerca de su localización. A las rebuscas y exploraciones anteriores a 1907, en su mayor parte clandestinas, nocivamente interesadas o poco metódicas, sucedieron en dicha fecha las excavaciones oficiales, que en varias campañas lograron poner al descubierto todo el área de la ciudad griega y parte de la indígena y romana. Las excavaciones, aunque sobre capas arqueológicas de menor interés, aún continúan. En ellas tomaron parte importante los señores Puig y Cadafalch, Cazurro, Bosch y Gandía († 1939), este último como director inmediato de las excavaciones. Actualmente siguen bajo la dirección de Almagro.

La gran cantidad de hallazgos sueltos salidos de sus ruinas enriquecen hoy día el Museo Arqueológico de Barcelona. Entre las excavaciones anteriores al 1908 han de citarse como muy importantes las llevadas a cabo por el Servicio Hidrológico Forestal del Estado, cuyo jefe local, el ingeniero don Francisco Javier Ferrer, halló una buena cantidad de objetos, algunos de los más antiguos de la ciudad, que llenaron pronto una sala del edificio, propiedad del Servicio, en San Martín de Ampurias con anterioridad a las excavaciones. El Museo Provincial de Gerona logró adquirir también una cierta cantidad de objetos procedentes de Ampurias, así como algunos coleccionistas particulares de la región. Tanto los objetos del museíto de San Martín, como los de Gerona y otros de procedencia particular, han sido trasladados al Arqueológico de Barcelona, donde hoy día se puede ver reunida la casi totalidad de los hallazgos de la antigua Emporion.

(99)   Véase Frickenhaus, *Griechische Vasen aus Emporion*, en el *Anuario del Instituto de Estudios Catalanes* (1908), págs. 195 y sigs.

(100)   Jacobsthal y Neuffer, *Gallia Graeca*, en *Prehistoire*, t. II, fasc. II, págs. 3 y 13.

(101)   Para todos estos hallazgos, además de la bibliografía antes citada, consúltese A. García y Bellido, *Los hallazgos griegos de España*, donde se ha reunido todo el material y donde se hallarán complementos bibliográficos. Posteriormente, y del mismo autor, *Hispania Graeca*, principalmente el volumen II, donde este punto se ha puesto al día y ampliado hasta 1948.

(102)   Herodoto, I, 168.

(103)   Sobre estos hallazgos véase J. Amorós, *Un hallazgo de monedas emporitanas*, publicación del Gabinete Numismático de Barcelona (1933); A. García y Bellido, *Investigación y Progreso* (1935), número 12; ídem, *Los hallazgos griegos de España*, págs. 152 y sigs., donde se hallarán datos complementarios y la bibliografía anterior.

(104)   Véase Perdrizet, *Une recherche a faire a Rosas*, en el *Bulletin Hispanique*, IV, Bordeaux (1902;) Schulten, tras de admitir este origen, hoy no participa ya de tal opinión y vuelve a la de su procedencia rodia, *Die Griechen in Spanien*, en el *Rhein. Mus. für Philol.* (1936); Bosch, y algunos más, siguiendo la opinión de Perdrizet y primera de Schulten, son también opuestos a admitir un abolengo griego. Partidarios de su origen rodio son Meltzer, Hübner, Vives, Maass, Mélida, Friedländer, Schulten (actualmente), Jacobsthal, Neuffer, García y Bellido y otros más.

(105)   Verso 204.

(106)   Verso 205.

(107)   III, 4, 8.

(108)   ἡ ʽΡόδη, πολίχνιον ᾽Εμποριτῶν, τινὲς δὲ κτίσμα ʽΡοδίων φασί. (Lectura de Müller; Meineke da otra, aunque el sentido es el mismo).

(109)   XIV, 2, 10.

(110)   Estrabón, III, 4, 8.

(111)   Un Callipos de Lusitania, por ejemplo, podría explicar el Kallípolis de la costa mediterránea.

(112)   Av. 509.

(113)   Av. 513.

(114)   Av. 514.

(115)   Av. 527.

(116)   Tucídides, V. 33.

(117)   Av. 559.

(118)   II, 33.

(119)   Corrigiendo Κυρήνη por Πυρήνη.

(120)   Berthelot, *Ora Maritima*, pág. 136.

(121)   Amorós, *Las monedas emporitanas anteriores a las drachmas*, núm. 43 y pág. 49; García y Bellido, *Los hallazgos griegos de España*, pág. 154, donde se hallará completa la bibliografía anterior.

(122)   I, 163.

(123)   I, 165.

(124)   Herod., I, 165.

(125)   Herod., I, 166.

(126)   Herod., I, 167.

(127)   Estrabón, III, 4, 2.

(128)   En Estrabón, III, 1, 7.

(129)   Polib., III, 24, 4.

(130)   Ateneo, edic. Schneider, *Griech. Poliork*, II, pág. 14; Vitruvio, X, 13, 1. La atribución a Tartessós es de Schulten, *F. H. A.*, II, pág. 190.

(131)   Refieren que no teniendo los sitiadores más instrumentos que una viga, derribaron a

golpes, y fácilmente, cierto trozo de muralla perteneciente a un bastión ya conquistado, con el fin de dejar expedito el lugar. Entonces, un tal Pephrasmeno, carpintero tirio de una de las naves, se le ocurrió la idea de aplicar el mismo procedimiento para abatir los muros de Gádir, aun por conquistar. Tomó un mástil, colgólo de una viga transversal suspendida como el fiel de una balanza y tirando hacia atrás con una cuerda, este mástil pendiente, al balancearse, golpeó de tal modo los muros, que pronto fueron derribados.

(132) III, 44.

(133) NEMEAS, III, 21. El testimonio de PÍNDARO es, sin embargo, de dudosa interpretación. Puede ser, más que un testimonio de la clausura, una alusión al límite geográfico de la *oikoumene*, que terminaba en las Columnas precisamente. La mención de los monstruos marinos (NEM. III, 20) y la cita de Gádir, cuyo occidente es infranqueable (NEM. IV, 69), indican claramente que PÍNDARO alude al *Finis Terrae* más que el *Non plus ultra*, pues Gádir ya implica el paso del Estrecho. SCHULTEN, *Fontes*, II, 16-17, y *Die Säulen d. Herakles*, interpreta los textos de PÍNDARO con evidente exageración. Quizá PÍNDARO usase de tales términos en los dos sentidos.

(134) II, 33.

(135) Se ha exagerado mucho su cantidad. HERODOTO dice que la mitad de los habitantes de Fócea, antes de partir para Alalíe, se volvieron a su ciudad. De los que se trasladaron a Occidente, muchos murieron en la batalla; otros fueron asesinados, y otros, finalmente, emigraron a Rhegion. El número que después de esta dispersión llegase a Massalía no pudo, por tanto, ser muy alto.

(136) JULLIAN, *Hist. de la Gaule*, I, 219, 6.

(137) HEROD., I, 164.

(138) TROGO-JUSTINO, XLIII, 5, 3.

(139) POLIB., III, 22, 4 y sigs.

(140) HEROD., I, 165.

(141) Para Hemeroskopeion, ESTRAB., III, 4, 6; para Rhode, íd., III, 4, 8; para Emporion, Ps. SKYM., 203-4, y Ps. SKYM., cap. 2.

(142) Consúltese el artículo de MARX en la *Realencyklopaedie der klass. Altertumswissenschaft*, II, col. 2.386, y SCHANZ, *Römische Litteraturgeschichte*, IV, 1 del *Handbuch der klass. Altertumswissenschaft*, de MÜLLER.

(143) El mismo autor confiesa en las primeras estrofas de su poema que lo escribió para complacer a un amigo suyo, un tal *Probus*, que, deseoso de tener una descripción del Ponto, pidiósela al autor. Este le colmó el deseo, pues a la descripción de las costas del mar Negro añadió las del resto del Mediterráneo, partiendo del Atlántico, de cuyo litoral también describe un buen trecho. La del Ponto la hizo a base de la obra de SALUSTIO, *De situ Ponti*. Su tratado constaba de varios libros, de los que perecieron todos, excepto el primero de ellos, precisamente el que corresponde a las costas atlánticas y a las peninsulares hasta el Ródano.

(144) Hagamos un breve resumen de la historia moderna del poema de Avieno. De él no ha llegado a nosotros manuscrito antiguo alguno. El texto hoy conocido es el que publicó por vez primera, en 1488, Víctor Pisanus, juntamente con tres obras más de Avieno, en Venecia. La copia de Abraham Ortelius (1517-1598) se conserva en Leyden; en ella se titula al poema *Rufi Festi Auieni. De ora maritima siue de Taurici ponti sinu*, lo que parece indicar se hizo sobre el original que utilizó Pisanus o sobre otro de la misma familia que conservaba íntegro el título. Pedro Pithou puso más tarde la base del texto editando la *Ora Maritima* en París el año 1590, de la que proceden la mayoría de las correcciones hoy admitidas. A ella sigue la edición primera española de Pedro Melián, impresa en 1634 (PEDRO MELIÁN, *Rufi Festi Avieni;* Madrid, 1634). Es curioso hacer constar que en los años en que Melián trabajaba en la publicación de la *Ora*, uno de nuestros mejores arqueólogos y poetas, Rodrigo Caro, traducía y comentaba algunos pasajes de Avieno en su obra *Antigüedades de Sevilla y Chorographia de su convento jurídico...*, impresa en Sevilla en 1634, pero escrita en 1630, como declara el propio autor en el capítulo 47. Desde la edición de Melián hubo de transcurrir más de medio siglo para que apareciese la primera edición inglesa, la de J. Hudson, publicada en Oxford en 1712 (J. HUDSON, *Geographiae veteris scriptores graeci minores;* Oxford, 1712); a la edición de Hudson siguieron las de Nicholson, en su tomo II de poetas latinos (Londres, 1713), y la de Oxford de 1717. A 1766 pertenece la editada en la *Collectio omnium poematum latinum Pisaurensis*. Pero es preciso llegar al 1791 para encontrarnos con la primera edición hecha con fundamentos críticos aceptables. Fué Schöning quien en aquella fecha advirtió por vez primera la presencia en la *Ora* de Avieno de un periplo base, de autor distinto, que supuso marsellés o alejandrino (G. SCHÖNING, *Von den Begriffen und der Kenntnis, welche man von unseren nordischen Ländern nach den Zeiten des Ptolmäus und bis zu den sog. mittleren Zeiten hatte*, traducido del danés y publicado en las *Hist. Abhandl. der Kgl. Ges. zu Kopenhagen*, vol. V, 1791). En 1792 salió a luz la edición de Wernsdorff, que con adiciones progresivas reapareció cuatro veces: en 1809, 1825, 1842 y 1848. Ukert hizo otra edición, en 1821 (F. A. UKERT, *Ueber des Avienus ora maritima*, en la *Geographie der Griechen und Römer* II, 1, Weimar, 1821). Poco después, en 1825, apareció la de Lemaire, en París. Más tarde, en 1831, el polaco Lelewel creyó ver en el poema un autor púnico, Himilkon, con lo que entra en su estudio por vez primera esta opinión, que sigue compartiendo su actualidad con la de Schöning (LELEWEL, *Die Entdeckungen der Karthager und Griechen auf dem atlant. Ozean;* Berlín, 1831). Sigue la importante edición de Miguel Cortés y López, publicada en Madrid en 1835, juntamente con otros textos antiguos sobre geografía de la Península. Muestra en ella una erudición desusada en su época y un buen conocimiento de las fuentes antiguas. Por ello ha gozado hasta comienzos de este siglo un grande y justo predicamento. (MIGUEL CORTÉS Y LÓPEZ,

Rufi Festi Avieni, Orae Maritimae, en el tomo I del *Diccionario Geográfico-Histórico de la España Antigua, Tarraconense, Bética y Lusitania*, etc. Madrid (1835), pág. 283. Sirvióse de la edición española de PEDRO MELIÁN, colacionándola con la de J. HUDSON. Es una edición, la de CORTÉS, cuidada y crítica, aunque hoy no satisfaga. Publica sólo los versos que afectan a la Península (567 de los 713). Síguele una traducción, también en verso, castellana.) Movers trató también de Avieno, y de él procede quizá la primera negativa sobre la existencia de Tartessós, que actualmente tiene partidarios de monta. Su libro famoso sobre los fenicios indujo, sin duda, a Müllenhoff a adoptar su opinión acerca de la procedencia púnica del periplo (MOVERS, *Die Phönizier*, Bonn, 1841-1856). En 1842 publicóse en la colección Panckouke, con traducción de Despois. El autor del periplo sería para W. Christ un navegante del siglo IV, Pytheas de Massalía (W. CHRIST, *Avien und die ältesten Nachrichten über Iberien und die Westküste Europas*, en las *Abhandl. der bayer. Akademie*, 1865, con un mapa). Pero el gran paso en la interpretación de la *Ora Maritima* no se da hasta el año 1870, en que se publica el primer tomo de la obra de Karl Müllenhoff (KARL MÜLLENHOFF, *Deutsche Altertumskunde*, I, Berlín, 1870). En ella, y con gran acierto, Müllenhoff ve un periplo datable en el siglo VI a. de J. C., con lo que dió un paso decisivo en la interpretación. Además, basándose en el hecho de que el autor del periplo se extiende en una descripción amplia y desproporcionada con el resto del poema de las costas massaliotas y del Ródano, deduce que el periplo estuvo escrito por alguien que no se hallaba habitualmente en esas regiones; vale decir que fué escrito por algún cartaginés para aquellos nautas de su tierra que tuvieron que comerciar en las costas dominadas por los griegos de Massalía. Es también mérito de Müllenhoff el haber visto por vez primera en el periplo base de Avieno interpolaciones y adiciones que dificultan la interpretación del texto. Al año siguiente, Gutschmid, partiendo de las opiniones de Müllenhof, creyó ver en el autor del periplo —que admite como del siglo VI también—, no un cartaginés, sino un griego (A. de GUDSCHMID, *Lit. Zentralblatt*, 1871). Por el contrario, el estudio que Müller dedicó al poema de Avieno rechaza las interpretaciones de sus dos contemporáneos, volviendo a la tesis de un autor del siglo IV y negando la existencia de interpolaciones en la *Ora* (MÜLLER, *Philog. Anzeiger*, 1871, y *Philologus*, 1873), opinión que siguió más tarde Unger (UNGER, *Philologus*, Suplem. IV, 1882). Supone Unger que Avieno utilizó un autor del siglo IV, al que unió las fuentes enumeradas en los versos 42 y siguientes. En su estudio posterior *(Die Kassiteriden und Albion, Rheinisches Museum*, 1883), sostiene Unger que Oestrymnis ha de buscarse en Galicia. En 1887 apareció la edición de Holder (ALFRED HOLDER, *Rufi Festi Avieni carmina*, rec. A. H., Innsbruck, Wagner, 1887), que estudió el problema comparándolo con una reproducción fotográfica de la edición príncipe. Años antes, Desjardin. (1878) se mostraba tan escéptico que no creía posible sacar algo en limpio del texto dadas sus contradicciones. En 1880 hay que colocar la edición crítica que de Avieno hizo el gran arqueólogo e investigador lusitano Martins Sarmento, edición que hubo de ser reimpresa poco después, en 1896. (MARTINS SARMENTO, *Rufus Festus Avienus. Ora Maritima. Estudio d'este poema na parte respectiva a Galiza e Portugal*, Porto, 1880; *Estudio d'este poema na parte respectiva as costas occidentaes da Europa*, 2.ª edic., 1896.) Habler (HABLER, *Die Nord-und Westküste Hispaniens, Programm d. kgl. Gymnasiums*, Leipzig, 1886), Sonny (SONNY, *De Massiliensium rebus*, Dorpat, 1887), Atenstaedt (ATENSTAEDT, *De Hacatei fragmentis*, Leipzig, 1891), Kircher (KIRCHER, *Intorno all' Ora maritima di Avieno e alle sue fonti*, Studi Storici, II, 1893) y Marx (F. MARX, *Rheinisches Museum*, 1895) tienden a rebajar la fecha propuesta por Müllenhoff, suponiéndola en los siglos V, IV y aun en el período helenístico. En 1887 el erudito español Sampere y Miquel publicó un comentario a Avieno en su trabajo *Geografía, Topografía y Etnografía de las costas atlánticas de España (Revista de Ciencias Históricas*, Barcelona, 1887, t. V, pág. 61). En defensa de la tesis de Müllenhoff mencionemos al benemérito Hübner, quien supone que el periplo es obra de un massaliota que utilizó fuentes fenicias y escrito entre el 530 y el 500 a. de J. C. (HÜBNER, *Arqueología de España*, Barcelona, 1888; pág. 2). Termina el siglo con dos estudios españoles dedicados a Avieno. En 1890, el de Fernández y González (en su trabajo *Primeros pobladores históricos de la Península Ibérica*, Madrid, 1890, en la *Historia General de España*, publicada por individuos de la R. Acad. de la Historia); en 1890, o algo antes, el trabajo no terminado de Joaquín Costa, *Litoral ibérico del Mediterráneo en el siglo VI-V a. de J. C.* (sus pormenores figuran en los *Estudios Ibéricos*, Madrid, 1891-1895). En 1906, Román y Calvet (ROMÁN Y CALVET, *Los nombres e importancia arqueológica de las Islas Pythiusas*, Barcelona, 1906) reimprimió la *Ora Maritima* de Avieno, el estudio de Müllenhoff referente a Ophioussa, tomado de su *Deutsche Altertumskunde*, y el de Sampere y Miquel sobre la misma obra de Avieno. En 1909, Blázquez atribuyó el periplo al siglo VI y para las costas atlánticas concretamente a Himilkon (ANTONIO BLÁZQUEZ, *El Periplo de Himilkon, según el Poema de Rufo Festo Avieno, titulado Ora Maritima*, Madrid, 1909), y un año más tarde, el profesor de Madrid, Alemany, tratando de Avieno, mostrábase también partidario del mismo nauta cartaginés y de Pytheas, como fuentes principales, pero considerando que en el fondo es imposible deducir nada concreto del poema de Avieno. (J. ALEMANY BOLUFER, *La geografía de la Península Ibérica en los textos de los escritores antiguos*. Revista de Archivos, Bibliotecas y Museos, tomos XXII y XXIV, 1910-1911.) También el gran polígrafo Menéndez y Pelayo tocó el tema, aunque sin ahondar en él. Muéstrase seguidor de Müllenhoff, en general (MENÉNDEZ Y PELAYO, *Heterodoxos españoles*, vol. I, edic. de Madrid, 1911, págs. 322 y sigs.). En 1921, Jorge Eduardo, Bonsor publica un comentario parcial del texto de la *Ora* referente a Tartessós (J. E. BONSOR, *Tartessos*, en el *Boletín de la Real Academia de la Historia*, tomos LXXVIII y LXXIX; Madrid, 1921). Así comenzó el siglo XX, a cuyo segundo cuarto de siglo pertenecen nuevos y meritorios esfuerzos conducentes a despejar los enigmas de que está plagada la obra de Avieno. Abre la marcha

Schulten (SCHULTEN, *Avieno. Ora Maritima*, Barcelona-Berlín, 1922. Citamos aquí la edición española con la traducción del texto latino debida a RÍUS SERRA. La edición de SCHULTEN es crítica y pertenece a la serie en curso *Fontes Hispaniae Antiquae*, de la que constituye el tomo I); síguele de nuevo Blázquez (A. BLÁZQUEZ, *Avieno, Ora Maritima*, edición crítica y estudio geográfico; Madrid, 1924), y a continuación los estudios de Herrmann (ALBERT HERRMANN, quien, tras varios artículos publicados en las *Petermans Geographischen Mitteilungen*, resumió sus puntos de vista en el libro *Die Erdkarte der Urbibel mit eine Anhang über Tartessos und die Etruskerfrage*, Braunsweig, 1931). Consúltese también a este respecto nuestra recensión publicada en los *Anales de la Universidad de Madrid*, 1933, t. II, fasc. 1, *Letras*, y el de Berthelot (A. BERTHELOT, *Festus Avienus. Ora Maritima*, con seis mapas. París, 1934). Consúltese también la recensión de esta obra hecha por D. FLETCHER en *Emérita*, t. IV, 1 y 2; Madrid, 1936, pág. 327, a los que hay que añadir las correcciones y comentarios ocasionales de los historiadores y arqueólogos españoles y extranjeros que han trabajado últimamente sobre temas relacionados con la obra de Avieno. De ellos, sin duda, destaca como más importante el libro de Pemán sobre el pasaje tartésico de Avieno, tan íntimamente relacionado con la ardua cuestión de hallar el lugar donde se alzó Tartessós.

    (145) V. 372.
    (146) Vs. 337 y 350.
    (147) V. 372.
    (148) V. 695.
    (149) Vs. 117, 383 y 412.
    (150) En el tomo I de su *Deutsche Altertumskunde*.
    (151) Resumimos estas deducciones en el cuadro siguiente tomado del estudio de SCHULTEN, loc. cit., pág. 46.

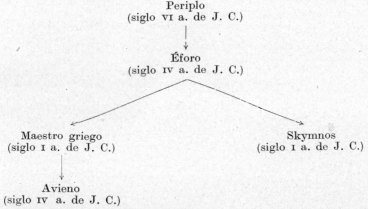

    (152) E. NORDEN, *Die germanische Urgeschichte in Tacitus Germania*, pág. 392, 1922.
    (153) KÖSTERMANN, *Zum Quellenproblem in Aviens Ora Maritima*, Hermes, t. 68, cuad. 4, 1933, página 472.
    (154) V. 280.
    (155) Loc. cit., págs. 167 y sigs.
    (156) Para su mejor comprensión damos en la página siguiente el cuadro publicado por HERRMANN como resumen de su tesis. HERRMANN, *Die Erdkarte del Urbibel...*, etc., pág. 169.
    (157) Vs. 47, 337 y 350.
    (158) Las interpretaciones citadas no llegan a convencer, y menos el rodeo que hace correr HERRMANN al periplo antes de llegar a manos de EUKTÉMON. Todo esto no puede tomarse en consideración por no ser más que un cúmulo de suposiciones. HERMANN, como SCHULTEN, persigue una tesis determinada, y al parecer subordina la imparcialidad de juicio a la justificación de su tesis.
    (159) Loc. cit.
    (160) Loc. cit., pág. 136.
    (161) SCHULTEN, *Fontes Hispaniae Antiquae*, I, pág. 8.
    (162) A. GARCÍA Y BELLIDO, *La colonización phókaia*, en *Ampurias*, II, 1940.
    (163) BOSCH GIMPERA, *Problemas de la colonización griega en España*, Revista de Occidente, Madrid, junio, 1929, pág. 333.
    (164) HERRMANN, *Die Erdkarte*, etc., pág. 165.
    (165) Loc. cit., pág. 165.
    (166) Loc. cit.
    (167) Loc. cit., pág. 139.
    (168) Vs. 117, 383 y 412.
    (169) SCHULTEN, *Fontes Hispaniae Antiquae*, I, pág. 9.
    (170) Loc. cit., págs. 54 y 55.
    (171) HERRMANN, *Die Erdkarte der Urbibel*, etc., pág. 166. Véase también en nuestra extensa recensión publicada en los *Anales de la Universidad de Madrid*, Letras, 1933, fasc. 1.

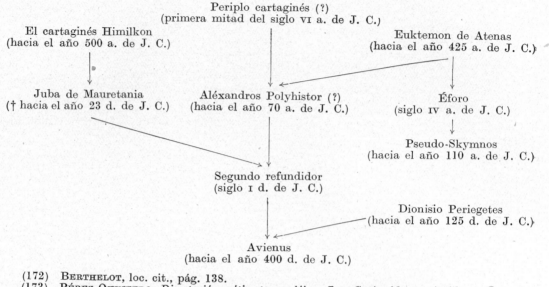

Periplo cartaginés (?)
(primera mitad del siglo VI a. de J. C.)

El cartaginés Himilkon
(hacia el año 500 a. de J. C.)

Euktemon de Atenas
(hacia el año 425 a. de J. C.)

Juba de Mauretania
(† hacia el año 23 d. de J. C.)

Aléxandros Polyhistor (?)
(hacia el año 70 a. de J. C.)

Éforo
(siglo IV a. de J. C.)

Pseudo-Skymnos
(hacia el año 110 a. de J. C.)

Segundo refundidor
(siglo I d. de J. C.)

Dionisio Periegetes
(hacia el año 125 d. de J. C.)

Avienus
(hacia el año 400 d. de J. C.)

(172) BERTHELOT, loc. cit., pág. 138.
(173) PÉREZ QUINTERO, *Disertación crítico-topográfica. Las Casiterides restituídas a su verdadero sitio*, Sevilla, 1790.
(174) JOAQUÍN LORENZO VILLANUEVA, *Iberia Fenicia*, Dublín, 1831.
(175) M. CORTÉS Y LÓPEZ, *Diccionario geográfico*, etc., Madrid, 1835.
(176) GARCÍA DE LA RIEGA, *Galicia Antigua*, Pontevedra, 1904, págs. 52 y sigs.
(177) ANTONIO BLÁZQUEZ, *Las casiterides y el comercio del estaño en la Antigüedad*, Madrid, 1915.
(178) Loc. cit.
(179) SERPA PINTO, *Explotaciones mineras de la Edad del Bronce en Portugal, Investigación y Progreso*, 1933, número 6, pág. 178.
(180) Vs. 146 y sigs.

CAPÍTULO III

LA COLONIZACIÓN GRIEGA DESDE ALALÍE HASTA SU FINAL. PERIODO MASSALIOTA

(Desde 535, aproximadamente, hasta fines del siglo III a. de J. C.)

SUMARIO: 1. *El proceso histórico general en este periodo:* Fin de la «thalassokratía» púnico-etrusca. Massalía hereda el papel metropolitano de Fócea. Fundación de la Neá Polis de Emporion.— Renacimiento experimentado por el mundo griego de Occidente durante el siglo v. — Las colonias griegas de Occidente desde las guerras de Sicilia hasta la llegada de los romanos (409-218). 2. *Las viejas colonias y las nuevas fundaciones:* Emporion. La Neá Polis. — Las murallas. — Construcciones templarias y civiles. — La vida en la colonia. Textos de Livio y Estrabón. — Hallazgos cerámicos. — La imagen de Esculapio y otras esculturas. — Monedas. — Rhode. — Hemeroskopeion. — Otras factorías y puntos de escala: Alonís y Akra Leuké. — Sagunto.

1. EL PROCESO HISTÓRICO GENERAL EN ESTE PERÍODO

Fin de la «thalassokratía» púnico-etrusca. Massalía hereda el papel metropolitano de Fócea. Fundación de la Neá Polis de Emporion.

Anulada la hegemonía marítima de los focenses, las miras de Cartago fueron dirigidas principalmente hacia Sicilia, que ya de antiguo constituía para la potencia semita del norte de África el campo más importante de sus actividades. Estas tenían sus razones, no sólo en la proximidad geográfica, sino, sobre todo, en la mayor vitalidad de la colonización griega, que tendía a desalojar a los púnicos de sus principales mercados y posiciones. Vencidos los fóceos, a Cartago no le quedaba más enemigo importante que los griegos de Sicilia. Sus intereses en España no pasaban entonces de la explotación de sus riquezas minerales, pesqueras y de otros órdenes, y de las levas de mercenarios, que, dadas sus excelentes cualidades guerreras, celebradas durante toda la Antigüedad, fueron siempre uno de los más recios puntales del imperialismo cartaginés, hasta su definitivo hundimiento, tras la segunda guerra púnica. Cartago no llegó nunca a pretender el dominio efectivo y militar de la Península, ni siquiera el de la región meridional, hasta los años inmediatos a las guerras anibálicas. España interesábale a Cartago en la época que estudiamos sólo como fuente de riquezas y como inagotable cantera de mercenarios. Para ello le bastaba el alejamiento de los griegos del Mediodía de la Península y el mantenimiento, por su parte, de unas cuantas colonias litorales, libres de toda preocupación ajena al comercio e industria. El resto de las costas mediterráneas y, por tanto, las colonias griegas sitas al norte del cabo de La Nao, no parece llegaron a excitar su codicia comercial nunca. El tratado romano-cartaginés de 348, del que ya se habló (pág. 351), es un documento irrebatible en este sentido. Pero, además, los hallazgos arqueológicos demuestran lo mismo: el último testimonio de la presencia púnica en la zona del Sudeste lo marca el santuario de Alcoy. En consecuencia, Hemeroskopeion pudo permanecer griega y massaliota después de Alalíe.

Cartago, pues, miraba sobre todo a Sicilia, acechando el momento propicio para caer sobre ella con todo su peso y con todos los recursos en hombres que podían darles las tierras litorales del Mediterráneo occidental sujetas a su dominio o influencia. No parece leyenda la noticia transmitida por Diodoro (1), que nos habla de un plan combinado entre persas y cartagineses para caer simultáneamente sobre el mundo griego. El hecho es que en el mismo año en que los persas toman e incendian la acrópolis ateniense, los cartagineses se presentan ante los muros de Himera con el ánimo de dar la batalla decisiva a los griegos sikeliotas. Pero ambas gigantescas acometidas tuvieron fin adverso para los bárbaros: la una, frente a Sálamis, y la otra, junto a Himera, el año 480 (2).

Vencedores los siracusanos de los púnicos, no les quedaba a aquéllos más que dar la batalla a los etruscos, aliados de los cartagineses; esta batalla se dió y coronóse para los griegos pocos años después, en el 474, con la victoria naval de Kyme. Así, pues, en el escaso intervalo de seis años, la «thalassokratía» púnico-etrusca ganada en Alalíe vióse disuelta por la potencia siracusana: primero, en Himera (480), y poco después, en Kyme (474).

De los avatares corridos por las colonias griegas de la Península, tras la catástrofe provocada por la rota de Alalíe, estamos muy mal informados. No hay textos ni citas que nos orienten sobre su historia. Los mismos griegos del siglo v carecían igualmente de informes. Herodoto (3) se queja de que, a pesar de sus investigaciones, no había hallado ningún testigo ocular que le informase sobre el Occidente. Ello es general para todo este largo período, que alcanza hasta las guerras púnicas, con que termina la independencia de las colonias griegas de Occidente. Ya hemos visto que del hundimiento del imperio fóceo sólo se salvaron Emporion, Hemeroskopeion y quizá Rhode. De estas dos últimas nada sabemos, pues ni siquiera sus ruinas pueden hablarnos. De Emporion, sin embargo, sabemos hoy algo gracias a los hallazgos arqueológicos, por cuyo medio, además, cobra relieve, dentro de esta época, una vieja referencia histórica que carecía de ambiente cronológico preciso.

Estrabón dice que la ciudad de Emporion fué primero un establecimiento pequeño nacido en un islote pegado al litoral. A este primer núcleo colonial lo llama la Palaiá Polis o Ciudad Antigua. Añade luego que estos colonos se establecieron más tarde en tierra firme, dando lugar a la Neá Polis (4). Estrabón no da más detalles. El texto deja en total obscuridad la época en que tal ampliación puede ocurrir. Pero aquí viene en nuestro auxilio la arqueología. Las excavaciones de la colonia han puesto en claro que este paso al continente que dió lugar a la creación de la Neá Polis acaeció a fines del siglo vi, es decir, tras la catástrofe de Alalíe. Todo ello permite deducir que Emporion creció a pesar de las circunstancias difíciles por que pasaba todo el mundo griego del lejano Occidente, en virtud de las aportaciones, de las inmigraciones, de parte de aquellos colonos griegos que hubieron de abandonar sus antiguos establecimientos por causa de la perdida guerra. La desgracia de las colonias o factorías menos fuertes trajo consigo el auge y crecimiento de Emporion.

La nueva ciudad cercó pronto su perímetro con fuertes muros de grandes bloques de piedra ligeramente escuadrados. El aspecto ciclópeo de la muralla, que las excavaciones han puesto al aire, indica, como cosa probable, que en su construcción intervinieron quizá los indígenas de la localidad. Su semejanza con las murallas de Gerona y de Tarragona hacen esta suposición aun más verosímil. La nueva ciudad coexistió con la vieja. Pero no llegó a un desarrollo muy grande, al menos juzgando por su perímetro. No tardó mucho en comenzar a acuñar moneda. Los hallazgos menores, sobre todo los cerámicos, denuncian un tráfico con el Ática y, en general, con el mundo griego de Oriente.

Renacimiento experimentado por el mundo griego de Occidente durante el siglo V.

Acabamos de ver cómo Himera y Kyme marcan la disolución de la preponderancia púnico-etrusca. Estas victorias debieron reanimar el espíritu de los griegos de Occidente, todavía abatido por las consecuencias de Alalíe. La larga era de paz que tras las mencionadas victorias gozó Sicilia todo a lo largo del siglo v, impulsó de un modo verdaderamente asombroso la prosperidad de las ciudades sikeliotas, que llegaron a alcanzar, principalmente Siracusa y Akragas, una riqueza y bienestar proverbiales. Naturalmente, esta prosperidad, que cayó como una bendición sobre Occidente, tuvo que ser compartida también por las colonias griegas de Provenza y España. Massalía, amparada en las victorias de Siracusa, pudo sacudir la hegemonía púnico-etrusca, maltrecha tras las mencionadas batallas. En un encuentro naval sostenido hacia mediados del siglo v por los massaliotas contra los etruscos, frente a las costas ligures, salieron vencedoras las naves griegas. La fundación de Níkaia (actual Niza) celebró el acontecimiento (5).

El siglo v, pues, señala para todo el Occidente griego y, por tanto, para Massalía y sus colonias hermanas de la Península una época próspera y feliz, en la que el mundo griego de Occidente se alza sobre las potencias bárbaras vecinas y enemigas, prevaleciendo de nuevo, como antaño, por encima de etruscos y cartagineses. La resurrección de lo helénico en Occidente tiene también su paralelo en el Oriente del Mediterráneo. Es la época allí de la hegemonía de Atenas, de la «Pentekontaetía», de la Liga marítima ateniense. En una palabra, todo el Mediterráneo, de un extremo a otro, se halla entonces, tras Himera, Sálamis y Kyme, bajo la égida protectora del espíritu y la potencia de los griegos. La misma Roma comenzó a helenizarse.

Símbolo de esta general prosperidad son para el Occidente las fundaciones massaliotas. Níkaia, Anfípolis, Olbía, Tauroeis, Kitharistés y alguna otra nacieron por entonces al este de Massalía, mientras al oeste crearon Rhodanousía y Agáthe. En España quizá haya que datar en este tiempo el comienzo de Alonís y de Akra Leuké, en las cercanías de Hemeroskopeion. Más al sur los griegos no recuperaron nada de lo perdido tras Alalíe.

Un curioso texto viene ahora a nuestro encuentro, dándonos interesantes noticias sobre la situación de Massalía y sus colonias. Este testimonio lo hallamos en Estrabón. Después de decirnos cómo los massaliotas hubieron de dedicarse al principio a la pesca, la navegación y el comercio, impulsados sobre todo por la pobreza del suelo circundante, añade que al fin, habiéndose apoderado de una parte de las tierras que rodeaban a la ciudad, pudieron entonces dedicarse a la agricultura. Y a renglón seguido Estrabón añade esto: «Después los massaliotas emplearon sus fuerzas militares en crear un cierto número de lugares, destinados a servirles de baluarte contra los bárbaros; los situados en la frontera de Iberia debían defenderles de los iberos, quienes recibieron su culto nacional de Artemis efesía, a la cual sacrifican al modo griego;

Rhoen (Rhodanusía ?) y Aghaté, de los bárbaros que habitan las riberas del Ródano; Tauroeis, Olbía, Antípolis y Níkaia, del pueblo de los salyos y de los ligures, que viven en los Alpes» (6). No dice Estrabón qué colonias sean las del lado de Iberia, pero se adivinan los nombres de Rhode, Emporion, Hemeroskopeion, y quizá las de Alonís y Akra Leuké.

Las colonias griegas de Occidente desde las guerras de Sicilia hasta la llegada de los romanos (409-218)

Graves acontecimientos históricos posteriores desarrollados en el último tercio del siglo V pusieron fin a este período de prosperidad general para dar entrada a otro de violentas convulsiones y guerras asoladoras. En el extremo oriental del Mediterráneo son las guerras llamadas del Peloponeso, que repercutieron en Sicilia al final (415), tomando desde entonces un cariz decididamente adverso para los atenienses, que, en fin de cuentas, perdieron la guerra, y con ella su papel rector dentro del mundo griego (404). En el Occidente, no bien salieron los siracusanos de la ofensiva ateniense en Sicilia (413), comienza sobre las ciudades griegas de la isla la más violenta y cruel de las guerras padecidas por el helenismo: la asoladora ofensiva cartaginesa del 409. Ciudades hasta entonces prósperas y ricas fueron totalmente arrasadas, como Himera; otras, saqueadas y destruídas en parte, como Akragas y Selinús; sus moradores, asesinados en masa, sin distinción de edades ni sexos, o esclavizados. La misma Siracusa vió ante sus muros a los ejércitos cartagineses dispuestos a destruir en ella, y de una vez para siempre, el dominio griego en Sicilia. El año 405 Siracusa se salva milagrosamente. La gran figura del tirano Dionisio comienza a regir los destinos del mundo griego en el Occidente. Pero en el año 397, esta vez por iniciativa y sed de venganza siracusana, vuelve a reanudarse la terrible guerra entre griegos sikeliotas y cartagineses. Los púnicos, vencedores, recorren toda Sicilia. Siracusa vese por segunda vez sitiada; pero de nuevo sálvase de la destrucción, gracias a una serie de circunstancias favorables y decisivas. En 396 los ejércitos púnicos se retiran, vencidos, y Siracusa, llena de prestigio, comienza a pesar incluso en los problemas de la Grecia propia. Es el momento álgido del poder siracusano, que, rebasando Sicilia, ensancha su imperio por la Magna Grecia y el Adriático. Pero las guerras pasadas fueron tan asoladoras, que tras este efímero relumbre, debido en gran parte a las condiciones personales del gran Dionisio, Sicilia acusó con claridad las consecuencias fatales de aquellas guerras exterminadoras.

La caída de Atenas, tras las guerras del Peloponeso y las otras guerras sucesivas: la de Corinto, la de Olynto y las tebanas, contemporáneas las tres de Dionisio *el Viejo*, fueron otras tantas desdichas que acentuaron en la Grecia propia su definitiva decadencia política, económica y militar iniciada ya con las guerras del Peloponeso.

Entre tanto, en la península italiana Roma va extendiendo sus dominios y su influencia con miras a la hegemonía total de Italia. Su enemiga, Etruria, sufre por aquellos mismos años dos reveses decisivos. Uno, asestado por sus rivales romanos, en el sitio famoso de Veies, en 396; otro, por causa de la asoladora invasión de los galos, que en las mismas fechas recorrieron la Toscana, camino de Roma. La retirada de los invasores, tras el sitio de la ciudad, permitió venturosamente a ésta continuar su labor unificadora, preludio de sus futuras grandezas.

Deshecha la hegemonía etrusca en Italia, en el Mediterráneo occidental quedaban tres potencias: Cartago, Siracusa y Roma. Absorta ésta en sus propios y arduos problemas, se mantuvo por el momento al margen de las contiendas inveteradas entre los griegos de Sicilia y los cartagineses, que durante todo el siglo IV continuaron sus guerras con fuerza cada vez más aniquiladas y exhaustas. Roma, que se desentiende de todo problema externo, firma con Cartago el tratado del 348, del que más tarde se hablará.

De nuevo carecemos de información suficiente para formarnos una idea de lo que durante estos críticos años pudo acaecer en las colonias griegas de España; lo verosímil es que éstas, y a su cabeza Massalía, de la cual debían seguir dependiendo, faltas del apoyo siracusano, por causa de las continuas y agotadoras luchas en las que estaba implicada y por la intranquilidad política que siguió a la muerte de Dionisio *el Viejo*, buscase apoyo contra posibles desmanes de los cartagineses y de las tribus vecinas en la joven potencia romana. Roma mantenía de tiempo atrás excelentes relaciones con Massalía, que figuraba entre sus aliadas. Esta alianza, naturalmente, afectaba también a las ciudades griegas de España.

A este respecto, el tratado antes aludido del 348, firmado entre Roma y Cartago, ilumina un área importante de este obscurísimo período. El texto, conservado gracias a Polibio (7), ha sido ya transcrito en la página 351.

Por este valioso documento sabemos, al menos, que a mediados del siglo IV los intereses de Cartago en nuestra Península afectaban a toda la región meridional, hasta la zona de Mastía de los Tartessios (posteriormente, Cartagena), al norte de la cual, tanto Roma como sus aliadas, es decir Massalía y las demás colonias griegas, podían comerciar sin reparos. Es, pues, un tratado en el que se delimitan claramente las áreas respectivas de influencia de Roma y Cartago (8).

El partido que de este convenio pudo sacar Massalía hubo de ser, desde luego, grande. Ante todo, porque bajo el amparo de Roma, sus colonias hermanas y sus emporios de España podían dedicarse tranquilamente al desarrollo del comercio y la industria sin las amenazas de los cartagineses. Así, pues, Hemereskopeion, la colonia entonces más avanzada del mundo griego occidental, que lindaba con el límite marcado en el pacto, pudo vivir fuera de todo peligro. Los hallazgos griegos de esta época, en efecto, testimonian en esta zona un aumento considerable de las importaciones griegas, principalmente visibles en los objetos cerámicos, la mayoría de los cuales proceden del sur de Italia y de Sicilia (véase el mapa de la fig. 563). Es posible que al amparo de estas cláusulas, y ante el auge comercial subsiguiente, los massaliotas o los colonos de los establecimientos peninsulares se arriesgaran a fundar nuevas factorías precisamente en la zona más próxima a la línea de demarcación de intereses expresa en el tratado del 348. El hecho es que por esta época aparecen al sur de Hemeroskopeion dos nuevas colonias: la de Alonís (hacia Benidorm) y la de Akra Leuké (Lucentum, Alicante). Alude a ellas Estrabón (9); pero nómbranlas expresamente Artemidoro (10), Diodoro (11) y Livio (12). Quizá Sagunto tuvo también algún núcleo de comerciantes griegos, lo que podría explicar su alianza romana, causa de la segunda guerra púnica, y la existencia de dos templos, uno de ellos muy viejo, dedicados a divinidades probablemente griegas (13). Sagunto pudo ser un punto de escala entre las colonias del cabo de La Nao y las de la costa catalana. Algo parecido cabe suponer para la ciudad de Chersonnesos, cuyo nombre parece denunciar una factoría griega, también en la misma ruta. Pero sobre estos problemas se habla más por extenso en la página 589.

Como detalle curioso, hemos de intercalar aquí la noticia transmitida por varios autores griegos y latinos, según la cual, en los grandiosos proyectos de Alejandro Magno figuraba el de la conquista del Occidente, y en particular de la Península Ibérica. La transmisión más explícita, que es la de Q. Curcio, dice así: «... había decidido (Alejandro), para después de haber dominado toda la región marítima oriental, pasar de Siria a África, devastar Cartago; de allí, atravesando los desiertos de Numidia, dirigirse a Gades, donde la fama proclamara que estaban las Columnas de Hércules; luego, a las Hispanias, denominadas Iberia, del río Ibero, por los griegos; atravesar los Alpes y llegar al litoral de Italia, desde el cual es muy corto el camino del Epiro» (14). Diodoro (15) dice que proyectaba construir «mil naves largas, mayores que los trirremes, en Fenicia, Siria, Cilicia y Chipre, para la expedición contra los cartagineses y demás pueblos de las costas de Libia e Iberia y países vecinos hasta Sicilia, con el fin de que se abriese un camino por el litoral de África hasta las Columnas de Hércules». Según Arriano (16) y Plutarco (17), Alejandro abrigaba también el proyecto de circunnavegar el África, entrando en el Mediterráneo por Gades.

Pero la conquista del Occidente estaba reservada por la Historia no a los griegos, sino a los romanos. Roma, entre tanto, había crecido en imperio y poder. En el primer cuarto del siglo III a. de J. C. había logrado unificar bajo su mando a todos los pueblos de la península de los Apeninos. La caída de Taras (Tarentum) en poder de los romanos acabó de someter a los griegos de la Magna Grecia, incorporándoles de una vez para siempre al orbe latino. A mediados del mismo siglo sigue idéntica suerte Sicilia, que había sido hasta entonces el foco griego más importante de todo el Occidente, y en algún momento, incluso, eje rector de todo el mundo griego. Tras de Sicilia cayeron Cerdeña y Córcega. Más lejos, en la Grecia propia y el Oriente helenístico, no obstante vivir en un magnífico período cultural, las divisiones políticas y los pleitos de todo orden tenían a los griegos atados de pies y manos para intentar siquiera oponerse a Roma en su tendencia expansiva, a costa de los griegos de Occidente. Sus luchas fratricidas y sus particularismos mezquinos manteníanlos totalmente desentendidos de los problemas genuinamente nacionales y del destino histórico del pueblo griego a que pertenecían ellos y sus hermanos de Sicilia y Magna Grecia. Esta ceguera fué causa de su propia perdición. La Grecia propia y el Oriente helenístico no tardarán en seguir las huellas de sus hermanos de Occidente.

Ante estas claudicaciones, ante estas desmembraciones de la «oikumene» griega, del mundo habitado por griegos, Massalía y sus colonias hermanas, sobre las cuales ejercía aquélla un papel protector, metropolitano, hallábanse aisladas y a merced de cualquier eventualidad. La potente Siracusa del siglo V, y aun del IV, no podía ya salir defensora de ellas en el caso de una agresión. Siracusa, como toda Sicilia, padecía entonces las brutales expoliaciones de los funcionarios romanos. Las antiguas y florecientes ciudades griegas del sur de Italia, como Tarento, Metapontion, Neápolis, Crotona, Rhegion, etc., habían perdido su independencia y giraban ya de tiempo atrás en la órbita de la ciudad del Tíber. Atenas vivía por entonces sin pulso, de recuerdos. En este ambiente de soledad, Massalía, junto con sus colonias hermanas de la Península, había buscado la alianza de Roma, y a su amparo debían vivir entonces, gozando de una relativa independencia. Pero la ficción hubo de hallar un día su fin. Y éste llegó con el estallido de la segunda guerra púnica: la de Aníbal. Fué entonces cuando, ante el choque brutal de aquellas dos potencias, los derechos y libertades de las colonias griegas que habían sido causa externa de la guerra quedaron totalmente olvidados, y las propias colonias incorporadas por el vencedor a su imperio, sin más miramientos.

Con estos hechos piérdese en la Historia la gran empresa colonizadora de los griegos en el Occidente. Los últimos restos de ella, aquellas pequeñas y solitarias colonias que por

EMPORION

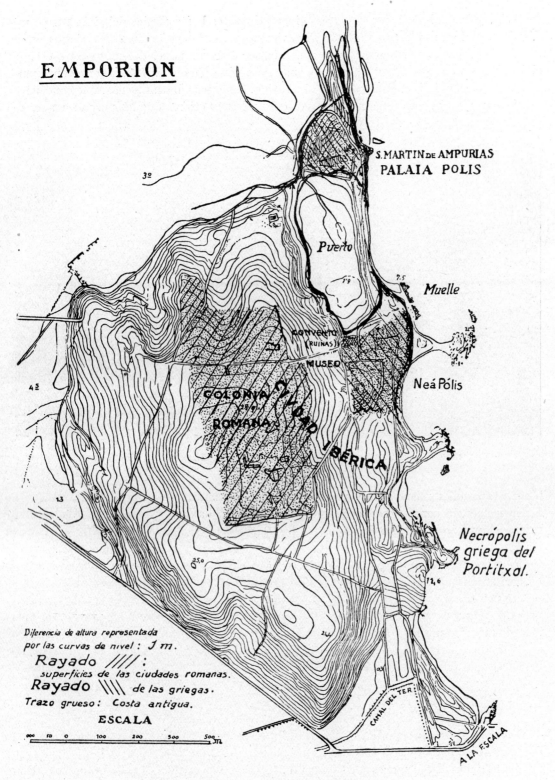

FIG. 470. — Plano general de Emporion

su insignificancia habían permanecido vivas y latentes hasta finales del siglo III, no pudieron resistir a la fuerza arrolladora del tiempo y de los acontecimientos y dejaron de ser libres y griegas para comenzar a romanizarse. Pero su papel durante cuatro o cinco siglos de contacto con los pueblos indígenas fué realmente eficaz y fructífero, tanto para ellos, que se ejercitaban en el comercio lucrativo, como para los indígenas, que conocieron y asimilaron multitud de manifestaciones culturales superiores que les puso en trance de

FIG. 471. — Ampurias. Murallas griegas del lado meridional de la colonia

incorporarse ellos mismos muy pronto a la gran corriente civilizada de la Antigüedad. De la influencia beneficiosa de los griegos en España hablará bien claro lo que se diga más adelante de la cultura de los iberos históricos de la costa mediterránea, que fueron los que más relaciones mantuvieron con los colonos griegos. Pero adelantemos esta verdad, índice y resumen de todo: que si España se incorporó con una rapidez asombrosa a aquella corriente civilizadora, de la que era entonces Roma la guía y directora, fué precisamente por hallarse mejor preparada que ninguna otra región del Occidente para esta empresa. Y tal preparación debíase íntegramente a la profunda huella marcada en el espíritu indígena ibérico por las colonias griegas que se alzaron en nuestras costas. Grecia sembró en la lejana Iberia una semilla que dió frutos tempranos y magníficos. Pero la cosecha no la recogió ella, sino Roma.

2. LAS VIEJAS COLONIAS Y LAS NUEVAS FUNDACIONES

Tócanos ahora hablar de la vida interna de aquellas colonias que sobrevivieron al desastre de Alalíe y de aquellas otras que nacieron en fecha posterior, y de las cuales tenemos noticias más o menos extensas. Comencemos por la más documentada: por Emporion.

Emporion. La Neá Polis.

Las noticias conservadas en el libro III de Estrabón (18) dícennos que al pequeño establecimiento fundado por los primeros colonos de Emporion en la islita de San Martín de Ampurias (hoy pegada al litoral), nacida, según los datos arqueológicos, a mediados del siglo VI (19), sucedió, en fecha que el texto estraboniano no especifica, la ampliación que dió origen al establecimiento de nuevos colonos en la tierra firme, en el lugar donde se había de alzar el núcleo más extenso de la colonia y que han descubierto las excavaciones. Aquélla es llamada en el texto estraboniano Palaiá Polis (Παλαιά Πόλις) o Ciudad Vieja; ésta, la Neá Polis (Νεά Πόλις) o Ciudad Nueva. Las excavaciones arqueológicas han demostrado que la configuración de la costa era entonces distinta a la actual. Aparte la posición insular de la Palaiá Polis, la amplia llanura, de cotas muy bajas, que va hoy desde ésta, al Norte, hasta la Neá Polis, al Sur, estaba entonces cubierta por el mar, dando lugar a una bahía casi cerrada, en cuyo lado meridional estuvo el puerto de la Neá Polis. De tal modo (véase el plano de la figura 470), que la doble ciudad griega ocupaba los lados norte y sur de la bahía. Posteriormente, las aportaciones fluviales y mari-

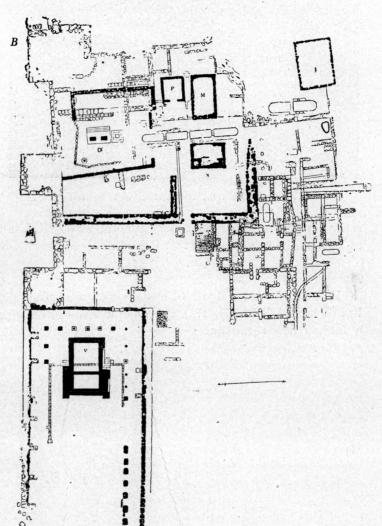

FIG. 472. — Zona de los templos en la colonia griega de Emporion

nas cegaron la barra, ya angosta entonces, y el lugar se rellenó de tierra. ¿Cuándo acaeció la mencionada ampliación de que nos habla Estrabón? Por los hallazgos arqueológicos, sabemos hoy que tal hecho ocurrió a fines del siglo VI, pues de estas fechas son los testimonios atribuíbles a la Neá Polis. Ya vimos que los primeros colonos, los de la Palaiá Polis, enterraban a sus muertos, no en la islita, cuya extensión era insuficiente para tales menesteres, dada el área que habría de ocupar el caserío, sino en la tierra firme, en el lugar designado hoy con el nombre del Portitxol. Esto indica que las relaciones que indígenas y colonos mantenían entre sí fueron, al menos en los comienzos, cordiales y amistosas, ya que los muertos se confían sólo a aquellas tierras que se tienen por segu-

ras. En dicha necrópolis siguieron enterrando los primeros habitantes de la Neá Polis, de cuyos sepelios han salido vasos áticos de figuras negras y rojas, es decir, de fines del siglo VI en adelante. Estos enterramientos se corresponden, pues, cronológicamente, con los estratos más antiguos de la nueva población; estratos en los cuales se han hallado escasos fragmentos de vasos áticos con figuras negras y

FIG. 473. — Ampurias. Calle central de la ciudad griega

series completas de ejemplares de figuras rojas de fábricas áticas del siglo V. Todo ello es buen testimonio de que la Neá Polis data, por lo menos, del último cuarto del siglo VI.

Las murallas.

En estas fechas, o algo más tarde, quizá ya en pleno siglo V, se levantaron las murallas de la Neá Polis (fig. 471), que aunque rústicas de aspecto, no deben retrollevarse a fechas más remotas. Este recinto, construído con grandes bloques sin tallar, de grosero aparejo ciclópeo, pero tendiendo a la regularidad de volúmenes y de juntas, defendían al pobre caserío griego sólo por sus lados Sur y Oeste, es decir, por la parte de tierra. Al Norte y Este era el mar su defensor natural. Una puerta muy angosta abierta en el lienzo Sur (fig. 472, *A*) comunicaba el recinto de la colonia con el exterior, habitado por los indígenas de la ciudad de Undike o Indika. Estaba flanqueada

FIG. 474. — Ampurias. Cisternas de época romana. En el lugar señalado con una cruz fué hallada una parte de la estatua de Asklepiós (figs. 498 y 499).

por dos torres de planta rectangular, cuyos bloques pétreos son aún más rústicos y mayores que el resto de la muralla, principalmente en sus ángulos y parte baja (fig. 471). El lienzo sur se prolonga aún algo más hacia el Oeste, donde se alza otra torre cuadrangular de esquina (fig. 472, *B*), a partir de la cual las murallas, torciendo en ángulo recto, corrían derechas hacia el Norte, probablemente hasta la orilla del puerto, que entonces se extendía por esta parte de la ciudad. El estado del lienzo occidental de la muralla es extremadamente ruinoso, y sólo en los fundamentos han podido seguirse sus huellas. La parte que iba de la puerta ya mencionada hasta el mar, en el lienzo sur de la muralla, se ha perdido también, por causa de la construcción, en tiempos helenístico-romanos, de un templo (figura 472, *V*).

FIG. 475. — Ampurias. Aras del llamado Bouleuterion

El límite impuesto al casco urbano por las murallas y el mar dieron lugar a una ciudad de planta casi rectangular. El aspecto y la técnica constructiva de las murallas dichas hacen posible que en su construcción interviniesen canteros indígenas y que su aire ciclópeo se deba a ellos, ya que se asemeja mucho al de las murallas de Gerona y Tarragona, obra cierta de los nativos. En su conjunto, las murallas medían de 300 a 400 metros. Son las mismas murallas y la misma única puerta a que alude T. Livio en el famoso pasaje de que hablaremos líneas adelante, y en el cual se les da «menos de 400 pasos», es decir, menos de 600 metros.

Este perímetro marca la extensión de la ciudad durante más de doscientos cincuenta años, pues sólo a partir de la época romana es cuando, habiendo crecido de un modo considerable, vióse forzada a ampliar el casco urbano, dando lugar a una nueva población, mucho más extensa que la griega, que es la que ocupó la parte alta de la meseta que domina desde el Oeste la antigua colonia griega (véase el plano de la figura 470). Volviendo a ésta, diremos que su casco urbano primitivo sufrió, a lo largo del tiempo, pero muy

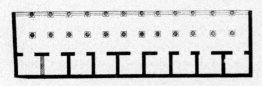

FIG. 476. — Estoa helenística de Ampurias

principalmente durante el período helenístico y romano, frecuentes renovaciones y restauraciones, hasta tal punto, que todo lo que las excavaciones han descubierto data en lo fundamental de estos períodos tardíos de la colonia. Únicamente se han hallado en los estratos más inferiores de las ruinas algunos restos atribuíbles a las primitivas construcciones; pero ello es poco y muy pobre. La planta general de la ciudad en lo que hoy conocemos mejor data, pues, de tiempos recientes, posteriores, sin duda, al siglo IV a. de J. C. Es muy posible que en ella haya perdurado la antigua disposición de calles. De todos modos, en sus líneas fundamentales muestra el trazado regular hipodámico con ciertas irregularidades. De la única puerta de tierra, la del lienzo sur de la muralla, partía una calle, que era la principal de la ciudad (figs. 472 y 473), y que tras de pasar por una plazoleta pequeña, que se ha supuesto sea el emplazamiento del ágora antigua, conducía al puerto, donde hubo, juzgando por ciertas construcciones, otra ágora; esta última sería la destinada al tráfico del puerto, así como la primera serviría principalmente a las transacciones con los indígenas que vivían al lado de las murallas griegas, según la descripción de Livio. Dos calles más, en la misma dirección que la principal, atravesaban la ciudad de Norte a Sur; vale decir, del puerto a la parte meridional de la colonia. Otras calles secundarias, dirigidas de Oeste a Este, cortaban a aquellas tres en ángulo recto al bajar del lado Oeste de la ciudad hasta la orilla del mar; lo hacían en pendiente, salvada a veces por escaleras.

FIG. 477. — Ampurias. Fragmento arquitectónico. Museo Arqueológico de Barcelona

Construcciones templarias y civiles.

Los templos de Emporion, en su fábrica, son probablemente todos de tiempos helenísticos o romanos. Estrabón cita el santuario de la Artemis Efesía, divinidad —dice— muy venerada (20) y llevada allí por los fóceos primitivos, según el mismo Estrabón (21), por ser divinidad protectora de los colonos fóceos. Pero de este santuario no se han hallado restos que se le puedan atribuir. Es muy posible que se alzase, no en la Neá Polis, sino en la Palaiá Polis, es decir, en el primitivo asiento de la colonia, que está aún por explorar. En las excavaciones de la ciudad nueva han aparecido, empero, varios recintos sagrados de importancia.

Uno de ellos, a juzgar por la imagen descubierta en sus cercanías, era un Asklepieion (véase el plano de la fig. 472, *M*). El edículo es muy pequeño, y su fecha debe ser reciente; al menos, sufrió restauraciones en época romana a juzgar por el pavimento. La estatua de Asklepiós, hallada en dos fragmentos, no es, como se ha supuesto, del siglo v, sino, todo lo más pronto, del iv (22). La base de la figura, con su mitad inferior, hallóse dentro del edículo; pero su parte superior, es decir, el busto y la cabeza, en la cisterna romana que pasa por los pies del santuario (fig. 474). Cerca de la muralla, entre ésta y una pequeña construcción (*P* del plano de la fig. 470), hay ruinas pertenecientes a otro recinto de dudosa interpretación. Trátase de un pequeño edificio, al que se accede por unos escalones y frente del cual álzase un basamento también con gradas, sobre el que se han hallado dos aras o pedestales rectangulares de piedra recubiertos de estuco (figura 475). Es posible que sostuviesen estatuas de *terracotta*, de tamaño natural, y de las cuales pudieron ser restos algunos trozos hallados en el lugar. A este edificio se le ha llamado *bouleuterion* —es decir, lugar de consejo o asamblea, Ayuntamiento—; pero no

Diversos ejemplares cerámicos griegos oriundos de Ampurias

Ejemplares cerámicos griegos de Ampurias

parece haya servido para tal dadas sus escasas dimensiones. Tampoco le va bien el nombre de *sacellum*, o santuario al aire libre, con el que se le ha designado por otros. Las demás construcciones de este área (letras X, P y J de la fig. 472) son menos importantes y de tiempos también recientes.

De época helenísticorromana es, por ejemplo, el templo que se alzó a mano derecha de la puerta de entrada a la ciudad (lado Sur); templo que fué, sin duda, el mayor de la ciudad (V del plano de la fig. 472). Para su construcción hubo de destruirse gran parte del lienzo de muralla que iba en un principio desde la torre que flanqueaba por su parte oriental la puerta dicha (en A) hasta la ribera del mar. Esto indica claramente que entonces la ciudad vivía en un período de paz y seguridad que hasta entonces no gozó, bien fuese por peligros ciertos o por mera precaución. Esta sensación de tranquilidad no pudo obtenerla la colonia sino en época ya romana avanzada, cuando la sumisión y romanización de las belicosas tribus cercanas habían entrado en llanos caminos, es decir, bastante después del momento que describe Livio. La misma planta del

FIG. 478. — Vaso en forma de carnero, de fábrica griega oriental, quizá samia, hallado en Ampurias. Museo Arqueológico de Barcelona.

santuario es indicio de lo dicho. Consta de un edículo pequeño, alzado en el lado occidental de una gran plaza porticada, de 23,5 metros por algo más de 50, y cuyo eje mayor va justamente de Oeste a Este. Constituyóse así un períbolo o recinto sagrado, cuya semejanza con otros helenísticorromanos, principalmente con el templo de Isis, en Pompeya, hace muy verosímil la sospecha de si se trata aquí también de un templo dedicado a la nueva divinidad del Panteón romano. Una inscripción emporitana habla de cierta donación hecha por un ciudadano para levantar el edículo y las graderías de un santuario de Serapis, divinidad asociada a Isis, por lo que también es posible que tal templo fuese un Serapeum. Como estos cultos de origen egipcio se expandieron por todo el mundo romano, sobre todo desde finales de la República, es muy posible que por ello y por las razones ya dichas el templo que nos ocupa sea del siglo I a. de J. C., es decir, ya completamente romano.

Es curioso hacer constar que todos los recintos templarios, o similares, las aras y demás edículos sagrados, se concentraron en la parte Sur de la ciudad, y precisamente alrededor de la única puerta de las murallas primitivas. Esta parte, pues, constituyó en la vida de Emporion algo así como el barrio sagrado de la ciudad, en contraposición del extremo Norte, que parece fué el barrio comercial y portuario.

Continuando con los edificios públicos, trasladémonos a este último. Al final de la calle central principal se alzó un ágora pequeña, casi cuadrada, que se supone obra del siglo II a. de J. C. Más tarde, en el siglo siguiente, el lugar se reformó y se renovó por completo, abriéndose en él un ágora mayor, de forma alargada, rectangular, de 21,61 metros por unos 60. Su tipo es helenístico. En su lado Norte abrióse el pórtico o *stoá*, orientado al Mediodía y constituído al modo también helenístico por una doble columnata,

tras la cual se abren los habitáculos destinados a tiendas y almacenes (fig. 476). En la época romana el ágora se convirtió, naturalmente, en su equivalente el foro. En él se alzaron los tres edificios curiales, de los que aun quedan restos. Tenían plantas rectangulares y pórticos, ante los cuales aun se alzan los restos de tres pedestales y un banco público.

De las demás construcciones emporitanas pertenecientes al período imperial o paleocristiano hacemos aquí caso omiso por no considerarlas propias del tema que nos ocupa. Ni la ciudad romana, con sus murallas; ni la basílica cristiana, ni siquiera la ciudad ibérica, importan en este momento. De la última, empero, se dirá a su tiempo lo pertinente (23).

La vida en la colonia. Textos de Livio y Estrabón.

Sobre la vida de la ciudad no tenemos informes de valor hasta el comienzo de la conquista de España por los romanos. Es entonces cuando, gracias a las campañas de Catón, que asoló la región en el año 195 antes de J. C., tomando Ampurias por base militar, pudo el cónsul conocer la antigua colonia griega y dar de ella una descripción, que

FIG. 479. — Lékythos ático de figuras negras procedente de Emporion. Museo Arqueológico de Barcelona.

es, con toda probabilidad, la que nos ha llegado a través de un valioso texto contenido en la *Historia* de Livio. Dado su interés y el carácter de «único» que lo distingue, merece transcribirse íntegro. Dice así: «Ya entonces Emporion estaba formada por dos ciudades que dividía una muralla. La una estaba habitada por griegos oriundos, como también los massalienses, de Fócea; la otra, por los españoles. Pero la ciudad griega expuesta hacia el mar estaba rodeada por una muralla de menos de 400 pasos. La de los españoles, más retirada del mar, tenía una muralla de 3.000 pasos de circuito. En tercer lugar, el divino César estableció allí una colonia romana después de la victoria sobre los hijos de Pompeyo. Ahora se han fundido en uno estos tres pueblos, después que los españoles primero, y más tarde los griegos, han recibido la ciudadanía romana. Se preguntaría, admirado, quien los viese [a los griegos] expuestos, por una parte, al mar abierto; por otra, a los españoles, gente tan belicosa y bárbara, cuál era su defensa. La defensora de su debilidad era la disciplina, la cual se conserva mejor ante enemigos más fuertes. Los griegos tenían muy bien guardada la parte de la muralla que daba a tierra, en la que había una sola puerta, donde siempre estaba de

guardia uno de los magistrados. Durante la noche, una tercera parte de los habitantes hacían la guardia sobre las murallas, y no tanto como quien sigue una costumbre y para cumplir la ley, sino como si el enemigo se hallase enfrente; así guardaban la vigilancia y hacían las rondas. No recibían en su ciudad a hispano alguno, ni salían tampoco sin necesidad. La salida al mar era libre para todos; mas por la puerta que comunicaba con la ciudad española nunca salen sino en gran número: por lo general, la tercera parte que la noche anterior había estado de vigilia en las murallas. El motivo de sus salidas era el siguiente: que no siendo los hispanos prácticos en la navegación, se regocijaban con el comercio de los griegos y deseaban adquirir aquellas mercancías exóticas que las naves llevaban, y vender, a su vez, los frutos de sus campos. El interés de este mutuo comercio hacía que la ciudad española fuese accesible a los griegos, y aumentaba su seguridad el

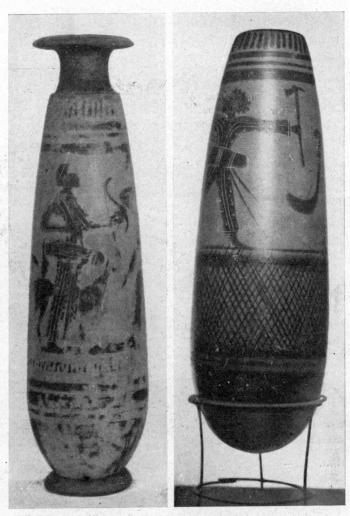

FIGS. 480 y 481. — Dos *alabastra* áticos de figuras negras procedentes de Emporion

hecho de haberse cobijado bajo la sombra de la amistad con Roma, a la cual servían, si con menos fuerza que los massalienses, con una fidelidad pareja» (24).

El cuadro descrito por Livio a base de los documentos e informaciones de Catón (la narración de cuyas guerras motiva las líneas copiadas) es, pues, en extremo vivo y claro. Resalta el recelo de los griegos respecto a los indígenas, motivado, sin duda, en la gran diferencia de población entre la colonia griega y la ciudad ibérica, mucho mayor, y cuyo nombre, aunque el texto no lo diga, es, sin duda, Undike o Indike, cabeza de los indiketes, conocidos en esta región tanto por los textos como por las monedas. Por el contrario, los iberos eran menos recelosos que los griegos, ya que mientras éstos no dejaban entrar en su ciudad a aquéllos, los españoles recibían en la suya a los griegos que iban a comerciar.

Sin duda, la población griega vivía de los productos del mar recogidos por ellos mismos; pero los de la tierra adquiríanlos de los indiketes a cambio de los objetos manufacturados que importaban los emporitanos o que, como los tejidos de lino, eran fabricados por la colonia misma (véase más adelante). Eso se desprende del texto, ya que fuera de las murallas no tenían los griegos campo alguno de su propiedad y el recinto era demasiado pe-

queño para suponer dentro de él huertos o tierras de labor que bastasen a sus necesidades. Es también interesante la afirmación de la alianza que unía a Emporion con Roma, alianza que no era sino consecuencia de la existente con Massalía, y de la que hemos hablado ya líneas atrás. Aunque el texto es algo tardío, es, sin embargo, reflejo fiel de la vida de relación con los indígenas en todo tiempo, y así, tal como describe Livio la vida de los colonos emporitanos, hemos de figurarnos la de las demás colonias griegas de España.

Un contenido similar, pero mucho más resumido y en parte contradictorio, tráenos también sobre Ampurias Estrabón, de quien son estas palabras, tomadas, a lo que parece, de

FIG. 482. — Vaso griego arcaico de Ampurias. Museo Arqueológico de Barcelona

fuente distinta que la utilizada por Livio: «Forma una *dípolis*, dividida por un muro, porque en un principio ciertas gentes de los indiketes, que vivían en sus proximidades, para continuar con su propia administración, quisieron, por su seguridad, tener un límite común con los griegos, el cual fué doble, pasando el muro por medio. Mas con el tiempo formaron una doble ciudad, mezclándose las leyes helenas con las bárbaras, como acaece también en otros muchos lugares» (25). Poco más adelante (26), Estrabón añade un dato curioso sobre la industria principal de la colonia: «Los emporitanos —dice— son diestros en trabajar el lino» (λινουργοὶ δὲ ἱκανῶς οἱ Ἐμπορῖται). En cuanto a la afirmación de que la muralla divisoria de la *dípolis* se alzó por iniciativa de los indígenas, está en contradicción con lo que se desprende de Livio. En el autor latino son los griegos los que temen de su debilidad; en el griego son los indiketes los que procuran salvar su independencia.

Las actuales excavaciones aclaran este y otros puntos. De hecho, lo que hoy se supone es que la ciudad griega estaba rodeada por la ibérica, de la cual no era sino un barrio pequeño. Los lienzos de muro que de la ciudad romana bajan al mar deben ser los ibéricos (27).

Hallazgos cerámicos.

Los hallazgos sueltos de la Neá Polis han suministrado una gran cantidad de cerámica ática, tanto de figuras negras como (en mayor cantidad) de figuras rojas, bien re-

Fig. 483. — Tres lequitos áticos de figuras negras procedentes de Emporion.
Museo Arqueológico de Barcelona

presentada en todos los estadios evolutivos de esta cerámica desde el último cuarto del siglo VI hasta el último tercio del siglo V (guerras del Peloponeso), fecha en que el comercio directo con el Ática debió de disminuir forzosamente. Desde entonces fué sustituído paulatinamente por el de las colonias griegas del sur de Italia y Sicilia, cuyas importaciones durante los siglos IV y III son cada vez mayores en toda la Península, hasta el punto de quedar como únicas al comienzo de la dominación romana (fines del III). No está de más advertir que aquí nos referimos únicamente a los hallazgos posteriores a la batalla de Alalíe (hacia el 535) y a la fundación de la Neá Polis (poco después), ya que los hallazgos correspondientes al primer período de la colonia (Palaiá Polis) han sido enumerados

FIG. 484. — Vaso griego del siglo v procedente de Ampurias. Museo Arqueológico de Barcelona

FIG. 485. — *Kylix* griego del siglo v procedente de Ampurias. Museo Arqueológico de Barcelona

a su debido tiempo (véanse págs. 531 y sigs.). En las figuras 478 a 493 pueden verse algunos de los ejemplos más interesantes de cerámica del período que va desde Alalíe hasta la conquista romana. Entre ellos, y aparte numerosos fragmentos de menor importancia, conviene destacar una gran ánfora del «estilo llamado de Meidias» (figs. 493), ciertos oinochoes en forma de cabezas humanas, datables en pleno siglo v, y la bella figura de

Kore, en terracota, de la segunda mitad del siglo v también, procedente quizá de Sicilia (figura 496), a más del *thymiaterion* o pebetero de barro cocido (fig. 495), y, por último, la figurita en terracota de una mujer llevando como exvoto un pato (fig. 497). De obje-

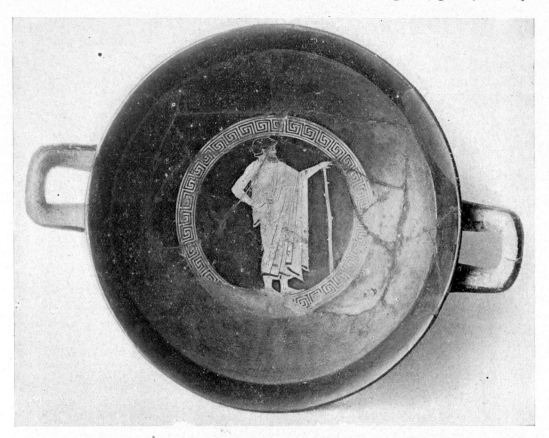

Fig. 486. — *Kylix* ático de figuras rojas procedente de Emporion. Barcelona, Museo Arqueológico

tos de bronce no hay nada para esta época, aparte de la noticia del hallazgo (perdido después) de un equipo completo de guerrero procedente de un enterramiento; equipo que, a juzgar por el resto del ajuar, ha de datarse en los años mediados del siglo v.

La imagen de Esculapio y otras esculturas.

En cuanto a obras de arte en mármol, destaca, entre todos los hallazgos, la hermosa estatua de Asklepiós, de tamaño mayor que el natural y muy bien conservada (figs. 498 y 499). Aunque se ha dado por obra griega de la segunda mitad del siglo v, oriunda de talleres áticos (se ha dicho, concretamente, que de Agorakritos), para nosotros es algo posterior: quizá una excelente copia de un tipo tradicional, de buen maestro del siglo v, pero hecha en tiempos helenísticorromanos, lo más probable cuando se reformó el santuario al cual pertenecía, que, como hemos dicho, acusa restauraciones de época tardía, incluso romana. Esto aparte de que el culto de Asklepiós no debió llegar al Occidente al mismo tiempo que a Atenas, donde fué introducido a fines del siglo v. También los detalles técnicos de la escultura denuncian, por lo menos, una data no anterior a me-

diados del siglo IV (28). La cabeza de Afrodita (fig. 500), de tamaño algo menor que
el natural, nos parece posterior al siglo IV, quizá una buena copia helenística de modelos del círculo scopásico-praxiteliano. Las demás piezas son aún más dudosas de
fecha, y en todo caso no tienen la impor-
tancia de las citadas (fig. 501). Las renovaciones y reconstrucciones llevadas a cabo
durante el período helenístico y romano en
la colonia fueron, como se ha visto, tan ra-
dicales, que así como se renovaron virtualmente todos los edificios civiles y religiosos
de los primeros siglos de la Neá Polis, así
también debieron perecer y ser substituí-
dos todos o gran parte de los objetos de
uso, de culto y de adorno de la primera
época. Lo que se pudiese salvar de esta re-
novación pereció luego con el transcurso del
tiempo. Únicamente la cerámica, que, como
acaece por lo general, es lo mejor que se
conserva en los escombros, por su resisten-

FIG. 487. — Fondo de un *kylix* ático de figuras
rojas procedente de Emporion. Museo Arqueológico de Barcelona.

cia y falta de utilidad, una vez rota, puede hoy darnos idea aproximada de los primeros
tiempos de la Neá Polis.

Pieza importante es también el bastidor de catapulta encontrado en Ampurias, uno
de los instrumentos guerreros de más interés hallados hasta el día en su género. Su data,
sin embargo, es también tardía, y debe colocarse en tiempos de las luchas de Catón en
la comarca ampurdanesa (comienzos del
siglo II). Es, por tanto, romano.

Monedas.

En cuanto a las monedas, hallámo-
nos con un número de ejemplares acu-
ñados en la colonia, lo que significa,
hasta ahora, una noveda d, ya que ni
Mainake ni Hemereskope[i]on (por no citar sino las dos más importantes factorías fóceas fundadas antes de Alalíe)
tuvieron o acuñaron —por lo que hasta ahora se conoce— moneda propia.
La fecha inicial de las acuñaciones emporitanas se ha solido datar en la segunda mitad del siglo IV antes de Jesucristo. Sin embargo, un estudio más
detenido del material numismático em-

FIG. 488. — Fragmento de un vaso griego del siglo V
procedente de Ampurias. Museo Arqueológico de
Barcelona.

poritano, llevado a cabo por el profesor Amorós, ha dado por resultado el poder demostrar la existencia de algunos tipos emporitanos anteriores que deben datarse entre el 460
y el 450; tienen, como modelos, primero, monedas massaliotas; luego, ciertos tipos arcaicos atenienses (29).

Entre los hallazgos numismáticos de este período hay importantes muestras de monedas exóticas, griegas, entre los lotes procedentes de Ampurias. A un primer hallazgo pertenece una moneda de Fócea, del 520 al 480, y otra de Mileto, de la primera mitad

FIG. 489. — Fragmento de un vaso griego procedente de Ampurias. Museo Arqueológico de Barcelona

del siglo V. De otro hallazgo (1926) figuran una moneda de Kamiros (Rodas), fechable hacia el 480, y otra de Hyle (Velia), en la costa de Lucania. Añádanse a éstos cierta cantidad de monedas massaliotas.

Todos estos hallazgos son claros indicios de un activo comercio con el mundo griego, tanto de Oriente como de Occidente (30). Es interesante el ejemplar de Fócea por demostrar que tras de Alalíe no se perdieron por completo los contactos con la metrópoli. Por razones semejantes interesa también el ejemplar de Velia, colonia fundada por parte de los fóceos huídos de Alalíe tras la batalla que puso fin al imperio focense en el Mediterráneo.

Rhode.

Nada nos dicen los textos sobre esta colonia, aparte lo ya citado en las páginas 499, 534 y siguientes, en la que se habla de sus orígenes dorios. Por las piezas numismáticas podemos, empero, formarnos alguna idea sobre la vida de la colonia desde Alalíe. Rhode, en efecto, acuñó moneda, como Emporion, su vecina, pero con una fecha inicial quizá posterior a la de ésta. Sin embargo, como demuestra el arte de sus acuñaciones, al comenzar el siglo IV Rhode gozaba de un florecimiento extraordinario. La escasa amplitud evolutiva de sus tipos debe tomarse como indicio de la corta duración de sus acuñaciones. Por otra parte, la brusca interrupción de ellas en pleno apogeo hace sospechar una catás-

FIG. 490. — Fragmento de un vaso griego de figuras rojas, del siglo IV, hallado en Ampurias. Museo Arqueológico de Barcelona.

trofe en la vida de Rhode, que debió acaecer a mediados del siglo III, e inesperadamente. ¿Qué pudo ocurrir? Parece verosímil que entre Rhode (de origen rodio, como vimos) y Emporion (fundación fócea y luego dependencia massaliota) hubiese rivalidades étnicas y comerciales, aumentadas por la proximidad de ambas colonias. Como Rhode se hallaba aislada, es probable que Emporion, con la ayuda de Massalía, debió de anexionársela, de grado o por fuerza, hecho que quizá ocurriese también con la Rhoda de Provenza, que en tiempos de Plinio ya no existía (31).

El hecho es que a las dracmas de Rhode con la rosa parlante copiada de su metrópoli sucedieron repentinamente las emporitanas. Es más: conócense dos dracmas rhodias, entre las poquísimas llegadas a nuestros días, que presenta, una, su leyenda borrada, y

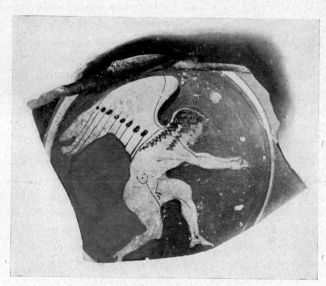

FIG. 491. — Fondo de un vaso griego de figuras rojas, del siglo IV, hallado en las ruinas de Emporion. Museo Arqueológico de Barcelona.

otra, machacada de intento (32). Sin duda, la anexión de Rhode a Emporion fué un acto de violencia. Si los textos llaman a Rhode πολίχνιον Ἐμποριτῶν, es decir, colonia de los emporitanos, o refieren haber pasado en un tiempo a poder de los massaliotas (ἥν ὕστερον Μασσαλιῶται Κατέσχον), es, probablemente, por las causas apuntadas (33). Eforo, en el siglo IV, la llama también massaliota (34); pero en su época aun acuñaba moneda propia, a lo que parece. Estrabón (35) dice que tenía también, como Emporion, un santuario de la Artemis efesiana, es decir, de la divinidad más venerada entre los colonos fóceos de Occidente, lo cual indica una jonización ya intensa en los dos últimos siglos anteriores a J. C.

FIG. 492. — *Pelike* ático de figuras rojas, el más bello ejemplar cerámico de procedencia emporitana. (Véase el desarrollo de su decoración en la figura 493.) Museo Arqueológico de Barcelona.

Hemeroskopeion.

En cuanto a las demás colonias griegas de la Península, Hemeroskopeion, no obstante verse citada en Estrabón (36) como la más importante de las tres colonias massaliotas vecinas del cabo de La Nao (τούτων δ' εστὶ γνωριμώτατον τὸ Ἡμεροσκοπεῖον), no sabemos más que lo que él mismo dice a continuación: que tenía un templo dedicado a la Artemis efesiana y que en sus proximidades existían minas de hierro. El nombre de *Ferraria* con que Mela (37) conoce dicho cabo coincide con la referencia estraboniana (38).

Otras factorías y puntos de escala: Alonís y Akra Leuké.

Aprovechando quizá las circunstancias algo favorables surgidas para las colonias griegas de Occidente, tras su unión con Roma, y los tratados de ésta con Cartago, en los que se alude a tal alianza y se delimitan las respectivas esferas de influencia, los massaliotas y emporitanos pudieron ensanchar su comercio y crear incluso algunas factorías nuevas. Justamente en el límite entre la zona de influencia púnica y la griega, que, como se sabe, caía hacia el cabo de Palos, o Cartagena, hubieron de hallar los griegos un campo propicio a sus nuevas empresas. Allí la tierra era rica, la población más culta y permeable a las relaciones forasteras, y las riquezas del subsuelo en plata, plomo y hierro, importantes. Además, por sus puertos se podía comerciar fácilmente con las tierras del interior, donde, sobre todo en la región de Sierra Morena, existían explotaciones mineras de mucha mayor importancia y riqueza.

Por todas estas razones se explica que mientras en la zona comprendida entre los Pirineos y el Ebro no surgen más colonias griegas después de Alalíe, en la breve región cercana al Cabo de La Nao aparecen hacia el siglo IV o III (no tenemos referencias cronológicas que permitan fijar más estas fechas) dos nuevas factorías griegas, además de la vieja colonia de Hemeroskopeion.

Fig. 493. — Desarrollo de la decoración del *pelike* ático de la figura 492. Museo Arqueológico de Barcelona

FIG. 494. — Terracota arcaica griega de Ampurias. Museo Arqueológico de Barcelona

Es en Estrabón donde encontramos el número de ellas, aunque no el nombre. Estrabón (39) habla, en efecto, de tres factorías massaliotas en estos parajes, entre Cartagena y el Júcar, no lejos de este río (μεταξὺ μὲν οὖν τοῦ Σούκρωνος —el Júcar— καὶ τῆς Καρχηδόνος τρία πολίχνια Μασσαλιωτῶν ἔστιν οὐ πολύ ἄπωθεν τοῦ ποταμοῦ), de las cuales la más importante —dice (véase poco antes)— es Hemeroskopeion. Las otras dos no las nombra. Como las fuentes de Estrabón para estas referencias son del siglo II-I antes de Jesucristo, es indudable que su existencia debe suponerse ya en tiempos de la conquista romana, aproximadamente. Pero hay otro texto de más interés a este respecto: nos referimos al de Esteban de Bizancio, el cual, recogiendo una mención de Artemidoro (hacia el año 100 antes de Jesucristo), nombra en estos mismos lugares una de las colonias innominadas en Estrabón, la de Alonís, dependiente de Massalía, y cuyo nombre —añade— lleva tanto la ciudad como una isla vecina (Ἀλωνίς, νῆσος καὶ πόλις Μασσαλίας). Desgraciadamente, el testimonio de Artemidoro no permite ir más atrás del siglo I antes de Jesucristo. Luego, en tiempos romanos imperiales, es mencionada repetidas veces por distintos autores: Mela (40) la llama Alonae; Ptolomeo, Ἀλωναί (Alonaí) (41); el Ravennate (42) la cita como Allon. Sobre su etimología, la opinión corriente es que se deriva de ἅλς (salina) (43); pero según Pape y Hübner, es mejor suponerla derivada de ἀλωή, ἁλωνία, ἅλων (era) (44). En cuanto a su localización,

FIG. 495. — *Thymiaterion* griego hallado en Ampurias. Museo Arqueológico de Barcelona.

todos los textos arriba citados coinciden en situarla en la región del cabo de La Nao. Ptolomeo concreta más, atribuyéndola a los contestanos. Sobre estas bases se viene

Fig. 496. — Terracota griega de la segunda mitad del siglo v, representando la figura de Kore,
hallada en Emporion. Museo Arqueológico de Barcelona

proponiendo, desde hace tiempo, Benidorm, en la costa alicantina, poco más al sur del cabo dicho y de la punta de Ifach.

El texto de Artemidoro cita una isla llamada también Alonís, la cual no conviene sino con la de Benidorm, frente al pueblecillo de su mismo nombre (fig. 502). La reducción nos parece aceptable, si bien aun no ha sido comprobada arqueológicamente.

FIG. 497. — Ampurias. Terracota griega hallada en las ruinas de la antigua Emporion. Museo Arqueológico de Barcelona.

La tercera de las colonias de este grupo no puede ser otra que la de Akra Leuké ("Ακρα Λευκή). No hay más testimonio para ello que la cita de Diodoro (45), que dice haber sido fundada por Amílcar en el 231. El nombre griego parece indicar que esta fundación se hizo sobre o cerca de alguna factoría griega del mismo nombre, es decir, probablemente una de las colonias griegas citadas, pero no nombradas, por Estrabón. En los textos romanos se llama a la misma Castrum Album; así en Livio (46), lo que es traducción del nombre griego. La Lucentum de los romanos es una nueva forma del mismo nombre, del cual se derivó después, a través de los árabes, el moderno de Alicante. Ahora bien; el calificativo griego de λευκή (blanca) alude, sin duda, al color blanco que desde el mar tiene toda la sierra costera caliza de San Julián y, sobre todo, el alto peñón de Santa Bárbara o Benacantil que domina a la ciudad de Alicante. Es a este peñón al que debe atribuirse el nombre de Akra Leuké, o de Castrum Album. El mismo Diodoro dice que recibió este nombre por el lugar donde Amílcar alzó la ciudad (καλέσας αὐτὴν ἐκ τῆς τοῦ τόπου θέσεως). Las excavaciones llevadas a cabo recientemente en La Albufereta y el Tossal de Manises han descubierto una ciudad romana y una necrópolis anterromana. La última muestra objetos griegos, ibéricos y, sobre todo, púnicos, todos de fines del siglo III a. de J. C., correspondiendo a una población de corta vida, ya que sus hallazgos son todos coetáneos y del tiempo dicho.

Es de presumir que estamos ante los restos de la ciudad fundada por Amílcar. La colonia o factoría griega debió estar allí mismo o en sus más próximas inmediaciones. Esta no se ha hallado todavía. Los restos romanos del Tossal de Manises, que domina el puerto que en su tiempo hubo a sus pies, hoy cegado (La Albufereta), donde se han hallado restos de navíos y parte de la obra del muelle, son los antecesores de la ciudad de Alicante, hoy desplazada un poco más al Sur. Las excavaciones sistemáticas de estos lugares darán en lo futuro la exacta ubicación de la primitiva colonia griega, cuyos restos aun no han aparecido (47).

Estrabón (48) cita cerca de Hemeroskopeion la isla Πλουμβαρία (Plumbaría), juntamente con otra llamada Πλανησία (Planesía). Plumbaría es lo mismo que Molýbdana, ciudad citada en estos parajes por Hecateo, como ya vimos (págs. 530 y sigs.). Ambas reci-

FIG. 498. — Asklepiós de Emporion. Estatua en mármol de tamaño algo mayor que el natural.
Museo Arqueológico de Barcelona

ben su nombre del plomo *(plumbum*, μόλυβδος*)*, que tanto abunda en la región. Pero la realidad es que, a pesar de ello, no sabemos con precisión ni dónde estuvo Molýbdana, ni dónde Plumbaría. Planesía pudo ser la Isla Plana, cerca de Alicante. La cita de Estrabón no permite buscarlas muy lejos del cabo de La Nao (49).

FIG. 499. — Detalle de la figura de Asklepiós de Emporion

Sagunto.

Un problema difícil de resolver con los medios de que hoy disponemos es el de si Sagunto tuvo o no una factoría griega o un cierto número de colonos de origen griego, como algunos autores antiguos han dicho más de una vez. Desgraciadamente, en estas transmisiones hay elementos legendarios que conviene aclarar. Por otra parte, son todos testimonios muy tardíos, pues no aparecen en los historiadores hasta el momento de la segunda guerra púnica, con ocasión de narrar los acontecimientos que se desarrollaron alrededor del sitio y toma de la ciudad, en el 218. Veamos lo que sabemos de Sagunto a este respecto por los historiadores antiguos.

Según Livio, sus habitantes pasan por oriundos de Zákynthos (la isla del mar Jónico), mezclados con algunos rútulos de Ardea (50). Silio Itálico, por su parte, dice que a poco de ser fundada la colonia vinieron gentes de la ciudad de Ardea —en lo que coincide con Livio—, pero no de la Ardea del Lacio, sino de la Daunia (Apulia) —en lo cual diverge (51)—. Ahora bien; en la Apulia se hablaba griego desde muy antiguo; por otra parte, no estaba lejos de Zákynthos, la isla de la que dice Livio vinieron los primeros colonos de Sagunto. También Estrabón (52), que

FIG. 500. — Cabeza en mármol de Afrodita, tamaño menor que el natural, hallada en Emporion. Museo Arqueológico de Barcelona.

bebe en buenas fuentes, se hace eco de esta procedencia, diciendo que es fundación de los zakynthios (Σαγοῦντων κτίσμα Ζακυνθίων).

El problema, a la luz de estos textos, es el siguiente: Sagunto, o un nombre ibérico semejante, les recordó a los historiadores helenísticos el de Zákynthos, y de ello hicieron una leyenda, como con frecuencia acaeció en otros muchos casos. Así la suelen llamar Ζάκανθα (Zákantha) y de otros modos semejantes. Pero lo interesante es que la población ibérica que acuñó moneda no se llamaba así, sino Arsa, Arse, Arsea o algo por el estilo; probablemente es la Ἄρσι de Ptolomeo, también en la Edetania (53); lo que, a su vez, pudo dar origen, por una aparente homofonía, a que de nuevo cualquier escritor helenístico o romano buscase la explicación atribuyendo a los habitantes de la Ardea del Lacio o de la Daunia el origen, siquiera fuese parcial, de sus habitantes. De

este modo nació la leyenda del doble origen de la primitiva población saguntina recogida por Livio. Sin embargo, tal leyenda no hubiera nacido, probablemente, sin un fondo de verdad. Este hallámoslo en el hecho probable de existir en Sagunto, además de la población ibérica, alguna colonia de griegos y de latinos sita en sus cercanías, quizá a orillas del mar, que entonces estaba algo alejado (aunque menos que ahora) de la ciudad propiamente dicha.

En efecto, Polibio, la autoridad más grande entre todos los historiadores de las guerras púnicas, hombre escrupuloso en sus afirmaciones, a más de ser el más próximo de todos los historiadores a la segunda guerra púnica y haber estado en España, afirma que Sa-

FIG. 501. — Cabeza en mármol, de tamaño natural, hallada en Ampurias. Parece obra de la primera mitad del siglo v. Museo Arqueológico de Barcelona.

gunto tenía alianza con Roma desde mucho antes de Aníbal (54). Esta alianza la asimilaba a las colonias griegas de Occidente, que, como es sabido, gozaban de ella desde tiempo atrás.

Sin duda que para esto era necesario tener elementos o intereses griegos, o lazos sanguíneos latinos, ya que las ciudades ibéricas, por importantes que fuesen, no tuvieron alianza alguna con Roma; al menos, no conocemos ningún caso, a pesar de ser éste el momento oportuno para haberlos puesto en evidencia con motivo de la violación de tratados que dió origen a la guerra. Un texto de Apiano vierte algo más de luz sobre el asunto; en él se dice que «los saguntinos, colonos de Zákynthos... *y los restantes poblados griegos* (ὅσοι ἄλλοι Ἕλληνες...) establecidos cerca de la llamada Emporion... acudieron con una legación a los romanos» (55). Aquí, además de asimilar Sagunto a las demás colonias griegas, vuelve a afirmarse el origen griego de los saguntinos, y por ello su participación en la embajada.

Polibio (56) dice que a ocho kilómetros de la ciudad existía un templo dedicado a Aphrodite; no sabemos si con ello Polibio da nombre griego a una divinidad indígena similar o no. En este lugar dado por Polibio parecen haberse conservado aún restos de un pequeño templo; de todos modos, de sus cercanías han salido también dedicatorias

FIG. 502. — La playa de Benidorm (Alicante) y el islote del mismo nombre. Emplazamiento supuesto de la colonia griega de Alonís. — *Fot. A. García y Bellido*

romanas a una *Veneri Sanctae* (57). Plinio, por su parte, habla de otro templo dedicado a Diana, que fué fundado doscientos años antes de Troya (pura leyenda también) por los de Zákynthos. Añade que la noticia la toma de Bochus, el erudito rey de Mauritania. Aníbal lo respetó, lleno de veneración. «Las vigas de enebro subsisten aún» —termina Plinio (58)—. El Corpus de Inscripciones Latinas recoge aquí una lápida donde se habla de un culto a Diana en tiempos romanos; no sería imposible que esta Diana fuese la Artemis efesía, tan general en las colonias griegas fóceas de Occidente, como hemos visto. Pero también puede ser un nombre romano dado a una divinidad indígena, como ocurre en otros casos (59). Restos de este templo se han señalado junto a la playa actual; pero no es fácil saber, sin más, si se trata del templo dicho (60).

Esto es lo que sabemos de Sagunto en lo que al problema de su población se refiere. En resumen, creo que no hay motivos suficientes en contra para negar la posibilidad de que Sagunto, en los tiempos anteriores a las guerras anibálicas, no tuviese un núcleo de población griega, máxime cuando la riqueza extraordinaria de la campiña, alabada ya por Livio (61), y su situación entre el grupo colonial griego del cabo de La Nao y el de la costa catalana tuvo que convertirla en ciudad muy visitada por los griegos. El mismo Livio (62) habla del rápido crecimiento de la ciudad y de sus riquezas; todo ello debido, sin duda, a un intenso tráfico comercial marítimo con griegos y latinos. En cuanto al conflicto entre Arse y Sagunto, yo lo veo como una doble ciudad; una sería la acrópolis; otra, el puerto, no lejos de ella. Así se solucionaría la duplicidad de nombres. Nótese que Ptolomeo cita, en efecto, a las dos ciudades Ἄρσι y Σαγοῦντον, ambas juntas y en la Edetania (63). Actualmente tenemos, en la misma costa, casos similares, en el Grao y Valencia, y en el Grao de Castellón y Castellón: una, la ciudad; otro, su puerto.

NOTAS

(1) XI, 1.
(2) HERODOTO, VII, 165.
(3) III, 115.
(4) ESTRABÓN, III, 4, 8. La noticia procede de POLIBIO, ARTEMIDORO o POSEIDONIO.
(5) JULLIAN, *Hist. de la Gaule*, I, 392.
(6) ὕστερον μέντοι ταῖς ἀνδραγαθίαις ἴσχυσαν προσλαβεῖν τινα τῶν πέριξ πεδίων ἀπὸ τῆς αὐτῆς δυνάμεως ἀφ᾽ἧς καὶ τὰς πόλεις ἔκτισαν, ἐπιτειχίσματα τὰς μὲν κατὰ τὴν Ἰβηρίαν τοῖς Ἴβηρσιν, οἷς καὶ τὰ ἱερὰ τῆς Ἐφεσίας Ἀρτέμιδος παρέδοσαν τὰ πάτρια ὥστε ἑλληνιστὶ θύειν... ESTRAB., IV, 1, 5. El adjetivo de Μασσαλιωτικὴ πόλις con que el Ps. SKYMNOS la cita no debe tenerse como testimonio de la recuperación de la colonia por los massaliotas, como se ha pretendido por alguno. Es una confusión explicable. Mainake dejó de existir a poco·de Alalíe. El tratado romano-púnico del 348, que luego estudiaremos, considera toda la Andalucía patrimonio cartaginés.
(7) POL., III, 24, 4.
(8) Sobre las cuestiones críticas que el estudio del texto polibiano presenta, aténgase a lo dicho al tratar de la colonización púnica, página 351.
(9) III, 4, 6.
(10) En ESTÉPHANO DE BIZANCIO.
(11) XXV, 10, 3 y 12.
(12) XXIV, 41, 1, con el nombre de Castrum Album, traducción evidente del nombre griego.
(13) POLIBIO, III, 97, 2, y PLINIO, *N. H.* XVI, 216.
(14) QUINTO CURCIO, *De Gestis Alexandri Magni*, X, 1, 17.
(15) XVIII, 4, 3.
(16) *Anábasis*, VII, 1, 2.
(17) *Alej.*, 68.
(18) ESTR., III, 4, 8.
(19) Véase lo dicho en las páginas 531 y siguientes.
(20) ESTRABÓN, III, 4, 8.
(21) Loc. cit.
(22) Sobre ella, véase lo dicho por nosotros en el estudio dedicado a la figura en los *Hallazgos griegos de España* (Madrid, 1936), página 85, y aquí mismo, páginas 623 y siguientes.
(23) ALMAGRO (M.), «Las excavaciones de Ampurias», en la revista *Ampurias*, II, 1940, pág. 170; ALMAGRO (M.), «Los trabajos de consolidación y excavación en las ruinas de Ampurias», en *Archivo Español de Arqueología*, núm. 44, 1941, pág. 449; AMORÓS (J.), *D'una troballa de monedes emporitanes i la posible cronologia de les monedes d'Empuries* (Barcelona, 1933); AMORÓS (J.), *Les dracmes emporitanes* (Barcelona, 1933); AMORÓS (J.), *Les monedes emporitanes anteriors a les dracmes* (Barcelona, 1934); BOTET Y SISÓ (J.), *Noticia histórica y arqueológica de la antigua ciudad de Emporion* (Madrid, 1875); BOTET Y SISÓ (J.), *Les monedes catalanes*, vol. I (Barcelona, 1908); BOTET Y SISÓ, *Data en qué els grecs s'entabliren a Empuries i cultura dels naturals del pais* (Gerona, 1908); BOSCH GIMPERA (P.), «Problemas de la colonización griega en España», en *Revista de Occidente* (Madrid, 1929), páginas 312-239; BOSCH GIMPERA (P.), *Etnología de la Península Ibérica* (Barcelona, 1932); BOSCH GIMPERA (P.) y SERRA RAFOLS (J. DE C.), *Emporion*, publicación del IV Congreso Intern. de Arqueología (Barcelona, 1929); CARPENTER (R.), *The Greeks in Spain* (Bryn Mawr, 1925); CAZURRO (M.), *Guia de Ampurias y de la costa brava catalana* (La Escala, 1913); CAZURRO (M.) y GANDÍA (E.), «La estratificación de la cerámica de Ampurias y la época de sus restos», en el *Anuario del Instituto de Estudios Catalanes*, V (1913-1914), págs. 657-668; CAZURRO (M.), «Terra Sigillata: Los vasos aretinos y sus imitaciones galorromanas en Ampurias», en *Anuario I. E. C.*, III (1909-1910), págs. 296-360; CASELLES (R.), «Les treballes escultóricas a les escavacions d'Ampuries», en *Anuario I. E. C.*, III (1909-1910), págs. 281-295; CLERC (M.), «Les premières colonisations phocéennes dans la Mediterranée occidentale», en la *Revue des Etudes Anciennes*, VII (1905), págs. 329 y sigs.; DEL CASTILLO Y YURRITA (A.), «La Costa Brava en la Antigüedad», en *Ampurias*, I (1939), págs. 186 y sigs.; FRICKENHAUS (A.), «Zwei Topographische Probleme», en *Bonner Jahrbücher*, cuad. 118 (1909); FRICKENHAUS (A.), «Griechische Vasen aus Emporion», en el *Anuario del I. de E. C.*, II (1908), págs. 195-240; FITA (F.), «Templo de Serapies en Ampurias», en *Boletín de la Real Academia de la Historia*, vol. XXVII (1896), páginas 163-172; GANDÍA (E.), *Diario de las excavaciones*, manuscrito inédito que guarda el Museo Arqueológico de Barcelona; GARCÍA Y BELLIDO (A.), «Las primeras colonizaciones griegas a Iberia (siglos IX-VIII)», en *Archivo Español de Arqueología*, núm. 41 (1940), págs. 97-128; GARCÍA Y BELLI-

DO (A.), «La colonización phókaia en España desde los orígenes hasta la batalla de Alalíe (siglo VII-535)», en *Ampurias*, II (1940), págs. 55-84); GARCÍA Y BELLIDO (A.), *Los hallazgos griegos de España* (Madrid, 1936); GARCÍA Y BELLIDO (A.), «Nuevos hallazgos griegos de España», en *Archivo Español de Arqueología*, núm. 45 (1941), págs. 524-538; PUIG Y CADAFALCH (J.), «Les excavacions d'Empuries: Estudio de la Topografía», en *Anuario del I. de E. C.*, II (1908), págs. 150-194; PUIG Y CADAFALCH (J.), «Els temples d'Empuries», en el *An. del I. de E. C.*, IV (1911-1912), págs. 302-222; PLA CARGOL (J.), *Empuries y Rosas* (Gerona, 1934); SCHULTEN (A.), «Ampurias, eine Griechenstadt am iberischen Strande», en *Neue Jahrbücher für klassischen Philologie*, XIX (1907). Además, conviene citar la crónica de las excavaciones, que figura en los números del *Anuario del I. de E. C.*, desde el núm. III (1909-1910) en adelante, y en la que han trabajado PUIG Y CADAFALCH, BOSCH GIMPERA, NICOLAU D'OLVER, GANDÍA, CAZURRO. Las excavaciones posteriores a 1939 figuran en las crónicas de la revista *Ampurias*, de Barcelona, y en otras publicaciones especializadas. Añadamos, últimamente, mi *España Graeca*, Barcelona, 1948, 3 vols.

(24) LIVIO, XXXIV, 9.
(25) ESTRABÓN, III, 4, 8.
(26) ESTRABÓN, III, 4, 9.
(27) Váase ALMAGRO, en la revista *Ampurias*, II, 1940, pág. 170; ALMAGRO, *Archivo Español de Arqueología*, núm. 44, pág. 449 (Madrid, 1941).
(28) Sobre el particular consúltese A. GARCÍA Y BELLIDO, *Hallazgos griegos de España*, páginas 85 y siguientes, donde se dan las opiniones anteriores y se discute su fecha probable, que, por otra parte, no ha sido aceptada por todos quizá porque la cuestión no se ha planteado aún con la seriedad que merece.
(29) AMORÓS, *Las monedas emporitanas anteriores a las dracmas* (Barcelona, 1934), pág. 64.
(30) AMORÓS, ut supra.
(31) PLIN., *N. H.*, III, 33.
(32) VIVES, «La más antigua moneda acuñada en España», en el *Memorial Numismático Español*, 2.ª época, núm. 1 (Madrid, 1920), págs. 1 y sigs.
(33) ESTRABÓN, III, 4, 8; XIV, 2, 10.
(34) Ps. SKYMNOS, 205.
(35) ESTRABÓN, III, 4, 8.
(36) ESTRABÓN, III, 4, 6.
(37) II, 91 y 125.
(38) La mención de Mela procede de VARRÓN o POSEIDONIO; la forma femenina *Ferraria* viene de la griega ἄκρα σιδηρᾶ, según HÜBNER, *R. E. Pauly-Wissowa*, art. *Ferraria*, 1909.
(39) III, 4, 6.
(40) II, 93.
(41) PTOL., II, 6, 14.
(42) 304, 16.
(43) Así, por ejemplo, SCHULTEN, que lo supone derivado de la forma piramidal de la isla, semejante a los montones de sal. *Archäol. Anzeiger*, 1927, col. 221.
(44) PAPE, *Wörterbuch;* HÜBNER, en *R. E. de Pauly-Wissowa*, ad locum.
(45) XXV, 10, 3 y 4.
(46) XXIV, 41.
(47) Sobre las excavaciones de La Albufereta, véanse: J. LAFUENTE VIDAL, «Excavaciones en La Albufereta, de Alicante (antigua Lucentum)», en *Memoria* núm. 126 de la Junta de Excavaciones (Madrid, 1934); J. LAFUENTE VIDAL, *Alicante en la Antigüedad* (Alicante, 1932). Consúltense, además, los artículos de SCHULTEN en *Arch. Anz.*, 1927 y 1933, y el de GARCÍA Y BELLIDO en la misma publicación alemana (1941).
(48) III, 4, 6.
(49) ¿Sería alguna de las situadas en las cercanías del Mar Menor-Las Hormigas, Los Pájaros, Las Melsas, Los Punchosos, el islote del Cargador? Son islas muy pequeñas hoy para haber sido de importancia en la Antigüedad. A la isla de Benidorm le va mejor la identificación con Alonís, para atribuirle la de Plumbaría o Planesía, mucho más problemáticas.
(50) LIV., XXI, 7, 2.
(51) SIL. *Ital.*, I, 291.
(52) III, 4, 6.
(53) PTOL., II, 6, 62.
(54) POL., III, 30, 1.
(55) APIANO, *Ibérica*, VII.
(56) III, 97, 6.
(57) El descubrimiento del templo débese a don Luis Cebrián, de Almenara, quien dió la noticia al señor SCHULTEN. Véase *Archäol. Anzeiger* (1933), col. 233 y sigs.
(58) PLIN., *N. H.*, XVI, 216.
(59) *C. I. L.*, II, 3.820.
(60) Simancas, *Guía de Sagunto* (1929), pág. 6.
(61) XXI, 7.
(62) Loc. cit.
(63) PTOL., II, 6, 62.

CAPÍTULO IV

LA CULTURA Y EL COMERCIO GRIEGOS EN ESPAÑA

1. Navegantes y geógrafos griegos que estuvieron en España en este período

Como colofón al primer período de la colonización griega, que termina en la batalla de Alalíe, dimos cuenta del periplo contenido en la *Ora Marítima* de Avieno. Ahora, al terminar de exponer todo lo que se sabe del último período de la colonización griega, es el momento de presentar los nombres y hechos de aquellos otros personajes griegos que viajaron por España. Es ahora, sobre todo después de las contiendas púnicorromanas, cuando, gracias a las mayores facilidades para navegar, por ser todo el Mediterráneo ya un mar único, política y económicamente hablando, y un mar de paz, gracias a la dominación romana, los sabios vienen a visitarnos con el fin de conocer la remota y legendaria tierra de Occidente, donde, por añadidura, se habían desarrollado las escenas más dramáticas de las guerras por el dominio definitivo del Mediterráneo, y donde podían estudiarse a placer los fenómenos de aquel misterioso Océano, del que hasta entonces sólo referencias vagas y leyendas terroríficas habían llegado a sus oídos. España comienza a ser entonces realmente conocida. Su naturaleza física, sus productos agrícolas y mineros, sus costumbres, sus riquezas, los nombres de sus diferentes pueblos y tribus, de sus régulos, de sus ciudades, montes y ríos, etc., etc.; todo esto entra ya en los libros griegos y luego en los latinos. España principia a integrarse en la historia general del mundo civilizado.

Pero todo ello, repetimos, no comienza, en realidad, sino después de las guerras púnicas, cuando ya las colonias griegas habían dejado de ser tales para convertirse en Municipios romanos. Mas esto no debe obligarnos a prescindir de aquellos griegos que anteriormente estuvieron en España y de ella escribieron. Para la historia de la influencia cultural en la Península Ibérica, lo mismo da que estos griegos hayan llegado a ella antes que después de desaparecer las colonias helénicas. Su actuación, si bien no puede incluirse dentro del cuadro colonial, representa un postrer capítulo de él, y ciertamente de los más interesantes. A ellos debemos lo mucho y lo poco que de España, en aquellos remotos tiempos, sabemos hoy. Conocemos sus nombres y sabemos algo el contenido de sus escritos.

Veamos ahora lo que ha llegado a nuestro conocimiento de estos hombres que estuvieron de hecho en la Península y sobre ella escribieron.

FIG. 503. — Figurita de bronce griega arcaica representando un arquero. Hallada en Lluchmayor (Mallorca). Colección de Erausquin, Barcelona.

Euthymenes de Massalía.

En extremo dudosa es la personalidad de este viajero, del cual desconocemos incluso la época de su vida. Pero es seguro que pasó las Columnas e hizo un extenso viaje por el Atlántico, hacia el Sur, fruto del cual fué un περίπλους τῆς ἔξω θαλάσσης, de cuyo contenido sabemos poca cosa. El gran río a cuyas bocas llegó, costeando el litoral noroeste de África, puede, sin dificultad, identificarse con el Senegal. Como sus teorías se ven reflejadas en Herodoto (1), y además Euthymenes parece estaba influído por Thales de Miletos, se ha supuesto su vida en las postrimerías del siglo VI. También se le suele hacer contemporáneo de Pytheas.

Que Euthymenes aprovechó los conocimientos prácticos de los marinos gadeiritas es lo probable, pues ellos eran los verdaderos conocedores del Atlántico de tiempos muy atrás. A Euthymenes atribuye Schulten, como hemos visto, la paternidad del periplo que sirvió de base a la *Ora Maritima* de Avieno; pero sus argumentos no acaban de convencer, entre otras razones fundamentales, porque el periplo debe tenerse como muy anterior a la fecha en que pudo vivir Euthymenes (2).

Pytheas de Massalía.

Pytheas es, como se sabe, un personaje genial en la historia de la Geografía antigua. Pero tuvo la desgracia de no haber sido creído por una serie de autoridades. De este modo, los descubrimientos de Pytheas, si bien no fueron olvidados, no tuvieron la resonancia científica, seria, que merecieron. Consecuencia de ello es la escasez de noticias fidedignas que acerca de sus arriesgadas navegaciones han llegado a nosotros. Estas proceden de polémicas. Sus testimonios preséntanse, por tanto, desfigurados, imprecisos y expuestos de un modo parcial. Pytheas partió de Massalía para el Occidente lejano que baña el Océano, haciendo su camino por mar. Pasó las Columnas de Heraklés y llegó a Gádir, centro donde, desde siglos, se iban acumulando los conocimientos náuticos y geográficos que del océano Atlántico se podían obtener, tanto hacia el Norte como hacia el Sur de él. De Cádiz dobló el *Hierón Akroterion* (cabo de San Vicente), y tomó rumbo franco hacia el Norte. El viaje tuvo que hacerlo sirviéndose de pilotos gaditanos, buenos conocedores, como hemos dicho, de la costa atlántica, tanto africana como europea. De allí, sin dejar, al parecer, las costas españolas, es decir, costeando, al menos en parte, el golfo de Vizcaya, llegó a las Galias, tocando luego en Bretaña y Cornualles. Parece ser que circunnavegó la gran isla británica, continuando luego por el canal hasta las bocas del Elba, el país del ámbar. De allí pasa a Jutlandia y a la misteriosa Thule (quizá Noruega), donde observa las noches de dos o tres horas. Luego, tras ver el discutidísimo *pulmón marino*, volvióse hacia el Sur, en busca del Estrecho gaditano y de Massalía. Este viaje tuvo lugar entre el 328 y 321 (?). Sus observaciones náuticas, geográficas y físicas fueron, en verdad, agudas. Pytheas advirtió la concomitancia entre las mareas oceánicas y las fases lunares; observaciones que después había de estudiar y ampliar Poseidonio en Cádiz.

FIG. 504.—Figurita griega en bronce representando a Artemis. Museo Arqueológico de Madrid.

Con referencia a España, sabemos que Pytheas reconoció y comprobó su naturaleza peninsular, pues suya es la aseveración, recogida por Eratósthenes y combatida ciegamente por Artemidoro, de que «las partes septentrionales de Iberia eran más accesibles por la Céltica (es decir, a través del istmo, al norte de los Pirineos) que navegando por el Océano» (circundando la Península) (3). Este exacto concepto, que se encuentra implícito en el periplo base de la *Ora Maritima* de Avieno, como vimos, había sido olvidado a causa de la retracción comercial griega tras de la caída del imperio colonial fóceo en Alalíe (535 a. de J. C.).

Pytheas pudo hacer su arriesgado periplo atlántico, tan difícil en circunstancias normales por la estrecha vigilancia cartaginesa de las Columnas, sin duda por consentimiento explícito de la propia Cartago. Lo

FIG. 505. — Jabalí alado procedente de Torelló, (Menorca). Hispanit Society de Nueva York.

FIG. 506.—*Dromeús*. Figurita arcaica griega, de bronce, hallada en Menorca. (Paradero desconocido.)

cual no debe extrañar, pues se ha exagerado mucho la enemistad entre griegos y púnicos. Esta existía, evidentemente (4), pero no hasta el punto de excluir totalmente a los

griegos de ciertas actividades, interesadas o no, en los dominios cartagineses. Griegos al
servicio de Cartago podrían señalarse en abundancia, aun en plena guerra con sus compatriotas (5). Pytheas, como antes o coetáneamente Euthymenes, no tuvieron que *forzar*,
como se suele leer, el Estrecho; sus viajes los hicieron con el consentimiento, y quizá

FIG. 507. — Sirena. Bronce griego arcaico, de Rafal del Toro, Menorca. (Ciudadela. Seminario)

FIG. 508. — Atenea. Bronce griego
arcaico hallado en Mallorca

con el apoyo oficial, de la propia Cartago. Si antes no se llevaron a término otros
viajes fué porque los intereses de los griegos no pasaban, después de Alalíe, de la región
de Alicante, como los mismos tratados estipulaban (6).

Historiadores de Aníbal: Silenós y Sosylos.

Las campañas de Aníbal fueron historiadas en griego por dos cronistas de guerra:
Silenós de Kallatis y Sosylos de Ilion. El primero vino acompañando a Aníbal (7) en
tiempos de la segunda guerra púnica. Su obra principal parece fué la historia de sus
campañas, escrita en griego. En relación con España, sólo dos referencias han llegado a
nosotros: una, por intermedio de Artemidoro (8), y otra por el de Plinio (9), ambas sobre
Gades y de escasa amplitud e interés. Sosylos de Ilion estuvo, como Silenós, en las campañas de Aníbal, y según Cornelio Nepote (10), fué maestro de griego del general cartaginés. Sosylos escribió una obra: περὶ ᾽Αννίβου πράξεων. De ella se ha descubierto la relación breve de una batalla junto al Ebro (?) y en la que intervinieron decisivamente
los massaliotas, aliados de Roma (papyro de Würzburg). De los demás escritores que
trataron de las guerras anibálicas, griegos también (Chaireas y Eumachos), no es posible afirmar que estuvieran en España; pero es lo más verosímil (11).

Polibio.

Hay que trasladarse a los años de las guerras numantinas para volver a hallar con seguridad otro griego en España. Este es el gran historiador Polibio, amigo íntimo de Escipión *el Menor*, y cuyo papel en la historia de la cultura romana es de todos conocido. La presencia de Polibio en España marca una fecha decisiva en nuestra historiografía. El verdadero conocimiento de la Península data de estos años. El fué quien escribió nuestras primeras páginas verdaderamente documentadas, históricas, y él fué quien, con su descripción de la Península, comunicó al mundo de entonces la primera serie ligada de datos geográficos y etnográficos sobre nuestro suelo y los hombres que lo habitaban. Es desde entonces cuando, gracias a las conquistas romanas, a la pacificación y unificación del mundo y a la facilidad consiguiente para recorrerlo de un extremo a otro, van mostrándose cada vez con más precisión no sólo la configuración de las costas, sino también la naturaleza de las tierras del interior, con sus ríos, tribus, ciudades, riquezas, armas, costumbres, etc.

FIG. 509. — Tres aspectos de la figurita broncínea de Atenea Prómachos, de Menorca. (En paradero desconocido)

Las noticias, más o menos verídicas, que de la Península habían recopilado escritores griegos como Eforo o Timeo, pasan, de ser criticadas, a ser olvidadas y substituídas por las referencias precisas y directamente tomadas de los generales romanos, de los comerciantes, de los gobernadores y, sobre todo, de los grandes hombres de ciencia que entonces, y amparados en la seguridad de los ejércitos de ocupación, vienen a España a ver y estudiar personalmente los pueblos y las tierras del interior, que antes no eran conocidos sino a través de tímidas miradas por encima de las costas.

Tres de los más grandes hombres del helenismo, tres cumbres del saber de aquella época: Polibio, Artemidoro y Poseidonio, vienen a España, estudian y observan sobre el terreno y escriben libros de Historia, Geografía y Etnografía. El mismo Polibio dice textualmente hablando del caso: «Hemos sufrido los peligros de los viajes por Libia, Iberia y después Galia, y por el mar exterior que baña estos países, a fin de corregir los yerros de los escritores más antiguos y dar a conocer a los griegos todas estas partes del mundo» (12).

Polibio cruzó las Columnas, entrando por vez primera en el Atlántico, en el 148, durante el sitio de Cartago, del que fué testigo ocular junto con su destructor. Entonces navegó, a lo largo de la Libia mauritana, hasta el Lixus, cerca de la actual Larache (13). Años más tarde (134) se trasladó a España para presenciar el final de las guerras de

Numancia, estando presente a su caída (133) al lado de su amigo Escipión. De la Meseta, que entonces pudo conocer directamente, debió trasladarse al Mediodía de la Península, estando en Gádir (14) y recorriendo entonces, sin duda, la Turdetania. Con ésta fué la segunda vez que Polibio vió las aguas del Océano.

Polibio murió hacia el 120. Fruto de sus viajes por España fué parte del libro XXXIV de sus ἱστορίαι, que, desgraciadamente, ha perecido, salvo las excerptas conservadas esporádicamente, sobre todo en Estrabón; a ellas deben añadirse los escasísimos contenidos en Ateneo, Plinio y Suidas.

Parece ser que el mismo Estrabón no utilizó a Polibio sino indirectamente, a través de los escritos, sobre todo polémicos, de Artemidoro y Poseidonio, sus dos grandes sucesores y émulos, por lo que toca a España. El libro XXXIV de sus *Historias* debía ser un breve tratado geográfico y etnográfico escrito a modo de introducción al libro siguiente (XXXV), dedicado a las guerras celtibéricas y lusitanas (153-133), y del que sólo se conservan algunas excerptas, si bien su contenido general parece sirvió de base a Appiano para componer su *Ibérica*, que conservamos. Los escritos del megalopolitano constituyen un libro histórico de primer orden, pues Polibio no sólo estuvo presente en la toma de Numancia, sino que recogió afanosamente los datos suministrados por Escipión y sus generales, con los que, como se sabe, convivió en estrecha amistad.

Fig. 510. — Atenea. Bronce griego del siglo v hallado en Santany (Mallorca). Colección Maura, Madrid

Con la *Historia* de Polibio España entra definitivamente en plena era histórica. De entonces acá queda incorporada de lleno a la historia del mundo. A partir del siglo II antes de J. C. cesan las referencias casuales y anónimas; su historia y geografía van a ser descritas *in extenso* por las plumas más brillantes y prestigiosas de la época helenísticorromana. A Polibio le sucedió entonces Artemidoro, y a éste, el gran polígrafo Poseidonio.

Para Polibio, todavía el nombre de Iberia significa únicamente la zona mediterránea, desde el Pirineo hasta las Columnas. Así lo dice expresamente el mismo historiador, añadiendo que el resto, es decir, la parte que da al Atlántico, no tiene nombre común referible a toda ella, y eso a causa de haber sido explorada poco tiempo antes (15). Sin embargo, parece ser que Pytheas y Eratósthenes lo emplearon en un sentido total. Por otro lado, su concepto de la situación y forma de la Península fué equivocado, en gran parte por no seguir a Eratósthenes y Pytheas, a los que combate y desprecia de un modo ciego. Pero esto no mancha grandemente la obra de Polibio. Más historiador que geógrafo —ya se lo achacaba Poseidonio—, tuvo errores muy perdonables. Con su estancia en la meseta, como cronista de las guerras alrededor de Numancia, encuentra ésta, hasta entonces inaccesible región del centro de España, su primer descriptor. Allí conoció Polibio la aridez y sequedad esteparia de que él mismo nos habla; allí vió a los vacceos y celtíberos, al Duero y al Tajo. Hay en Estrabón una breve pero precisa descripción de España, y concretamente de las llanuras del interior, que debe proceder, sin duda, de Polibio, directa o indirectamente. «La mayor parte de Iberia —dice Estrabón— es poco habitable; casi toda ella está cubierta de montes, bosques y llanuras, de suelo pobre y desigualmente regado; la región septentrional es muy fría y accidentada (16). El mismo concepto se repite algo más adelante (17) con respecto a la parte meridional de la meseta que riega el curso del Guadiana (región de la Mancha), y la que habitaban carpetanos y celtíberos (el resto de Castilla la Nueva y las regiones de Guadalajara y Soria), a las que llama tierras *ásperas y estériles* (τραχέα καὶ παράλυπρα) (18).

Fig. 511. — Joven guerrero vistiéndose la coraza. Figurita de bronce griega de mediados del siglo v. Colección Quetglás, de Palma de Mallorca.

Artemidoro.

El más notable de los geógrafos helenísticos entre Polibio y Estrabón fué Artemidoro, otro de los hombres de ciencia eminentes que en los dos últimos siglos anteriores a Cristo visitaron la Península Ibérica, y que con Polibio y Poseidonio forma la tríada más prestigiosa de estos visitantes. Los límites cronológicos ciertos en que se encuadra su vida nos son desconocidos; pero sabemos que su *akmé* cae hacia el año 100 antes de Jesucristo (19). La estancia en Roma de Artemidoro y el ejemplo de Polibio ejerció en él una gran influencia. Llevado por sus aficiones geográficas e históricas, no le fué difícil prolongar sus viajes hasta el extremo occidental del mundo. De cierto pasó el Estrecho y estuvo en Gádir, de la que da una serie de interesantes noticias conservadas en Estrabón. De Gádir recorrió la costa atlántica hasta el *Hierón Akroterion* (Cabo de San Vicente), es decir, todo el sur de Portugal. De él procede la primera descripción autorizada de esta punta y de su carácter sagrado, a que alude el nombre con que le conocían los griegos de tiempo atrás. Antes fué descrita también —pero no visitada— por Éforo, mas con todos los errores que él combate. Artemidoro, sin embargo, cometió el error, muy explicable, de considerar el *Hierón Akroterion* como el punto extremo de la *oikoumene* por su lado de Occidente (20).

Fig. 512. — Ulises, pensativo (?). Bronce clásico griego hallado en San Luis (Menorca). Colección particular de Mahón.

Fig. 513.—Figurita de bronce hallada en Atarfe (Granada). Museo de Granada.

Como fruto de sus viajes, escribió un periplo de todo el Mediterráneo, que luego debió ampliar, dando lugar a una obra general geográfica sobre toda la *oikoumene*, que llamó γεωγραφούμενα y dividió en once libros. De ellos, el segundo parece ser debía tratar de la Península Ibérica. La obra de Artemidoro se ha perdido. Del libro sobre España, que es el que aquí nos interesa, conocemos algo gracias a las excerptas recogidas principalmente por Estrabón, quien se valió de Artemidoro como una de las principales fuentes para el libro III de su gran obra. Además han llegado a nosotros fragmentos sueltos contenidos en Plinio, en Marciano de Herákleia —que hizo un resumen (perdido) en un solo libro— de Agathémeros, de Esteban de Bizancio y del escoliasta de Lykóphron; en general, con pocos datos utilizables para España. En su obra, además de las observaciones y estudios hechos por él directamente en sus viajes, incluyó el fruto de sus lecturas, principalmente en Éforo, Timósthenes, Eratósthenes, Timeo y Polibio, a los que a veces corrige y otras apoya. Desconfía de Pytheas y ataca duramente a Eratósthenes (21). Esta copiosa lectura hace a veces difícil averiguar en sus fragmentos qué es lo suyo y qué lo tomado de otros.

Fig. 514.—Figurita de bronce hallada en Cádiz.

Poseidonio.

Sus preocupaciones geográficas, astronómicas e históricas lleváronle a efectuar grandes viajes, visitando las Galias, Liguria, el Adriático, Egipto y Nubia. Hacia el 100 estuvo en Massalía, de donde, por el año 90, pasó a España. Siguiendo, al

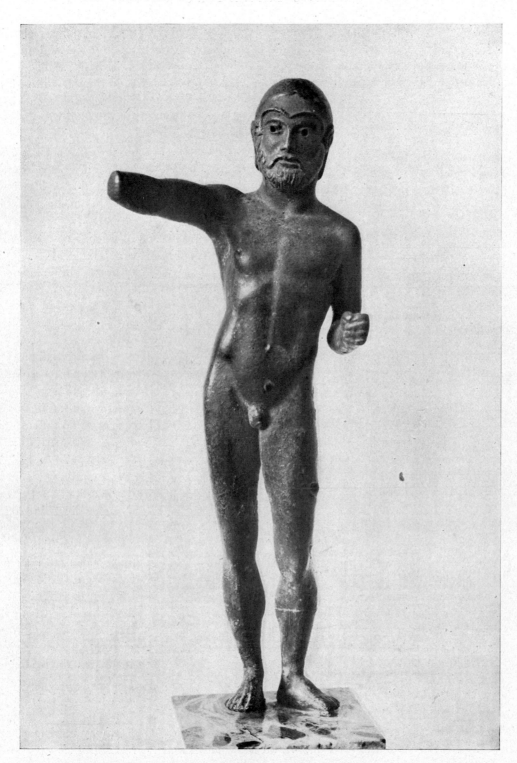

FIG. 515. — Figura de guerrero. Bronce griego del siglo v hallado en Sineu (Mallorca).
Museo Arqueológico de Barcelona.

parecer, la costa mediterránea, cruzó las Columnas y llegó a Gádir, que, por ser el más importante emporio del Occidente y una de las ciudades de más tráfico y vida del mundo entonces conocido, era lugar obligado para todo el que visitaba España, doblemente para los geógrafos, pues su situación sobre el Atlántico la convirtieron en el punto ideal para los estudios oceanográficos. Ya hemos visto cómo Pytheas y Polibio pasaron por Gádir, y cómo Artemidoro residió también en ella y en ella hizo estudios importantes. Poseidonio estuvo en Gádir treinta días (22). En su viaje de regreso tardó tres meses en llegar a Italia, siendo llevado por los vientos, primero a las Baleares y Cerdeña, luego a Libia (23).

Poseidonio escribió una *Historia*, continuación de la de Polibio, que abarcaba del 144 al 86. Para su narración de las guerras peninsulares hizo una descripción de España, tanto geográfica como etnográfica, utilizando a Éforo, Timeo y principalmente a Polibio, al que sigue casi literalmente. Además de ello, escribió un tratado de Oceanografía (περὶ ὠκεανοῦ καὶ τῶν κατ'αὐτόν), en el que, aparte de las fuentes utilizadas, se valió, sobre todo, de las experiencias personales obtenidas por él mismo durante su estancia en Gades y en las tierras atlánticas de Andalucía, en las que, añadiendo a su observación directa los precisos informes de los navegantes gadeiritas, estudió e investigó los fe-

FIG. 516. — Oferente. Figura griega de bronce hallada en Santa Eugenia (Mallorca). Museo Metropolitano de Nueva York.

FIG. 517. — Sátiro canéforo. Bronce griego hallado en Estalliments (Mallorca).

nómenos periódicos de las mareas oceánicas, su relación con las fases lunares y su influencia en la configuración costera y en la formación de los grandes estuarios y marismas (24), tan típicas en la costa atlántica que va de las Columnas al *Hierón Akroterion* (Cabo de San Vicente).

Ya hemos visto que Pytheas fué, en realidad, el primero en relacionar las mareas oceánicas con las fases lunares. Sin duda, Poseidonio no hizo sino profundizar y dar carácter verdaderamente científico y general a las observaciones del massaliota. Sus escritos referentes a España, conservados, como se ha dicho, principalmente en el libro III de Estrabón, tienen un valioso complemento en las excerptas contenidas en el libro V de la *Historia* de Diodoro.

De Poseidonio proceden curiosas noticias sobre los celtas y celtíberos del interior de la meseta y de los lusitanos y galaicos del este y noroeste de la Península, así como de sus tierras y productos (25). Su extensa descripción de las minas de España, tan famosas en la Antigüedad por sus riquezas en toda clase de minerales, se ha conservado gracias a Diodoro (26) y Estrabón (27).

FIG. 518. — Carátula de Sileno. Fragmento de un vaso de bronce griego hallado en Pollensa (Mallorca). Museo Arqueológico de Barcelona.

FIG. 519.—Restos de una fíbula de bronce, de tipo tarentino, hallada en Covalta (Valencia). Siglo IV. Colección Ballester Tormo, de Valencia.

Poseidonio conocía la producción minera de la Península en toda su extensión, pues habla incluso de los yacimientos de la Lusitania, Galicia y Cantabria, regiones todavía poco conocidas e insumisas en gran parte. En estas regiones («en alta mar, al norte del puerto de los ártabros», La Coruña) coloca Poseidonio vagamente a las famosas islas Kassitérides, que dice son diez, y da noticias de sus habitantes y comercio de metales (28). Calculó el paralelo común, que pasa, aproximadamente, por el *Hierón Akroterion* (Cabo de San Vicente), Gádir, las Columnas, el estrecho de Sicilia y Rodas. «En todos estos puntos dicen —añade Poseidonio— que coinciden las sombras proyectadas por los relojes solares» (29). Con Artemidoro sostiene una polémica ociosa sobre el tamaño del Sol al ponerse tras el *Hierón Akroterion*, adonde Poseidonio no llegó. Poseidonio viajó por el interior de la Turdetania, por lo menos hasta donde las mareas ascendentes dejaban sentir su acción, pues, como hemos visto, fué éste uno de sus estudios más apasionantes (30). Aunque sigue y se informa con frecuencia en Polibio, lo suele atacar en algunas ocasiones, y en una le achaca el ser *sólo* historiador. Poseidonio, en sus descripciones, es brillante; emplea imágenes poéticas y usa de cierta retórica, todo lo cual le fué censurado ya por su resumidor Estrabón. Pero no cabe dudar de la gran importancia de su obra en todos los aspectos, tanto geográfico y físico como histórico y etnográfico (31).

FIG. 520.—Mango de un espejo. Museo de Cambridge.

Eúdoxos de Kyzikos.

Eúdoxos de Kyzikos va unido al trascendental problema históricogeográfico de si en la Antigüedad se logró o no la circunnavegación de la masa continental africana. Poseidonio (32) nos ha transmitido todo lo más importante que sobre este personaje sabemos hoy. Sus informes recogiólos probablemente en Cádiz, donde los intentos de Eúdoxos eran muy conocidos, por haber sido esta ciudad el centro por él elegido para sus preparativos. Además, la idea de circunnavegación del África nació de la supuesta realización práctica llevada a cabo antes por los marinos gaditanos. Sobre ello y sobre la ayuda técnica y material que Eúdoxos halló en Cádiz nos informa en parte el valioso texto de Poseidonio.

Eúdoxos era un distinguido ciudadano de Kyzikos (Propontis, actual mar de Mármara). Habiendo sido enviado oficialmente a Alejandría, tuvo conocimiento allí, por

medio de un náufrago indio recogido en las costas de Arabia, de la posibilidad de establecer un comercio marítimo directo con la India. Eúdoxos partió en su dirección y volvió con rico cargamento. Luego emprendió un segundo viaje, a cuyo regreso tocó en Etiopía, donde recogió una lista de palabras. Se procuró también una proa de navío, de madera, con una figura de caballo tallada, la cual, según le dijeron los indígenas, era el resto de cierta nao allí naufragada que venía del Occidente. Con ella Eúdoxos emprendió su navegación de regreso a Egipto. De vuelta en Alejandría, donde reinaba ya Ptolomeo Lathyros, «llevó la proa al puerto, donde, habiéndola mostrado a los pilotos, supo que era resto de una nave de los gadeiritanos, y que en Gádir, aparte de los grandes navíos que armaban los comerciantes, había otros, más pequeños, de las gentes pobres, a los que llamaban *caballos*, a causa de la figura de sus proas (33), con los que pescan a lo largo de la costa de Mauritania, hasta el río Lixus. Algunos pilotos creyeron reconocer incluso en

FIG. 521. — Hypnos, de Jumilla (Murcia). Museo de Berlín

esta proa la de una de las embarcaciones que, habiéndose alejado mucho del Lixus, pereció».

«De ello —continúa Poseidonio— dedujo Eúdoxos que el periplo de Libia (África) era posible. Volvió a Kyzikos, vendió su hacienda y partió para el lejano Occidente, para Cádiz, con el ánimo de intentar allí la circunnavegación del continente, repitiendo la hazaña de los gaditanos y sus *caballos*. Fletó en Cádiz, además de un gran navío, dos transportes semejantes a embarcaciones de piratas. Embarcó en ellos muchachas jóvenes músicas, médi os y técnicos de todas clases, y se dió a la vela para la India, adentrándose en alta mar empujado por un constante céfiro (viento del Oeste). El barco grande encalló, pero de tal modo, que aun pudo hacer de él otro de la envergadura, poco más o menos, de un *pentekóntoros* (navío de cincuenta remos). Halló un pueblo que hablaba la misma lengua que aquel otro de la Etiopía, cuyas palabras recogió en su segundo viaje por el océano Índico. Dedujo, pues, que eran de la misma raza que los primeros etíopes y que su tierra debía colindar con las del rey Bogos, de Mauritania. Entonces, sin intentar llegar a la India, se volvió. En su viaje de regreso halló una isla desierta, bien surtida de agua y de madera, cuya posición exacta fijó. Eúdoxos partió luego a la corte del rey Bogos, pero no consiguió interesarle en los proyectos; antes bien, siendo perseguido, tuvo que fugarse de la corte, volviéndose a España de nuevo.

Otra vez en Gadeira, equipó un *strongylos* y un *pentekón-*
toros, proyectando el navegar con el uno por alta mar y
con el otro reconocer las costas. Embarcó en sus naves
aperos de labranza, semillas y carpinteros de ribera peri-
tos con el propósito de que si un retardo en el plan le
obligaba a detenerse, poder bastarse a sí mismo en la isla
que descubrió en el primer viaje.» Pero, desgraciadamente, el mismo Poseidonio no sabe lo que resultó de este
nuevo intento de Eúdoxos; «de sus aventuras posteriores
—dice— se sabrá, sin duda, más en Gádir e Iberia» (34).

La narración de Poseidonio es absolutamente fidedigna. Pero advirtamos que ni Poseidonio dice que Eúdoxos
llegase realmente a circunnavegar África, ni nosotros podemos llegar a afirmarlo. Tampoco puede tomarse como
cosa cierta, pero sí dicha con muy buena fe, lo del *caba-*
llo gaditano en el océano Índico. La empresa de Eúdoxos
fué, sin duda, uno de los intentos más serios hechos en la
Antigüedad por circunnavegar África, desde luego equi-
parable en envergadura y éxito al de los cartagineses,
que si bien es probable no intentasen la circunnavegación, sí es cierto que pretendieron reconocer la Libia todo
lo más al Sur que pudieron; lo mismo cabe decir del viaje
de Euthymenes o del ordenado por Necao.

FIG. 522. — Victoria alada de oro
hallada en Baleares. Museo Arqueológico de Barcelona.

La narración poseidónica transmitida por Estrabón
no es la única. Tomándola de Cornelio Nepote, Mela (35) y Plinio (36) hablan también
brevemente de Eúdoxos. Sus noticias difieren de las de Poseidonio quizá por una mala
interpretación de ellas o por obedecer a fuentes distintas, ya que ciertos elementos no-
velescos no pertenecen a la referencia poseidónica. Según ellas, la circunnavegación de
África se llevó a cabo partiendo del Este, del golfo Arábigo, y en su periplo halló Eúdoxos una serie de pueblos extraños —unos mudos, otros de boca soldada, otros enanos,
otros sin nariz, etc.—, que se han querido interpretar según las características de ciertos
pueblos africanos hoy conocidos (véase principalmente Mela, *loc. cit.*) (37).

Asklepiades de Myrleia.

Sábese muy poco de este gramático. No obstante, era uno de los más célebres filólogos de su tiempo. Su vida cae hacia fines del siglo II y comienzos del I a. de J. C. Estudió
en Alejandría hacia el 117. Luego estuvo en Roma, como maestro de su disciplina; más
tarde pasó a España, donde, tras la conquista romana, al parecer, florecía en la Bética un

núcleo importante de gentes dedicadas a estudios gramaticales. No sabemos dónde residió, pero es probable que fuese en Cádiz o en Córdoba. Estrabón (38) dícenos de él que
enseñó Gramática en la Turdetania y escribió una περιήγησις τῶν Τουρδητανίας ἐθνῶν, es

Fig. 523. — Pátera argéntea de Tivisa (Tarragona). Museo Arqueológico de Barcelona

decir, un tratado etnológico de la región. Fué fuente de Estrabón, aunque no sabemos
hasta qué punto utilizó sus escritos. Es posible que buena parte de la maravillosa descripción que de esta región se encuentra en el libro III del famoso geógrafo proceda de
Asklepiades. Estrabón, empero, lo cita sólo dos veces, y al parecer no directamente. A
Asklepiades se deben los errores, recogidos por aquél, de suponer una ciudad en la Sierra

Nevada, donde se conmemoraban los viajes de Ulises, y una supuesta colonización de las gentes de Amphilochos y Teukros, en Galicia, evidentes fantasías que dieron pie a curiosos desvaríos históricos en ciertos autores modernos. Sus estudios sobre Homero y las especulaciones etimológicas, muy de moda desde el siglo IV, llevaron a Asklepiades a aseveraciones como las dichas, a las que también el mismo Estrabón presta un crédito abonado por su propia credulidad en los poemas homéricos como fuentes geográficas indiscutibles. Pero esto no debe te-

nerse en menosprecio de la obra de Asklepiades, que en otros aspectos debió ser de gran valor científico, ya que su estancia en la Bética le dió ocasión de conocerla directamente (39).

Prescindimos de los geógrafos posteriores, como Estrabón y Ptolomeo, por no constar que estuvieran en España y por pertenecer ya de pleno a época romana. Pero como son fuentes importantes de la historia y geografía de la Península, hablaremos de su obra al tratar de las fuentes para la España antigua.

2. EL ARTE GRIEGO EN ESPAÑA

Generalidades.

La colonización griega en España tuvo que dejar muestras numerosas de sus actividades. Sin embargo, de estas numerosas obras de industria o de arte griego venidas a la Península sólo ha podido llegar hasta nosotros una cantidad ínfima, cantidad susceptible de crecer, pero que nunca será justo exponente de la realidad pretérita.

FIG. 524. — Bronce helenístico alejandrino, hallado en las cercanías de Arcos de la Frontera (Cádiz). Museo de Cádiz.

A fines del siglo pasado, cuando comenzaron las primeras investigaciones metódicas de las antigüedades ibéricas, el arqueólogo francés Pierre Paris terminaba así el estudio de los hasta entonces escasos testimonios de la colonización griega en España: «Estos son los restos, bien pobres, de la importación griega en Iberia.» En efecto, su libro *Essai sur l'art et l'industrie de l'Espagne primitive*, en las líneas dedicadas a las importaciones de origen griego en la Península, no recogió más que cuatro o cinco bronces y restos escasísimos y pobres de cerámica.

Realmente, el menguado número que de testimonios griegos halló P. Paris pudo ser algo mayor ya entonces, pues en España existían varios bronces más que el investigador francés no conoció o no valorizó como debía. No obstante, el juicio transcrito no dejaba de ser cierto, en líneas generales, para el estado de los conocimientos de nuestra arqueología hacia el año 1900. Los testimonios griegos eran ciertamente escasos. Por otra parte, los arqueólogos franceses y españoles estaban entonces demasiado abstraídos por preocupaciones fenicias, micénicas y orientales, para reparar en la verdadera importancia de las aportaciones griegas. Así, pues, los problemas de la colonización griega en Es-

FIG. 525. — Relieve en mármol, de Jávea (Alicante). Colección particular

paña tardaron mucho en plantearse con toda la importancia que efectivamente tienen, no sólo como testimonios de la expansión de la cultura y del comercio griegos por las últimas y más lejanas tierras de la *oikoumene* clásica, sino también como primer factor en el desarrollo del arte y de la cultura de los iberos históricos.

Pero desde entonces acá la labor del arqueólogo ha enriquecido de modo notable aquellos escasos recuerdos del pasado griego en nuestra Península. Pasan hoy de treinta los bronces griegos catalogados en España, cuando

no hace aún un lustro no se conocían de ellos más que cinco (40). En cuanto a la cerámica, no son ya aquellos mezquinos restos y pobres fragmentos que con tanto cuidado iban anotando en sus exploraciones los arqueólogos de fines del pasado siglo y comienzos del presente como restos raros y preciosos de unas relaciones casuales y anecdóticas de los griegos con los iberos de la costa mediterránea. Son ya docenas de vasos enteros, grandes y pequeños, con figuras o sin ellas, y un número inmenso de fragmentos de todas las épocas y procedencias, todos los cuales demuestran que tales relaciones fueron más intensas de lo que entonces podía suponerse. ¡Qué lejos estamos de aquellos años

finales del siglo XIX en los que un arqueólogo afirmaba con cierta timidez, ante las cráteras griegas que vió en un pueblecillo de la costa alicantina, la posibilidad material de que tales hallazgos pudiesen acaecer en España! ¡Y cuánto más lejos de aquellos otros en los que la noticia del hallazgo de vasos etruscos (griegos) de Alcácer do Sal parecía a ciertos arqueólogos extranjeros mera falsificación por lo inconcebible del caso!

FIG. 526. — Kothon griego hallado en Villaricos (Almería). Colección Cuadrado, de Vera

Hoy día, a la riqueza y variedad de los vasos griegos procedentes de las excavaciones de Ampurias, a la abundancia y calidad de los oriundos de las ricas necrópolis ibéricas de Andalucía, hay que unir la enorme cantidad de piezas y fragmentos valiosos esparcidos profusamente por toda la costa y trascosta de Levante, índice de un intenso comercio con tierras griegas, especialmente sensible en los siglos IV y III antes de Jesucristo. Añádanse a los bronces y vasos un buen número de entalles grabados, de figuras de cerámica, de monedas oriundas de todas las principales metrópolis del mundo griego, de objetos de adorno y hasta de algún trozo de escultura marmórea monumental. De todo ello presentaremos aquí lo más digno de nota. El mapa de la figura 563 nos da idea de la distribución y densidad de estos hallazgos en general.

La amplitud cronológica de los hallazgos griegos de España abarca desde fines del siglo VII —casco broncíneo de las cercanías de Jerez (fig. 454)— hasta el comienzo de la conquista romana de la Península, es decir, hasta finales del siglo III a. de J. C. A partir de este momento, trascendental en nuestra historia, aquellos objetos griegos que llegasen a la Península venían ya, si se nos permite la palabra, con «marca» romana: pertenecían, pues, a un período histórico fundamentalmente distinto.

Por sus lugares de procedencia, el conjunto de los hallazgos griegos acaecidos en España muestran, en un principio, una evidente dependencia con las metrópolis colonizadoras de Asia

FIG. 527. — Crátera griega hallada en Villaricos (Almería) en la necrópolis ibérica. Museo Arqueológico Nacional de Madrid

Menor. Las monedas arcaicas anepígrafas, halladas en gran cantidad en las costas del noroeste de España, son el mejor y más seguro testimonio de ello. Más tarde comienza a hacerse sensible un contacto comercial intenso con el Ática, de donde se importan grandes cantidades de vasos, tanto de figuras negras como de figuras rojas (figs. de las págs. 570 en adelante). No faltan también (Ampurias) productos chipriotas y grecoegipcios de Naukratis y la Cirenaica (figs. 467 y 468 y láms. págs. 570 y 571). Más tarde domina por doquier el arte clásico. Monedas, vasos, figuritas de bronce, etc., aparecen frecuentemente por toda la zona costera. Pero a partir de fines del siglo V, es decir, coincidiendo con las guerras del Peloponeso, los objetos griegos de España dejan de ser fundamentalmente importaciones oriundas de la Grecia propia, para presentarse casi exclusivamente como proce-

Fig. 528. — Crátera griega de Galera (antigua Tútugi), en la provincia de Granada, hallada en la necrópolis ibérica.
Madrid, Museo Arqueológico

FIG. 529. — Crátera griega hallada en Galera, la antigua Tútugi (provincia de Granada), en la necrópolis ibérica.

Fig. 530. — Dos aspectos de una de las cráteras griegas halladas en la necrópolis ibérica de Galera (antigua Tútugi), provincia de Granada. — Museo Arqueológico Nacional de Madrid

dentes de Sicilia y la Magna Grecia. El Ática perdió su mercado exterior tras las guerras peloponésicas. En compensación, las grandes ciudades y emporios comerciales del
mundo griego de Occidente, tanto los de Sicilia y Magna Grecia como los del sur de las
Galias, substituyeron ventajosamente al comercio de la Grecia propia. La mayor proximidad de Italia y Sicilia a la Península determinó no sólo frecuentes contactos históricos (actuación de los mercenarios iberos en Sicilia), sino una más estrecha interdepen-
dencia de tipo comercial. Del siglo v hasta muy entrado el ii, el grueso de nuestro tráfico
con el exterior lo absorben los griegos del sur de Italia y de Sicilia. Monedas de Selinús,

de Akragas, de Sirakusa, de Leontinoi, de Messana, Kyme, Taras, Metapontion (fig. 552); vasos áticos y
suditálicos, con figuras o negros, de la
especie llamada campaniense tan corriente, y otros testimonios menos
precisos son índice del nuevo rumbo
del comercio en el Mediterráneo tras
las guerras del Peloponeso y la aparición en la Historia de la época helenística. Es entonces cuando, a juzgar
por los numerosos hallazgos de cerámica italiota y sikeliota, las importaciones griegas en la Península alcanzan su máximo, penetrando, incluso
por las tierras del interior, hasta la
meseta central.

Mención especial merecen los hallazgos de monedas griegas acaecidos
al otro lado de las Columnas, en las
costas del Atlántico. Lástima grande

FIG. 531. — Vaso griego hallado en la necrópolis ibérica de Galera (antigua Tútugi), provincia de Granada. Museo Arqueológico Nacional.

que no conozcamos sus fechas y cecas. Pero de todos modos, los hitos marcados por los
hallazgos de Cádiz, Alcácer do Sal, Serra do Pilar y Bragança (fig. 555) son excelentes
pruebas de que directa o indirectamente las costas atlánticas de la Península Ibérica tuvieron algunas relaciones con el mundo griego.

El hallazgo de Bragança, de que luego hablaremos, y que parecía cosa aislada y
difícilmente explicable, es lógico y razonable gracias al escalonamiento de otros hallazgos intermedios.

Bronces.

Los hallazgos de bronces griegos en España han debido ser bastante más frecuentes
de lo que esta recopilación permite deducir. Son de hace pocos años las noticias de hallazgos de este género en la Península. De los que en épocas pasadas se hallasen, la mayoría se han perdido. Hübner, que con tanto fruto estudió la arqueología de España en
el transcurso de la segunda mitad del siglo xix, tuvo ocasión de conocer algunos, que
de entonces acá se perdieron. No obstante, ateniéndonos a los que hoy se conocen, el
total pasa de la treintena, siendo algunas de las piezas de un interés arqueológico primordial, y otras de un valor artístico verdaderamente notable, y a veces extraordinario,
dentro de esta clase de obras originales.

Dos grupos cabe formar de ellos: el balear y el constituído por el sur y sudeste de la Península. El suelo balear ha sido verdaderamente fecundo en hallazgos de bronces griegos, hasta el punto de no haber región en la Península comparable a él, sobre todo si tenemos en cuenta la escasa extensión de estas islas y el hecho indudable de no haber tenido nunca en ellas ninguna colonia griega de fundación. Desde hace un siglo han llegado a nuestros días, como halladas en las islas, nada menos que quince figuritas de bronce griegas, lo que constituye, próximamente, la mitad de todos los hallazgos de este género conocidos como oriundos de suelo español. De interés indudable es que muchas de ellas sean de factura aún arcaica (41).

En lo que toca a los bronces griegos del sudeste peninsular (Alicante, Murcia, Albacete) y del sur (Andalucía, Algarbe), aunque los lugares de su hallazgo están mucho más esparcidos geográficamente, el interés artístico y arqueológico de los bronces procedentes de esta zona no va a la zaga de los baleáricos, y por su an-

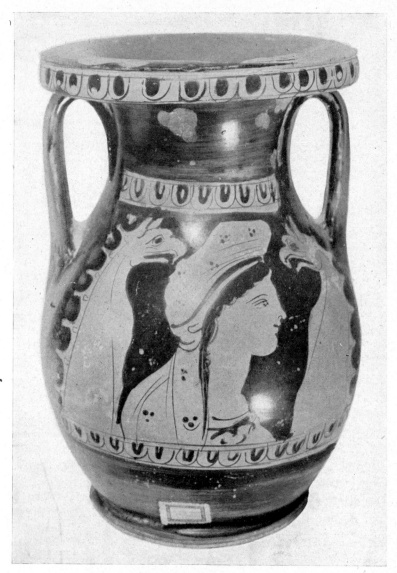

FIG. 532. — Vaso griego hallado en la necrópolis ibérica de Galera (antigua Tútugi), provincia de Granada. Madrid, Museo Arqueológico Nacional.

tigüedad los superan en mucho. Es verdaderamente curioso que la región del nordeste de la Península, donde hemos visto florecer un núcleo colonial griego de importancia, y donde se alzaron las colonias de Emporion y Rhode, la primera de las cuales ha sido excavada, así como su necrópolis arcaica, no haya dado hasta el día, que sepamos, más testimonios en bronce que la cabeza de pantera de la figura 469. Ni de Emporion ni del resto de la zona al norte del Júcar han llegado a nuestro conocimiento más piezas escultóricas broncíneas que la citada. Que estos hallazgos proceden en gran parte de importaciones comerciales, es lo probable, sobre todo aquellas piezas que decoraban objetos de uso. Pero es también cierto que parte de las figuritas broncíneas, principalmente las halladas en las islas Baleares, han de atribuirse a las rapiñas de los mercenarios españoles, que desde mediados del siglo VI figuraron como estipendiarios de los cartagineses en sus luchas contra griegos. No hay que olvidar que estas continuas levas pusieron a miles de españoles, durante más de tres siglos consecutivos, en contacto con las ciudades sicilianas, tan plenas de riquezas y tan profundamente griegas; que los iberos tomaron y saquearon a sus anchas ciudades como Himera, Selinús, Akragas, Kamarina, Gela, etc., etc., y que, como aliados de Dionisio *el Viejo*, de Siracusa, sirvieron a sus órdenes en la hermosa ciudad y anduvieron por el sur de Italia y el Peloponeso. Finalmente, fueron varios miles de españoles los que permanecieron con Aníbal durante quince años en el sur de Italia. (Véase más adelante el capítulo dedicado a estas andanzas de los mercenarios iberos en el mundo clásico.)

Nos atrevemos a suponer que parte de estos bronces baleáricos no tuvieron otro origen que el robo y el saqueo de las ciudades sikeliotas o suditálicas. Tales depredaciones debieron proporcionar a los mercenarios españoles multitud de objetos, que, vueltos aquéllos a sus tierras, constituirían parte de su patrimonio, guardándolos como idolillos o exvotos para sus santuarios. No de otro modo puede, por hoy, explicarse esta relativamente enorme abundancia de figuritas de bronce griegas aparecidas esporádicamente en las islas Baleares, a cuyos habitantes, en aquellos tiempos, no se les puede conceder un refinamiento artístico tan alto que explique por sí solo esta afición a las bellas figuritas de bronce (42). La primera pieza griega que por su fecha podemos hoy colocar a la cabeza de los objetos de bronce importados de la Hélade es el casco corintio hallado en 1938 en las cercanías de Jerez de la Frontera (Cádiz), y del cual ya hemos hecho mención repetidas veces a lo largo de las páginas dedicadas a la colonización helénica (fig. 454). Es, desde el punto de vista cronológico, el más importante hallazgo griego de España. Su fecha cae de cierto dentro del último tercio del siglo VII a. de J. C. (43).

FIG. 533. — Vaso vidriado de Naukratis hallado en Ibiza. Museo Arqueológico de Madrid.

De procedencia incierta, aunque seguramente de Andalucía también, es el protomo de grifo, muy semejante a otros hallados en Grecia (Olimpia, Delfos, etc.), cuyo destino fué exornar la boca de un caldero probablemente votivo (fig. 455). Por su fecha, debe colocarse hacia fines del siglo VII o comienzos del VI. Es, por tanto, poco posterior al casco de Jerez.

Quizá de unos decenios después es el resto de un *oinochoe* de bronce, de origen rodio, hallado hace tiempo en la provincia de Granada y cuyo paradero actual desconocemos (figuras 456 y 457). Se ha dado por etrusco, pero su filiación segura es la ya dicha. Sus numerosos parientes del resto del Mediterráneo lo acreditan. Todos éstos son objetos de uso.

La primera figurita broncínea de la serie cronológica de los hallazgos de España es la reproducida en la figura 503, encontrada en Lluchmayor (isla de Mallorca) hacia 1920, y conservada hoy día en una colección particular. Trátase de un bronce arcaico, de factura tosca, cuya fecha debe colocarse dentro del segundo cuarto del siglo VI antes de Jesucristo. Representa un *toxotes* o arquero, cuyo carcaj lleva colgado a la espalda.

De la región del Sudeste, es decir, de la zona más rica del arte ibérico, proceden dos de los más importantes bronces griegos arcaicos hallados en España. Uno de ellos es el centauro descubierto en Rollos (Murcia) y conservado en el Museo Arqueológico de Madrid. La extraña figura de hombre y caballo unidos está solucionada al modo más primitivo con que los griegos acos-

FIG. 534. — Lékythos griego de figuras negras hallado en Ibiza en la necrópolis púnica. Madrid, Museo Arqueológico Nacional.

FIG. 535. — Thymiaterion griego hallado en la cueva d'es Cuyram. Museo de Barcelona.

tumbraban a representar estos seres monstruosos de su mitología, es decir, con toda la parte delantera humana (fig. 458). Por lo demás, su arte y factura indican también a las claras una data remota, probablemente no muy lejana de mediados del siglo VI. El otro bronce es el sátiro del Llano de la Consolación (Albacete), figura más moderna, aunque dentro del pleno arcaísmo todavía (fig. 459). Probablemente es obra de los últimos dece-

nios del siglo VI. Del Louvre, donde estuvo hasta 1941, pasó a ser propiedad del Museo Arqueológico Nacional de Madrid.

En la ría de Huelva, al dragarla, salió entre el limo, en 1930, un casco griego corintio de hacia la segunda mitad del siglo VI, es decir, poco más o menos, un siglo posterior al otro, ya citado, de Jerez. El casco hállase hoy en el Museo de la Academia de la Historia, de Madrid (44) (lám. frente a la pág. 518).

Sólo como dudoso hallazgo español damos el bello bronce de la figura 504, conservado en el Museo Arqueológico Nacional de Madrid. Representa una divinidad femenina, vestida de largo *chitón*, muy semejante en todo a la llamada Artemis Daidaleia, del Museo de Boston, obra que ha de tenerse, con muchas probabilidades de acierto, como espartana. Su fecha debe calcularse entre el 540 y el 510 a. de J. C.

El único bronce griego proporcionado hasta el día por las excavaciones de la antigua Emporion,

FIG. 536. — Cabeza masculina, en terracota, de la necrópolis púnica de Ibiza. — Museo Arqueológico de Madrid

tan ricas en hallazgos cerámicos, es el de la figura 469; probablemente, una contera de lanza de carro. Fué hallado en la necrópolis arcaica de la colonia, sita en el lugar hoy llamado del Portitxol (Puerta de San Martín, de Ampurias). Del museíto de la localidad ha pasado a la colección emporitana del Museo de Barcelona. Por su fecha, debe corresponder al último tercio del siglo VI.

De fines del siglo VI es la palmeta en bronce, perteneciente en su tiempo a algún *oinochoe*, hallada en una de las tumbas de la necrópolis ibérica de Tútugi (Galera, Granada), juntamente con otros objetos de procedencia también griega (cerámica) y oriental (anforitas de pasta vítrea y una estatuita de alabastro reproducida en la figura 384.

En Menorca se halló, a comienzos del siglo XIX, en Torelló, cerca de Mahón, una figurita que, aunque actualmente no conocemos su paradero, pudo ser fotografiada hace años, gracias a lo cual no se ha perdido para la ciencia. Trátase de un bronce representando un jabalí alado (figura 505), muy semejante a otros arcaicos como él y fechable hacia el 500. Probablemente procede de Asia Menor.

FIG. 537. — Máscara de tierra cocida de tipo griego arcaico, pero de factura probablemente púnica, hallada en la necrópolis cartaginesa de Ibiza. Museo Arqueológico de Madrid.

También es de procedencia menorquina el bronce de la figura 506, hallado en Rafal del Toro y hoy perdido. Representa a un *dromeús* o corredor en actitud de carrera, típicamente arcaico, similar, por su arte y fecha, a otros bronces dispersos por colecciones de antigüedades. Debe datarse, como ellos, hacia el año 500 a. de J. C.

De la misma isla de Menorca y del mismo lugar procede la sirena en bronce de la figura 507, conservada hoy, afortunadamente, en la colección del Seminario Conciliar de Ciudadela (Menorca). También es figura frecuente en otras colecciones. Como ellas, parece datar de la primera mitad del siglo V y proceder del sur de Italia, donde se solía usar como mango o agarradero de la tapa de ciertas urnas funerarias.

Sin salirnos de las Baleares —lugar, como ya hemos dicho, el más denso en hallazgos de esta clase—, citemos ahora el bello bronce, representando una Atenea Prómachos, hallado en 1851 en Villa de Porreras o en el término de Palma (Mallorca). Desgraciadamente, ignoramos su actual paradero; pero antes de perderse fué fotografiada y estudiada por Mélida en 1900, gracias a lo cual nos es hoy conocida. Es uno de los bronces más interesantes hallados en España (fig. 508), semejante a otro hallado en la acrópolis de Atenas y contemporáneos entrambos. En la mano derecha, alzada, empuñaría la lanza, y en el brazo izquierdo, que avanza por delante, sostendría el escudo, con el que protegía su cuerpo. Ambos aditamentos han desaparecido.

Siguiendo el orden cronológico, que es el que sirve de pauta en esta enumeración, hemos de mencionar otra Atenea Prómachos, hallada ésta en Menorca en 1833, y desaparecida igualmente, pero conservada en fotografía y dibujos de comienzo de nuestro siglo (fig. 509). Su actitud es casi la misma. Varía en la vestimenta. Tanto ésta como la precedente, parecen ser obras del primer cuarto del siglo v. La de Mallorca, sin duda, salida de talleres áticos; la de Menorca, al parecer, itálicos (¿etruscos?).

Otra Atenea más salió también del suelo balear. Pero ésta, a diferencia de las anteriores, muestra un tipo curioso, arcaizante (tipo del Palladion), y se ha conservado hasta nuestros días en una colección de Madrid. En la figura 510 pueden verse unas imágenes de ella. Va vestida con largo peplo dórico. Embrazaba escudo y enarbolaba una lanza (ambos aditamentos perdidos). Por sus paralelos con otras, y por su arte, parece ser obra de hacia el 450 y proceder de talleres peloponesios. Con ella entramos ya en los umbrales del clasicismo griego.

Del mismo tiempo, o algo posterior, es el bello bronce reproducido en la figura 511, en el que vemos a un joven guerrero ciñéndose la coraza. Es también hallazgo mallorquín aparecido en la segunda mitad del siglo xix. Hoy día se conserva

FIG. 538. — Cabeza de Gorgona, en tierra cocida, hallada en la necrópolis púnica de Ibiza. Museo Arqueológico Nacional.

en una colección particular de Palma de Mallorca. El Louvre conserva un bronce, que aunque peor que el de Mallorca, es idéntico a él. Hay también trasuntos de este tipo en figuras de vasos, como el firmado por Euthymides (Museo de Munich).

El bello bronce, hoy en paradero desconocido, de la figura 512 representa a Ulises pensativo. Fué hallado cerca de San Luis (Menorca). De clasificación algo dudosa es la figura de bronce hallada en Atarfe (provincia de Granada) y conservada hoy en el Museo de la localidad (fig. 513). Parece obra griega de la primera mitad avanzada del siglo v; pero su tocado y otras particularidades hacen sospechar su procedencia griega. Pudiera ser etrusca o grecoitálica. Este último origen debe atribuirse a otro bronce coetáneo hallado en Cádiz y reproducido en la figura 514.

Volvamos de nuevo a las Baleares llevados por unas excelentes piezas de procedencia isleña. Dos de ellas pertenecen aún al siglo v griego y muestran un origen peloponesio, probablemente corintio. La más hermosa de ellas, y una de las más importantes halladas en España, es la que reproducimos en la figura 515, surgida en las cercanías de Sineu (Mallorca) en 1867 al hacer mediciones geodésicas. Hoy día se conserva en el Museo Arqueológico de Barcelona. Mide una altura, poco frecuente, de 21 centímetros y representa un guerrero desnudo, cubierto con casco, en cuya mano izquierda empuñaba una lanza y en la derecha, probablemente, un escudo. Esta bella obra, cuyo estado de conservación es muy bueno, debe datarse en los años mediados del siglo V. La otra figura no es menos bella: es la de un muchacho en actitud de oferente (fig. 516), similar a va-

rias esculturas mayores de pleno siglo V y de tipo policletiano. Fué hallada en 1896, cerca de Santa Eugenia (Mallorca); desgraciadamente, su último posesor, poco escrupuloso, vendióla al Extranjero, y hoy se halla en el Museo Metropolitano de Nueva York (45).

A estas dos obras del siglo V avanzado hemos de añadir, por tener la misma procedencia balear, si bien sus fechas son más recientes, en primer lugar, el magnífico bronce de 20 centímetros de alto hallado en Estalliments (Mallorca); representa un sátiro llevando cántaros de vino: uno colgaba del brazo derecho, y el otro era sujetado con la mano izquierda sobre el hombro (figura 517). Desgraciadamente, este bello bronce, que estuvo durante cierto tiempo en poder del mismo dueño que los dos anteriores, ha ido a parar a manos desconocidas. Por su fotografía puede tenerse como pieza de gusto praxiteliano y datable en la mitad del siglo IV. Hagamos mención después de una carátula de Sileno (fig. 518) procedente de Pollensa (Mallorca) y hoy en el Museo Arqueológico de Barcelona; es resto de la decoración de un vaso broncíneo para vino (oinochoe). De un mango de espejo conocido por descripción sólo podemos decir que por ella cabe deducir sería como el de nuestra figura 520, que reproduce otro similar. Fué hallado en 1828 en Campanet (Mallorca).

FIG. 539. — Pínaca en barro cocido, con la figura de un sátiro, hallada en la necrópolis púnica de Ibiza. Barcelona, Museo Arqueológico.

Si de las Baleares pasamos a la Península, para esta época hallaremos pocos testimonios de bronce. Son los más importantes el asa de jarro con cabeza de Sileno hallada en Galera (Granada), obra del siglo IV o III; el bronce de Covalta (fig. 519), resto de una sítula tarentina de hacia el siglo IV, y, sobre todo, el magnífico Hypnos hallado en Jumilla, que de la colección de Cánovas del Castillo pasó a propiedad del Museo de Berlín (figura 521); es obra que aunque cercana, trasunto de originales griegos del siglo IV, debe datarse ya en tiempos helenísticorromanos. Como obras helenísticas han de tenerse también dos bellas figuritas de oro: una representando un danzarín bailando y tocando una doble flauta; otra (fig. 522), una victoria alada, que formó parte, en su tiempo, de una joya. La primera se dió como oriunda de la provincia de Jaén y estuvo en poder de un coleccionista de Madrid; la segunda, hoy en el Museo de Barcelona, procede de las Baleares.

Obra griega provincial de mal arte es la pátera argéntea de Tivisa (Tarragona), con la representación de una carrera de carros. Puede ser obra del siglo III o II antes de Jesucristo, y quizá sikeliota (fig. 523). También de época helenística puede ser el bronce de la figura 524, representando un negrito danzarín; recuerda cosas de gusto alejandrino; fué hallado en la provincia de Cádiz, en cuyo Museo se conserva.

Mármoles.

Así como en objetos y figuras de bronce los hallazgos españoles, incluídos, como es lógico, los de las islas, han sido bastante numerosos, por el contrario, las obras esculpidas en mármol clasificables como griegas son hasta el presente muy raras y en muchos casos problemáticas. Sobre la mayoría pesa aún la duda de su filiación exacta; otras, aunque tenidas generalmente como griegas, cabe afirmar, tras un cuidadoso examen, que no lo son, o son, todo lo más, productos helenísticorromanos.

Ateniéndonos a las que ofrecen más seguridades, citaremos en primer lugar aquellas que salieron del suelo de Ampurias, la antigua colonia griega, y entre ellas, sobre todo, la magnífica estatua de Asklepiós (figuras 498-499). Fué hallada en 1909 en una

FIG. 540. — Figura de barro cocido procedente de la necrópolis púnica de Ibiza

cisterna de la Neá Polis de Emporion, y consérvase hoy en el Museo Arqueológico de Barcelona, cuya sala de Ampurias preside con los honores debidos. El dios de la salud, en pie, asistido por la serpiente simbólica, va envuelto en amplio himation, que deja al descubierto medio pecho y cae hasta los pies, cubiertos de bellas sandalias. La hermosa cabeza barbada, de noble y serena expresión zeúsica, está encuadrada por una melena de cortos mechones y ceñida de modo casi imperceptible por una fina *tainía* o cinta. La estatua fué esculpida en dos bloques. Se ha tenido por obra griega de la época fidiaca, y concretamente se ha atribuído incluso a un discípulo del gran maestro: a Agorakritos (46).

Junto a tal criterio, ya desde poco después de su descubrimiento, hubo quien no vió en ella sino una excelente copia helenísticorromana de un original griego de la época antes dicha y del círculo fidiaco. Esta opinión ha sido últimamente documentada por una serie de observaciones de orden histórico y técnico, en virtud de las cuales debe tenerse el Asklepiós de Ampurias realmente, no por un original griego del siglo v, sino por un excelente original algo más moderno, inspirado en imágenes del siglo iv (47).

La cabeza de Afrodita (fig. 500) y otra cabeza, al parecer femenina, pero muy deteriorada (fig. 501), son también hallazgos de Ampurias; la primera, de fecha más moderna de lo que se suele decir (probablemente es obra helenísticorromana), y la segunda quizá de la primera mitad del siglo v. Muy dudoso es el friso (fragmento) de las esfinges procedentes de la Palaiá Polis de Emporion, que se ha solido tener como arcaico, cuando probablemente es obra romana (48).

Fuera de Emporion, única colonia griega de España que ha sido posible localizar y excavar, los hallazgos de mármoles esculpidos, griegos o de aspecto griego, han sido

FIG. 541.—Figura de barro cocido hallada en la necrópolis púnica de Ibiza

FIG. 542. — Figura de barro cocido hallada en la necrópolis púnica de Ibiza

nulos, si exceptuamos el relieve (fig. 525) hallado hace tiempo en Jávea (Alicante), localidad cercana a Hemeroskopeion, obra que pudiera ser griega, del siglo iv, como se ha dicho (49).

Cerámica.

Los hallazgos griegos de carácter cerámico han sido numerosísimos en España. Estos tardaron en reconocerse; pero una vez constatados como indudables, en el último decenio del siglo pasado, han sido señalados en todos o casi todos los yacimientos antiguos prerromanos de la Península, en sus regiones costeras del Este y del Sur. La afluencia de productos cerámicos griegos en estas regiones fué tal y tan intensa, que serán escasos los lugares ibéricos anterromanos que no ofrezcan, a poco que se arañe en ellos, ejemplos de cerámica griega, sobre todo italiota, de los siglos iv y iii (véase el mapa de la fig. 562, abajo).

Es indudable, por lo que hasta el momento sabemos, que el foco que presenta ejemplares cerámicos griegos más arcaicos es el de Ampurias, el cual ha dado muestras datables ya a fines del siglo VII (fig. 468). Salvo esta localidad y la de Villaricos, en Almería (figura 466), puede decirse que en el resto de la costa mediterránea peninsular no hay más ejemplos del siglo VI que los citados. Ello creemos no es aún una adquisición firme, pues ha de tenerse en cuenta que las demás colonias griegas de España, algunas, como vimos, más antiguas que la de Emporion, no han tenido la suerte de ser halladas y, por tanto, de ser excavadas. Pero el cuadro que en cerámica nos ofrecen las ruinas de Emporion ha de hacerse extensivo a las demás. No dudamos que si algún día pudiese hallarse y explorarse alguna otra de las factorías griegas de la Península, daría muestras cerámicas de cronología comparable, por lo menos, a la de Ampurias, y aún quizá más remota, pues Mainake y Hemeroskopeion, por no citar sino las más importantes, fueron, sin duda, fundaciones bastante anteriores a las de la Palaiá Polis de Emporion, como ya vimos (49 a).

El siglo V debió importar de Grecia cerámica en mayor cantidad. Esta, además de Ampurias, ha sido señalada, aunque en fragmentos pobres en general, en distintos puntos de la costa mediterránea (figs. 526 y 527). Por el contrario, pasado el siglo V comienzan a llegar a nuestras riberas marítimas una gran cantidad de productos cerámicos italiotas que inundan las factorías litorales, tanto las de Andalucía —región sujeta, sobre todo, al dominio comercial de Cartago—, como las sitas al norte del cabo de La Nao, relacionadas

FIG. 543. — Figura de barro cocido de la necrópolis de Íbiza

más directamente con el mundo griego. Importantes por su número y conservación son las que ha dado el suelo andaluz: Villaricos, Baza, Peal de Becerro, Baena, Alcácer do Sal, etc. El lote más abundante y bello lo ofreció la necrópolis ibérica de Galera (antigua Tútugi), en la provincia de Granada. De ella salieron unas cuarenta piezas cerámicas griegas de importación, de las cuales reproducimos aquí algunas (figs. 528 y 532). Tras este período de importaciones italiotas de vasos grandes pintados y fechables a todo lo largo del siglo IV, sigue en abundancia aun mayor la importación de la cerámica negra, corriente, llamada «campaniense», que inunda verdaderamente la costa y penetra en el interior, cortándose este tráfico comercial pacífico a fines del siglo III con el comienzo de la segunda guerra púnica y con la llegada en son de conquista de los romanos.

Como centros importadores de la cerámica griega hemos de considerar no sólo los emporios griegos, sino también los púnicos, ya que éstos acostumbraban a usar como vajilla de lujo la griega. Los indígenas, que gustaron también de tales productos, recibían por ambos conductos los vasos griegos, en especial cráteras, que se suelen hallar con cierta frecuencia en las necrópolis ibéricas, tanto costeras como del interior (Alcacer do Sal, Galera, Villaricos, Mataró, Albufereta, etc.). En Villaricos e Ibiza, por ejemplo, junto a los vasos griegos aparecen los púnicos. En una ánfora griega del siglo IV, hallada cerca de la antigua Ábdera, se ve grabada una marca comercial púnica (fig. 265). Este papel de

FIG. 544. — Figura de barro cocido de la necrópolis de Ibiza

las colonias púnicas de España como importadoras de productos griegos es especialmente sensible en los siglos IV y III para esta zona del sur y sudeste de la Península; pero se deja sentir antes, a fines del siglo VI, en Ibiza, donde hay muestras valiosas de cerámica griega de figuras negras, e incluso un ejemplar de Naukratis, como las reproducidas en las figuras 533 y 534.

Incluímos aquí también los barros cocidos figurados, como *terracottas*, pebeteros o *thymiaterios*, *pínacas*, etcétera; algunos, verdaderas obras de arte. También en estos casos las piezas han sido halladas tanto en las zonas sujetas a influencias griegas directas como a las monopolizadas por Cartago. Destacan, por su belleza, los hallazgos de Ampurias; entre ellos, los vasos *oinochoes*, en forma de cabezas femeninas, fechables en la primera mitad del siglo V; la figura de Kora (fig. 496), preciosa obra del más puro estilo griego de la segunda mitad del siglo V. Lleva en una mano un cuenco con frutos (?), y en la otra un gorrinillo. Va vestida con peplos y coronada con un *kalathos*. Sin duda, esta obra está en relación con cultos muy extendidos en Sicilia, donde han aparecido muchas figuras del mismo tipo y tiempo. Algo inferior en arte es el pebetero de la figura 495 y la *terracotta* reproducida en la 497, ambas coetáneas de las anteriores y conservadas todas en el Museo Arqueológico de Barcelona. De este género de obras, la más arcaica hallada hasta ahora en Ampurias es un fauno *ithyphállico*, con patas de caballo y recostado a lo largo con un *rhiton* en sus manos (fig. 494).

De Ibiza, la antigua Ebyssos, y entre los hallazgos púnicos de la necrópolis del Puig d'es Molins, han aparecido gran número de figuras griegas, ya originales, ya (en muchos casos) imitaciones o «falsificaciones» cartaginesas. Entre las más interesantes destaca, por su pureza clásica, la hermosa cabeza, parte de un *thymiaterion*, hallada en la cueva des Cuyram, obra de la segunda mitad del siglo V (fig. 534) y conservada hoy en el Museo de Barcelona. Interesante también, pero más arcaica, es la cabeza masculina de la figura 535, propiedad del Museo Arqueológico de Madrid, así como otras (figs. 536 a 550) que, como procedentes del mismo yacimiento arqueológico ibicenco, guardan también el mencionado Museo Nacional de Madrid y los de Barcelona, Ibiza y Cau Ferrat de Sitges: de ellas hay varias arcaicas (figs. 536 a 539); otras son clásicas (figs. 535, 540 a 542). Como obras del siglo IV y posteriores han de señalarse las reproducidas en las figuras 544, 548 y 550; pero, sobre todo, la *pínaca* de la figura 549, obra helenística con la representación de Thetis sobre un caballo marino, procedente, como casi todas las anteriores, de la necrópolis del Puig d'es Molins. La procedencia siciliana de muchas de las *terracottas* halladas en las necrópolis y santuarios púnicos de Ibiza es indudable.

También procede de zona púnica, aunque quizá ya de tiempos romanos, la bella *terracotta* de la figura 551, hallada en la región de Cádiz; representa un Eros niño, y es con seguridad un producto importado de la Cirenaica, de donde procede otro idéntico conservado en el Louvre. El ejemplar gaditano, algo mayor, se guarda en el Museo de Cádiz.

Monumentos arquitectónicos.

No se conocen hasta el momento restos arquitectónicos griegos en España más que los descubiertos en Ampurias, los cuales, en su mayoría, datan del período helenístico romano. Véase lo dicho al hablar de Ampurias (págs. 567 y sigs.).

Monedas.

La primera moneda que circuló en España fué la griega, traída por los comerciantes helenos. Luego veremos cuáles son los testimonios de ella, sus fechas y orígenes. Más tarde hubo acuñaciones peninsulares propias de las colonias. Las primeras conocidas son las de Emporion; a ellas siguen las de Rhode, su vecina. En cuanto a las demás colonias o factorías griegas de España, no tenemos noticia de que acuñasen moneda alguna; lo más probable es que no la tuviesen, sirviéndose para sus transacciones comerciales de las procedentes de otros puntos, bien fuesen peninsulares o exóticas. Esto explica que, como veremos, las procedentes de Sicilia, Magna Grecia y Massalía (aparte de las de Emporion y Rhode), aparezcan también en los tesoros españoles. Las acuñaciones de Emporion y Rhode son totalmente griegas no sólo por el tipo, arte y leyenda, sino también por su

FIG. 545. — Figura de barro cocido de la necrópolis de Ibiza

metrología. Suelen llevar las primeras la cabeza de la ninfa Arethusa, rodeada de delfines, en el anverso. En el reverso, la figura del caballo Pegaso, que a veces substituye su cabeza por una figurita humana, que se dice de Crisaor. Acuña distintos tipos de óbolos, dracmas y divisores, en los cuales se advierte la imitación de tipos massaliotas y siracusanos. En cuanto a las de Rhode, presentan en el anverso una rosa, como emblema parlante de nombre de la ciudad y, sin duda, también en recuerdo de su origen, que, como ya hemos dicho repetidamente, fué debido a colonos rodios; el reverso lleva la cabeza de la ninfa Arethusa. Su amplitud cronológica es muy breve y su tipo mantúvose fijo. El arte suele ser mejor incluso que el de Emporion (50).

En cuanto a los hallazgos de monetario griego exótico, vamos a dar a continuación la lista de los tesoros y su contenido. Aquí no nos interesan, desde un punto de vista exclusivamente numismático, sino como documentos históricos de más alto valor, por mostrarnos una imagen viva y muy precisa de las corrientes comerciales y culturales que unían la Península Ibérica con el resto del mundo mediterráneo. Su presencia material en España no sólo importa como puede importar un objeto de bronce o un vaso cerámico, sino, además, por llevar consigo la marca de su procedencia y la fecha de su acuñación, datos éstos que no poseen, por lo general, los demás objetos.

FIG. 546. — Figura de barro cocido de la necrópolis púnica de Ibiza. Madrid, Museo Arqueológico.

Emporion.—Un primer hallazgo, al que pertenecen las siguientes monedas griegas: una moneda de Thurioi, Magna Grecia, del 400-350; moneda de Phistelia en Campania, del 380-350; una moneda de Fócea, Asia Menor, del 650-545, y otra de la misma ceca, del 520 al 480; una moneda de Mileto, Asia Menor, de la primera mitad del siglo v.

El 25 de agosto de 1926 se halló, en una casa de la neápolis emporitana, una jarra con 894 piezas, muchas de las cuales de origen exótico, y son: monedas arcaicas del tipo de *Auriol;* moneda de Teos, en Asia Menor, anterior al 545; moneda de Kameiros, Rodas, de hacia el 480; monedas de Hyle (luego Velia), en Magna Grecia, del 544-450.

Rhode.—En 1850 fué hallada cerca de la ciudad una gran cantidad de monedas. Nada se sabe de las circunstancias del hallazgo. De su contenido, dos ejemplares eran griegos, de acuñación extrapeninsular, y las dos monedas anepígrafas, de la Cirenaica, a juzgar por el grano de *silphium* en ellas representado. Datan de hacia el 480.

«Tesoro» de Pont de Molins.—En mayo de 1868, en la localidad que le da nombre, cercana a Figueras (provincia de Gerona), fué hallado un jarro con unas sesenta monedas, entre las cuales figuraban las siguientes de acuñación griega: una gran cantidad de

monedas griegas arcaicas, anepígrafas, del tipo llamado de *Auriol*, de procedencia probablemente mikrasiática; una dracma de Kyme (la Cumae romana), con la leyenda retrógrada ΝΟΙΑΜΥΚ del 550-470; restos de dos tetradracmas arcaicas de Atenas, con leyenda ΑΘΕ, del 480-407; un fragmento de tridracma de Apollonia de Illyria, de acuñación unilateral, con los jardines de Alkinoos, del 400-350; una moneda de Zoné, en la Tracia, del siglo V; un fragmento de estátero arcaico de Metapontion, sur de Italia, del 550-470.

Tarragona. — Fecha, lugar y cantidad del hallazgo, desconocidos. (Se supone que fué hallado por los años de 1860 a 1865.) En este tesoro figuraba una moneda de Selinús (Sicilia) con toro androcéfalo, encima del cual la leyenda ΣΕΛΙΝΟΕΣ, de fecha entre el 466 y el 415.

Morella. — Norte de la provincia de Castellón. Fué encontrado este tesoro a principios del año 1862. Perteneció a Zobel, el cual tuvo la desgracia de perderlo. En él figuraban: moneda de Phaistós (Creta), con una cabeza de toro, de frente, en el reverso, y en el anverso, cabeza de Heraklés, con leyenda, probablemente de la ceca de Phaistós y fechable del 400 al 360; moneda de Taras (Tarentum), Magna Grecia, del 510-480, probablemente. Quizá hallada en Morella.

Denia, la antigua Hemeroskopeoin. — En sus cercanías, en Mongó, fué hallado, en la primavera de 1891, un recipiente con 16 monedas, juntamente con fíbulas, lingotes, etcétera. De ellas, las siguientes griegas exóticas: una tetradracma de Zankle o Messana (Sicilia), con la leyenda ΜΕΣΣΑΝΙΩΝ, de 490-390; otra tetradracma de Leontinoi (Sicilia), del 460-420; un fragmento de moneda de Siracusa (Sicilia), de hacia el 480; una moneda de Selinús (Sicilia), del 460-410, y una moneda arcaica de Corinto, del 520-480 (figura 552).

Fig. 547. — Máscara de barro procedente de la necrópolis púnica de Ibiza. Madrid, Museo Arqueológico.

A estos hallazgos hay que añadir otros, vagamente determinados, pero seguros, que, por desgracia, se han perdido para la ciencia, aunque su noticia se haya salvado. No se sabe de ellos más que contenían monedas griegas; pero se ignoran, por lo general, sus cecas. Tales hallazgos son: una serie de dracmas y tetradracmas de Alejandro, que en noviembre de 1895 estaban en posesión de don José Llorente, en Granada, en cuya región habían sido halladas. Un «tesoro» hallado en localidad desconocida por nosotros, y del que Vives dijo sólo lo que sigue: «Otro depósito de unas 30 monedas, también griegas (se refiere a la Magna Grecia) y emporitanas primitivas, cuya adquisición gestionamos, pero que no pudimos lograr, ni volver a verlas, ni a saber de ellas.» Unos importantes hallazgos de monedas, acaecidos antes de 1914, en Benisa y la Punta de Ifach (provincia de Alicante), de los que, por lo visto, no queda más que esta vaga noticia:

una tetradracma de Siracusa y una dracma de Argos (?), al parecer halladas en Silla, cerca de Valencia. En 1927, dos monedas griegas halladas en Denia (lugar de la antigua

FIG. 548. — Placa de barro con la figura de una mujer procedente de la necrópolis púnica de Ibiza. Madrid, Museo Arqueológico.

Hemeroskopeion, provincia de Alicante). Monedas griegas halladas en el barranco del Arc, entre Alcoy y Callosa (provincia de Alicante). No sabemos con certeza si alguna de las noticias últimamente citadas son distintas referencias de un mismo hallazgo. Nos inclinamos a creer que no, pues aparte de no coincidir, se refiere (51) que en todo el reino de Valencia han sido abundantes los hallazgos de monedas griegas. Según referencias, hubo en Cádiz un magnífico monetario, en el que sobresalía la serie griega. No podemos asegurar si estas monedas proceden de la región. Cartailhac cita ciertas monedas griegas halladas en la necrópolis portuguesa de Alcacer do Sal, cerca de Setúbal.

En la Serra do Pilar, cerca de Oporto (Portugal), halláronse, en excavación, dos monedas griegas. Según opiniones autorizadas, una es ateniense, de tiempos helenísticos (hacia el 300 a. de J. C.), y la otra, que lleva la efigie de Alejandro, debió ser acuñada después de su muerte. Según referencias poco precisas, en la necrópolis cartaginesa del Puig d'es Molins (Ibiza, Baleares) se hallaron monedas griegas y egipcias ptolomeicas.

Aunque no sea propiamente una moneda, por estar claramente emparentada con cierta serie numismática siracusana, añadiremos a esta lista la bráctea de oro que conserva el Museo Municipal de Oporto (fig. 555). Se trata de una plaquita de oro algo gruesa, cuadrangular, de cuatro centímetros de altura por cinco de largo. En su centro muestra, en relieve, la bella cabeza de la ninfa Arethusa, de perfil, rodeada de cuatro delfines y con la leyenda ΣΥΡΑΚΟ ΣΙΩΝ en lo alto, y la

FIG. 549. — Pínax helenístico de Ibiza. Museo Arqueológico de Madrid

firma del artista, EYAINE [τος], en la parte inferior, todo al modo de las célebres dekadragmas siracusanas, de las que parece haberse obtenido esta bráctea. Los cuatro bordes de

LA CULTURA Y EL COMERCIO GRIEGOS EN ESPAÑA

la plaquita están atravesados por pequeños agujeros, probablemente porque fué hecha para ser utilizada como adorno adherido a algo. Según noticias fidedignas, fué hallada en 1840 en las cercanías de Bragança (norte de Portugal). Estas son, hasta el momento, las noticias más importantes que han llegado a nosotros sobre hallazgos de monedas griegas

FIG. 550. — Figura de barro cocido procedente de la necrópolis púnica de Ibiza. Madrid, Museo Arqueológico.

FIG. 551.—Figurita helenística de barro cocido procedente de la provincia de Cádiz. Museo de Cádiz.

en la Península Ibérica. El total de ellos y su distribución geográfica puede verse en el mapa de la figura 563. Para el cuadro de estos hallazgos monetarios ver página 640.

Joyas, adornos, etc.—Poco es lo que ha llegado a nosotros de joyería y puede darse como griega. El tesoro hallado en 1904, en las cercanías de la antigua Hemeroskopeion, en la localidad de Jávea (Alicante), es evidentemente un producto griego helenístico, y no ibérico, como se ha dicho (figs. 553-554).

Las pastillas grabadas, de tipo griego, han aparecido en Ibiza y deben considerarse como púnicas, aunque de artistas quizá griegos (figs. 556-560). Un ágata con la figura de Acheloús, hallada al parecer en España y adquirida por el Museo Arqueológico de Madrid, es de procedencia siciliana y fechable en el último cuarto del siglo v antes de Jesucristo (fig. 561).

3. El comercio griego en España

Muy mal informados estamos, por los textos y la arqueología, del comercio griego con nuestra Península. Excepto de los minerales, que parece fueron los móviles primarios de la colonización, tanto griega como púnica, ignoramos qué otros productos naturales pudieron acompañar a aquéllos en el tráfico comercial de los helenos. Tampoco sabemos nada, o casi nada, de las industrias que los colonos griegos pudieron desarrollar en sus factorías.

El carácter de las colonias griegas de España, ya expuesto en líneas anteriores, permite suponer que fuera de la adquisición de minerales, lo demás, es decir, productos del

FIG. 552. — Mongó, cerca de Denia. Monedas del tesoro llamado de Mongó (de Messana, Leontinoi, Siracusa, Selinús y Corinto). — *Según Chabás*

campo y manufacturas locales, jugó un papel muy escaso en el comercio con las restantes ciudades griegas del Mediterráneo. En este aspecto, bien sea porque han llegado a nosotros más informes, bien porque fué así realmente, el hecho es que los púnicos tuvieron con la Península un comercio más extenso, en el que entraban, a más de los minerales de todo orden, las conservas de salazón, plantas útiles como el esparto, y en no pequeña escala, la contrata de tropas mercenarias.

Que para los griegos —del mismo modo que para los púnicos— los minerales españoles fueron el incentivo comercial más importante, lo indican un buen número de testimonios escritos incluso desde fechas muy remotas. Meidókritos, el primer griego de nombre conocido que aparece en nuestra Historia, llevó a tierras de griegos el primer cargamento de estaño, y esto en tiempos que debemos suponer muy remotos. Plinio dice que el estaño era de las Kassiterides. Cualquiera que fuese su emplazamiento, el hecho es que tuvo que hacer el viaje de Occidente, llegando a Tartessós o pasando de él, impelido por el deseo de importar estaño en su tierra (52). Kolaíos *el Samio* llevó a su patria, en la segunda mitad del siglo VII, una cantidad asombrosa de plata de Tartessós, según refiere Herodoto (53).

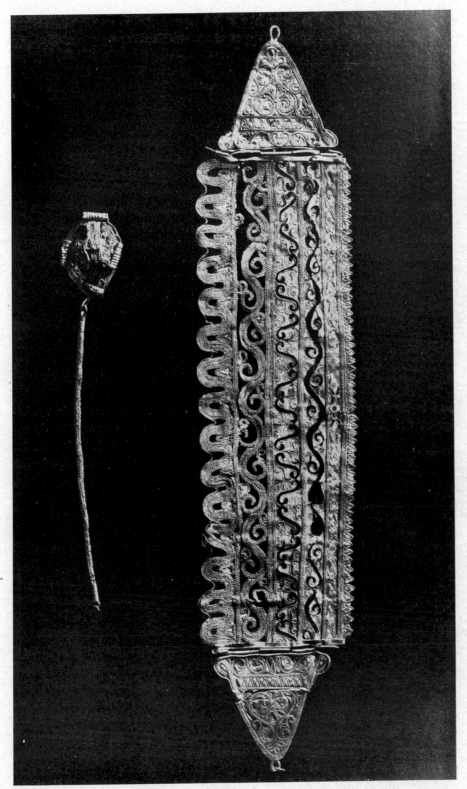

FIG. 553. — Diadema áurea de Jávea (Alicante). Museo Arqueológico de Madrid

Años después, el poeta griego Stesíchoros (54), que escribía en Sicilia hacia el 600, menciona el río Tartessós, del que dice que tiene sus fuentes de plata (ἀργυρόρριζος),

Fig. 554. — Detalle de la figura anterior

aludiendo al lugar de su nacimiento, cuyos montes son citados años más tarde por el anónimo autor del periplo contenido en la *Ora* de Avieno, como «montaña de la plata»

Fig. 555. — Bráctea en oro, firmada por Euainetós, hallada en Bragança (Portugal). Museo Municipal de Oporto.

(mons argentarium) (55). Estrabón lo llama del mismo modo (’Αργυροῦν ὄρος). Es indudable que se trata del Guadalquivir, cuyo nacimiento está cerca de las minas de Castulon. Estas menciones aluden bien a las claras al mineral que más podía interesarles. Un fragmento contenido en Esteban de Bizancio habla de lo mismo, y Éforo, haciéndose eco de estas antiguas referencias, dice del río Tartessós que arrastra estaño, oro y bronce (56).

Hacia el 500, un fragmento de Hecateo, conservado en Esteban de Bizancio, cita en el Sudeste, entre los Mastienos (región de Cartagena), la ciudad de Molybdana, evidentemente con nombre derivado de su característica principal: la explotación o la exportación del plomo (μόλυβδος). En el periplo se da el nombre de *Chrysus* al río Guadiaro (57).

El nombre, aunque en latín, procede del griego. En el siglo IV, el gran naturalista griego Teofrasto conoce también el cinabrio de España (58), que si bien no es probable que sea el de Sisapon (Almadén) —por lo demás, conocido ya en tiempos de la República romana—, es, por lo menos, de los yacimientos menores explotados de antiguo en distintos puntos del sudeste de la Península. El mismo Teofrasto dice que el río Theodoros (designado con falsa etimología, helenizada, del nombre indígena Tader, el Segura actual) llevaba mucho oro (59). La fama de la abundancia de plata en Iberia dió lugar a leyendas como la del incendio de los Pirineos y las áncoras de plata de los fenicios; leyendas que fueron recogidas crédulamente por los griegos en varios textos (60) En uno de ellos (61) se dice que los massaliotas hicieron grandes negocios con la plata que brotó, fundida, tras el incendio de una selva de Iberia.

FIGS. 556 y 557. — Dos sellos (muy aumentados) procedentes de la necrópolis púnica de Ibiza

Cuando, con la conquista romana, se conocieron mejor las riquezas mineras de la Península, no hay autor que hable de ella sin ponderar hasta el máximo la abundancia y riqueza de las minas españolas en toda clase de metales. Polibio, Poseidonio, Artemidoro, Estrabón, Diodoro, Livio, Trogo, Marcial, Plinio y otros más, menos importantes, no se cansan de elogiar la abundancia y excelencia de los metales españoles. Pero tales textos se salen ya del marco griego colonial. En otro lugar de este libro se dan noticias cumplidas de ellos.

Estrabón (62), al hablar de Emporion, menciona su industria del lino; pero es la única cita de esta clase que se encuentra en los textos referentes a las colonias españolas. De las demás nada dice, si no es la alusión a las ferrerías de las proximidades de Hemeroskopeion (63).

Esto es lo que pudo ser el comercio griego con la Península, en lo que toca a los productos que de ella salían para los emporios griegos; es decir, los productos de exportación. En cuanto a los de importación, nada habla más claro que el capítulo dedicado al arte griego en España; en él hemos presentado todos los objetos principales hallados en ella hasta el día. Importábanse, pues, no sólo vasos cerámicos o de metal, sino también figuras de bronce, estatuas y objetos

FIG. 558. — Sello (muy aumentado) procedente de Ibiza. Museo Arqueológico de Madrid.

de uso y adorno. La contemplación del mapa de la figura 562, donde están localizados con signos distintos las varias especies de objetos griegos importados y conocidos hasta ahora, da una clara idea de la extensión del territorio peninsular a que este comercio afectaba. Como se ve, el grueso de estas importaciones se extiende por la costa, penetran-

do poco en el interior, y eso tardíamente (siglos IV-III) y polarizándose, sobre todo, en los dos centros coloniales más activos, al Noroeste (Emporion, Rhode) y al Sudeste (Hemerokopeion, Alonís y Akra Leuké). No creemos, pues, preciso insistir más sobre ello. En el dicho capítulo se verán también las procedencias, seguras o probables, de estas importaciones, así como las fechas de ellas y los distintos desplazamientos del comercio, según los avatares históricos. Asia Menor, el Ática, Sicilia y Magna Grecia, a más de Massalía, tuvieron a través de más de cinco siglos relaciones más o menos estrechas con las colonias y factorías peninsulares. No faltan tampoco productos de los emporios comerciales griegos del norte de África, es decir, de Egipto y la Cirenaica. Respecto a los valores culturales que con tal comercio pudieron llegar a España, se hablará oportunamente al tratar de la cultura ibérica, donde son patentes sus huellas. Las re-

FIG. 559. — Sello (muy aumentado) hallado en Ibiza. Museo Arqueológico de Madrid.

laciones que unían a las colonias griegas de España con el resto de las ciudades helénicas en ningún lugar se ven mejor que en el monetario exótico griego hallado en la Península. De él pueden sacarse interesantes deducciones.

El mapa reproducido en la figura 563 y los dos cuadros de la página 640 sugieren lo siguiente: que el área de relaciones de la Península Ibérica llena todo el ámbito del Mediterráneo, siendo más densas en localidades con ella relacionadas precisamente aquellas regiones de vida comercial, industrial e intelectual más activa; que tal densidad es más apreciable en el sur de Italia y Sicilia, lo cual se explica también, en parte, por su posición geográfica con respecto a España. Por lo que a ésta se refiere, es digno de hacer notar que todos los hallazgos de numerario griego exótico han acaecido, principalmente, en la faja costera mediterránea o en su más próximo *hinterland*, y, sobre todo, que los hallazgos tienden a polarizarse alrededor de las colonias griegas, muy principalmente hacia el foco constituído por Hemeroskopeion y Alonís, que, a pesar de haber tenido, quizá, una vida más efímera que Emporion, la semilla griega por ellas sembrada prendió mucho mejor

FIG. 560. — Sello (muy aumentado) procedente de Ibiza. Museo Arqueológico de Madrid.

entre los iberos de la región de Alicante, Albacete, Murcia y Valencia, que entre los del litoral catalán, como la arqueología de estas zonas lo corrobora. En cuanto a las Baleares, no tenemos más que la noticia del hallazgo de Ibiza. Indudablemente han debido de aparecer más monedas, pues no se compagina esta pobreza con la abundancia de bronces y restos cerámicos de que tan pródigas han sido estas islas.

Mención aparte merecen los hallazgos de numerario griego acaecidos al otro lado de las Columnas. Lástima grande que no conozcamos las fechas y cecas de estas monedas. Pero de todos modos, los hitos marcados por los hallazgos de Cádiz, Alcacer do Sal y Serra do Pilar demuestran que por el valle del Duero, en cuya desembocadura aparecieron también monedas griegas, pudo existir un tráfico que llevase la hermosa bráctea del Museo de Oporto (fig. 555) hasta las estribaciones de la Sierra de la Culebra (Bragança), lugar de su hallazgo.

Otra de las deducciones más valiosas es la que nos muestra cómo la primera corriente de helenismo, coincidiendo con lo que los textos dicen a este respecto y lo que la arqueología demuestra, llega a nuestras costas, procedente de la Grecia Mikrasiáica y en fecha que precede, al parecer, a las fundaciones de las primeras colonias o factorías fóceas en el noroeste de nuestra Península. Es también interesante el testimonio de que ya desde fines del siglo VI, y con mucha más intensidad durante el V, toman parte importantísima en este tráfico comercial y espiritual las ciudades griegas de Occidente, es decir, del sur de Italia y Sicilia, lo cual concuerda tam-

FIG. 561. — Ágata siciliana de los siglos IV-V con la figura de Acheloús, hallada en España (el engarce es posterior). Madrid, Museo Arqueológico.

bién con los resultados que de los textos y de la arqueología se han podido extraer. Así, pues, parece que los hallazgos de monedas griegas en la Península permiten afirmar, coincidiendo con otros testimonios, que salvo el primer momento, en España se dejó sentir más el influjo de la cultura griega venida a través de las ciudades helénicas de la Magna Grecia y de Sicilia, que el llegado directamente de la Hélade y de Asia Menor. Y, por último, que el siglo V figura con mucho como el más activo, siendo muy de extrañar la escasez de monedas correspondientes a los siglos IV y III, lo cual está, por el contrario, en total desacuerdo con la arqueología y los textos.

No creemos, por tanto, que estos resultados, sacados de los hallazgos esporádicos conocidos hasta el presente, puedan tenerse por índice exacto y completo, vale decir, como una estadística del tráfico que unía a la Península Ibérica con el resto de los pueblos del Mediterráneo antes de la entrada definitiva de los romanos en su historia general. No ha de olvidarse que ignoramos, en su mayor parte, el contenido de aquellos tesoros perdidos, quizá para siempre, y, sobre todo, que hemos de tener en cuenta que un solo hallazgo de este género puede hacer variar en mucho las deducciones que el material hasta ahora conocido ofrece.

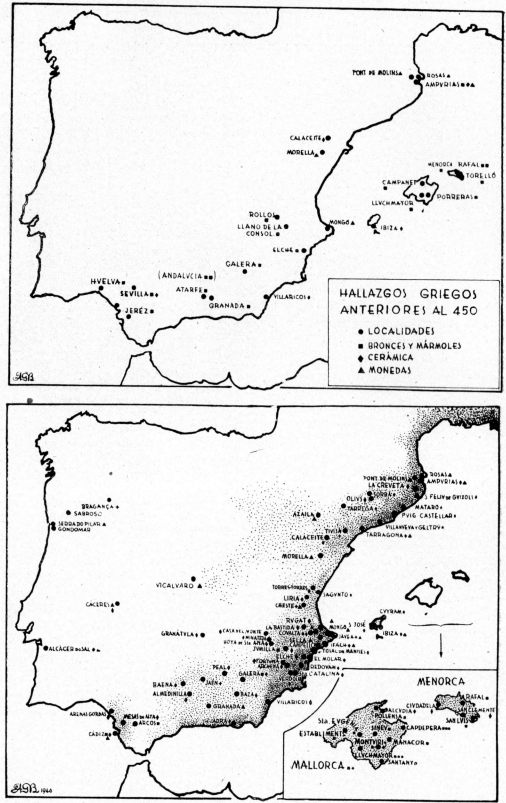

FIG. 562. — Arriba: Distribución de los hallazgos griegos de España anteriores al 450.
Abajo: Distribución de los hallazgos griegos de España posteriores al 450. — *Según García y Bellido*

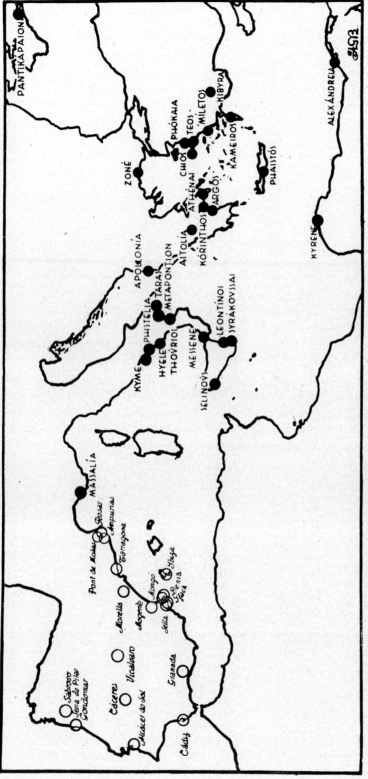

FIG. 563. — Mapa del Mediterráneo con los lugares de hallazgo y procedencia de las monedas griegas de España. — *Según García y Bellido*

Como una mera casualidad puede explicarse, quizá que de los siglos IV y III antes
de Jesucristo, en que los mercenarios iberos y celtas españoles intervinieron más intensamente en el mundo antiguo (en Sicilia, Peloponeso, Magna Grecia, Italia, Cerdeña,
norte de África y hasta el cercano Oriente), no se conserven más testimonios numismáticos que los pocos citados. Y no lo excusa el pensar que por no constituir estas aventuras
un tráfico propiamente comercial, no podía acusarse, por tanto, en las monedas ateso-
radas, pues es precisamente en esta misma época (siglos IV y III) cuando más intensa es
la influencia griega y mayor número de restos cerámicos italiotas se encuentran en España, y, sin embargo, nada de este activo comercio se acusa en los tesoros españoles.

Por el contrario, en otros respectos son bien explícitos y lógicos estos hallazgos, principalmente por el hecho de que, salvo unas pocas ciudades de escasa importancia y cuya
presencia en nuestros tesoros es difícil de explicar (Zoné, Apollonia de Illyria, Phistelia),
todas las demás fueron ciudades próceres y emporios importantes de industria y comercio (Atenas, Corinto, Siracusa, Selinús, Taras, Kyme, Metapontion, Fócea, Alejandría,
Mileto, etc.), las cuales, como es lógico, debieron tender también por nuestra Península
sus lazos comerciales.

En cuanto a las monedas de Massalía, son tan corrientes en los tesoros aquí catalogados y en otros, que hemos creído oportuno prescindir de ellas, pues dada su proximidad
a la Península y el hecho probable de haber absorbido parte del comercio exterior de la
región al norte del cabo de La Nao, permite considerarla casi como peninsular. No obstante, las monedas de esta colonia griega deben tenerse siempre presentes como índice
de una corriente de helenismo llegada a España por su medio.

Si ordenamos este material numismático en relación a las grandes regiones geográficas e históricas del mundo antiguo anterromano, obtendremos el cuadro que aparece a
continuación, en el que podrá verse con más claridad cómo el tráfico comercial entre la
Península Ibérica y las tierras del mundo antiguo afectaba a sus principales emporios
comerciales y a sus más importantes regiones productoras.

CUADRO GEOGRÁFICO DE LAS MONEDAS GRIEGAS EXÓTICAS HALLADAS EN ESPAÑA

Grecia continental

Atenas (cuatro ejemplares).
Corinto.
Argos (?).
Zoné (Tracia).
Apolonia (Iliria).
Etolia.

Asia Menor

Varias del tipo *Auriol*.
Focea (dos ejemplares).
Teos.
Mileto.
Kibyra (Frigia).

Chersoneso Táurico

Pantikápaion.

Islas

Cameiros (Rodas).
Faistós (Creta).
Quios.

África

Cirenaica. Ceca indeterminada (dos
    ejemplares).
Egipto Ptolemaico (varios ejempla-
    res).

Magna Grecia

Metapontion.
Tarento (Taras).
Turii.
Velia (Hyle).
Kyme (Cumæ).
Fistelia.

Sicilia

Siracusa (dos ejemplares).
Selinús (dos ejemplares).
Leontinoi.
Messana.

Colonias griegas de Occidente

Massalía (numerosos).

Y si el mismo material numismático lo clasificamos por orden cronológico, con arreglo a las fechas de acuñación de los ejemplares griegos extrapeninsulares, obtendremos el cuadro siguiente:

CUADRO CRONOLÓGICO DE LAS MONEDAS GRIEGAS EXÓTICAS HALLADAS EN ESPAÑA (64)

Siglos antes de J. C.	Puntos de origen	Hallazgos	Fechas antes de J. C.
VII (?) - VI	Fócea (Asia Menor).	Pont de Molíns.	650-545.
	Fócea (Asia Menor).	Ampurias.	650-645.
	Teos (Asia Menor).	Ampurias.	Antes del 545.
	Añádanse gran cantidad de monedas arcaicas griegas, anepígrafas, probablemente micrasiáticas (Fócea), halladas en los «tesoros» de Pont de Molíns y Ampurias.		
VI-V..........	Metapontion (Magna Grecia).	Pont de Molíns.	550-470.
	Velia, Hyle (Magna Grecia).	Ampurias.	544-450.
	Corinto (Grecia Propia).	Mongó.	520-480.
	Fócea (Asia Menor).	Ampurias.	520-480.
	Tarento, Taras (Magna Grecia).	Morella (?).	510-480.
	Cumas, Kyme (Magna Grecia).	Pont de Molíns.	504-450.
V............	Indeterminada (Cirenaica).	Rosas.	Antes del 480.
	Kameiros (Rodas).	Ampurias.	Hacia el 480.
	Siracusa (Sicilia).	Mongó.	Hacia el 480.
	Mileto (Asia Menor).	Ampurias.	1.ª mitad del siglo V
	Atenas (Grecia Propia).	Pont de Molíns.	480-407.
	Selinús (Sicilia).	Tarragona.	466-415.
	Selinús (Sicilia).	Mongó.	460-410.
	Leontinoi (Sicilia).	Mongó.	460-420.
	Mesana (Sicilia).	Mongó.	490-390.
	Zoné (Tracia).	Pont de Molíns.	Siglo V.
	Atenas (Grecia Propia).	Ampurias.	Siglos V-IV.
IV............	Apolonia (Iliria).	Pont de Molíns.	400-350.
	Turioi (Magna Grecia).	Ampurias.	400-350.
	Faistós (Creta).	Morella.	400-360.
	Fhistelia (Magna Grecia).	Ampurias.	380-350.
III............	Indeterminada (Imperio de Alejandro).	Serra do Pilar.	Hacia el 300.
	Indeterminada (Imperio de Alejandro).	Vega de Granada.	Helenismo.
	Indeterminada (Imperio de Alejandro).	Vicálvaro.	Helenismo.
	Indeterminada (Imperio de Alejandro).	Gondomar.	Helenismo.
	Atenas (Grecia Propia).	Serra do Pilar.	Hacia el 300.
	Egipto Ptolemaico (Norte de África).	Ibiza.	284-246 (?).
	Pantikápaion (Chers. Táur.).	Ampurias.	Siglo III.
	Kibyra (Frigia).	Ampurias.	Siglo I.
	Quios (Asia Menor, islas).	Ampurias.	Siglo I.

IV. CARÁCTER GENERAL DE LA COLONIZACIÓN GRIEGA EN ESPAÑA

El género especial del comercio griego con la Península, su lejanía con respecto a las metrópolis y a los focos más importantes de la cultura griega, sin olvidar las constantes rivalidades sostenidas con los otros pueblos del Occidente del Mediterráneo, principalmente con cartagineses y etruscos, dieron a las colonias griegas de España un carácter peculiar que las diferencia mucho de las demás fundaciones griegas. Propiamente hablando, éstas no deben tomarse como verdaderas colonias, pues ello implica la existencia de un núcleo numeroso de población griega, con un régimen de vida complejo, con explotaciones agrícolas que bastasen a su sustento, con industrias propias, etc., como lo eran las verdaderas colonias griegas de Sicilia y Magna Grecia. Al comerciante que de tarde en tarde llegase a las remotas colonias de Occidente interesábale la adquisición de las riquezas minerales, que compensaba la lejanía del trayecto. Los productos agrícolas de estos lejanos rincones del mundo no podían competir con los del sur de Italia y el Ponto ni en abundancia ni en proximidad. Por ello faltaban en las colonias de la Península Ibérica la base firme para un desarrollo colonial de altos vuelos y los establecimientos de España no pasaron de ser unos emporios comerciales de trueque o de intercambio comercial.

No es una casualidad que la colonia más importante de España, Emporion, se llamase así. Por otra parte, sus ruinas demuestran que en la época de su mayor prosperidad y extensión no pasaba de ser un núcleo urbano pequeño y reducido a los estrechos límites de una ciudad de sólo 30 hectáreas de superficie y que formaba un barrio incluído dentro de la ciudad ibérica de Undiké, de la que estaba separada por un recinto amurallado, como se ha visto oportunamente. El mismo texto de Livio, donde se hace una somera descripción de la vida en la colonia, demuestra que ésta vivía precariamente, con el ánimo siempre en vilo, temiendo una acometida de los indígenas. Su vida estaba orientada al mar, y de él vivía y en él se sentían sus habitantes libres y dueños de sus destinos. Si esto fué así en Emporion, ciudad que acuñó moneda desde muy temprano, y que se hallaba libre de la amenaza púnica y cerca de Massalía, ¿qué hemos de suponer para las colonias más alejadas y pobres, como Mainake, Hemeroskopeion, Alonís o Akra Leuké? A nuestro juicio, no fueron sino factorías que no llegaron a desarrollarse debidamente. No se pueden comparar con las grandes colonias del sur de Italia o Sicilia, del Ponto o de Tracia, las cuales vivían de sí mismas, albergando una población siempre creciente, cultivando sus campos; en una palabra: como colonias agrícolas, fase a la cual no llegaron nunca las españolas. Estas debemos, pues, figurárnoslas como puntos de escala, de reparación, de avituallamiento y, ocasionalmente, como mercados de intercambio (emporia).

En ellas debían habitar aventureros y explotadores, astutos negociantes intermediarios entre los indígenas y sus compatriotas. Los escasísimos y vagos testimonios literarios llegados hasta nuestros días acerca de estas colonias no deben achacarse a una pérdida fortuita de textos, sino a la escasa importancia relativa de estos emporios dentro del cuadro general del gran movimiento colonizador griego. Estrabón tuvo ante sus ojos buenas fuentes para la Península Ibérica, todas o casi todas oriundas de escritores de aguda vista y de gran erudición, que, por añadidura, estuvieron en España, en algún caso, como el de Asklepiades, largo tiempo, y, sin embargo, ¿qué espacio dedica a hablarnos de Emporion, de Rhode, de Hemeroskopeion o de Mainake? Nada o casi nada; ya lo hemos visto. De Alonís y Akra Leuké ni siquiera se molesta en dar sus nombres; limítase a contar las tres colonias vecinas del cabo de La Nao, para citar sólo una, Hemeroskopeion, y eso porque le lleva a ello el recuerdo de Sertorio.

NOTAS

(1) II, 31.
(2) Consúltense BERGER, *Geschichte der wiss. Erdkunde der Griechen*, 2.ª edic. (1903), páginas 131 y sigs., y 332; JACOBY, *R. E. de Pauly-Wissowa*, VI, 1 (1907), col. 1.509 y sigs.; JULLIAN. *Histoire de la Gaule*, I, pág. 425; SCHULTEN, *Avienus* (1922), pág. 9. Los textos referentes al viaje de Euthymenes han sido recogidos en los *Frag. Histor. Grœc.*, IV, 408-409.
(3) τὸ τὰ προσαρκτικὰ μέρη τῆς Ἰβηρίας εὐπαροδώτερα εἶναι πρὸς τὴν Κελτικὴν ἢ κατὰ τὸν ὠκεανὸν πλέουσι. (ESTRABÓN, III, 2, 11.)

(4) Véase ESTRABÓN, III, 5, 11, y XVII, 1, 19.

(5) Recuérdese la multitud de mercenarios griegos reclutados por Cartago en el sur de Italia, en Grecia y aun en la propia Sicilia. El tirano Agathoklés, en su expedición a Libia, halló en las líneas enemigas muchos griegos, incluso algunos centenares de siracusanos, todos al servicio de Cartago y en contra de la misma Siracusa. Recuérdense los historiadores griegos que acompañaron a Aníbal en sus guerras, y de los que luego hablaremos, pues algunos de ellos estuvieron de cierto en España; al lacedemonio Xanthipos, puesto al servicio de Cartago en 255; a los grabadores sikeliotas que acuñaron las bellas monedas púnicas de Sicilia, Cartago y Cartago-Nova (Cartagena). (GSELL ha recogido oportunamente buena cantidad de datos a este respecto. Véase *Histoire Ancienne de l'Afrique du Nord*, II, 387 y sigs.)

(6) Para Pytheas, consúltense MÜLLENHOFF, *Deutsche Altertumskunde*, I, 211; HERGT, *Nordlandfahrt des Pytheas*, diss. Halle (1893); SCHULTEN, *Fontes Hisp. Ant.*, II, 77, donde se hallarán los dos únicos textos referibles a España; BROCHE, *Pytheas le Massaliote* (1935). En la magnífica edición que de Estrabón hizo M. MÜLLER, éste propuso ciertas alteraciones en el texto, con el fin de aclararlo en otro sentido (véase *Index. var. lect.*, pág. 953, col. 2, lin. 32). Tal corrección, sobre ser innecesaria, resulta inexplicable y altera el verdadero sentido del texto; por lo demás, absolutamente claro a este respecto, como puede comprobarse en nuestra cita.

(7) LIVIO, XXI, 21, 9.

(8) En ESTRABÓN, III, 5, 7, que lo llama Silanós.

(9) *N. H.*, IV, 120.

(10) *Hann.*, XIII, 3.

(11) Sobre Sosylos y Silenós, véanse los artículos de JACOBY en la *R. E. de Pauly-Wissowa*.

(12) POL., III, 59, 9.

(13) PLINIO, *N. H.*, V, 9.

(14) ESTRABÓN, III, 5, 7; PLINIO, *N. H.*, IV, 119.

(15) καλεῖται δὲ τὸ μὲν παρὰ τὴν καθ' ἡμᾶς παρῆκον ἕως Ἡρακλείων στηλῶν Ἰβηρία, τὸ δὲ παρὰ τὴν ἔξω καὶ μεγάλην προσαγορευομένην κοινὴν μὲν ὀνομασίαν οὐκ ἔχει... etc. (Pol., III, 37, 10 y 11).

(16) ταύτης (Ἰβηρία) δὴ τὸ μὲν πλέον οἰκεῖται φαύλως. ὄρη γὰρ καὶ δρυμοὺς καὶ πεδία λεπτὴν ἔχοντα γῆν, οὐδὲ ταύτην ὁμαλῶς εὔυδρον, οἰκοῦσι τὴν πολλήν. (ESTRABÓN, III, 1, 2.)

(17) ESTRABÓN, III, 2, 3.

(18) Véanse SCHULTEN, *Polybios und Poseidonios über Iberien und die iberische Kriege*, Hermes (1911), págs. 568 y sigs.; Idem, *Numantia*, I-IV, principalmente I, en introducción, y 261 y sigs.; Idem, *Font. Hisp. Ant.*, II-IV, principalmente II, donde se hallan reunidos los fragmentos polibianos referentes a la geografía y etnografía ibéricas. Sobre las guerras, el IV; CUNZ, *Polybios und sein Werk* (1902); GLOVER (T. R.), *Polybius (The Ancient History de Cambridge)*, VIII, cap. I.

(19) MARCIANO DE HERÁKLEIA, *G. G. M.*, de MÜLLER, I, 566, 31.

(20) MARCIANO, *G. G. M.*, I, 542; ESTRABÓN, III, 1, 4 y 4, 3.

(21) Véanse STIEHLE, *Der Geograph Artemidoros von Ephesos*, en la Rev. *Philologus*, XI (1856), páginas 200 y sigs., donde se recogen los veinticinco fragmentos del libro II, referente a la Península; BERGER, *Gesch. der wiss. Erdk. der Griechen*, 2.ª edición, págs. 525 y sigs.; BERGER, en *Pauly-Wissowa*, II, 1 (1.895), col. 1329 y sigs.; R. DÄBRITZ, *De Artemidoro Strabonis auctore*, disertación doctoral (Leipzig, 1905); SCHULTEN, *F. H. A.*, II, 150 y sigs., donde se recogen los textos referentes a España.

(22) ESTRABÓN, III, 1, 5.

(23) ESTRABÓN, III, 2, 5 y XVII, 3, 4.

(24) ESTRABÓN, III, 5, 8-9.

(25) DIOD., V, 33-34.

(26) DIOD., V, 35-38.

(27) ESTRABÓN, III, 2, 9.

(28) ESTRABÓN, III, 5, 11.

(29) ESTRABÓN, II, 5, 14.

(30) ESTRABÓN, III, 2, 1 y sigs.

(31) El conjunto de fragmentos referentes a la Península Ibérica puede verse reunido en SCHULTEN, *Fontes Hispaniae Antiquae*, II (1925), págs. 162 y sigs. Consúltense, además, SCHULTEN, *Polybios und Poseidonios über Iberien*, Hermes (1911); REINHARDT (K.), *Poseidonios* (1921). MUNZ, *Poseidonios und Strabon* (1929). Y para su ambiente y posición general en la historia de la Geografía, el valioso libro de BERGER, *Geschichte der wiss. Erdkunde der Griechen*, 2.ª edic., páginas 564 y sigs. Sobre la riqueza minera de la Península en la Antigüedad, según los textos, véase nuestro resumen en *Archivo Español de Arqueología*, núm. 41 (Madrid, 1940), donde se hallará la bibliografía procedente.

(32) En ESTRABÓN, II, 3, 4.

(33) ἃ καλεῖν ἵππους, ἀπὸ τῶν ἐν ταῖς πρῴραις ἐπισήμων

(34) ESTRABÓN, II, 3, 5.

(35) MELA, III, 90.

(36) *N. H.*, II, 169.

(37) Consúltense, además de las fuentes mencionadas, BERGER, *Geschichte der wissenschaftlichen Erkunde der Griechen*, 2.ª edic. (1903), págs. 569-574; F. JACOBY, *R. E. de Pauly-Wissowa*, VI, 1, col. 929 (1907); F. STRENGER, *Strabos Erdkunde von Libyen*, en W. SIEGLING, *Quellen und Forsch. z. Alten Gesch. und Geogr.*, 28 (1913), págs. 33 y sigs.; WARMINGTON, en CARY Y WARMING-

TON, *The Ancient Explorers*, págs. 70 y sigs. (Hay un error, según el cual Plinio menciona dos viajes, cuando en realidad es el mismo que WARMINGTON ha desglosado, por estar citado en los libros de que se sirvió de dos nombres distintos. Pues el II, 67, es igual que el II, 169, según se tome una numeración más antigua o más moderna. Esta advertencia es tanto más importante por cuanto WARMINGTON ha escrito parte de un breve capítulo a costa de este error.)

(38)   III, 3, 3.

(39)   Consúltense WENTZEL, en la *R. E. de Pauly-Wissowa*, II, 11 (1896), col. 1.628 y sigs.; MÜLLER, *De Asklepiade Myrleano*, diss. Leipzig, 1903; *Handbuch*, de MÜLLER, VII, II (1920), página 430; SCHULTEN, *F. H. A.*, II (1925), págs. 185-186, donde están recogidos los textos referentes a España, ya aludidos.

(40)   Esta labor fué el fruto de nuestro libro *Hallazgos griegos de España* (Madrid, 1936), del que damos aquí un resumen, breve, con su contenido principal, más las adiciones que de entonces acá hemos hecho a dicho catálogo, gracias a la aparición de nuevos y muy interesantes testimonios. Para estas adiciones consúltense: *Nuevos hallazgos de objetos griegos acaecidos en España*, en *Investigación y Progreso* (Madrid, 1940), núms. 1-2, y *Un bronce griego arcaico de Mallorca*, en *Investigación y Progreso* (Madrid, 1940), núm. 8. Véase también nuestro resumen *Archäologische Ausgrabungen und Forschungen in Spanien von 1930 bis 1940*, publicado en el *Archäologischer Anzeiger* (1941), cuadernos 1-2. Añádase el trabajo últimamente publicado en *Archivo Español de Arqueología*, número 45 (Madrid, 1941), titulado *Nuevos hallazgos griegos de España*, donde se recogen los dos estudios anteriores y se añaden nuevos hallazgos del mismo origen griego.

(41)   A la bibliografía dada líneas atrás, añádase para las Baleares nuestro estudio *Figuras griegas de bronce y de barro halladas en las islas Baleares*, en los *Anales de la Universidad de Madrid* (1935), al que hay que añadir el ya citado bronce arcaico de Mallorca, *Investigación y Progreso* (1940), núm. 8, y *Archivo Español de Arqueología* (1941), núm. 45.

(42)   Como, además, las Baleares no albergaron colonias griegas, no pueden atribuirse tampoco estas figuritas a gentes helénicas. Por otra parte, del gusto y preferencia de las colonias púnicas tenemos muestra clara en la necrópolis de Ibiza, y en ella no ha aparecido ningún bronce griego. No queda, pues, más solución aceptable que la dicha.

(43)   Para su bibliografía, véase la nota número 53 de la página 552.

(44)   Fué dado a conocer en 1931 por los señores ALBELDA y OBERMAIER, en el *Bol. de la Academia de la Historia*, tomo XCVIII, cuad. II, pág. 642. También SCHULTEN lo publicó en Alemania, con un estudio de SCHRÖDER, *Forschungen und Fortschritte* (1931), núm. 7, pág. 126. Su traducción, en *Investigación y Progreso* (Madrid, 1931), tomo V, pág. 76.

(45)   Sobre su investigación y su historia, antes de llegar a dicha colección, donde ignoraban el origen español, véase A. GARCÍA Y BELLIDO, *Figuras griegas de bronce halladas en las Baleares*, en *Anales de la Universidad de Madrid, Letras* (1935), pág. 187, y *Hallazgos griegos de España*, pág. 66.

(46)   Véase CARPENTER, *The Greeks in Spain*, págs. 105 y sigs.; CARPENTER, *Dos obras maestras de Ampurias*, en la *Gaceta de las Artes* (Barcelona, 1925), núm. 34; opinión que, por lo halagadora, arrastró al punto a casi todos los especialistas españoles, ya que realmente por la hermosura del original daba pie para ello. A esta idea se adhirió también PHILADELPHEÚS, quien además comprobó, por análisis, la procedencia pentélica del mármol en que está labrada la excelente escultura. *Un chef d' œuvre de la sculpture grecque de v.ᵐᵉ siècle, en Catalogne. L'Esculapie d'Emporion dans le Musée Archéologique de Barcelona*, en el *Anuario del Instituto de Estudios Catalanes* (Barcelona), VIII, 1927-1931, págs. 60 y sigs.

(47)   Han opinado en este sentido REINACH y P. PARIS, aparte del autor de estas líneas, que aportó las pruebas en apoyo de este punto de vista. Consúltese A. GARCÍA Y BELLIDO, *Hallazgos griegos de España*, págs. 85 y sigs., donde se exponen los argumentos principales para tal clasificación, y donde se hallará la bibliografía sobre la estatua. Contra los apoyos suministrados por mí en favor de su fecha reciente se ha manifestado J. DE C. SERRA RÁFOLS en *Ampurias*, II (1940), página 199.

(48)   Véase A. GARCÍA Y BELLIDO, *Hallazgos griegos de España*, pág. 84, donde se descartan otras obras mal clasificadas como originales griegos. También rechaza esta opinión J. DE C. SERRA RÁFOLS en el lugar dicho en la nota anterior.

(49)   Véase A. GARCÍA Y BELLIDO, loc. cit., pág. 94; últimamente ha sido publicada por *El barón de San Petrillo*, en *Correo Erudito*, núm. 5 (Madrid, enero 1941). Sin embargo, no se ha hecho todavía una digna publicación de ella y nuestro juicio sigue en reserva.

(49 a)   Los bronces son testimonio de la verosimilitud de esta suposición, la cual, si no ha dado testimonios cerámicos paralelos en su cronología, ni en las Baleares ni en el resto de la Península, se debe en mucha parte a la falta de preparación técnica en los excavadores ocasionales, los cuales pueden a veces apreciar el interés de un bronce, pero desconocer el valor que un simple fragmento cerámico tiene para el arqueólogo e historiador. Las excavaciones futuras, encargadas y dirigidas por especialistas y técnicos, como lo han sido las de Emporion, han de dar suficientes testimonios cerámicos, con los cuales podrá hacerse una reconstrucción algo más apurada del pasado ibérico en lo que respecta a los primeros tiempos de la colonización griega en España.

(50)   En este mismo libro se dan noticias más amplias sobre la numismática griega, y a ellas remitimos.

(51)   ALMARCHE Y VÁZQUEZ, *La antigua civilización ibérica en el reino de Valencia* (Valencia, 1918), pág. 105.

(52)   PLINIO, *N. H.*, VII, 197.

(53) HERODOTO, IV, 52.
(54) ESTRABÓN, III, 2, 11.
(55) AVIENO, verso 292.
(56) SKYMNOS DE CHIOS, 164; lo mismo en EUST. a DIÓN., 337.
(57) Verso 419.
(58) περὶ λίθων. ἀ, VII, 58.
(59) περὶ θάυμ.ἀ, 46; en pasaje atribuído a Teofrasto por GEFFCKEN, *Timaios*, 88.
(60) POSEIDONIO, en ESTRABÓN, III, 2, 9; DIODORO, V, 35, 3; el Ps. ARISTÓTELES, περὶ θάυμ.ἀ, 87; ATENEO, 233 e.
(61) περὶ θάυμ.ἀ, 87.
(62) III, 4, 9.
(63) ESTRABÓN, III, 4, 6.
(64) Nos atenemos únicamente al material estudiado, pues, como es de suponer, aquellos tesoros de los que sólo resta la vaga noticia de su contenido griego, son inutilizable sen este cuadro. Prescindimos de las monedas massaliotas por las razones ya dichas.

CAPÍTULO V

LOS MERCENARIOS ESPAÑOLES EN CERDEÑA, SICILIA, GRECIA, ITALIA Y NORTE DE ÁFRICA

Generalidades.

Los viejos textos nos dicen que durante tres siglos y medio miles y miles de soldados hispanos recorrieron como mercenarios todos los principales teatros de la historia clásica, de donde, sin duda, debieron de importar en sus tierras ideas, estímulos y gérmenes fecundos. La Arqueología y la Historia nos hacen saber que, unas veces con cartagineses y otras con griegos, se distinguieron en todas las tierras del Mediterráneo, tanto en Cerdeña y Sicilia como en la Grecia propia, tanto en Italia como en la africana Libia. La Península Ibérica, no ya sólo por su extensión, sino incluso por la densidad de su población y número de sus habitantes, así como por sus riquezas naturales, era la colonia más importante del Imperio que en la cuenca occidental del Mediterráneo se supo crear la ciudad de Cartago. Este Imperio había de sostenerse, por fuerza, en un firme poderío militar. Los púnicos propiamente dichos eran demasiado pocos para poder nutrir un ejército que satisficiese las necesidades internacionales en que Cartago se veía envuelta. Sus colonias, por el contrario, podían darle en abundancia hombres con qué llenar los cuadros de sus ejércitos. De la Península Ibérica sacaban los cartagineses gran parte de las tropas mercenarias que durante tres siglos y medio, por lo menos, formaron, con los reclutas libios, el núcleo principal —tanto por su número como por sus dotes guerreras— de los ejércitos que los cartagineses pusieron en Cerdeña, Sicilia, Italia, Libia y hasta en la propia Iberia. Desde el año 550 (aproximadamente) a. de J. C., en que los iberos aparecen por vez primera luchando fuera de su propia patria, en Cerdeña, al lado de los cartagineses, hasta el final de la segunda Guerra Púnica, a fines del siglo III, los vemos luchar en los principales escenarios bélicos del Mediterráneo occidental, sobre todo en el de la hermosa Sicilia, que recorrieron con las armas en la mano de punta a cabo varias veces, y en cuyas principales ciudades, ya como enemigos de los griegos, ya, circunstancialmente, como aliados suyos, hallaron los guerreros españoles señores a quien servir lealmente y botín con que saciar su codicia de mercenarios. La opulenta Siracusa dió albergue durante muchos años a los mercenarios iberos que, tras la traición de Himilcón en 395, fueron recibidos con todos los honores por el tirano Dionisio. Siracusa era entonces orgullo del mundo griego, una de las ciudades más espléndidas, más ricas, más cultas y más grandes que conoció la Antigüedad. Años antes, en 409, Akragas, famosa entonces por las enormes riquezas que sus numerosos habitantes habían sabido atesorar, fué saqueada y arrasada por las tropas cartaginesas, entre las que figuraban un buen número de falanges ibéricas. Selinús, célebre por sus grandiosos templos, cayó materialmente demolida por estas mismas tropas, que fueron las primeras en tomar por asalto la bella ciudad sikeliota. De Himera no dejaron más que los cimientos, y en su rendición fueron los iberos los que más gloria alcanzaron, vengando a un tiempo la derrota sufrida allí mismo por sus antecesores en 480. Gela, Kamarina, Messina, Katana, Leontínoi, Naxos, Tauromenion y tantas otras ciudades más, focos de la cultura grecosícula, vieron discurrir por sus calles a estos bárbaros de lenguajes ininteligibles, como decía Diodoro, principal narrador de aquellas espantosas guerras, en las que dos culturas y dos razas, la griega y la púnica, los arios y los semitas, se disputaban el dominio de Sicilia.

La proximidad de la antigua Trinakría a la Grecia propiamente dicha, y las constantes y estrechas relaciones que hubo entre una y otra, hicieron inevitable el paso de los mercenarios españoles de Sicilia a Grecia. Esto sucedió en dos momentos en los que las guerras y la pugna por intereses iguales pusieron frente a frente a griegos y sikeliotas. La primera vez en tiempos de la guerra del Peloponeso, cuando los atenienses quisieron vencer en Sicilia a su mortal enemiga Esparta. La otra, cuando el poderío de Dionisio *el Viejo*, de Siracusa, le daba derecho a intervenir en las contiendas de la Grecia propia, que se hallaba revuelta entonces por las llamadas Guerras Tebanas. Pero ello no se hizo al servicio de Cartago, sino de Siracusa.

No sólo Sicilia y Grecia, sino también Italia, fué campo para las correrías de los iberos, de nuevo aquí al servicio de los cartagineses. Los miles de iberos, celtíberos, lusitanos y baleares que el gran Aníbal llevaba en su ejército, tras pasar los Pirineos y el Ródano, recorrieron Italia de Norte a Sur, desde los Alpes hasta la Apulia. Unos 10.000 iberos le quedaban aún al general cartaginés cuando, después de cruzar los Alpes, bajó a las llanuras padanas. La célebre inscripción en bronce que hizo grabar y colocar en el santuario de Hera Lakinia, en Króton, así lo hacía constar. En el paso del Ródano, en la superación de los Alpes, en el cruce del Po, en la batalla del Tesino, en la de Trebia, en la del lago Trasimeno, en los pantanos de Etruria, como en Cannas y en la entrega de Siracusa, o en las batallas de las Grandes Llanuras y la de Zama (éstas ya cerca de la propia Cartago), les cupo a estos guerreros españoles su parte de gloria. Por otro lado, como los cartagineses no confiaban en los libios en la propia Libia, ni en los iberos en

Iberia, el traslado de mercenarios iberos para formar guarniciones en Cartago, o en general en Libia, y el envío recíproco de estipendiarios libios a España, debió ser relativamente frecuente. Este intercambio era una medida elemental de prudencia, sobre todo después del doloroso experimento de la Guerra de los Mercenarios, que puso un epílogo sangriento como pocos a la llamada Primera Guerra Púnica. Durante las Guerras Anibálicas sabemos por Polibio que el general cartaginés pasó al África, en el invierno del 219 al 218 a. de J. C., nada menos que 15.920 guerreros españoles, de los cuales un número escaso, 870 hombres, eran baleares, y el resto, 13.850 infantes y 1.200 jinetes, iberos reclutados en el mediodía de España. Al mismo tiempo su hermano Asdrúbal pasó a España con 15.200 hombres, la mayoría africanos (libios), y el resto ligures, en número de 300, y baleares en el de 500. Veinte años antes, al terminar la Primera Guerra Púnica, en 241, y verse obligados los cartagineses a evacuar Sicilia, fueron trasladados a África unos 20.000 hombres, resto del ejército que luchó con los romanos en dicha isla. Eran en su gran mayoría mercenarios ya totalmente desmoralizados. Entre estos mercenarios figuraban, a más de los libios, gentes de muy diversas procedencias: los había campanios semigriegos, galos o celtas (así llamados indistintamente por las mismas fuentes), ligures en corto número y, lo que es de interés para nosotros, iberos y baleares. Es nuestra opinión que también parte, por lo menos, de los llamados celtas eran de origen español, según razones que más adelante daremos.

El valor que todos estos hechos tienen para el estudio de la historia ibérica prerromana es evidente. La más o menos larga convivencia con los griegos sikeliotas y los cartagineses helenizados, con los campanios, los atenienses, corintios y espartanos; la estancia más o menos prolongada en Cerdeña, Sicilia, Italia, Grecia y Cartago fueron causas suficientes para determinar una serie de influencias culturales tan intensas y fructíferas, si no más, que las derivadas de la acción de cualquiera de las colonias griegas del Levante español. La reiterada ocupación o estancia durante meses enteros o años en las ricas ciudades sikeliotas, donde la vida griega había llegado a bullir con toda su fuerza, y el paso fugaz de los iberos por el Ática y el Peloponeso, debió ofrecer a los guerreros españoles una imagen del mundo clásico mil veces más completa que la que les ofreciesen las, en comparación, pobres y humildes factorías hispanogriegas de Rhode, Emporion, Zákynthos, Hemeroskopeíon, Alonai, Akra Leuké y Mainake. Las riquezas y objetos que en estas campañas militares pasasen a manos de los mercenarios iberos como producto de botín o saqueo debieron de ser, sin duda, mucho más abundantes y valiosos que los adquiridos por el intercambio o el comercio con los colonos y traficantes griegos de la costa.

Las levas cartaginesas en la Península se hacían por medio de emisarios (*conquisitores* los llama Livio), que con abundante dinero recorrían los pueblos y tribus, pagándoles sin duda una prima inicial, por la que quedaban enmarcados como mercenarios estipendiarios. En un principio debían ser reclutadas estas gentes entre los pueblos costeros; pero ya desde la conquista de España por Amílcar, en el último tercio del siglo III a. de J. C., figuran pueblos del interior. Al comienzo de la conquista cartaginesa de España eran empleados en la misma Península, formando tropas auxiliares, que luchaban junto a los libios y númidas traídos a España para su conquista; estos estipendiarios españoles contribuyeron a su vez a la creación del imperio cartaginés en ella. El estado de rivalidad y fraccionamiento de los pueblos peninsulares hacía que estas tropas indígenas fueran relativamente seguras, sobre todo si eran empleadas oportunamente en acciones contra sus rivales o enemigos. Pero, además, las condiciones sociales y económicas de las tribus o

pueblos favorecía grandementa este recluta. Tanto entre los iberos como entre los lusitanos (quizá también de estirpe ibérica) y los celtíberos, era frecuente que los desheredados de la fortuna se uniesen, formando bandas que vivían del asalto y del robo, principalmente de ganados. Esta gente no se dedicaba a ello por sistema, sino por necesidad.
Cuando se les ofrecían tierras abandonaban el bandidaje para dedicarse a faenas de paz.
Pues bien; entre estos desgraciados eran reclutadas la mayoría de las tropas mercenarias
por los cartagineses. Aníbal, cuando al entrar en
Italia los exhorta y arenga, se dirige a celtíberos
y lusitanos, ofreciéndose para sacarlos de su vida
miserable. Los romanos, más tarde, les prometen
tierras para someterlos. A Moericus y los suyos
Roma les compensó con tierras como premio a
su actuación en Siracusa cuando el sitio de Marcelo (año 212).

Fig. 564. — Estela ibérica de Cágliari
Según Landau

Reclutadas las tropas, si éstas habían de ser
llevadas a Sicilia, pasaban a Cartago, donde eran
adiestradas y equipadas; de allí se trasladaban
a los presidios cartagineses del occidente de la
isla, entrando en acción al punto.

En los textos que luego compilamos se citan
los siguientes pueblos peninsulares como aporta-
dores de mercenarios: baleares, iberos (en general), celtíberos (en general), lusitanos, carpetanos,
olkades, mastienos, oretes (oretanos) y thersites
(tartessios). Es decir, gentes de Andalucía (tartessios y mastienos), de Castilla la Nueva (olkades, carpetanos, oretanos y celtíberos), de Castilla la Vieja (celtíberos) y Portugal (lusitanos).
Parece ser, según Appiano (*Iber*, XXVIII), que
Asdrúbal, poco antes de partir para Italia, reclutó tropas entre las gentes del Norte (περὶ τὼν
βόρειον ὠκεανόν). No es posible afirmar si con el
nombre de iberos hay que incluir también, lo que

parece lógico, a los de la costa levan na; pero la verdad es que no se cita nunca concretamente un grupo étnico de esta zona entre los mercenarios. Los emisarios cartagineses
cogidos en Sagunto después de la pérdida de España por los cartagineses, iban a reclutar
estipendiarios a Celtiberia y no al Levante.

Es interesante saber qué cantidades solían llevar estos *conquisitores*. Los textos
hablan con frecuencia de grandes cantidades, pero sin dar números. Sólo una vez, precisamente a propósito de los emisarios cogidos por los saguntinos, sabemos, al menos, que
eran portadores de 250 libras de oro y 80 de plata. En momentos de apuro estas levas
eran casi forzosas; sabemos que parte de los estipendiarios que llevaba Aníbal se fuga-
ron al pasar los Pirineos, y otros, que no iban muy a gusto, fueron licenciados; en ocasión
del sitio de Sagunto, oretanos y carpetanos se sublevaron. Los emisarios cartagineses iban
acompañados de intérpretes. Conocemos el nombre de uno, un tal Banon, al que se le
llaman ἑρμηνεύς en textos griegos (1).

LOS MERCENARIOS IBEROS EN LA CONQUISTA DE CERDEÑA
(MEDIADOS DEL SIGLO VI A. DE J. C.)

Un texto de Pausanias dice que cuando los cartagineses eran más fuertes en el mar, sojuzgaron a todos los pueblos de Cerdeña, con excepción de ciertas tribus montañesas. Y añade que los libios y los iberos, que figuraban entre los mercenarios cartagineses, habiendo discrepado con éstos por causa del botín, en un momento de arrebato se separaron de ellos, fundando también colonias en la región montañosa de la isla. Según Pausanias, estos fugitivos eran conocidos por el nombre de *balaroí* (2). Estrabón cítalos con tal nombre como pueblo montañés de Cerdeña, poco dado a la agricultura y más a la rapiña. La extraña coincidencia de este nombre de *balaroí* con el de *baleares* (éste, sin duda, de origen indígena) hace posible identificar a ambos y suponer como cierto que aquellos iberos mercenarios no eran sino gentes reclutadas por los cartagineses en las Baleares, hecho que veremos repetirse con frecuencia en los siglos siguientes.

Esta participación y colonización fortuita de gentes iberas baleares en la vecina isla de Cerdeña no tuvo lugar, como se había supuesto (3), en el siglo III a. de J. C.,

FIG. 565. — Estela ibérica de Nora (Cerdeña). Museo de Cágliari. — *Según Landau*

durante la primera Guerra Púnica, sino a mediados del siglo VI a. de J. C., es decir, cuando, como dicen los textos, eran más fuertes en el mar los cartagineses y cuando éstos acometieron una serie de campañas que terminaron con la dominación casi total de la isla (4).

Inscripciones ibéricas de Cerdeña.

La prueba más fehaciente como testimonio de una colonización ibérica en Cerdeña la brinda una serie de restos epigráficos ibéricos hallados hace tiempo en ella.

Dos de estas inscripciones, las primeras conocidas, fueron recogidas por Hübner (5). Otra fué reconocida y publicada por Landau (6). Todas ellas se guardan hoy en el Museo de Cágliari. La más importante va incisa en una columna de piedra, sin ornamento, hallada en Cágliari en el Orto Botánico, cercano al mar (fig. 564) (7).

Citemos también tres grandes núcleos de bronce, en los que se advierten tres letras incisas, profundas, tras la fundición. Fueron publicadas por E. Pais (8) y recogidas como ibéricas por Hübner (9). Además, la inscripción ibérica de Nora (fig. 565) del Museo de Cágliari, dada a conocer por Landau (10).

Es posible que con el tiempo vayan apareciendo nuevas inscripciones ibéricas; hallazgos de otro género son por hoy desconocidos. No sabemos de restos de cerámica ibérica en Cerdeña, ni de influencias mutuas en otros aspectos que los citados. Unicamente recogeremos la manifestación de Bissing (11) de que la plástica en bronce, ibérica, se originó al calor de influencias sardas. Esta suposición fué rebatida a su tiempo con serios argumentos (12).

PRIMERA GUERRA GRECOPÚNICA

Batalla de Himera (480).

En la primavera del año 480, el sufeta Amílcar desembarca en Pánormos (la actual Palermo) al frente de un ejército compuesto en su mayor parte de mercenarios. El texto de Herodoto (13) nos refiere que eran 300.000 fenicios, libios, iberos, ligures, helisices, sardos y corsos (14). La recluta fué hecha, pues, entre la mayoría de los pueblos bárbaros que habitaban la cuenca más occidental del Mediterráneo. Un texto de Diodoro (15) añade que en la preparación de este ejército se invirtieron tres años (16).

Los contingentes de mercenarios iberos de que habla el texto de Herodoto debieron de ser reclutados entre las tribus del sur y levante (Baleares) de la Península, únicas regiones donde por aquel tiempo tenían los cartagineses factorías y quizá presidios militares de alguna importancia.

Tras breve estancia en Pánormos, donde los púnicos se dedicaron a reorganizar el ejército, Amílcar púsose en marcha con dirección a Himera, a la vista de la armada. Los himerotas pidieron auxilio a Gelón, tirano de Siracusa, quien, estando ya preparado, salió al punto con 50.000 infantes y 5.000 caballos. Una división de caballería de Gelón presentóse ante el campamento cartaginés haciéndose pasar por griegos aliados de los púnicos. Cuando se vieron dentro los de Gelón prendieron fuego a las naos puestas en seco. Simultáneamente, al despuntar el alba, inició la infantería griega un ataque a fondo. Los cartagineses, al ver arder sus naves, se descorazonaron, perdiendo la batalla.

Amílcar, según unos, fué muerto al punto; mas, según otros, viendo todo perdido, se arrojó en la hoguera de sacrificios.

Este es el desarrollo de la batalla según los textos de Herodoto y Diodoro. En ellos no se hace mención de los iberos. Un pasaje de Polieno (17) refiere que habiendo huído los cartagineses, los sikeliotas irrumpieron en el campamento con el propósito de saquear las tiendas de campaña, pero fueron aniquilados por los iberos, que habían acudido en su socorro.

Del botín cogido consagró Gelón parte a la erección del santuario que se alzó al pie de Himera, y cuya construcción puede datarse entre el 480 y el 460 (18). En el santuario de Delfos, y cerca del gran templo de Apolo, alzó, además, los célebres trípodes votivos cuyas enormes basas recuerdan aún la resonante victoria. Los fugitivos y prisioneros fueron a parar, en su mayor parte, a poder de los akragantinos. Hubo ciudadano de Akragas que poseyó —según decían— 500 esclavos de esta procedencia, quién sabe si en parte iberos (19). Las consecuencias de este triunfo fueron tales, que, a la sombra de un período de tranquilidad que duró unos setenta años, pudieron todas las ciudades de Sicilia prosperar de un modo hasta entonces sin ejemplo. Todo ello estaba destinado a perecer en nuevas guerras verdaderamente exterminadoras.

Los iberos en Atenas a fines del siglo V

*¿Un ibero de barbas de «macho cabrío» en Atenas
(hacia el 420)?*

Cierta mención pasajera hecha por el comediógrafo Kratino en una comedia que tituló *Malthakoi* —blandos—, según el fragmento que de ella nos ha llegado, habla de un ibero de barbas de «macho cabrío». El texto, conocido a través de Esteban de Bizancio (20), no dice más que esto: «Iberias»..., y «el mismo ibero de barbas de macho cabrío».

No es fácil decir si Kratino se refería con este epíteto a un ibero determinado, de carne y hueso, que pudo haber conocido en algún sitio, o a la concepción antropomorfa del río Ibero, pues el texto copiado no da pie para más.

*Los iberos y el plan de guerra propuesto por Alcibíades
(hacia el 414).*

No sabemos si después de Himera siguieron los púnicos reclutando tropas estipendiarias en España para trasladarlas a Sicilia. Desde el 480 hasta el último decenio del siglo V la paz reinante no da motivo a su mención. Pero cabe afirmar que durante las guerras del Peloponeso, a finales del siglo V, debieron de actuar en Sicilia un número indeterminado de iberos mercenarios, bien en el campo cartaginés, bien en el de los griegos sikeliotas, pues un texto los menciona por estas fechas. Tal mención procede de Tucídides, quien dice cómo Alcibíades pensaba tomar a sueldo en Sicilia «muchos bárbaros, iberos y otros, tenidos allí como los más guerreros» (21). Así, según Tucídides, los mercenarios iberos seguían en Sicilia, donde gozaban fama de aguerridos. El momento en que Alcibíades pronuncia las palabras que Tucídides pone en su boca corresponde al año 414 a. de J. C.

Los iberos en Atenas (411 a. de J. C.).

Según noticia de Aristófanes, conocida a través de Esteban de Bizancio (22), un cierto número de guerreros iberos, probablemente gente reclutada a sueldo, aparece en Atenas al mando de un tal Aristarco. Cabe colocar este pasaje de Aristófanes en el 411. Si ciertos arqueros bárbaros que, según otro texto de Tucídides (23), aparecen con Aristarco en la toma de Oinoe, fuesen de seguro los mismos iberos que menciona Aristófanes, la fecha de 411, anteriormente propuesta, tendría una posibilidad más para tenerse como verdadera. Sicilia fué el lugar más probable de su reclutamiento. En efecto, como hemos visto no ha mucho, allí existían por entonces tropas mercenarias iberas. Nada de extraño tendría, pues, que, con motivo de la expedición de los atenienses contra Siracusa, hubiesen entrado éstos en relación directa con los iberos, o bien mediata, a través de los cartagineses o de cualquiera de las colonias griegas sikeliotas, a cuyo sueldo pudieron haber estado. Lo más probable es que los iberos formasen como estipendiarios dentro de las tropas cartaginesas que guarnecían las plazas y factorías del occidente de la isla, y que, llevados los cartagineses por el odio a Siracusa, odio que dentro de unos años había de estallar de un modo bestial, hubiesen éstos cedido con gusto parte de aquellas tropas, entonces inactivas, a los atenienses, con los cuales debían simpatizar. De todos modos, vamos a verlos actuar ahora en grandes masas en la cruenta guerra del 409, segunda de las grandes ofensivas cartaginesas contra las ciudades griegas de Sicilia.

Segunda Guerra Grecopúnica

Asalto y toma de Selinús (409).

Cartago, que durante setenta años se había alejado de las cuestiones de Sicilia, mantúvose como espectadora en la reciente guerra entre Siracusa y Atenas. Mas el hecho de hallarse Siracusa muy debilitada por la reciente guerra, empujó a Cartago a la intervención armada. Por otra parte, aun tenían en la memoria el desastre de Himera y la muerte de Amílcar. Esto, unido al ansia de aniquilar el poder griego en Sicilia, dieron a las campañas que se avecinaban el carácter atroz que las distingue. Fué una guerra tan exterminadora, que no sólo destruyó Sicilia, sino que preparó la caída de Cartago.

En el verano del 410 y el invierno del 410-09 reclutó Aníbal un gran número de mercenarios extranjeros en Iberia y no pocos ciudadanos de Cartago. Recorrió también la Libia, eligiendo en cada población los más fuertes, e hizo preparar las naos con el pensamiento de trasladar las fuerzas a Sicilia en la primavera del 409 (24). Llegada ésta, reunió los mercenarios iberos y libios, y en sesenta grandes naves, más unas mil quinientas de carga, arribó a Sicilia en Lilybaion (25). El total de las fuerzas, según Eforos, era de 200.000 infantes y 4.000 jinetes; pero, al decir de Timeo, no eran sino 100.000 (26).

No tenemos ningún dato para calcular el número de iberos que irían en este ejército. Pero puede aventurarse que su número debía de ser de 25.000 a 30.000 hombres, calculando sobre las más prudentes y verosímiles cifras que da el historiador Timeo. El mismo Diodoro califica este contingente ibérico de «considerable» o «numeroso» (27). Es fácil que entre ellos hubiese también baleares (28). Habla de la intervención de ciertos «honderos», cuya identificación con los baleares nos parece probable. El total de las fuerzas cartaginesas estaba a las órdenes de Aníbal, nieto de Amílcar, el derrotado y muerto en Himera el año 480.

Aníbal puso en seco sus naves en la rada de Motye. En cuanto se le sumaron los efectivos aliados se puso en marcha hacia Selinús bordeando la costa.

El primer encuentro tuvo lugar a orillas del Mazaros, donde los cartagineses destruyeron el «emporion» selinuntino allí establecido. Delante ya de Selinús, Aníbal levantó seis enormes torres que dominaban las murallas. El general cartaginés hizo batir éstas por seis arietes de cabeza de hierro y por arqueros y honderos.

Aníbal dirigió un asalto en masa. Para enardecer a sus hombres promételes entregar la ciudad a saco. Al toque de trompetas y lanzando gritos de guerra lanzáronse al asalto sus mejores tropas. Por una brecha precipitáronse las tropas campanienses; pero hubieron de retirarse. Al amanecer del día siguiente, lanzados de nuevo al asalto, entraron en la ciudad, comenzando entonces en sus calles una desesperada lucha, que se prolongó durante nueve días. En el asalto tomaron parte brillante los iberos. Diodoro dice que, habiendo escalado éstos los derruídos muros, las mujeres que se hallaban en lo alto de sus casas comenzaron a gritar de tal modo que los selinuntinos, creyendo que la ciudad había sido tomada, atemorizados, abandonaron los muros y se concentraron compactos en las brechas, dedicándose a obstruir los pasos. Al cabo de mucho tiempo rechazaron a los enemigos (29).

Forzados estos obstáculos por los cartagineses, irrumpieron en la ciudad cada vez en mayor número, desalojando a los selinuntinos de las calles. Era la primera vez que una ciudad griega de Occidente caía en manos de bárbaros, «de estos hombres de lengua incomprensible y de costumbres salvajes», según frase de Diodoro (30).

Toma y destrucción de Himera (409 a 408).

Conquistada Selinús, Aníbal volvióse rápidamente contra Himera, donde setenta años antes su abuelo Amílcar había encontrado el fracaso y la muerte. Al parecer, Himera hallábase en paz con Cartago. Pero el secreto designio de ésta no había de parar en escrúpulos.

En un punto elevado y algo distante de Himera, Aníbal dejó un ejército de reserva de 40.000 hombres. Con el resto y 20.000 indígenas de refuerzo, se empeñó en el asalto de la ciudad por el Sur, que era la parte más accesible. También empleó aquí las torres que tan buenos resultados dieron en Selinús; pero lo que es nuevo en Himera es el empleo de minas (31). Con este procedimiento lograron abrir una brecha. Los himerotas lucharon sin cuartel durante dos días, al cabo de los cuales dice Diodoro que estando ya los trieres, que venían en socorro de la ciudad, a la vista, cayó el muro por el batir de las máquinas y los iberos en masa irrumpieron en ella. Parte de los bárbaros rechazaron a los que llegaban en ayuda de los himerotas; los que lograron entrar en la ciudad la abrieron a los suyos (32).

Tomada Himera, el asesinato se esparció por la infeliz ciudad hasta que Aníbal ordenó hacer prisioneros. Tres mil hombres fueron sacrificados a los manes de Amílcar, en el mismo lugar donde había muerto el abuelo del vencedor. La ciudad fué arrasada hasta sus cimientos, no librándose ni los santuarios. El magnífico templo construído en ocasión de la paz del 480, tan afrentosa para Cartago, fué destruído para siempre. Aníbal y Cartago tenían bastante. El general cartaginés dejó guarniciones en las ciudades tomadas, licenció a los campanios e indígenas sicilianos y regresó con su ejército victorioso a Africa, a invernar y a preparar nueva campaña. Un enorme botín fué trasladado a Cartago.

Toma de Akragas (406).

Esta serie de acciones victoriosas, por las que tan rápidamente cayeron Selinús e Himera, animó a Cartago para emprender la conquista de toda Sicilia. El ejército púnico se preparó para esta empresa. Como general continuó Aníbal, quien llamó a su lado a Himilcón, sobrino suyo. Los contingentes cartagineses del 409 estaban formados en su mayor parte por tropas mercenarias reclutadas en los dos principales países sujetos al dominio de Cartago; es decir, por libios e iberos. Para esta ofensiva que se preparaba se hicieron nuevas levas en todos lo pueblos bárbaros del norte de Africa e Iberia, figurando junto a los ciudadanos cartagineses los súbditos libios, mauritanos y numidios y, como es natural, también los iberos y hasta los baleares, para cuya recluta dice Diodoro que Aníbal e Himilcón, de común acuerdo, enviaron con mucho dinero a algunos de los más prestigiosos entre los cartagineses, con la comisión de recoger el mayor número posible de mercenarios, tanto en la Península como en las Baleares (33).

El ejército así formado sumaba, al decir de Timeo, 120.000 hombres, y según Éforo, 300.000, cantidad a todas luces exagerada (34). Mil naves de carga transportaron este imponente ejército a Sicilia.

En la primavera del 406 dirigióse Aníbal hacia Akragas, invitando a la ciudad a unirse a los invasores o a permanecer neutral. Los akragantinos se negaron a traicionar a sus hermanos, y Aníbal comenzó el sitio de la ciudad, distribuyendo sus fuerzas en dos campamentos: uno, en ciertas colinas, en las que ordenó a los iberos y parte de los libios, hasta 40.000; el otro, cerca de la ciudad, lo rodeó de una profunda trinchera y una empalizada (35).

En este caso, las tropas de refuerzo eran las iberas y libias, pues ocupaban el campamento más alejado de la ciudad, al oriente de ella, por lo que no requería obras de defensa como el otro, más próximo a Akragas, al Sudoeste.

Forzada esta vez Akragas a tomar las armas, se halló por el momento mejor preparada para su defensa que lo estuvieron sus hermanas Selinús e Himera. En Siracusa, además, se había formado un ejército con el fin de romper el cerco de Akragas; sumaban 30.000 infantes y 5.000 jinetes. La marcha del ejército siracusano siguió la ruta costera, acompañado por una flota. En este momento cuenta Diodoro un episodio en el que se cita de nuevo a los iberos, aunque, ciertamente, en una acción no tan brillante como las de Selinús e Himera.

Informado Himilcón del próximo ataque de los enemigos, envió contra ellos a todos los iberos y campanios y parte de los demás, en número no inferior a 40.000. Habiendo atravesado ya los siracusanos el río Himera, llegaron los bárbaros, a los que, tras larga lucha, vencieron los siracusanos, matándoles más de 6.000 hombres; finalmente destruyeron el campamento por completo y los persiguieron hasta la ciudad (36).

Al descalabro sufrido por los sitiadores se unió pronto un mal mayor: la falta de víveres. Himilcón logró de los mercenarios un plazo; dió batalla a los barcos siracusanos que se hallaban frente a la ciudad, y tomóles un bajel cargado de trigo. Este golpe afortunado cambió la situación de ambos bandos. Al verse los akragantinos privados de víveres y bloqueados por mar, cayeron en profundo abatimiento. Pasáronseles a los cartagineses los mercenarios. No quedaron en Akragas más que los sikeliotas, sus aliados, que pronto cayeron también en desánimo. Los akragantinos no hallaron otra solución que abandonar la ciudad. Una noche, todos aquellos que aun podían valerse por sí huyeron de Akragas, refugiándose en la vecina ciudad de Gela. Cuando Himilcón entró en la ciudad, no halló más que inválidos y cadáveres. Himilcón hizo matar a los que aun quedaban, incluso a los acogidos en los recintos templarios.

Caída de Gela y Kamarina (405).

Tras de Akragas era de esperar el ataque a Gela, que había recogido a algunos de los akragantinos. Sin embargo, Himilcón no se puso en movimiento hasta el año siguiente. Sus tropas invernaron en Akragas.

Mientras tanto, los gelotas veían con espanto avecinarse la tormenta; sólo tenían 1.500 hombres que habían podido sacar de Akragas. Ante la demanda de refuerzos, Siracusa envió 2.000 infantes y 400 caballos a las órdenes de un estratega que estaba llamado a jugar muy pronto un importantísimo papel en la historia de Sicilia: Dionisio.

Gela estaba minada por discordias y rivalidades políticas y sociales. Dionisio, con clara visión, acusó a los potentados de hallarse en tratos con los invasores. Con ello no sólo se ganó la simpatía del pueblo, sino que se hizo dueño del dinero para sus futuras empresas. Además, explotando el patriotismo y el pánico de los siracusanos, logró poderes omnímodos para la organización militar. Erigido en tirano, parte de nuevo para Gela con 30.000 infantes y 1.000 caballos. En este ejército iba lo mejor de Siracusa, tropas auxiliares italiotas y gentes mercenarias. Cincuenta navíos de guerra acompañaban a las tropas.

Tras de un mes de indecisión y tanteos, el tirano arriesgóse a liberar a Gela del asedio cartaginés. Dividió sus fuerzas en tres columnas que habían de actuar conjuntamente. Este ataque triple debía ser apoyado por la caballería al Norte y por la escuadra al Sur.

Su eficacia consistía en que todo funcionase matemáticamente. Pero esto fué precisamente lo que no ocurrió. Los cartagineses batieron, una tras otra, las dos alas según iban acercándose a sus objetivos, desbaratando de este modo el plan de Dionisio en lo que tenía de más eficaz; es decir, la simultaneidad del triple ataque al campo atrincherado púnico.

El papel que los mercenarios iberos jugaron en la destrucción de las dos alas extremas de Dionisio está escuetamente consignado en Diodoro, quien, describiendo la doble acción, dice que los iberos y campanios atacaron con decisión a los italiotas, haciéndoles más de 1.000 bajas, no pudiendo aniquilarlos porque, como los que se hallaban en las naves disparaban sobre los iberos y campanios, el resto de los italiotas pudieron salvarse refugiándose en la ciudad. En cuanto a los sikeliotas, que luchaban con los libios, lograron hacer en éstos un gran estrago, persiguiéndolos hasta el campamento. Pero entonces, al acudir en su socorro los iberos, campanios y cartagineses, lograron poner en fuga a unos seiscientos, y los sikeliotas hubieron de buscar refugio también en la ciudad (37).

La batalla fué un duro fracaso y una amenaza para Siracusa, que iba a ver pronto ante sus muros a aquellos bárbaros.

Sitio de Siracusa y fin de la guerra (405-404).

Dionisio, desacreditado, hubo de vencer serias dificultades para mantenerse en el poder; pero, dominada una sedición, salió incluso más potente. En tales circunstancias apareció el ejército cartaginés ante la bella ciudad de la ninfa Arétusa.

La situación era completamente favorable para Himilcón. Por desgracia, falta toda noticia desde el momento de su llegada ante la capital sikeliota. Sólo sabemos el final: que, acometidos los sitiadores por enfermedades y epidemias, perdieron más de la mitad de sus efectivos, viéndose obligado Himilcón a ofrecer la paz, que los siracusanos aceptaron como única salvación (otoño del 405?, invierno del 404?). Himilcón volvió a África con el resto de su ejército.

No por ello cesaron los odios y las ansias de desquite. El mismo Dionisio dedicóse al punto a preparar su venganza.

Tercera Guerra Grecopúnica en Sicilia (397-395)

Segundo sitio de Siracusa.

La guerra de desquite contra Cartago era popular en todas las ciudades griegas de Sicilia. La situación por que atravesaba Cartago se presentaba favorable al tirano. La atroz epidemia continuaba haciendo estragos en el ejército que había sido trasladado a África. Dionisio preparó la guerra con cuidados extremos. Cuando hubo terminado sus preparativos, declaró solemnemente ante el pueblo su propósito de hacer la guerra a Cartago. En todas las ciudades griegas, incluso en las sometidas a la intervención cartaginesa, estallaron motines antisemitas que pagaron los comerciantes cartagineses que negociaban entre los griegos. Saquearon sus haciendas, y en Selinús y Akragas fueron muertos con los mismos tormentos que sus compatriotas habían empleado para los griegos en la pasada guerra. En 397, Dionisio envió a Cartago una embajada en demanda de la libertad de las ciudades griegas de Sicilia, demanda que, naturalmente, fué rechazada.

Rotas las hostilidades, Dionisio atravesó la isla con un potente ejército y puso sitio a Motye, en cuya bahía quedó embotellada su escuadra. Pudo salvar, sin embargo, sus ochenta barcos haciéndolos pasar, sobre rodillos, de la bahía al mar libre a través de cuatro kilómetros. La resistencia que los púnicos hicieron en Motye fué tenaz, pero tuvieron al fin que sucumbir, siendo pasados sus habitantes a cuchillo, sin distinción de sexo ni edad. Con la llegada del invierno, Dionisio se retiró a Siracusa.

Al año siguiente (396) reanudó el tirano las hostilidades; pero los púnicos habían logrado ya armar un potente ejército, el cual, al mando de Himilcón, desembarcó en Pánormos. La composición y recluta de los efectivos púnicos, así como su cantidad, nos las transmite Diodoro (38) según las dos versiones de Éforo y Timeo. Eran, desde luego, y como siempre, fuerzas reclutadas en toda Libia y en Iberia, parte entre confederados, parte tomadas a sueldo. Según Éforo, eran 300.000 hombres de a pie y 4.000 de a caballo; pero según Timeo, más prudente, no pasaban de 100.000.

Ya están de nuevo los iberos y libios frente a los griegos sikeliotas. El número de los primeros es difícil calcularlo; pero había de ser grande, aun admitiendo que las cifras totales dadas incluso por el mismo Timeo son todavía exageradas. No creemos incurrir en un grande error si decimos que, de los 100.000 hombres, 20 a 25.000 fueron reclutados en España.

Dionisio hubo de retirarse prudentemente hacia Siracusa. Motye fué recuperada. Para sustituir su perdido valor, ya que fué totalmente destruída, Himilcón fundó donde hoy Marsala la base de Lilybaion. El cartaginés partió con sus libios e iberos hacia Messana, bordeando, acompañado de la escuadra, la costa norte de la isla. Tomada la ciudad, adquirieron un punto de valor para sus operaciones futuras.

El ejército cartaginés continuó su triunfal marcha hacia Siracusa sobre la costa. Una reciente erupción del Etna, cuya lava había llegado al mar en Naxos, obligó a Himilcón a separarse de la escuadra. Esta coyuntura quiso aprovecharla Dionisio para destrozar la escuadra púnica; pero la armada griega fué derrotada en aguas de Katana. El cerco de Siracusa era inevitable y la situación en extremo grave. En efecto; poco después los siracusanos vieron cruzar ante la isla Ortygía y fondear en el puerto grande, en el más correcto orden, primero, 208 navíos de guerra espléndidamente adornados; después, los navíos griegos apresados, y, por último, un enjambre de barcos de carga. Toda la bahía se vió poblada de una multitud de velas.

Himilcón acampó en la llanura pantanosa, entre el Anapos y las alturas fortificadas de las Epípolai. Con el fin de obtener piedra para fortificar destruyó la necrópolis. Las tumbas de Gelón, el vencedor de Himera, y su mujer, Damarate, monumentos sagrados por lo que representaban para la historia de Sicilia, fueron destruídos. Levantó, además, tres grandes torres que dominaban las orillas del puerto grande: una junto al Olympieion, otra en Plemmyrion, y una tercera, entrambas, en Daskon.

La toma por asalto de Siracusa, después de las formidables defensas construídas por el tirano, era empresa imposible. El plan de Himilcón consistía, sin duda, en ahogar la ciudad y obligarle a la rendición. No obstante, en un golpe de mano los púnicos entraron en el barrio Achradine.

Llegó con esto la plena canícula, y con ella la inesperada salvación de Siracusa. En el ejército cartaginés comenzó a propagarse una terrible epidemia, producida tanto por la corrupción de los cadáveres desenterrados al destruir la necrópolis como por los miasmas propios del lugar pantanoso donde Himilcón levantó el campamento.

Aprovechando Dionisio esta coyuntura, cae de noche, en una acción combinada por agua y tierra, sobre los sitiadores. Les toma el fuerte de Daskon y las cercanías del Olympieion. Por su parte, la armada griega, compuesta de 80 navíos, asalta algunos barcos enemigos, prendiéndoles fuego, el cual se corrió de los navíos de transporte a los de guerra. Abandonados por sus tripulantes y rotas las amarras, daban unos con otros, propagando por todas partes el fuego que llevaban. Este grandioso espectáculo, que se desarrollaba ante la asombrada vista de sitiadores y sitiados, marcó el fin de Himilcón y su ejército hasta entonces victorioso. De nuevo los griegos habían triunfado en Occidente del mundo semita africano.

Nada sabemos de la parte que cupo en esta decisiva acción a los iberos mercenarios. Pero conocemos su final. Aquella misma noche Himilcón trató en secreto con Dionisio de su salvación personal y la de los ciudadanos púnicos que llevaba en su ejército. Conforme quedó acordado, Himilcón, con los suyos, partió en 40 naves a Cartago, dejando abandonados a aliados y mercenarios. Dionisio, al hacerse de noche, concentró sus fuerzas ante el campamento de sus enemigos, cuyas vías de huída cortó previamente. Los bárbaros, dice Diodoro, sin jefes, sobrecogidos por el miedo y abandonados por los naturales, los sículos, comezaron a huir. Aquellos que tomaron los caminos fueron sorprendidos por los griegos; los más de ellos se entregaron inermes, pidiendo suplicantes el perdón de la vida. «Unicamente los iberos —añade el texto de Diodoro (39)—, habiéndose reunido en armas, enviaron heraldos con el fin de pedir una alianza. Dionisio, tras de cumplir las ceremonias, incorporó a los iberos entre sus mercenarios.»

LOS IBEROS, AL SERVICIO DE DIONISIO «EL VIEJO», DE SIRACUSA

Su participación con los celtas españoles en las guerras tebanas (368 y 367).

Esto ocurría en 396-5. Los iberos, que se hallaron dos veces ante los muros de la opulenta Siracusa, entraron esta vez en ella, no como vencedores, pero tampoco como vencidos; entraron como aliados del tirano Dionisio *el Viejo*. ¿Cuántos eran estos iberos? No es posible saberlo, pero debían de ser aún algunos miles. Tampoco sabemos qué papel jugaron estos iberos en la insubordinación de los mercenarios de Dionisio a poco de la retirada de los cartagineses. Los textos no mencionan particularmente a ninguno. Sólo hablan de los lacedemonios. El tirano, para aplacarlos, concedióles la licencia y la ciudad de Leontinoi en propiedad, así como su territorio. Eran 10.000 veteranos. En el nuevo ejército de mercenarios fueron incorporados muchos esclavos y libertos. ¿Dónde se hallaban los iberos? ¿Permanecieron al lado del tirano cuando la insurrección? ¿Tomaron parte en la nueva colonización de Leontinoi, o bien fueron incorporados al nuevo ejército de mercenarios?

Por el año 393 vuelven los cartagineses, al mando de Magón, a los campos de batalla sicilianos. Al año siguiente, 392, reaparecen de nuevo con unos 20.000 hombres. No se cita entre ellos a los iberos, pero sí a los sardos y ciertos bárbaros de Italia, además de los africanos. La ausencia de los iberos es significativa y ha de interpretarse como repercusión de la cobarde actitud de Himilcón ante los muros de Siracusa en el famoso sitio del 395. Debilitada Cartago por esta serie de guerras sin éxito, firmó una paz que duró hasta el 383. Durante este decenio escaso Dionisio extiende su poder por el sur de Italia (batalla de Elléporos en 389, y toma de Rhegion, en 387) y las costas del Adriático (fundaciones de Lissos, Issa, Ankon, Atria y estableciendo contacto con los galos del Poo y los molossos).

Reanudadas las hostilidades con Cartago en 383, terminaron pronto con la derrota y muerte de Magón. El tirano logró llevar la frontera de sus dominios sicilianos hasta el río Halykos, al oeste de Akragas. Transcurre otro decenio, en el que Dionisio es virtualmente dueño de toda la isla. En 373 el tirano saquea el occidente de Sicilia, tomando Selinús, Entella y Eryx, pero fracasando ante Lilybaion. Su muerte acaeció en 367.

FIG. 566. — Broche de cinturón celta español hallado en Olympia, al sur de Heraion. Conserva restos de dorado. Museo Nacional de Atenas. Dimensiones del original, 9,50 × 5 cm. — *Foto García y Bellido.*

Hemos relatado muy brevemente los principales acontecimientos militares de la historia de Sicilia desde el 395 hasta la muerte de Dionisio. No tenemos la menor noticia de la participación de los iberos en estas guerras, ni en las filas cartaginesas ni en las siracusanas, a pesar de que en estas últimas debieron figurar, sin duda, los iberos que como mercenarios pasaron al servicio de Dionisio tras el abandono del sitio de Siracusa. Esta seguridad la apoya el hecho de que en 368, es decir, años después de las empresas acabadas de citar, son mencionados expresamente los iberos como soldados aún en el servicio de Dionisio. Por tanto, es lógico deducir que, puesto que Dionisio tenía en 369 iberos a su servicio, allí donde en los textos que refieren empresas anteriores del tirano se mencionan a los mercenarios en general, hemos de suponer también a los iberos entre ellos. Aunque los textos nada digan, no es, pues, aventurado afirmar que los mercenarios iberos debieron luchar con los siracusanos tanto en Sicilia como en Magna Grecia.

Hablemos ahora de las andanzas de los mercenarios iberos de Dionisio *el Viejo* en el Peloponeso. El año 368 a. de J. C., estando la Grecia Propia embebida en las guerras llamadas tebanas, el tirano envía en ayuda de los lacedemonios «dos mil celtas e iberos», que, tras de sostener un encuentro con los de Sikion, asaltaron el fuerte de Dairas. Cumplido su contrato y expirado el plazo, volviéronse otra vez a Siracusa (40).

Al año siguiente, de 367, hallándose Esparta bajo la amenaza de los arcadios, aliados de los beocios, Dionisio envió el segundo ejército auxiliar, en el que figuraban ciertos mercenarios «celtas», de cuya procedencia peninsular existe la valiosa prueba del broche de cinturón celtahispano hallado en el Heraion de Olympia (fig. 566) y datable precisamente en la época de estos acontecimientos. Estos «celtas» tomaron parte brillante en la llamada «victoria sin lágrimas» de los lacedemonios, digno desquite de la de Leuktra, en la toma de Karia y en otras acciones de menor importancia (41).

Tras estas menciones transcurre un largo período, en el que los textos callan el nombre de los iberos. La primera reaparición de los iberos en el teatro de lucha de Sicilia es la del 339 ó 340, en ocasión de la batalla de Krimisos. Pero antes de hablar de ella, y por corresponder a este período intermedio, recordemos una curiosa noticia de Platón.

Una cita de Platón.

Tres veces estuvo Platón en la corte de Siracusa. La primera en 388, reinando todavía el famoso Dionisio *el Viejo*, en el que Platón llegó a pensar para la realización de su república perfecta. El fracaso de su proyecto y el ser vendido como esclavo a su regreso a Atenas (según se decía, por obra del propio Dionisio) fueron sus únicos frutos. La segunda en 367, muerto ya el viejo Dionisio y estando en su lugar su hijo Dionisio *el Joven*. Y la tercera en 361, reinando aún este último. En ambas por secundar de nuevo los buenos proyectos de su amigo y discípulo Dion, pariente de los tiranos, que creyó posible la «conversión» política de los Dionisios por obra de las hermosas palabras del filósofo ateniense.

En cualquiera de estas visitas, si no en las tres, tuvo Platón ocasión de ver y observar a la guardia mercenaria de los tiranos, compuesta de 10.000 hombres de muy varia procedencia (42). En ella figuraban desde el 395 los iberos incorporados a la guardia personal del viejo Dionisio por pacto directo con el tirano, sellado, según los ritos, ante los muros de Siracusa (43). Platón pudo conocerlos directamente, pues, desde su primera visita; pero mucho mejor y más íntimamente en la tercera, la del 361, en la que, por imposición malévola de Dionisio *el Joven*, la grandiosa personalidad de Platón fué forzada a convivir en el propio cuartel de la guardia con aquellos bárbaros que aborrecían al filósofo, pues deseoso éste de ganarse para el bien al tirano, parece ser solía proponerle la abdicación de la tiranía y el licenciamiento de su guardia, cosa que estuvo a punto de costarle la vida. Cuando en sus últimos años Platón escribió su hermoso diálogo, que dejó incompleto, *Nomoi*, sacó de sus memorias algunas de las observaciones tomadas de la contemplación directa de aquellas gentes estipendiarias. Uno de los interlocutores griegos de este diálogo, que solía beber el vino mezclado, como era costumbre helénica, dice que todos los pueblos bárbaros, como los escitas y persas, cartagineses, celtas e iberos, y también los tracios, todos ellos —añade— gentes belicosas, bebían el vino puro (44). La cita no tiene más importancia que la de la alta personalidad de quien procede y el poder unir por ello en una misma línea y en un mismo momento histórico el nombre excelso de Platón al de los humildes y bárbaros mercenarios ibéricos de la guardia personal de los tiranos de Siracusa. Pero obsérvese que Platón menciona a los iberos en unión de los cartagineses y celtas, testimonio quizá involuntario de una asociación de ideas más que de una ordenación geográfica en la cita. Plutarco cuenta en la vida de Dion que, con motivo de las luchas intestinas entre Dionisio *el Joven* y Dion el filósofo, en las que el mismo Platón jugó, sin quererlo, un papel tan importante, el tirano utilizó una vez a sus soldados mercenarios «hinchiéndolos de vino» para asaltar las murallas de su ciudad, entonces en poder de Dion. El éxito acompañó al intento. Diodoro, tomándolo de Timeo, dice que los baleares que sirvieron de mercenarios con los cartagineses en Sicilia solían gastarse íntegras sus soldadas en la compra de mujeres y vino (45).

LOS IBEROS EN KRIMISOS Y EKNOMON (SICILIA). EMBAJADA A ALEJANDRO
(SEGUNDA MITAD DEL SIGLO IV)

Batalla de Krimisos (junio 341).

Los cartagineses, muerto Dionisio *el Viejo*, quisieron recuperar toda su perdida preponderancia en Sicilia. Las circunstancias les eran en este momento favorables. Decidida Cartago a caer sobre los sikeliotas, procuró ganarse la neutralidad de una joven potencia, Roma, ligándose a ella por un pacto de amistad en el 348.

En 341 púsose en marcha para Sicilia un ejército cartaginés al mando de Amílcar y Asdrúbal, integrado en parte por mercenarios iberos juntamente con los celtas, ligures y libios reclutados con abundante dinero (46).

En Lilybaion desembarcaron unos 70.000 infantes con muchos jinetes y carros de' guerra, a los que hay que añadir la flota, compuesta de 200 trieres y 100 navíos de transporte. Dirigiéronse hacia Pánormos; pero antes de llegar a esta ciudad saliéronles al encuentro las tropas griegas mandadas por Timoleón. A orilla del río Krimisos, Timoleón derrotó totalmente a las fuerzas púnicas, aniquilándolas. El curso de la batalla se conoce de un modo poco satisfactorio; parece ser que el desbordamiento repentino del río, por una tormenta imprevista, fué causa importante en la derrota púnica.

Un comentario mordaz, pero verídico, de Plutarco dice sobre esta derrota cartaginesa lo que sigue: «Se cuenta que de 10.000 muertos, 3.000 fueron cartagineses. Gran dolor para la ciudad; no se recordaba que en una sola batalla hubiesen perecido nunca tantos cartagineses, ya que nadie los aventajaba en prosapia, ni en riqueza ni en prestigio, pues como utilizaban, por lo general, a los libios, iberos y númidas, las pérdidas en sus fracasos caían siempre sobre gentes extrañas» (47).

Embajada ibérica a Alejandro Magno (324-23).

Cuando la historia, después de la batalla de Krimisos, vuelve a mencionar de nuevo a los iberos, acababa Grecia de comenzar uno de los períodos más interesantes de su vida: el período helenístico. Alejandro había conquistado el Asia y Egipto. Las luces del helenismo empezaban ya a brillar en todo el Oriente.

La fama del Macedón y el clamor de sus asombrosas hazañas cruzaron pronto el mundo. Las más alejadas colonias de la antigua «oikoumene», aquellas que el poder expansivo de la Hélade alzó en las playas levantinas de la remota Iberia, debieron recoger también, sin duda, el eco de sus victorias. A los más alejados oídos, fuesen de griegos o de bárbaros, debieron llegar las noticias de aquellos asombrosos acontecimientos, pues de todos los puntos del mundo partieron comisiones y embajadas de salutación. Gentes de todas las razas se apresuraron a enviarle testimonios de su admiración y amistad. También los iberos mandaron sus embajadas al conquistador de Oriente. Así lo hace constar un texto transmitido por Arriano (48).

«Cuando Alejandro se dirigía a Babilonia se le presentaron embajadas de los libios, brettios, lucanos y tirrenios. Se ha dicho que los cartagineses también enviaron sus comisionados; de parte de los escitas de Europa y de los etíopes llegaron igualmente embajadores, así como de los celtas e iberos, todos pidiendo amistad. Griegos y macedonios conocieron entonces por vez primera sus nombres y equipos.» La fecha aproximada en que debieron de ser recibidas estas embajadas puede calcularse en el 324-23, poco antes de la muerte de Alejandro (49).

Batalla de Eknomon (311).

Tras del inciso de la embajada a Alejandro los textos nos vuelven a llevar a Sicilia. Muerto Timoleón, apoderóse de la tiranía de Siracusa Agathoklés, que apoyaba su poder en mesnadas mercenarias y en la clase baja. En estas circunstancias estalló de nuevo la veterana inquina entre cartagineses y siracusanos. El motivo fué el siguiente: una flota cartaginesa entró en el puerto de Siracusa, y se apoderó de dos navíos comerciales, a una de cuyas tripulaciones cortaron las manos. Agathoklés replicó del mismo modo. Irritados los púnicos, ocuparon el monte Eknomon, hoy monte Cufino, en territorio de Gela, a orilla del río Himera.

Decididos los cartagineses a la ofensiva, en el año 311 desembarcaron en Sicilia sus contingentes, mandados por Amílcar, hijo de Gisgón. Como en casos anteriores, componíanlos en su mayor parte tropas mercenarias, entre ellas baleares, en número de 1.000; libios, en el de 10.000; mercenarios etruscos, en otros 1.000, y 200 redarios, aparte de los contingentes formados por ciudadanos de Cartago, que en número de 2.000 habían sido seleccionados entre los más ilustres (50).

El texto menciona a los baleares, cuya cantidad, por otra parte, era pequeña: 1.000 honderos. Es curiosa la ausencia de los iberos y la preponderancia enorme de los libios: 10.000 hombres. Esto nos lo explicamos nosotros por el modo, relativamente improvisado, con que se preparó este ataque.

Agathoklés, para facilitar el asalto del monte Eknomon, se apoderó de Gela, entregándola a la matanza y al saqueo. Aprovechando que los libios se hallaban por el interior del país; Agathoklés, ante tan buena ocasión para entablar una batalla campal decisiva, salió a la llanura con todo su ejército. La lucha fué tenaz. Viendo Amílcar que los suyos estaban a punto de sucumbir ante la acometida griega, mandó a sus honderos baleares que se pusiesen en primera línea. Estos, en número de 1.000, lanzando con gran celeridad grandes piedras, mataron muchos enemigos, desarmando a otros a fuerza de golpes de honda. Pues estós hombres —explica Diodoro—, acostumbrados a lanzar piedras de una mina de peso, contribuyen grandemente a la victoria en los momentos de peligro, ya que desde niños se los educa celosamente en estas artes (51).

Rehecho Agathoklés, penetró de nuevo en el campamento por otro punto, y acabara con los púnicos si una casualidad no hubiese hecho que en el preciso momento llegase a la playa un ejército de socorro venido de Africa.

Agathoklés se hizo fuerte en Gela, donde aun pudo, gracias a un ardid de guerra, matar a unos 300 jinetes africanos. Amílcar, convencido de que los de Gela se hallaban bien provistos y en situación de resistir un largo asedio, se decidió por conquistar el resto de Sicilia. Trató tan humanamente a los habitantes de la primera ciudad que cayó en su poder, que, a poco, las ciudades restantes se apresuraron a entregarse. Leontinoi, Katana, Tauromenion, Messana, Kamarina, Abakainon y otras se dieron a los púnicos, no sólo por salvarse de la destrucción, sino también por odio al tirano. Agathoklés, viendo en peligro Siracusa, abandonó Gela y retornó a aquélla, donde maduró el atrevido proyecto de trasladar la guerra a África.

En 310, el tirano desembarca en el Promontorio Mercurio (actual cabo Ben), quemando, como Hernán Cortés, sus naves. Las vicisitudes de esta novelesca campaña, que recuerda por otros muchos episodios las de los españoles en América, no son del caso, aunque sí conviene recordar que los «celtas» citados dos veces por Diodoro (52) pudieran ser gentes peninsulares.

Primera Guerra Púnica

Una nueva potencia había nacido en el Mediterráno, Roma, cuyas pretensiones de hegemonía hubieron de chocar pronto con las de Cartago. El motivo para una guerra podía surgir de cualquier cuestión. Diólo, como es sabido, la de los mamertinos, mercenarios residentes en Messana. En el año 264, Apio Claudio pasó el estrecho y entró en Messana con sus tropas. Al año siguiente los romanos se adentran en Sicilia y hacen algunas conquistas sin que los cartagineses ni los siracusanos (que entonces eran aliados) ofreciesen resistencia notable. Muchas ciudades de la parte oriental de la isla se unieron a los romanos, y con mayor entusiasmo los sículos, que veían en ellos, como antes en los cartagineses, los libertadores de su pueblo, oprimido tanto por griegos como por púnicos. Hieron, tirano que era entonces de Siracusa, viendo estas cosas, pidió la paz a los romanos, que se la concedieron respetando sus dominios. Los cartagineses quedaron solos, sin aliados, ante los futuros dueños del mundo.

En el 262 habían hecho los romanos tales progresos, que emprenden el sitio de Akragas, ciudad que, aunque griega, era de dominio cartaginés y plaza fuerte de primer orden. Durante cinco meses soportó Aníbal el asedio sin inquietarse. Al cabo de ellos, la penuria fué acentuándose y pidió socorros a sus compatriotas, quienes, según texto de Polibio, enviaron a Sicilia los refuerzos pedidos, compuestos por muchos libios y celtas, pero en mayor parte por iberos (53).

Hannón, al mando de 50.000 hombres de a pie y 6.000 de a caballo, más 60 elefantes, partió de Lilybaion y llegó a Herákleia Minoa, marchando luego a Herbessos, de la que logró apoderarse. Hieron, fiel a los romanos, acudió en su socorro, evitando que levantasen el sitio de Akragas por el momento. En estas circunstancias aproximóse Hannón a esta ciudad dispuesto a asaltar el campo romano. Envió a la caballería numídica por delante, y siempre combatiendo, atrajeron a los aliados hacia el grueso del ejército cartaginés, infligiéndoles éstos una derrota. Las tropas de Hannón ocuparon entonces el monte Toro, cerca de Akragas, a su oeste, donde permanecieron inactivas dos meses, hasta que por ruegos de Aníbal, que veía los inevitables estragos que el asedio hacía entre los suyos, Hannón emprendió un asalto al campo de los sitiadores. Los mercenarios de los cartagineses, que figuraban en la línea de choque, fueron desbaratados de tal modo que en su huída sembraron la confusión en el resto del ejército, dispersando a sus elefantes. Sólo unos pocos hombres del derrotado ejército cartaginés lograron refugiarse en Herákleia Minoa. En la noche sucesiva, aprovechando un descuido de los romanos, que celebraban su victoria, Aníbal logró sacar sus fuerzas de Akragas, abandonando la plaza.

No sabemos ni el papel ni el número de víctimas que en esta desgraciada acción cupo a los iberos. Pero debió de ser importante, pues sus contingentes eran también los más numerosos, como hemos visto por el citado texto de Polibio. De todos modos, como a lo largo de estas prolongadas guerras vuelven los textos a citarlos dos veces más, una de ellas (54) al final de la guerra, es de suponer que en todos sus episodios siguiesen interviniendo.

La falta de pagas en el ejército cartaginés originó cierto malestar entre los mercenarios, quienes se sublevaron. El jefe cartaginés, para castigarlos, envióles contra una posición enemiga al mismo tiempo que avisó secretamente a los romanos (año 261).

Al año siguiente la guerra tomó un nuevo aspecto, dándose la batalla naval de Mylai, y la de Mazara. Así transcurrió el tiempo, hasta que en el 256 Atilio Régulo, siguiendo el ejemplo de Agathoklés, llevó el punto de gravedad de la contienda al Africa, donde logró desembarcar 140.000 hombres. Los cartagineses metropolitanos llamaron a Amílcar. Desembarca en su patria al frente de 5.000 infantes y 500 jinetes y marcha al encuentro del general romano, que estaba entonces dedicado al saqueo de villas y aldeas. Se hallaba Régulo frente a la ciudad de Adyn, de ubicación desconocida, pero no lejos de la actual Túnez, cuando se presentó el ejército púnico de socorro, que ocupó una colina escarpada dominante sobre el campo romano. Allí mismo le dieron éstos la batalla, donde los elefantes y la caballería resultaban ineficaces. Alcanzada la altura al despuntar el alba, comenzaron los ataques por los dos lados a un tiempo. Los mercenarios se defendieron denodadamente y hasta lograron poner en fuga a una de las columnas atacantes; pero, envueltos por los de la otra, tuvieron que huir a su vez. Los elefantes y la caballería pudieron salvarse. Los romanos se dedicaron entonces a la devastación, ejemplo que siguieron los númidas. Las gentes del campo, temerosas, buscaron refugio en Cartago, que esperaba el asedio romano con angustia. No obstante, Régulo no tenía medios ni efectivos suficientes para hacer un sitio formal. Parece ser que viendo la halagüeña situación en que quedaba después de la reciente victoria, no queriendo comprometerse a una empresa muy incierta, negoció una paz; mas ésta no se llevó a efecto. En este momento, en un texto tardío, vuelven a ser mencionados los iberos. La mención, que procede de Orosio, dice que «como hubiesen oído los cartagineses condiciones duras e intolerables, pensando que era mejor morir armados que vivir desgraciados, acordaron proporcionarse tropas auxiliares mercenarias, no sólo de españoles y galos, que hacía tiempo tenían, sino también de griegos (55).

Los cartagineses, en efecto, enviaron a Grecia emisarios que reclutaron gran número de mercenarios y trajeron a un aventurero espartano, Xánthippos, que logró derrotar a los romanos en las cercanías de Túnez y capturar al cónsul Régulo con 500 soldados que le acompañaban. Los romanos que pudieron salvarse eran sólo 2.000 hombres (año 255). La empresa de África fracasó.

El centro de gravedad de la guerra volvió de nuevo a Sicilia; comenzaron el sitio de Pánormos, tanto por mar como por tierra. Por ésta la rodearon de fosos y empalizadas, y tras de batir los muros con máquinas lograron entrar en la ciudad. Sólo les quedaba a los sitiados el vecino monte Heirkte (el actual monte Pellegrino), que domina la villa. Sus escarpadas laderas lo convertían en una verdadera fortaleza. Esto acaecía en el 254. Hacia el 251 el cerco del monte Heirkte continuaba. Mas en este año, Asdrúbal, que había recibido refuerzos, se encaminó a Pánormos con el fin de levantar el prolongado sitio de su monte. Metelo dejó pasar al cartaginés por el estrecho paso de la Conca d'Oro hasta cerca de los muros de la ciudad. Un número de soldados escogidos se dedicaron a irritar a los elefantes cartagineses hasta conseguir enfurecerlos. Los paquidermos entonces se volvieron, irrumpiendo por entre las filas cartaginesas, de lo que se aprovecharon los romanos, derrotando a los púnicos.

No obstante la derrota de los púnicos, éstos, con sus mercenarios, se mantenían firmes en el monte Heirkte. Los romanos llevaron la guerra a Lilybaion. En 250 sitian la plaza, base de la potencia naval cartaginesa, que unía a Sicilia con Cartago, bloquean y asaltan la ciudad, derribando sus torres, y penetran en ella. En la base cartaginesa había 10.000 mercenarios. Los romanos trataron de sobornarlos, pero fueron sorprendidos los jefes tránsfugas in fraganti y castigados. En la emboscada que Aníbal y Alexon prepararon a los jefes traidores figuraban ciertos mercenarios celtas, posiblemente de origen peninsular.

La guerra transcurría, sin embargo, lánguida e indecisa, pasando un año tras otro sin lograr ninguno de los contendientes una acción definitiva.

Convencidos los romanos de que no podrían ganarla sin tener el dominio absoluto del mar, logran crear una escuadra de 200 naves, que entregaron al mando del cónsul Lutacio. Presentóse éste ante Drépanon y Lilybaion, derrotando a la armada cartaginesa en la batalla naval de las islas Aigoussai (Egates), haciéndoles además 10.000 prisioneros. Deshecha la escuadra cartaginesa, el sostenimiento de la guerra en Sicilia era de todo punto imposible, estando además sitiados en el Heirkte (donde aun se defendían los mercenarios, reforzados por los auxilios que el general Amílcar Barca, el conquistador de España, había

logrado introducir en 148) y en Lilybaion. La causa de los cartagineses estaba perdida.
Erix, vecina de Drépanon, donde había logrado instalarse Amílcar Barca, tuvo que ser
abandonada, así como Lilybaion y el monte Heirkte. A los púnicos no les quedaba ya ninguna plaza fuerte en Sicilia. Se hizo la paz en el 241, terminándose con ella una guerra agotadora que duró veintitrés años. Amílcar Barca obtuvo la libre salida de su ejército, que
fué embarcado con destino a Africa. Cartago había perdido para siempre su dominio en
Sicilia, que durante tanto tiempo subyugó. Sicilia fué la primera provincia romana.

Fig. 567. — Vaso griego hallado en Sicilia, con inscripción ibérica.
Museo de los Padres Benedictinos de Catana

La guerra de los mercenarios.

El ejército cartaginés de Sicilia, compuesto de unos 20.000 hombres, entre ellos mercenarios iberos y baleares, resto de los que tan brillantemente se defendieron en el monte Heirkte y en otros puntos, pasó al África al mando de Gisgón. Un texto de Diodoro (56) y otro de Polibio (57) nos hablan de ellos.

Estas gentes, en total, repetimos, unos 20.000 hombres, iban desmoralizadas por la larga guerra y por la derrota. Al ser desembarcadas en Cartago, secundando el movimiento independizante siempre latente entre los indí-
genas libios, iniciaron una tremenda guerra de exterminio contra los cartagineses. Todos,
o casi todos, fueron aniquilados en esta espantosa lucha de liberación y de odios, lucha,
llamada con razón, «inexpiable», y cuyo teatro fué la tierra de Cartago. Allí se sublevaron
y allí fueron brutalmente exterminados por los cartagineses como represalia a los atroces
crímenes cometidos por ellos, en esa guerra, digno colofón de las de Sicilia, donde la
sangre corrió sin límites y el saqueo y la destrucción no tuvieron freno.

Dos testimonios arqueológicos de la estancia de los iberos en Sicilia.

El único testimonio arqueológico absolutamente seguro que de la estancia de los mercenarios iberos en Sicilia ha llegado a nosotros hasta el presente es una inscripción en caracteres ibéricos, incisa en un vaso cerámico griego que actualmente se conserva en el Museo
de los Padres Benedictinos de Catania. El vaso (fig. 567) es un oinochoe en el que figura una
mujer sentada, mostrando en su mano derecha una gran patera. Trátase, sin duda, de un
producto cerámico de fábrica italiota o sikeliota datable en el siglo IV. El grafito fué un
añadido, obra de algún ibero de los muchos que pelearon en Sicilia, bien entre los car-

tagineses o entre los griegos (58). Mas hay otro testimonio que debe tenerse por ibero también por tratarse de una figurita en bronce, insólita en Sicilia, que sin embargo coincide en muchos aspectos con las de nuestros santuarios (59).

Las Guerras Aníbálicas (218-206)

Terminada la Guerra de los Mercenarios, Amílcar desembarcó en Cádiz con el propósito de conquistar, por lo menos, toda la zona meridional de la Península, lo que logró antes de su muerte, no sin largos años de lucha difícil y dura, de la que estamos muy mal informados. En estas guerras peninsulares Amílcar engrosó su ejército de númidas y libios, incorporando en él a cuantos guerreros indígenas pudo. Sus sucesores hicieron lo mismo. Pero como de todo ello se habló a su tiempo y aquí sólo queremos recoger la actuación de los mercenarios en los campos de batalla de fuera de la Península, veamos cuándo y cómo estas tropas asalariadas indígenas aparecen de nuevo en escenarios bélicos exóticos. El momento éste y su ocasión fué el año 218, cuando Aníbal, rendida Sagunto y rotas las hostilidades con Roma, se dispone a invadir Italia por los Alpes.

Aníbal envía 15.920 guerreros hispanos a África (218).

La primera precaución del general cartaginés antes de ponerse en marcha hacia Italia fué el asegurarse su retaguardia. Para ello envió un numeroso cuerpo de tropas ibéricas a África, y otro de africanos a España. Era el modo de asegurarse contra posibles levantamientos de africanos o iberos. Polibio da detalles de este cambio recíproco: «Los que pasaron a Libia (60) eran *thersitai* (61), *mastianoi* (62), *oretes* (63), *iberos* (64) y *olkades* (65). El total de estas gentes ascendía a 1.200 jinetes y 13.850 infantes. Pasaron también 870 *baliareis* (66), llamados propiamente honderos, pues el uso de esta arma ha dado nombre a este pueblo y la isla que habitan. La mayor parte de esta tropa se acantonó en Metagonia de Libia (67); algunos en la misma Cartago» (68). De los 15.200 hombres que puso de guarnición en España, todos eran indígenas del norte de África, excepción de 500 baleares que iban con ellos. Si a los 15.920 hispanos enviados a África añadimos estos 500 baleares, los individuos españoles utilizados en estos preparativos son en total 16.420, que, naturalmente, no figuraban en el ejército expedicionario que Aníbal llevó a Italia, en el cual los españoles estaban en gran proporción.

Cruce del Ródano (218).

Éste se inició por medio de una estratagema. Aníbal mandó a Hannón, con un destacamento compuesto «especialmente de iberos» (69), remontase la corriente y atravesase el río por un lugar donde no fuesen percibidos por los bárbaros enemigos apostados en la orilla opuesta. Probablemente, hacia la altura de Avignon tuvo lugar el cruce del Ródano, que fué efectuado, primero por los españoles, quienes, «sin ningún bagaje, pusieron sus vestiduras sobre unos odres, sobre ellos sus escudos y, echándose encima, cruzaron a nado el río» (70). Establecida la cabeza de puente en la orilla izquierda del río, gracias a la destreza de los guerreros españoles, el resto del destacamento pasó la corriente sobre almadías preparadas al efecto. Al día siguiente estas tropas, ya en la orilla izquierda, bajaron río abajo y cayeron de improviso sobre los bárbaros, ahuyentándolos al tiempo que Aníbal pasaba el Ródano con el grueso del ejército.

Paso de los Alpes y entrada en Italia.

En el paso de los Alpes no son citados expresamente los iberos, pero allí estaban con todo el ejército. Luego de superado, entraron en las llanuras padanas. Polibio, al hacer el balance del número de hombres con que Aníbal penetró en Italia, da unas cifras muy precisas, cuyo origen cartaginés está explícitamente atestiguado por el propio historiador. Fueron copiadas de la inscripción que Aníbal mandó colocar en el templo de Hera Lakinia, en Crotona (71). En efecto, Polibio dice así: «El cuerpo de tropa que le había quedado (72) se reducía a 12.000 infantes libios, 8.000 iberos (73) y 6.000 caballos, como él mismo (74) lo testifica en una columna hallada en el Lakinion describiendo el número de sus gentes» (75). La campaña de Aníbal en Italia iba a comenzar con un ejército del cual más de la tercera parte (pues hay que añadir a los 8.000 infantes hispanos parte de la caballería, citada como española varias veces después) eran tropas mercenarias reclutadas en la Península.

Batalla sobre el Ticinus (Tesino) y cruce del Padus (Po) (218).

Entre estas tropas las había incluso lusitanas y celtíberas. A ellas se dirige Aníbal cuando, descansado ya el ejército de la tremenda prueba de los Alpes, arenga a todos, presentándoles los peligros y premios que llevarán consigo las acciones en que se iban a ver. «Hasta ahora —decíales a los lusitanos y celtíberos—, persiguiendo los ganados por los extensos montes de Lusitania y Celtiberia, no habéis visto el fruto de tantos trabajos y peligros; ya es tiempo de daros alta recompensa y que logréis el premio de vuestra fatiga, vosotros que habéis recorrido tan largo camino por tantos montes y ríos y a través de tantas naciones armadas. La fortuna ha puesto aquí fin a vuestros trabajos; aquí se os dará la recompensa merecida» (76).

En la batalla del Tesino, que tuvo lugar a renglón seguido, no se cita a los iberos, pero sí en la acción inmediata: el paso del Póo. Derrotado Escipión en el Tesino, debió salvar sus tropas resguardándose tras la corriente del Póo. Por ello emprendió una rápida retirada hacia el río. Aníbal, por su parte, había de procurar cortarle la retirada, o tomarles el puente antes de que lo destruyesen, estableciendo una cabeza al otro lado. Aquí dice Livio lo que sigue: «Asegura Celius que Magón pasó en el acto el río a nado con la caballería y la infantería española... sobre odres inflados» (77). Aquí, como en el Ródano, fueron los españoles con sus odres los primeros en atravesar ambos ríos, estableciendo las cabezas de puente.

Batalla de Trebia (218).

En la segunda gran batalla librada por Aníbal en suelo itálico vuelven a figurar los españoles, expresamente citados por Polibio y Livio. La batalla se inició de madrugada, con un frío intensísimo. Mandaba a los romanos Sempronio. Entre las tropas cartaginesas que arremetieron en el primer choque figuraban los honderos de las Baleares (78). Después siguió el grueso del ejército, con unos 20.000 hombres entre iberos, galos y libios, sin contar la caballería gala y aliada (79). En total, unos 40.000 hombres. «Comenzaron el combate los baleares» (80), que luego fueron trasladados a las alas, lo que hizo que la caballería romana se encontrase envuelta por la granizada de proyectiles lanzados por los baleares (81). «Los baleares —añade Livio—, después de dispersar a la caballería, acribillaban los flancos del enemigo con sus proyectiles» (82). Polibio, resumiendo el coste de esta batalla para los fenicios, dice: «La mortandad entre los iberos y libios fué corta, pero entre los celtas más considerable» (83).

Correrías invernales. Paso de los pantanos de Etruria (217).

La guerra se estabilizó al iniciarse el invierno. No había, al parecer, más que escaramuzas y sorpresas de poca importancia. Livio resume la situación, mencionando de nuevo a los guerreros españoles y númidas actuando en conjunto: «No se encontraban los romanos—dice Livio— tranquilos en sus cantones a causa de las continuas correrías de los jinetes númidas, o de los celtíberos y lusitanos cuando el terreno detenía a los primeros» (84).

Llegada la primavera, Aníbal emprendió su marcha hacia el Sur. Había que atravesar la región pantanosa de Etruria. Aníbal distribuyó sus tropas para esta difícil empresa del siguiente modo: «Puso en vanguardia a los libios e iberos, con todo lo más fuerte de su ejército, y con ellos la impedimenta, a fin de que por el pronto no les faltase cosa alguna» (85). Tras ellos colocó a los celtas, y detrás la caballería. Encargó a Magón que vigilase a los celtas, que, poco dados a sufrir —dice Polibio—, intentarían rezagarse y evadirse. A continuación, y comparando a los celtas o galos con los libios o iberos, hace Polibio el siguiente elogio de los últimos: «Los iberos y libios, como caminaban por los pantanos cuando no estaban aún hollados, y a más eran gentes sufridas y acostumbradas a

FIG. 568. — Vaso de Cenisola procedente de un sepulcro ligur. Altura, 16 cm.

semejantes fatigas, pasaron sin mucho trabajo» (86). Livio añade que los iberos y africaos, «precedidos solamente por los guías que les dirigían, salvando los profundos torbellinos que forma el río, aunque hundidos en el lodo hasta la cintura, seguían, sin embargo, a sus enseñas» (87).

Batalla junto al lago Trasimeno (217).

Pasados los pantanos etruscos y los Apeninos, el primer gran encuentro entre cartagineses y romanos tuvo lugar, como es sabido, en las orillas del lago de Trasimeno. Polibio y Livio vuelven aquí a citar a los contingentes iberos: «Aníbal, habiendo entrado en este lugar por el valle inmediato al lago, tomó las montañas de enfrente y apostó en ellas a los iberos y libios. Puso a los baleares y lanceros de la vanguardia alrededor de los cerros que caían a la derecha, dándoles la mayor extensión que pudo» (88). Así intervinieron éstos en la hábil celada que tendió Aníbal a Flaminio, el cual, con 15.000 más, pereció en la contienda. «Después de la lucha —añade Polibio— se destacó allá al capitán Marhabal con los iberos y lanceros; sitió el lugar (89) por todas partes, y los recluyó a tal escasez (90), que, depuestas las armas, se rindieron» (91).

Escaramuzas en los pasos de Falerno y segunda invernada (217-216).

Sabiendo F. Máximo que Aníbal proyectaba retroceder con su gran botín de la Campania a la Apulia, donde pensaba invernar el cartaginés, preparóle en la garganta de Falerno una celada. Aníbal sospechó la añagaza y envió a Asdrúbal con 2.000 bueyes a una cumbre. Caída la noche, ató haces de leña a las cornamentas de las bestias y prendióles fuego. Previamente había colocado detrás de ellas a los lanceros. «Al mismo tiempo —cuenta Polibio— Aníbal parte hacia las gargantas y desfiladeros, llevando en vanguardia la infantería pesada, a continuación la caballería, después el botín y en la retaguardia a los iberos y celtas» (92). Cuando se trabó el combate se vieron los romanos sorprendidos por el inesperado alud de toros furiosos, y F. Máximo eludió el encuentro.

Tanto Polibio como Livio cuentan a este propósito un episodio, digno de narrarse por ser iberos sus protagonistas. Al apuntar el día, los romanos, que quedaron en las cumbres a la expectativa, trabaron combate con los púnicos. Aníbal entonces —dice Polibio— «destacó allá una parte de los iberos, que en la refriega mataron 1.000 romanos» (93). Livio, con este motivo, hace de los iberos este elogio: «Habrían vencido los romanos de no haber llegado una cohorte de españoles enviados a tal fin por Aníbal; éstos, acostumbrados a las montañas y muy hábiles para saltar de roca en roca, gracias a la agilidad de sus cuerpos y a la clase de sus armas, combatieron con facilidad a los romanos, pesadamente armados, dispuestos para las llanuras y los combates a pie firme. Tras aquella desigual lucha, los hispanos y los romanos volviéronse a sus campamentos; aquéllos, incólumes, y éstos con algunas pérdidas» (94). Poco más adelante Livio habla de ciertos proyectos de traición, por parte de los iberos, a causa de la desmoralización de los ejércitos anibálicos (95); pero ello se tiene hoy como texto apócrifo de los analistas (96).

FIG. 569. — Vaso ibérico hallado en Italia en 1908. Altura, 22 1/2 cm. Consérvase en la Glyptothek und Museum Antiker Kleinkunst, de Munich. — *Según García y Bellido.*

Batalla de Cannas (216).

Y llegamos a la batalla cumbre, una de las más famosas de la Antigüedad: a la de Cannas. Como sería ocioso referir el desarrollo de esta acción, limitémonos a copiar los párrafos en que se cita a los iberos. Polibio dice así hablando de la distribución de las tropas anibálicas al prepararse para la batalla: «Entre tanto Aníbal hizo pasar el río (97) a sus baleares y lanceros, y los apostó al frente del ejército. Sacó del campamento el resto de sus tropas, las hizo pasar el río por dos partes y las opuso al enemigo. En la izquierda situó la caballería ibérica y la celta, apoyada sobre el mismo río y en contraposición a la romana; a continuación la mitad de la infantería pesadamente armada. Seguían después los iberos y celtas, con los que estaban la otra mitad de africanos. La caballería númida cubría el ala derecha» (98).

Al describir sus armas dice Polibio: «Los escudos de los iberos y galos eran de una misma forma; pero las espadas tenían una anchura diferente. Las de los iberos no eran menos aptas para herir de punta que de tajo» (99). Hablando de los trajes, añade: «Los iberos, cubiertos de túnicas de lino bordadas de púrpura, a la costumbre de su país, espectáculo que causó novedad y espanto a los romanos» (100). Livio añade: «Los guerreros de estas dos naciones (101) eran igualmente terribles por su estatura gigante y rostros feroces» (102).

El comienzo de la batalla sucedió de este modo: «En cuanto distribuyó (103) todas sus tropas sobre una línea recta, tomó la mitad de las legiones iberas y galas y salió al frente» (104). Aníbal desplegó sus fuerzas en la famosa media luna, cuya parte convexa

Fig. 570. — Vaso ibérico hallado en una necrópolis ibérica descubierta en Orán. Museo Arqueológico de Madrid. — *Según García y Bellido*

la formaban los iberos y libios, y los cuernos las dos alas extremas. «Su propósito en esto —explica Polibio— era que los libios sostuviesen a los iberos y galos, que habían de entrar los primeros en acción» (105). «La acción comenzó por la infantería ligera, que estaba al frente, y de una parte como de otra fueron iguales las ventajas. Pero desde que la caballería ibera y gala de la izquierda se hubo acercado, los romanos se batieron con furor y como bárbaros» (106). El encuentro, que había de ser decisivo para la batalla, se decidió por los cartagineses; el ala derecha de los romanos fué desbaratada por los jinetes iberos y galos (107).

«A esta sazón —continúa Polibio— la infantería pesada ocupó el lugar de la ligera, y vino a las manos. Durante algún tiempo guardaron la formación los iberos y galos y resistieron con valor a los romanos; pero arrollados con el peso de las legiones, cedieron y volvieron pies atrás, abandonando la media luna» (108). El plan de Aníbal se había logrado, pues al ceder el centro, los romanos, ciegos, se adentraron demasiado, comenzando entonces la fase de envolvimiento del ejército de Aníbal. Ya hemos visto cómo el ala derecha romana había sido derrotada. Ahora le tocó su suerte a la izquierda. Asdrúbal, con sus iberos y galos, no bien aniquiló y puso en fuga al ala derecha romana, corrió con sus jinetes en ayuda y refuerzo de los númidas, que se debatían contra el ala izquierda. Cayó sobre ésta por la espalda, y quedó aniquilada como la derecha (109). Así intervinieron los iberos en este magno acontecimiento. De las víctimas entre los cartagineses habla Polibio, que dice: «Aníbal perdió 4.000 galos, 1.500 iberos y africanos y 200 caballos» (110).

Defección de algunos iberos (216).

En Nola, dice Livio, se pasaron a Marcelo 1.260 jinetes númidas y españoles. «Durante aquella guerra tuvieron muchas ocasiones los romanos de congratularse de su valor y fidelidad. Terminada la guerra, los españoles recibieron tierras en España, y los númidas en África, en premio a su valor» (111). La causa, sospecha Livio, fueron «disgustos o esperanza de mayor paga».

Capua (214 y 211).

Tras la batalla de Cannas, Campania se entregó a Aníbal, el cual puso en el monte Tifato, que domina Capua, «un cuerpo de númidas y españoles con el fin de que defendiesen Capua y el campamento» (112) Esto ocurría en 214. En 212 comenzaron los romanos el sitio de Capua. «La sexta legión —dice Livio— perdió allí terreno, y fué rechazada por una cohorte hispana que con tres elefantes penetró en la empalizada» (113).

Caída de Arpi (213).

Comenzaba ya a eclipsarse la estrella cartaginesa en Italia. Arpi fué uno de los primeros síntomas de lo que luego hubo de ocurrir. Arpi cayó en manos de Roma. Defendían la plaza 5.000 cartagineses, de ellos unos mil españoles (114). Los ciudadanos armados, tan pronto vieron a los romanos en sus calles, abandonaron a los cartagineses y se pasaron al campo contrario. «También los españoles —dice Livio— pasáronse al cónsul, con la única condición de que se expulsaría, sin maltratarla, a la guarnición cartaginesa.» Estos españoles fueron incorporados al ejército romano, «y la república tuvo muchas ocasiones de experimentar su valor y fidelidad» (115).

Moericus y Belligenus en Siracusa (212).

La guerra en Italia iba acentuando su cariz adverso para Aníbal. Marcelo, el general romano que tras de Cannas había alcanzado más justo prestigio, llevó la guerra a Sicilia, donde la diplomacia cartaginesa había logrado éxitos importantes después de Cannas. Marcelo emprendió el sitio formal de Siracusa, donde dominaban los partidarios de Cartago (213). El sitio se prolongaba gracias, en parte, a la ayuda que Arquímedes prestaba a los sitiados. Visto el cariz que tomaba el asunto, Aníbal envió un ejército al mando de Himilcón, que desembarcó en Heracleia Minoa, al oeste de Akragas, y se dirigió a Siracusa. Pero Marcelo se hizo dueño del fuerte de Euryalos, que defendía Siracusa, y los cartagineses hubieron de acampar en las riberas del Anapos. De nuevo la malaria jugó aquí un inesperado papel, como lo había jugado en tiempo de Dionisio *el Viejo*, aunque esta vez en contra de la ciudad. Uno de los jefes siracusanos partidarios de Cartago e Himilcón, pereció a causa de la epidemia. Otros jefes huyeron, y la facción partidaria de Cartago se deshizo y dispersó.

La guarnición cartaginesa ya no tenía qué hacer allí. Pero era preciso saber de los romanos el trato que iban a dar a los mercenarios y a los tránsfugas. Uno de los gobernadores nombrados por las tropas púnicas era un tal Moericus, español, que se encargó de la defensa del sector de la Achradina (116). Como la situación era insostenible, y sólo se prolongaba por el temor de los tránsfugas de caer en poder de los romanos, Moericus, con buen acuerdo, determinó entregar la ciudad. Para ello, y aprovechándose del envío de unos parlamentarios a Marcelo, puso entre ellos a su propio hermano y a otro mercenario español, hombre de su confianza, un tal Belligenus (117). Éste, que acababa de re-

Fig. 571.—Vasos ibéricos hallados en Orán. Museo Arqueológico Nacional. —*Según García y Bellido*

gresar de España y conocía la precaria situación de la causa púnica en la Península, había puesto ya al corriente de ello a Moericus, su compatriota (118). Llegados a un acuerdo con Marcelo, éste desembarcó en la isla un amanecer, siéndole entregados los puntos vitales de la ciudad (119). Ésta fué entregada a saco, y en la matanza murió Arquímedes.

Moericus y los suyos fueron bien recompensados con tierras. Se les dió la ciudad de Murgantia y su territorio por *senatus consultus*. A Belligenus, se le donaron 400 yugadas por haber decidido a Moericus a la entrega (120).

Encuentros en la Apulia (208).

Con motivo de un encuentro habido entre las tropas de Marcelo y las de Aníbal en la Apulia, en el año 208, son citados los españoles por Livio con una frase que resume brevemente, pero con gran justeza, el papel que estas tropas mercenarias españolas jugaban en los ejércitos cartagineses, entonces como en todo tiempo. Livio cuenta cómo dispuso Aníbal en aquel momento sus tropas y dice: «Aníbal había colocado al frente sus españoles, y ésta era la fuerza principal de todo su ejército» (121). La acción que con este motivo se narra fué desfavorable para los cartagineses.

*Asdrúbal entra en las Galias por los Pirineos occidentales y cruza
los Alpes. Batalla del Metauro (207).*

Tras la batalla de Baecula, Escipión se trasladó a los Pirineos orientales con el fin
de cerrar el paso a Asdrúbal, deseoso de ir en ayuda de su hermano Aníbal. Pero el cartaginés, que conocía bien, sin duda, la Península, burló genialmente las precauciones de
Escipión, pasando a las Galias con su ejército, no por los puertos acostumbrados de Cataluña, sino por el actual país vasco. Asdrúbal, en efecto, subiendo por las provincias vascongadas entró en las Galias, atravesando cualquiera de los pasos fáciles de los Pirineos
occidentales (122). Al llegar a la Aquitania su ejército estaba formado, probablemente, de
elementos ibéricos en su mayor parte. Más tarde fué engrosando sus efectivos con galos
y ligures. Apiano (123) dice que Asdrúbal atravesó los Alpes en dos meses, y entró en
Umbría (no en Etruria, como dice erróneamente) con 48.000 hombres de a pie, 8.000
jinetes y 15 elefantes.

La hazaña de Asdrúbal fué esta vez superada en presteza, tanto que el mismo Aníbal,
que esperaba en Italia, quedó sorprendido de la rápida llegada de su hermano. A este
propósito explica Livio acertadamente: «Su hermano (124) se había abierto camino por
aquellas cimas, antes impracticables, pues doce años de constantes comunicaciones, al
suavizar las montañas, habían dulcificado también el carácter de sus habitantes... Estas
eran las causas que abrieron los Alpes delante de Asdrúbal» (125). El texto es interesante,
además, porque alude a constantes comunicaciones a través de los Alpes durante los doce
años transcurridos desde el paso de Aníbal; comunicaciones de las cuales no tenemos
informes más detallados.

Sabido es que el mensaje enviado por Asdrúbal a Aníbal, entonces en Metapontio, fué
interceptado, y cómo el cónsul Nerón supo aprovecharse hábilmente de esta feliz circunstancia para caer de improviso sobre el confiado Asdrúbal, que fué derrotado y muerto
a orillas del Metauro. Así se frustró en flor esta segunda acometida púnica, que hubiese
traído consecuencias trascendentales para el curso de la guerra de haber podido Asdrúbal unirse con su hermano Aníbal en Umbría, según el plan propuesto por el primero en
su mensaje.

Livio cita en esta memorable acción a los españoles de Asdrúbal. Puso en el centro
a los ligures, detrás de los elefantes; en el ala izquierda, a los galos, en cuyo valor no con-
fiaba, pero sí en el temor que podían inspirar a los romanos; «el mismo Asdrúbal mandaba
el ala derecha..., habiéndola formado con veteranos españoles, en quienes descansaba
especialmente su confianza». «... Los españoles trabaron la acción con el ala izquierda de
los romanos...; la lucha, por tanto, estaba concentrada en derredor de Livio (126) y de
Asdrúbal, haciéndose horribles matanzas por una y otra parte; allí se encontraban los
dos generales y la mayor parte de la infantería y de la caballería romanas; allí los veteranos españoles, que conocían la táctica romana, y los ligures, pueblo endurecido en las
fatigas de los combates.» La acción comenzó favorable para el cartaginés gracias a los
elefantes; pero una hábil maniobra de los romanos hizo cambiar el desarrollo del encuentro, pues cayeron por la espalda del ala izquierda cartaginesa. «Envueltos así por todas
partes, de frente, de flanco y por la retaguardia, los españoles y los ligures quedaron des-
trozados, llegando ya la matanza hasta los galos, cuya resistencia fué muy débil» (127).
El ejército de Asdrúbal fué aniquilado, y el general buscó honrosa muerte lanzándose
con su caballo en medio de los enemigos. Cannas había sido vengada; si en ella les cupo
a los españoles parte muy importante de la victoria, aquí pagaron con su sangre también

el precio de la derrota. La cabeza de Asdrúbal fué lanzada, como testimonio de victoria, al campamento de su hermano Aníbal.

Es probable que en la batalla de Metauro luchasen del lado de los romanos un numeroso cuerpo de tropas hispanas que Escipión envió a Italia para reforzar el ejército que se preparaba contra Asdrúbal. Eran «8.000 hombres (españoles y galos), 2.000 legionarios

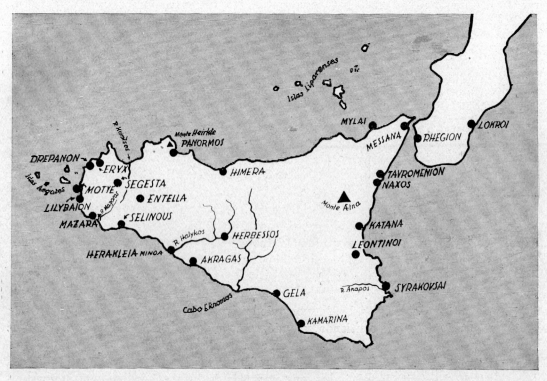

FIG. 572. — Mapa de Sicilia con los lugares donde estuvieron los iberos mercenarios.
Según García y Bellido

y 1.000 jinetes, tanto númidas como españoles, a todos los cuales llevó por mar M. Lucretius» (128).

La batalla de las Grandes Llanuras (203).

En España, la guerra había terminado en 206, cuando tras la victoria de Ilipa los romanos entraron en Gadir. Cartago, no obstante, necesitaba de los recursos en hombres de la Península Ibérica. Livio cuenta que los cartagineses desembarcaron clandestinamente ciertos comisionados en las costas de Levante con el fin de reclutar mercenarios. Parte de estos emisarios fueron hechos prisioneros por los saguntinos y conducidos a Roma (129). El resto de los emisarios cartagineses lograron, al parecer, sus propósitos, pues los hechos subsiguientes demuestran que a África llegaron oportunamente nuevos refuerzos de mercenarios hispanos, a los cuales veremos actuar ahora.

En la primavera del 204 Escipión desembarca en África. Los primeros choques fueron favorables a los romanos. Los púnicos, empero, se rehicieron pronto gracias al encuentro, cerca de Cartago, en Abba, con un cuerpo de más de 4.000 celtíberos (130). Por el campamento cartaginés corrió la voz, sin duda intencionada, de que eran no 4.000, sino 10.000, «todos con tal espíritu y con tales armas, que eran irresistibles en los combates» (131). Con estos y otros elementos de refuerzo, Asdrúbal y Siphax se decidieron a dar batalla formal a las tropas romanas desembarcadas. Ésta tuvo lugar en las llamadas «Grandes Llanuras» (Μεγάλα Πεδία). Los generales púnicos colocaron a los soldados celtíberos en el centro, opuestos a las cohortes romanas; a los númidas en la izquierda, y a los cartagineses en la derecha (132). De la participación que les cupo a los estipendiarios hispanos, dice Polibio: «Los celtíberos, venidos a las manos con las legiones romanas, pelearon con valor, pues ni la ignorancia del terreno les dejaba recurso a la huída, ni la perfidia que habían cometido al tomar las armas contra los romanos, de quienes no habían recibido ofensa alguna durante la guerra de Escipión en Iberia, les dejaba esperanzas de perdón si caían prisioneros. Pero, finalmente, en cuanto cedieron los de las alas, fueron cercados por los príncipes y triarios y pasados todos a cuchillo, a excepción de muy pocos. Así perecieron los celtíberos después de haber hecho un gran servicio a los cartagineses, no sólo porque pelearon con valor, sino porque favorecieron su retirada, pues de no haber hallado este obstáculo los romanos y de haber seguido prontamente a su alcance, sin duda hubieran quedado muy pocos vivos. Pero el tenerse que detener con éstos hizo que Siphax se retirase sin riesgo a su casa con la caballería, y Asdrúbal a Cartago con los que se habían salvado» (133).

Frontino, más tarde, describiendo la batalla, decía de estas tropas y su actuación: «Los iberos en África, sorprendidos por una gran multitud de enemigos, y temiendo ser envueltos, se pegaron a un río de profundas riberas que pasaba por aquella región; defendidas sus espaldas por el río, atacaron valerosamente a los que tenían delante y derrotaron todo el ejército enemigo» (134).

Batalla de Zama (201).

En ella se jugó, como se sabe, la suerte definitiva de la segunda Guerra Púnica. Fué la última gran batalla de la contienda, y se dió, como la de las Grandes Llanuras, en la propia África, no lejos de Cartago. También en esta ocasión tomaron parte las tropas estipendiarias españolas. Su actuación en ella la refiere Polibio como sigue: «Aníbal situó delante de todo el ejército los elefantes, que eran más de 80, y después los extranjeros, en número de 12.000: ligures, celtas, baleares y mauritanos; a espaldas de éstos los naturales del país, africanos y cartagineses, y detrás de todos, a más de un estadio de distancia, los que habían venido con él de Italia. Guarneció sus alas con la caballería: la izquierda con la númida aliada, y la derecha con la cartaginesa» (135). Como se desprende del texto, los baleares aquí citados fueron reclutados, como los celtíberos que tomaron parte en la batalla de las Grandes Llanuras, poco antes de estas acciones y después de haberse perdido España para los cartagineses, pues el texto distingue entre las tropas nuevas y las llevadas por el mismo Aníbal de Italia. Las Baleares no eran aún romanas; por ello la recluta de mercenarios allí, y en esta ocasión, no debe de extrañar. Estos baleares son, en parte al menos, los reclutados en 206 por Magón en Menorca. Eran 2.000.

Con esta batalla, que marcó el fin de Cartago como potencia, termina también la actuación de los mercenarios españoles al servicio de Cartago. De entonces en adelante figurarán entre las tropas romanas. Pero ello ya no interesa en este momento.

Testimonios arqueológicos.

No son sólo los documentos los que hablan de la estancia de tropas ibéricas en Italia. Se conservan también otros de orden arqueológico que corroboran y documentan los pasajes antes expuestos.

Dos vasos cerámicos de tipo y decoración ibéricos se han hallado en Italia (figs. 568 y 569); además, en el lugar donde se desarrolló la batalla del Metauro, una pátera argéntea, con inscripción ibérica, hallada en una tumba de las cercanías de Urbino; aunque perdida la pátera, se conoce su inscripción, que fué estudiada.

Conócese además un broche de cinturón celta-español de tres garfios, semejante al hallado en Olympia (fig. 566) y conservado hoy en el Museo de San Petersburgo. En Orán (figs. 570 y 571) y Cartago se han hallado también interesantes testimonios del paso de los iberos por esas tierras (137).

NOTAS

(1) Prescindo aquí de todo aparato crítico, limitándome a exponer, ordenados cronológicamente, todos los textos y circunstancias en que son citados los estipendiarios españoles fuera de España. Los comentarios, referencias complementarias, textos coleccionables, etc., etc., se hallarán en mis cinco trabajos monográficos dedicados a estos temas, y son: *Los iberos en Cerdeña según los textos clásicos y la Arqueología*, Emérita, III, 2.°, Madrid, 1935; *Los iberos en Grecia y en el Oriente helenístico*, Bol. de la Real Acad. de la Hist., tomo CIV, Madrid, 1934; *Contactos y relaciones entre la Magna Grecia y la Península Ibérica*, Bol. de la Real Acad. de la Hist., t. CV, Madrid, 1935; *Los iberos en Sicilia*, Emérita, VII, 1.° y 2.°, Madrid, 1939, publicado en 1940; *Los mercenarios ibéricos en las guerras hannibálicas*, en preparación. En estos estudios se recogen todos los textos, se ordenan y comentan, añadiendo a ellos los testimonios arqueológicos de origen español hallados fuera de la Península y que han llegado a mi conocimiento. Para tener una idea general del ambiente del que estos mercenarios eran extraídos, véase mi libro: *Bandas y guerrillas en las luchas con Roma*, Madrid, 1945.

(2) PAUSANIAS, X, 17, 5 y siguientes. Esta misma noticia también en DIODORO, V, 15, 4, sin mencionar ni a iberos ni libios. Probablemente ambos autores tomaron sus informes en Timeo. Véase GARCÍA Y BELLIDO, *Los iberos en Cerdeña según los textos clásicos y la arqueología*, en *Emérita*, III (1935), págs. 248 y siguientes.

(3) MÜLLENHOFF, *Deutsches Altertumskunde*, I, 458; HÜLSEN, R. E. PAULY-WISSOWA, voz *balari*.

(4) Aparte de PAUSANIAS y DIODORO, TROGO, *Epítome de Justino*, XIX, 1, 3. Véase GARCÍA Y BELLIDO, loc. cit., pág. 245.

(5) En *Ephemeris Epigraphica*, VIII, 1899, pág. 513.

(6) En las *Mitteilungen der Verderasiatischen Gesellschaft*, 1900, 3.

(7) Sobre la historia de esta inscripción y su bibliografía, véase GARCÍA Y BELLIDO, loc. citato, págs. 252 y siguientes.

(8) En 1884, en el *Bullett. Archeologico Sardo*, serie II, vol. I, pág. 149.

(9) *Ephemeris Epigraphica*, VIII, 1899, pág. 513.

(10) *Neue phönicische und iberische Inschriften aus Sardinien*, en las *Mitteilungen der Vorderasiatischen Gesellschaft*, 1900, 3, según dibujo del doctor Messerschmidt.

(11) FR. W. VON BISSING, *Die Sardinischen Bronzen*, en la *Römische Mitteilungen*, vol. 43, 1928, pág. 82.

(12) A. GARCÍA Y BELLIDO, *Las relaciones entre el arte etrusco y el ibero*, en *Archivo Español de Arte y Arqueología*, Madrid, 1931.

(13) HERODOTO, *Historia*, VII, 165.

(14) Los llamados «fenicios» por HERODOTO son los cartagineses. Los helisices son gentes ligures o quizá celtas, pues la duda ya procede de los propios textos; su localización geográfica es la región de Narbona o poco más al Este.

(15) DIODORO SÍCULO, *Biblioteca Histórica*, XI, 1, 5.

(16) Salta a la vista que la cantidad dada por HERODOTO, y repetida por DIODORO, es muy exagerada. La cantidad de gentes ibéricas que figurasen en el ejército cartaginés es muy aventurado el calcularla. Pero sí recordaremos que las fuerzas púnicas estaban casi siempre integradas en su mayoría por iberos y libios.

(17) POLIENO, *Strategemata*, I, 28, 1, *Theron*.

(18) P. MARCONI, *Himera*, 1931.

(19) Muchos de ellos fueron empleados en la construcción del gigantesco templo que los akragantinos dedicaron a Zeus Olympico, cuyos restos, especialmente los enormes *telamones*, llaman aún la atención del visitante en la parte baja de la ciudad.

(20) *Fragmenta Attic. Comicorum;* edic. Kock, fr. 101.

(21) TUCÍDIDES, *Guerra del Peloponeso*, VI, 90, 2 y 3.

(22) *Fragmenta Attic. Comicorum*, edic. Kock, frs. 550-551.

(23) TUCÍDIDES, *Guerra del Peloponeso*, VIII, 98.

(24) DIODORO, *Biblioteca Histórica*, XIII, 44, 6.

(25) DIODORO, *Biblioteca Histórica*, XIII, 54, 1 y 2.

(26) Diodoro, *Biblioteca Histórica*, XIII, 54, 5.
(27) Diodoro, *Biblioteca Histórica*, XIII, 44, 6.
(28) Diodoro, *Biblioteca Histórica*, XIII, 54, 7.
(29) Diodoro, *Biblioteca Histórica*, XIII, 56, 6.
(30) Expláyase Diodoro en una descripción más literaria que histórica del saqueo. Por las cifras del historiador sikeliota, en las calles selinuntinas perecieron 16.000 personas. Según sus costumbres tradicionales —dice Diodoro, refiriéndose a los púnicos—, mutilaban las extremidades de los cadáveres, yendo algunos con racimos de manos cercenadas pendientes de la cintura, y otros que blandían cabezas cortadas en las puntas de sus lanzas y jabalinas. (XIII, 57, 3.) Unicamente 2.600 selinuntinos lograron refugiarse en Akragas. Los templos, si bien parece que no fueron destruídos, sí fueron saqueados.
(31) Escarbando bajo las murallas abrían un vano grande que apuntalaban. Después le prendían fuego, hasta que se derrumbaba.
(32) Diodoro, *Biblioteca Histórica*, XIII, 82, 172.
(33) Diodoro, *Biblioteca Histórica*, XIII, 80, 2.
(34) Diodoro, *Biblioteca Histórica*, XIII, 80, 5.
(35) Diodoro, *Biblioteca Histórica*, XIII, 85, 1.
(36) Diodoro, *Biblioteca Histórica*, XIII, 87, 1.
(37) Diodoro, *Biblioteca Histórica*, XIII, 110, 5 y 6.
(38) Diodoro, *Biblioteca Histórica*, XIV, 54, 5 y 6.
(39) Diodoro, *Biblioteca Histórica*, XIV, 75, 8 y 9.
(40) Jenofonte, *Hellenicas,*, VII, 1, 20 y 22; Diodoro, *Biblioteca Histórica*, XV, 70, 1.
(41) Jenofonte, *Hellenicas*, VII, 28-29 y 31-32.
(42) Plutarco, *Vidas paralelas*, «*Dionisio*», X, 4, y XIV, 3.
(43) Véase pág. 657.
(44) Platón, *Las leyes*, I, 637.
(45) Diodoro, *Biblioteca Histórica*, V, 17, 4.
(46) Diodoro, *Biblioteca Histórica*, XVI, 73, 3.
(47) Plutarco, *Vidas paralelas*, «*Timoleón*», 28.
(48) Arriano, *Anábasis de Alejandro*, VII, 15, 4.
(49) La noticia ha sido puesta en duda ligeramente por Schulten. En defensa de su historicidad véase A. García y Bellido, *Los iberos en Grecia*, etc., pág. 33.
(50) Diodoro, *Biblioteca Histórica*, XIX, 106, 2.
(51) Diodoro, *Biblioteca Histórica*, XIX, 109, 1 y 2.—Sobre la destreza de los baleares en el manejo de la honda hay varios textos antiguos que nos informan cumplidamente. Según Diodoro (V, 18, 3), llevaban tres hondas: una arrollada en la cabeza, otra en la cintura y la tercera en las manos. Estrabón (168) añade que eran de junco negro (probablemente esparto), de crines o tendones, las tres alrededor de la cabeza, sirviendo la más larga para los tiros más largos, la más corta para los cortos y la mediana para los medianos. De su eficacia, dice Diodoro (V, 18) que con ellas lanzaban piedras mucho mayores que los demás, y con tanta fuerza, que parecían como lanzadas por catapultas, hendiendo escudos, cascos y armaduras. Sus tiros eran tan seguros, que la mayoría daban en el blanco. La causa de esta maravillosa destreza estribaba en la educación recibida desde niño. Las madres, para estimular a sus hijos en el manejo de la honda, colocaban el pan en lo alto de un palo y no se lo daban hasta que con sus certeros tiros lo hacían caer. (Diodoro, V, 8; Estrabón, 168; Lykophron, *Alex.*, 633; Floro, 1, 43, 5; Schol., *Lyk.*, 633.) Como Diodoro (V, 17, 4) nos ha transmitido y hallamos también repetido en *De mirab. auscul.*, 88.
(52) Diodoro, *Biblioteca Histórica*, XX, 11, 1, y 64, 2.
(53) Polibio, I, 17, 4.
(54) Polibio, 1, 67, 7, y Diodoro, XXV, 2, 2.
(55) Paulo Orosio, *Histór. adv.*, pág. IV, 9, 1.
(56) Diodoro, *Biblioteca Histórica*, XXV, 2, 2.
(57) Polibio, I, 67, 7.
(58) Fué recogida ya en el siglo XVIII por Torremuzza. De aquí pasó al *Corpus Inscrip. Graec.* III. Más tarde, Otto Benndorf reprodujo el grafito a su tamaño. Löschcke, en *Archaologische Zeitung*, tomólo como una falsificación debida a «un moderno sicano de la orden de San Benito», por creer que se pretendía probar la procedencia ibérica de los sicanos de que habla Tucídides (VI, 2, 2). Con ello fué el primero que la interpretó como «celtibérica», aunque en la designación no fuera más preciso. Löschcke desconocía la gran cantidad de textos sobre los auténticos ibéricos en Sicilia. Otto Benndorf, volviendo sobre la misteriosa inscripción, inclúyela, reproduciendo la figura del vaso, en su obra *Griechische und sicilische Vasenbilder* (Berlín, años 1869-83, figura de la lámina XXXXIII, 2, y pág. 90). En las *Nachträge* de esta obra (pág. 122), recoge la afirmación de Löschcke, asegurando que, por su propio examen y el de Otfried Müller y otros, no hay motivo para dudar de la originalidad del grafito. Finalmente, Hübner, en 1893, al publicar su *Monumenta Linguae Ibericae*, inclúyela decididamente en su colección, proponiendo una leyenda (*Mon. Ling. Iber.*, Berlín, 1893, núm. XLII a.).
(59) El bronce en cuestión fué publicado por Orsi en *Ausonia* (1913), y por mí en *Archivo Español de Arte y Arqueología* (1931, pág. 144, fig. 8). Compárese también con la reproducida por P. París en *Essai* (fig. 275, 6, 8), que guarda el Museo de Vich. En *Archivo Español de Arqueología* (1942, núm. 40) manifiesto ya esta opinión.

(60) África.
(61) Tartessios.
(62) Mastienos o massienos, de la zona sureste de la Península.
(63) Oretanos, del curso alto del Guadiana.
(64) Iberos, no sabemos si del Ebro o de la región de Huelva, donde había también un pueblo de este nombre.
(65) Al parecer, gentes vecinas de los oretes.
(66) Baleares.
(67) Región de Orán.
(68) POLIBIO, III, 33, 5 y sigs.
(69) LIVIO, XXI, 27, 2 y 3.
(70) LIVIO, XXI, 27, 5.
(71) POLIBIO, III, 33, 17 y 18; III, 56, 4.
(72) A Aníbal, tras el paso de los Alpes.
(73) Españoles en general, *hispani*, como los designaban los latinos.
(74) Aníbal.
(75) POLIBIO, III, 56, 4.
(76) LIVIO, XXI, 43, 8-10. El texto es, naturalmente, puro invento retórico; pero es real el hecho de que estas tropas estaban reclutadas, en parte, entre los iberos y celtíberos desheredados, pobres, aquellos que los romanos llamarán luego «latrones».
(77) LIVIO, XXI, 47, 4-6.
(78) POLIBIO, III, 72, 7; LIVIO, XXI, 55, 2.
(79) POLIBIO, III, 72, 8-9.
(80) LIVIO, XXI, 55, 5.
(81) LIVIO, XXI, 55, 6.
(82) LIVIO, XXI, 55, 9.
(83) POLIBIO, III, 74, 10.
(84) LIVIO, XXI, 57, 5.
(85) POLIBIO, III, 79, 1; LIVIO, XXII, 2, 3.
(86) POLIBIO, III, 79, 5.
(87) LIVIO, XXII, 2, 5 y 6.
(88) POLIBIO, III, 83, 2 y 3; LIVIO, XXII, 4, 3.
(89) Se refiere a una acción secundaria, no localizada con exactitud.
(90) A los romanos fugitivos.
(91) POLIBIO, III, 84, 14; LIVIO, XXII, 6, 9 y siguientes, dice lo mismo, pero no nombra a los iberos.
(92) POLIBIO, III, 93, 10.
(93) POLIBIO, III, 94, 6.
(94) LIVIO, XXII, 18, 2-4.
(95) LIVIO, XXII, 40, 9; XXII, 43, 3.
(96) Lo mismo DIONISIO, fragmento LVII, 24.
(97) El Aufidus = Ofanto actual.
(98) POLIBIO, III, 113, 6 y 7; LIVIO dice lo mismo, XXII, 46, 1, 3.
(99) POLIBIO, III, 114, 2-3.
(100) POLIBIO, III, 114, 4; LIVIO, XXII, 465.
(101) Galos y celtas.
(102) LIVIO, XXII, 46, 5.
(103) Aníbal.
(104) POLIBIO, III, 113, 8.
(105) POLIBIO, III, 113, 9.
(106) POLIBIO, III, 115, 2.
(107) LIVIO, XXII, 47, 1, dice lo mismo que POLIBIO.
(108) POLIBIO, III, 115, 5; LIVIO, XXII, 47, 4 y 5.
(109) POLIBIO, III, 116, 5-9. Éste no cita expresamente a los iberos, pero van implícitos. LIVIO, sí, XXII, 48, 6.
(110) POLIBIO, III, 117, 6.
(111) LIVIO, XXIII, 46, 6.
(112) LIVIO, XXIV, 12, 4.
(113) LIVIO, XXVI, 5, II y siguientes, narra distintos aspectos de la lucha, mencionando varias veces a los iberos.
(114) LIVIO, XXIV, 47, 8.
(115) LIVIO, XXVI, 47, II.
(116) LIVIO, XXV, 30, 2.
(117) LIVIO, XXV, 30, 2; XVI, 21, 13.
(118) LIVIO, XXV, 30, 3 y 4.
(119) LIVIO, XXV, 30, 8 y 12.
(120) LIVIO, XXVI, 21, 13 y 17; 30, 6; 31, 4.
(121) LIVIO, XXVII, 14, 5.
(122) POLIBIO, X, 39; LIVIO, XXVII, 19 y sigs.

(123)   ANÍBAL, 52.
(124)   Aníbal.
(125)   LIVIO, XXVII, 39.
(126)   El cónsul romano.
(127)   LIVIO, XXVII, 49; POLIBIO, XI, 1 y siguientes, describe la batalla, coincidiendo casi enteramente con LIVIO. También menciona a los mercenarios españoles.
(128)   LIVIO, XXVII, 38, 11. No es segura la noticia y parece invención de los analistas.
(129)   LIVIO, XXX, 21, 3-5.
(130)   POLIBIO, XIV, 7, 5.
(131)   POLIBIO, XIV, 7, 7.
(132)   POLIBIO, XIV, 8, 7.
(133)   POLIBIO, XIV, 8, 9 y 11 y sigs.
(134)   FRONTINO, Strat. II, 2, 10. Este río parece ser el actual Medjerda (antiguo Bagradas).
(135)   POLIBIO, XV, 11.
(136)   LIVIO, XXXVIII, 37.
(137)   Consúltense, para más detalles, mis trabajos citados al comienzo de este capítulo, donde se estudian estos textos. El broche de cinturón de Italia lo dió a conocer M. ALMAGRO en su *Introd. a la Arqueología*, Barcelona, 1941 (fig. 316). Fué hallado en la Italia Central, según se dice, y se conserva en el Museo de San Petersburgo. Los hallazgos de Orán fueron publicados por mí en *Investigación y Progreso*, año VIII, núm. 12 (Madrid, 1934), y en el *Archivo Español de Arqueología*, número 43 (Madrid, 1941). Véase también mi trabajo *Archaologische Ausgrabungen und Forschungen in Spanien von 1930 bis 1940*, publicado en el *Jahrb. Archaol. Instit. Archaol. Anz.*, cuadernos 1 y 2 (Berlín, 1941). En el Museo Lavigerie de S. Louis, de Cartago, se guarda una crátera con decoración ibérica, hallada en la localidad (vide el catálogo del referido Museo, suplemento I, fig. 1, París, 1913). La reprodujo también BOSCH GIMPERA en su *Cerámica Ibérica*, pág. 52 (Madrid, 1915). Respecto de los dos vasos cerámicos de Italia, uno fué hallado en Cenisola en una tumba ligur (*Not. degli Scavi*, 1879, lám. VIII, fig. 8, pág. 301; MONTELIUS, *La Civ. Prim. de l'Italie*, lám. 164, figura 8. A. GARCÍA Y BELLIDO, *Contactos y relaciones entre la Magna Grecia y la Península Ibérica*, en *Bol. de la Real Acad. de la Hist.*, vol, CV, 1935); el otro en lugar desconocido (este último se guarda hoy en el Museum Antiker Kleinkunst, de Munich, y fué publicado por mí en el lugar acabado de citar. La inscripción de Urbino fué reconocida como española por LENORMANT (*Rev. Archéol.*, XLIV, 1882, pág. 31, y estudiada como ibérica por HÜBNER (quien la incluyó en su *Monumenta Linguæ Ibericæ*, XLII), y luego coleccionada por mí con los textos (lugar acabado de citar).

ÍNDICE ALFABÉTICO

ÍNDICE ALFABÉTICO

Gudiol Cunill (J.): 235.
Guerchy: 116.
Guerra de los Mercenarios: 649, 667.
Guerras anibálicas: 647, 649, 667.
Guerras Púnicas: 363, 647-649, 651, 652, 657, 663, 676.
Guerras Tebanas: 648.
Guerriero de Corneto Tarquinia (Tumba de): 127.
Guisona: 162, 166, 169, 180, 183, 185, 189, 212.
Gündlingen: 82, 86, 87, 89-92, 101, 102, 113, 127, 199.
Gymnasial: V. Islas Baleares.
Gymnaside: V. Islas Baleares.
Gymnesíais: V. Islas Baleares.
Györ: 60.
Gytte: 348.

H

Habis: 285, 287.
Häbler: 360.
Haddon: 261, 275.
Hadrumetum: 329.
Haguenau: 12, 15, 16, 19, 23, 26, 28, 29, 31, 33, 42, 70, 71, 90, 94, 114-116.
Haid: 17, 23, 28.
Haid bei Trochtelfingen: 35.
Haltingen: 70.
Halykos: 660.
Hallstatt: 3, 7, 11-13, 33, 38, 40, 62, 63, 65, 68, 73, 77, 79, 81, 82, 84, 86-91, 93, 94, 97, 98, 100-103, 105, 107-111, 114, 115, 122, 124, 128-133, 150, 152, 154, 162, 172, 183, 184, 195, 197, 199, 201-203, 210, 212, 220, 222, 230, 231, 262.
Hallstatt, A: 21, 24, 30, 36, 70, 75, 76, 80-83, 88, 89, 93, 97, 110, 112-114, 116-118, 121, 122, 125-127, 129, 132, 151, 152, 171, 180, 203, 222, 221,
Hallstatt, B: 68, 81-84, 86-93, 107, 109, 110, 112, 113, 117, 118, 122-126, 128, 129, 151, 164, 171, 172, 180, 204, 225, 231, 232.
Hallstatt, C: 26, 81, 83, 87, 88, 91, 93, 94, 102, 108, 109, 113,

119, 121-127, 130, 143, 151, 171, 184, 186, 191, 193, 197, 198, 214, 217, 219, 220, 230, 232.
Hallstatt, D: 91, 93, 98, 102, 119, 121-125, 127, 130, 172, 182, 185, 186, 191, 193, 197, 198, 205, 209, 214, 217, 219, 220, 223, 226, 233.
Ham: 312.
Hambron: 259.
Hammer: 17, 46.
Hampel (J.): 43, 45.
Hanau, 77.
Hankings (Frank H.): 41.
Hanna: 15.
Hannón: 281, 289, 290, 293-295, 330, 337, 347, 512, 550, 664, 667.
Harling: 105.
Harpstadt: 102, 105, 109.
Hasta: 302.
Hattenerstanguen: 115.
Haulzy: 92, 104.
Haumesser: 151.
Haute: 104.
Hawkes (Cristopher): 94, 97, 106-108, 110, 137, 140.
Hecateo de Mileso: 197, 247, 248, 250, 251, 253, 273, 282, 324, 331, 352, 354, 357, 419, 503, 509, 530-532, 538, 542, 549, 550, 552, 586, 634.
Heidenstatt: 11, 13.
Heidersdorf: 25.
Heidesheim: 20, 28, 60.
Heierli (Josef): 41, 135.
Heilbronn: 71.
Heirkte: V. Pellegrino.
Hekataíos: 299, 303.
Hélade: 617, 637, 662.
Helánico de Lesbos: 251, 273, 542.
Héléna (Philippe): 114, 116, 118, 120, 122, 139, 234, 235.
Helesponto: 514.
Heliké: 363, 369, 370.
Helmantiké: 372, 373.
Hellín: 369.
Hemeroskopeion: 339, 340, 349, 368, 371, 511, 516, 519, 520, 523, 526-528, 539, 559-563, 579, 582, 584, 586, 624, 625, 629-631, 635, 636, 642, 649.
Hemps: 107.

Henfenfeld: 75.
Henry (Française): 109, 110, 138, 139.
Hera: 390, 512.
Heraclea (De): 252, 529.
Heraion de Olympia: 660.
Heraion de Samos: 502, 512.
Herákleia: 503, 516, 529, 538.
Herákleia (Marciano de): 358.
Herákleia Cacca Caras: 503.
Herakleion (El): 389-392.
Herakléous nésos: 503.
Herakléous Stelai: 503.
Heraklés: 285, 316, 317, 495, 499, 502, 503, 512, 529, 530, 629.
Heraklia: 252.
Herákleia Minoa: 664, 672.
Hera La Kinia: 648, 668.
Hérault 249.
Herbessos: 664.
Herciniano: 3, 14-16, 18-20, 22, 23, 25.
Hercinianos (Montes): 252.
Hércules: 252, 254, 316, 332, 391, 395.
Herma: 518, 529.
Hermes: 285.
Hermos: 514.
Hernández Sanahuja (Buenaventura): 177, 236.
Heródoros de Iterákleia: 282, 285, 299, 302.
Herodoto: 246, 252, 273, 282-284, 299, 306, 341, 344, 349, 360, 386, 387, 390, 512, 513, 515, 523, 535, 536, 539, 542, 550-553, 555, 560, 592, 596, 632, 645, 652, 677.
Herrerías: 206, 456.
Herrmann: 306, 308, 312, 313, 334, 544, 546-548, 550, 557.
Hervás: 275.
Herzegovina: 37, 132.
Herzogenburg: 13.
Hesíodo: 242, 245, 249, 251, 254, 272, 284, 285, 298, 495, 499, 502, 508.
Hesperia: 297, 298, 381.
Hespérides: 298, 499, 503.
Hésperos: 298.
Hessen: 15, 32, 35, 74, 77, 94, 125.
Hibernia: 549.
Hiberus (El): 299.

ÍNDICE DE LÁMINAS

ÍNDICE DE LÁMINAS

ÍNDICE GENERAL

ÍNDICE GENERAL

I

LA INVASIÓN CÉLTICA EN ESPAÑA

II

PROTOHISTORIA: TARTESSÓS

III

COLONIZACIÓN PÚNICA

IV

LA COLONIZACIÓN GRIEGA